东莞年鉴

DONGGUAN NIANJIAN

2021

东莞年鉴编纂委员会　编

SPM
南方出版传媒
广东人民出版社
·广州·

图书在版编目（CIP）数据

东莞年鉴. 2021 / 东莞年鉴编纂委员会编. —广州：广东人民出版社，2021.10
ISBN 978-7-218-15210-3

Ⅰ. ①东… Ⅱ. ①东… Ⅲ. ①东莞—2021—年鉴 Ⅳ. ①Z526.53

中国版本图书馆CIP数据核字（2021）第170604号

DONGGUAN NIANJIAN · 2021

东莞年鉴 · 2021

东莞年鉴编纂委员会　编

承　　编：东莞年鉴编辑部
地　　址：广东省东莞市鸿福路99号行政办事中心主楼5楼
邮　　编：523888
电　　话：0769-22885205
邮　　箱：szb@dg.gov.cn
网　　址：http://www.dg.gov.cn/dfz/

出 版 人：肖风华

责任编辑：钱　丰　黄炜芝
责任校对：胡丽娟

出版发行：广东人民出版社
地　　址：广东省广州市海珠区新港西路204号2号楼
邮　　编：510300
电　　话：020-85716809（总编室）
传　　真：020-85716872
网　　址：http://www.gdpph.com
排　　版：东莞市正本电分制版有限公司
印　　刷：东莞市翔盈印务有限公司
开　　本：787毫米 × 1092毫米　1/16
印　　张：41.75　插　页：18　字　数：1700千
印　　数：1—2500册
版　　次：2021年10月第1版
印　　次：2021年10月第1次印刷
定　　价：260.00元

编辑说明

一、《东莞年鉴》编纂坚持以马克思列宁主义、毛泽东思想、邓小平理论、“三个代表”重要思想、科学发展观和习近平新时代中国特色社会主义思想为指导，坚持以“记载历史、传承文明”为宗旨。

二、《东莞年鉴》根据《地方志工作条例》和《广东省地方志工作条例》“以县级以上行政区域名称冠名的地方志书、地方综合年鉴，分别由本级人民政府负责地方志工作的机构按照规划组织编纂，其他组织和个人不得编纂”的规定，由东莞市人民政府地方志办公室组织编纂。

三、《东莞年鉴》于2001年创刊，每年出版一卷。《东莞年鉴》2021年卷主要记载2020年东莞市发生的大事要事、基本情况，力求客观、全面、系统地记述全市经济建设、社会建设和各行各业的发展历程，为各级领导、社会各界及广大民众提供地情服务，并为编修地方志书奠定基础。

四、《东莞年鉴》2021年卷正文采用分类编辑法，以类目、分目、条目组成主体，条目为基本形式，其标题以黑体字加“【 】”表示。正文分三大版块，分别收录“特辑、年度关注、争当排头兵、大事记（2020年）”等综合资料，“概览、中国共产党东莞市委员会、东莞市人民代表大会、东莞市人民政府、中国人民政治协商会议东莞市委员会、纪检·监察、民主党派·工商联、群众团体、外事·侨务·台港澳事务、法治、军事、城乡建设、交通·邮政、信息业、区域合作·扶贫开发、开放型经济、农业·农村工作、工业、建筑业·房地产业、商贸流通业、旅游业·餐饮业、金融业、财政·税务、经济监督管理、应急管理、科学、教育、文化、卫生·体育、社会生活、生态环境、开发园区、镇街、人物”等专题资料，“附录”等参考资料。

五、《东莞年鉴》2021年卷采用全彩色印刷，配置丰富多彩的图片，力求形象生动、鲜明直观地体现东莞风采，以达到图文并茂的效果，增强信息量和观赏性。

六、《东莞年鉴》2021年卷的数据采用法定计量单位，分别由各单位和各镇街提供。若与统计部门公布的数据不一致，使用时应以统计部门公布的数据为准。

七、《东莞年鉴》2021年卷稿件作者署名，除“撰稿人员”栏目中刊列外，“附录”类目正文的作者在标题下方标明，其他类目的作者则在条目文末标出，图片在该图片下方标明。

八、《东莞年鉴》2021年卷配有双重检索系统。前有目录，后有索引，方便读者检索。

东莞年鉴编纂委员会

东莞年鉴编辑部

撰稿人员

（按姓氏笔画为序）

目　录
CONTENTS

图片专辑
SPECIAL SELECTION OF PHOTOS

特　辑
统筹推进疫情防控和经济社会发展
SPECIAL SERIES ON COMPREHENSIVELY PROMOTING COVID-19 PREVENTION AND CONTROL & ECONOMIC AND SOCIAL DEVELOPMENT

年度关注

HIGHLIGHTS OF THE YEAR

争当排头兵

FIGHT FOR THE LEAD

大事记（2020年）

CHRONICLE OF MAJOR EVENTS IN 2020

概　览

PROFILE

中国共产党东莞市委员会
DONGGUAN MUNICIPAL COMMITTEE OF THE COMMUNIST PARTY OF CHINA

东莞市人民代表大会

DONGGUAN PEOPLE'S CONGRESS

东莞市人民政府

DONGGUAN MUNICIPAL PEOPLE'S GOVERNMENT

中国人民政治协商会议东莞市委员会

DONGGUAN COMMITTEE OF THE CHINESE PEOPLE'S POLITICAL CONSULTATIVE CONFERENCE

纪检·监察

DISCIPLINARY INSPECTION AND SUPERVISION

民主党派·工商联

DEMOCRATIC PARTIES · FEDERATION OF INDUSTRY AND COMMERCE

群众团体

MASS ORGANIZATIONS

外事·侨务·台港澳事务

FOREIGN AFFAIRS · OVERSEAS CHINESE AFFAIRS · TAIWAN, HONG KONG AND MACAO AFFAIRS

法 治

LEGAL SYSTEM

军 事

LOCAL MILITARY AFFAIRS

城乡建设

URBAN—RURAL DEVELOPMENT

交通·邮政

TRANSPORTATION · POST

信 息 业
INFORMATION INDUSTRY

区域合作·扶贫开发

REGIONAL COOPERATION · POVERTY ALLEVIATION AND DEVELOPMENT

开放型经济

OPEN ECONOMY

农业·农村工作
AGRICULTURE · COUNTRYSIDE

工　业
INDUSTRY

建筑业·房地产业

CONSTRUCTION · REAL ESTATE

商贸流通业

COMMERCE

旅游业·餐饮业
TOURISM · CATERING

金融业
BANKING

财政·税务
FINANCE · TAXATION

经济监督管理
ECONOMIC SUPERVISION AND MANAGEMENT

应急管理

EMERGENCY MANAGEMENT

科　学

SCIENCE

教　育

EDUCATION

文 化

CULTURE

卫生 · 体育

HEALTH · SPORTS

社会生活

SOCIAL LIFE

生态环境

ECOLOGICAL ENVIRONMENT

开发园区

DEVELOPMENT ZONE

镇 街

URBAN AND TOWNSHIP

人　物
FIGURES

附　录

APPENDIX

索　引

INDEX

东莞名片

- 全国文明城市
- 全国双拥模范城
- 国家森林城市
- 国家环境保护模范城市
- 国家节能减排财政政策综合示范城市
- 全国水生态文明城市
- 中国优秀旅游城市
- 全国质量强市示范城市
- 全国科技进步先进市
- 国家知识产权示范城市
- 全国版权示范城市
- 全国“两基”教育先进市
- 国家卫生城市
- 全国体育先进市
- 全国篮球城市
- 国家公共文化服务体系示范区
- 全国创新社会治理优秀城市

东莞数字·2020年 

- 户籍人口 263.88万人
- 常住人口 1043.36万人
- 土地面积 2460.1平方千米
- 地区生产总值 9650.19亿元
  - 第一产业增加值 30.27亿元
  - 第二产业增加值 5193.09亿元
  - 第三产业增加值 4426.83亿元
- 农林牧渔业总产值 46.52亿元
- 固定资产投资 2405.10亿元
- 社会消费品零售总额 3740.14亿元
- 外贸进口总额 5021.48亿元
- 外贸出口总额 3281.52亿元
- 实际利用外资 11.45亿美元
- 市一般公共预算收入 694.75亿元
- 市一般公共预算支出 840.33亿元
- 城镇常住居民人均可支配收入 58052元
- 农村常住居民人均可支配收入 38827元

湾区都市

『WANQU DUSHI PINZHI DONGGUAN』

东莞市城市中心区　（2020年张顺祥摄）

品质东莞

推进“双统筹”，奋力夺取

2020年12月10日，东莞市抗击新冠肺炎疫情表彰大会在会议大厦召开。图为市领导梁维东、肖亚非等与获奖代表握手并合影 （郑琳东　摄）

2020年，东莞市以推进“双统筹”为主线，夺取新冠肺炎疫情防控和经济社会发展“双胜利”。坚持人民至上、生命至上，应对实际管理人口1000多万人、市场主体130多万家等巨大压力，构筑起“外防输入、内防扩散、医疗救治、自我防护”四道防线，全市没有发生社区和企业聚集性疫情，37天实现无新增本地确诊病例、63天基本恢复正常生产生活秩序。在做好疫情防控前提下，通过出台“助企撑企15条”等一揽子政策、设立50亿元援企专项资金、配置200公顷增资扩产用地指标、组建36个复工复产指导服务组等措施，以超常规机制加强经济运行监测调度。全市经济增速由负转正，主要指标呈现持续恢复性增长，市一般公共预算收入增长3.2%，制造业贷款余额增长39.5%，增量占全省两成，工业用电量增长1.4%，市场主体增长8.3%，新增上市及证监会过会企业17家、创历年新高，新业态、新动能加快成长。

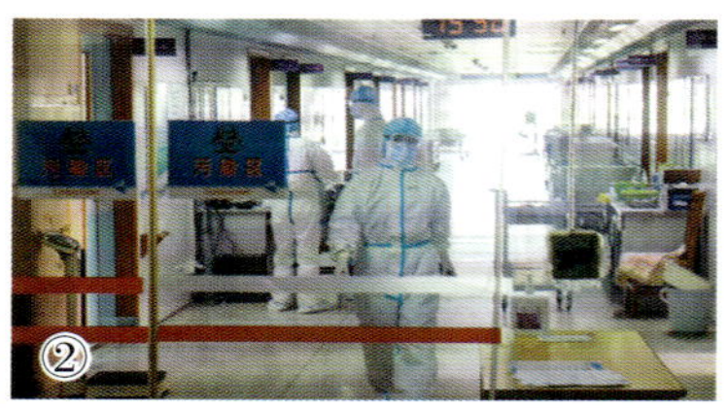

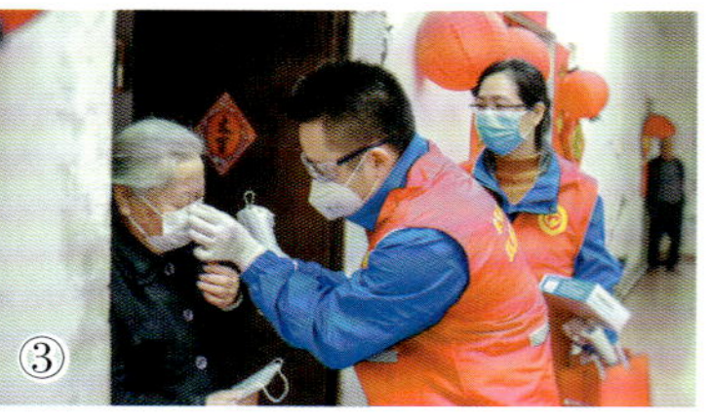

① 2020年1月28日，东莞市援助湖北医疗队出征仪式在市行政办事中心举行 （郑琳东　摄）

② 东莞市新冠肺炎定点救治医院——市第九人民医院隔离病区 （2020年1月25日摄　东莞日报社供图）

③ 2020年2月29日，东莞市组建超过1500人的疫情防控应急队伍，按片区下设 6 个分队，各园区、镇街设应急小分队，企业、学校设置应急小组，提升预防和应对突发事件能力，维护社会发展稳定大局。图为应急队伍人员到村（社区）开展防疫工作 （东莞日报社供图）

新冠肺炎疫情防控和经济社会发展“双胜利”

① 2020年1月26日，东莞市第一家口罩生产企业复工复产 （东莞日报社供图）

② 2020年5月15日，东莞市强化投资松绑促落地稳增长工作会议召开。图为签约及发布仪式 （郑琳东 摄）

③ 2020年6月17日，东莞市市长肖亚非赴石碣镇、莞城街道调研经济运行和企业复工复产情况。图为调研石碣镇台达集团达创科技（东莞）有限公司 （郑家雄 摄）

④ 2020年9月8日，东莞全球先进制造招商大会举行。图为产业链招商项目签约 （郑琳东 摄）

⑤ 东莞“助企撑企15条”

补齐民生短板，增强群众

2020年12月29日，东莞市人民政府与暨南大学、南方医科大学、广东医科大学校地共建签约仪式举行
（程永强　摄）

2020年，东莞市以补齐民生短板为突破，增强群众获得感、幸福感和归属感。围绕高水平全面建成小康社会目标，出台实施“市政府一号文”，推进100项重点民生事项。全面启动“教育扩容提质”和“品质交通”两个千日攻坚行动，新改扩建公办中小学32所，新增公办学位超过3.7万个，新建道路184千米、停车位6.9万个。加快补齐公共卫生短板，完善分级诊疗和全民医疗保障制度，与暨南大学、南方医科大学、广东医科大学、广州中医药大学等共建高水平医院和区域中心医院。做好民生兜底保障，全面提高低保及低收入家庭认定、特困人员供养和孤儿基本生活保障标准，实现居家养老“大配餐”和长者饭堂镇街全覆盖。“民生大莞家”解决群众身边“小急难”问题2500宗。完成第七次全国人口普查登记工作。审计、信访、外事侨务、防震减灾、民族宗教、工青妇幼、档案方志、红十字会、残疾人等工作全面推进。

“教育扩容提质”行动之一——松山湖北区学校建设
（2020年市教育局供图）

① 2020年8月10日，东莞市第三代社会保障卡建设启动暨合作单位签约仪式在市民服务中心举行（程永强 摄）

② 南城街道雅园社区长者饭堂（2020年蓝业佐摄）

③ 2020年10月31日，东莞市第七次全国人口普查入户登记启动仪式举行。图为普查员进行宣誓（郑琳东 摄）

④ 2020年7月4日，“决胜小康 奋斗有我”全国职工主题阅读活动广东专场暨“粤读点亮人生”2020年广东省十大书香企业评选活动启动仪式在东莞市工人书城举行。图为演绎“一座城留住一个人”温暖剧情的湖北籍外来务工人员吴桂春上台分享阅读心得体会（程永强 摄）

补链强链拓链，加快完善

2020年，东莞市以“补链、强链、拓链”为导向，加快完善现代产业体系。聚焦产业链关键环节、缺失环节，高规格举办全球先进制造招商大会、“云招商、云温暖”等活动，引进京东大湾区总部等一批重大项目，推动企业增资扩产130宗，全年实际引资1499亿元，比上年增长25.3%。每季度集中动工一批重大项目，累计完成投资983.8亿元，拉动全市固定资产投资增长13%。全面实施外经贸振兴计划，外企内销总额超过4900亿元，电子商务交易额超过5500亿元，保税物流进出口额超过2600亿元，快递业务量突破20亿件、业务收入排全国第七名，石龙中欧班列成为中国第三条国际铁路运邮通道。

2020年11月10日，全市推动外贸高质量稳定发展大会在东莞市行政办事中心召开 （郑琳东　摄）

2020年9月10日，2020华为开发者大会在东莞篮球中心开幕。图为华为公司面向全球发布“鸿蒙2.0”系统 （郑琳东　摄）

现代产业体系

2020年11月18日，“东莞常平号”中欧班列开通

（东莞日报社供图）

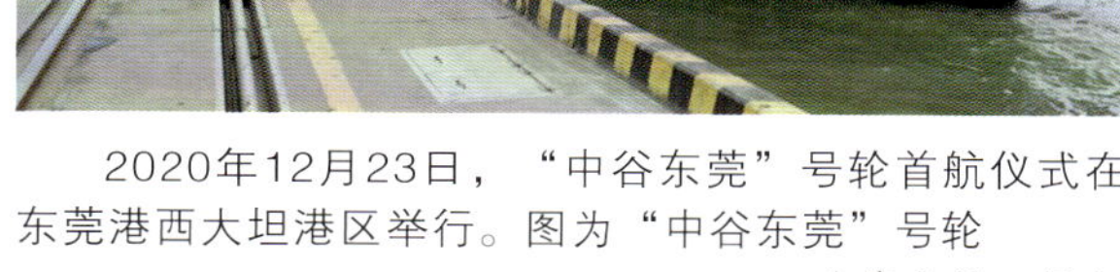

2020年12月23日，“中谷东莞”号轮首航仪式在东莞港西大坦港区举行。图为“中谷东莞”号轮

（蓝业佐　摄）

2020年5月13日，东莞市与日本DIC集团高层“云招商、云问暖”连线洽谈活动举行

（郑家雄　摄）

2020年5月1日，东莞虎门港综合保税区一期项目封关运作　（沙田镇供图）

主动对接“双区”驱动，增创

2020年12月28日，东莞市举行“育先机 开新局”——粤港澳大湾区特色合作平台（滨海湾新区）一期基础设施竣工暨二期重大项目集中开工仪式（程永强 摄）

2020年，东莞市以主动对接“双区”（粤港澳大湾区、深圳建设中国特色社会主义先行示范区）驱动为引领，增创改革发展新优势。主动融入“一核一带一区”区域发展格局（推动珠三角核心区优化发展；把粤东、粤西打造成新增长极，与珠三角城市串珠成链形成沿海经济带；把粤北山区建设成为生态发展区），深度参与深圳都市圈、穗莞合作发展等规划编制，深化莞港澳在金融、跨境电商等方面合作，着力构建湾区“1小时交通圈”，各规划6处地铁通道分别与广深相连，深外环高速公路东莞段建成通车，佛莞城际铁路全线铺轨。全力支持深圳建设先行示范区，推动松山湖科学城与光明科学城共建综合性国家科学中心先行启动区。深入推进省制造业供给侧结构性改革创新实验区建设，用好用足省28项支持事项，强化投资“松绑”、优化营商环境等工作取得明显成效。

改革发展新优势

2020年11月8日，第三届粤港澳大湾区金融发展论坛在东莞市举行　（郑家雄　摄）

2020年12月2日，松山湖功能区投资推介会在松山湖高新区举行　（郑志波　摄）

滨海湾新区　（2020年东莞日报社供图）

2020年8月28日，“莞通1号”盾构机始发，东莞市轨道交通1号线首个盾构区间（滨江体育馆站至莞太路站）开始掘进　（程永强　摄）

松山湖高新区南部滨湖区域远眺　（2020年松山湖高新区供图）

打造高品质现代化都市，提升

东莞市第一批美丽幸福村居特色连片示范项目：万江片区谷涌社区多彩花园项目
（2020年市住房和城乡建设局供图）

海心沙资源循环综合利用基地　（2020年吴芷欣摄）

2020年，东莞市以打造高品质现代化都市为目标，提升城市形象和城市品质。城市品质三年提升计划收官，从重点突破转入全面完善和整体提升常态化阶段。推进新一轮国土空间总体规划编制，科学规划2021—2035年空间发展蓝图。推进污染防治攻坚战，完成河涌水环境整治213条，海心沙资源循环综合利用基地、立沙岛危险废物处理中心等项目建成，生活垃圾分类示范片区建设推进。水环境质量改善幅度排

东城街道中心区

2020年，石马河旗岭断面全年水质稳定达标
（市石马河流域综合整治现场指挥部供图）

2020年2月25日，中国电力中电新能源东莞市立沙岛项目第一套机组，通过“72+24”小时满负荷试运行，进入商业运营　（市发展改革局供图）

全国第三名、全省第一名。空气质量综合指数改善幅度排全国第二名、全省第一名。推进城市精细化管理，城市“体检”、老旧小区改造等工作有序开展，“路长、巷长、所长、站长”制推行。推进乡村振兴战略，创建特色精品示范村50个，65%以上的村（社区）达到美丽宜居村标准。

（2020年巫业通摄）

“十三五”时期

“十三五”时期（2016—2020年）是全面建成小康社会、实现第一个百年奋斗目标的决胜时期，是东莞市经济社会发展取得重大成就的关键时期。东莞市围绕建设“湾区都

东莞市发展成就

市、品质东莞”的战略部署，凝心聚力，砥砺奋进，较好地完成“十三五”时期确定的主要目标任务，高质量发展迈出坚定步伐。

东莞市中心广场　（2020年张顺祥摄）

综合发展实力实现重大进步

“十三五”时期，东莞市经济实力稳中有进。2020年，全市地区生产总值9650.2亿元，年均增长6.5%，提前一年完成“十三五”规划目标。市一般公共预算收入694.7亿元、税收总额2153.2亿元，分别是2015年的1.3倍和1.5倍。社会消费品零售总额、规模以上工业增加值分别突破3000亿元、4000亿元，是2015年的1.4倍和1.5倍。本外币存、贷款余额分别突破1.8万亿元和1.2万亿元，是2015年的1.8倍和2.1倍。五年实际利用内外资5326.7亿元，完成固定资产投资9615.2亿元。外贸进出口总额超1.3万亿元，稳居全国第五位。全市市场主体超过134万户，是2015年的1.8倍，占全国总量1%。高新技术企业总数6381家，是2015年的6.5倍。主营业务收入超千亿元企业实现零的突破。

镇村实力持续增强。全国百强镇从

莞太路——东莞大道立交
（2020年张顺祥摄）

鸿福路商圈　（2020年张顺祥摄）

南城中央商务区（CBD）地段

12个增至15个，5个镇街地区生产总值进入500亿元“俱乐部”，所有次发达镇均超100亿元，实现历史性突破。村组两级总资产、经营性纯收入分别增长42%和66.8%，纯收入超亿元村由10个增至30个，70个次发达村（社区）村组两级经营性纯收入实现翻番。

城市影响力不断提升。先后获评为全国质量强市示范市、版权示范城市、水生态文明城市和国家节水型城市，获中国法治政府奖，首获全国综治工作“长安杯”，蝉联全国文明城市、卫生城市、社会治理创新示范市、双拥模范城等荣誉，连续两年政商关系健康指数排全国第一名，连续三年跻身中国外贸百强市竞争力前三名，连续四年入围新一线城市，“湾区都市、品质东莞”价值追求深入人心，投资洼地、创业沃土城市形象彰显。

松山湖创新科技园　　（2020年松山湖高新区供图）

（2019年张顺祥摄）

取得重大进展
把握「双区」驱动机遇

松山湖高新区　　（2019年松山湖高新区供图）

“十三五”时期，东莞市一批重大平台加快建设。松山湖科学城纳入大湾区综合性国家科学中心先行启动区，与中科院开展合作共建，东莞市参与大湾区国际科技创新中心建设迈出重要步伐。滨海湾新区纳入大湾区发展规划纲要特色合作平台，获批为省级高新技术开发区，掀起加速开发建设热潮。水乡功能区核心单元开发建设全面启动，银瓶创新区加快建设，虎门港综合保税区封关运作，南部各镇率先对接和融入深圳先行示范区建设。

东莞港

一批重大改革深入推进。获批建设省制造业供给侧结构性改革创新实验区。国家开放型经济新体制综合试点、功能区统筹优化市直管镇体制等改革取得明显成效，深化商改、稳住外贸基本盘、公立医院综合改革等工作获国务院督查激励。市民服务中心成为全省进驻部门最全、进驻事项最多、综合窗口集成最高的办事大厅之一，社会投资项目审批提速50%以上，一手房办证最快1小时内办结，开办企业便利度居全省地级市第一位。

一批历史遗留问题得到解决。出台农房建设管理办法，从源头刹住控住违建抢建势头，提升农房品质风貌。专门出台加强镇级资产监督管理办法，启动镇属企业改革工作，推动集体资产保值增值。专项推动符合条件的产业类和公共配套类违建补办不动产权手续，盘活大量存量资产。创新统筹开发模式和利益平衡机制，加快松山湖东部工业园建设步伐。铁腕整治“两违”（违法用地、违法建设）问题，累计治理违建面积超过7000万平方米。坚持问题导向，强力督查督办硬指标硬任务，全面推广明察暗访、“行走东莞”等工作机制，创造性解决问题能力得到提升。

滨海湾新区　（2019年滨海湾新区供图）

水乡功能区——东莞西站　（2019年市发展改革局供图）

银瓶创新区粤海产业园　（2020年谢树森摄）

（2020年张顺祥摄）

创新驱动发展获得重大突破

2018年，中国散裂中子源通过国家验收并投入运行 （2019年郑志波摄）

“十三五”时期，东莞市区域创新体系加快完善。创新成为引领和支撑产业转型升级第一动力，全市构建起源头创新、技术创新、成果转化、企业培育“四大创新体系”。全球第四台、中国首台散裂中子源投入运营。南方先进光源项目预研启动。松山湖材料实验室加快建设，研究成果入选“中国科学十大进展”。成功争取大湾区大学和香港城市大学（东莞）落户。东莞理工学院排名大幅提升。科技创新要素加速集聚。R&D（研发）投入强度从2.36%提至3.06%，达到发达国家水平。国家级孵化器、省级工程中心、省级新型研发机构分别是2015年的2.9倍、3.5倍、1.5倍。全市集聚高层次人才15.6万人，超过50名院士常年在莞开展科研活动，省创

位于松山湖高新区的华为终端研发基地

① 2020年1月6日，东莞市人民政府、东莞理工学院、香港城市大学共同举办香港城市大学（东莞）协议签署仪式在市民服务中心举行 （市大学筹建办供图）

② 2019年6月17日，东莞市推进粤港澳大湾区建设第二批重大项目集中开工暨中子科学城·松山湖材料实验室项目动工仪式举行 （松山湖高新区供图）

③ 广东欧珀（OPPO）移动通信有限公司智能手机生产线 （2019年郑志波摄）

新科研团队38个，居全省地级市第一位。先进制造特色更趋明显。规模以上工业企业数量突破1万家，比2015年翻一番，跃升至全国第二位、总产值突破2万亿元。三大手机出货量居全球前五位。95家市级试点企业实现倍增。78家企业入围广东制造业500强。单位规模以上工业增加值能耗下降31%。先进制造业、高技术制造业分别占规模以上工业增加值50.9%、37.9%，成为工业增长主要力量。

广东维沃移动通信有限公司 （2018年占有兵摄）

（2020年张顺祥摄）

城市品质内涵得到重大提升

2016年5月27日，东莞地铁2号线开通运营
（市发展改革局供图）

2019年12月22日，第17届亚洲马拉松锦标赛暨2019东莞国际马拉松在东莞市举行（市文化广电旅游体育局供图）

“十三五”时期，东莞市城市空间格局发生深刻变化。中心城区、松山湖、滨海湾新区“三位一体”的都市核心区初具雏形，六大片区加快统筹发展。东莞进入“地铁时代”，轨道交通、高快速路、水电气、5G网络等基础设施不断完善，城市更新、TOD（以公共交通为导向的开发）建设、镇村工业集聚区改造等加速推进，市镇收储土地近300公顷，拓空间工作取得重大突破。

中心城区首位度加快提升。“一心两轴三片区”（指中心城区城市品质提升的重点地区。其中，“一心”指市行政文化中心区，“两轴”指东莞大道时代发展轴和鸿福路山水文化轴，“三片区”指东莞国际商务区、“三江六岸”历史休闲区、黄旗南生态科创区）规划建设大幕全面拉开，民盈国贸中心等城市地标建成，国际商务区、黄旗南、“三江六岸”等片区建设实质性启动，中心城区灯光夜景、广深高速沿线景观品质、东莞大道十里迎宾景观带等提升工程成效突显。

魅力小城和美丽乡村串珠成链。“洁净城市”、“厕所革命”、“五线”整治（指对广深高速、广深铁路、广深港高铁、莞深高速、环莞快速沿线景观开展综合

东莞市中心城区灯光夜景

2019年国际篮联篮球世界杯东莞赛区比赛现场

（市文化广电旅游体育局供图）

中国历史文化名村——南社村

（2020年市文化广电旅游体育局供图）

整治）等补短板行动扎实推进，32个魅力小城示范街道、10个示范片区项目实施，建成美丽幸福村居单村389个、特色连片示范区3个，全部村（社区）达到干净整洁村标准，东莞市创建全省唯一农村人居环境示范市。乡村振兴“三年取得重大进展”目标基本实现。

城市活力显著提升。大湾区院士峰会、华为全球开发者大会、男篮世界杯、亚洲马拉松等高规格活动赛事举办，湖北籍务工者吴桂春的故事广为传播，书香东莞、友善东莞形象持续提升，全市每年人口净流入保持在10万人以上，五年增加户籍人口69万人。东莞市生机勃勃的新一线城市形象不断突显，城市吸引力、承载力和竞争力进一步提升。

2019年7月25日，“5G+”智慧医疗战略合作签约仪式暨东莞市骨科联盟远程手术指导及演示会在东莞市中医院举行　　（郑志波　摄）

（2020年张顺祥摄）

生态环境建设发生重大变化

“十三五”时期，东莞市水污染治理取得决定性成果。五年投入超700亿元打响治水攻坚战，新建污水管网1.2万千米，新建扩建污水处理项目18个，提标改造污水处理厂35座，清理整治砂场182个，整治污染河涌424条，7个国省考断面水质明显改善，建成区22条黑臭水体基本消除黑臭，茅洲河、石马河等重点流域水质全面达标，水生态环境发生根本性变化。

蓝天净土保卫战扎实推进。空气优良天数比例提升至91.3%，PM2.5平均浓度比2015年下降28%。生活垃圾、危险废物、生活污泥处理处置能力比2015年分别提高93.5%、127%和131%，新增生活垃圾实现全焚烧、零填埋，36座镇级填埋场全部完成整治。

生态质量全面提升。划定永久基本农田及海洋生态红线，新建森林公园、湿地公园14个，华阳湖成为国家级湿地公园，东莞植物园成为市民亲近自然的网红打卡点，全市AAAA级旅游景区增至15个，11个镇街创建成为省森林小镇，生态环境质量提升跑出加速度。

东莞市中心广场东片区

谢岗镇银瓶山森林公园

（2020年谢树森摄）

滨海栈道

（2020年夏钊昇摄）

（2020年张顺祥摄）

华阳湖国家湿地公园（2019年麻涌镇供图）

东莞植物园（2019年张满枝摄）

整治后的茅洲河（2019年陈亮宇摄）

整治后的石马河（2019年市生态环境局供图）

建设全面小康赢得重大胜利

2020年3月11日，东莞市高水平全面建成小康社会暨品质交通与教育扩容提质千日攻坚工作会议召开（东莞日报社供图）

“十三五”时期，东莞市投入2000多亿元用于民生建设，支出比例每年均超七成，有效满足人民群众日益增长的美好生活需要。

脱贫攻坚成效显著。对口帮扶的广东省韶关市、揭阳市323个贫困村、1.57万相对贫困户全部稳定脱贫，云南省昭通市6个贫困县、874个贫困村、82.18万贫困人口全部脱贫出列。援疆“村连结对”做法在全国推广，援藏8个小康示范村项目全部完工，援川工作得到上级肯定。

民生福祉持续改善。居民人均可支配收入5.7万元，比2015年增长46.3%。新增义务教育阶段公办学位12.5万个、病床位6000张、养老床位4000张，药价平均降幅超54%，人均预期寿命突破80岁大关。“技能人才之都”建设成效显著，132万人次完成学历技能素质提升。

公共文化服务体系建设硕果累累。社会保障、救助及福利水平不断提升。社会大局和谐稳定。“智网工程”、“二标四实”（标准作业图、标准地址库；实有人口、实有房屋、实有单位、实有设施）等工作深入推进，“两抢”（抢夺、抢劫）案件下降超过九成、命案发案数下降五成，扫黑除恶专项斗争成果群众满意度排全省第一名。团贷网案件得到稳妥处置。全市生产安全事故起数和死亡人数逐年下降，群众安全感进一步提升。

东莞市人民医院（2018年市卫生健康局供图）

东莞市民艺术中心（2019年市

2020年12月26日，高埗镇横滘头村获“中国全面小康十大乡村振兴示范村”称号　　（高埗镇供图）

东莞市“智网工程”指挥调度中心
（2020年市“智网工程”指挥调度中心供图）

东莞市援建的新疆维吾尔自治区图木舒克市草湖镇　（2020年市发展改革局供图）

旅游体育局供图）

东莞市对口帮扶云南省昭通市。图为贫困户在苹果扶贫产业园工作　（2020年东莞日报社供图）

东莞市对口援建西藏自治区林芝市巴宜区。图为农牧民在对口援建的布久乡工布花谷采摘玫瑰
（2020年巴宜区供图）

2016—2020年东莞市户籍人口和常住人口走势

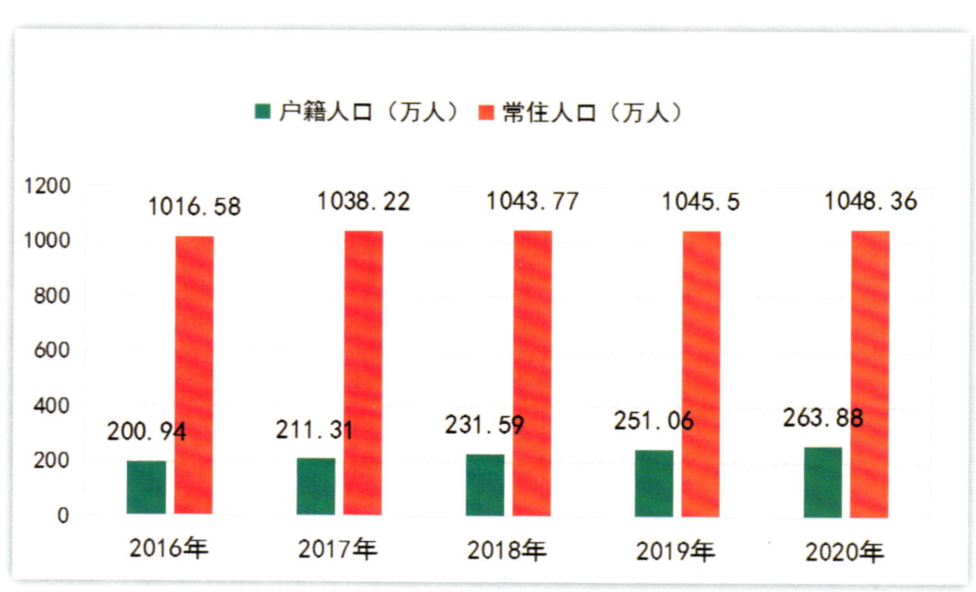

2016—2020年东莞市地区生产总值

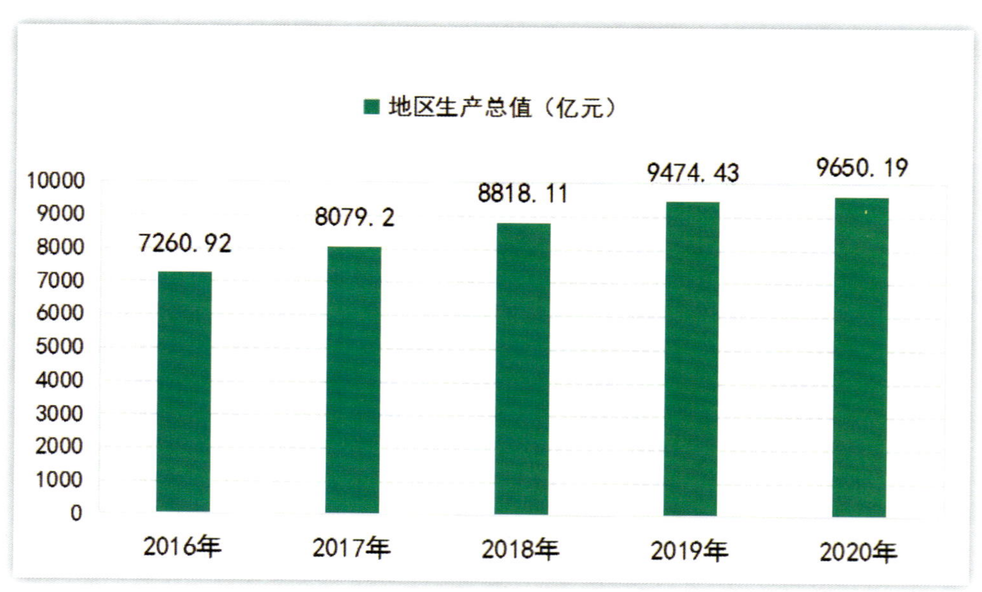

2016—2020年东莞、广州、深圳、佛山四市规模以上工业企业数量

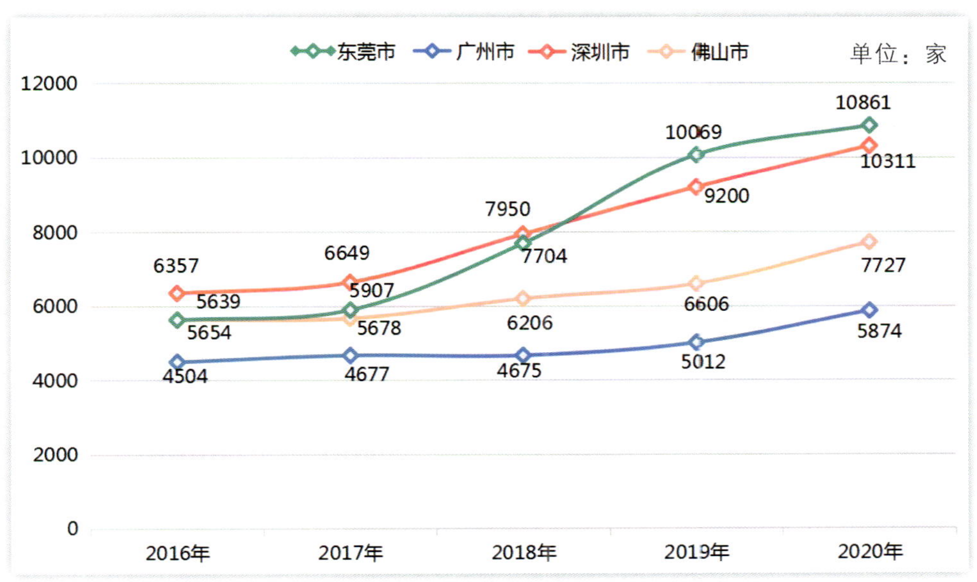

2016—2020年东莞、广州、深圳、佛山四市省制造业500强企业数量分布情况

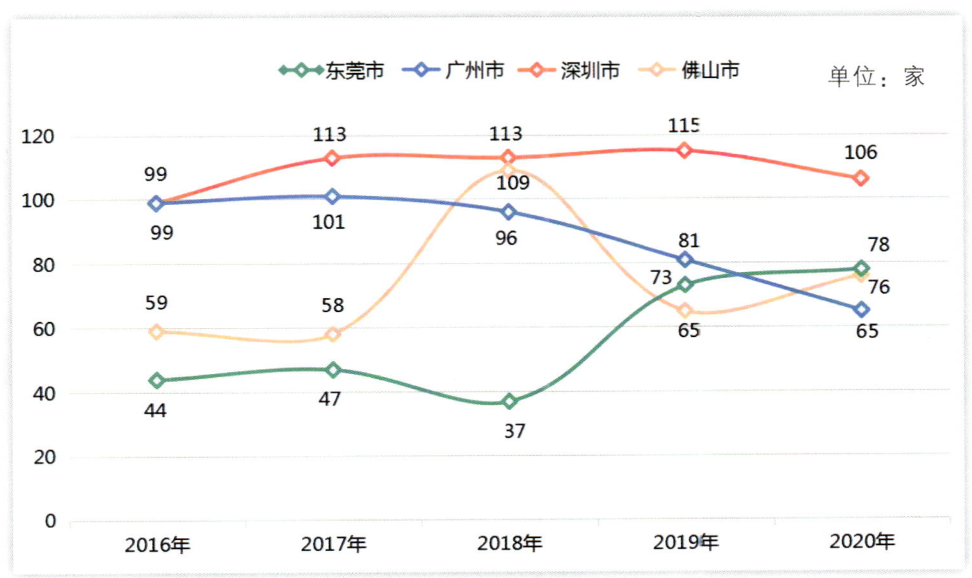

2016—2020年东莞市社会消费品零售总额及增长速度

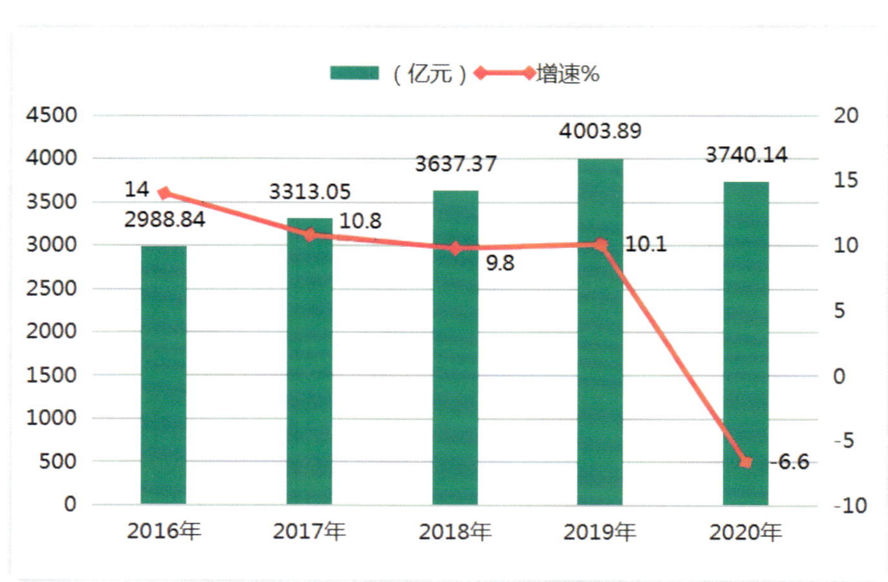

2016—2020年东莞市服务业增加值及增长速度

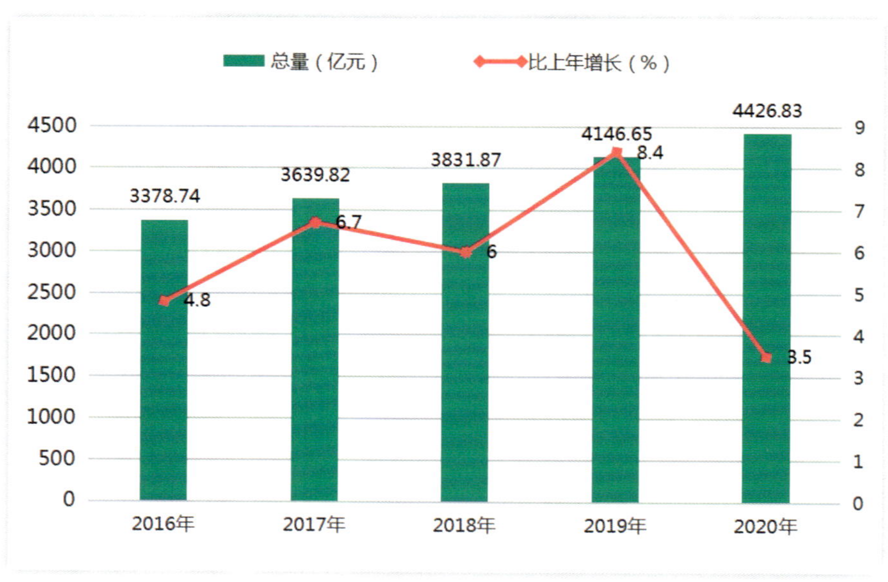

2016—2020年东莞市固定资产投资走势

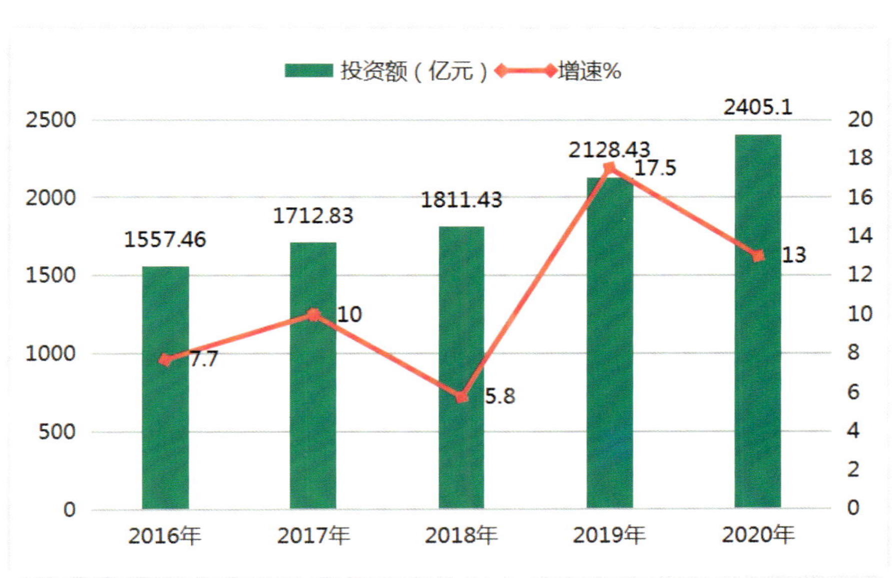

2015—2019年东莞市全社会研发经费支出和投入强度

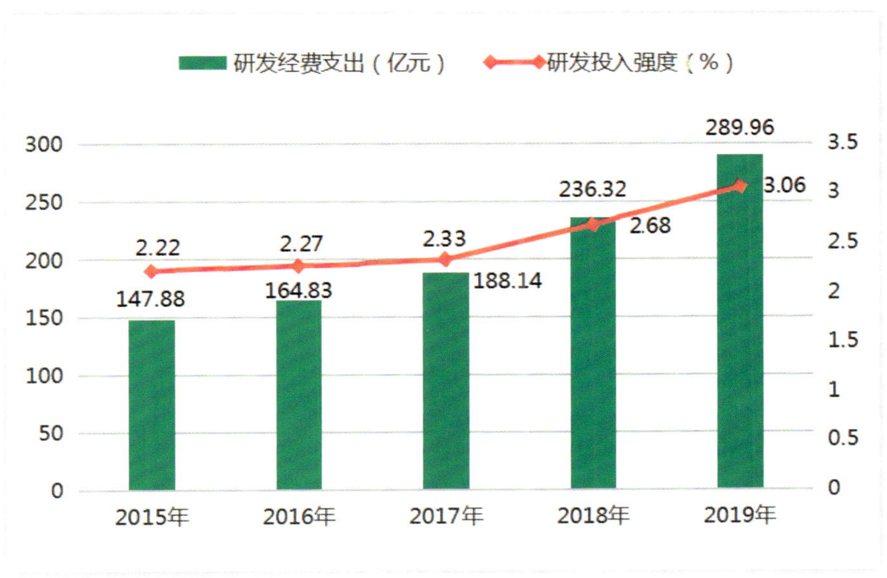

2016—2020年东莞市进出口总额

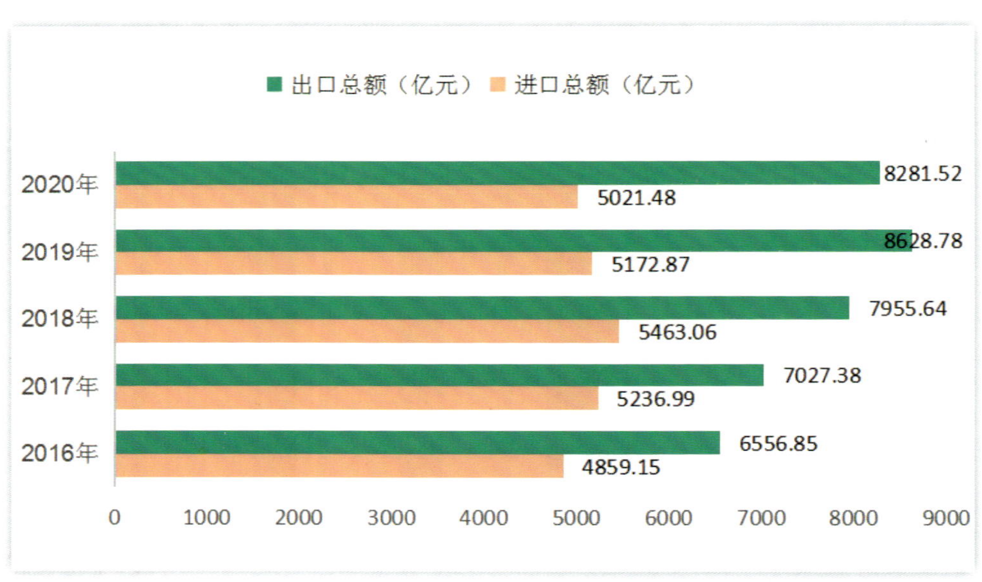

2016—2020年东莞市各项本外币存款、贷款余额

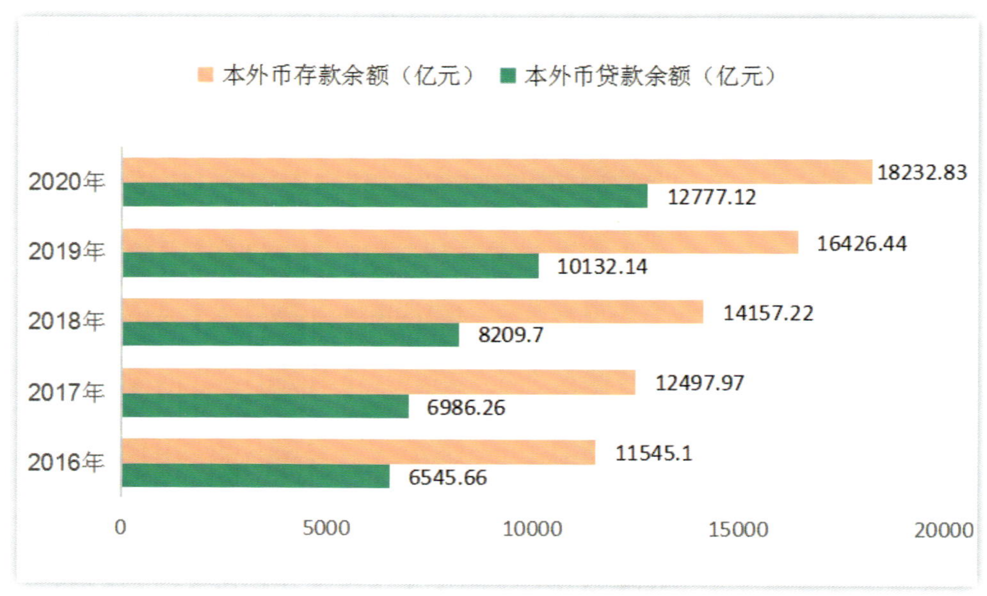

特　辑　统筹推进疫情防控和经济社会发展

SPECIAL SERIES ON COMPREHENSIVELY PROMOTING COVID-19 PREVENTION AND CONTROL & ECONOMIC AND SOCIAL DEVELOPMENT

2020年2月18日，东莞市中心城区滚动播放抗“疫”宣传标语　（程永强　摄）

编辑：李俊玉

抗击新冠肺炎疫情

【抗击新冠肺炎疫情概况】2020年，面对新型冠状病毒肺炎（简称“新冠肺炎”）疫情，东莞市构筑起“外防输入、内防扩散、医疗救治、自我防护”四道防线，统筹推动各项防控工作，全市没有发生社区和企业聚集性疫情，37天实现无新增本土确诊病例、62天基本恢复正常生产生活秩序，防控工作从应急状态转入常态化，总体平稳可控。截至2020年底，东莞市连续307天无新增本土确诊病例，累计报告确诊病例100例（含境外输入1例），1例死亡，99例治愈出院。在做好疫情防控的前提下，通过出台《关于支持莞企共克时艰　打赢疫情防控阻击战的若干措施》等一揽子政策、设立50亿元援企专项资金、配置200公顷增资扩产用地指标、组建36个复工复产指导服务组等措施，以超常规机制加强经济运行监测调度。全市经济增速由负转正，主要指标呈现持续恢复性增长。东莞市全面提升服务企业水平、有效稳住外贸基本盘的做法，获得国务院通报表扬。坚持服从大局、服务全局，先后派出3批57名医务人员驰援湖北省；向国家和省上交医用口罩1259.2万个、熔喷布25.09吨、医用防护服2.7万件、压条机178台，2次获得国务院联防联控机制医疗物资保障组致函感谢。东莞市卫生健康局、东莞市人民医院呼吸与危重症医学科万江二区主任张平分别被评为全国抗击新冠肺炎疫情先进集体和先进个人。在广东省抗击新冠肺炎疫情表彰大会上，东莞市有36名先进个人、13个先进集体、7名优秀共产党员、6个先进基层党组织获表彰。

【重大公共卫生事件一级响应启动】　2020年1月23日，东莞市启动重大公共卫生事件一级响应，成立市防控新型冠状病毒感染的肺炎疫情工作领导小组（指挥部），设立24个工作组（专班），建立起党委领导下的指挥抗疫体系。及时取消黄旗古庙等大型新年祈福活动，全面叫停集市集会，减少春节期间人员聚集。组织4200多名机关党员干部、近5万名镇村党员干部投入抗疫一线，发动1.5万名“两新”（新经济组织、新社会组织）党员带头参与企业抗疫和复工复产。

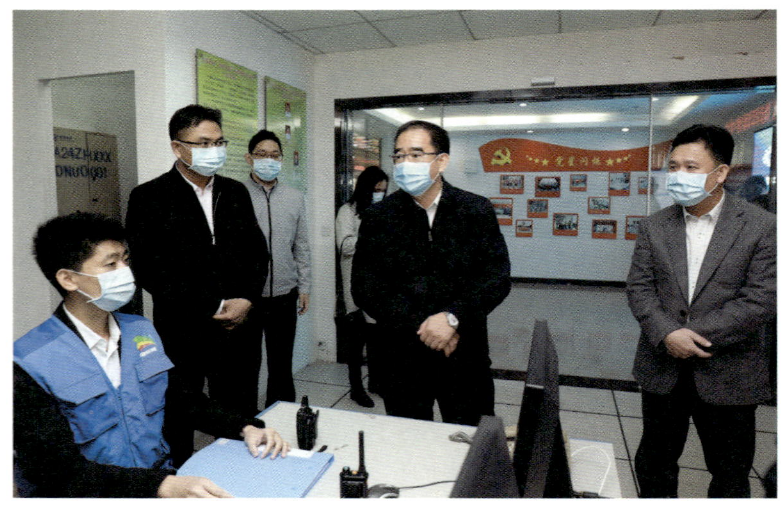

2020年1月27日，东莞市委书记梁维东（右二）在大朗镇求富路社区“智网工程”指挥调度工作站督导新冠肺炎疫情防控工作（郑琳东　摄）

【疫情社区传播风险切断】　2020年，东莞市在全省率先设置交通入口新冠肺炎联合检疫点进行24小时测温排查，近6800人在全市143个联合检疫点昼夜连续排查。开发“莞e申报”，动态监测实有人员信息，全力控制传染源，高峰期高风险人群范围覆盖湖北全省及周边城市，安排集中隔离点房源2.4万间，集中隔离9.3万人次，居家、居企或社区健康管理46.2万人次。进入常态化防控阶段后，根据省推送的大数据，对中高风险地区涉莞任务第一时间核查落地、存量清零、增量日增日清。整合大数据技术力量，关联性研判病例活动轨迹，提高流行病学调查预见性和精准度，卫生健康部门和公安部门按照“三同时”（同时赶赴现场、同时开展调查、同时进行处置）要求，落实传染源管控、切断传播途径、风险人群排查等防控措施，平均4小时内查清传染源。在全省首创确诊病例卫星点位图，在全国率先发布无症状感染者信息，第一时间管控好高风险人员和密切接触者，没有发生一例密切接触者脱靶情况，最大限度切断社区传播风险。

【新冠肺炎病患救治】　2020年，东莞市严格落实新冠肺炎疫情防控“四早”（早发现、早报告、早隔离、早治疗）措施和“四集中”（集中患者、集中专家、集中资源、集中救治）救治原则，尽最大努力救治病患。统筹全市医疗资源，紧急腾空3家公立医院，7天建成200张床位的集装箱隔离病房，储备3043张隔离治疗床位。建立从预检分诊、筛查转运、集中救治到出院管理的分级、分层、分流救治体系，抽调470多名医疗技术骨干，组建高水平医疗团队进驻定点收治医院，借助省驻点专家力量强化重症救治，邀请钟南山院士、李兰娟院士为危重症患者远程会诊。坚持中西医结合，确诊病例全部纳入中医辨证论治范围，制定“一人一方”诊疗方案，构筑起防感染、防转化、防复阳的中医药防疫屏障。经中西医结合治疗，2月11日起，全市再无普通型病例向重型或危重型病例转化。

【严防疫情境外输入】　2020年，东莞市与新冠肺炎疫情中高风险地区人口流出地、周边入境口岸加强协调联动，将外防输入关口前移。设立“点对点”定点站场、入境转运专班等，集中做好国际航班、深圳湾口岸等途径入境人员的闭环健康管理。对粤港跨境司机“三点一线”（入境口岸点，货物作业点，指定住宿点，交通运输沿线）实施全流程监管，督促指导跨境司机、接驳司机做好“三点一线”经营服务场所扫码工作。严格管理全市27座一类码头和6座水运二类码头，对确需离船上岸的船员落实集中隔离14天、核酸检测等防控措施，对6艘国际航行船舶的17名核酸检测阳性船员作出应急处置。精心组织全国首批适用“中韩快捷通道”人员、1326名中国台湾籍商人和学生、450名驻印度企业员工入境返莞，从远端防控、接送转运、通关查验，到检疫流调、健康监测、隔离观察，全流程“点对点”闭环运作。对在莞重点国家人员开展拉网式大排查，以一人（户）一册方式建立在莞重点国家人员信息台账，在全省率先建立“一对一”沟通联络机制，动态跟踪管控风险点，以柔性政策分类做好健康服务管理。

【疫情防控关键领域网格化管理】　2020年，东莞市针对工厂、出租屋、学校三个关键领域落实防控措施，将全市171万栋建筑物、120多万个市场主体、31.8万间出租屋全部划入网格。动员市、镇、村、群团所有社会治理力量，联合组建2233个“社区三人小组”，织牢织密2830个网格单元，压实企业、出租屋房东、二手房东、小区物业主体责任，做好信息登记、体温检测、清洁消杀、爱国卫生等日常防控措施，确保不发生社区内扩散、反弹和局部暴发。

坚持把疫情防控措施落实到位作为复工复产前提，从严管理1485个密闭、半密闭车间和968个大中型建筑工地，在全省率先按高、中、一般三个等级建立企业密闭车间信息台账，纳入市、镇、村三级应急队伍管控范围。在全省率先引导企业主动检测复工返岗人员，通过“愿检尽检”及早发现5例低风险地区持绿码来莞的无症状感染者，阻断疫情局部暴发风险。审时度势推动学校复学复课，对全市190万名师生外出情况进行全面摸排，有序组织4批次120.45万名中小学生和17.51万名幼儿复学返校返园。

【进口冷链食品管控】 2020年，东莞市聚焦冷链物流和国际货运，阻断新冠肺炎疫情经“物”传“人”。实施进口冷链食品冷库台账管理，推进“冷库通”追溯系统应用，强化进口冷冻肉品和水产品全链条靶向精准监管，落实从业人员进场扫码、查验登记、体温监测等防控措施。从7月11日起，对农贸市场等重点场所从业人员、产品、环境进行“全覆盖”核酸检测工作。规划建设市进口冻品集中监管仓，12月28日建成投入使用，对国内各港口码头提柜离港并在莞储存、销售、加工的“应检未检，应消未消”进口冻品进行统一包装消毒和抽样核酸检测，累计入库进口冻品22个货柜、593.18吨货物。持续打击和查处冻品走私违法行为，在主要交通要道设置卡点，对箱式货车、冷链车等可疑车辆进行开箱检查，加大重点水域及其沿岸巡防监管力度，形成“陆上堵、海上查、境内清”高压态势，查获并无害化处置不明来源冻肉和水产品4000余吨。

【严防疫情出现反弹】 2020年，东莞市按时完成扩建或新建22家发热门诊规范化建设任务，定期开展新冠肺炎院感防控排查，实现医务人员和就诊患者零感染。严格落实火车站、汽车站、码头、酒店、景区、娱乐、学校等人群密集场所人员管理措施，以预约、错峰、限流等方式有序开放文化旅游场所，对人群流动较大的地方加大体温检测力度，提醒做好个人防护。加强秋冬季高发传染病及学校、托幼机构聚集性发热疫情监测、分析和预警，每天实时传染病监测，全面排查在校教职工和学生假期旅居史，无差别落实好外籍师生健康管理。始终按照高于社会面的防护要求从严管理养老机构、社会福利机构、监狱看守所、精神卫生机构等特殊单位，适度限制探视活动，落实人员进出管理措施，全员开展核酸检测，最大限度降低疫情传播风险，确保不发生冲击社会道德底线事件。

2020年2月14日，工作人员对东莞地铁2号线的列车进行消毒，保障市民安全出行 （张村城 摄）

【疫情预警监测】 2020年，东莞市坚持常态化新冠肺炎疫情防控和局部应急处置有机结合，快速搭建由市指挥部统领的应急处置架构，落实“四个一”（指定一个号码，明确一套队伍，制定一套流程，建立一套机制）疫情应急处置小组工作机制，针对不同场景、不同情形持续完善应急处置预案，市镇疫情防控应急队伍始终保持常态化备勤状态。提高发热门诊、零售药店、交通站场、核酸检测点哨点监测预警灵敏度，及时排查发现异常情况。将接驳司机、货物作业点人员、进口冷链从业人员、隔离点工作人员等重点人群纳入核酸检测“应检尽检”范围，定期开展一次核酸检测，靠前监测，做好突发事件应对准备。抓好核酸检测能力与应急物资准备，检测能力提升到5天内完成全市1300万人口规模，防护、消杀、药品、器械、耗材等应急物资储备配置可满足30天满负荷运转。有序推进方舱医院建设，完成方舱医院1048张床位设计方案、配套所需医疗物资清单和500名医护人员征调方案。

【疫苗紧急接种】 2020年，东莞市做好新冠病毒疫苗接种科普宣传，做到重点人群“应接尽接”，把进口冷链、入境闭环、隔离场所、跨境货车司机、一线医护、卫生防疫、核酸检测服务等人员纳入优先接种对象。加快疫苗接种门诊建设，除33家社区卫生服务中心接种门诊外，依托二级以上医疗机构新设立56家新冠病毒疫苗接种门诊。

【关爱受疫情影响人员】 2020年，东莞市通过3封公开信，向来莞人员传递“四个不用愁”（各项费用不用愁，工资福利不用愁，找工办事不用愁，遇急求助不用愁）政府承诺，前期集中隔离人员核酸

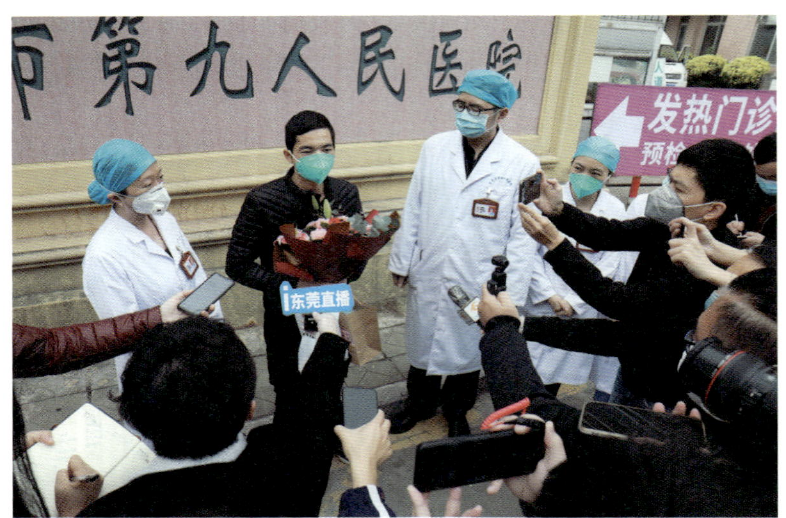

2020年2月5日，在东莞市第九人民医院，东莞市首个新型冠状病毒感染肺炎治愈患者出院　　（郑琳东　摄）

检测、食宿全免，对居家观察人员提供爱心帮助服务，对临时生活无着落人员给予“兜底式”救助，累计向7.9万名困难群众发放临时补贴3350万元，帮助受新冠肺炎疫情影响工厂停产下岗的一批来莞务工人员解决留莞就业问题。主动加强与外国驻穗领馆、协会商会沟通对接，设立42家涉外定点健康服务中心，动员200多个行业商协会规范涉外经营服务行为，实现外籍人员“零投诉”目标。及时准确、公开透明发布疫情信息，主动回应社会关切，向全社会宣讲重大防疫政策，引导市民正确理性看待疫情。严厉打击涉疫违法犯罪行为，加强舆情监测，对不法行为案例及时曝光和警示教育，引导群众增强法制意识，防止公共卫生风险向社会领域传导。（刘光辉）

经济运行监测调度

【经济运行监测调度概况】2020年，面对新冠肺炎疫情、中美经贸摩擦等因素叠加影响，东莞市经济发展受到严重冲击。4月，成立市经济运行监测调度指挥部，以超常规力度加强经济运行监测调度，推动全市经济持续稳定转好，社会大局保持总体稳定。

2020年，东莞市通过出台“助企撑企15条”（即2020年2月7日出台的《关于支持莞企共克时艰　打赢疫情防控阻击战的若干措施》，从加大稳岗支持、降低企业成本等15个方面推出55项举措）等一揽子政策、设立50亿元援企专项资金、配置200公顷增资扩产用地指标等措施，推动经济社会秩序加快恢复，经济增速从一季度的-8.8%一路回暖，全年实现由负转正，比上年增长1.1%，总量达9650.2亿元。截至2020年底，全市规模以上工业增加值下降1.1%，降幅连续10个月收窄；固定资产投资增长13%，增速分别高于全国、全省10.1个和5.8个百分点；社会消费品零售总额3740.1亿元，总量排全省第三名；全年“小升规”企业［规模以下小微企业（即年主营业务收入2000万元以下的企业）升级为规模以上企业］超过1200家；78家莞企入选广东制造业500强，排全省第二名。东莞市全面强化经济运行监测调度的做法得到广泛好评。2020年7月7日，《人民日报》头版报道《东莞主动应变赢先机》；11月13日，东莞市连续三年获评全省制造业发展较好地市，被广东省通报表扬；11月19日，东莞市“全面提升服务企业水平有效稳住外贸基本盘”作为国务院第七次大督查发现的典型经验做法，被国务院办公厅通报表扬。

【高效统筹经济运行体制建立】2020年2月底，东莞市在全省率先完成社保退费。截至3月16日，全市1万多家规模以上工业企业复工率99%。协调市镇村三级减租18.8亿元，超过6.2万家租户受惠，成为全省出台协调村组减租文件最早、力度最大的地级市。4月，成立由市委书记任组长的经济运行监测调度领导小组，启动由市长任总指挥长的市经济运行监测调度指挥部，搭建“市领导小组—市指挥部—36个指导服务组—各镇街指挥部—驻企专班专员”组织架构，每周召开指挥部工作会议，建立重大问题及时会商、重点工作跟进督办的闭环工作机制，所有重大决策在一天之内就从市层面直接落地到基层。“东莞市经济运行监测研判平台”定期采集12类59项经济运行监测指标、6大类13项企业经营先行指标及困难诉求调查数据，做好全市经济和重点企业动态监测分析及问题企业风险预警提示。针对企业压力，实行特事特办，全市落实国家政策减税降费215亿元；办理出口退（免）税720.66亿元，总额排全省第一名。将占全市工业产值、外贸总额八成的5000多家重点企业纳入监测库，作为全市经济必争必保的基本盘，及时“输氧供血”。截至2020年底，全市市场主体不降反增，新登记22.7万家，累计登记数超134万家；全市1万多家外资企业注销541家，比上年减少25家；城镇登记失业率2.18%。

【援助企业资源统筹】2020年，东莞市统筹资金、土地等资源，解决企业需求。统筹设立50亿元财政专项资金，撬动超过800亿元社会资本保企业促复苏稳增长。其中，企业技术改造奖补措施推动

313个项目投入技术改造投资43亿多元，投资总额居全省第二位；设立高新技术企业培育专项资金，推动全市3168家企业申报高新技术企业，总数达6381家，在全省地级市排第一名。统筹200公顷用地指标专项用于企业增资扩产，企业最快3个月拿到地，对19个镇街51个项目配置使用土地132.29公顷，总投资305.73亿元，其中31个项目年内动工。

【复苏经济政策出台】 2020年，东莞市全力稳住外贸基本盘。4月27日，出台《东莞市关于促进外贸稳定发展的实施意见》（简称“稳外贸20条”），从稳经营、拓市场、强培育、促转型、优服务等方面制定20条政策，帮助企业保市场保订单。发展外贸新业态，获批市场采购贸易试点，打造东莞优品专区、线上展会平台、直播产业集群三大新平台，举办超过500场电商直播活动。截至2020年底，全市电子商务交易额5861亿元，比上年增长9%，通过出口信用保险支持6911家企业出口约1100亿元。全力促投资，5月18日，出台《东莞市人民政府关于强化投资松绑 加快项目落地 稳定经济增长的实施意见》（简称“投资松绑30条”），从主体、空间、成本、资金、审批、配置等方面提出30项举措，为社会投资松绑、减负。深化审批制度改革，推动社会投资项目审批时间压缩至43日，比国家目标缩短64%。集中推出首批10平方千米产业用地用于全球招商，整合766.67公顷用地用于“工改工”（将土地性质为普通工业用地改变为新型产业用地，将旧工业区拆除重建升级改造为新型产业园）、商业服务和住宅项目，统筹400万平方米产业空间满足高成长性企业空间需求。截至2020年底，全市引进内外资项目3946个，实际投资增长25.33%，推动固定资产投资增长13%、工业投资增长11%。全力优化服务，7月28日，发布《关于进一步优化惠企扶持和经济调度的实施办法》（简称“完善扶持25条”），围绕市场订单、金融支撑、综合成本、投资落地、帮扶服务等五个方面提出25条政策措施，助推企业优化发展和经济全面复苏。全力开新局，11月10日，出台《关于推进外经贸高质量发展在加快构建以国内大循环为主体国内国际双循环相互促进新发展格局中发挥更积极作用的意见》（简称“452外经贸振兴计划”），从产业链、供应链、物流链、贸易链、金融链等多个维度，培育外经贸发展新动能。

【服务企业措施优化】 2020年，东莞市36个指导服务组下沉基层一线，强化对企业全生命周期跟踪服务，同步配置2570名专员驻点帮扶，实现“一企一专员+一名融资顾问”，第一时间响应并解决企业问题。专门编制3678家重点企业个性化帮扶方案，推动建设“六稳”“六保”（“六稳”：稳就业、稳金融、稳外贸、稳外资、稳投资、稳预期；“六保”：保居民就业、保基本民生、保市场主体、保粮食能源安全、保产业链供应链稳定、保基层运转）线上专区，回应企业诉求，为企业答疑解惑，多渠道收集企业诉求建议7216个，办结率93.5%。针对融资问题，推动36家金融机构成立“战疫”联盟，开展“百行进万企”融资对接，稳住产业链核心企业金融供给。截至2020年底，5434家重点企业贷款余额1809.6亿元，比上年增长21.63%；全市发放专项再贷款、支小再贷款、再贴现等政策资金226.75亿元；全市本外币贷款增加2430亿元；新增上市及过会企业17家，创历年新高；货币政策资金投放量、新增信贷规模、新增上市企业数量等指标均居全省地级市首位。针对用工问题，在全省率先落地养老、失业、工伤保险“免减缓”等措施，上线就业失业动态监测系统，为企业减负121.2亿元，延缴56.7亿元，返还失业保险费5.81亿元，惠及16.3万家企业，支持企业稳岗。率先建立“共享用工”模式，推动2万名员工实现调剂共享。出台《东莞市人民政府关于贯彻落实〈广东省进一步稳定和促进就业若干政策措施〉的实施意见》（简称2.0版“促进就业9条’），投入2.88亿元专项资金，强化各项政策措施。针对政策落地和转型路径问题，整合编印《莞企稳增长礼包》，将161条惠企政策分解为18个专题353个项目，辅导企业享受政策服务。编印《疫情之下我市企业自主调整求变八大路径案例汇编》，总结整理40家企业加

2020年2月11日，广东省疫情防控新闻发布会举行，重点介绍东莞市疫情防控及企业复工复产情况 （郑家雄 摄）

快转型、逆势增长经验，为更多企业提供示范参考。

【经济提质专项行动实施】2020年，东莞市围绕稳龙头、增动能、抓培育、促转型集中发力，推动经济提质增效。抓龙头企业监测服务，设立工作专班，加强对重点行业特定企业及相关供应链企业运营监测和精准服务。抓工业增加值前100家和下降前300家企业"一企一策"帮扶，助力企业产销对接。抓商贸消费加快复苏，以"乐购东莞"为主平台，举办各种线上线下促销活动，市镇两级发放超1000轮电子消费券，其中，发放消费券和汽车消费补贴7016.7万元，直接拉动消费金额58亿元。抓中小企业纳入规模以上企业统计申报培育，推动1200家企业实现"小升规"，全市规模以上工业企业总数1.1万家，排全国第一名。推动34家企业认定国家专精特新（主营业务和发展重点符合国家产业政策及相关要求，专业化、精细化、特色化、新颖化特征明显的中小企业）"小巨人"企业，认定数量居该批次全省第一位，全市专精特新企业总数145家。抓传统产业转型升级，针对纺织服装、食品饮料加工和家具制造业，设立3.2亿元专项资金，从自动化改造等方面加大扶持力度，推动传统产业加快发展。（杨晓宇）

卫生健康系统发挥抗疫主力军作用

【卫生健康系统抗击新冠肺炎疫情概况】2020年，新冠肺炎疫情发生以后，东莞市卫生健康系统把握市情疫情实际，构筑"外防输入、内防扩散、医疗救治、自我防护"四道防线，严格落实疫情防控"四早"（早发现、早报告、早隔离、早治疗）措施，严格执行"四集中"（集中患者、集中专家、集中资源、集中救治)救治原则，顶住压力，守住防线，疫情防控取得重大战略成果。全市累计确诊病例100例（死亡1例，治愈99例）。用37天时间让本地无新增确诊病例，用57天实现本地确诊病例首次清零。在全省率先制定公立医疗机构新冠病毒抗体检测项目价格。东莞市卫生健康局获评为全国抗击新冠肺炎疫情先进集体，东莞市人民医院张平获评为全国抗击新冠肺炎疫情先进个人，东莞市茶山医院师清莲获评为全国先进工作者、全国卫生健康系统新冠肺炎疫情防控工作先进个人。全系统44个集体、242名个人获国家、省、市表彰。

【新冠肺炎疫情防控策略】2020年，东莞市卫生健康局从人口多、流动频繁、企业密闭空间多等实际出发，采取城乡一体化、适度从严的防控策略。1月23日省启动重大突发公共卫生事件一级响应当晚即取消大型新年活动，全面叫停集市集会、关闭景区，减少数十万人聚集，为后续摆开防线赢得时间。大年三十动员东莞市卫生健康局机关全体人员取消春节休假，大年初一发动全系统工作人员全体取消休假，以最快速度返回岗位，筑起全市防线。坚持把疫情防控措施落实到位作为复工复产的前提，从严管理1485个密闭、半密闭车间和968个大中型建筑工地，建立社区、厂区、工区"三区"联动机制，推动企业以车间、流水线、班组为单位，落实工位、床位、餐位、活动轨迹"四个相对固定"制度，把防控工作落实到最小网格单元。没有发生局部聚集性疫情。疫情期间，东莞市卫生健康局带领全系统保持应急状态，统领全局、统筹指挥、集中调度，全市公立医疗机构1.46万名卫生技术人员奋战在抗疫一线，289个党支部、5300名党员主动请战；721所民营医疗机构2215名医护人员冲在抗疫第一线，选派57名医护人员驰援湖北省并出色完成任务。组建一支30人的护理队伍支援广州白云机场疫情防控，组建一支核酸检测队伍支援香港抗疫。全系统党员干部发挥先锋模范带头作用，涌现全国卫生健康系统新冠肺炎疫情防控工作先进个人师清莲等一批先进典型。

【新冠肺炎疫情溯源】2020年，东莞市卫生健康局与政法、公安等部门成立联合情报作战中心，将采集到的1515.8万名实有人员信息与"二标四实"（"二标"：标准地址库、标准作业图，"四实"：实有人口、实有房屋、实有

2020年2月16日，东莞市组建超过1500人的市疫情防控应急队伍，进村（社区）开展防疫工作（东莞日报社供图）

单位、实有设施）、手机基站、出入境等数据比对，摸清底数，动态监测，高峰期近万名核查对象24小时内落地清零，控制传染源。整合大数据技术力量，关联性研判分析病例活动轨迹，提高流行病学调查的预见性和精准度，平均4小时内查清传染源。组建市、镇街（园区）两级39支1500多人的疫情防控应急处置（流行病学调查）队伍，24小时备勤。在全省首创确诊病例卫星点位图，在全国率先发布无症状感染者预警，对每一例确诊病例和无症状感染者情况复盘，第一时间管控好高风险人员和密切接触者，做到动态轨迹完整、链条清楚，没有出现脱管、脱靶情况，最大限度切断社区传播风险，没有出现省疾病预防控制中心模型预测的300例峰值和集中暴发。

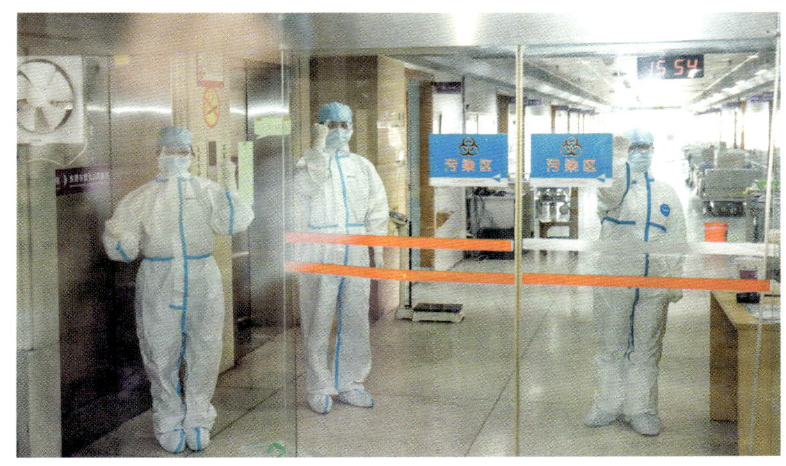

2020年1月29日，在东莞市定点救治医院——东莞市第九人民医院隔离病区，医护人员打出加油的手势 （郑琳东 摄）

【防疫健康监测】 2020年，东莞市卫生健康局与高风险地区人口流出地、周边入境口岸、异地商会、外事侨务部门等加强协调联动，将外防输入关口前移。强化发热门诊、零售药店、交通站场三大哨点监测作用，落实健康告知，发现有发热等可疑症状的人员立即送医诊治。组织1108支家庭医生团队，落实对湖北籍签约群众的排查和随访，全面参与重点人员落地排查工作，为疫情的早发现、早处理、早控制奠定基础。扩大核酸检测范围，涉疫重点人群"应检尽检"。全市具备独立开展检测机构49家，日检测能力超过9万份，对养老福利机构等单位实行全员核酸检测，对重点场所工作人员及环境物品开展监测抽检。鼓励其他人员愿检尽检，及早发现5例低风险地区持绿码来莞的无症状感染者。

【疫病患者救治】 2020年，东莞市卫生健康局紧急腾空3家医院，7天建成200张床位的隔离收治点，最大储备隔离治疗床位3043张。建立从预检分诊、筛查转运、集中救治到痊愈出院管理的分级、分层、分流救治体系。坚持中西医结合，所有确诊病例均纳入中医辨证论治范围，制定"一人一方"的诊疗方案，建立起防感染、防转化、防复阳三道中医药防疫屏障。创新应用"肺炎1号"等多种中药对疑似病例、无症状感染者和密切接触者进行干预性施治，减低发病率，延缓疾病进程。创立"破格救心"方法，创新采取康复者血浆治疗、磷酸氯喹治疗等方式，降低病例的重症转化率及病死率，（危）重型病例治愈率94.4%。

【防疫健康管理】 2020年，东莞市卫生健康局组织一线抗疫先进典型到市直部门宣讲，分享抗疫故事。建立有节奏发布、有立体宣传、有重点策划、有主动回应的"四有"矩阵宣传模式，累计推送疫情信息5.45万篇，阅读量超30.3亿次。围绕疫情热点策划超50个主题报道，开设10多个图文视频专栏。联合市教育局策划"复学第一课"，百万中小学生云上聆听东莞抗疫故事，总访问量超100万人次。联合权威短视频平台发布短视频1732条。联合《东莞时报》与"i东莞"App推出战疫情抖音合集，总阅读量20.2亿次，其中2条入选全国战疫专题合集，单条最高阅读量超1亿次。策划直播6场，在线观看人数超500万人次。采用通情共情、贴心暖心的宣传方式发布3封致来莞返莞人员的公开信，通过4个"不用愁"等平实语言传递政府承诺，前期集中隔离人员核酸检测、食宿费用全免，对临时生活无着人员给予兜底救助，向7.9万名困难群众发放临时补助3350万元。率先以一人（户）一册的方式建立599名在莞重点国家人员的信息台账，建立"一对一"联系机制，动员200多个行业商会协会规范涉外经营行为，做到外籍人员在莞健康管理"零投诉"。

（梁静兰）

机关、单位推进"双统筹"

人大、政协、纪委监委落实"双统筹"部署

【市人大常委会监督落实"双统筹"部署】 2020年，东莞市人大常委会发出倡议书，动员全市2000多名各级人大代表投身抗疫工作。审议市政府落实全国人大全面禁止非法野生动物交易、革除滥食野生动物陋习决定的情况报告，

2020年1月26日，东莞市召开防控新冠肺炎疫情工作领导小组会议，对疫情防控工作进行再部署、再推动、再落实　（郑琳东　摄）

开展动物防疫法、省爱国卫生条例执法检查，围绕公共卫生体系建设、应急体制机制建设、应急平台建设与运用等开展专题调研。把推动省、市各项惠企政策落地见效作为全年财经监督工作重点，扶持企业渡过难关。　（吴　洋）

【市政协贯彻市委“双统筹”部署】　2020年，东莞市政协动员政协委员和政协机关干部驰援防疫一线，动员医卫界、经济界、教育界等界别委员在救治病患、捐资赠物、复工复产等方面履职尽责、献计出力，聚焦战疫大局担当作为；配合市委书记督办《关于健全公共卫生应急管理体系，提高应对突发公共卫生事件能力的建议》系列提案和相关调研，聚焦公共卫生出谋划策；配合市长肖亚非督办《关于新基建背景下我市打造粤港澳大湾区5G创新型产业集群的建议》重点提案，聚焦创新发展深入调研；加强与广州、深圳等湾区城市的沟通交流，聚焦惠企政策集智献计；开展餐饮、酒店业扶持调研，聚焦扩大内需发声出力。　（市委办）

【市纪委监委围绕“双统筹”部署开展监督】　2020年，东莞市纪委监委围绕统筹疫情防控和经济社会发展跟进监督、精准监督、全程监督，通过实地走访、明察暗访、查阅资料等方式，深入镇街、园区全覆盖开展监督检查，发现问题97个，组织处理15人，处分1人，推动各级党委、政府抓实抓细抗疫情、稳经济、谋发展各项工作。做好疫情期间接访工作，接待群众来访39人次，引导群众依法依规、安全有序反映问题。协助省纪委做好粤桥山庄管理处的疫情防控工作，抓好自身谈话场所疫情防控，组织全市纪检监察干部落实防控措施。　（秦长城）

市委工作部门助力疫情防控

【党员干部投入抗击疫情一线】　2020年，东莞市委组织部迅速织密以村（社区）党组织为核心的基层社区防线。在抗击疫情一线建立510个临时党组织，组建764个党员突击队（党员攻坚小组）。组织市直机关、镇村5万多名党员干部投入抗疫一线，发动15.6万名党员参与抗疫和企业复工复产。落实抗疫特殊党费2385万元，发动党员捐款2237万元。　（周永强）

【统一战线系统参与疫情防控】　2020年，东莞市委统一战线工作部发动各民主党派、无党派人士、非公有制经济人士、少数民族人士、宗教界人士、台港澳同胞参与宣传报道、建言献策、物资捐赠、一线防控等工作。引导全市统一战线捐款捐物约3亿元，组织各民主党派、市知联会约400人参与抗疫。向港澳乡亲会员派发口罩超过210万个，协助港澳特区政府采购7台口罩机，向海外莞籍侨胞和留学人员支援30万个口罩。先后组织开展“优惠政策话你知·暖企行动”和“进商会、进企业，送服务、送温暖—两进两送行动”，推动惠企政策到企业。指导各宗教活动场所和民间信仰活动场所落实暂停开放措施和有序开放工作，实现宗教活动场所“零感染”。做好5批1326名返莞返穗台胞的接送转运、通关查验、检疫流调、医学观察等各项工作，“千人返莞、人人平安”成绩获得中央台办、省台办及广大台商台胞肯定。（杨　进）

【政法部门助力疫情防控】　2020年，东莞市委政法委员会筑牢“外防输入、内防扩散”防线。开发利用“莞e申报”（东莞市疫情防控服务自主申报系统），利用“二标四实”（标准作业图、标准地址库；实有人口、实有房屋、实有单位、实有设施）数据，精准摸清63万名离莞湖北籍人员以及1.3万名外籍和离境人员底数。组建全市2233个网格“三人排查组”，第一时间逐一落地核查涉疫重点对象，高峰期24小时内完成近万名对象核查任务，确保轨迹跟踪到位、隔离措施到位，核查重点对象数据35万余条，集中观察7.3万人，居家观察45.6万人，在疫情紧张阶段，隔离点、隔离人员数量排名全省前列。综合运用“智网工程”，将全市171万栋建筑物、31.8万间出租屋及120多万家市场主体划入网格，织牢织密2801张网格，压实企业、房东、小区物业等主体责任。市“智网工程”指挥调度中心获评广东省抗击新冠肺炎疫情先进集体。

年内，东莞市委政法委员会发布通告，出台20条措施，依法打击各类涉疫违法犯罪行为，起诉涉疫情违法犯罪案件109件119人。办理的文某等2人哄抬熔喷布价格涉嫌非法经营案，入选最高检察院、公安部联合发布的典型案例。

年内，市委政法委员会出台《关于在法治轨道上统筹推进疫情防控和经济社会发展工作的意见》等系列政策文件20余份，为企业复工复产提供法治保障。组建疫情防控律师服务团，为2000多家企业提供专项法律服务。（唐三保）

【民族事务领域疫情防控】2020年，东莞市结合民族事务领域突出情况，开展疫情防控。全市8个伊斯兰教（临时）礼拜点严格落实“双暂停”（暂停开放宗教场所、暂停一切集体宗教活动）措施。加强与东莞市10个少数民族人员重点流入地政府沟通对接，劝导相关从业人员暂缓返莞。做好少数民族人员疫情排查、跟踪工作及少数民族务工人员、从业人员疫情防控宣传、监控和卫生防疫等措施。指导回族群众经营的700多家清真拉面店抓好《关于疫情防控期暂停餐饮服务单位堂食的通告》落实。协调解决少数民族务工人员防护设施紧缺情况，为新疆集中务工人员筹集口罩7500个。

【少数民族人士参与抗疫】2020年，东莞市各族干部群众，通过坚守岗位、参与志愿服务、捐款捐物等形式参与抗疫。松山湖中心医院蒙古族医生阿尔泰及其家人，市人民医院急诊科副主任、救治新型冠状病毒性肺炎专家组成员、畲族医生蓝光明等医疗专家、公安民警，投身一线抗疫工作；厚街镇绿洲、绿扬鞋厂务工的141名新疆柯尔克孜族、维吾尔族员工自发向市慈善会捐款1.15万元；在莞经营清真拉面店、清真食品的青海、甘肃籍回族、东乡族人员自发捐款捐物，向市镇两级慈善机构捐款5.72万元；全市拉面店主和员工自发组成“爱心拉面”团队，到高速口、警务室、社区检查站等防疫一线为工作人员送食物和水，为工作人员鼓劲加油，部分拉面店主到一线开展志愿活动。（林　睿）

【宗教界助力疫情防控】2020年，东莞市强化宗教事务领域防疫工作，实现宗教事务领域“零感染”“零扩散”“零群体性事件”目标，保障人民群众健康安全。部署落实宗教活动场所和民间信仰活动场所暂停开放工作，发布《东莞关于取消2020年新春大型宗教活动的通告》，指导市宗教团体联合发布《东莞市宗教界共同抗击疫情倡议书》，做好信教群众解释工作和舆情引导；召开全市宗教界人士防疫工作动员会议，确保全市宗教活动场所和民间信仰活动场所全部暂停开放；印发《关于进一步做好防控新型冠状病毒感染的肺炎疫情工作的通知》《应对新型冠状病毒感染的肺炎疫情工作方案》，细化一级响应期间宗教活动场所、民间信仰活动场所“双暂停”和疫情防控工作要求。组成6个宗教领域疫情防控工作督导组定期检查宗教活动场所、民间信仰活动场所疫情防控落实情况；聚焦春节、清明节防疫关键期，每日开展定点巡查。推动宗教活动场所、民间信仰活动场所常态化防控及有序开放，制定《东莞市宗教活动场所新冠肺炎疫情常态化防控工作指引》，明确开放条件和开放措施。全年，东莞市宗教界人士捐献抗疫善款、物资184万元。（李敏渝）

【国际抗击疫情合作】2020年，东莞市开展国际抗疫合作。举办东莞市与墨西哥四州一市医疗专家疫情视频经验交流会，组织抗击新冠肺炎疫情专家线上向墨西哥省级医疗专家介绍东莞市对新冠肺炎预防、治疗、临床经验、疫情预案等。向国际友城捐赠抗疫防疫物资，累计向韩国牙山市、德国伍珀塔尔市、巴西坎皮纳斯市、以色列霍隆市及汤加哈派地区等5个友城，墨西哥蒂华纳市、埃塞俄比亚亚的斯亚贝巴市等2个友好合作交流城市及日本神奈川县日中友好协会，捐赠45万个口罩以及1000套防护服。（黎燕华）

【莞侨同心抗击新冠肺炎疫情】2020年，在国内新冠肺炎疫情爆发初期，东莞市向海外莞籍侨团、商协会以及莞籍侨胞发出倡议书，倡议华侨华人为祖国、为东莞市防疫抗疫捐赠物资、资

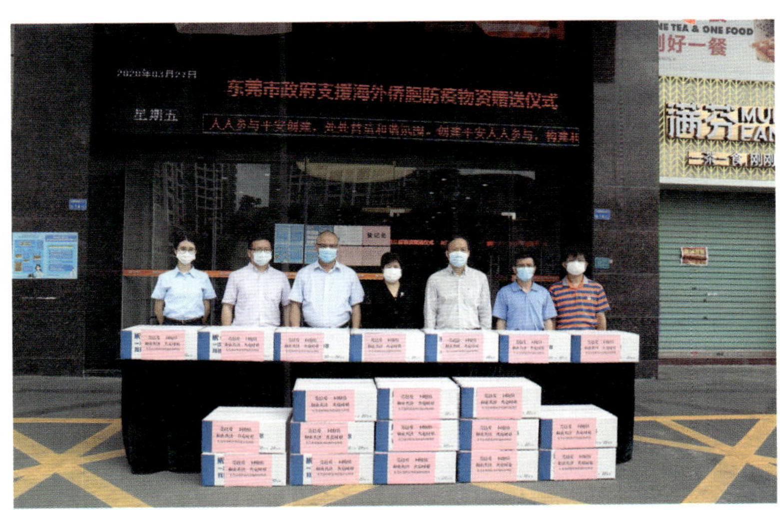

2020年3月27日，东莞市支援海外侨胞防疫物资赠送仪式在东侨智谷产业园举行（黄雅莉　摄）

金。据不完全统计，接收来自16个国家（地区）30个莞籍侨团、个人捐款142.15万元，捐赠物资折合79.78万元。开展在莞侨企调研，了解侨企疫情期间生产经营状况，以及对国家、地方纾困惠企政策意见和建议。在国外疫情爆发期间，东莞市调配30万个口罩支持13个国家（地区）23个莞籍侨团防疫工作，解决疫情高发国家部分莞籍侨胞对防疫物资需求。（孔对怀）

【莞台港澳同心抗击新冠肺炎疫情】 2020年2月24日，东莞市台商投资企业协会从海外筹措1万件专业医用防护服，捐赠给东莞市慈善会，用于全市新冠肺炎疫情防控工作。5月14日，港澳地区有关机构在东莞市订购的7台口罩机全部完成交付。东莞市调配10万个口罩分别派发给香港驻粤办、外交部驻港公署、香港入境署、香港民建联、香港工联会、香港专业人士协会、澳门大学、澳门培正中学等港澳机构，助力港澳地区解决口罩紧缺问题。（台港澳办）

【协助台资企业抗疫】 2020年2月26日，东莞市台资中小企业可通过市台商协会统一向市供销社每日采购口罩5万个，按1.06元的单价购买，以保障企业安全复工复产。市台商协会以3天为周期，面向除规模以上企业外的所有会员企业受理申请。市台商协会分九批次向申请的企业配售口罩132万个，惠及中小台资企业3511家次，覆盖员工42.4万人次。（李德诚）

【东莞市创疫情期间全国最大规模台胞返回大陆纪录】 2020年，受新冠肺炎疫情影响，有大量台胞无法返莞复工复产复学。东莞市坚持专案专办、多部门联动，研究部署协助台胞返莞。先后做好5批1326名返莞返穗台胞接送转运、通关查验、检疫流调、医学观察等工作，创疫情期间全国最大规模和最大难度台胞返回大陆的历史纪录。“千人返莞、人人平安”的成果获得中台办、省台办赞许。东莞市助力台胞返回大陆复工复产复学专项档案资料汇编，被中国国家博物馆收藏。（台港澳办）

【优化调整疫情防控部门机构编制】 2020年，东莞市聚焦打赢疫情防控阻击战，完善公共卫生体系优化调整市第九人民医院机构设置，增挂“东莞市传染病医院”牌子，调剂增加编制192名；在市疾病预防控制中心增设健康教育与促进部、微生物检验所和理化检验所，调剂增加编制15名。（黎兆杰）

【网信系统助力新冠肺炎疫情防控】 2020年，东莞市网信系统做好疫情防控网络宣传与舆论引导，强化网络安全保障。围绕疫情进展、复工复产、政策实施、感人事迹等内容，策划推出27部短视频和61张海报，发布报道4万多篇次，总播放量8亿次。规范网上涉疫信息发布，打击造谣传谣行为，协调处置网络平台“标题党”等违法违规信息，推出正面引导文章进行辟谣。做好网络涉疫信息收集分析，梳理反映复工复产、减租免租、隔离安置等网络舆情动向，撰写的网络舆情简报多次获市领导批示。开展涉疫重点领域网络安全风险排查，对全市50个重点涉疫情系统开展漏洞扫描、渗透测试，及时消除网络安全隐患，保障个人信息安全。（何佳）

【网络自媒体疫情防控宣传】 2020年，东莞市委网信办引导全市网络自媒体平台坚守正确导向，应对疫情带来的冲击和影响，参与网络正能量传播的积极性创造性不断迸发。全年，各大网络自媒体平台先后参与疫情防控、脱贫攻坚、乐购东莞等系列重大主题和活动的网络传播。其中，疫情期间策划制作“防疫指南”系列创意视频27条，宣传海报61张，得到省委网信办肯定，部分作品在全省范围推送，累计阅读量（播放量）超2亿次。（黄锐钧）

【疫情防控档案征集】 2020年，东莞市档案馆发布《关于征集抗击新冠肺炎疫情档案资料的公告》，主动开展新冠肺炎疫情防控档案收集征集，全年征集新冠肺炎疫情防控档案近3000件，用档案记录和见证市委带领全市人民抗击疫情的成就。参与省、市领导疫情防控政务活动拍摄23次，拍摄照片1200多张，并制作编印《东莞抗疫在行动——市领导抗击新冠肺炎疫情照片档案选辑》。编印以《国内外疫情防控档案管理选编及建议》为主题的《档案资政参考》，为全市有效应对突发性公共卫生事件提供借鉴和参考。（钟生文）

军分区、法院、检察院助力疫情防控

【军分区助力疫情防控】 2020年，东莞军分区贯彻中央军委主席习近平决策部署，成立应对新冠疫情领导小组，先后召开16次领导小组会议，及时传达学习上级精神，研定疫情防控措施。制定《民兵参与地方疫情防控总体方案》，建立24小时专项值班，抓好自身防护，落实“日报告、零报告”。建立17项工作制度、18项职责清单、28项动态数据监控，开通军地联防联控、大数据共享、应对处置等绿色通道，快速稳妥应对辖区疫情突发事件。向全市广大专职人民武装干部和民兵发出倡议书，检查过往车辆228.6万辆次、人员380.5万人次，完成重要路口设卡检查、隔离区域定点值守、主要街区巡逻检查和复工复产复学等任务。发动军分区官兵职工捐款2.3万元支援湖北抗疫，拿出8万元经费筹措防疫物资。1人被东莞市评为“抗击新冠肺炎疫情先进个人”。（贾少飞）

【法院助力疫情防控】 2020年，东莞市人民法院抽调1200余名干警组建抗疫工作队开赴一线，依法惩处涉疫犯罪案件129件140人，妥善化解涉疫纠纷924件。在全省率先出台《关于应对疫情服务保障企业发展的若干措施》，助力企业复工复产。会同有关单位发布通告、专项提示，建立涉疫刑事案件快速办理机制。编发法律服务手册，为企业降低风险提供精准服务。全面采取有效举措，确保诉讼服务不停摆、司法办案不松劲。推出线上服务组合拳，开展“云调解”“微庭审”，网上开庭3152次。启用当事人在线授权平台，实现跨境授权委托见证。市第一法院首创“微信刷脸线上退款”举措，当事人足不出户即可领取执行款。市第二法院率先制定网络开庭指引，首次采取四方视频审理案件。市第三法院创新实行“云看样”推动网拍不停滞。 （彭玲玲）

【检察院助力疫情防控】 2020年，东莞市检察院服务保障疫情防控，依法打击涉疫情违法犯罪，提前介入122件，批捕118件148人，起诉122件138人，批捕涉疫区走私冻品、偷越国边境犯罪75件101人，起诉57件71人。 （梁建明）

市政府工作部门助力疫情防控

【机关疫情防控】 2020年，东莞市机关事务管理局落实疫情防控措施，在市直机关集中办公场所实行网格化管理，加强物业管理、人员全日程管理、会务管理，环境卫生清洁及消毒，公务用车使用后清洁消毒，实行“一用一清一消杀”。食堂采取错峰就餐、分餐打包、物理间隔等措施，为干部职工提供更安全的餐饮保障。配合做好东莞市人大、政协“两会”、市委全会等大型会议“闭环”疫情防控。组织市直行政事业单位带头开展两轮减租，减免租金2775万元。参与“乐购东莞”活动，政府食堂与太粮米业有限公司签订采购合作协议。 （黄绍东）

2020年1月27日，东莞市所有高速公路出口设置联合检疫站。图为石鼓站工作人员为来莞人员测量体温 （东莞日报社供图）

【发改部门助力疫情防控】 2020年，东莞市发展和改革局落实国家发展改革委关于口罩机统一调度任务，完成2批次82台口罩设备调度工作。组织抗疫工作队4批60余人次下沉一线，支援基层开展抗疫任务。保障疫情期间粮油供应，联合商务部门加大冻肉投放，加强“米袋子”“菜篮子”“药罐子”等重要商品价格监测，维护市场秩序。完善疫情期间价格临时补贴机制，提高补贴标准并扩大补贴范围，向各困难人员发放价格临时补贴83.80万人次合计1.66亿元。 （王建敏）

【公安部门助力疫情防控】 2020年，东莞市公安局推进疫情防控各项措施。围绕“外防输入”目标要求，全警动员、取消春节休假，投身疫情防控前沿。1月27日起，东莞市各高速路口、客运站场设立90个联合检查点，至3月13日最后一批检查点撤销，东莞市公安局出动警力23万人次，排查车辆844.7万辆次、人员1889万人次；在保障道路畅通的前提下，筑牢疫情防控“护城墙”。根据防疫工作需要，东莞市公安局自主研发“莞e申报”等App，快速便捷采集在莞人员防疫信息，实时、准确掌握全市人员健康动态信息，核查车辆660多万次，采集重点疫区关注人员信息30余万条，通过“莞e申报”自主申报防疫信息965.9万人。东莞市公安局细化完善各项工作机制，在监管场所管理方面，严把收押、封闭、防疫、警力、服务“五道关口”，实现东莞市监管场所工作人员、被监管人员“零感染”的工作目标；在集中隔离场所管理方面，对全市集中隔离场所“人防、物防、技防”设施进行定期检查，及时整治各类安全隐患。为全面封堵拦截境外疫情通过走私、偷渡渠道进入东莞市，市公安局成立工作专班，对辖区全水域进行巡逻查缉，压缩走私、偷渡空间，降低疫情输入风险。 （蔡小丽）

【疫情防控期间困难群众兜底保障】 2020年，东莞市设立疫情防控期间困难群众兜底保障工作专班，制定印发《东莞市困难群众基本生活保障工作协调机制关于进一步做好疫情防控期间困难群众兜底保障工作方案》，落实疫情防控期间困难群众兜底保障。启动社会救助和保障标准与物价上涨挂钩联动机制，2月起价格临时补贴标准提高至最低生活保障标准的20%；3—6月价格临时补贴标准调整为最低生活保障标准×城镇低收入居民基本生活费用价格指数（SCPI）同比涨幅×2。2020年全市发放临时价格补贴1231.82万元。

【疫情防控款物捐赠】 2020年内，东莞市印发《动员全市慈善力量依法有序参与新型冠状病毒感染肺炎疫情防控工作的公告》《东莞市民政局关于动员全市社会组织参与新型冠状病毒感染的肺炎疫情防控工作的通知》，动员社会力量参与疫情防控爱心捐赠。印发《东莞市民政局关于发布新冠肺炎疫情防控慈善捐赠工作指引的公告》《关于规范园区、镇（街道）接收社会捐赠事宜的通知》等文件，依法规范慈善捐赠工作，加强慈善捐赠事中事后监管。全市各慈善组织接收捐赠款物1.05亿元，向湖北地区捐款物545.07万元，捐赠资金结存395.97万元，拨付率95%，捐赠物资全部拨付使用，拨付率100%。

【社会组织助力疫情防控】 2020年，东莞市社会组织带动个人会员和企业会员捐赠1.36亿元，口罩198.95万个，其他抗疫物资265万件，负压救护车2辆。2020年4月，“乐购东莞　会及全城”座谈会召开。9月，“乐购东莞　社会组织牵手大行动”签约仪式举行，14家商协会和企业代表结对签订战略合作协议，响应东莞提振消费号召，助推经济发展。

【养老机构和儿童福利机构疫情防控】 2020年，东莞市推进养老儿童领域疫情防控。1月，对全市养老机构和儿童福利机构实行封闭式管理，不得探望、不得新接收服务对象，严防外部输入。2月，对全市养老机构和儿童福利机构实施分区、分级防控管理制度。5月，全市养老机构和儿童福利机构有序恢复开放，按照高于社会面管控措施标准，严格落实常态化防控管理，实施家属限制性探视制度。6月印发《东莞市民政局关于进一步强化防控措施坚决防止发生疫情的紧急通知》，严格做好人员管理和健康检测工作，重点加强食品采购和安全管理。12月印发《东莞市民政局关于进一步加强养老机构今冬明春新冠肺炎疫情常态化防控工作的通知》，严格规范人员出入管理，定期开展核酸检测筛查。截至2020年底，全市47家养老机构和2家儿童福利机构均无人员感染。2020年，11家养老机构获广东省民政厅评为广东省星级养老机构（其中五星级1家，四星级3家，三星级2家，二星级4家，一星级1家）。 （贺　伟）

【财政助力“双统筹”】 2020年，东莞市市级财政投入7.52亿元，连同镇街（园区）财政投入的9.18亿元、统筹市慈善会和市红十字会接收的社会捐赠资金1.07亿元，全市投入17.77亿元，用于新冠肺炎医疗救治费用、临时性工作补助、疫情防控设备和物资购置及应急救治备用病区建设等。市镇通过调结构统筹资金设立50亿元专项资金，全年投入23.66亿元，加大对保企业、促复苏、稳增长方面的财政支持。 （袁颖桢）

【政务服务助力企业复工复产】 2020年，东莞市创新疫情期间政务服务方式，推行市镇政务大厅全预约，推出2878项“不见面审批”事项、198项“延期后补”服务清单及“周末延时服务”及重大事项代办服务，建立复工复产绿色通道。推出“银政通”一体机（政府、银行和研发企业共同研发的企业开办全流程智能服务机器），“莞家政务”自助终端上线“企业登记档案”查询及下载功能，打造“战疫通”融资平台，建成跨境货车司机信息管理平台。上线“援企稳企专区”“推动企业复工复产专题”“中小微企业、个体工商户专栏”“六稳六保企业专区”，实现涉企政策精准推送。推动公共资源交易改革创新，开启“不见面开标”模式，推行“信用+电子保函”，搭建防疫物资快采平台，2020年，完成公共资源交易项目1.07万个，交易额1443.14亿元，增收141.52亿元，节支16.33亿元。开展中介超市工作，公布《东莞市行政权力中介服务事项指导目录》232项，推动网上中介超市与一体化政务服务

返城复工　　（2020年钟致颖摄）

平台对接，实现中介服务镇街（园区）全覆盖。推进“互联网+监管”工作，“互联网+监管”系统实现与省市系统对接，检查实施清单编制完成率100%，汇聚报送监管数据总量298.57万条，监管行为数据总量203.78万条，执法人员在国家“互联网+监管”平台上开通1.9万人。（黄瑞娴）

【人力资源政策助力复工复产】 2020年，东莞市组建复工复产专班，印发疫情防控指引文件4份，出台“复工复产10条”“助企撑企15条”，搭建复工复产纲领性政策框架。搭建疫情防控运转架构，制定疫情防控应急处置预案，将线下招聘、培训、人才交流等活动转为线上服务。成立5支招工突击队以及用工服务先锋队，出台企业招工奖励措施，调动市场力量，保障华为、OPPO等重点企业用工。率先建立“共享用工”模式，制定3种调剂模式指引，组建法律、就业2支服务队伍，开发1个公益性信息平台，2万名员工实现调剂共享。加强人力资源调度，上线就业失业动态监测系统，建立岗位储备和就业分流机制，帮助失业人员等群体匹配岗位实现再就业。（周巧云）

【东南亚四国防疫物资供需对接会】 2020年10月20日，在广东现代国际展览中心3号馆举行东南亚四国防疫物资供需对接会，为东莞企业带来总额超500万美元的柬埔寨、印度尼西亚、泰国、缅甸四国采购订单。活动期间举行东莞市国际商会柬埔寨、印度尼西亚、泰国、缅甸四国办事处授牌仪式。（陈伟荣）

【口岸疫情防控】 2020年，东莞市商务局配合相关部门转运国际航行船舶轮换中国籍船员约200批次1300人，港澳籍小型船舶船员237人。联合有关部门做好来莞复工复产境外人员入境接转等工作，安全组织接转1326名台胞回莞。加强对客运口岸、货运码头等口岸现场进行防疫工作督导检查，督促做好口岸现场清洁消毒、加强演练，确保各项防疫措施落实到位。加强车检场跨境司机健康管理和服务保障工作及工作人员个人防护、核酸检测工作。配合市防境外输入专班及市疫苗专班做好口岸一线工作人员疫苗摸底调查及接种工作。（李 倩）

【供销社助力疫情防控】 2020年，东莞市30个基层社、71个门店承担各镇街复工复产复学防疫物资的收储发放，收储防疫物资1.56亿元，为全市复工复产企业10多万家次和学校1344家次提供物资保障。疫情期间，全系统各单位主动减免租金408.2万元。东莞市供销社获全国供销合作社系统抗击新冠肺炎疫情先进集体。（莫志良）

【文旅体行业疫情防控】 2020年，东莞市做好旅游景区、文旅体行业和场所疫情防控，推动文旅体行业复工复产。组织开展“乐购东莞”专场活动，促进文旅体行业消费复苏。推出东莞“云上文化馆”“健康云课堂”“线上展览”等线上服务，实现疫情期间公共文体服务闭馆“不打烊”。策划推出广东省首个抗疫纪实展《东莞战“疫”》，人民网等18家媒体发布21篇报道，接待各类团体1127批次，参观总人数11.62万人次；同步推出系列线上活动，策划图片展在全市16个镇街（园区）、24个学校巡展。（邓炯永）

【疫情防控卫生监督】 2020年，东莞市卫生监督所紧盯人员密集区域，强化公共场所新冠肺炎疫情防控措施监管；加强医疗机构、定点收治医院、疾病预防控制机构、医疗废物处置机构等重点场所疫情防控措施落实情况的监督检查；紧抓复工复产节点，强化职业健康监管；提前介入，筑牢校园疫情防线；落实综合整治措施，加强消毒产品监管。（王文娟）

【疫情防控专项审计】 2020年，东莞市审计局开展疫情防控资金和捐赠款物专项审计，重点审计19个部门单位和组织机构贯彻落实疫情防控政策、管理使用相关资金和捐赠款物等情况，促进相关资金和捐赠款物规范使用。（黄珊珊）

【市场监管部门助力疫情防控】 2020年，东莞市市场监管局率先增设防控物资质量管控组和专责领导小组，发布全省第一个集体用餐安全指引和食品生产、餐饮服务安全预警，制定全省第一个疫情防控期间哄抬价格案件查办指引，严禁野生动物非法交易，案件查处力度和数量居全省前列。全市7250家零售药店推送信息272.7万条。牵头组建全市农贸市场疫情防控工作专班，核酸检测重点人员9万人次、食品样品3.2万份、环境数8万份，检查市场7.4万家次；联合沙田镇政府用时20天建成启用全省首个地级市进口冻品集中监管仓，实现“全检测、全消杀、全追溯”监管，处置疫情应急14次。

制定支持企业复工复产11条措施、扶持个体工商户发展17条意见，精准施策助力复工复产复市。保障防疫物资供应，办理全省第一家疫情防控医疗器械生产企业许可变更，完成全省第一家医用口罩生产企业出口转内销应急备案，办理应急备案企业150家，数量排全省第一名；在万江街道推动成立全国首个口罩及装备行业协会，指导协会发布国内首个专门针对平面口罩生产设备的社会团体标准；搭建防疫物资认证出口服务平台，全国首创为口罩设备提供免费出厂检测服务，市食品药品检验所获全省地级市首个口罩等防疫用品检测资质；协助众生药业公司恢复生产抗疫药品，并在国家新冠肺炎药品医疗器械应急平台接受国务院总理李克强考察；办理全省第一单防疫物资生产企业知识产权质押融资，国家知识产权局在国务院新闻发布会上介绍东莞经验。（李晓恩）

【疫情防控医疗保障】 2020年，东莞市快速出台新冠肺炎患者医保待遇及结算标准，将确诊、疑似、因密切接触需医学观察患者全部纳入保障范围，确保患者不因费用问题得不到及时救治。为6家定点收治医院拨付3000万元周转金，减轻医疗机构垫付压力，确保定点医疗机构不因医保总额预算管理规定影响救治。实施“长处方”、延长医疗零星报销时限等措施，为群众看病就医提供便利。药品与价格保障到位，启动应急药品供应机制，对防疫重点药品价格进行监控。在广东省率先制定新冠病毒抗体检测项目价格，纳入医保基金支付范围；及时下调新冠病毒核酸和抗体检测价格，其中核酸检测费用由147.2元降至77元，平均降幅50%。实施减征缓缴政策，明确2020年2月至6月，社会基本医疗保险单位缴费实行减半征收，单位缴费费率从2.3%减征至1.15%，为企业减负4.6亿元。实施阶段性降费政策，单位缴费费率为1.6%；对于受疫情影响无法按时缴纳医保费的用人单位，缴费时间延期至2020年12月底。（冯宝茵）

【金融系统助力抗击新冠肺炎疫情】 2020年，东莞市成立经济运行监测调度指挥部金融调度组，带领全市金融系统做好“六稳”（即稳就业、稳金融、稳外贸、稳外资、稳投资、稳预期）工作，落实“六保”（即保居民就业、保基本民生、保市场主体、保粮食能源安全、保产业链供应链稳定、保基层运转）任务，全力对冲疫情对经济运行的冲击，推动金融实现高质量发展。市金融调度组出台多项支持疫情防控和复工复产政策，通过加大信贷投放、创新金融产品、实施减费让利等一系列举措统筹金融系统力量，加大对各类市场主体支持力度，参与制定东莞“助企撑企15条”“复工复产10条”“优化服务15条”“加快复苏16条”“稳外贸20条”“投资松绑30条”等系列涉金融政策措施，配合制定50亿元保企业、促复苏、稳增长专项资金设立方案；推动辖内36家金融机构成立金融机构“战疫”联盟，开发东莞金融“战疫”通平台，推广省中小企业融资平台，满足市场主体融资需求全力打通金融政策直达实体“最后一公里”。截至2020年底，东莞辖内银行机构为2400多家疫情防控和受疫情影响较大企业新增授信790多亿元，发放480多亿元，缓解企业燃眉之急；省中小企业融资平台辖内注册企业6886家，金融机构授信5.92亿元；东莞金融“战疫”通平台累计为受疫情影响严重的莞企授信641笔，合计金额134.66亿元；莞企转贷专项扶持资金累计运作346笔，累计放贷金额95.91亿元。（倪佩敏）

【城管系统助力新冠肺炎疫情防控】 2020年，东莞市城市管理和综合执法局党组成立共产党员抗疫先锋队，先后派出140人次赴疫情防控一线。加强环卫保洁工作，出动消杀作业人员124万人次，出动环卫保洁人员313万人次，清理卫生死角15.7万处。规范做好东莞市集中隔离点生活垃圾的收运工作，收运集中隔离点生活垃圾1468.25吨。发起“城管人的战疫系列故事”宣传活动，网络阅读量超380.6万次，其中《东莞城管：用爱与情怀冲锋在战“疫”一线》在住建部中国建设网刊发。设置废弃口罩专用桶8000多个，收集废弃口罩超106万袋。（陈佩珠）

民主党派、工商联助力疫情防控

【民革助力疫情防控】 2020年，民革东莞市委会支部、党员、党员企业捐助现金21万余元，捐赠口罩、防护服、消毒液、护目镜及粮油等防控生活物资近530万元。其中，郑耀南企业都市丽人公司向社会捐助物资500余万元，并提出政策和措施，分担员工、客户和供应商风险。抗疫期间，提交疫情防控提案1篇，报送疫情防控社情民意信息10余条，发布党员抗疫信息80多期。殷思纯和沈利汉获评民革中央抗击新冠肺炎疫情先进个人、广东省抗击新冠肺炎疫情先进个人，殷思纯被评为2020年第一季度“广东好人”，27名党员获评民革广东省2020年抗击新冠肺炎疫情先进个人。（林宗辉）

【民进助力疫情防控】 2020年，民进东莞市委会会员及会员企业捐款、捐物超过320万元，其中153名会员主动交纳“特殊会费”2.82万元，助力打赢疫情防控阻击战。联合民进湛江市委会、东莞市党外知识分子联谊会、大朗镇人民政府等单位共同举办“弘扬抗疫精神，勇担时代使命”主题书画展。疫情期间，民进市委会通过微信公众号、“南方+”平台发布新闻宣传稿51条，报送社情民意信息数13条，会员创作诗歌2首、绘画和书法作品十多幅，抗击新冠肺炎原创公益MV1首、作曲1首。张杰志获评为民进全国抗击新冠肺炎疫情先进个人，张杰志、王宇杰获评为民进广东省委会抗疫突出贡献会员，黎清华、骆德育、张志云、赵彤宇、肖延昆、彭文秀、郗旻、张培霞等8人获评为民进广东省委会抗疫先进会员。（黄建英）

【农工党助力疫情防控】 2020年，农工党东莞市委会围绕抗疫工作提交建议类信息21份，其中《对新型肺炎疫情下企业劳动关系处理的几点建议》获全国政协、农工党中央以及省委统战部采纳；《新冠肺炎疫情对批发和零售业的影响与对策——基于珠三角批发零售业调查的分析》被《行政改革内参》采用，被列为热点文章；参与撰写的《新冠肺炎疫情对东莞经济的影响分析》咨政报告，获得市长批示，被内参《东莞调研》刊用。医卫界党员与市妇联联合开展线上线下孕产妇围产期保健和情绪管理科普讲课和宣传；围绕复工复产，法律界和经济界党员到镇街开展“以法为帆，护航助企”和“疫情后的税收筹划与降本增效”等专题讲座。12人被评为农工党广东省委会“抗疫工作先进个人”。（余润熹）

【九三学社助力疫情防控】2020年，九三学社东莞市委员会编写《抗击疫情，九三学社东莞社员在行动》23期，发布100余篇次，在主流媒体报道8次。广大社员在医卫、科技、文艺、社会防控等领域参与一线防控和后方支援，通过企业、慈善机构、校友会等平台，为抗疫一线单位捐赠防疫物资、测温仪器、善款，总值1000多万元；社员开设《中医文化与四时养生》《防控用品正确使用方法》《网络心理辅导》《志愿者培训》等网络服务；组织联络多家企业到高校开展招聘。（卢力森）

【工商联助力疫情防控】 2020年，东莞市工商联（总商会）动员全市民营企业及商协会捐赠资金及物资折合2.67亿元。组织发动东莞市工商界捐赠价值200万元医疗物资驰援湖北省荆州市，支援荆州疫情防控工作。开展“优惠政策话你知暖企行动”和“进商会、进企业，送服务、送温暖——两进两送行动”，送出政策汇编2万多本。成立东莞市工商联应对新冠肺炎疫情律师志愿服务团，开展移动接访服务活动6次，接受并办结民营企业维权投诉23宗，帮助民营企业解决疫情期间法律问题。助力金融纾困，协助1100多家会员企业解决贷款贴息、专项补助等问题。东莞市工商联（总商会）被广东省工商联评为“广东省抗击新冠肺炎疫情先进工商联”。（刘晓慧）

【东莞世界莞商联合会助力疫情防控】 东莞世界莞商联合会在新冠肺炎疫情发生后，倡导莞商莞企捐款捐物支持疫情防控。全体莞商莞企捐赠资金2.24亿元，捐赠物资折算金额3948万元，总额2.6亿元。其中，海外莞商捐赠折合150万元；东莞世界莞商联合会、东莞民营投资集团有限公司分别捐资50万元。助力复工复产，对300多家莞商企业开展调查研究，了解莞商企业运营情况和面临的困难问题，综合形成调研报告，为政府和企业提供双向信息支撑。发出《给海外莞商的一封家书》，为海外莞商抗击疫情提供指引和支持。向海外分会了解防疫物资需求，协助提供物资采购信息，收集海外莞商回莞意向，宣导入境管控政策。指导美国旧金山湾区分会设立美国东莞留学生交流中心，协调各种资源为滞美莞籍留学生提供学习、生活及心理等方面帮助。应希腊贸易委员会请求，协调会员企业帮助希腊采购防疫物资。（刘晓慧）

2020年3月8日，东莞工商界对口支援湖北省荆州市物资发车

（市工商联供图）

人民团体助力疫情防控

【团市委助力疫情防控】 2020年，新冠肺炎疫情发生后，共青团东莞市委组建100多支重点领域青年战疫突击队，向所在镇街（园区）、单位主动认领任务，全部投入防疫一线开展工作。动员全市志愿者下沉村（社区）第一线深度参与全市应急防疫工作，守牢基层防疫防线。主动对接东莞市医疗物资生产企业复工需求，助力企业复工复产。招募外语翻译志愿者服务省市口岸接运、咨询等工作，严防境外疫情输入。广泛募集社会资源，精准结对服务东莞市256个驰援湖北及市内定点收治医院的一线医务人员家庭。发动青联委员、青年企业家捐款捐物驰援战疫前线，通过“以购代捐”“以买代帮”助销湖北特色农产品，市各级青企协捐款566.89万元，市青联166名委员捐款27.93万元，捐物价值93.15万元。主动介入疫情背景下青少年学生心理危机问题，依托市镇两级莞香花青少年服务体系，为青少年提供心理支援、热线咨询、个案跟踪等专业服务。（彭吉勇）

【妇联助力疫情防控】 2020年，东莞市妇联组建机关抗疫工作队，有1.28万名妇联干部、执委、“楼嫂”参与防控宣传、自查摸排，市女企业家商协会和社会人士还捐款捐物1972.1万元、捐赠口罩5.59万个。关爱医护人员，开展

2020年2月19日，市妇联开展“您的需求我来帮”——玉兰花开暖心包关爱东莞援鄂医疗队活动（市妇联供图）

“您家的菜我来送”“您家的活我来干”“您的需求我来帮”等“玉兰花开”关爱一线医务人员及其家庭公益服务。慰问援鄂医疗队员及本地医护人员1.29万人次。向全市抗疫医护人员子女派发4000套“亮眼护理包”，金额796.7万元。助力复工复产，举办线上招聘、“乐购东莞·玉兰荟萃”妇联主席直播带货“五一”节、母亲节、“六一”节专场，吸引324.6万人次观看，销售额481.5万元。帮助1148名妇女及家庭获得2.7亿元贴息小额创业贷款。推出女性专项金融支持服务，为受新冠肺炎疫情影响的“妇”字号企业、创业女性发放专项贷款5.6亿元，助力纾困解难。（龙江波）

【文联助力疫情防控】2020年，东莞市文艺工作者创作抗击疫情主题文艺作品3000多件，艺术形式涵盖小小说、诗歌、散文、书法、美术、剪纸、楹联、诗词、快板、小品、摄影、戏剧、舞蹈、歌曲、微视频等，以艺术形式凝聚起众志成城、全力以赴、共克时艰的强大正能量，为全市防控新冠肺炎疫情贡献精神力量。文联网站、微信公众号2020年策划推出“抗疫”文艺专题，编辑推出80条专辑、160篇新闻稿、800余件作品。（何 伟）

【侨联助力疫情防控】2020年，东莞市侨联动员海外侨团捐物助力东莞市抗疫工作，号召侨界向东莞慈善会、红十字会、定点医院等机构捐款捐物折合300多万元，向东莞市机关及抗疫一线捐赠物资折合29万元，发动侨留会向定点医院捐款15万元购买防疫用品。东莞市侨联系统主动服务侨界和海外侨团抗疫，上门关心因疫情滞留的莞籍侨胞，协调各级侨联服务回乡避疫等滞留侨胞638人次，为滞留侨胞筹集安全包、食品等物资，为500余名滞留同胞办理“万元现金”申请、广东计划（生果金）等政策业务。协同市有关部门，向10多个国家莞籍侨团寄送15.2万个口罩，协调镇街侨联向海外及中国港澳地区寄送72.3万个口罩等。开展抗疫物资统计筹集及寄送工作，持续为海外侨胞抗疫服务。指导侨留会向澳大利亚、法国、美国等多国海外留学生会员寄送抗疫物资“健康包”，为他们提供防疫和出入境咨询。（廖青山）

【残联助力疫情防控】2020年，东莞市残联在全省率先面向全市所有残疾人免费发放口罩10.78万个，为民办康复机构和盲人按摩机构等免费发放口罩，市镇两级免费发放口罩超20万个，较好保障残疾人生命安全。联合市民政局印发实施方案，指导东莞市民办康复机构在疫情防控初期阶段性有序恢复“一对一”康复训练；联合市人力资源社会保障局为符合条件的盲人按摩机构发放稳就业专项补贴，为106家盲人按摩机构发放补贴76.2万元，惠及412名盲人。（钟伟伦）

【红十字会助力疫情防控】2020年，东莞市红十字会动员社会力量为抗击新冠肺炎疫情筹款筹物，接收“防控新冠肺炎项目”捐赠款物合计2706.15万元，其中捐款1739.25万元、物资价值966.9万元，全部按市疫情防控指挥部要求或捐赠者意愿用于疫情防控工作；参与抗疫一线工作，组织工作人员和志愿者600人次参与东莞市各种疫情防控活动260场，服务市民3240人次，服务时长4044小时；关心关爱医护人员，向市人民医院、市第九人民医院一线医务人员开展慰问活动。（朱熳华）

现役单位和中央、省驻莞单位助力疫情防控

【边检部门助力“双统筹”】2020年，东莞出入境边防检查站对来自或经停疫情严重国家、载有疫情严重国家船员的国际航行船舶，落实“预报、通报、靠泊、入境正检、出境正检”全环节动态跟踪，形成防疫“闭环”管理。在市防疫指挥部联防联控机制统一协调下，处置6轮17名涉疫船员出入境事件，阻止境外疫情从东莞市口岸输入扩散。发挥边检大数据优势，

2020年疫情期间，东莞出入境边防检查站加强对国际航行船舶检查 （东莞边检站供图）

通过对出入境涉疫人员数据信息进行全量采集、筛查、分析和管理，重点开展海港口岸境外疫情输入风险评估、重点涉疫国家出入境情况统计分析、返粤侨胞数量及地区分布排查分析、申根国家疫情防控风险隐患分析，及时报送防控对策和推送预警预报。全站党员民警服从命令、听从指挥，依规履职、遵章工作，连续奋战5天，完成台胞返莞专项勤务，东莞市台商投资企业协会专函致谢。

年内，东莞出入境边防检查站建立“一企一策”帮扶机制，制定疫情期间边检行政许可办理、外籍员工返岗、外贸船舶通关等服务指引。优化“单一窗口”网上申报、“网窗系统”电子证件签发、急事急办“绿色通道”等举措。线上建立“警企互联”微信群，线下设置复工复产咨询岗，对运输防疫物资、国际进出口商品及鲜活农产品的出入境船舶，确保24小时随到随检，实现“通关零等待”“货到即卸货”。 （陈 泽）

【海关疫情防控】 2020年，东莞海关面对突如其来的疫情，第一时间成立疫情防控指挥部，研究部署疫情防控工作。落实新冠肺炎疫情防控工作要求，对进出境人员及货物实施卫生检疫，加强对来往港澳小型船舶船员、跨境运输车辆司机的防疫管理，确保“零漏检”，把好口岸安全关。严把出口防疫物资质量关，在专项考核中排名隶属海关首位。设立绿色专窗，依法保障医疗防疫物资通关“零延时”。落实联防联控要求，参加东莞市疫情防控指挥部12个工作组（专班），与卫生健康、商务、工信、公安、医院等单位保持沟通，扎紧疫情防控闭环。选派干部支援一线口岸和地方专班，《青春的回答》战疫微视频获广东省直新青年大赛视频类作品唯一金奖。（张 铄）

【减税降费助力抗疫】 2020年，东莞市税务局围绕党中央、国务院出台的7批28项减税降费政策措施，在疫情期间推出“莞税20条”，引导各方资助和支持疫情防控，为市场主体纾困解难；助力市委、市政府出台“稳外贸20条”（《东莞市关于促进外贸稳定发展的实施意见》，简称“稳外贸20条”，包括稳经营、拓市场、强培育、促转型、优服务等五部分20条、87项政策措施），稳住外贸基本盘，作为国务院第七次大督查发现的典型经验获通报表扬；开发“抗疫助企政策查询”小程序，实现抗疫税费优惠政策一键达；实行“快速批量退费”，在全省率先完成阶段性减免企业社保费批量退费；讲好减税降费故事，在主流媒体三面报道370篇次，其中央级媒体报道87篇次。全年全市新增减税降费300亿元，为保住市场主体、稳住经济基本盘发挥重要作用。创新开发“税收经济运行智慧监测平台”，以核心权重被运用到地方经济监测，并在全省范围内推广。推广产业链智联平台，畅通产业链供应链，助力企业跑出复工复产“加速度”。 （彭颖菁）

【邮政业疫情防控】 2020年，中国邮政集团有限公司东莞市分公司按照上级疫情防控工作总体部署，坚持履行普遍服务义务，落实“四不中断”（网点服务不中断、机要通信不中断、揽投服务不中断、在线服务不中断）和“四免费办”（救援物资免费送、上门揽收免费办、个人捐助免费寄、捐款转账免费汇）承诺，保证人民群众的用邮需求。主动承担湖北方向防疫救援物资运输任务，开通东莞防疫物资免费寄递“绿色通道”；成为“不见面审批”服务的寄递渠道供应商；配合教育部门“停课不停学”，开展“新书邮政送”寄递便民服务；参加市委、市政府组织的“乐购东莞”活动，以实际行动，在服务地方疫情防控大局中发挥邮政作用。常平分公司投递员王炎芝被评为全国邮政抗击新冠肺炎疫情先进个人、广东省抗击新冠肺炎疫情先进个人。 （石志会）

【东莞电信分公司助力疫情防控】 2020年，东莞电信分公司投入东莞市疫情科学防控及复工复产、复学复课中。为各级防疫单位紧急开通数百条专线、宽带和固话，对市防疫指挥部和全市39家重点发热门诊、6家定点收治医院及相关防疫单位进行全天

24小时通信监测和保障；向全市电信用户推送疫情防控短信近5亿条；主动为防疫部门提供信息化应用；推出免费漫游信息查询公益服务；协助完成“莞e申报”系统建设；完成教育云扩容，为7万多户师生家庭提供网络升速服务，助力百万学子线上复课。

（肖明楚）

【东莞移动分公司助力疫情防控】 2020年，东莞移动分公司针对新冠肺炎疫情，运用5G、大数据等新技术科学防疫，为政府相关部门提供238份大数据报告，发送应急防疫短信32亿条，得到市委、市政府高度肯定。强化网络保障，出动2000人天次，对全市重要政府部门以及医院开展信号保障，始终保持网络不堵、服务不断、性能不降。强化服务保障，为4500余家单位提供云视讯、云课堂、企业复工、5G+温感检测等信息化应用，满足疫情期间政府、企业、学生等客户的复工复产需求。强化防控保障，坚持“一人一档”常态化建档机制，确保五个到位，做到全体员工零疑似、零感染、零确诊。

（江南梦）

【东莞联通分公司助力疫情防控】 2020年，东莞联通分公司配合东莞市开展疫情防控宣传，免费发送疫情防控提示、防疫知识等公益短信、彩信近9.2亿条。保障通信网络畅通，在24小时内极速开通东莞市第九人民医院千兆专线，完成定点医院远程医疗平台部署，以科技支撑全省疫情防控视频会、危重患者远程会诊等。快速启动“助力复工对接未来——联通数字化服务进千企”专项行动助力东莞企业复产复工。通过大数据、AI、BPO帮助企业高效、精准招工找人；通过5G+物联网、AI+视频监控协助企业组织员工安全复工:通过云视频、智能SDN网络助力企业稳定高效远程协同办公；通过云化SAAS服务为企业快速打通供应链、实现生产高效协同。

（梁沁媛　蔡　娜）

【东莞铁塔分公司保障抗疫通信网络】 2020年，东莞铁塔分公司通过组织成立联合攻坚小组，发挥党员先锋模范作用，克服困难，密切与三家电信企业对接，同步进场，48小时内建成交付市卫健局、市人民医院、市第九人民医院等疫情防控关键点的5G基站和室分系统。高峰期同时投入应急抢修维护人员298人、车辆97辆，油机47台保障东莞抗疫通信网络，处理故障57个，协调复通18个长期断站，保障全市192个政府机关、各级疫情防控指挥部、6家大型定点治疗医院、89个重要交通枢纽24小时通信不间断，做好东莞疫情防控应急通信支撑工作。

（罗运广　周思玙）

银行业、保险业助力疫情防控

【银行业支持疫情防控及复工复产】 2020年，中国银行保险监督管理委员会东莞监管分局自主及配合市有关部门出台落实“助企复工10条”“加快复苏16条”“稳外贸20条”“投资松绑30条”等30余份政策文件，组织开展覆盖全市6个片区的政策宣讲，先后两轮对全市各银行保险机构金融支持政策落地情况进行督查复查，召开专项督导会议，开展金融支持疫情防控、复工复产、减费让利等政策落地情况以及违规收费等乱象整治情况的专项检查，加大非现场监管力度，贯彻落实金融支持疫情防控、复工复产和金融监管各项工作。全年对1.5万家疫情防控和受疫情影响较大的批发零售、住宿餐饮、交通运输、文化旅游等行业企业发放贷款552亿元，占新增贷款21%。发放优惠利率专项再贷款、支小再贷款、再贴现230亿元，精准支持防疫重点企业及小微企业。制订推进金融稳外贸工作机制方案，引导加大外贸信贷投放，扩大出口信用保险覆盖面。全年外贸企业贷款余额1476亿元，比上年增长49.66%，高于全省13.39个百分点；短期出口信用保险承保金额增长24.98%，服务企业数增长18.26%。

（方逸朗）

【保险业助力疫情防控和复工复产】 2020年，东莞市保险业应对疫情，助力复工复产。开通理赔绿色通道，东莞各保险公司特事特办，开通理赔绿色通道，设立7×24小时线上理赔服务，简化理赔手续，优化服务流程，取消多项理赔限制等，为新冠肺炎患者提供优质便利服务；无偿提供保险保障，东莞市多家保险公司无偿为抗疫一线人员提供专属保险保障，累计保障金额超过1000亿元。大地财险东莞中心支公司、合众人寿东莞中心支公司和平安健康东莞中心支公司向返莞外来务工人员无偿捐赠包含新冠肺炎责任的意外险；东莞各财险公司通过产品创新和服务创新，推出企业复工复产防疫保险产品，支持企业复工复产。截至2020年底，为7037家企业承保复工复产防疫保险，风险保障金额5531.73亿元。

（方逸朗）

镇街、园区推进“双统筹”

【莞城街道推进“双统筹”】 2020年，莞城街道投入628.6万元用于新冠肺炎疫情防控，组建636人的防控队伍。全年排查人员1.86万人次，集中隔离1060人、居家隔离3800人、核酸检测7949人次。全街道报告确诊病例3例。用45天实现莞城街道确诊病例清零，做到确诊病例零死亡、医务人员零感染、境外疫情零输入。在推动企业有序复工复产执行市有关扶持政策的基础上，配套出台《莞城街道关于支持莞企共克时艰打赢疫情防控阻击战的若干措施》，从用工就业、租金减免、生产和供应防疫重点物资、消费促进、金融保障、市场开拓、政企服务等方面为企业“输血供氧”，包括促成11家金融机构为辖区内80家企业落实9.53亿元新增贷款；制定帮扶方案，做好务工人员返岗工作，用60天时间推动97%以上企业复工复产。

（余文诗）

【石龙镇推进“双统筹”】

2020年，石龙镇投入583.46万元用于新冠肺炎疫情防控，组建3749人的防控队伍。全年排查重点人员1.89万人次，集中隔离927人、居家隔离2612人、核酸检测22.47万人次。全镇报告确诊病例1例。推动企业复工复产，出资3509万元列入市50亿元保企业促复苏稳增长专项资金，全年减免企业税费、租金、社保等费用3.3亿元，推动企业申领省、市、镇扶持政策资金合计3300多万元。促成700多家企业（个体户）获银行授信超46亿元，获贷款超27亿元。投放镇财政资金300万元举办“乐购石龙”系列活动，支持发展“直播经济”等消费新业态，撬动社会消费近3000万元。在东莞火车站、石龙汽车客运中心、石湾大桥、沙河大桥、园洲桥等站场及关口设置联合防疫检查点，并在集中隔离医学观察场所等地点成立5个临时党支部；组织全镇各级党组织共2811名党员参与到防控工作，占全镇党员人数70%。设检查点期间，各卡口共核查人员157.49万人次，发现发热人员213人，排查并送集中隔离人员24人。磷酸氯喹片作为治疗新冠肺炎科研攻关战略部署“三药”之一，广东众生药业股份有限公司成为广东省首家完成磷酸氯喹复产的企业，并向国内数百家医疗机构免费赠送磷酸氯喹片，供一线临床救治所用。推动东莞石龙京瓷有限公司顺利复工复产，加快液晶显示模块、热敏打印头等高科技产品生产，保障医疗设备资源供应。2020年3月，首批配置东莞石龙京瓷有限公司生产的12.1显示屏的CW呼吸机，随中国抗疫专家组一起抵达塞尔维亚。利用信息数据方面，助力开普云信息科技股份有限公司利用大数据、云计算、人工智能等技术，为政府与社会提供与疫情相关的多项支持服务，支撑东莞市政务服务数据管理局，开通全市实名办事预约服务，上线“东莞市疫情应急监控系统”“东莞市口罩预约管理系统”和东莞金融“战疫通”子系统等。

（林秋江）

【虎门镇推进“双统筹”】

2020年，虎门镇投入5400万元用于新冠肺炎疫情防控，组建约2300人的防控队伍。全年排查人员超855万人次（含高速出口及各类大型交通客运站），集中隔离6761人、居家隔离3.61万人、核酸检测42.78人次。全镇报告确诊病例5例。推动企业复工复产，为企业减负14.5亿元，争取77亿元贷款。促进经济复苏，设立500万元资金开展促消费活动，拉动消费1.96亿元。在设卡联合检疫期间，全镇14个高速出口、高铁站等各类交通客运站场共排查超过850万人次，守住东莞的虎门门户。全镇全年排查国内重点地区来虎返虎人员5.2万人次，杜绝疫情扩散风险。全市率先制作国语、粤语、虎门话、湖北话等多方言广播音频，在全镇重点场所和各社区路段巡回播放，形成抗疫“街知巷闻”氛围。通过微信朋友圈精准投放电子问卷调查，及时采集从湖北来（返）虎门的人员数量、流向、分布情况，动员湖北籍人员应报尽报。动员和协助以纯集团在疫情初期10天内建成3条口罩生产线，形成日产口罩30万个产能，在口罩最为紧缺的2—5月，企业共生产8800万个口罩，缓解全市“口罩荒”。开展台胞返莞专项行动，协助市防境外输入专班完成1326名台胞在虎门港澳客运码头的入境回莞工作。新华社以《一个服装名镇的破“疫”之战》为题，专题报道虎门服装企业在疫情之下的突围情况。虎门镇人民政府获广东省抗击新冠肺炎疫情先进集体称号，是东莞市唯一获此称号的镇级集体组织。

（何东玲）

【东城街道推进“双统筹”】

2020年，东城街道投入2000万元用于新冠肺炎疫情防控，组建600多人的防控队伍。全年排查人员4.47万人次，集中隔离4298人、居家隔离2.15人，全街道报告确诊病例5例，无症状感染者3例。推动企业复工复产，为企业减负1.2亿元，减免社保费1.9亿元，争取160.1亿元贷款。促进经济复苏，设立480万元资金开展促销费活动。夯实街道联防联控战线，重点在莞深高速莞龙路收费站、莞惠城际东城南站和地铁东城站设立联合检疫站，压实社区、出租屋业主、二手房东防疫主体责任，确保重点疫区流入人口应检尽检，不遗一人；健全防疫应急处置机制，组织3次以工厂密闭空间、写字楼、超商、学校四个场景为主题的实景模拟演练展示；东莞市亿茂滤材有限公司、东莞市中加消毒科技有限公司被列入国家防疫物资保障单位，东莞市利瀚机械有限公司被国家发改委定为口罩机定点供应单位。

（黄韵纹）

【万江街道推进“双统筹”】

2020年，万江街道投入2051万元用于新冠肺炎疫情防控，组建约4700人的防控队伍。全年排查人员2.2万人次，集中隔离1278人、居家隔离1.45万人、核酸检测5112人次。全镇报告确诊病例0例。推动企业复工复产，为企业减负

3623万元，争取4.96亿元贷款、8667万元政策资金。促进经济复苏，设立450万元资金开展促销费活动，拉动消费约5000万元。在重要交通枢纽——东莞市汽车总站，落实“逢车必查、逢人必检”工作措施，在进站口和落客区设置红外体温检测仪，设立联合检疫点，检查旅客132.7万人次，落实车辆消毒1.91万辆次。建立起疫情防控指挥体系，构建“一日一研判”工作机制。将辖区细化成950个防疫网格，构筑起抗击疫情的坚固防线。为全国抗疫作出万江贡献，生产2000多台口罩机设备销往全国各地，为市政府口罩收储提供口罩2700万个，获得国家、省、市上级部门感谢信。

（谢　力）

【南城街道推进“双统筹”】

2020年，南城街道投入7827.41万元用于新冠肺炎疫情防控，2020年排查人员3.82万人次，集中隔离4164人、居家隔离1.65万人，全街道报告确诊病例10例。推动企业复工复产，为企业减负1.33亿元。促成银行机构为398家中小微企业（个体户）与银行达成授信意向60.33亿元，为391家中小微企业（个体户）发放贷款30.31亿元。促进经济复苏，设立487.53万元资金开展促销费活动，消费总金额4.73亿元。2020年1月27日至3月18日在高速出入口设立联合检疫站，全天24小时“逢车必查，逢人必查”，防疫期间，检查车辆80.1万辆，192万多人次。南城街道斥资500万元用时6天建成南城医院新发热门诊和隔离病房；发挥社区一线实战能力，实施网格化、地毯式管理，以“社区（公安）+网格+卫健”的模式组建130多支“三人工作小组”，落实综合性防控措施，加强“一对一”“人盯人”居家隔离管理措施，控制疾病传播；在楼盘小区组建疫情防控临时党组织及临时党群志愿服务队，构建“社区党工委+网格管理员+物管公司+业主志愿者”的协同防控战线。

（周静珊）

【中堂镇推进“双统筹”】

2020年，中堂镇投入8647.43万元用于新冠肺炎疫情防控，组建6577人的防控队伍。全年排查人员2.8万人次，集中隔离3178人、居家隔离6465人、核酸检测6.37万人次。全镇报告确诊病例0例。推动企业复工复产，为企业减负1882.74万元，争取1.45亿元贷款、1235.18万元政策资金。促进经济复苏，设立625万元资金开展促销费活动，拉动消费1.6亿元。落实新冠肺炎疫情防控，并创新防控方式：3天建成全市首个由板房搭建的规范化发热门诊投入使用；全市首创由政府出资租用民办医院作为隔离留观病房；全市首创以红色“福条”代替“封条”，每人每天100元标准补助实施居家医学观察，体现人文关怀；全市首创以每人每天100元标准补助企业，鼓励企业劝导湖北籍员工延迟返岗，减轻防疫压力；全市首创以每人每个工作日100元标准给予企业招工补贴，鼓励本地户籍人口到镇内复工复产企业就业；全市率先实施免费CT、血常规等健康筛查，免费提供核酸检测。

（黎杰文）

【望牛墩镇推进“双统筹”】

2020年，望牛墩镇投入847万元用于新冠肺炎疫情防控，组建500人的防控队伍。全年排查人员19.89万人次，集中隔离493人、居家隔离2275人、核酸检测19.89万人次。全镇报告确诊病例1例。动企业复工复产，为企业减负1400万元，争取1.15亿元贷款、350万元政策资金。促进经济复苏，设立263万元资金开展促销费活动，拉动消费600万元。望牛墩医院增列为东莞市新型冠状病毒肺炎医学筛查和临床救治定点后备医院，负责新型冠状病毒肺炎疑似病例的筛查、医学观察和轻症病人的临床救治工作。在穗深城轨东莞西站、望牛墩站和广深高速望牛墩出口设置4个联合检疫点，在该镇主要出入口设置3个检疫点，做到逢车必检，逢人必检，全部登记在册并落实跟踪。

（陈玉霞）

【麻涌镇推进“双统筹”】

2020年，麻涌镇投入4188万元用于新冠肺炎疫情防控，组建664人的防控队伍。全年排查人员1.3万人次，集中隔离2532人、居家隔

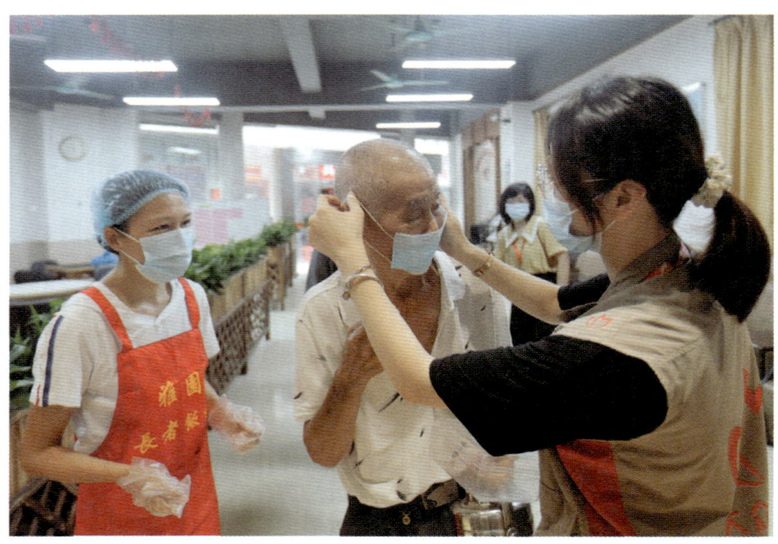

2020年疫情期间，南城街道社工为前来用餐的老人佩戴口罩

（蓝业佐　摄）

离4601人、核酸检测3.28万人次。全镇报告确诊病例0例。推动企业复工复产，为企业减负1.2亿元，争取42.52亿元贷款、6755万多元政策资金。促进经济复苏，设立300万元资金开展促销费活动，拉动消费381万元。保障疫情防控粮油供应和物流运输，为确保国家粮食供应急需时调得动、用得上，在落实防控要求和人员安全的前提下，推动镇内40多家粮油、饲料企业提早复工复产，支援疫区豆粕、饲料、面粉、大米等保障物资1.02万吨，做好进口大豆和储备玉米保供任务，为华南地区乃至全国粮油供应提供保障。麻涌镇内的南玻集团、东莞超盈纺织有限公司紧急组建口罩生产线，转型生产口罩满足防疫需求。中央电视台新闻频道以航拍的视觉展示东莞唯一省级碧道试点的麻涌华阳湖段万里碧道试点项目工程复工的现场情况。

（罗冠文）

【石碣镇推进“双统筹”】

2020年，石碣镇投入3240.34万元（含40万元党员捐款）用于新冠肺炎疫情防控，组建约3000人的防控队伍。全年排查人员81.44万人次，累计集中隔离4563人（境外集中隔离人员累计1169人）、居家隔离8549人、核酸检测5.24万人次。全镇报告确诊病例3例。推动企业复工复产，为企业减负5400万元，争取3.4亿元贷款、1014.12万元政策资金。促进经济复苏，设立500万元资金开展促销费活动，拉动消费约550万元。先行先试建立镇、村、企业“三级防护网络”（即镇出入口设卡口排查、村组建网格队伍落实村社区居家防控、督促各企业设立隔离点供人员原地隔离），克服早期人流量大、物资紧缺等困难，先后出台超100份指引方案。成为全市第一个所有村组落实租金减免、第一批组织银企对接落实融资、第一个对符合条件企业实行防疫保险足额补贴的镇街。

（钟烨朗）

【高埗镇推进“双统筹”】

2020年，高埗镇投入1927万元用于新冠肺炎疫情防控，组建3500人的防控队伍。全年排查人员2.5万人次，集中隔离1200余人、居家隔离7000余人、核酸检测2.9万人次。全镇报告确诊病例2例。推动企业复工复产，为企业减负近2600万元，争取15亿元贷款、4465万元政策资金。促进经济复苏，设立324.5万元资金开展促销费活动，拉动消费980.52万元。创新推出“十不可”（群众自律不可差、进出把手不可松、特殊时期不可怨、群众活动不可办、主体责任不可推、复工复学不可急、居家隔离不可乱、拒绝配合不可恕、侥幸心理不可有、领导干部不可退），“三件宝”（平安封条、健康监测表、居家隔离户监督举报告示）等防疫措施，100小时内完成720平方米独立临时发热门诊搭建并投入使用。东莞市中航自动化设备有限公司、东莞市迈邦智能制衣设备有限公司等防疫物资生产企业受到国务院、省、市的通报表扬。抓好经济运行监测调度，用25天将复工复产基本恢复到2019年同期水平，市场主体不降反增，首破2万家，出台5批94条惠企政策，办好“乐购东莞·聚惠高埗”等促消费专项活动。

（苏晓珊）

【洪梅镇推进“双统筹”】

2020年，洪梅镇投入1226万元专项资金用于新冠肺炎疫情防控，组建1500多人的防控队伍。全年排查车辆2.39万辆次、人员4.95万人次，集中隔离976人、居家隔离1501人、核酸检测2010人次，全镇无发生一起确诊病例。推动企业复工复产，为企业减负1.18亿元，争取13.03亿元贷款，发放500多万元扶企助企专项资金。促进经济复苏，设立50万元资金开展促销费活动，拉动消费87万元。搭建公益救助平台，为受疫情影响回莞后无业、无居住场所的人员提供临时住所，设立10万元爱心救助专项资金，向受疫情影响的非东莞户籍失助人员提供生活和医疗上的援助。强化应急药品保障，推动东莞市亚洲制药有限公司成为东莞市首批公共卫生应急物资产品推荐企业，生产10多万瓶藿香正气丸、228万多盒双黄连口服液销往全国各地。丰富防疫知识宣传形式，创新推出快板《全民战“疫”迎春天》、粤语歌曲《无惧怕》、公益微电影《口罩超人》等疫情防控主题文艺作品，获“学习强国’平台多次转载。

（谢雅颖）

【道滘镇推进“双统筹”】

2020年，道滘镇投入2913万元用于新冠肺炎疫情防控，组建近1000人的防控队伍，全年排查人员1.75万人次，集中隔离2378人、居家隔离5885人、核酸检测2.56万人次，全镇确诊病例3人。创新推行村（园区）、企业、出租屋三方联动管理机制，用46天实现确诊病例“清零”，做到确诊病例零死亡、医务人员零感染。推动企业复工复产，为企业减负6亿元，争取金融贷款超25亿元、政策资金1513.4万元。促进经济复苏，设立145万元资金开展促销费活动，拉动消费近1000万元。镇内多家企业响应国家号召，全年累计生产超过800台口罩机销往国内外，提供市级收储医用口罩超1500万个。

（卢润志）

【厚街镇推进“双统筹”】

2020年，厚街镇设立1亿元应急专项资金用于新冠肺炎疫情防控，组建300人的疫情防控专班队伍。全年排查人员4.44万人次，集中隔离5752人、居家隔离3.23万人、核酸检测49万人次。全镇报告确诊病例3例，无发生聚集性疫情。推动企业复工复产，为企业减负4.03亿元，争取约9500万元贷款、6198万元政策资金。促进经济复苏，设立300万元资金开展促销费活动，拉动消费4388万元。为确保东莞市夏季车展、国际名家具展、东莞市国际车展等重大展会活动在厚街镇举行，提前介入举办场馆和接待酒店的疫情防控和卫生安全保障检查工作，指导主办方和接待酒店做好通风透气、消毒管理、公共场所和饮用水卫生检测、防疫物资储备工作等，现场督导主办方开展疫情演练，对现场发现的问题，当场责令整改，安排专职卫生监督员做好展会卫生安全保障工作，全年检查主办场馆卫生安全问题31次。率先在全市出台《“共享员工”员工工作补贴办法》，对实现企业之间全日制互助调剂用工的，每月最高给予800元资金补贴，得到央媒广泛关注。全年推动南兴装备股份有限公司等8家企业、共100名员工参与“共享员工”用工模式。创新推行“多员合一”排查摸底模式，将全镇划分为128个网格，组建3人网格小组，把社区安全员、治安员等人员整编进网格组建“多员合一”队伍，与镇公安数据库对接，全覆盖做好重点群体排查、居家服务、“莞e申报”、复工复产、粤省事系统申报、日常巡检等工作。疫情期间，全镇“莞e申报”数量超过75.8万人次。该模式得到省防扩散专班的充分肯定。（方丽萍）

【沙田镇推进“双统筹”】

2020年，沙田镇投入2954万元用于新冠肺炎疫情防控，组建近3000人的防控队伍。全年排查人员30多万人次，集中隔离1581人、居家隔离1.01万人、核酸检测6.37万人次。全镇报告确诊病例4例。推动企业复工复产，为企业减免税款、社保费等9.8亿元，帮扶企业新增授信82.2亿元，实现贷款41.5亿元，协助企业获得约2800万元政策资金。促进经济复苏，推动商家开展系列促销活动，通过让利76.5万元，拉动消费约510万元。加强与港口码头及海关、海事、边检等单位联防联控，排查船只1.56万艘15.14万人，其中外国船只1437艘2.46万人。做好港澳流动渔船防控，对先锋渔港所有上落点和码头采用封闭管理，设立联合健康检测点。加强跨境货车司机、境外入境人员、中高风险地区人群管控，落实跨境货司机“三点一线”全流程、全覆盖闭环管理，跨境货车司机（内地接驳司机）100%作业点扫码，保持“三人小组”常态化运作，对中高风险地区旅居史人员100%随访，同时做好从境外来（返）沙田人员的接收、转运、集中（居家）医学观察等工作。保障防疫物资生产企业生产原料快速查验放行，保障巨正源公司生产春节正常生产，10天内完成口罩核心原材料熔喷布专用料的研发并投产进入市场，日产量可满足2000万个口罩生产，缓解原材料紧缺局面。出台镇惠企政策，240多家重点企业2月底实现满工满产，在建重大项目复工率、返岗率全市率先实现100%。镇领导班子带头，组建64个工作组以“店小二”精神走访服务企业和企业家超6000家次，解决企业困难诉求600多项次，超额完成经济运行监测调度目标，市场主体比上年增加17%，疫情期间保障重大项目建设和服务企业发展获央视《新闻联播》三次聚焦关注报道。（梁嘉伟）

【长安镇推进“双统筹”】

2020年，长安镇投入应急专项经费5300万元用于新冠肺炎疫情防控，组建131个由社区干部、驻村干部、民警（辅警）、网格员、医务人员组成的三人排查组，5950名党员干部参与疫情防控工作。全年各检疫卡点排查人员300多万人次，核酸检测超14万人次，集中隔离6000多人，接种新冠疫苗1259人。全镇报告确诊病例10例。推动复工复产，全镇规模以上工业企业在3月上旬基本完成复工复产。4月9日，长安镇成立经济运行监测调度指挥部，建立584家重点企业项目库，梳理重点问题4张清单，全年协调解决企业劳务用工、社会保障等问题281个，推荐企业申报市级稳增长政策资金106项；为3万家企业减免社保费用约15亿元；协调银行为3850家中小微企业发放贷款75.4亿元。促进经济复苏，结合“乐购东莞”活动，举办线下促销活动7次，发放电子消费券、电子抽奖券等消费者福利279万元，引导全镇各类企业优惠让利2500万元。疫情期间，发布网络招聘信息涉及276个工种就业岗位5.5万个，协助企业招聘员工近3万人；通过推行“共享员工”，为小天

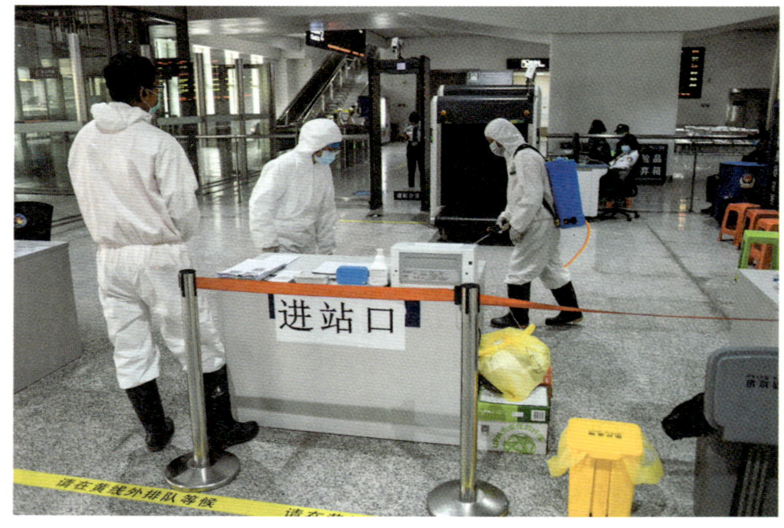

2020年疫情期间，穗深城轨长安站加强卫生消毒工作

（长安镇供图）

才、美泰、必达等企业解决员工缺口500多人；长安镇人社分局组织和企业主动包车接回返莞员工6万多人次。（黄 真）

【寮步镇推进“双统筹”】

2020年，寮步镇投入4120万元用于新冠肺炎疫情防控，组建1977人社区网格化防控队伍、1981人共产党员抗疫先锋队、652名群众志愿者，参与社区联防联控、人员追踪排查和困难群众关爱服务。全年排查来自疫情重点地区人员3.83万人次，其中，境内人员3.72万人次，境外人员1080人次；接收跨境货车司机4712人次。设置境内人员医学观察隔离酒店10家，收住集中隔离人员4158人；设置境外人员医学观察隔离酒店2家，收住集中隔离人员619人；设置企业员工医学观察隔离点1.01万个。实施居家隔离2.35万人，开展核酸检测11万人次。在全镇4个高速公路出入口，投入防疫检疫警力9.42万人次，检查过往车辆71.88万辆次，排查人员146.5万人次；完成辖区“莞e申报”67.91万人。全镇报告输入性确诊病例3例，没有发生本地传染病例。推动企业复工复产，镇村两级为企业减免租金负担超1亿元，协调供电部门为企业减免阶段性电费3640万元，为企业返还失业保险费2196万元，帮助20家企业争取市专项扶持资金1240万元，申请小微企业贷款贴息补贴120万元。为656家企业争取银行贷款26亿元。寮步同心机械设备有限公司完成5台口罩机生产保障任务。促进经济复苏，设立550万元促消费专项资金，开展“乐购东莞·幸福寮步”系列促消费活动，发放汽车消费奖励券200多万元，拉动汽车消费15亿元。（刘勋良）

2020年疫情期间，大岭山镇专职安全员到企业助力复产复工

（蓝业佐 摄）

【大岭山镇推进“双统筹”】

2020年，大岭山镇投入2568万元用于新冠肺炎疫情防控，组建34支102人的防控队伍。全年排查人员2242人次，集中隔离5025人、居家隔离2.16万人、核酸检测1.26万人次，全镇报告确诊病例10例；推动企业复工复产，为企业减负6.48亿元，争取19.30亿元贷款、3099.46万元政策资金，设立300万元资金开展促消费活动，拉动消费778万元；设立93个镇村防疫卡点，组建152个居家医学观察监督小组，利用“大数据+网格化”“三人小组”开展精准排查服务，抓好跨境司机、冷链物流、集中隔离场所等重点人群、领域、场所的防控工作，43天实现确诊病例清零，56天恢复正常生产生活秩序；担当坚守全市“菜篮子”，阻断信立农批市场疫情蔓延，保障全市农副产品市场供应；落实各项援企稳岗帮扶措施，实行“点单式”走访帮扶服务，帮助204家重点企业解决249个问题。3月，实现企业复工率100%；建立镇级“小升规”重点企业培育库，协助53家企业“小升规”。镇内3家企业生产1443台口罩机销往全球多地。（蓝 茜）

【大朗镇推进“双统筹”】

2020年，大朗镇投入2000万元用于新冠肺炎疫情防控，组建5000人的防控队伍；全年排查人员3.84万人次，集中隔离2987人、居家隔离2.33万人、核酸检测13.46万人次，全镇报告确诊病例9例。推动企业复工复产，为企业减负8216万元，争取51.49亿元贷款、834万元政策资金；促进经济复苏，设立300万元资金开展促销费活动，拉动社会消费零售总额超12亿元；制定《关于大朗镇减免企业物业租金的若干意见》《大朗镇社区（村）疫情期间减租工作指引》和《关于大朗镇社区（村）减租工作的补充通知》等惠企政策文件，大朗镇农村（社区）完成减租合同4449份，减租金额8216万元；动员春夏新材料、东冠电子等生产防疫物资企业放弃春节假期提前复工复产，协调全镇20多家企业解决新建、改建、扩建口罩、电子体温枪、口罩机、熔喷布机、无纺布机等应急原材料紧缺问题，协助6家应急物资生产企业申报广东省疫情防控重点保障物资生产企业，13家企业纳入市应急物资生产企业类小微企业白名单，12家企业申报市疫情防控重点保障企业；广东春夏新材料科技股份有限公司口罩生产一线女职工张静雯获“广东省‘五一’劳动奖章”，是全市唯一获此荣誉女职工。（陈学斌）

【黄江镇推进“双统筹”】
2020年，黄江镇投入1345.27万元用于新冠肺炎疫情防控，组建703人的防控队伍。全年排查人员1.67万人次，集中隔离3027人、居家隔离1.58万人、核酸检测8.37万人次。全镇报告确诊病例0例。推动企业复工复产，为企业减负6.56亿元（其中减免社保费、税费6.32亿元；减免租金2386.39万元），争取141.29亿元贷款、1571.84万元政策资金。促进经济复苏，设立980万元资金开展促销费活动，拉动消费3370万元。

（李呈鑫　张嘉润）

【樟木头镇推进“双统筹”】
2020年，樟木头镇投入660万元用于新冠肺炎疫情防控，组建3000人的防控队伍。全年排查人员2.42万人次，集中隔离1628人、居家隔离9544人、核酸检测708人次，全镇无报告确诊病例。推动企业复工复产，为企业减负1.6亿元，争取21.5亿元贷款、800万元政策资金。促进经济复苏，设立345万元资金开展促销费活动，拉动消费2.1亿元。樟木头镇有1个汽车站、2个轨道交通站点、2个高速入口。樟木头镇成立工作专班，落实“逢车必检、逢人必检”工作要求，抽调近50人支援主要交通入口联合检查站点，加强镇内轨道交通站点及汽车站管控。（张嘉雯）

【凤岗镇推进“双统筹”】
2020年，凤岗镇投入6439.07万元用于新冠肺炎疫情防控，组建1160人的防控队伍，全年排查人员4.44万人次，集中隔离4405人次、居家隔离2.04万人次。推动企业复工复产，为企业减免社保费用约3亿元。协调金融机构为928家企业提供授信额度82.8亿元、累计为840家企业放贷36.6亿元。组织凤岗镇“乐购东莞”促消费活动33场，推出消费券404.5万元，带动消费超千万元，助推线下门店超3亿元消费。各村（社区）联合驻村团队、网格员组建136支排查突击队，对全镇136个网格采取“地毯式”排查和“滚动”排查相结合方式，对全镇1.27万栋出租屋进行排查。设置5个高速、市际、车站联合防疫检查点，实行分班制度，确保24小时不间断对过往的车辆进行检查。（叶婷婷）

【谢岗镇推进“双统筹”】
2020年，谢岗镇全面统筹疫情防控和经济社会发展，出台50多项疫情防控工作方案和指引，投入1077万元用于疫情防控，组建200人防控队伍，发动全镇2400名党员干部下沉一线，建立17支居家观察党群服务队，筑牢“外防输入、内防扩散、医疗救治、自我防护”四道防线。全年排查人员1.6万人次，集中隔离812人、居家隔离5148人，核酸检测3.5万人次，无发生本地传染病例。通过经济调度、金融支持、减轻税租等措施，稳住经济基本盘。推动企业复工复产，为企业减租约2400万元，银、企对接贷款约16.9亿元，达成授信意向约24.5亿元，润星科技、安保医用等企业转型升级，实现逆势增长。促进经济复苏，出台“乐购东莞”促消费实施方案，组织3场直播带货活动，投放100万元消费券，拉动消费318.5万元。

（吴昭敏）

【塘厦镇推进“双统筹”】
2020年，塘厦镇投入1000万元用于新冠肺炎疫情防控，募集资金470.23万元，合计投入1520.23万元；组建6000人的防控队伍，全年排查人员5.94万人次，集中隔离3003人、居家隔离2.99万人、核酸检测11.32万人次。全镇报告确诊病例7例；推动企业复工复产，为企业减负13亿元以上。促进经济复苏，统筹3000万元投入促销费活动，拉动消费3.86亿元。塘厦镇成立防境外输入专班，排查入境外籍人员470人，按照闭环机制，做好入境人员转运工作，全年完成转运639人次。做好跨境货车司机工作，建立跨境来莞货车司机工作台账，对301家收发货企业、2家货站、1216名跨境司机、138名接驳司机进行建立台账，实施精细化管理。做好豁免人员和外国人来华邀请函报批，受理142名外国人来华邀请函业务。印发英语、日语、韩语三种语言宣传海报1500份，对存在外国籍员工的企业、外国人聚集场所、花园小区及商场等地方进行防疫宣传。（陈　渊）

【清溪镇推进“双统筹”】
2020年，清溪镇投入约4200万元用于新冠肺炎疫情防控，组建近5000人的防控队伍；排查82万人次，居家隔离近2万人次，集中隔离2600多人次，开展核酸检测6.8万人次，检测农贸市场重点环境、产品样本2800份，结果全部为阴性；抓好农贸市场疫情防控、进口冷冻肉制品和水产品监管、跨境货运司机跟踪监测等常态化和动态性防控工作，构筑起“外防输入、内防扩散、医疗救治、自我防护”四道防线，是全市7个无确诊和无症状病例、无医务人员感染镇街之一。加强经济运行监测调度，在全市率先成立企业复工协调组，复工复产率及返岗率位于全市前列；发放援企稳岗补贴1035.87万元，减免184处镇属物业租金954.94万元，减免全镇企业社保费11.64亿元，向228家企业发放招工补贴421.1万元；建立企业问题、增资扩产、新项目落地、救助企业“4张清单”，重点扶持企业、数据回归企业、近期开工增资和新签项目、城市更新项目“4个名录”，设立11个工作小组和21个服务队，落实领导包干重点企业工作制度，实现603家企业走访全覆盖，梳理解决19个重大项目15个问题诉求，解决企业困难和问题261个，为企业新增和续贷金额32亿元，争取政策资金4000多万元；促进经济复苏，设立300万元资金开展促销费活动，发券270万元、核销券80多万元拉动消费，经济实现稳中有增、稳中有进。

（李海波）

【常平镇推进“双统筹”】

2020年，常平镇投入3037.86万元用于新冠肺炎疫情防控，组建1500人的防控队伍。全年排查人员180万人次，集中隔离3566人、居家隔离2.7万人、核酸检测5万人次。全镇报告确诊病例5例。常平镇公安分局、卫健局、社卫中心、网格管理中心组建“三人小组”，对村（社区）实行网格化、地毯式管理，落实重点人员排查登记，排查数据6.02万条。落实32个村（社区）和97个楼盘小区属地责任，在全市较早落实村级检查点全覆盖，对进入村（社区）、楼盘小区所有人员检测体温，形成群防群控格局。对100人以上密闭半密闭、依赖机械通风作业场所和商业楼宇开展全面排查，建立台账、督促整改。创新在全市使用信息化医学观察平台，为精准管控提供基础性支撑。铺开“莞e申报”工作，全镇超56万人完成申报登记，排查重点地区来莞人员4401人，均落实核酸检测。常平镇交通运输分局、公安分局、卫健局等部门组成联合检查小组，组建17组专班，在2个火车站、2个城轨站、3个高速口、汽车站及口岸共9个联合检疫站24小时值守，逢车必检、逢人必查。率先在全市启用新型5G测温系统，提高检测覆盖面和准确性。9个联合检疫点累计排查173.62万人次，高峰期日均3万多人。常平镇组建转运专班小组，24小时轮值，与市专班无缝衔接，对入境人员开展精准闭环防控管理，村（社区）“三人小组”与口岸海关、边检建立接转工作机制，明确组织领导、人员调配、车辆安排和应急处置等相关工作内容，确保接转工作实施。7月，常平镇在闭环管理各个环节配合使用“一码通”，通过“一码通”数据追踪每一位入境隔离人员健康活动情况，确保信息传递及时、人员管理到位。常平镇落实跨境货车司机管理，对全镇85家货主企业开展地毯式检查，建立台账，不定期对各企业进行抽查，发现问题及时落实企业整改。年内，登记跨境来莞货车司机6037人次。

（李彬斌）

【桥头镇推进“双统筹”】

2020年，桥头镇投入3400万元用于新冠肺炎疫情防控，组建500人防控队伍。全年排查人员20万人次，集中隔离2112人、居家隔离1.12万人、核酸检测1.02万人次。全镇报告确诊病例1例。推动企业复工复产，为企业减负4236万元，帮助企业新增授信额度25亿元。促进经济复苏，设立400万元资金开展促销费活动。桥头镇设置车站、龙溪、永平、山和4个联合检疫站，落实“逢车必查、逢人必检”，做好重点区域人员排查。在全市率先实行各村（社区）、住宅小区封闭式管理，建立“三人小组”排查管控制度，开展网格化、地毯式排查，排查核实重点区域来莞人员1.2万人。科学开展居家隔离观察，结合主动报告、社区监控、物业巡查等方式，运用智能门禁电子设备实行24小时精准服务管控，组织专项服务队专人负责隔离人员的住宿餐饮、车辆接送、心理辅导等工作。完善疫情应急机制，制定全镇总体应急预案以及企业、村（社区）等区域应急预案，组织开展应急演练、通讯模拟演练、节庆期间专项演练近100场次，提升应急处置能力。统筹全镇户外LED屏、广播、微信公众号，动态宣传防疫信息，普及防疫知识。

（陈家豪）

【横沥镇推进“双统筹”】

2020年，横沥镇投入2684.97万元用于新冠肺炎疫情防控，组建1829人的防控队伍。全年排查人员1.48万人次，集中隔离2096人、居家隔离1.34万人、核酸检测3.09万人次。全镇报告确诊病例2例。推动企业复工复产，为18家企业发放担保贷款4510万元，帮助企业解决融资问题。镇财政对2020年获资金池贷款16家企业，补贴利息38.76万元，横沥镇出台《横沥镇关于应对新冠肺炎疫情支持企业复工复产的若干措施》，制定20条帮扶措施支持企业共克时艰。成立疫情防控企业复工复产专项工作组，强化部门整体联动，下设5个小组。建立疫情防控责任机制，压实主体责任与强化企业服务相结合，2020年1月29日，横沥镇恒永公司提前顺利复工，至3月底，生产熔喷无纺布20多吨，可供东莞市口罩生产企业生产口罩约2800万只。

2020年，横沥镇制定《横沥镇企业节后复工新型冠状病毒感染的肺炎疫情防控工作指引》，成立横沥镇疫情防控消毒指导专班，重点对镇内密闭半密闭空间进行全面排查。由5名省流调人员，镇疾控工作人员，76名专职安全员，创新“1+1+N”（即1名省流调人员+1名疾控工作人员+N名专职安全员）模式组建横沥镇企业密闭空间管控小组，落实“一对一”指导企业建立分级管控台账。开展社会治理协同创新工作，链接社会资源、凝聚社会组织、统筹社工力量取得新成效。动员社会各界支援基层战“疫”，“楼嫂”服务做法被央视报道，社区发展基金会先进事迹获评“全国防疫优秀案例”。

（卢　奕）

【东坑镇推进“双统筹”】

2020年，东坑镇投入2600万元用于新冠肺炎疫情防控，组建1500多人的防控队伍。全年排查人员8258人次，集中隔离1094人、居家隔离6343人、核酸检测2.94万人次。全镇报告确诊病例1例。推动企业复工复产，为企业减负410万元（含协作服务款、展会费、进口贴息），为企业争取银行贷款授信额度17亿元、省市镇政策资金5856万元，减免镇村属物业租金1179万元。促进经济复苏，设立300万元资金开展促销费活动，拉动消费1.86亿元。是年，东坑镇取消举办2020年度“卖身节”活动，有效防止不必要的疫情扩散和蔓延。培育本土口罩生产设备企业，设立审批“绿色通道”，协助爱呵护、富港、易雅等3家重点防

2020年疫情期间，东坑镇党员志愿突击队上门协助村民进行“莞e申报” （蓝业佐 摄）

控物资生产企业解决许可办理、自动化改造、原材料紧缺等问题，完成市下达的口罩生产任务。东坑镇重点企业复工率超85%，提前完成2月底重点企业60%复工复产的目标，中央电视台、人民日报、新华社等媒体深入采访复工复产情况。 （李换珠）

【企石镇推进“双统筹”】 2020年，企石镇全年排查重点疫区来人1.2万人次，集中隔离1700余人、居家隔离5000余人、核酸检测30万余人次。全镇报告确诊病例0例。推动企业复工复产，为企业减负1542万元租金，争取290万元政策资金。促进经济复苏，设立300万元资金开展促销费活动，拉动消费1068万元。2020年初，企石镇的东莞市和冠智能有限公司4条口罩生产线交付给广东省援疆前方指挥部，每条生产线每天生产能力达12万个，支持新疆疫情防控工作，生产线的建设从研发到构成只用了16天。 （谢子韬）

【石排镇推进“双统筹”】 2020年，石排镇投入1500万元用于新冠肺炎疫情防控，在防疫一线成立6个临时党支部和61个网格党支部，动员280名党员干部组成机动工作队。全年排查人员1.71万人次，集中隔离1466人、居家隔离9390人、核酸检测3.61万人次。全镇报告确诊病例2例。推动企业复工复产，为7312家企业减免社保费共约4.18亿元，发放援企稳岗补贴848.59万元，落实减税降费约2.2亿元，约占税收总额9%，有效帮助企业渡过难关。出台“稳增长27条”政策，设立1亿元专项扶持资金，建立镇领导包干服务机制，争取13.71亿元贷款、落实企业市镇奖补2862万元政策资金。同时，设立400万元资金开展促消费活动，拉动消费4821万元（不含房地产3.1亿元），疫情下有力稳住经济基本盘，2020年全镇GDP保持6%的增速，位于全市镇街第四位。 （黄可欣）

【茶山镇推进“双统筹”】 2020年，茶山镇投入5500万元用于新冠肺炎疫情防控，组建750多人的防控队伍。全年排查人员1.78万人次，集中隔离1446人、居家隔离8735人、核酸检测5.84万人次。全镇报告确诊病例1例。推动企业复工复产，为企业争取3714.42万元政策资金。促进经济复苏，设立300万元资金开展促销费活动，拉动消费1166万元。茶山镇最美医护勇挑重担、逆行出征显担当，茶山医院副院长师清莲率市第二批医疗队千里驰援湖北武汉，为打赢全国保卫战发挥中坚力量，获评全市唯一“全国卫生健康系统新冠肺炎疫情防控工作先进个人”称号；茶山医院两批次共8名医务骨干加入市新冠肺炎医疗救治队伍，为全市疫情防控、病人救治发挥积极作用。 （陈校波）

【松山湖高新区推进“双统筹”】 2020年，松山湖高新区把握“多措并举、多管齐下、严防死守、坚决防止疫情蔓延扩散”的工作主线，开展新冠肺炎疫情防控的人民战争总体战阻击战。1月23日，成立松山湖高新区新型冠状病毒感染的肺炎疫情防控工作领导小组。超过730名机关党员干部投入抗疫一线，织密“横向到边、纵向到底”的网格化防控体系。推动一批创新团队、企业、高校的抗疫科研成果迅速实现产业化。生态园医学观察点完成4091人留观服务，实现隔离场所零事故。做好“六稳”（指稳就业、稳金融、稳外贸、稳外资、稳投资、稳预期）工作、落实“六保”（指保居民就业、保基本民生、保市场主体、保粮食能源安全、保产业链供应链稳定、保基层运转）任务，在东莞市率先成立经济“保稳定、促增长”指挥部，班子成员走访重点企业497家次，实现140家重点企业“一企一策”帮扶方案全覆盖，推动歌尔智能、云鲸智能等重点企业增资扩产、3115家企业入驻松山湖版“企莞家”平台、80家企业新入库纳统。全年新增各类市场主体2495户，比上年增长20.24%；实有市场主体企业占比90.37%，为东莞市最高；全社会用电量比上年增长17.82%，其中第二、第三产业用电量分别增长13.79%、33.15%。 （陈钶 梁巧玲）

2020年东莞市抗击新冠肺炎疫情先进集体情况表

获奖单位	获奖项目	授予单位	授予时间
东莞市卫生健康局	全国抗击新冠肺炎疫情先进集体	中共中央、国务院、中央军委	9月
东莞市妇女联合会	抗击新冠肺炎疫情全国“三八”红旗集体	中华全国妇女联合会	9月
东莞市供销合作联社	全国供销合作社系统抗击新冠肺炎疫情先进集体	中华全国供销合作总社	12月
东莞市民政局	全国民政系统抗击新冠肺炎疫情先进单位	民政部	12月
东莞市工业和信息化局	全国经济运行监测预测协调系统经济运行监测重点联系点信息报送先进单位	国家发展改革委经济运行调节局	12月
东莞市第一人民法院	新冠肺炎疫情防控工作集体嘉奖	广东省高级人民法院	3月
东莞市工商联合会	广东省抗击新冠肺炎疫情先进工商联	广东省工商联合会	7月
东莞市疾病预防控制中心党委	广东省抗击新冠肺炎疫情先进集体	中共广东省委、广东省人民政府	10月
东莞市市场监督管理局直属机关党委	广东省抗击新冠肺炎疫情先进集体	中共广东省委、广东省人民政府	10月
东莞市公安局直属机关党委	广东省抗击新冠肺炎疫情先进集体	中共广东省委、广东省人民政府	10月
东莞市社会服务管理“智网工程”指挥调度中心	广东省抗击新冠肺炎疫情先进集体	中共广东省委、广东省人民政府	10月
南城街道宏图社区党委	广东省抗击新冠肺炎疫情先进集体	中共广东省委、广东省人民政府	10月
虎门镇人民政府	广东省抗击新冠肺炎疫情先进集体	中共广东省委、广东省人民政府	10月
沙田海关	广东省抗击新冠肺炎疫情先进集体	中共广东省委、广东省人民政府	10月
东莞市中小学教师发展中心	广东省抗击新冠肺炎疫情先进集体	中共广东省委、广东省人民政府	10月
东莞市第九人民医院新冠肺炎医疗救治和疫情防控工作队临时党委	广东省抗击新冠肺炎疫情先进集体	中共广东省委、广东省人民政府	10月
东莞市大众社会工作服务中心	广东省抗击新冠肺炎疫情先进集体	中共广东省委、广东省人民政府	10月
东莞欣意医疗保健制品厂	广东省抗击新冠肺炎疫情先进集体	中共广东省委、广东省人民政府	10月
东莞巴士有限公司党委	广东省抗击新冠肺炎疫情先进集体	中共广东省委、广东省人民政府	10月
东莞市安德宝医疗废物环保处理有限公司	广东省抗击新冠肺炎疫情先进集体	中共广东省委、广东省人民政府	10月
东莞市人民医院党委	东莞市抗击新冠肺炎疫情先进集体	中共东莞市委、东莞市人民政府	11月
东莞市妇幼保健院	东莞市抗击新冠肺炎疫情先进集体	中共东莞市委、东莞市人民政府	11月
东莞市松山湖中心医院党委	东莞市抗击新冠肺炎疫情先进集体	中共东莞市委、东莞市人民政府	11月
东莞市滨海湾中心医院党委	东莞市抗击新冠肺炎疫情先进集体	中共东莞市委、东莞市人民政府	11月
东莞市东部中心医院	东莞市抗击新冠肺炎疫情先进集体	中共东莞市委、东莞市人民政府	11月
东莞市东南部中心医院党委	东莞市抗击新冠肺炎疫情先进集体	中共东莞市委、东莞市人民政府	11月
广东省第30批援赤道几内亚医疗队	东莞市抗击新冠肺炎疫情先进集体	中共东莞市委、东莞市人民政府	11月
东莞市卫生监督所党总支	东莞市抗击新冠肺炎疫情先进集体	中共东莞市委、东莞市人民政府	11月
东莞市望牛墩医院党支部	东莞市抗击新冠肺炎疫情先进集体	中共东莞市委、东莞市人民政府	11月
东莞市厚街医院	东莞市抗击新冠肺炎疫情先进集体	中共东莞市委、东莞市人民政府	11月
东莞市寮步医院	东莞市抗击新冠肺炎疫情先进集体	中共东莞市委、东莞市人民政府	11月
东莞市石碣医院	东莞市抗击新冠肺炎疫情先进集体	中共东莞市委、东莞市人民政府	11月
东莞市大朗医院	东莞市抗击新冠肺炎疫情先进集体	中共东莞市委、东莞市人民政府	11月
东莞市凤岗医院	东莞市抗击新冠肺炎疫情先进集体	中共东莞市委、东莞市人民政府	11月

续表

获奖单位	获奖项目	授予单位	授予时间
东莞市道滘医院	东莞市抗击新冠肺炎疫情先进集体	中共东莞市委、东莞市人民政府	11月
东莞市东坑医院党总支	东莞市抗击新冠肺炎疫情先进集体	中共东莞市委、东莞市人民政府	11月
东莞市横沥医院	东莞市抗击新冠肺炎疫情先进集体	中共东莞市委、东莞市人民政府	11月
东莞市清溪医院	东莞市抗击新冠肺炎疫情先进集体	中共东莞市委、东莞市人民政府	11月
东莞松山湖高新技术产业开发区社区卫生服务中心党支部	东莞市抗击新冠肺炎疫情先进集体	中共东莞市委、东莞市人民政府	11月
虎门镇社区卫生服务中心	东莞市抗击新冠肺炎疫情先进集体	中共东莞市委、东莞市人民政府	11月
东莞市南城社区卫生服务中心	东莞市抗击新冠肺炎疫情先进集体	中共东莞市委、东莞市人民政府	11月
长安镇社区卫生服务中心	东莞市抗击新冠肺炎疫情先进集体	中共东莞市委、东莞市人民政府	11月
沙田镇社区卫生服务中心	东莞市抗击新冠肺炎疫情先进集体	中共东莞市委、东莞市人民政府	11月
道滘镇社区卫生服务中心	东莞市抗击新冠肺炎疫情先进集体	中共东莞市委、东莞市人民政府	11月
大岭山镇社区卫生服务中心	东莞市抗击新冠肺炎疫情先进集体	中共东莞市委、东莞市人民政府	11月
东坑镇社区卫生服务中心	东莞市抗击新冠肺炎疫情先进集体	中共东莞市委、东莞市人民政府	11月
横沥镇社区卫生服务中心党支部	东莞市抗击新冠肺炎疫情先进集体	中共东莞市委、东莞市人民政府	11月
桥头镇社区卫生服务中心党支部	东莞市抗击新冠肺炎疫情先进集体	中共东莞市委、东莞市人民政府	11月
东莞东华医院党委	东莞市抗击新冠肺炎疫情先进集体	中共东莞市委、东莞市人民政府	11月
东莞广济医院	东莞市抗击新冠肺炎疫情先进集体	中共东莞市委、东莞市人民政府	11月
东莞市公安局新型冠状病毒肺炎疫情防控指挥部办公室	东莞市抗击新冠肺炎疫情先进集体	中共东莞市委、东莞市人民政府	11月
东莞市公安局警务保障处党支部	东莞市抗击新冠肺炎疫情先进集体	中共东莞市委、东莞市人民政府	11月
东莞市公安局东城分局	东莞市抗击新冠肺炎疫情先进集体	中共东莞市委、东莞市人民政府	11月
东莞市公安局联合情报作战虎门分中心	东莞市抗击新冠肺炎疫情先进集体	中共东莞市委、东莞市人民政府	11月
东莞市公安局高埗分局新型冠状病毒肺炎疫情防控工作专班	东莞市抗击新冠肺炎疫情先进集体	中共东莞市委、东莞市人民政府	11月
东莞市公安局长安分局新型冠状病毒肺炎疫情防控工作领导小组办公室临时党支部	东莞市抗击新冠肺炎疫情先进集体	中共东莞市委、东莞市人民政府	11月
东莞市公安局大岭山分局党委	东莞市抗击新冠肺炎疫情先进集体	中共东莞市委、东莞市人民政府	11月
东莞市公安局清溪分局指挥中心	东莞市抗击新冠肺炎疫情先进集体	中共东莞市委、东莞市人民政府	11月
东莞市公安局塘厦分局新型冠状病毒肺炎疫情防控指挥部	东莞市抗击新冠肺炎疫情先进集体	中共东莞市委、东莞市人民政府	11月
东莞市公安局凤岗分局党委	东莞市抗击新冠肺炎疫情先进集体	中共东莞市委、东莞市人民政府	11月
东莞市公安局横沥分局	东莞市抗击新冠肺炎疫情先进集体	中共东莞市委、东莞市人民政府	11月
东莞市公安局茶山分局巡警大队党支部	东莞市抗击新冠肺炎疫情先进集体	中共东莞市委、东莞市人民政府	11月
东莞市公安局松山湖分局抗击新型冠状病毒肺炎疫情工作小组	东莞市抗击新冠肺炎疫情先进集体	中共东莞市委、东莞市人民政府	11月
东莞市公安局桥头分局	东莞市抗击新冠肺炎疫情先进集体	中共东莞市委、东莞市人民政府	11月
东莞市公安局厚街分局治安管理大队党支部	东莞市抗击新冠肺炎疫情先进集体	中共东莞市委、东莞市人民政府	11月
东莞市公安局常平分局党委	东莞市抗击新冠肺炎疫情先进集体	中共东莞市委、东莞市人民政府	11月
东莞市公安局寮步分局党委	东莞市抗击新冠肺炎疫情先进集体	中共东莞市委、东莞市人民政府	11月
东莞市公安局石碣分局党委	东莞市抗击新冠肺炎疫情先进集体	中共东莞市委、东莞市人民政府	11月
东莞市公安局黄江分局	东莞市抗击新冠肺炎疫情先进集体	中共东莞市委、东莞市人民政府	11月

续表

获奖单位	获奖项目	授予单位	授予时间
东莞市公安局麻涌分局	东莞市抗击新冠肺炎疫情先进集体	中共东莞市委、东莞市人民政府	11月
东莞市公安局企石分局	东莞市抗击新冠肺炎疫情先进集体	中共东莞市委、东莞市人民政府	11月
东莞市公安局石龙分局	东莞市抗击新冠肺炎疫情先进集体	中共东莞市委、东莞市人民政府	11月
东莞市公安局万江分局党委	东莞市抗击新冠肺炎疫情先进集体	中共东莞市委、东莞市人民政府	11月
东莞市公安局大朗分局党委	东莞市抗击新冠肺炎疫情先进集体	中共东莞市委、东莞市人民政府	11月
东莞市公安局石排分局福隆派出所	东莞市抗击新冠肺炎疫情先进集体	中共东莞市委、东莞市人民政府	11月
东莞市防控境外重点地区新型冠状病毒肺炎疫情输入工作专班	东莞市抗击新冠肺炎疫情先进集体	中共东莞市委、东莞市人民政府	11月
东莞市人力资源服务中心	东莞市抗击新冠肺炎疫情先进集体	中共东莞市委、东莞市人民政府	11月
东莞市城建工程管理局工程二科	东莞市抗击新冠肺炎疫情先进集体	中共东莞市委、东莞市人民政府	11月
长安镇网格管理中心	东莞市抗击新冠肺炎疫情先进集体	中共东莞市委、东莞市人民政府	11月
东莞市救助管理站	东莞市抗击新冠肺炎疫情先进集体	中共东莞市委、东莞市人民政府	11月
中华人民共和国东莞出入境边防检查站	东莞市抗击新冠肺炎疫情先进集体	中共东莞市委、东莞市人民政府	11月
中华人民共和国东莞海关	东莞市抗击新冠肺炎疫情先进集体	中共东莞市委、东莞市人民政府	11月
东莞海警局	东莞市抗击新冠肺炎疫情先进集体	中共东莞市委、东莞市人民政府	11月
中华人民共和国东莞海事局	东莞市抗击新冠肺炎疫情先进集体	中共东莞市委、东莞市人民政府	11月
东莞市东莞中学党委	东莞市抗击新冠肺炎疫情先进集体	中共东莞市委、东莞市人民政府	11月
东莞日报社党委	东莞市抗击新冠肺炎疫情先进集体	中共东莞市委、东莞市人民政府	11月
东莞市大岭山商会党支部	东莞市抗击新冠肺炎疫情先进集体	中共东莞市委、东莞市人民政府	11月
东莞市旅行社行业协会	东莞市抗击新冠肺炎疫情先进集体	中共东莞市委、东莞市人民政府	11月
东莞市茶山志愿者协会	东莞市抗击新冠肺炎疫情先进集体	中共东莞市委、东莞市人民政府	11月
东莞市台商投资企业协会	东莞市抗击新冠肺炎疫情先进集体	中共东莞市委、东莞市人民政府	11月
东莞市交通集团有限公司汽车客运总站	东莞市抗击新冠肺炎疫情先进集体	中共东莞市委、东莞市人民政府	11月
东莞市轨道交通有限公司运营分公司党委	东莞市抗击新冠肺炎疫情先进集体	中共东莞市委、东莞市人民政府	11月
东莞市虎门港国际物流有限公司	东莞市抗击新冠肺炎疫情先进集体	中共东莞市委、东莞市人民政府	11月
东莞市石龙中心农贸市场服务管理有限公司	东莞市抗击新冠肺炎疫情先进集体	中共东莞市委、东莞市人民政府	11月
东莞市嘉荣超市有限公司	东莞市抗击新冠肺炎疫情先进集体	中共东莞市委、东莞市人民政府	11月
广东必达医疗科技有限公司	东莞市抗击新冠肺炎疫情先进集体	中共东莞市委、东莞市人民政府	11月
东莞市恒永滤材科技有限公司	东莞市抗击新冠肺炎疫情先进集体	中共东莞市委、东莞市人民政府	11月
东莞三星视界有限公司党总支	东莞市抗击新冠肺炎疫情先进集体	中共东莞市委、东莞市人民政府	11月
东莞南城新科磁电制品有限公司	东莞市抗击新冠肺炎疫情先进集体	中共东莞市委、东莞市人民政府	11月
长安镇卫生健康局党支部	东莞市抗击新冠肺炎疫情先进集体	中共东莞市委、东莞市人民政府	11月
虎门镇卫生健康局党支部	东莞市抗击新冠肺炎疫情先进集体	中共东莞市委、东莞市人民政府	11月
东城街道卫生健康局党支部	东莞市抗击新冠肺炎疫情先进集体	中共东莞市委、东莞市人民政府	11月
南城街道卫生健康局	东莞市抗击新冠肺炎疫情先进集体	中共东莞市委、东莞市人民政府	11月
凤岗镇卫生健康局	东莞市抗击新冠肺炎疫情先进集体	中共东莞市委、东莞市人民政府	11月
沙田镇卫生健康局党支部	东莞市抗击新冠肺炎疫情先进集体	中共东莞市委、东莞市人民政府	11月
茶山镇卫生健康局党支部	东莞市抗击新冠肺炎疫情先进集体	中共东莞市委、东莞市人民政府	11月
麻涌镇卫生健康局党总支	东莞市抗击新冠肺炎疫情先进集体	中共东莞市委、东莞市人民政府	11月
清溪镇卫生健康局党支部	东莞市抗击新冠肺炎疫情先进集体	中共东莞市委、东莞市人民政府	11月

续表

获奖单位	获奖项目	授予单位	授予时间
谢岗镇卫生健康局	东莞市抗击新冠肺炎疫情先进集体	中共东莞市委、东莞市人民政府	11月
长安镇经济发展局	东莞市抗击新冠肺炎疫情先进集体	中共东莞市委、东莞市人民政府	11月
东城街道经济发展局	东莞市抗击新冠肺炎疫情先进集体	中共东莞市委、东莞市人民政府	11月
厚街镇经济发展局党支部	东莞市抗击新冠肺炎疫情先进集体	中共东莞市委、东莞市人民政府	11月
塘厦镇经济发展局	东莞市抗击新冠肺炎疫情先进集体	中共东莞市委、东莞市人民政府	11月
樟木头镇经济发展局党总支	东莞市抗击新冠肺炎疫情先进集体	中共东莞市委、东莞市人民政府	11月
东莞市市场监督管理局塘厦分局机关党支部	东莞市抗击新冠肺炎疫情先进集体	中共东莞市委、东莞市人民政府	11月
东莞市市场监督管理局大岭山分局	东莞市抗击新冠肺炎疫情先进集体	中共东莞市委、东莞市人民政府	11月
东莞市市场监督管理局樟木头分局	东莞市抗击新冠肺炎疫情先进集体	中共东莞市委、东莞市人民政府	11月
东莞市人力资源和社会保障局石排分局	东莞市抗击新冠肺炎疫情先进集体	中共东莞市委、东莞市人民政府	11月
东莞松山湖高新技术产业开发区管理委员会宣传与社会工作局党总支	东莞市抗击新冠肺炎疫情先进集体	中共东莞市委、东莞市人民政府	11月
东莞市京港澳高速南城石鼓出口防疫检查点临时党支部	东莞市抗击新冠肺炎疫情先进集体	中共东莞市委、东莞市人民政府	11月
常平镇新型冠状病毒肺炎疫情防控指挥部	东莞市抗击新冠肺炎疫情先进集体	中共东莞市委、东莞市人民政府	11月
大朗镇新型冠状病毒肺炎疫情防控指挥部办公室	东莞市抗击新冠肺炎疫情先进集体	中共东莞市委、东莞市人民政府	11月
望牛墩镇文化服务中心	东莞市抗击新冠肺炎疫情先进集体	中共东莞市委、东莞市人民政府	11月
中堂镇网格管理中心	东莞市抗击新冠肺炎疫情先进集体	中共东莞市委、东莞市人民政府	11月
虎门镇网格管理中心	东莞市抗击新冠肺炎疫情先进集体	中共东莞市委、东莞市人民政府	11月
茶山镇网格管理中心	东莞市抗击新冠肺炎疫情先进集体	中共东莞市委、东莞市人民政府	11月
高埗镇网格管理中心	东莞市抗击新冠肺炎疫情先进集体	中共东莞市委、东莞市人民政府	11月
道滘镇网格管理中心党支部	东莞市抗击新冠肺炎疫情先进集体	中共东莞市委、东莞市人民政府	11月
凤岗镇雁田村党委	东莞市抗击新冠肺炎疫情先进集体	中共东莞市委、东莞市人民政府	11月
沙田镇穗丰年村党委	东莞市抗击新冠肺炎疫情先进集体	中共东莞市委、东莞市人民政府	11月
莞城街道罗沙社区党委	东莞市抗击新冠肺炎疫情先进集体	中共东莞市委、东莞市人民政府	11月
洪梅镇氹涌村党总支	东莞市抗击新冠肺炎疫情先进集体	中共东莞市委、东莞市人民政府	11月
黄江镇梅塘社区党委	东莞市抗击新冠肺炎疫情先进集体	中共东莞市委、东莞市人民政府	11月
桥头镇田新社区党委	东莞市抗击新冠肺炎疫情先进集体	中共东莞市委、东莞市人民政府	11月
万江街道新城社区党委	东莞市抗击新冠肺炎疫情先进集体	中共东莞市委、东莞市人民政府	11月
中堂镇潢涌村党委	东莞市抗击新冠肺炎疫情先进集体	中共东莞市委、东莞市人民政府	11月
寮步镇良平社区党委	东莞市抗击新冠肺炎疫情先进集体	中共东莞市委、东莞市人民政府	11月
石碣镇桔洲村党委	东莞市抗击新冠肺炎疫情先进集体	中共东莞市委、东莞市人民政府	11月
大岭山镇矮岭冚村党委	东莞市抗击新冠肺炎疫情先进集体	中共东莞市委、东莞市人民政府	11月
OPPO广东移动通信有限公司	东莞市抗击新冠肺炎疫情先进集体	中共东莞市委、东莞市人民政府	11月
维沃移动通信有限公司	东莞市抗击新冠肺炎疫情先进集体	中共东莞市委、东莞市人民政府	11月
广东众生药业股份有限公司	东莞市抗击新冠肺炎疫情先进集体	中共东莞市委、东莞市人民政府	11月
广深铁路股份有限公司深圳车站虎门车站	东莞市抗击新冠肺炎疫情先进集体	中共东莞市委、东莞市人民政府	11月
东莞市民盈商业经营管理有限公司	东莞市抗击新冠肺炎疫情先进集体	中共东莞市委、东莞市人民政府	11月

2020年东莞市抗击新冠肺炎疫情先进个人情况表

获奖者	工作单位	获奖项目	授予单位	授予时间
师清莲	东莞市茶山医院	全国卫生健康系统新冠肺炎疫情防控工作先进个人	国家卫生健康委、人力资源社会保障部、国家中医药管理局	3月
张　平	东莞市人民医院	全国抗击新冠肺炎疫情先进个人	中共中央、国务院、中央军委	9月
胡桂霞	东莞市公安局监所管理支队	全国公安系统抗击新冠肺炎疫情先进个人	公安部	9月
陈富文	东莞市公安局望牛墩分局	全国公安系统抗击新冠肺炎疫情先进个人	公安部	9月
殷思纯	东莞市第九人民医院	民革中央抗击新冠肺炎疫情先进个人	中国国民党革命委员会中央委员会	12月
高　博	太平海关	全国海关系统抗击新冠肺炎疫情先进个人	海关总署	10月
陈孝逵	太平海关	全国海关系统抗击新冠肺炎疫情先进个人	海关总署	10月
朱海鹏	东莞市第九人民医院 九三学社东莞市委员会	九三学社抗击新冠肺炎疫情先进个人	九三学社中央委员会	11月
叶小红	东莞市女企业家协会	抗击新冠肺炎疫情全国“三八”红旗手	全国妇联	11月
庚向群	东莞市市场监督管理局	全国市场监管系统抗击新冠肺炎疫情先进个人	国家市场监督管理总局、国家药品监督管理局、国家知识产权局	12月
姚凯明	东莞市工业和信息化局	工业和信息化系统抗击新冠肺炎疫情先进个人	工业和信息化部	12月
王庆成	中国民主建国会东莞市委员会	民建全国优秀会员	中国民主建国会中央委员会	12月
何思模	易事特集团股份有限公司	民建全国抗疫先进个人	中国民主建国会中央委员会	12月
谭福龙	广东君政律师事务所	民建全国抗疫先进个人	中国民主建国会中央委员会	12月
黄建文	东莞市立顿洗涤用品实业有限公司	民建全国抗疫先进个人	中国民主建国会中央委员会	12月
沈利汉	东莞市人民医院	民革中央抗击新冠肺炎疫情先进个人	中国国民党革命委员会中央委员会	12月
张杰志	东莞市南城阳光第三小学	民进全国抗击新冠肺炎疫情先进个人	中国民主促进会中央委员会	12月
韩嘉雯	东莞市寮步医院	最美逆行者	中共湖北省委、湖北省人民政府	4月
邱新贤	东莞市寮步医院	最美逆行者	中共湖北省委、湖北省人民政府	4月
王雨晴	东莞市寮步医院	最美逆行者	中共湖北省委、湖北省人民政府	4月
王兵华	东莞市滨海湾中心医院	最美逆行者	中共湖北省委、湖北省人民政府	4月
梁伟文	东莞市滨海湾中心医院	最美逆行者	中共湖北省委、湖北省人民政府	4月
梁秋亭	东莞市滨海湾中心医院	最美逆行者	中共湖北省委、湖北省人民政府	4月
王婉华	东莞市滨海湾中心医院	最美逆行者	中共湖北省委、湖北省人民政府	4月
周　明	东莞市滨海湾中心医院	最美逆行者	中共湖北省委、湖北省人民政府	4月

续表

获奖者	工作单位	获奖项目	授予单位	授予时间
黄　桥	东莞市大朗医院	最美逆行者	中共湖北省委、湖北省人民政府	4月
李益明	东莞市松山湖中心医院	最美逆行者	中共湖北省委、湖北省人民政府	4月
梁秀贞	东莞市松山湖中心医院	最美逆行者	中共湖北省委、湖北省人民政府	4月
吴国成	东莞市松山湖中心医院	最美逆行者	中共湖北省委、湖北省人民政府	4月
宋秀婵	东莞市第八人民医院	最美逆行者	中共湖北省委、湖北省人民政府	4月
叶志威	东莞市第八人民医院	最美逆行者	中共湖北省委、湖北省人民政府	4月
谢如湖	东莞市第八人民医院	最美逆行者	中共湖北省委、湖北省人民政府	4月
黄可盈	东莞市第八人民医院	最美逆行者	中共湖北省委、湖北省人民政府	4月
詹志斌	东莞市工业和信息化局	广东省抗击新冠肺炎疫情先进个人	中共广东省委、广东省人民政府	10月
游世友	东莞市外商投资促进中心	广东省抗击新冠肺炎疫情先进个人	中共广东省委、广东省人民政府	10月
沈利汉	东莞市人民医院	广东省抗击新冠肺炎疫情先进个人	中共广东省委、广东省人民政府	10月
殷思纯	东莞市第九人民医院	广东省抗击新冠肺炎疫情先进个人	中共广东省委、广东省人民政府	10月
阮永队	东莞市东南部中心医院	广东省抗击新冠肺炎疫情先进个人	中共广东省委、广东省人民政府	10月
徐汝洪	东莞市第九人民医院	广东省抗击新冠肺炎疫情先进个人	中共广东省委、广东省人民政府	10月
张艳红	东莞市洪梅医院	广东省抗击新冠肺炎疫情先进个人	中共广东省委、广东省人民政府	10月
宋秀婵	东莞市第八人民医院	广东省抗击新冠肺炎疫情先进个人	中共广东省委、广东省人民政府	10月
赖海峰	东莞市中医院	广东省抗击新冠肺炎疫情先进个人	中共广东省委、广东省人民政府	10月
王甘玉	东莞市妇幼保健院	广东省抗击新冠肺炎疫情先进个人	中共广东省委、广东省人民政府	10月
梁秋亭	东莞市滨海湾中心医院	广东省抗击新冠肺炎疫情先进个人	中共广东省委、广东省人民政府	10月
罗衬章	东莞市东南部中心医院	广东省抗击新冠肺炎疫情先进个人	中共广东省委、广东省人民政府	10月
韩嘉雯	东莞市寮步医院	广东省抗击新冠肺炎疫情先进个人	中共广东省委、广东省人民政府	10月
黄新武	东莞市樟木头医院	广东省抗击新冠肺炎疫情先进个人	中共广东省委、广东省人民政府	10月
莫志宁	东莞市清溪医院	广东省抗击新冠肺炎疫情先进个人	中共广东省委、广东省人民政府	10月
杨小婷	东莞市虎门医院	广东省抗击新冠肺炎疫情先进个人	中共广东省委、广东省人民政府	10月
王　浩	东莞东华医院	广东省抗击新冠肺炎疫情先进个人	中共广东省委、广东省人民政府	10月
吴玉强	横沥镇社区卫生服务中心	广东省抗击新冠肺炎疫情先进个人	中共广东省委、广东省人民政府	10月
姚德志	东莞市松山湖中心医院	广东省抗击新冠肺炎疫情先进个人	中共广东省委、广东省人民政府	10月
李晓珊	东城社区卫生服务中心	广东省抗击新冠肺炎疫情先进个人	中共广东省委、广东省人民政府	10月
刘永红	东莞兰卫医学检验实验室	广东省抗击新冠肺炎疫情先进个人	中共广东省委、广东省人民政府	10月
梁鹤华	东莞市公安局指挥中心	广东省抗击新冠肺炎疫情先进个人	中共广东省委、广东省人民政府	10月
古　谊	东莞市公安局厚街分局	广东省抗击新冠肺炎疫情先进个人	中共广东省委、广东省人民政府	10月
吴　慎	东莞市公安局虎门分局威远派出所	广东省抗击新冠肺炎疫情先进个人	中共广东省委、广东省人民政府	10月

续表

获奖者	工作单位	获奖项目	授予单位	授予时间
熊乐辉	东莞市公安局长安分局长安派出所	广东省抗击新冠肺炎疫情先进个人	中共广东省委、广东省人民政府	10月
张　凯	东莞市洪梅志愿者协会	广东省抗击新冠肺炎疫情先进个人	中共广东省委、广东省人民政府	10月
章贤鸣	东莞市消防救援支队清溪大队	广东省抗击新冠肺炎疫情先进个人	中共广东省委、广东省人民政府	10月
何绍华	大岭山镇杨屋村	广东省抗击新冠肺炎疫情先进个人	中共广东省委、广东省人民政府	10月
尹月娥	寮步镇良平社区	广东省抗击新冠肺炎疫情先进个人	中共广东省委、广东省人民政府	10月
陈建聪	厚街镇网格管理中心	广东省抗击新冠肺炎疫情先进个人	中共广东省委、广东省人民政府	10月
陈　帆	东莞日报社	广东省抗击新冠肺炎疫情先进个人	中共广东省委、广东省人民政府	10月
刘　星	东莞广播电视台	广东省抗击新冠肺炎疫情先进个人	中共广东省委、广东省人民政府	10月
赖一鸣	东莞快裕达自动化设备有限公司	广东省抗击新冠肺炎疫情先进个人	中共广东省委、广东省人民政府	10月
王炎芝	中国邮政集团有限公司东莞市常平镇分公司	广东省抗击新冠肺炎疫情先进个人	中共广东省委、广东省人民政府	10月
赵雄辉	东莞市救助管理站	广东省抗击新冠肺炎疫情先进个人	中共广东省委、广东省人民政府	10月
张亚林	东莞市卫生健康局	东莞市抗击新冠肺炎疫情先进个人	中共东莞市委、东莞市人民政府	11月
殷姻棠	东莞市卫生健康局	东莞市抗击新冠肺炎疫情先进个人	中共东莞市委、东莞市人民政府	11月
方泽槐	东莞市卫生健康局	东莞市抗击新冠肺炎疫情先进个人	中共东莞市委、东莞市人民政府	11月
林卫平	东莞市卫生健康局	东莞市抗击新冠肺炎疫情先进个人	中共东莞市委、东莞市人民政府	11月
程玮斌	东莞市卫生健康局	东莞市抗击新冠肺炎疫情先进个人	中共东莞市委、东莞市人民政府	11月
罗　东	东莞市疾病预防控制中心	东莞市抗击新冠肺炎疫情先进个人	中共东莞市委、东莞市人民政府	11月
钱良儿	东莞市人民医院普济院区	东莞市抗击新冠肺炎疫情先进个人	中共东莞市委、东莞市人民政府	11月
田　亮	东莞市人民医院	东莞市抗击新冠肺炎疫情先进个人	中共东莞市委、东莞市人民政府	11月
成蔚阳	东莞市人民医院	东莞市抗击新冠肺炎疫情先进个人	中共东莞市委、东莞市人民政府	11月
郭映婷	东莞市人民医院	东莞市抗击新冠肺炎疫情先进个人	中共东莞市委、东莞市人民政府	11月
邵汉权	东莞市人民医院	东莞市抗击新冠肺炎疫情先进个人	中共东莞市委、东莞市人民政府	11月
马柱仪	东莞市人民医院普济院区	东莞市抗击新冠肺炎疫情先进个人	中共东莞市委、东莞市人民政府	11月
杜沛康	东莞市中医院	东莞市抗击新冠肺炎疫情先进个人	中共东莞市委、东莞市人民政府	11月
罗　良	东莞市中医院	东莞市抗击新冠肺炎疫情先进个人	中共东莞市委、东莞市人民政府	11月
林俏伶	东莞市中医院	东莞市抗击新冠肺炎疫情先进个人	中共东莞市委、东莞市人民政府	11月
罗勇强	东莞市第六人民医院	东莞市抗击新冠肺炎疫情先进个人	中共东莞市委、东莞市人民政府	11月
黄可盈	东莞市第八人民医院	东莞市抗击新冠肺炎疫情先进个人	中共东莞市委、东莞市人民政府	11月
叶志威	东莞市第八人民医院	东莞市抗击新冠肺炎疫情先进个人	中共东莞市委、东莞市人民政府	11月
谢如湖	东莞市第八人民医院	东莞市抗击新冠肺炎疫情先进个人	中共东莞市委、东莞市人民政府	11月
张丽华	东莞市第九人民医院	东莞市抗击新冠肺炎疫情先进个人	中共东莞市委、东莞市人民政府	11月

续表

获奖者	工作单位	获奖项目	授予单位	授予时间
梁秀贞	东莞市松山湖中心医院	东莞市抗击新冠肺炎疫情先进个人	中共东莞市委、东莞市人民政府	11月
李益明	东莞市松山湖中心医院	东莞市抗击新冠肺炎疫情先进个人	中共东莞市委、东莞市人民政府	11月
吴国成	东莞市松山湖中心医院	东莞市抗击新冠肺炎疫情先进个人	中共东莞市委、东莞市人民政府	11月
王兵华	东莞市滨海湾中心医院	东莞市抗击新冠肺炎疫情先进个人	中共东莞市委、东莞市人民政府	11月
梁伟文	东莞市滨海湾中心医院	东莞市抗击新冠肺炎疫情先进个人	中共东莞市委、东莞市人民政府	11月
王婉华	东莞市滨海湾中心医院	东莞市抗击新冠肺炎疫情先进个人	中共东莞市委、东莞市人民政府	11月
罗慈苑	东莞市滨海湾中心医院	东莞市抗击新冠肺炎疫情先进个人	中共东莞市委、东莞市人民政府	11月
周　明	东莞市滨海湾中心医院	东莞市抗击新冠肺炎疫情先进个人	中共东莞市委、东莞市人民政府	11月
彭　丹	东莞市东部中心医院	东莞市抗击新冠肺炎疫情先进个人	中共东莞市委、东莞市人民政府	11月
陈良春	东莞市莞城医院	东莞市抗击新冠肺炎疫情先进个人	中共东莞市委、东莞市人民政府	11月
吴格立	东莞市厚街医院	东莞市抗击新冠肺炎疫情先进个人	中共东莞市委、东莞市人民政府	11月
张利权	东莞市厚街医院	东莞市抗击新冠肺炎疫情先进个人	中共东莞市委、东莞市人民政府	11月
仇敏怡	东莞市黄江医院	东莞市抗击新冠肺炎疫情先进个人	中共东莞市委、东莞市人民政府	11月
贺　希	东莞市樟木头医院	东莞市抗击新冠肺炎疫情先进个人	中共东莞市委、东莞市人民政府	11月
程　琴	东莞市中西医结合医院	东莞市抗击新冠肺炎疫情先进个人	中共东莞市委、东莞市人民政府	11月
何雪琴	东莞市中西医结合医院	东莞市抗击新冠肺炎疫情先进个人	中共东莞市委、东莞市人民政府	11月
黄　桥	东莞市大朗医院	东莞市抗击新冠肺炎疫情先进个人	中共东莞市委、东莞市人民政府	11月
莫碧君	东莞市大朗医院	东莞市抗击新冠肺炎疫情先进个人	中共东莞市委、东莞市人民政府	11月
曾雄英	东莞市大朗医院	东莞市抗击新冠肺炎疫情先进个人	中共东莞市委、东莞市人民政府	11月
黎秀娟	东莞市大朗医院	东莞市抗击新冠肺炎疫情先进个人	中共东莞市委、东莞市人民政府	11月
罗秀珍	东莞市大朗医院	东莞市抗击新冠肺炎疫情先进个人	中共东莞市委、东莞市人民政府	11月
郑雨亭	东莞市大朗医院	东莞市抗击新冠肺炎疫情先进个人	中共东莞市委、东莞市人民政府	11月
缪　翠	东莞市东城医院	东莞市抗击新冠肺炎疫情先进个人	中共东莞市委、东莞市人民政府	11月
陈嘉怡	东莞市东城医院	东莞市抗击新冠肺炎疫情先进个人	中共东莞市委、东莞市人民政府	11月
李文雯	东莞市东城医院	东莞市抗击新冠肺炎疫情先进个人	中共东莞市委、东莞市人民政府	11月
陈小朗	东莞市凤岗医院	东莞市抗击新冠肺炎疫情先进个人	中共东莞市委、东莞市人民政府	11月
马秀莉	东莞市凤岗医院	东莞市抗击新冠肺炎疫情先进个人	中共东莞市委、东莞市人民政府	11月
王雨晴	东莞市寮步医院	东莞市抗击新冠肺炎疫情先进个人	中共东莞市委、东莞市人民政府	11月
邱新贤	东莞市寮步医院	东莞市抗击新冠肺炎疫情先进个人	中共东莞市委、东莞市人民政府	11月
陈美双	东莞市东南部中心医院	东莞市抗击新冠肺炎疫情先进个人	中共东莞市委、东莞市人民政府	11月
汪应涛	东莞市寮步医院	东莞市抗击新冠肺炎疫情先进个人	中共东莞市委、东莞市人民政府	11月
谢小菲	东莞市人民医院	东莞市抗击新冠肺炎疫情先进个人	中共东莞市委、东莞市人民政府	11月
欧阳珍	东莞市滨海湾中心医院	东莞市抗击新冠肺炎疫情先进个人	中共东莞市委、东莞市人民政府	11月

续表

获奖者	工作单位	获奖项目	授予单位	授予时间
罗北京	东莞市人民医院	东莞市抗击新冠肺炎疫情先进个人	中共东莞市委、东莞市人民政府	11月
杨　雪	东莞市人民医院	东莞市抗击新冠肺炎疫情先进个人	中共东莞市委、东莞市人民政府	11月
邓勇进	东莞市人民医院	东莞市抗击新冠肺炎疫情先进个人	中共东莞市委、东莞市人民政府	11月
李盘石	东莞市人民医院	东莞市抗击新冠肺炎疫情先进个人	中共东莞市委、东莞市人民政府	11月
陈卫民	东莞市人民医院	东莞市抗击新冠肺炎疫情先进个人	中共东莞市委、东莞市人民政府	11月
罗润军	东莞市中医院	东莞市抗击新冠肺炎疫情先进个人	中共东莞市委、东莞市人民政府	11月
方刚妹	东莞市中医院	东莞市抗击新冠肺炎疫情先进个人	中共东莞市委、东莞市人民政府	11月
叶瑞英	东莞市中医院	东莞市抗击新冠肺炎疫情先进个人	中共东莞市委、东莞市人民政府	11月
庄灿锋	东莞市妇幼保健院	东莞市抗击新冠肺炎疫情先进个人	中共东莞市委、东莞市人民政府	11月
蔡建珍	东莞市妇幼保健院	东莞市抗击新冠肺炎疫情先进个人	中共东莞市委、东莞市人民政府	11月
徐玉卿	东莞市妇幼保健院	东莞市抗击新冠肺炎疫情先进个人	中共东莞市委、东莞市人民政府	11月
刘东明	东莞市妇幼保健院	东莞市抗击新冠肺炎疫情先进个人	中共东莞市委、东莞市人民政府	11月
龚苗苗	东莞市妇幼保健院	东莞市抗击新冠肺炎疫情先进个人	中共东莞市委、东莞市人民政府	11月
陆奕彬	东莞市第七人民医院	东莞市抗击新冠肺炎疫情先进个人	中共东莞市委、东莞市人民政府	11月
唐艳琴	东莞市第八人民医院	东莞市抗击新冠肺炎疫情先进个人	中共东莞市委、东莞市人民政府	11月
朱海鹏	东莞市第九人民医院	东莞市抗击新冠肺炎疫情先进个人	中共东莞市委、东莞市人民政府	11月
罗银弟	东莞市第九人民医院	东莞市抗击新冠肺炎疫情先进个人	中共东莞市委、东莞市人民政府	11月
钟庆杨	东莞市第九人民医院	东莞市抗击新冠肺炎疫情先进个人	中共东莞市委、东莞市人民政府	11月
叶树培	东莞市松山湖中心医院	东莞市抗击新冠肺炎疫情先进个人	中共东莞市委、东莞市人民政府	11月
黄玉娥	东莞市松山湖中心医院	东莞市抗击新冠肺炎疫情先进个人	中共东莞市委、东莞市人民政府	11月
张隐妹	东莞市松山湖中心医院	东莞市抗击新冠肺炎疫情先进个人	中共东莞市委、东莞市人民政府	11月
王义炯	东莞市滨海湾中心医院	东莞市抗击新冠肺炎疫情先进个人	中共东莞市委、东莞市人民政府	11月
蔡　杰	东莞市滨海湾中心医院	东莞市抗击新冠肺炎疫情先进个人	中共东莞市委、东莞市人民政府	11月
林幼萍	东莞市滨海湾中心医院	东莞市抗击新冠肺炎疫情先进个人	中共东莞市委、东莞市人民政府	11月
李卫星	东莞市滨海湾中心医院	东莞市抗击新冠肺炎疫情先进个人	中共东莞市委、东莞市人民政府	11月
利桂河	东莞市东部中心医院	东莞市抗击新冠肺炎疫情先进个人	中共东莞市委、东莞市人民政府	11月
张桂英	东莞市东部中心医院	东莞市抗击新冠肺炎疫情先进个人	中共东莞市委、东莞市人民政府	11月
王　云	东莞市东南部中心医院	东莞市抗击新冠肺炎疫情先进个人	中共东莞市委、东莞市人民政府	11月
杨伟杰	东莞市东南部中心医院	东莞市抗击新冠肺炎疫情先进个人	中共东莞市委、东莞市人民政府	11月
聂仁姗	东莞市东南部中心医院	东莞市抗击新冠肺炎疫情先进个人	中共东莞市委、东莞市人民政府	11月
萧锦联	东莞市水乡中心医院	东莞市抗击新冠肺炎疫情先进个人	中共东莞市委、东莞市人民政府	11月
曾凤娇	东莞市水乡中心医院	东莞市抗击新冠肺炎疫情先进个人	中共东莞市委、东莞市人民政府	11月
黄柳青	东莞市水乡中心医院	东莞市抗击新冠肺炎疫情先进个人	中共东莞市委、东莞市人民政府	11月

续表

获奖者	工作单位	获奖项目	授予单位	授予时间
谢　波	东莞市中西医结合医院	东莞市抗击新冠肺炎疫情先进个人	中共东莞市委、东莞市人民政府	11月
朱婉芳	东莞市中西医结合医院	东莞市抗击新冠肺炎疫情先进个人	中共东莞市委、东莞市人民政府	11月
邝妙玲	东莞市中西医结合医院	东莞市抗击新冠肺炎疫情先进个人	中共东莞市委、东莞市人民政府	11月
林浩潮	东莞市东城医院	东莞市抗击新冠肺炎疫情先进个人	中共东莞市委、东莞市人民政府	11月
黄琪述	东莞市望牛墩医院	东莞市抗击新冠肺炎疫情先进个人	中共东莞市委、东莞市人民政府	11月
陈锦华	东莞市望牛墩医院	东莞市抗击新冠肺炎疫情先进个人	中共东莞市委、东莞市人民政府	11月
魏慧英	东莞市望牛墩医院	东莞市抗击新冠肺炎疫情先进个人	中共东莞市委、东莞市人民政府	11月
林燕梅	东莞市大朗医院	东莞市抗击新冠肺炎疫情先进个人	中共东莞市委、东莞市人民政府	11月
李启恭	东莞市石碣医院	东莞市抗击新冠肺炎疫情先进个人	中共东莞市委、东莞市人民政府	11月
李定峰	东莞市高埗医院	东莞市抗击新冠肺炎疫情先进个人	中共东莞市委、东莞市人民政府	11月
梁淦桐	东莞市莞城医院	东莞市抗击新冠肺炎疫情先进个人	中共东莞市委、东莞市人民政府	11月
彭金凤	东莞市莞城医院	东莞市抗击新冠肺炎疫情先进个人	中共东莞市委、东莞市人民政府	11月
洪小娟	东莞市万江医院	东莞市抗击新冠肺炎疫情先进个人	中共东莞市委、东莞市人民政府	11月
莫婉玲	东莞市万江医院	东莞市抗击新冠肺炎疫情先进个人	中共东莞市委、东莞市人民政府	11月
江映霞	东莞市洪梅医院	东莞市抗击新冠肺炎疫情先进个人	中共东莞市委、东莞市人民政府	11月
李金庭	东莞市厚街医院	东莞市抗击新冠肺炎疫情先进个人	中共东莞市委、东莞市人民政府	11月
梁淑贞	东莞市厚街医院	东莞市抗击新冠肺炎疫情先进个人	中共东莞市委、东莞市人民政府	11月
何金福	东莞市虎门医院	东莞市抗击新冠肺炎疫情先进个人	中共东莞市委、东莞市人民政府	11月
江文昊	东莞市虎门医院	东莞市抗击新冠肺炎疫情先进个人	中共东莞市委、东莞市人民政府	11月
潘小碧	东莞市虎门医院	东莞市抗击新冠肺炎疫情先进个人	中共东莞市委、东莞市人民政府	11月
方勇明	东莞市寮步医院	东莞市抗击新冠肺炎疫情先进个人	中共东莞市委、东莞市人民政府	11月
冯嘉蕙	东莞市企石医院	东莞市抗击新冠肺炎疫情先进个人	中共东莞市委、东莞市人民政府	11月
劳传毅	东莞市企石医院	东莞市抗击新冠肺炎疫情先进个人	中共东莞市委、东莞市人民政府	11月
邹家柳	东莞市东坑医院	东莞市抗击新冠肺炎疫情先进个人	中共东莞市委、东莞市人民政府	11月
李沛新	东莞市东坑医院	东莞市抗击新冠肺炎疫情先进个人	中共东莞市委、东莞市人民政府	11月
吕灿尧	东莞市南城医院	东莞市抗击新冠肺炎疫情先进个人	中共东莞市委、东莞市人民政府	11月
黄瑞凤	东莞市南城医院	东莞市抗击新冠肺炎疫情先进个人	中共东莞市委、东莞市人民政府	11月
黎霏霏	东莞市南城医院	东莞市抗击新冠肺炎疫情先进个人	中共东莞市委、东莞市人民政府	11月
罗水光	东莞市黄江医院	东莞市抗击新冠肺炎疫情先进个人	中共东莞市委、东莞市人民政府	11月
曾金华	东莞市黄江医院	东莞市抗击新冠肺炎疫情先进个人	中共东莞市委、东莞市人民政府	11月
张茂翠	东莞市清溪医院	东莞市抗击新冠肺炎疫情先进个人	中共东莞市委、东莞市人民政府	11月
陈荣添	东莞市清溪医院	东莞市抗击新冠肺炎疫情先进个人	中共东莞市委、东莞市人民政府	11月
黄桂芷	东莞市横沥医院	东莞市抗击新冠肺炎疫情先进个人	中共东莞市委、东莞市人民政府	11月

续表

获奖者	工作单位	获奖项目	授予单位	授予时间
黄至辉	东莞市横沥医院	东莞市抗击新冠肺炎疫情先进个人	中共东莞市委、东莞市人民政府	11月
姚秀英	东莞市石排医院	东莞市抗击新冠肺炎疫情先进个人	中共东莞市委、东莞市人民政府	11月
支明俊	东莞市长安医院	东莞市抗击新冠肺炎疫情先进个人	中共东莞市委、东莞市人民政府	11月
马少建	东莞市长安医院	东莞市抗击新冠肺炎疫情先进个人	中共东莞市委、东莞市人民政府	11月
莫　停	东莞市虎门中医院	东莞市抗击新冠肺炎疫情先进个人	中共东莞市委、东莞市人民政府	11月
郭建业	东莞市中堂医院	东莞市抗击新冠肺炎疫情先进个人	中共东莞市委、东莞市人民政府	11月
张伟燕	东莞市中堂医院	东莞市抗击新冠肺炎疫情先进个人	中共东莞市委、东莞市人民政府	11月
陈达金	东莞市樟木头医院	东莞市抗击新冠肺炎疫情先进个人	中共东莞市委、东莞市人民政府	11月
肖谏凤	东莞市樟木头医院	东莞市抗击新冠肺炎疫情先进个人	中共东莞市委、东莞市人民政府	11月
张亚虹	东莞市沙田医院	东莞市抗击新冠肺炎疫情先进个人	中共东莞市委、东莞市人民政府	11月
卢洪波	东莞市沙田医院	东莞市抗击新冠肺炎疫情先进个人	中共东莞市委、东莞市人民政府	11月
钟丽愉	东莞市道滘医院	东莞市抗击新冠肺炎疫情先进个人	中共东莞市委、东莞市人民政府	11月
叶转南	东莞市道滘医院	东莞市抗击新冠肺炎疫情先进个人	中共东莞市委、东莞市人民政府	11月
李琴芳	东莞市谢岗医院	东莞市抗击新冠肺炎疫情先进个人	中共东莞市委、东莞市人民政府	11月
莫松柳	东莞市桥头医院	东莞市抗击新冠肺炎疫情先进个人	中共东莞市委、东莞市人民政府	11月
项艺鑫	东莞市桥头医院	东莞市抗击新冠肺炎疫情先进个人	中共东莞市委、东莞市人民政府	11月
罗汝华	东莞市桥头医院	东莞市抗击新冠肺炎疫情先进个人	中共东莞市委、东莞市人民政府	11月
罗惠君	东莞市茶山医院	东莞市抗击新冠肺炎疫情先进个人	中共东莞市委、东莞市人民政府	11月
吴宇洋	东莞市凤岗医院	东莞市抗击新冠肺炎疫情先进个人	中共东莞市委、东莞市人民政府	11月
钟娟芳	东莞市凤岗医院	东莞市抗击新冠肺炎疫情先进个人	中共东莞市委、东莞市人民政府	11月
王存东	东莞东华医院	东莞市抗击新冠肺炎疫情先进个人	中共东莞市委、东莞市人民政府	11月
欧志恒	东莞东华医院	东莞市抗击新冠肺炎疫情先进个人	中共东莞市委、东莞市人民政府	11月
周世新	东莞康华医院	东莞市抗击新冠肺炎疫情先进个人	中共东莞市委、东莞市人民政府	11月
尹显庆	东莞台心医院	东莞市抗击新冠肺炎疫情先进个人	中共东莞市委、东莞市人民政府	11月
戴兴中	东莞常安医院	东莞市抗击新冠肺炎疫情先进个人	中共东莞市委、东莞市人民政府	11月
范秀红	东莞常安医院	东莞市抗击新冠肺炎疫情先进个人	中共东莞市委、东莞市人民政府	11月
袁焕仪	东莞光华医院	东莞市抗击新冠肺炎疫情先进个人	中共东莞市委、东莞市人民政府	11月
吴惠敏	东莞光华医院	东莞市抗击新冠肺炎疫情先进个人	中共东莞市委、东莞市人民政府	11月
潘文泽	东莞曙光广华医院	东莞市抗击新冠肺炎疫情先进个人	中共东莞市委、东莞市人民政府	11月
康建华	东莞市东部中心医院	东莞市抗击新冠肺炎疫情先进个人	中共东莞市委、东莞市人民政府	11月
杨培文	东莞市长安医院	东莞市抗击新冠肺炎疫情先进个人	中共东莞市委、东莞市人民政府	11月
刘小亮	东莞市虎门医院	东莞市抗击新冠肺炎疫情先进个人	中共东莞市委、东莞市人民政府	11月
钟杨锋	东莞市寮步医院	东莞市抗击新冠肺炎疫情先进个人	中共东莞市委、东莞市人民政府	11月

续表

获奖者	工作单位	获奖项目	授予单位	授予时间
刘小红	东莞市石碣医院	东莞市抗击新冠肺炎疫情先进个人	中共东莞市委、东莞市人民政府	11月
吴志强	东莞市道滘医院	东莞市抗击新冠肺炎疫情先进个人	中共东莞市委、东莞市人民政府	11月
黄兴城	东莞市大朗医院	东莞市抗击新冠肺炎疫情先进个人	中共东莞市委、东莞市人民政府	11月
李小伟	东莞市清溪医院	东莞市抗击新冠肺炎疫情先进个人	中共东莞市委、东莞市人民政府	11月
谢炎燊	东莞市万江医院	东莞市抗击新冠肺炎疫情先进个人	中共东莞市委、东莞市人民政府	11月
香富辉	东莞市东部中心医院	东莞市抗击新冠肺炎疫情先进个人	中共东莞市委、东莞市人民政府	11月
张泽武	东莞市疾病预防控制中心	东莞市抗击新冠肺炎疫情先进个人	中共东莞市委、东莞市人民政府	11月
黄　勇	东莞市疾病预防控制中心	东莞市抗击新冠肺炎疫情先进个人	中共东莞市委、东莞市人民政府	11月
黄振宇	东莞市疾病预防控制中心	东莞市抗击新冠肺炎疫情先进个人	中共东莞市委、东莞市人民政府	11月
陈仲威	东莞市疾病预防控制中心	东莞市抗击新冠肺炎疫情先进个人	中共东莞市委、东莞市人民政府	11月
王克刚	清溪镇社区卫生服务中心	东莞市抗击新冠肺炎疫情先进个人	中共东莞市委、东莞市人民政府	11月
张棉球	寮步镇社区卫生服务中心	东莞市抗击新冠肺炎疫情先进个人	中共东莞市委、东莞市人民政府	11月
庄坤桂	沙田镇社区卫生服务中心	东莞市抗击新冠肺炎疫情先进个人	中共东莞市委、东莞市人民政府	11月
黄文忠	石龙镇社区卫生服务中心	东莞市抗击新冠肺炎疫情先进个人	中共东莞市委、东莞市人民政府	11月
刘述话	石排镇社区卫生服务中心	东莞市抗击新冠肺炎疫情先进个人	中共东莞市委、东莞市人民政府	11月
林　康	东坑镇社区卫生服务中心	东莞市抗击新冠肺炎疫情先进个人	中共东莞市委、东莞市人民政府	11月
叶秀芳	塘厦镇社区卫生服务中心	东莞市抗击新冠肺炎疫情先进个人	中共东莞市委、东莞市人民政府	11月
袁平波	万江社区卫生服务中心	东莞市抗击新冠肺炎疫情先进个人	中共东莞市委、东莞市人民政府	11月
李沃林	桥头镇社区卫生服务中心	东莞市抗击新冠肺炎疫情先进个人	中共东莞市委、东莞市人民政府	11月
佘永煌	道滘镇社区卫生服务中心	东莞市抗击新冠肺炎疫情先进个人	中共东莞市委、东莞市人民政府	11月
梁国新	常平镇社区卫生服务中心	东莞市抗击新冠肺炎疫情先进个人	中共东莞市委、东莞市人民政府	11月
陈素贞	南城社区卫生服务中心	东莞市抗击新冠肺炎疫情先进个人	中共东莞市委、东莞市人民政府	11月
张　彬	谢岗镇社区卫生服务中心	东莞市抗击新冠肺炎疫情先进个人	中共东莞市委、东莞市人民政府	11月
张少辉	凤岗镇社区卫生服务中心	东莞市抗击新冠肺炎疫情先进个人	中共东莞市委、东莞市人民政府	11月
张熙华	石碣镇社区卫生服务中心	东莞市抗击新冠肺炎疫情先进个人	中共东莞市委、东莞市人民政府	11月
袁晓娜	虎门镇社区卫生服务中心	东莞市抗击新冠肺炎疫情先进个人	中共东莞市委、东莞市人民政府	11月
江雨萍	东城社区卫生服务中心	东莞市抗击新冠肺炎疫情先进个人	中共东莞市委、东莞市人民政府	11月
陈婉嘉	横沥镇社区卫生服务中心	东莞市抗击新冠肺炎疫情先进个人	中共东莞市委、东莞市人民政府	11月
熊叶晖	樟木头镇社区卫生服务中心	东莞市抗击新冠肺炎疫情先进个人	中共东莞市委、东莞市人民政府	11月
王振兴	东莞市中心血站	东莞市抗击新冠肺炎疫情先进个人	中共东莞市委、东莞市人民政府	11月
莫心南	东莞市中心血站	东莞市抗击新冠肺炎疫情先进个人	中共东莞市委、东莞市人民政府	11月
叶俊锋	茶山镇社区卫生服务中心	东莞市抗击新冠肺炎疫情先进个人	中共东莞市委、东莞市人民政府	11月
黄业宏	大岭山镇社区卫生服务中心	东莞市抗击新冠肺炎疫情先进个人	中共东莞市委、东莞市人民政府	11月

续表

获奖者	工作单位	获奖项目	授予单位	授予时间
马淑怡	莞城社区卫生服务中心	东莞市抗击新冠肺炎疫情先进个人	中共东莞市委、东莞市人民政府	11月
周新明	洪梅镇社区卫生服务中心	东莞市抗击新冠肺炎疫情先进个人	中共东莞市委、东莞市人民政府	11月
丘志成	东莞松山湖高新技术产业开发区社区卫生服务中心	东莞市抗击新冠肺炎疫情先进个人	中共东莞市委、东莞市人民政府	11月
文灼锋	长安镇社区卫生服务中心	东莞市抗击新冠肺炎疫情先进个人	中共东莞市委、东莞市人民政府	11月
谭银珠	高埗镇社区卫生服务中心	东莞市抗击新冠肺炎疫情先进个人	中共东莞市委、东莞市人民政府	11月
徐春晓	黄江镇社区卫生服务中心	东莞市抗击新冠肺炎疫情先进个人	中共东莞市委、东莞市人民政府	11月
李晓霓	麻涌镇社区卫生服务中心	东莞市抗击新冠肺炎疫情先进个人	中共东莞市委、东莞市人民政府	11月
刘冠辉	企石镇社区卫生服务中心	东莞市抗击新冠肺炎疫情先进个人	中共东莞市委、东莞市人民政府	11月
袁见好	望牛墩镇社区卫生服务中心	东莞市抗击新冠肺炎疫情先进个人	中共东莞市委、东莞市人民政府	11月
庾进维	中堂镇社区卫生服务中心	东莞市抗击新冠肺炎疫情先进个人	中共东莞市委、东莞市人民政府	11月
钟燕娜	大朗镇社区卫生服务中心	东莞市抗击新冠肺炎疫情先进个人	中共东莞市委、东莞市人民政府	11月
彭　登	长安镇社区卫生服务中心	东莞市抗击新冠肺炎疫情先进个人	中共东莞市委、东莞市人民政府	11月
陈有年	虎门镇社区卫生服务中心	东莞市抗击新冠肺炎疫情先进个人	中共东莞市委、东莞市人民政府	11月
张健新	南城社区卫生服务中心	东莞市抗击新冠肺炎疫情先进个人	中共东莞市委、东莞市人民政府	11月
龚志勇	厚街镇社区卫生服务中心	东莞市抗击新冠肺炎疫情先进个人	中共东莞市委、东莞市人民政府	11月
叶延铭	常平镇社区卫生服务中心	东莞市抗击新冠肺炎疫情先进个人	中共东莞市委、东莞市人民政府	11月
汤赵荣	大岭山镇社区卫生服务中心	东莞市抗击新冠肺炎疫情先进个人	中共东莞市委、东莞市人民政府	11月
陈伟明	沙田镇社区卫生服务中心	东莞市抗击新冠肺炎疫情先进个人	中共东莞市委、东莞市人民政府	11月
叶镜豪	横沥镇社区卫生服务中心	东莞市抗击新冠肺炎疫情先进个人	中共东莞市委、东莞市人民政府	11月
邵锦炜	松山湖高新技术产业开发区社区卫生服务中心	东莞市抗击新冠肺炎疫情先进个人	中共东莞市委、东莞市人民政府	11月
李　戈	望牛墩镇社区卫生服务中心	东莞市抗击新冠肺炎疫情先进个人	中共东莞市委、东莞市人民政府	11月
谢国良	东坑镇社区卫生服务中心	东莞市抗击新冠肺炎疫情先进个人	中共东莞市委、东莞市人民政府	11月
叶俊卿	东莞市卫生监督所	东莞市抗击新冠肺炎疫情先进个人	中共东莞市委、东莞市人民政府	11月
陈财坤	东莞市卫生监督所	东莞市抗击新冠肺炎疫情先进个人	中共东莞市委、东莞市人民政府	11月
陈新诤	东莞市卫生监督所	东莞市抗击新冠肺炎疫情先进个人	中共东莞市委、东莞市人民政府	11月
汪万里	广州日报莞惠中心	东莞市抗击新冠肺炎疫情先进个人	中共东莞市委、东莞市人民政府	11月
童召勤	东莞市卫生健康局	东莞市抗击新冠肺炎疫情先进个人	中共东莞市委、东莞市人民政府	11月
姚志军	东莞市公安局指挥中心	东莞市抗击新冠肺炎疫情先进个人	中共东莞市委、东莞市人民政府	11月
张志成	东莞市公安治安巡警支队	东莞市抗击新冠肺炎疫情先进个人	中共东莞市委、东莞市人民政府	11月
王杰良	东莞市公安局交警支队	东莞市抗击新冠肺炎疫情先进个人	中共东莞市委、东莞市人民政府	11月
卢志坚	东莞市公安局出入境管理支队	东莞市抗击新冠肺炎疫情先进个人	中共东莞市委、东莞市人民政府	11月
杨　飞	东莞市公安局联合情报作战中心	东莞市抗击新冠肺炎疫情先进个人	中共东莞市委、东莞市人民政府	11月

续表

获奖者	工作单位	获奖项目	授予单位	授予时间
宋百春	麻涌镇党委	东莞市抗击新冠肺炎疫情先进个人	中共东莞市委、东莞市人民政府	11月
许 冰	清溪镇党委	东莞市抗击新冠肺炎疫情先进个人	中共东莞市委、东莞市人民政府	11月
钟锦志	企石镇党委	东莞市抗击新冠肺炎疫情先进个人	中共东莞市委、东莞市人民政府	11月
姚锦棠	东莞市公安局松山湖分局	东莞市抗击新冠肺炎疫情先进个人	中共东莞市委、东莞市人民政府	11月
梁沃深	东莞市公安局东城分局	东莞市抗击新冠肺炎疫情先进个人	中共东莞市委、东莞市人民政府	11月
刘 焯	东莞市公安局厚街分局	东莞市抗击新冠肺炎疫情先进个人	中共东莞市委、东莞市人民政府	11月
卢伟文	东莞市公安局莞城分局	东莞市抗击新冠肺炎疫情先进个人	中共东莞市委、东莞市人民政府	11月
周鸿驹	东莞市公安局南城分局	东莞市抗击新冠肺炎疫情先进个人	中共东莞市委、东莞市人民政府	11月
何赞敏	东莞市公安局万江分局	东莞市抗击新冠肺炎疫情先进个人	中共东莞市委、东莞市人民政府	11月
杨万权	东莞市公安局石龙分局	东莞市抗击新冠肺炎疫情先进个人	中共东莞市委、东莞市人民政府	11月
庄 华	东莞市公安局虎门分局	东莞市抗击新冠肺炎疫情先进个人	中共东莞市委、东莞市人民政府	11月
韩兴旺	东莞市公安局中堂分局	东莞市抗击新冠肺炎疫情先进个人	中共东莞市委、东莞市人民政府	11月
江应全	东莞市公安局望牛墩分局	东莞市抗击新冠肺炎疫情先进个人	中共东莞市委、东莞市人民政府	11月
袁伟哲	东莞市公安局石碣分局	东莞市抗击新冠肺炎疫情先进个人	中共东莞市委、东莞市人民政府	11月
吕桂棋	东莞市公安局高埗分局	东莞市抗击新冠肺炎疫情先进个人	中共东莞市委、东莞市人民政府	11月
张应池	东莞市公安局长安分局	东莞市抗击新冠肺炎疫情先进个人	中共东莞市委、东莞市人民政府	11月
梁建航	东莞市公安局洪梅分局	东莞市抗击新冠肺炎疫情先进个人	中共东莞市委、东莞市人民政府	11月
万国兵	东莞市公安局黄江分局	东莞市抗击新冠肺炎疫情先进个人	中共东莞市委、东莞市人民政府	11月
庞国才	东莞市公安局樟木头分局	东莞市抗击新冠肺炎疫情先进个人	中共东莞市委、东莞市人民政府	11月
李智辉	东莞市公安局塘厦分局	东莞市抗击新冠肺炎疫情先进个人	中共东莞市委、东莞市人民政府	11月
朱灿稳	东莞市公安局谢岗分局	东莞市抗击新冠肺炎疫情先进个人	中共东莞市委、东莞市人民政府	11月
邱 宇	东莞市公安局凤岗分局	东莞市抗击新冠肺炎疫情先进个人	中共东莞市委、东莞市人民政府	11月
陈朝北	东莞市公安局常平分局	东莞市抗击新冠肺炎疫情先进个人	中共东莞市委、东莞市人民政府	11月
陈志肇	东莞市公安局东坑分局	东莞市抗击新冠肺炎疫情先进个人	中共东莞市委、东莞市人民政府	11月
谢树伦	东莞市公安局企石分局	东莞市抗击新冠肺炎疫情先进个人	中共东莞市委、东莞市人民政府	11月
陈润林	东莞市公安局石排分局	东莞市抗击新冠肺炎疫情先进个人	中共东莞市委、东莞市人民政府	11月
江钟婵	东莞市公安局茶山分局	东莞市抗击新冠肺炎疫情先进个人	中共东莞市委、东莞市人民政府	11月
张 彪	东莞市公安局松山湖分局	东莞市抗击新冠肺炎疫情先进个人	中共东莞市委、东莞市人民政府	11月
黄炳顺	东莞市公安局沙田分局	东莞市抗击新冠肺炎疫情先进个人	中共东莞市委、东莞市人民政府	11月
翟景新	东莞市公安局长安分局	东莞市抗击新冠肺炎疫情先进个人	中共东莞市委、东莞市人民政府	11月
龙 维	东莞市公安局虎门分局	东莞市抗击新冠肺炎疫情先进个人	中共东莞市委、东莞市人民政府	11月
刘力军	东莞市公安局寮步分局	东莞市抗击新冠肺炎疫情先进个人	中共东莞市委、东莞市人民政府	11月
薛琳琳	东莞市公安局大岭山分局	东莞市抗击新冠肺炎疫情先进个人	中共东莞市委、东莞市人民政府	11月

续表

获奖者	工作单位	获奖项目	授予单位	授予时间
吴焕钦	东莞市公安局横沥分局	东莞市抗击新冠肺炎疫情先进个人	中共东莞市委、东莞市人民政府	11月
叶景尧	东莞市公安局莞城分局	东莞市抗击新冠肺炎疫情先进个人	中共东莞市委、东莞市人民政府	11月
吴志旗	东莞市公安局道滘分局	东莞市抗击新冠肺炎疫情先进个人	中共东莞市委、东莞市人民政府	11月
匡　黎	东莞市公安局寮步分局	东莞市抗击新冠肺炎疫情先进个人	中共东莞市委、东莞市人民政府	11月
邓景鹏	东莞市公安局大朗分局	东莞市抗击新冠肺炎疫情先进个人	中共东莞市委、东莞市人民政府	11月
丁红军	东莞市公安局桥头分局	东莞市抗击新冠肺炎疫情先进个人	中共东莞市委、东莞市人民政府	11月
徐国斌	东莞市公安局石排分局	东莞市抗击新冠肺炎疫情先进个人	中共东莞市委、东莞市人民政府	11月
尹庭光	东莞市公安局清溪分局	东莞市抗击新冠肺炎疫情先进个人	中共东莞市委、东莞市人民政府	11月
冯志明	东莞市公安局茶山分局	东莞市抗击新冠肺炎疫情先进个人	中共东莞市委、东莞市人民政府	11月
姚家庆	中共东莞市委第六巡察组	东莞市抗击新冠肺炎疫情先进个人	中共东莞市委、东莞市人民政府	11月
曾平治	中共东莞市委宣传部	东莞市抗击新冠肺炎疫情先进个人	中共东莞市委、东莞市人民政府	11月
黄慧红	中共东莞市委台港澳办公室	东莞市抗击新冠肺炎疫情先进个人	中共东莞市委、东莞市人民政府	11月
黎雪琴	东莞市民政局	东莞市抗击新冠肺炎疫情先进个人	中共东莞市委、东莞市人民政府	11月
朱利民	东莞市交通运输局	东莞市抗击新冠肺炎疫情先进个人	中共东莞市委、东莞市人民政府	11月
张永忠	东莞市农业农村局	东莞市抗击新冠肺炎疫情先进个人	中共东莞市委、东莞市人民政府	11月
骆伟东	中共东莞市委外事工作委员会办公室	东莞市抗击新冠肺炎疫情先进个人	中共东莞市委、东莞市人民政府	11月
姚铸锐	东莞市工业和信息化局	东莞市抗击新冠肺炎疫情先进个人	中共东莞市委、东莞市人民政府	11月
王志蒙	东莞市注册会计师行业党委	东莞市抗击新冠肺炎疫情先进个人	中共东莞市委、东莞市人民政府	11月
孙宏伟	东莞市人力资源和社会保障局	东莞市抗击新冠肺炎疫情先进个人	中共东莞市委、东莞市人民政府	11月
莫　伟	东莞水乡特色发展经济区	东莞市抗击新冠肺炎疫情先进个人	中共东莞市委、东莞市人民政府	11月
郑德强	东莞市商务局	东莞市抗击新冠肺炎疫情先进个人	中共东莞市委、东莞市人民政府	11月
吴劭文	东莞市文化广电旅游体育局	东莞市抗击新冠肺炎疫情先进个人	中共东莞市委、东莞市人民政府	11月
梁少华	东莞市市场监督管理局	东莞市抗击新冠肺炎疫情先进个人	中共东莞市委、东莞市人民政府	11月
戚小健	东莞市发展和改革局	东莞市抗击新冠肺炎疫情先进个人	中共东莞市委、东莞市人民政府	11月
崔岗平	东莞市住房和城乡建设局	东莞市抗击新冠肺炎疫情先进个人	中共东莞市委、东莞市人民政府	11月
许自福	东莞市防控境外重点地区新型冠状病毒肺炎疫情输入工作专班办公室	东莞市抗击新冠肺炎疫情先进个人	中共东莞市委、东莞市人民政府	11月
朱忠诚	东莞市政务服务数据管理局	东莞市抗击新冠肺炎疫情先进个人	中共东莞市委、东莞市人民政府	11月
聂开贵	中共东莞市委统一战线工作部	东莞市抗击新冠肺炎疫情先进个人	中共东莞市委、东莞市人民政府	11月
罗瑜亭	中共东莞市委办公室督查二室	东莞市抗击新冠肺炎疫情先进个人	中共东莞市委、东莞市人民政府	11月
吉峰平	中共东莞市委办公室	东莞市抗击新冠肺炎疫情先进个人	中共东莞市委、东莞市人民政府	11月
任　飞	东莞市人民政府办公室	东莞市抗击新冠肺炎疫情先进个人	中共东莞市委、东莞市人民政府	11月

续表

获奖者	工作单位	获奖项目	授予单位	授予时间
文明军	东莞市人民政府办公室	东莞市抗击新冠肺炎疫情先进个人	中共东莞市委、东莞市人民政府	11月
邓旭辉	中共东莞市委政法委员会	东莞市抗击新冠肺炎疫情先进个人	中共东莞市委、东莞市人民政府	11月
王妙家	东莞市教育局	东莞市抗击新冠肺炎疫情先进个人	中共东莞市委、东莞市人民政府	11月
祝培坚	东莞滨海湾新区管理委员会	东莞市抗击新冠肺炎疫情先进个人	中共东莞市委、东莞市人民政府	11月
张婧菡	东莞市人力资源和社会保障局	东莞市抗击新冠肺炎疫情先进个人	中共东莞市委、东莞市人民政府	11月
李慧芬	厚街镇党委	东莞市抗击新冠肺炎疫情先进个人	中共东莞市委、东莞市人民政府	11月
赵丽萍	东莞市职业介绍服务中心	东莞市抗击新冠肺炎疫情先进个人	中共东莞市委、东莞市人民政府	11月
韩运雄	中共东莞市委外事工作委员会办公室	东莞市抗击新冠肺炎疫情先进个人	中共东莞市委、东莞市人民政府	11月
谭健文	东莞市商务局	东莞市抗击新冠肺炎疫情先进个人	中共东莞市委、东莞市人民政府	11月
陈仕伟	东莞市公安局治安巡逻警察支队	东莞市抗击新冠肺炎疫情先进个人	中共东莞市委、东莞市人民政府	11月
王建中	东莞市市场监督管理局	东莞市抗击新冠肺炎疫情先进个人	中共东莞市委、东莞市人民政府	11月
莫绍豪	东莞市大岭山森林公园	东莞市抗击新冠肺炎疫情先进个人	中共东莞市委、东莞市人民政府	11月
温贤诚	东莞市动物疫病预防控制中心	东莞市抗击新冠肺炎疫情先进个人	中共东莞市委、东莞市人民政府	11月
董放新	东莞市寮步志愿者协会	东莞市抗击新冠肺炎疫情先进个人	中共东莞市委、东莞市人民政府	11月
萧沛同	麻涌镇残疾人联合会	东莞市抗击新冠肺炎疫情先进个人	中共东莞市委、东莞市人民政府	11月
许晓霞	东莞市纺织服装学校	东莞市抗击新冠肺炎疫情先进个人	中共东莞市委、东莞市人民政府	11月
陈文俊	东莞广播电视台	东莞市抗击新冠肺炎疫情先进个人	中共东莞市委、东莞市人民政府	11月
叶桂连	东莞市建筑装饰协会	东莞市抗击新冠肺炎疫情先进个人	中共东莞市委、东莞市人民政府	11月
李子琪	广东以安科技有限公司	东莞市抗击新冠肺炎疫情先进个人	中共东莞市委、东莞市人民政府	11月
杨伟峰	顺丰速运（东莞）有限公司	东莞市抗击新冠肺炎疫情先进个人	中共东莞市委、东莞市人民政府	11月
段文立	东莞市滨海湾公共交通有限公司	东莞市抗击新冠肺炎疫情先进个人	中共东莞市委、东莞市人民政府	11月
王永康	东莞市虎门诚安机动车保管有限公司	东莞市抗击新冠肺炎疫情先进个人	中共东莞市委、东莞市人民政府	11月
谢卫东	道滘镇党委	东莞市抗击新冠肺炎疫情先进个人	中共东莞市委、东莞市人民政府	11月
尹锡棋	樟木头镇党委	东莞市抗击新冠肺炎疫情先进个人	中共东莞市委、东莞市人民政府	11月
吴美娇	大岭山镇人大	东莞市抗击新冠肺炎疫情先进个人	中共东莞市委、东莞市人民政府	11月
何俊聪	凤岗镇党委	东莞市抗击新冠肺炎疫情先进个人	中共东莞市委、东莞市人民政府	11月
王东波	茶山镇党委	东莞市抗击新冠肺炎疫情先进个人	中共东莞市委、东莞市人民政府	11月
李德和	中堂镇党委	东莞市抗击新冠肺炎疫情先进个人	中共东莞市委、东莞市人民政府	11月
黄冠煊	常平镇党委	东莞市抗击新冠肺炎疫情先进个人	中共东莞市委、东莞市人民政府	11月
袁树坚	沙田镇党委	东莞市抗击新冠肺炎疫情先进个人	中共东莞市委、东莞市人民政府	11月
尹　礎	麻涌镇党委	东莞市抗击新冠肺炎疫情先进个人	中共东莞市委、东莞市人民政府	11月

续表

获奖者	工作单位	获奖项目	授予单位	授予时间
莫国庆	虎门镇党委	东莞市抗击新冠肺炎疫情先进个人	中共东莞市委、东莞市人民政府	11月
梁秀仪	石碣镇党委	东莞市抗击新冠肺炎疫情先进个人	中共东莞市委、东莞市人民政府	11月
王丽娟	茶山镇党委	东莞市抗击新冠肺炎疫情先进个人	中共东莞市委、东莞市人民政府	11月
黎兰芳	莞城街道党委	东莞市抗击新冠肺炎疫情先进个人	中共东莞市委、东莞市人民政府	11月
张庭柱	南城街道办事处	东莞市抗击新冠肺炎疫情先进个人	中共东莞市委、东莞市人民政府	11月
熊振球	高埗镇人民政府	东莞市抗击新冠肺炎疫情先进个人	中共东莞市委、东莞市人民政府	11月
欧阳振球	大岭山镇人民政府	东莞市抗击新冠肺炎疫情先进个人	中共东莞市委、东莞市人民政府	11月
刘建新	东莞市市场监督管理局长安分局	东莞市抗击新冠肺炎疫情先进个人	中共东莞市委、东莞市人民政府	11月
刘妙云	东城街道卫生健康局	东莞市抗击新冠肺炎疫情先进个人	中共东莞市委、东莞市人民政府	11月
莫小文	厚街镇卫生健康局	东莞市抗击新冠肺炎疫情先进个人	中共东莞市委、东莞市人民政府	11月
钟汉华	洪梅镇卫生健康局	东莞市抗击新冠肺炎疫情先进个人	中共东莞市委、东莞市人民政府	11月
肖国锋	麻涌镇卫生健康局	东莞市抗击新冠肺炎疫情先进个人	中共东莞市委、东莞市人民政府	11月
姚柱梁	企石镇卫生健康局	东莞市抗击新冠肺炎疫情先进个人	中共东莞市委、东莞市人民政府	11月
李丽璋	石龙镇卫生健康局	东莞市抗击新冠肺炎疫情先进个人	中共东莞市委、东莞市人民政府	11月
李文澜	石碣镇经济发展局	东莞市抗击新冠肺炎疫情先进个人	中共东莞市委、东莞市人民政府	11月
翟松喜	桥头镇经济发展局	东莞市抗击新冠肺炎疫情先进个人	中共东莞市委、东莞市人民政府	11月
汤伟明	东莞市市场监督管理局樟木头分局	东莞市抗击新冠肺炎疫情先进个人	中共东莞市委、东莞市人民政府	11月
袁士栋	东莞市交通运输局道滘分局	东莞市抗击新冠肺炎疫情先进个人	中共东莞市委、东莞市人民政府	11月
叶深华	凤岗镇宣传教育文体旅游办公室	东莞市抗击新冠肺炎疫情先进个人	中共东莞市委、东莞市人民政府	11月
廖冬梅	石碣镇文化服务中心	东莞市抗击新冠肺炎疫情先进个人	中共东莞市委、东莞市人民政府	11月
钟　燕	沙田镇教育管理中心	东莞市抗击新冠肺炎疫情先进个人	中共东莞市委、东莞市人民政府	11月
吴映银	道滘镇党政综合办公室	东莞市抗击新冠肺炎疫情先进个人	中共东莞市委、东莞市人民政府	11月
胡素珍	洪梅镇网格管理中心	东莞市抗击新冠肺炎疫情先进个人	中共东莞市委、东莞市人民政府	11月
何煜熙	东城街道党政综合办公室	东莞市抗击新冠肺炎疫情先进个人	中共东莞市委、东莞市人民政府	11月
邵锦荣	桥头镇网格管理中心	东莞市抗击新冠肺炎疫情先进个人	中共东莞市委、东莞市人民政府	11月
张瑞娜	松山湖高新技术产业开发区	东莞市抗击新冠肺炎疫情先进个人	中共东莞市委、东莞市人民政府	11月
伍立君	万江街道人大办公室	东莞市抗击新冠肺炎疫情先进个人	中共东莞市委、东莞市人民政府	11月
翟润球	中堂镇人民政府	东莞市抗击新冠肺炎疫情先进个人	中共东莞市委、东莞市人民政府	11月
莫艳冰	长安镇党政综合办公室	东莞市抗击新冠肺炎疫情先进个人	中共东莞市委、东莞市人民政府	11月
钟彩琴	东城街道统一战线工作办公室	东莞市抗击新冠肺炎疫情先进个人	中共东莞市委、东莞市人民政府	11月
刘月崧	高埗镇招投标服务所	东莞市抗击新冠肺炎疫情先进个人	中共东莞市委、东莞市人民政府	11月

续表

获奖者	工作单位	获奖项目	授予单位	授予时间
梁浩泉	东莞市交通运输局寮步分局	东莞市抗击新冠肺炎疫情先进个人	中共东莞市委、东莞市人民政府	11月
叶列驰	大朗镇组织人事办公室	东莞市抗击新冠肺炎疫情先进个人	中共东莞市委、东莞市人民政府	11月
陈生奎	麻涌镇人民武装部	东莞市抗击新冠肺炎疫情先进个人	中共东莞市委、东莞市人民政府	11月
邓浩财	横沥镇卫生健康局	东莞市抗击新冠肺炎疫情先进个人	中共东莞市委、东莞市人民政府	11月
黎富伟	东莞市人力资源和社会保障局厚街分局	东莞市抗击新冠肺炎疫情先进个人	中共东莞市委、东莞市人民政府	11月
任小芳	常平镇卫生健康局	东莞市抗击新冠肺炎疫情先进个人	中共东莞市委、东莞市人民政府	11月
叶庆强	大朗镇卫生健康局	东莞市抗击新冠肺炎疫情先进个人	中共东莞市委、东莞市人民政府	11月
黄培真	樟木头镇农业技术服务中心	东莞市抗击新冠肺炎疫情先进个人	中共东莞市委、东莞市人民政府	11月
罗烽东	塘厦镇经济发展局	东莞市抗击新冠肺炎疫情先进个人	中共东莞市委、东莞市人民政府	11月
李　频	东莞市司法局南城分局	东莞市抗击新冠肺炎疫情先进个人	中共东莞市委、东莞市人民政府	11月
姚英琴	塘厦镇社区卫生服务中心	东莞市抗击新冠肺炎疫情先进个人	中共东莞市委、东莞市人民政府	11月
李效洪	东坑镇经济发展局	东莞市抗击新冠肺炎疫情先进个人	中共东莞市委、东莞市人民政府	11月
任健坤	黄江镇大冚股份经济联合社	东莞市抗击新冠肺炎疫情先进个人	中共东莞市委、东莞市人民政府	11月
袁文伟	东莞市生态环境局黄江分局	东莞市抗击新冠肺炎疫情先进个人	中共东莞市委、东莞市人民政府	11月
陈富贤	望牛墩镇党建工作办公室	东莞市抗击新冠肺炎疫情先进个人	中共东莞市委、东莞市人民政府	11月
王燕君	清溪镇经济发展局	东莞市抗击新冠肺炎疫情先进个人	中共东莞市委、东莞市人民政府	11月
梁鹏翔	南城街道鸿福社区	东莞市抗击新冠肺炎疫情先进个人	中共东莞市委、东莞市人民政府	11月
钟兆华	寮步镇横坑社区	东莞市抗击新冠肺炎疫情先进个人	中共东莞市委、东莞市人民政府	11月
周淦坤	沙田镇中围村	东莞市抗击新冠肺炎疫情先进个人	中共东莞市委、东莞市人民政府	11月
罗广平	石龙镇中山东社区	东莞市抗击新冠肺炎疫情先进个人	中共东莞市委、东莞市人民政府	11月
黄艳雅	谢岗镇大厚村	东莞市抗击新冠肺炎疫情先进个人	中共东莞市委、东莞市人民政府	11月
赵汉洪	谢岗镇赵林村	东莞市抗击新冠肺炎疫情先进个人	中共东莞市委、东莞市人民政府	11月
李珊妹	中堂镇中心社区	东莞市抗击新冠肺炎疫情先进个人	中共东莞市委、东莞市人民政府	11月
欧子杰	虎门镇博涌社区	东莞市抗击新冠肺炎疫情先进个人	中共东莞市委、东莞市人民政府	11月
陈爱平	厚街镇新塘社区	东莞市抗击新冠肺炎疫情先进个人	中共东莞市委、东莞市人民政府	11月
叶玉明	黄江镇长龙社区	东莞市抗击新冠肺炎疫情先进个人	中共东莞市委、东莞市人民政府	11月
黄映娜	凤岗镇油甘埔村	东莞市抗击新冠肺炎疫情先进个人	中共东莞市委、东莞市人民政府	11月
林常培	东城街道星城社区	东莞市抗击新冠肺炎疫情先进个人	中共东莞市委、东莞市人民政府	11月
黎沛珠	塘厦镇网格管理中心	东莞市抗击新冠肺炎疫情先进个人	中共东莞市委、东莞市人民政府	11月
张志军	凤岗镇网格管理中心	东莞市抗击新冠肺炎疫情先进个人	中共东莞市委、东莞市人民政府	11月
邓汉辉	石排镇横山村	东莞市抗击新冠肺炎疫情先进个人	中共东莞市委、东莞市人民政府	11月
汪德良	东莞迅安塑胶纤维制品有限公司	东莞市抗击新冠肺炎疫情先进个人	中共东莞市委、东莞市人民政府	11月

松山湖高新区一景　（2020年陈建成摄）

编辑：李俊玉

东莞市连续五届获评为全国文明城市

【深化全国文明城市创建工作概况】　2018—2020年，东莞市举全市之力深化全国文明城市创建工作，坚持两手抓、两手硬，推动两个文明协调发展；坚持全域统筹，深化一体化全域创建；坚持常抓长远，推进“四个之城”建设；坚持创新探索，推进新时代文明实践中心建设；坚持齐抓共管，健全完善长效创建机制。全域优化城市功能、提升公共服务、改善生态环境，推动物质文明和精神文明协调发展，文明创建水平持续提升，群众精神文化生活更加丰富，城乡面貌不断美化优化，社会道德风尚日益向善向上，城市亲和力和群众幸福感增强，市民文明素养和城市文明程度不断提高。2020年，东莞市获第六届“全国文明城市”称号，连续五届当选全国文明城市。

【物质文明和精神文明协调发展】　2018—2020年，东莞市坚持推动高质量发展，坚持以供给侧结构性改革为主线，坚持深化市场化改革、扩大高水平开放，落实中央和省各项决策部署，以参与粤港澳大湾区建设牵引带动全局工作，全面强化执行力，全市经济社会发展稳中有进、进中向优态势更加明显。

2020年，面对新冠肺炎疫情突如其来的严重冲击，叠加中美经贸摩擦、国内外经济下行压力的严峻挑战，全市统筹抓好疫情防控和经济运行监测调度，疫情防控取得重大成果，稳住经济基本盘，经济社会发展加快复苏振兴。全市地区生产总值9650.2亿元，2016—2020年年均增长6.5%，提前一年完成“十三五”规划目标。人均地区生产总值超过11万元，达到高收入经济体水平。市一般公共预算收入694.7亿元、税收总额2153.2亿元，社会消费品零售总额、规模以上工业增加值分别突破3000亿元、4000亿元，本外币存、贷款余额分别突破1.8万亿元和1.2万亿元。规模以上工业企业数量突破1万家，跃升至全国第二位、总产值突破2万亿元。外贸进出口额超1.3万亿元，稳居全国第五位。全市市场主体超过134万家，占全国总量1%。高新技术企业总数6381家。省创新科研团队38个，居全省地级市第一位。78家企业入围广东制造业500强。镇村实力持续增强，全国百强镇从12个增至15个，5个镇街进入500亿元俱乐部，所有次发达镇均超100亿元，实现历史性突破；村组两级总资产、经营性纯收入分别增长42%和66.8%，纯收入超亿元村由10个增至30个。

2018—2020年，东莞市在反映城市竞争力的排行榜和分析报告中，频频跻身全国前列：外贸综合竞争力连续三年居全国第三位，政商关系健康指数连续两年居全国第一位，在“2019地级市民生发展100强”榜单中居第四位，在“2019年度中国主要城市人口吸引力”榜单中居第四位，2019年首次跻身“中国综合经济竞争力城市榜”前十强；在2020年城市商业魅力排行榜中，连续四年入围新一线城市，并在商业资源集聚度、城市人活跃度、未来可塑性等评估维度排前十名。先后被评为全国文明城市、全国社会治理创新示范市、全国双拥模范城、国家节水型城市等。

【两个文明协调发展推动】

2018—2020年，东莞市坚持物质文明和精神文明两手抓两手硬，把精神文明建设摆到突出位置，列入“一把手”工程，纳入领导班子考核。先后高规格召开争创全国文明城市工作动员会议、精神文明建设工作推进会等全市性会议，市主要领导亲自部署、亲自督导相关工作。全市各级各单位狠抓落实、拼搏奋进，广大市民群众全力支持、共同参与，汇聚协同推进文明创建强大合力。

【一体化全域创建深化】

2018—2020年，东莞市围绕“中心城区、魅力小城、美丽村居”三个层次，实施城市品质三年提升计划。出台《关于推进新东莞文明美丽村居建设　深化全域文明创建三年行动实施意见》，实施人居环境改善工程、乡村文化培育工程、乡风文明润化工程、乡村和谐善治工程和农村农民致富工程等“五大工程”。开展“洁净城市”、“行走东莞”、“厕所革命”、农贸市场专项整治、文明交通提升等专项行动，让城市风貌焕然一新。广泛开展群众性创建活动，在全国和广东省精神文明建设表彰大会上，东莞市有4个村镇被评为全国文明村镇，4个单位被评为全国文明单位，2所学校被评为全国文明校园，1户家庭被评为全国文明家庭；5个村镇被评为广东省文明村镇，10个单位被评为广东省文明单位，1所学校被评为广东省文明校园，1户家庭被评为广东省文明家庭。

【“四个之城”建设推进】

2018—2020年，东莞市深入推进友善之城、好人之城、志愿之城、希望之城建设。推出“友善之城”八大主题行动，每年选树发布一批“友善企业”，建成近百个核心价值观主题公园和广场。常态化举办“道德模范”“东莞好人”“最美

东莞春色　（2020年曹永富摄）

系列”等各类典型选树和宣传活动，评选发布“东莞市道德模范”（含提名奖）及“东莞好人”446人。加强对全市志愿服务工作领导，承办第五届中国青年志愿服务项目大赛暨2019年志愿服务东莞交流会，全市注册志愿者超过123万人，志愿服务组织和团体8629个。开展文明校园创建活动、“新时代好少年”选树宣传活动。规划建成首个市级国防教育主题公园，组建国防教育讲师团并深入基层开展近百场宣讲。

【新时代文明实践中心建设推进】 2018—2020年，东莞市抓好中堂镇、长安镇、东城街道等3个新时代文明实践中心省级试点建设，在全市其他镇街全面铺开文明实践中心建设，全市建成镇（街道、园区）新时代文明实践中心33个、文明实践站300多个、文明实践点900多个。加大社会资源和公共服务资源整合，结合基层需求、围绕五大实践平台精心策划举办上万场各类惠及群众的文明实践活动，创新推进“文明积分进万家”全民行动，打通宣传群众、教育群众、关心群众、服务群众“最后一公里”。

【长效创建机制健全完善】 2018—2020年，东莞市坚持“一把手”工程，不断完善党委统一领导、党政齐抓共管、文明委组织协调、有关部门各负其责、全社会积极参与的工作机制，健全目标考核、成效测评、动态管理、督促检查、情况通报、责任追究、表彰奖励等各项制度。加强公益广告管理制度化建设，加大文明创建宣传力度。深入开展爱国卫生运动及倡导文明健康绿色环保生活方式系列活动，策划举办“文明东莞随手拍”、“公筷公勺”进社区宣讲宣传、“厉行节约·反对浪费”等多项活动，聘任一批“东莞文明使者”，提升城市文明水平。

（梁增剑）

东莞市“十三五”时期发展成就

【“十三五”时期发展概况】 2016—2020年，东莞市贯彻党中央决策部署，落实广东省工作部署和市工作思路，有效应对新冠肺炎疫情和中美经贸摩擦叠加影响的严峻考验和一系列重大风险挑战。截至2020年底，东莞市全面推进“湾区都市、品质东莞”建设，高质量发展开创崭新局面，基本完成“十三五”规划主要目标任务，决胜高水平全面建成小康社会取得决定性成就。

【经济综合实力迈上新台阶】 2016—2020年，东莞市地区生产总值连续迈上7000亿元、8000亿元、9000亿元三大台阶。2020年，全市地区生产总值9650.19亿元，提前实现比2010年翻一番，五年年均增长6.5%；三次产业比重为0.3∶53.8∶45.9。市级税收收入573.42亿元，占全省7.9%，占市级一般公共预算收入82.2%，财政收入质量排全省第一名。本外币存、贷款余额分别突破1.8万亿元和1.2万亿元，是2015年的1.8倍和2.1倍，相继成为全国第四个存款过万亿元和第五个贷款过万亿元的地级市；全市境内外上市企业58家，其中境内上市企业实现5年倍增。市场主体超过134万户，占全国总量1%，位居全省地级市第一位。全国百强镇从12个增至15个，28个镇全部入选全国千强镇400强，5个镇街地区生产总值进入500亿元“俱乐部”，所有次发达镇均超100亿元，实现历史性突破。连续四年入围新一线城市，在“中国城市综合经济竞争力指数”居全国第十位。

【创新体系建设实现重大突破】 2016—2020年，东莞市建成全球第四台、全国首台散裂中子源并向全球用户开放，松山湖科学城纳入大湾区综合性国家科学中心先行启动区，松山湖材料实验室成为首批省级实验室并引进25个创新团队，研究成果首次入选“中国科学十大进展”，南方光源研究测试平台加快建设，大湾区大学、香港城市大学（东莞）筹建工作稳步推进，源头创新、技术创新、成果转化、企业培育“四大创新体系”加快构建。截至2020年底，东莞市有国家高新技术企业6381家，是2015年的6.47倍，居全省第三位；国家级孵化器23家、省级工程中心439家、省级新型研发机构26家，分别是2015年的2.9倍、3.5倍、1.5倍；研发经费投入强度3.06%，达到发达国家水平。获批设立国家知识产权运营服务体系建设重点城市；每万人发明专利拥有量44.22件，比全省平均水平高16.18件。粤港澳院士峰会、华为开发者大会等高规格创新盛会举办。“十百千万百万”人才工程成效初显，吸引超过50名院士常年在东莞开展科研活动，全市人才总量超过235.5万人，其中高层次人才15.6万人，年均增长23.6%。双聘院士16名，省市创新科研团队91个，省市领军人才123名。技能劳动者占产业工人比例22%。

资料链接

“十百千万百万”人才工程：从2019年起，用3年时间，引进10个国际一流水平的战略科学家团队，选拔100名博士专业人才进入党政机关和企事业单位，引进培养1000名重点领域的领军人才，引进培养10000名硕士研究生以上学历和中级以上职称的创新人才，推动100万人提升学历技能素质。

【制造业高质量发展特征明显】 2016—2020年，东莞市规模以上工业企业数量突破1万家。获得全国质量强市示范市称号。华为终端、立讯精密、蓝思科技、长盈精密等一批产业项目建成投产，78家

东莞城市中心区 （2020年程永强摄）

企业入选“广东制造业500强”，居全省第二位。规模以上工业总产值突破2万亿元，电子信息制造业规模以上工业企业营业收入超万亿元，三大手机（华为、OPPO、vivo）进入全球手机品牌“第一阵营”，出货量居全球前五位。新一代信息技术、高端装备制造、新材料、新能源、人工智能和生物医药等产业加快集聚，七大战略性新兴产业基地初具雏形。先进制造业、高技术制造业增加值分别占规模以上工业增加值的50.9%、37.9%。单位地区生产总值能源消耗降低20.53%，万元地区生产总值用水量下降36.1%。

【全面深化改革成效显著】

2016—2020年，东莞市获批广东省制造业供给侧结构性改革创新实验区，在新旧动能转换、产业空间拓展等方面推出100项改革举措。国家新型城镇化、功能区统筹优化市直管镇、集约利用土地等一批重点改革取得成果，深化商事制度改革、稳住外贸基本盘、公立医院综合改革等工作获得国务院督查激励，深化商事制度改革入选全国首批法治政府建设示范项目，连续三年位居全省开办企业便利度综合评价地级市第一名，连续两年政商关系健康指数排全国第一名。五年累计引进内资项目1.66万宗，实际投资金额4775亿元，年均增长20.79%。工程审批改革推动社会投资项目审批时间提速50%以上，新建商品房转移登记实现1个工作日、最快1小时内办结。农民住房管理新政出台实施，“一户一宅”等政策优化。

【全面开放新格局加快形成】

2016—2020年，东莞市贯彻落实《粤港澳大湾区发展规划纲要》，组织实施机制不断健全，与港澳制度规则衔接更加顺畅，支持深圳先行示范区建设、对接广州实现老城市新活力和“四个出新出彩”（广州市推动综合城市功能、城市文化综合实力、现代服务业、现代化国际化营商环境出新出彩）实现良好开局。对接大湾区重大平台加快建设，松山湖科学城建设上升为国家战略，滨海湾新区列入大湾区发展规划纲要特色合作平台、省级高新区，水乡经济区上升为省级重点发展平台，银瓶合作创新区建设加快推进。外贸进出口额突破1.3万亿元，稳居全国第五位、全省第二位，跨境电商进出口规模居全国前列。虎门港综合保税区封关运作。参与“一带一路”建设成果丰硕，对沿线国家进出口金额从2015年的1891.4亿元增加到2020年的3138.1亿元，增长65.9%；中欧班列发运705列，发送集装箱6.67万列，出口货物32.1亿美元。连续三年跻身中国外贸百强市竞争力前三名，成为全省唯一入围的构建开放型经济新体制综合试点城市，一批试点经验获全国推广。

【城市品质内涵大幅提升】

2016—2020年，东莞市中心城区、松山湖、滨海湾新区“三位一体”都市核心区初具雏形，“一心两轴三片区”（指中心城区城市品质提升的重点地区。其中，“一心”指市行政文化中心区，“两轴”指东莞大道时代发展轴和鸿福路山水文化轴，“三片区”指东莞国际商务区、“三江六岸”历史休闲区、黄旗南生态科创区）建设加快推进，民盈国贸中心等城市地标建成，国际商务区开发建设大幕全面拉开，黄旗南、“三江六岸”（中心片区内以东江南支流、汾溪河、东莞水道三条水系为依托的滨水空间）等片区开发实质性启动。创新土地收储模式，建立“基础补偿+增值共享”市镇村三级利益共享机制，构建土地收储整备新体系，市镇收储土地2933.33公顷。市民服务中心成为全省进驻部门最全、进驻事项最多、综合窗口集成最高的办事大厅之一，实现市镇两级一号通取、公安业务一窗通办等多个“全国首创”。人居环境优化，“厕所革命”、“洁净城市”、“五线”整治（指对广深高速、广深铁路、广深港高铁、莞深高速、环莞快速沿线景观开展综合整治）等补短板行动推进，累计建设街头小景1178个、升级改造公厕1756个、打造彩色林项目168个、治理交通拥堵节点171个、整治易涝点102个，建成美丽幸福村居单村389个，全部村（社区）达到干净整洁村标准，成为全省唯一的农村人居环境示范市，蝉联全国卫生城市“五连冠”。男篮世界杯、亚洲马拉松等活动赛事举办，生机勃勃、昂扬向上的城市形象进一步树立。

【基础设施现代化水平实现跨越】 2016—2020年，东莞市交通加速内畅外联，赣深高速铁路东莞段、深茂铁路东莞段、佛莞城际轨道东莞段建设加快推进，狮子洋通道和莲花山通道加快筹建，穗深城际轨道、莞惠城际轨道开通运营，南沙大桥、莞番高速公路一期、花莞高速公路建成通车，“十三五”期间建成城际轨道120千米、高速公路87.39千米，融入大湾区1小时生活圈交通网络加快形成。城市交通跨入“地铁时代”，地铁2号线开通运营，1号线一期工程全线动工，规划建设6处通道连接广州市、6处通道连接深圳市。区域性枢纽大港功能提升，东莞港货物吞吐量1.99亿吨，集装箱吞吐量400万标箱，跃居全球集装箱港口前50名。能源供应体系进一步优化，沙角电厂5台共计133万千瓦煤电机组按期关停，宁洲厂址替代电源项目加快建设。水利基础设施网络更加完善，珠三角水资源配置工程（东莞段）开工建设，“十三五”期间完成堤防达标工程96.44千米，更新改造供水管网2656.69千米。信息基础设施建设加快推进，全市固定宽带家庭普及率100%，移动宽带用户普及率171.1%，5G网络实现重点行业、核心城区全覆盖。

【污染防治攻坚战取得历史性突破】 2016—2020年，东莞市投入700亿元，新建污水管网超过1.2万千米，新建扩建污水处理项目18个，提标改造污水处理厂35座，清理整治砂场182个，完成424条污染河涌整治，7个国省考断面水质全部达标，城市建成区22条黑臭水体基本消除黑臭，茅洲河、石马河等重点流域水质明显改善，全市生态环境质量出现根本性变化，水清岸绿景象加快重现，获得“全国水生态文明城市”“国家节水型城市”称号，群众获得感和满意度大幅提升。蓝天保卫战深入推进，累计整治“散乱污”企业（不符合产业政策，不符合产业布局规划，未办理工信、发改、土地、规划、环保、工商、质监、安监、电力等相关审批手续，不能稳定达标排放的企业）5.6万家、治理VOCs（挥发性有机物）企业1.7万家、压减煤炭消费量超650万吨，淘汰黄标车及老旧车7.5万辆，实现公交纯电动化率100%，空气质量优良天数比例91.3%，PM2.5（细颗粒物）平均浓度下降到24微克/立方米，再创新低。生活垃圾、危险废物、生活污泥处理处置能力分别比2015年提高93.5%、127%、171%，新增生活垃圾实现全焚烧、零填埋，建筑垃圾资源化、飞灰处理项目实现零的突破，36座镇级填埋场全部完成整治。划定420平方千米工业保护线、204平方千米永久基本农田以及海洋生态红线，统筹推进山水林田湖草系统治理。新建森林公园、湿地公园14个，华阳湖成为国家级湿地公园，清溪镇被联合国人居署评为全球绿色城镇，建成区绿化覆盖率43.2%，人均公园绿地面积19.83平方米。

【全面建设小康社会取得重大胜利】 2016—2020年，东莞市投入2037亿元用于民生建设，支出占比超过七成。人民生活水平不断提高，2020年居民人均可支配收入5.65万元，比2015年增长46.3%。社会救助保障不断提标扩面，养老保险实现制度和人群全覆盖。公共服务持续优化提升，新增义务教育阶段公办和民办学位18万个、医疗床位6000多张、养老床位4266张，分别比2015年增长19.4%、23%和56%。义务教育阶段随迁子女入读公办学校和享受民办学位补贴比例达到50%的省定目标。医疗卫生条件加快改善，高水平医院启动建设，5所区域中心医院建设稳步推进，社区卫生服务机构标准化建设完成，新冠肺炎疫情防控取得重大成果。文化事业持续繁荣，成为国家公共文化服务标准化示范地区，文化产业增加值占地区生产总值比重提高到6.05%，总量居全省第三位，创建为全国版权示范城市。扫黑除恶专项斗争成果群众满意度排全省第一名，涉黄整治成果持续巩固，全域文明创建深入推进，蝉联全国文明城市“五连冠”、全国社会治理创新示范市“四连冠”、全国双拥模范城“九连冠”，获得全国综治最高荣誉“长安杯”。精准脱贫攻坚战工作取得决定性成效，结对帮扶云南省昭通市82.18万贫困人口实现稳定脱贫、874个贫困村全部出列、6个贫困县全部摘帽。对口帮扶广东省揭阳市、韶关市成效显著，累计帮助5.12万贫困人口实现稳定脱贫，脱贫率100%。对口援疆、援藏、援川投入15亿元，援疆“村连结对”做法得到国家充分肯定和推广。重大风险防范化解能力进一步提升．互联网金融风险基本出清，“团贷网”案件有效处置，政府债务率低于全国、全省平均水平，经济社会健康稳定发展。（王建敏）

争当排头兵

FIGHT FOR THE LEAD

银瓶山——东莞市第一峰　（2020年谢岗镇供图）

编辑：刘　耀

世界、亚洲之最

【国内外首套基于虚拟现实技术的工业锅炉信息集成网络系统在东莞市开发】　2020年3月19日，广东省特种设备检测研究院东莞检测院主持的原广东省质监局科技项目“基于VR技术的工业锅炉信息集成网络系统开发与研制”科研成果，获全国首届锅炉科学技术奖二等奖，该项目开发的系统为国内外首套基于虚拟现实技术的工业锅炉信息集成网络系统。

【东莞市凯格精机股份有限公司所产全自动锡膏印刷机销量居全球第一位】　2020年5月28日，由东莞市委宣传部组织的“走企业　看复工”集中采访活动走进东城街道，报道1—4月两家高新企业跑出“加速度”。其中，东莞市凯格精机股份有限公司所产全自动锡膏印刷机销量居全球第一位。

【亚洲第一套智能激光牛仔洗水工艺6.0系统在东莞市发布】　2020年12月12日，2020全球牛仔工艺应用交流会在东莞市举行，发布亚洲第一套智能激光牛仔洗水工艺6.0系统。　（刘　耀）

全国之最

【东莞市居中国重点城市绿色创新排行榜地级市第一名】　2020年1月4日，中国重点城市绿色创新排行榜发布。榜单显示，在中国119个重点城市中，北京、上海、深圳、广州、南京、天津、成都、东莞、杭州、苏州绿色创新综合得分排前十位。东莞市在100个地级市中居第一位。

【东莞市1月跨境电商业务居全国第一位】　2020年4月7日，《人

2020年5月9日，中欧班列中国邮政专列启程　　（蓝业佐　摄）

民日报》、人民网报道称：受疫情影响，东莞市外贸进出口同比呈下降趋势，但跨境电商业务保持较大增幅，1月跨境电商进出口总值12.8亿元，同比增长15.6倍，居全国第一位。

【东莞市虎门电商产业园为全国首个服装类国家电子商务示范基地】 2020年4月17日，中央广播电视总台国际在线刊发《东莞虎门百家头部电商企业齐刷开播》，报道全国首个服装类国家电子商务示范基地——东莞市虎门电商产业园借着阿里巴巴的春雷计划，有上百家企业进入淘宝直播平台，建设“淘宝直播第一园”。

【华美食品公司月饼总产量居全国第一位】 2020年6月14日，据《南方日报》报道：位于东莞市茶山镇的华美食品公司增资扩产，其拥有自动化生产线数十条，月饼日产能突破330万个，总产量居全国第一位。

【东莞市自热型粽子成交额排全国第一名】 2020年6月25—27日端午小长假，据支付宝平台发布的端午夜经济报告显示，全国十大城市夜市逆势增长，其中深圳、东莞、广州排全国前三名。在淘宝天猫平台上，东莞市自热型粽子成交额排全国第一名。

【东莞市便利店人/店比饱和度全国排第一名】 2020年7月22日，中国连锁协会发布《2020中国城市便利店发展指数》，东莞市的便利店发展指数列第三名，从人/店比的饱和度来看，东莞市排第一名。

【东莞市政府门户网站获2020年中国政府网站绩效评估地级市第一名】 2020年12月18日，清华大学国家治理研究院、清华大学公共管理学院发布《2020年中国政府网站绩效评估报告》，通报301家地市级政府门户网站中，东莞市政府门户网站获地级市第一名。

【东莞市政商关系健康总指数连续3年居全国地级市第一位】 2020年12月30日，中国人民大学国家发展与战略研究院发布《中国城市政商关系排行榜2020》，东莞市政商关系健康总指数仅次于深圳、北京、广州、上海和济南等市，连续3年居全国地级市第一位。

【全国首趟“企业定制”集装箱专列从东莞市常平车站启程】
2020年3月28日，一列满载着30个标准集装箱的货物列车从东莞市常平车站启程前往贵阳市，这是广铁集团开行的首趟“企业定制”集装箱专列，帮助企业打通运输“堵点”，在全国尚属首次。

【全国首家媒体文化馆——“东莞云上文化馆”上线启动】 2020年4月26日，由东莞市文化馆联合南方日报社、“南方+”客户端共建的全国首家媒体文化馆——“东莞云上文化馆”上线启动，推动文化馆从数字化走向智慧化。

【国内首个《平面口罩生产成套设备》行业标准在东莞市发布】
2020年5月7日，东莞市口罩及装备行业协会第一次会员大会暨成立大会举行，发布国内首个《平面口罩生产成套设备》行业标准。

【全国运距最长的国际铁路运邮通道从东莞市启程】 2020年5月9日，中欧班列（东莞—维尔纽斯）中国邮政专列在广东（石龙）铁路国际物流基地启程前往欧洲，于22日抵达立陶宛首都维尔纽斯，进而分拨物资至欧洲26个国家。这是华南地区首趟中欧班列，也是全国运距最长的国际铁路运邮通道。

【新冠肺炎疫情发生后国内恢复的首个大型职业赛事在东莞市举行】 2020年6月20日，中国男子职业篮球联赛自新冠肺炎疫情发生而中止以后，恢复比赛。20支球队分成两组，以赛会制的方式分别在山东省青岛市和广东省东莞市举行，采用无现场观众的空场形式举行。东莞市作为复赛第一阶段两大赛区之一，承办新冠肺炎疫情发生以后，国内恢复的首个大型职业赛事。当日，广东东莞银行队以105比82战胜山西汾酒股份队。

【全国首单知识产权法律费用保险在东莞市签约】 2020年6月30

日，东莞市举办知识产权金融促进会暨知识产权强企颁牌仪式，全国首单知识产权法律费用保险在东莞市市场监督管理局（知识产权局）的支持下签约。

【全国职工主题阅读首场活动在东莞市举行】 2020年7月4日，“中国梦·劳动美——决胜小康 奋斗有我”全国职工主题阅读首场活动在东莞市举行。打工之余沉浸图书馆12年的东莞市农民工吴桂春被聘为职工书屋公益代言人。

【东莞市医疗团队首次参与中国人临床诊断参考值制定工作】 2020年7月15日，据《羊城晚报》报道称，中山大学团队联合东莞市人民医院团队首次制定出中国人的脂联素参考值（男性参考值：＞3.0毫克/升，女性参考值：＞3.4毫克/升），这是国内首次制定中国人脂联素参考值，也是东莞市医疗团队首次参与到中国人临床诊断参考值的制定工作。

【中国首台具有完全自主知识产权的加速器硼中子俘获治疗装置由中科院高能物理研究所东莞分部研制成功】 2020年8月13日，中科院高能物理研究所召开发布会，宣布该所东莞分部研制出中国首台具有完全自主知识产权的加速器硼中子俘获治疗装置。

【东莞市“深化商事制度改革”入选全国首批法治政府建设示范项目】 2020年8月21日，全国首批法治政府建设示范地区和项目出炉，东莞市“深化商事制度改革”入选全国法治政府建设示范项目。

【全国首个“补充医疗保险+医保电子凭证”应用模式在东莞市启动】 2020年8月21日，东莞市民中心举行“东莞市民保+医保电子凭证”项目启动仪式，开创全国首个“补充医疗保险+医保电子凭证”的应用模式。

【国内首个可实现三维实景的云端展会在东莞市举行】 2020年9月8—14日，云上东莞（常平）商品博览会在线上举行，吸引150多家企业入驻，近千个产品在线上亮相，全天候24小时保持在线。这是国内首个可实现三维实景的云端展会。

【国内首个面向区域版权产业集聚赋能的体系化版权服务平台在东莞市揭牌】 2020年9月10日，东莞市滨海湾版权产业服务中心揭牌。该中心是国内首个面向区域版权产业集聚赋能的体系化版权服务平台。

【东莞市人民医院成为“国家呼吸系统疾病临床医学研究中心病毒诊断研究和推广区域平台”首批建设单位】 2020年11月10日，中国工程院院士钟南山为“国家呼吸系统疾病临床医学研究中心病毒诊断研究和推广区域平台”首批建设单位授牌，东莞市人民医院成为该区域平台首批建设单位。

【全国首个“中国抗疫精神论坛”在东莞市松山湖高新区举行】 2020年11月27—28日，全国首个“中国抗疫精神论坛”在东莞市松山湖高新区举行，来自全国教育、医疗、研究机构等130名代表出席论坛。

【中国最大的耳机制造产业带——东莞市石排镇】 2020年1月17日，阿里巴巴研究院发布《广东制造业数字转型升级报告》显示，在中国最大的耳机制造产业带——东莞市石排镇，接入阿里巴巴“厂销通”系统的产业带商家——声耀电子公司实现数字化升级，率先尝到数字化甜头。

【广东菲鹏生物股份有限公司成为国内最大体外诊断试剂原料供应商】 2020年在新冠肺炎疫情防控中，东莞市积极响应、主动担当，迅速恢复生产，为疫情防控助力。其中，广东菲鹏生物股份有限公司是国内最大体外诊断试剂原料供应商，于春节假期成立应急小组，保障核酸原料产品的稳定供应和提供及时的技术支持，截至3月20日，累计供应新冠检测核酸原料超1000万人份，市场占比60%，企业的突出贡献得到国务院点赞。

【“五一”假期东莞市成迁入人口最多城市】 2020年5月1日，“五一”假期首日，百度地图全国总体迁徙规模指数显示全国人口迁徙曲线出现大幅抬升，东莞市成迁

2020年6月20日，中国男子篮球职业联赛自新冠肺炎疫情发生而暂停以后，恢复比赛

（郑家雄　摄）

入人口最多城市，迁入人口数量占全国迁入人口总量的1.56%。

【东莞市第一人民法院东城法庭被中国法院网称为“全国最繁忙的人民法庭”】 2020年5月，东莞市第一人民法院东城法庭被最高人民法院评为全国法院人民法庭工作先进集体。东城法庭2015—2019年案件大增，年均收案8000件以上，其中2019年收案1.27万件，结案1.12万件，法官人均结案577.82件，被中国法院网称为“全国最繁忙的人民法庭”。广东省有4个人民法庭获此荣誉。

【国内最大埋深、最大水压的水下隧道——珠江口隧道在东莞市动工】 2020年7月6日，深圳市至江门市铁路重点控制工程——珠江口隧道工程在东莞市虎门镇先行动工。珠江口隧道起于东莞滨海湾站，止于南沙万顷沙，全长13.69千米，最大埋深115米，采用单洞双向隧道设计，盾构隧道管片外径12.9米，是国内最大埋深、最大水压的水下隧道。

【广东至富东莞淀粉智能配送中心为全国最大的淀粉智能配送中心】 2020年9月28日，广东至富东莞淀粉智能配送中心在东莞市新沙港淡水河码头奠基，建成后将成为全国最大的淀粉智能配送中心。

【东莞市政务服务数据管理局获“最具综合软实力政务服务大厅”奖】 2020年9月30日，由中国科学院国家创新与发展战略研究会等机构共同发布的全国政务服务软实力指数结果公布，东莞市政务服务数据管理局获“最具综合软实力政务服务大厅”奖。

【国家统计局广东调查总队“东莞调查队业务科室一级科员”报名阶段竞争热度最高】 2020年10月24日，2021年度中央机关及其直属机构公务员招考关闭报名通道。报名阶段竞争热度最高的国家统计局广东调查总队“东莞调查队业务科室一级科员”一职，其竞争比达3455：1。

【全国最大的胆石科研样本库——东莞市元美新元路人类胆石博物馆开馆】 2020年11月1日，东莞市元美新元路人类胆石博物馆开馆，里面收藏着7000多份各式各样的“石头”。这是全国最大的胆石科研样本库。

【东莞市被评为全国“最佳促进就业城市”之一】 2020年11月27日，由智联招聘公司主办的2020中国年度最佳雇主颁奖盛典暨中国人力资本国际管理论坛在无锡市揭幕。东莞市被评为全国“最佳促进就业城市”之一。 （刘　耀）

广东之最

【东莞市在广东省首创基层河长述职评议】 2020年1月11日，东莞市开展2019年度基层河长述职评议工作，33名镇级河长和32名村级河长首次参加述职，并接受质询和打分。这在广东省属首创。

【东莞市税务局退税规模居广东省第一位】 2020年2月3日至4月1日，东莞市税务局推行出口退税“无纸化”网上申报，实行“云审核”和“容缺审批”制度，对出口退税相关审核流程进行优化，稳外贸促发展，为6783家出口企业办理出口退税146.12亿元，平均办退时间2.03天，退税规模居广东省第一位。

【东莞市在广东省最早完成复工复产社保费回退工作】 截至2020年2月29日，东莞市主动落实国家出台的复工复产阶段性减免企业社

东莞市在广东省首创基层河长述职评议。图为黄沙河东城段海绵城市公园 （2020年程永强摄）

保费政策，对所有企业实行全额退费，免除企业自行申请，完成全市26.09万家企业2月已缴养老、失业、工伤保险费27.5亿元的退款处理，成为广东省最早完成社保费回退工作的地级市。

【东莞市电网第一季度最高负荷在广东省排名第一位】 2020年3月27日，东莞电网在新冠肺炎疫情发生后的最高负荷达1215.74万千瓦，比上年同期仅减少0.54%。第一季度最高负荷在广东省排名第一位。

【东莞市建设用地节约集约利用状况综合指数居全省地级市第一位】 2020年4月10日，《南方日报》等媒体报道称：在自然资源部组织各省开展2019年度行政区建设用地节约集约利用状况整体评价工作中，东莞市的综合指数居全国第八位，在全省仅次于深圳市和广州市，居全省地级市第一位。2014年起，东莞市四获全省节约集约用地一等奖，其中2019年盘活存量建设用地（含闲置土地处置）771.67公顷，超额完成省下达任务目标。

【东莞市获批广东省工程技术研究中心名单居全省地级市第一位】 2020年4月30日，广东省科技厅公布2020年度第一批广东省工程技术研究中心名单，东莞市获批18家，数量居全省地级市第一位，占全省地级市入选总数的40%。

【东莞市有3条线路上榜第一批广东省历史文化游径】 2020年5月11日，广东省文化和旅游厅公布第一批广东省历史文化游径64条，其中，东莞市有3条线路上榜，分别是“东莞记忆”历史文化游径、东莞“中国近代史开篇地——华南抗日根据地”历史文化游径、东莞岭南古村落历史文化游径。

【东莞市公安机关是广东省警综平台新执法办案系统通用版本的第一个试点单位】 2020年6月9日，警综平台新执法办案系统全省通用版本在东莞市公安机关上线运行。东莞市是全省第一个试点单位。

【东莞市运动员获广东省“中国体育彩票——欧池帝杯”青少年跳水锦标赛金牌数全省第一名】 2020年8月11—16日，2020年广东省“中国体育彩票——欧池帝杯”青少年跳水锦标赛在东莞市游泳运动管理中心举行。东莞队获18枚金牌、15枚银牌、8枚铜牌，金牌数列全省第一名。

【东莞市获2020年广东省青少年射箭锦标赛金牌数第一名】 2020年8月15日，2020年广东省青少年射箭锦标赛在东莞市体育运动学校落下帷幕，东莞市以6枚金牌成绩获金牌数第一名。

【东莞市上线广东省第一个安全培训、考试、发证、证件补办及信息更改业务融为一体的安全生产考试服务系统】 2020年8月25日，东莞市上线广东省第一个安全培训、考试、发证、证件补办及信息更改业务融为一体的安全生产考试服务系统。

【东莞市乡镇综合竞争力上榜数排广东省第一位】 2020年9月8日，竞争力智库、中国经济导报社、中国信息协会信息化发展研究院和北京中新城市规划设计研究院等机构在北京市联合发布《中国乡镇综合竞争力报告2019》，东莞市有18个镇上榜，上榜数排广东省第一位。

【东莞市中医院专家医疗队为广东省第一支赴甘孜藏族自治州的地市医疗队】 2020年9月8—12日，广东省第一支赴甘孜藏族自治州地市医疗队——东莞市中医院专家医疗队赴甘孜藏族自治州开展送卫生下乡结对义诊系列活动。

【东莞市群众对扫黑除恶专项斗争成效评价排全省第一名】 2020年11月24日，东莞市召开扫黑除恶专项斗争新闻发布会，东莞市群众对扫黑除恶专项斗争成效评价为“满意”的达67.68%，排全省第

东江纵队抗日根据地旧址

（2020年李回立摄）

2020年5月8日，“东莞战‘疫’——东莞市抗击新冠肺炎疫情纪实展”在东莞展览馆一楼开展 （郑志波 摄）

一名。

【清华东莞创新中心为广东省唯一获批“国家引才引智示范基地”的新型研发机构】 据2020年3月31日《南方日报》报道，由广东省科技厅推荐，经科技部组织评审，清华东莞创新中心获批成为“国家引才引智示范基地”。2020年度广东省获批“国家引才引智示范基地”的单位仅2家，清华东莞创新中心是广东省唯一获批的新型研发机构。自2013年成立以来，该中心累计组建生物炼制工程研究中心、固废处理及资源化利用实验室等15个研发平台；引进清华大学和国内外优秀团队15个，引进并留住3名国家级人才在莞全时工作。

【东莞市为广东省唯一入选国家骨干冷链物流基地建设名单城市】 2020年7月8日，国家发展改革委发布2020年17个国家骨干冷链物流基地建设名单，东莞市作为广东省唯一代表入选，东莞市沙田镇的增益冷链（东莞）有限公司是这一骨干冷链物流基地的核心。

【东莞市横沥镇为广东省唯一入选国家新型城镇化标准化试点镇】 2020年10月14—16日，第51届世界标准日，东莞市横沥镇举办2020年世界标准日暨“标准化+乡村振兴”活动周。横沥镇是广东省唯一入选国家新型城镇化标准化试点镇。

【东莞市麻涌频道为广东省唯一获“南方+共建频道优秀合作伙伴奖”的镇级频道】 2020年10月23日，南方+合作伙伴大会暨7.0版本上线仪式在广州市举行，东莞市麻涌频道获“南方+共建频道优秀合作伙伴奖”，这是全省唯一获此荣誉的镇级频道。

【东莞市高企总数、科技型中小企业、国家级孵化器均居广东省地级市首位】 2020年1月4日，首都科技发展战略研究院和中国社会科学院城市与竞争力研究中心联合发布《中国城市科技创新发展报告2019》，其中，东莞市入选中国城市科技创新发展指数第18位。在参评的253个地级市中，东莞市位居全国地级市科技创新发展指数第五名。全市高企总数超6200家、科技型中小企业超1900家，国家级孵化器增至23家，均居广东省地级市首位。

【东莞市为广东省首个具备口罩等常用防疫用品检测资质的地级市】 2020年4月10日，东莞市食品药品检验所取得省级防疫用品检验检测资质，东莞市因此成为继广州、深圳市之后，广东省第三个具备防疫用品检验检测资质的城市，也成为广东省首个具备口罩等常用防疫用品检测资质的地级市。

【东莞市举办广东省首个抗疫纪实展】 2020年5月8日，东莞市文化广电旅游体育局联合东莞报业传媒集团、东莞展览馆举办《东莞战“疫”——东莞市抗击新冠肺炎疫情纪实展》，以255件东莞战“疫”的见证实物、270张纪实图片、22份影像记录，呈现在疫情防控和复工复产的双线作战中全民抗疫的东莞力量。此次展览是广东省首个抗疫纪实展。

【广东省首个以罪错未成年人为招生对象的公办学校——东莞市启智学校启航分校交付验收】 2020年6月，广东省首个以罪错未成年人为招生对象的公办学校——东莞市启智学校启航分校进入工程交付验收阶段，7月迎来第一批学生，10月15日送别首批8名学生。

【东莞市中堂镇凤冲村等17个村入选首批广东省级“一村一品、一镇一业”专业村名单】 2020年8月3日，首批广东省级“一村一品、一镇一业”专业村名单公示，东莞市中堂镇凤冲村等17个村榜上有名。

【广东省首个供港蔬菜监管中心海关监管作业场所——东莞市供港蔬菜监管中心挂牌】 2020年8月28日，东莞市供港蔬菜监管中心在石碣镇挂牌，这是广东省首个供港蔬菜监管中心海关监管作业场所。

【东莞市人才吸引力指数居广东省地级市第一位】 2020年4月29日，恒大研究院和智联招聘公司联合推出《中国城市人才吸引力排名2020》，其中，在最具人才吸引力城市100强中，东莞市以人才吸引力指数29.6居第十五位，在广东省排第三位，仅次于广州、深圳市。 （刘 耀）

大事记（2020年）

CHRONICLE OF MAJOR EVENTS IN 2020

常虎、广深高速公路互通　（2020年黄生摄）

编辑：刘　耀

1　月

1日起　东莞市在原400元/人·月的基础上，分3个档次加发养老待遇：不满75周岁的老人，每人每月加发50元；年满75周岁不满85周岁的老人，每人每月加发100元；年满85周岁及以上的老人，每人每月加发150元。

1日起　东莞市不动产登记中心联合四家商业银行，在广东省率先推出“不动产+金融”服务承诺，银行在收到不动产登记证明电子证照后，在工作时间4个小时（改革前需要10天以上）内，向业主完成融资抵押放款。

1月1日至12月28日　东莞市税务部门为10.39万家次出口企业办理出口退税570.98亿元。

2日　鳒鱼洲文化创意产业园开园并举行首场活动——“品质新东莞·文化新地标”鳒鱼洲首届文化创意艺术节启动仪式。

3日　《风物中国志·东莞》新书首发暨“发现东莞本真之美”文化周末大讲坛举行。

5日　2020年广东省“道德春联进万家”活动在东莞市中堂镇举行，现场邀请70位省、市、镇的书法名家即席挥毫，给市民送上新春祝福。

△　东莞海警局查获1件涉嫌大型走私冻品案件，抓获3艘涉嫌走私冻品船舶，缴获涉嫌走私冻品300余吨，案值超1200万元。

△　健康东莞行动启动仪式暨全民万步健走活动举行。

6日　东莞市产业工人新春歌会在虎门镇举行。

6日起　东莞市镇两级政务大厅公安区均推行公安综合窗口“一窗办理”模式，即“前台综合窗口收件（受理），后台警种分类审批，统一窗口出件”。

7日　东莞市委常委会召开会议，传达广东省委十二届九次全会精神，研究东莞市贯彻意见，审议东莞市委十四届十次全会有关材料。

△　中国科学院高能物理研究所东莞分部加速器技术部、黄埔海关隶属东莞海关保税监管三科、中国银行股份有限公司东莞长安支行、中国农业银行东莞松山湖支行、中国电信股份有限公司东莞长安分公司长安营业厅、东莞市人力资源和社会保障局石龙分局办事服务大厅等6个集体同时举行“全国青年文明号”揭牌仪式。

△　东莞市十大“环保攻坚卫士”发布暨第三届生态环境文化节闭幕式举行。

8日　东莞市2020年《政府工作报告（征求意见稿）》征求市人大常委会委员意见座谈会召开。

△　东莞市召开2020年教育工作会议，会议提出要深入打造“慧教育”，加快建设教育现代化强市，努力办好人民满意的教育。

△　松山湖功能区重大项目建设领导小组会议召开，2020年松山湖功能区年度计划统筹218个重大项目，总投资额超过1700亿元。

△　东莞市工业互联网产业联盟成立，该联盟由华为技术有限责任公司、中国联通东莞分公司、东莞理工学院、东莞证券有限责任公司、易事特集团股份有限公司等25家单位发起、参与。

△　2019年第四季度“东莞好人”暨“东莞市最美的哥”发布仪式在清溪镇举行。

9日　中国共产党东莞市第十四届委员会第十次全体会议召开。总结2019年工作，部署2020年工作。市委书记梁维东代表市委常委会作工作报告，市长肖亚非就经济工作作具体部署。

10日　全市“不忘初心、牢记使命”主题教育总结会议召开。会议总结东莞市主题教育情况，部署进一步巩固拓展主题教育成果。

△　2019年度国家科学技术奖揭晓。东莞市波顿香料有限公司作为主要完成单位之一的柑橘绿色加工与副产物高值利用产业化关键技术，获2019年度国家科学技术进步奖获奖项目二等奖。

△　东莞市拉开春运序幕。至2月18日结束，为期40天。

12日　“千人挥毫，致敬军人”——东莞市迎春送福文化拥军活动之“千人挥毫”活动在厚街镇举行。

15日　东莞市乡村振兴重点项目启用活动举行，集中启用81个市、镇乡村振兴重点项目，并现场举行“东莞市乡村振兴促进中心”揭牌仪式。

16日　2020年东莞市“百村迎春”文艺晚会暨茶山镇春节联欢晚会在茶山镇上演，来自100个示范村（社区）的村民代表参加演出。这是2020年全国“乡村春晚”集中展示活动之一，文旅部国家公共文化云平台直播该台晚会。

△　东莞市消防救援支队清溪大队新中心消防站举行进驻暨揭牌仪式。这是东莞市消防救援支队投入使用的第100个消防站。

17日　东莞市召开全市宣传思想工作会议，传达学习全国、全省宣传部长会议精神，总结部署全市宣传思想工作。

△　东莞市南城街道举行水涧头村拆迁安置工程建设启动仪式，并且现场为该村拆迁安置工程培土奠基，实质性启动东莞国际商务区建设。

18日　在新春佳节即将来临之际，东莞市市长肖亚非率队到市人民医院、市疾控中心走访慰问，向坚守一线的医务工作者致以问候和祝福。

19日　东莞市委、市政府举行2020年春节团拜会。

△　东莞市委书记梁维东率队到东莞火车站检查春运工作；到市文化馆调研春节期间全市文体活动举办情况。

△　东莞市召开全市安全生产和消防工作暨第一季度防范重特大生产安全事故工作会议。

△　2020东莞迎春花市（南城主会场）开市仪式举行。

20日　东莞市委常委会召开会议，传达学习习近平总书记在中央政治局“不忘初心、牢记使命”专题民主生活会上的重要讲话精神，传达广东省人大、政协“两会”精神，听取东莞市人大常委会党组、市政协党组2019年工作情况报告。

△　东莞市召开全市征兵工作会议，部署2020年征兵任务。

△　东莞市统计局发布2019年经济数据，其中，2019年东莞市实现地区生产总值9482.50亿元，比上年增长7.4%。本外币各项贷款余额突破1万亿元大关，达10132.14亿元，成为全国第五个贷款余额突破万亿的地级市。

21日　东莞市召开全市专项工作会议，贯彻落实习近平总书记对新冠肺炎疫情重要指示精神，部署防控措施。

△　东莞市召开全市生态环境保护大会，传达广东省生态环境保护大会精神，通报2019年东莞市生态环境保护工作，对2020年的工作作出部署。

△　东莞市召开援派干部座谈会，与援派干部谈心谈话，并致以节日慰问。

△　东莞市市长肖亚非率队到东莞汽车总站检查春运工作。

22日　东莞市纪委十四届五次全会召开，学习贯彻习近平总书记在十九届中央纪委四次全会上的重要讲话精神，落实中央纪委全会、广东省纪委全会精神，研究部署东莞市贯彻落实工作。

△　东莞市市长肖亚非率队赴石龙镇开展慰问活动。先后到石龙镇敬老院、中山东社区、王屋洲村，向困难党员、低保对象、困难异地务工人员等群体送去问候和祝福。

△　“品质东莞——多媒体视觉秀新年献礼之夜”活动在东莞市民服务中心举行。

23日　东莞市专项工作电视电话会议召开，贯彻落实习近平总书记对新冠肺炎疫情重要指示精神，学习传达广东省防控新冠肺炎疫情工作视频会议精神，部署疫情防控工作。当日，广东省启动重大突发公共卫生事件一级响应，东莞市各镇街（园区）、各单位贯彻落实。

△ 东莞市委书记梁维东带队前往农贸市场、公安执勤点、消防支队等地，调研春节市场供应情况，看望慰问值勤人员。

△ 东莞市委书记梁维东带队赴东莞市第九人民医院、虎门高铁站检查应急值守及疫情防控检测情况。

△ 东莞市市长肖亚非率队督导爱国卫生专项行动、调研市场供应情况和慰问春节值班人员。

24日 东莞市召开全市专项工作电视电话会议，全面部署新冠肺炎疫情防控工作。即日起，全市所有宗教活动场所暂停对外开放，大型活动全部取消；春节、元宵期间，全市宣传文化系统各单位组织或举办的文艺演出、群众性文化活动等各类人员聚集的活动暂停举行；东莞市校外培训机构停止上课，学校不得提前开学；各大汽车站启动应急措施，加强对旅客体温的监测；全市38场春风行动现场招聘活动暂停；全市所有文体娱乐场所暂停营业等。

△ 除夕，东莞市委书记梁维东、市长肖亚非通过《新一年，会更好》新春贺岁短片，向全市人民拜年。

△ 东莞市召开新冠肺炎医疗救治队伍工作会议，从全市抽调189名业务骨干，强化市第九人民医院救治能力，防控新冠肺炎疫情。

25日 东莞市市长肖亚非率队到东莞西站、东莞德永佳纺织制衣有限公司督导检查新冠肺炎疫情相关防控工作开展和落实情况。

△ 东莞市出现首例新冠肺炎确诊病例。

26日 东莞市召开防控新冠肺炎疫情工作领导小组会议，通报市新冠肺炎疫情防控指挥部组建情况、运行保障工作机制，对疫情防控工作进行再部署、再推动、再落实。

1月26日至4月17日 东莞市各镇街工商联、商协会、企业和个人为抗击新冠肺炎疫情捐资2.27亿元、捐物折算金额4049万元。

27日 东莞市委办、市府办联合下发《关于坚决打赢新型冠状病毒感染的肺炎疫情防控阻击战的通知》。

△ 东莞市委书记梁维东、市长肖亚非向全市医务工作者发出慰问信，代表市委、市政府、全市人民，向奋战在抗疫一线的全市广大医务工作者和即将驰援武汉市的医护人员致以慰问和敬意。

△ 东莞市委书记梁维东率队深入大岭山、大朗等镇街，调研督导新冠肺炎疫情防控情况。

28日 东莞市援助湖北省医疗队出征仪式在市行政办事中心举行，为奔赴湖北省开展医疗救治工作的22名医护人员送行。

29日 东莞市市长肖亚非率队到虎门镇督导调研基层新冠肺炎疫情防控工作。

29—30日 东莞市委书记梁维东率队到东坑、桥头、洪梅、望牛墩、中堂等镇，调研督导新冠肺炎疫情防控工作。

30日 东莞市委常委会、市新冠肺炎疫情防控指挥部召开会议，传达学习习近平总书记就疫情防控作出的重要指示精神和广东省委书记李希批示精神，传达学习中央、省下发的通知精神，听取东莞市疫情防控工作情况汇报，研究下一阶段工作部署。

△ 东莞市市长肖亚非率队到黄江镇一家医疗保健制品厂调研，并在该镇召开相关疫情物资保障工作座谈会，听取疫情物资生产企业复工复产情况，协调解决企业生产中存在问题。

△ 东莞市疾病预防控制中心发出《致湖北返莞或来莞朋友的倡议书》，东莞市16家湖北商会联合发出《致广大湖北返莞老乡的一封信》，对从湖北省返莞或到莞的人士发出倡议，希望他们主动上报、主动隔离，共同守护第二故乡的平安和健康。

31日 东莞市市长肖亚非率队前往万江、东城街道，深入医疗物资设备生产企业调研。

△ 东莞市政府常务会议召开，学习贯彻习近平总书记关于疫情防控工作的重要讲话和重要指示精神，传达学习广东省防控工作领导小组（指挥部）视频会议精神，听取东莞市疫情防控工作汇报。

1月起 《广东省基本医疗保险、工伤保险和生育保险药品目录（2019年版）》在东莞市实施。

1月起 境外人员在东莞市可持境外驾驶证办理申请临时机动车驾驶许可业务。申请该项业务带齐相关资料即可直接申领，不需到医院办理机动车驾驶人身体条件证明，也不需要参加考试，只需通过微信平台缴纳驾驶证工本费10元。

1—3月 东莞市办理跨境人民币结算595.16亿元，占本外币跨境收支24.9%，比上年同期提高1.65个百分点，其中货物贸易和服务贸易跨境人民币结算493.77亿元，占业务总量82.96%；办理跨境人民币业务的企业2565家，涉及境外国家和地区61个。

2 月

2日 东莞市委常委会会议暨市防控新冠肺炎疫情工作领导小组会议召开，要求科学精准应对返程高峰，坚决防止疫情在社区传播。

△ 东莞市委书记梁维东、市长肖亚非赴广深高速公路石鼓出口联合检疫站，看望慰问奋战一线的工作人员，强调要筑牢市疫情防控工作的第一道防线。

3日 广东省委书记李希到东莞市深入走访检查南城街道世纪城社区、市民服务中心、万江街道坝头社区等地的疫情防控工作，要求重点抓好人员返粤高峰期和城乡社区疫情防控工作。

4日 东莞市委常委会召开，传达广东省委书记李希到东莞市调研指示精神，研究东莞市疫情防控工作部署。

5日 东莞市新冠肺炎疫情防

控指挥部办公室发布《关于做好企业节后复工用工工作的通告》《关于鼓励用好社保优惠政策的通告》。

△ 东莞市累计报告新冠肺炎确诊病例47例。同日，东莞市首例新冠肺炎患者治愈出院。

6日 东莞市委书记梁维东赴东城街道、长安镇调研社区疫情防控工作、医疗防护物资生产、企业复工准备情况。

△ 东莞市政府党组会议召开，要求抓实抓细新冠肺炎疫情防控工作，组织推动企业复工复产。

△ 东莞市新冠肺炎疫情防控指挥部办公室发布《关于实施强化疫情防控“五严四必须”九项措施的通告》，在全市范围内实施“五严四必须”措施（严管人员流动，严管企业复产用工，严管交通枢纽，严管出租屋，严管环境卫生，必须停办“红事”、简办“白事”，必须做好人员返莞高峰期疫情防控工作，必须强化防控应急行政执法，必须加强生活物资供应），重点抓好人员返莞高峰期和城乡社区疫情防控工作。

7日 广东省省长马兴瑞到东莞市调研疫情防控期间物资保供稳价工作。

△ 东莞市出台《东莞市人民政府关于支持莞企共克时艰打赢疫情防控阻击战的若干措施》，支持当地企业共克时艰，尽最大努力减低疫情对经济社会持续健康发展和企业生产经营的冲击。

8日 元宵节，东莞市市领导梁维东、肖亚非、白涛、喻丽君等，通过视频连线，慰问疫情防控一线工作人员。

△ 东莞市委书记梁维东调研学校疫情防控工作落实、学校复学防控应急准备和线上课程开设准备情况。

△ 东莞市市长肖亚非率队到莞城街道督导检查疫情防控工作。

△ 东莞市新冠肺炎疫情防控指挥部办公室发布《关于做好学校正式开学前教学工作的通告》，明确东莞市教育部门和学校将启动网络课堂，开展信息化教学，其中高三年级于2月10日开启、初三年级于2月17日开启。

△ 广东省人民政府新闻办公室在广州市举行新闻发布会，重点介绍广东省农村疫情防控和稳产保供工作进展情况。会上，东莞市凤岗镇雁田村负责人受邀介绍该村疫情防控工作的经验和做法。

9日 东莞市委书记梁维东赴松山湖高新区检查企业复工复产、疫情防控、保障供应等情况。

△ 东莞市市长肖亚非率队赴麻涌镇东莞南玻绿色能源产业园检查企业复工复产工作。

△ 东莞市举行第二批援助湖北省医疗队出征仪式，来自全市14所医院的15名队员于当天飞抵武汉市，驰援抗疫一线。

△ 东莞市新冠肺炎疫情防控指挥部办公室发布通告，其中，《关于加强物业小区疫情防控工作的通告》明确：物业小区全部实行围合封闭式管理，出入口一律设立检查登记岗位卡，小区业主、住户进出全部实行双向体温检测；《关于坚决维护防疫用品市场价格秩序的通告》明确：市场监管部门要对口罩、消毒杀菌用品、药品和医疗器械等防疫用品突出加强价格监督检查，严厉打击哄抬物价、串通涨价等价格违法行为；《关于全市零售药店实名购买发热咳嗽药品的通告》明确：即日起，市所有零售药店在销售发热、咳嗽类药品时实行登记报告制度，通过发挥全市零售药店网络覆盖优势和早期监测作用，实施全面排查等。

△ 东莞国药公司发布公告，网上购买口罩预约系统于10日9时开启，市民可微信关注“企莞家”微信公众号进行登记。

10日 东莞市众多企业迎来复工首日，各企业推出各种防护措施，降低新冠肺炎交叉传播风险，在做好抗疫的前提下，确保复工复产安全有序进行。

△ 东莞市新冠肺炎疫情防控指挥部办公室发布《东莞要求新冠肺炎病例密切接触者主动申报的通告》，要求凡是与新冠肺炎确诊病例发病前2天开始有接触的人员，请尽快主动向所在社区或辖区疾病预防控制中心进行电话申报，违者将依法惩处。

11日 广东省疫情防控新闻发布会举行，通报全省新冠肺炎疫情防控情况，重点介绍东莞市疫情防控及企业复工复产情况。

△ 东莞市新冠肺炎疫情防控指挥部办公室发布公告。其中，《关于疫情防控期暂停餐饮服务单位堂食的通告》，要求全市所有餐饮服务单位禁止一切聚集性用餐活动，加强食材来源监管，加强对从业人员新冠肺炎防控知识培训，呼吁市民对餐饮服务单位暂停提供现场就餐予以支持；《关于要求复工复产企事业单位做好集体用餐安全工作的通告》，要求复工复产企事业单位开展联防联控，加强员工健康管理，加强食材源头控制，规范食品加工制作，加强个人防护消毒和清洗消毒保洁，防范集中用餐风险，落实食品留样制度。

12日 东莞市新冠肺炎疫情防控指挥部召开电视电话会议，重点就做好企业复工复产疫情防控工作进行部署。

△ 东莞市新冠肺炎疫情防控指挥部办公室发布《致广大来莞人员的一封信》，给予来莞人员提醒。

△ 东莞市累计报告新冠肺炎确诊病例70例。累计治愈出院7例，死亡1例。

12日起 东莞市新冠肺炎疫情防控指挥部决定，每日向市场投放10万个口罩（后期根据口罩产量适时调整），并通过“莞家政务”或“企莞家”微信公众号、“知东莞”App提供在线预约购买服务。

13日 东莞市新冠肺炎疫情防控指挥部办公室发布通告，其中，《关于主动如实申报在莞人员防疫信息的通告》，要求各责任主体应利用东莞市疫情防控服务自主申报系统（简称“莞e申报”），组织在莞从业、居住人员如实申报防疫信息；市民应主动配合申报；对存在故意隐匿、瞒报或拒不落实相关防控措施等情形将依法追究责任。《关于在疫情防控工作中加强人文关怀的通告》，要求规范检疫检查工作，规范健康管理工作，妥善做好医学观察人员及其亲属的保障工作，妥善做好后续关怀服务工作，加强疫情防控工作中的人文关怀。

△ 东莞市委书记梁维东赴黄江镇督导复工复产疫情防控工作情况。

△ 中央广播电视总台新闻频道《东方时空》栏目专题节目《战疫情·中国行动》播出《部分企业复工复产 加强防疫措施保安全》，报道东莞市科学防控疫情和有序推动企业复工复产的经验做法。

△ 东莞市中级人民法院用信息化手段将司法服务与疫情防控相结合，率先以网络庭审方式，远程公开审理一起申请确认仲裁协议效力案件。这是该院首宗网络庭审案件，仅用半小时就完成审理。

14日 广东省副省长张虎率省生态环境厅、住房城乡建设厅等单位负责人赴东莞市，就医疗废物废水处置、生活污水处理设施建设、大数据共享和应用等情况进行调研。

△ 东莞市市长肖亚非率队到厚街镇三星视界有限公司、东莞创机电业制品有限公司和沙田镇南兴装备股份有限公司调研企业疫情防控和复工复产工作情况。

△ 东莞市新冠肺炎疫情防控指挥部召开专场新闻发布会，现场通报新冠肺炎疫情发生以来，东莞市严厉打击处置涉疫违法犯罪行为的工作情况，立涉疫情案件169件，查处80件86人。

△ 东莞市新冠肺炎疫情防控指挥部办公室发布《致全市复工复产企业的安全生产和消防安全告知书》。

△ 东莞市第二人民法院对东莞市首宗涉妨害新冠肺炎疫情防控刑事案件进行远程视频公开开庭，并当庭宣判。男子黄某勇谎称有口罩出售诈骗他人3万元，以诈骗罪被一审判处有期徒刑1年8个月，并处罚金2万元，并被责令退赔受害人3万元。该案从立案到审结，仅用4天。

△ 满载着粤港澳大湾区复工企业生产制造的通信设备、ATM机（自动取款机）、日用品等产品的中欧班列从东莞（石龙）铁路国际物流基地发出，驰往俄罗斯沃尔西诺场站。这是春节后广东省发运首列中欧班列，标志着广东省中欧班列恢复正常运营。

15日 在武汉市抗疫一线的中国工程院院士、国家卫生健康委员会高级别专家组成员李兰娟，为东莞市人民医院收治的两例新冠肺炎危重症患者进行远程会诊。

16日 东莞市委书记梁维东到长安镇督导社区疫情防控和企业复工复产防疫工作情况。

△ 中央广播电视总台CCTV-13频道《东方时空》栏目刊播《妈妈，让我为你跳支舞》，以4分钟时长报道东莞市第九人民医院第二隔离病房护士冯嘉蕙和女儿的感人故事。

17日 东莞市委常委会会议暨市新冠肺炎疫情防控指挥部会议召开，传达学习中共中央和广东省委关于新冠肺炎疫情防控会议的精神和要求，研究部署东莞市下一阶段疫情防控和统筹发展改革稳定各项工作。

△ 东莞市百万中小学生实现线上开学，启动“线上教学”。

18日 中央广播电视总台CCTV—1《新闻联播》栏目刊播《广东：粤港澳大湾区重点项目陆续复工复产》报道，重点关注东莞市外资企业——万宝至公司的复工情况。

△ 东莞市人社局创新“共享员工”互助调剂模式，在全省率先推出企业用工余缺调剂服务模式，并向各人社分局下发工作指引，为复工企业提供用工保障服务。

19日 东莞市政府常务会议审议通过《关于进一步加强土地收储整备工作的指导意见》和《关于进一步完善土地收储整备补偿和利益共享机制的意见》。

20日 东莞市支援湖北省应对新冠肺炎疫情第三批医疗队集结出征，驰援荆州市。此次出征的21名护理人员来自东莞市8所医院，平均年龄31岁，“90后”超过半数。

△ 东莞市累计报告新冠肺炎确诊病例93例。累计治愈出院27例（首例危重症新冠肺炎患者出院），死亡1例。

21日 东莞市委常委会会议暨市新冠肺炎疫情防控指挥部会议召开，要求全面加强对医务人员的保护关心爱护，并夺取疫情防控和经济社会发展双胜利。

22日 东莞市发出《致广大客商朋友们的一封信》，向投资客商及企业员工致以问候，希望携手并进，变压力为动力，化动力为行动，在危机中创造机遇，在机遇中赢得发展。

△ 司法部对东莞监狱医技人员梁文彬等驰援湖北省监狱系统抗击疫情的医务工作者通报表扬。

23日 东莞市委书记梁维东赴市公安局调研督导重点机构场所疫情防控工作。

24日 9时起，广东省由重大突发公共卫生事件一级响应调为二级响应，东莞市贯彻执行。

△ 东莞市委常委会议暨市新冠肺炎疫情防控指挥部会议召开，要求落实分区分级精准防控，聚焦重点目标人群，统筹推进疫情防控和经济社会发展工作。

△ 东莞市新冠肺炎疫情防控指挥部召开复工复产专场新闻发布会，通报复工复产情况。截至2月23日，全市规模以上工业企业复工8876家，开工率83.3%；外资企业进出口300强开工率91%；节前用工1000人以上企业复工352家，开工率84.4%；全市30个镇街复工企业超过1000家。

△ 截至当日，东莞市辖区银行机构为近200家疫情防控和受疫情影响较大企业新增授信近70亿

元，发放26亿元，其中小微企业户数占近80%。

25日　广东省副省长张光军到东莞市检查督导疫情防控工作。

△　东莞市委常委会扩大（视频）会议召开，学习贯彻习近平总书记在统筹推进新冠肺炎疫情防控和经济社会发展工作部署会议上的重要讲话精神，落实广东省委常委会（扩大）会议精神，部署东莞市统筹推进疫情防控和经济社会发展相关工作。

△　东莞市公交线路全面恢复运营。

△　凌晨0时30分，中国电力中电新能源东莞市立沙岛项目第一套机组，通过“72+24”小时满负荷试运行，进入商业运营。

26日　广东省新冠肺炎防控指挥办疫情防控组东莞市疫情防控工作指导小组，进驻东莞市指导复工复产期间疫情防控工作。

△　东莞市新冠肺炎疫情防控指挥部办公室发布《东莞市复工复产企业新冠肺炎疫情应急处置预案》《企业复工复产一本通工作手册》，为企业复工复产提供详细指引。

△　东莞市委书记梁维东率队赴大岭山镇、常平镇调研特色精品村建设及督导企业复工复产防疫情况。

27日　东莞市委书记梁维东赴“智网工程”指挥调度中心调研，听取“智网工程”建设运行及在新冠肺炎疫情防控工作中发挥作用的有关情况，肯定网格员在基层治理、疫情防控工作中发挥的作用。

△　东莞市政府党组会议召开，强调在做好疫情防反弹、防扩散的基础上，力争把疫情对经济运行和社会稳定带来的冲击影响减到最低，全力完成年度经济社会发展各项目标任务。

△　东莞市发出《同舟共济，共克时艰，致全市农村集体经济组织的减租倡议书》，协调镇街动员村集体经济组织对承租企业减半收取两个月的租金，对经济薄弱、资金紧张的村集体经济组织，指导其以“原低价延长租期”的方式让利。

△　东莞市出台政策鼓励企业吸纳就业，首次在莞就业每人补1000元；东莞市首个疫情营业中断保险落地，停工停产按毛利润损失计算赔付；东莞法院开出首张电子版生效证明。

△　科技部高技术研究发展中心发布2019年度中国科学十大进展。东莞市松山湖材料实验室主任汪卫华院士团队，实验室全职博士后李明星、双聘研究员柳延辉的研究成果“基于材料基因工程研制出高温块体金属玻璃”入选其中。

28日　东莞市委常委会会议召开，传达学习习近平总书记在中央政治局常委会会议上的重要讲话精神和关于做好2020年“三农”（农业、农村、农民）工作的重要指示精神，通报广东省疫情防控工作指导小组派驻东莞市对口指导复工复产期间疫情防控工作有关情况。

△　东莞市新冠肺炎疫情防控指挥部召开“优化服务15条”新闻发布会，发布《关于进一步优化政府服务　加快惠企政策落实的实施办法》。

△　东莞第九人民医院隔离工程完工交付，480个床位待命。

△　位于东莞市的中国散裂中子源工程（CSNS）打靶束流功率达到100千瓦的设计指标，并开始100千瓦稳定供束运行，达到设计指标时间比原计划提前一年半。

29日　东莞市水乡中心医院首批支援湖北省防疫治疗队出征。

△　东莞市委书记梁维东赴大朗镇督导新冠肺炎疫情防控和水污染治理工作。

△　东莞市市长肖亚非赴石排镇调研企业复工复产及防疫工作情况。

2月下旬　东莞市住房公积金管理中心根据相关政策并结合东莞市防疫形势和社会经济发展需求，对公积金政务服务进行调整优化，实施阶段性支持政策。截至5月12日，东莞市申请公积金缓缴的企业134家，停缴75家，降低缴存比例的82家。

2月底至4月1日　东莞市协调分9批次向申请的中小台资企业配售口罩132万余只，惠及3511家次，覆盖员工42.4万人次。

3　月

1日　国务院应对新型冠状病毒肺炎疫情联防联控机制（医疗物资保障组）发出感谢信，对东莞市人民政府、东莞市工信局及东莞市近邦智能制衣设备有限公司、东莞市昌启自动化科技有限公司等作出重要贡献的政府部门和防疫物资生产企业给予感谢。

△　东莞市新冠肺炎疫情防控指挥部办公室发布《关于配合做好实名制购买退热止咳类药品的通告》，引导到药店购买退热、止咳类药品的市民配合做好防疫工作；发布复工复产企业疫情应急处置流程图、《企业复工复产一本通工作手册》，指导企业做好疫情防控。

2日　东莞市委常委会会议暨市新冠肺炎疫情防控指挥部会议召开，要求守住不发生社区和企业聚集性疫情的底线。

△　东莞市委书记梁维东赴万江街道督导疫情防控和复工复产工作。

△　东莞市新冠肺炎疫情防控指挥部办公室发布《关于返莞人员配合防疫工作有关事项的通告》。

△　东莞市农业农村局会同东莞市财政局、中国银行保险监督管理委员会东莞监督分局，对广东省政策性渔业保险实施方案提出贯彻实施意见，明确可投险种分为渔民人身意外伤害保险、雇主责任保险和渔船财产保险，渔船财产保险由市财政按保费50%进行补贴，剩余保费由雇主或渔民自行承担。

3日　东莞市新冠肺炎疫情防控指挥部办公室发布《关于配合做好“莞e申报”通行核验的通

告》，引导市民完成个人申报，配合接受通行核验。

△ 深圳市报告1例境外输入新冠肺炎病例，该病例的密切接触者有93名（其中东莞市有12名），东莞市对上述人员全部实施集中隔离。

4日 东莞市重点项目、重点企业融资对接会在市行政办事中心举行，通过视频签约、网上直播等形式发布，让企业足不出户了解金融政策走向。

5日 东莞市新冠肺炎疫情防控指挥部召开交通物流专场新闻发布会，发布内容包括：2月7日后东莞市车流量逐步回升，截至当日高速路口车流达正常水平的七成；包括公交、地铁、出租车等公共交通全面恢复；全市重点超市、农贸市场开工率达100%，物流企业复工率达九成，东莞市各项生活物资供应比较充足。

△ 广东省文明委公布2019年广东省宣传推选学雷锋志愿服务先进典型活动150个“最美志愿者”“最佳志愿服务组织”“最佳志愿服务项目”“最美志愿服务社区”，其中，东莞志愿市者陈灵鸽获评为“最美志愿者”，“学习强区，校地结对”项目获评为“最佳志愿服务项目”，东莞理工学院志愿服务中心获评为“最佳志愿服务组织”，东城街道星城社区获评为“最美志愿服务社区”。

△ “全城为最美逆行者亮灯”公益活动在东莞市内商业楼宇、火车站等地标建筑的60多块LED（发光二极管）屏幕，同时滚动播放东莞市援鄂医护工作者海报。截至当日，东莞市3批57名医护人员，分别在汉口医院、武汉客厅方舱医院、荆州市第一人民医院开展工作。

△ 截至当日，东莞市农村集体经济组织帮助企业应对新冠肺炎疫情影响，对承租企业减半收取2个月租金7.7亿元。

6日 东莞市委常委会会议召开，强调要坚持把疫情防控工作作为首要任务，在巩固和拓展疫情防控良好势头的前提下，加快建立同疫情防控相适应的经济社会运行秩序。

△ 广东省垃圾分类培训学院东莞分院挂牌成立，东莞市成为全省第二个成立培训分院的地级市。

7日 为庆祝“三八”国际妇女节，关爱抗疫一线女医护人员，东莞市委书记梁维东、市长肖亚非视频连线慰问东莞市援助湖北省医疗队、市第九人民医院女医护人员。

△ “无人冰柜”爱心接力活动在东莞市全面启动，在指定地点设立“无人冰柜”爱心专区，为快递小哥、铁骑民警、环卫工人、外卖小哥、志愿者等抗疫一线送上免费饮品和餐食，搭建起“爱心补给站”。

9日 东莞市委书记梁维东赴石碣镇调研新冠肺炎疫情防控和复工复产工作。

△ 东莞市新冠肺炎疫情防控指挥部召开全市电视电话会议，提出首要任务是抓好疫情防控，同时还要有序复工复产。

△ 东莞市累计报告新冠肺炎确诊病例100例，当天新增1例，为东莞市首例境外输入病例。累计治愈出院96例，死亡1例。

10日 东莞市新冠肺炎疫情防控指挥部办公室公布《关于境外来莞返莞人员配合防疫工作有关事项的通告》，决定自即日起，实施境外来莞返莞人员信息报备制度。

11日 东莞市高水平全面建成小康社会暨品质交通与教育扩容提质千日攻坚工作会议召开。这是2020年春节后以市委、市政府名义召开的首个工作会议，是在做好防疫工作前提下，推动全市经济社会发展工作正常化、规范化的重要标志。

△ 2020年东莞市品质交通、教育扩容提质千日攻坚暨第一批重大项目动工仪式在大朗镇、虎门镇、东坑镇举行。纳入集中开工的项目44个，总投资123.4亿元，其中市重大项目20个（含3个交通重大项目和2个教育重大项目），总投资114.3亿元；交通项目15个，总投资20.2亿元；公办教育项目12个，总投资6.0亿元；防疫物资扩容扩产项目2个，总投资0.6亿元。

12日 东莞市委书记梁维东率队赴沙田镇，深入企业和重大建设项目调研疫情防控和复工复产工作。

△ 东莞市市政府常务会议召开，审议通过《关于调整“新冠肺炎”疫情期间价格临时补贴标准的请示》《防控物资企业新招用员工一次性吸纳就业补贴办法》《东莞市打造“民生大莞家”品牌项目实施方案》。

13日 东莞市委常委会会议暨市新冠肺炎疫情防控指挥部会议召开，学习贯彻习近平总书记在湖北省考察新冠肺炎疫情防控工作时的重要讲话精神，研究部署东莞市统筹推进疫情防控和经济社会发展重点工作。

△ 东莞市新冠肺炎疫情防控指挥部发出《做好餐饮服务业疫情防控工作的通告》《东莞市餐饮服务业经营单位疫情防控一本通工作手册（第二版）》。

△ X8426次中欧班列从东莞市石龙货场驶出开往俄罗斯沃尔西诺站，中欧班列开行密度恢复至2019年每周发出4列的常态化水平。

△ 东莞市首例使用新冠肺炎康复者血浆进行治疗的危重患者出院。

△ 国务院应对新冠肺炎疫情联防联控机制医疗物资保障组向东莞市欣意医疗保健制品厂发来感谢信，称该厂完成国家调拨国标医用防护服1.7万件，为打赢疫情防控战做出突出贡献。

△ 东莞市政府发布《东莞市完善促进消费体制机制实施方案》。

14日 东莞市召开市场监管领域严厉打击哄抬疫情防控物资价格违法行为电视电话会议。

△ 东莞市累计报告新冠肺

炎确诊病例100例，当天新增0例。累计治愈出院97例，死亡1例。

15日 中央广播电视总台新闻频道《东方时空》栏目播出《全国多地多项重要工程建设稳步推进——1704项在建水利工程项目已复工近八成》，航拍东莞市唯一省级碧道试点的麻涌镇华阳湖段万里碧道试点项目工程有序复工现场情况。

△ 位于东莞市的中国散裂中子源迎来2020年第一期运行开放的首位现场实验用户。

16日 广东省卫生健康委员会发布省新冠肺炎疫情风险等级分区分级名单，其中东莞市各片区：东部产业园片区、滨海湾片区、中心城区片区、水乡新城片区、松山湖片区、东南临深片区，均属于低风险地区。

△ 东莞市世界莞商联合会发出《给海外莞商的一封家书》，提示海外莞商携手共同做好新冠肺炎疫情防控。

17日 东莞市委全面深化改革委员会第五次会议召开，审议《2020年东莞市全面深化改革工作安排（送审稿）》，书面审议2019年东莞市全面深化改革工作总结和通报2019年度十大优秀改革项目、基层优秀改革创新案例，审议并原则通过水乡功能区、石龙镇、塘厦镇、常平镇关于创建基层改革创新实验区的请示。

△ 广东省副省长张新率省有关部门及金融机构赴东莞市，开展涉外疫情防控以及商务、金融、进出口等工作调研。

△ 东莞市委书记梁维东赴松山湖高新区，到学校和工地调研新冠肺炎疫情防控和复工复产工作。

△ 东莞市新冠肺炎疫情防控指挥部发出《关于有序开放公共场所和经营性服务场所的通告》和《东莞发布文化旅游体育公共场所和经营性服务场所一本通工作手册》。

△ 东莞市首例境外输入患者治愈出院。

18日 东莞市委书记梁维东赴樟木头镇调研新冠肺炎疫情防控和复工复产工作。

△ 东莞市新冠肺炎疫情防控指挥部发出《关于加强清明期间群众性祭扫活动管理的通告》，明确清明期间暂停全市现场祭扫活动，鼓励开展绿色文明追思服务，做好中国港澳台地区及海外乡亲告知工作，加强村（社区）宗族祭扫活动管理，严格实施各场所祭祀活动管控等有关事项。

△ 东莞市帮扶韶关决战决胜脱贫攻坚工作推进会召开。

△ 东莞市中国散裂中子源的科学家利用中子成像技术，试图揭开一块来自南海水下文物的秘密。这是中国散裂中子源首次应用于考古研究。

19日 首趟从湖北省荆州市返莞返岗专列运载900多名务工人员抵达虎门高铁站，东莞市书记梁维东、市长肖亚非等到站台迎接。

△ 东莞市“莞商·市长面对面”协商座谈会召开，市长肖亚非与企业家围绕“加快推动经济复苏，稳定全年经济增长”主题进行交流，破解企业发展难题。

△ 东莞市印发《关于进一步扩大开放积极利用外资的实施方案》，出台举措吸引外资。

20日 东莞市召开2019年度工作总结大会，总结2019年工作，并对为东莞市经济发展做出突出贡献的企业进行集体表彰。

△ 东莞市举行第二、三批支援湖北医疗队回莞欢迎仪式，市委书记梁维东、市长肖亚非等出席。东莞市支援湖北医疗队队员有57人，其中，第二批医疗队队员15人，进驻武汉客厅方舱医院，支援时长41天，累计参与收治患者1760例，治愈患者868例，患者满意度99.44%；第三批医疗队队员21人，对口支援荆州市第一人民医院，支援时长30天，累计收治确诊住院病人202例，救治重型和危重型病人57例，推动该院确诊住院病人降至7人。第二批医疗队队长师清莲获“全国卫生健康系统新冠肺炎疫情防控工作先进个人”称号，全体队员获中共东西湖方舱医院临时委员会“先进标兵”或“优秀个人”称号；第三批医疗队队员、东莞市“最美护士”宋秀婵再次申请留守荆州市救治危重症患者。

△ 东莞市累计报告新冠肺炎确诊病例100例，当天新增0例。累计治愈出院99例，死亡1例。

21日 东莞市华坚集团公司捐赠埃塞俄比亚、肯尼亚、卢旺达、赞比亚等四国的新冠肺炎疫情防控物资运往白云机场，于3月22日运往非洲。

△ 东莞市发现1例无症状感染者，为湖北输入。

22日 东莞市举行第一批支援湖北医疗队回莞欢迎仪式，市委书记梁维东、市长肖亚非等出席。东莞市举行第一批支援湖北医疗队21名医护人员于1月28日抵达武汉市，1月30日整体接管汉口医院呼吸七病区，到3月18日交接时止，累计收治患者189例（其中危重及重症患者159例），治愈出院128例，转出49例。

△ 东莞市在黄沙河东城段海绵城市公园举行2020年“世界水日”“中国水周”宣传活动启动仪式。

23日 东莞市委全面依法治市委员会第二次会议召开，审议通过《东莞市2019年法治建设工作总结》《关于在法治轨道上统筹推进疫情防控和经济社会发展工作的意见》《东莞市2020年全面依法治市工作要点》。

△ 东莞市新增无症状感染者1例，为湖北输入，累计2例。

24日 东莞市委书记梁维东赴茶山镇，深入村（社区）、企业调研疫情防控、复工复产和企业进出口情况。

△ 中央广播电视总台CCTV-1频道《新闻联播》栏目刊播《多措并举　加速推动复工复产》，报道东莞市推动应用工业互联网平台助力企业复产提效，鼓励和支持企业运用云计算、大数据、5G等新一代信息技术开展工作；

截至3月16日，全市复工企业21.4万家、在岗员工407.7万人，复工率、返岗率分别99%、98.4%。社会面人流、物流恢复至2019年同期的九成左右。

△ 东莞市新增无症状感染者1例，为湖北输入，累计3例。

25日 东莞市政府常务会议召开，审议通过《关于进一步拉动消费复苏 强化中小微企业个体工商户扶持的实施办法》。

△ 东莞市新冠肺炎疫情防控指挥部办公室发布《关于加快恢复我市正常生产生活秩序的通告》。

△ 东莞市科技局推出《关于优化科技金融政策 支持企业应对疫情共克时艰的通知》，对企业贷款展期等作出针对性的支持，截至3月27日，引导合作银行协助企业办理贷款展期49笔。

26日 东莞市召开决战决胜脱贫攻坚推进会，指出要克服新冠肺炎疫情影响，凝心聚力打赢脱贫攻坚战，确保如期完成脱贫攻坚目标任务。

△ 广东省副省长张虎到东莞市巡河调研，实地检查东莞市部分河流水质状况及污染防治情况。

△ 东莞市委书记梁维东、市长肖亚非等市领导看望市抗疫一线医务人员，代表市委、市政府和全市人民向他们致以崇高敬意，向他们的家属表示衷心感谢。

△ 东莞边检站、新沙海关等部门通力协作，完成来自疫情重点国家的“海洋潮汐”轮上42名中国船员的变更手续，离船入境和登轮出境船员均为21名。这是在各地严防境外疫情输入的情况下，东莞边检站首次完成批量船员登离船变更手续。

27日 东莞市委常委会会议暨市新冠肺炎疫情防控指挥部会议召开，要求把握疫情防控形势发生的阶段性变化，继续绷紧疫情防控这根弦，坚持“外防输入、内防反弹”总体防控策略。

△ 东莞市卫生健康局通过屏幕向墨西哥蒂华纳等地同行介绍抗疫经验。4月27日，来自东莞市的爱心物资——5万只一次性医用口罩运抵达墨西哥蒂华纳，驰援当地医务人员。

28日 中央广播电视总台CCTV—13新闻频道《战疫情特别报道》主题报道刊播《中国散裂中子源一期高效稳定运行》（中国散裂中子源坐落在东莞市）。

△ 东莞市与墨西哥四州共同抗疫视频会议在东莞市政府召开。

△ 东莞市第三批支援湖北疫情防控医疗队队员、东莞市第八人民医院护理部主任宋秀婵完成任务回莞。

29日 东莞市召开全市清明期间疫情防控和安全防护工作会议。

31日 东莞市委书记梁维东赴厚街镇、东城街道，调研企业复工复产、生产经营情况。

△ 东莞市市长肖亚非赴常平镇、樟木头镇，调研企业复工复产及防疫工作情况。

4 月

1日 东莞市委书记梁维东赴同沙生态公园调研森林防灭火工作，强调严抓清明期间防火工作。

△ 东莞市委书记梁维东、市长肖亚非等市几套班子领导参加在同沙生态公园白地山举行的义务植树活动。

△ “东莞扶贫·农特优品公益展播计划”上线，展播第一期为广东省第五扶贫协作工作组（东莞派驻昭通）推介的巧家小碗红糖。

△ 东莞市首个综合保税区——虎门港综保区，封关运作试运行开始。

△ 广东省首次通报新冠肺炎无症状感染者情况。即日起，东莞市加强对无症状感染者的管控，对密切接触者进行早期检测、对抵莞的重点人群和入境人员进行筛查，及时发现无症状感染者，遏制疫情的传播和蔓延。

2日 东莞市市域社会治理现代化暨创新基层社会治理体系工作推进会召开，部署创建首批全国市域社会治理现代化试点和创新基层社会治理体系工作。

△ 东莞市委书记、市人大常委会主任梁维东赴松山湖高新区、寮步镇、石龙镇调研，强调建立健全快速反应机制，精准帮助企业纾解困难。

△ 东莞市新冠肺炎疫情防控指挥部和东城街道新冠肺炎疫情防控指挥部在入驻酒店举行欢迎仪式，欢迎从武汉市返回的抗疫医务志愿者谢华颖、卢进杰。

△ 东莞市医疗保障局和东莞市卫生健康局联合下发《关于公布新型冠状病毒抗体检测项目临时价格并规范使用的通知》，标志着东莞市在广东省率先制定公立医疗机构新冠病毒抗体检测项目价格。

△ 当日至6月12日，一位东莞市90后单亲“奶爸”因带着他的4岁女儿，从东莞市出发骑行4139千米，抵达拉萨市，而蹿红网上。

3日 东莞市委常委会议暨市新冠肺炎疫情防控指挥部会议召开，强调疫情防控工作要抓细抓实“外防输入，内防反弹”。

△ 东莞市第二批、第三批援鄂医疗队的队员结束休养返家。

△ 东莞市新增无症状感染者1例，为湖北输入，累计4例。

△ 截至当日，东莞市复工复产企业21.45万家，复工复产率99.17%，规模以上工业企业复工1.06万家，复工率99.38%；在岗员工215.32万人，复岗率102.69%，284个在建重大项目中279个复工并进展顺利。

4日 东莞市市长肖亚非带队深入南城街道水濂山森林公园，现场督导检查清明节期间森林防火工作。

△ 中央广播电视总台《新闻联播》播出《迎难而上 化危为机 扎实推动复工复产》的新闻，其中特别介绍东莞市企业外贸订单逆势增长的表现。

△ 由东莞理工学院校长马宏伟教授为项目负责人申报的科

技部重点研发计划“重大自然灾害监测预警与防范”重点专项项目“城市大规模建筑群地震灾害风险智能感知系统研发”公示完毕，获批中央财政专项资金2217万元。这是东莞理工学院乃至东莞市单位首次作为牵头单位获批的国家重点专项。

5日　清明节。为加强疫情防控，东莞市暂停各类骨灰寄存场所现场祭扫活动，暂停公墓现场祭扫服务，暂停农村祠堂、墓地祭扫（祭拜）活动；暂缓组织集体性告别祭奠、骨灰海葬、骨灰树葬、联宗祭祖活动；暂不组织和接待烈士纪念设施现场祭扫纪念活动。寮步镇、望牛墩镇、谢岗镇等镇街组织工作人员代替逝者亲属开展代为祭奠。

△　东莞市首批支援湖北疫情防控医疗队的21名队员结束集中休养返家。

6日　2020年4月东莞市水污染治理工作现场会召开。

7日　东莞市市长肖亚非会见新加坡驻广州总领事罗德杰一行。

△　《人民日报》、人民网报道称：受疫情影响，东莞市外贸进出口同比呈下降趋势，但跨境电商业务保持较大增幅，1月跨境电商进出口总值12.8亿元，同比增长15.6倍，居全国第一位。

△　《南方日报》等媒体报道：日前，香港大学推出的新冠病毒批量检测试剂盒（酶联免疫吸附法）获得欧盟CE认证，并在东莞市松山湖高新区落地生产。

△　东莞市新增无症状感染者2例，其中湖北输入1例、境外输入关联1例。

△　连续39天无新增当地确诊病例；累计报告新冠肺炎确诊病例100例，治愈出院99例，死亡1例，无医务人员感染。

8日　中央广播电视总台CCTV—1《新闻联播》栏目报道称：东莞市在严格做好疫情防控工作的同时，为加速中小微企业复工复产，出台并落实一揽子惠企助企政策措施，在税收、公积金、收费减免等方面，多管齐下力挺受困企业共渡难关。

9日　东莞市委书记梁维东赴虎门镇、东莞港，深入企业调研疫情防控、生产经营情况。

△　东莞市投资促进协会召开选举成立大会并授牌。

10日　2020年东莞市制造业高质量发展暨非公有制经济大会召开，研究部署东莞市制造业和非公有制经济高质量发展工作，对以应急状态抓好经济工作进行动员部署。

△　东莞市全市第二季度防范重特大生产安全事故暨消防工作会议召开。

△　东莞市人民政府办公室发布《东莞市人民政府关于加快镇村工业园改造提升的实施意见》，计划以低效镇村工业园改造为核心，3年完成“工改工”拆除平整2000公顷，开工建设产业用房2000万平方米以上。

△　东莞市自然资源局印发实施《东莞市控制性详细规划调整管理办法》。

△　东莞市委书记梁维东赴松山湖高新区，深入高新技术企业调研。

△　东莞市市场监管局联合市民政局、市工业和信息化局，在东莞网红直播带货基地召开商协会与“网红经济”协同助力东莞企业复工复产工作推进会。

△　东莞市公布2020年第一批科技金融工作站认定名单，全市共5个单位获得认定，其中松山湖高新区有3个。

13日　东莞市召开全市打赢污染防治攻坚战工作推进会。

14日　东莞市委书记梁维东赴长安镇，调研茅洲河流域水污染治理工作。

△　中央广播电视总台CCTV—1《新闻联播》栏目对沙田镇富加宜连接器（东莞）有限公司等企业复工复产工作进行报道。

△　广东东莞个体私营企业协会、东莞网红直播带货基地和阿里巴巴淘宝大学，在东莞市签订合作协议，共同打造电商和数字化转型赋能区域中心。

14—28日　中国—拉美（墨西哥）国际贸易数字展览会在北京市线上举行，东莞市国际商会组织电子、家电等行业的25家企业参展。

15日　第五个全民国家安全教育日。当日，东莞市委理论学习中心组（扩大）召开专题学习会，集中观看学习专题教育片《固本宁邦　头等大事》。

△　广东省生态环境厅专家组一行到东莞市，召开污染防治攻坚战工作会商会。

16日　东莞市召开民营企业家代表座谈会，听取民营企业家代表对经济形势和企业发展的意见、建议。

17日　东莞市广东朝阳电子科技股份有限公司在深圳证券交易所中小板上市，首次公开发行新股2400万股，募集资金总额4.16亿元，成为东莞市第32家在A股、第12家在中小板上市的企业。

△　东莞市人民医院与德国哥廷根大学医疗中心举行远程视频会议，两地专家对新冠肺炎的重症病例救治、患者的诊断和治疗举措、院内感染控制、药物使用、医务人员自我防护等进行交流与探讨。

△　新华网“数”立信心系列报道刊发东莞市专题视频《“数”立信心——东莞“暖企春风”稳推复工复产》：疫情期间，东莞市出台“助企撑企15条”“复工达产10条”“优化服务15条”等政策措施，助力企业复工复产。

18日　东莞市委常委会会议暨市新冠肺炎疫情防控指挥部会议召开，强调要在常态化疫情防控中加快推进经济社会高质量发展。

△　东莞市委党的建设工作领导小组会议召开，强调要坚持把党的政治建设摆在首位，旗帜鲜明讲政治、抓政治。

△　由工业和信息化部办公厅公布2019年国家新型工业化产业示范基地五星级名单，东莞市松

山湖电子信息基地再度上榜，是广东省两个基地中的一家。

△ 东莞市委书记梁维东赴东坑镇正葳集团东坑生产基地和东莞市华荣通信技术有限公司项目施工现场调研，强调常态化抓好疫情防控，推动高质量发展。

△ 当日至6月18日，东莞市开展"乐购东莞"促消费活动。投放1亿元消费券，以满减方式向消费者提供直接补贴，在消费结算时兑现；同时全市商家在4月、5月预计配套叠加投入4亿元优惠礼包；并联合三大电信运营商、银行机构将通过产品优惠定价、免息分期等形式，投放6.3万部手机，供消费者优惠购买。

20日 东莞市发改局印发实施《东莞市人口发展规划（2020—2035年）》，规划至2035年，东莞市跻身常住人口超千万的"超大城市"。

△ 东莞市委书记梁维东赴大朗镇、常平镇调研东引运河流域樟村断面水污染治理工作。

△ 东莞市华坚集团公司举行防疫物资捐赠活动，向非洲十一国捐赠普通防护口罩120万只。

△ 东莞市教育局发出致全市返校学生家长的一封信，倡议请家长做好复学准备。

21日 广东省生态环境厅印发《广东省2020年土壤污染防治工作方案》，东莞市和广州市、深圳市、佛山市被纳入省级污染地块环境监管试点。

△ 东莞市委书记梁维东、市长肖亚非分别率队前往学校，实地督导学校疫情防控、学生返校复学筹备工作的情况。

△ 东莞市"拉内需、促消费、文旅体暖企在行动"——2020年文旅和体育产品云上采购会以百人抖音平台直播形式拉开帷幕。

22日 东莞市统筹推进新冠肺炎疫情防控和经济社会发展工作会议召开，要求以应急状态奋力夺取疫情防控和经济社会发展"双胜利"。

△ 东莞市统计局发布2020年一季度东莞市经济运行情况，其中，受疫情影响，生产总值1923.7亿元，同比下降8.8%。

△ 东莞市人民政府和阿里巴巴集团公司签署全面合作协议，共同推进东莞市制造业的数字化转型，打造具有全球影响力和竞争力的先进制造业集群。

△ 东莞市委宣传部、市文广旅体局联合发出《关于"4·23""世界读书日"推荐阅读书目的倡议书》。

23日 《东莞市关于促进外贸稳定发展的实施意见》出台。

△ 东莞市委理论学习中心组（扩大）专题学习会召开，邀请广东省生态环境厅总工程师蒋宏奇、副厅长何焱，围绕"坚决打赢污染防治攻坚战"主题，聚焦水和大气污染防治作辅导报告。

△ 东莞市"乐购东莞"2020年第二季度促消费专项行动启动。活动涉及1万多家商户门店，将集中投放1亿元消费券、1亿元酒店保险、5亿元优惠让利、7万部手机优惠购等，形成多轮次、多主题的促销活动。

△ 东莞市委宣传部联合市教育局召开媒体通气会，通报东莞市学生返校工作安排：首批229所学校计划于4月27日复学，返校学生9.20万人。

24日 东莞市文明委（扩大）会议暨争创全国文明城市"五连冠"动员大会召开。

△ 东莞市委书记、市人大常委会主任梁维东赴凤岗镇，调研统筹推进疫情防控和经济社会发展工作情况。

△ 东莞市市长肖亚非率队赴企石镇广东凯晟照明科技有限公司和东莞市宏发钢铁结构材料有限公司，调研企业复工复产情况。

△ 中石油西气东输二线东莞站华能燃机电厂改扩建工程完工，向华能东莞燃机电厂分输供应天然气，年分输量约3亿标准立方米。

△ 《东莞国际商务区控制性详细规划调整》获第四届东莞市城乡规划委员会第6次会议审议通过。

25日 东莞市教育局联合"南方+"共同策划"全市中小学同开一场家长会"，聚焦返校复学关键时期家长困惑，用直播窗口为全市家长解疑答难，这是东莞市开展的首次"云家长会"。

26日 东莞市委书记梁维东实地调研地铁一号线滨江体育馆站施工点、莞番高速公路建设点和松山湖（深城投）智能装备项目建设情况。

△ 东莞市人民政府与拼多多电商平台签署战略合作协议，联合推出"东莞优品·直播嗨购"系列活动，推动"东莞制造"的消费品在线上冲击1000亿元年销售额的目标。

△ 东莞市文联主办、莞城美术馆、东莞市书法家协会及《东莞书画》编辑部承办的"尔雅遗风·东莞篆刻的传承与发展艺术沙龙活动"在莞城美术馆举行。

27日 东莞市委实施乡村振兴战略领导小组会议召开，研究部署"三农"工作。

△ 东莞市初三、高三年级学子返校复学。

28日 东莞市政府与京东集团、苏宁集团、字节跳动（抖音）、盟大集团、天音互动五大电商平台签约。再加上此前签约的阿里巴巴、拼多多电商平台，共同启动"品质东莞 线上绽放"活动。

29日 东莞市委召开2020年党外人士座谈会，座谈携手夺取疫情防控和经济社会发展"双胜利"，加快推动东莞市高质量发展。

△ 东莞市松山湖东部工业园暨企石镇重点项目动工启动。

△ 广东省文化和旅游厅公布广东省首批历史文化游径，东莞市有3条线路入选，分别是"东莞记忆"历史文化游径、东莞"中国近代史开篇地——华南抗日根据地"历史文化游径以及东莞岭南古村落历史文化游径。

△ 东莞市文化馆启动2020

年“文化四季·四季如歌——东莞文旅融合行动计划”活动。其中，5月1日，在茶山镇举行南社传统文化主题景区暨传统美食体验活动上线仪式。

30日 东莞市委常委会会议暨市新冠肺炎疫情防控指挥部会议召开，强调要打好“五一”疫情防控硬仗，巩固疫情防控向好态势。

△ 东莞市首场“品质东莞 线上绽放——百千造星工程”系列活动举行。东莞市首家在天猫平台开设的品牌集合店——“六客云商”上线。

△ 东莞市发展和改革局发布《关于增补2020年市重大项目的通知》：再增25个重大项目，总投资超261.8亿元。

5 月

1日 《东莞市水土保持条例》公布。

△ 东莞市虎门港综合保税区封关运作，这是东莞市运行的首个海关特殊监管区域。

△ 载有10万副医用护目镜的中欧班列从广东（石龙）铁路国际物流基地驶出。

3日 东莞市委书记梁维东到市疫情防控指挥部办公室综合组，看望慰问“五一”节日期间现场值班值守人员。

△ 东莞市市长肖亚非到市经济运行监测调度指挥部综合协调组，调研、慰问工作人员。

4日 东莞市市长肖亚非率队走访市公安局指挥中心、市应急管理局，检查“五一”假期安保值守和安全生产工作。

5日 虎门大桥受主桥风速大影响，产生涡振。为确保司乘人员和桥梁结构物安全，交警部门对虎门大桥实行全封闭交通管制。5月7日16时30分开始，虎门大桥通航水域恢复通航。5月15日9时开始，虎门大桥恢复交通，继续全天禁止货车和40座及以上客车通车。

6日 广东省委书记李希，广东省省长马兴瑞前往虎门大桥主体桥面、大桥管理中心，现场调研检查大桥突发情况应对处置工作。

7日 《东莞市关于加快培育和发展住房租赁市场的实施意见》发布，明确坚持“市场为主、政府托底、撬动存量、提升品质”的租赁住房供应基调，盘活存量住房。

△ 东莞市松山湖高新区2020年上半年重大项目集中开工仪式及重点项目建设攻坚活动举行，集中开工49个重大项目，包括34个投资285.1亿元的电子信息、生物技术、智能装备制造类产业项目以及15个投资95.4亿元的教育、医疗、文化、市政类配套项目。

7—8日 黄埔海关缉私局联合东莞市公安局开展打击走私冻品专项行动，破获一起特大走私冻品案，查证涉嫌走私冻品1万多吨，案值约10亿元。

8日 2020年东莞市生活垃圾分类暨城市精细化管理工作推进会召开，研究部署东莞市生活垃圾分类和城市精细化管理工作，印发《东莞市生活垃圾分类三年行动方案（2020—2022年）（送审稿）》。

△ 东莞市“数字政府”改革建设工作领导会议召开：东莞市“数字政府”的数字底座形成支撑能力，政务云于上年6月交付使用，政务数据资源目录增至6345个，数据总量由建设之初的14亿条增至54.5亿条。

9日 零时起，广东省由重大突发公共卫生事件二级响应调为三级响应，东莞市贯彻执行。

△ 东莞市委常委会会议暨市新冠肺炎防控领导小组（指挥部）会议召开，强调要以应急状态应急机制，一手抓经济监测，一手抓问题解决，打好政策组合拳，凝聚各方力量，提振信心，努力完成全年工作目标任务。

△ 东莞市市长肖亚非主持召开市政府常务会议，审议通过《东莞市蓝天保卫战2020年度实施方案》。

△ 东莞市文明办联合市餐饮行业协会等单位面向全市启动推广公筷公勺行动。

10日 东莞市“大湾区·深投控清溪科技生态城青湖湾科创中心”项目开工仪式在清溪镇举行。该项目是东莞市首宗新型产业用地（M0）试点项目，总投资24.3亿元，建设周期3年。

11日 东莞市普通高中一二年级、初中一二年级、小学五六年级学生错峰返校，全市第二批次复课学校累计571所。

12日 东莞市垃圾分类培训基地在东莞理工学院城市学院揭牌成立。

12—31日 东莞市举行“云招商、云问暖”活动。12日和13日，东莞市委书记梁维东、市长肖亚非带头分别通过“云交流”，向道达尔集团、日本DIC油墨集团、京东集团等重点客商传达招商诚意。至月底，东莞市通过视频连线、电话连线、企业座谈及登门拜访等形式，与300多家在谈重点招商项目、已签落地项目以及在莞投资企业的海内外高层进行线上与线下洽谈，推进重点项目的精准对接。

13日 中央广播电视总台财经频道《经济半小时》栏目播出专题节目《疫情下的外贸：订单保卫战》，重点以生产医疗器械的东莞誉康实业有限公司等东莞市外贸企业疫情下加快复工达产、保质保量赶制海外订单作为案例。

13—16日 东莞市举行第十二届中国加工贸易产品博览会线上展，以阿里巴巴集团旗下电商平台“1688”为主场，通过“线上展览+直播带货”的形式，帮助企业抢订单、拓市场。吸引超2600万批发从业者在线“云观展”，百万买家涌入工厂“线上店”，阿里巴巴“1688”平台日均交易实现翻番；在加博会举办城市——东莞市，线上展带动本地成交商家数大涨48%，日均交易额增长接近100%。

14日 广东省省长马兴瑞到

东莞市调研，主持召开全省稳外贸工作研判调度会议，并考察松山湖广东省材料实验室、松山湖记忆存储科技有限公司技术研发和生产经营情况。

15日 东莞市强化投资松绑、促落地稳增长工作会议召开，拟出台“投资松绑30条”政策（《关于强化投资松绑加快项目落地，稳定经济增长的实施意见》）和“50亿专项扶持资金”方案（《市保企业、促复苏、稳增长专项资金组建方案》），确保全年投资增长15%，达到2500亿元左右。

△ 东莞市2020年二季度重大项目、增资扩产项目、城市更新项目集中开工仪式在沙田镇、凤岗镇、南城街道3个会场同步举行，集中开工项目128个，总投资659亿元。

16日 东莞市委书记梁维东主持召开东莞市委常委会会议暨市新冠肺炎防控领导小组（指挥部）会议，强调分区分级分类完善常态化防控措施。

△ 东莞市举行“世界好物东莞造”直播带货活动，明星王祖蓝回到家乡为“东莞制造”直播带货，截至5月17日凌晨2点，直播活动销售成交2280万元。

△ 东莞市举行“文明使者”见面会暨倡导文明生活方式系列活动启动仪式，向20名获聘的“文明使者”授牌。

17日 东莞市“乐购东莞”2020年第二季度促销活动第二批启动仪式开启，集“‘5·17’电信日”“‘5·17’吃货节”“‘5·19’旅游节”“‘5·20’表白日”各大主题活动于一体。

18日 东莞市印发《关于强化投资松绑 加快项目落地 稳定经济增长的实施意见》。东莞市将统筹50平方千米产业用地全球招商，力争至2022年招商引资超6600亿元。

△ 东莞市第三批小学1—4年级学生开始分批错峰返校；东莞理工学院迎来2020春季学期首批返校学生813人。

△ 东莞市特种设备综合服务项目奠基仪式举行。该项目占地面积1.23公顷，建筑面积1.88万平方米，总投资8440万元。

△ 东莞市各大博物馆开展活动迎接“‘5·18’国际博物馆日”。其中，松山湖望野博物馆登上央视财经频道，成为观察广东省非国有博物馆发展的典型案例之一。

△ 据生态环境部通报，1—4月全国168个重点城市环境空气质量排名中，东莞市以空气质量达标率94.2%、空气质量综合指数3.28，进入前20强，名列第19位。

20日 东莞市参加全国人大、政协“两会”的全国人大代表和全国政协委员抵京并提出建议，其中全国人大代表黄建平提出知识产权保护和企业使用清洁能源两方面建议，全国人大代表曾香桂提出加强新型社区服务与治理建议，全国人大代表余雪琴提出“老漂族”异地就医和养老的建议，全国政协委员张巧利呼吁修订传染病防治法。

△ 东莞市科技局、金融工作局、市场监督管理局印发《东莞市深入推动科技金融发展的实施意见》，力争2022年实现高新技术企业贷款余额超500亿元。

△ 东莞市文化广电旅游体育局发布《关于做好新冠肺炎疫情常态化防控工作的通知》，全市文化娱乐场所将逐步有序开放。

△ 盟大集团“品质东莞产品电商运营中心”启动。

△ 东莞市举行“2020东莞·给荔中国”名优农产品品牌推广暨第六届中国（东莞）互联网荔枝节活动，直播带货3小时，带动农产品成交360万元。

21日 东莞市启动2020广东省促消费（夏季）暨“家520”购物节“服装服饰+直播带货”系列活动。

△ 东莞市经济运行监测调度指导服务工作推进会召开，提出将为3200多家重点企业制定“一企一策”帮扶方案。

21日7时至22日7时 东莞市30个镇街降雨量超过50毫米，23个镇街超过100毫米，8个镇街超过250毫米，降雨量最大为高埗镇402毫米、其次为东城街道395.7毫米、万江街道377.9毫米，最大阵风为中堂镇24米/秒（9级）。尤其是21日夜间至22日晨，东莞市出现暴雨到大暴雨、局部特大暴雨，并伴有强雷电和局部地区9级短时大风，其中，东城街道录得最大3小时雨量351毫米（22日0时30分至3时30分），为有气象记录以来历史最高纪录（2008年6月13日的3小时雨量219毫米），1小时最大降雨量157.1毫米，历史少见。境内多处出现内涝。

22日 东莞市市长肖亚非主持召开东莞市推进政府职能转变和“放管服”改革协调小组全体会议暨行政管理体制改革专项小组会议，审议《行政管理体制改革专项小组2020年任务工作方案》。

△ 东莞市调解协会揭牌成立，并召开调解工作座谈会。

24日 东莞市召开防御强降雨工作视频会议，通报全市强降雨预测预报情况，对防御强降雨工作进行再动员再部署。东莞市三防指挥部决定于22时启动防汛IV级应急响应。

25日 东莞市市长肖亚非前往东莞市救助管理站和中堂镇，调研市综合社会福利院现场施工进展、救助工作开展情况以及精神卫生工作情况。

△ 佛莞城际铁路实现全线贯通。佛莞城际铁路全长36.7千米，西起广州南站，东至东莞望洪站，设车站7座，设计运营时速200千米。

26日 东莞市委书记、全国人大代表梁维东在接受媒体专访时表示东莞将以建设广东省制造业供给侧结构性改革创新实验区为统揽，加快建设先进制造强市。

△ 东莞市印发《2020年东莞市食品安全重点工作安排》，强化源头严防、过程严管、风险严控

监管措施。

27日　人保财险东莞市分公司将5月18—25日强降雨巨灾指数保险定损赔偿确认书，以及900万元巨灾指数保险赔款支票交付给东莞市应急管理局。

△　东莞市地铁2号线运营四周年，累计运送旅客1.70亿人次。

29日　东莞市召开2019年度全市社会服务管理“智网工程”工作总结会议，强调强化“智网工程”的保障措施，敢用、善用、巧用队伍，推动治理体系和治理能力现代化。

△　《东莞市生活垃圾分类三年行动方案（2020—2022年）》印发，东莞市将按照“三步走”的工作思路推进生活垃圾分类。

△　东莞市发改局和交通局联合发布《关于优化我市城市公共交通汽车票价管理有关问题的通知》：全市公交统一票价计价方式，不走高速公路的普通公交票价最高4元/人·次，部分公交线票价降50%。6月1日起执行。

△　新一线城市研究所发布《2020城市商业魅力排行榜》，东莞市连续四年进入新一线城市（15个）名单。东莞市用0.6%的常住人口，创造全国0.9%的生产总值，贡献全国1.5%的税收，解决全国0.8%劳动人口的就业，创造全国4.7%的外汇收入，储蓄全国0.8%的住户存款。

30日　“东莞非遗墟市粤港澳城际联盟成立暨2020东莞龙舟月、万江龙舟文化季启动”仪式在万江街道举行。

30—31日　由东莞市人民政府主办、东莞市商务局承办的“品质东莞　线上绽放”玩具婴童产品展销直播活动在常平镇翔龙天地MALL（购物中心）启动。

31日　东莞市市长肖亚非检查指导全市防汛工作，要求全力以赴做好“龙舟水”防御工作。

6　月

1日　东莞市委常委会召开会议，传达学习全国人大、政协“两会”精神。

△　《东莞日报》迎来创刊34周年、东莞报业传媒集团成立10周年生日。

2日　东莞市传达贯彻习近平总书记重要讲话精神暨全国人大、政协“两会”精神干部大会召开。

△　东莞市十六届人大常委会第三十三次会议召开，决定东莞市十六届人大六次会议于2020年6月11—12日在市会议大厦召开。

△　东莞市“民生大莞家”项目启动仪式在市民服务中心举行。

3日　东莞市政府新闻办会同市委政法委、市中级法院、市司法局等部门举行新闻发布会，推进诉源治理工作。

4日　东莞市委网络安全和信息化委员会召开全体会议。

5日　东莞市委书记梁维东赴东城街道调研经济运行情况，强调抓好经济运行监测调度。

△　东莞市政府新闻办联合市生态环境局召开2020东莞市“治污攻坚　全民参与”——“6·5”世界环境日新闻发布会，发布《2019年度东莞市生态环境状况公报》，报告显示全市环境质量总体稳中趋好。

△　东莞市工信局公布2020年度首批市技术改造设备奖补项目，其中拟资助OPPO广东移动通信有限公司等8家企业累计704.5万元。

△　广东省纪委监委通报：经查，东莞市委原常委、松山湖高新技术产业开发区党工委原书记黄少文因严重违纪违法被开除党籍和公职。

6日　东莞市委书记梁维东赴高埗镇、望牛墩镇和麻涌镇调研次发达村发展情况。

△　东莞市启动2020东莞市“玉兰姐姐”家教计划，并对东莞市首个“园中园”儿童公园——万江街道儿童公园揭牌。

7—8日　受“龙舟水”影响，东莞市普降大雨至暴雨，导致东江北干流水位高涨不下，东莞海事局对上述受影响的航道进行水上交通管制。

8日　东莞市十六届人大常委会第三十四次会议召开，决定任命罗晃浩为东莞市人民政府副市长。

△　受清远市、惠州市强降雨影响，东莞市虎门高铁站有24趟列车停运。

△　东莞市经济运行监测调度指挥部印发《东莞市保企业、促复苏、稳增长专项资金设立方案》，设立专项资金支持重点行业和民营中小企业。

9日　东莞市发布2019年东莞市政府十件民生实事完成情况：全部完成。

10日　东莞市在会议大厦举办“献礼祖国”庆祝中华人民共和国成立70周年、人民政协成立70周年东莞政协活动回顾掠影展览，展现东莞政协伴随东莞市一起成长的不平凡历程。

△　“才聚莞邑　智汇湾区”2020东莞市（第十一届）校企合作洽谈会在线上开幕，有1300多家东莞市企业报名，累计提供5.32万个岗位，有360多家国内院校报名参会。

10—11日　东莞市政协十三届五次会议的召开。市政协主席骆招群向大会作报告。

11—12日　东莞市第十六届人民代表大会第六次会议召开。市长肖亚非作《政府工作报告》。大会表决通过《关于东莞市人民政府工作报告的决议》《关于东莞市2019年国民经济和社会发展计划执行情况与2020年计划的决议》《关于东莞市2019年预算执行情况和2020年预算的决议》《关于东莞市人民代表大会常务委员会工作报告的决议》《关于东莞市中级人民法院工作报告的决议》《关于东莞市人民检察院工作报告的决议》《关于废止〈东莞市饮用水源污染防治规定〉的决定》；表决通过《东莞市第十六届人民代表大会第六次会议关于〈推动教育扩容提质 加快公办中小学建设的议案〉的决议》。选举方灿芬为市人大常委会副主任。

12日 松山湖材料实验室与华南师范大学在广州市举行全面战略合作框架协议签约仪式。

13日9时 东莞市三防指挥部启动防风Ⅳ级应急响应，应对2020年第2号台风“鹦鹉”。

14日 据《南方日报》报道：位于东莞市茶山镇的华美食品公司增资扩产，其拥有的自动化生产线达数十条，月饼日产能突破330万个，总产量居全国第一位。

15日 东莞市政府全体（扩大）会议召开，对2020年的《政府工作报告》各项任务进行再动员、再强调。

△ 东莞市公安局向外界公布“团贷网”一案进展情况；东莞市中级人民法院发布立案受理“团贷网”案的公告。

16日 广东省人民政府发布《关于2019年度地级以上市人民政府质量工作考核结果的通报》，东莞市连续三次获得最高等级A级。

△ 东莞市疾控中心就北京市连续新增多例新冠肺炎确诊病例和无症状感染者的情况，发布“新冠肺炎疫情常态化下的市民防控提醒”。

△ 东莞市2020年“安全生产月”主题宣传活动暨“安全云平台”启动仪式举行。

△ 2020年东莞数字产业政策宣讲暨光大We谷数字产业集聚区发布会在松山湖高新区举行。发布东莞市首个数字产业扶持政策《东莞市工业和信息化专项资金信息化发展专题项目实施细则》：凡企业符合条件的5G融合应用项目，3年最高奖补500万元。“东莞市软件孵化基地”一并揭牌。

△ 东莞市气排球协会成立。

16—18日 东莞市开展房地产市场乱象专项整治行动。

17日 东莞市市长肖亚非分别赴石碣镇、莞城街道调研企业经济运行和复工复产情况。

△ 东莞市召开推进“放心肉菜示范超市”创建工作现场会。

△ 2020年东莞全市生活垃圾分类暨精细化管理工作新闻发布会举行，发布东莞市确定的生活垃圾分类作战书、时间表和路径图。

18日 东莞市委书记梁维东到超市、农批市场、学校和企业调研督导疫情防控常态化工作。

△ 《2019中国城市营商环境报告》发布，东莞市在全国经济活跃的城市中，营商环境综合排名居全国第五位。

△ “乐购东莞”2020年第二季度6月全城GO活动启动仪式在海德壹号广场举行。

△ 2020年上半年“东莞好人”（抗疫专题）名单公布，其中，东莞市援鄂医疗队全员上榜，这是“东莞好人”首次设置团体上榜。

19日 人民网、《人民日报》刊发公示《关于第一批全国法治政府建设示范地区和项目名单的公示》，其中，广东省东莞市（深化商事制度改革）入选该名单。

△ 中央广播电视总台《中国新闻》栏目推出系列报道“携手共建一流湾区：产学研结合，大湾区科创成果加速落地”。其中，详细报道东莞市推进科技成果转化落地情况。

△ “赢在东莞”科技创新创业大赛暨第二届粤港澳大湾区青年创新创业大赛年度总决赛在松山湖高新区举行，决赛采用“云创赛+直播”的形式进行，两家东莞市企业获特等奖。

20日 中欧班列（东莞—维尔纽斯）中国邮政专列再次从东莞市石龙镇火车站开出，标志着该专列实现常态化开行。

21日 东莞市新冠肺炎疫情防控指挥部举行“东莞市综合市场新冠肺炎疫情处置联合应急演练”。

△ 由东莞市委宣传部策划、联合稻来传媒拍摄制作的美食纪录片《寻味东莞》（分《得天独厚》《山水相逢》《欢宴流转》3集，每集50分钟）在广东卫视频道播出。腾讯视频和新浪微博联合独播。

22日 东莞市召开2020年“广东扶贫济困日暨东莞慈善日”社会组织代表座谈会。

△ 东莞市人民医院普济院区开设东莞市首个床位管理中心，最大化提高病床使用率，缓解病床供需矛盾。

23日 东莞市委书记梁维东、市长肖亚非等市领导分别率队到各镇街开展“七一”慰问老党员活动。

△ 东莞市政府新闻办联合市应急管理局召开“消除事故隐患，筑牢安全防线”新闻发布会，通报安全生产和自然灾害防范工作情况。

△ 广东省特种设备检测研究院东莞检测院首次以“云课堂”方式在东莞市外国语学校和东莞市建设小学开展特种设备安全知识宣传活动。

24日 东莞市委常委会会议暨市新冠肺炎防控领导小组（指挥部）会议召开，要求落实端午假期防疫、高考中考保障及防疫和农贸市场环境整治等常态化疫情防控。

△ “警医合作”揭牌仪式在东莞市松山湖中心医院门诊楼前举行，规范事故救援工作，健全机制，确保快速抢救绿色通道，减少伤亡率。

25日 东莞市委书记梁维东会见韩国驻穗总领事馆总领事洪性旭一行。

25—28日 “2020第二十届广东国际汽车展示交易会·春季”在东莞市厚街镇广东国际展览中心举行，该车展有65个主流汽车品牌参展，展出整车1000余辆，累计成交预定车辆9915辆，成交额20.05亿元。这是东莞市举行新冠肺炎疫情发生后的首届车展。

26日 广东省委书记李希，广东省省长马兴瑞到东莞市调研，要求抓好产业、市场、科技、文化环节，推动荔枝产业高质量发展。

△ 东莞市力量体能协会第一次会员大会暨选举大会在东莞市体育中心爱心志愿者基地举行。

28日　东莞市加快滨海湾新区开发建设工作推进会暨威远岛土地整备工作启动会举行。

△ 珠三角水资源配置“穿洋过江”施工工程迎来首台下穿狮子洋盾构机“粤海36号”始发时刻。

△ 东莞市第五高级中学加挂“东莞市艺术中学”牌子揭幕仪式举行，成为东莞市第一所艺术中学。

△ 零时，东莞市塘厦镇一旧炮楼突然坍塌，导致3名人员被困，后全部救出。

△ 13时许，东莞市寮溪河茶山大桥河段发生一起落水事故，湖北籍退伍军人关腾飞（24岁）跳水救起落水青年，但自身却不幸遇难，东莞市为其申报“见义勇为”称号。

29日　广东省省长马兴瑞到广州、东莞市，深入能源项目和用能企业生产一线，推进煤改气等清洁能源替代工作。

△ 东莞市首个市级国防教育主题公园揭牌暨东莞市国防教育讲师团成立仪式在广东东江纵队纪念馆举行。

30日　东莞市召开环境提升专项整治工作动员部署会。

△ 东莞市召开全市基层党建三年行动计划工作推进会暨“双标工程”（推广标准化、建设新标杆）深化拓展专题会。

△ 2020年“广东扶贫济困日暨东莞慈善日”活动仪式在东莞市会议大厦举行。截至6月29日，东莞市“广东扶贫济困日暨东莞慈善日”活动募得认捐善款8632万元。

△ 东莞市投资促进局、望牛墩镇在芙蓉产业中心举行首个市重点招商园区（低成本空间）揭牌仪式。

6月　东莞市鸦片战争博物馆获评广东省“最美禁毒团队”。

7　月

1日　英国《银行家》杂志公布全球银行1000强，东莞农商银行、东莞银行进入全球500强，分居第267位、350位。

2日　东莞市市长肖亚非主持召开市政府常务会议，会议审议通过《东莞市户外广告设施和招牌设置管理条例（草案）》《东莞市网络预约出租汽车经营服务管理实施细则》等事项。

△ 东莞市松山湖高新区举行第五届中国创新挑战赛（广东）暨2020广东创新挑战赛启动仪式，赛区分广州、东莞、中山、佛山和江门市5个，东莞市首次成为该项国家级赛事广东主赛区。

2—3日　东莞市党政代表团赴韶关市开展对口帮扶工作。其间，召开东莞韶关对口帮扶工作第十二次联席会议暨脱贫攻坚工作会议。

3日　中国职业篮球联赛（CBA）联盟疫情防控首席专家钟南山到复赛第一阶段东莞赛区观看男篮比赛。

△ 东莞市市长肖亚非率队赴韶关市曲江区开展精准扶贫工作，走访考察黄江镇对口帮扶的白土镇苏拱村新农村建设情况。

△ 团市委举行东莞市“中国青年五四奖章集体”“全国‘五四’红旗团委（团支部）”揭牌仪式暨事迹分享会活动，表彰中国散裂中子源建设团队获第24届“中国青年‘五四’奖章”，实现东莞市该领域“零”的突破。

6日　东莞市委书记梁维东、市长肖亚非前往普通高考考点检查高考准备情况。

△ 东莞市政务服务数据管理局、市场监管局联合推出的第二批开办经营类26个“一件事”一次办主题服务上线运行，实现32项经营手续办理省时省力。

7日　东莞市市长肖亚非主持召开市政府党组会议，传达学习习近平总书记在中共中央政治局第二十一次集体学习时重要讲话精神和学习习近平总书记《在“不忘初心、牢记使命”主题教育总结大会上的讲话》。

7—10日　2020年普通高考举行，东莞市参加高考28724人，比上年增加1383人，全市设置18个考点994个考场。

8日　东莞市首个出租汽车驿站——位于南城街道的迅途出租汽车驿站投入使用。

8—10日　东莞市委书记梁维东率党政代表团赴云南省昭通市交流脱贫攻坚工作。

9日　中央广播电视总台农业农村频道《我爱发明》栏目播出《激光清障仪》节目，展示南方电网广东东莞供电局自主研发的第四代激光清障仪。

10日　东莞市针对来自厄瓜多尔进口的部分冻虾产品包装存在被新冠肺炎病毒污染的风险，连夜部署开展对农贸市场、冻库、重点商场超市、冷链物流企业大排查行动。截至7月11日零时，暂未发现涉3家厄瓜多尔问题企业生产的冻南美白虾产品。对排查发现自厄瓜多尔企业（非涉事企业）进口的冻虾680箱，暂作封存处理，等候核酸检测。

11日　东莞市举行义务教育阶段公办、民办学校小学一年级、初中一年级学位“电脑派位”。东莞市义务教育阶段公办、民办学校提供小学一年级学位14.39万个，报名13.53万人；提供初中一年级学位10.22万个，报名10.07万人。

△ 东莞市虎门镇威远岛临近虎门大桥一带的海面上以及沙滩上发现大量猪蹄和内脏，估计超20吨。市政部门派人于当日清理完毕，公安等多部门也介入调查。

13日　揭阳市党政代表团到东莞市开展考察交流活动，两地召开2020对口帮扶工作联席会议。

△ 广东省工业和信息化厅发布“2020年广东省专精特新中

小企业”名单，东莞市有51家企业入围，入围数量在全省排第四位，仅次于深圳市、惠州市、广州市。

14日　国家知识产权局下达《关于第二十一届中国专利奖授奖的决定》。东莞市企业获22项中国专利奖，其中松山湖高新区有5家企业5项发明专利获中国专利优秀奖。

△　据广东电台《全省新闻联播》栏目报道称，东莞市石马河流域旗岭断面水质由劣Ⅴ类好转至Ⅳ类。1—6月，石马河旗岭断面水质类别为Ⅳ类，氨氮、总磷浓度同比分别下降79%、66%，干流沿线水质均实现基本达标。

△　东莞市电网负荷首次创当年新高，达1693.71万千瓦。

15日　东莞市出口企业代表座谈会召开，旨在全力稳住外资外贸基本盘。

△　东莞市市长肖亚非赴大朗镇、黄江镇调研经济运行监测调度和企业复工复产情况。

△　第二届“2020年粤港澳大湾区高价值专利培育布局大赛”五十强、百强颁奖仪式在东莞市举行，多家东莞市企业入围。

△　vivo公司位于东莞市总部的工业园C地块——vivo制造中心投入使用。

△　东莞市重点招商园区（低成本空间）揭牌仪式在松湖智谷产业园一站式服务中心举行。

△　东莞市国贸中心公交首末站启用，这是东莞市首个建筑物内公交站，并无缝连接地铁城轨。

△　据《南方日报》报道称，广东省委实施乡村振兴战略领导小组对2019年度推进乡村振兴战略实绩考核工作情况进行通报：东莞市综合评价等次为“优等”，麻涌镇、东坑镇综合评价等次为“优秀”，大岭山镇、大朗镇合评价等次为“良好”。

16日　东莞市召开全市招商引资百日攻坚动员会，力争全年招商引资协议投资金额2000亿元以上、实际投资金额1000亿元以上。

△　东莞市举办与墨西哥蒂华纳市友好交流合作备忘录“云签约”仪式，东莞市市长肖亚非与墨西哥蒂华纳市市长路易斯·奥杜罗·贡萨雷斯·克鲁斯分别代表两市签署友好交流合作备忘录。

△　2020年“创客广东”东莞市中小企业创新创业大赛颁奖仪式暨莞品对接会在东莞市举行，吸引138个创业项目报名参赛（企业组74个、创客组64个）。

17日　东莞市召开全市精神文明建设工作推进会，争创“全国文明城市”五连冠。

△　东莞市委常委会会议暨市新冠肺炎疫情防控领导小组会议召开，要求持续密切关注中高风险地区来莞人员疫情输入的风险，常抓紧抓常态化疫情防控不放松。

△　东莞市召开学校食堂“互联网+明厨亮灶”建设现场推进会，建设在线监管食品安全系统。

18日　东莞市举行“清洁城市环境，共建文明东莞”倡导文明生活方式系列活动。

△　东莞市“小手牵大手·再生资源进社区”主题活动在东城街道开展，引导居民增强垃圾分类基本技能。

△　东莞市在玉兰大剧院上演“归来·又见玉兰花开”专场音乐会，特邀奔赴湖北参加一线抗疫的东莞市医护人员及家人前来观看演出，以复演首场演出向抗疫英雄致敬。

19日　第十二届“挑战杯”广东大学生创业大赛终审决赛闭幕，有57所高校的129件作品获金奖，东莞理工学院和东莞职业技术学院等获“优胜杯”。

△　东莞市新增来自美国境外输入无症状感染者1例，入境后即被隔离观察。

△　东莞市广东宏远篮球俱乐部公告，其外援球员从深圳市入境，经采集标本检测结果为新冠病毒核酸阳性，由救护车转运至医院隔离观察，被诊断为新冠肺炎无症状感染者。

20日　东莞市委宣传部发布《东莞市电影院恢复开放疫情防控指引》，东莞市CGV影院恢复开放营业，这是全市首家恢复开放的影院。

△　东莞市委书记梁维东在中堂镇潢涌村接受广东电视台珠江频道《乡村振兴大擂台》记者的专访，介绍东莞市乡村振兴工作的经验做法。

20—22日　东莞市进行2020年中考，5.80万名考生踏入考场，各单位部门做好常态化疫情防控，共同为考生保驾护航。当年东莞市高中阶段学校计划招生6.47万人，普高录取率60%左右。

21日　东莞市市长肖亚非主持召开市政府常务会议，审议通过《东莞市知识产权运营服务体系建设专项资金管理办法》等重大事项。

△　东莞市举行东莞国际商务区中心公园及绿轴方案设计国际咨询结果新闻发布会，宣布丹麦安博戴水道公司和深圳梓集建筑设计有限公司联合体携《联结、联欢、联动》主题方案获胜。

△　企业家座谈会在北京市召开，位于东莞市的拓斯达公司董事长吴丰礼参与此次会议。

△　广东省邮政管理局公布上半年邮政快递行业运行情况，其中东莞市快递业务量累计8.3亿件，列全国第九位；快递业务收入累计104.9亿元，排全国第八位。

22日　东莞市经济运行监测调度工作领导小组（扩大）会议暨上半年经济形势分析会议召开。2020年上半年东莞市实现生产总值4361.28亿元，比上年同期下降1.7%，降幅比一季度收窄7.1个百分点；增速在珠三角九市中居第二位，仅次于深圳市。全市进出口总额增长4.9%。

△　东莞市举行2020年三季度重大项目、增资扩产项目、TOD（以公共交通为导向的开发）项目在虎门镇、塘厦镇、中堂镇、南城街道等4个会场同步举行开工仪式，全市共有107个项目集中开

工，总投资708亿元。

△ 东莞市市长肖亚非赴凤岗镇调研经济运行监测调度和企业复工复产情况。

△ 东莞市17家企业组织获2019年度“广东扶贫济困红棉杯”金杯1家、银杯1家、铜杯15家。

△ 东莞市滨海湾大桥主塔墩（9号墩）开钻，标志着滨海湾大桥进入主桥施工阶段。

△ 东莞市举行松山湖国际创新创业社区揭牌仪式。

△ 广东省妇联、广东省文明办发布《关于命名第六批广东省家庭文明建设示范点的通知》，东莞市有7个基层单位上榜。

23日 东莞市委书记、市人大常委会主任梁维东到大岭山镇参加“更好发挥人大代表作业”主题活动。

△ 东莞市委书记梁维东赴虎门镇、长安镇，调研经济运行监测调度和企业复工复产。

△ 在收听收看国务院和省政府廉政工作电视电话会议之后，东莞市召开市政府廉政工作会议。

24日 东莞市下发《关于进一步帮扶服务业小微企业和个体工商户缓解房屋租金压力实施方案》。

△ 东莞市举办“乐购东莞·影动一夏”之“重逢·电影院”主题活动启动仪式。

△ 东莞市帮扶的云南省昭通市第二人民医院的关节疾病治疗中心揭牌。

25日 东莞市举行广州中医院大学东莞医院签约揭牌仪式，该医院由东莞市政府与广州中医药大学共建。

△ 东莞市住房和城乡建设局、公安局、自然资源局、不动产登记中心等单位联合发布《关于进一步促进我市房地产市场平稳健康发展的通知》，涉及加大住宅用地和住房供应力度、限购政策、商品房转让年限、公积金贷款政策、房价监管等内容。

26日 一名港籍货车司机在香港确诊新冠肺炎，该司机曾在东莞市凤岗镇居住并逗留。凤岗镇疫情防控指挥部发出通告提醒市民防疫。

28日 《中国海关》杂志发布“2019年中国外贸百强城市”榜单，十强榜单中广东省占4席，分别为深圳市、广州市、东莞市、珠海市。在全国参评的297座城市中，东莞市再列前五名。

△ 东莞市生活垃圾分类主题日暨第八期“洁净东莞·城市论坛”在莞城街道鳒鱼洲文创园举行，33个园区、镇街分会场同步进行，并组建“东莞生活垃圾分类宣传志愿服务队”。

△ 东莞市委书记梁维东率东莞市“八一”拥军慰问团赴广东省军区开展拥军慰问活动。

△ 东莞市经济运行监测调度指挥部召开新闻发布会，发布《关于进一步优化惠企扶持和经济调度的实施办法》。

△ 东莞市自然资源局发布《东莞市城市规划管理技术规定》。

△ 东莞市“2020品质东莞直播带货大赛”启动仪式在莞城街道鳒鱼洲电商直播基地举行。

28—29日 东莞市人大常委会组织在莞的全国、省人大代表围绕城乡人居环境整治开展2020年更好发挥人大代表作用主题活动。

29日 东莞市污染防治攻坚战工作推进会召开。

29—31日 2020年中国会展经济研究会年会暨中国会展经济（东莞）论坛在东莞市举行。

30日 国家发展改革委下发《关于粤港澳大湾区城际铁路建设规划的批复》，涉及东莞市的项目有4个：中南虎城际铁路中山至塘厦段、塘厦至龙岗城际铁路、常平至龙华城际铁路、佛山经广州至东莞城际铁路。

△ 东莞市政府印发《东莞市人才安居办法（试行）》，新入户人才每年可享受6000元租房补贴，新政有效期至2022年6月底。

31日 东莞市委书记梁维东、市长肖亚非率领市“八一”拥军慰问团分别到海军某部队、东莞军分区和武警东莞支队走访慰问部队官兵。

△ 东莞市住房城乡建设局发布《关于加强东莞房屋租赁管理工作的通知》，提出将强化市场主体登记备案管理，查处违法违规租赁行为。

8 月

1日 2020年广东省“中国体育彩票——中怡杯”青少年花样游泳锦标赛在东莞市游泳运动管理中心拉开帷幕。

3日 东莞市中小企业培育和重点企业帮扶专项行动暨政务工作谯度会电视电话会议召开，启动中小企业培育和重点企业帮扶专项行动。

4日 东莞市市长肖亚非赴黄江镇调研经济运行监测调度和企业复工复产情况，到东莞市领益精密制造科技有限公司生产车间参观，并召开座谈会。

△ 东莞市市长肖亚非赴塘厦镇调研水污染防治工作。

△ 东莞市知识产权网络直播基地在深化商事制度改革综合试验基地揭牌成立。

5日 东莞市召开农村人居环境整治“百日攻坚战”行动动员部署会。

△ 中建国际建设有限公司公布的招标信息显示，东莞市以东莞理工学院作为合作办学高校，与香港城市大学合作开办具有独立法人资格的香港城市大学（东莞）。香港城市大学（东莞）拟选址松山湖科学城，总投资21亿元。

6日 广东省省林业局、省文化旅游厅共同认定省森林旅游特色线路和森林旅游新兴品牌地双百名单；东莞市4条线路被认定为森林旅游特色线路；寮步镇香市文化森林旅游区等5个景点被认定为森林旅游新兴品牌地。

△ 东莞市委书记梁维东率

队赴东城街道和寮步镇调研镇街、村（社区）工业园改造项目。

△ 东莞市市长肖亚非主持召开民生保障工作汇报会。

7日 东莞市委常委会会议暨市新冠肺炎疫情防控领导小组（指挥部）会议召开，强调守牢外防输入重要“关口”。

△ 东莞市委书记梁维东前往厚街镇调研统筹推进疫情防控和经济社会发展工作。

△ 东莞市召开增资扩产提速专项行动调度电视电话会议，支持优质企业扩大有效投资。

7—9日 东莞市举办“乐购东莞”2020年第三季度促消费专项行动·文化旅游体育专场活动。

8日 东莞市在东城体育公园足球场举行第三届市民运动会暨2020东莞时尚运动节启动仪式。

9日 东莞市新型冠状病毒肺炎疫情防控指挥部办公室疫情防控组发布关于粤港货运业务跨境货车司机在莞健康管理和服务保障措施的告知书。

△ “2020莞图第十一届晒书大会”在东莞市人民公园举行。

10日 东莞市松山湖国际机器人产业项目封顶。

△ 东莞市第三代社保卡建设启动暨合作单位签约仪式在东莞市民服务中心举行，第三代社保卡支持“多卡融合、一卡通用”。

△ 东莞市出台《关于贯彻落实〈广东省进一步稳定和促进就业若干政策措施〉的实施意见》，促进各类群体就业。

11日 滴滴打车平台“遗失物品送回”功能在东莞市上线。

12日 东莞市快递行业2019年度“诚信企业和最美快递员”榜单发布，10家快递企业、10名快递员榜上有名。

13日 东莞市启动“山水喜相逢·东莞返寻味——2020东莞钻石名菜评选暨莞菜文化促进系列活动”，活跃餐饮市场，打造美食名片。

14日 东莞市印发《东莞市人才入户实施办法》。自2020年9月1日起实施，有效期至2025年8月31日。

△ 东莞市2020年“乐购东莞”第三季度“东莞之夏”“东莞味道”促消费活动启动。

15日 在2019—2020赛季中国男子篮球职业联赛（CBA）总决赛第三场比赛中，广东东莞银行队以123比115战胜辽宁本钢队，获2019—2020赛季中国男子职业篮球联赛总冠军，成为CBA“十冠王”。

△ 东莞市新冠肺炎防控领导小组（指挥部）会议召开，针对汕尾市陆丰市发现新冠肺炎确诊病例和无症状感染者、深圳市罗湖区发现无症状感染者，专题研究部署东莞市疫情防控和应对处置工作。

△ 东莞市石龙镇一名21岁的打工青年杨创业，跳河救人不幸遇难。

16日 东莞市新冠肺炎疫情防控学校开学专项工作组发布《关于做好2020年秋季学期学校新冠肺炎疫情和突发公共卫生事件防控工作的通知》，要求师生开学前14天尽量在莞健康观察。

17日 东莞市委书记梁维东前往道滘镇、沙田镇督导检查边海防缉私以及冷冻生鲜食品各环节疫情防控工作。

△ 东莞市奥海科技股份有限公司在深圳证券交易所中小板上市。

18日 东莞市委、市政府向全市卫生健康工作者发出慰问信。东莞市举行庆祝“中国医师节”暨2020东莞市“最美医生”“最美护士”发布仪式。设立奖项“抗疫先锋”奖，57名援鄂医疗队员以及355名直接参与疫情防控和医疗救治，享受获得该奖项。东莞市委书记梁维东、市长肖亚非等市领导会见第五届“最美医护”的6名代表。

△ 东莞市召开东莞市中医药大会。

△ 中国经济信息社、中国信息协会、中国城市规划设计研究院联合发布《中国城市数字治理报告（2020）》，东莞市数字治理水平列全国第九位。

18—22日 第43/44届国际名家具（东莞）展览会暨2020国际名家具机械材料展在东莞市厚街镇广东现代国际展览中心举行，参展企业1572家，入场观众15.28万人。

19日 东莞市委组织部联合市人力资源和社会保障局等单位共同举办“创聚东莞——2020海内外高层次人才东莞行”活动。

△ 国家开发投资集团有限公司赴东莞市松山湖材料实验室调研参观，双方签署战略合作协议。

△ 东莞市龙嘉电商直播孵化基地开业。

△ 东莞市市场监管局与北京市京东世纪贸易有限公司签署《网络市场治理与服务战略合作备忘录》，打造网络市场政企共治模式。

20日 东莞市委书记梁维东前往虎门镇调研传统产业发展情况。

△ 东莞市市长肖亚非赴大岭山镇、寮步镇督导检查防疫工作和调研企业复工复产情况。

21日 东莞市委常委暨市新冠肺炎防控领导小组（指挥部）召开会议，强调要以全链条的严防严控，进一步筑牢外防输入防线。

△ 东莞市委书记梁维东前往大朗镇调研毛纺织传统产业企业发展情况。

△ 东莞市市长肖亚非主持召开市政府常务会议，传达学习《广东省土地管理改革2020年度工作方案》精神。

△ 东莞市工信局与东浩兰生集团上海工业商务展览有限公司、汉诺威米兰展览（上海）有限公司签署广东国际机器人及智能装备博览会合作备忘录。

△ 全国双拥工作领导小组办公室发布公告，公示对拟命名表彰的全国双拥模范城（县）、双拥模范单位，东莞市入选拟命名的全国双拥模范城（县）名单。

21—31日 广东省举行2020南国书香节，150个分会场联展联动、同期举办，东莞分会场活动有东莞非遗美食展售，东莞非遗出版物·青年产业工人作家作品联展、赠书仪式、作家座谈会等。

22日 东莞市松山湖高新区举办“科学人生·百年”院士风采展暨东莞院士创新成果展，集中展出徐光宪、师昌绪、谢家麟等27名院士的人生经历和风采，同时展出10个在莞工作院士的创新成果。

24日 在最新公布的广东省省级特色小镇培育库入库名单（第三批）中，东莞市寮步镇的香市小镇、麻涌镇的汽车小镇榜上有名，东莞市入选省级特色小镇培育库数量达6个。

△ 交通运输部公布《交通运输部关于深圳市开展高品质创新型国际航空枢纽建设等交通强国建设试点工作的意见》，其中提出深圳10号线东延至东莞市凤岗镇、深圳11号线北延至东莞市长安镇、深圳22号线北延至东莞市塘厦镇等。

△ 东莞市长肖亚非率队赴长安镇、南城街道实地调研督导黑臭水体治理工作。

△ 广东省总工会主办的“齐抗疫同成长”关爱抗疫一线医务人员亲子夏令营开营仪式在东莞市举行。

25日 国务院第七次全国人口普查领导小组到东莞市开展统计督察工作，到东坑镇井美村第七次全国人口普查数据处理综合试点督察。

△ 东莞市举办以“湾区新‘基’遇，品‘智’新东莞”为主题的华为中国生态之行2020·东莞数字峰会。

△ 东莞市轨道交通1号线首跨节段箱梁架设完成，标志着全线高架段进入上部结构施工。

△ 东西部扶贫协作——农产品交易项目之首批镇雄县生猪运达东莞市，扶贫协作项目实现两地优势互补、合作共赢。

△ 由广东省委宣传部、省委党史研究室、省国防教育办公室联合组织开展的“重走东纵抗战路”采访报道活动启动。活动首站来到东莞市大岭山镇的广东东江纵队纪念馆。

△ 东莞市发布《2020年东莞市“倍增计划”试点企业名单的公示》。

25—26日 东莞市扶贫组赴韶关市南雄市坪田镇官陂村开展“爱心消费倾心助贫”活动。

26日 东莞市鸿福商圈周边楼宇一起为庆祝经济特区建立40周年集体亮灯。

△ 2020年东莞市抗疫原创歌曲专题颁奖暨展演晚会在东莞市文化馆星剧场举行。

△ 东莞市举办注册制改革政策专场培训会。

△ 东莞市华能东莞燃机热电项目二套机组投产发电。该项目是华能公司在粤港澳大湾区投资建设的首个大型能源项目，是广东省“十三五”规划重点项目，也是东莞市打赢蓝天保卫战的重点工程。

26—27日 东莞市举行第九届中国创新创业大赛（广东赛区）暨第八届“珠江天使杯”科技创新创业大赛（东莞赛区）复赛，14家优秀创业企业，角逐晋级行业决赛的“入门券”。

27日 东莞市委书记梁维东赴横沥镇调研经济运行情况。

△ 东莞市市长肖亚非主持召开东莞市政府常务会议，审议通过《关于完善东莞市新型产业用地M0项目管理的补充规定》《关于做好2020年基层社区工作者岗位吸纳建档立卡等困难高校毕业生就业工作的通知》。

△ 东莞市举行东莞战“疫”好新闻评选活动颁奖仪式。

△ 东莞市第一个“安心小屋”在南城街道袁屋边社区综合服务中心揭牌，市民可以享受一站式心理服务。

△ 2020广东省女子篮球联赛总决赛落下帷幕，东莞女篮勇夺冠军，实现“三连冠”。

△ 国家公共文化云云上开幕式由全国公共文化发展中心主办，东莞市人民政府等参与承办“2020年全国公共文化和旅游产品云上采购大会”。

27—28日 广东省公安厅举办“水域卫士”杯水上技能比武竞赛，广州市、东莞市、深圳市三支代表队分获团体总分第一、二、三名。

27—29日 “2020中国（东莞）智能终端产业大会”在东莞市厚街镇举办，吸引近500家企业展出千余种新产品。

28日 东莞市委书记梁维东主持召开市委常委会扩大会议，要求全力抓好疫情防控和经济社会发展“双统筹”、奋力夺取“双胜利”。

△ 东莞市举行星啸-赵·司徒·郑（东莞）联营律师事务所开业仪式，该所是东莞市首家粤港澳联营律师事务所。

△ 东莞移动分公司与东莞轨道有限公司、八维通科技有限公司签署合作协议，成立“5G智慧轨交联合创新中心”。

△ 东莞市投入使用品质东莞产品电商运营中心直播基地，网红主播推荐东莞优质产品。

29日 东莞市举行“海纳百川，梦想开花”研讨会暨尹利平处女作《我的能量从何而来》新书发布会。

31日 东莞市发改局公布东莞市新增补（调转）41个市重大建设项目，总投资超过800亿元，滨海湾新区东湾大道（交椅湾段）、滨海湾大桥工程、华润电力东莞市大朗镇分布式能源项目、东莞市滨海湾新区滨海湾大桥工程等基础工程、麻涌豪丰环保项目、东莞市燕英实验学校工程在列。

9 月

1日 东莞市中小学校开学，各学校参照疫情期间春季学期学生返校安排，实施分批分期错峰开学，未通过验收审批的学校不得安排学生返校。

△ 东莞市委书记梁维东走

访散裂中子源科学家团队，了解团队创新创业情况。

△ 东莞市镇（街道）属企业改革工作动员会召开，研究部署、全面启动镇属企业改革工作。

△ 中央广播电视总台财经频道CCTV-2《消费主张》栏目播出《2020中国夜市全攻略：广东东莞》介绍东莞市地道美食文化。

2日 东莞市开展第七届市政府质量奖评审活动，召开实施制造业质量变革战略工作会议，向广东拓斯达科技股份有限公司等3家企业颁发市政府质量奖。

3日 东莞市三江六岸滨水岸线示范段项目一期工程（龙湾段）开工仪式在龙湾湿地公园举行。

△ 经广东省市场监管局批准，东莞市检测院筹建的广东省质量监督低温绝热气瓶检验站（东莞）挂牌成立。

4日 位于东莞市民服务中心政务大厅三楼的东莞优才服务中心启用。

5日 东莞—昭通东西部产业协作项目签约仪式在东莞市举行，该次签约的项目25个，协议投资80多亿元。

△ 中国科学院云计算中心优秀传统文化大数据联合实验室在东莞松山湖国家高新区云计算中心成立。

6日 东莞市报告新增境外输入无症状感染者1例，来自巴拿马。

7日 共青团东莞市第十七次代表大会召开。

8日 东莞市举行以“打造最强产业链·赋能智造新时代”为主题的东莞全球先进制造招商大会，发布签约重大项目216个，投资金额3255.08亿元，代表项目上台签约涉及投资金额1895.76亿元。

△ 全国抗击新冠肺炎疫情表彰大会在北京人民大会堂举行，东莞市在此次最高规格的大会上获两项殊荣：东莞市卫生健康局获评为全国抗击新冠肺炎疫情先进集体；东莞市人民医院医生张平获评为全国抗击新冠肺炎疫情先进个人。

△ 国家卫生健康委公布《2019年度国家级母婴安全优质服务单位名单》，广东省有7所医院被点名表扬，东莞市妇幼保健院作为东莞市唯一的医疗机构上榜。

9日 东莞市委书记梁维东、市长肖亚非等市领导前往教师家中和学校看望慰问教师，并召开教师节座谈会，向全市教师和教育工作者致以节日的问候。

△ 东莞市委书记梁维东赴长安镇调研茅洲河流域水污染治理工作。

△ 第五届中国创新挑战赛（广东）暨2020年广东创新挑战赛需求集中发布仪式举行，围绕重点产业领域的关键核心技术和“卡脖子”领域，挖掘需求440条，占全国需求征集总量的近五分之一，其中东莞·松山湖主赛区发布169项技术需求。

△ 东莞市公布《东莞市加快推进养老服务体系建设高质量发展三年行动计划（2020—2022年）》。

10日 ESI（基本科学指标数据库）公布2010年1月1日至2020年6月30日统计数据，广东省高校新增香港中文大学（深圳）和东莞理工学院两所拥有ESI全球前1%高校。

10—12日 2020年华为开发者大会在东莞市举行，鸿蒙系统2.0在大会上发布。

11日 东莞市委书记梁维东、市长肖亚非会见东莞市在全国抗击新冠肺炎疫情表彰大会上获表彰人员。

△ 东莞市委常委会会议暨市新冠肺炎疫情防控领导小组（指挥部）会议召开，强调要辩证看待疫情防控取得的阶段性成果，要结合秋冬季疫情防控需要抓好联防联控和应急处置，打好秋冬季防疫情反弹预备战。

△ 来自香港特别行政区、澳门特别行政区以及广东省广州、深圳、珠海、佛山、惠州、东莞、中山、江门、肇庆等九市的文化和旅游主管部门，共同签署《粤港澳大湾区“9+2”城市旅游市场联合监管协议书》。

12日 东莞市举办高校毕业生就业创业计划云上发布会。

13日 东莞市首期农村电商“一村一品”带头人培训班开班。

14日 东莞市召开创建食品安全示范市中期评估汇报会。

16日 东莞市委书记梁维东赴黄江镇调研，推动城市和产业转型升级、加快高质量发展。

△ 由东莞市人民政府、日本驻广州总领事馆与日本贸易振兴机构驻广州代表处共同主办的第十六次在莞日资企业政企联络会召开。

△ 广东宏远篮球俱乐部和云南大益茶业集团共同举行2020年冠名合作发布会，从下个赛季开始，宏远男篮将以“广东东莞大益队”的名称出战中国篮球联赛。

△ 东莞市网红直播产业研究中心揭牌仪式在广东创新科技职业学院举行。

17日 东莞市信息与网络安全协会举行第一次会员大会。

△ “新时代、新征程、新跨越”东莞市职业技能等级认定启动仪式在东莞市举行。

△ 广东省委常委、政法委书记张虎到东莞市调研政法工作。

18日 民政部部长李纪恒到东莞市调研社会工作服务站的社会工作情况。

△ 东莞移动分公司宣布，5G用户数突破100万。东莞市成为广东省第三个移动5G用户数超百万的地级市。

△ 东莞市文化馆举行东莞2020“中国农民丰收节”暨对口帮扶地区农产品购物嘉年华活动。

△ 东莞市余泥渣土处置协会第一届会员大会暨选举大会举行。

18—21日 2020第十五届东莞秋季茶博会举行。

19日 “2020年东莞市涉外法律服务机遇与挑战”高峰论坛东莞市迎宾馆举行。

△ 东莞市2020“粤菜

师傅”职工技能大赛各项榜单揭晓，邓月光夺得第一名，并被东莞市总工会授予“东莞市‘五一’劳动奖章”。

21日　广东省农房管控和乡村风貌提升暨田间窝棚整治现场推进会在东莞市召开。

△　2020年广东省男篮联赛落下帷幕，东莞队获冠军。

△　东莞市道滘镇举行退役军人就业创业服务合作签约仪式暨退役军人就业现场招聘、适应性培训开班典礼；并举行东莞市首个退役军人就业创业培训基地挂牌仪式。

22日　东莞市大学筹建办发布湾区大学的首次对外公开招聘信息。

△　东莞市新增报告2例境外输入新冠肺炎无症状感染者，海关采样后从机场转运至东莞市集中隔离点。

23日　东莞市开展2020年东莞（万江）防汛防风应急救援演练，检验市镇两级三防指挥系统上下联动的实战能力。

△　东莞市数字产业协会成立大会举行。

△　东莞市住房公积金管理委员会调整部分住房公积金贷款和提取规定，首套房公积金额度降至90万元。

△　道滘镇水乡大道东莞特大桥路段，一辆重型半挂牵引车变道时与一辆二轮摩托车发生碰撞，致使摩托车倒地，随后牵引车碾压摩托车及车上人员，造成3人死亡。

23—24日　东莞市司法局联合调解协会在东莞市深化商事制度改革基地，举办2020年东莞市调解骨干专题培训。

24日　东莞市医疗保障协会第一届会员大会暨成立大会召开。

△　东莞市先进光纤应用技术研究院项目奠基仪式在松山湖国际创新创业社区举行。

△　东莞市人力资源和社会保障局组织33家东莞市知名企业赴四川省举行校园专场招聘会。

25日　中国共产党东莞市第十四届委员会第十一次全体会议举行。听取市委书记梁维东代表市委常委会所作的报告和市长肖亚非关于经济工作的专题讲话，审议通过《关于进一步完善区域协调发展格局　推动南部各镇加快高质量发展的意见》《关于推进外经贸高质量发展　在加快形成以国内大循环为主体国内国际双循环相互促进新发展格局中发挥更加积极作用的意见》《关于加快推进大湾区综合性国家科学中心先行启动区（松山湖科学城）建设的若干意见》。

△　东莞市长肖亚非主持召开东莞市市政府常务会议，审议通过《关于承办国家级、省级职业技能竞赛项目相关问题的请示》等重大事项。

△　东莞市民政局举行“乐购东莞　社会组织牵手大行动”签约仪式，多家协会、商协会、企业代表参加活动。

△　位于东莞港的东莞市海昌实业有限公司港口岸电工程通电，这是东莞市首个5万吨及以上装散货港口岸电项目。

△　国家技术转移人才培养基地（广东）在东莞市松山湖国际创新创业社区揭牌。

△　15时许，松山湖高新区华为团泊洼项目一在建实验室内发生火灾事故，造成3人死亡，直接经济损失3945万元。

25—27日　东莞市商务局在东城街道33小镇举行“东莞味道·美食嘉年华”主题活动。

26日　莞惠城际铁路日均增加6对动车组，平均提速25分钟。

△　东莞市召开中秋、国庆“双节”期间安全生产及消防工作会议暨第四季度工作例会。

△　“第二届大湾区名优企业进校园”线下招聘会在东莞市广东科技学院南城校区举行。

△　东莞市统计局和国家统计局东莞调查队联合举办第十一届“中国统计开放日之东莞”暨东莞市第七次全国人口普查宣传月启动仪式。

26—28日　2020中国国际服装服饰印花博览会在东莞市虎门镇虎门会展中心举行。

27日　共青团东莞市第十七次代表大会召开。

△　第七届全国十佳公诉人业务竞赛暨全国优秀公诉人业务竞赛在北京市举行决赛，东莞第三市区检察院检察官陈剑峰获“全国优秀公诉人”称号。

△　东莞市“民生大莞家”品牌项目获广东省市直机关第八届“先锋杯”工作创新大奖。

28日　东莞市住房和城乡建设局印发《东莞市安居房配建管理实施细则》，安居房配建比例原则上不低于10%。

△　2020年职业技能培训标准开发应用交流会暨莞城街道“一镇一品”工业机器人自动焊接培训班开班仪式在东莞市i智通职业培训学院举行。

29日　东莞市市长肖亚非带领市直有关部门负责人先后前往东城街道、万江街道，检查消防安全、安全生产和节前市场供应工作。

△　东莞市人民政府组织召开‘双百”行动（百个重大建设项目“百日攻坚”专项行动）和增资扩产项目落地行动专题督导会。

△　《东莞市青年发展规划（2020—2025年）》新闻发布会召开，发布东莞市历史上第一个专项青年发展规划。

△　2020年东莞市“双百拥军行’活动授旗仪式在市会议大厦西门广场举行。

30日　东莞市十六届人大常委会第三十六次会议召开，要求全市人大机关和各级人大代表发挥人大制度和人大代表的作用，服务东莞市深度参与“一核一带一区”建设。

△　全国第七个烈士纪念日，东莞市各界代表在东莞人民公园革命烈士纪念碑广场、厚街镇松山公园开展烈士公祭活动。

△　东莞市市长肖亚非赴市公安局督导国庆、中秋假期安保维

稳及交通保障工作。

△ 武汉市与东莞市依托全国一体化政务服务平台，率先实现汉莞两地政务服务事项“跨省通办”，并开始试运行。

△ 东莞市第三代社会保障卡服务应用升级暨“诊疗一卡通”平台启动仪式在寮步镇社区卫生服务中心举行，活动同时在东城街道、长安镇、大朗镇的社区卫生服务中心分会场举行。

10 月

1日 东莞市委书记梁维东前往市委、市政府总值班室，检查督导全市国庆、中秋假期值班值守工作。

△ 东莞市民政局联合市卫生健康局、市文明办为20对医护人员新婚夫妻举办因抗疫而“迟来”的婚礼。

1—8日 东莞市接待市民游客573.94万人次，实现旅游总收入29.84亿元。进入10月9日抖音平台公布的国庆、中秋假期中国最热门的旅游城市前十名榜单。

2日 东莞市委书记梁维东前往虎门大桥管理中心督导交通安全保障工作，向假期坚守岗位的工作人员致以节日问候，并前往道滘镇掌洲农业公园调研特色公园及乡村振兴建设情况。

3日 东莞市委书记梁维东赴樟木头镇调研银瓶山森林公园（广东省九洞森林公园）建设情况。

4日 第十三届观澜湖青少年锦标赛落下帷幕，来自6个国家和地区的120名青少年选手在东莞观澜湖利百特球场进行三轮争夺，仝扬、张芷萱分获男女子总冠军。

5日 东莞市委书记梁维东率队到大朗镇调研供水安全保障工作。

7日 东莞市市长肖亚非到常平镇走访东莞东站、隐贤山庄、石马河常平段等地，督导国庆、中秋假期安全防范及水污染治理工作，了解疫情防控及工作推进情况。

9日 广东省公示抗击新冠肺炎疫情拟表彰对象，东莞兰卫医学检验实验室董事长刘永红入选。

△ 广东赛尔生物科技有限公司在松山湖高新区举办公司8周年庆典暨2020年创新技术发布会。该公司8年来着力打造生物医药产业，获评为国家高新技术企业。

10日 广东省人民政府揭榜的2019年度全省平安建设（综治工作）考评中，东莞市得分排第二位，获评“优秀”等次。这也是继2018年之后，蝉联这一名次。

△ 东莞市委书记梁维东赴市供销合作联社调研综合改革情况。

△ 东莞市开展年内第四场线下“就业服务日”活动，提供的岗位超过4500个，招聘人数超4万人。

△ 东莞市残联与市总工会联合开展“残疾人电影专场服务日”活动，现场60余位残疾人相聚电影院，共同观看电影《我和我的家乡》。

10月10日至12月28日 第七届中国·东莞音乐剧节在东莞市举行。

12日 东莞市委书记梁维东前往东莞理工学院调研科技创新研究院和现代产业学院教学实践区的建设情况。

△ 东莞市水上搜救分中心在东莞港立沙岛作业区中海油码头举行2020年水上搜救应急综合演练。首次使用水上救生机器人和水面移动救生担架床。

12—31日 东莞市旗峰山艺术博物馆携手保利艺术博物馆举行中国古代吉金玉器展，展出近40件海外回流的国宝。

13日 科技部火炬中心组织召开典型高新区固定监测点工作动员部署会，初步认为东莞市松山湖高新区成为大湾区综合性国家科学中心先行启动区，纳入固定监测点。

△ 东莞市人民政府办公室印发《关于扎实推进全市重点工作“百日攻坚”行动的工作方案》，对10项重点工作开展“百日攻坚”行动。

△ 东莞市自然资源局印发《东莞市产业和公共设施项目建设工程规划许可完全告知承诺制操作细则》，建设工程规划许可办理时限将由之前的15个工作日减少为5个工作日。

△ 东莞市名校研究生培养基地2019级联合培养研究生欢迎仪式举行，87名研究生将在东莞市培养，走进当地企业，开启1～2年的联合培养。

13—20日 “艺术为了人民——中国美术名家走进东莞采风写生”活动举行。

14日 广东省政协主席王荣率队到东莞市开展专题调研。

△ 东莞市举行创建国家节水型城市现场考核汇报总结会，国家考核组经3天的现场考核后，认定东莞市达到国家节水型城市考核标准要求，同意按规定程序上报住房城乡建设部和国家发展和改革委员会。

15日 东莞市市长肖亚非主持召开市政府常务会议，审议通过《水乡功能区建设市连片“工改工”基层改革创新实验区实施方案》《东莞市人民政府关于废止〈东莞市社会保险待遇违法行为举报奖励暂行办法〉的通知》等重大事项。

△ 东莞市人民政府办公室发出通知，成立东莞市蓝天保卫战百日冲刺行动工作领导小组，市长肖亚非担任组长。

△ 由韶关市人民政府、北京跨区域产业协作中心、东莞韶关对口帮扶指挥部联合主办的京粤（韶关）跨区域产业协作对接洽谈会在北京市召开，洽谈会促成投资与合作拟投资额175.6亿元。

△ 东莞市举行由东莞韶关对口帮扶指挥部、东莞市文化广电旅游体育局、韶关市文化广电旅游体育局联合主办的“岭南名郡·善美韶关”韶关文旅体（东莞）推介会。

15—20日　第五届中国国际食品配料博览会在广东现代国际展览中心举行，来自海内外数万种优质食材集中亮相，1000家企业参与线上展会，近500家企业参加线下展览。这是该博览会首次落户东莞市。

10月15日至12月5日　第十五届广东（东莞·塘厦）国际温泉文化旅游节举行，活动由广东省温泉行业协会、南方日报社联合主办。首日在东莞市塘厦镇三正半山温泉酒店举行开幕仪式。

16日　东莞市委常委会召开会议，传达学习习近平总书记出席深圳经济特区建立40周年庆祝大会和视察广东重要讲话、重要指示精神。

△　东莞市黄江镇举行暨南大学与金科伟业战略合作签约仪式及暨南大学教育学院东莞分院揭牌仪式。

△　由中国交通第二航务工程局有限公司承建的东莞市东江南支流港湾大桥主塔（高105米）封顶。

△　东莞市松山湖高新区举办首届中国松山湖先进技术与产品采购会暨发展战略研讨会活动，组织中国船舶集团成员单位开展专场对接采购，吸引120多家地方企业、高校院所参加和交流。

16—17日　东莞市举行“一流大学建设系列研讨会—2020”暨中国大学校长联谊会，来自包括北京大学、清华大学、复旦大学等12所中国大学校长联谊会成员院校的校长和副校长，以及各校近百名代表出席会议。

18日　广东省传达学习贯彻习近平总书记出席深圳经济特区建立40周年庆祝大会和视察广东重要讲话、重要指示精神干部大会召开，东莞市委书记梁维东、市长肖亚非等市几套班子领导在东莞分会场收听收看会议。随后，东莞市召开全市传达学习贯彻习近平总书记出席深圳经济特区建立40周年庆祝大会和视察广东重要讲话、重要指示精神会议。

△　东莞市委平安东莞建设领导小组联合有关单位以“护航”为主题，举办“护航生命”“护航成长”“护航百姓”“护航畅通”“护航都市”“护航平安”“护航民生”“护航‘金’安”等活动。

△　东莞市智通人才莞城总部举行“2020年东莞金秋招聘月暨就业扶贫专场招聘会”，这是年内东莞市首场大型综合类线下招聘会。

19—20日　2020中国（东莞）国际医疗防疫及大健康产业发展论坛暨展览会在东莞市广东现代国际展览中心举行。展会规模1.5万平方米，有超过150家企业携带新产品参展；由东莞市300多家企业组成的防疫物资出口产业联盟宣告成立；中国工程院院士钟南山做视频发言，点赞东莞市。

20日　全国双拥模范城（县）命名暨双拥模范单位和个人表彰大会在北京举行，会上，东莞市第九次获“全国双拥模范城”称号。

△　胡润研究院发布“2020胡润百富榜”，东莞市有37人入榜，入选人数排城市队列第十三位。

21日　广东省抗击新冠肺炎疫情表彰大会在广州市举行，其中，东莞市36人被评为广东省抗击新冠肺炎疫情先进个人；13个集体被评为广东省抗击新冠肺炎疫情先进集体；7人被评为广东省优秀共产党员；6个集体被评为广东省先进基层党组织。

△　东莞市松山湖启动第九届中国创新创业大赛大中小企业融通专业赛（华为专场）暨2020年松山湖创新创业大赛，设立1500万元用于投资大赛特等奖项目。

22日　东莞市委书记梁维东迎接牡丹江市委书记杨廷双率领的党政代表团来东莞市考察。

△　《2019年中国城市会展业竞争力指数报告》在成都市举行的2020中国城市会展业竞争力指数发布会上发布，东莞市列地级市2019年城市会展业竞争力指数第三名，列全国城市会展业竞争力指数第二十五名。

△　广东省委、省政府、省军区决定对全省双拥模范单位和个人进行表彰，其中东莞市黄江镇委书记叶锦锐被授予“广东省爱国拥军模范”称号。

△　东莞市公共资源交易中心发布“凤岗镇竹塘村下围工业区新型产业类更新单元”成交公告，由凤岗镇人民政府与广东都市丽人智能产业投资有限公司签订实施协议书。这是东莞市首宗单一主体挂牌招商项目，也是全市首宗“工改M0（新型产业）”项目。

23日　东莞市举行松山湖数字产业园区论坛暨中集产城数字科技产业园开园典礼。

△　东莞市在城建规划展览馆举办举行“慢行交通大家谈”活动。

25日　东莞市举行纪念“东莞慈善日”十周年活动。

26日　东莞市在迎宾馆举行2020品质东莞直播带货大赛颁奖仪式暨高峰论坛，据悉，东莞直播带货大赛推动线上线下成交6.5亿元。

26—27日　东莞市委书记梁维东率东莞市党政代表团，先后赴汕头市、潮州市学习考察。

27日　东莞市委书记梁维东到揭阳市开展帮扶工作专项调研。

△　东莞市部署开展全市重点工作“百日攻坚”行动，市长肖亚非赴厚街镇、清溪镇，深入挂点服务重点监测企业调研生产经营状况。

△　东莞市举办“洁净东莞·城市论坛之客侨之约”活动，发布园区、镇街“洁净东莞指数测评”及红黑榜情况。

28日　东莞市交警部门联合抖音等平台，开展“整治电动自行车违法”现场直播。

29日　东莞市人民政府办公室印发《关于全面加强民政工作的意见》，提出到2022年底，保持社会救助保障各项标准稳居全省前列。

△ 东莞市2020年第四季度重大项目集中开工仪式分别在麻涌镇、茶山镇和谢岗镇3个会场举行，集中开工项目共44个，总投资302.1亿元。

△ 东莞市石碣镇人民政府和广东艾利发剧院管理有限公司联合出品的大型爱国励志儿童音乐剧《少年袁崇焕》在东莞玉兰大剧院首次登台亮相。

30日 东莞市委常委会会议暨市新冠肺炎防控领导小组（指挥部）会议召开，传达学习习近平总书记在中央财经委员会第八次会议上的重要讲话精神，传达中央、省关于新冠肺炎疫情防控的会议精神，通报东莞市疫情防控工作情况。

△ 深莞政务服务深化合作启动仪式在东莞市松山湖高新区举行，双方签署“深莞通办”窗口收件委托协议，并对深莞政务服务深化合作的首个试点——松山湖高新区“深莞通办试点单位”揭牌。

△ 东莞市举行2020先进制造链创新发展大会暨跨境电商采购峰会，来自深圳、广州等珠三角城市的超5000名跨境电商专业买手到场采购。

△ 东莞市市民服务中心举行“莞事论坛”第四期活动，探讨优化医疗服务的方法、举措。

△ 东莞市松山湖人才大厦举行松山湖港澳青年创新创业基地多站点交流暨授牌活动，松山湖国际机器人产业基地、松山湖材料实验室粤港澳交叉科学中心等14家分站点获授牌。

△ 广东省人民政府与香港特别行政区政府联合发布《实施〈粤港合作框架协议〉2020年重点工作》，其中明确东莞市构建以东莞港为中心，辐射整个粤港澳大湾区的水陆集疏运网络。

10月30日至11月1日 2020第十一届东莞台湾名品博览会举行，展会吸引360多家台资企业、30家上市台资科技企业等参展，达成合作意向30.8亿元。

31日 东莞市2020年金秋招聘月暨高校毕业生就业专场招聘活动在智通人才莞城总部举行，有359家企业提供5609个职位，吸引高校应届生参加，其中线下参加招聘活动3100多人、线上同步参会1.46万人。

△ 东莞市第七次全国人口普查入户登记启动仪式在东莞市民服务中心举行。自11月1日零点起，东莞市4万余名普查员将逐街逐巷、逐门逐户、逐人逐项地调查询问，查清东莞市人口数量、人口结构、区域分布、城乡住房等情况。11月2日，东莞市委书记梁维东、市长肖亚非分别接受第七次全国人口普查登记，以实际行动支持全国人口普查工作。

10月31日至12月5日 由中国美术馆、广东省文化和旅游厅、广州市文化广电旅游局主办、东莞市委宣传部协办的“有容乃大——容庚捐赠展”活动举行，展出300余件容庚及其家属捐赠国家的文物。

11 月

1日 花都区至东莞市高速公路通车，路线全长65.18千米，设计时速100千米。

△ 东莞市2020横沥镇百年牛墟风情节开市，500年前的古墟牛市变身粤港澳非遗墟市。

2日 东莞市大朗镇毛织贸易中心市场采购贸易方式试点完成首单首试。当晚，大朗镇被中国纺织工业联合会流通分会授予“中国（大湾区）时尚毛织产品采购基地”称号。

△ 东莞市滨海湾政务服务中心公安专区启动，实现出入境等56项公安业务“一站式”办理。

2—4日 2020粤港澳院士峰会暨第六届广东院士联合会年会在东莞市松山湖高新区举行。周济、潘云鹤、曾庆存、何镜堂等54名院士汇聚一堂，为粤港澳大湾区综合性国家科学中心先行启动区建设献计献策。

2—8日 第十九届中国（大朗）国际毛织产品交易会举行。

3日 东莞市人民政府新闻办公室、东莞市民政局联合召开东莞市“民生大莞家”品牌项目新闻发布会，发布完成“民生微实事”项目102个项目，办结534宗“民生微心愿”诉求，建成“莞家驿站”552个。

4日 东莞市召开全市农民住房管理工作会议。

△ 东莞市市长肖亚非率队前往大岭山镇，调研挂点服务的重点企业。

△ 东莞市民服务中心举行东莞市“119”消防宣传月活动启动仪式。

△ 东莞市人民政府印发《东莞市农民安居房管理办法》，该办法持续执行到2025年11月。

5日 东莞市委书记梁维东赴松山湖高新区，走访挂点服务的广东生益科技有限公司、东莞新能源科技有限公司、东莞华贝电子科技有限公司。

△ 东莞市市长肖亚非主持召开市政府常务会议，审议发布或通过《东莞市人民政府关于镇街综合行政执法的公告》《东莞市推动制造业高质量发展集群培育专项资金管理办法（送审稿）》《东莞市重点招商园区（低成本空间）扶持奖励暂行办法（送审稿）》等重大事项。

△ 东莞市发展战略院士咨询委员会2020年会主题沙龙在厚街镇召开，探讨东莞市新材料产业的发展。

△ 东莞市举行第八届国际复合材料科技峰会开幕，汇聚海内外近1000名复合材料界专家学者和企业代表，探讨国际复合材料最新前沿学术进展与成果。

△ 中山大学附属第三医院儿童发育行为中心东莞市康复医院揭牌。

5—7日 东莞市虎门会展中心举行2020中国（虎门）纺织面辅料交易会与第十四届全国纺织服

装标准与质量管理论坛。

6日　东莞市委书记梁维东主持召开市委常委会会议，传达学习习近平总书记在中共十九届五中全会上的重要讲话精神和全会精神。

△　坐落在东莞市的南方光源研究测试平台项目举行综合实验楼主体封顶仪式。

△　东莞市举行2020年四川省甘孜州九龙县文化旅游农牧产品推介会，做好对口帮扶脱贫工作。

△　2020年全省社区矫正工作会议暨第四季度社区矫正风险研判分析会议在东莞市茶山镇召开。

△　东莞市塘厦演艺馆举行“同饮一江水”2020广东劳动者歌唱大赛年度总决赛。

7日　由商务部投资促进事务局、东莞市人民政府联合主办的“中日（东莞）先进制造恳谈会”在上海市举行。东莞市市长肖亚非出席活动并致辞，欢迎日本企业前来投资兴业。

△　2020年粤港澳大湾区青少年田径邀请赛在东莞市体育中心体育场开幕。

7—8日　由东莞市科学技术协会指导的东莞市重大科普活动“干细胞与再生技术临床应用研讨学习班”大型研讨会举行。

7—8日　2020年全国大学生英语演讲比赛广东省分赛暨“外研社杯”全国英语演讲、写作、阅读大赛（广东赛区），在位于东莞市的中山大学新华学院举行。

8日　第三届粤港澳大湾区金融发展论坛在东莞市举行。

9日　东莞市委书记梁维东组织召开市政协重点提案调研座谈会，听取《关于健全公共卫生应急管理体系，提高应对突发公共卫生事件能力的建议》系列提案的办理情况汇报和意见建议，要求各提案承办单位跟进。

△　东莞市召开市推进政府职能转变和“放管服”改革协调小组全体会议，市长肖亚非在会上强调以“放管服”改革促进综合环境全面优化。

△　东莞市发布《东莞港总体规划（2020—2035）》。东莞港口将形成麻涌港区、沙田港区、沙角港区和内河港区四大港区的总体发展格局。

10日　中国文明网公布第六届全国文明城市名单和复查确认继续保留称号的前五届全国文明城市名单，东莞市榜上有名，实现全国文明城市“五连冠”。

△　东莞市召开推动外贸高质量稳定发展大会。

△　东莞市召开在莞港资企业座谈会。

△　国家高能物理科学数据中心在中国散裂中子源（东莞）揭牌，成立大湾区分中心，为粤港澳大湾区的大科学装置及科学研究提供直接的服务。

10—13日　2020年东莞市（第十一届）校企合作洽谈会东莞名企高校招聘代表团，携1645个优质岗位，走进位于兰州市的西北师范大学、兰州大学、兰州理工大学和兰州工业学院4所院校开展校企合作和招聘活动。

11日　东莞市委书记梁维东赴厚街镇、东坑镇调研。

△　东莞市市长肖亚非主持召开市政府党组会议，传达学习习近平总书记在中共十九届五中全会上的重要讲话精神和全会精神。

△　东莞市地铁1号线新源路站至东城南站区间首台盾构机“东新1号”，在新源路站始发。

△　第九届中国中小企业创新服务大会在东莞市举行。会上，东莞市工业和信息化局与中国软件行业协会签署战略合作协议。

△　东莞市召开数字乡村发展试点工作会议。会上，麻涌与中堂两镇获授“广东省数字乡村发展试点镇”牌匾。

△　广东省摄影家协会组织专家到申报“广东摄影目的地”项目的东莞市茶山镇南社明清古村落进行实地考察。

△　2020年东莞市重点文艺创作基地认定与扶持工作会议暨东莞（石龙）小舞剧创作基地揭牌仪式在石龙镇文化馆举行。

12日　位于东莞市东江南支流的港湾大桥首榀钢箱梁，在大型浮吊作业下吊装就位，该桥跨度居国内前列。

△　东莞市召开新建商品住房限购资格查验线上申请等3项不动产改革事项会议暨企业回访座谈会。

13日　中国国际高新技术成果交易会在深圳市开幕。在高交会智慧城市组委会、国际数据（亚洲）集团主办的“2020亚太智慧城市”评选中，东莞市获“2020中国领军智慧城市”称号。

△　国家第二批专精特新企业名单公布，东莞市入选企业34家。

△　东莞市召开养老服务部门联席会议第一次会议，推动养老服务高质量发展。

14日　微信公众号“云南省人民政府网”发布《云南省人民政府关于批准镇雄等9个县市退出贫困县的通知》显示，东莞市对口帮扶的昭通市镇雄县等6个县（区）退出贫困县。

△　2020粤港澳大湾区青年自行车联赛·东莞站，在东莞市同沙生态公园开赛。

15日　东莞市举行“首届东莞卫生健康文化艺术节”专项决赛。

16日　东莞市召开2020年市长督办政协重点提案调研座谈会。督办《关于新基建背景下东莞打造粤港澳大湾区5G创新型产业集群的建议》等提案。

△　东莞市印发《东莞市医疗卫生健康事业发展专项资金（人才及学科建设部分）管理暂行办法》。

△　“中国城市社会发展指数研究”课题组在华东理科大学发布“新时代中国城市社会发展指数暨百强榜（2020）”，东莞市列第十一位。

△　2020中国建筑学会室内设计分会第三十届年会在东莞市举行，以“粤来粤好”为主题，推动设计与产业的融合对接。

17日　东莞市召开市委常委会议暨市新冠肺炎疫情防控领导小

组（指挥部）会议，通报东莞市疫情防控工作情况，要求紧扣防疫防控工作大局，形成常态化疫情防控强大合力。

△ 东莞市召开决策咨询顾问委员会2020年会，邀请专家学者为高水平谋划“十四五”发展建言献策。

△ 东莞市召开2021年度党报党刊发行工作会议。

18日 由中国贸促会主办，中国贸促会商法中心、广东省贸促会和东莞市人民政府共同承办的2020年国际调解高峰论坛在东莞市举办，中国专家与新加坡、意大利、泰国等多个国家和地区的专家共同探索国际商事调解的思路、方式。

△ 东莞市“常平号”中欧班列启动仪式举行，44个集装箱货物发车。

△ 东莞市轨道交通1号线一期工程首座车站道滘站封顶。

△ 东莞市石龙镇召开中国举重博物馆筹建工作会议，部署和推进中国举重博物馆筹建工作。

△ 汕尾市党政代表团来东莞市考察交流。

19日 国务院办公厅发出通报，对国务院第七次大督查发现的典型经验做法（43项）给予表扬，其中，东莞市“全面提升服务企业水平，有效稳住外贸基本盘”的做法为受表扬的典型经验做法之一。

△ 广东省委党校（广东行政学院）与中共东莞市委员会战略合作框架协议签署暨干部培训教学研究基地揭牌仪式在东莞市举行。

△ 东莞市松山湖高新区举行东莞市软件和信息技术服务业集聚区及东莞市软件产业园授牌仪式。松山湖高新区被授予全市首个“东莞市软件和信息化技术服务集聚区”称号，5个软件产业园获评为“试点园区”。

19—22日 第25届中国（虎门）国际服装交易会暨虎门时装周在东莞市虎门镇举行。该活动首次开启线上云展会直播。

20日 中央文明委发出《关于表彰第六届全国文明城市、文明村镇、文明单位和第二届全国文明家庭、文明校园及新一届全国未成年人思想道德建设工作先进的决定》，其中，东莞市上榜的荣誉有12个：东莞市第四次蝉联“全国文明城市”；横沥镇、高埗镇、茶山镇南社村、清溪镇土桥村入选“全国文明村镇”；东莞市疾控中心、大朗镇巷头社区、东莞市住建局、东莞新奥燃气有限公司4个单位获评为“全国文明单位”；东莞市东城街道星城社区淡小平家庭获评为“全国文明家庭”；东莞中学初中部、东莞师范学校附属小学2所学校获评为“全国文明校园”。

△ 广东省人民政府与国家自然科学基金委共同组织举办“国家自然科学基金优秀成果对接活动”，东莞市作为分会场共同举办此次活动。

△ 东莞市政府召开城市体检试点工作推进会，市长肖亚非及近30个部门和全市35个园区（镇街）负责人约130人参加会议。

△ 东莞市工业和信息化局印发《东莞市“3+1”产业集群试点培育专项资金管理办法》，重点支持食品饮料、纺织服装和家具三大优势传统产业集群发展，支持软件和信息技术服务业发展。

△ 东莞市教育局发布第二批品牌学校和第三批品牌学校培育对象名单，共认定30所品牌学校，遴选出60所品牌学校培育对象。

△ 由中国建筑陶瓷博物馆携手东莞市可园博物馆共同举办的“莞香花开”陶瓷雕刻印象画展在可园开幕，展出南粤工匠、中国建筑陶瓷博物馆副馆长杨晓光取材于东莞市的美景陶瓷刻画作品。

21日 东莞市沙田镇对进口冷链食品开展常态化监测，发现1份从阿根廷进口的鸡全翅和1份从俄罗斯进口的冻鸡脚的外包装新冠病毒核酸检测结果呈阳性。东莞市立即启动市、镇两级疫情防控指挥部应急响应。

21—22日 2020年东莞市“网协杯”业余网球团体赛在市网球中心举行。

22日 广东省人民政府与中国科学院在广州市召开省院全面战略合作领导小组会议，中国科学院院长白春礼、广东省省长马兴瑞出席会议。东莞市市长肖亚非出席会议并代表东莞市与中国科学院签署《共同建设综合性国家科学中心先行启动区（松山湖科学城）合作协议》。

△ 2020中国BMX（越野自行车）自由式联赛总决赛河南濮阳站落幕，东莞市14岁少年徐悦骑代表广东队出征，获青年男子组冠军。

△ 2020年文化年历“时令东莞”暨大岭山“莞香文化季”系列活动之“东莞香典”在东莞市大岭山镇莞香非遗保护园举行。

△ 东莞市生态环境局联合东莞市第二市区人民检察院在虎门海战博物馆外滩发起“还海岸一片整洁，我们在行动”净滩行动，72名志愿者参与活动。

△ 2020年全国行业职业技能竞赛——全国智能楼宇及空调系统职业技能竞赛智能楼宇管理员赛项在东莞市高技能公共实训中心落下帷幕，其中来自东莞市思祺信息科技有限公司的余丽丹等3人将由组委会报请人社部申请“全国技术能手”称号。

22—24日 第五届中国青年志愿服务项目大赛全国赛终评在东莞市举行，其中东莞市有3个项目获得金奖、2个项目获得银奖。

23日 广东省委宣讲团中共十九届五中全会精神报告会在东莞市举行，东莞市委书记梁维东主持报告会，广东省委宣讲团成员、省政府发展研究中心副主任谭炳才作宣讲报告，东莞市市长肖亚非等市几套班子领导参加报告会。

△ 东莞市开始试运行开办企业“一窗通取”服务，将营业执照、公章、发票、税控Ukey集中到市民服务中心综合一区发证窗口统一领取，实现开办最快5个小时全办好。

23—29日 2020（第十二

届）“塘厦高博会”在东莞市塘厦镇观澜湖东莞球会举行，展会设立展位270多个，云集国内外上百家高尔夫知名品牌。

24日　在北京市召开的全国劳动模范和先进工作者表彰大会上，东莞市来自产品研发、技术创新的陈善国、王猛、李民英获评为“全国劳动模范”，来自医疗一线的师清莲获评为“先进工作者”。

△　东莞市科研仪器设备共享平台在松山湖高新区国际创新创业社区启动，3338台科研设备“上架”。

25日　农业农村部办公厅公布第二批（47家）全国农民合作社典型案例，广东省东莞市厚街桂冠荔枝专业合作社入选“走绿色发展道路，推动产业转型”案例。

△　东莞市社会保险基金管理中心被批准为广东省特级档案工作目标管理单位。

△　东莞市交警部门针对重点隐患车辆及所有人进行点名曝光，请司机尽快检验、报废。

26日　多孔介质燃烧产业技术创新联盟成立大会在东莞市松山湖材料实验室举行，中国科学院院士、松山湖材料实验室理事长王恩哥等见证联盟成立。

△　2020广东省制造业发展年会暨广东制造业500强企业峰会举行。东莞市有78家企业入选“广东制造业500强”，总数跃居全省第二位。

△　第七届“粤治——治理现代化”广东探索经验交流会举行，产生33个优秀案例，东莞市直机关工委、网信办、文化馆的工作创新经验入选。

26—27日　2020中国·松山湖新材料高峰论坛在东莞市松山湖高新区举行。

27日　教育部公示“基础教育国家级优秀教学成果推广应用示范区名单”，确定60个基础教育国家级优秀教学成果推广应用示范区，东莞市成为广东省2个入选区域之一。

△　当日至29日，东莞市举行乐购东莞·东莞制造选品与集采大联盟展会，全国30多个省市的500多家文旅、文博、文创领域头部企业组成的千人采购团前来对接采购。

△　当日至12月6日，东莞市“厉行节约　反对浪费”文明实践周暨首届麻涌镇古梅秋收节活动在麻涌镇举行。

28日　东莞市东莞理工学院国际合作创新区奠基仪式举行，东莞理工学院杨振宁教研楼同时启用，随后举行“支持东莞理工学院建设新型高水平理工科大学示范校共建工作推进会”。

△　2020东莞市民摄影周开幕式暨《品质东莞》新书首发活动举行。特设《恩格斯的故乡——德国伍珀塔尔城市图片展》专题展览，纪念恩格斯诞辰200周年。

△　“千角灯系列”东莞市非遗文创作品发布会在东莞市文化馆非遗展厅举行。

29日　由东莞市开往德国杜伊斯堡的中欧班列开通，这是粤港澳大湾区开辟的又一条国际贸易通道，计划以每周3列的频次运行，常态化运营后将实现每日1列开行。

△　东莞市“文明健康·有你有我”第九届志愿者公益徒步拉开序幕，市民和志愿者走进黄旗山城市公园徒步。

30日　东莞市市委召开东莞市村（社区）“两委”（党工委或支委、居委会）换届工作会议，对2021年东莞市村（社区）“两委”换届工作进行动员部署。

△　东莞市应急救援队伍授旗仪式在市体育中心举行，市长肖亚非出席活动并为新组建的14支市级应急救援队伍集中授旗。

△　第三批国家组织药品集中采购中选结果在东莞市开始实施，减轻患者的药费负担。

△　当日至12月13日，由广东省模具工业协会、广东省机械模具科技促进协会、东莞市机械模具产业协会联合主办的第十四届广东东莞模具制造·机械展览会（线上展会）在横沥镇协同创新园举行。

12　月

1日　东莞市城市更新项目现场考察暨集中开工活动在虎门镇北栅社区等5个会场举行，市长肖亚非参加主会场开工活动。北栅社区智汇城等5个项目集中动工，总面积约80公顷，总投资95亿元。

△　东莞市公安局发布《关于解决市内户口迁移有关问题的通知》，解决东莞市户籍成年子女不能投靠父母或随迁，拥有房屋所有权或居住权但无法办理居住迁移，房屋拆迁、转让或工作单位变动造成“空挂户”等问题。

△　广州中医药大学东莞医院（东莞市中医院）举行建院55周年系列活动，包括东莞市中医院国医馆项目奠基、成立沈宝藩及禤国维两位“国医大师”传承工作室，并开展学术活动。

1—2日　2020年全国企业家活动日暨中国企业家年会在东莞市举行，会议由中国企业联合会、中国企业家协会主办，东莞市人民政府、中国企业管理科学基金会为共同支持单位。

2日　广东省劳动模范、先进工作者和先进集体表彰大会召开，其中东莞市19个劳模、4个先进集体获表彰。

△　由东莞市人民政府主办，松山湖功能区“一园九镇”联合承办的松山湖功能区投资推介会在松山湖高新区举行。

2—4日　由东莞市人民政府主办的第六届广东国际机器人及智能装备博览会举行，主题为“定制你的智能工厂”。参展企业300多家，其中外资企业超20%。

3日　东莞市市长肖亚非主持召开市政府常务会议，审议通过《东莞市优才卡管理暂行办法》等事项。

△　《东莞市住房建设“十四五”规划》经专家组评审

通过，“十四五”期间东莞市计划筹建城镇住房50万套，三成为公共住房。

△ 2020年东莞市软件与信息技术服务企业营收增量奖励资金发放仪式在南城街道天安数码城举办，累计发放3000万元“红包”，对唯一网络、金蝶云、明创软件、虹勤通讯等15家软信企业现场授予资金支票。

4日 《中国城市全面建成小康社会监测报告2020》发布，东莞市列第十七位，在经济发展、人民生活、文化建设、生态环境、城市治理5个领域5个分项指数均获“A+”级评价。

△ “莞事论坛”第五期在东莞市民服务中心举行，以“治污攻坚 全民参与”为主题，聚焦环保攻坚战。

△ 以“坚定制度自信 强化使命担当”为主题的2020年广东省中学生十八岁成人礼仪式在东莞市东莞中学松山湖学校举行。

5日 东莞市市长肖亚非带队赴揭阳市开展对口帮扶专项调研。

5—6日 2020第十届中国教育机器人大赛总决赛在东莞市松山湖高新区举办。

6日 东莞市以“严守耕地保护红线 坚决遏制农村乱占耕地建房”为主题，在麻涌镇开展现场宣传活动。

6—7日 东莞市文化馆举行首届全国公共文化和旅游产品云上采购大会交流展示活动，8905家参展单位通过国家公共文化云平台进行线上展示和线下交流推动公共文化和旅游产品采购。

8日 广东省委书记李希、省长马兴瑞，到深圳、东莞市的企业、高职院校、文化场所和文物保护单位调研，其中，先后走访东莞市楷模家居用品制造有限公司、东莞市钱币博物馆等。

8—9日 2020年东莞生活垃圾分类演讲比赛初赛举行，64名选手争夺16个决赛名额。

9日 广东省精神文明建设表彰大会召开，东莞市获得17个精神文明建设奖项。

△ 东莞市举行双拥工作会议暨获全国双拥模范城“九连冠”揭牌仪式。

△ 东莞市召开建设一流电网千日攻坚动员会，东莞市人民政府与广东电网公司签订全省首个《“十四五”战略合作框架战略协议》，并发布《东莞市建设一流电网千日攻坚行动计划》。

9—14日 2020东莞市高层次人才活动周举行，累计有16项25场活动，招聘单位最高给予人才100万元年薪，并提供150万元生活补贴。

10日 东莞市抗击新冠肺炎疫情表彰大会在市会议大厦举行。表彰东莞市抗击新冠肺炎疫情先进个人375人、东莞市抗击新冠肺炎疫情先进集体125个东莞市优秀共产党员70人、东莞市先进基层党组织45个。

△ 东莞市轨道2号线接入全国“交通一卡通”互通，东莞市民实现“一卡在手，通行全国”。

△ 东莞市场监督管理局开展针对全市冬季单位食堂食品安全一期交叉检查，突击检查34家学校食堂和34家工厂食堂。

△ 坐落于东莞市长安镇新民社区茅洲河畔的茅洲河工业文明展示馆建成开馆，展示长安镇40多年工业文明、讲述“中国制造”故事。

10—12日 2020年第四季度“乐购东莞”促消费活动启动，进行首轮消费券的发放，发券金额1000万元，同时再度发放购车补贴。

10—14日 由中国科学院高能物理研究所主办的“2020中国散裂中子源极化中子技术研讨会”在东莞市召开。

11日 东莞市“海外青年才俊云聚东莞”系列活动开幕，来自全球各地的26个侨团，以视频的方式向乡亲问好。

△ 2020年“乐购东莞”第四季度促消费活动在东莞市汇一城商场启动。

△ 东莞市首届土壤污染防治论坛在市科学技术博物馆举行。

△ 东莞市男声组合“太阳之子”参加中央广播电视总台综艺频道《黄金100秒》节目的录制，并成功通关。

12日 2020年东莞市助残就业服务专场招聘会在麻涌镇华阳湖创客坊广场联合举行。

△ 东莞市2020年离校未就业高校毕业生就业冲刺专场招聘活动举行。

△ 2020年“茶山青企杯”第十二届东莞市国际标准舞锦标赛暨第四届东莞市青少年标准舞·拉丁舞邀请赛举行，有60支代表队、1600余人报名参赛。

△ 东莞市第四届腊味节在市文化馆举行。

13日 东莞市“国家食品安全示范城市”创建工作中，首批40家“放心肉菜示范超市”完成对外公示；学校食堂“互联网+明厨亮灶”全覆盖建设基本完成。

14日 东莞市老年大学茶山分校和超朗村分教点揭牌成立，这是东莞市老年大学首个村级分教点。

15日 第九届中国创新创业大赛大中小企业融通专业赛（华为专场）暨2020年松山湖创新创业大赛进入决赛环节，累计总报名参赛项目高达940项。

△ 由证券时报社中国资本市场研究院与新财富共同编制的《2020中国内地省市金融竞争力排行榜》发布，在“中国内地城市金融竞争力50强”榜单中，东莞市入围前50强，排全国第三十一名；在“新锐城市金融竞争力30强”中，东莞市排全国第九名。

△ “花开小康路——东莞故事演唱会”暨“茶花杯”全国美丽乡村主题歌曲推广晚会在东莞市玉兰大剧院上演。

△ 2020年第三届广东省非物质文化遗产青少年麒麟舞邀请赛

系列活动之广东省麒麟大巡游在东莞市启动，全省16支麒麟队齐聚樟木头客家古镇。

△ 东莞市警方按照“国门利剑2020”专项行动和打击整治冻品走私专项行动有关部署，组织12个行动小组460余名警力，同步在多地开展抓捕行动，抓获钟某荣等105名违法犯罪嫌疑人，查获约430吨货品，扣押现金207万元、28万港元，大马力快艇8艘、“三无”（无船名、无船号、无船舶证书）铁壳船3艘、汽车11辆、吊车1辆、流动“黑油车”6辆；冻结涉案账户123个，资金3126万元。一举打掉6个走私冻品犯罪团伙，涉案案值超8亿元。

16日　东莞市市长肖亚非主持召开党外人士座谈会，听取各民主党派、工商联和无党派人士代表对东莞“十四五”规划编制的意见建议。

△ 东莞市首台既有住宅增设电梯启用仪式在南城街道黄金花园小区举行，这是东莞市首台由政府补贴并投入使用的既有住宅新增电梯。

△ 由中央广播电视总台粤港澳大湾区总部与第一届全国技能大赛执委会共同主办的“大国工匠湾区行”活动来到东莞市横沥镇。

17日　由商务部、广东省人民政府、香港特别行政区政府联合举办的“港企拓内销·合作享商机”推介会在东莞市举办，线下线上搭建内地与香港企业合作交流平台。

△ 东莞市召开“创建广东省农村人居环境示范市”新闻发布会，东莞市如期完成三年行动各项指标、任务，基本实现创建的阶段性目标。

17—18日　第五届全国名镇论坛暨第四届全国名村论坛在山东省德州市召开，东莞市茶山镇《南社村志》入选第四批中国名村志文化工程丛书。

17—20日　第十二届中国加博会在东莞市举行有1193家企业参展，展览面积达7万平方米，吸引4.58万人次入场观展采购，累计2.5万名采购商进行线上采购。

18日　东莞市市长肖亚非主持召开市政府党组会议，谋划东莞市“十四五”时期经济社会发展，推动“十三五”圆满收官。

△ 东莞市市长肖亚非主持召开东莞市市政府召开常务会议，审议通过《东莞市公园管理办法》等重大事项。

△ 由东莞市委宣传部指导、东莞市委网信办主办的第二届东莞市新媒体创新传播分享大会举行，以“全东莞，网这看”为主题，用短视频讲好东莞故事。

△ 由中国国际影视动漫版权保护和贸易博览会组委会主办的2020“动感金羊”优秀作品评析会及品牌运营中心云平台启动仪式在东莞市举行。该云平台与1万家国内外版权方和制造业达成入驻签约，累计达20万个影视动漫从业者和个人设计师在平台登记注册。

18—21日　第十一届中国（东莞）国际沉香文化产业博览会在寮步镇举行，采用“线下+线上”模式，首次通过“云端”展示展区、企业、产品。

19日　东莞市新冠肺炎疫情防控指挥部办公室发布报道称，11月25日经深圳市入境后在东莞市开展商务活动的韩国某公司员工金某在12月18日上午主动向东莞市相关人员通报新冠病毒核酸检测结果为阳性。获悉有关情况后，东莞市、镇街（园区）两级指挥部立即启动预定方案处理，截至12月19日12时，累计开展核酸采样1704份，出结果的1367份均为阴性。

19—20日　第二届“广东十大美丽乡村”系列评选活动发布会暨广东美丽乡村建设发展论坛在佛山市召开，东莞市茶山镇传统文化寻根之旅获“广东美丽乡村精品线路”称号，南社村获“广东文化旅游名村”称号。

20日　第十三届中国摄影艺术节开幕式暨中国摄影金像奖颁奖典礼在河南省三门峡市举行。广东省摄影家协会副主席、东莞市摄影家协会主席李志良获摄影金像奖，实现东莞市摄影人在摄影金像奖上‘零的突破”。

△ 2020年东莞市举行“粤菜师傅”烹饪电视大赛总决赛，8支队伍竞技，东城街道太钟东海餐馆获金奖。

21日　粤港澳大湾区研究院、21世纪经济研究院联合发布《2020年中国296个地级及以上城市营商环境报告》，东莞市排名全国第十八位。

△ 中国博物馆协会公布第四批国家一、二、三级博物馆名单。东莞市7家参评博物馆全部入选，东莞市定级博物馆数量10家。

22日　《东莞市贯彻落实〈关于金融支持粤港澳大湾区建设的意见〉行动方案》新闻发布会在东莞市会议大厦举行。

23日　中共东莞市第十四届委员会第十二次全体会议召开。市委书记梁维东代表市委常委会向全会作报告；市长肖亚非就《中共东莞市委关于深入学习贯彻习近平总书记出席深圳经济特区建立40周年庆祝大会和视察广东重要讲话重要指示精神　努力为全省在全面建设社会主义现代化国家新征程中走在全国前列创造新的辉煌承担更大责任的实施意见（稿）》《中共东莞市委关于制定东莞市国民经济和社会发展第十四个五年规划和二〇三五年远景目标的建议（稿）》作说明。

△ 东莞市人社局在全市范围内发行第三代社保卡。

△ “品质东莞”系列论坛第一期活动举行，围绕国际商务区中心公园及绿轴方案设计国际咨询专题，纵谈“与城市共生”。

24日　中国政府网发布《国务院办公厅关于建设第三批大众创业万众创新示范基地的通知》，东莞市松山湖高新区入选第三批“大众创业　万众创新”示范基地。

25日　2020年东莞市劳动模

范先进工作者和先进集体表彰大会召开。

△ 东莞市市政府常务会议审议通过《关于转发〈广东省城乡居民基本养老保险实施办法〉有关问题的请示》，计划将参保缴费人员的基础养老金标准确定为270元，而此前领取基础养老金的人员，仍按原标准发放。

△ 东莞市轨道交通1号线首批车站——滨江体育馆站与大岭山东站同时实现封顶。

△ 东莞市文化精品专项资金委托项目签约仪式暨创作座谈会召开，市委宣传部与18个委托项目代表签约。

△ 香港城市大学（东莞）设计方案发布会举行，明确以“大学+大学”模式，由东莞市委、东莞市政府、东莞理工学院和香港城市大学为办学主体合作举办具有独立法人资格的办学机构“香港城市大学（东莞）”。

△ 广东省人民政府批复同意认定东莞滨海湾科技创新园为省级高新技术产业开发区。

△ 2019年度优秀城市规划设计奖获奖项目名单公布，《粤港澳大湾区新型门户平台的规划策略——东莞市滨海湾新区城市总体规划（2018—2035年）》获2019年度全国优秀城市规划设计二等奖。

26日 科技部和中国科学技术信息研究所分别公布《国家创新型城市创新能力监测报告2020》《国家创新型城市创新能力评价报告2020》，东莞市列全国第二十二名，在广东省排第三名。

△ 首届广东省中小学书法教育论坛暨广东省中小学书法教育研究中心揭牌仪式在东莞市举行。

28日 东莞市在滨海湾新区举行“育先机 开新局”——粤港澳大湾区特色合作平台（滨海湾新区）一期基础设施竣工暨二期重大项目集中开工仪式。

△ 东莞市市长肖亚非主持召开东莞市市政府常务会议，审议通过《东莞市碧道建设总体规划（2020—2035年）》。

△ 东莞市举办加强进口冷链食品疫情防控现场会，启用东莞市进口冻品集中监管仓，部署推进全市冷链食品疫情防控相关工作。

△ 东莞市城建局在东莞理工学院松山湖校区人才周转公寓举行项目集中动工、完工仪式，学校、医院、人才公寓等一批项目集中动工、完工。

△ 粤港澳大湾区粤菜师傅技能大赛在佛山市闭幕，东莞市组织会展国际大酒店、东莞迎宾馆、东莞市技师学院等单位8人参赛，其中7人获奖，总奖金4.5万元。

29日 东莞市人民政府与暨南大学、南方医科大学、广东医科大学合作共建协议签约仪式举行。

△ 《东莞滨海湾新区促进生产性服务业发展扶持办法》《东莞滨海湾新区促进资本招商扶持办法》出台，符合条件的企业每年最高给予2000万元奖励。

△ 东莞市上市公司协会成立。

△ 东莞市青年企业家联合会召开座谈会。

△ 深圳外环高速公路东莞段通车运营。该项目起点位于莞深交界的观澜河，途经塘厦镇、凤岗镇、清溪镇等地区。

△ 东莞市大朗镇市场采购贸易试点启动仪式暨大朗市场采购贸易服务中心揭牌仪式，在东莞市大朗毛织贸易中心举行；作为全国新获批的17家采购贸易试点之一，也是东莞市唯一入选试点。

△ 第二届基层应急能力建设论坛在东莞市松山湖高新区举行。

△ 东莞市塘厦镇举行110千伏溪头变电站投产仪式。

△ 大族科技研发项目落户东莞市大岭山镇，该项目投资100亿元，预期年税收12亿元。

△ 东莞市民政局等13个部门联合印发《东莞市关于加强社会工作专业岗位开发与人才激励保障的实施办法》。

30日 东莞市精神文明建设总结大会召开，总结精神文明建设工作成绩和经验，庆祝东莞市连续五届获“全国文明城市”称号，表彰先进典型。

△ “2020年银瓶创新区（谢岗镇）粤海大道竣工通车仪式暨城市品质综合提升工程巡礼”活动举行。

△ 中国人民大学国家发展与战略研究院发布《中国城市政商关系排行榜2020》，东莞市政商关系健康总指数仅次于深圳、北京、广州、上海和济南等市，连续3年居全国地级市第一位。

△ 由东莞市巴士公司负责建设的莞深高速东莞特大桥公交停车场启用，该项目是东莞市首个高速公路桥下公交停车场，可容纳110辆公交车。

△ 第九届中国创新创业大赛大中小企业融通专业赛（华为专场）暨2020年松山湖创新创业大赛总决赛在东莞市松山湖国际创新创业社区落幕。5个项目获特等奖，分获100万元奖励。

△ 东莞市启动“品牌强市·品质东莞”品牌发展基金，计划每年推选、奖励一批品牌显著的非公经济企业。

△ 由东莞市松山湖管委会、中国科学院科技战略咨询研究院、中国高新区研究中心联合编制的《东莞松山湖创新发展指数（2020）》发布，在43个创新发展指标中，松山湖高新区有30个指标实现增长，其中23个指标持续增长。

31日 科技创新与农业产业升级院士专家交流会在东莞市厚街镇举行，邀请中国工程院院士刘仲华、广东省农业科学院研究员易干军作专题讲座。

12月31日至2021年1月3日 2020中国（东莞）国际茶产业博览会在厚街镇广东现代国际展览中心举行。

12月 东莞市开始全面使用社会保障卡发放养老待遇。

（刘 耀）

概　览

PROFILE

旗峰山森林公园　（2020年曹永富摄）

编辑：姚少华

自然环境

【境域】　东莞市位于广东省中南部，珠江口东岸，东江下游的珠江三角洲。因地处广州之东，盛产莞草而得名。介于北纬22°39′～23°09′，东经113°31′～114°15′。东西最大横距70.45千米，最东是清溪镇的银瓶嘴山，与惠州市惠阳区接壤；最西是沙田镇西大坦西北的狮子洋中心航线，与广州市番禺区、南沙区隔海交界；南北最大纵距46.8千米，最北是中堂镇大坦乡，与广州市黄埔区和增城区、惠州市博罗县隔江为邻；最南是凤岗镇雁田水库，与深圳市宝安区相连。2020年，全市陆地面积2460.1平方千米，海域面积97平方千米。毗邻港澳地区，处于广州市至深圳市经济走廊中间。西北距广州市中心区59千米，东南距深圳市中心区99千米，距香港中心区140千米。

（编辑部　自然资源局）

【地质·地貌】　东莞市地质构造属于罗浮山断裂带南部边缘的博罗大断裂、东莞断凹盆地。地势东南高、西北低。截至2020年底，地貌以丘陵台地、冲积平原为主，丘陵台地占全市陆地面积的44.5%，冲积平原占全市陆地面积的43.3%，山地占全市陆地面积的6.2%。东南部多山，尤以东部为最，山体庞大，分割强烈，集中成片，起伏较大，海拔在200—600米，坡度约30°，其中银瓶嘴山主峰高898.2米，为东莞市最高峰；中南部低山丘陵成片，为丘陵台地区；东北部接近东江河滨，岗地发育，陆地和河谷平原分布其中，海拔30—80米，坡度小，地势起伏和缓，多为易于积水的埔田区；西北部是东江冲积而成的三角洲平原，多为地势低平、水网纵横的围田区；西南部是濒临珠江口的江河冲积平原，地势平坦而低陷，是受潮汐影响较大的沙咸田地区。

（编辑部）

【河流】 截至2020年底，东莞市96%属东江流域。东江干流由惠州市惠城区、博罗县流入东莞市桥头镇，再沿北部边境西流至石龙镇石龙头分流为北干流和南支流。东江干流境内长35千米，北干流继续西流至麻涌镇大盛口注入狮子洋，境内长42千米；南支流由石龙头经峡口斜向西南，至沙田镇泗盛口注入狮子洋，长39.5千米。北干流与南支流之间，形成以石龙镇为顶点的东江三角洲，面积319.5平方千米。境内较大的河流有石马河、寒溪水及东引运河等。石马河发源于深圳市宝安区大脑壳山，北流至塘厦镇沙湖村附近入东莞境内，继续北流汇合雁田水、观澜水、契爷石水、清溪水、官仓水等水系，至桥头镇新开河口注入东江，境内长64千米。寒溪水源于东莞市中南部大屏障山观音髻，北流有仁和水、梅塘水、松木山水、东坑水、寮步水、黄沙河水等水系汇入，至峡口注入东江南支流，主流河道长59千米。东引运河于1970年建成，以原有的东莞运河和沙田引淡渠为基础，上延下伸连接而成，在峡口处连接寒溪水，于仁和水上游横沥、石排镇地段开凿人工河抵企石镇与旧石马河连接，沿河经15个镇街，最后在独墩汇入茅洲河，全长102千米。（水务局）

【海洋】 截至2020年底，东莞市海域主要分布在狮子洋和伶仃洋，面积97平方千米，海岸线长97.2千米，分布在7个沿海镇及1个园区，分别是麻涌、沙田、洪梅、道滘、厚街、虎门、长安镇和滨海湾新区。有威远岛、泥洲岛、木棉山岛、涌口沙、虾缯排5个海岛，海岛岸线长34.67千米，海岛面积25.86平方千米。（自然资源局）

【植被】 截至2020年底，东莞历史上属森林茂密的地区，地带性森林植被类型为南亚季风常绿阔叶林，组成种类多样而富于热带性，由于人口激增，历代砍伐，使东莞原生性森林大幅减少，主要由

清代东莞县图（载康熙《广州府舆图——东莞县图》）

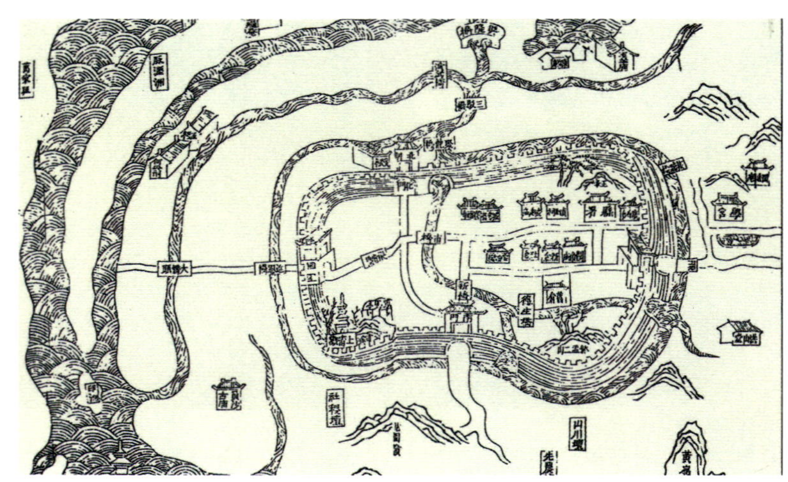

清代东莞县城图（载嘉庆《东莞县志》卷首）

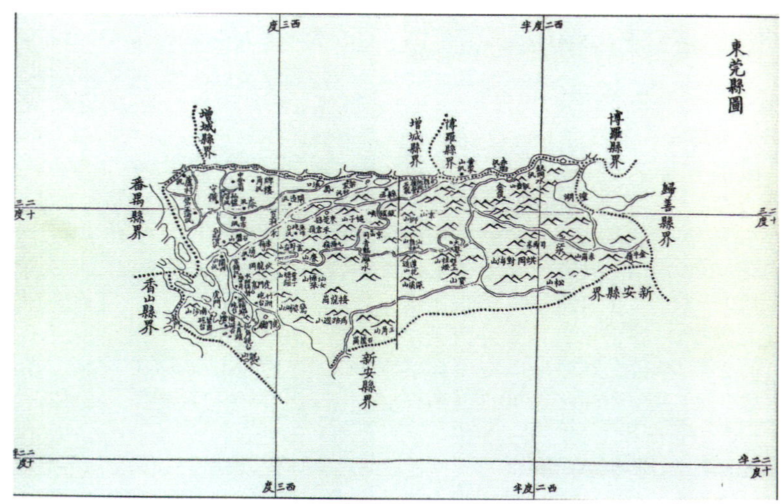

清代东莞县图（载同治《广州图志》卷四）

壳斗科、樟科、山茶科、大戟科、桃金娘科、杜英科、山矾科、梧桐科等种类组成，其中大多数是热带亚热带分布种，较常见的有樟树、阴香、铁冬青、华润楠、浙江润楠、假柿树、银柴、土蜜树、鸭脚木、蒲桃等。东莞主要植被分为：常绿针叶林，林下植被常见有桃金娘、椭圆叶豺皮樟、岗松、芒萁、纤毛鸭嘴草、乌毛蕨、鹧鸪草、蜈蚣草等；针阔叶混交林，林下植被主要有野漆、椭圆叶豺皮樟、三桠苦、山乌桕、鬼灯笼和乌毛蕨、芒箕等；典型常绿阔叶林，常见种类红花荷、蕈树、黄樟、黄杞、青冈栎、网脉山龙眼等；季风常绿阔叶林，常见种类鸭脚木、乌榄、樟树等；常绿灌丛，常见种类鸭脚木、银柴、鼠刺、豺皮樟、九节、梅叶冬青、桃金娘等。其中山地、丘陵及未经开垦的岗地现状植被以人工林和次生林群落占优势，林下以灌木、蕨类植物或草本为主，沟谷等较为阴湿的山地多见攀缠植物。现状植被反映出由热带向亚热带过渡而热带性较强的特征，与南亚热带气候特点相适应。（林业局）

【气候】 东莞市属于亚热带季风气候，长夏无冬，光照充足，热量丰富，气候温暖，温度变幅小，雨量充沛，干湿季明显。

降水 2020年，东莞市气候主要特点是：年总降水量1898毫米，较常年平均偏多3.6%，属正常年份；年内降水分布不均匀，月降水极端化明显：全年有7个月降水量偏少30%以上，其中第四季度降水量较常年同期偏少70%以上，2月、5月、9月降水量偏多40%以上。3月31日开汛，10月19日汛期结束，汛期总降水量1701.1毫米，较常年同期偏多9.1%。

气温 年平均气温23.6℃，较常年平均值偏高1.0℃；年日照时数1824.2小时，与常年平均值相比略少3.4%。年内除4月平均气温较常年同期偏低外，其余月份气温均偏高：1月、3月和11月平均气温较常年同期偏高2℃以上，7月和11月平均气温为历史同期最高。全年高温日数（≥35℃）21天，年内日最高气温出现在7月29日，为36.8℃；年内日最低气温为5℃，出现在12月31日，有1天低温（≤5℃）天气出现。

主要气候事件 年平均气温为历年第二高。年平均气温23.6℃，为历年同期第二高。除4月平均气温较常年同期偏低以外，其余月份气温均偏高。

强对流天气提前、开汛略早。2月13—15日出现首轮强对流天气过程，较其他年份明显偏早。3月31日开汛，汛期结束时间为10月19日，持续203天，出现33次较强降水过程。

“龙舟水”偏重，为历年第三多。东莞“龙舟水”降水强度大，雨量偏多，为近10年来最严重的一次。“龙舟水”（5月21日至6月20日）期间累计降水量721.9毫米，居历史第三位。镇街累计降水量最大的为东城街道1056.1毫米。

“5·22”特大暴雨过程破3小时雨强纪录。5月21夜至5月22日晨，出现暴雨到大暴雨，局部特大暴雨，3小时雨强刷新广东省“龙舟水”期间雨强历史纪录。其中东城街道最大，3小时雨量为全市有气象记录以来历史最高，具有短时降水破纪录、强降水时间长、大暴雨范围广的特点。

夏季高温天气突出，高温预警时长破纪录。年内日最高气温36.8℃，高温日数（≥35℃）21天，年内最长连续高温日数4天。其中7月14日高温黄色预警信号升级为橙色，持续25天，高温预警持续时间为有历史记录以来最长。

2020年，影响东莞的台风主要有2个，台风“鹦鹉”和台风“海高斯”。6月13—14日台风“鹦鹉”是影响东莞的第一个台风，出现时间偏早，影响较轻。7月，是东莞市台风期，而在该时段西北太平洋及南海洋面上没有热带气旋生成，是1949年以来首次，属历史罕见。

第四季度干燥少雨，入秋晚。10月以来，天气持续干燥，累计雨量16.5毫米，较常年同期120.7毫米偏少86.3%。森林火险预警信号长时间生效，入秋时间偏晚，是近10年最晚入秋的一年。

年末跨年寒潮来袭。2020年12月29日夜至2021年1月4日，出现2018年以来最强寒潮天气，具有降温快、幅度大、气温低、风力大的特点。12月31日至2021年1月2日连续平均气温低于12℃，12月31日最低气温5℃，也是2020年首次出现低温天气。（气象局）

【土地资源】 截至2020年底，东莞市辖区土地调查总面积24.60万公顷。其中农用地面积10.03万公顷，在农用地面积中，纯耕地面积1.28万公顷、园地面积2.99万公顷、林地面积3.37万公顷、草地面积0.08万公顷、其他农用地面积2.31万公顷；建设用地面积12.07万公顷，在建设用地面积中城镇村及工矿用地面积10.92万公顷、交通运输用地面积0.83万公顷、水库及水工建筑面积0.32万公顷；未利用地面积2.50万公顷，在未利用地面积中水域及水利设施用地1.38万公顷、其他草地0.92万公顷、其他土地面积0.20万公顷。

（自然资源局）

【水资源】 2020年，东莞市水资源总量20.13亿立方米，比上年下降18.6%。日供水能力688万立方米/日。全市有8个国控地表水监测断面：其中观澜河—企坪、茅洲河—共和村、东江北干流—石龙北河、东江干流—东岸4个断面为跨市河流边界断面，东莞运河—樟村、东江南支流—沙田泗盛、东江南支流—第六水厂和石马河—旗岭4个断面为市境内河流断面。2020年，国控地表水监测断面水质状况：优良水质比例（达到或者优于Ⅲ类）50%，Ⅳ类水体比例50%，消除劣Ⅴ类水体。

（市统计局）

【矿产资源】 东莞市矿产种类

少，矿产地不多，金属矿产短缺；非金属矿产中建筑用花岗岩、盐矿、芒硝较丰富；矿泉水水质良好，具备一定储量，有较好开发潜力。截至2020年底，发现矿产24种，矿产地（含矿点，下同）73处，其中能源矿产2种，矿产地5处；金属矿产8种，矿产地32处；非金属矿产13种，矿产地24处；水气矿产1种，矿产地12处。查明资源储量的矿产16种，勘查程度满足工业开采的矿种有盐矿、芒硝、建筑用花岗岩、矿泉水等。其中盐矿累计查明资源储量5907万吨，芒硝321.1万吨，矿床规模达到中型；建筑用花岗岩主要分布在樟木头、厚街、大岭山一带，查明资源储量2722千吨；矿泉水主要分布在清溪、樟木头等地，允许开采量1458立方米/日。（自然资源局）

【动植物资源】 截至2020年底，东莞市植物组成具有由热带到亚热带的过渡性质，记录有高等维管植物1630种，当地珍稀植物100多种，包括广东五针松、三尖杉、穗花轴榈、短萼仪花等。东莞植物以双子叶植物纲为主，占总数的83%。草本种类丰富，其中禾亚科有90种；在物种组成中，被子植物占绝对优势，蕨类植物和裸子植物种类较少。

东莞动物记录有爬行动物44种，隶属于2目11科33属，龟鳖目淡水龟科1种，其余40种为有鳞目，其中蜥蜴亚目鬣蜥科1种、壁虎科5种、石龙子科5种，以壁虎科和石龙子科物种为多；蛇亚目蟒蛇科1种、游蛇科22种、眼镜蛇科5种、蝰科1种，以游蛇科物种为多；其中国家一级保护动物1种，即蟒蛇；国家二级保护动物2种，即三线闭壳龟和大壁虎；列入IUCN（世界自然保护联盟）《世界自然保护联盟濒危物种红色名录》的极危等级物种1种，即三线闭合龟；易危等级物种3种，即蟒蛇、舟山眼镜蛇和眼镜王蛇；属于CITES附录II的物种有5种，即三线闭壳龟、蟒蛇、滑鼠蛇、舟山眼镜蛇和眼镜王蛇。两栖类18种，隶属2目7科14属，有尾目蝾螈科1种，无尾目角蟾科2种，蟾蜍科1种，蛙科3种，叉舌蛙科4种，树蛙科1种，姬蛙科6种。鸟类151种，隶属于13目41科，占全省鸟类的24.1%。其中雀形目有91种，占所调查鸟类总物种数的60.3%；鹳形目次之，10种，占6.6%；其他鸟类共计11目50种，占39.7%；个体数超过1000只的种群有树麻雀、红耳鹎、白头鹎和暗绿绣眼鸟，在市域广泛分布。其中国家II级重点保护动物11种，有黑耳鸢、普通鵟、蛇雕、游隼、领角鸮等；被列入濒危野生动植物种国际贸易公约（CITES）附录I的1种，即游隼；附录II的有蛇雕、红隼、普通鵟、画眉、红嘴相思鸟等11种。兽类30种，隶属于食虫目、翼手目、鳞甲目、食肉目、偶蹄目和啮齿目等6目15科。其中，食虫目包括鼩鼱科1种；翼手目包括狐蝠科2种，菊头蝠科1种，蹄蝠科1种，长翼蝠科1种，蝙蝠科4种；鳞甲目包括鲮鲤科1种；食肉目包括鼬科3种，灵猫科2种，猫科1种；偶蹄目包括猪科1种，鹿科1种；啮齿目包括松鼠科2种，竹鼠科1种，鼠科8种。

（林业局）

【旅游资源】 截至2020年底，东莞是一座历史文化名城，有5000多年文明史，是岭南文化重要发源地、中国近代史开篇地、华南抗日重要根据地、改革开放先行地，有蚝岗贝丘遗址、南社村和塘尾村古建筑群、可园、林则徐销烟池与虎门炮台旧址、大岭山抗日根据地旧址等国家重点文物保护单位。东莞文化底蕴深厚、风土人情独特，有东莞千角灯、龙舟制作技艺、樟木头舞麒麟、木鱼歌、赛龙舟、麒麟制作、莞香制作技艺、寮步香市等国家级非物质文化遗产。东莞是“中国优秀旅游城市”，拥有24个A级旅游景区，其中AAAA级景区15个，AAA级景区9个；拥有26家星级旅游饭店，其中五星级12家、四星级10家，酒店类型多样，品质优良、价格实惠。东莞是一座美食之城，美食品种丰富、样式繁多，有白沙油鸭、东莞腊肠、东莞碌鹅、虎门蟹饼等地道美食。东莞是一座绿色生态之城，森林公园个数和占比面积均居全省前列，有银瓶山森林公园、大王山森林公园、黄旗山森林公园、同沙生态公园、华阳湖湿地公园等绿色生态旅游景点。东莞是一座休闲乐活之城，有龙凤山庄影视旅游区、隐贤山庄、玉兰大剧院、文化馆、篮球中心等主题突出的休闲公园及特色鲜明的文化创意场所。东莞还是著名的制造业名城，有虎门女装、大朗羊毛衫、厚街家具等享誉中外的工业品牌及相应的购物场所，有国家高新技术产业开发区松山湖，园内集“山、水、园”于一体，吸引大批知名企业进驻。（刘念宇）

人文环境

【建置沿革】 东莞于东晋咸和六年（331年）立县，初名宝安县，隶属东官郡。唐至德二年（757年）更名东莞县，县治从莞城（今宝安南头）移至到涌（今莞城）。南宋绍兴二十二年（1152年）分东莞县的香山镇立香山县（今中山市）；明万历元年（1573年）析东莞县守御千户所、编户五十六里立新安县（今深圳市）。民国期间，东莞县先后隶属广东省粤海道、粤中行政区、第一行政区和第四行政区。1949年10月17日，东莞县全境解放，属东江行政区管辖。1950年3月，属珠江专区。1952年，珠江专区撤销，属粤中行政区。1956年2月，粤中行政区撤销，属惠阳专区。1958年11月，东莞县短期隶属广州市。1959年1月，划归佛山专区。1963年6月，复属惠阳专区。1985年9月经国务院批准，东莞县改设为东莞市（县级），仍属惠阳地区。1988年1月，东莞市升格为地级市，直属广东省管辖。（刘念宇）

国家高新技术产业开发区——松山湖高新区 （2020年市发展改革局供图）

【行政区划】 中华人民共和国成立后，东莞县设区、乡体制。1958年9月，建立“政社合一”的人民公社制，全县设14个人民公社196个生产大队。1983年10月撤销“政社合一”体制，公社改设为区公所；撤销生产大队，设立乡人民政府。全县设区公所31个，区级镇3个，乡政府487个，乡级镇29个。1986年，撤销区公所，改设为镇。1987年，撤销乡和乡级镇，成立管理区。全市设29个镇、5个区街道，各镇区辖管理区581个。

1998年9月至2000年5月，撤销管理区，建立村（居）委会。2004年起，部分村（居）委会改设为社区。截至2020年底，全市设32个镇街，下辖村350个、社区246个。 （民政局）

【人口】 截至2020年底，东莞市户籍人口263.88万人。2020年户籍人口出生3.42万人，出生率13.38‰；死亡人口1.1万人，死亡率4.29‰；人口自然增长率9.08‰。

截至2020年底，东莞市有流动人口711.39万人，其中男439.38万人、女272.01万人。按人口来源地分，广东（除本市外）、湖南、广西、湖北、四川、河南、江西、贵州、重庆、陕西等10个省（区）在东莞市的流动人口652.27万人，占流动人口总数的91.69%；按居住原因分，以务工、投资经商、务农、其他等四种原因居住的流动人口697.95万人，占流动人口总数的98.11%；按居住处所性质分，以租赁房屋、单位内部、自购房屋、其他等四种性质居住处所的流动人口701.19万人，占流动人口总数的98.56%。 （统计局 公安局）

【民族】 截至2020年底，东莞市常住人口以汉族为主，有990多万人；有少数民族约50万人。

55个少数民族，族别齐全，其中户籍少数民族有47个族别3.69万人。常住少数民族人数最多的是壮族（约18万人），其次是苗族和土家族（约7万人）；万人以上的有瑶族、彝族、侗族、布依族、回族等。回族、维吾尔族等10个主要信奉伊斯兰教的少数民族1.6万人。

少数民族分布在全市32个镇街，以外来务工人员为主，人口流动性大、涉及各行各业，分布呈现小聚居、大杂居特点。其中塘厦镇少数民族人数最多（4万多人），其次是长安镇（3万多人），凤岗、虎门、寮步等镇少数民族人数均超2万人。

外来少数民族人员来自全国各地，其中主要来自广西壮族自治区，占外来少数民族人员的比重45.3%；其次是贵州省，占外来少数民族人员的比重18.7%；再次是湖南省和云南省，占外来少数民族人员的比重分别为14%和8%；其余省市共占外来少数民族人员的比重14%。 （民宗局）

【方言】 截至2020年底，东莞市当地方言有粤语和客家话。其中粤语区使用面积、人口占全市的大部分，在32个镇街中使用纯粤语镇街有石龙、长安、沙田、洪梅、道滘、麻涌、万江、中堂、望牛墩、石碣、高埗、大朗、寮步、茶山、企石、石排、常平、横沥、东坑、桥头20个。使用客家话的12个镇街，分别是莞城、东城、南城、厚街、虎门、大岭山、塘厦、黄江、谢岗9个镇街，大部分或者绝大部分讲粤语（如莞城街道只有一个300多人的罗沙上岭村讲客家话）；清溪、凤岗两镇大部分讲客家话；樟木头镇则纯讲客家话。

【民俗】 截至2020年底，东莞市历史源远流长，是岭南文化发源地之一，传统文化积淀深厚，民俗活动众多。其中金鳌传说指金鳌洲原有4个码头，是鳌的4足，金鳌鱼曾问观音，自己何时可以复原为鳌。观音给了它一个希望，说：你的四足可以同时活动的时候，就可以复原为鳌了。”然后观音让人们在金鳌洲只设置两个横水渡，分别是金鳌洲南和金鳌洲北。它们分别通往脉沥洲、三界坊。这样鳌只能有两足可以活动，金鳌鱼就不能复原为金鳌了，再也无法作恶，危害人类。另有一说：东莞三面环山，唯独此处缺乏高地，人们便筑金鳌洲塔，镇住金鳌，金鳌便永远不能离开万江了。金鳌传说体现当地除恶扬善的淳朴民风，表达水乡人民对风调雨顺年景的诉求。其他还有赛龙舟、粤曲粤剧、茶园游会、客家山歌、舞狮（龙、麒麟、凤）等，均为东莞市较有代表性的民俗。另有龙舟文化节、东坑镇“二月二卖身节”、石排镇“康王宝诞”、桥头镇“荷花艺术节”、道滘镇“美食节”、茶山镇“茶园游会”等节庆活动，其中石排镇“康王宝诞”活动有近300年历史，是广东省非物质文化遗产项目。

（文广旅体局）

2020年东莞市行政区划情况表

序号	镇街	村、社区（个）	村名称	社区名称
1	莞城	8		东正 市桥 北隅 西隅 罗沙 博厦 兴塘 创业
2	石龙	10	西湖 忠维 林屋 蒲溪 新维 王屋洲 黄家山	中山东 中山西 兴龙
3	虎门	30		虎门寨 东方 则徐 大宁 树田 白沙 沙角 怀德 博涌 镇口 村头 新联 九门寨 居岐 金洲 南面 北栅 小捷滘 北面 陈村 东风 武山沙 黄村 南栅 龙眼 赛岗 赤岗 路东 新湾 民泰
4	东城	24		岗贝 花园新村 东泰 温塘 桑园 周屋 余屋 鳌峙塘 峡口 柏洲边 上桥 下桥 樟村 梨川 堑头 主山 石井 同沙 光明 牛山 立新 火炼树 星城 旗盛
5	万江	30		万江墟 万江 石美 莫屋 拔蛟窝 黄粘洲 蚬涌 谷涌 小享 滘联 上甲 新村 新谷涌 共联 水蛇涌 大莲塘 牌楼基 严屋 大汾 流涌尾 金泰 曲海 坝头 胜利 官桥滘 简沙洲 新和 新城 坝新 万新
6	南城	18		鸿福 宏远 胜和 元美 亨美 三元里 篁村 新基 周溪 袁屋边 白马 石鼓 蛤地 西平 雅园 水濂 新城 宏图
7	中堂	20	潢涌 三涌 湛翠 凤冲 袁家涌 吴家涌 鹤田 中堂 一村 东向 蕉利 槎滘 下芦 马沥 四乡	中心 斗朗 红锋 东泊 江南
8	望牛墩	22	李屋 望东 扶涌 赤滘 五涌 下漕 上合 聚龙江 望联 洲湾 洲涡 杜屋 寮厦 芙蓉沙 官桥涌 横沥 福安 石排 官洲 朱平沙 锦涡	望牛墩
9	石碣	15	石碣 唐洪 黄泗围 西南 单屋 梁家村 沙腰 刘屋 水南 四甲 鹤田厦 涌口 横滘 桔洲	城中
10	高埗	19	冼沙 卢溪 宝莲 塘厦 草墩 护安围 保安围 三联 横滘头 低涌 朱磡 新联 欧邓 芦村 高埗 凌屋村 上江城 下江城	新创

续表

序号	镇街	村、社区（个）	村名称	社区名称
11	麻涌	15	麻一　麻三　麻四　大步　东太　新基　川槎　鸥涌　华阳　南洲　大盛　漳澎　黎滘	麻涌　麻二
12	长安	15		长盛　涌头　霄边　咸西　锦厦　新安　乌沙　新民　沙头　上沙　厦岗　厦边　上角，长怡　长乐
13	沙田	18	中围　和安　大流　泥洲　杨公洲　福禄沙　阇西　民田　先锋　西大坦　穗丰年　大泥　齐沙　稔洲　义沙　西太隆	横流　滨港
14	道滘	14	南城　南丫　闸口　大鱼沙　小河　永庆　北永　昌平　厚德　九曲　大罗沙　大岭丫　蔡白	兴隆
15	洪梅	10	洪屋涡　新庄　梅沙　氹涌　黎洲角　夏汇　尧均　乌沙　金鳌沙	洪梅
16	厚街	24		竹溪　厚街　珊美　宝屯　三屯　陈屋　赤岭　河田　寮厦　汀山　环冈　大迳　新围　桥头　南五　新塘　涌口　双岗　溪头　沙塘　宝塘　下汴　白濠　湖景
17	寮步	30	西溪　凫山　石龙坑　石步　良边　富竹山　塘唇　向西　霞边　上屯　下岭贝　竹园　上底　药勒　刘屋巷　浮竹山　陈家埔　井巷　小坑　长坑	寮步　塘边　横坑　岭厦　新旧围　缪边　牛杨　泉塘　坑口　良平
18	大岭山	23	太公岭　大塘朗　下高田　连平　鸡翅岭　马蹄岗　金桔　大沙　百花洞　大塘　水朗　杨屋　矮岭冚　颜屋　大片美　梅林　元岭　大岭　新塘　旧飞鹅　大环	大岭山　农场
19	大朗	28	高英　洋乌　洋坑塘　松柏朗　黎贝岭　松木山　犀牛陂　水平　宝陂　石厦　杨涌　沙步　新马莲　佛子凹　蔡边　水口	大朗　佛新　巷头　屏山　竹山　巷尾　求富路　长塘　黄草朗　大井头　圣堂　长富
20	黄江	7		新市　田美　三新　梅塘　宝山　北岸　长龙
21	樟木头	10		圩镇　樟罗　百果洞　樟洋　石新　柏地　官仓　裕丰　金河　樟新
22	清溪	21	浮岗　上元　清厦　铁松　铁场　谢坑　青皇　大埔　长山头　三中　九乡　三星　渔樑围　厦坭　大利　土桥　重河　松岗　罗马　荔横	清溪
23	塘厦	21		塘厦　林村　石潭埔　四村　振兴围　大坪　莆心湖　平山　诸佛岭　桥陇　龙背岭　石鼓　田心　横塘　蛟乙塘　凤凰岗　莲湖　沙湖　石马　清湖头　塘新
24	谢岗	12	黎村　窑山　南面　大龙　大厚　赵林　稔子园　五星　曹乐　谢岗　谢山	泰园

续表

序号	镇街	村、社区（个）	村名称	社区名称
25	凤岗	12	雁田　官井头　油甘埔　凤德岭　塘沥　黄洞　竹塘　竹尾田　三联　五联　天堂围	凤岗
26	常平	33	岗梓　塘角　苏坑　袁山贝　金美　还珠沥　朗贝　桥沥　卢屋　九江水　朗洲　陈屋贝　司马　霞坑　漱旧　漱新　黄泥塘　元江元　横江厦　沙湖口　白石岗　松柏塘　上坑　木棆　下墟　板石　田尾　白花沥　桥梓　麦元　土塘	常平　新民
27	桥头	17	田头角　李屋　朗厦　岗头　屋厦　禾坑　邓屋　邵岗头　东江　山和　石水口	莲城　田新　桥头　大洲　迳联　岭头
28	横沥	17	石涌　隔坑　半仙山　田头　田坑　横沥　村头　长巷　田饶步　六甲　村尾　水边　新四　山厦　月塘　张坑	恒泉
29	企石	20	铁岗　深巷　湖美　博夏　上洞　江边　旧围　清湖　东平　上截　下截　东山　莫屋　杨屋　新南　南坑　铁炉坑　企石　霞朗	宝石
30	石排	19	石排　福隆　庙边王　下沙　沙角　黄家坣　赤坎　向西　水贝　田寮　横山　埔心　谷吓　塘尾　李家坊　田边　中坑　燕窝	太和
31	东坑	16	东坑　坑美　角社　塔岗　黄麻岭　初坑　凤大　黄屋　寮边头　长安塘　新门楼　井美　彭屋　丁屋	草塘　骏达
32	茶山	18	上元　茶山　下朗　横江　增埗　卢边　寒溪水　南社　塘角　博头　冲美　粟边　孙屋　超朗　京山　刘黄	茶山圩　茶溪
合计		596	350	246

经济社会发展

【经济社会发展概况】2020年，面对新冠肺炎疫情叠加中美经贸摩擦等严重冲击，东莞市委、市政府以超常规机制推进疫情防控和经济社会发展工作“双统筹”，做好“六稳”（稳就业、稳金融、稳外贸、稳外资、稳投资、稳预期）工作，落实“六保”（保居民就业、保基本民生、保市场主体、保粮食能源安全、保产业链供应链稳定、保基层运转）任务。

2020年，东莞市在全省率先成立经济运行监测调度领导小组和指挥部，搭建“市领导小组—市指挥部—36个指导服务组—各镇街指挥部—驻企专班专员”组织架构，统筹设立50亿元保企业促复苏稳增长财政专项资金，出台“助企撑企15条”“稳外贸20条”“投资松绑30条”等一揽子扶持措施，稳住经济发展基本盘。全年实现固定资产投资总额2405.10亿元，比上年增长13.0%；地区生产总值9650.19亿元，增长1.1%；一般公共预算收入694.68亿元，增长3.2%；规模以上工业增加值4145.65亿元，下降1.1%；全市进出口总额13303亿元，下降3.8%。

【把握“双区”驱动历史机遇】2020年，东莞市深度参与粤港澳大湾区建设，主动融入“一核一带一区”发展格局，深度参与深圳都市圈、穗莞合作发展等规划编制。松山湖科学城成功纳入综合性国家科学中心先行启动区，滨海湾新区获批广东省级高新区，编制完成水乡功能区综合交通实施规划、产业协同发展规划，银瓶合作创新区交通基础设施加速成型。同时，促进粤港澳青少年广泛交往、全面交流、深度交融，松山湖港澳青年创新创业基地吸引超过50个创业项目落地。

支持深圳建设中国特色社会主义先行示范区和编制穗莞合作发展规划　2020年，携手深圳共建综合性国家科学中心，松山湖科学城与光明科学城通道加快建设，松山湖科学城重点规划基本成型，重大项目土地整备有序推进。推动深莞合力打造世界级智能移动终端先进制造业集群，探索共建深莞大湾区电子信息等战略性新兴产业高质量发展特别合作试验区。出台《关于进一步完善区域协调发展格局　推动南部各镇加快高质量发展的意见》，推动东莞南部各镇作为深莞深度融合发展的样板。支持对接广州实现老城市新活力和“四个出新出彩”，共同编制《穗莞合作发展规划（2020—2025年）》。

畅通国内国际双循环　2020年，东莞市以前所未有的力度融入国内大循环，研究制定《关于支持出口产品转内销三年行动计划》，推动产品同线同标同质发展，推动本土企业与电商平台深度对接。全年外商投资企业内销额4996.4亿元，电子商务交易额超过5861亿元，快递业务收入居全国第七位。全年举办各类电商直播带货活动800场以上，推动线上线下成交额18.2亿元，东莞企业开通淘宝直播企业数量位居全国第一。

2020年，东莞外贸进出口总额1.33万亿元，总量排全国第五名、广东省第二名；“一带一路”成为东莞最大出口市场，全年进出口额3138.1亿元，占东莞外贸进出口总额的23.6%；大朗毛织贸易中心获批国家市场采购贸易方式试点资格，全年完成市场采购贸易总额8.7亿元；全年新增服务外包执行金额11.5亿美元，比上年增长9.6%；保税物流进出口2614.7亿元，增长9%；跨境电商B2B出口业务超过600万票。

【全面深化改革取得新突破】

2020年，东莞市以广东省制造业供给侧结构性改革创新实验区建设为统揽，牵引重要领域和关键环节改革向纵深推进，推动22个方面61项改革并取得突破，形成一系列改革品牌和亮点。建立经济运行监测调度统筹协调机制和重大疫情防控和应急管理机制，以超常规方式调集资源，有效统筹推进疫情防控和经济社会发展。

实施“投资松绑30条”　2020年，东莞市从主体、空间、成本、资金、审批、配置等6方面为社会投资松绑，工程审批改革推动社会投资项目提速50%以上。

推进“数字政府”建设　2020年，东莞市上线“企莞家”公共服务平台，政务数据大脑汇集数据总量突破150亿元，获“2020中国领军智慧城市”称号。

推进教育、医药卫生改革　2020年，东莞市推进教育综合改革、医药卫生体制改革等重大民生领域改革，推进法治东莞建设，构建完善“四社联动”城乡社区治理体系，强化“智网工程”机制建设，提升社会治理能力和社会民生福祉。

深化城市规划建设管理体制改革　2020年，东莞市打赢污染防治攻坚战，开展品质交通千日攻坚行动，城市精细化管理水平不断提升，城市吸引力、竞争力、软实力持续增强。

深化党的建设制度改革　2020年，东莞市深化党的组织制度改革、干部人事制度改革、基层组织建设，涵养人才生态，构建全面覆盖、权威高效的监督体系。

【城市品质内涵持续提升】

2020年，东莞市中心城区、松山湖、滨海湾新区“三位一体”的都市核心区初具雏形，城市品质3年提升行动计划深入实施，推动第二批次340个项目、10个示范片区项目、15分钟优质生活圈建设进展顺利，32个魅力小城示范街道顺利实施，建成美丽幸福村居389个，东莞火车站、虎门高铁站等TOD重点项目建设扎实推进。整合推出首批10平方千米产业用地用于全球招商，766.67公顷用地用于“工改工”、商服和住宅项目，统筹400万平方米产业空间满足高成长性企业的空间需求。打好打赢污染防治攻坚战，2020年新增截污管网5700千米，完成建成区22条黑臭水体和213条内河涌污染整治，7个国省考断面全部达标，茅洲河水质达到IV类，2020年水环境质量改善幅度排全国第三名、全省第一名，空气质量优良天数比例达到有大气监测以来的历史最好水平，受污染耕地和污染地块安全利用率均在90%以上。

【科技创新引领作用增强】

2020年，东莞市初步构建源头创新、技术创新、成果转化、企业培育“四大创新体系”。携手深圳共建综合性国家科学中心先行启动区，散裂中子源二期、南方先进光源、先进阿秒激光设施等大科学装置加快谋划建设，松山湖材料实验室建设取得扎实进展，中科院高能物理研究所国家高能物理科学数据中心大湾区分中心在松山湖成立。推动创新成果落地转化，打造松山湖国际创新创业社区，全国首台自主研发加速器硼中子俘获治疗实验装置在莞研制成功。强化企业创新主体地位，构建“高新技术企业—瞪羚企业—百强创新型企业”的创新型企业培育梯队。2020年全市R&D占比升至3.06%，达到世界发达国家水平；高新技术企数量6381家，稳居广东省第三；国内有效发明专利量位居广东省第四，PCT国际专利申请量位居广东省第二；全市集聚人才总量超过235万人，超过50位院士常年在莞开展科研活动，广东省创新科研团队38个，居广东省地级市第一。

【多元先进制造体系构建】 2020年，东莞市坚持把先进制造业作为经济发展的根基，制定出台制造业高质量发展3年行动计划，全力做强做大电子信息、电气机械与设备制造等支柱产业，推动战略性新兴产业集聚发展，推动优势传统制造业向产业链价值链中高端跃升。全市规规模以上工业企业数量突破1万家，位居全国第二，工业总产值突破2万亿元，智能移动终端产业集群成为东莞首个万亿级产业集群。在全市统筹规划约60平方千米产业空间，推动松山湖生物医药产业基地、东部智能制造产业基地、东莞新材料产业基地、东莞数字经济融合发展产业基地、东莞水乡新能源产业基地、临深新一代电子信息产业基地和银瓶高端装备产业基地7大战略性新兴产业基地建设。全年东莞市先进制造业、高技术制造业增加值占全市工业总产值的比重分别达到50.9%、37.9%。出台《东莞市“3+1”产业集群试点培育专项资金管理办法》，设立3.2亿元专项资金，推动纺织服装、食品饮料加工和家具制造三大传统优势产业高质量发展。

【共建共治共享社会治理格局】 2020年，东莞市打造共建共治社会治理新格局。

强化基层党组织领导核心作用 完善党领导下的基层协同共治格局，完善“32个镇级中心+593个村级中心+N个服务站点”体系，实现所有村（社区）和重点商业工业园区党群服务中心全覆盖。推行村（社区）“共建议事会”制度，统筹区域内机关、国企、“两新”组织力量，实行网格党建协作机制，组织群众共建共治。坚持驻点联系群众制度，近万名驻点领导干部联系走访群众54.3万户，解决困难问题1.7万个。

推进市域社会治理体系现代化 2020年，东莞市推进“智网工程”，提高社会治理社会化、法治化、智能化、专业化水平，创建市域社会治理现代化全国首批试点，推出网格化管理“十项全新举措”，巩固“二标四实”长效机制，借助“莞e申报”切实加强出租屋治安管理、疫情防控等工作。

深入实施乡村振兴战略 2020年，东莞市建立涵盖3535个项目、总投资额4192亿元的市镇乡村振兴重点项目库，提前完成2018—2020年4480公顷高标准农田建设任务。促进镇村经济协调发展，发展荔枝等特色优势产业，举办第五届中国国际食品配料博览会，全市村组集体总资产比上年增长8.9%、经营纯收入增长7.8%。

扶持次发达镇村加快发展 2020年，全市70个次发达村经营纯收入比2017年增长77.2%；所有次发达镇经营纯收入均超100亿元，实现历史性的突破，高质量完成脱贫攻坚目标任务。广东省内对口帮扶的韶关、揭阳两市323个贫困村、1.57万户相对贫困户全部脱贫出列，同时推进莞韶对口帮扶工作。广东省外结对帮扶的云南省昭通市6个县区全部实现脱贫摘帽，82.18万贫困人口实现稳定脱贫、874个贫困村全部出列。援疆援藏援川及与牡丹江对口合作等工作扎实开展。

【民生福祉持续增进】 2020年，东莞市持续增进民生福祉，提升人民群众的幸福感、获得感。

推进教育扩容提质与品质交通千日攻坚行动 新改扩建公办中小学32所，新增公办学位超过3.7万个，新增组建教育集团13个，新增品牌学校60所，在义务教育公办学校就读和在民办学校就读享受学位补贴的随迁子女占比达50.07%。新建道路184千米、人行道166千米、停车位6.9万个，完成堵点整治103个，均超额完成年度计划任务。

加快高水平医疗卫生服务体系建设 2020年，东莞市补齐公共卫生短板，完善分级诊疗制度和全民医保制度，居民健康档案规范化电子档案建档率92.75%，药品价格实际综合降幅18%。推动市人民医院争创省高水平医院，与暨南大学、南方医科大学、广东医科大学、广州中医药大学等共建高水平医院和区域中心医院，启动中医药强市建设，人均预期寿命突破80岁大关。

做好民生兜底保障 2020年，东莞市健全多层次社会保障体系，投入1.26亿元启动“民生大莞家”建设，解决群众身边“小急难”问题近2500个。加快多元住房保障体系建设。全面提高低保、低收入家庭认定、特困人员供养和孤儿基本生活保障标准，实现居家养老“大配餐”和长者饭堂镇街全覆盖。

推进平安建设 2020年，东莞市对“黄赌毒”始终保持高压态势，严打各类突出违法犯罪，打赢扫黑除恶专项斗争收官战。全年破案数跃居广东省第二，严重暴力犯罪、“两抢一盗”案件分别比上年下降31.2%、59.1%、38.8%。做好团贷网专案后续处置，完成庆祝经济特区建立40周年等安保维稳工作。全年生产安全事故比上年下降26.6%，综合下降幅度为近10年来第一。

发展文化旅游体育事业 2020年，推动“两个文明”协调发展，加强社会主义核心价值观教育，实现新时代文明实践中心镇街（园区）全覆盖，连续五届获“全国文明城市”称号。推进“品质文化之都”建设，鸦片战争博物馆获评国家一级博物馆，人均体育场地面积3.21平方米，广东宏远男篮获2019—2020赛季CBA总决赛冠军，成为CBA历史上第一个“十冠王”，东莞新彤盛女篮获得2019—2020赛季WCBA第二名。

（市委政策研究室）

中国共产党东莞市委员会

DONGGUAN MUNICIPAL COMMITTEE OF THE COMMUNIST PARTY OF CHINA

东莞市中心广场 （2020年曹永富摄）

编辑：赵书科

市委重要会议

【中共东莞市委十四届十次全会】 于2020年1月9日在市会议大厦召开。东莞市委书记、市人大常委会主任梁维东代表市委常委会作工作报告，总结2019年工作，部署2020年工作。全会强调，全面贯彻落实党的十九届四中全会和中央经济工作会议精神，落实省委十二届八次、九次全会等系列部署要求，推进治理体系和治理能力现代化，推动高质量发展，推动省“1+1+9”工作部署在东莞落地落实，抓好东莞经济社会发展各项工作，确保全面建成小康社会和“十三五”规划圆满收官。把握“三区”叠加重大历史机遇，坚定发展信心决心，坚定不移按照“1+1+6”工作思路推进“湾区都市、品质东莞”建设，不断增创东莞改革发展新优势。深度参与大湾区建设，参与全省“一核一带一区”区域发展新格局建设，努力把东莞打造成粤港澳大湾区的璀璨明珠；更加主动地深化与广深的合作，全力支持、全面对接深圳先行示范区建设，全力支持广州实现老城市新活力和“四个出新出彩”；以建设广东省制造业供给侧结构性改革创新实验区为重大契机，推进全面深化改革，为高质量发展注入强劲动力活力。全会要求，坚定不移加强党的领导和党的建设，聚焦“两个维护”抓实党的政治建设，建立健全不忘初心、牢记使命的制度，推动基层党组织建设全面进步全面过硬，优化完善选人用人机制，持之以恒正风肃纪反腐，持续加强执行力建设，为全面建成小康社会提供坚强政治保证。

【中共东莞市委十四届十一次全会】 于2020年9月25日在市会议大厦召开。东莞市委书记、市人大常委会主任梁维东代表市委常委会作工作报告。全会强调，深入学习贯彻习近平新时代中国特色社会主义思想，深刻学习领会习近平总书

2020年1月9日，中国共产党东莞市第十四届委员会第十次全体会议在市会议大厦召开（郑琳东　摄）

记重要论述精神，落实省委十二届十次全会精神，增强胸怀“两个大局”的政治自觉，认识加快形成新发展格局的战略意义，强化东莞在促进区域协调发展、构建“一核一带一区”区域发展格局中的担当作为，推动东莞高质量发展。围绕促进区域协调发展、形成新发展格局，聚焦加快构建“一核一带一区”区域发展格局的任务要求，坚持稳中求进工作总基调，因时因势丰富完善市“1+1+6”工作思路，把握重点、精准发力，深化“湾区都市、品质东莞”建设，打造“一核一带一区”高质量发展重要动力支撑。全会强调，全面加强党的领导和党的建设，强化党建引领保障，强化政策对接协同，强化风险防范意识，强化干部担当作为，为服务“一核一带一区”建设、加快东莞高质量发展提供坚强政治保证。会议审议通过《关于进一步完善区域协调发展格局　推动南部各镇加快高质量发展的意见》《关于推进外经贸高质量发展　在加快形成以国内大循环为主体国内国际双循环相互促进新发展格局中发挥更加积极作用的意见》和《关于加快推进大湾区综合性国家科学中心先行启动区（松山湖科学城）建设的若干意见》。

【中共东莞市委十四届十二次全会】　于2020年12月23日在市会议大厦召开。东莞市委书记、市人大常委会主任梁维东代表市委常委会作工作报告。全会明确“十四五”时期东莞市经济社会发展的指导思想、必须遵循的原则和主要目标。贯彻党的十九大和十九届二中、三中、四中、五中全会精神，坚持以习近平新时代中国特色社会主义思想为指导，全面贯彻习近平总书记对广东系列重要讲话、重要指示批示精神，统筹推进“五位一体”总体布局，协调推进“四个全面”战略布局，坚定不移贯彻新发展理念，坚持稳中求进工作总基调，坚持以推动高质量发展为主题，全面贯彻省“1+1+9”工作部署，持之以恒落实“1+1+6”工作思路，以城市品质提升为牵引推动经济社会持续转型，以先进制造业为根基构建现代产业体系，以科技创新为核心提高发展能级，以建设链接国内国际双循环重要枢纽为依托融入新发展格局，以增进民生福祉为根本促进人的全面发展、社会全面进步，彰显生态之美、创新势能、品质魅力，推动“湾区都市、品质东莞”建设迈上新的大台阶，增创东莞发展新优势，成为广东高质量发展名片，在广东实现新发展阶段总定位总目标中承担更大责任、走在全省前列。坚持党的全面领导，坚持以人民为中心，坚持新发展理念，坚持深化改革开放，坚持系统观念。到2025年，努力实现打造富有活力和国际竞争力的高品质现代化都市、具有全球影响力的湾区创新高地、以科技创新为引领的全国先进制造之都、链接国内国际双循环的现代化枢纽城市、城市治理体系和治理能力现代化范例、民生幸福美好城市的主要目标。全会强调，伟大的事业需要凝聚广泛的力量，必须始终坚持以党的全面领导为统领，强化党领导一切的工作机制，坚持和完善人民代表大会制度，坚持和完善中国共产党领导的多党合作和政治协商制度，推进群团组织改革创新，抓好党管武装工作，全面准确贯彻“一国两制”方针，坚持和完善大统战工作格局，巩固和发展大团结大联合局面，共同推进东莞市现代化建设。会议审议通过《中共东莞市委关于深入学习贯彻习近平总书记出席深圳经济特区建立40周年庆祝大会和视察广东重要讲话重要指示精神　努力为全省在全面建设社会主义现代化国家新征程中走在全国前列创造新的辉煌承担更大责任的实施意见》和《中共东莞市委关于制定东莞市国民经济和社会发展第十四个五年规划和二〇三五年远景目标的建议》。

【中共东莞市委十四届第150次常委会会议】　于2020年1月7日召开。会议传达省委十二届九次全会精神，研究东莞市贯彻意见。会议强调，认真学习领会，迅速把思想和行动统一到省委全会精神上来。统筹安排部署，迅速掀起学习宣传贯彻热潮。全面落实省委全会部署要求，不断开创东莞改革发展新局面。完善各项思路举措，突出工作重点，聚焦关键环节，接续推进实施城市品质提升、发展空间拓展、产业体系升级、基层基础强化、民生福祉增进、重点改革突破“六大工程”，坚定不移把改革开放推向深入，不断拓展工作成效、实现更大突破，为全省实现“四个走在全国前列”、当好“两个重要窗口”作出新的更大贡献。

【中共东莞市委十四届第152次常委会会议】 于2020年1月20日召开。会议传达2020年省人大、政协“两会”精神，研究东莞市贯彻意见。会议强调，深刻学习领会省“两会”精神，进一步把思想和行动统一到省委、省政府的决策部署上来，自觉把东莞各项工作放在全省发展大局中去谋划推进，切实为全省经济社会持续健康发展提供有力支撑。全面落实省政府工作报告部署要求，坚定不移推动高质量发展。完善东莞市“1+1+6”工作思路，融入“一核一带一区”区域发展新格局。推进民主法治建设，提高东莞市人大、政协工作水平。

【中共东莞市委十四届第155次常委会会议】 于2020年2月4日召开。会议传达广东省委书记李希来莞调研指示精神，研究部署下一阶段疫情防控工作。会议强调，深入学习贯彻李希指示精神，进一步增强防疫必胜的信心决心；坚持按照既定部署抓好落实，不断优化完善，加强谋划创新，真正把基层防控网织密织牢；进一步强化底线思维，切实把节后返程高峰期疫情防控应对准备做得更充足；全面加强党的领导，切实把基层党组织和党员干部的作用发挥得更加充分。

【中共东莞市委十四届第174次常委会会议】 于2020年6月1日召开。会议传达学习习近平总书记在全国人大、政协“两会”上的重要讲话精神和全国“两会”精神，研究东莞市贯彻意见。会议强调，深刻学习领会习近平总书记重要讲话精神和全国“两会”精神，坚定推进“双统筹”、夺取“双胜利”的信心决心。全面落实政府工作报告部署要求，做好“六稳”工作、落实“六保”任务。加强人大、政协工作，推动民主政治建设不断迈上新台阶。全面加强党的领导和党的建设，推动习近平总书记重要讲话和全国“两会”精神落地见效。

【中共东莞市委十四届第178次常委会会议】 于2020年7月1日召开。会议传达广东省委书记李希来莞调研指示精神，研究贯彻意见。会议强调，深入学习贯彻习近平总书记对广东重要讲话、重要指示批示精神，贯彻落实李希指示要求，增强实施乡村振兴战略的责任感使命感，坚定不移推动“三农”（农业、农村、农民）高质量发展；按照李希指示要求，把握农业发展的新机遇，明确新定位，打好产业、市场、科技、文化“四张牌”，进一步做优做强荔枝特色产业；坚持以人民为中心的发展思想，加快发展精细农业、建设精美农村、培养精勤农民，努力把乡村振兴美好蓝图一步步变为现实。

【中共东莞市委十四届第184次常委会（扩大）会议】 于2020年8月28日召开。会议传达省委十二届十次全会精神，研究贯彻意见。会议强调，切实把思想和行动统一到省委全会精神上来，强化东莞在“一核一带一区”区域发展格局中的担当作为。深刻认识省委贯彻落实习近平总书记重要论述和对广东重要讲话、重要指示批示精神的高度政治自觉，扎实推动中央、省委各项决策部署在东莞落地落实。深刻认识省委高质量加快构建“一核一带一区”区域发展格局的坚定决心，以扩大有效投资为重要抓手，更加积极主动地对接和参与“一核一带一区”建设。深刻认识“一核一带一区”区域发展格局给东莞带来的重大机遇，争取政策支持，更好应对当前复杂的外部环境，更加扎实地推动经济高质量发展，为GDP过万亿元打下更坚实的基础，为全省实现“四个走在全国前列”、当好“两个重要窗口”贡献东莞力量。

【中共东莞市委十四届第192次常委会会议】 于2020年10月16日召开。会议传达学习习近平总书记出席深圳经济特区建立40周年庆祝大会和视察广东重要讲话、重要指示精神，研究东莞市贯彻意见。会议强调，学习领会习近平总书记重要讲话、重要指示精神，迅速把思想和行动统一到总书记重要讲话、重要指示精神上来。切实提高政治站位，从市委常委做起，先学一步、学深一层，深刻认识总书记出席庆祝大会和视察广东的重大意义，深刻领会总书记对广东的亲切关怀和厚望重托，把总书记的关心关爱、谆谆教导转化为强大动力和实际行动，在新一轮改革开放中感恩奋进，乘势而上扎扎实实办好东莞的事，为全国全省发展大局担当使命、作出贡献。发挥东莞毗邻深圳、作为改革开放先行地的独特优势，学习借鉴经济特区建设积累的宝贵经验，切实把改革开放的路子走对走实走好。支持配合深圳按照总书记重要指示要求，建设好中国特色社会主义先行示范区，乘上国家战略东风，加快建设“湾区都市、品质东莞”，打造广东高质量发展名片。

【中共东莞市委十四届第195次常委会会议】 于2020年11月6日召开。会议传达学习习近平总书记在党的十九届五中全会上的重要讲话精神和全会精神，研究贯彻意见。会议强调，深入学习贯彻习近平总书记重要讲话精神和全会精神，切实把思想和行动统一到总书记、党中央决策部署上来。深刻理解把握党和国家各项事业取得的重大成就。结合东莞“十三五”期间的生动实践和发展成绩，不断增强在全面建设社会主义现代化国家的新征程上再创辉煌的信心决心。深刻理解把握党中央对当前国内外形势和新发展阶段特征的科学判断。结合东莞当前推动高质量发展面临的问题制约，增强机遇意识和风险意识，扎扎实实办好自己的事，在“十四五”时期实现新的更大发展。深刻理解把握构建新发展格局的战略构想。牢牢把握扩大内需这一战略基点，不断增强畅通国内大循环和联通国内国际双循环的功能，加快形成全面开放新格局，努力在构建新发展格局中发挥更重要作用。深刻理解把握党中央对“十四五”时期以及2035年远景目标的重大部署。切实把党中央决策部署和全会精神贯彻落实到东莞市“十四五”规划建议制定和规划纲要编制中，谋划探索更多战略性、引领性的重大改革、重大项目、重大政策、重大举措。深刻把握提高党领导贯彻新发展理念、构建新发展格局能力和水平的要求。增强各级领导干部观大势、谋全局的战略思维能力，全方位提升解决实际问题、推动工作落实的能力水平。统筹抓好“十三五”收官和“十四五”谋划开局工作，夺取疫情防控和实现经济社会发展目标双胜利。

【中共东莞市委十四届第197次常委会会议】　于2020年11月17日召开。会议传达全省市厅级主要领导干部学习贯彻习近平总书记出席深圳经济特区建立40周年庆祝大会和视察广东重要讲话重要指示精神暨学习贯彻党的十九届五中全会精神专题研讨班精神。会议要求，持续深入学习贯彻总书记重要讲话、重要指示精神以及党的十九届五中全会精神，切实以总书记赋予广东的总定位总目标统领东莞工作。与时俱进优化完善提升市“1+1+6”工作思路，努力在全面建设社会主义现代化国家新征程中开创东莞工作新局面。围绕实现总定位总目标，做好思想准备和工作准备，全面营造新时代干事创业良好氛围。

【中共东莞市委十四届第198次常委会会议】　于2020年11月27日召开。会议传达省委十二届十一次全会精神，研究贯彻意见。会议强调，深刻学习领会省委全会精神，学深悟透习近平总书记重要讲话、重要指示精神。坚定不移推动省

2020年11月6日，全市传达学习贯彻党的十九届五中全会精神干部大会召开　（郑琳东　摄）

“1+1+9”工作部署在东莞落地落实，全力以赴支撑全省实现总定位总目标。与时俱进优化完善提升市“1+1+6”工作思路，形成推进现代化建设的具体行动方案和施工图。迅速掀起学习宣传贯彻省委全会精神热潮，确保党员干部学深悟透、入脑入心。

【中共东莞市委十四届第201次常委会会议】　于2020年12月16日召开。会议传达省委十二届十二次全会精神，研究贯彻意见。会议强调，深刻学习领会省委全会精神，把思想和行动统一到习近平总书记重要讲话重要指示精神上来。紧扣高质量发展主题，落实省“1+1+9”工作部署，推动省委全会各项决策部署在东莞落地落实。结合贯彻省委全会精神，科学谋划好东莞市“十四五”时期经济社会发展，努力在全面建设社会主义现代化新征程中开好局、起好步。

【全市传达贯彻习近平总书记出席深圳经济特区建立40周年庆祝大会和视察广东重要讲话重要指示精神干部大会】　于2020年10月18日召开。会议强调，深刻领会习近平总书记重要讲话、重要指示精神，切实增强以更大魄力在更高起点上推进改革开放的思想自觉、政治自觉、行动自觉；真抓实干、拼搏奋斗，扎扎实实把习近平总书记重要讲话、重要指示精神落到实处，努力在新一轮改革开放中开创东莞工作新局面；迅速兴起学习宣传贯彻热潮，全力抓好当前重点工作，确保学习贯彻习近平总书记重要讲话、重要指示精神取得扎实成效。10月24日，市委印发《中共东莞市委关于认真学习宣传贯彻习近平总书记出席深圳经济特区建立40周年庆祝大会和视察广东重要讲话重要指示精神的通知》。

【全市传达学习贯彻党的十九届五中全会精神干部大会】　于2020年11月6日召开。会议传达学习贯彻习近平总书记在党的十九届五中全会上的重要讲话精神和全会精神，结合学习贯彻习近平总书记出席深圳经济特区建立40周年庆祝大会和视察广东重要讲话、重要指示精神，按照全省干部大会部署要求，对做好学习宣传贯彻工作、进一步谋划好东莞市“十四五”时期经济社会发展进行动员部署。

【省委宣讲团党的十九届五中全会精神宣讲报告会】　于2020年11月23日召开。会议强调，持续深入学习领会习近平总书记重要讲话精神和全会精神，扎实做好宣讲培训

工作，推动全会精神家喻户晓、深入人心，全面推动全会精神在东莞贯彻落实。

【市委中心组学习会】 2020年，东莞市组织召开8期市委理论学习中心组专题学习会，分别为：4月15日，集中观看学习专题教育片《固本宁邦　头等大事》；4月23日，邀请广东省生态环境厅总工程师蒋宏奇、副厅长何焱作“坚决打赢污染防治攻坚战”专题辅导报告；6月24日，邀请广东省统计局局长杨新洪作“科学度量经济的‘指示器’：自上而下的GDP统一核算”专题辅导报告；7月24日，邀请广东省委党校（广东行政学院）法治广东研究中心主任宋儒亮作“阐释好民法典，推进民法典切实实施”专题辅导报告；8月12日，邀请中共广东省委宣讲团成员、省委宣传部讲师团团长李斌作“集中展示马克思主义中国化的最新成果”专题辅导报告；9月2—4日，集中学习研讨《习近平谈治国理政》；10月22日，邀请广东省民族宗教事务委员会党组成员、省民族宗教研究院院长黄心怡作“学习贯彻新时代党的民族宗教理论政策，提升广东民族宗教事务治理现代化水平”专题辅导报告；11月23日，邀请中共广东省委宣讲团成员、省政府发展研究中心副主任谭炳才作“学习贯彻党的十九届五中全会精神”专题辅导报告。

（市委办）

资料链接

广东省委“1+1+9”工作部署：第一个“1”是指坚定不移加强党的领导和党的建设。第二个“1”是指以新担当新作为不断把改革开放推向深入。“9”是指扎实推进9个方面重点工作：一是举全省之力推进粤港澳大湾区建设；二是加快建设科技创新强省；三是扎实推进高质量发展；四是加快建设现代化经济体系；五是坚决打好三大攻坚战；六是实施乡村振兴战略；七是构建“一核一带一区”协调发展新格局；八是加快文化强省建设；九是营造共建共治共享社会治理格局。

“三区”叠加：粤港澳大湾区建设、深圳建设中国特色社会主义先行示范区和东莞建设省制造业供给侧结构性改革创新实验区叠加。

“一核一带一区”：指省委十二届四次全会提出的区域发展格局。“一核”指珠三角地区，是引领全省发展的核心区和主引擎；“一带”指沿海经济带，是新时代全省发展的主战场；“一区”指北部生态发展区，是全省重要的生态屏障。

“四个出新出彩”：2018年10月，习近平总书记在视察广东时，要求广州实现老城市新活力，在综合城市功能、城市文化综合实力、现代服务业、现代化国际化营商环境方面出新出彩。

“两个维护”：坚决维护习近平总书记党中央的核心、全党的核心地位，坚决维护党中央权威和集中统一领导。

“两个大局”：习近平总书记强调：“领导干部要胸怀两个大局，一个是中华民族伟大复兴的战略全局，一个是世界百年未有之大变局，这是我们谋划工作的基本出发点。”

东莞市委“1+1+6”工作思路：第一个“1”是指坚定不移全面加强党的领导和党的建设。第二个“1”是指以新担当新作为不断把改革开放推向深入。“6”是指以粤港澳大湾区建设为牵引，围绕全力打造“湾区都市、品质东莞”，大力实施城市品质提升、发展空间拓展、产业体系升级、基层基础强化、民生福祉增进、重点改革突破“六大工程”。

“五位一体”总体布局：党的十八大报告对推进中国特色社会主义事业作出“五位一体”（经济建设、政治建设、文化建设、社会建设、生态文明建设）总体布局。

“四个全面”战略布局：全面建成小康社会、全面深化改革、全面依法治国、全面从严治党，是以习近平同志为核心的党中央从坚持和发展中国特色社会主义全局出发提出的战略布局。

市委重要决策

【新时代党的建设推进】 2020年1月10日，东莞市“不忘初心、牢记使命”主题教育总结会召开。东莞市委书记、市人大常委会主任梁维东，广东省委第五巡回指导组副组长陈虎出席会议并讲话。会议学习贯彻习近平总书记在“不忘初心、牢记使命”主题教育总结大会上的重要讲话精神，贯彻中央、省委主题教育总结会议精神，总结全市主题教育情况，部署进一步巩固拓展主题教育成果。1月20日，梁维东主持召开市委十四届第152次常委会会议，传达学习习近平总书记在中央政治局“不忘初心、牢记使命”专题民主生活会上的重要讲话精神，研究贯彻落实意见。4月3日，梁维东主持召开市委十四届第167次常委会会议，审议2019年度镇街党委书记抓基层党建述职评议工作情况。5月9日，梁维东主持召开市委十四届第172次常委会会议，学习《中国共产党党和国家机关基层组织工作条例》，传达执行《党委（党组）讨论决定干部任免事项守则》有关问题专项治理工作部署会议精神，学习《党委（党组）讨论决定干部任免事项守则》《党政领导干部选拔任用工作条例》《干部选拔任用工作监督检查和责任追究办法》《党委（党组）落实全面从严治党主体责任规定》，研究贯彻落实意见。6月5日，梁维东主持召开市委十四届第175次常委会会议，学习传达习近平总书记关于巡视工作重要指示精神、全国巡视工作会议暨十九届中央第五轮巡视动员部署会和全省巡视巡察工作会议暨十二届省委第六轮巡视动员部署会精神，学习

《中国共产党国有企业基层组织工作条例（试行）》，研究贯彻落实意见。6月24日，梁维东主持召开市委十四届第177次常委会会议，学习《2019—2023年全国党政领导班子建设规划纲要》《广东省贯彻落实〈2019—2023年全国党政领导班子建设规划纲要〉若干措施》，听取全市各级领导班子建设情况汇报，研究贯彻落实意见。7月17日，梁维东主持召开市委十四届第180次常委会会议，传达学习省委《关于建立健全坚决落实“两个维护”十项制度机制的意见》精神，研究贯彻落实意见。7月29日，梁维东主持召开市委十四届第181次常委会会议，传达学习习近平总书记在中央政治局第二十一次集体学习时的重要讲话精神、全省组织部长学习贯彻新时代党的组织路线座谈会精神，研究贯彻落实意见。8月7日，梁维东主持召开市委十四届第182次常委会会议，学习《习近平谈治国理政》第三卷，研究贯彻落实意见。8月20日，印发《中共东莞市委印发〈关于建立健全坚决落实“两个维护”十项制度机制的实施方案〉的通知》。8月27日，印发《中共东莞市委关于认真学习宣传贯彻〈习近平谈治国理政〉第三卷的通知》。9月2—4日，梁维东带头参加集中学习研讨，学习贯彻《习近平谈治国理政》第三卷，结合第一、二卷，与习近平总书记对广东重要讲话和重要指示批示、习近平总书记近期系列重要讲话精神结合起来一体学习。9月18日，梁维东主持召开市委十四届第188次常委会会议，传达省第十九期领导干部党章党规党纪教育培训班精神，研究贯彻落实意见。9月28日，梁维东在全市第十八期领导干部党章党规党纪教育培训班讲话指出，要深入学习贯彻习近平新时代中国特色社会主义思想，增强“两个维护”的思想自觉政治自觉行动自觉，推动全面从严治党不断向纵深发展，为推进“双统筹”、夺取“双胜利”，加快建设“湾区都市、品质东莞”提供政治保障。

【以超常规机制加强经济运行监测调度】 2020年4月3日，东莞市委十四届第167次常委会会议召开，审议同意《关于成立东莞市经济运行监测调度指挥部的工作方案（送审稿）》《关于加强经济运行监测调度工作的通知（送审稿）》，强调发挥市统一指挥体系作用，继续以超常规机制抓好经济工作，加强对重点领域的监测分析和统筹调度，准确把握疫情对经济的影响，高效解决突出问题。

5月9日，东莞市委十四届第172次常委会会议召开，审议通过《关于强化投资松绑加快项目落地稳定经济增长的实施意见（送审稿）》。

5月15日，强化投资松绑促落地稳增长工作会议召开，要求各级各部门做到以超常规机制强化投资服务，抓好促落地稳增长各项工作。

5月16日，东莞市委十四届第173次常委会会议召开，审议通过关于以应急状态加强经济运行监测调度的意见（送审稿）。5月17日，印发相关文件。

7月22日，全市经济运行监测调度工作领导小组（扩大）会议暨上半年经济形势分析会召开，强调坚持稳中求进工作总基调，继续在疫情防控常态化下以超常规机制抓好经济运行监测调度，巩固提升经济企稳向好态势，努力实现全年经济社会发展目标。

11月27日，东莞市委十四届第198次常委会会议召开，听取全市经济运行监测调度工作情况汇报，强调紧盯全年既定经济发展目标，发挥全市经济运行监测调度机制优势，以精准帮扶、精准服务推进各项工作，确保完成全年目标任务。

【治理体系和治理能力现代化推进】 2020年2月14日，东莞市印发《中共东莞市委贯彻落实〈中共中央关于坚持和完善中国特色社会主义制度、推进国家治理体系和治理能力现代化若干重大问题的决定〉的实施意见》，《意见》要求全面领会党中央决定的丰富内涵和精神实质，自觉把思想和行动统一到党中央重大决策，及省委工作部署上来，突出坚持和完善支撑中国特色社会主义制度的根本制度、基

2020年2月11日，东莞市市长肖亚非（右二）在常平镇万恒通家居制品有限公司调研新冠肺炎疫情防控及复工复产情况 （郑家雄 摄）

本制度、重要制度，把中央部署的任务落到实处，全面加强执行力建设，把中国特色社会主义制度优势更好转化为治理效能。3月21日，印发《中共东莞市委、东莞市人民政府关于营造共建共治共享社会治理格局的意见》。4月2日，市域社会治理现代化暨创新基层社会治理体系工作推进会召开，东莞市委书记、市人大常委会主任梁维东出席会议并讲话，强调全面贯彻落实党的十九届四中全会精神和习近平总书记对广东重要讲话、重要指示批示精神，部署创建全国首批市域社会治理现代化试点和创新基层社会治理体系工作。10月16日，梁维东主持召开市委十四届第192次常委会会议，提出要坚持以城市升级引领经济社会综合转型，推进城市精细化管理，加快智慧城市建设，推动城市治理体系和治理能力现代化。

【服务和融入新发展格局】

2020年4月30日，东莞市委书记、市人大常委会主任梁维东主持召开市委十四届第171次常委会会议，强调创新方式引导企业多渠道开拓国内外市场，引导外贸企业关注和参与国内市场的开拓，支持企业出口转内销。6月1日，梁维东主持召开市委十四届第174次常委会会议，强调将拓市场和扩内需相结合，稳住产业链关键环节和龙头企业，稳住外资和民营经济基本盘，构建以国内大循环为主体、国内国际双循环相互促进的新发展格局。8月28日，梁维东主持召开市委十四届第184次常委会（扩大）会议，提出扭住扩大内需这个战略基点，使生产、分配、流通、消费更多依托国内市场，提升供给体系对国内需求的适配性，形成需求牵引供给、供给创造需求的更高水平动态平衡。主动融入国内大循环，鼓励、引导、支持包括外贸企业在内的所有企业，开拓国内市场。坚定不移推进对外开放，稳住外资外贸基本盘，建设更高水平开放型经济新体制，形成国际合作和竞争新优势，让国内国际双循环更加畅顺。9月11日，梁维东主持召开市委十四届第187次常委会会议，审议《关于加快外经贸高质量发展的实施意见（送审稿）》。10月16日，梁维东主持召开市委十四届第192次常委会会议，提出不断增强畅通国内大循环和联通国内国际双循环的功能，加快构建全面对外开放新格局。把握扩大内需的战略基点，深化对内经济联系，引导企业融入国内主循环，帮助企业开拓国内市场。10月18日，市委印发《关于推进外经贸高质量发展在加快形成以国内大循环为主体国内国际双循环相互促进新发展格局中发挥更积极作用的意见》。11月6日，梁维东主持召开市委十四届第195次常委会会议，提出坚持融入新发展格局，努力畅通国内国际双循环。推动“东莞制造”深耕国内市场，拓展投资空间，在千方百计稳住欧美市场的基础上积极拓展“一带一路”等更广阔的海外市场，加快建设更高水平开放型经济新体制，不断增创外经贸新优势。11月10日，梁维东主持召开全市推动外贸高质量稳定发展大会，强调增强在构建新发展格局中推动外贸高质量稳定发展的紧迫感责任感使命感，牢牢把握形势机遇，突出工作重点，推动外贸高质量稳定发展。11月17日，梁维东主持召开市委十四届第197次常委会会议，强调支持企业保市场、增订单，多途径鼓励企业拓展“一带一路”沿线国家和地区新兴市场，结合拓内销与促消费推动“东莞制造”深耕国内市场，全面融入国内大循环。

（市委办）

市委重要工作

【新冠肺炎疫情防控决策部署】

2020年1月26日，东莞市防控新冠病毒肺炎疫情工作领导小组会议召开，传达学习《中共广东省委办公厅 广东省人民政府办公厅关于坚决打赢新型冠状病毒感染的肺炎疫情防控硬仗的通知》精神，强调全市上下要提高政治站位，树牢对党和人民极端负责的态度，从严从实落实好国家和省有关决策部署，坚决打赢疫情防控硬仗。

1月30日，东莞市委十四届第153次常委会会议暨市新冠肺炎防控领导小组（指挥部）会议召开，传达学习习近平总书记就各级党组织和广大党员、干部要在打赢疫情防控阻击战中发挥积极作用作出的重要指示精神和广东省委书记李希批示精神，传达学习《中共中央关于加强党的领导、为打赢疫情防控阻击战提供坚强政治保证的通知》《中共广东省委关于深入贯彻落实习近平总书记重要批示精神加强党的领导团结带领人民群众构筑群防群治严密防线的通知》精神，听取全市疫情防控工作情况汇报，研究部署相关工作。

2月2日，东莞市委十四届第154次常委会会议暨市新冠肺炎防控领导小组（指挥部）会议召开，传达学习广东省防控新型冠状病毒感染的肺炎疫情工作领导小组（指挥部）电视电话会议精神，研究全市贯彻落实意见。

2月7日，东莞市委十四届第156次常委会会议暨市新冠肺炎防控领导小组（指挥部）会议召开，传达学习习近平总书记在中央政治局常委会会议研究加强新型冠状病毒感染的肺炎疫情防控工作时的重要讲话精神，研究部署全市疫情防控工作。

2月12日，全市新型冠状病毒肺炎疫情防控指挥部会议召开，传达学习广东省新冠肺炎防控领导小组（指挥部）视频会议精神，部署安排相关工作。

2月17日，东莞市委十四届第157次常委会会议暨市新冠肺炎防控领导小组（指挥部）会议召开，传达学习习近平总书记在中央政治局常委会会议、中央全面依法治国委员会第三次会议、中央全面深化改革委员会第十二次会议关于新冠肺炎疫情防控工作的重要讲话精神，研究全市贯彻落实意见。

2月21日，东莞市委十四届第158次常委会会议暨市新冠肺炎防控领导小组（指挥部）会议召开，传达学习习近平总书记关于务必高度重视对医务人员的保护关爱的重要指示精神和在北京调研时的重要指示精神，传达中央应对新冠肺炎疫情工作领导小组会议、全国全省恢复交通运输秩序电视电话会议以及省按照分区分级防控要求做好交通联合检疫工作电视电话会议精神，部署做好全市疫情防控工作。

2月24日，东莞市委十四届第159次常委会（扩大）会议暨市新冠肺炎防控领导小组（指挥部）会议召开，传达学习习近平总书记在统筹推进新冠肺炎疫情防控和经济社会发展工作部署会议上的重要讲话精神以及省委常委会（扩大）会议精神，研究部署全市贯彻落实意见。

2月28日，东莞市委十四届第160次常委会会议暨市新冠肺炎防控领导小组（指挥部）会议召开，通报省疫情防控工作指导小组驻莞指导复工复产期间疫情防控工作有关情况，听取全市疫情防控应急队伍组建、“莞e申报”等工作情况汇报。

3月2日，东莞市委十四届第161次常委会会议暨市新冠肺炎防控领导小组（指挥部）会议召开，传达学习中央和省关于新冠肺炎疫情防控会议精神和工作要求，研究部署相关工作。

3月6日，东莞市委十四届第163次常委会会议暨市新冠肺炎防控领导小组（指挥部）会议召开，传达学习习近平总书记在北京考察新冠肺炎防控科研攻关工作时的重要指示精神，传达中央和省关于新冠肺炎疫情防控的会议精神，研究全市贯彻落实意见。

3月13日，东莞市委十四届第164次常委会会议暨市新冠肺炎防控领导小组（指挥部）会议召开，传达学习习近平总书记在湖北武汉考察新冠肺炎疫情防控工作时的重要指示精神和中央、省有关会议精神，研究全市相关工作部署。

3月27日，东莞市委十四届第166次常委会会议暨市新冠肺炎防控领导小组（指挥部）会议召开，传达学习习近平总书记在二十国集团领导人应对新冠肺炎特别峰会上的重要讲话精神和中央、省有关会议精神，研究部署全市疫情防控工作。

4月8日，东莞市委十四届第168次常委会会议暨市新冠肺炎防控领导小组（指挥部）会议召开，传达学习习近平总书记关于新冠肺炎疫情防控工作的重要讲话、重要指示精神，传达广东省委书记李希在省委常委会会议暨省新冠肺炎防控领导小组（指挥部）会议上的讲话精神和在《东莞市委、市政府关于以超常规机制统筹推进疫情防控和经济社会发展情况的报告》上的批示精神，听取全市疫情防控工作情况，研究贯彻落实意见。

4月17日，东莞市委十四届第169次常委会会议暨市新冠肺炎防控领导小组（指挥部）会议召开，传达国务院联防联控机制赴广东指导组来莞调研指示精神，听取全市疫情防控工作情况汇报，研究贯彻落实意见。

4月22日，全市统筹推进新冠肺炎疫情防控和经济社会发展工作会议召开，强调要抓紧抓实抓细常态化疫情防控，以外防输入、内防反弹为重点，不断巩固疫情防控持续向好态势，以强大的执行力保障疫情防控和经济社会发展各项工作落到实处。

4月30日，东莞市委十四届第171次常委会会议暨市新冠肺炎防控领导小组（指挥部）会议召开，传达中央、省新冠肺炎疫情防控工作有关会议精神，传达广东省委书记李希4月29日在2020年第12次省委书记专题会议、4月30日在省委常委会会议暨省新冠肺炎防控领导小组（指挥部）会议上的讲话精神，听取全市疫情防控工作情况汇报，研究有关工作部署。

5月9日，东莞市委十四届第172次常委会会议暨市新冠肺炎防控领导小组（指挥部）会议召开，传达中央、省关于新冠肺炎疫情防控的会议精神，听取全市疫情防控工作情况汇报，研究贯彻落实意见。

5月16日，东莞市委十四届第173次常委会会议暨市新冠肺炎防控领导小组（指挥部）会议召开，审议同意《东莞市新型冠状病毒肺炎疫情防控指挥部关于做好新冠肺炎疫情常态化防控工作的实施意见（送审稿）》。

2020年4月22日，全市统筹推进新冠肺炎疫情防控和经济社会发展工作会议召开
（郑家雄　摄）

6月1日，东莞市委十四届第174次常委会会议暨市新冠肺炎防控领导小组（指挥部）会议召开，听取全市疫情防控工作情况，指出防控工作已从应急状态转为常态化，取得阶段性成效，但全市上下要慎终如始，不断巩固持续向好的疫情防控战果。

6月17日，东莞市新型冠状病毒肺炎疫情防控领导小组（指挥部）电视电话会召开，传达学习6月17日省新型冠状病毒肺炎疫情防控领导小组（指挥部）电视电话会议精神，听取全市疫情防控工作有关情况汇报，部署疫情防控工作任务。

6月24日，东莞市委十四届第177次常委会会议暨市新冠肺炎防控领导小组（指挥部）会议召开，传达学习习近平总书记在中非团结抗疫特别峰会上的主旨讲话精神和省有关会议精神，听取全市疫情防控工作情况，部署安排相关工作。

7月29日，东莞市委十四届第181次常委会会议暨市新冠肺炎防控领导小组（指挥部）会议召开，强调要做好新冠肺炎疫情长期存在的思想准备和工作准备，优化调整策略，更好谋划推进全市各项重点工作。

8月7日，东莞市委十四届第182次常委会会议暨市新冠肺炎防控领导小组（指挥部）会议召开，传达学习习近平总书记7月30日在中央政治局会议上的重要讲话精神，传达中央、省有关会议精神，听取全市疫情防控工作情况，研究部署疫情防控工作。

8月15日，东莞市新型冠状病毒肺炎疫情防控领导小组（指挥部）电视电话会召开，传达学习中央、省关于新冠肺炎疫情防控的会议精神，通报全市疫情防控工作情况，专题研究部署全市疫情防控和应对处置工作。

8月21日，东莞市委十四届第183次常委会会议暨市新冠肺炎防控领导小组（指挥部）会议召开，审议同意《东莞市秋冬季新冠肺炎疫情防控工作方案（送审稿）》。

9月11日，东莞市委十四届第186次常委会会议暨市新冠肺炎防控领导小组（指挥部）会议召开，传达学习习近平总书记在全国抗击新冠肺炎疫情表彰大会上的重要讲话精神，传达省有关会议精神，通报全市疫情防控工作情况，研究部署有关工作。

10月23日，东莞市委十四届第193次常委会会议暨市新冠肺炎防控领导小组（指挥部）会议召开，传达学习全省抗击新冠肺炎疫情表彰大会精神，通报全市疫情防控工作情况，研究相关工作安排。

10月30日，东莞市委十四届第194次常委会会议暨市新冠肺炎防控领导小组（指挥部）会议召开，传达学习习近平总书记在十九届五中全会上关于疫情防控的重要讲话精神，传达省有关会议精神，听取全市疫情防控工作情况，研究相关工作安排。

11月17日，东莞市委十四届第197次常委会会议暨市新冠肺炎防控领导小组（指挥部）会议召开，传达中央、省关于新冠肺炎疫情防控工作的会议和文件精神，听取全市疫情防控工作情况，指出疫情防控形势依然严峻复杂，要时刻绷紧疫情防控这根弦，慎终如始抓好冬季常态化疫情防控。

11月27日，东莞市委十四届第198次常委会会议暨市新冠肺炎防控领导小组（指挥部）会议召开，通报全市疫情防控工作情况，研究部署全市疫情防控工作。

12月10日，东莞市抗击新冠肺炎疫情表彰大会举行，会议学习贯彻习近平总书记在全国抗击新冠肺炎疫情表彰大会上的重要讲话精神以及全省抗击新冠肺炎疫情表彰大会精神，表彰全市为抗击新冠肺炎疫情作出突出贡献的先进个人、先进集体以及优秀共产党员、先进基层党组织。

12月11日，东莞市委十四届第200次常委会会议暨市新冠肺炎防控领导小组（指挥部）会议召开，传达中央、省关于新冠肺炎疫情防控工作的会议精神，听取全市疫情防控工作情况，研究相关工作安排。

12月26日，东莞市新型冠状病毒肺炎疫情防控领导小组（指挥部）电视电话会议召开，传达学习习近平总书记在中共中央政治局会议上的重要讲话精神，以及省委常委会暨省新冠肺炎防控领导小组（指挥部）会议精神，省新冠肺炎疫情防控电视电话会议精神，听取全市疫情防控工作情况，指出全市冬春季疫情防控工作进入关键时期，要保持高度警惕，突出人物同防，坚决遏制疫情反弹。

【全面深化改革推进】 2020年1月3日，东莞市委书记、市人大常委会主任梁维东主持召开市委十四届第149次常委会会议，强调要深化重点领域改革，健全完善高质量发展的体制机制，推进商事制度改革，深化国资国企改革，扶持民营经济做大做强，提升全市营商环境优势。3月17日，梁维东主持召开市委全面深化改革委员会第五次会议，传达学习中央全面深化改革委员会第十一次、第十二次会议和省委全面深化改革委员会第六次、第七次会议精神，审议通过《2020年东莞市全面深化改革工作安排》，书面审议《东莞市2019年全面深化改革工作总结》，书面通报2019年度十大优秀改革项目、基层优秀改革创新案例名单。7月17日，梁维东主持召开市委十四届第180次常委会会议，强调要学习借鉴海南自由贸易港建设先进经验和创新做法，复制推广广东自贸试验区等改革创新经验，主动对接深圳先行示范区建设，加快构建具有国际竞争力的开放制度体系。8月6日，梁维东主持召开市委全面深化改革委员会第六次会议，传达学习中央全面深化改革委员会第十三次、第十四次会议和省委全面深化改革委员会第八次会议精神，审议并原则同意《东莞市镇（街道）属企业改革工作的指导意见》《关于建立市政府向市人大报告地方政府债务管理情况制度的意见》。8月

7日，梁维东主持召开市委十四届第182次常委会会议，传达学习习近平总书记关于机构改革的重要讲话精神，审议《东莞市深化乡镇街道体制改革完善基层治理体系的实施方案（送审稿）》《关于深化乡镇街道体制改革机构编制调整的意见（送审稿）》。9月18日，梁维东主持召开市委十四届第188次常委会会议，传达全省乡镇街道体制改革工作推进会精神，研究贯彻落实意见。

【“十四五”规划高质量编制】2020年10月23日，东莞市委书记、市人大常委会主任梁维东主持召开市委十四届第193次常委会会议，传达学习习近平总书记对“十四五”规划编制工作网上意见征求活动作出的重要指示精神，听取东莞“十四五”规划编制情况汇报，研究相关工作安排。10月30日，梁维东主持召开市委十四届第194次常委会会议，强调要以新一轮“深调研”为契机，研究构建现代流通体系的难点堵点问题，用改革创新的思维和办法加快补齐短板，结合“十四五”规划编制，研究推出一批影响力大牵引性强的重要改革、重点任务和重大项目，争创商贸流通新优势。11月6日，梁维东主持召开市委十四届第195次常委会会议，强调要科学谋划全市“十四五”规划，开展新一轮深调研，深入思考谋划全市“十四五”发展的战略方向和主要目标任务，确保“十四五”规划更具科学性、前瞻性和可操作性。11月17日，梁维东参加东莞市决策咨询顾问委员会2020年年会时指出，要充分发挥市决策咨询顾问委员会平台作用，汇聚各方的专业智慧、经验和力量，把专家意见建议转化为把握“十四五”机遇、编制好“十四五”规划、推动高质量发展、构建新发展格局的正确思路、有力举措和实际成效。12月16日，梁维东出席2020年老干部老同志座谈会，就全市“十四五”规划听取老干部老同志意见建议。

【粤港澳大湾区建设深度参与】2020年1月2日，东莞市委书记、市推进粤港澳大湾区建设领导小组组长梁维东主持召开市推进粤港澳大湾区建设领导小组第四次全体会议，强调要把握“三区”叠加的重大历史机遇，把中央和省的各项部署要求不折不扣落实到位。1月20日，梁维东主持召开市委十四届第152次常委会会议，强调要深入推进粤港澳大湾区建设，提升城市品质，加强与大湾区城市的交流合作，融入“一核一带一区”区域发展新格局。6月24日，梁维东主持召开市委十四届第177次常委会会议，指出滨海湾新区是全市参与粤港澳大湾区建设的重要平台，开展威远岛土地整备工作是市委、市政府推动滨海湾新区开发建设的重要决策，各有关部门要提高认识，从事关东莞未来发展的高度，增强使命感和责任感，全力支持威远岛土地整备工作，为加快滨海湾新区建设提供支撑。7月17日，梁维东主持召开市委十四届第180次常委会会议，强调滨海湾新区要强化扩大开放合作的示范功能，加强与港澳地区特别是与香港的合作交流和联动发展，推动与南沙、前海、横琴自贸片区适度错位发展和联动发展，打造粤港澳协同发展特色平台。8月28日，梁维东主持召开市委十四届第184次常委会（扩大）会议，传达学习习近平总书记在经济社会领域专家座谈会、在扎实推进长三角一体化发展座谈会上的重要讲话精神以及在吉林、安徽考察时的重要指示精神，传达省委十二届十次全会精神，强调要把临深片区打造成为对接深圳先行示范区建设、促进深莞深度融合一体联动发展的样板区，把水乡经济区打造成为支持广州实现老城市新活力和“四个出新出彩”、促进穗莞全方位合作的先行区。9月22日，梁维东主持召开市委十四届第189次常委会会议，学习中央办公厅、国务院办公厅《深圳建设中国特色社会主义先行示范区综合改革试点实施方案（2020—2025年）》，研究全市贯彻落实意见。会议强调，落实省委对于支持深圳实施综合改革试点的责任要求，做好与深圳的协同对接。结合参与全省“一核一带一区”建设，与深圳加强协同对接，建立更加紧密的沟通协调机制，推动形成两市领导、部门、镇街等多个层次定期会商交流的改革联动机制。加强全市尤其是南部各镇与深圳空间规划衔接、产业链优势互补、基础设施互联互通和营商环境一体化，推动南部各镇率先融入深圳先行示范区建设。10月16日，梁维东主持召开市委十四届第192次常委会会议，提出要立足全省“一核一带一区”区域发展格局，深度参与大湾区建设，加强同港澳地区的合作；谋划对接深圳先行示范区建设，携手深圳共同打造大湾区综合性国家科学中心先行启动区，构建松山湖科学城与光明科学城深度融合、联动发展的新格局，推动南部各镇加快高质量发展，共同打造具有全球影响力和竞争力的电子信息等世界级先进制造业集群。

【城市发展优化推进】2020年1月3日，东莞市委书记、市人大常委会主任梁维东主持召开市委十四届第149次常委会会议，强调要统筹编制好市级、镇级和功能区层面的国土空间总体规划，优化城市空间布局。4月3日，梁维东主持召开市委十四届第167次常委会会议，强调要加强土地统筹整备，拓展城市空间，为高质量发展提供有力支撑。4月17日，梁维东主持召开市委十四届第169次常委会会议，审议2019年、2020年东莞国际商务区统筹开发专项资金有关事宜。5月8日，梁维东在全市生活垃圾分类暨城市精细化管理工作推进会上讲话指出，要落实全省生活垃圾分类工作推进会精神，推进全市垃圾分类和城市精细化管理工作，全市上下统一思想、提高认识、形成合力，坚决打好垃圾分类和城市精细化管理攻坚战、持久战。5月16日，梁维东主持召开市委十四届第173次常委会会议，审议广深港高铁虎门站站房改扩建工程和虎门高铁站TOD综合开发核心区市政配建工程投资规模有关事项。7月29日，梁维东主持召开市委十四届第181次常委会会议，审议同意《东莞市农房违建行为责任追究实施细则（送审稿）》。8月7日，梁维东主持召开市委十四届第182次常委会会议，审议关于申请2020年土地收储周转金有关事项，强调市政府要运用财政资金引导和支持各镇街高水平建设。8月28日，梁维东主持召开市委十四届第184次常委会（扩大）会议，强调要不断优化城市布局、提升城市品质，深度参与大湾区城市群建设。11月4日，梁维东主持召开全市农民住房管理工作会议，按照省部署要求，全面动员部署东莞农房管理工作，要求加强和规范农房管理各个环节，保障农房管理各项政策得到有效执行。12月31日，梁维东主持召开市委十四届第204次常委会会议，审议同意《东莞市碧道建设总体规划（2020—2035年）（送审稿）》。

【先进制造强市建设】 2020年1月3日，东莞市委书记、市人大常委会主任梁维东主持召开市委十四届第149次常委会会议，要求用好省制造业供给侧结构性改革创新实验区政策红利，加快建立面向未来的产业体系，加快培育新的产业增长点，推动传统支柱特色产业转型升级。3月17日，梁维东主持召开市委全面深化改革委员会第五次会议，传达学习《中共广东省委深改委关于印发〈东莞市建设广东省制造业供给侧结构性改革创新实验区实施方案〉的通知》文件精神，原则同意水乡功能区、石龙镇、塘厦镇、常平镇关于创建基层改革创新实验区的请示。4月10日，梁维东在2020年东莞市制造业高质量发展暨非公有制经济大会上讲话指出，要贯彻落实全省推动制造业高质量发展大会精神，扎实推进东莞制造业和非公经济高质量发展工作。会议通报全市制造业高质量发展、非公有制经济和“倍增计划”发展情况，对《东莞市推动制造业高质量发展三年行动计划（2020—2022）》进行解读。8月6日，梁维东主持召开市委全面深化改革委员会第六次会议，研究审议东莞建设省制造业供给侧结构性改革创新实验区一周年情况报告。9月8日，梁维东在东莞全球先进制造招商大会上讲话指出，始终坚持把制造业作为立市之本、强市之基，是东莞改革开放40多年取得辉煌成就的宝贵经验，也是东莞新时代改革开放必将长期深耕细耘的核心领域。东莞将进一步解放思想、积极探索，推动技术、人才、资金、土地等供给要素加速向先进制造业集聚，加快推动制造业高质量发展。12月21日，梁维东主持召开市委十四届第202次常委会会议，审议同意《东莞市战略性新兴产业基地建设实施方案（送审稿）》。

【国家创新型城市建设】 2020年1月6日，东莞市委书记、市人大常委会主任梁维东出席香港城市大学（东莞）合作协议签署仪式，指出东莞一直高度重视高等教育发展，将支持东莞理工学院和香港城市大学合作办学，努力提供各项办学保障，营造更好环境，推动香港城市大学（东莞）建设。3月27日，梁维东主持召开市委十四届第166次常委会会议，传达全省科技创新大会精神，研究贯彻落实意见。会议强调，坚持以习近平总书记关于科技创新的重要论述为引领，深入实施创新驱动发展战略，推动东莞国家创新型城市建设不断取得新突破、科技创新取得更加扎实的成效。4月3日，梁维东主持召开市委十四届第167次常委会会议，提出要加快散裂中子源二期、南方先进光源、松山湖材料实验室等重大科技平台建设。6月16日，梁维东会见中科院高能物理研究所有关领导时，提出要充分借助高能物理研究所和大科学装置的科研力量，对接东莞庞大产业需求，推动东莞产业创新和应用创新，解决关键技术的卡脖子问题，帮助东莞打造形成立足湾区、面向国际的产业创新发展生态链。8月28日，梁维东主持召开市委十四届第184次常委会（扩大）会议，强调大力参与大湾区综合性国家科学中心建设，不断强化区域创新协作。抓住建设大湾区综合性国家科学中心关键点，深度参与广深港澳科技创新走廊建设。加强与中科院战略合作，高水平打造松山湖科学城，加快推进散裂中子源二期、松山湖材料实验室等重大科技设施和平台建设，加快谋划南方先进光源、先进阿秒激光落户东莞。加快筹建湾区大学、香港城市大学东莞校区，推动东莞理工学院建设高水平理工科大学。10月16日，梁维东在“一流大学建设系列研讨会—2020”暨中国大学校长联谊会开幕式上讲话指出，东莞将围绕加快构建源头创新、技术创新、成果转化、科技企业培育“四大创新体系”，参与大湾区国际科技创新中心、广深港澳科技创新走廊建设，加快湾区大学和香港城市大学（东莞）建设，将湾区大学打造成为新型研究型大学。联合深圳加快建设大湾区综合性国家科学中心先行启动区，深化与中科院等的全面战略合作，高水平共建松山湖科学城，布局南方先进光源，加快建设松山湖材料实验室和粤港澳交叉科学研究中心，打造大湾区大科学装置集群，促进基础研究和应用基础研究。10月18日，印发《中共东莞市委、东莞市人民政府关于加快推进大湾区综合性国家科学中心先行启动区（松山湖科学城）建设的若干意见》。10月23日，梁维东主持召开香港城市大学（东莞）现场评议工作会议，强调全力支持东莞理工学院和香港城市大学合作办学，在用地保障、校园建设、经费支持和人才政策等方面做好服务保障，营造更好环境、更优条件，推动香港城市大学（东莞）高水平建设。12月31日，梁维东主持召开市委十四届第204次常委会会议，审议同意《松山湖科学城发展总体规划（2020—2035年）（送审稿）》，提出松山湖科学城发展总体规划要与东莞优势产业和战略性新兴产业相结合，强化开放合作，充分发挥东莞各类改革试点平台的体制机制优势。

【东莞市助力全国全省全面打赢脱贫攻坚战】 2020年3月20日，东莞市委书记、市人大常委会主任梁维东主持召开市委十四届第165次常委会会议，传达中央决战决胜脱贫攻坚座谈会、全省决战决胜脱贫攻坚推进会精神，听取全市脱贫攻坚工作情况汇报。强调各级各有关部门要学习贯彻习近平总书记重要讲话精神，按照中央和省部署要求，坚定信心决心，倾情帮扶，争分夺秒，攻坚克难，确保高质量完成东西部扶贫协作和省内精准脱贫任务，为坚决夺取脱贫攻坚战全面胜利贡献东莞力量。3月26日，东莞市召开全市决战决胜脱贫攻坚推进会，梁维东在会上讲话指出，学习贯彻习近平总书记重要讲话精神，为决战决胜脱贫攻坚、全面建成小康社会贡献东莞力量。加大帮扶力度，夺取省内精准脱贫对口帮扶的全面胜利，深化拓展东西部扶贫协作，紧紧扭住关键环节，推动民族地区加快高质量发展。6月24日，梁维东主持召开市委十四届第177次常委会会议，通报随广东省党政代表团赴四川交流对接扶贫协作和对口支援工作情况，指出对口支援四川甘孜雅江县、九龙县工作是东莞服从服务全国大局义不容辞的使命担当，要坚决完成好党中央和省委交给东莞的对口支援任务。7月1日，梁维东在2020年东莞·昭通扶贫协作工作视频联席会议上讲话指出，作为对口帮扶的兄弟城市，东莞坚持以习近平新时代中国特色社会主义思想为指导，贯彻落实党中央、国务院关于东西部扶贫协作的决策部署，带着对兄弟城市和困难群众的深厚感情，在疫情防控常态化的前提下，坚决扛起帮扶云南省昭通市完成剩余脱贫任务的政治责任，在助力昭通决战脱贫攻坚中体现东莞担当，贡献东莞力量。7月3日，东莞韶关对口帮扶工作第十二次联席会议暨脱贫攻坚工作会议召开。会议通报莞韶脱贫攻坚工作进展和对口帮扶工作情况，审议通过《关于深化东莞韶关对口帮扶和脱贫攻坚的工作方案（2020—2022年）》《东莞韶关对口帮扶2020年工作要点》《关于深化莞韶对口帮扶“十组团”产业共建的工作方案（2020—2022年）》等文件。签订“菜篮子”建设战略合作框架协议、两地园区签订共建协议和两地高校结对帮扶协议等6份协议，并举行重大项目集中签约。7月9日，梁维东在昭通镇雄东西部扶贫协作产业园启动仪式上讲话指出，2020年是全面建成小康社会和脱贫攻坚的决战决胜之年，高质量完成东西部扶贫协作目标任务，责任重大、使命光荣。谋划推动昭通镇雄东西部扶贫协作产业园的建设，是打好打赢脱贫攻坚战的有力举措，将推动镇雄县工业化和城市化提速，助力当地形成长期发展的强大内生动力。7月13日，梁维东在2020年东莞揭阳对口帮扶工作联席会议上讲话指出，要坚定助力揭阳全面打好打赢2020年脱贫攻坚收官之战的信心决心，通过巩固拓展前期成果，聚焦重点全面发力，提高东莞对口帮扶揭阳脱贫攻坚工作质量和成色。7月17日，梁维东主持召开市委十四届第180次常委会会议，通报随广东省党政代表团赴云南省交流对接扶贫协作工作、东莞党政代表团赴云南省昭通市开展对口帮扶工作有关情况，部署全市下一步工作。9月5日，东莞·昭通东西部产业协作项目签约仪式在莞举行，梁维东出席仪式并讲话，强调要深入学习贯彻习近平总书记关于决胜全面建成小康社会、决战脱贫攻坚和深化东西部扶贫协作的重要指示精神，强化东西部产业协作，助力昭通打赢脱贫攻坚战。

【污染防治攻坚战】 2020年4月13日，东莞市委书记、市人大常委会主任梁维东在全市打赢污染防治攻坚战工作推进会上讲话指出，要以超常规思想和状态，立即行动起来，从严从紧从细部署推进东莞治污攻坚工作，坚决打好打赢污染防治攻坚战。6月5日，梁维东主持召开市委十四届第175次常委会会议，听取中央和省级环境保护督察暨全国人大执法检查整改进展情况，强调各级各有关部门要正视问题和困难，巩固和拓展已有成果，坚定不移打好污染防治攻坚战这场硬仗，不获全胜决不收兵。7月1日，梁维东主持召开市委十四届第178次常委会会议，听取全市水污染治理攻坚战情况汇报，要求各相关单位坚定信心决心，用百分之百的努力坚决完成既定目标任务，打好水污染防治攻坚战。7月29日，梁维东在全市污染防治攻坚工作推进会上讲话指出，2020年是全面建成小康社会和“十三五”规划收官之年，也是污染防治攻坚战决战决胜之年，在面临着新冠肺炎疫情、外部环境深度变化等多种风险挑战的情况下，不折不扣完成污染防治攻坚战目标任务具有非同寻常的重要意义。全市上下要以更大的决心、更强的信心和更有力的举措，打赢污染防治攻坚战。12月24日，梁维东在市全面推行河长制工作领导小组会议上讲话指出，要增强落实河长制湖长制的责任担当，提升水污染治理效能，推动水生态环境质量实现根本改善，完善河长制工作机制，努力在新发展阶段开创河长制工作新局面。

【乡村振兴战略推进】 2020年4月27日，东莞市委实施乡村振兴战略领导小组会议审议通过《关于深入实施乡村振兴战略　建设高质量小康社会的实施意见》《中共东莞市委实施〈中国共产党农村工作条例〉工作方案》《2020年东莞市农村人居环境整治工作要点》《2020年东莞市乡村振兴重点项目库》等文件。4月30日，东莞市委书记、市人大常委会主任梁维东主持召开市委十四届第170次常委会会议，传达全省实施乡村振兴战略工作推进会精神，指出乡村振兴战略是“三农”工作的总抓手，“美丽东莞”全域项目化建设的经验做法写入省贯彻中央一号文件的实施意见中并在全省总结推广，市委对此充分肯定。会议强调，要提高政治站位、聚焦重点任务、强化统筹协调，推进乡村振兴各项工作落细落实。5月13日，梁维东在全市实施乡村振兴战略工作推进会上讲话指出，2020年是决胜全面建成小康社会和“十三五”规划收官之年，同时面临新冠肺炎疫情影响等新的风险挑战，做好“三农”工作意义重大。全市上下必须高度重视，把乡村振兴战略抓细抓实抓出成效，确保乡村振兴“三年取得重大进展”目标如期完成。5月16日，梁维东主持召开市委十四届第173次常委会会议，审议同意《关于深入实施乡村振兴战略建设高质量小康社会的实施意见（送审稿）》。5月17日，印发《关于深入实施乡村振兴战略建设高质量小康社会的实施意见》。8月5日，梁维东在全市农村人居环境整治“百日攻坚战”动员会上讲话指出，要准确把握形势任务，充分认识农村人居环境整治“百日攻坚战”的重要意义，通过一百天的集中整治，推动全市农村人居环境加快实现更大提升，推动“湾区都市、品质东莞”建设再上新的台阶。10月30日，梁维东主持召开市委十四届第194次常委会会议，传达全省农房管控和乡村风貌提升暨田间窝棚整治（珠三角）现场推进会精神，研究全市贯彻落实意见。

【村（社区）“两委”换届】 2020年9月29日，东莞市委书记、市人大常委会主任梁维东在全市村（社区）“两委”［村（社区）支委会、村（居）委会］换届筹备工作会议上讲话指出，村（社区）“两委”换届事关党的执政基础与社会和谐稳定，是基层组织建设的重要工作。强调要提高政治站位，结合东莞实际深化思想认识，增强责任感使命感紧迫感，以更坚决的态度、更扎实的举措推动好全市村（社区）“两委”换届，确保选举平稳有序，选好干部，配强班子，提升基层党组织建设水平。10月16日，梁维东主持召开市委十四届第192次常委会会议，传达全省村（社区）“两委”换届筹备工作会议精神，研究贯彻落实意见。会议强调，要提高政治站位，压实工作责任，加强统筹协调，做好全市村（社区）“两委”换届工作。11月27日，梁维东主持召开市委十四届第198次常委会会议，传达全省村（社区）“两委”换届工作电视电话会议精神，研究全市村（社区）“两委”换届有关工作。11月30日，梁维东在全市村（社区）“两委”换届工作会议上讲话指出，增强政治自觉和责任担当，加强组织领导和统筹协调，牢牢把握主动权和主导权，做好村级换届选举工作，确保换届过程平稳有序，村级换届圆满成功。12月31日，梁维东主持召开市委十四届第204次常委会会议，传达全国市县乡换届工作电视电话会议精神，强调要高度重视市县乡换届工作，加强党对换届工作的领导和指导，准确把握工作要求和重点任务，严格按照上级部署做好换届各项工作。

【民生福祉增进】 2020年1月20日，东莞市委书记、市人大常委会主任梁维东主持召开市委十四届第152次常委会会议，审议“品质交通千日攻坚行动”系列文件，强调以经营城市的理念，引导民营资本、集体资本及国有企业参与交通基础设施建设，系统优化综合交通规划，在重点难点突破上攻关，努力开好局起好步。会议同时审议“教育扩容提质千日攻坚行动”系列文件，强调坚持公办民办并举，用改革的思维探索研究公办教育投入体制机制问题，建立健全社会资本参与教育设施建设的政策机制，调动一切积极因素推动教育事业高质量发展。3月11日，梁维东主持召开东莞市高水平全面建成小康社会暨品质交通与教育扩容提质千日攻坚工作会议，强调深入推进城市品质提升和民生福祉增进等工作，实施品质交通与教育扩容提质千日攻坚，推动“湾区都市、品质东莞”建设不断迈上新台阶。会后，在大朗、虎门、东坑举行2020年东莞市品质交通、教育扩容提质千日攻坚暨第一批重大项目动工仪式。6月12日，市十六届人大六次会议表决通过《东莞市第十六届人民代表大会第六次会议关于〈推动教育扩容提质　加快公办中小学建设的议案〉的决议》。8月18日，梁维东在全市中医药大会上讲话指出，推动东莞中医药传承创新发展，提高中医药服务水平，不断满足人民群众对中医药服务的需求，保障人民群众生命安全和身体健康。9月18日，梁维东主持召开市委十四届第188次常委会会议，传达学习习近平总书记致全国广大教师和教育工作者的节日祝贺和诚挚慰问以及对研究生教育工作作出的重要指示精神，听取全市教师队伍建设工作和学校思想政治工作情况汇报。强调要深入研究解决教育扩容提质千日攻坚中人员扩容、教师缺编、素质提升等问题，健全教师准入、使用、培养、管理机制，建设一支数量足、素质高、专业化、创新型的教师队伍。11月27日，梁维东主持召开市委十四届第198次常委会会议，审议同意全市重大疾病医疗保险承办有关事项。

【东莞市党政代表团学习考察活动】 2020年7月2—3日，东莞市委书记、市人大常委会主任梁维东率东莞市党政代表团赴韶关市开展对口帮扶工作，助力加快构建全省“一核一带一区”区域发展格局。7月8—10日，梁维东率东莞市党政代表团赴云南昭通，就深入推进两市扶贫协作工作开展交流对接。10月26日，梁维东率东莞市党政代表团赴汕头、潮州学习考察，深入学习贯彻习近平总书记出席深圳经济特区建立40周年庆祝大会和视察广东重要讲话、重要指示精神，推动与汕头、潮州在更多领域深化交流合作。10月27日，梁维东率东莞市党政代表团赴揭阳市开展对口帮扶工作专项调研，推动高质量打赢脱贫攻坚战。

【东莞市委书记接受采访和发表署名文章】 2020年5月24日《人民日报》刊发《广东省东莞市委书记梁维东代表：以改革创新激发市场活力》专题采访报道；5月26日《新京报》刊发《东莞市委书记：至4月底外贸进出口额已恢复去年同期八成》专题采访报道；5月26日《21世纪经济报道》刊发《全国人大代表、东莞市委书记梁维东：东莞企业经营整体稳定 今年工业投资将超800亿》专题采访报道；5月28日《南方都市报》刊发《全国人大代表、东莞市委书记梁维东：东莞未来五年将推出50平方公里产业用地全球招商》专题采访报道；5月29日《小康》杂志刊发《全国人大代表、东莞市委书记梁维东：奋力打造广东高质量发展名片》专题采访报道；5月29日《羊城晚报》刊发《全国人大代表、东莞市委书记梁维东：百项民生实事年内实施》专题采访报道；6月16日，《中国人才》杂志刊发梁维东署名文章《谋篇布局人才战略 东莞锻造“先进制造业之都”》。7月23日，梁维东接受广东广播电视台《乡村振兴大擂台》采访，介绍东莞乡村振兴工作的经验做法。11月3日《21世纪经济报道》、21财经客户端刊播《东莞市委书记梁维东：制造名城再出发，高水平打造参与大湾区建设的重大平台》专题采访。11月12日，梁维东接受广东广播电视台采访，围绕坚持以习近平总书记出席深圳经济特区建立40周年庆祝大会和视察广东重要讲话、重要指示精神，落实省“1+1+9”工作部署，介绍深入推进粤港澳大湾区建设，全力支持对接深圳先行示范区建设，加快建设“湾区都市、品质东莞”工作情况。12月17日《南方日报》刊发《东莞市委书记、市人大常委会主任梁维东：建设“湾区都市、品质东莞”》专题采访。 （市委办）

附：2020年中共东莞市委书记、副书记、常委、秘书长、副秘书长名录

市委书记：梁维东
市委副书记：肖亚非 白 涛
市委常委：梁维东 肖亚非
白 涛 戚优华
郑 琳 杨晓棠
杨东来 刘松涛
陈志伟 刘 炜（3月到任）
喻丽君（3月到任）
市委秘书长：吴志刚
市委副秘书长：
邓惠林（2月到任）
陈庆松（任至1月）
芦 湛（1月到任）
李汉年 彭碧玲

组 织

【党组织概况】 截至2020年底，东莞市有中国共产党的基层组织1.12万个，其中党委750个，总支部736个，支部9741个。全市有党员18.89万人，其中“两新”组织（新经济组织和新社会组织）党员4.29万人（含流动党员1.3万人），女党员6.5万人，占34.38%；35岁及以下党员6.63万人，36～45岁党员5.51万人，46～55岁党员3.01万人，56～65岁党员1.52万人，66岁及以上党员2.22万人。大专及以上学历13.73万人，占72.68%，其中研究生及以上学历1.06万人；中专及以下学历5.16万人。农村党员5.74万人，占全市党员总数的30.4%。

【党员干部理论培训】 2020年，东莞市开展大学习大培训，建立重大理论、重要讲话全覆盖轮训机制，突出围绕习近平总书记视察广东重要讲话、重要指示精神，党

2020年中共东莞市委机构设置情况表

类别	级别	单位名称
市直机关	正处级	纪律检查委员会监察委员会机关、巡察工作领导小组办公室、办公室（市档案局）、组织部（非公有制经济组织和社会组织工作委员会、市公务员局）、宣传部［市政府新闻办公室、市精神文明建设委员会办公室、市新闻出版局（市版权局）］、统一战线工作部（市民族宗教事务局、市侨务局）、政法委员会、政策研究室（全面深化改革委员会办公室）、台港澳工作办公室（市台港澳事务局，归口市委统一战线部管理）、网络安全和信息化委员会办公室（市互联网信息办公室，归口宣传部管理）、外事工作委员会办公室（市外事局）、直属机关工作委员会、机构编制委员会办公室（归口组织部管理）、老干部局（归口组织部管理）、军民融合发展委员会办公室（市人民防空办公室）、机要和保密局（市国家保密局、市密码管理局，归口办公室管理）、民主党派办公室（不定级）、市委第一、二、三、四、五、六巡察组（不定级）
事业单位	正处级	市委党校（市行政学院、市社会主义学院）、东莞日报社、广播电视台、党史研究室、接待办公室、粤桥山庄管理处、社会科学院（未定级别）、档案馆

的十九届五中全会精神等全覆盖轮训全市党员干部。健全常态化学习机制，推动各级党委（党组）落实“第一议题”、集中研讨制度，推动各基层党组织落实固定主题党日活动10万多次，确保总书记每一次重要讲话、重要指示精神及时传导到每位党员、干部。完善各类阵地平台，大规模举办网络学习培训班，加大网络课程开发力度，整合各类直播教学资源，网络学院、“云课堂”App新增选课超过200万人次。出台加强镇街党校管理若干措施，指导镇街党校规范课程设置、组建师资库，33个镇街（园区）党校举办学习培训超过2000期，培训党员、干部超过47万人次，其中线上培训28万多人次。

【干部能力提升】 2020年，东莞市坚持政治第一选人用人导向，制定落实省委组织部《关于突出政治标准选人用人的若干措施》实施细则，建立市管干部政治素质档案，探索实行重点工作和重大项目动态纪实考察，一线走访调研干部实际表现，探索建立领导班子和领导干部平时考核制度。统筹抓好领导班子整体升级，围绕市委重点工作，对镇街及“三区建设”重点领域领导班子进行专项研判，有针对性补充城市规划、科技金融、环境治理等领域专业干部，全年调整交流市管干部251人，领导班子结构进一步优化。突出锻炼干部治理能力，实施“百名优秀年轻干部培养计划”，选派年轻干部到三大攻坚战、乡村振兴、对口支援等重要任务中历练。实施干部专业能力提升计划，举办19期务实管用的培训，培训市管干部1500多人次。制定《领导干部个人有关事项漏报情节较重、隐瞒不报等情形认定处理的细化标准》《违规选人用人问题认定处理的细化标准》，提高干部监督政策精细化运用水平。统筹做好公务员招录、选调和遴选工作，巩固职务与职级并行制度成果，完成全市公务员职级工资套定专项工作。

【基层党建“三年行动计划”收官】 2020年，东莞市瞄准关键领域和薄弱环节实施补链强链行动，组建镇街“两新”组织党委和教育系统党委，成立市妇联女性社会组织党委等3个行业党委，制定出台互联网行业等4个党建工作指引，在1713家非公企业中新建党组织，新建5个“阳光雨”党群服务中心（站）。做好村级换届，实施三轮排查整顿66个重点难点村，精准整顿12个软弱涣散村（社区），并将593个村（社区）党工委改设为基层党组织，制定《村（社区）“两委”干部待遇保障的若干措施》等系列配套政策，保证村级换届平稳有序推进。市镇村三级联动，推动实施行走东莞、驻点联系群众、共建议事会等，构建党建引领基层治理“一呼百应”工作格局。

【优秀人才集聚】 2020年，东莞市优化人才政策体系，出台“十百千万百万”人才工程配套政策20项，编印人才政策速览，完善三级政务服务体系，创新实施“优才卡”制度，筹集人才房4700多套，建成6家青年人才驿站，营造留才良好环境。推进“十百千万百万”人才工程，引进58名博士进入事业单位和国企，引进培育超过600名领军人才和9476名硕士学历或副高以上职称创新人才，推动132万人提升学历技能素质。举办“高层次人才东莞行”“高层次人才活动周”等活动，全年引进博士以上高层次人才705人，其中海外博士以上高层次人才266人。截至2020年底，全市人才总量超过235万人，高层次人才15.6万人，其中，双聘院士16名，国务院特殊津贴专家33名，省创新科研团队38个。全年新引进培养博士和副高以上职称人才数居全省地级市前列。

资料链接

“十百千万百万”人才工程：东莞市从2019年起，用3年时间，引进10个国际一流水平的战略科学家团队，选拔100名博士专业人才进入党政机关和企事业单位，引进培养1000名重点领域的领军人才，引进培养1万名硕士研究生以上学历和中级以上职称的创新人才，推动100万人提升学历技能素质。 （冯　硕）

附：2020年中共东莞市委组织部主要领导名录

部　长：郑　琳

宣　传

【宣传概况】 2020年，东莞市宣传思想文化战线坚持以习近平新时代中国特色社会主义思想为指导，履行举旗帜、聚民心、育新人、兴文化、展形象的使命任务，贯彻落实《中国共产党宣传工作条例》。面对新冠肺炎疫情严重冲击和决战决胜脱贫攻坚、全面建成小康社会艰巨任务，始终围绕中心、服务大局，做好宣传思想文化各项工作，为统筹疫情防控和经济社会发展、决胜全面建成小康社会提供思想保证和精神文化支撑。加强党对宣传思想工作的全面领导，制定实施《东莞市贯彻执行〈中国共产党宣传工作条例〉分工方案》，推动镇街“宣教文体局”统一调整为“宣教文体旅游办”。

【理论宣传学习】 2020年，东莞市宣传思想文化战线紧扣习近平总书记出席深圳经济特区建立40周年庆祝大会和视察广东重要讲话、重要指示精神，组织开展专题专栏和宣传宣讲活动。严格落实第一议题学习制度，建立中心组学习旁听制度，学好用好《习近平谈治国理政》第三卷，举办市委理论学习中心组专题学习22期，组织各级中心组开展专题学习1500多场次。推广使用“学习强国”学习平台，全市注册上线人数120万人，用户总量、活跃度及供稿用稿数量等位居全省前列。全年开展百姓宣讲1200多场次，受众人数25万多人次。“走向我们的小康生活”征文、摄影、微视频大赛入围作品量位列全省地级市第二名。1人被授予“2020年基层理论宣传先进个人”称号，是全省唯一受表彰先进个人。

【显政宣传】 2020年，东莞市宣传思想文化战线围绕新冠肺炎疫情防控、复工复产复学等工作，召开新闻发布会30余场，协调各级媒体发布公告、指引等近300份，在各平台大量推送专题报道，以显政宣传提振精神、鼓舞士气。围绕决战决胜脱贫攻坚、全面建成小康社会等重大主题，召开新闻发布会30多场。全年央媒刊播涉莞重要正面报道3117篇，其中三大重点央媒405篇；省直及驻莞媒体主报（台、网）共刊发涉莞正面报道1.22万篇，其中两大重点省媒579篇。东莞市经济社会宣传亮点频现，其中“高质量发展看东莞”系列报道和《识惠东莞》深度报道引起高度关注和良好反响。应对“吴桂春留言图书馆”事件，配合100多家各级媒体推出相关报道300余篇，获得舆论点赞。全市媒体融合发展深化，报、台、网、端、微全媒体传播格局全面拓展。全市宣传文化战线推出全省首个抗疫纪实展览，组织创作和征集抗疫主题文艺作品2400余件，通过“善行义举榜”发布抗疫一线先进典型上万人的榜单，组织城市地标亮灯致敬“最美逆行者”，汇聚起强大社会正能量。

【文明创建】 2020年，东莞市连续五届蝉联“全国文明城市”称号，全市新获评各类全国精神文明荣誉称号11个、省级荣誉称号17个，社会文明程度和城市文明水平实现提升。推进新时代精神文明中心试点建设，建成中堂、东城、长安3个省级试点，建成镇街文明实践中心33个、村（社区）文明实践站300多个、文明实践点900多个，实现新时代文明实践中心、站、点多级阵地体系市域全覆盖。推进友善之城、好人之城、志愿之城、希望之城建设，面向全社会持续发布“最美医护”“最美教师”等“最美”系列人物名单，评选“东莞好人”296名。开展“公筷公勺”“反对浪费”等主题教育实践活动，建成首个市级国防教育主题公园，推进广东东江纵队纪念馆改陈升级，弘扬红色文化和时代新风。

【文化建设】 2020年，东莞市制定实施《全力打响东莞文化品牌加快建设“品质文化之都”三年行动计划（2020—2022年）》，制定《东莞市文化发展“十四五”规划》，引领“品质文化之都”建设。围绕全面建成小康社会、庆祝建党100周年等重大主题，组织实施系列文艺创作重点工程18项。开展媒体行动，深挖本土历史文化资源，推出岭南特色文化、本土传统文化、红色革命文化等系列专题专版专栏，弘扬容庚、邓尔雅、莞籍“坪石先生”等东莞名人名篇名地中的爱国、崇学、厚德、向善精神，以浓厚文化舆论氛围，彰显东莞文脉传承。参与举办中国美术馆“有容乃大——容庚捐赠展”，在全国层面引起反响，是东莞文化艺术最高水平的展示，彰显东莞丰厚文化底蕴，提升东莞文化形象。深化书香东莞建设，实现文化馆总分馆建设全覆盖，建立“南方+东莞云上文化馆”。推动东莞市博物馆之城建设迈上新台阶，鸦片战争博物馆获评国家一级博物馆，全市国家三级以上博物馆10家，居全省第二位；承办首届全国公共文化和旅游产品云上采购大会交流展示活动，获国家文旅部好评。成立“东莞非遗墟市粤港澳大湾区城际联盟”，推动东莞非遗数字化传播。擦亮特色文化品牌，推出特色鲜明的文艺作品和文化项目。“十三五”期间全市文化产业增加值超过533亿元，占地区生产总值比重超过6%，居全省地级市第一位。2020年印刷工业总产值642.72亿元，比上年增长8.5%，出版物销售总额7.21亿元，增长15.5%。支持滨海湾新区建设运营滨海湾版权产业服务中心。实施“乐购东莞”行动，促进文化市场复苏，实施电影院专项资金帮扶政策，向全市140家电影院拨付上级专资和市级配套资金685.5万元，推进影院复映。

【对外宣传】 2020年，东莞市

2020年11月28日，2020东莞市民摄影周开幕式暨《品质东莞》新书首发活动在市民服务中心举行（市委宣传部供图）

2020年11月3日，“文化和旅游部2020年度国家美术作品收藏和捐赠奖励项目有容乃大——容庚捐赠展”在中国美术馆开幕

（市委宣传部供图）

创新引进高端团队，推出《寻味东莞》美食主题纪录片、《风物中国志·东莞》、《品质东莞》和“市民摄影周”等系列外宣精品项目，生动立体构筑东莞传统与现代交融、生态与产业齐飞的美丽形象。东莞主题城市纪录片《制造时代》入围2019—2020年对外影视成片奖励项目，被中宣部纳入国家外宣工作推广使用，《寻味东莞》在各网络平台总播放量超过1亿次，新浪微博相关话题阅读量超过2.4亿次。参与举办“有容乃大——容庚捐赠展”，依托国家级、高规格大展，向全国文化界和书画艺术界展现东莞深厚文化底蕴。（周永强）

附：2020年中共东莞市委宣传部主要领导名录

部　长：杨晓棠

统一战线

【统战概况】　2020年，东莞市加强党对统战工作的领导，构建大统战工作格局。东莞市获得2020年度全国统战理论政策研究创新成果一等奖、全省统战理论政策研究创新成果特等奖（1篇），全省统战理论政策研究创新成果优秀奖（1篇），获得全省统战信息工作二等奖。

东莞市有7个民主党派（民革、民盟、民建、民进、农工党、致公党、九三学社），有民主党派成员1946人，全市无党派人士283人；团体商会201家，其中镇街商会32家，异地商会96家，行业协会73家，会员企业3.5万家；有少数民族常住人口约50万人，55个少数民族成分基本齐全；有佛教、道教、伊斯兰教、天主教、基督教五大宗教，依法登记宗教团体5个，依法登记宗教活动场所67处，经批准临时活动地点10处；拥有港澳同胞80多万人、海外侨胞约25万人，台湾同胞及其家属在莞约5万人，归侨侨眷约5万人；有100多万名新的社会阶层人士，其中网络人士超过20万人，新阶联组织（市新阶联、市新阶联网络人士分会、镇街新阶联）13个，有会员1600人。

【大统战工作格局体制机制构建】　2020年，东莞市制定《中共东莞市委统一战线工作领导小组各成员单位职责分工》和市委统一战线工作领导小组有关工作规则，建立民族宗教、新的社会阶层、侨务工作等专题会议制度，健全工作机制、凝聚工作合力。召开民族宗教工作专题会议2次、新的社会阶层人士工作专题会议1次，推动解决一批重点难点问题。推动各镇街在新一轮乡镇机构改革中设置“统一战线工作办公室”，加强属地镇街统一战线工作人、财、物保障。推动加大统战工作在2020年度镇街领导班子年度考评中比重，并增加香港、宗教工作两项指标作为年度考评约束性指标。

【台港澳统战】　2020年，东莞市加强与台港澳地区合作，健全统筹协调、联络服务、工作督导等工作机制，完成20个量化指标目标，推进牵头事项工作任务落到实处。推动申报国家级台资企业转型升级综合试验区，聚焦支持台企扎根、吸引优势产业、提升发展环境三方面，提出18项向国家部委争取的政策诉求，助力台企高质量发展。推动2020年第十一届台博会主办单位升格为东莞市政府和全国台湾同胞投资企业联谊会，向“国家级展会”目标迈进。吸引约5万人次入场，促成合作意向资金30.8亿元。做好港澳社团建设工作，推动各镇街在具备条件的村（社区）建立村级同乡会，全市593个村（社区）成立村级分会437个。所有镇街同乡会均成立在莞联络服务点（办事处）。全年举办内地香港联谊交流活动231次，参与人数3300多人。

【民族宗教领域统战】　2020年，东莞市做好宗教督查整改后续工作，列入整改台账的54项事项中，完成整改53项，长期坚持并取得阶段性进展1项。排查整改全市48个活动场所佛道教商业化问题，整治新发现的宗教不当标识12处；推动成立市天主教爱国会。建立宗教团体联席会议制度，推动5个宗教团体实现集中办公。推进宗教中国化和宗教工作法治化，宗教活动场所“四进”（国旗、政策法规、优秀传统文化、社会主义核心价值观进宗教场所）实现全覆盖。制定

印发《东莞市寺观宫庙文明敬香倡议书》，指导各镇街落实全市各佛教道教场所“文明敬香”；加大对宗教活动场所安全隐患排查力度，对排查出的安全隐患要求立行立改，落实安全工作复查机制，最大限度消除安全隐患。举办全市宗教活动场所消防安全培训班，督促开展消防安全宣传、教育提醒、警示及疏散演练，增强信教群众自我保护意识和对事故防范能力。

印发《东莞市关于全面深入持久开展民族团结进步创建工作铸牢中华民族共同体意识的实施方案》。“中华民族传统婚俗微雕博物馆”创建为“广东省民族团结进步教育基地”。全市在民族团结进步宣传月期间举办活动200多场次，有20多万人次参与。开展涉民族因素矛盾纠纷处置工作，及时调处涉民族因素纠纷18宗。落实安全生产制度，成立市民族宗教事务局“安全生产月”和“安全生产南粤行”活动工作领导小组，加强对民族宗教领域安全生产工作组织领导。

【参政党和党外代表人士队伍建设】 2020年，东莞市制定《关于贯彻落实中共广东省委〈关于支持省各民主党派加强中国特色社会主义参政党建设的实施方案〉〈广东省民主党派代表人士队伍建设规划（2019—2027年）〉的若干措施》《关于加强和改进新时代东莞党外知识分子思想政治工作三年行动计划》，指导工作有序开展。

推动市各民主党派市委会开展2021年换届工作，多次组织召开民主党派换届工作座谈会，就酝酿初步人选、民主推荐等工作进行沟通。组织开展市级层面民主党派代表人士调研，形成109人的建议人选名单，并根据省委统战部安排开展三方协商。高标准认定新一批36名无党派人士。组织开展第五批党外干部挂职锻炼活动，安排5名党外干部到镇街挂职锻炼。全年组织开展党外代表人士培训班4次，近200人次参加培训。

【新时代东莞民营经济统战】 2020年，东莞市召开民营企业家代表座谈会，听取意见建议、拓宽沟通渠道。开展“援企稳企扩就业暖企行动”和“落实‘六保’促发展·暖企行动”。引导民营企业家参与扶贫，组织莞商代表团为云南昭通镇雄县捐赠200万元，推动东莞世界莞商联合会、广东三正集团、广东宏远集团等19家商（协）会、企业与镇雄县35个国家挂牌督战村签订结对帮扶协议并捐赠帮扶项目资金，与韶关市30个脱贫村签订结对帮扶协议，帮扶韶关民族地区项目35个，帮扶金额1100万元。成立中共东莞市非公有制经济组织委员会，加强民营企业党建工作。主持召开全市民营经济人士综合评价工作联席会议，建立健全综合评价工作机制。

【新的社会阶层人士统战工作】 2020年，东莞市制定《东莞市贯彻落实〈关于加强网络人士统战工作〉重要举措分工方案》，推动成立东莞市新的社会阶层人士联合会网络人士分会，为团结凝聚广大网络人士提供平台。高质量建设国家、省级实践创新基地，推动市企业经理人协会、联丰创意谷加强对新阶层人士的吸引力和辐射力。加强全市镇街工商联组织全覆盖建设工作，推动虎门、东城、莞城等11个镇街成立新的社会阶层联谊组织。

（杨　进）

附：2020年中共东莞市委统一战线工作部主要领导名录

部　长：陈志伟

2020年3月27日，全市统战工作会议在市行政办事中心召开　（简宛君　摄）

政策研究·深化改革

【政策研究、深化改革概况】2020年，东莞市委政研室（市委改革办）开展调研21项，牵头组织起草重大政策文件、重要参阅等文稿190多篇（份），编印《东莞调研》《观点瞭望》《改革前沿》等参阅资料20多期，得到市领导直接批示72件（次），其中市委主要领导直接批示50件（次），被评为2020年度工作优秀市直单位。

【参谋辅政】 2020年，东莞市委政研室（市委改革办）牵头起草《中共东莞市委2020年重点工作安排》，明确提出43项重点任务，助推东莞市委、市政府重要工作、重点工程、重大项目抓实抓细抓落实。起草《中共东莞市委关于制定国民经济和社会发展第十四个五年规划和二〇三五年远景目标的建议》，为东莞市"十四五"时期改革发展提供路线图、时间表。牵头起草加快推进大湾区综合性国家科学中心先行启动区（松山湖科学城）建设、进一步完善区域协调发展格局推动南部各镇加快高质量发展等方面政策文件。调研东莞市外贸和就业稳定发展情况，起草形成《关于东莞市外经贸、就业、关键企业发展基本情况报告》。起草《关于东莞市经济发展基本面情况报告》等系列报告报省委、省政府，反映2020年以来东莞市经济社会发展情况，争取省委、省政府更大支持。

【专项课题调查研究】 2020年，东莞市委政研室（市委改革办）组织推进学习贯彻习近平总书记出席深圳经济特区建立40周年庆祝大会和视察广东重要讲话、重要指示精神、贯彻省委十二届十次全会精神两次"深调研"工作，并汇总形成市领导课题调研成果，推动转化成全会报告和"十四五"规划建议有关内容。结合做好疫情防控和经济社会发展双统筹工作要求，聚焦疫情冲击下东莞市抢抓产业并购机遇、提升政府投资项目前期工作效能、改革完善东莞市农贸市场治理体系、规划建设领域专业技术人才短缺等重点，形成13篇政务建议供市领导决策参考。通过自主研究、联合智库等形式形成《关于新冠肺炎疫情影响下对东莞经济发展影响及应对策略研究》《关于我市临深片区制造业高质量发展调研》等14份课题研究报告。组织召开东莞市决策咨询顾问委员会2020年会，邀请郑永年、王珺等知名专家学者对东莞市"十四五"时期发展环境、思路、任务、举措提出意见和建议，助力东莞加快"湾区都市、品质东莞"建设。

【全面深化改革】 2020年，东莞市组织召开2次市委深改委会议，及时传达学习中央、省委深改委会议精神，落实上级改革工作部署，审议《关于加快镇村工业园改造提升的实施意见（送审稿）》等9份文件。制定《2020年东莞市全面深化改革工作安排》，确定全市22个方面61项改革任务，在建设省改革创新实验区、健全重大疫情应急响应和疾病预防控制体系、深化营商环境改革、推进基层治理体制创新等领域布局，形成2020年全面深化改革工作的具体行动方案和施工图，并加强统筹协调和改革督查，建立改革工作落实闭环机制。开展2019年度优秀改革项目考评工作，对拓展优化城市发展空间综合改革等10个优秀改革项目给予加分激励，并首次评选高埗镇"农村人居环境整治巡回示范村"现场会模式等8个基层优秀改革创新案例。

【广东省制造业供给侧结构性改革创新实验区建设】 2020年，东莞市推动建设广东省改革创新实验区实施方案以省委深改委名义印发实施，系统出台72份配套改革政策，推进100项重点改革任务，实施50个重点试点项目。用足用好第一批28项省级支持事项，年内，东莞获批市场采购贸易方式试点，组建粤港澳中子科学技术联合实验室并被认定为首批粤港澳联合实验室，建立起功能片区合并编制国土空间规划的新机制等，推动一系列改革事项落地落实。坚持把省改革创新实验区作为牵引各领域改革的集成工程，在新旧动能接续转换、产业转型升级动力变革、拓展产业发展空间、优化营商环境等方面取得实质性进展，实验区改革红利进一步释放，全市先进制造业占规模以上工业增加值比重50.9%，制造业投资逆势增长15.4%，经济延续稳中有进、稳中更优的向好态势。在2020年省委深改委第十次会议上专题汇报东莞实验区建设情况，得到省肯定。

【功能区统筹和市直管镇体制改革】 2020年，东莞市推动完善功能区统筹运作机制，调整优化事权划分，放权赋能，建立事权动态调整机制，推进168项事权下放承接。根据功能区改革实践情况，对系列实施方案进行修订完善，优化政策体系。松山湖功能区整合667公顷产业用地，水乡功能区启动8个核心单元1666.67公顷土地整备，拓展连片土地新空间，打造系列高质量发展新平台。2020年水乡功能区完成地区生产总值729.72亿元，比上年增长4.3%，规模以上工业、固定资产投资等多项经济指标位居全市前列；松山湖功能区完成地区生产总值2577.31亿元，占全市总量超过1/4，比上年增长2.16%。

（叶美伶）

附：2020年中共东莞市委政策研究室主要领导名录

主　任：芦　湛

机构编制

【机构编制概况】　2020年，东莞市严格控制机构编制，行政单位个数较2019年底减少95个，事业单位（不含中小学校）个数较2019年底减少48个，行政编制、政法专项编制、行政执法专项编制在省下达的限额内使用，事业编制没有突破2012年底的管控基数。

【市级机构改革】　2020年，东莞市重新制定市发展改革局、市民政局"三定"（定机构、定职能、定编制）规定。明确市委宣传部与文化系统党政群机构的归口领导和归口管理关系。优化调整市直工委、市教育局、市公安局、市财政局、市审计局、团市委、市文联等市直单位内设机构，构建优化协同高效的机构职能体系。

【镇街机构编制改革】　2020年，东莞市在镇街依职能组建综合治理、公共服务、综合行政执法等3个委员会，建立健全委员会运行机制，完善镇街党（工）委对基层治理体系的统一领导。按照"一件事由一个部门管理"的原则，优化镇街党政办事机构设置，将原来设置11—14个党政综合性办事机构统一规范为设置13个党政综合性办事机构。整合镇街机关执法职责，组建一支执法队伍，统一负责16个领域综合行政执法工作。推动事权、资源下放，其中市直部门委托下放镇街的经济社会管理权限4800多项，授权镇街行使综合行政执法事项880多项，下达镇街行政执法专项编制1462名，将7个市直部门派驻机构的人、财、物下放属地镇街管理。

【功能区机构编制优化改革】　2020年，东莞市将市财政局水乡分局统筹、协调、管理功能区内区域性的财政投资项目前期工作及项目审批职责划入水乡管委会内设的产业发展局，相应调整水乡管委会内设机构。加大对功能区管理机构的编制保障力度，增加松山湖和水乡两个功能区管理机构行政执法专项编制各2名，将松山湖管委会使用的58名机关事业编制全额置换为行政执法专项编制。

2020年8月12日，东莞市召开全市深化乡镇街道体制改革动员会，部署全市深化乡镇街道体制改革工作　（市委编办供图）

【从事生产经营活动事业单位改革】　2020年，东莞市通过转企、撤销、调整类别、调整为登记设立等方式，完成17个从事生产经营活动事业单位改革工作，不再保留公益三类及经营服务类事业单位。

【新建公办中小学编制资源倾斜】　2020年，东莞市推动教育扩容提质新建公办中小学11所，将编制资源适当倾斜生源集中、编制紧张的学校，并用好省下达的中小学教职员专项编制，向全市中小学分配事业编制703名。

【事业单位法人登记业务提速】　2020年，东莞市机构编制管理将事业单位法人登记业务办理时间从法定的20~30个工作日压减至1个工作日，推动事业单位法人登记业务实现办事"零跑动""最多跑一次"。网上可办率、全程网办率、即来即办率、一窗受理率、就近可办率等多项指标达到100%，在全市"数字政府"改革及政务服务能力第一期评估中排全市第一名。　（黎兆杰）

附：2020年中共东莞市委机构编制委员会办公室主要领导名录

主　任：祁达洪（任至3月）
　　　　胡炽海（9月到任）

机关党建

【机关党建概况】　2020年，东莞市直机关工委直接管理党组织78个，其中党委58个、党总支4个、党支部16个；市直单位各级党组织1108个，其中党委86个（含二级党委28个），党总支36个，党支部986个，共有党员2.02万名。市直机关工委围绕机关党建"围绕中心、建设队伍、服务群众"三大核心任务，深化机关政治建设、思想建设、组织建设、作风建设、纪律建设，完善制度建设，以创建模范机关为主抓手，推进机关党建高质量发展。

【政治机关建设】　2020年，东

莞市直机关工委坚持把政治建设摆在首位，推动市直机关全面落实“第一议题”制度、政治要件闭环落实机制。全面开展“强化政治机关意识、当好重要方阵”专题教育。研究制定市直机关政治生活指引、机关党组织生活通知单制度、机关党员“政治生日”制度等一系列制度，推进政治机关建设深入长效开展。落实意识形态工作责任制，推动机关意识形态工作抓细抓实。总结落实《中国共产党党和国家机关基层组织工作条例》中的经验和薄弱点，梳理不足主动向市委汇报，逐一与相关部门沟通协调，补齐落实短板。

2020年6月5日，东莞市直机关工委举办市直机关青年党员领读计划暨微党课大赛阅读邀请赛（市直机关工委供图）

【机关思想建设】　2020年，东莞市直机关工委推进“不忘初心、牢记使命”主题教育常态化制度化，学习《习近平谈治国理政》，深入23个机关单位开展理论学习中心组学习巡听旁听，推动“党员领导领学带学督学”活动落到实处。加大党的政策和工作宣传，与《南方日报》合作，打造机关党建“一端一网一刊”的宣传矩阵，全年编发党建报道220余篇，被省级以上媒体采纳20篇。坚持按需施教、分类组织、分层培训，精准培训机关党组织书记等各类对象2200多人次。首次在机关1.37万名党员中开展思想状况调研分析，增强党员思想教育和加强党内激励关怀帮扶工作的针对性。开展“市直机关青年党员领读计划暨微党课大赛”，首创“短视频+展播”等形式，促进机关青年开展常态化学习。“青年微党课+领读”模式被旗帜网站刊发，“机关青年学习创新”案例被评为全省“粤治——治理现代化”2019—2020年度优秀案例，微视频获第二届东莞短视频大赛最具情怀奖。

【机关组织建设】　2020年，东莞市直机关工委抓基层组织建设“一年建标准，次年促达标，三年创先进”目标如期完成，近千个机关党支部达标，超过三分之一的党支部被评为先进党支部。谈心谈话常态化开展。支部战斗堡垒和党员先锋示范作用进一步增强，机关党组织和党员围绕中心，奋力在脱贫攻坚“主战场”、改革发展“最前沿”、矛盾集中“第一线”当先锋。党建带群建得到强化，机关群团工作有序开展；聚焦市委工作思路和疫情防控、乡村振兴等中心工作，重点推进“市直机关强引领勇担当打造执行力建设模范机关专项行动”，指导机关查摆出执行力方面的问题1200多个，优化办事流程837项，为群众和企业办实事2.8万件，党建促执行力得到提升，创建模范机关三年阶段性任务完成。

【机关作风纪律建设】　2020年，东莞市直机关工委改进作风，严格落实中央八项规定要求，强化监督执纪，纠治形式主义、官僚主义。强化服务窗口党员示范引领，为基层和群众减负赋能。号召机关党员带头勤俭节约，反对铺张浪费。坚持把党的纪律规矩挺在前，市直机关纪检监察工委聚焦隐形变异“四风”（形式主义、官僚主义、享乐主义、奢靡主义）和违反中央八项规定精神问题，常态化做好廉政提醒和监督，对重要时间节点、重要岗位、重点环节，实施分类提醒，督促机关单位落实全面从严治党和党风廉政建设责任。开展非市管干部廉政档案建设工作，推动廉政“一人一档”。印发《关于进一步加强和改进市直单位机关纪委建设的指导意见》，实现机关纪委（纪检委员）100%覆盖、委员100%培训。

【“阳光热线”工作】　2020年，东莞市直机关工委扩大“阳光热线”栏目上线单位参与面、强化热线反映问题跟踪反馈。全年安排31个单位参加上线，平均满意度88.54%，处理问政平台咨询投诉6.16万件，群众满意度84.09%。

（黄　敏）

附：2020年中共东莞市直属机关工作委员会主要领导名录

书　记：张永艳

党　校

【党校概况】　2020年，中共东莞市委党校（东莞市行政学院、东莞市社会主义学院）设有11个科（室、部、中心），分别为办公室、教务科、科研科、总务科、培训部、党建与统战理论教研部、经济学教研部、政法教研部、文化与社会教研部、市情研究中心和信息网络中心。根据市编委文件，核定党校编制数62个。2020年，实有在职在编教职工58人。专兼职教师29人，其中专职教师16人。教授7人，副教授10人，其他副高职称3人，讲师5人，其他中级职称1人。全市33个镇街（园区）均建成镇街（园区）党校，按照“六有”（有领导机构、有学习场地、有授课老师、有学习计划、有规章制度、有经费保障）标准要求开展规范化建设，基层党员干部培训教育主渠道主阵地作用彰显。

【干部培训】 2020年，中共东莞市委党校把学习习近平新时代中国特色社会主义思想作为教学工作的中心内容和首要任务，突出主业主课，聚焦服务大局，发挥新时代干部培训主阵地主渠道优势，推动干部培训工作取得成效。推动习近平新时代中国特色社会主义思想入脑入心，举办《习近平谈治国理政》第三卷学习讲座5期，培训1409人次。结合疫情防控要求，开设学习贯彻习近平新时代中国特色社会主义思想、学习贯彻党的十九届四中全会精神、马列经典原著、产业转型升级、城市规划建设等10期专题网络培训班，培训逾4万人次。围绕中心工作，重点办好学习贯彻习近平总书记出席深圳经济特区建立40周年庆祝大会和视察广东重要讲话、重要指示精神暨学习贯彻党的十九届五中全会精神专题研讨班5期，培训1525人次。全年完成培训95期，培训9202人次。其中，计划内培训班68期，培训6224人次，包括：市直处级领导干部2387人次，镇街领导干部1410人次，科级干部1192人次，一般干部1235人次。东莞市干部培训网络学院和东莞市干部培训云课堂在线学习201.1万人次。

【党校教学改革】 2020年，中共东莞市委党校推进“用学术讲政治”一号工程，以教学改革为抓手，打造党校教学品牌，提升教学质量，推动干部培训工作迈上新台阶。

核心课程体系打造 以学习贯彻习近平新时代中国特色社会主义思想为核心内容，以党的理论教育和党性教育为主业主课，以东莞发展实践为重要内容，以知识能力培训为必要补充，逐步形成核心课程体系，其中“习近平新时代中国特色社会主义思想”总论+分论+特色课程35门，党的理论课程43门，党性教育课程56门，“东莞发展”课程68门，知识能力培训课程34门。为贯彻落实习近平总书记关于深入学习党史、新中国史、改革开放史、社会主义发展史（简称“四史”）教育的重要指示精神，中共东莞市委党校在全省率先开展建设并初步构建“四史”课程体系，推进专题开发。

教学方式方法创新 全年邀请领导干部、专家学者及各领域优秀代表来校授课225人次，统筹推进完成五大类30个干部教育培训基地建设挂牌运营，探索开发的案例教学、现场教学、实训课、情景剧教学方式得到学员肯定。加大干部在线培训力度，围绕重点工作、重要部署邀请市有关部门及安排校内教师录制相关网课、微课，围绕时政热点和干部培训需要及时购买补充线上课程，对接各类网络课程资源，共享网络直播课程信息，满足学员学习需求。截至2020年底，市干部培训网络学院设有课程460门，市干部培训云课堂4438门。

教材建设 中共东莞市委党校推动编印《新时代党性教育的东莞实践》教材，是全省首批开展教材编写的地市级党校。

【党校科研资政】 2020年，中共东莞市委党校围绕广东省工作部署和东莞市工作思路，聚焦东莞疫情防控和经济社会发展“双统筹”、城市品质提升、产业升级、空间拓展等开展研究，全年取得科研成果179项，其中获得省级以上奖励5项，向市委报送的9篇资政报告有8篇获得市领导肯定性批示。提升决策咨询精准度，加强与市委办、市委政研室等部门沟通协调，及时了解掌握市领导关注的热点、重点问题，明确课题研究方向和重点，实现决策咨询与全市中心工作、领导决策“无缝对接”；推进“教研咨一体化”，坚持“教学出题目、科研做文章、成果进课堂”的思路，完成教学专题研究46项并转化为新教学专题；提升开放办学水平，协助市委与省委党校签订战略合作框架协议，共建干部培训教学研究基地；加强与肇庆市委党校等开展学术交流，与《东莞日报》《南方日报》等建立合作关系，举办全市党校系统理论研讨会、科研交流座谈会、资政辅导报告会等，整合各方资源，高质量推进新型智库建设。

中共东莞市委党校 （2020年市委党校供图）

【党校理论宣讲】 2020年，中共东莞市委党校发挥思想引领作用，推动上级新精神新部署及时传达到基层一线。选派教师参加市委宣讲团，配合市委宣传部门开展“《习近平谈治国理政》第三卷”“习近平总书记出席深圳经济特区建立40周年庆祝大会和视察广东重要讲话、重要指示精神暨学习贯彻党的十九届五中全会精神”等理论宣讲活动324场。在新冠肺炎疫情防控等重大节点、重大问题上发出党校声音，在《东莞日报》等主流媒体发表理论文章18篇，弘扬主旋律、传播正能量。

【镇街党校建设】 2020年，中共东莞市委党校与市委组织部联合印发《关于进一步加强镇街党校管理若干措施》等文件，校领导分组带队走访各镇街党校逾50次，围绕教学布局、队伍建设等方面为镇街党校提供指导，帮助解决实际问题。组织镇街党校骨干参加省、市师资培训，协助市委组织部遴选5个镇街党校示范点，以点带面推动全市镇街党校提升办学水平。全年各镇街党校完成各类培训1674期，培训党员16.9万人次。 （麦添媚）

附：2020年中共东莞市委党校主要领导名录

校　长：郑　琳

老干部工作

【老干部概况】 2020年，东莞市有离退休干部1.67万人，其中离休干部198人（中央省属离休干部20人，易地离休干部10人，市属镇属离休干部81人）。市委老干部局直接管理的转制企业和差额拨款离休干部、副处级以上退休干部以及中华人民共和国成立前参加工作老工人有172人。

【老干部待遇落实】 2020年，东莞市坚持向老干部通报工作和征求意见，组织动员副厅级以上老领导为东莞市“十四五”规划建言献策，围绕产业、城市、人才、交通、医疗等方面提出意见建议。落实好老干部政治待遇，发挥好老干部党校、老干部大学、老年大学等作用，把思想政治教育纳入开学第一课必学内容。落实纪念中国人民抗日战争暨世界反法西斯战争胜利75周年走访慰问工作，做好“中国人民志愿军抗美援朝出国作战70周年”纪念章发放工作。围绕学习贯彻党的十九届五中全会精神，组织副厅级以上老领导赴汕尾市、潮州市举办专题调研读书班。确保各项生活待遇落到实处，为符合省有关文件的72名退休干部发放生活、医疗和护理等各类补助501.74万元。落实自雇人员服务费、易地安置离休干部生活补贴、企业离休干部遗孀定期生活补助、离休干部每年一次的增发生活补贴等发放工作，发放110.86万元。

【离退休干部党建工作】 2020年，东莞市以市委离退休干部工委为依托，举办全市离退休干部党支部书记专题学习班。坚持“重点突出、成熟一个、发展一个”，加强“离退休干部党支部规范化建设示范点”创建工作。在组织制度、阵地建设、经费保障等方面对镇街单位给予支持，并重点加强指导、督导。率先在常平镇、石排镇为示范点挂牌，国家税务总局东莞市税务局、市公安局、石龙镇、麻涌镇、高埗镇、茶山镇等展开创建工作。制定给予镇街和单位离退休干部职工党组织书记每人每月300元的工作补贴政策，列入每年年度财政预算。

【离退休干部服务保障】 2020年，东莞市帮助老同志解决新冠肺炎疫情期间实际困难。东莞市委老干部局为直接服务范围内的172名离退休干部制定线上跟踪服务计划。定期开展电话慰问、口罩配送、微信群提醒等，帮助老同志解决看病就医、个人防护等困难。组织社工运用专业知识和工作优势，帮助老同志疏导疫情期间焦虑情绪。开展“党旗辉映爱晚晴”活动。联合市级综合性医院长期开展“送医上门”服务，为离休干部开通“绿色就医”通道，为长期患病且行动不便的离退休干部定期上门问诊，对一些常见慢性病实施长期监测并建立“一人一档”健康档案。联系社会资源，为长期患病且行动不便的老同志提供“上门理发”服务；开展“送法上门”服务，做好新颁布的民法典普及和宣传，针对老年群体关心的遗嘱、财产等涉法问题，进行“会诊把脉”“送调解上门”“送公证上门”等服务。

【老年教育创新发展】 2020年，东莞市老干部（老年）大学创建“旗山云学堂”线上老年教育，开发基于云直播技术的专属授课系统，实现教师与学员实时双向互动。2020年秋季学期设置直播课、公开课及精品课三大类，其中直播课设56门672次课，招生3700多人次；公开课是以花艺、烘焙、摄影、木兰拳等较实用课程为主；联合专业团队打造精品课20期，在内容设置、剪辑包装、声画效果等方面都更专业更优质。推动老年教育向基层延伸，“市—镇—村”三级老年教育体系初步形成。通过加强与单位（系统）、镇街、基层村（社区）共建共享，制定分校（教学点）管理办法，从师资输出、教师培训、课程设置、管理经验、场地建设等多方面，支持和指导市老干部（老年）大学分校（分教点）建设。

【关心下一代工作】 2020年，东莞市关工委坚持服务青少年的正确方向，重视发挥“五老”（老干部、老战士、老专家、老教师、老模范）作用，加大对困境失足、涉毒戒毒、留守儿童以及外来务工人员子女等特殊青少年帮扶帮教。配合市禁毒委开展禁毒宣传教育，定点督导石排镇，2020年市关工委被省禁毒委授予“最美禁毒团队”称号。截至2020年底，全市有关工组织1883个，镇街关工委组织“五有”率（有班子、有活动、有经费、有队伍、有场地）100%、“五好”（领导班子建设好、“五老”作用发挥好、制度健全执行好、活动经常效果好、探索创新成果好）率超过80%。（刘豫鑫）

附：2020年中共东莞市委老干部局主要领导名录

局　长：陈荣武

综合协调服务

【督查】　决策督查　2020年，东莞市督查部门围绕市重点工作决策部署，推动重点工作落地落实。将43项全市重点工作安排分解为263项具体事项，联合相关单位开展督查18个组次，每季度以“1+1+1”的形式（1份情况报告、1份整体进展台账、1份较慢事项汇总表）向市委、市政府主要领导反馈情况，推动重点工作的落地见效。年底开展全市重点工作“百日攻坚”行动专项督查，甄选16个、100项承压或薄弱事项开展专项督查。做好市委、市政府主要领导交办事项和批示件跟进工作，定期通过督查专报形式报告批示件办理情况，形成台账式轮动管理，全年立项跟进市委主要领导批示和交办事项79项、办结77项，跟进落实习近平总书记重要讲话和重要指示批示107项。

专项督查　2020年，东莞市督查部门推动落实“两个维护”十项制度机制，印发《关于建立健全坚决落实“两个维护”十项制度机制的实施方案》，对第一议题制度等十项制度机制进行规范化具体化，明确分工落实安排。建立健全政治要件闭环落实机制，对全市有关单位贯彻落实政治要件台账进行抽查检查，形成《关于市直部门政治要件办理抽查检查情况的通报》，督促完善工作闭环；全年跟进落实习近平总书记重要讲话和重要指示批示107项，逐项抓好贯彻落实，并整理形成市委常委会贯彻落实政治要件情况报告和台账，向市委全会作专题报告。开展贯彻落实中央八项规定精神、解决形式主义突出问题为基层减负等专项工作督查，制定市《贯彻落实〈关于持续解决困扰基层的形式主义问题为决胜全面建成小康社会提供坚强作风保证的通知〉分工安排》，并在年底形成市委贯彻落实中央八项规定精神年度报告、解决形式主义突出问题为基层减负工作年度报告等报省。开展防范化解重大风险专项督查，制定出台市《防范化解重大风险工作任务分工安排》，每季度推动有关工作小组召开专题会议研判形势，推动重大风险研判防范并统筹形成全市工作情况报告。推动污染防治攻坚落实，派出精干力量全职参与市污染防治攻坚战执行力督导工作组，紧抓东莞市4个国考断面、22条黑臭水体、大气防控等工作考核要求，开展专项督导工作105次。统筹规范全市性督查检查考核工作，严格实施计划管理和备案管理，2020年全市纳入督查检查考核年度计划事项37项，比2019年再压减1项；制发《市级督查检查考核事项工作指引》，明确细化督查检查考核工作有关要求。

督查考评　2020年，东莞市督查部门创新开展市委、市政府重点工作督查考评，继续实施“一对象一表格”清单式考评模式，考评市直部门和园区牵头事项375项，镇街共性事项20项。按照立足实际与适度超前相结合原则，形成“跳一跳够得着”考评目标，发挥督查考评激励导向作用。将疫情防控和经济运行监测调度作为单列考评事项，由东莞市新冠肺炎疫情防控指挥部、市经济运行监测调度指挥部分别牵头制定考评标准和组织考评打分，加大事关全局重点工作考评力度。优化整合党建考评项目，将市直单位党建工作考评调整为由市委组织部和市直工委牵头组织开展，强化市直单位党建工作责任，发挥党建工作引领作用。

督查调研　2020年，东莞市督查部门围绕制约中心工作关键环节的困难梗阻，开展系列督查调研，形成一批有情况、有分析、有建议的调研报告。开展建筑垃圾资源化利用工作，形成《我市建筑垃圾资源化利用督查调研报告》并获得市委主要领导批示，推动市人大启动有关工作立法程序。开展TOD（以公共交通为导向的开发）土地出让工作督查调研，组织职能部门赴塘厦、黄江等地现场协调解决工作堵点，形成《关于我市TOD范围内土

2020年7月2日，东莞市首个离退休干部党支部规范化建设示范点在常平镇揭牌（市委老干局供图）

地出让工作进展情况专报》，推动工改商住地块土壤调查等前期工作衔接问题，形成解决路径，促进2020年TOD土地出让工作提前完成年度任务。创新实行第三方督查评估机制，对东莞市人才政策实施效果等方面开展评估，形成《东莞人才政策实施效果评估报告》并获得市委主要领导批示，推动提高决策执行效率和督查落实水平。

（市委办）

【保密】 保密教育 2020年，东莞市委机要保密局举办年度初任保密员培训班，对190多名初任保密员进行集中培训考核，对考试合格者颁发保密工作岗位资格证书。举办定点维修维护资质企业涉密人员保密培训班，各定点维修维护资质企业新任涉密设备维修技术人员与系统集成资质单位项目负责人参加培训。全年推进保密宣传教育常态化，为14个镇街、单位开展保密宣讲服务和培训授课，服务机关工作人员2000余人次。2020年9月，东莞市首个省级保密教育示范基地在东江纵队纪念馆挂牌，打造东莞市保密传统教育新平台。在东莞市网络安全宣传周主题展上开展保密法和密码法普法宣传活动。12月，召开全市"保密进校园"动员大会，对保密教育进中小学校园工作进行部署。

保密监督检查 2020年，东莞市压实党政领导保密工作责任制，将履行保密工作责任制情况纳入党政领导干部年度述职内容；将保密工作作为部门和镇街党政领导干部年终述职内容，作为全年评优评先参考指标。2020年，东莞市围绕党政领导干部履行保密工作责任制、定密管理、涉密人员管理、网络管理、工作邮箱管理等14个方面66项内容，开展保密"飞行"检查、外事系统、地理信息安全、互联网工作邮箱、保密风险隐患大排查等专项保密检查，发现并纠正一批保密违规行为，及时堵塞安全风险隐患。2020年，全市无发生重大失泄密事件。

保密服务保障 2020年，东莞市委机要保密局对7个新冠肺炎疫情防控重点单位进行网络安全保密专项检查，帮助受检单位堵塞泄密漏洞。做好疫情防控期间电报收发、重要会议通信保障，确保党中央疫情防控政令安全迅速传达到基层。全年完成市委全会、疫情防控等重要会议活动保密服务保障120多场次。严格开展试卷保密室验收工作，安排专人对涉密考试试卷运送、保管、交接等重点环节实行全过程监管，保障高考、中考、法律职业资格考试、医师资格考试、公务员招考等11场大型重要考试的试卷安全，维护考试公平正义。

保密工作会议 2020年5月9日，东莞市委书记梁维东主持召开市委十四届第172次常委会，传达全省党政机要密码工作会议和全省保密工作会议精神，研究部署全市机要密码和保密工作。6月17日，东莞市委保密委员会全体会议暨全市保密工作会议召开，传达贯彻全省保密工作会议精神，总结2019年东莞市保密工作情况，部署2020年工作。11月11日，全市保密工作专题会议召开，通报省相关案件，对做好保密工作进行部署。12月21日，东莞市委书记梁维东主持召开市委十四届第202次常委会，传达中央保密委有关案件通报精神，研究全市贯彻意见。

（陈文坚）

【接待】 2020年，东莞市委、市政府接待办公室接待宾客457批2.39万人次，批数比上年下降20.52%。其中一类客人15批，下降53.13%；二类客人192批2055人次，增长7.26%；三类客人250批2.12万人次，下降31.32%。全年接待的党和国家领导人有中共中央政治局委员、广东省委书记李希，全国人大常委会副委员长丁仲礼，全国政协副主席陈晓光、梁振英；中央老同志张高丽、马凯、范长龙、杜青林、王忠禹。全年接待任务总体呈现批量先降后升、新冠肺炎疫情防控贯穿任务全过程、节奏快要求高等特点。

大型活动、会议接待 2020年，东莞市委、市政府接待办公室承办和保障大型活动、会议主要有2020年中国会展经济研究年会暨中国会展经济（东莞）论坛、一流大学建设系列研讨会2020暨中国大学校长联谊会、中国国际食品配料博览会、2020粤港澳院士峰会暨第六届广东院士联合会年会、第八届国际复合材料科技峰会、第三届粤港澳大湾区金融发展论坛、2020年国际调解高峰论坛、2020年全国企业家活动日暨中国企业家年会；全省农房管控和乡村风貌提升暨田间窝棚整治（珠三角）现场推进会、全省政协系统学习交流暨工作务虚会、全省社团建设经验交流现场会、2020中国（广东）—欧洲投资合作交流会；东莞全球先进制造招商大会、东莞市决策咨询顾问委员会2020年会。

重要团队来访及市领导外出保障 2020年，东莞市接待来访的省级党政代表团有广西壮族自治区、贵州省；地县级党政代表团有山西省忻州市、北京市怀柔区、湖北省荆州市、云南省昭通市、黑龙江省牡丹江市、四川省成都市，以及广东省佛山市（含三水区白坭镇、南海区丹灶镇）、江门市、韶关市、揭阳市、中山市、汕尾市以及广州市番禺区等。上级工作组包括国家复工复产调研组、国务院疫情联防联控指导组、应对新冠肺炎疫情指导组等专项工作组，以及省各类调研、督导、检查组。完成市领导赴上海市、云南省昭通市，以及广东省韶关市、潮州市、汕头市等地考察和招商的后勤服务工作。

（梁在烽）

附：2020年中共东莞市委机要和保密局主要领导名录

局　长：李　刚

附：2020年东莞市委、市政府接待办公室主要领导名录

主　任：钟海波

东莞市人民代表大会

DONGGUAN PEOPLE'S CONGRESS

东莞市会议大厦　（2020年东莞日报社供图）

编辑：赵书科

人大重要会议

【东莞市第十六届人民代表大会第六次会议】　2020年6月11—12日在市会议大厦举行。会议听取和审议东莞市人民政府工作报告，审查和批准东莞市2019年国民经济和社会发展计划执行情况与2020年计划草案的报告及2020年国民经济和社会发展计划、东莞市2019年预算执行情况和2020年预算草案的报告及2020年预算草案，听取和审议东莞市人民代表大会常务委员会工作报告、东莞市中级人民法院工作报告、东莞市人民检察院工作报告，通过关于废止《东莞市饮用水源污染防治规定》的决定关于《推动教育扩容提质　加快公办中小学建设的议案》的决议以及关于接受李满堂辞去职务请求的决定。会议选举方灿芬为市十六届人大常委会副主任；选举冉红宇、杨朝琴、闵斌、沈志攀、罗乐英、赵华奎、黄伟青、蔡泽伟等8人为市人大常委会委员；选举袁怀宇为市人民检察院检察长；任命何跃沛为市人大法制委员会主任委员。

【全市人大工作会议】　2020年7月23日召开。学习贯彻习近平总书记关于坚持和完善人民代表大会制度的重要思想，传达省人大常委会深入贯彻落实省委人大工作会议精神，交流落实省委、市委人大工作会议精神情况，对贯彻落实省委人大工作会议精神“回头看”和2020年下半年工作作出部署安排。东莞市人大常委会常务副主任潘新潮，副主任周楚良、陈锡江、何跃沛，秘书长朱斌华出席会议。

【人大常委会会议】　2020年，东莞市人大常委会举行常委会会议11次，作出决议决定11项，听取和审议专项工作报告10项，审查批准专项工作报告5项，审议通过地方性法规2件。　（吴　洋）

2020年6月11—12日，东莞市第十六届人民代表大会第六次会议在市会议大厦举行　　（郑琳东　摄）

人大监督

【人大检查、调研】　2020年，东莞市人大常委会开展执法检查3项，配合上级人大执法检查4项，开展专题调研、工作调研97项，配合上级人大调研41项，形成调研报告38篇。

【人大助推经济高质量发展】
2020年，东莞市人大常委会完善优化提前介入预算审查监督流程，提升预算联网监督工作水平，审查批准预算报告，听取审议财政决算报告，使预算安排和执行更好支持高质量发展。开展“十四五”规划编制情况调研，提出32条意见建议均获采纳。将政府债务纳入全口径预算管理，强化专项债券资金使用监督。听取审议预算执行和其他财政收支审计查出问题整改情况的报告，推动压实各级各部门整改责任。听取审议国有资产管理情况报告，连续三年晒出国有资产家底，促进管理水平提升。

【人大助推城市品质提升】
2020年，东莞市人大常委会聚焦中央和省环保督查反馈问题整改落实情况，听取审议市政府环保报告，持续对全市4个国考断面和22条城市黑臭水体治理开展调研视察，做好穗莞惠三市四级人大联动监督东江污染治理。强化交通拥堵治理专题询问成果运用，听取审议市政府交通综合治理报告，专题调研品质交通千日攻坚行动进展、“停车难”治理，以及东莞火车站、虎门高铁站周边交通治理情况。

【人大助推发展空间拓展】
2020年，东莞市人大常委会听取市政府农民安居房管理办法出台前的报告。督办进一步清退“两高一低”（高能耗、高污染、低附加值）和“散乱污”（不符合产业政策，不符合产业布局规划，未办理工信、发改、土地、规划、环保、工商、质监、安监、电力等相关审批手续，不能稳定达标排放的企业）企业的重点建议，助力腾出更大空间发展新兴产业。

【人大助推产业体系升级】
2020年，东莞市人大常委会听取市政府专精特新中小企业培育工作实施方案起草情况报告。完成现代流通体系建设专题调研，提出意见建议。开展企业公共服务平台专题调研。开展华侨华人助力粤港澳大湾区建设专题调研。

【人大助推基层基础强化】
2020年，东莞市人大常委会视察构建共建共治共享社会治理格局工作。针对政策落地难、覆盖面小、投入不足等问题，视察农业产业园发展情况。开展现代都市农业、镇村统筹发展专题调研。

【人大助推民生福祉增进】
2020年，东莞市人大常委会督办《推动教育扩容提质　加快公办中小学建设的议案》，听取审议市政府办理议案的情况报告。开展实体书店发展情况专题调研，推动提升公共文化服务水平。开展优化供水格局专题调研，推进“供水一张网”整合。深化新时代社会建设工作，开展省养老服务条例执法检

2020年10月15日，东莞市人大常委会赴沙田镇督导安全防范工作
（市人大常委会办公室供图）

查。开展民政、医保、粮食安全工作调研。（吴　洋）

决定·任免

【讨论决定重大事项】 2020年，东莞市人大听取市政府农民安居房管理办法出台前的报告，听取市政府专精特新中小企业培育工作实施方案起草情况报告，提出修改完善意见。贯彻落实省委人大工作会议精神和市委工作部署，加强指导督促，实现民生实事代表票决制镇级全覆盖，为全省乡镇人大做实决定工作、做深监督工作、做活代表工作探索新路径，得到省人大常委会主要领导等批示肯定和推广，人民日报客户端、“南方+”等媒体对此相继宣传报道。

【人事任免】 2020年，东莞市人大坚持党管干部与人大依法任免有机统一，及时审议通过有关人事任免事项，实现市委推荐的人选均高票当选。任免国家机关工作人员141人次。落实宪法宣誓制度，先后组织47人次进行宪法宣誓。（吴　洋）

人大代表工作

【人大代表活动】 2020年，东莞市制定实施常委会组成人员联系市代表和市代表联系群众（简称“双联系”）的意见，落实常委会领导约请代表活动日制度。先后向全市各级代表发出助力脱贫攻坚和厉行节约粮食倡议书，引导代表发挥模范带头作用。开展“更好发挥人大代表作用”主题活动，市镇两级人大牵头组织各类活动214次，收集意见建议760件。统筹12个市代表专业小组开展各类活动33次，撰写调研报告11份。服务保障6批次全国和省人大代表在莞开展专题视察调研等活动。首次组织四级人大代表赴云南省昭通市考察调研，动员人大代表扶贫捐赠，推动脱贫攻坚战收官。汇编人大代表优秀履职案例。

【人大“双联系”工作】 2020年，东莞市人大常委会开展“约请代表日”活动。市人大常委会班子成员约请代表13批97人次。召开非莞籍务工人员人大代表座谈会。邀请市人大代表44人次列席常委会会议、143人次参加常委会调研视察活动。实现人大代表联络站与党代表工作室、干部驻村联系群众工作室优化整合，全市建成镇街人大代表中心联络站32个、村居联络站334个，代表9789人次入站进村收集意见2783件，办结率99.2%。推进代表向选民述职活动，全市18个镇组织743名市、镇人大代表向选民述职和接受评议。

【人大代表议案建议办理】 2020年，东莞市人大常委会改进代表议案建议办理。完善议案建议管理系统，抓好重点建议办理，促进合理化建议落到实处。市十六届人大五次会议期间，代表提出的177件议案建议、批评、意见，全部如期办理完毕并答复代表。首次针对代表建议办理“不满意”“基本满意”项目专题督办，提升办理质量。市十六届人大六次会议代表提出的193件建议，全部在法定期限内办理完毕并答复代表，办理满意率100%。（吴　洋）

人大自身建设

【人大常委会政治建设】 2020年，东莞市人大常委会自觉强化理论武装。学习贯彻习近平新时代中国特色社会主义思想，学习贯彻党的十九大和十九届二中、三中、四中、五中全会精神，学习贯彻习近平总书记出席深圳经济特区建立40周年庆祝大会和视察广东重要讲话、重要指示精神，学习研究宣传贯彻习近平总书记关于坚持和完善人民代表大会制度的重要思想，在学深悟透践行上下功夫。坚持把学习领会习近平总书记最新重要讲话、中央和省市委重大决策部署作为党组会议的第一议题，召开常委会党组会议56次，安排学习议题72个，开展党组中心组集体学习12次。

服从市委领导　市人大常委会党组落实向市委请示报告重大事项

2020年10月26日，东莞市四级人大代表赴云南省昭通市调研，推进东西部扶贫协作工作（市人大常委会办公室供图）

制度，全年请示报告33件次。执行市委决策部署，坚持党管干部原则与人大依法任免相统一。完成市委交办工作任务，常委会班子成员开展“行走东莞”、督导重点河流治污、督导镇街安全生产、走访联系重点企业和高层次人才等工作。

发挥党组作用　落实党组工作条例，发挥党组在人大工作中把方向、管大局、保落实作用。围绕市委中心工作和市人大常委会年度工作要点，坚持每周召开党组会议研究部署人大工作，全年党组会议讨论议题345项，推动工作落实。落实全面从严治党、党风廉政建设和意识形态工作责任制，严格执行党组议事规则和决策程序，组织排查廉洁、作风、效能风险点114个，制定防控措施118条，组织人大机关配合市委巡察，鲜明树立重实干重实绩用人导向，营造风清气正政治生态和干事争先良好环境。

【国有资产管理监督镇级全覆盖】　2020年，东莞市人大落实中央和省委关于全面实施国有资产管理情况报告制度的部署，推动制度向镇街铺开，全面查漏补齐资产，摸清国资家底，实现政府向人大报告国资管理情况在32个镇街全覆盖，个别镇资产负债率由85.3%修正为44.5%。

【民生实事代表票决制镇级全覆盖】　2020年，东莞市人大贯彻落实省委人大工作会议精神和市委工作部署，全市28个镇议决出民生实事项目295个，总投资规模344.26亿元，为全省乡镇人大工作探索新路径，并在全省推广。

【镇街人大工作效能提升】　2020年，东莞市人大召开全市人大工作会议，围绕省委人大工作会议精神明确的27个工作项目，开展“回头看”，推动镇街人大工作和建设规范提升，东莞连续三届共4个案例入选广东省县乡人大工作创新案例。其中，高埗镇人大“开展人大工作评议，促进职能部门作风建设”、东城街道人大工委“完善工作运行机制，探索基层规范履职”、大朗镇人大“积极探索镇级国有资产管理监督工作”、大朗镇人大“创新打造‘1+2+N’宣传模式，讲好基层人大故事”等经验做法，先后入选第一届、第二届、第三届广东省县乡人大工作创新案例，为全省县乡人大工作创新案例提供“东莞经验”。

【街道人大工作经验上升为“全省行动”】　2020年，东莞市人大理顺街道人大工作机制，确保街道人大有人干事、有权干事、有机制干事，得到省人大肯定，中新网、《南方日报》、《人民之声》等给予采访报道，经验做法被2020年出台的《广东省不设区的市和市辖区人民代表大会常务委员会街道工作委员会工作条例》上升为法规予以推广实施。（吴　洋）

附：2020年东莞市人大常委会及其机关领导名录

市人大常委会主任：梁维东
市人大常委会常务副主任：潘新潮
市人大常委会副主任：
周楚良　李满堂（任至6月）
陈锡江　何跃沛　黄耀成
方灿芬（6月到任）
市人大常委会党组成员：黄庆辉
市人大常委会秘书长：朱斌华
市人大常委会副秘书长：
梁少虾　罗乐英　周玉佳
闵　斌

附：2020年东莞市人大常委会各工作委员会主任名录

法制工作委员会主任：
陈俊荣（任至12月）
赵文群（12月到任）
财政经济工作委员会主任：吴　强
城建环境与资源保护工作委员会主任：何伟光
农村农业工作委员会主任：冉红宇
教科文卫华侨外事工作委员会主任：李炳球（7—12月）
连希波（12月到任）
选举联络人事任免工作委员会主任：孙爱平
监察和司法工作委员会主任：
伍志鸿

2020年东莞市人大常委会机构设置示意图

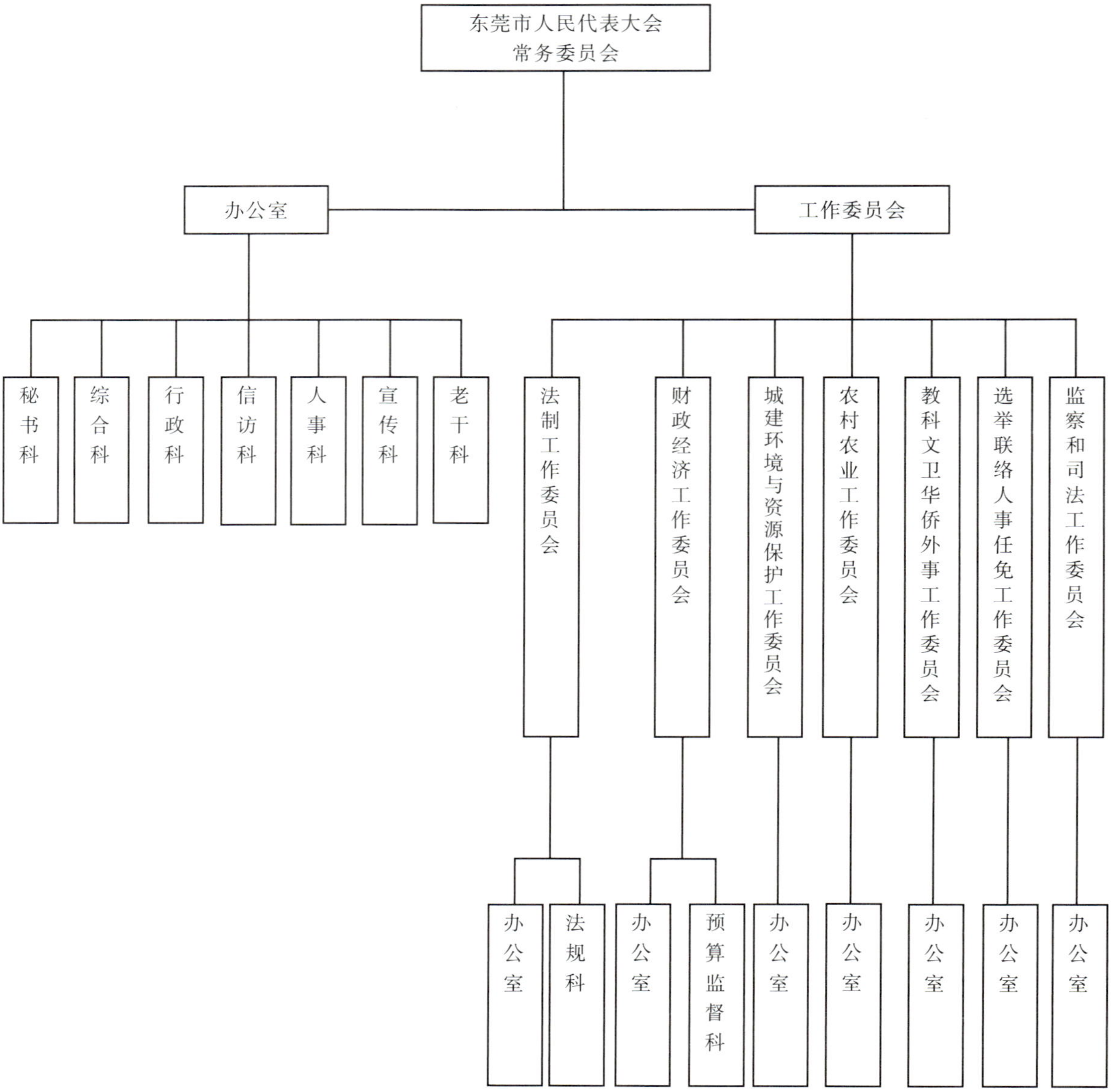

- 东莞市人民代表大会常务委员会
  - 办公室
    - 秘书科
    - 综合科
    - 行政科
    - 信访科
    - 人事科
    - 宣传科
    - 老干科
  - 工作委员会
    - 法制工作委员会
      - 办公室
      - 法规科
    - 财政经济工作委员会
      - 办公室
      - 预算监督科
    - 城建环境与资源保护工作委员会
      - 办公室
    - 农村农业工作委员会
      - 办公室
    - 教科文卫华侨外事工作委员会
      - 办公室
    - 选举联络人事任免工作委员会
      - 办公室
    - 监察和司法工作委员会
      - 办公室

2020年东莞市人大常委会重点督办的十六届人大六次会议代表建议情况表

案号	建议题目	领衔提出人	提出代表团	牵头督办领导	备注
20200085	关于进一步清退“两高一低”和“散乱污”企业，破除无效供给，为新兴产业腾出发展空间的建议	叶健雄	第13代表团（道滘）	潘新潮	此2件内容相同，合并督办
20200181	关于盘活“两高一低”企业退出后土地厂房的议案	吴润玲	第08代表团（望牛墩）		
20200191	关于大力培育发展产业链金融、供应链金融、科技金融和产业融资租赁的议案	黄晓雯	第02代表团（南城）	周楚良	
20200167	关于东莞市进一步健全公共卫生应急体系，防范化解重大疫情风险的建议	洪　茜	第01代表团（莞城）	陈锡江	
20200024	关于进一步规范电动自行车使用和管理的建议	梅艳娟	第26代表团（常平）	何跃沛	此3件内容相同，合并督办
20200073	关于规范电动车管理，推动电动车持牌上路的建议	王辉敏	第16代表团（长安）		
20200108	关于加强电动自行车管理服务的建议	刘　中	第01代表团（莞城）		
20200010	关于加强环城路交通整治的建议	袁柱彬	第03代表团（东城）	黄耀成	此7件内容相同，合并督办
20200050	关于改善城市道路交通问题的建议	王锦强	第14代表团（厚街）		
20200051	关于进一步优化我市公交线路问题的建议	陈伟基	第14代表团（厚街）		
20200178	关于“品质交通千日攻坚”的议案	谭叙棉	第09代表团（麻涌）		
20200179	关于治理交通拥堵的议案	邓卫洪	第10代表团（石碣）		
20200184	关于改善东莞市交通拥堵的议案	谭志斌	第19代表团（大朗）		
20200192	关于加大综合整治力度，规范道路停车管理的议案	詹文光	第02代表团（南城）		
20200158	关于全面推动全民健身运动的建议	伍月莲	第07代表团（中堂）	黄庆辉	
20200068	关于加强和完善住宅小区物业管理的建议	潘结俭	第32代表团（茶山）	朱斌华	

2020年东莞市人大常委会完成主要工作项目表

工作项目	项目内容	
立法工作项目	制定法规项目	东莞市城市管理综合执法条例（新制定，出台）
		东莞市水土保持条例（新制定，出台）
		东莞市养犬管理条例（新制定，经二审审议）
监督工作项目	听取审议专项工作报告	市政府关于我市2018年度环境状况和环境保护目标完成情况的报告
		市政府关于东莞市乡村建设规划的报告
		市政府关于落实乡村振兴战略实施意见情况报告
		市政府关于2018年度国有资产管理情况综合报告
		市政府关于2018年度行政事业性国有资产管理情况报告
		市政府关于开展扫黑除恶专项斗争工作情况的报告
		市检察院关于我市未成年人刑事司法工作的情况报告

续表

工作项目	项目内容	
监督工作项目	听取审议专项工作报告	市人大常委会法制工作委员会关于2019年度备案审查工作情况的报告
		市政府关于我市2019年度环境状况和环境保护目标完成情况的报告
	审查批准决算和预算调整方案、听取计划、预算执行情况的报告及审计工作报告	市政府关于2019年市级财政预算调整方案的报告
		市政府关于对2019年财政预算进行第二次调整的报告
		市政府关于东莞市2018年决算草案和2019年上半年预算执行情况的报告，审查和批准市级决算
		市政府关于东莞市2018年度市级预算执行和其他财政收支情况的审计工作报告
		市政府关于对2019年财政预算进行第三次调整的报告
		市政府关于2018年度市级预算执行和其他财政收支审计查出问题整改情况的工作报告
	执法检查	检查《中华人民共和国公共文化服务保障法》实施情况
		检查《中华人民共和国人民调解法》实施情况
		检查《中华人民共和国慈善法》实施情况
		检查《中华人民共和国预算法》实施情况
		检查《广东省实施〈中华人民共和国残疾人保障法〉办法》实施情况
		检查《东莞市饮用水源水质保护条例》实施情况
		配合全国人大常委会检查《中华人民共和国水污染防治法》实施情况
		配合全国人大常委会检查《中华人民共和国就业促进法》实施情况
		配合省人大常委会检查《广东省公共文化服务促进条例》实施情况
		受省人大常委会委托检查《广东省城乡生活垃圾处理条例》实施情况
		受省人大常委会委托检查《广东省爱国卫生工作条例》实施情况
		受省人大常委会委托检查《广东省乡镇人民代表大会工作条例》实施情况
	专项视察	“健康东莞”建设推进情况
		我市治污设施提质增效工作情况
		我市基层协同共治机制建设情况
		我市非公有制经济发展情况
	专题询问	开展交通拥堵治理专题询问
		跟踪监督
		义务教育法执法检查意见办理情况
		市人大常委会关于我市基层综合性文化服务中心全覆盖建设情况的视察意见的办理情况
		我市区域中心医院建设情况
		《关于贯彻落实粤港澳大湾区发展战略　全面建设国家创新型城市的实施意见》实施情况
		《中华人民共和国农产品质量安全法》执法检查意见落实情况
		森林公园品质提升工作情况
	联动监督	参加广州、惠州、东莞三市人大常委会监督东江北干流污染整治工作第一次联席会议，在莞召开第二次联席会议
	专题调研	充分发挥人大工作在实施创新驱动发展战略中的作用
		我市智慧法院建设情况
		我市东西部扶贫协作工作情况
		“醉驾型”危险驾驶情况
		“小切口、大纵深”立法思路研讨
		推动矛盾纠纷就地化解
		我市减税降费情况

续表

工作项目		项目内容
监督工作项目	专题调研	中小企业促进法融资促进规定实施情况重点评估
		东江北干流大墩断面污染防治工作进展情况
		虎门镇污染防治整改情况
		我市交通拥堵及治理情况
		发挥人大职能作用助推乡村振兴战略实施
		发挥人大职能作用推动都市农业发展
		提升公共文化服务保障水平
		《东莞市全程电子化工商登记办法》备案审查工作
		充分利用地方立法权　不断提高城市治理现代化水平
		“指定居所监视居住”措施实施情况
		拓宽产业发展空间
		加强人大监督　促进民生工程资金落实
		抓好财政投资基本建设项目绩效评价工作确保财政资金在建设领域的良性运行与发展
		东莞火车站、虎门高铁站周边交通治理情况
		优化我市供水格局
		我市农业科技创新情况
		完善我市镇村组层级治理机制
		推动义务教育阶段民办教育高质量发展
		加强少数民族流动人口服务管理
		市中低收费民办学校教师队伍建设情况
		市科技成果转化体系建设与发展情况
		市文化馆总分馆制建设情况
		市社区卫生服务机构标准化建设情况
讨论决定重大事项		听取审议市政府关于通过强化功能区统筹优化市直管镇体制改革的总体方案，并作出决议
		听取审议市政府关于提请审议《关于贯彻落实粤港澳大湾区发展战略　全面建设国家创新型城市的实施意见》的议案，并作出决议
		听取审议市政府关于废止《东莞市建设工程招标投标管理办法》的议案，并作出决定
代表工作项目	组织代表闭会期间活动	集中开展全市四级人大代表“更好发挥人大代表作用”主题活动
		围绕南沙大桥、OPPO新厂和农民公寓建设情况，组织全国和省人大代表开展代表小组调研
		围绕加快广深第二高铁建设、完善湾区高铁网络功能、促进粤港澳大湾区建设等，组织全国和省人大代表开展专题调研
		围绕支持深圳先行示范区建设，组织省代表开展集中视察
	办理代表议案建议	督办《大力推动非公有制经济高质量发展的议案》
		重点督办《关于改善市汽车总站正门前交通拥堵状况的建议》
		重点督办《关于解决非公有制企业存在融资难、融资贵难题的建议》
		重点督办《关于我市加大对村（社区）文化建设扶持力度的建议》
		重点督办《关于推进公办医养结合试点项目建设的建议》
		重点督办《关于加大力度整治我市整形美容行业乱象的建议》
		重点督办《关于解决我市停车难问题的系列建议》
		重点督办《关于保护东莞红花油茶资源的建议》
		重点督办《关于缓解我市机动车驾驶人待考积压现象的建议》
		听取审议“一府两院”和选联工委关于代表建议办理情况报告

续表

工作项目	项目内容	
代表工作项目	落实“双联系”制度	开展市人大常委会领导约请代表日活动
		制定《关于东莞市人大常委会组成人员联系市人大代表和市人大代表密切联系人民群众的意见》
		制定《关于人大代表联络站整合优化的指导意见》《关于整合基层联系群众工作平台的操作指引》，指导镇街人大优化整合代表联络站

2020年东莞市十六届人大六次会议建议办理情况表

案号	建议题目	建议人	主办单位	办理情况	代表满意度
20200001	关于加快黄旗南片区开发建设的建议	陈钧权	东城街道	B	满意
20200002	关于加快整治环城路同沙生态公园北门辅道路段交通设施的建议	陈钧权	市交通局	B	满意
20200002	关于加快整治环城路同沙生态公园北门辅道路段交通设施的建议	陈钧权	市交警支队	A	满意
20200002	关于加快整治环城路同沙生态公园北门辅道路段交通设施的建议	陈钧权	市城市管理和综合执法局	B	满意
20200003	关于推动完善《东莞市学生校外托管机构管理办法》的建议	廖　京	市民政局	B	满意
20200004	关于充分履行检察职能加强产权司法保护的建议	廖　京	市人民检察院	A	满意
20200005	关于规范道路安全行为的建议	刘妙云	市交警支队	A	满意
20200006	关于加强我市河道管理的建议	祁树基	市水务局	B	满意
20200007	关于提升城市精细化管理水平，有效推动我市实施垃圾分类的建议	邓贺球	市城市管理和综合执法局	B	满意
20200008	关于彻底清理“僵尸车”的建议	罗文洲	市交警支队	A	满意
20200009	关于规范外卖、快递行业的建议	罗文洲	市市场监管局	A	满意
20200009	关于规范外卖、快递行业的建议	罗文洲	市商务局	A	满意
20200011	关于推进我市电动车集中充电设施建设的建议	曾艺东	市自然资源局	C	满意
20200011	关于推进我市电动车集中充电设施建设的建议	曾艺东	市住建局	B	满意
20200012	关于设立独生子女陪护假的建议	黎　红	市卫生健康局	C	满意
20200013	关于提高基层网格化管理水平的建议	何惠娴	市委政法委	A	满意
20200014	关于促进疫情期间经济发展的建议	詹耀东	市发展和改革局	B	满意
20200014	关于促进疫情期间经济发展的建议	詹耀东	市人社局	A	满意
20200014	关于促进疫情期间经济发展的建议	詹耀东	市商务局	B	满意
20200014	关于促进疫情期间经济发展的建议	詹耀东	市生态环境局	A	满意
20200014	关于促进疫情期间经济发展的建议	詹耀东	市工信局	A	满意
20200014	关于促进疫情期间经济发展的建议	詹耀东	市投资促进局	B	满意
20200014	关于促进疫情期间经济发展的建议	詹耀东	市自然资源局	B	满意
20200014	关于促进疫情期间经济发展的建议	詹耀东	市科技局	A	满意
20200015	关于整治环城路以内专业市场周边交通问题的建议	袁柱彬	市交警支队	A	满意
20200016	关于多方参与、多管齐下、多层次动员开展家庭教育的建议	胡嵘苹	市教育局	B	满意
20200017	关于释放政策红利　加大基层集体经济发展的建议	祁树基	市农业农村局	B	满意
20200018	关于对沙田镇西大坦上游片区码头海域　使用权期满不再予以续期的建议	刘振邦	市自然资源局	B	满意
20200019	关于支持建设立沙岛危险化学品运输车辆服务区的建议	杜清云	沙田镇	B	满意
20200020	关于协调解决东坑内河上游污水排放问题的建议	苏庆中	市生态环境局	A	满意

续表

案号	建议题目	建议人	主办单位	办理情况	代表满意度
20200021	关于加快建立污水管网建成后的配套监管制度的建议	袁国良	市生态环境局	B	满意
20200022	关于加强人居环境整治，助力乡村振兴的建议	袁国良	市农业农村局	B	满意
20200023	关于加快建立工业垃圾消化、处置和管理体系的建议	梁登照	市生态环境局	B	满意
20200024	关于进一步规范电动自行车使用和管理的建议	梅艳娟	市交警支队	A	满意
20200025	关于加强燃气充装运输管理，提升使用安全的建议	尹创铸	市城市管理和综合执法局	B	满意
20200026	关于推进以路灯网络为载体的智慧城市建设的建议	郑小梅	市工信局	A	满意
20200027	关于进一步优化片区公交一体化运营的建议	林凤嫦	市交通局	B	满意
20200028	关于推进东莞市教育扩容提质的建议	郝　洁	市教育局	A	满意
20200029	关于东莞市相关慢性病（高血压）综合防控项目的提议	汤松涛	市卫生健康局	B	满意
20200030	关于东莞市推进建设生物安全三级实验室的建议	梁杰文	市卫生健康局	B	满意
20200031	关于大力推动东莞中医药产业发展的建议	梁杰文	市卫生健康局	B	满意
20200032	关于城市更新工作的建议	韩旭沛	市自然资源局	B	满意
20200033	关于解决广深沿江高速麻涌出入口拥堵问题的建议	张溢林	市交通局	B	满意
20200034	关于加强穗莞合作的建议	李建生	市发展和改革局	B	满意
20200035	关于加大高层次人才引进力度的建议	莫启旭	市人社局	B	满意
20200036	关于实施乡村振兴战略的建议	香杰新	市农业农村局	B	满意
20200037	关于推动我市农产品冷链物流园建设的建议	翟志坚	市商务局	A	满意
20200038	关于加大湾区青少年文体交流，促进大湾区青少年文化融合的建议	梁佛江	市文化广电旅游体育局	A	满意
20200039	推动文创产业发展的建议	梁佛江	市文化广电旅游体育局	A	满意
20200040	关于对标“湾区都市、品质东莞”建设，着重发展都市文化的建议	周汉标	市文化广电旅游体育局	B	满意
20200041	关于建立校园协调委员会问题的建议	陈笑珍	市教育局	B	满意
20200042	关于进一步做好人才引进服务工作的建议	王瑞芬	市文化广电旅游体育局	B	满意
20200043	关于东莞旅游业发展定位问题的建议	陈嘉希	市文化广电旅游体育局	B	满意
20200044	关于壮大社区集体经济实力问题的建议	方志文	市农业农村局	B	满意
20200045	关于提高防范非法融资意识加强贷款管理问题的建议	李远珍	市金融工作局	B	满意
20200046	关于申请将厚街镇纳入全市国土空间规划编制试点镇街问题的建议	方健强	市自然资源局	B	满意
20200047	关于调配穗莞深城际铁路厚街站TOD片区道路用地指标问题的建议	方志文	市轨道交通局	B	满意
20200048	关于取消学府路等5条道路作为练车路段及驾照路考现场问题的建议	方植麟	市交警支队	C	满意
20200049	关于加大市财政对河涌治理和雨污分流微支管建设补助力度问题的建议	陈伟基	市财政局	A	满意
20200051	关于进一步优化我市公交线路问题的建议	陈伟基	市交通局	B	满意
20200052	关于打造共建共治共享社会基层治理格局问题的建议	林　飞	市委政法委	A	满意
20200053	关于推进农村人居环境整治问题的建议	王柏新	市农业农村局	B	满意
20200054	关于要求升级改造公常路并支持推动新公常路建设的建议	叶锦锐	市交通局	B	满意
20200055	关于着力解决餐饮业油烟污染问题的建议	李冠洲	市市场监管局	A	满意

续表

案号	建议题目	建议人	主办单位	办理情况	代表满意度
20200055	关于着力解决餐饮业油烟污染问题的建议	李冠洲	市城市管理和综合执法局	B	满意
20200055	关于着力解决餐饮业油烟污染问题的建议	李冠洲	市生态环境局	A	满意
20200056	关于加强停车设施建设，狠抓停车难问题的建议	陈泽深	市交通局	B	满意
20200057	关于加快推进“工改工”产业类改造的建议	梁伟忠	市自然资源局	B	满意
20200058	关于进一步加强民营企业科技创新的建议	罗定龙	市科技局	A	满意
20200059	关于加强地面塌陷灾害预警的建议	梁亚力	市应急管理局	A	满意
20200060	关于设立专项基金协助欠发达镇街推动乡村振兴战略的建议	姚灿光（企石）	市农业农村局	B	满意
20200061	关于加强东部快速干线交通管理、减缓交通拥堵情况的建议	陈超群	市交通局	B	满意
20200062	关于加强东莞市慢行系统建设的建议	张燕妹	市城市管理和综合执法局	B	满意
20200063	关于完善东莞市儿童游乐设施的建议	张燕妹	市妇联	B	基本满意
20200064	关于加强基层消委会建设的建议	史帅峰	市场监管局	C	满意
20200065	关于建立东莞市商标交易服务平台的建议	史帅峰	市场监管局	B	满意
20200066	关于缓解茶山光正实验学校路段交通拥堵压力的建议	文　辉	茶山镇	B	满意
20200067	关于从“建、管、控”三方面全面优化停车管理的建议	潘结俭	市交投集团	B	满意
20200068	关于加强和完善住宅小区物业管理的建议	潘结俭	市住建局	A	满意
20200069	关于连通环莞快速路与虎岗高速的建议	叶孔新	市城建工程管理局	B	满意
20200070	关于东莞市推进垃圾分类工作的建议	蔡国栋	市城市管理和综合执法局	B	满意
20200071	关于抓住粤港澳大湾区建设重大机遇，打造东莞市智慧医疗新高地的建议	张长河	市卫生健康局	A	满意
20200072	关于进一步推进我市海绵城市建设工作的建议	张长河	市水务局	B	满意
20200073	关于规范电动车管理，推动电动车持牌上路的建议	王辉敏	市交警支队	A	满意
20200074	关于加强青少年健康教育的建议	罗汝珍	市教育局	A	满意
20200075	关于由市出资扩建沿江高速洪梅道滘出入口连接道路的建议	闵　斌	市交通局	B	满意
20200076	关于尽快协调解决东莞西站周边道路还建问题的建议	刘学东	市轨道交通局	B	满意
20200077	关于尽快实施水乡新城南路项目建设的建议	叶葆华	水乡管委会	C	满意
20200078	关于加大对镇街公立医院扶持的建议	李君诺	市财政局	A	满意
20200079	关于完善调解工作的建议	陈宝瑜	市司法局	A	满意
20200080	关于大湾区背景下加强专业镇和产业集群建设工作的建议	田　野	市金融工作局	A	满意
20200080	关于大湾区背景下加强专业镇和产业集群建设工作的建议	田　野	市发展和改革局	B	满意
20200080	关于大湾区背景下加强专业镇和产业集群建设工作的建议	田　野	市自然资源局	B	满意
20200080	关于大湾区背景下加强专业镇和产业集群建设工作的建议	田　野	市工信局	A	满意
20200081	关于加强初中生心理健康问题教育的建议	曾素文	市教育局	B	满意
20200082	关于加强整治工业厂房“二手房东”的建议	黄小雄	市工信局	A	满意
20200083	关于鼓励社会力量建设经营公共停车场的建议	叶建忠	市交通局	B	满意
20200084	关于加强水行政执法力量增设水乡片水行政执法点的建议	黄兆科	市水务局	B	满意
20200086	关于做好垃圾分类处理，提升城镇人居环境品质的建议	蔡月艳	市城市管理和综合执法局	B	满意

续表

案号	建议题目	建议人	主办单位	办理情况	代表满意度
20200087	关于划定河道船舶停泊区的建议	谢志琼	市海事局	B	满意
20200087	关于划定河道船舶停泊区的建议	谢志琼	市水务局	B	满意
20200088	关于提升水乡大道沿线环境品质及道路命名的建议	杜建军	市水乡管委会	B	满意
20200089	关于给东莞市部分人行天桥配置电梯的建议	陈　军	市交通局	B	满意
20200090	关于为保障公交路权优先增设公交专用车道并完善专用道管理设施的建议	陈　军	市交警支队	A	满意
20200090	关于为保障公交路权优先增设公交专用车道并完善专用道管理设施的建议	陈　军	市交通局	B	满意
20200090	关于为保障公交路权优先增设公交专用车道并完善专用道管理设施的建议	陈　军	市城建工程管理局	B	满意
20200091	关于在人流量大的人行横道处设置行人智能交通信号灯的建议	陈　军	市交警支队	A	满意
20200092	关于加快推进在住宅小区、社会停车场安装电动自行车智能充电桩的建议	陈　军	市消防支队	B	满意
20200093	关于优化我市住宅小区周边道路交通秩序的建议	陈少娥	市交警支队	A	满意
20200094	关于在中小学加强劳动教育的建议	陈少娥	市教育局	B	满意
20200095	关于优化莞城科技园周边公交线路的建议	陈伟权	市交通局	B	满意
20200096	关于推进我市文化旅游业供给侧改革的建议	崔　建	市文化广电旅游体育局	B	满意
20200097	关于加强和完善房地产权补办工作的建议	古志勇	市自然资源局	B	基本满意
20200098	关于大力推进再生水利用的建议	郭怀晋	市水务局	B	满意
20200099	关于加快推进东莞市儿童公园建设的建议	郭怀晋	市妇联	A	满意
20200100	关于加强源头管控，规范泥头车管理，坚决打赢蓝天保卫战的建议	郭怀晋	市城市管理和综合执法局	B	满意
20200101	关于完善城市功能照明设施建设解决公共区域“暗区”问题的建议	郭怀晋	市城市管理和综合执法局	B	满意
20200102	关于创新体制机制建设高水平大学的建议	洪　茜	市教育局	B	满意
20200103	关于东莞市校外托管机构监督管理立法的建议	洪　茜	市民政局	A	满意
20200104	关于规范化管理校外辅导机构的建议	洪　茜	市教育局	B	满意
20200105	关于加大市财政投入等政策扶持，助力莞城教育发挥引领作用的建议	洪　茜	市教育局	B	满意
20200106	关于在公共场所全面禁止吸烟的建议	洪　茜	市卫生健康局	B	满意
20200107	关于我市新能源充电桩规划、建设和经营管理的建议	刘亚亚	市发展和改革局	B	满意
20200108	关于加强电动自行车管理服务的建议	刘　中	市交警支队	A	满意
20200109	关于加快建设“长者食堂”的建议	汤超荣	市民政局	B	满意
20200110	关于齐抓共管，整治机动车乱停乱放，实现道路顺畅的建议	汤超荣	市交警支队	A	满意
20200111	关于加强国民学法守法崇法教育的建议	汤超荣	市司法局	A	满意
20200112	关于加强企业职工健康服务，助力品质东莞建设的建议	温家慧	市卫生健康局	A	满意
20200112	关于加强企业职工健康服务，助力品质东莞建设的建议	温家慧	市工信局	A	满意
20200112	关于加强企业职工健康服务，助力品质东莞建设的建议	温家慧	市总工会	B	满意
20200113	关于进一步改善民营企业金融服务环境的建议	袁　斌	市金融工作局	B	满意
20200114	关于加快落实推广垃圾分类的建议	周汝彬	市城市管理和综合执法局	B	满意

续表

案号	建议题目	建议人	主办单位	办理情况	代表满意度
20200116	关于“以院带校”推动大湾区大学成为高水平研究型大学的建议	邹润榕	市大学筹建办	C	满意
20200117	关于多措并举，加大对新兴产业导入力度的建议	邹润榕	市发展和改革局	B	满意
20200118	关于健全与香港合作开发滨海湾新区的体制机制，推动莞港合作开发进入实质性阶段的建议	邹润榕	市滨海湾新区	A	满意
20200119	关于大力推动公共建筑节能示范　引领绿色发展的建议	黄贵洪	市发展和改革局	A	满意
20200119	关于大力推动公共建筑节能示范　引领绿色发展的建议	黄贵洪	市住建局	B	满意
20200120	关于加快启动严屋新城大道环城路跨线立交的建议	陈榴基	万江街道	B	满意
20200121	关于解决“三旧”改造相邻地块配套功能重复的问题，进一步拓展优化城市发展空间的建议	杜应春	市自然资源局	B	满意
20200122	关于完善军民融合对接机制，以军民融合助推东莞制造高质量发展的建议	杨沛林	市委军民融合办行政科	B	满意
20200123	关于住院患者入院前的门诊检查费用纳入住院医保报销的建议	叶毅桦	市医保局	A	满意
20200124	关于加强我市人行天桥和人行隧道管理的建议	胡毅超	市城市管理和综合执法局	B	满意
20200126	关于加快推动三线整治工作及制定通信线路入户安装规管细则的建议	庾伟洪	中国移动分公司	C	基本满意
20200126	关于加快推动三线整治工作及制定通信线路入户安装规管细则的建议	庾伟洪	中国电信分公司	C	基本满意
20200126	关于加快推动三线整治工作及制定通信线路入户安装规管细则的建议	庾伟洪	东莞供电局	B	满意
20200126	关于加快推动三线整治工作及制定通信线路入户安装规管细则的建议	庾伟洪	中国联通分公司	C	基本满意
20200126	关于加快推动三线整治工作及制定通信线路入户安装规管细则的建议	庾伟洪	市工信局	A	满意
20200126	关于加快推动三线整治工作及制定通信线路入户安装规管细则的建议	庾伟洪	市城市管理和综合执法局	B	满意
20200126	关于加快推动三线整治工作及制定通信线路入户安装规管细则的建议	庾伟洪	市文化广电旅游体育局	A	满意
20200127	关于对分娩住院生育保障工作的建议	杨红星	市医保局	A	满意
20200128	关于对我市房产中介和非金融投资机构骚扰市民电话进行处罚的建议	董　康	市公安局	B	满意
20200129	关于用人单位调整劳动者工作岗位引发劳动争议的建议	陈榴基	市人社局	A	满意
20200130	关于在我市各大、中、小及社区医院出台一些安全防范措施的建议	蓝小珍	市卫生健康局	A	满意
20200131	关于建立片区统筹紧密型医联体或医共体的建议	周光辉	市卫生健康局	B	满意
20200132	关于确保中小学生睡眠充足　落实有关减负政策措施的建议	周炜茹	市教育局	A	满意
20200133	关于提高儿科医生工资待遇的建议	周炜茹	市卫生健康局	B	满意
20200134	关于治理车辆超限超载顽疾的建议	叶有广	市交通局	B	满意
20200135	关于切实打通断头路，推进穗深莞惠交通一体化的建议	叶有广	市城建工程管理局	C	满意
20200135	关于切实打通断头路，推进穗深莞惠交通一体化的建议	叶有广	市交通局	B	满意
20200136	关于推进建设东深公路（国道G220）与东部快速路立交项目的建议	邓金焕	桥头镇	B	基本满意
20200137	关于完善统一东莞市公立医院信息系统研发使用的建议	章芸	市卫生健康局	B	满意

续表

案号	建议题目	建议人	主办单位	办理情况	代表满意度
20200138	打造中医药文化共享平台　加速“东莞中医药强市”建设的建议	吕琦玲	市卫生健康局	B	满意
20200139	关于“医学知识进校园，为青少年健康加餐”的建议	吕琦玲	市教育局	A	满意
20200140	关于将室外公共阅报栏升级为公共电子阅报屏的建议	吕琦玲	市委宣传部	C	满意
20200140	关于将室外公共阅报栏升级为公共电子阅报屏的建议	吕琦玲	市城市管理和综合执法局	A	满意
20200141	关于对公立医疗单位非在编医护技人员发放从医津贴的建议	吕琦玲	市卫生健康局	B	满意
20200142	关于增加和完善无障碍通道设施的建议	吕琦玲	市残联	C	满意
20200143	关于我市环城路提速通行的建议	莫景坤	市交通局	B	满意
20200144	关于规范占道停车行为，尽快出台《东莞市临时占道停车管理办法》的建议	季新成	市交通局	B	满意
20200145	关于推进支持社会力量发展普惠托育服务的建议	钟伟宏	市卫生健康局	B	满意
20200146	关于加快赣深高铁东莞南站交通路网建设的建议	唐耀文	市轨道交通局	B	满意
20200147	关于设立食品监测流动车建议	张艳平	市场监管局	A	满意
20200148	高质量发展时代推动东莞制造业质量变革的建议	陈锡稔	市场监管局	B	满意
20200149	关于在学校食堂推进“互联网+明厨亮灶”建设的建议	陈锡稔	市场监管局	B	满意
20200150	关于升级改造环莞快速蛤地段改善沿线居住环境的建议	刘伟权	市交通局	B	基本满意
20200151	关于东莞市科技创新驱动产业升级政策建议	蒋红霞	市人社局	B	满意
20200151	关于东莞市科技创新驱动产业升级政策建议	蒋红霞	市发展和改革局	B	满意
20200151	关于东莞市科技创新驱动产业升级政策建议	蒋红霞	市科技局	A	满意
20200152	关于规范社会陪护队伍建设的建议	梁婉红	市商务局	A	满意
20200153	关于依法服务保障民营经济健康发展，东莞两院来护航的建议	杨瑞芳	市人民检察院	A	满意
20200153	关于依法服务保障民营经济健康发展，东莞两院来护航的建议	杨瑞芳	市中级人民法院	A	满意
20200154	关于城市外卖减少使用一次性餐具的建议	谭少梅	市市场监管局	B	满意
20200154	关于城市外卖减少使用一次性餐具的建议	谭少梅	市发展和改革局	A	满意
20200154	关于城市外卖减少使用一次性餐具的建议	谭少梅	市商务局	A	满意
20200154	关于城市外卖减少使用一次性餐具的建议	谭少梅	市生态环境局	B	满意
20200155	关于加大垃圾分类宣传教育力度的建议	姜　旻	市城市管理和综合执法局	B	满意
20200156	关于优化东莞音乐剧发展模式　提升都市文化品质的建议	崔臻和	市文化广电旅游体育局	B	满意
20200157	关于提高养老机构从业人员福利待遇的建议	黄珍宜	市民政局	B	基本满意
20200158	关于全面推动全民健身运动的建议	伍月莲	市文化广电旅游体育局	B	满意
20200159	关于加强儿科医生队伍建设，提高儿科就诊效率的建议	莫佩冰	市卫生健康局	A	满意
20200160	关于推动东莞银瓶山森林公园南面大龙休闲小镇发展的建议	胡毅峰	谢岗镇	C	满意
20200161	关于尽快恢复省道S256K110+100~K110+250段双向八车道交通通行功能的建议	龚道松	市交通局	B	基本满意
20200162	关于提请引进建设工程争议评审机制、成立东莞市建设工程造价争议评审与调解专家委员会建议	龚道松	市住建局	B	满意
20200163	关于修改《东莞市地下空间开发利用管理暂行办法》的建议	刘盛渊	市自然资源局	C	满意

续表

案号	建议题目	建议人	主办单位	办理情况	代表满意度
20200164	关于建设一个国家级现代农业产业园的建议	陈细钿	市农业农村局	C	满意
20200165	关于推行就诊“一卡通”，实现就诊信息互联互通的建议	吴玉华	市卫生健康局	B	满意
20200166	关于进一步提高基础养老金标准的建议	丁浩权	市人社局	A	满意
20200167	关于东莞市进一步健全公共卫生应急体系，防范化解重大疫情风险的建议	洪　茜	市卫生健康局	B	满意
20200168	关于进一步拓展产业经济发展空间的议案	郭荣新	市自然资源局	B	满意
20200169	关于进一步加快完善东莞东部路网体系　带动片区高质量发展的议案	刘裕昌	市城建工程管理局	C	满意
20200170	关于加大扶持乡村文化发展，进一步推动我市乡村振兴的议案	刘裕昌	市文化广电旅游体育局	B	满意
20200171	关于创新和完善重大公共卫生事件应急处置体制机制，改革完善疾病预防控制体系的议案	刘裕昌	市卫生健康局	B	满意
20200172	关于促进经济复苏，推动经济加快发展的议案	刘裕昌	市自然资源局	B	满意
20200172	关于促进经济复苏，推动经济加快发展的议案	刘裕昌	市金融工作局	A	满意
20200172	关于促进经济复苏，推动经济加快发展的议案	刘裕昌	市商务局	A	满意
20200172	关于促进经济复苏，推动经济加快发展的议案	刘裕昌	市财政局	A	满意
20200172	关于促进经济复苏，推动经济加快发展的议案	刘裕昌	市人社局	A	满意
20200173	关于推进交通大会战，加快沙田交通路网互联互通的议案	贾贵斌	市交通局	B	满意
20200174	关于EPC模式工程施工前期手续问题的议案	张耀洪	市交通局	B	满意
20200175	关于发热门诊与传染病区建设的议案	张耀洪	市卫生健康局	B	满意
20200176	关于深圳地铁10号线东延段建设问题的议案	张耀洪	市轨道交通局	B	满意
20200177	关于加强小学校外托管机构治理工作的议案	黄桥法	市民政局	A	满意
20200180	关于凝心聚力打赢污染防治攻坚战的议案	吴润玲	市生态环境局	A	满意
20200181	关于盘活“两高一低”企业退出后土地厂房的议案	吴润玲	市水乡管委会	B	满意
20200182	关于加强凤岗镇公共卫生体系建设的议案	张耀洪	市卫生健康局	B	满意
20200183	关于进一步加强学校食品安全监管的议案	史帅峰	市场监管局	A	满意
20200184	关于改善东莞市交通拥堵的议案	谭志斌	市交警支队	A	满意
20200185	关于莞惠路樟木头镇标路口及百果洞水果市场路口建设高架跨线桥的议案	周伟森	市交通局	B	满意
20200186	关于推进清溪镇外联道路建设工作的议案	杨锦茹	市交通局	B	满意
20200187	关于加快完善松山湖北片区交通网络的议案	邵宏武	石排镇	B	满意
20200188	关于加快解决公办学校幼儿园建设突出问题的议案	唐耀文	市教育局	A	满意
20200189	关于支持发展家族信托，提振民营企业家信心的议案	黄晓雯	市金融工作局	B	满意
20200190	关于完善村镇集体资金发展投资型经济管理机制的议案	黄晓雯	市农业农村局	B	满意
20200191	关于大力培育发展产业链金融、供应链金融、科技金融和产业融资租赁的议案	黄晓雯	市金融工作局	B	满意
20200192	关于加大综合整治力度，规范道路停车管理的议案	詹文光	市交通局	B	满意
20200193	关于进一步完善公共交通服务的议案	詹文光	市交通局	B	满意

注：1.表中的“办理情况”是指：A、所提问题解决或基本解决；B、正在解决或列入计划解决；C、因条件限制或其他原因暂不能解决。

2.表中的“代表满意度”反映3种情况，分别是：满意、基本满意、不满意。

东莞市人民政府

DONGGUAN MUNICIPAL PEOPLE'S GOVERNMENT

东莞市行政办事中心　（2020年张满枝摄）

编辑：赵书科

政府重要会议

【市政府常务会议】　2020年，东莞市政府召开市政府常务会议42次，讨论有关事项316项，主要包括：审议《关于打赢疫情防控阻击战　支持莞企共克时艰的若干举措》《关于新冠肺炎疫情防控期间进一步支持企业复工复产的若干措施》《关于进一步拉动消费复苏　强化中小微企业个体工商户扶持的实施办法》《关于东莞市保企业、促复苏、稳增长专项资金组建方案》；审议《东莞市人民政府关于坚持和完善民生保障机制　建设高水平小康社会的实施意见》《东莞市关于加快公办中小学建设的实施意见》《东莞市人民政府关于加快建设现代化综合交通体系　打造粤港澳大湾区品质交通城市的实施意见》《关于发展品质民生　建设高水平小康社会的实施意见》《关于深入实施乡村振兴战略建设高质量小康社会的实施意见》；审议《东莞市"十四五"财政体制改革实施方案》《东莞市人口发展规划（2020—2035年）》《东莞市城市轨道交通第二期建设规划调整（2020—2025年）》《松山湖科学城发展总体规划（2020—2035年）》《东莞市碧道建设总体规划（2020—2035年）》《关于进一步完善区域协调发展格局、推动南部各镇加快高质量发展的意见》《关于加快推进大湾区综合性国家科学中心先行启动区（松山湖科学城）建设的若干意见》《东莞市落实新发展格局加快实现高质量发展的实施方案》；审议《东莞市道路交通安全综合治理工作方案》《东莞市镇（街道）属企业改革工作的指导意见》《东莞国际商务区招商引资奖励暂行办法》《东莞市重点招商园区（低成本空间）扶持奖励暂行办法》《东莞市蓝天保卫战2020年度实施方案》《东莞市水污染防治攻坚战2020年工作方案》《关于加快培育和发展住房租赁市场的实施意见》《东莞市既有住宅增设电梯管理办法》《东莞市农民安居房管理办法》《东莞市住房公积金个人住房贷款管理办法》《东莞市人才入户实施办法》《东莞市加强研发人才引进培养暂行办法》。

【全市性重要专项会议】 2020年，东莞市召开的全市性重要专项会议，主要包括：全市重点项目开工和企业复工复产工作电视电话会议；防疫物资生产和收储专题会议；全市统筹推进新冠肺炎疫情防控和经济社会发展工作会议；全市经济运行监测调度工作领导小组（扩大）会议暨上半年经济形势分析会议；全市高水平全面建成小康社会暨品质交通与教育扩容提质千日攻坚工作会议；全面推进河长制工作领导小组会议；全市打赢污染防治攻坚战工作推进会；全市决战脱贫攻坚推进会；东莞揭阳对口帮扶工作联席会议；全市实施乡村振兴战略工作推进会；全市农村乱占耕地建房问题整治工作领导小组（扩大）会议；全市农民住房管理工作会议；全市推动外贸高质量稳定发展大会；市政府全体（扩大）会议；全市强化投资松绑促落地稳增长工作会议；全市制造业高质量发展暨非公有制经济大会；全市防范化解重大风险工作会议；市推进政府职能转变和“放管服”（简政放权、放管结合、优化服务）改革协调小组全体会议暨行政管理体制改革专项小组会议；全市“双百疏堵”（梳理一批在营商环境建设和民生领域群众关注、堵点清晰、迫切要解决的近百项问题）督办调度电视电话会议；全市镇（街道）属企业改革工作动员会；全市“智网工程”工作总结会议；全市全民禁毒工程总结会暨整治突出毒品问题部署会；全市反走私反偷渡和冻肉食品安全工作会议。

【市政府工作会议】 2020年，东莞市政府工作会议，研究部署事项主要包括：新型冠状病毒感染防治备用收治医院规划建设前期工作；疫情防控期间市场保障供应工作；协调口罩生产设备供货情况；企业复工复产；战略性新兴产业基地规划建设；新型产业用地项目贡献产业用房相关问题；“双百”（百个重大建设项目“百日攻坚”专项行动）行动和增资扩产项目落地行动专题督导；金融支持稳增长保产业和政府投资基金工作；协调市属金融机构困难及问题；投融资体制机制改革；固定资产投资和专项债项目问题；轨道交通建设及TOD（以公共交通为导向的开发）专题研究；轨道交通2号线三期投融资定量方案；赣深铁路塘厦站综合规划研究；城市更新项目前期服务商招引；“三江六岸”工作推进专题会议；保障性安居房建设顶层设计；石马河流域综合整治；蓝天保卫战；深化消防执法改革；强暴雨内涝应急处置问题；应急救援队伍统筹调度及危化车辆停车服务区建设问题；推进自备电厂煤改气；落实东莞港体制机制改革；“数字政府”改革建设；市级党群服务中心建设；市“12345”政府服务热线扩容；自贸区经验推广和响应政府扩面；松山湖科学城建设推进；反走私反偷渡。 （市府办）

政府重要决策

【统筹新冠肺炎疫情防控和经济社会发展】 2020年，东莞市沉稳应对新冠肺炎疫情防控，支持企业复工复产，统筹做好新冠肺炎疫情防控和经济社会发展（简称“双统筹”）。

疫情防控 2020年新冠肺炎疫情发生后，东莞市沉稳应对实际管理人口超过1400万人、市场主体超过130万家的巨大压力，打好东莞保卫战。1月发布《暂停全市文体娱乐场所活动及加强旅游行业疫情防控工作的通告》，划定并筑牢“外防输入、内防扩散、医疗救治、自我防护”四道防线，抓好关键防疫物资供应调度、用工大厂密闭空间管理和全市三级应急队伍建设，推动全市疫情防控形势稳定向好，全市未发生社区和企业聚集性疫情，用37天实现本地每日新增确诊病例为零，用58天实现本地确诊病例清零。1—2月派驻3批援助湖北省医疗队驰援武汉市、荆州市。东莞防疫产业全年向国家和省上交医用口罩1259.2万个、医用防护服2.7万件、熔喷布25.09吨、压条机178台、测温仪1.35万支，2次获得国务院联防联控机制医疗物资保障组致函感谢。

支持企业复工复产 2020年春节后，东莞市成立复工复产工作组帮助企业开工，1月26日、27日、28日首家口罩、防护服、口罩机企业分别复工复产。2月发布《东莞市新型冠状病毒感染的肺炎疫情防控期间企业节后复工用工指引（试行）》，编发制造业等10类行业复工复产指引，确保企业在防疫措施到位的情况下安全有序复工复产。出台《关于支持莞企共克时艰 打赢疫情防控阻击战的若干措施》《关于新冠肺炎疫情防控期间进一步促进推动员工早日返岗和企业复工达产的若干措施》《关于进一步优化政府服务加快惠企政策落实的实施办法》，推进落实市、镇、村物业租金“两免两减”（市属、镇属物业对承租企业免收2个月租金，村属物业对承租企业减半征收2个月租金）、水电“欠费不停供”、返岗交通补贴、招工奖励、公积金停缴缓缴等措施，为企业纾难解困。全面实行网格化覆盖管理，发挥村（社区）和网格人员作用，加强对各类企业防疫现场指导。全市企业基本实现复工复产，人流、物流逐步恢复向好。

稳住经济基本盘 2020年，东莞市全面加强经济运行监测调度。4月，出台《关于成立东莞市经济运行监测调度指挥部的工作方案》，成立市、镇两级指挥部，组建全市36个指导服务组下沉督导

2020年3月20日，东莞市支援湖北疫情防控医疗队的第二批、第三批队员回到东莞。图为东莞铁骑以最高规格迎接英雄归来（曹雪琴 摄）

镇街协调解决生产经营难题；出台实施《东莞市关于促进外贸稳定发展的实施意见》《东莞市人民政府关于强化投资松绑 加快项目落地 稳定经济增长的实施意见》等政策。5月，出台《关于实施“一企一策”帮扶重点企业的方案》，印发《莞企稳增长礼包》，汇编疫情之下全市企业自主调整求变八大路径范例汇编，提升对企服务水平；召开全市强化投资松绑促落地稳增长工作会议，出台《关于进一步简化前期手续 提升投资项目审批效率的若干措施（试行）》，举行重大项目、增资扩产项目、城市更新项目集中开工仪式，推动经济稳增长。6月，出台《关于东莞市保企业、促复苏、稳增长专项资金管理办法》，设立50亿元扶企专项资金，为企业“输血输氧”。全年经济增速由负转正，总量9650.2亿元，比上年增长1.1%。

【民生短板补齐】 2020年，东莞市改善民生，出台《东莞市人民政府关于坚持和完善民生保障机制 建设高水平小康社会的实施意见》，投入473.7亿元用于民生建设，占市财政支出的76%，提升民生保障品质，推动各项社会事业向前发展。

推进教育和交通攻坚行动 2020年，东莞市全面启动教育扩容提质和品质交通千日攻坚行动。印发《东莞市非户籍适龄儿童少年接受义务教育实施办法》，全市新建改扩建公办中小学32所，增加学位3.7万个。全年新建道路184千米、人行道166千米、停车位6.9万个。

民生保障底线筑牢 2020年，东莞市提高低保和低收入家庭认定、特困人员供养和孤儿基本生活保障标准，实现居家养老“大配餐”（指向纯老、独居、孤寡、高龄、计划生育特扶、失能老人等特殊困难老年人提供助餐配餐服务）和长者饭堂镇街全覆盖。出台《东莞市打造“民生大莞家”品牌项目实施方案》，安排1.05亿元专项用于打造“民生大莞家”品牌，着眼民生热点难点问题，建立健全群众诉求收集、处理、反馈快速响应机制，全年解决群众身边“小急难”问题近2500个。修订《东莞市临时救助办法》，在全省率先提高系列社会救助标准，同时扩大重点社会救助对象人数。印发《东莞市加快推进养老服务体系建设高质量发展三年行动计划》，统筹推进养老事业和养老产业协调发展。

脱贫攻坚任务完成 2020年，东莞市落实各项帮扶举措，对口帮扶广东省韶关市和揭阳市323个贫困村、1.57万相对贫困户全部稳定脱贫，云南省昭通市6个贫困县、874个贫困村、82.18万贫困人口全部脱贫出列。推进援疆、援藏、援川工作，援疆“村连结对”做法在全国推广，援藏8个小康示范村项目全部完工。推动市内扶贫工作，所有次发达镇生产总值均超百亿元，实现历史性突破。村组两级总资产、经营性纯收入分别增长42%和66.8%，70个次发达村（社区）村组两级经营性纯收入实现翻番。

各项社会事业发展 2020年，东莞市落实关爱医护各项举措，提高疫情防治人员薪酬待遇，加大表彰激励力度，加强一线医务人员生活保障。印发《东莞市公立医疗机构薪酬制度改革试点工作意见》，以增加知识价值为导向进行分配，体现医务人员技术劳务价值。完善分级诊疗和全民医疗保障制度，与暨南大学、南方医科大学、广东医科大学等共建高水平医院和区域中心医院。制定出台《东莞市促进全域旅游发展实施方案》，鸦片战争博物馆入选全国红色旅游发展典型案例。广东宏远男篮队获全国篮球职业联赛总冠军。制定出台《全力打响东莞文化品牌 加快建设“品质文化之都”三年行动计划（2020—2022年）》，开展岭南文化特色强化、历史文化保育等行动，建设品质文化之都。

【现代产业体系完善】 2020年，东莞市推动现代产业体系建设，抓好产业招商引资和建设，推动外经贸高质量稳定发展。

现代产业体系构建 2020年，东莞市印发《东莞市现代产业体系中长期发展规划纲要》，发展新兴产业、现代服务业等，打造大湾区先进制造业中心。华为开发者大会在9月举行。印发《东莞市“3+1”产业集群试点培育专项资金管理办法》，设立4.8亿元专项资金，重点支持食品饮料、纺织服装和家具三大优势传统产业，以及软件和信息技术服务业高质量发展。78家企业入围广东制造业500强。全市先进制造业、高技术制造业分别占比50.9%和37.9%。

产业招引和建设抓好 2020年，东莞市举办“云招商、云温暖”活动、举办全球先进制造招商大会，招引京东大湾区总部等一批重大项目，全年引进内外资项目3943个，实际投资金额比上年增长25.3%，新开工重大项目154个，推动企业增资扩产130个。推动全市固定资产投资总额增长12.3%，工业投资增长14.9%。印发《2020年市委常委、副市长挂钩督导重大项目工作方案》《关于建立市重大产业项目快速落地常态化机制的通知》，解决产业项目履约监管等问题，推动全市重大项目快速落地。每个季度举行重大项目集中开工仪式，全年推动总投资1414.4亿元的154个市重大项目动工。

推动外经贸高质量稳定发展 2020年，东莞市建立市加快外经贸高质量发展联席会议制度，高规格召开外贸高质量稳定发展大会，全面实施“452外经贸振兴计划”，优化升级出口结构，扩大消费品进口，促进出口产品内销，推动外贸新动能加速壮大。全年外企内销总额超过4900亿元，电子商务交易额超过5500亿元，保税物流进出口超过2600亿元，石龙中欧班列成为中国第三条国际铁路运邮通道。东莞市有效稳住外贸基本盘工作获国务院大督查通报表扬。

资料链接

“452外经贸振兴计划”：即健全内外循环的贸易体系、打造多轮驱动的贸易平台、构建畅通全球的贸易枢纽、创新接轨国际的体制机制等“四大目标”；产业链、供应链、贸易链、物流链、金融链等“五大提升”；打造贸易强市优化监管链和健全工作链等“两大保障”。

【城市发展竞争力增强】 2020年，东莞市参与粤港澳大湾区建设、支持深圳中国特色社会主义先行示范区建设，强化创新驱动，提升城市发展竞争力。

参与粤港澳大湾区建设 2020年，东莞市推进战略平台错位发展，松山湖科学城纳入大湾区综合性国家科学中心先行启动区；滨海湾新区获批省级高新区，建成交椅湾骨干道路网络，滨海湾大桥等一批城市标志景观启动建设；水乡功能区创建全市首个“工改工”（将土地性质为普通工业用地改变为新型产业用地，将旧工业区拆除重建升级改造为新型产业园）基层改革创新实验区，启动6个连片“工改工”试点项目建设；银瓶合作创新区固定资产投资比上年翻一番；东莞国际商务区出台招商引资奖励暂行办法，水涧头村拆迁工作进展良好。推进高水平大学建设，成立专门工作领导小组推进香港城市大学（东莞）和大湾区大学筹建并取得阶段性进展。推进交通互联互通，强化东莞与周边城市47个道路项目规划对接，推进赣深客专、深茂铁路等项目建设。

支持深圳先行示范区建设 2020年，东莞市参与深圳都市圈规划编制，出台《关于进一步完善区域协调发展格局、推动南部各镇加快高质量发展的意见》。与中科院签订合作协议共建松山湖科学城，推动松山湖科学城与深圳光明科学城携手共建综合性国家科学中心，散裂中子源二期、先进阿秒激光完成项目可行性研究，南方先进光源预研平台接近全面封顶，松山湖材料实验室一期工程完工，大科学装置集群优势逐渐显现。松山湖科学城至光明科学城主通道首期工程动工，深圳外环高速公路东莞段建成通车，佛莞城际全线铺轨，规划6处地铁通道分别与广州市、深圳市相连。

创新驱动发展态势强化 2020年，东莞市加快构建“源头创新、技术创新、成果转化、企业培育”的全链条创新体系。截至2020年底，全市高新技术企业总数6381家，国家级科技企业孵化器23家，省创新科研团队38个，均居全省地级市首位。加快实施“十百千万百万”人才工程，印发《东莞市人才安居办法（试行）》《东莞市加强研发人才引进培养暂行办法》。截至2020年底，全市集聚高层次人才15.6万人，超过50位院士常年在莞开展科研活动，研发经费占生产总值比重提升至3.06%。

资料链接

“十百千万百万”人才工程：从2019年起，用3年时间，引进10个国际一流水平的战略科学家团队，选拔100名博士专业人才进入党政机关和企事业单位，引进培养1000名重点领域的领军人才，引进培养1万名硕士研究生以上学历和中级以上职称的创新人才，推动100万人提升学历技能素质。

【城市品质提升】　2020年，东莞市聚焦城市品质提升，推进生态环境治理，拓展城市发展空间，加强城市精细化治理，提高城市治理和发展水平。

城市环境全域提升　2020年，东莞市城市品质三年提升计划收官，从重点突破转入全面完善和整体提升常态化阶段。“一心两轴三片区”规划建设全面拉开，东莞国际商务区全面启动建设，商务区首开区4宗地块成功出让。“三江六岸”片区实质性启动，黄旗南片区加快推进。乡村振兴战略加快推进，建成第一批3个特色连片示范区、50个特色精品示范村，65%以上的村（社区）达到美丽宜居村标准。

资料链接

“一心两轴三片区”：指中心城区城市品质提升的重点地区。其中，“一心”指市行政文化中心区，“两轴”指东莞大道时代发展轴和鸿福路山水文化轴，“三片区”指东莞国际商务区、“三江六岸”历史休闲区、黄旗南生态科创区。

“三江六岸”：中心片区内以东江南支流、汾溪河、东莞水道3条水系为依托的滨水空间。

生态环境治理　2020年，东莞市召开全市生态环境保护大会，成立东莞市生态环境问题整治工作领导小组，加快解决存在环境问题。全年新建截污管网5700千米，4个国考断面水质达到考核要求，3个省考断面水质稳定达标，建成区22条黑臭水体基本消除黑臭，完成213条内河涌整治，茅洲河、石马河等重点流域水质全面达标，水环境质量改善幅度居全国第三位、全省第一位。印发《东莞市蓝天保卫战实施方案》，全年整治6092家“散乱污”企业（不符合产业政策，不符合产业布局规划，未办理工信、发改、土地、规划、环保、工商、质监、安监、电力等相关审批手续，不能稳定达标排放的企业），空气质量达标天数占比提升至91.3%，空气质量综合指数改善幅度居全国第二位、全省第一位。

城市空间拓展优化　2020年，东莞市推进国土空间总体规划编制。印发《关于进一步加强土地收储整备工作的指导意见》，市级完成土地收储面积70.75公顷、镇级完成收储面积811.87公顷。印发《关于加快镇村工业园改造提升的实施意见》，全年完成“工改工”（将土地性质为普通工业用地改变为新型产业用地，将旧工业区拆除重建升级改造为新型产业园）拆除平整面积535.47公顷，任务完成率107%。建立东莞市农民住房管理工作联席会议制度，召开全市农民住房管理工作会议，印发《东莞市农民安居房管理办法》，明确“一户一宅”（农村居民一户只能拥有一处宅基地）、分类管控等原则，规范和加强农房管理。印发《东莞市重点招商园区（低成本空间）扶持奖励暂行办法的通知》，全年统筹推出面积31.8万平方米低成本空间，降低企业用地成本，获得企业好评。12月举办城市更新项目现场考察暨集中开工活动，全年同步在拆、在建城市更新项目189个，总投资额1561亿元，全年投入资金411亿元。

城市精细化管理　2020年，东莞市召开全市生活垃圾分类暨城市精细化管理工作推进会，印发《东莞市生活垃圾分类三年行动方案》，围绕生活垃圾处理、绿化美化净化等方面精准施策、精细服务，加快补齐城市运行突出短板，推动海心沙资源循环综合利用基地、立沙岛危废处理中心等项目建成，全市新增生活垃圾实现全焚烧、零填埋，公共机构实现生活垃圾分类全覆盖。开展“增绿补绿”专项行动，建设或升级改造1157个街头小景。推进“两违”（违法用地、违法建设）整治，修订《东莞市违法用地、违法建设联合执法实施方案》，全年治理违法建筑面积3319.6万平方米，连续三年提前完成省下达任务。召开市城市体检试点工作动员会，印发《东莞市城市体检试点工作方案》，按照“一年一体检、五年一评估”总体要求，推动城市体检工作实施，提升城市治理能力现代化水平。

【政府建设加强】　2020年，东莞市优化营商环境，推进法治政府建设，提升执行力和服务效率。

政府系统党的建设　2020年，东莞市坚持把学习贯彻习近平新时代中国特色社会主义思想作为首要政治任务，学习贯彻党组工作、基层组织工作、党员教育管理等相关要求，做到严肃党内政治生活、强化党内监督。坚持“一岗双责”（“一岗”就是一个领导干部的职务所对应的岗位；“双责”就是一个领导干部既要对所在岗位应当承担的具体业务工作负责，又要对所在岗位应当承担的党风廉政建设责任制负责），推进党风廉政建设，专门召开市政府廉政工作会议，部署做好专项资金、重大项目等重点领域监管。市政府主要领导参加市府办直属机关党委主题党日活动，为党员干部讲授专题党课。

营商环境优化　2020年，东莞市围绕优化新冠肺炎疫情期间政务服务，创新推出2878项“不见面审批”事项、198项“延期后补”事项等服务。印发《东莞市深化“放管服”改革　优化营商环境2020年工作要点》。东莞“深化商事制度改革”获评为首批全国法治政府建设示范项目。召开深化“放管服”（简政放权、放管结合、优化服务）改革优化营商环境电视电话会议，印发《东莞市“双百疏堵行动”工作方案》，梳理一批在营商环境建设和民生领域群众关注、堵点清晰、迫切要解决的近百项问题，集中攻坚解决。出台《关于健全群众求助快速响应机制　构建响应政府的实施方案》，提升群众获得感。在全省首次营商环境试评价中，东莞市列全省第三位，开办企业和缴纳税费两个指标列全省第一位。政务数据大脑基本建成，“莞家政务”服务全面铺开，行政许可事项全程网办率97%，各园区、镇街政务服务中心基本实现公安、税务事项一窗受理。

法治政府建设　2020年，东莞市出台依法行政工作要点，全年召开涉及法治政府建设的市政府常务会议40次，审议相关法治事项53项。发挥人大法律监督和政协民主监督作用，办理人大建议202件、政协提案402件，办理率和满意率均为100%。（市府办）

政府重要政事

【重要政事活动】　2020年，东莞市政府举行的重要政事活动主要有：莞商·市长面对面协商座谈会，东莞企业华坚集团向非洲国家抗疫物资捐赠仪式，东莞市与墨西哥蒂华纳市签署友好合作关系备忘录仪式，“中国医师节”暨2020东莞市“最美医生”“最美护士”发布仪式，与华为技术有限公司联合举办华为中国生态之行2020·广东峰会（东莞），全球先进制造招商大会，第五届中国国际食品配料博览会开幕式，一流大学建设系列研讨会暨中国大学校长联谊会，中国（东莞）国际医疗防疫及大健康发展论坛暨展览会，第十一届东莞台湾名品博览会，粤港澳院士峰会暨第六届广东院士联合会年会，中日（东莞）先进制造恳谈会，莞港商代表座谈会，vivo研发总部开工典礼，全国企业家活动日暨中国企业家年会，全市抗击新冠肺炎疫情表彰大会，第六届广东国际机器人暨智能装备博览会，第十二届中国加工贸易产品博览会。

年内，东莞市政府完成“加强困难群体兜底，关爱老人、妇女、儿童等重点群体，增加公办学位和校内课后服务供给，提升卫生健康服务能力，改善交通出行环境，强化公共安全和食品安全，优化城乡环境，推动政务服务便民亲民，加大职业技能提升和就业创业支持力度，实施全民艺术普及活动和全民健身计划”“十件民生实事”31项具体工作。

【加强困难群体兜底】　“十件民生实事”之一。2020年，东莞市最低生活保障标准提高至每人每月1060元，孤儿基本生活保障标准调高至1820元。印发《关于完善我市残疾人社会保险个人缴费补助制度的通知》，对1.73万名残疾人发放医疗保险和养老保险个人缴费补助2175.57万元。完成120个自闭症家庭的照顾者养育技能培训任务，“与星同行计划”项目取得成效。全年完成1057人次特殊儿童康复补助代用券审批，发放补助款

2020年东莞市人民政府机构设置表

东莞市人民政府

办公室	发展和改革局	教育局	科学技术局	工业和信息化局	公安局	民政局	司法局	财政局	人力资源和社会保障局	自然资源局	生态环境局	住房和城乡建设局	交通运输局	水务局	农业农村局	商务局
文化广电旅游体育局	卫生健康局	退役军人事务局	应急管理局	审计局	国有资产监督管理委员会	市场监督管理局	统计局	医疗保障局	金融工作局	城市管理和综合执法局	信访局	政务服务数据管理局	林业局	投资促进局	轨道交通局	

说明：

东莞市人民政府设置工作部门33个。其中，发展和改革局挂粮食和物资储备局牌子；自然资源局挂海洋局牌子；农业农村局挂扶贫开发办公室牌子；商务局挂口岸局牌子；市场监督管理局挂知识产权局牌子。外事局与市委外事工作委员会办公室合署办公，不计入机构限额；民族宗教事务局列入政府工作部门序列，不计入机构限额。

1620.8万元。

【关爱老人、妇女、儿童等重点群体】　“十件民生实事”之一。2020年，东莞市33个园区、镇（街道）建成长者饭堂并开展配餐助餐服务，失独家庭扶助金发放标准提高至1500元。开展“东莞慈善·玉兰关爱”“佑未来，护成长”等妇女儿童健康救助项目，资助困难妇女和困难儿童。为全市适龄妇女捐赠1.27万份“两癌”（乳腺癌和宫颈癌）健康保险。开展爱心父母大联盟活动，与2000名困境儿童形成结对助学、助困、助教关系。开展“玉兰姐姐”家教计划网络课堂，网上亲子阅读活动以及网上心理健康主题活动；完成50所母婴室及31家爱心妈妈小屋改造；建成万江儿童公园并投入使用。

【增加公办学位和校内课后服务供给】　“十件民生实事”之一。2020年，东莞市新建、改扩建公办中小学32所，增加学位3.7万个。全市499所义务教育阶段学校提供校内午餐午休服务，约占学校总数的93%。全市公办小学提供校内下午课后服务占比66.7%。

【提升卫生健康服务能力】　“十件民生实事”之一。2020年，东莞市医保电子凭证激活人数225.56万人，激活人数排全省第三位。全年落实3批112个药品品种（136个品规）集中采购工作，药品价格对比集采前平均降幅在50%以上。开展35—49岁人群糖尿病早期筛查，筛查率12.77%。印发《东莞市安宁疗护国家试点工作方案》，确定13家安宁疗护试点单位。对学生等重点群体开展普及应急救护及防灾避险培训，全年完成培训6万余人次。全年设置心脏复苏急救设备（AED）223台，实现所有镇街（园区）、地铁站点全覆盖。

【改善交通出行环境】　“十件民生实事”之一。2020年，东莞市完成47个交通拥堵点专项治理。印发《城区片区线网优化调整方案》，优化调整公交线路36条。2020年新建道路184千米、人行道166千米、停车位6.9万个。完成东莞大道—鸿福路口4个城市二级交通诱导屏建设，实现第一国际、台商大厦、民盈中心、市民中心停车场地实时数据发布，接入全市63条道路、301个停车场17万余个停车泊位数据。

【强化公共安全和食品安全】　“十件民生实事”之一。2020年，东莞市打击防范“盗抢骗”违法犯罪活动近6万起，案件比上年下降1.29%，破案近两万起，增长6.82%。全年新建4.1万路“慧眼”视频，构建治安防控天网。全年完成农贸市场食用农产品政府快检115.96万批次，合格率98.57%。完成40家“放心肉菜示范超市”创建工作。

【优化城乡环境】　“十件民生实事”之一。2020年，东莞市建成厨余垃圾就地处理设备39座，日均处理垃圾747.8吨。全市完成388座垃圾转运站升级改造，松山湖、滨海湾新区、莞城街道基本完成垃圾分类示范片区建设，东城、南城、万江街道开展垃圾分类示范片区建设。推动美丽幸福村居建设，第一批3个特色连片示范区全部完成，第二批3个特色连片示范区大部分项目进入施工图设计阶段，个别项目开工。推进既有住宅增设电梯工作，进入审批建设流程70台。

【便民亲民政务服务】　“十件民生实事”之一。2020年，东莞市打造“民生大莞家”服务品牌，建立市、镇两级“民生大莞家”联席会议制度，建成“民生大莞家”信息管理模块。打造575个“莞家驿站”，建立民生诉求收集、处理、反馈快速机制。完成46个“一件事”一次办主题服务。

【加大职业技能提升和就业创业支持力度】　“十件民生实事”之一。2020年，东莞市完成城镇新增就业9.2万人，帮扶登记失业人员再就业1.7万人，包括就业困难人员2121人。对东莞籍生源困难家庭应届高校毕业生开展“一对一”就业帮扶，就业率100%。全市促进创业1.3万人，开展“一镇一品”（镇街特色文化和镇街好企业、好品牌）产业人才培训15.6万人次，新增认定4家单位为第二批分基地，开展实训21.2万人次，开展粤菜师傅培训3000多人次、“南粤家政”培训1万多人次。

【实施全民艺术普及活动和全民健身计划】　“十件民生实事”之一。2020年，东莞市实施“2020文化四季·四季如歌”——东莞文旅融合行动计划，策划六大特色活动项目，举办活动460场。开展全民艺术普及行动计划，完成演出446场，开展惠民培训941场，开办27个线下公益文艺培训班，开展38门线上慕课。实施全民健身计划，全年组织举办400多项、1000多场体育赛事活动，开展200多项公益体育培训，参加人数2.3万人次。（市府办）

附：2020年东莞市人民政府市长、副市长、党组成员、秘书长、副秘书长名录

市　长：肖亚非
副市长：白　涛（任至3月）
黎　军
刘　炜（任至3月）
喻丽君
万卓培
郭向阳（任至9月）
刘　杰（任至12月）
周兆翔（12月到任）
罗晃浩（6月到任）
党组成员：肖亚非
白　涛（任至3月）
喻丽君
刘　炜（任至3月）
郭向阳（任至10月）
万卓培

梁杰钊
周兆翔（12月到任）
罗晃浩（6月到任）
严小康
陈仲球（任至11月）
邓　涛（任至9月）
黄桥法（9月到任）
刘　杰（任至12月）
叶葆华（挂职）
秘书长：邓　涛（任至9月）
黄桥法（9月到任）
副秘书长：梁志刚（任至10月）
卢汉彪（任至7月）
梁绍光
王耀明（任至3月）
赖少瑜
李志军（10月到任）
陈旭林（3月到任）
陈志军
陈东成（任至10月）
姚慧怡（7月到任）
黄淦洪（任至11月）
钟　彬（挂职，任至4月）
王永俊（挂职，任至3月）
赖辉东（11月到任）

信　访

【信访概况】　2020年，东莞市信访工作围绕农村换届选举、劳资纠纷等重点及时调查研究，调研有深度、建议有针对性，保持社会大局稳定。年内，市领导办理视频接访案件28件，接待来访群众68批266人次。东莞市委书记、市人大常委会主任梁维东开展接访活动，对涉及的楼盘物业管理、劳动者权益保障、市政工程扰民、道路交通安全等诉求和问题，了解问题原因和处置情况，倾听群众反映诉求并提出处理意见。各镇街领导干部在当地接访群众774批2502人次。

【信访制度改革】　2020年，东莞市制定《关于推动创建让群众“最多访一次”示范镇街的工作方案》，重点推动南城、大朗、麻涌、常平、塘厦、长安、茶山等7个镇街创建让群众“最多访一次”示范镇街。推动茶山等镇街，探索可复制、可推广的“一站式”解纷服务平台经验。

【信访矛盾攻坚和积案化解】
2020年，东莞市推动矛盾化解攻坚既做到程序办结，也做到实体办结。动态跟踪自行排查重点案件办理，协助做好省领导包案案件的协调化解工作，制定《关于市党政领导干部包案化解工作的实施方案》，落实市党政领导干部包案化解制度，推动案件按期办结。全面铺开治理重复信访、化解信访积案专项工作，制定工作方案，推动专项工作贯彻落实。

【信访专题调研】　2020年，东莞市组织涉劳资类信访专题调研，助力从复工复产到新冠肺炎疫情防控常态化的平稳过渡。9月，东莞市对分析研判劳资信访风险新趋势，提前做好应对准备，防止岁末年初劳资信访问题集中爆发。针对全市涉农村换届选举潜在信访风险，开展专题调研，形成分析报告和信访隐患村（社区）台账。

【信访服务效能提升】　2020年，东莞市探索组建职能部门、律师、专职社工、心理咨询师、信访干部共同参与接待群众来访、化解信访矛盾长效机制。制定《东莞中立法律服务社深度参与化解全市涉法涉诉信访案件工作方案》，建立化解疑难复杂信访问题机制。配合做好省一体化系统上线工作，做好信访信息系统的业务培训和推广应用，加快信访信息化建设。发挥“一网一微一端”（东莞网上信访系统、信访微信公众号、信访手机客户端）的快速、高效、便捷作用，更好地服务群众。（杨嘉琪）

附：2020年东莞市信访局主要领导名录

党组书记、局长：
王耀明（任至3月）
陈旭林（3月到任）

政务服务

【政务服务概况】　2020年，东莞市擦亮公共民生服务品牌，建成并启用教育大会战审批平台、电子健康码管理平台、“民生大莞家”等平台。推进政务办公信息化，开通粤政易政务微信账号6.12万人，激活率100%，粤政易公文交换系统实现市镇村全覆盖。

【政务服务优化】　2020年，东莞市推进政务服务线上线下融合，推进市民服务中心水电气网等公用服务事业全进驻，同个部门内业务

政务服务办事大厅　（2020年市政数局供图）

实现全综合、100%一窗受理，跨部门综合受理事项比例71.9%；建成35个镇街（园区）政务服务中心，587个村（社区）党群服务中心布设政务服务窗口。深化网上办事服务，东莞市行政许可事项1478项，网上可办率100%，全程网办率87%。打造“莞家政务”服务品牌，“莞家政务”自助终端上线150项事项，全市布点465台；“莞家政务”App发布71项功能，下载量52.94万次；“粤省事”东莞专版可用事项754项，实名注册人数超662万人；“粤商通”东莞专版可用事项284项，注册东莞企业22.35万家。探索“湾区通办”，依托广东政务服务网、“莞家政务”自助终端，实现网上通办450项、终端通办超500项，建设市民服务中心、松山湖湾区通办试点推进异地窗口通办。推进政务服务向基层延伸，推进镇街（园区）成立公共服务委员会及公共服务办公室，组织各部门下放785项事权和收回99项事权，组织承接省级下放事权1122项。依托一体化政务服务平台，发文公布上线镇街（园区）事项389项、镇街（园区）实际自主上线平均768项，实现103项工程建设项目审批事项在镇街落地，在党群服务中心试点部署24项残联事项。推进政务服务标准化建设，制定政务大厅标准文件，推进服务事项标准化，梳理出全市事项清单8700项。搭建全市培训体系，组织开展市镇两级服务团队1098人次培训。开展行政审批能力测试，推行首席审批代表考评制度，建立健全服务评价机制。建立政务服务投诉处理机制、“放管服”疏堵调处机制，市镇两级大厅接入省“好差评”系统，截至2020年底，全市在省“好差评”系统五星好评数98.27万单，差评处理率100%。优化政务服务流程，实现积分入学、预售商品房抵押权预告登记、自主创业、开办餐馆等43个“一件事”一次办主题服务，实现水电气等市政公用服务一键报装、境外人才个税补贴全流程网办，实现4项学历类人才入户、敬老优待卡核发和补办“秒批”。实行“容缺受理”“异地受理”“一个工作日审批绿色通道”“就近办”“告知承诺制”等精简审批服务方式。建设响应政府，推动“12345”热线系统转型升级，健全群众求助快速响应机制，接听来电160万通，涉及新冠肺炎疫情诉求21.4万通，分流非警务警情1.16万件，派出工单25.8万张，办结率99%，接听满意率97%。（黄瑞娴）

附：2020年东莞市政务服务数据管理局主要领导名录

党组书记：李志军（任至10月）
　　　　　陈东成（10月到任）
局　　长：李志军（任至11月）
　　　　　陈东成（11月到任）

机关事务管理

【机关事务管理概况】　2020年，东莞市机关事务管理局坚持机关事务集中统一管理，推进标准化、信息化建设，推进管理制度创新和治理能力建设，抓好市委巡察和审计整改。推进机关事务法治建设，提升依法行政、科学决策水平。完成“十三五”目标任务，实现服务质量和管理效能提升。获得“2020年度优秀市直单位”称号，市机关幼儿园获得“广东省一级档案综合管理单位”“广东省五四红旗团支部”称号。

【节约型机关建设】　2020年，东莞市机关事务管理局将制止餐饮浪费融入到餐饮生产、加工、配餐以及政务餐饮接待全过程，发放5500份倡议书，设立监督员；实施生活垃圾分类，召开动员会议，组织77个办公单位签订垃圾分类投放承诺书，建立投放台账和监督检查机制；推动绿色办公、节能降耗，带头限制使用一次性塑料用品。完成市机关二号大院、市民服务中心、汇峰中心H座节水改造；抽查部分单位、镇街，推动制止餐饮浪费、办公用房、公务用车管理等工作依法依规落到实处。

【机关服务保障工作创新】　2020年，东莞市机关事务管理局拓展自动售卖机、饭卡自助充值服务，设立优鲜服务点，推出医疗保健项目，推进机关小区充电桩建设、增设电梯等。完成车队租赁中心改革撤销工作。创新模式，通过市镇合作、品牌输出、企业配建等方式，与东城街道共建市机关幼儿园实训基地，缓解市直机关干部职工子女入园难问题。以“无偿借用、收益分成”创新模式，将79套老旧公房改造作为市公务员租赁住房。

【机关运行管理】　2020年，东莞市机关事务管理局出台《关于进一步加强和规范全市党政机关办公用房、公务用车管理工作的实施意见》，并规范人财物等管理工作制度。加强办公用房集中统一管理，摸清全市党政机关办公用房使用状况，腾退、整改超标办公用房。开展全市党政机关公务用车编制重核，调查摸清公务用车底数。加强对建筑及设施设备维护和升级改造，实施市机关大院低压线路改造、停车场扩建等工程，改善办公条件。开展风险隐患排查，加强消防安全、食品安全、幼教安全，维护公共秩序，保障机关运行稳定。规范政府物业、办公家具资产清查、维护和管理。做好41个单位财务代管，完成首次市直行政单位机关运行成本统计调查。（黄绍东）

附：2020年东莞市机关事务管理局主要领导名录

局　长：郑晓微

驻京、驻穗联络

【驻京联络】　2020年，东莞市人民政府驻北京联络处（简称

“驻京联络处”）参与粤港澳大湾区建设、助力“湾区都市、品质东莞”建设，在党的建设、抗击新冠肺炎疫情、联络部委、招商引资、招才引智、信息收集、政务保障、凝聚乡情、信访维稳等方面完成工作任务。2020年被评为全国“两会”期间广东省驻京信访保障工作先进集体和省驻京机构党委“先进党支部”。

招商引资　引进中科院暨广东弘康智能医疗电子器械产业基地项目落地东莞市大朗镇，并开工建设。项目将建设国内首台双向可控高能电子束灭菌装置，主要项目投产后形成年产值50亿元规模，实现年销售收入30亿元，缴纳税金1.5亿元。协调对接软通动力信息技术（集团）有限公司华南交付总部项目，推荐华驰动能科技有限公司项目与莞韶产业园对接。协办2020年“创客广东”东莞市中小企业创新创业大赛，助力东莞市中小微企业打开国内及国际市场，拓宽销售渠道，提升销量和投资价值。推荐中国金茂控股集团参与东莞市水乡麻涌TOD（以公共交通为导向的开发）项目和滨海湾新区“中心农业公园+周边”城市更新项目。向市政府申请在京设立莞货展示推广中心事宜，推动东莞制造开拓国内市场。

招才引智　举办“2019年赢在东莞科技创新创业大赛北京决赛”。促成东莞职业技术学院与中国建筑科学研究院合作，打造大湾区建筑人才培养基地。与中国国际技术智力合作有限公司开展战略合作，在以高端人才引进带动项目引进等方面进行探索和合作。举办“才聚莞邑　智汇湾区”校企合作洽谈会，招揽首都人士。

信息收集　利用好北京优势资源，着重收集权威专家学者观点和看法，关注5G热点、粤港澳大湾区信息、污水治理政策、城市更新、新基建、建设综合性国家科学中心等信息。全年向市委、市政府报送59期247条《市驻京联络处信息》，获采用信息及批示信息21条，采用率8.5%，采用率为2019年的8倍。其中，《关于“制定国民经济和社会发展‘十四五’规划”相关提案》和《关于建议市政府引进软通动力信息技术（集团）有限公司华南交付总部的报告》等信息，获得市领导批示。

联络服务莞人莞企　加强关注和关怀在京莞人莞企和在京莞籍大学生，组织发起线上问候和交流活动。“北京东莞企业商会”换届工作于2020年启动。开展拥军优属活动，驻京联络处2020年春节、建军节和中秋节期间，走访慰问在京莞籍东江纵队后代、老军人、老党员，畅叙鱼水情谊，共话东莞发展大计。

信访、政务保障　配合国家、省、市信访部门，指导驻京信访工作，先后完成全国人大、政协“两会”、北戴河暑期、党的十九届五中全会期间信访保障任务，并被省联席办评为全国“两会”信访保障工作先进集体和北戴河暑期信访保障工作表扬单位。　（吴　毅）

【驻穗联络】　2020年，东莞市人民政府驻广州办事处（简称“驻穗办事处”）发挥联络协调作用，参与粤港澳大湾区建设、深圳先行示范区建设，助力“湾区都市、品质东莞”建设，在抗击新冠肺炎疫情、信访处理、职能转型、信息收集等方面完成工作任务。

信访信息　2020年，驻穗办事处严抓信访工作，加强与省市部门沟通、驻点走访、信息排查，做好全国人大、政协“两会”，省委全会和省人大、政协“两会”等节点信访工作，协助省市相关部门维护社会和谐稳定。依托地缘优势，加强与广州市协作办、珠海办、韶关办等交流学习，全年向广州市协作办及各驻穗办报送《东莞信息》20期140条，宣传推介东莞市经济社会发展情况；向市报送《驻穗信息》26期及7篇专刊信息，提供决策参考。

职能转型　2020年，驻穗办事处推动职能转型，推动中心转型，下属事业单位信访协调服务中心加挂东莞湾区发展研究中心牌子，编发《湾区研究》专刊3期，《以“民生飞地”形式建设“莞港特别合作区”研究》《“后疫情”时期东莞面临的挑战与应对之策》《湾区大学配建模式的可行性研究》，均得到市有关领导批示。开展招商引资，推动穗莞两地国企合作，重点推动广州越秀集团、东莞实业投资控股集团、东莞市交通投资集团有限公司等省属、市属国企合作对接，广州越秀集团与东莞东实集团签订战略合作协议；推动东莞松山湖材料实验室与社会资本、大型基金合作，引进越秀金控、富力集团等参与材料实验室股权基金投资或者参与跟投项目；以同东莞易事特集团合作为契机，拓展与东莞潜力企业合作空间；赴京拜访北京海创技术研究院和机器人领军企业达闼科技公司，筹划引入东莞计划。开展智库研究，依托湾区发展研究中心发起成立的东莞社会经济发展研究院，从事粤港澳大湾区研究，撰写《探索建设粤港融合发展实验区综合研究》《双城联动背景下穗莞融合发展战略思考》等课题，得到省、市有关部门肯定。研究院联合省关工委、共青团广东省委员会、南方报业传媒集团等单位，推动《敬礼！我的党——100集青少年党史课》项目。开展人才服务，借助地缘优势，参与引智纳才，参加各类高峰论坛、年会、招商会等，宣传推介东莞及驻穗办事处招商业务开展情况。向松山湖管委会推荐在穗规划设计领域专业人才5人。　（廖剑锋）

附：2020年东莞市人民政府驻北京联络处主要领导名录

党组书记、主任：蔡俊文

附：2020年东莞市人民政府驻广州办事处主要领导名录

党组书记、主任：杨石光

中国人民政治协商会议东莞市委员会

DONGGUAN COMMITTEE OF THE CHINESE PEOPLE'S POLITICAL CONSULTATIVE CONFERENCE

银瓶山森林公园 （2020年邓爱良摄）

编辑：赵书科

政协重要会议

【政协第十三届东莞市委员会第五次会议】 于2020年6月10—11日在东莞市会议大厦召开。中共东莞市委、市人大、市政府、市纪委、东莞军分区、市中级人民法院、市人民检察院、松山湖管委会、东莞职业技术学院等有关领导应邀出席会议。十三届市政协特邀人士应邀列席会议。市政协主席骆招群作政协第十三届东莞市委员会常务委员会工作报告，副主席蒋小莺作政协第十三届东莞市委员会常务委员会关于十三届四次会议以来提案工作情况报告。大会表彰2019年度市政协26件优秀提案、32件表扬提案和18个办理提案先进单位。委员们列席东莞市人民代表大会十六届六次会议开幕大会，听取并讨论市政府工作报告和有关报告。会议选举罗晓勤、曲洪淇为政协第十三届东莞市委员会副主席，选举李文峰为政协第十三届东莞市委员会秘书长，增补朱志升、李雄华、张莉明、胡炳棋、黄程垵、黄慧红、梁燕玲7人为政协第十三届东莞市委员会常务委员。会议审议通过提案征集情况报告、会议决议等。

【东莞市政协十三届十七次常委会议】 于2020年1月17日召开。会议听取东莞市委副书记、常务副市长白涛代表市政府作关于《政府工作报告（征求意见稿）》的起草情况说明，协商讨论《政府工作报告（征求意见稿）》；听取市纪委监委、市中级人民法院、市人民检察院2019年工作情况通报；审议《关于召开政协第十三届东莞市委员会第五次会议的决定》（草案），审议市政协十三届五次会议议程（草案）、日程（草案），讨论并通过《中国人民政治协商会议第十三届东莞市委员会常务委员会工作报告》（草案）和《中国人民政治协商会议第十三届东莞市委员会常务委员会关于十三届四次会议以来提案工作情况的报告》（草案）。会议审议有关人事事项。

【东莞市政协十三届十八次常委会议】 于2020年6月3日召开。会议传达学习习近平总书记重要讲话精神和全国人大、政协“两会”精神，传达学习省政协十二届三次会议精神。会议审议通过2020年市政协常委会工作要点、市政协常委会和专门委员会工作计划；审议市政协十三届五次会议议程（草案），审议通过会议日程（草案）、秘书长和副秘书长名单（草案）、委员编组和小组召集人名单（草案）、特邀（列席）人员名单（草案）、邀请上主席台就座人员名单（草案）以及审议通过有关人事事项。会议决定政协第十三届东莞市委员会第五次会议于2020年6月10—11日召开。

【东莞市政协十三届十九次常委会议】 于2020年6月11日召开。会议审议《关于邓流文、王建周、安连天同志不再担任政协职务的决定》；听取市委常委、市委组织部部长郑琳关于增补市政协副主席、秘书长、常务委员候选人协商名单情况的说明；审议通过增补市政协副主席、秘书长、常务委员候选人建议名单；审议通过部分市政协委员请辞、增补事项；审议政协第十三届东莞市委员会第五次会议选举办法（草案）、政协第十三届东莞市委员会第五次会议监票员名单（草案）、政协第十三届东莞市委员会第五次会议决议（草案）。

【东莞市政协十三届二十次常委会议】 于2020年8月24日召开。会议集中学习《习近平谈治国理政》第三卷，审议通过有关人事事项以及《中国人民政治协商会议东莞市委员会委员履职工作规则（修订草案）》《提案工作制度（修订草案）》。

【东莞市政协十三届二十一次常委会议】 于2020年11月5日召开。会议传达学习习近平总书记出席深圳经济特区建立40周年庆祝大会和视察广东重要讲话、重要指示精神，传达学习市委十四届十一次全会精神。会议围绕“坚决打赢治污攻坚战，持续改善东莞水环境”与“推进乡村文化振兴，建设美丽乡村”作专题议政。会议还审议其他事项。

【东莞市政协党组会议暨主席会议】 2020年，东莞市政协召开党组会议暨主席会议28次，讨论有关事项144项，主要涵盖以下内容：传达学习习近平总书记系列重要讲话精神和中央、省委有关决策部署，以及市委有关重要会议精神等；审议《政协东莞市委员会2020年协商计划》《2020年市政协常委会工作要点》《2020年

2020年6月10—11日，中国人民政治协商会议第十三届东莞市委员会第五次会议在市会议大厦召开

（谭志东　摄）

市政协常委会和专门委员会工作计划》和有关人事事项；听取市政协十三届五次会议筹备工作情况汇报等；审议《关于市政协领导同志工作分工方案（草案）》《市政协秘书长、副秘书长、办公室领导分工方案（草案）》《中国人民政治协商会议东莞市委员会委员履职工作规则（修订稿，草案）》《中国人民政治协商会议东莞市委员会提案审查工作细则（草案）》《中国人民政治协商会议东莞市委员会提案和提案办理复文公开办法（草案）》等；研究重要会议会风会纪监督组事宜；审议《关于成立市政协应对新型冠状病毒感染肺炎疫情防控工作领导小组的方案》；审议通过市政协十三届六次会议的筹备方案，十三届十七次至二十一次常委会议召开方案，莞商·市长面对面协商座谈会召开方案，以及审议相关会议材料；审议通过市政协2020年度重点提案确定方案等。

【全省政协系统学习交流会在莞召开】 于2020年11月27日召开。会议深入学习贯彻习近平总书记出席深圳经济特区建立40周年庆祝大会和视察广东重要讲话、重要指示精神，学习贯彻党的十九届五中全会精神，落实省委十二届十一次全会部署，谋划全省政协系统2021年工作。省政协主席王荣出席并讲话，副主席林雄主持交流会，省政协秘书长吴伟鹏传达全国地方政协经验交流会和省委十二届十一次全会精神；中共东莞市委书记、市人大常委会主任梁维东介绍东莞市经济社会发展情况；省政协各专门委员会主任、21个地级以上市政协主席在会上作学习交流发言。（钟孟倩）

协商议政

【东莞市政协与市各民主党派、有关人民团体和无党派人士代表座谈会】 分别于2020年1月8日、8月27日召开。会议通报东莞市政协履职工作情况，听取与会人员对市政协工作意见建议，共同研究加强合作、携手推动新时代东莞政协事业向前发展。

【莞商·市长面对面协商座谈会】 于2020年3月19日召开，由东莞市政协与市政府联合举办。东莞市市长肖亚非与企业家围绕“加快推动经济复苏，稳定全年经济增长”主题进行交流，了解企业生产经营状况，听取企业意见建议，共同推动惠企撑企政策完善和落实，助力新冠肺炎疫情防控和经济社会发展。东莞市政协主席骆招群主持会议，市领导刘炜、罗军文参加会议。

【“东莞红色文化遗址保护和利用”专题调研】 2020年5—11月，东莞市政协文化文史和民族宗教委员会组织委员到洪梅、长安、茶山等镇，前往韶关市等地，了解红色文化遗址保护和利用的困难、思路、建议，完成调研报告，征求

2020年11月27日，全省政协系统学习交流会在东莞市召开

（谭志东　摄）

2020年3月19日，莞商·市长面对面协商座谈会召开

（谭志东　摄）

相关部门、委员对调研报告意见建议，进一步修改完善。

【市政协学习全国人大关于香港国安立法决定专题讲座】 于2020年6月29日召开，在莞港澳委员，市委台港澳办、市委外办、市贸促会等相关市直单位及各镇街政协小组代表60多人参加。市委党校政法教研部主任、副教授王学敏以“国家安全 人人有责”为主题，就《全国人民代表大会关于建立健全香港特别行政区维护国家安全的法律制度和执行机制的决定》的背景、主要内容等方面进行分析和阐释。

【“强化资源聚集 加大政策扶持，推动东莞市高端专业服务业集聚区建设”专题调研】 于2020年7月30日召开专题调研会。会前，东莞市政协经济委员会同注册会计师协会、律师协会，选取行业大小类型不同的事务所17家，召开多场座谈会，听取意见建议，并参考北京、天津、广州、深圳、南京、苏州、无锡等市高端专业服务业先进经验，结合东莞市实际形成专题调研报告，得到市委、市政府主要领导批示。

【“滨海湾新区经济发展建设情况”专题视察】 2020年9月9日，东莞市政协主席骆招群率住莞省政协委员、市政协委员赴滨海湾新区开展专题视察。视察组实地视察vivo研发中心、滨海湾展示中心并召开座谈会，了解新区发展定位、总体规划、项目建设、环境建设，与滨海湾新区管委会有关负责人面对面交流，为东莞市参与粤港澳大湾区建设，推动滨海湾新区开发提供决策参考。

【住莞全国、省、市三级政协委员联动履职】 2020年9月24日，东莞市政协主席骆招群率部分住莞全国、省、市三级政协委员联动履职，开展“坚决打赢治污攻坚战持续改善东莞水环境”专题调研，实地察看茅洲河、石马河流域整治情况并召开座谈会，听取相关工作情况汇报。政协委员们调研，提出意见和建议。

【“推动东莞市高中阶段教育高质量发展”专题调研】 2020年7—9月，东莞市政协以“推动东莞市高中阶段教育高质量发展”为题，组织政协委员、教育界专家、教育局有关负责人召开调研座谈会，实地考察东莞市公民办普通高中和职业高中，并赴广州市、佛山市等地学习考察，以及收集深圳市、杭州市、青岛市、上海市杨浦区等地经验做法，形成专题调研报告，报市委、市政府作决策参考。

【“增创湾区营商环境新优势，促进港澳台企业高质量发展”专题协商座谈会】 于2020年10月15日召开，东莞市政协委员、提案者代表、协会及港澳台企业代表结合调研情况提出意见建议。会前，通过召开市有关部门、商会、协会、企业代表座谈会和走访有关企业，了解困难和问题，提出对东莞增创湾区营商环境新优势意见和建议，经综合整理形成专题调研报告。

【“健全帮扶长效机制，促进乡村振兴平衡发展”专题调研】 2020年4—10月，东莞市政协农业和农村委员会先后前往企石、东坑、洪梅等次发达镇开展调研，考察“江边古村落”“我的农场”及东坑镇富港旧厂区改造项目等项目，借鉴广州、佛山、中山、珠海、韶关等省内城市经验做法，形成专题报告。

【“加强法治乡村建设 促进和谐稳定发展”专题调研】 2020年10—11月，东莞市政协社会法制和人口资源环境委员通过走访市委政法委、市司法局、市农业农村局等相关部门，并赴道滘镇大岭丫村、望牛墩镇朱平沙村等村（社区）开展实地考察，召开座谈会、借鉴其他城市先进经验等方式，了解东莞市乡村法治建设存在的问题和困难，听取和收集市直部门和镇街、村（社区）领导干部意见和建议，形成专题调研报告。

【市委书记、市长督办市政协重点提案】 2020年11月9日、11月16

2020年9月24日，东莞市政协召开部分住莞全国、省、市政协委员围绕“坚决打赢治污攻坚战 持续改善东莞水环境”主题调研座谈会
（谭志东 摄）

日，东莞市委书记、市人大常委会主任梁维东，市长肖亚非分别就督办《关于健全公共卫生应急管理体系，提高应对突发公共卫生事件能力的建议》《关于新基建背景下我市打造粤港澳大湾区5G创新型产业集群的建议》重点提案召开调研座谈会，听取提案办理情况，与委员共商良策，委员意见建议转化为实际政策举措，切实增强提案办理实效。

【市政协主席会议2020年重点提案办理座谈会】 于2020年11月17日召开。会议就“关于加快推进东莞市红花油茶森林公园建设的建议”等7类重点提案集中听取汇报，组织提案者和承办单位进行面对面座谈交流。会议由东莞市政协主席骆招群主持，副主席蒋小莺、李光霞、曲洪淇，以及秘书长李文峰出席会议。全年收到提案465件，立案402件，确定9类（15件）重点提案，所有提案基本办理答复完毕，重点提案办理取得一定成效，呈现出“领导高度重视、办理形式多样、多方配合紧密、办理成效明显”等特点。

【东莞公共外交协会四周年系列活动】 于2020年12月8日在广东现代国际展览中心（厚街会展中心）举行。活动包括第一届第六次会员大会、“我与公共外交”朗诵分享会暨征文大赛颁奖仪式、2020“外国人讲东莞”故事会，为扩大对外开放营造良好氛围。

【市第八届历届政协委员联谊会会员大会】 2020年9月29日，东莞市第八届历届政协委员联谊会会员大会召开，选举产生新一届联谊会理事会、监事会组成人员。张玉其、莫浩棠当选名誉会长，欧阳忠当选会长，尹洪卫当选监事长，许自发当选秘书长。市政协主席骆招群、秘书长李文峰等出席大会。

【政协理论研讨成果深化】 2020年，东莞市政协开展习近平总书记关于加强和改进人民政协工作的重要思想理论研讨，发动政协委员和政协参加单位参与省政协“发挥人民政协专门协商机构作用”理论研讨活动，形成《关于新时代更好发挥人民政协凝聚共识功能作用的思考》《浅谈如何更好推动基层政协协商成果转化》等理论文章20篇，2篇获二等奖，多篇获三等奖、优秀奖。

【网络议政、在线协商探索】 2020年，东莞市政协运用“智慧政协”App在线学习、视频会议等功能，组织委员围绕新冠肺炎疫情背景下完善医疗应急管理体系、支持中小企业共渡难关等议题建言献策，推动做好“指尖上的协商民主”。

【《政协议政厅》电台节目】 2020年，《政协议政厅》电台节目举办12期，东莞市政协办公室组织政协委员、各民主党派成员、职能部门负责人等参加节目。节目邀请委员、职能部门负责人围绕培育东莞市高端专业服务业集聚区、优化区域医疗资源配置、加快城市无障碍环境建设、中小学生研学实践教育基（营）地建设等提案和热点议题进行访谈交流。 （钟孟倩）

2020年东莞市政协重点提案情况表

案号	提案题目	提案者	督办领导	领办领导	主办单位	会办单位
20200194 20200153 20200306 20200234 20200378	关于健全公共卫生应急管理体系，提高应对突发公共卫生事件能力的系列提案（共5件）	农工党市委会、民进市委会，杨松柏、林景畅、周柯等	梁维东	黎　军	市卫生健康局	市委编办，市应急管理局、财政局、工业和信息化局、民政局、公安局、红十字会，东莞银保监分局
20200366	关于新基建背景下我市打造粤港澳大湾区5G创新型产业集群的建议	民建市委会	肖亚非	万卓培	市工业和信息化局	市发展和改革局、自然资源局、科学技术局，松山湖管委会、滨海湾新区管委会
20200305	关于加快推进东莞市红花油茶森林公园建设的建议	民盟市委会	主席会议	刘　杰	市林业局	市财政局、黄江镇、大朗镇
20200069	关于促进村组集体资金多元有效利用的建议	姚家庆	邓浩全	杨东来	市农业农村局	市财政局、人民银行东莞市中心支行、东莞银保监分局、东莞信托
20200003	关于大力推动港澳台企业深度参与城市更新，让东莞更有内涵更有品质的建议	张宇凯	邓浩全	刘　杰	市自然资源局	市委台港澳局、市发展和改革局

续表

案号	提案题目	提案者	督办领导	领办领导	主办单位	会办单位
20200136	关于加快公交专用道规划，创建东莞高品质公交的建议	民建市委会	罗军文	郭向阳	市交通运输局	市城建工程管理局、交警支队
20200064 20200075 20200290	关于加强公益类社会组织及社工人才队伍建设的系列提案（共3件）	市妇联、南城街道办政协小组、李泽等	李光霞 陈树良	黎　军	市民政局	市财政局、人力资源和社会保障局
20200272	关于进一步扩大普惠性学前教育资源　满足日益增长的幼儿入园需求的建议	致公党市委会	梁佳沂	黎　军	市教育局	市财政局、自然资源局
20200379	关于立足“粤港澳大湾区文化圈”建设，继续打造“音乐剧之都”的建议	刘蕾等	程发良	杨晓棠	市文化广电旅游体育局	市委宣传部、市财政局、塘厦镇

政协专门委员会

【政协提案委员会工作】　2020年，东莞市政协提案委员会征集提案465件，经审查立案402件，其中，已经解决或被采纳的287件，列入计划解决或拟采纳的111件，经东莞市党政主要领导和市政协主席会议确定的重点提案9类15件。修订完善《提案工作制度》，制定《提高提案质量的意见》《提案审查工作细则》《提案和提案办理复文公开办法》。开展提案专题培训，邀请省政协提案工作研究会专家授课。围绕“推动南社明清古村落‘文化+旅游’深度融合”“推进生活垃圾分类处理工作”“加强截污管网通水率、提高污水处理厂进水浓度”等议题，组织召开5场提案立案协商座谈会、13场次提案办理协商座谈会，邀请政协委员、职能部门、相关社会组织负责人进行面对面协商。组织开展慢行系统建设系列提案办理、市中心血站选址迁建情况“回头看”活动，推进惠民工程落地落实。召开市政协提案工作座谈会暨政情通报会，组织政协各参加单位、有关委员等140人参加。全年报送10期《政协委员重要建议专报》，其中7期得到市领导批示。做好提案管理系统日常运营和维护，以及东莞阳光网“提案网上公开”信息发布工作。

【政协经济委员会工作】　2020年，东莞市政协经济委员会组织委员开展履职活动180多人次，联系镇街政协小组和委员12次，开展专题调研7次，专题视察1次，走访对口部门5个，召开镇街、部门、企业座谈会16场次，组织委员个人提交提案21件。以“加快推动经济复苏、稳定全年经济增长”为主题，完成市政协与市政府联合举办的“莞商·市长面对面协商座谈会”，形成情况汇报，提出35条具体意见，上报市政府作决策参考。组织住莞省政协委员和部分市政协委员开展“滨海湾新区经济发展建设情况”调研视察，结合滨海湾新区开发建设情况，提出意见和建议。开展“强化资源聚集、加大政策扶持、大力推动我市高端专业服务业集聚区建设”专题调研，形成专题调研报告上报市委、市政府，得到市委主要领导批示。开展“提升我市公共交通品质，完善慢行道建设与管理”专题调研，形成调研报告，报市委、市政府作决策参考，得到市委、市政府主要领导批示。

【政协农业和农村委员会工作】　2020年，东莞市政协农业和农村委员会组织委员进行各项履职活动200多人次，开展专题调研9次，专题视察2次，民主监督、“回头看”工作2次，召开主任会议2次，走访联系镇街政协小组和委员企业4次，走访对口部门6次，召开镇街、部门、企业座谈会11场次，组织委员提交提案37件。联合文化文史和民族宗教委员会，围绕“推进乡村文化振兴，建设美丽乡村”开展专题调研，赴3个市开展调研考察，并作为专题议政性常委会议议题，最后形成专题讨论调研报告，报市委决策参考，获市委主要领导批示。开展“健全帮扶长效机制，促进乡村振兴平衡发展”专题调研，组织召开协商座谈会，形成专题调研报告报送市委、市政府。组织委员围绕“抓好生态宜居美丽乡村建设，全域推进农村人居环境整治”“加快我市定点屠宰整合，助推肉类食品质量安全监管”开展“回头看”调研视察。协助省政协在莞开展“破解城乡二元结构，促进珠三角农业转移人口市民化”等专题调研。

【政协教科卫体委员会工作】 2020年，东莞市政协教育科技卫生体育委员会开展4项专题调研，撰写调研报告、考察报告等3篇，联系镇街政协小组和委员4次，召开主任会议2次，开展小组活动3次，走访对口部门5个，委员提交个人提案38件。围绕“推动我市高中阶段教育高质量发展”开展专题协商议政，赴多地学习考察，最后形成调研报告，报市委、市政府决策参考，获党政主要领导重视并批示。围绕“加强医联体建设 提升社区医疗卫生服务能力”课题，实地调研社区卫生服务中心，形成专题调研报告报市委作决策参考。协助全国政协教育科技卫生体育委员会围绕“贯彻落实《关于强化知识产权保护意见》情况”，省政协围绕“改革完善我省疾病预防控制体系，有效防范重大疫情风险”“加强我省科研协同攻关创新，提升应对突发公共事件的支撑能力”等来莞开展调研。

【政协社会法制和人口资源环境委员会工作】 2020年，东莞市政协社会法制和人口资源环境委员会组织委员参加各项履职活动153人次，走访对口部门和界别委员15次，走访镇街20次，开展专题调研12次，提交提案58件。围绕“坚决打赢治污攻坚战 持续改善东莞水环境”开展系列调研，并作为专题议政性常委会议议题，形成专题议政报告报送市委，得到市委主要领导批示。围绕“加强法治乡村建设 促进和谐稳定发展”进行专题视察，组织座谈交流，开展实地考察，形成专题调研报告为市委、市政府决策提供建议。组织委员参与“百场优秀庭审”“改进优化提升同沙片区交通品质群策群力会”等协商监督活动。组织委员参与《中华人民共和国外国人永久居留管理条例（征求意见稿）》《广东省生态环境教育条例（征求意见稿）》等征求意见工作。推荐委员担任市社会组织发展扶持专项资金评审委员会成员。

【政协港澳台侨外事委员会工作】 2020年，东莞市政协港澳台侨外事委员会开展“增创湾区营商环境新优势，促进港澳台企业高质量发展”专题调研，形成调研报告，获市委、市政府主要领导批示。开展“推进港澳青年创新创业基地建设”专题视察，召开座谈会，形成专题视察报告，报告得到市委、市政府领导肯定。开展“凝聚港澳台同胞和海外侨胞力量”专题调研，召开莞港两地线上视频座谈会议，借鉴其他城市经验做法，提出意见建议为市委、市政府提供参考。协助举办“我与公共外交”征文大赛、“我与公共外交”朗诵分享会暨征文大赛颁奖仪式、2020“外国人讲东莞”故事会。联合香港东莞政协（港澳）委员联谊会举办全国人大关于香港国安立法决定专题讲座，与广东公共外交协会等单位联合举办2020广东公共外交研修班。

【政协文化文史和民族宗教委员会工作】 2020年，东莞市政协文化文史和民族宗教委员会全年组织委员开展各项履职活动100多人次，委员提交提案20份，反映社情民意10份。开展专题调研、考察9次，联系镇街政协小组和走访政协委员企业18次，外出调研考察5次。发挥文史资料“存史、资政、团结、育人”作用，联合《南方日报：文化周末》推出“东莞学人”系列专题18期，均被“南方+”东莞频道收录，其中《胡守为：矢志不渝史学探索，治学育人奉献一生》一文被《明清史研究辑刊》转载。策划举办邓尔雅篆刻作品展。联合农业农村委员会开展“推进乡村文化振兴，建设美丽乡村”专题协商调研。开展“东莞红色文化遗址保护和开发”专题调研，先后赴省内外了解情况、学习经验，形成调研报告。走访东莞市饮食行业协会，开展“整合餐饮特色资源 提升东莞餐饮文化美誉度和竞争力”专题调研。联合提案委员会开展“东深供水工程遗址保护情况”专题调研和“推动创建节水型城市”专题调研。与莞城街道办事处合作，开展“莞籍名家口述历史影像记录项目”。向市内院校、图书馆捐赠2113册文史书籍。 （钟孟倩）

附：2020年政协东莞市第十三届委员会主席、副主席、秘书长、副秘书长名录

市政协主席：骆招群

市政协副主席：蒋小莺
邓流文（任至6月）
罗军文 李光霞 梁佳沂
程发良 陈树良
王建周（任至6月）
罗晓勤（6月到任）
曲洪淇（6月到任）

市政协秘书长：
李文峰（6月到任）

市政协副秘书长：梁丽江
黄 薇 熊仕权

附：2020年东莞市政协各专门委员会主任名录

提案委员会主任：吕小华
经济委员会主任：李雄华
农业和农村委员会主任：张莉明
教科卫体委员会主任：卢 英
社会法制和人口资源环境委员会主任：黎达潮
港澳台侨外事委员会主任：
黄程垵（任至11月）
尹照容（11月到任）
文化文史和民族宗教委员会主任：
李炳球（任至7月）
梁凤鸣（7月到任）

纪检·监察

DISCIPLINARY INSPECTION AND SUPERVISION

华阳湖国家湿地公园　（2020年市林业局供图）

编辑：王学林

纪检、监察重要会议

【中国共产党东莞市第十四届纪律检查委员会第五次全体会议】于2020年1月22日在市行政办事中心召开。东莞市委书记、市人大常委会主任梁维东出席会议并讲话。全会审议通过市委常委、市纪委书记戚优华代表市纪委常委会所作的工作报告，并通过中共东莞市第十四届纪委第五次全体会议决议。桥头、道滘、石龙、企石、麻涌等镇党委书记，市发展和改革局、市科学技术局、市文化广电旅游体育局、市商务局党组书记以及东莞科技创新金融集团有限公司党委书记，向市纪委全会作述责述廉报告。

【党风廉政建设分片座谈会】2020年，东莞市举办13场党风廉政建设分片座谈会。其中，第一场于3月31日在高埗镇政府召开，莞城、万江、南城、石碣、高埗等镇街党委书记参加会议。第二场于4月10日在大朗镇政府召开，石龙、东城、寮步、大朗、石排、茶山等镇街党委书记参加会议。第三场于4月28日在厚街镇政府召开，道滘、厚街、沙田、长安、大岭山等镇党委书记参加会议。第四场于5月7日在洪梅镇政府召开，洪梅、中堂、望牛墩、麻涌、虎门等镇党委书记参加会议。第五场于5月12日在谢岗镇政府召开，谢岗、樟木头、凤岗、塘厦、清溪等镇党委书记参加会议。第六场于5月19日在黄江镇政府召开，黄江、常平、桥头、横沥、东坑、企石等镇党委书记参加会议。第七场于5月21日在市行政办事中心主楼召开，市教育局、市科技局、市文化广电旅游体育局、市卫生健康局、市委党校、东莞日报社、东莞广播电视台、市科协主要负责人参加会议。第八场于5月26日在市行政办事中心主楼召开，市工业和信息化局、市商务局、市统计局、市金融工作局、市投资促进局、市轨道交通局、市贸促会主要负责人参加会议。第九场于5月27日在市行政办事中心主楼召开，市委军民融合办、市发展改革局、市司法局、市生态环境局、市应急管理局、市市场监管局、市城市管理综合执法局主要负责人参加会议。第十场于6月2日在市行政办事中心主楼召开，市自然资源局、市住房和城乡建设局、市交通运输局、市水务局、市农业农村局、市林业局、市城建工程管理局、市供销社主要负责人参加会议。第十一场于6月16日在市行政办事中心主楼召开，市委台港澳办、团市委、市妇联、市工商联、市社科联、市文联、市侨联、市残联主要负责人参加会议。第十二场于6月29日在市行政办事中心主楼召开，市委外办、市民政局、市人力资源和社会保障局、市退役军人事务局、市医保局、市政务服务数据管理局主要负责人参加会议。第十三场于7月2日在市行政办事中心主楼召开，市委政研室、市委网信办、市直机关工委、市委老干部局、市委机要保密局、市委党史研究室、市机关事务管理局主要负责人参加会议。

【纪检监察专题工作会议】 2020年1月13日，中共东莞市纪委监委机关“不忘初心、牢记使命”主题教育总结会议在市行政办事中心主楼召开。3月19日，“做好民生保障、防范廉政风险”座谈会在市汇峰中心召开。4月8日，市属重点国有企业纪检监察机构改革专题座谈会在市行政办事中心主楼召开。4月20日，全市城市管理和综合执法系统基层单位权力运行及制度执行监督检查工作座谈会暨动员会在市城市管理和综合执法局召开。4月21日，重点国有企业党风廉政建设工作座谈会在市行政办事中心主楼召开。5月18日，十四届市委第十轮巡察工作动员部署会在机关二号院召开。7月3日，市纪委监委“七一”专题党课在市行政办事中心北楼举行，市委常委、市纪委书记、市监委主任戚优华讲授题为“强化政治机关意识、当好重要方阵”专题党课。7月31日，全市自然资源系统基层单位权力运行及制度执行监督检查工作座谈会暨动员会在市自然资源局召开。8月27日，十四届市委第十一轮巡察动员部署会在市行政办事中心主楼召开。8月28日，惩腐打伞工作推进会在市行政办事中心主楼召开，黄江、企石、茶山、石龙、石排、长安、沙田、凤岗、谢岗等镇党委书记、纪委书记、公安分局局长参加会议。9月1日，市委巡察工作领导小组第十次全体会议在市行政办事中心主楼召开。9月15日，市委第十轮巡察整改国企专题会议在市行政办事中心主楼召开。10月22日，全市住建系统基层单位权力运行及制度执行监督检查工作座谈会暨动员会在市住房和城乡建设局召开。11月12日，市委反腐败协调小组会议暨全市追逃追赃工作推进会议在市行政办事中心主楼召开。12月3日，十四届市委第十二轮巡察工作动员部署会在机关二号院召开。

【东莞市第十八期领导干部党章党规党纪教育培训班】 于2020年9月28日在市行政办事中心北楼举行。会上，东莞市委书记、市人大常委会主任梁维东作讲话，市长肖亚非传达省第十九期领导干部党章党规党纪教育培训班精神，市委常委、市纪委书记、市监委主任戚优华作专题辅导报告。培训班还组织参训学员集中观看警示教育片。

【东莞市监委第一届特约监察员聘请会议】 于2020年11月4日在市行政办事中心主楼召开。聘请王金豹、叶淦奎、杨靖波、张国军、陈旭均、陈锡稳、赵俊杰、莫浩棠、郭东林、郭怀晋、黄灿明、蒋亚军、谢邦旋、赖健伟、雷款婷等15人为市监委第一届特约监察员。

（秦长城）

2020年1月22日，中国共产党东莞市第十四届纪律检查委员会第五次全体会议在市行政办事中心召开
（市纪委监委供图）

监督、执纪

【纪检监察机关理论武装】 2020年，东莞市纪委常委会（监委委务会）和理论中心组33次专题学习习近平总书记重要讲话和重要指示批示精神，深化思想认识，结合实际提出具体贯彻落实措施。组织全市纪检监察系统深入学习贯彻中共十九届四中、五中全会精神以及习近平总书记出席深圳经济特区建立40周年庆祝大会和视察广东重要讲话、重要指示精神，将《习近平谈治国理政》第

三卷与第一卷、第二卷贯通学习领会，巩固深化主题教育成果。贯彻东莞市委调研部署，开展正风肃纪反腐等专题调研，掌握实情、破解难题、促进工作。

【政治监督】 2020年，东莞市建立贯彻落实习近平总书记重要讲话和重要指示批示精神进展情况台账，以工作闭环机制一件一件抓落实。聚焦贯彻新发展理念、推动高质量发展、打好三大攻坚战和市委工作思路开展监督检查，对违建别墅、农村乱占耕地建房、冒名顶替上大学等加强监督执纪执法。对20个换届重点难点村（社区）党组织开展机动巡察，梳理出“两委”［支委会、村（居）委会］班子不团结等129个具体问题清单，推动提前化解矛盾，确保全市村级换届工作开展。严把选人用人关，市纪委监委回复各类廉政意见4806人次。坚持从政治纪律角度审视违纪违法问题，严肃查处“七个有之”（搞任人唯亲、排斥异己的有之；搞团团伙伙、拉帮结派的有之；搞匿名诬告、制造谣言的有之；搞收买人心、拉动选票的有之；搞封官许愿、弹冠相庆的有之；搞自行其是、阳奉阴违的有之；搞尾大不掉、妄议中央的也有之）问题，处分违反政治纪律行为2人。

【群众身边腐败和作风问题整治】 扶贫领域腐败和作风问题专项治理 2020年，东莞市纪检监察机关围绕市外脱贫攻坚和市内帮扶两项任务，聚焦因疫因灾脱贫难、搞形象工程和政绩工程等问题开展监督。对5个对口支援、扶贫协作地区工作队（工作组、指挥部）开展专项巡察，发现帮扶资金使用监管不到位等问题97个并督促整改。对省挂牌督战9个贫困村的帮扶责任单位开展督导，约谈提醒相关责任人员72名。建立全市脱贫攻坚职能部门和前方工作机构履行扶贫领域监管责任工作台账，推动建立扶贫支援长效机制。先后赴市经协办、市农业农村局等5个部门开展实地调研，组织市教育局等3个部门开展调研座谈，督促落实脱贫攻坚和市内帮扶主体责任。全市查处扶贫领域违纪违法问题案件4件，组织处理8人，处分4人。

查处涉黑涉恶腐败和“保护伞” 2020年，东莞市纪检监察机关坚决打好打赢扫黑除恶专项斗争收官战，市纪委常委会会议专题研究惩腐打伞7次，市纪委监委将“惩腐打伞”纳入工作考评，市纪委监委主要负责人约谈8个“惩腐打伞”工作长期落后镇街的党委、纪委、公安分局主要负责人，推动完善纪检监察机关与公安机关协同办案机制，强化督导指导。全市处置涉黑涉恶腐败和“保护伞”问题线索案件551件，组织处理251人，处分291人，移送司法机关16人。向涉案人员所在单位发出纪检监察建议书和提醒函149份，督促强化整改。专题通报曝光涉黑涉恶腐败和“保护伞”典型案例3起3人次，发挥案例警示作用。

民生领域损害群众利益集中整治 2020年，东莞市纪检监察机关持续聚焦生态环境、教育、医疗、住房等领域，对损害群众利益问题盯住不放。加大生态环境领域追责问责力度，处理监管部门相互推诿失责、监管执法不力等问题，查处违纪违法问题案件22件46人。针对教育领域失职失责、医疗领域监管不力、违规采购销售医疗物资等问题强化监督执纪，查处教育医疗领域违纪违法问题案件12件17人。对新增违法建筑管控不力失职失责人员追责，查处涉及违建违纪违法问题案件10件28人。

【作风建设成果巩固】 厉行勤俭节约、制止餐饮浪费 2020年，东莞市纪检监察机关把该工作作为落实中央八项规定精神的重要内容，明确贯彻落实具体措施和分工安排，强化监督执纪问责。开展领导干部利用名贵特产类特殊资源谋取私利问题专项整治“回头看”，赴市烟草专卖局开展“天价烟”问题专题调研，巩固拓展专项整治成果。紧盯国有企事业单位、金融机构、镇街基层等薄弱环节，纠治违规收送礼品礼金、违规吃喝、违规发放津补贴、违规配备使用公车等突出问题，防止老问题复燃、新问题萌发、小问题坐大。查处享乐主义、奢靡之风问题案件144件339人，处分194人，通报曝光违反中央八项规定精神典型问题案件3起6人次。

整治形式主义、官僚主义 2020年，东莞市纪检监察机关紧盯“关键少数”，从领导机关和领导干部抓起、改起，上下贯通整治形式主义、官僚主义，深化治理贯彻党中央决策部署只表态不落实、维护群众利益不担当不作为、困扰基层的形式主义、“低级红”、“高级黑”等突出问题。配合做好基层减负工作，盯住督查检查考核过多过频过度留痕等突出问题，加大治理力度。查处形式主义、官僚主义问题案件138件298人，处分170人，通报曝光形式主义、官僚主义典型问题案件3件5人次。

纠治“四风”措施完善 2020年，东莞市纪检监察机关剖析典型“四风”（形式主义、官僚主义、享乐主义、奢靡之风）问题，编印违反中央八项规定精神问题说明、整治隐形变异“四风”问题指导案例、形式主义官僚主义典型案例警示教育读本，提供参考依据，以案释纪明纪，推动规范纠治。健全“四风”问题处置情况统计报送、案件统筹、信息互通、通报提醒及工作考评机制，强化纠治“四风”主体责任和监管责任，形成贯通协调、协作互动工作格局。

【权力运行制约和监督】 对一把手监督 2020年，东莞市对照广东省纪委纪律检查建议书要求，把整改工作细化分解为2大类26项任务，深入有关镇街、部门开展督导，完成整改9项，长期持续整改17项。组织10个镇街和市直单位、市属国有企业党委（党组）书记在市纪委全会上述责述廉并接受民主测评。市纪委监委主要负责人全覆盖集体约谈镇街、市直单位、市属重点国有企业党委（党组）书记，督促落实管党治党政治责任。

“两个责任”（党委负主体责任、纪委负监督责任）贯通联动　2020年，东莞市纪检监察机关协助制定《东莞市委、市政府班子成员开展约谈提醒工作实施意见》，市委、市政府班子成员开展提醒谈话259人次，其中市委书记约谈提醒32人次。健全委托谈话机制，委托分管市领导、镇街和单位主要负责人开展提醒谈话42人次，压实党委（党组）主体责任。督促各级党组织一把手规范开展党内谈话1.38万人次。探索建立市纪委与党委（党组）及时沟通协同机制，围绕监督执纪情况适时进行常规或专项沟通，推动党委（党组）主体责任、书记第一责任人责任和纪委监委监督责任贯通联动、一体落实。

日常监督　2020年，东莞市纪检监察机关开展对城管、自然资源、住建系统专项监督检查，对各系统基层站所权力运行及制度执行情况进行“精准画像”，打造“动员—监督—整改—验收”闭环式监督链条，发现问题569个并督促抓好整改。加强市管干部廉政档案建设，会同市委组织部建立任免信息和个人报告事项定期移送机制，动态更新完善廉政档案。落实中共十八大以来下转信访举报件“闭环”工作，完成对上级转办件补录。批评教育帮助和处理3731人次，比上年增长76.6%。开展谈话函询64件次，让“红脸出汗”成为常态。实施精准问责，查处领导干部问责案件75件102人。

2020年9月28日，东莞市第十八期领导干部党章党规党纪教育培训班在市行政办事中心北楼开班　（市纪委供图）

【纪检监察体制改革】　市管企业和高校纪检监察体制改革　2020年，东莞市在3家市管金融企业和7家市管企业完成纪检监察机构设置和人员配备。将驻市国资委纪检监察组安排至市纪委监委机关办公，赋予委机关监督检查室定位，统筹处置涉及市属重点企业问题线索。规范市管企业纪检监察工作机制，理顺业务环节办理流程和审批权限，一体统筹使用驻市国资委纪检监察组和市属重点企业纪检监察机构力量。对市能源投资集团、资产经营公司等2家非重点市属企业党组织开展内部巡查，发现问题86个并督促整改。处置国企领域问题线索37条，比上年增长164%；立案5件，增长25%。制定《关于做好对党委书记、校长列入省委管理的市属高校纪委日常联系指导工作的实施意见》，将有关高校纪检工作纳入全市纪检监察工作总体布局，同部署、同落实、同检查，发挥市属高校纪委监督作用。

纪检监察联动机制完善　2020年，东莞市纪检监察机关理顺镇街纪委和市纪委监委派驻（出）机构办案权限，明确镇街纪委和纪检监察组立案、审查调查权限及工作程序，加强上级纪委对下级纪委领导，压实各级党委全面从严治党主体责任。健全市纪委监委监督检查室与派驻（出）机构沟通协作办法，规范和统筹做好纪检监察建议、函询、诫勉、查询调取等工作机制，明确谈话函询形式分类、第一种形态处理方式分类及规范、执纪执法办案时限，研究制定审理工作标准化和初步核实工作指引，提高纪检监察工作规范化、法治化水平。健全完善申诉复查工作机制，保障受处分党员权利。

【反腐败斗争】　2020年，东莞市纪检监察机关受理信访举报1743件次，其中检举控告类1415件。处置问题线索2361条，比上年下降26.2%；立案851件，增长0.4%；处分813件，增长31.6%；移送司法机关27人；立案市管干部46人。

追逃防逃和追赃　2020年，东莞市纪检监察机关调整市委反腐败协调小组和市追逃办成员，加大追逃和劝返力度，督促落实防逃主体责任。

守住安全底线　2020年，东莞市纪检监察机关完善办案研究机制，严格谈话审批，做实做细思想政治工作，制定办案区使用管理规定，完善办案区软硬件设施，组建办案区专职协管员队伍，与2家医院签订绿色通道协议，定期开展审查调查和“走读式”谈话安全检查，守住安全底线。

“三不”（不敢腐、不能腐、不想腐）一体建设　2020年，东莞市纪检监察机关突出教育重点，协助市委举办全市第十八期领导干部党章党规党纪教育培训班。发挥典型案件警示作用，剖析18个典型案例，编写党员干部正风反腐警示录，用身边事教育身边人。做深查办案件“后半篇文章”，制发6份纪律检查建议书、12份监察建议书，敦促发案单位完善机制制度，堵塞监管漏洞。加强廉政文化建设，升级改造反腐倡廉教育基地并接纳参观人员5988人次，依托东莞纪检监察网、“廉洁东莞”微信公众号，及时发布纪检监察工作信息，通报曝光典型案例，弘扬廉洁文化，营造正风肃纪反腐氛围。

（秦长城）

巡　察

【巡察概况】　2020年，东莞市委深化政治巡察，推进巡察全覆盖。市委巡察机构围绕“三个聚焦”（聚焦贯彻落实党的路线方针政策和党中央决策部署情况，聚焦基层党组织软弱涣散、组织力欠缺，聚焦群众身边腐败问题和不正之风），部署开展市委第十轮巡察，对8个市直单位、5个对口支援及扶贫协作地区工作队（工作组、指挥部）、7家市属重点国有企业党组织进行巡察；部署开展第十一轮巡察，对24个镇（街道）的258个村（社区）党组织进行巡察；部署开展第十二轮巡察，对14个单位党组织进行巡察。巡察的政治“显微镜”“探照灯”作用发挥越来越明显，巡察干部队伍的凝聚力战斗力增强，巡察监督质量持续提升。

【重大决策部署落实巡察】2020年，东莞市部署市委第十轮巡察，组织人员对8个市直单位开展扫黑除恶专项巡察“回头看”，对5个对口支援、扶贫协作地区工作队（工作组、指挥部）开展专项巡察，推动中央重大决策部署落地见效。加强国有资产监督管理，对7家市属重点国企进行常规巡察，实现对市属重点国企巡察全覆盖。通过开展第十轮巡察，市委巡察组发现各类问题621个，其中，聚焦贯彻落实党的路线方针政策和党中央决策部署情况95个，聚焦群众身边腐败问题和不正之风277个，聚焦基层党组织软弱涣散、组织力欠缺238个，落实整改不到位11个。

【对村巡察全覆盖完成】　2020年，东莞市组建6个对村巡察组，每个巡察组下设若干小组，由32个镇街纪委书记担任小组长，并从各镇街抽调400多名党员业务骨干为组员，以交叉形式对258个村（社区）开展常规巡察。组建对村（社区）巡察统筹指导组，从市委组织部、市农业农村局等部门抽调党员业务骨干为组员，负责对村巡察全程的统筹协调、业务指导、疑难解答、综合报告等工作；建立办组对口联系督办指导机制，由市委巡察办有关负责人分别对口联系督办指导巡察组，对各巡察组整个对村巡察工作流程进行指导和规范，确保巡察高标准开展。结合村级换届工作，专门组建1个机动巡察组对20个换届重点难点村（社区）开展机动巡察。通过实地走访、个别谈话、调阅资料等形式挖掘问题，梳理出“两委”［支委会、村（居）委会］班子不团结、历史遗留问题突出、宗族房派明争暗斗等具体问题清单。将重点难点村（社区）按照实现“三个职务一肩挑”［村（社区）党组织书记、村（居）委会主任和股份经济联合社理事长由一人担任］难度较大、存在一定难度、难度不大分类，为其落实一村一策、提前化解矛盾、解决突出问题提供参考，推动全市村级换届工

2020年8月27日，十四届市委第十一轮巡察动员部署会在机关二号院召开　（市委巡察办提供）

作平稳开展。第十一轮对村（社区）巡察发现各类问题3360个，其中，聚焦贯彻落实党的路线方针政策和党中央决策部署情况481个，聚焦群众身边腐败问题和不正之风1084个，聚焦基层党组织软弱涣散、组织力欠缺1790个，落实整改不到位5个。

【巡察整改督查督办与调研】2020年10月，东莞市启动巡察整改督查督办与调研工作，组织3个督查督办组和3个调研组，两两搭配选取市自然资源局等6个市直单位和东城街道等5个镇街党组织开展整改督查督办，并以加强执行力、践行以人民为中心、全面从严治党等为主题开展调研。各督查督办组和调研组在完成督查及调研后，针对每个进驻单位或调研主题形成专题调研报告3篇、督查督办情况报告9篇。

【巡察成果深化运用】 2020年1月，东莞市委巡察机构会同市纪委监委相关监督检查室，采取不发通知、不打招呼、不听汇报、直奔现场的方式，通过查阅报告、翻看台账、座谈交流、个别谈话等途径，了解第七轮巡察17个被巡察单位干事创业精气神不足问题专项整改落实情况，并对下一阶段整改工作提出要求。以督促检查推动相关被巡察单位实现干事创业精气神提振，形成一批工作成果。建立健全选人用人专项巡察机制，形成专项报告34份。强化巡察成果运用，发出巡察建议37份。

【巡察规范化建设】 2020年，东莞市委巡察机构将巡察工作成果固化为制度成果，健全完善符合东莞市实际的巡察制度体系，促进巡察工作规范化、常态化发展。先后制定印发《市委巡察组疫情防控工作指引》《关于建立办组对口联系服务工作机制的通知》《关于规范巡察期间立行立改工作的通知》等文件，提升工作规范化水平。

建立健全新任领导干部参加巡察机制　明确市直单位新提拔的副处职领导干部和内设机构正职，各镇街新提拔的领导班子副职及下属部门正职，纳入市委巡察机构人才库，一般在两年内参加至少一轮巡察。选优配强巡察队伍，在市委第十轮、第十二轮巡察中，安排17名新任副处级干部担任巡察组副组长、6名正科级干部担任巡察组成员，推动巡察工作与发现培养锻炼干部有机融合。健全表现优秀抽调人员通报表扬制度，对2019年、2020年参与巡察的145名干部进行通报表扬。

完善购买服务参与巡察机制　聘用社会专业机构人员参与巡察11人次，强化财务管理、工程建设管理、项目投资等专业检查和实地查验工作力量。

深化巡察整改监督　向市委、市政府分管领导和有关职能部门通报巡察有关情况，市领导通过参加巡察反馈会议、专题民主生活会等方式，推动整改工作落地见效。推动一年期巡察整改完成率纳入镇街（单位、园区）的年度综合考评，强化巡察整改主体责任落实。加强巡察整改情况社会公开工作，接受群众监督。指导第八轮、第九轮、第十轮被巡察单位开展巡察第一阶段整改工作。　（刘应平）

附：2020年中共东莞市纪律检查委员会书记、副书记、常委名录

书　记：戚优华
副书记：吴才华　曾广华
　　　　鲁　罡
　　　　陈　钊（任至8月）
　　　　尹锡棋（12月到任）
常　委：戚优华　吴才华
　　　　曾广华　鲁　罡
　　　　陈　钊（任至8月）
　　　　尹锡棋（12月到任）
　　　　黄　键
　　　　叶鑑波（任至9月）
　　　　张卫红　古健康
　　　　吴汝涛　张家平
　　　　黄贵新（9月到任）

附：2020年东莞市监察委员会主任、副主任、委员名录

主　任：戚优华
副主任：吴才华　曾广华
　　　　鲁　罡
　　　　陈　钊（任至11月）
委　员：黄　键
　　　　叶鑑波（任至11月）
　　　　张卫红
　　　　黄贵新（任至11月）
　　　　温志强　马克刚
　　　　王福友（11月到任）

附：2020年中共东莞市委巡察工作领导小组办公室主要领导名录

主　任：黄　键

2020年中共东莞市纪律检查委员会、东莞市监察委员会机构设置表

类别	数量（个）	名称
内设机构	20	办公室、组织部（机关党委）、宣传部、党风政风监督室、信访室、案件监督管理室（反腐败国际追逃追赃工作办公室）、第一至第六监督检查室、第七至第十二审查调查室、案件审理室、纪检监察干部监督室
派驻（出）机构	34	
事业单位	1	东莞市粤桥山庄管理处

民主党派·工商联

DEMOCRATIC PARTIES · FEDERATION OF INDUSTRY AND COMMERCE

大屏嶂林场　（2020年林业局供图）

编辑：苏淑娴

中国国民党革命委员会东莞市委员会

【民革概况】　截至2020年底，中国国民党革命委员会东莞市委员会（简称民革东莞市委会）有13个支部，设4个专门工作委员会和1个监督委员会，党员228人（其中发展新党员7人），主要为医卫、教育和文艺、司法界的中高级知识分子，其中具有中高级职称者175人，占比77%，有广东省人大代表1人，省政协委员1人，市人大代表3人（其中市人大常委会委员1人），市政协委员9人（其中市政协常委2人）。

【民革组织宣传】　2020年，民革东莞市委会加强思想政治理论研究，提交孙研会理论文章3篇，提交广东省政协"发挥人民政协专门协商机构作用"研讨征文3篇，提交市委统战部统战理论政策研究课题报告7篇，提交"莞邑社科沙龙"主题征文1篇；加强人才培养举荐力度，推荐挂职干部1名；发挥微信、公众号、QQ立体宣传优势，发布工作信息、工作动态200多期。

【民革参政议政】　2020年，民革东莞市委会提交广东省委会调研报告9篇，其中《关于发挥粤港澳大湾区产业链优势，大力发展5G技术及应用，打造粤港澳大湾区智慧城市片区的建议》被采用为省委会提案并被评为省委书记重点督办提案、优秀提案，《关于深入结合"八个方面"，全面推动广东绿色建筑发展的建议》《关于吸引更多台青来粤学习、创业、就业和生活的建议》被采用为省委会提案，《关于支持社会组织参与振兴粤剧的建议》被采用为省政协委员个人提案。市政协立案集体提案9篇，市人大代表个人或联名提交议案、建议7篇，市政协委员个人或联名提交提案11篇，其中《关于东莞

2020年10月24日，民革东莞市委会赴云浮市开展物资捐赠仪式暨乡村振兴活动 （民革东莞市委会供稿）

市进一步健全公共卫生应急体系，防范化解重大疫情风险的建议》被评为重点督办代表建议、优秀代表建议，《关于立足“粤港澳大湾区文化圈”建设，继续打造“音乐剧之都”的建议》被评为重点督办提案、优秀提案，《关于加强东莞市院前医疗急救体系建设的建议》《关于优化我市居家养老服务申请条件的建议》被评为市优秀提案，《关于防范和化解民间借贷纠纷多发的建议》被评为市表扬提案。提交暑期座谈会发言材料1篇，市政协大会发言材料1篇，“直通车”信息1篇，联合调研子课题报告1篇；向省委会和市委统战部提交社情民意信息10余篇；承办“政协议政厅·党派之声”电台节目1期。民革东莞市委会获民革广东省委会2019—2020年度参政议政工作先进集体一等奖、反映社情民意信息工作二等奖，6名党员获“2019—2020年度参政议政工作先进个人”称号。

【民革社会服务】 2020年，民革东莞市委会赴云浮市开展物资捐赠仪式暨乡村振兴调研活动，向郁南县社会福利中心捐资捐物价值2万余元；联合民革珠海市委会向纳雍县新房中学捐赠图书1000余册，携手东莞图书馆等单位为新房乡新联小学建设“绿色图书室”；参与广东省韶关市、云南省昭通市对口帮扶活动，捐赠物资价值18万元；对口帮扶东莞市万江街道滘联社区疾病困难家庭，每月向病患困难户拨发2000元，派遣医卫界党员为2名患者开展一对一定期诊疗服务。民革东莞市委会社会服务跨越四省五市多个乡镇，帮扶资金合计投入近30万元。民革东莞市委会、民革东莞市长安支部获“广东民革脱贫攻坚工作先进集体”称号。

【民革祖国统一工作】 2020年，民革东莞市委会开展统战理论研究，向市委统战部提交《新时代背景下“港澳台侨”人才引进培养探索》《归国留学人员统战工作研究》《新形势下香港统战工作研究》等7篇论文；赴松山湖海峡两岸青年创业基地、东莞台商会等地开展调研，形成《关于吸引更多台青来莞学习、创业、就业和生活的建议》提案，为促进两岸高层次专业人才交流，增进台湾青年民族认同感提出参考意见；发挥法律人才优势，担任台商会法律顾问，走访涉台律师事务所，探索对台法律服务新模式；与中华青年发展联合会、台商会青年委员会座谈交流，探讨粤港澳大湾区发展前景，推动两岸四地合作交流迈向更深层次发展。 （林宗辉）

附：2020年中国国民党革命委员会东莞市委员会主要领导名录

主　委：郑国洪

中国民主同盟东莞市委员会

【民盟概况】 截至2020年底，中国民主同盟东莞市委员会（简称民盟东莞市委会）有总支6个，专门工作委员会4个，盟员473人（其中新发展盟员21人）。盟员中教育界240人，文化艺术界42人，其他界别191人。担任市政协委员10人（其中市政协副主席1人，市政协常委3人），市特约人员6人。年内，民盟东莞市委会获评民盟中央“民盟思想政治建设和宣传工作先进集体”，获“2019年度民盟广东省参政议政工作先进集体二等奖”，高校总支被评为民盟中央“盟务工作先进基层组织”，松山湖总支被评为民盟中央“民盟社会服务工作先进集体”；盟员李玫被评为民盟中央“民盟思想政治建设和宣传工作先进个人”，林海川被评为“广东省劳动模范”，曾凡忠被评为“广东省优秀音乐家”。

【民盟参政议政】 2020年，民盟东莞市委会向市政协十三届五次会议提交集体提案14件，委员提案21件，其中被定为市政协重点督办提案1件，获评优秀提案3件，表扬提案1件；获民盟广东省委立项课题3件；协助民盟中央来莞进行《构建高效率治理体系，促进中心城市和城市群健康发展》课题调

2020年1月18日，民盟东莞市委会迎新春公益惠民活动走进高埗镇朱磡村（民盟东莞市委会供图）

研；参与“政协议政厅”“行走东莞”“洁净东莞”等电台、直播、城市论坛节目3期。

【民盟社会服务】 2020年，民盟东莞市委会发挥各行各业盟员优势，开展社会服务活动13场次，为139名贫困生、1户贫困户发放助学金、扶助金25万元；在东莞帮扶云南省昭通市活动中为帮扶村捐出5万元建设“新时代文明实践超市”；在湖北省长阳土家族自治县助学活动中带动社会力量捐赠30万元产业扶贫资金；在新冠肺炎疫情发生后，向市滨海湾中心医院捐出31万余元。（简锐姬）

附：2020年中国民主同盟东莞市委员会主要领导名录

主　委：程发良

中国民主建国会东莞市委员会

【民建概况】 截至2020年底，中国民主建国会东莞市委员会（简称民建东莞市委会）有会员229人，有1个总支、12个基层支部、6个专委会，会员主要分布在经济界、公务员队伍和教育界，大学以上学历占93.8%，具有中、高级技术职称会员占50%，有民建广东省委会副主委1人、委员1人，有省人大常委会委员1人、市人大常委会副主任1人、市人大常委会委员3人、市人大代表6人，有市政协常委4人、市政协委员11人。民建东莞市委会连续第9年被评为民建广东省委会参政议政先进集体，13人被评为民建广东省委会参政议政先进个人；民建东莞市委会连续第5年被评为民建广东省委会社会服务先进集体，18人被评为民建广东省委会社会服务先进个人；民建东莞市委会连续9年获“民建广东省委理论研究优秀组织奖”。

【民建参政议政】 2020年，民建东莞市委会开展关于“‘一房多证’合并登记”“稀土永磁共享工业园”“5G创新型产业集群”等18个重点参政议政课题调研。在市人大、政协“两会”提交政协提案39篇、人大代表建议10篇，其中提案《关于新基建背景下我市打造粤港澳大湾区5G创新型产业集群的建议》获市长督办、《加快公交专用道规划，创建东莞高品质公交》获市政协主席会议督办，获评市政协优秀提案5件、表扬提案3件。《关于解决“90/70政策”历史遗留问题　实行“一房多证”合并登记的建议》《加快设立稀土永磁共享工业园区　增强我市电子信息产业的“磁吸效应”》通过“直通车”获市委书记、市长批示；开展反映社情民意工作，《开辟破产和解绿色通道　帮助疫情重创企业自救的建议》被全国政协采用、3篇信息被民建中央采用；12篇信息被民建广东省委会采用。

【民建社会服务】 2020年，民建东莞市委会做好应对新冠肺炎疫情防控工作，第一时间向全市会员发出《共同抗击疫情倡议书》和《致东莞民建会员的一封信》。会员及会员企业捐款捐物超2000万元。3人被评为“全国民建抗疫先进个人”。开展“建华课堂”公益培训活动，邀请市水务局、市自然资源局领导和专家学者为东莞企业家和会员开展“新形势东莞的城市水安全保障”“区块链技术前沿及数字经济社会变革”“民法典对企业管理的影响”“生态文明背景下的东莞空间规划”等主题培训，全年开展5期约500人次参加培训；参与民建中央对口帮扶河北省丰宁满族自治县、民建广东省委会对口帮扶广东省阳江市、东莞市帮扶对口城市（云南省昭通市、广东省韶关市、广东省揭阳市）、市委统战部对口帮扶东莞市万江街道滘联社区病患家庭等精准扶贫活动，扶贫捐款捐物36.4万元，消费扶贫超过10万元，达成产品购销700万元意向。在韶关市、揭阳市拍摄多集纪录片《驻村干部》，宣传东莞市脱贫攻坚战工作。（叶尧斌）

附：2020年中国民主建国会东莞市委员会主要领导名录

主　委：周楚良

2020年2月，民建会员企业立顿洗涤公司向新冠肺炎疫情防控一线捐赠物资　　（民建东莞市委会供图）

2020年9月3日，民进东莞市委会、卓越置业集团（东莞）有限公司联合举办关爱环卫工人炎热送清凉活动，向市环卫工人捐赠价值468万元茶饮品　　（民进东莞市委会供图）

中国民主促进会东莞市委员会

【民进概况】　截至2020年底，中国民主促进会东莞市委员会（简称民进东莞市委会）有10个支部、8个专委会，有会员192人（其中新发展会员6人）。会员中，教育界101人（高等教育16人、基础教育85人）、文化艺术界14人、出版传媒界9人、科技界12人、医卫界11人、政府和党派机关19人、其他界别26人。具有中高级职称人数占71.4%。担任市政协副主席1人，市政协常委2人，市政协委员5人，市人大代表3人。年内，王晓蔚获评民进全国履职能力建设先进个人、黄建英获评民进全国会史工作先进个人。

【民进参政议政】　2020年，民进东莞市委会向市政协提交集体和个人提案22件，4件被评为优秀或表扬提案，其中《关于加快建立我市应急战略资源储备体系的建议》被列为市委书记督办重点提案。完成2020年市民主党派联合大调研牵头工作，为东莞市加快拓展优化城市发展空间建言献策，调研报告获市主要领导批示。申报民进广东省委会议政调研课题，《关于加快规划建设深莞融合发展核心样板区深入推进大湾区创新协同发展的提案》被采用为民进广东省委会集体提案；参与撰写的议政材料《以科技创新平台为支撑推动粤港澳大湾区创新合作》被民进中央采用为全国政协专题协商座谈会发言，并获民进中央2020年参政议政成果奖励二等奖。《从精准扶贫看党的贫困治理理论》获民进中央2020年度学习习近平总书记关于扶贫工作的重要论述征文活动三等奖；《发挥人民政协专门协商机构作用》以及《培育适应时代需要的中国特色协商文化》获省政协“发挥人民政协专门协商机构作用”理论研讨会征文评选优秀奖。

【民进社会服务】　2020年，民进东莞市委会打造“开明美术馆”社会服务工作品牌，先后在塘厦、大朗、大岭山、石碣、松山湖等多个镇街（园区）举办书画展览9场和艺术创作交流活动近十场，传承发扬中国优秀传统文化。落实对口帮扶工作，向万江滘联社区疾病困难家庭资助医药费2.4万元，为云南省昭通市镇雄县捐赠学习物资款1万元和路灯工程建设款5万元，向广东省韶关市乳源瑶族自治县开展教育帮扶并捐赠图书1000册价值2.05万元。联合会员所在企业向韶关新丰县马头镇大席小学捐建标准篮球场及配套运动场所，总投资20万元，建设面积1200平方米；举办“关爱环卫工人，炎热送清凉活动”，向东莞市环卫工人捐赠价值463万元茶饮品。　　（黄建英）

附：2020年中国民主促进会东莞市委员会主要领导名录

主　委：梁佳沂

中国农工民主党东莞市委员会

【农工党概况】 截至2020年底，中国农工民主党东莞市委员会（简称农工党东莞市委）有支部委员会12个、支部2个、工作委员会2个和专门委员会5个，有党员330人（其中新发展党员19人）。党员中，医药卫生界191人、人口资源和生态环境界24人、其他界别115人。担任省政协委员1人、市政协副主席1人、市政协委员11人（含政协常委3人、特邀人士1人）、市人大代表9人、镇人大代表4人。年内，农工党东莞市委会被农工党中央评为先进地方组织、南城支部委员会被农工党中央评为优秀基层组织、李光霞被农工党中央评为先进个人。

【农工党参政议政】 2020年，农工党东莞市委会在市人大、政协"两会"期间提交的《关于优化区域医疗资源配置，促进我市医疗公共服务均衡协调发展的建议》和《关于加强城市公共空间规划建设，推进城市品质提升的建议》获集体优秀提案，《关于完善融资租赁政策，扶持我市中小企业快速发展的建议》获集体表扬提案，《关于规范我市集体工业厂房（分租式厂房）租赁的建议》《关于深度治理VOC_s，建设品质东莞的建议》《关于试行长期护理保险制度实施办法的建议》获个人表扬提案。《关于加强我省中小学教职人员急救知识培训的建议》被农工党广东省委会采纳，整理为提案提交省政协。提交集体提案11份，个人提案8份和人大建议4件。其中集体提案《关于建立健全我市突发公共卫生事件应急体系的建议》和个人提案《关于高水平建设市第九人民医院，提升应对突发公共卫生事件救治能力及医疗服务水平的建议》被列入市委书记重点督办系列提案。向农工党广东省委会、市政协、市委统战部提交动态类信息90条、建议类信息29条，其中建议类信息获农工党广东省委会采纳有8条。

2020年8月9日，农工党东莞市委会在韶关市枫湾镇卫生院开展定点帮扶活动 （农工党东莞市委会供图）

【农工党社会服务】 2020年，农工党东莞市委会向定点帮扶的韶关市枫湾镇卫生院捐赠1.2万元医疗设备，在当地开展义诊活动，赠送5000元药品；参加帮扶韶关市民族地区加快高质量发展项目签约和捐赠活动。与乳源瑶族自治县人民政府签订关于医疗技术指导、医生远程义诊等内容医疗帮扶服务协议，党员联系企业捐赠价值7.4万元医疗器械和药品一批；参加云南省昭通市扶贫活动，3万元用于贫困村路灯工程项目（路灯15盏），1万元用于捐赠学习用品；捐赠1.04万元至农工党广东省委会同心圆99公益日项目。开展同心助医活动，在望牛墩社区卫生服务中心举办"全球防治腰背痛年"免费义诊活动，为现场群众科普疼痛相关知识，宣传正确防治疼痛重要性；在樟木头开展以"送医入社区，农工党在行动"为主题的健康咨询义诊活动，将优质的医疗健康咨询服务送入社区，满足疫情防控常态化下出行不便的就医需求；通过线上线下同时授课模式，在松山湖社区卫生服务中心为社区医生进行中医经典传帮带教活动；联合东莞职业技术学院主办为期1个月的世界艾滋病日宣传展活动，宣传预防艾滋病知识。扩大"法律讲堂"品牌辐射面，连续8年组织法律界党员在农工党东莞市委会"法律讲堂"社会服务基地东莞理工学校开展法律主题校园讲座，为学生科普法律知识；组织法律界党员在横沥镇第二小学为全体五年级学生开展"民法典与生活同行"法治讲座，结合相关漫画案例解读民法典。 （余润熹）

附：2020年中国农工民主党东莞市委员会主要领导名录

主　委：李光霞

中国致公党东莞市委员会

【致公党概况】 截至2020年底，中国致公党东莞市委员会（简称致公党东莞市委会）下设监督委员会以及基层支部15个，专委会7个，党员227人（其中新发展党员9人）。党员中有归侨7人、侨眷侨属39人、港澳台属27人、留学及访问学者19人、其他有海外关系70人。党员中界别分布以科教文卫为主体，其中教育界66人、医疗卫生界47人、政府机关干部35人、新的社会阶层27人、具有中高级职称160人。有市政协副主席1人、市政协常委2人、市政协委员8人、市人大常委会委员1人（河南南阳）、市人大代表3人。年内，致公党东莞市委会被致公党广东省委会评为社会服务工作先进集体、参政议政工作优秀组织，第四支部、道滘支部被广东省委会评为先进集体。

【致公党参政议政】 2020年，致公党东莞市委会在市政协十三届五次会议期间提交党派提案11件，个人提案21件。其中，获重点督办1件，被评为优秀提案2件，被评为表扬提案5件。在市政协十三届六次会议期间提交党派提案6件，个人提案17件。市人大、政协“两会”期间，涉及致公党东莞市委会和致公党东莞市委会政协委员的报道33篇。承办中共市委统战部牵头的参政党建设调研中“大统战工作格局下民主党派优势作用方向调研”子课题，以及各民主党派、无党派人士联合调研中“以镇村工业园改造升级为突破口，加快拓展优化城市发展空间”子课题。向致公党广东省委会申报调研课题12件，全部获得立项，向中共市委统战部报送统战课题2篇。向致公党广东省委会报送信息99件，其中社情民意信息14件；向中共市委统战部报送信息110件，其中建议类信息30件，内容涉及新冠肺炎疫情防控、复工复产和经济发展等，其中《关于新型冠状病毒疫情下加强心理危机干预工作的建议》《关于疫情下餐饮企业生存问题的建议》等获采用；向市政协报送信息79件。

【致公党联络工作】 2020年，致公党东莞市委会赴凤岗镇拜访原苏里南总统高级顾问、苏理南东莞同乡会会长张丰年，向其为东莞市新冠肺炎疫情防控作出的贡献表达敬意。1月，第四支部、道滘支部联同东莞印尼侨友会召开新春联谊茶话会，加强与东莞市印尼归侨、侨胞、侨眷相互联系和情谊。参加“致公爱心小包裹”认捐活动，为海外侨胞提供医用防护物资，动员党员捐款3.1万元，助力海外华人华侨和留学生抗击疫情。6月，协助国际洪门中华总会常务理事长朱邦文一行到市商务局围绕东莞市跨境电商发展具体政策、整合东莞跨境电商优质资源、增进两岸四地跨境电商协会间交流等内容开展专题调研；7月，与市侨联、侨留会开展专题座谈，围绕归国留学人员在莞创业就业进行研究讨论。

【致公党社会服务】 2020年，致公党东莞市委会动员党员向韶关地区采购“蔬菜包”916个，捐赠到抗疫一线。通过联络工作专委会向东莞市康复医院医护人员捐赠疫情防控物资；南城支部通过南城慈善基金会，向南城街道抗疫一线单位、社区定向捐赠价值3.5万元医用物资；钟华、马壮等医卫界党员投身抗击疫情第一线，刘小伟向石碣镇防疫指挥部捐赠价值约10万元医用物资，全年进行爱心捐资107万元。参与帮扶韶关民族地区加快高质量发展项目签约和捐赠活动，在活动中发动党员企业意向定点采购当地特色农产品，采购价值200万元。（王文青）

附：2020年致公党东莞市委员会主要领导名录

主任委员：陈树良

九三学社东莞市委员会

【九三学社概况】 截至2020年底，九三学社东莞市委员会设监督委员会，有支社12个，下设专委会6个。社员267人，其中年内新发展社员12人、转入8人、转出2人，主要界别特色202人，占比75.7%，其中科学技术界重点分工81人，高等教育界重点分工44人，医药卫生界重点分工70人。有广东省人大代表1人；省政协委员1人；市人大代表3人，其中市人大常委会委员1人；市政协委员7人，其中市政协常委2人；市政协特邀人士2人。年内，九三学社东莞市

2020年8月15日，九三学社东莞市委员会首个“社员之家”在莞城街道举行揭牌仪式（卢力森 摄）

委员会被九三学社中央授予2020年度机关规范化建设工作组织奖、被九三学社广东省委员会评为新冠肺炎疫情防控工作先进集体，东城支社、第三支社、南城支社被九三学社广东省委员会评为全省优秀社组织，社员朱海鹏被九三学社中央评为九三学社抗击新冠肺炎疫情先进个人，社员王磊被九三学社中央评为2016—2020社会服务先进个人。

【九三学社参政议政】 2020年，九三学社东莞市委员会和社员参与省、市人大、政协“两会”，提交省政协提案1件；市人大建议1件；市政协集体提案10件，委员提案8件，其中被评为优秀提案2件，被评为表扬提案2件。围绕抗击新冠肺炎疫情和助力经济社会发展提出建议16篇。市委会领导参加有市领导出席的协商会、暑期座谈会、党外人士座谈会等4次。完成并向九三学社广东省委会提交参政议政课题5份。协助九三学社广东省委会开展理论研究调研2个。完成市委统战部的中国特色社会主义参政党建设专题调研子课题《民主党派通过政协平台发挥作用调研报告》。向市委统战部提交统战理论调研课题5个。与民建东莞市委会合作完成联合调研子课题《我市镇村工业园转型升级与城市更新协调发展研究》。

【九三学社社会服务】 2020年，九三学社东莞市委员会参与统战部赴广东省韶关市、云南省昭通市扶贫活动，捐赠学习用品，发动社员企业捐赠防疫门禁系统，总值46万元；为万江街道滘联社区2户疾病困难家庭每月资助医药费1000元/户；举办支援西部计划“衣暖贵州·情定毕节”捐衣活动；开展捐赠图书活动；东城支社前往韶关市水背村开展捐树植树暨义诊活动；人民医院支社赴梅州市兴宁县开展义诊和学术交流。举办“红外电热及红外医学应用”讲座、大学生创业孵化成长计划宣讲会、公益讲座“数字货币时代”与“民法典”；理工学院支社承办东莞理工学院第四期统战议政活动。

（卢力森）

附：2020年九三学社东莞市委员会主要领导名录

主　委：周爱军

东莞市工商业联合会

【工商联概况】 截至2020年底，东莞市工商联（总商会）有团体会员201家，其中镇街商会32家、异地商会96家、行业协会73家，比上年增长11%。会员中有全国人大代表1人；省人大代表1人；市人大代表43人；全国政协委员3人；省政协委员3人；市政协常委26人，市政协委员92人；省工商联副主席1人、常委3人、执委8人。

【工商联参政议政】 2020年，东莞市工商联界别撰写提案23件。发挥市工商联（总商会）参政议政工作委员会作用，完成《发挥工商联作用　加强新时代东莞民营经济统战工作的对策建议》《东莞工商联会员企业近期经营情况报告》《关于东莞民营企业参与“一带一路”建设综合调研的报告》《疫情时期我市小微企业生存发展的“危”与“机”》等多篇调研报告，推动惠企政策优化及出台。组织全市民营企业参加“民营企业运行状况调查”4次和“万家民营企业评营商环境调查”1次，完成问卷327份，增长率35%。发动商协会及民营企业参与各类调研近30次，加大情况反映力度，汇集民企智力，提供决策参考。

【工商联会员服务建设】 2020年，东莞市工商联（总商会）与市中级人民法院签订《关于建立服务民营企业健康发展合作机制框架协议》，与市检察院签署《关于建立健全我市检察机关与工商联沟通联系机制的实施意见》，为民营企业家营造法治化营商环境。重点培育5家民营企业构建和谐劳动关系。举办乐购东莞·东莞制造选品与集采大联盟展会活动，展会参展企业近300家，来自全国30多个省市500家机构近2000名采购商到东莞市采购，其间，举办抖音自媒体选品大会、东莞制造与文创力量论坛、抖音电商直播大咖分享会、东莞制造选品赛、集采对接等活动，促进会员企业加快融入双循环新发展格局。成立东莞市工商联（总商会）品牌发展工作委员会、东莞品牌发展基金，与东莞理工学院联合成立企业服务中心，提升企业品牌意识；推动商协会成立人民调解委员会25家，为企业提供调解服务，化解矛盾风险。

【基层商会建设】 2020年，东莞市工商联（总商会）推动市委统一战线工作领导小组将工商联所属商会纳入重要议事日程，审议通过《东莞市工商联所属商会改革发展工作分工方案》。建立《东莞市工商联所属商会改革工作台账》，每季度对工作落实情况开展督查。出台《东莞市工商业联合会所属商会管理指导办法》，修订《东莞市工商业联合会团体会员管理指导办法》，规范商会建设。召开十一届五次执行委员会第五次会议，推动32个镇街工商联（商会）挂牌成立青年工作委员会，拓展组织网络。与惠州工商联开展“四好”（班子建设好、团结教育好、服务发展好、自律规范好）商会互学互促活动，学习当地商会建设经验做法。按照东莞市工商联（总商会）会员关怀方案，做好日常关怀工作。指导东莞市长安商会、东莞市城区商会等7家商会创建成为2020年广东

2020年6月24日，东莞市工商业联合会（总商会）第十一届执行委员会第五次会议在市会议大厦召开　（市工商联供图）

省工商联系统“四好”商会。指导东莞市女企业家商会、东莞市麻涌商会、东莞市茶山商会、东莞市潮汕商会创建成为2019—2020年度全国“四好”商会。（王　南）

【工商联助力脱贫攻坚】　2020年，东莞市工商联（总商会）发动19家商协会及企业与云南省昭通市镇雄县35个国家挂牌督战村结对帮扶，签订结对帮扶协议，向镇雄县捐赠200万元；落实23家民营企业、商（协）会捐资150万元结对帮扶韶关市30个贫困村，支持当地基础设施项目建设。组织执委会成员为镇雄县捐助51万元，助力美丽乡村建设。开展消费扶贫，发起“百年古树核桃认养”活动，24家商会认养古核桃树1048棵，合计125.76万元。发动企业、镇街工商联以及行业协会等捐赠价值68.92万元御寒物资助力镇雄贫困群众温暖过冬。向田寮村捐赠20万元，支持该村党建活动室和文化展示厅建设。与镇雄工业园区管委会、广东新彤盛产业发展有限公司签订《镇雄产业园合作共建协议书》。与鲁甸县工业园区管委会、东莞市高盛集团有限公司签订《鲁甸县产业园合作共建框架协议书》，组织推荐会员企业到鲁甸县产业园考察投资，协助开展园区规划、园区招商、园区运营等事项。

【中共东莞市非公有制经济组织委员会成立】　2020年11月5日，中共东莞市非公有制经济组织委员会成立大会举行，广东省工商联党组成员、副主席、省非公经济组织党委副书记张宏斌等有关领导出席成立大会。市非公有制经济组织党委委员、各镇街工商联（商会）主席（会长），市工商联副会长以上企业及各镇街工商联（商会）、各团体会员党组织负责人等约200人参加会议。

【东莞世界莞商联合会】　截至2020年底，东莞世界莞商联合会有会员998名，团体会员45家。

英国驻穗总领馆一行与莞商座谈　2020年1月17日，英国驻穗总领事贺颂雅（Jo Hawley）率代表团访问东莞市。其间，到访东莞世界莞商联合会与莞商代表座谈交流，让莞商了解英国投资环境。

莞商大厦项目落地　2020年8月14日，东莞民营投资集团有限公司以6.64亿元，竞得编号2020WG004地块。作为东莞国际商务区启动区第一个项目，东莞民营投资集团有限公司将建立高端总部基地，为莞商莞企打造东莞具规模的产业创新和金融投资商务服务综合体。坚持东莞世界莞商联合会、东莞民营投资集团有限公司会企合一、以会聚商、以商兴会的创新发展思路。

西欧莞商联合会承办东莞全球先进制造招商大会德国分会场　2020年9月8日，受疫情影响，东莞全球先进制造招商大会采用主会场与海外分会场实时视频连线方式进行。大会德国分会场由西欧莞商联合会承办，邀请德国巴德哈尔茨堡市市长拉尔夫·阿布拉姆斯，德国房地产企业PRIMUS Harzburger Hof GmbH股东兼总经理迪特·科勒，德国著名矿山企业Fels-Werke GmbH Ehemaliger前任总经理托马斯·斯通普，全球领先的汽车轴承生产商FEUER powertrain GmbH & Co. KG股东代表林德曼，广州从都生命健康中心前任院长赫尔穆特·施威西格等出席。

东莞世界莞商联合会篮球慈善基金启动　2020年11月21日，东莞世界莞商联合会篮球队成立仪式暨首场慈善友谊赛在东莞市大朗体育馆举行。东莞世界莞商联合会篮球队慈善基金启动。慈善基金计划主要用于宣传东莞篮球文化，助推篮球事业发展以及帮扶弱势群体，募得善款65万元。（刘晓慧）

附：2020年东莞市工商业联合会（总商会）主要领导名录

主　席：莫浩棠
党组书记：陈国良

附：2020年东莞世界莞商联合会主要领导名录

会　长：尹洪卫

群众团体

MASS ORGANIZATIONS

大岭山森林公园　（2020年市林业局供图）

编辑：苏淑娴

东莞市总工会

【工会概况】　截至2020年底，东莞市工会组织有镇街总工会33家、市直属工联会29家、市直属基层工会46家、省属基层工会28家，全市各级工会组织5.55万家（其中基层工会1.96万家），工会会员360.82万人。全年全市新增25人以上企业建会923家，其中百人以上企业建会480家；新发展会员10.2万人。全市新建“三新”（新产业、新业态、新商业模式）领域行业工联会22家，新发展货车司机、快递员、家政服务员等重点群体会员6953人，建成“三个一批”［在全省建设一批村（社区）、园区工会联合会，一批社会化工会工作者队伍，一批会、站、家一体化职工之家］示范点39个、重点工程项目工会6个、“司机之家”3个。

【劳模精神弘扬】　2020年，东莞市有4人获评“全国劳动模范”、19人获评“广东省劳动模范”和4个“广东省先进集体”。恢复市级劳动模范评选，高规格召开市劳动模范表彰大会，表彰市劳动模范60名、市先进集体30个。新建市级劳动模范和工匠人才创新工作室5家，开展“传技艺、练技能、带高徒”活动，打造职工成长成才的“加油站”。

【工会劳动竞赛】　2020年，东莞市总工会组织全市2050家企业参与“安康杯”活动，覆盖职工60多万人，举办“电气自动化编程与调试技能竞赛”等多个市级大型竞赛，在2020年“粤菜师傅”职业技能大赛获4项金奖。在广东省船员职业技能竞赛获优秀组织奖。发挥工会“大学校”作用，开展抖音直播带货、物联网创新与应用等技能培训班，为690名优秀产业工人发放技能补贴和学历补贴61.95万元。

【职工权益维护】　劳动领域政治安全　2020年，东莞市总工会牵头

2020年12月25日，东莞市劳动模范先进工作者和先进集体表彰大会召开 （程永强　摄）

做好劳动领域防抵渗透试点工作，牵头开展维护工人群体和重点企业等劳动领域政治安全专项行动，召开市政府与工会专项工作会议，在1252家200人以上非公企业建立动态监测机制，密切关注职工队伍动向，配合党委、政府完成经济特区建立40周年职工宣传引导工作。

工会信访维稳　2020年，东莞市总工会做好省舆情平台转来的职工维权信息，参与根治欠薪冬季专项行动工作。调处职工劳资事件651宗，比上年下降30.9%，30人以上群体性事件9宗，下降30.8%，维护东莞市劳动关系和谐。

工会法律援助　2020年，东莞市总工会健全劳动争议调解制度，建立调解办公室151个，由工会主席兼任调解办主任。做实做细“法院＋工会”诉调对接，聘请6名专职调解员进驻人民法院，调解案件992件，涉及金额852.05万元，把劳动争议纠纷化解在基层和诉前。成立第四届工会法律服务律师团，120名律师为164家300人以上规模企业担任工会法律顾问，在市镇“先锋号”为职工提供面对面法律援助服务。开展“尊法守法·携手筑梦”活动，全市开展法律宣传53场次，办理各类法律服务案件8000多件，为近5万名职工提供法律服务，挽回经济损失1852.68万元。

【困难职工帮扶】　2020年，东莞市总工会通过召开分片督导会、举办业务培训班等方式，实行一户一策、精准帮扶。筹措521.5万元用于开展各类送温暖帮扶活动，帮助618名全国级困难职工实现解困脱困。

【工人文化宫建设】　2020年，东莞总工会在东坑镇召开工人文化宫建设推进会。年内，市第二工人文化宫启用。截至2020年底，全市建成市镇工人文化宫4家，活动总面积超7万平方米，拥有工人电影院、职工书屋、职工培训中心、文体服务中心等各类服务场馆、功能室70多个，初步建成布局合理、格调高雅、功能齐全的职工学校和乐园。工人文化宫开展各类公益培训、分享会等免费活动，全年服务职工超20万人次。

【网上工会建设】　2020年，东莞市总工会推进“粤工惠”App推广使用，全省首家引入第三方运营团队，策划开展一系列宣传推广活动。会员录入数超143万人，实名注册数超74万人，居全省前列。

【“中国梦·劳动美”主题宣传】　2020年，东莞市总工会组建市工人艺术团，举办庆“五一”文艺汇演和送文艺进企业系列活动，组织编导一批体现工会特色和职工精神风貌的文化节目，其中器乐合奏《大湾区梦想启航》获全省群众艺术花会金奖。成立工人电影流动放映队，深入企业播放主题电影，丰富职工群众文化生活。推进“中国梦·劳动美”主题宣传教育，开展迎接建党100周年文艺创作活动，推选“最美货车司机”和“最美公交司机”，配合广东省总工会以网络直播方式开展全国职工主题阅读活动，举办职工书画摄影作品展等多场展览，生动展现新时代东莞工人阶级风采。（黄爱和）

附：2020年东莞市总工会主要领导名录

主　席：陈锡江

中国共产主义青年团东莞市委员会

【共青团概况】　2020年，东莞市有共青团员24.4万人，其中学生团员13万人，占全市共青团员总数的53.3%；有基层团委263个，其中一级团委92个（镇街团委32个，机关企事业单位团委34个，学校团委26个），二级团委156个，基层团总支692个，团支部1.04万个。全市获团中央、团省委表彰的2020年度先进集体90个、先进个人21名。中国散裂中子源建设团队获第24届“中国青年五四奖章集体”称号，实现东莞市在国家集体奖领域“零”的突破。在2020年度广东共青团综合考评中，东莞团市委再次获得“先进单位”，调研成果获得广东共青团调研奖唯一一等奖。被评为“2020年度工作优秀市直单位”。

【青少年思想政治引领】　2020

年，共青团东莞市委举办“致敬逆行先锋”东莞市2020年春季学期线上升旗仪式、“守护·‘承’长——绽放战疫青春”东莞市各界优秀青年代表座谈会、“文明新风云祭扫，在+致敬莞邑英烈”网上祭扫、东莞市线上离队入团仪式、东莞韶关“争做新时代好队员”主题线上队日、2020年广东省中学生十八岁成人仪式等“现象级”新媒体活动，精准覆盖东莞市百万名团员和少先队员，引导青少年坚定制度自信、厚植爱国爱莞情怀。实施“青年大学习”行动，全市青年线上参与考学32期，超593万人次。深化“青马工程”（青年马克思主义者培养工程），面向大中学生等重点群体培育青年骨干2174名。落实团干部讲党团课工作，市镇两级专职团干下基层、进学校讲授党团课223场次。强化青年典型引路，选树“向上向善好青年”“最美南粤少年”等一批先进典型，开展国家、省、市青年文明号创建工作，激励广大青少年崇尚先进、争当先锋。进驻抖音、微信视频号、南方+等网络新阵地，全年围绕疫情防控、成长成才等话题发布推文3782条，全网阅读量超6000万人次，近20篇推文阅读量超10万次。全市共青团各类新媒体平台聚集青年用户308万人，比上年增长40%，其中“青春东莞”粉丝达61万人，“青春东莞”综合影响力全年排行全省地市团委第一、全国地市团委前三，在东莞市政务微信公众号中排前三名，有效巩固青少年思想政治引领网络主阵地。

【共青团基层组织建设】 2020年，共青团东莞市委召开全市团的基层建设中期推进暨深化学校共青团改革工作会议，举办全市基层团组织书记培训班，推动落实规范化建设“三大工程”（强基固本工程、素质提升工程、形象塑造工程）、团支部“万千百”（实现一万多个团支部基本达标，打造一千个规范化建设团支部推广示范

2019—2020年东莞市优秀团组织获奖情况表

奖项名称	获奖单位
2019—2020年全国五四红旗团委	东莞市塘厦镇团委
2019—2020年全国五四红旗团支部（团总支）	国家税务总局东莞市税务局团总支部
	东莞市石排镇下沙村团总支部
2019—2020年广东省五四红旗团委	东莞市中堂镇团委
	东莞市大岭山镇团委
	东莞市石龙镇团委
	东莞市松山湖高新区团委
2019—2020年广东省五四红旗团支部标兵	国家税务总局东莞市税务局石排税务分局团支部
2019—2020年广东省五四红旗团支部	东莞市莞城医院团支部
	东莞市商业学校学前教育部团总支部
	国家税务总局东莞市税务局东城税务分局团支部
	东莞市厚街镇竹溪中学教工团支部
	南方电网广东东莞供电局变电管理二所团总支部
	东莞市东莞理工学校计算机专业团总支部
	东莞市凤岗镇社区居民团总支部
	东莞市技师学院智能制造学院团总支部
	东莞市第六高级中学2017级1班团支部
	东莞理工学院学生社区知行学院2018级杨振宁创新班团支部
	东莞市机关第一幼儿园团支部
	东莞市松山湖实验中学团总支部
	东莞职业技术学院应用外语系团总支部

2019—2020年东莞市优秀学生集体获奖情况表

奖项名称	获奖单位
2020年度“全国优秀少先队集体”	东莞市高埗镇东圃小学六（1）雨来中队
2019—2020年度“广东省少先队先进学校”	东莞市虎门镇沙角小学
	东莞市莞城实验小学
	东莞市南城阳光第七小学
	东莞市塘厦镇中心小学
	东莞市石碣袁崇焕小学
2019—2020年度“广东省少先队红旗大队”	少先队东莞市高埗镇中心小学大队
	少先队东莞外国语学校大队
	少先队东莞市莞城英文实验学校大队
	少先队东莞市凤岗镇镇田小学大队
	少先队东莞市塘厦镇林村小学大队

续表

奖项名称	获奖单位
2019—2020年度“广东省少先队红旗中队”	少先队东莞市高埗镇东圃小学大队五（1）中队
	少先队东莞市厚街镇桥头小学大队六（6）蒲公英中队
	少先队东莞松山湖实验小学大队“悦读方舟”中队
	少先队东莞市沙田镇第一小学大队轻舟中队
	少先队东莞市南城中心小学大队607中队
	少先队东莞市中堂镇中心小学大队504中队
	少先队东莞市麻涌镇古梅中心小学大队六（6）朝阳中队
	少先队东莞市清溪镇第二小学大队505中队
	少先队东莞市常平镇中心小学大队四（3）中队
	少先队东莞市东城实验小学大队三（3）中队
2019—2020年度“广东省优秀学生会”	东莞理工学院学生会
	东莞市第八高级中学学生会
	东莞市经济贸易学校学生会
	东莞市大岭山中学学生会

点，选树一百个模范团支部）达标创优和深化学校共青团改革，确保改革措施落到基层。推进整治软弱涣散基层组织“命脉工程”工作，抓实“智慧团建”系统应用，100%完成团省委下达的1.8万个发展团员编号分配，发展新团员1.34万名；空心团支部率0.57%，无团干团支部率0.16%，超大团支部率0.06%；团员每月按时缴交团费率91.63%，连续6个月欠交团费率0.38%。推进“两新”组织（新经济组织、新社会组织）建团工作，引导和支持“两新”组织建立团组织250个。推进高校学生会（研究生会）改革，东莞理工学院等8所高校学生会（研究生会）通过广东省评估验收。开展“东莞市中学示范团校”创建活动，推动全市中学100%建立团校。压实全团带队责任，推动全市各镇街（园区）100%成立少先队工作委员会；加强中学、民办学校少先队建设，全市中小学建队率100%。

【志愿服务创新发展】 2020年，共青团东莞市委创新“线上+线下”办会模式，承办第五届中国青年志愿服务项目大赛和网上志交会板块。“国际志愿者日”通过“共青团中央”官微官博和“哔哩哔哩”网站账号、“中国青年志愿者”官微官博等新媒体平台，举办“致敬志愿者”第五届全国志愿服务交流会网络主题活动，首次以市委、市政府名义发出《致全市广大志愿者的慰问信》，营造志愿之城浓厚氛围。连续7年举办市“益苗计划”志愿服务项目大赛，“助力更生”——矫正青少年帮扶计划等5个项目获第五届中国青年志愿服务项目大赛3金2银。全面启动“河莞家”志愿者河长行动，建立市镇两级“河莞家”志愿者河长服务队伍体系，提升护河制度化、专业化、信息化水平。推广横沥“边角花园”项目经验，引导全市志愿服务项目融入基层社会治理。

【青年发展顶层设计加强】 2020年，共青团东莞市委召开共青团东莞市第十七次代表大会，选举产生新一届团市委领导班子。出台《东莞市青年发展规划（2020—2025年）》，建立市、镇青少年工作党政联席会议制度，召开东莞市青少年工作党政联席会议第一次全体（扩大）会议，明确22个成员单位职责分工，建立规划实施3个市级试点，提出2021年青年发展十大重点项目，为青少年成长成才创造更好条件。

【青年人才服务】 2020年，共青团东莞市委推进青年人才驿站建设，依托莞寓·市人才安居社区打造青年人才综合服务总站，推动东城街道、南城街道、寮步镇、大朗镇、松山湖园区、滨海湾新区6个驿站分站建成运营。实施“圆梦计划”，将暨南大学、广东财经大学等优质高校纳入合作院校，报名人数、资助人数居均全省第一名。主动参与2020年东莞市高层次人才活动周，牵头举办“服务青年人才 汇聚青春能量”东莞市青年人才交流会板块，推动东莞市青年联合会与澳门特别行政区莞澳青年交流促进会进行社团结盟签约，举行港澳青年创新创业基地项目进驻签约仪式和东莞青年人才驿站启动仪式，激发青年人才来莞发展热情。建成东莞市莞香花青少年服务中心、光大We谷、粤港澳青年文化创意交流服务中心共3个“粤港澳大湾区青年家园”，为港澳青年提供成长发展、公益志愿、社会融入、创新创业等服务。

【青少年成长关爱】 2020年，共青团东莞市委依托市镇莞香花青少年服务阵地持续跟踪服务各类重点、困难青少年群体，跟进帮扶个案368例/人，接听线上咨询热线1.48万通，开展线下团体辅导、普法宣传、关爱慰问活动599场次。参与脱贫攻坚，联合揭阳市、韶关市实施“两帮两促”（学业帮助、就业帮助、体质健康促进、心理健康促进）行动，结对开展产业对接、就业帮扶、爱心助学、心理自护教育、社工技能培训。开展“七彩假期”项目系列活动，举办“福彩育苗计划”秋季班，服务外来务工人员子女、社区青少年1.21万人次。开展“千校万岗”“展翅计划”工作，整合3.12万个就业和实习岗位，推动317名结对帮扶建档立卡毕业生实现就业。参与构建“1+N”儿童公园建设，加快项目地块调整、功能细化、运营谋划等工作，为青少年打造一个集娱乐、体育和文化科学普及教育的城市专业性公园。（彭吉勇）

附：2020年中国共产主义青年团东莞市委员会主要领导名录

书　记：沈志攀

东莞市妇女联合会

【妇联概况】　截至2020年底，东莞市妇女联合会（简称东莞市妇联）有下属事业单位2个，下辖镇街妇联32个、园区妇联2个、村（社区）妇联593个。全市建有妇女维权与信息服务站6个，新领域、新业态、新阶层、新群体“四新”领域妇女组织696个，“妇女之家”918个（其中楼盘小区“妇女之家”223个），白玉兰家庭服务中心（室）116个，白玉兰创业就业服务中心32个，市妇女创业就业孵化平台15个，白玉兰家事人民调解委员会32个。全国妇联党组书记、副主席、书记处第一书记黄晓薇等领导先后调研东莞市妇女儿童工作，均给予高度肯定。市妇联获抗疫全国“三八红旗集体”、全国家庭工作先进集体、广东省妇联系统新媒体最具传播力奖、广东省优秀“妇女之家”示范点建设单位等称号。市妇联党组书记、主席黄伟青获评为全国巾帼建功标兵。全国妇联推荐的东莞市妇联“线上带货引导，线下精准对接”入围2020年全国消费扶贫典型案例，获广东省妇联“最佳策划奖”。

【妇女群众思想教育】　2020年，东莞市妇联加强妇女群众思想教育。用科学理论武装妇女。以“巾帼心向党　建功新时代”为主题，依托“莞邑巾帼大宣讲”、女性讲坛等宣讲党的十九届四中、五中全会，习近平总书记出席深圳经济特区建立40周年庆祝大会和视察广东重要讲话、重要指示精神以及在联合国大会纪念北京世界妇女大会25周年高级别会议上的重要讲话精神。用榜样力量激励妇女。开展“致敬最美巾帼奋斗者”系列活动，举办“红色引领　巾帼担当”抗疫先进事迹分享会。紧扣“全面建成小康社会”时代主题，开展“巾帼心向党　奋进新时代”系列宣传，展播“小康路上她力量”视频。从各行业、各领域选树全国省市“三八红旗手（集体）”、省抗疫先进个人等先进典型25个。用网上舆论凝聚妇女。全媒体传递妇联好声音，“东莞女性”公众号开设“莞邑巾帼云课堂”，开辟“战疫情·莞邑巾帼在行动”专栏，市妇联工作经验做法被全国省市媒体报道450多篇（条），44条信息被“学习强国”App采纳。

【巾帼风采】　2020年，东莞市妇联开展创新创业巾帼行动、乡村振兴巾帼行动和立足岗位建功、彰显巾帼风采等活动，展现新时代女性风采。

创新创业巾帼行动　举办2020年松山湖创新创业大赛女性专场赛、“赢在东莞”科技创新创业大赛、“东莞新女性　跨境新典范”致敬女性创业者公益分享会等，吸引先进制造、新材料、新能源等多个行业领域女性创业项目参赛、落地东莞。实施“妇女创业就业计划”，培训提升女大学生、女创客、农村妇女直播带货等创业技能，为贫困妇女提供336个就业岗位。发挥好省级粤港澳大湾区妇女创新创业基地作用，参与推动粤港澳大湾区妇女融合协同发展。

乡村振兴巾帼行动　促消费助扶贫，开展“把爱带回家—走进东莞”直播带货活动，推广东莞制造及对口帮扶云南昭通等地农副产品，吸引603万人围观，销售额329万元，经全国妇联推荐入围国家发展改革委2020年全国消费扶贫典型案例。将“南粤家政”工程与乡村振兴有机结合，启动“玉兰莞家”巾帼家政计划，举办巾帼家政服务交流活动，开展家政保洁师职业技能竞赛，项目化推进阳光妇女家政技能培训班、云课堂，全市技能培训5802人。

立足岗位建功、彰显巾帼风采　举办东莞市第三届妇女书法篆刻展，团结上百位东莞妇女艺术家笔墨聚力、同心抗疫。培育全国省市“巾帼文明岗”75个，激励职业女性岗位成才。

【妇女儿童福祉提升】　2020年，东莞市妇联建立健全妇女儿童维权机制，实施妇女儿童公益项目和妇女儿童发展规划，提升妇女儿童福祉。

维权维稳机制更加便捷　建立维护女童权益“五项机制”（建立和完善重点人群和家庭关爱服务机制、妇女儿童侵权案件的发现报告机制、多部门联防联动机制、上下联动的妇女儿童舆情应对机制、妇女儿童侵权案件推进工作督查制度）、“关爱女童　护苗成长”保护女童人身权益三年行动协调机制，实施“玉兰花开　关爱女童”项目，举办关爱女童宣传活动128场，出台妇女儿童权益保护合作机制、建立家暴案件信息互通制度。举办民法典专题报告会，组织“玉兰家圆”宣传月和反家庭暴力日法治宣传活动，引导妇女学法尊法守法用法。出台白玉兰家事人民调解委员会建设工作指南，全市妇联系统处理信访案件4405件，答复率100%。

妇女儿童关爱更有温度　实施困难妇女儿童救助、“白玉兰”妇幼健康保险、“佑未来　护成长”贫困白血病儿童救助等公益项目。连续13年开展爱心父母大联盟活动，推动2000名爱心父母与困境儿童结对帮扶。联合市妇女儿童福利会慰问困难家庭4827户，慰问物资360.8万元。市妇女儿童活动中心（新校址）项目封顶，市机关二幼秋季新扩2个班增加学位60个。

妇女儿童发展规划实施更有成效　截至2020年底，东莞市妇女儿童发展规划136项可比量化指标中预期达标129项，预期达标率94.85%，比上年提高近6个百分点。中小学性别平等教育工作纳入市政府一号文，75所中小学校被列为市镇试点，覆盖面进一步扩大。

【“家家幸福安康”工程深化】　2020年，东莞市妇联开展家庭文明建设，实施“玉兰姐姐”家教计划，建设美丽家园，推进社会治理。

家庭文明建设　将《东莞市传承弘扬好家教好家风行动》纳入市精神文明建设九大行动；开展“树清廉家风　创最美家庭”活动，将传承弘扬好家教好家风融入党校培训教学内容。培育国家省市级“最美家庭”等典型490户，打造省家庭文明建设示范点7个，首批十大省家教家风实践基地1个。

家庭教育措施　创新实施“玉兰姐姐”家教计划，开展特殊时期特殊家教，推出“玉兰姐姐”直播课和家风家教实践基地云游参观等，让全市家庭足不出户，浸润好家风好家教。启动“长大后我就成了你”“我把安全带回家”等暑期关爱活动，举办“莞香花开”、许钦松少儿创艺奖等儿童绘画比赛。依托社区家长学校，开展千场家庭教育大讲堂、千场亲子阅读活动，构建高质量亲子关系。

美丽家园建设　以家教家风文化为底色，在万江街道建成首个“园中园”儿童公园。制定公共场所母婴室建设管理指导手册，超额完成市政府一号文十件民生实事50间母婴室建设任务。以开展“垃圾分类美莞邑，我是党员我先行”系列活动为突破口，在全省率先启动绿色进我家行动、“公筷公勺，从我家做起”活动。创新在党群服务中心、省级“妇女之家”和新时代文明实践中心（站点）建设40个“玉兰花开·巾帼家美积分超市”，探索出家家参与文明创建、人人争当文明市民的精神文明建设妇联新模式。

【妇联组织改革】　2020年，东莞市妇联联合市委组织部印发“破难行动”工作方案，出台“妇女之家”提质增效工作实施意见。创新开展妇联系统党的建设，成立首个女性社会组织党委，通过联学共建将“四新”（新领域、新业态、新阶层、新群体）领域妇女组织紧密团结在党的周围。通过“独立建”“依托建”“联合建”模式，推动女性社会组织、楼盘小区、异地商会、专业市场商圈等领域建立“四新”妇女组织696个。“妇女之家”嵌入基层党群服务中心918个，“市妇联执委工作室”入驻党建主题公园“阳光雨”党群驿站，实现阵地联建、活动联办。32个镇街妇联参照县级妇联改革标准，完成换届。建立基层妇联执委普遍联系妇女群众、与社区网格员联动机制，将妇联组织优势延伸到社会治理最末端。　（龙江波）

2020年12月15日，2020年松山湖创新创业大赛女性专场决赛举行
（市妇联供图）

附：2020年东莞市妇女联合会主要领导名录

党组书记、主席：黄伟青

东莞市科学技术协会

【科协概况】　截至2020年底，东莞市科学技术协会（简称东莞市科协）下辖东莞科学馆、东莞科技进修学院2个事业单位。东莞市科协九届委员会委员180人，所属组织包括学会（协会、研究会）88个、镇街（园区）科协33个、企业科协254家、高校科协2家。年内，东莞市科协被中国科协、省科协评为“2020年全国科普日活动优秀组织单位”，主场活动被评为“全国科普日优秀活动”；被省科协授予“广东省科技志愿服务优秀组织单位”“2020年广东省全民科学素质大赛优秀组织奖”“2020年度全国科技工作者状况调研站点先进单位”“2019年度广东省科协系统统计调查、财务数据汇总工作优秀单位”等荣誉。

【院士工作平台管理】　2020年，东莞市科协规范院士工作站管理，清理东莞市院士工作站25家，保留市院士工作站4家，其中1家完成验收自然结束，有市院士工作站3家。制定后续措施保持院士团队与东莞企业良好合作关系，起草《东莞市院士团队工作平台建设管理办法》。组织开展院士工作站的年度绩效考核和验收工作，加强院士工作站日常管理。推荐2020年“省科技专家工作站”“省院士工作站”候选企业，配合对东莞市有关企业开展初审调研工作。

【创新驱动助力工程】 2020年，东莞市科协举办2020年中国（东莞）智能终端产业大会暨中国智能终端产业博览会，通过“主论坛+分论坛+科创项目线上路演+展会”形式，邀请政、产、学、研、用等各界精英代表，探索推动东莞智能终端产业发展路径和方法。举办第八届国际复合材料科技峰会（ISCT-8），11名院士及海内外近1000名复合材料界专家学者、140余家市内企业和800多家市外企业代表参加，探索促进东莞市复合材料产业链、创新链、服务链、资金链的对接。

【高层次人才联络服务】 2020年，东莞市科协通过“海智计划”与海外科技团体及科技人才联系，组织承办多场海智工作论坛和海智项目线上路演活动，联系市工商联、镇街科技部门和科技园区，打造海外人才与项目资源高端展示交流平台。在全国科技工作者日期间，东莞市科协领导班子带队走访慰问何镜堂、徐建中、姚新生、汪卫华、王恩哥、方滨兴等6名院士及其团队，走访杨万勇等4名市优秀科技工作者和罗卫强等5名企业科技工作骨干，宣传党的路线方针政策和市科协工作重点和动态，了解院士专家们工作发展规划，听取科技工作者提出意见和建议，加强与院士及其团队和高层次科技人才联系。

【科普和学会科技服务项目管理】 2020年，东莞市科协完成124个2019年度科普和学会科技服务项目验收和整改工作。经市政府同意，2020年度科普和学会科技服务项目立项88个，资助资金1852万元。做好2021年度东莞市

2020年11月5日，东莞市发展战略院士咨询委员会2020年会主题沙龙在厚街镇召开 （腾讯大粤网供图）

科普和学会科技服务项目申报组织工作。

【优秀科技工作者培育】 2020年，东莞市科协组织开展第八届东莞市优秀科技工作者评选，对20名经市政府认定的东莞市优秀科技工作者进行表彰，通过《东莞日报》、微信定向推送等方式加大对优秀科技工作者的宣传力度。配合省科协开展中国科协科技工作者状况专项调查4次，整理汇总上报科技工作者动态情况和意见建议材料5篇。开展职称晋升辅导服务，受惠760多人，在6个镇街、17家企业开展创新方法系列培训，开展继续教育培训96人次，协助市人社局完成8人次电子、机电类专业技术人员职称认定初审，举办创新方法推广与应用交流会、创新方法成果应用大赛等交流活动，培养优秀科技工作者。

【科技智库作用凸显】 2020年，东莞市发展战略院士咨询委员会新吸纳王恩哥、汪卫华两名年轻院士，有院士委员33人。举办2020东莞院士年会，11名院士和20余名专家与市委、市政府领导对话，为松山湖科学城建设和新材料产业与科技发展建言献策。东莞市发展战略院士咨询委员会专家的研究团队提出新冠肺炎疫情影响下东莞市中小微企业复工复产政策应对研究及建议《总结借鉴东莞自身转型升级经验 推动小微企业政策从“授之以鱼”向“授之以渔”转变》，助力复工复产。由中国科学院学部科学道德建设委员会主办、东莞市科协支持的“科学人生·百年”院士风采展暨东莞院士创新成果展，通过线下线上展览方式，展出东莞市15个院士专家团队在莞落地的项目成果。

【“科技东莞”工程资助项目评审】 2020年，东莞市科协加强评审专家库建设，做好专家征集入库工作，在库专家基本涵盖评审所需领域。组织完成职能局移交的14个专项19个轮次942项申报材料评审工作，完成率100%。向有关职能部门推荐专家12批次345名，为职能部门科学决策提供高层次人才资源支撑。 （罗阳轩）

附：2020年东莞市科学技术协会主要领导名录

党组书记、主席：
李文峰（任至3月）
张春扬（3月到任）

东莞市文学艺术界联合会

【文联概况】 截至2020年底，东莞市文学艺术界联合会（简称东

莞市文联）下辖事业单位1个（东莞文学艺术院），主办《东莞文艺》《南飞燕》《东莞摄影》《东莞书画》4份刊物。下辖市级文艺家协会21个，分会326个，有会员8789人，其中国家级会员540人，省级会员1734人。全市基层文联组织37个，其中镇街文联32个、村级文联1个、行业文联4个（市农业局文联、市总工会文联、市金融文联、松山湖文联）。

【主题文艺活动】 2020年，东莞市文联组织开展“筑梦同心”大型交响音乐诗会研讨分享会，话剧《承诺》剧本论证分享会，话剧《榕树下》剧本创编推广分享沙龙，广播剧《往事飘过的香》发布会，“文化遗产与品质城市”学术沙龙活动，“中国文学名家看东莞”系列之《小说选刊》“大美清溪”创作采风分享交流活动和“诗意黄江”创作采风活动，中国东莞“松山湖·《十月》中篇小说榜（2019—2020）”颁奖典礼暨樟木头中篇小说创作交流会，“我与公共外交”征文大赛暨朗诵分享会，“后工业时代的城市记忆与书写”鳒鱼洲文创园东莞非虚构文学创作分享交流会等系列主题文艺活动。

【文艺创作活动】 2020年，东莞市文联开展第二届东莞书法美术论文征稿评选活动，签约创作项目研讨与推介活动，东莞文学艺术院文艺创作签约项目评估验收与重大题材创作规划论证，“走向我们的小康生活”征文、摄影、微视频大赛，“小康东莞”美术书法作品展，以及东莞书画、舞蹈、影视等艺术评论活动等文艺创作活动。

【文艺惠民活动】 2020年，东莞市文联开展“到人民中去”2020年东莞市文联红色文艺轻骑兵志愿服务队送欢乐下基层系列活动，配合市委、市政府开展“乐购东莞2020——疫往情深 守护希望”主题图片作品征集活动等。 （何 伟）

附：2020年东莞市文学艺术界联合会主要领导名录

党组书记：陈　玺

主　席：周汉标

东莞市归国华侨联合会

【侨联概况】 截至2020年底，东莞市归国华侨联合会（简称东莞市侨联）有镇街侨联32个、下属新侨组织1个、侨联法律咨询机构1个、村（社区）侨联组织625个（含产业园区侨联小组1个），侨胞之家2个，侨联法律服务站（分点）2个；市侨界有广东省人大代表1名，市人大代表12名、市政协委员13名（常委3名）。年内，东莞市侨联归国留学人员联谊会被中国侨联评为“全国侨联系统抗击新冠肺炎疫情先进集体”，市侨联组织建设部副部长谢嘉莹被中国侨联评为“全国侨联系统抗击新冠肺炎疫情先进个人”。

【侨联归国留学人员联谊会建设】 截至2020年底，东莞市侨联归国留学人员联谊会有虎门镇、企石镇、石龙镇、寮步镇、东城街道、松山湖高新区、长安镇、厚街镇等8个分会，有会员2500余人。年内，东莞市侨联组织该会开展政治学习、创业交流、体育活动、文化研讨、公益慈善、民法典讲座等活动40多场次，3000多人次参与活动，通过活动教育引导归国留学人员听党话、跟党走、行正道，引导归国留学人员在各自岗位上发挥作用、建功立业。为东莞市归国留学人员创新创业提供引导和扶持，指导该会举办创新创业及交流培训活动40个，走访服务“留”字号企业20余家，为200多个“留”字号创新创业实体提供引导和资讯，鼓励海归企业为“湾区都市、品质东莞”贡献力量。

【侨联助推经济社会建设】 2020年，东莞市侨联助推东莞市重大项目侨资企业江夏集团的“江夏数码研发和生产基地”开工建设，该项目建设总面积10万平方米，投资3亿多元，该基地计划设立“华侨华人创新创业基地”，用于支持华人华侨来莞兴家创业。倡议东莞市侨商为“华侨冰雪博物馆”、扶贫济困日捐款，其中侨商黄盾斌、黄创2人在扶贫济困日捐款15万元，用于广东省侨界和东莞市慈善福利事业，市侨联组织多名侨商赴韶关市消雪岭农场进行扶贫活动，为困难归侨生活扶助基金捐助6万元。办好“海外青年才俊云聚东莞”系列活动。从经济、环境、人文等方面向海外侨胞全景式展示东莞，有900多名侨胞侨青在线上参与，有21万人次线上观看，在海外侨界产生很大反响和好评。

【为侨服务】 2020年，东莞市侨联协调有关部门，为贫困老归侨办理社保卡；如寮步镇侨联为部分自梳女老归侨申请2020年广东省特困归侨生活补助金；石龙镇侨联和当地社区侨联小组为困难归侨申报省侨联专项扶贫资金2.15万元。全年为“自梳女”等困难归侨及其子女或家庭发放补助、慰问金、物资等合计10万元。开展侨界法律咨询援助工作，在常平镇、凤岗镇两个法律服务站服务近20次，举办民法典、侨法等法治宣讲讲座5场，开展户外普法活动2场；为纪念归侨侨眷权益保护法颁布30周年，市侨联印制《涉侨法律政策指南》2000份，向侨界群众派发1600余份，接受群众咨询10次。市侨联与市侨务局在全市范围内开展对归侨、侨眷、海外侨胞和海外留学人员普查活动，建立侨情动态管理机制，充实完善侨情档案，建立健全东莞市侨力资源信息库。

【海外侨界宣传联谊】 2020年，东莞市侨联为开展好海外侨界联谊交流工作，开展各类联谊活动50场次，夯实海外联谊工作

2020年9月12日，东莞市侨联主办的“聚创莞邑”海归青年创新创业项目展示交流活动在东城街道举行　　（市侨联供图）

基础和为海归人才营造良好工作氛围。加强与海外侨团线上联谊，利用微信、电邮、电话、信函等方式，与海外侨团维持沟通，及时宣传国内抗疫成效，宣传粤港澳大湾区建设进展情况，宣传东莞市最新发展动向和投资创业环境。举办“东莞市侨联荔枝节座谈会”和“庆国庆　迎中秋”座谈会，在莞侨界人士近300多人次参加，协同东莞市镇街侨联向海外侨胞邮寄荔枝近40吨，寄送月饼3000余份，凝聚侨界力量。配合上级侨联做好《追梦中华·魅力侨乡行——走进东莞》节目在东莞市拍摄制作工作，该节目于9月20日在北京电视台生活节目中心播出，在海内侨界产生较大反响。　　（廖青山）

附：2020年东莞市归国华侨联合会主要领导名录

主　席：陈志超

东莞市残疾人联合会

【残联概况】　截至2020年底，东莞市残疾人联合会（简称东莞市残联）有直属事业单位9个，镇街残联32个，镇街残疾人康复就业服务中心31个。2020年，东莞市有社区（村）残疾人协会552个，配备残疾人专职委员493名。户籍残疾人口10.63万人，占户籍总人口4.03%，其中肢体残疾占25.52%，听力残疾占25.21%，多重残疾占18.43%。

【残疾人保险制度建立健全】2020年，东莞市建立残疾人养老保险补助制度，对低保标准以上重度残疾人、智力和精神残疾人参加社会基本养老保险的个人缴费部分给予全额补助。完善残疾人医疗保险补助制度，新增低收入标准以上的三、四级智力残疾人为补助对象，市镇两级投入2969万元，惠及1.8万名困难残疾人，实现对东莞市符合条件的残疾人参保提标扩面和应保尽保。

【残疾人康复教育】　2020年，东莞市推进精准康复行动，为1.35万名有需求残疾人提供精准康复服务，全年康复服务率、辅具适配率100%，超额完成省下达任务；推进在南城街道开展残疾人居家康复服务与家庭医生签约服务结合试点工作。建立适龄残疾儿童少年信息台账，做好随班就读和送教上门工作。全市残疾儿童少年义务教育入学率97.75%。

【残疾人就业维权】　2020年，东莞市实现残疾人新增就业560人，完成省下达目标任务186%，就业率41.35%，新增培训351人，完成省下达目标任务175%。2020年广东“众创杯”创业创新大赛残疾人公益赛上9个项目晋级复赛，数量居全省第四位，取得1银1铜。接待处理来信来访来电1200余宗，及时化解盲人群体相关上访等事件；完成全市33个镇街（园区）4.62万名持证残疾人基本服务状况和需求信息数据动态更新，入户率97.52%。

【残联参与东西部扶贫协作和对口援藏】　截至2020年底，东莞市残联5次深入云南省昭通市、四川省甘孜州以及西藏自治区林芝市巴宜区开展结对帮扶活动，捐赠防疫与救灾物资、辅助器具、康复器材及教具等物资52.5万元。2020年，东莞市残联为东西部扶贫和对口帮扶协作自筹资金122.76万元。选派残疾人服务专业团队一线督导，扶持鲁甸县残联建立康园中心、特殊幼儿学前班，帮助鲁甸建成云南省首家残疾人日间照料服务机构，受到当地残疾人群众肯定。

【残联重点项目稳步推进】2020年，东莞市残联有5项工作纳入市政府2020年一号文，4项工作纳入市政府工作报告，3项工作纳入市政府十件民生实事。

破解重度残疾人托养难问题

重点推进新市残疾人托养中心建设。对全市持证的16～59周岁智力、精神、重度肢体残疾人及多重残疾人进行托养需求调查，到周边及先进地市广泛调研，初步确定项目建设方案，与多部门协调沟通选址，进入地块征地和报批工作阶段。探索建立政府购买托养服务制度。开展镇街分片区调研，制定《东莞市购买残疾人托养服务实施方案（初稿）》。

缓解特殊教育学位供需紧张问题　市康复实验学校与市启智学校

2020年12月15日，东莞市残疾人体育训练中心被命名为“国家残疾人体育训练基地” （东莞市残疾人联合会供图）

联合招生，录取新生91名，在原计划招生37名基础上扩招学生54名。原普通聘员教师转聘用制教师，提升特殊教育教师待遇。完善异地新建建设方案，实地调研项目选址。

推进东莞市无障碍环境建设 与深圳大学团队签约合作，启动无障碍环境建设专题研究项目，起草《东莞市无障碍环境建设5年行动方案》；与市交警支队沟通协作，将安装改造人行道过街语音提示系统纳入品质交通千日攻坚行动。继续做好家庭无障碍改造工作，超额完成61户。

【全省率先开展自闭症家庭照顾者技能培训】 2020年，东莞市推出“与星同行计划”，在全省率先实施自闭症家庭照顾者技能培训项目。服务家庭120户、1900多人次，学习显效率70%，家长满意率90%以上。设立中山三院儿童发育行为中心东莞工作室，邀请教授邹小兵领衔团队定期坐诊，让东莞市“星儿”（自闭症患者）在“家门口”就可以享受顶级专家治疗服务。

【全省地级市首个“国字号”残疾人体育训练基地】 2020年12月15日，东莞市残疾人体育训练中心通过中国残联专家组评审，被命名为“国家残疾人体育训练基地”，成为广东省地级市首个“国字号”残疾人体育训练基地。基地占地8790.99平方米，建筑面积2.04万平方米，建有体育馆（含恒温泳池、球类场馆、健身区和理疗室）、综合楼（含食堂、宿舍和多功能会议室）、标准户外射箭场。承接国家及广东省残疾人射箭队、盲人柔道队等运动队在东莞市集训，协办IBSA（国际盲人运动协会）国际盲人柔道邀请赛、全国残疾人硬地滚球锦标赛等赛事。常设市级田径、游泳、乒乓球、羽毛球、射箭等项目集训，培养出东莞市首位残奥冠军、“全国自强模范”周国华，亚残运会铜牌得主黄文娟以及全国残运会冠军陈敏仪、王小梅等运动员。2020年，国家盲人柔道队、省残疾人射箭队、盲人柔道队及市级部分项目共70多名残疾人运动员在此集训，备战各级体育比赛。 （钟伟伦）

附：2020年东莞市残疾人联合会主要领导名录

党组书记、理事长：陈伟贤

东莞市红十字会

【红十字会概况】 2020年，东莞市红十字会发挥党和政府在人道领域的助手和联系群众的纽带作用，聚焦主责主业，关心关爱群众，完成普及性应急救护培训6.55万人次，完成救护员培训9206人次；动员社会力量，为抗击新冠肺炎疫情等集款物2706.15万元。

【应急救护培训】 2020年，东莞市会红十字会普及性应急救护培训工作连续7年被纳入市政府十件民生实事，开展救护知识“进社区、进农村、进学校、进企业、进机关”活动，全年完成6.55万人次，其中包括联合市教育局、市应急管理局对全市高一级学生培训；对企事业单位生产一线员工开展规范化救护员培训，全年完成9206人次；发动社会力量参与应急救护培训，为社会组织培训应急救护师资65名。推广设置AED（自动体外除颤器）项目被纳入市政府十件民生实事，由市红十字牵头全年在市内公共场所设置AED223台，超出目标任务23台，为设置AED单位开展技术培训32期，培训1446人次。

【红十字会社会救助】 2020年，东莞市红十字会重大疾病项目和郭言小巨人贫困恶性肿瘤患儿项目，救助26人，拨付救助金38.5万元；配合上级红十字会开展“小天使基金”“爱心行动”等救助项目，为9名白血病患儿、先心病患儿家庭提供帮助。连续9年举行“红十字博爱送万家”活动，为154人（户）困难群众送上12.4万元慰问物资；连续10年与广东医科大学第二临床学院合作开展“爱心营养午餐项目”，为90名学生发放6.3万元营养午餐补助金；连续6年每年定向资助东莞高级中学新疆班学生，资助助学款10万元；助力精准扶贫，向广东省揭阳普宁市、韶关市，云南省昭通市等地拨付59.3万元扶贫资金。

【无偿献血】 2020年，东莞市红十字会结合“5·8”世界红十字日、世界献血者日等重要时间节点，开展无偿献血宣传工作，开展宣传活动655场，宣传市民9880人次，助力东莞市连续10次被评为“全国无偿献血先进市”。

【造血干细胞捐献】 2020年，东莞市红十字会完善“红会统筹，多方联动，志愿者全程参与”工作模式，保持高出库率与“零悔捐”，超额完成采集样本份数，完成造血干细胞捐献20例，累计捐献81例，捐献数量连续多年居全省地级市第一位，连续8年被评为广东省造血干细胞捐献工作优秀工作站。

2020年2月25日，东莞市红十字会慰问市人民医院、市第九人民医院一线医护人员 （东莞市红十字会供图）

【红十字志愿服务】 2020年，东莞市新增红十字志愿者1601名，登记在册的红十字志愿者7858名，设有红十字志愿服务队19支、志愿服务项目13个。开展新晋志愿者培训13期、业务技能培训11期。开展“三献”（无偿献血、捐献造血干细胞、捐献人体器官）宣传推动、赛事保障类、应急知识宣教类、护学服务类等多种志愿服务活动2188场，动员2.21万人次红十字志愿者参加，服务市民113.08万人次。

开展防灾避险宣传活动，组织救护队、赈济队、水上救援队等专业的红十字志愿服务队伍，结合“世界红十字日”“全国防灾减灾日”等，举行户外防灾减灾、预防疾病宣传活动10场，提高市民应对灾害和传染病意识和能力。组织红十字志愿者为东莞市第九届志愿者公益徒步活动、东莞市烈士公祭活动、南城微马欢乐跑活动等11场大型活动提供应急救护保障服务。

【生命安全体验馆建设】 2020年，东莞市红十字会对体验馆“生命认知”“红十字运动基本知识”等板块进行升级，增加人道理念元素。与市妇联合作开办“用心陪伴，共同成长”项目、与东莞日报社合作开办“小候鸟”项目等，体验馆开展宣教活动188期，宣教市民6549人次。 （朱熳华）

附：2020年东莞市红十字会主要领导名录

会　长：喻丽君

2020年东莞市红十字会业务情况表

主要业务	业务量	
捐赠款物募集及使用	捐赠款项	捐赠物资
	全年收到捐款1999笔，1793.63万元；全年捐款支出131笔，1860.63万元	全年收到捐赠物资183批次，价值986.74万元；全年拨付物资219笔，价值987.34万元
应急救护	应急救护培训，完成普及性应急救护培训6.55万人次，完成救护员培训9206人次	
	推广设置AED（自动体外除颤器）设备，牵头在市内公共场所设置AED223台	
	生命安全体验馆宣教，全年完成宣教188期，宣教市民6549人次	
人道救助	大病救助，重大疾病项目和郭言小巨人贫困恶性肿瘤患儿项目救助26人，拨付救助金38.5万元	
	助困，“博爱送万家”活动为154人（户）困难群众送上价值共12.4万元的慰问物资	
	助学，为广东医科大学90名学生发放6.3万元营养午餐补助金；为东莞高级中学新疆班学生拨付助学款10万元	
	对口帮扶，向广东省揭阳普宁市、韶关市、云南省昭通市等地共拨付59.3万元的扶贫资金	
备灾救灾	为大型活动赛事提供应急救护保障服务11场；举行防灾避险宣传活动10场；组织工作人员和志愿者600人次参与各类疫情防控活动260场	
造血干细胞捐献	完成采样入库342人份，完成捐献20例	
无偿献血宣传	开展无偿献血宣传活动655场，宣教市民9880人次	
红十字志愿服务	开展红十字志愿服务活动2188场，动员红十字志愿者2.21万人次，服务市民113.08万人次	

外事·侨务·台港澳事务

FOREIGN AFFAIRS · OVERSEAS CHINESE AFFAIRS · TAIWAN, HONG KONG AND MACAO AFFAIRS

金鳌洲塔　（2020年曹永富摄）

编辑：李俊玉

外　事

【外事概况】　2020年，东莞市完善党管外事体制机制，面对新冠肺炎疫情，推动防境外输入和对外交流合作“一盘棋”运行，做好外籍人士集中隔离期间闭环管理与柔性服务，妥善高效处理涉外防疫事件。全年接待市一级外宾团组57批305人次；因公出国团组1批2人次（此为2019年底审批同意出访团组），4批6人申请出访但最终取消行程；为全市514家企业、12所学校办理外国人来华邀请函582批2146人。

【外国人来莞管理与服务】　2020年，东莞市组建外籍人员集中隔离点，建立24小时多语种服务热线，派发《致来莞、返莞外籍人士的一封信》等指南，引导外籍人士自觉加强防护。在全市宣传及执行《九行业一视同仁无差别健康服务若干措施》，做好人文关怀，提供保障服务。建立健全新冠肺炎疫情期间邀请外国人来华管理制度，用好疫情期间中外“快捷通道”，部署“不见面审批”新模式，助力复工复产复学。5月向全市印发《疫情期间我市邀请外国人来华管理工作实施细则》，7月印发该实施细则第二版，11月印发《常态化疫情防控期间从严从紧办理外国人来华邀请函的工作指引》。协助三星公司重要高管、技术人员及家属返莞；为华为清澜山学校办理全省第一批13名外籍老师入境邀请函，保证学校开学。

【对外交流】　2020年，受全球新冠肺炎疫情影响，访莞外宾有所减少。东莞市在抓好疫情防控基础上，利用外事渠道邀请多国驻穗总领馆官员、商协会代表来莞参加第五届中国国际食品配料博览会、2020中国（东莞）国际

2020年9月1日，东莞市与西班牙驻穗总领馆共同举办的“西班牙的太阳”摄影展在东莞市举行　（市委外办供图）

医疗防疫及大健康产业发展论坛暨展览会、第六届广东国际机器人及智能装备博览会、第十二届中国加工贸易产品博览会等国际性经贸、行业交流活动。与丹麦驻穗总领馆探讨开展黑臭水体治理、城市防洪排涝、污水处理等绿色水治理领域合作。借助英国圣比斯（东莞）学校在莞落成机遇，与英国驻穗总领馆探讨吸引更多英国优质教育项目进驻东莞市。

【友城交往】　2020年，东莞市加强与国际友城、友好协会联络。策划“东莞友城巡礼”品牌活动，举办“西班牙的太阳”摄影展三重奏、东莞—以色列霍隆友谊植树暨儿童乐园设施赠送仪式、“漠上花开，友谊常在”以色列花卉艺术展暨东莞—霍隆友城展、恩格斯的故乡——德国伍珀塔尔城市图片展等数场友城活动，通过线上VR（虚拟现实）展保持与国际朋友交流“不断线”，友好“常在线”。

【东莞市与墨西哥蒂华纳市结成友好城市】　2020年，东莞市探索新对外交往方式，首次采用“云签约”模式，与墨西哥蒂华纳市签署共同发展友好交流合作关系备忘录，将东莞市国际朋友圈再添一员向拉美地区扩展。截至2020年底，东莞市与7个城市建立友好城市关系，与13个城市建立友好合作交流城市关系。（黎燕华）

附：2020年中共东莞市委外事工作委员会办公室、东莞市外事局主要领导名录

主任、局长：谢玉华

2020年东莞市外事局邀请接待海外团组情况表

访问日期	团组	访问目的
1月9日	以色列驻穗总领事劳霈乐（Peleg Lewi）一行	拜访交流
1月13日	越南驻穗总领事邓世雄、老挝驻穗总领事索姆立·坎迪翁、泰国驻穗总领事孔雀丽及柬埔寨驻穗总领事兴波	拜访交流
1月17日	英国驻穗总领事贺颂雅（Jo Hawley）一行	礼节性拜访
2月12日	以色列驻穗总领事劳霈乐（Peleg Lewi）	疫情慰问
3月2日	东莞韩国商工人会会长文桂俊一行	拜访交流
4月7日	新加坡驻穗总领事罗德杰一行	拜访交流
4月20日	以马里驻穗总领事艾丽玛·丹法卡·加库（Alima DANFAKHA GAKOU）为首的非洲十一国驻穗总领事代表团	参加华坚集团对非洲国家抗疫物资捐赠仪式
4月23日	以色列驻穗总领事劳霈乐（Peleg Lewi）一行	参加“中以携手·种植未来”活动启动仪式
5月13日	英国驻穗代总领事毕伟（David Bull）一行	拜访交流
5月20日	西班牙驻穗总领事耶稣斯·格拉西亚（Jes ú s Gracia）一行	拜访交流
6月2日	埃塞俄比亚驻穗代总领事泰格尼·格塔乎（Tegegne Getahun）一行	拜访交流
6月13日	东盟泰国、老挝、柬埔寨、越南四国驻穗总领馆代表	参加由广东省自驾旅游协会举办的啖荔活动

续表

访问日期	团组	访问目的
6月24日	韩国驻穗总领事洪性旭一行	拜访交流
7月21日	新西兰驻穗总领事沈立（Rebekah Mawson）一行	拜访交流
7月24日	丹麦驻穗总领事安雅（Anja Villefrance）一行	拜访交流
8月5日	以色列驻穗总领事劳霈乐（Peleg Lewi）一行	拜访交流
8月10日	埃塞俄比亚驻穗代总领事泰格尼·格塔乎（Tegegne Getahun）	拜访东莞理工学院
9月1日	西班牙驻穗总领事耶稣斯·格拉西亚（Jes ú s Gracia）一行	参加“西班牙的太阳”摄影展三重奏
9月3日	科特迪瓦驻华大使多索·阿达玛（Dosso Adama）	礼节性拜访
9月10—12日	2020年华为开发者大会记者团	采访报道
9月16日	日本驻穗总领事石塚英树	参加第十六次在莞日资企业政企联络会议
9月21日	以色列驻穗总领事劳霈乐（Peleg Lewi）一行	参加东莞—以色列霍隆友谊植树暨游乐设施捐赠仪式
10月13日	英国驻穗总领馆领事处副领事白翱龙（Alan Robert Bryson）一行	拜访交流
10月15日	英国驻穗总领馆代表毕伟（David Bull）一行	参加中欧（国际）合作·智慧零碳工场项目暨国际质量基础设施（NQI）大厦奠基仪式
10月15日	以北马其顿驻华大使伊丽莎贝塔（Elizabeta GJORGJIEVA）为首的多国驻华使领馆代表团	参加第五届中国国际食品配料博览会
10月19日	以墨西哥驻穗总领事卡洛斯·希拉尔特（Carlos Ignacio GIRALT CABRALES）为首的多国驻华使领馆代表团	2020中国（东莞）国际医疗防疫及大健康产业发展论坛暨展览会
10月20日	以色列驻穗总领事劳霈乐（Peleg Lewi）一行	参加“漠上花开，友谊常在”以色列花卉艺术展暨东莞—霍隆友城展开幕式
10月22日	法国驻穗总领馆科技与教育领事裴安彤（V é ronique Anton）	拜访东莞理工学院
10月28日	澳大利亚驻穗总领事尚晓龙（Michael Sadleir）一行	礼节性拜访
11月9日	美国驻穗总领馆经济处领事吕圣元（Steve Leu）一行	拜访交流
11月11日	丹麦驻华使领馆环境与水行业参赞安燕（Anne Jensen）一行	拜访交流
11月12日	巴西驻穗总领事杜飞（Frederico Meyer）一行	礼节性拜访
11月25日	埃塞俄比亚驻穗总领事吾乃图·比拉塔（Ewnetu B.Debela）一行	拜访交流
12月8日	斯洛文尼亚驻华大使苏岚（Alenka Suhadolnik）	礼节性拜访
12月10日	日本驻穗总领事石塚英树一行	拜访交流
12月11日	泰国驻华大使阿塔育·习萨目（Arthayudh Srisamoot）一行	拜访交流

侨 务

【侨务概况】 2020年，东莞市做好侨务政务服务工作，办理华侨回国定居、“三侨生”（归侨青年、归侨子女、华侨在国内的子女）证明、华侨华人子女入学等政务事项46宗。举行2020年海外华侨华人代表人士座谈会，邀请在莞华侨华人代表人士参加，了解海内外华侨华人对东莞市人大、政协“两会”的反响以及对东莞市经济社会发展建议、各侨团新冠肺炎疫情防控工作情况。依法做好涉侨信访工作，全年处理涉侨信访案件11件，包括了解侨房政策、经济纠纷、维护权益、海外寻亲等方面，其中8件得到解决。

【为侨法律服务工作站建设】 2020年，东莞市加强为侨法律服务工作站建设，举办《中华人民共和国归侨侨眷权益保护法》颁布30周年涉侨法律讲座，发放涉侨法律政策指南，解读涉侨法律知识，让广大侨胞、归侨侨眷了解侨法以及认识如何依法维权。全年处理涉侨诉讼和非诉讼咨询事项60宗，为约40家涉侨企业提供常年法律顾问服务，为在莞侨界群众提供公共法律服务。 （孔对怀）

附：2020年东莞市侨务局主要领导名录

局　长：丁群好（任至11月）
　　　　张　炜（11月到任）

台港澳事务

【莞台港澳交流概况】 2020年，东莞市接待台港澳来莞交流团5批79人次，其中台湾来莞团组3批23人次、港澳来莞团组2批56人次。办理因公赴港澳通行证业务330批972人次，其中因公赴香港295批885人次、因公赴澳门35批87人次；办理因公赴台业务55批385人次，其中公职赴台29批322人次、商务赴台26批63人次。

【市委台港澳办走访调研台企复工复产情况】 2020年2月18—20日，东莞市委台港澳办到明安运动器材、万泰光电、百宏实业、永晋灯饰、佑莹鞋业、普瑞得五金、伟益塑胶、常禾电子、联茂电子和中探探针等台资企业，实地察看企业食堂、宿舍、展厅、车间等区域，检查指导企业复工复产和落实新冠肺炎疫情防控措施。

【市委台港澳办拜访香港驻粤办】 2020年6月5日，东莞市委台港澳办拜访香港特别行政区政府驻粤经济贸易办事处。双方就深化莞港两地合作举行座谈会，并达成常态化交流共识，建立一年多次互访合作机制，加强莞港两地信息互联互通，推动莞港两地深度参与粤港澳大湾区建设。8月18日，市委台港澳办率市科技局、滨海湾新区管委会等拜访香港特区政府驻粤办，共同就打开莞港合作通道进行详细讨论和研究，打开莞港合作机制新局面。

【市委常委刘炜会见东莞台商投资企业协会会长】 2020年7月24日，东莞市委常委刘炜会见东莞台商协会会长吴胜丰一行。双方就促进莞台经贸交流，深化落实多项惠台措施进行详细交流，共同推动莞台两地广泛开展交流合作，与台商台企共享粤港澳大湾区建设红利与机遇。

【“莞香花飘台”图片展开幕】 2020年8月7日，由东莞市台商投资企业协会、市台胞台属联谊会、市莞台经济文化交流中心共同主办的“莞香花飘台”东莞台商协会发展史大型图片展，在台湾地区苗栗县政府文观局山月轩展厅开幕。东莞市委台港澳办副主任王柏桃、市台商协会会长吴胜丰、市台胞台属联谊会会长谢炜强与苗栗县县长徐耀昌通过现场视频连线方式互动。

【对台商开展民法典宣传】 2020年8月27日，东莞市委台港澳办在东莞市台商协会第十二届第三次理事会议上举行民法典之买卖合同普法讲座。活动邀请市委台港澳办法律顾问主讲，通过以案说法对台商进行普法宣传，引导台商重视和学习民法典，并在日常生活、生产经营中能学法、守法和用法。市委台港澳办副主任陈润枝、市台商协会会长吴胜丰和近百名台商代表参加。

【海峡两岸婚姻家庭服务中心组团到莞参访】 2020年9月18日，海峡两岸婚姻家庭服务中心到莞访问，并与东莞台商子弟学校及东莞市台联俪雅会代表座谈。了解东莞市两岸婚姻家庭发展及服务工作开展情况，以及两岸婚姻子女在大陆发展意愿。

【海峡两岸关系协会到莞调研】 2020年10月28—29日，海峡两岸关系协会会长张志军一行到莞出席2020第十一届东莞台湾名品博览会开幕式、东莞市台商投资企业协会27周年庆典等系列活动。实地走访东莞台商子弟学校、东城徐记食品有限公司、东莞骅国电子有限公司及东莞台升家具有限公司。

【澳门工商联会代表团到莞参访】 2020年11月18—20日，由中央人民政府驻澳办经济部助理孙杰，澳区全国人大代表、澳门工商联会会长何敬麟率领的澳门工商联会代表团一行访问东莞市，市政府副秘书长梁绍光接待。双方就抢抓粤港澳大湾区建设机遇，深化莞澳两地经贸合作展开深入交流。

【澳门公务员领导力培训班参访团到莞参访】 2020年12月7日，澳门公务员领导力培训班参访团一行34人到东莞市实地考察东莞海战博物馆和华为松山湖研发基地等。加深澳门特区公务人员对国情国史以及新知识、新业态了解，促成莞澳常态化交流。 （台港澳办）

附：2020年中共东莞市委台港澳工作办公室、东莞市台港澳事务局主要领导名录

主任、局长：黄慧红

法　治

LEGAL SYSTEM

虎门大桥　（2020年黄生摄）

编辑：王学林

人大立法

【东莞立法概况】　2020年，东莞市制定出台《东莞市水土保持条例》《东莞市养犬管理条例》。市人大常委会两次审议《东莞市户外广告设施和招牌设置管理条例（草案）》，首次向市委、市政府班子成员发专函征求立法项目建议、首次就法规草案重点条款和争议问题开展网络问卷调查，提高立法质量和效率。清理废止《东莞市饮用水源污染防治规定》《东莞市禁止在市区销售燃放烟花爆竹的规定》，对照民法典专项清理市已颁布实施的6部地方性法规。为全国人大、省人大58部立法草案研究提出参考意见。备案审查市政府22件规范性文件，联动审查市委、市政府及各部门39份党内规范性文件，就其中6份文件提出审查意见建议，全部获采纳。

【重点领域立法】　2020年，东莞市有2部地方法规批准实施。

《东莞市水土保持条例》施行　条例于2019年12月25日经市第十六届人大常委会第二十七次会议三审表决通过，2020年4月29日经省第十三届人大常委会第二十次会议批准，于7月1日起施行。条例结合东莞市自然地理情况，科学划定水土流失重点预防区和重点治理区，实行分区防治。

《东莞市养犬管理条例》审议出台　条例于2020年8月5日经市第十六届人民代表大会常务委员会第三十五次会议表决通过，9月29日获省第十三届人民代表大会常务委员会第二十五次会议审查批准。条例设计有利于提高执行质量的制度：以购买服务的方式委托社会机构办理养犬备案、免疫；养犬备案、管理和疫苗均不收费；不实行分区管理；明确犬只伤人后养犬人先行垫付医疗费用；建立犬只收治、无害化处理、医学观察等配套管理制度等。

2020年12月10日，东莞市人大常委会开展《东莞市户外广告设施和招牌设置管理条例》立法调研　（市人大常委会办公室供图）

【立法计划编制】　2020年，经东莞市人大常委会主任会议通过并报市委批准，编制形成2020年度立法计划。正式项目2个，分别为《东莞市养犬管理条例》《东莞市户外广告设施和招牌设置管理条例》；预备项目5部，分别为《东莞市电动自行车管理条例》《东莞市零散工业废水管理条例》《东莞市气象灾害防御条例》《东莞市扬尘污染防治条例》《东莞市挥发性有机物污染防治条例》。

【立法机制完善】　2020年，东莞市在立法工作中坚持党的领导，以立法协调小组的活动为契机，根据工作规则做好全市各部门间的立法协调，通报立法进展和协调有关问题。落实定期报送立法信息的制度，使各相关单位了解并协助共同做好立法工作。执行地方立法重大问题向同级党委请示报告制度，重大立法项目、立法中的重大问题和重大事项及时向市委请示报告。通过落实立法协调小组联席会议制度，每年组织相关部门就立法相关问题进行沟通协调，推进立法全流程。参与重点领域专项工作小组，参与多项重点领域法治建设，包括市域社会治理、优化营商环境、创新基层治理、农村留守儿童关爱保护和困境儿童保障、平安东莞建设、公平竞争审查工作、农村乱占耕地建房问题整治等，在各项工作的法制保障方面发挥重要作用。

【规范性文件备案审查】　2020年，东莞市有关制定机关向市人大常委会报备规范性文件22件，其中，市政府规章2件、市政府规范性文件20件。各报备机关通过全省统一的备案审查信息平台进行规范性文件电子报备，报备文件及时性和规范性均100%。做好向省人大常委会报备规范性文件工作，报备地方性法规2件，包括《东莞市水土保持条例》《东莞市养犬管理条例》；报备市人大及其常委会决定2件，包括《东莞市人民代表大会关于废止〈东莞市饮用水源污染防治规定〉的决定》《东莞市人民代表大会常务委员会关于废止〈东莞市禁止在市区销售燃放烟花爆竹的规定〉的决定》。

推动完成法规、规范性文件专项清理　2020年，东莞市完成生态环境规范性文件清理。据全国人大常委会办公厅《关于全面落实全国人大常委会决议要求做好生态环境保护地方性法规全面清理工作的通知》及省人大常委会《广东省生态环境保护地方性法规全面清理工作方案》的要求，2020年，市人大常委会清理废止《东莞市饮用水源污染防治规定》《东莞市禁止在市区销售燃放烟花爆竹的规定》等2件规范性文件，完成生态环境规范性文件清理。推动与民法典相关地方性法规的专项清理。按照全国人大常委会和省委及省人大常委会的工作部署，对东莞市获得地方立法权以来颁布实施6部现行有效的地方性法规进行全面清理。对照清理标准和要求，对相关法规逐一甄别、综合研究，清理结果认为，6部法规通过时间不长，在立法中与时俱进，未发现与民法典的新规定新概念新精神不一致或者与其他上位法的规定不一致的情形，无需修改或者废止，形成《关于与民法典相关地方性法规专项清理工作的报告》上报省人大常委会。此外，根据省人大常委会的通知要求，开展野生动物保护方面的法规专项清理。

发挥备案审查联动机制的协同作用　2020年，东莞市对市委、市政府及各部门发来的39份党内规范性文件审查研究，并就其中6份文件提出审查意见建议，相关意见建议均获采纳。对市政府出台前报告的1份规范性文件进行合法性审查，发挥联动机制的协同作用。

（吴　洋）

政法委与综治

【政法委与综治概况】　2020年，东莞市政法系统推进平安东莞、法治东莞和政法队伍建设，营造共建共治共享社会治理格局，社会大局保持平安稳定。东莞市平安建设考评连续3年排广东省第二名、获得优秀等次，被中央政法委确定为联系点，创建全国市域社会治理现代化首批试点城市，获评为“第一批全国法治政府建设示范项目”，在中央政法委创新工作经验交流会上向全国介绍疫情防控经验。

【政治安全和社会稳定维护】 2020年，东莞市以深圳经济特区建立40周年庆祝活动维稳安保为主线，把维护国家政治安全放在第一位，有效防范化解各类矛盾，妥善处置应对重大不稳定事件，维护社会安全稳定。

维护疫情期间社会稳定 2020年，东莞市成立市镇两级涉疫情矛盾纠纷排查化解工作专班，健全工作会商、线索交办、督查督办、请示报告等工作机制，统筹做好疫情特别是农工商领域矛盾纠纷排查化解工作，稳妥处置涉疫情涉稳案事件，没有发生因疫情引发的突出涉稳事件。

防范化解重大风险 2020年，东莞市推进维护政治安全和社会矛盾问题专项治理行动，妥善处置应对重大不稳定事件，完成全国人大、政协“两会”、深圳经济特区建立40周年庆祝活动等维稳安保工作任务。全年全市发生涉社会稳定案事件605宗，化解率90%，未化解的案件整体平稳可控，确保全市社会大局稳定。

健全维稳机制 2020年，东莞市发挥市维稳信息平台作用，实现分析研判定性定量化。健全重大决策事项社会稳定风险评估机制，没有因评估不到位引发重大涉稳事件，特别是对《东莞市农民安居房管理办法》和村（社区）“两委”（支委会、居委会）换届选举工作形势进行评估研判，确保社会稳定。建立社会安全领域重大风险防范化解工作协调机制，完善全市“一盘棋”维稳工作格局。坚持工作形势月研判制度，督促各专项牵头单位有效跟进各领域每月风险处置。

【扫黑除恶专项斗争决战决胜】 2020年，东莞市聚焦三年为期总目标，推动扫黑除恶专项斗争决战决胜。2018—2020年，打掉涉黑社会性质组织13个、恶势力犯罪集团114个、涉恶犯罪团伙645个，破获涉黑涉恶刑事案件3248件。“六清”行动实现“逃犯清零”“伞网清零”“案件清零”“线索清仓”；“黑财清底”涉黑涉恶财产入库金额排全省第二名；“行业清源”方面发出“三书一函”（监察建议书、检察建议书、司法建议书、公安提示函）653份，整改率89.6%。东莞市群众对扫黑除恶专项斗争的成效评价满意率排全省第一名，打掉的恶势力犯罪集团数排全省第二名、破获涉黑涉恶刑事案件数排全省第二名。

2020年4月2日，东莞市市域社会治理现代化暨创新基层社会治理体系工作推进会在市行政办事中心召开 （市委政法委供图）

【市域社会治理现代化】 2020年，东莞市印发《关于营造共建共治共享社会治理格局的意见》，出台配套系列文件31份。成立市域社会治理现代化试点工作领导小组，出台实施方案，召开推进会，部署试点创建工作，并将市域社会治理现代化纳入全市“十四五”重点专项规划。7月，东莞市在全省加快推进市域社会治理现代化试点工作视频会上作经验介绍。

项目化推广社会治理创新典型 2020年，东莞市成立市社会治理研究院，系统梳理东莞市社会治理创新经验及做法，形成项目库和复制推广清单，部署各镇街复制，基本完成首批12个项目复制推广工作，同时推动各镇街打造具有自身特色的N个创新项目，并向省申报27个省市共建项目，为复制推广做好储备。

平安文化建设助推“多元共治” 2020年，东莞市以异地商会积分管理制为抓手，以企业平安文化建设为突破口，推动商会、会员企业、员工和乡籍人员共创、共守、共享平安。开展平安文化市镇共建项目，引导全体市民参与社会治理。讲好东莞社会治理和平安文化建设故事，统一使用平安文化宣传口号、标识，提高平安文化宣传的针对性及对外来务工群体的覆盖率。搭建“全民莞家”微信小程序，以平安文化理念搭建多元参与社会治理新平台。

智网工程整体提升 2020年，东莞市围绕“人口管理、城市管理、应急处突”三大任务，推出网格化管理“十项全新举措”（升格智网调度组织领导的全新架构、构筑网格化疫情防控的全新战线、划定网格管理员待遇的全新标准、形成动态派发工单的全新机制、开创网格化机动巡查的全新模式、谋划社会治理多网融合的全新蓝图、开辟公众参与社会治理的全新渠道、打造示范网格建设的全新范式、创设网格管理员培训的全新平台、发布网格主题宣传的全新品牌），推动智网工程实现整体提升，全年发现隐患346.8万处，比上年增长45.7%，隐患处置率98.5%，比上年提升2.5个百分点。推出“智网人人拍”小程序，自8月4日上线至年底，受理市民报送各类隐患3.34万处，引导市民参与社会治理，压减各类问题隐患的萌芽空间。

大调解工作格局构建 2020年，东莞市成立市调解协会，建设“莞邑调解”多元化平台，整合全市各类调解资源，探索推行分级分类管理制度。全年全市各类调解组织受理矛盾纠纷6.34万宗，调解成功率98.1%。推进诉调对接“1+2+3”工作模式和诉源治理示范建设，全年全市法院参与诉前调解案件13.07万件，调解成功率65.22%，将矛盾化解在诉前。诉调对接“1+2+3”工作模式获评为2020年全国社会治理创新典范。

资料链接

诉调对接“1+2+3”工作模式：1个中心、2个平台、3大调解：1个中心是东莞市法院全面设立诉调对接中心，全面推行调解前置。2个平台是建立线上线下2个平台，让当事人少跑路，构建“互联网+社会治理”在线调解模式。3大调解指的是全面加强专职调解、律师调解和特邀调解，打造全方位、立体化纠纷化解体系。

【平安东莞建设】 2020年，东莞市破案数首次跃居全省第二位，严重暴力犯罪、“两抢”（抢夺、抢劫）、盗窃案件比上年下降31.2%、59.1%、38.8%，社会整体治安形势持续向好。保持对“黄赌毒”问题特别是“涉黄”违法犯罪的严打高压态势，坚决遏制“黄赌毒”死灰复燃。东莞市群众安全感、政法工作满意度全省居第九位、第四位，比上年均上升5位。

社会治安防控体系健全 2020年，东莞市建成“雪亮工程”市级总平台、综治分平台，并实现与省级平台的对接和视频推送。东莞市建成一类、二类视频点13万路，“慧眼”小视频12.7万路，科技信息化建设水平基本迈入全省第一梯队。推进社区警务改革，设置规范统一的社区警务室587个，社区民警任职村（社区）党组织副书记和“智网工程”指挥调度站副站长，组建“莞邑联防”群防群治队伍，防控工作取得突破。全面实行出租屋分级分类管理，加强出租屋治安管理工作。

重点问题专项治理 2020年，东莞市压实命案防控工作，东莞市命案发案数比上年下降20%，连续8年下降。开展走私活动突出问题省挂牌专项整治，通过省的检查验收，成绩排全省第二名。对社会治安重点地区开展挂牌整治，对娱乐场所服务管理、寄递物流管理、“三年护苗行动”开展专项工作，推进重点问题解决。

特殊人群服务管理 2020年，东莞市强化重点社区矫正对象管控，实现列管社区矫正对象监管完成率100%。出台系列文件，推动各镇街建设社会心理服务站，加强对严重精神障碍患者的服务管理。启用“东莞启智学校启航分校”，对226名罪错未成年人开展教育矫治。

资料链接

雪亮工程：公共安全视频监控系统建设联网应用项目。

三年护苗行动：“关爱女童护苗成长”保护女童人身权益三年行动。

【法治东莞建设】 2020年，东莞市深化政法领域改革。对标对表中央和省部署的90项改革任务，完成76项。公安部门开展交警警务运行机制改革，推动分局机关内设部门整合，优化基层警务运行机制；法院健全新型审判监督管理机制，深化综合配套机制改革，推进智慧法院建设；检察院推进两级检察机关内设机构改革，完成相应办案组织调整，构建以办案质量和效果为核心的检察官业绩考评体系，成为省的试点单位；司法行政部门推动镇街综合行政执法改革，社区矫正成为全国“智慧矫正”市级试点单位；市法学会提交市法学会机构改革方案至市委深改委。

法治引领保障作用发挥 2020年，东莞市创建法治政府建设示范区，营造一流法治化营商环境。出台地方性法规2部、政府规章3部，对市委、市政府重大决策、重大政府合同（重要协议）提出合法性审查意见800多份，服务改革发展需要。

规范公正执法司法 2020年，东莞市健全完善执法司法监督制约体系，保障依法独立行使司法权。完善涉法涉诉信访制度，全面清零省交办的49件进京到省涉法涉诉信访积案。推进行政执法“三项制度”（行政执法公示制度、执法全过程记录制度、重大执法决定法制审核制度）和“两法衔接”（行政执法与刑事司法衔接），东莞市公安部门启动新执法办案系统，实现执法办案全流程信息化。巩固执行工作长效机制，全面兑现判决权益。

政法公共服务优化 2020年，东莞市法院全面推行网上跨域立案，全年网上立案率96.9%。公安推行“一窗办理”政务服务，并被省府办列入6个营商环境创新工作事项之一。全市法律公共服务实体平台及中立法律服务社全年提供法律咨询3.19万人次，受理业务1.52万宗。推进多层次多领域法治创建，获评为省级“法治文化建设示范企业”数量居全省第一位，18个村（社区）获评为省级“民主法治示范村（社区）”。

【政法队伍建设】 2020年，东莞市对标对表政法工作条例，逐条对照找差距，任务整体完成率94.7%，相关工作经验得到省委政法委肯定并在全省推广。健全完善平安东莞建设工作协调机制，建立市委平安东莞建设工作领导小组，全面统筹政法系统和相关部门资源力量。落实中央政法委联系点工作，向中央政法委报送5期《专报》，完成中央政法委交办重点课题2项，扫黑除恶、市域社会治理、政法领域改革等专项工作成果得到中央政法委调研组肯定。筹备政法队伍教育整顿工作，开展减刑、假释、暂予监外执行案件专项排查，正风肃纪反腐。年内，市法学会获评为广东省2014—2020年度全省法学会系统先进集体，市法律援助处获评为“全国法律援助工作先进集体”、连续五届“全国文明单位”，东莞公证处获评为“全国公共法律服务工作先进集体”，市第二市区检察院获评为“全国先进基层检察院”，多名政法干部获“全国法院办案标兵”“全国优秀公诉人”“全国模范人民调解员”称号，公安机关9人次获评为全国、省级抗疫先进个人，1个集体立一等功。（唐三保）

附：2020年中共东莞市委政法委员会主要领导名录

书　记：杨东来

法治政府建设

【法治政府建设概况】　2020年，东莞市紧扣中共中央、国务院《法治政府建设实施纲要（2015—2020年）》各项目标任务，落实省委、省政府工作部署，全面加强党对法治政府建设的领导，在法治轨道上统筹推进疫情防控和经济社会发展，构建职责明确、依法行政的政府治理体系，优化法治化营商环境。东莞市2019年度法治广东建设考评获优秀等次。

法治政府建设推进　2020年，东莞市召开涉及法治政府建设的市政府常务会议40次，审议和部署相关法治事项53项，研究出台《东莞市2020年依法行政工作要点》，对依法行政工作统筹部署，对年度法治政府建设刚性约束，确定每项要点的责任单位并加强对任务落实情况的督办。

法治政府建设示范创建　2020年，东莞市推进全国和省的法治政府建设示范创建工作和开展法治政府建设成果专项宣传活动。8月，东莞市“深化商事制度改革”获中央依法治国办命名为“全国法治政府建设示范项目”。9—11月，组织开展东莞市法治政府建设成果专题宣传活动，市长肖亚非受邀录制专题访谈片。

依法行政报告制度落实　2020年，东莞市撰写《东莞市2020年法治政府建设情况报告》分别报送省委、省政府和市委、市人大常委会，并按要求通过“中国·东莞”政府门户网站和《东莞日报》向社会公开。

【依法治市】　2020年，东莞市委依法治市办发挥统筹协调，综合服务职能，学习贯彻习近平法治思想，落实省委“1+1+9”工作部署和市委“1+1+6”工作思路，在法治轨道上统筹推进疫情防控和经济社会发展工作，法治建设各项工作取得显著成效。

学深悟透习近平法治思想　2020年东莞市委坚持把学习贯彻习近平法治思想作为重大政治任务。3月，市委书记梁维东主持召开市委全面依法治市委员会第二次会议，统筹部署依法治市和法治政府建设工作任务；12月，市委书记梁维东、市长肖亚非先后召开市委常委会会议、市政府常务会议，谋划推进新发展阶段法治东莞建设，把习近平法治思想贯彻落实到依法治市全过程。

党对法治建设的统一领导全面加强　2020年，东莞市委依法治市办提请召开市委全面依法治市委员会第二次、第三次会议，传达中央、省有关会议精神，统筹部署依法治市工作任务。调整和优化全面依法治市委员会组成人员和四个协调小组组成人员。督导基层加强法治建设组织领导，建立健全依法治镇街道工作制度，初步搭建全市依法治镇街道工作体系的“四梁八柱”。

党政主要负责人履行推进法治建设第一责任人职责情况列入年终述职内容试点　2020年，东莞市印发《东莞市开展党政主要负责人履行推进法治建设第一责任人职责情况列入年终述职内容试点工作实施方案》，在全市党委、政府工作部门和园区开展试点，完成“三个列入”工作任务，将党政主要负责人和其他班子成员履行推进法治建设第一责任人职责、学法守法用法

2020年10月24日，全国“七五”普法总结验收检查组到莞检查验收“七五”普法工作　　（市司法局供图）

情况作为个人年度述职报告规定内容，纳入领导班子和领导干部年度考核内容，成为考察使用干部、推进干部能上能下的重要依据。

法治建设规划部署 2020年，东莞市委依法治市办开展依法治理专题调研，研究运用法治思维和法治方式解决城市治理顽症难题的对策建议。研究起草新一轮法治东莞建设规划。出台《2020年全面依法治市工作要点》，建立年度依法治市工作台账，确保法治建设年度工作有序推进。

依法防控疫情能力提高 2020年，东莞市委依法治市办出台《关于在法治轨道上统筹推进疫情防控和经济社会发展工作的意见》，对东莞市依法防控疫情采取的措施、面临的问题总结，研究提出下一步工作安排。转发中央全面依法治国委员会有关深化依法防控疫情的意见至全市各有关单位、各镇街党委全面依法治镇街委员会学习贯彻，推动东莞市依法防控疫情工作落实。

【规范性文件管理】 2020年，东莞市推进规范性文件管理，围绕市政府"拓展优化城市发展空间""打赢蓝天保卫战""打造教育现代化强市"等中心工作，办结并上报市政府出台《东莞市农民住房管理办法》《东莞市非户籍适龄儿童少年接受义务教育实施办法》等市政府规范性文件20件，前置审查《东莞市重大产业项目贷款贴息项目实施细则》《东莞市工业和信息化局保企业、促复苏、稳增长政策资金管理办法》等部门规范性文件86件，备案审查镇街规范性文件149件，对党内规范性文件征求意见稿提出意见建议7件次。督促起草单位对114份文件公平竞争审查，对29份涉企规范性文件征求企业及行业协会的意见，从源头上防止排除、限制市场竞争规定的出现。对160名工作人员开展行政规范性文件制定与管理业务专题培训。牵头组织开展《中华人民共和国民法典》涉及规章和行政规范性文件清理、开展涉及野生动物保护法规规章规范性文件清理，经过清理并报请市政府审定，修改、废止一批市政府规范性文件和部门规范性文件。报请市政府出台《东莞市人民政府2020年度重大行政决策事项目录》，推动落实国务院《重大行政决策程序暂行条例》和《广东省行政规范性文件管理规定》要求，确保东莞市出台的重大行政决策和行政规范性文件的合法性和可操作性。

【行政复议应诉】 2020年，东莞市依法公正办理复议案件。全年收到行政复议申请935宗，办结775宗，其中以市政府为被申请人的行政复议案件39件。承办以市政府为被告的行政诉讼案件431件，其中副市长万卓培代表市政府出庭应诉1件。加强对全市行政应诉工作的监督、指导，完成全市行政诉讼案件统计分析，形成《东莞市2020年行政复议行政应诉案件统计分析报告》报省司法厅，形成《东莞市2020年行政应诉案件统计分析报告》报市政府。

市政府行政应诉案件处理程序优化 2020年，东莞市出台《东莞市人民政府关于进一步优化市政府本级行政复议与应诉案件处理程序的通知》，刻制并启用"东莞市人民政府行政应诉专用章"，简化市政府行政应诉法律文书报批流程，提高行政案件办理效率。

行政复议体制改革 2020年，东莞市推进行政复议开庭审理和实地调查及信息化工作，应用全国行政复议工作平台，全面深化复议文书改革，优化案件处理程序，推进行政复议文书网上公开。推进"长安镇开展行政复议与调解试点"。

【行政执法协调监督】 2020年，东莞市开展镇街综合行政执法改革工作，按照"实际需要，宜放则放"原则，梳理下放执法职权事项，形成第一批调整由镇街实施的职权目录884项，提请市政府以公告形式公布，起草《东莞市镇街综合行政执法委员会建设指引》，并提请市委依法治市办印发各镇街、各有关部门实施。组织各镇街、各部门推行行政执法"三项制度"（行政执法的公示制度、行政执法全过程的记录制度、重大执法决定的法制审核制度），组织全市66个执法单位在行政执法信息平台公示行政处罚1.61万宗、行政许可4.59万宗、行政检查2.27万宗。建立健全行政执法全过程记录相关制度，配齐配强法制审核人员实施"案审分离"。推动"两平台"（行政执法信息平台、行政执法监督网络平台）试点工作，印发工作方案，组织各试点单位近300名工作人员参加5场培训。把行政执法信息平台纳入市"互联网+监管"体系中行政执法监管系统的组成部分统筹建设。组织全市4891名行政执法人员参加线上综合法律知识培训和网上考试，完成执法证件申领发放3630个。组织开展全市执法案卷评查工作，对近200个案卷进行评查，推动执法规范化建设。

【政府法律顾问制度推行】 2020年，东莞市司法局推行和落实政府法律顾问制度，当好党委、政府法治参谋助手，依法履行法律审查职能，加强对重大决策、重要行政措施的合法性审查和法律论证，预防和消除决策中的法律风险。全年对疫情防控、拓展与优化城市发展空间、征地拆迁、"两违"（违法用地、违法建设）清理整治、水污染治理等领域重大行政决策、重大合同、重要协议提出合法性审查意见800份。

（肖岱彤）

公　安

【公安概况】 2020年，东莞市公安局坚持打击违法犯罪和新冠肺炎疫情防控齐抓并重，全市立刑事案件7.29万件，比上年下降2.43%；破案2.54万件，上升1.64%；刑拘2.44万人，下降0.08%。在全省立案上升、破案下降、刑拘下降的大环境下，东莞市刑事打击工作取得立案数下降、破案数上升的良好局面。联合市有关职能部门，通过排查预警、联合防疫、快速反应，筑牢新冠肺炎疫情防控防线；做好全国人大、政协“两会”、重大节日、深圳经济特区建立40周年等重大活动安保工作，维护东莞市社会治安大局稳定。

2020年，东莞市公安局获集体一等功1个、集体二等功16个、集体三等功180个、集体嘉奖161个；获“全国公安系统二级英雄模范称号”2人、个人一等功5人、个人二等功58人，个人三等功569人、个人嘉奖1230人。东莞市公安局直属机关党委被评为广东省抗击新冠肺炎疫情先进集体；胡桂霞、陈富文被评为全国公安系统抗击新冠肺炎疫情先进个人，梁鹤华、古谊、吴慎、熊乐辉被评为广东省抗击新冠肺炎疫情先进个人，招志刚被评为全国百名优秀刑警，邓柱华代表广东公安被提名全国最美基层民警。

【暴力犯罪打击】 2020年，东莞市公安局严厉打击命案、涉枪、涉爆等暴力犯罪，全市立暴力犯罪案件比上年下降24.4%。其中，全市发命案64件，比上年下降20%，创历年新低；破案率100%。全年破命案积案95件，排全省第一名，其中公安部督办1件、省公安厅督办5件案件全破；抓获命案积案逃犯111人，排全省第一名。

【“盗抢骗”犯罪打击】 2020年，东莞市公安局聚焦群众反映强烈的突出违法犯罪，组建实战化运作的打击传统“盗抢骗”工作专班，以“快破小案、多追赃挽损”为工作目标，以打击职业性、系列性、地域性犯罪为重点，多次开展集中收网行动，打击传统“盗抢骗”犯罪工作取得突破。全年东莞市立传统“盗抢骗”案件2.05万件，比上年下降47.03%；破案1.36万件，比上年下降8.04%；行政拘留6421人，刑事拘留7214人，逮捕5118人。其中，“两抢”（抢劫、抢夺）犯罪打出拐点，全年发案293件，在2019年下降八成的基础上再降六成，且现案全破。

【电信网络诈骗犯罪打击】 2020年，东莞市公安局坚持打击、防范、治理同步推进打击电信网络诈骗犯罪工作。强化专业力量建设，加强市镇两级反诈骗中心建设，充实全市反诈专职力量，推进研判、劝阻、止付等工作，全年劝阻疑似被骗事主19.35万人次，比上年上升441%；关停嫌疑电话1.94万个，上升853%；止付金额7.42亿元，上升984%。强化黑灰产业治理，以公安部“断卡”行动为抓手，联合相关部门制定《涉电信网络诈骗犯罪集中打击黑灰产办案指引》，为全市打击治理黑灰产提供执法支撑，抓获非法买卖电话卡、银行卡人员1831人，破案4149件，打掉开办卡团伙49个、收贩卡团伙19个，缴获银行卡1586张、手机卡3.10万张。强化精准宣传，制作《电信网络诈骗精准宣传防范工作手册》，并专门召开会议培训推广，统筹指导各公安分局依托社区警务，对辖区群众开展防诈骗宣传，取得良好成效。全年在全省电信诈骗警情比上年上升的大环境下，东莞市厚街、桥头、大朗、大岭山等4个镇电信诈骗警情下降。

【禁毒】 2020年，东莞市公安局侦破毒品案件243件，其中公安部目标案件2件、省公安厅目标案件18件；逮捕涉毒犯罪嫌疑人879人，缴获各类毒品350千克。开展“平安关爱”行动，东莞市户籍吸毒人员分类分级率持续保持100%，执行社区戒毒社区康复执行率保持100%，戒毒康复人员连续15个月实现零脱失；开展233场帮扶活动，开展党员领导干部点对点帮扶584次，直接服务涉毒贫困家庭320个和吸毒人员2115人次，解决低保23人次、医保280人次，举办吸毒人员就业培训51场次，成功推荐就业149人，为161名强制隔离戒毒人员开展深度个案管理。开展多媒体毒品预防教育，发布禁毒信息3868条，其中“虎门销烟181周年：云游鸦片战争博物馆”“因情施策　全力帮扶涉毒贫困家庭”“勿忘历史！让我们一起走在阳光下”等被中央媒体作专题报道。开展禁毒基础设施建设，建成594个公交站场（站台）禁毒宣传栏、开通64条禁毒主题公交线路，600余辆禁毒主题公交车上路行驶；建成南城、石排、莞城、常平、松山湖、大朗、企石7个镇街（园区）禁毒主题公园。

【治安管理】 2020年，东莞市公安局推进社会治安管理工作。深化驻所人民调解，以购买服务方式聘用专职调解员504人，7×24小时全天候开展矛盾纠纷调解。截至9月30日，东莞市驻所人民调解室受理各类矛盾纠纷3.84万起，成功调解3.75万起，涉及金额2.21亿元，为人民群众解忧纾困，为基层派出所减负释压，解放基层大量警力投入到打防管控本职工作。深化社会治安防控体系建设，东莞市公安局组织开展社会治安防控体系标准化创建工作，并通过公安部第一轮创建测评。推进社会面视频、电子警察建设，为侦查破案获取重要线索提供科技支撑。深化智慧街面巡逻防控，依托各个查控点，查获违法犯罪嫌疑人2.69万人。强化公共交通枢纽智慧防控，抓获全国在逃人员33人，多次帮助群众找回财物、走失儿童和老人。深化群防群治工作，全年建成企事业单位和（村）居民小区警民联防执勤点1.29万个，配置执勤人员1.74万人。配备公网对讲机6701个，全市建立群防群治微信群2813个，入群人数15.7万人，发动群众10万余人参与社会面治安防控工作，开展宣传服务活动1509场次，联勤联动模拟演练1086场次。

【户政管理】 2020年，东莞市有户籍人口263.88万人，78.81万户。年内，东莞市公安局推进全市户籍制度改革。出台市内户口迁移新政，解决成年子女不能投靠父母或随迁、拥有房屋所有权或居住权无法办理居住迁移、房屋拆迁转让或工作单位变动造成“空挂户”等一系列问题；配套出台市内户口迁移亲属关系“承诺受理、核实办理”便民服务措施。配合市人社局修改完善新人才入户管理实施办法，将市外人才引进办理入户审批时限由8个工作日调整为无随迁人“即来即办”、有随迁人5个工作日。全面实施户政、居住证业务“标准收件、受审分离、集中审批、集中制证”新模式，向374万人次提供户政、居住证业务服务，集中审批户政业务12.7万件、集中制作居住证40.2万张。坚持审批岗位分片区轮换、晨例会、审批监督、投诉回访等制度，规范受理、审批标准，推动户政业务平均差错率由2019年12月5.77%降至2020年第四季度0.31%，2020年户政、居住证业务有效投诉比上年下降68%。

【流动人口和出租屋管理】 2020年，东莞市有流动人口711.39万人。按人口来源地分析，广东（除东莞市外）、湖南、广西、湖北、四川、河南、江西、贵州、重庆、陕西等十个省（自治区、直辖市）在东莞市的流动人口652.27万人，占91.69%；按居住原因分析，以务工、投资经商、务农、其他等4种原因居住的流动人口697.95万人，占98.11%；按居住处所性质分析，以租赁房屋、单位内部、自购房屋、其他等四种性质居住处所的流动人口701.19万人。年内，东莞市公安局以出租屋纳管、签订治安责任书、推行信息管理制度、严肃查处违法行为为抓手，强化出租屋治安与消防安全管理。推行出租屋分级分类管理和“自主申报→实地核查→系统比对→严肃查处→警示教育”五步闭环管理模式，借助门楼牌二维码信息技术，实时推送公开出租屋的分类分级情况，倒逼出租屋管理者履行出租屋治安安全防范和管理责任。年内，东莞市公安局采集出租屋43.9万栋/套，签订治安责任书13.6万份，出租屋自主申报租住人员708.4万人，查处各类涉出租屋行政案件4.41万件。

社区民警走访群众
（2020年市公安局供图）

【出入境管理】 2020年，东莞市公安局统筹新冠肺炎疫情防控和出入境证件受理工作，受理、签发各类出入国（境）证件、签注33万本次。推进出入境“放管服”改革，在统筹做好疫情防控的同时，为群众提供便利化出境服务。8月26日起恢复东莞市澳门旅游签注办理，促进两地经贸活动；10月10日起实施“回乡证”就近受理便利措施，为港澳居民提供就近换、补发便利，解决港澳居民办证不便的难题。为受疫情影响的外国人提供免签60天便利政策，并为滞留外国人签发人道主义停留签证，避免造成大范围境外人员非法停居留。在办事大厅设立急事急办服务专窗，为东莞市特色人才、外籍高层次人才、持APEC（亚太经济合作组织）境外人员、参与“一带一路”中外公民、紧急出境群众等中外公民提供“急事急办”“绿色通道”服务。优化港澳定居政策，实施港澳居民来莞定居新政策，为原东莞籍港澳居民办理回莞定居申请；妥善安排东莞市居民赴港定居工作，降低疫情对出境定居群众的影响。深化智慧新出入境警务建设，推进大数据智能化建设应用工作，牵头研发《“智审先锋”——实质性审查预警模型》，获第三届广东公安智慧新警务大数据建模大赛“优秀实战模型”，在全省推广应用并在实战中发挥成效。推广自助服务，为10多万人次提供续签“即办即取”业务。5月起启用外国人自助填表，实现证件信息自动读取、自动派号等功能，提高办证便利化水平。推动东莞市民服务中心出入境发证点建设验收工作，于6月1日启用自助发证服务。

【打击走私和水域治安综合治理】 2020年6月12日，东莞市公安局治安巡逻警察支队水域治安管理职责划转到打击走私支队，并在打击走私支队加挂“东莞市公安局水域治安管理支队”牌子。成立市、镇两级打击走私领导小组和办公室，统筹协调全市反走私工作。全年查获涉走私案件917件，案值60.45亿元；查获涉嫌走私冻品9000余吨、成品油5400余吨。部署开展“国门利剑2020”、“海啸2020”、打击冻品走私、打击洋垃圾走私、打击野生动物走私、打击新冠肺炎疫情期间生活必需品走私等专项行动，整合公安机关涉走私案管辖权，打击各类走私违法犯罪。侦破“飓风24号”打击野生动物走私专案，查获野生动物300余只；侦破“飓风234号”涉走私、生产销售伪劣成品油案，查获成品油3780吨，涉案案值超20亿元；侦破“飓风396号”特大走私冻品专案，查获涉嫌走私冻品430余吨，涉案案值超8亿元；联合黄埔海关在虎门狮子洋海域查获

"6·3"海上走私大案，查获迪奥包奢侈品等10余种涉嫌走私物品近300箱，涉案案值2000余万元。东莞市打击走私工作成效在全省名列前茅，全省反走私综合治理考评、公安机关重点工作打私专项考核均为满分。开展珠江口水域反走私专项整治，30余次组织沿海镇街以及相关职能部门开展各类港湾清查行动，组建水域治安管理工作专班，查缉各类"三无"船舶（无船名船号、无船籍港、无船舶证书的船舶）偷运走私活动，查获各类"三无"船舶1000余艘；多次组织相关部门对非法船厂、非法码头、冻库开展联合清查行动，处罚（查封）违规冻库20多个，清理非法码头和易上岸点85个（处），取缔非法船厂3个。开展反走私宣传，举行"进社区、进市场、进渔村"反走私宣传活动，制作发布宣传小视频20多条，发放宣传单张6万余份等。向市、镇两级政府申请专项经费开展雷达和视频监控建设，在沿岸码头、上岸点安装慧眼，建设瞭望塔。压实基层反走私责任，将反走私工作纳入基层社会治安综合治理工作。推进查获冻品、"三无"船舶等后续处置工作，出台《东莞市不明来源冷冻肉和水产品无害化处置流程》，组织销毁冻品7000余吨。

【"科技护城墙"项目推进】 2020年，东莞市公安局推进科技护城墙建设，开展大数据智能化应用建设，信息化支撑保障能力持续提升。"科技护城墙"项目是打造"以全息感知网为触手、以高速传输网络为通道、以警务云和视频云为基础、以警务大数据中心为核心、以运营维护和安全体系为保障、以智能化应用为目标"的立体化综合防控体系。科技护城墙（一期）项目经过前期规划、评审、审批等相关流程，于8月完成招投标和合同签订工作，开展建设。

【执法规范化建设】 2020年，东莞市公安局深化执法规范化建设。制定《东莞市公安机关"法治公安行动计划"实施方案（2020年）》，并严格按照方案推进相关工作。制定《优化交警警务运作模式工作指引（试行）》之《执法保障工作指引》，组织各公安分局负责法制工作的民警进行交警案件办理要点培训。按执法质量考评方案组织开展10次刑事与行政案件质量考评、4次如实立案考评、3次办案区执法考评。莞城公安分局获评"全国公安机关执法示范单位"，虎门分局、厚街分局办案中心获评为"全省公安机关执法示范单位"。

【社区警务规范化发展】 2020年，东莞市公安局推动社区警务规范化发展，健全完善东莞市社区警务运行机制。按"一社区（村）一室"设置社区警务室587个。出台建设和装备配备标准，规范警务室硬件建设，验收合格警务室562个，延迟验收25个。明确社区民警主要承担"二标四实"（标准作业图、标准地址库；实有人口、实有房屋、实有单位、实有设施）、人员管控、治安管理、群防群治、矛盾纠纷排查化解、安全防范宣传教育等6个方面职责。

2020年，东莞市公安局组织社区民警开展基础信息专项核查、防范电信诈骗等专项工作。从统筹推进、建设管理、运作勤务、指引规范、考核评优等方面制定出台系列规范性文件，形成一整套机制，初步形成工作和管理闭环。落实社区民警兼任村（社区）党工委副书记和"智网"网格工作站副站长，编制社区警务工作手册，开设"社区警务大讲堂"，搭建"@莞警长"交流平台，线上线下指导提升能力水平。落实社区民警一人一海报、一人一推介，组织开展"社区民警在身边"警民互动、"家长里短"社区论坛等多种形式宣传。在12月社区警务知晓度、满意度访评中，全市各警务室访评得分平均分在92分以上。

年内学习借鉴外省市先进经验，部署在塘厦、松山湖高新区、仝石分局建设示范点警务室；组织评选15个"莞邑标杆警务室"和30个"莞邑优秀社区民警"；总结、提炼、推广社区警务典型技战法30项，发挥先进典型引领的作用，深化社区警务工作。

【辅警规范化建设】 2020年，东莞市公安局开展辅警规范化建设。6月12日，东莞市公安局政治处成立警务辅助人员管理科，负责全市公安辅警队伍管理工作。年内，东莞市33个公安分局核定辅警员额，压减人数、裁减冗余、提质增效。推进全市辅警大练兵，在抓"敬好礼、讲好话、着好装、站好姿"的基础上，深化"练好技能、学好业务、守好纪律、做好服务"要求，铺开"一周五练十课"内容，即"用至少一周时间、抓五项训练、学十门课程"，全市组织辅警参与培训，全面提升辅警综合素质和队伍形象，并以辅警大练兵为契机，推广辅警"战训合一"常态化、封闭式训练机制，以训促战。

【"莞e申报"系统研发推广】 2020年，东莞市公安局在原"二标四实"自主申报工具的基础上，研发并全面推广"莞e申报"系统（东莞市疫情防控服务自主申报系统）。通过"莞e申报"微信公众号，采用责任主体授权、自主申报方式，从居住、就业两个维度，如实申报从业、居住人员个人基本信息和健康信息，实现在莞实有人口底数清、人员明、动态准，为东莞市疫情防控、社会治理、民生服务、决策规划等提供精准支撑。同时，经责任主体确认的"莞e申报"信息作为"粤康码"基础数据，市民可在"粤省事"平台快速领取"粤康码"，为办事、出行提供便利。在全面采集在莞实有人口防疫信息的同时，对全市“二标四实”基础信息数据进行一轮采集更新，各项社会治理要素情况更加清晰准确。

【公安前端感知网夯实】 2020年，东莞市公安一、二类点建设联网数量比2017年增长4.4倍，视频智能化前端实现快速增长，全市电子警察和智能停车场全量接入联网；推动“慧眼”视频建设，全面撬动社会、企业、群众三方力量参与，布建功能等同于二类视频的“慧眼”视频。截至2020年底，全市联网应用视频相比2017年增长近10倍。

【公安新执法办案系统推广】 2020年，东莞市公安局抓住广东省公安厅新执法办案系统试点机遇，推进执法办案全流程信息化。5月18日，在全省公安机关深化执法规范化建设暨推进智慧新法制工作电视电话会议上，东莞市公安局作为智慧新法制建设先进单位作经验介绍。5月29日至6月7日，组织开展全市公安机关智慧新法制暨新执法办案业务系统使用培训。6月10日，新执法办案系统在全市公安推广，实现新执法办案系统与20多个公安内部系统进行数据交互，同时还通过安全边界接通市财政非税收入管理系统以及市发改局物价认定系统，全面打通公安外部数据壁垒，实现执法办案信息数据的整合，业务协同流转便利。

【全省第一所矫治罪错未成年人学校】 2020年1月13日，东莞市启智学校启航分校动工修缮。启航分校作为市教育局、市公安局“双主体”共同管理的市属公办学校，是具有罪错未成年人专门学校性质特点、定性定位的学校，除传统课程外，还设有心灵瑜伽、法治教育、生命教育等专门的矫治课程。东莞市公安局坚持“立足教育、强化矫治、依法实施、保障权益”的办学原则，在全省首建专门教育矫治有严重不良行为未成年人的学校。7月15日，启航分校竣工并启用招生，截至2020年底，招收学生226名。

【“莞sir”抖音号传播数据排全国第二名】 2020年，东莞市公安局“莞sir”抖音号坚持发布向群众呈现真实事件的优秀作品，屡屡收获破亿人次点击量，粉丝量接近330万人。在2020年度全国优秀公安抖音号评选活动中，“莞sir”抖音号传播数据排第二名。

【“飓风68号”特大走私冻品案侦破】 2020年5月7日，东莞市公安局联合黄埔海关缉私局同步在广东东莞、广州、汕头、深圳和广西桂林等地开展抓捕行动，抓获犯罪嫌疑人42名，涉案案值约10亿元；现场查获冻肉及涉案单证、电子证据一批，冻结银行账户1171个、金额7600余万元，打掉以曾某玲、曾某明为首的走私团伙和以袁某志、马某花为首的地下钱庄非法经营团伙，实现对走私冻品的通关、运输、储存、销售、洗钱等环节全链条打击。 （蔡小丽）

2020年7月15日，东莞启智学校启航分校工程竣工启用

（市公安局供图）

附：2020年东莞市公安局主要领导名录

党委书记、局长、督察长：
　郭向阳（任至9月）
　周兆翔（12月到任）

检　察

【检察概况】 2020年，东莞市检察院有15个内设机构，7个派驻检察室，1个事业单位，3个基层院。

服务保障法治化营商环境建设 2020年，东莞市检察院从严惩处走私、逃税、非法经营、制假售假、串通招投标等犯罪，批捕308件565人，起诉333件793人。推进反洗钱工作，甄别排查七类上游犯罪案件，移交线索30条，批捕洗钱犯罪2件2人，起诉3件3人。围绕创新驱动发展战略实施，加大知识产权保护力度，批捕侵犯商标、著作、专利权犯罪132件238人，起诉127件222人，提出、提请抗诉2件2人。

服务保障民营经济发展 2020年，东莞市检察院严惩侵犯民营企业合法权益犯罪，批捕对民营企业敲诈勒索、强迫交易、合同诈骗等犯罪159件309人，起诉135件244人。推进民营企业融资难、融资贵的外部环境治理，依法惩处“套路贷”、高利转贷犯罪，批捕12件36人，起诉24件107人。从严惩处企业“内部人”犯罪，批捕职务侵占、挪用资金犯罪95件125人，起诉113件137人。对民营企业经营管理人员决定不捕105人，不诉728人，依法适用认罪认罚从宽1301人。

服务打好三大攻坚战　2020年，东莞市检察院批捕非法吸收公众存款、集资诈骗、贷款诈骗等犯罪224件701人，起诉207件699人。紧盯偷排、偷埋有害污水、废物等犯罪，批捕污染环境犯罪95件149人，起诉108件169人。办理环境领域民事公益诉讼案件29件，法院判决被告人承担生态环境修复及损害赔偿责任944.7万元。

扫黑除恶专项斗争　2020年，东莞市检察院批捕涉黑恶案件32件120人，起诉49件268人。移送涉黑恶线索12条。开展涉黑恶案件财产刑执行监督，处置涉黑恶财产金额约5亿元。注重串并分析，推动行业清源，向社会治安、金融放贷、资源环保、教育卫生、市场流通等十大重点行业领域发送检察建议298份，采纳率100%，并进行整改回头看。

【刑事检察】　2020年，东莞市检察机关受理审查逮捕1.12万件1.67万人，逮捕1万件1.48万人；受理审查起诉1.81万件2.28万人，起诉1.44万件1.93万人。

对严重暴力、毒品和涉枪犯罪保持高压打击态势　2020年，东莞市检察院批捕故意杀人、严重伤害等案1442件1726人，起诉1596件1976人；批捕毒品犯罪324件489人，起诉414件603人。打击电信网络犯罪，批捕516件1488人，起诉430件1208人。参与“断卡”行动，打击内外勾结开办、贩卖电话、银行卡帮助信息网络犯罪行为，批捕589人。保持反腐败高压态势，起诉省、市监委移送的职务犯罪案25件34人。

强化对刑事诉讼全流程监督　2020年，东莞市检察院监督立（撤）案418件，针对侦查活动违法情形提出纠正意见55件，纠正漏捕、漏诉和漏罪343人。推进侦查监督工作室建设，率先设立派驻海警局检察室，建立一所一联络员检警联系沟通机制。通过侦查监督工作室提出指引纠正意见342条。对认为确有错误的刑事判决裁定，提出、提请抗诉27件。加强刑事执行监督，对“减假暂”提出纠正意见374件。对超期羁押情况发出纠正违法通知书14件，核查久押不决10件34人。针对监外执行罪犯管理问题发出书面纠正意见461份。重大案件侦查终结前讯问合法性核查12件12人。

用好侦查权提升监督刚性　2020年，东莞市检察院行使好14个罪名的司法工作人员职务犯罪侦查权，主动与市监委对接，协调好相关案件的办理。立案侦查司法工作人员涉嫌徇私枉法、刑讯逼供2件3人。建立侦查机关办案事故处置机制，介入调查突发事故6起。

【民事检察】　2020年，东莞市检察机关受理民事申诉291件，息诉224件，提出、提请抗诉24件；受理行政申诉29件。开展虚假诉讼违法行为监督专项活动，排查线索127条，审查虚假诉讼案件41件，提出监督意见10件。办理首宗涉及金额4000多万元的虚假仲裁非诉执行监督案，向湛江仲裁委发出规范仲裁程序检察建议，被最高检作为典型案例向全国推广。在广东省率先开展民事检察公开听证工作，举行公开听证5场，促进案结事了人和。加大对弱势群体的权利保护，如肖某娇劳动争议一案，检察机关以对人事档案流转举证责任分配不当等理由提出抗诉，再审判决涉案公司承担赔偿责任。

【行政检察】　2020年，东莞市检察机关开展自然资源领域行政非诉执行监督专项活动，受理相关案件110件，发出检察建议106份，推动纠正违法占用土地面积33.5万平方米，依法拆除各类违建面积7.5万平方米。探索以“圆桌会议”模式推进行政非诉执行监督工作，降低执行对抗性。依法提出“裁执分离”向“执行协作”转变的建议，推动完善行政生效决定执行机制，避免“行政白条”。开展行政争议实质性化解专项活动，引入多元手段化解28件。如丘某文工伤认定争议一案，运用司法救助手段实现经济补偿，推动长期诉争实质化解。

【公益诉讼检察】　2020年，东莞市公益诉讼立案209件，比上年上升21.51%，发出诉前公告、检察建议170件，法院判决胜诉54件，比上年上升170%。开启国有财产保护公益诉讼，针对政策性奖励、社保金等领域存在的发放、征收不规范问题，通过诉前程序纠正行政不当，防止国有财产流失。如调查发现东莞市社保经办机构多发涉刑退休人员基本养老金260万元，督促社保与司法机关建立涉刑退休人员信息共享机制，堵塞发放漏洞，并全部依法追回。开展食品药品安全“四个最严”（最严谨的标准、最严格的监管、最严厉的处罚、最严肃的问责）要求专项行动，立案11件，办理诉前程序7件。开展土地领域公益诉讼，立案并发出诉前检察建议26件，涉及土地面积86.2万平方米，督促行政机关纠正土地出让违法行为，消除影响、恢复原状。探索“等”外领域公益诉讼，与东莞军分区、市退役军人事务局、市委军民融合办共同搭建涉军公益诉讼协作平台，形成保护国防和军事利益合力。

【涉检察信访积案化解】　2020年，东莞市检察机关清理涉检察信访积案。对两级检察院受理的重复信访、长期未结信访事项进行排查，对10件风险隐患案件，由检察长、副检察长包案办理，并注重运用综合法律手段化解。

【司法救助赔偿】　2020年，东莞市检察机关提升司法温度，将“群众信访件件有回复”扩展到信、访、网、电，实现全覆盖。受理举报、控告、申诉2096件，两级检察院领导接访139人，均依法

2020年9月16日，东莞市人民检察院开展“守护海洋”公益诉讼专项活动，到麻涌镇珠江口进行公益诉讼线索排查 （市人民检察院供图）

妥善处理。举行刑事申诉案件公开听证会22场。做好司法救助和司法赔偿工作，办理国家司法救助案件30件39人，发放救助金137.14万元；决定国家赔偿36件，支付赔偿金额371.85万元。

【未成年人检察】 2020年，东莞市检察机关打造未成年人综合司法保护格局。对应当依法惩戒的未成年人，批捕482人，起诉465人。对侵害未成年人犯罪批捕797人，起诉788人。坚持通过少捕慎诉促进未成年犯罪嫌疑人改过自新，决定不捕288人，不诉108人，附条件不诉170人。建立性侵未成年人犯罪“一站式”办案场所8个，避免反复取证给被害人带来“二次伤害”。推动“一号检察建议”（2018年10月19日，最高人民检察院针对儿童和学生法治教育、预防性侵害教育缺位等问题向教育部发出历史上首份检察建议）落地见效，联合教育局对发生过校园性侵案件的学校进行从业人员历史排查。发挥全省首个矫治罪错未成年人专门学校的作用，移送80余名不捕不诉未成年人进入学校接受教育矫治。依法保护妇女儿童权益，与市妇联建立侵害妇女儿童违法犯罪线索快速移送机制，加强对家暴、离婚恶意伤害等方面的检察保护，开展立案监督5件。 （梁建明）

附：2020年东莞市人民检察院主要领导名录

党组书记、检察长：袁怀宇

法 院

【法院概况】 2020年，东莞两级法院受理各类案件30.34万件（含诉前化解6.18万件），办结28.14万件，分别比上年上升10.8%和12.03%。其中市中级法院受理案件2.36万件，办结2.13万件，全市法官人均结案507.92件。审判质量、效率和司法公信力有新提升。全年获市级以上表彰奖励150项，其中市中级法院执行局获集体二等功，信息化建设办公室获评为全国法院信息化工作先进集体，市第一法院被评为全国法院一站式多元解纷和诉讼服务体系建设先进单位、厚街法庭被评为全国法院先进集体、赵五宝被评为全国法院审判监督工作先进个人等。

【刑事审判】 2020年，东莞两级法院办结一审刑事案件1.5万件，判处罪犯1.9万人。贯彻总体国家安全观，坚决维护国家安全和社会稳定。对严重危害社会治安暴力犯罪保持高压态势，办结抢劫、绑架等犯罪案件1719件。打击涉众型经济犯罪，办结非法吸收公众存款、集资诈骗、电信网络诈骗等犯罪案件155件。决胜扫黑除恶专项斗争收官战。围绕中央“六清”（线索清仓、逃犯清零、案件清结、伞网清除、黑财清底、行业清源）行动要求和省法院“百日攻坚”部署，确保如期完成“案件清结”“黑财清底”目标。狠抓大要案攻坚，审结惠州张某锋等11人重大涉恶案、李某丽等11人“黑物业”案。专项斗争以来审结涉黑恶案件214件1304人。执结涉黑恶财产案件81件，执行到位金额15.38亿元，打财断血金额全省排第一名。落实“长效常治”工作要求，对诉讼中发现的监管漏洞和突出问题发出司法建议157份，推动“以案促建”“以案促治”。

【民商事审判】 2020年，东莞两级法院以营商环境国评迎检工作为契机，围绕推动构建市场化、法治化、国际化营商环境，办结各类民商事案件8.99万件，解决诉讼总标的386.22亿元。出台加强知识产权司法保护专项意见，贯彻落实“倍增计划”（重点企业规模与效益倍增）试点企业知识产权保护工作机制。实施破产案件集中管辖改革，推动破产管理人协会及破产援助基金成立，助力破产审判提质增效，市第一法院办理的“小黄狗”破产重整案获市委书记梁维东批示肯定。平等保护民营企业等各类市场主体的合法权益，让民营企业家安心经营、放心投资、专心创业。注重发挥环境资源巡回审判庭职能优势，发布环境资源十大典型案例，服务美丽东莞建设。

【行政诉讼】 2020年，东莞两级法院办结行政诉讼案件1879件和行政非诉案件7250件，分别比上年上升13.81%和183.87%。加强全省首家“行政争议调解中心”建设，经协调和解撤诉案件240件，占结案数的12.83%。副市长万卓培出庭应诉，推进行政机关负责人出庭应诉工作。促进行政执法与司法审判良性互动，组织公务人员观摩庭审14场、到行政机关开展执法讲座6次。围绕涉拆迁、“出嫁女”权益等案件，加强与基层组织的协调力度，推进纠纷“一揽子”解决。针对“一心两轴三片区”（指中心城区城市品质提升的重点地区。其中，“一心”指市行政文化中心区，“两轴”指东莞大道时代发展轴和鸿福路山水文化轴，“三片区”指东莞国际商务区、“三江六岸”历史休闲区、黄旗南生态科创区）建设等重点工作提出司法建议，服务“品质东莞”建设。

【法院办结案件执行】 2020年，东莞两级法院办结执行案件9.34万件，执结标的129.06亿元。其中，“3+1”核心指标（1.要求无财产可供执行案件的办理合格率不低于90%；2.要求有财产可供执行案件在法定期限内实际执行率不低于90%；3.要求执行信访的办结率不低于90%；4.近三年执行案件整体执结率超过80%）整体保持高位运行，在全省专项考核中名列前茅。巩固执行工作长效机制，推动粤港澳大湾区八市查控系统互联互通。加强执行款管理专项检查整治，全面落实“一案一账户”、人案款精准对应、进出账全程留痕。引进“京东拍卖”服务司法网拍，加快拍卖前期调查提高效率。强化善意执行理念，综合运用绿色通道、活封活扣、信用修复等方式，对因受疫情影响而无法履行债务的企业，引导当事人和解。开展“南粤执行风暴2020”专项行动，执结系列“骨头”案，协调公安、消防等部门200余人腾退涉大朗鑫某织造厂案土地厂房。

【法院司法改革】 2020年，东莞两级法院深化司法改革。深化诉调对接“1+2+3”机制（1个中心、2个平台、3大调解：1个中心是东莞市法院全面设立诉调对接中心，全面推行调解前置。2个平台是建立线上线下2个平台，让当事人少跑路，构建“互联网+社会治理”在线调解模式。3大调解指的是全面加强专职调解、律师调解和特邀调解，打造全方位、立体化纠纷化解体系）。制定《关于创建“诉源治理示范社区”实施意见》，全市建立诉源治理示范区15个。最高法院、央视联合在市第一法院开展“一站解纷争”全媒体直播活动，1800万名网友在线观看，推介“枫桥经验”东莞样本。建立健全调解、速裁、快审一站式解纷机制，推进案件繁简分流、轻重分离、快慢分道，为实现公平正义提速。东莞市法院通过诉调对接机制成功调解案件8.22万件，其中诉前化解案件6.18万件，立案调解及确认调解协议案件2.04万件，调解成功率65.22%，新收一审民商事诉讼案件比上年下降6.06%，从源头上减少诉讼增量。

审判监督管理机制健全 2020年，东莞市两级法院加强长期未结案件管理，构建排查台账、协调办理、督办督导、问责启动四项机制，入选为广东法院首批“加强司法制约监督”专题改革案例。出台“四类案件”（涉及群体性纠纷，可能影响社会稳定的；疑难、复杂且在社会上有重大影响的；与本院或者上级法院的类案判决可能发生冲突的；有关单位或者个人反映法官有违法审判行为的）监督管理办法，对涉及群体性纠纷、可能影响社会稳定等案件实行全面监督管理。健全完善生效案件第三方专业评查机制，对当事人信访投诉等重点案件加强评查，评查案件56件。加强司法公开和流程动态监管，完善风险提示、瑕疵预警功能，形成监督管理闭环。

司法体制综合配套改革深化 2020年，东莞市两级法院深化以审判为中心的刑事诉讼制度改革，与市检察院共同制定《东莞市关于贯彻落实认罪认罚从宽制度工作的意见（试行）》，深化认罪认罚从宽制度改革。市第三法院协同公安、检察机关构建跨部门刑事大数据平台，实现办案一网联通、业务一键通办、案卷一键流转，搭建刑事诉讼“快车道”，以30%的人员办结75%以上的案件，简案结案周期平均缩至15天。率先探索行政事务和审判业务相对分离的“双重分管机制”，强化监督管理力度，增强管理科学性和有效性。

法律统一适用机制推进 2020年，东莞市两级法院制定类案检索实施办法，规范司法行为统一类案裁判尺度。加强业务知识规范化建设，制定发布刑事、民事办案工作指引14个。健全完善专业法官会议规则，明晰审判长会议与部门法官会议职责分工，运用集体智慧为合议庭及法官办案提供意见参考。发挥审委会、专业法官会议、案例指导等配套措施作用，构建类案同判工作体系，提高裁判质量。

智慧法院建设推进 2020年，东莞市两级法院成立专门办公室制定发展规划，制定《东莞智慧法院建设五年发展规划（2020—2024）》，强化全市智慧法院建设整体谋划。加强网上开庭、网络调解、远程提审等应用技术建设，服务保障疫情期间审执工作正常开展。建设刑事量刑辅助系统，实现法律法规与类案同步推送。与市“二标四实”（标准作业图、标准地址库；实有人口、实有房屋、实有单位、实有设施）数据对接，为审判执行“查人找物”提供大数据支撑。升级执行查控系统，与不动产登记中心等部门实现数据自动对接反馈。推进“智慧送达”平台建设，数据实时共享全面提升执行效率。

【法院司法为民】 2020年，东莞两级法院建立涉校园、医院案件绿色通道，办结教育、培训、医疗纠纷案件97件。完善劳动争议案件快速处理机制，办结劳动争议案

2020年8月7日，最高法院、央视联合在第一法院开展“一站解纷争”全媒体直播，全面推介“枫桥经验”东莞样本

（市中级人民法院供图）

件7044件，帮助农民工追回劳动报酬1.15亿元。引入公益组织参与纠纷化解，成功调处“高空掉苹果砸伤女婴案”。注重对家庭成员人格、安全、情感的全面保护，实行调解前置、社区调查、回访帮扶，审结婚姻家庭案件1875件，签发人身安全保护令7份。深化未成年人审判“社工+志愿者”模式，办结未成年人犯罪案件507件，封存犯罪记录314份。推广执行救助保险制度，向115名刑事被害人、申请执行人支付救助金233.93万元。依法为生活困难当事人缓、减、免诉讼费674.24万元。

建设“一站式”诉讼服务 建设“厅网线巡”四位一体的诉讼服务中心。拓展网上、掌上服务，全面提供一网通办、一号通办的诉讼服务，实现诉讼服务24小时“不打烊”。推行网上跨域立案，在线立案14.45万件，占新收一审民商事、执行案件的96.96%，“家门口起诉”新模式有效化解群众异地立案难题。

核心价值观弘扬 2020年，东莞市两级法院围绕住房、医疗、教育、治安等民生问题，在市级以上媒体发表普法稿件339篇。组织“党员法官志愿服务队”，深入社区、企业、校园等开展法治宣教活动118次，举办公众开放日活动19场，拉近司法与群众距离。做好民法典学习宣传和实施准备工作，推出“一起学习民法典吧”系列微视频22期，民法典原创普法剧6集。加强合办法治电视栏目《法庭内外》建设，52名法官走上荧屏以案说法。发布消费者维权、扫黑除恶等典型案例144个，发挥裁判评价指引功能，树立鲜明价值导向。在“七五”普法履职评议中被评为优秀。

司法公开深化 2020年，东莞市两级法院健全法官与代表委员联络直通车机制，联络代表委员3450人次。邀请代表委员视察法院、旁听庭审、见证执行等活动75人次。健全意见建议整改落实机制，办理代表关注案件、意见建议11件，政协提案7件，反馈率100%。贯彻监察法，自觉接受监察机关对法院人员监督。认真办理检察建议，支持配合检察机关依法履行职责。邀请检察长列席审委会会议22次，依法办结检察机关对生效判决抗诉案件39件。从专家学者、基层群众等人员中聘任司法监督员79名，健全外部监督。发挥“无袍法官”的“民间智慧”，人民陪审员参审案件1.77万件。深化司法公开平台建设，裁判文书上网21.08万份，直播庭审2.70万场。加强与新闻媒体互动，主动发布信息，接受舆论监督。

【钟某益贩卖新型毒品案】 2020年6月16日，东莞市中级法院一审以贩卖毒品罪判处被告人钟某益死刑，缓期二年执行，剥夺政治权利终身，并处没收个人全部财产。宣判后被告人服判并由省法院裁定核准。该案查获毒品数量巨大，其中尼美西泮片剂7万粒，MDMA（摇头丸）片剂9包（净重3579.1克）。

【惠州市张某锋等11人重大涉恶案】 2020年6月30日，东莞市中级法院一审宣判以诈骗罪、敲诈勒索罪、高利转贷罪、骗取贷款罪、妨害公务罪、行贿罪，数罪并罚判处张某锋无期徒刑，并处没收个人全部财产。其他10名被告人分别被判处有期徒刑十八年至一年七个月零八天不等。12月24日，省法院二审裁定驳回上诉，维持原判。张某锋等人在惠州市形成恶势力犯罪集团，在多次实施套路贷及相关违法犯罪活动中，为非作恶，严重扰乱当地经济、社会生活秩序，造成恶劣社会影响。该案是全国扫黑办挂牌督办案件，经由省法院指定管辖。

【李某丽等11人“黑物业”案】 2020年6月30日，东莞市第三人民法院一审宣判以组织、领导黑社会性质组织罪，寻衅滋事罪，盗窃罪判处李某丽有期徒刑十六年六个月，并处没收个人财产3000万元，处罚金21万元。其他10名被告人分别判处有期徒刑十二年三个月至九个月十五日不等。8月26日，东莞市中级法院二审裁定驳回上诉，维持原判。该案为以李某丽为首的黑社会性质组织，通过控制东莞市尚某物业实施违法犯罪活动，严重破坏当地经济、社会生活秩序。

【东莞市首个行政案件巡回审判点】 2020年8月21日，东莞市第一法院行政案件桥头巡回审判点揭牌仪式在市第三法院桥头人民法庭举行。桥头行政案件巡回审判点是东莞市实施行政案件集中管辖后，在全市范围内率先设立的首个行政案件巡回审判点。设立巡回审判点的初衷旨在建立和完善东莞市行政争议多元化解机制，发挥人民法庭与基层政府“源头治理、共治共赢”的行政解纷功能；通过行政案件巡回审判提升法庭在基层行政机关的司法公信和权威，打造行政普法宣传的前沿阵地；同时减轻当事人诉累、为人民群众与政府机关的矛盾就近及时解决提供便利。挂牌仪式后，巡回审判点运行，市第一法院在桥头法庭审理2020年首宗起诉桥头镇政府的行政纠纷案件，桥头镇政府负责人出庭，该案庭审完成。

【东莞市第一法院在全省率先推出“微信刷脸线上执行”】 2020年2月7日，东莞市第一法院针对疫情期间领款难问题，优化整合线上诉讼服务系统，推出“微信人脸识别线上退款”，获最高法院、省法院推介及《人民法院报》等报道。该系统依托微信人脸识别技术，与居民身份证号码查询服务中心完成人像比对服务，确保用户身份确认精准度；依托“东莞一法诉讼服务”微信小程序，申请执行人凭短信邀请码注册登录即可完成线上身份验证；衔接“审执辅助办案系统”，案件承办人登录审核并打印有关材料，即可办理退款手续并自动短信通知当事人。全年通过该系统退付执行款595笔，向当事人发放执行款4579.96万元。

（彭玲玲）

附：2020年东莞市中级人民法院主要领导名录

党组书记、院长：陈　超

司法行政

【司法行政概况】 2020年，东莞市司法局被评为“2020年度社会建设类工作优秀市直单位”，获第二届广东省法治文化节“特别组织奖”获评为全国法律援助工作先进集体、全国公共法律服务工作先进集体等”。各镇街司法行政分局，获评为全国“智慧矫正”试点单位1个、年度社会治安综合治理工作先进集体5个、刑释解救人员安置帮教工作先进集体5个。3人获评为司法部颁发的“全国模范人民调解员”，4人获评为“大排查、早调解、护稳定、迎国庆”专项活动表现突出个人，4人获评为获“社会治安综合治理工作先进个人”。

【公共法律实体平台建设】 2020年，东莞市司法局推进各镇街、村（居）公共法律服务平台规范化建设水平，全市建成示范性乡镇公共法律服务中心20个和示范性村公共法律服务工作站100个。组织公证服务资源进驻镇街公共法律服务中心，南华公证处在长安镇公共法律服务中心设立工作站。每天安排法律服务人员（包括律师、公证员、司法鉴定人、法律援助人员）进驻广东法网网络平台值班。全年东莞市公共法律服务实体平台提供法律咨询2.32万人次，业务受理9618宗，办理工单804件。

【人民调解】 2020年，东莞市司法局被中华全国人民调解员协会评为人民调解宣传工作先进集体，市司法局人民参与和促进法治科，罗剑、任庆祥、高少蓉、莫满水等在司法部“大排查　早调解　护稳定　迎国庆”专项活动中获突出集体和突出个人表彰。潘旭毅、严小艳、邓小红获司法部授予“全国模范人民调解员”称号。主动破解社会矛盾外溢难题和人民调解经费保障不全、不足等影响人民调解长效发展的问题，与市财政局联合出台《东莞市人民调解工作经费管理规定》。在全国率先成立东莞市调解协会，发挥该协会职能辐射作用。针对东莞外来人口多、人口结构倒挂的特点，主动联合工商联、市场监督管理局等部门，对接全市55家行业协会和18家异地商会，在商协会中全面推动调解组织全覆盖，指导在福建、湖南、河北等13家省级商会及电力、美容美发、保险等行业协会成立人民调解委员会，吸纳会员单位39个和个人会员2031名，初步形成东莞基层社会治理工作中外来人口多元化解矛盾纠纷的“人才地图”。坚持把建设“莞邑调解”平台作为工作重点，通过“调解+互联网+大数据”线上线下相结合方式，构建开放式、模块化、多元化网上矛盾纠纷化解平台，提升东莞市调解工作的社会化、法治化、智能化、专业化水平。年内，东莞市有各类调解委员会1236个，个人调解工作室50个，各类调解组织受理矛盾纠纷6.34万宗，成功调解6.22万宗，成功率98%，促进和维护全市社会和谐稳定。

【社区矫正】 2020年，东莞市监管社区矫正对象4565人，新增社区矫正对象3264人，解除矫正2613人，收监执行3人，监管完成率100%，全市没有发生违反“六不准”（不准违法违规办理社区服刑人员执行变更事项；不准违法违规实施监督管理、教育矫正和社会适应性帮扶措施；不准徇私枉法办理调查评估案件；不准收受社区服刑人员及其亲友的财物和宴请；不准泄露社区矫正工作秘密；不准隐瞒不报影响社区矫正安全稳定的重要情况、重要事件）的情况，全年没有发生重大突发案（事）件，实现社区矫正“四个确保”（确保社区矫正对象不发生重大安全事故、不发生重大刑事案件、不参与群众性事件、不发生越级上访以及由其主导的媒体炒作等影响社会安全稳定的事件）的目标。开展社区矫正法学习宣传贯彻，完成电子定位手环与手机定位监控的“无缝衔接”。推进“智慧矫正”建设，对VR震撼教育项目优化和应用，与科研院所研制开发“智慧矫正”移动执法终端和自助矫正终端，指导茶山“智慧矫正中心”建设示范点

2020年5月22日，东莞市调解协会揭牌成立　　（市司法局供图）

深入优化“彩虹心桥”心理矫治项目，完成茶山镇综治平台与省社区矫正信息管理系统的数据对接和茶山“雪亮/天网工程”+社区矫正和社区矫正对象电子网格化管理等智慧化融合应用。做好全省人民法院与司法行政机关社区矫正信息化联网试点工作，为全省积累经验。开展暂予监外执行社区矫正对象专项检查活动，开展“减、假、暂”第一阶段专项排查整治工作，自查案件8973件，排查出专项案件276件，未发现脱管、漏管问题及违法违纪违规等情况。在落实疫情防控措施的前提下开展远程视频会见，为在监狱服刑罪犯的家属开展远程会见次数2553次，数量位居全省前列。

【普法宣传】　2020年10月24日，全国“七五”普法总结验收组对东莞“七五”普法工作全面检查，给予肯定。在2020年度全省普法依法治理工作网上量化评估工作中，东莞普法工作排第一名。市委全面依法治市委员会守法普法协调小组召开第二次会议，审议通过《关于进一步深化我市“七五”普法总结验收和统筹谋划“八五”普法工作的意见》等2个制度性文件。组织召开第三届国家机关“谁执法谁普法”履职报告评议活动，对市公安局、市市场监督管理局、市中级人民法院、市税务局、市生态环境局、市总工会6家单位评议。结合“3·15”、“4·15”、“6·26”、“宪法宣传周”、《中华人民共和国民法典》颁布实施等重要时间节点，统筹组织全市各级普法责任单位开展形式多样的普法活动，开展各类民法典主题宣传活动135场次，组织民法典学法讲座311场次。在疫情防控期间，编制适合新媒体传播的普法作品投放，运用大数据技术精准投放至返莞、复工人员微信朋友圈，开设“防控疫情　法治同行”网络宣传专栏，派发普法宣传资料76.5万张，滚动播放普法宣传片等124万次。承办省第二届法治文化节“我眼中的法治”微视频创作作品评选总决赛，东莞市作品获评为省“十佳微视频作品”。举办首届法治动漫文化节，面向各镇街、各部门选取14个优秀法治动漫形象示范推广。推进多层次多领域依法治理，市级“民主法治村（社区）”基本实现全覆盖，全市583个村（社区）获评为省级“民主法治村（社区）”，18个村（社区）获评为第一批广东省“民主法治示范村（社区）”，322家规模以上企业获评为省级“法治文化建设示范企业”。东城、大朗、清溪、高埗等10个镇街的法治文化主题公园达到省级创建标准。

【律师管理】　2020年，东莞市有律师执业机构308家，执业律师3914名，新增律师事务所30家、执业律师522名。律师事务所承办诉讼案件7.68万件，非诉业务1.88万件，业务收入12.7亿元（超上年2亿元）。推进律师行业抗疫工作，成立由800多名律师组成的疫情防控律师服务团，面向全市提供公益法律服务，做好疫情防控法律法规及政策解读工作。联合市商务局搭建市涉外法律综合支援平台，解答法律咨询，推动涉外企业复工复产，为近2000家企业提供法律服务。推动律师参与粤港澳大湾区建设，组织市律协分别与市贸促会、市台港澳事务局、市商务局、市国资委、国际商会签署双边合作备忘录，指导市律协加强与香港律师会、澳门律师公会交流，探索推动国际商事法律服务机制。促成市首家莞港合伙联营律师事务所成立。提升市律师涉外法律服务水平，组建由45名专业律师组成的东莞涉外律师服务团。联合市商务局、市台港澳事务局等举办“2020年东莞市涉外法律服务机遇与挑战”高峰论坛。指导市律协与香港律师会举办“一带一路”法律线上论坛，举办东莞市涉外律师人才培训。完成263家律师事务所、3105名律师和32家基层法律服务所、52名法律服务工作者的年度检查考核。跟踪指导群体性、敏感案件226宗。完成村（社区）法律顾问年度考核，东莞市589名驻村（社区）法律顾问为群众提供各类法律服务1.79万件次，协助所在村（社区）追回拖欠款1.26亿元。安排、指导律师参与法律援助室、看守所、公检法涉法涉诉信访、市访前法律工作室、镇综治和“12348”法网等平台值班，指导律师办理法律援助案件1.01万件。联合市总工会、市律协成立120名律师组成的第四届东莞市工会法律服务律师团。东莞市2名律师入选2020年“1+1”中国法律援助志愿者。

【公证管理】 2020年，东莞市有东莞公证处、东部公证处、南华公证处3家公证机构，执业公证员40名。办结各类公证案件8.95万件（其中中国内地经济公证1835件、中国内地民事公证7.82万件，涉中国港澳台地区公证3589件，涉外公证5899件），涉及社会资产总额79.11亿元，提供公证服务10.87万人次。开展涉防疫公证优先办理、减免公证费、打击哄抬物价行为的公益行动，组织人员参与市疫情防控志愿服务。参与司法辅助事务，东莞公证处与市第一人民法院签署合作协议。加强与公安、民政、国土、住建、房管等部门的数据互联对接，推动信息互联共享。推进网上公证服务，组织线上公证员微信咨询服务岗，上线“零跑腿·微公证”小程序。拓展公证服务网点，9月挂牌运营南华公证处长安办证点。

【法律援助】 2020年，东莞市法律援助处连续五届获全国文明单位。全年全市办理法律援助案件1.21万件，其中刑事法律援助案件6346件，民事法律援助案件5779件，行政案件7件，为受援人挽回经济损失2.16亿元。推进刑事案件律师辩护全覆盖试点工作，加强法律援助值班律师工作，推进认罪认罚从宽工作。开展法律帮助1705人次，办理认罪认罚从宽案件见证1.79万件，比上年增长92.6%。组织办理困难群众就业、就学、就医、社会保障等民生领域的法律援助案件，在全市范围内开展“法援惠民生 助力农民工”活动日专项活动和根治欠薪有关工作，开展解决拖欠农民工工资支付专项治理法律援助工作。在各镇街劳动人事争议仲裁庭服务窗口设立“仲裁法援点”，畅通法律援助申请渠道，在市退役军人服务中心和镇街退役军人服务中心设立法律援助工作站（联络点），实现东莞市退役军人法律援助服务全覆盖。

【司法鉴定管理】 2020年，东莞市有司法鉴定机构11家，司法鉴定人129人，全市各鉴定机构办理案件3.18万件，鉴定费收入3405.65万元。承接省厅下放的司法鉴定类的行政许可、行政处罚等事项11项，全年办理司法鉴定行政许可审批74件。开展司法鉴定清理整顿工作暨2020年“双随机一公开”（随机抽取检查对象，随机选派执法检查人员，抽查情况及查处结果及时向社会公开）抽查和“司法鉴定行业专项教育整顿活动”活动，配合省人大和市人大做好司法鉴定专题调研工作。按照省司法厅来函要求，做好侦查机关司法鉴定机构和司法鉴定人备案登记工作。组织司法鉴定人参加各种业务培训，提高市司法鉴定人业务水平和技术技能。

【安置帮教】 2020年，东莞市司法局按照司法部、省厅对特殊人群管理“外防输入、内防扩散、外防输出”的疫情防控工作要求，通过强化组织领导、落实防控措施、加强协调联动，确保在衔接和排查上，不发生一名人员遗漏、不发生一名人员脱管。全年东莞市安置帮教刑释解矫以及“双列管”（刑释人员每月到司法所报到，在签到单上签字按手印并经司法所盖章后，将签到单带到当地派出所报到。派出所签字盖章后，刑释人员将签到单回执拿回到司法所，接受司法所的教育帮教）人员2426人，妥善衔接安置“三假”（假姓名、假地址、假身份）人员4名，全部在册帮教人员4023人。同时，全面摸排核查，落实服务管理措施，开展对全市刑释解矫人员底数（监狱释放5年内、解矫3年内人员）摸查，东莞市核查2719人，并登记造册。

【东莞仲裁委员会挂牌运作准备】 2020年，东莞市司法局推进东莞仲裁委员会挂牌运作各项准备工作，多次参加市政府组织的仲裁工作会议。根据省司法厅《关于指导东莞仲裁委员会尽快完善组成人员并及时办理备案变更事项等通知》要求，加强与市有关部门和东莞仲裁委员会的联系沟通协调，牵头制定东莞仲裁委员会启动运作方案并向市政府报送请示。与市财政局沟通，向市政府报送《关于东莞仲裁委员会开业运营相关事项的请示》，并经12月28日市政府第十六届第145次常务会议审议通过。

【国家统一法律职业资格考试】 2020年10月31日至11月1日，国家统一法律职业资格考试在全国统一举行。东莞市在广东科技学院、广东创新科技职业学院两个考点举行客观题、主观题考试，分别服务考生4600名、1925名，得到省司法厅的肯定以及广大考生和社会各界一致好评。客观题考试分两批次考试，每批次设46间考场（其中备用考场4间、隔离考场4间），报名人数4600人，比上年增加1455人，增长46%。仅次于广州市、深圳市，位列全省第三名，参考人数3489人，缺考人数1111人，参考率75.85%，合格人数1325人，占参考人数37.97%。主观题考试设40间考场（其中备用考场4间、隔离考场4间），报名人数1925人选择计算机考试1874人，参考人数1853人，缺考人数21人，参考率98.88%，合格人数790人，占参考人数42.63%。完成2020年法考工作任务，获评为全国司法行政机关2020年国家统一法律职业资格考试工作表现突出单位。完成2019年国家统一法律职业资格考试相关工作，发放法律职业资格证书809宗（其中香港1宗、澳门1宗、台湾1宗）。 （肖岱彤）

附：2020年东莞市司法局主要领导名录

党组书记、局长：陈鸿钧

军　　事

LOCAL MILITARY AFFAIRS

广东东江纵队纪念馆　（2020年市文广旅体局供图）

编辑：王学林

东莞军分区

【东莞军分区概况】　2020年，东莞军分区学习贯彻习近平新时代中国特色社会主义思想和习近平强军思想，中共十九届四中、五中全会精神，开展专题理论学习，编发《习近平主席关于人民战争、国防动员、军民融合和双拥共建论述摘录》。抓实“不忘初心、牢记使命”“传承红色基因、担当强军重任”主题教育，强化官兵听党指挥的信念信心和行动自觉。开展“领导干部上党课、机关干部谈体会”活动，在国家、省、市等媒体刊发稿件60余篇，民兵点验和武装工作经验做法被中央广播电视总台、广东卫视报道。带领专职人民武装干部和民兵会同驻军参加双拥共建活动，军地合力连续9次获“全国双拥模范城”称号。

【练兵备战】　2020年，东莞军分区于年初组织首长机关带民兵值班分队战备拉练，组织军分区党委议战议训，制定训战措施，每季度进行战备形势教育，年终评比80%以上奖励指标用于完成军事工作突出的单位和个人。突出抓好民兵新质力量动员使用课题研究，推进民兵新质力量建设。坚持以战领建、急用先建，通过联合部署任务、规范建设标准、严审实力数据、反复点验拉动，推动后备力量建设。抓好首长机关和民兵训练，拉动点验民兵，集中轮训13期，开展民兵军事训练大比武，应急应战水平提升。推动军事职业教育配套建设，分2批完成军队高等教育自学考试。深化学生军训改革，承训东莞市65所大中学校。

【国防动员】　2020年，东莞军分区推进国防动员“十三五”建设重点任务，重点项目高质量达标，受到省军区主要领导肯定，其经验被省国防动员委员会转发。抓好征兵工作，完成义务兵征集任务，大学生征集比例87.5%，毕业生比例

27%，市征兵办连续27年被省评为征兵工作先进单位，东莞理工学院、广东创新科技职业学院被省评为征兵工作先进单位，3人被省评为征兵工作先进个人。协调市财政专项设立国防动员事业费，分33批组织市、镇街党政领导过“军事日”，提升国防意识。遵照省国防动员委员会潜力数据整改要求，完成数据统计。民兵整组工作在全省排名跃升，提高9个名次。

【部队综合保障】　2020年，东莞军分区围绕国防动员、防卫作战需求，制定保障方案计划，市委、市政府划拨经费用于采购民兵应急应战装备，与地方8个单位签订民兵通用装备预征预储协议，确保系统配套、整体优质。修订完善财务管理、物资采购、民兵训练补助等9项保障措施，全面规范后勤管理秩序。完成退役武器、器材报废销毁任务，投入经费用于民兵武器仓库信息化改造。军地联合开展打击非法制售军服行动，筛查1932家实体店和电商平台。应市水污染治理现场指挥部函请，牵头协调驻军单位召开座谈会，围绕市治水工程涉及部队的相关项目，帮助11个镇街解决21个具体问题，跟进推动全市污水治理工程。抓好武器装备弹药保障，完善营区配套设施，落实车辆维修检测，确保全年行车安全无事故。完成国防大学战略班现地教学协调保障任务。

【军队基层建设】　2020年，东莞军分区贯彻军委基层建设会议精神，制定党委领导挂钩抓建基层方案，深入基层检查调研，并收集有关民兵整组、兵员征集、双拥共建等26个问题，全部妥善解决。学习贯彻《军队基层建设纲要》，培养、推荐基层先进典型，2人被省评为“民族团结进步模范个人”。抓好基干民兵预建党组织建设，指导推动从优秀民兵中发展党员工作。落实民兵事业费使用管理规定。抓好全民国防教育，以市国防教育讲师团为主，邀请院校专家授课为辅，为党政机关、社会团体讲授国防知识30余场次。注重加强民兵管理，建立军分区统管、武装部主管、编兵单位协管的机制，采取以属地管理为主、兵员流出地与流入地对接的管理模式，做到工作地址清、现实表现清、联系方式清。

【《东莞日报·国防专刊》宣传阵地建设】　2020年10月21日，东莞市国防动员委员会与东莞日报社举行《东莞日报·国防专刊》签约仪式，创刊号于10月23日与读者见面。《东莞日报·国防专刊》立足东莞国防动员和武装工作，面向广大人民群众。每月一期，每期对开四版，常设《国防要闻》《基层传真》《国防视野》《国际史珍》《军人风采》等栏目，普及全民国防教育，打造有东莞特色的国防教育常态化宣传阵地，为国防和军队现代化建设营造良好的舆论氛围。

【东莞市高校第四届国防教育主题征文活动】　2020年9月中旬至11月下旬，东莞军分区政治工作处组织东莞市6所高校学生开展国防教育主题征文。活动征集作品3806篇，评选出一等奖10篇、二等奖10篇、三等奖33篇、优胜奖37篇。12月18日，东莞市高校第四届国防教育主题征文活动颁奖仪式在东莞军分区举行。此次活动以“纪念中国人民志愿军抗美援朝出国作战70周年”为主题，学习贯彻习近平强军思想，弘扬爱国主义精神和革命英雄主义精神，宣扬全国各族人民同仇敌忾、众志成城支援抗美援朝的爱国情怀，推进新时代东莞市高校国防教育深入发展和征兵宣传常态化，引导青年大学生不忘初心、牢记使命，献身新时代国防和军队建设实践。

【东莞市委议军会议暨市委退役军人事务工作领导小组第二次全体会议】　于2020年8月1日召开。会议学习贯彻习近平强军思想和习近平总书记关于退役军人工作的重要论述精神，落实中央、省委退役军人事务工作领导小组会议精神和省委议军会议精神，审议有关文件，研究部署市国防武装、军民融合发展及退役军人工作重点任务。

【国防教育进社区主题宣传活动】　2020年12月13日，由东莞市国防动员委员会国防教育办公室、东莞军分区政治工作处共同主办，东莞报业传媒集团承办，南城街道宣教文体旅游办协办，在南城街道文化广场举行。活动以“奋进新时代，聚力强军梦”为主题。活动在广东医科大学女子护旗队的开场表演中拉开帷幕，活动现场设置国防教育签名墙、国防装备体验区

2020年6月19日，东莞市2020年武装工作会议暨后备力量集结点验大会举行

（东莞军分区供图）

以及国防教育展示区等区域，既有国防装备现场演示和体验，又有国防教育知识科普。通过多种形式，将国防教育送到市民群众身边，推动国防教育在全市基层开展、增强全民国防观念。 （贾少飞）

退役军人事务

【退役军人事务概况】 2020年，东莞市立足服务部队改革强军和地方经济社会发展，弘扬拥军优属、拥政爱民传统，推动双拥工作继续走在前列，开创双拥工作新局面。东莞市第九次获评“全国双拥模范城”称号，市退役军人事务局获评为广东省爱国拥军模范单位。年内，东莞市组织发动退役军人组成志愿者服务队，下沉街道、社区一线参与疫情防控和支持企业复工复产；为驻莞部队提供各类医疗防控物资20多万件，向湖北火神山等4家医院点对点赠送急需物资。

【常态化联系退役军人制度建立】 2020年，东莞市按照“全体行动、全员参与、全面覆盖、全维落实”原则，建立常态化联系退役军人制度，确保及时传递相关政策，服务保障好退役军人群体。2020年，市、镇、村三级退役军人事务部门联系各类对象，收集并服务退役军人需求566项。

【退役军人移交安置】 2020年，东莞市落实《军队转业干部安置暂行办法》《退役士兵安置条例》等政策，结合新时代退役军人安置改革工作要求，推进退役安置与服役贡献相挂钩的“阳光安置”机制，提高安置质量，按时完成年度退役军人移交安置工作，完成年度接收安置军休人员、军队转业干部、退役士兵、复员干部任务。

【退役军人就业创业】 2020年，东莞市落实《关于促进新时代退役军人就业创业工作的意见》等政策，结合新时代退役军人就业创业工作要求，在保障退役军人享受普惠性就业创业扶持政策和公共服务基础上再给予优待。优化退役军人全员适应性培训的方式方法，委托东莞开放大学分两期对2020年退役军人开展为期5天的全员适应性培训，并举办线下专场招聘会1场、线上招聘会2场；对2020年度由政府安排工作退役士兵开展岗前培训。依托东莞技师学院、市行政学院、东莞理工学院等院校，为有意愿且符合条件的退役军人开展免费技能和教育培训。先后2次走进驻莞部队，组织开展“送政策进军营”活动，为部队官兵送上安置及就业创业政策。

【优待抚恤政策落实】 2020年，东莞市继续执行抚恤补助标准自然增长机制，确保优抚对象抚恤补助标准与东莞经济社会发展水平相适应，并按规定给予退役军人和其他优抚对象公共服务方面的优先优惠。全年为优抚对象发放抚恤生活补助经费，为残疾军人发放残疾抚恤金、护理费；为重点优抚对象发放医疗补助金和重点优抚对象缴付参加东莞市社会基本医疗保险个人缴费。推进退役军人帮扶救助工作，为退役军人申请广东省退役军人应急救助资金。贯彻落实为烈属、军属和退役军人等家庭悬挂光荣牌的工作，在全市形成爱国拥军、尊崇军人的社会氛围。

【军民共建深化】 2020年，东莞市开展拥军慰问工作，举办“不忘初心鱼水情，矢志强军谱新篇”拥军慰问演出、“千人挥毫，致敬军人”东莞市迎春送福、2020年“最美军人家庭”评选等文化拥军活动；“八一”期间，市领导班子组成7个拥军慰问团，分别前往广东省军区、东莞军分区、部队等团以上驻莞部队开展拥军慰问活动；组织“双百拥军行”活动，发动东莞市77个社会组织和企事业单位，组成13个拥军团分赴驻莞部队慰问基层官兵，开展赠送书籍、法律咨询、技能培训等32个军民共建项目。

【退役军人权益维护】 2020年，东莞市设立退役军人法律援助工作站，并统筹指导各园区、镇街退役军人服务中心设立法律援助联络点，推动市退役军人法律援助服务全覆盖，为市退役军人提供法律援助服务，帮助退役军人维护合法权益，引导退役军人解决诉求，运用法律手段合法维护权益。同时，印发《东莞市人民检察院 东莞市退役军人事务局关于国家司法救助工作的实施意见》《关于建立涉军公益诉讼线索移送及案件协作机制的意见》，为有需要的军人军属、退役军人群体提供国家司法救助。

【星级退役军人服务中心创建】 2020年，东莞市制定《东莞市2020年退役军人服务中心星级示范创建工作方案》，并经市政府同意，下发到各园区、镇街，开展星级示范退役军人服务中心创建工作。全年东莞市29家申报星级示范创建的退役军人服务中心，有27家获三星级以上称号，申报通过率93.1%，其中获五星级的有13家、四星级的有5家、三星级的有9家。

【东莞市第九次获评为全国双拥模范城】 2020年10月20日，全国双拥模范城（县）命名暨双拥模范单位和个人表彰大会在北京市举行。东莞市以广东省第二名的成绩，第九次获评为全国双拥模范城。2016—2020年，东莞市开展国防和双拥宣传教育，举办国防教育活动，打造双拥主题公园，支持部队建设项目350多个，改善驻莞部队战备训练、工作生活条件。推进“法律法规进军营”活动、科技装备动员项目、退役士兵医保接续工作。擦亮“双拥在基层”“万里拥军行”“双百拥军行”“远程共建拥军行”等双拥品牌，形成具有东莞特色的拥军优属安置政策。

（李达桦）

城乡建设

URBAN—RURAL DEVELOPMENT

高埗镇 （2020年夏钊昇摄）

编辑：郭佩文

国土空间规划

【市镇国土空间总体规划】 2020年，东莞市推进市镇两级国土空间总体规划编制工作。贯彻落实国家、省、市的战略定位和功能部署，深入研究城市发展战略和空间格局；以资源环境承载力评价和国土空间开发适宜性评价为基础，开展生态保护红线、永久基本农田、城镇开发边界三条控制线划定工作。截至2020年底，形成阶段性成果专题研究22个；完成专题评审工作3个，包括耕地保护、双评价、发展战略专题；形成部门专项规划大纲30余份、阶段性成果专责小组报告5份。

【镇级土地利用总体规划修改】 2020年，东莞市指导镇街（园区）开展镇级土地利用总体规划修改工作40次，其中包括有条件建设区使用、建设用地规模置换、预留建设用地规模使用等方式，保障香港城市大学、东莞国际商务区首开区、东莞市第三看守所、塘厦白泥湖水质净化厂等省市重大项目落地。通过指导属地镇、村编制村级土地利用规划，解决一批农村基础设施、民生工程等配套项目的用地问题，并指导镇村盘活低效厂房、旧村、宅基地等措施，截至2020年底，完成审批涉及21个行政村的村级土地利用规划10个。

【生态保护红线调整】 2020年，东莞市开展四轮生态保护红线调整完善工作。其中，3月中旬，根据广东省自然资源厅、省生态环境厅提出的协调矛盾冲突初步处理原则，牵头组织各部门、镇街（园区）补充报送矛盾冲突有关材料；5月初，针对广东省生态保护红线评估初步调整方案（东莞市范围），补充报送矛盾冲突项目及相关佐证材料；5月中下旬，根据省要求核查线性基础设施并报送证明资料；9月，对照《广东省生态保护红线评估调整工作规则（试

2020年3月23日，东莞市召开拓展优化城市发展空间优质生活圈建设专题培训会　（市自然资源局供图）

行）》，报送矛盾冲突项目情况。截至2020年底，东莞市生态保护红线矢量数据成果通过国家技术审核组审查并封库。

【控制性详细规划调整】　2020年4月，东莞市印发《东莞市控制性详细规划调整管理办法》，明确控规调整应遵循功能优化、公共优先、支持产业及促进实施原则，规范并优化东莞市控规调整的准入、原则、分类及流程，维护国土空间规划的严肃性和权威性，保障国土空间规划的有效实施。全年完成备案控制性详细规划重大调整3宗，其中包括东莞国际商务区控制性详细规划重大调整，根据市政府及中心城区“一心两轴三节点”现场指挥部的部署安排，重新审视该地区的发展条件并结合新总规赋予的功能和作用，通过实施控规重大调整提升片区的功能定位、优化功能布局。　（张佩珊）

【《粤港澳大湾区新型门户平台的规划策略——东莞市滨海湾新区城市总体规划（2018—2035年）》获优秀城市规划设计奖】　2020年12月25日，2019年度优秀城市规划设计奖获奖项目名单公布，《粤港澳大湾区新型门户平台的规划策略——东莞市滨海湾新区城市总体规划（2018—2035年）》获2019年度全国优秀城市规划设计奖二等奖。7月，该规划成果获得2019年度广东省优秀规划设计奖一等奖。该城市总体规划立足湾区大势、应对区域竞合、重构城市中心、打造时代典范，探索粤港澳大湾区战略背景下环湾重点平台规划编制路径。滨海湾新区规划编制工作是城市规划体系的创新尝试，颇具规划亮点与特色。

（郭佩文）

附：2020年东莞市自然资源局主要领导名录

党组书记、局长：赖健伟

重点工程建设

【重点工程建设概况】　2020年，东莞市城建局完成投资98.2亿元，重大项目年度投资完成比例达101.4%。新开工水濂山水库排水涵管塌陷应急修复、挂影洲围中心涌箱涵清淤、东莞市五环路市政工程（东南西环环保工程专篇）、市中心城区公交专用道、妇幼保健院扩建、东莞市第七高级中学扩建、东莞中学教学楼拆除重建及配套、三江六岸项目、东莞市汽车技术学校扩建、东莞理工学院松山湖校区人才周转公寓、广东东江纵队纪念馆基本陈列全面改陈布展、11所学校打成三个包、东莞市松山湖中心医院心血管病诊疗中心大楼、东莞火车站110千伏、220千伏高压线迁改工程、市第九人民医院临时防疫备用病房、东莞市第九人民医院呼吸道和消化道楼应急防疫工程、东莞市进口冷冻肉制品和水产品集中监管仓、东莞市第四批交通拥堵节点治理、市经济贸易学校（学院路校区）等工程18项；完工水濂山水库排水涵管塌陷应急修复、挂影洲围中心涌箱涵清淤、鸿福路艺术市民中心内涝整治、环城路与高埗镇莞潢路立交连接、东莞市第四批交通拥堵节点治理、麻涌垃圾处理厂市政配套路桥、市公安局警务实战技能训练区暨应急处突备勤区改造、东莞市启航学校修缮、东莞市第二看守所放风场加建雨棚工程（应急工程）、市第二看守所、东莞市第四高级中学扩建、东莞市常平中学新建体育馆、东莞高级中学新疆校区新建礼堂及学生宿舍、市塘厦中学新建学生宿舍楼、东莞市第六人民医院改造、东引运河流域樟村断面综合治理、09004市政府储备地块110千伏高压线迁改、市第九人民医院呼吸道楼和消化道楼应急防疫、东莞市第九人民医院防疫备用病房工程、东莞市进口冷冻肉制品和水产品集中监管仓等工程19项。年内，市城建局推进石马河、东引运河水环境综合治理项目，石马河旗岭断面、东莞运河樟村断面等东莞原有水质劣Ⅴ类国考断面全部清零，全年水质稳定达Ⅳ类，获广东省生态环境厅通报表彰。

【石马河流域综合治理】　截至2020年底，旗岭国考断面水质稳定达标，管网工程包内各项实施内容全部完成，达到地块“污水入厂、雨水入河”的治理效果。石马河流域综合治理项目于2019年1月25日动工，工程涉及东莞境内石马河主干流长67.5千米，境内大小干支流河涌107条，流域面积601平方千米，跨越凤岗、塘厦、清溪、常平、樟木头、谢岗和桥头等7个镇、112个村（社区）。石马河流域内经调查有排口4646个，其中污水口1865个，雨水口2781个。治理内容包括水环境治理、防洪排涝、水资源保护、景观提升、雨污分流、智慧流域等。

【东引运河樟村断面综合治理】 截至2020年底，东引运河流域樟村断面综合治理工程（污水管网完善工程）完工并实现通水，樟村国考断面水质稳定达到地表V类，基本达到“污水应收尽收，闭环运行”的治理效果。东引运河樟村断面综合治理工程于2019年11月底动工建设，流域面积843.13平方千米，涉及桥头镇、企石镇、石排镇、横沥镇、常平镇、东坑镇、寮步镇、茶山镇、东城街道、大岭山镇、松山湖高新区、大朗镇和黄江镇13个镇街（园区），共321条河涌。投资估算77.5亿元，工程采用PPP（公共基础设施中政府和社会资本合作的项目运作模式）模式推进。

【南方光源研究测试平台主体结构封顶】 截至2020年底，南方光源研究测试平台实现主体结构封顶。项目于2019年9月25日动工，由市城建局负责实施，选址位于大朗镇中子源路2号，中国散裂中子源园区西侧，毗邻莞佛高速公路。项目分为加速器技术创新研究分平台和X射线技术创新研究分平台，总用地面积12.82万平方米，总建筑面积3.36万平方米；采用EPC（设计施工总承包）的方式进行建设，计划于2021年完工。

【广发片区城市品质提升工程完工】 该项目于2020年3月底动工，工程位于市行政中心东侧，是贯通市中心广场、会展西绿地公共空间廊道的关键组成部分，也是东莞中心城区“一心两轴三片区”范围内街区式人居环境品质提升的首个示范项目。该工程采用社会代建模式实施，于2020年12月29日完工。

【东莞市第九人民医院临时防疫备用病房工程交付使用】 2020年1月24日，东莞市第九人民医院临时防疫备用病房工程动工。现场在2000平方米空地处临建114个集装箱，可容纳200个床位，设有4个单元，分别供医护人员、疑似病例等使用，均严格执行相关医用标准。后备病房均配备淋浴间、热水器、紫外线灯、医护对讲系统、园区视频监控、无线网络Wi-Fi覆盖等。1月30日完成所有箱房安装、水电安装，历时7天，整个项目完工并交付使用。

【东莞市妇女儿童活动中心（新校址）主体结构封顶】 截至2020年底，该工程实现主体结构封顶。该项目于2018年12月27日动工，位于东城街道新源路与鸿福东路交叉处（东城体育公园对面地块）。总投资2.69亿元，总用地面积1.11万平方米，总建筑面积4.32万平方米。该项目建成后，每年可为全市妇女儿童提供各种公益性服务5万至6万人次左右。

【东莞市第四批交通拥堵节点治理项目完工通车】 该工程于2020年6月30日动工，主要包括：古一村—同沙东路—中医院、宏图路—广彩路路口、宏图路—隆溪路、港口大道—简沙洲路路口、翰林学校区域路段、环城东路—圃园西路交叉口、环城东路—温塘路交叉口、环城东路年丰山庄东侧辅道路段、环城西路—万道路路口、八一路—下元村路口、石竹路—元美东路路口、石竹路—元美中路、伟业路—景顺路、东部快速入口、东莞大道—旗峰路、环城西路—万道路、环城西路—东莞大道、莞樟路—石井路口等30个交通拥堵点。9月30日全部完工通车。 （庾小文）

附：2020年东莞市城建工程管理局领导名录

局　长：祁志强

【东莞实业投资控股集团有限公司】 2020年，东莞实业投资控股集团有限公司（简称“东实集团”）实现总收入33.24亿元；净利润1.93亿元。截至2020年底，集团总资产207.25亿元，净资产116亿元，全资子公司10家，员工6411人（其中集团总部163人）。

城市综合运营　2020年，东实集团签订城市更新项目合作协议或框架协议4个，涉及土地面积1.74平方千米，其中签约面积0.56平方千米，超额完成年度目标。

石马河清溪段　　（2020年市石马河现场指挥部供图）

海心沙资源循环利用基地航拍图　　（2020年吴芷欣摄）

其中：道滘小河“工改工”项目位于道滘镇小河村，占地面积1.44平方千米，其中拆除重建区约10万平方米，启动拆迁工作，为首个由市属国企主导完成拆迁的城市更新项目。虎门北栅智汇城项目紧邻广深高速虎门出入口，占地面积6.47万平方米，为“拆除重建（工改MO）+社区自改+微改造+综合整治”模式，项目一期于12月动工建设，拟打造成为广深港澳科技创新走廊城市更新示范性项目。虎门镇口项目紧邻广深高速虎门北出入口，占地面积60万平方米，为“拆除重建（产城融合）+微改造+综合整治”模式，启动前期策划工作。商务区综合管廊项目位于东莞国际商务区，总投资2.4亿元，建设长度6.55千米，截至2020年底，全部完工。商务区壹号基坑支护及土方项目总投资2.4亿元，首次采取统建模式，实施多地块多业主联合开挖，于12月动工。参与全市教育扩容提质千日攻坚行动，代建的石龙镇黄家山实训楼改扩建项目提前3个月完工，成为全市首个完工的市属国企代建学校项目。东莞迎宾馆国际学术交流中心主体结构于12月底封顶，全年完成投资1.9亿元。体育路东实停车楼位于市行政办事中心东北侧，规划用地面积4844平方米，总建筑面积2.23万平方米，停车位总数量380个，拟配套商业面积4536平方米，于9月底动工，是东莞城市形象更新，舒缓城市交通压力的第一个试点停车楼项目。东莞火车站TOD项目，用地面积7.47万平方米，该项目居住地块“东实旗云花园”实现开盘上市，为东实集团首个自主开发的房地产项目，也是东莞市首个TOD开发项目。鳒鱼洲项目位于东江和厚街水道交汇处，占地面积9.5万平方米，主要对工业遗存进行保护与开发利用，截至2020年底，实现全面开园，招商面积3.4万平方米，入驻商户40家。举办“世界好物东莞造，网络直播带货”“2020品质东莞直播带货大赛”等活动14场。松山湖大学创新城更名为松山湖国际创新创业社区，旨在打造成为“创新创业不夜城”，成为国际创新创业的标杆，截至2020年底，该社区新入驻新型研发机构和企业17家，并取得首批东莞市重点招商园区（低成本空间）试点载体资格，社区产业招商率50%，配套服务区“佳纷天地”开业，招商率100%。市民服务中心美食广场项目商业租赁面积1.1万平方米，整体招商率86%，全年通过线上线下促销，开展市集和文化汇演活动100余场。东实5G产业示范基地于3月挂牌，一期实现交付，旨在打造以新一代信息技术、高端装备制造、新材料、新能源、生命科学与生物技术为主的产业集群，吸引高成长性的企业入驻3家。

人才安居项目　2020年，东实集团拓展市机关事务局、东莞电视台、市人社局闲置公房项目3个，新增筹集房源393套。截至2020年底，启动实施人才安居项目12个，筹集房源5000套，提供可入住房源4200套，整体出租率83%，比上年增加13个百分点。实施首个代建管理项目——谢岗花园工业园人才公寓，与东莞静寓公寓签订托管运营协议，开启安居公司代建、代运营的轻资产运营模式。在市属人才安居社区增设图书驿站、社区食堂等配套，完善智慧安居平台，并开通“莞寓”定制巴士；组织开展读书会、交友联谊、音乐节等社区活动20余场，举办专场人才招聘、职业培训活动，助力青年人才职业发展；推出“筑巢计划”，免费提供应届毕业生短期住宿；推动东莞人才安居办法实施，落实人才住房补贴政策，协助约400人申请住房补贴。

环保产业　2020年，东实集团以海心沙资源循环利用基地建设运营为重点，拓展延伸环保上下游产业链，基本形成生活垃圾焚烧发电、餐厨垃圾资源化利用、危险废弃物处理处理、土壤修复及环境卫生治理、工业节能及工业固废治理于一体的环保产业链闭环。麻涌环保热电厂位于麻涌镇大步村海心沙岛，处理规模1500吨/天，通过技术升级改造，垃圾处理能力提升11.8%、垃圾年处理量增长10.7%，全年处理垃圾61万吨、发电上网2.3亿千瓦时。麻涌餐厨垃圾处理项目位于麻涌镇大步村海心沙岛，规划处理餐厨垃圾300吨/天，该项目首创餐厨执法市镇联动模式，采取收运片区责任制，保障餐厨垃圾收运量，下半年扭亏为盈，全年收运处理餐厨废弃物4.2万吨，日收运处理量最高238吨。东南部卫生填埋场位于谢岗镇曹乐村，主要功能为对生活垃圾焚烧后产生的、经固化稳定处理的飞灰螯合物进行安全填埋，一期项目全年填埋飞灰11.3万吨；二期项目完成前期报建工作，启动土地规划调整。海心沙绿色工业服务项目位于麻涌镇大步村海心沙岛，占地面积20.2万平方米，总投资19.05亿元，规划处理危险废物31.61万吨/年及建设环保教育中心，截至2020年底，项目主体工程基本建成，焚烧单元取得经营许可证，焚烧系统各专业单机调试全部一次性成功，完成点火烘炉。海心沙检测中心建成并投入使用。海心沙环保热电厂位于麻涌镇大步村海心沙岛，占地面积7万平方米，投资13.75亿元，规划建设2250吨/天生活垃圾焚烧处置项目，项目主体结构提前25天封顶，完成一炉一机生产线设备安装，具备垃圾进厂条件。2020年，东实集团循环经济环境教育基地开展环保主题活动40多场，接待参观147批1.3万人次，与市委党校合作共建教育实践基地，与市供销社、市城管局等共同推进垃圾分类。寮步、桥头垃圾填埋场完成莞番高速公路建设红线范围内的垃圾清运，为高速路建设腾出作业面并通过专家验收。

公共服务项目　2020年，东莞迎宾馆以“城央绿肺、国企品质”休闲目的地为新定位，加大客户拓展力度，创新营销推广模式，克服疫情影响，超额完成年度预算目标。东鸿物业公司新签、续签物业管理项目12个，合同金额4800万元。雅园新村试点建立首问客服投诉机制，客户综合满意率94.92%。骏安押运公司拓展邮政清机清分新业务，清机清分业务量大幅提升，清机清分业务营业收入比上年增长26%。东莞篮球中心举办各类活动45场，为CBA复赛及华为开发者大会的举办提供保障。

援疆项目　2020年6月8日，东实集团三期40万锭项目投产运营，实现新疆草湖纺织产业园100万锭项目投产运营，全年销售产品10.62万吨，实现收入18.89亿元。将产业援疆与党建援疆相结合，在民族融合方面成果突出，获“全国民族团结进步模范集体”称号。

（廖　彦）

附：2020年东莞实业投资控股集团有限公司主要领导名录

党委书记、董事长：刘　波

中心城区建设

【中心城区建设概况】　2020年，东莞市推进“一心两轴三片区”（指中心城区城市品质提升的重点地区。其中，“一心”指市行政文化中心区，“两轴”指东莞大道时代发展轴和鸿福路山水文化轴，“三片区”指东莞国际商务区、“三江六岸”历史休闲区、黄旗南生态科创区）建设工作。先后启动行政文化中心区提升建设项目，启动东莞国际商务区建设项目，实施两轴三节点项目，加快三江六岸片区实施进程，推进黄旗南片区建设，活化提升东莞篮球中心等项目。

【行政文化中心区提升建设项目启动】　2020年，东莞市博物馆新馆明确选址并启动场馆建筑及周边广场提升等设计前期工作；广发南市储备地块出让条件基本稳定；推动轨道1号线中心广场站前期方案，完成“鸿福路轴带”规划设计初步方案。

【东莞国际商务区启动建设】　2020年，东莞市完成规划校正、控规重大调整；出台商务区服务型公寓政策；推动地下空间规划、市政工程规划、综合交通规划、灯光照明、广告牌匾、地名规划、智慧城市等十余项专项规划研究；完成中心公园及绿轴方案设计国际咨询并稳步推进整合深化；启动新基河全流域整治提升规划工作。制定水涧头村征拆补偿方案、社会风险防控方案和行政征收方案；截至2020年底，水涧头村完成318户（96.66%）、646栋（97.44%）私人物业签约及拆除工作；完成安置地块出让并启动建设。首开区首批出让土地（05、06、07、10号）于8月摘牌，第二批地块出让工作推进。完成首开区首批4宗出让地块的建筑概念设计方案，并于12月25日启动一号基坑施工；首批市政配套设施项目完成建设前期准备工作；推进水涧头拆迁安置小区项目建设。

【两轴三节点项目实施】　2020年，东莞市东莞大道品质提升工程完成项目估算及概算审批等建设前期工作；中心区核心地段立体慢行系统完成整体方案设计及2号、3A号桥段建设前期工作；广发片区品质提升工程于12月29日建成并向市民开放，片区内立体停车楼建设按计划推进；黄旗广场项目完成控规调整等土地出让前期工作；市民服务中心三期完成建筑概念设计方案。

【三江六岸片区实施进程加快】　2020年，东莞市建立片区总设计师服务机制；搭建全域规划指引框架；全面启动滨水岸线示范段一期工程建设，并完成85%整体工程进度；完成东莞记忆、莞城粮仓项目策划；开展重点项目规划建设督导，推动高埗、石碣滨江岸线建设，鳒鱼洲项目于12月31日整体开园。

【黄旗南片区建设推进】　2020年，东莞市搭建黄旗南片区工作机制，确定片区城市综合运营商，开展片区规划设计工作；按照“空间重构、企业权益不变、市街道净地同股同权”的原则，推进片区成本及收益测算；完成黄旗南麓文体带绿道一期工程样板段建设，启动绿道一期工程建设；推进同沙小环、儿童公园、体育公园TOD（以公共交通为导向的开发）综合开发、将军帽地块开发等项目。

【东莞篮球中心活化提升项目】 2020年，东莞市完成篮球中心场馆建筑提升设计、开发运营策划、片区城市设计、片区综合交通规划等系列前期研究的初步成果，形成以点带面、远近结合的片区综合发展思路。（张佩珊）

美丽幸福村居建设

【美丽幸福村居特色连片示范建设概况】 2020年，东莞市推进美丽幸福村居特色连片示范建设。第一批东城街道（周屋—余屋—温塘—桑园）、万江街道（滘联—谷涌）、长安镇（涌头—霄边）3个特色连片示范区全部建成。通过对各片区的村居环境、乱堆乱放进行梳理整治，释放出地块空间，建设巷道、公园等设施，补齐片区基础设施配套不足的短板，沿线建设多个独特文化景观节点，提升片区居住品质。第二批石排镇（塘尾—埔心—谷吓—李家坊—横山—田边—中坑—燕窝）、谢岗镇（南面—大龙—大厚—黎村）、东坑镇（丁屋—彭屋—黄屋—角社）3个特色连片示范区大部分项目完成深化设计并进入施工图设计阶段，部分项目进入施工阶段。

【万江街道特色连片示范区】 2020年，万江街道特色连片示范区建设主题为“擦亮水乡名片”。通过梳理社区空间，重点提升村居整洁度和舒适度，自然景观、公共空间、私人房屋相得益彰；挖掘利用原有良好的水乡地域底色，将厨余处理理念，龙舟、舞狮等特色文化与浪漫花海段、滨江休闲步道、起龙广场、芳草园和杉林碧幢等景观节点相结合，打造一条长6千米，集休闲、观赏、娱乐于一身的水岸景观带，营造“亦城亦乡，宜居宜游”的现代田园之地，彰显水乡文化底蕴。

【东城街道特色连片示范区】 2020年，东城街道特色连片示范区建设主题为“风吹稻田香”。依托原有山水农田景观资源的基础，对片区的空间环境进行系统梳理，结合稻田风貌，沿线建设水蒲桃公园、稻香书院、玻璃栈道等景观节点，串联成面成片，组合成一张精致的东莞“富春三居图”，其中水蒲桃公园附近景观利用周屋社区和余屋社区原有的荒废地块进行生态整治，通过建设标志性的瞭望塔，可一览周屋鱼塘美景；稻香书院和玻璃栈道的建设，为游客提供落脚休息之处。

【长安镇特色连片示范区】 2020年，长安镇特色连片示范区建设题为“蝶变城中村”。依托生态、文创、工业旅游三大理念，对涌头等三大社区的工厂、民房、农田等多要素进行聚合升级，实现城中村“蜕变”，旧貌换新颜，人居环境改善。其中旧村核心片区对旧村古巷道进行修复整治，增加绿化空间和屋顶绿化种植，盘活社区的空间建设；工厂片区通过立面改造、增加室外绿化景观、规划停车线等，提升办公生活的配套环境；

东莞市第一批特色连片示范万江片区——谷涌社区门户入口广场　（2020年市住房和城乡建设局供图）

山水田园片区通过清除原有工棚等违法搭建物，建设湿地花海、树林氧吧、荷花池、亲水木栈道等多功能基础服务设施，形成自然、别致，充满野趣的乡村景观风貌。

（吴维彬）

市级海绵城市试点——东城街道黄沙河流域示范项目

（2020年市水务局供图）

水务建设与管理

【水务建设与管理概况】 2020年，东莞市用水总量19.6亿立方米，比上年下降0.76%；万元地区生产总值用水量20.31立方米，下降2.35%。全市水厂年供水总量15.46亿立方米，日供水量422.47万立方米。重点水务工程项目竣工5个。新开建重点水务工程项目2个，完成投资12.37亿元。堤防达标加固28.99千米。全市各级河长累计巡河6.08万次，发现并落实整改问题2.34万个，建成碧道62.41千米。治理污染河涌213条，负责治理的12条黑臭水体稳定消除黑臭。治理水土流失面积20.05平方千米。抵御强降雨等水旱灾害天气86次，消除城镇易涝点21个。全年拨付水库移民后期扶持资金4235.9万元，惠及扶持人口2.2万人。依法审批涉水行政许可488宗。水政监察执法查处、处置水事违法行为120宗。印发实施《东莞市供水安全保障规划》（2020—2035），《东莞市水务发展“十四五”规划》通过专家评审。年内，东莞市成功创建“国家节水型城市”。

【河长制湖长制推进】 2020年，东莞市印发基层河长打卡巡河工作指引，建立河长巡河履职档案。28名市领导挂点督办重点河涌100次，全市各级河长累计巡河超6.08万次，发现并落实整改问题2.34万个。全市河湖巡查队累计巡查2136条河湖段，河湖治理曝光台播出38期，曝光问题河涌110条，市河长办发出交办通知书和督办函312份，落实整改督办交办问题超2200个。举办“河湖保洁日”10期、“河湖治理大家谈”论坛112期，累计参与人数超12万人次。开展“最美河涌”“最美河长”“最美巡河志愿者”评选活动2次，累计参与人数400万人次。市河长办、团市委等多部门联合打造“河莞家”志愿者河长品牌，447名民间河长巡河超1.4万人次，8.4万名护河志愿者开展活动382次。印发《东莞市全面推行河长制工作述职方案》《东莞市全面推行河长制基层河长水质考核评价方案》，建立河长约谈机制。经2020年考核评定，谢岗、道滘、麻涌、东城等7个镇街河长制工作获得优秀等次。

【重点水务工程建设】 2020年，东莞市在建重点水务工程13宗，年度计划总投资30.74亿元，完成投资30.01亿元，其中新开建项目2个，完成投资12.37亿元。沿海水乡片堤防达标加固建设完成28.99千米。石马河河口东江水源保护一期工程全面完工。桥陇河河道综合整治工程凤岗段基本完工，塘厦段完成87%。茅洲河界河段综合整治工程（东莞部分）、黄沙河东城段河道整治工程、寒溪河东城余屋桥段通航水域河道疏浚工程、马滩水闸改扩建工程、潼湖围陈屋边水闸重建工程、东引运河虎门城区段及桥头至企石水闸段河道清淤疏浚工程等项目通过竣工验收。

【河涌水环境综合整治】 2020年，东莞市完成污染河涌整治213条。水务局负责的城市建成区新发现12条黑臭水体落实雨污分流、暗渠整治等工程措施，实现稳定消除黑臭，开展长制久清效果评估。24条疑似黑臭水体全部完成整治。樟村国考断面上游重污染河涌一体化污水处理项目涉及的39座一体化污水处理设施全部投入运营。建立和运行黑臭水体水质周监测制度。虎门德隆围、广济涌完成整治，基本消除黑臭。

【水资源管理与保护】 2020年，东莞市落实水资源管理制度，省考核评定2019年成绩为优秀，获得省最严格水资源管理制度考核激励资金220万元。新发取水许可证6宗，延续取水许可证20宗，注销取水许可证11宗。下达140家市管取水户年度取水计划6.65亿立方米，比上年增加0.35亿立方米。全市万元地区生产总值用水量20.31立方米、万元工业增加值用水量15.03立方米，分别比上年下降2.35%、0.99%。

市区污水处理厂　　（2020年市水务集团供图）

【水土保持监管】　2020年7月1日，东莞市施行《东莞市水土保持条例》。生产建设项目水土保持方案审批（企业投资类、政府投资类、非盈利组织投资和个人投资类）实行全网办，审批时限压缩到1天，全年完成审批387宗。年内，全市完成查处疑似违规建设项目39个，复核水土保持扰动图斑生产建设项目286个，新增治理水土流失面积20.05平方千米。

【水旱灾害防御】　2020年，东莞市水务局开展防汛抗旱专项检查3次，举办防汛抗旱联合值班培训3期、全市水安全业务培训1期。编制完成《东莞市中心城区超标准洪水防御预案》。组织全市民兵轻舟分队骨干集训、水上救援应急演练、防汛卫星电话和应急对讲终端汛前培训、防汛物资调运训练以及工程抢险队应急抢险演练。全市34支水上防洪救援队完成年度训练任务。市级防汛物资仓库新增防汛抢险物资200万元，进行防汛物资调运18次。全年抵御强降雨等水旱灾害天气86次，启动内涝应急响应76次，其中市区内涝Ⅳ级、Ⅱ级、Ⅰ级应急响应各1次，发布各类应急管理信息11.5万条，编制水情简报227期，对市属重点水利工程发出调度批复108次。

【河湖“清四乱”专项行动】　2020年，东莞市开展“清四乱”（清理乱占、乱采、乱堆、乱建问题）专项行动回头看，完成清理并销号669条河涌（1146段河段）的两岸“清6米”工作，“清四乱”工作进入常态化。

【河湖“五清”专项行动】　2020年，东莞市完成省下达的“五清”［清理排污（水）口、清理水面漂浮物、清理底泥污染物、清理河湖障碍物、清理涉河湖违法违建］工作任务，清淤疏浚河道127.8千米、清理河湖障碍物157宗、清理涉河湖违建340宗、整治入河排污口1516个、清理水面漂浮物8.58万吨。

【碧道建设】　2020年，东莞市编制印发《东莞市碧道建设总体规划（2020—2035年）》。纳入省级试点范围的麻涌华阳湖18.3千米碧道完成试点建设。年内，全市建成碧道62.41千米，含长安镇9.72千米、东城街道7.8千米、谢岗镇6.66千米、道滘镇6.6千米、企石镇6.13千米、清溪镇5.18千米、凤岗镇2.02千米，超额完成省下达的37.7千米年度建设任务。

【珠江三角洲水资源配置工程（东莞段）建设】　2020年，东莞市完成珠江三角洲水资源配置工程东莞段主干线7块建设用地、东莞分干线7块建设用地征收及交付。推进东莞交水点调整工作，完成交水点调整报告编制并协同广东粤海珠三角供水有限公司报送省水利厅，报告建议以一般设计变更方式调整工程东莞交水点。

【河湖管理范围和水利工程管理与保护范围划定】 2020年，东莞市完成纳入省任务清单的规模以上河湖（流域50平方千米以上河流及水面面积1平方千米以下的湖泊）的河湖管理范围划定，包括51条500千米河流，以及19个湖泊。参照规模以上河湖标准要求，全市各镇街（园区）一并完成辖区内河湖管理范围划定并公告。

【节水型城市创建】 2020年，东莞市按照国家节水型城市创建标准，做好查漏补缺工作，完善申报材料并提请考核验收，通过住房和城乡建设部、国家发展和改革委员会专家预审、现场考核、综合评审及公示，被命名为第十批（2020年度）国家节水型城市。年内，松山湖园区通过省水利厅第一批县域节水型社会达标建设复核，东城街道和南城街道通过省水利厅第二批县域节水型社会达标建设验收。

【海绵城市建设】 2020年，东莞市印发《东莞市海绵城市建设规划管理暂行办法》。市级海绵城市试点东城街道黄沙河流域示范项目完成建设。黄沙河流域、松山湖高新区、滨海湾新区、常平镇新城中心区、谢岗镇、沙田镇西太隆河流域、大朗镇中心区、清溪镇清溪水流域等试点区域涉及的10个园区、镇街基本完成海绵城市专项规划及实施方案编制。全市各园区、镇街基本成立海绵城市领导小组及相关议事协调机构。全市自评估核查城市建成区海绵城市建设面积35.5平方千米，占城市建成区面积（124.38平方千米）的28.54%，达到国家规定“到2020年不低于20%”的目标要求。 （周功成）

附：2020年东莞市水务局主要领导名录

党组书记、局长：倪佳翔

【东莞市水务集团有限公司】 2020年，东莞市水务集团有限公司（简称“东莞市水务集团”）推进国企重组整合，冲刺攻坚水污染治理，保障城市优质供水，各项经营指标向好发展。截至2020年底，水务集团资产总额539.22亿元，比上年增长32.39%；净资产231.13亿元，增长11.41%；全年实现营业总收入39.77亿元，增长98.16%。

城市优质供水保障 2020年，东莞市水务集团为全市23个镇街（园区）市民提供安全优质的供水和服务，负责运营的自来水厂有7家，分别为市第二、三、四、五、六水厂，东城水厂和万江水厂，设计总规模365万立方米/日。全年供水总量9亿立方米（含原水），出厂水质合格率均为100%，供水经营效益保持良好。年内，水务集团推进松山湖、滨海湾新区交椅湾板块等区域供水管网工程，第六水厂与松木山水厂连通工程（松山湖）、第四水厂与石碣镇连通管工程等，完善供水管网功能；推进大市区老旧管网改造项目，全年投资4000万元，开展东城皂上、鳌峙塘、峡口，万江万红村、徐屋坊、新河村、康渠坊以及莞城西隅、北隅共九个片区100千米老旧管网更新改造工程，为市民提供质优压稳的放心龙头水；加速推进市第二、四水厂取水口迁移工程，总投资7.3亿元，管线总长10千米，截至2020年底，完成顶管长度5.8千米；推进全市“供水一张网”整合工作，拓展供水版图；配合开展珠江三角洲水资源配置工程东莞配套工程建设，推动实现西江、东江水源互补。

便民利民惠民新举措推出 2020年2月1日至6月30日，东莞市水务集团对供水范围内住宿、餐饮企业和个体工商户按现行终端水价的90%收取水费，趸售自来水（原水）按趸售价格的96%执行，阶段性减免水费金额1790万元；落实用水“欠费停计违约金”“欠费不停供”措施，支持企业复工复产。拓宽办理渠道、优化业务流程、缩短办理时限，进驻南城街道政务服务中心、实行精简用水报装及网上“一键报装”，推出大市区新装水表“零费用”，推行“不见面审批”服务，13个业务事项全部上线广东政务服务网“一网通办”及东莞市涉水收费统一征收平台系统等，推动实现供水服务零距离。2020年国家营商环境评价首次将东莞纳入考评，水务集团助力东莞市用水指标在2019年广东省营商环境评价工作中排全省第四名。

水质科研能力提升 2020年，东莞市水务集团开展“不同粒径石英砂滤料对水质的影响”“臭氧—活性炭深度处理工艺滤料选型示范工程”等生产试验研究，以及“自来水厂混凝剂自动精准投加系统”等多项科研试验工作，并将科研成果应用于实际生产中，切实解决水厂生产问题、节省水厂药耗和原材料成本、提升水厂供水工艺水平；结合研究成果在《中国给水排水》《城镇供水》等国内水处理行业知名期刊公开发表学术论文8篇，获得5项实用新型专利授权。

（杨慧敏）

附：2020年东莞市水务集团有限公司主要领导名录

党委书记、董事长：尹锦容

党委副书记、总经理：朱伟强

市政建设

市政道路、桥梁

【道路设施整治提升】 2020年，东莞市公路事务中心完成市属城市道路养护维修工程金额6456万元。其中，维修沥青路面16.3万平方米、修复标线3.1万平方米、灌缝13.1万米，雾封层2.3万平方米。截至2020年底，市属城市道路的路况水平明显改善，市属城市桥梁、公车候车亭等各类设施有序运行，群众投诉明显减少（比上年下降61%）。年内，落实市区公交站亭养护工作1050个，利用公交站亭公益广告位置开展文明城市五连冠创建等宣传工作，全年设置公益广告294处。

【桥梁规范管理】 2020年，东莞市公路事务中心负责管养城市桥梁215座。按照《城市桥梁养护技术标准》《城市桥梁检测技术标准》《城市桥梁检测和养护维修管理办法》《城市人行天桥与人行地道技术规范》等有关规范及管理办法开展桥梁养护工作，做到经常性检查一天一次，一桥一档；定期检测一年一次，结构检测不少于三年一次。年内，定期组织各园区、镇街桥隧管理人员开展业务培训，提高基层桥梁管理人员的技术水平，指导各园区、镇街道做好乡、村道公路和城市道路桥梁隧道的养护工作。（樊键忠）

城市供电

【供电概况】 2020年，东莞市电网保持安全稳定运行。最高负荷1735.33万千瓦，比上年增长4.3%。供电量866.54亿千瓦时，比上年增长2.64%。售电量850.78亿千瓦时，比上年增长2.69%。当年电费回收率99.99%。线损率1.795%。第三方客户满意度90分。客户平均停电时间0.97小时/户，比上年下降49.21%。完成固定资产投资57.94亿元。有效资产总额347.65亿元，比上年增长3.09%。拥有有效发明专利227项，比上年增长1.49倍。供电局连续11年获全市政府公共服务满意度调查第一名。连续18年获得“中央和省驻莞机关先进单位”称号。

【电力安全有序供应】 2020年，东莞电网供电量866.54亿千瓦时，比上年增长2.64%，增量排全省第一名。全市电力需求总体呈现平稳增长态势，供电局成立应对疫情应急指挥部，组建保供电突击队，对市、镇重点应急指挥机构、重点医疗机构、重要物资生产单位等开展供电保障工作，全方位保障客户正常用电，没有出现中断供电情况。开辟办电绿色通道，落实零上门、零审批、零投资“三零”服务，保障疫情防治相关单位、企业的新增用电需求。落实“助企撑企15条”要求，强化对企精准服务，梳理全市重点企业，及时掌握企业复工复产用电需求。对因疫情防控需要扩大产能的企业，不加收基本电费，减轻企业成本负担。保障基本民生用电服务，疫情防控期间，对居民用户、防疫重点用户落实欠费不停电，对因疫情导致经营困难的中小企业、经营场所用电，缓交电费可免收违约金。落实国家降电价政策，降低用户用电成本25.6亿元，惠及用户52.7万户。挖掘电力大数据对疫情防控和经济监测调度的作用，协助开展出租屋排查、黑冷库排查、人口普查等，每月向市政府报送行业用电分析报告；完成春节、全国人大、政协“两会”、高考等重大保供电任务。成功抵御“5·22”特大暴雨影响，完成抢修复电任务。全年未发生有责任的涉电公共安全事件。

【电网规划建设】 2020年，东莞供电局服务粤港澳大湾区建设，制定助力“湾区都市、品质东莞”建设重点工作20项，47项举措，完成固定资产投资57.94亿元，完成投资计划100.78%。全省首推市政府与广东电网公司签订“十四五”战略合作协议，启动建设一流电网千日攻坚行动，未来五年争取完成电网建设投资300亿元，实现110千伏及以上变电站突破280座，全市供电能力提升50%，各项重点指标达到“一流电网”水平。南粤直流背靠背工程提前142天完成核准，创造全省同类项目前期工作最短用时，获南方电网公司嘉奖。全年核准主网工程20项，其中输变电工程12项，核准数量创历史新高。投产220千伏伯治站、220千伏樟洋燃气电厂接入系统工程等主网重点项目。通过完善网架消除基准风险17个，基准风险数降至历史最低位。承接东莞“三心六片”布局，完成东莞“十四五”智能电网规划，制定“三芯六瓣”玉兰花形态目标网架规划，规划成果纳入国土空间规划大纲。完成松山湖、滨海湾新区电网专项规划，保障华为、步步高等重点企业未来用电需求。打造松山湖智慧能源生态系统示范区，实现年平均停电时间降至5分钟内，基本建成区域高可靠性智能电网。

【电力营商环境优化】 2020年，东莞供电局对标“获得电力”

500千伏水乡变电站（2020年胡杨铄摄）

先进城市，优化电力营商环境，“获得电力”在广东省发改委发布的营商环境试评价中排第二名，其中低压用电报装时间全省最快。联合政府部门出台中压电力外线行政并联审批、低压电力外线行政免审批、供电可靠性管控等制度文件，实现中压业扩平均用时29天，比上年下降29.75%；低压业扩平均用时1.5天，下降28.92%。落实投资界面延伸措施，为客户节省成本1.9亿元。优化计划停电安排，客户平均停电时间0.97小时/户，比上年下降49.21%。供电可靠性连续3年进入全国前十。推进“进一扇门、办所有事”改革，供电服务进驻28个政务中心大厅，提升群众电力“获得感”。首创一日答复供电方案、推行一证受理、推动“一键装”改革、实现“一次都不跑”、一小时行动方案的“五个一”供电服务模式。供电服务连续11年名列市公共服务满意度调查第一名。（梁伟斌）

附：2020年东莞供电局主要领导名录

党委书记：谢文景（任至5月）
陈盛燃（7月到任）
总经理：陈盛燃（任至7月）

城市供气

【城市供气概况】 2020年，东莞市城镇天然气供气总量13.4亿立方米，瓶装液化石油气供气总量29.17万吨，天然气汽车加气总量0.55亿立方米，新建天然气管道392.95千米，全市燃气普及率98%。

【燃气安全生产责任落实】 2020年，东莞市落实燃气安全生产制度，通过实施划片管理、签订主体责任承诺书、召开集体约谈会、提升燃气应急能力建设等措施，推动燃气属地管理责任和燃气企业安全生产主体责任落实。同时，推动“蓝天保卫战”天然气管网建设，从高中压管道建设、天然气场站建设等方面分步推进。优化营商环境用气报装，组建用气指标填报小组，精简报装时间和优化流程，按时完成用气指标填报工作。拓宽居民用户报装渠道，管道燃气网上报装进驻省政务服务网。

立沙岛供气高压管道建设项目　（2020年新奥燃气公司供图）

【燃气安全隐患排查整治】 2020年1月，东莞市开展安全用气专项治理行动，全市出动8.55万人次，排查14.84万户，发放安全提示函18.66万份，当场拆除问题燃气热水器5824个，责令整改6590个。5月11—22日，全市开展瓶装气供应站安全大检查，检查采取不听汇报、直奔现场、分局间交叉检查的形式，燃气专家全程参与，发现隐患和问题141处。6月29日至7月15日，全市开展城镇燃气安全生产大排查大整治，组成检查组9个，共检查城市门站、储配站等各类燃气重点场站45家，发现隐患或问题33处。

【瓶装燃气行业监管】 2020年，东莞市印发《东莞市瓶装燃气行业专项整顿工作方案》，以电视电话会议形式，召开全市瓶装燃气行业专项整顿工作推进会，保持打击“黑气”的高压态势。年内，全市城管系统出动执法人员2.83万人次，出动执法车辆8420辆次，整治违法行为1012宗，取缔“黑气”窝点1112个，立案查处案件402件，扣押气瓶2.92万个，扣押车辆365辆，罚款23万余元，移送公安机关58人，净化瓶装燃气市场，从源头上消除用气隐患。（陈佩珠）

【东莞新奥燃气有限公司】 东莞新奥燃气有限公司成立于2003年6月，是由新奥能源控股有限公司与东莞市能源投资集团（国资委下属企业）代表东莞市政府合资组建的混合所有制企业，截至2020年底，有员工1000余人，负责东莞市域范围内管道燃气的建设、输配、运营以及民用、工商业等各类用户的燃气供应和相关技术服务。依托新奥集团的泛能网与数字技术为工业园区等用户提供多品类能源。年内，获评为第六届全国文明单位、广东省“两新”组织党建工作示范点、东莞市国资系统先进基层党组织。

蓝天保卫战燃气管网建设　2020年，东莞新奥燃气有限公司继续落实蓝天保卫战燃气管道建设。全年建设高压管网65千米，覆盖自备电厂用户供气16家，建设配套场站6座。年内，完成宁洲电厂供气管道建设全线80千米立项核准，一期工程60千米路由确认完成42千米，大岭山段率先进场开工。

清洁能源推广　2020年，东莞

新奥燃气有限公司推进自备电厂煤改气，与玖龙集团达成天然气供应、输配及泛能项目合作；完成2家自备电厂调试供气，做好多家自备电厂的调试准备。年内，推动工业户、小餐饮及民用老户改用天然气，提升东莞市天然气气化率，助力城市品质提升。截至2020年底，累计发展居民用户110多万户，工商业用户6000余家，并为多家电厂提供安全、环保和清洁的天然气，年供气量16亿立方米。

安全稳定供气保障　2020年，东莞新奥燃气有限公司落实安全生产主体责任，多措并举达成安全“三个零”目标。加大安全投入，全年投入资金8000余万元，加强设备设施维修维护、技改技措。强化安全监督，成立质量安全监督工作组，并结合“安全日”“安全业务全景图”和数字化示险工具，推动安全重点工作落地。开展用户安检及安全宣传，全年进家庭安检及安全宣传58万余户，进工厂和商业用户安检及安全宣传7万余次，进小区、学校和配合政府开展安全宣传近300场，并通过微信、官网等线上渠道提升用户安全意识。强化应急力量，增加应急抢险队伍，开展覆盖各生产业务场景的非预知抢险拉练，提升应急能力。

用气服务水平提升　2020年，东莞新奥燃气有限公司保障持续创新举措，改善市民用气体验，助力营商环境优化。打造便捷服务渠道，增加圈存机，具备圈存机安装条件的居民小区100%安装；推广NFC（近场通信）上购气卡，线上缴费用户10万户；完善微信公众号功能，实现用户在线自助办理开户和预约上门服务。提升服务效率，梳理和简化用气报装流程，并提供上门“一对一”免费咨询和指导。强化服务监督管理，明晰客户痛点及需求，以点带面解决客户问题；与“12345”政府服务热线建立联动机制，直接接收市民诉求，减少中间流转。截至2020年底，在全市建立营业网点40个，燃气自助服务终端超1200个，为200余名社群网格员配置蓝牙读卡器，实现入户即可办理业务。通过24小时“95158”服务热线和各类线上工具，为用户持续提供专业、便捷服务。

企业责任践行　截至2020年底，东莞新奥燃气有限公司供应天然气超100亿立方米，相当于减少标准煤1493万吨，减排二氧化碳1514万吨、二氧化硫36万吨、氮氧化物13万吨，开展精准扶贫、爱心助学、志愿服务等社会公益活动，公益捐款超3300万元元。疫情期间，主动推出抗疫保供援企的“燃气服务七项举措”，降价让利企业，助力复工复产。

（黄炜燮）

附：2020年东莞新奥燃气有限公司主要领导名录

董事长：陈仲新

城市供水、排水（污）

【城市供水】　2020年，东莞市印发《东莞市供水安全保障规划》（2020—2035），推动城乡供水一体化建设。整合水厂29座，关停24座。截至2020年底，有市级水厂7座，镇级水厂41座，村级水厂2座。全市日供水能力688.25万立方米，全年供水总量15.46亿立方米，实际日供水422.47万立方米。年内，东莞市第二、四水厂取水口迁移工程完成总体工程量的80%，累计投入4.7亿元，更新改造供水管网693.46千米。向出厂水质不达标的水厂发出“水质不合格通知书”23份，比上年减少63份，发出“东莞市水务局责令改正违法行为通知书”12份，减少16份，罚款处罚村级水厂4家。全市水厂出厂水水质综合合格率99.97%，管网漏损率9.32%，均优于国家指标要求。

【城市排水】　2020年，东莞市编制《东莞市排水管理办法》《东莞市严重易涝点排水防涝一页纸预案》《东莞市中心城区重点河涌预腾空应急预案》，开展排水（雨水）管网清淤疏浚，完成清淤3278千米，年度清淤计划完成率100%。2019—2020年累计排查雨水检查井32.89万个，全部安装防坠网。完成包括万江鸿福西路易涝点、东江大道易涝点、南城莞太路环城路桥底易涝点等在内的易涝点整治21个，启动内涝应急响应76次。12个市统筹实施易涝点整治工程继续推进前期工作，分三批立

大朗镇仙村分散式污水处理设施　（2020年市生态环境局供图）

项，第一批9个易涝点整治工程完成立项，第二、三批3个易涝点整治工程申请立项。（周功成）

【排污许可】 2020年，东莞市落实国家和省关于固定污染源排污许可清理整顿和2020年排污许可发证登记工作的要求，抓好排污许可证核发工作，实现排污许可全覆盖。为有效提高全市发证质量及发证效率，先后组织国家排污许可证线上培训会议6场，各镇街（园区）生态环境分局、第三方环保服务机构及纸制品、印刷、玻璃制品、涂料、铸造等企业超2000人次参加培训，重点学习排污许可制度政策文件、行业技术规范和申请系统填报操作等。聘请专家为企业申领排污许可证提供技术支持，分别在东莞市生态环境局、东城街道、寮步镇、茶山镇、谢岗镇、桥头镇、松山湖园区、沙田镇、道滘镇、高埗镇、塘厦镇召开10多场排污许可证集中填报会议，近400家企业基本现场完成排污许可证系统修改审核。年内，全市完成固定污染源全覆盖124个行业、11.31万家企业排查工作，核发排污许可证5858家、下达限期整改通知书25家、完成排污登记5.85万家，以及对4.87万家特殊情形排污单位进行分类处置，发证和登记企业数量均为全省前列。

【排污权有偿使用和交易】 2020年，东莞市完成排污权有偿使用和交易2745宗、实现收入金额4244万元。为推进解决全市排污权确权、排污权储备制度确立、推广排污权二级市场以及优化排污权交易程序的问题，12月30日，东莞市印发实施《东莞市排污权储备及交易管理办法》，改进排污权交易系统，实现排污权交易从“全系统+线下”操作过渡到“全系统”操作，优化排污权交易程序，采取购买第三方服务形式，加快完成企业排污权确权及总量储备工作，推广VOC排污权二级市场交易，规范排污权有偿使用和交易管理。

【排水许可】 2020年，东莞市生态环境局印发实施《东莞市污水排入排水管网许可证核发工作方案》及《东莞市污水排入城镇污水管网管理办法（试行）》，按照截污控源、减污限排、建管并重的思路，依法推行排水许可制度，强化污水排放监督管理和雨污水错混接整改，促使尽收污水、力挤外水，实现污水不直排入河、雨水不入厂，推进污水处理提质增效，不断提高水环境质量。年内，全市核发排水许可证1.46万家，其中核发重点排水户2565家，核发一般排水户1.2万家。

【生活污水处理】 2020年，东莞市有建成并投入运营的城镇二级生活污水处理厂59家，总设计规模373万吨/日。通过实施全方位水质监管措施（在线监测、第三方检测等）、开展定期专家巡查及不定期专项检查，形成国家、省、市三级立体化的监管体系。年内，印发实施《东莞市生活污水处理厂运管分级监管工作方案》和《东莞市生活污水处理厂异常突发事件应急处置快速响应工作指引（试行）》，对污水处理厂进行分级管理，建立应急响应机制。全年处理污水12.32亿吨，负荷率92.43%，其中COD、BOD5、氨氮、总磷进水浓度分别为171.7毫克/升、77.56毫克/升、15.50毫克/升、3.48毫克/升，出水浓度分别为14.07毫克/升、2.08毫克/升、0.55毫克/升、0.21毫克/升，削减量分别为19.41万吨、9.29万吨、1.84万吨。

（张灿辉）

【水务集团持续参与水污染治理】 2020年，东莞市水务集团推动污水处理厂提标改造及新扩建、截污管网建设运营、河涌水环境整治等各项工作。

污水处理项目运营　2020年，东莞市水务集团发挥污水处理厂在水污染治理中的关键作用，负责投资、建设、运营生活污水处理项目20个，总设计规模159万吨/日，全年污水处理总量4.67亿吨，日均138万吨，负荷率87%，水污染削减量分别为COD7.15万吨、氨氮6776.60吨、总磷1580.39吨、总氮7655.29吨；35家污水处理厂提标项目全年污水处理总量6.49亿吨，日均226万吨，负荷率92%；樟村水质净化厂处理运河污水总量9.81亿吨，日均268万吨，出水水质达到排放标准。

治污基础设施建设　2020年，东莞市水务集团推进截污次支管网工程、污水处理工程以及污泥处理处置等重点项目建设。完成水生态五期1589千米管网工程建设通水任务，截至2020年底，完成竣工验收824.76千米，占52%。谋划截污主干管网升级改造，以常平镇、道滘镇为试点，开展截污主干管网改造提升前期工作。全部完成樟村水质净化厂总规模260万吨/日的降氨氮工程，10月底完成工艺包改造，11月全面投产，项目处理水量260万吨/日，氨氮平均去除率86.4%，氨氮削减量913.46吨。推动新一轮污水处理厂扩建工作，完成樟木头三期污水处理厂新扩建工程，并加快建设樟木头裕丰污水处理厂，分批开展13座污水处理厂新扩建前期工作。9月，市重大项目水业大厦动工。按照“应急处理、分散减量、集中处置”的原则，建成厂内污泥脱水减量应急能力910吨/日（含水率80%），完成樟村厂、市区厂、塘厦林村厂总规模650吨/日的污泥项目建设3个。开展污泥检测研究、投资分析、技术路线比选等，配合市有关部门推进全市污泥集中处理处置项目建设。

水环境综合治理工程建设　2020年4月，东莞市水务集团推进东引运河流域水环境综合治理工程施工，截至2020年底，进场施工河涌151条，完成河涌清淤139条。（杨慧敏）

公共照明

【路灯及照明设施养护管理】 2020年，东莞市抓好路灯及照明设施日常养护管理工作，全年更换光源及灯具2.39万套、镇流器3588个、触发器4084个、保险2028个、电容93个、启辉器2315个、交流接触器1044个、开关1223个、时控773个。修复灯杆181支、维修电缆2.63万米、翻洗清新路灯及景观灯饰16.62万套次。通过不打招呼方式进行抽查，加强养护监督动态管理。按照考评制度，督促养护单位、LED（发光二极管）单位及监理单位现场工作，保证亮灯率，提高照明设施养护质量。

【夜景灯光工程】 2020年，东莞市提升中心城区夜景灯光亮化工作，优化东莞大道夜景效果。结合亮化东莞大道专项行动，在东莞大道原有的2006套的基础上，增加安装约1000套景观灯；制定东莞大道全线夜景景观提升建设设计方案，推进提升东莞大道的夜景建设；推进东莞大道主道双向15.33千米人行道562套庭院灯的建设工作；开展市中心城区暗区区域调研工作，形成调研报告。打造中秋、国庆假期的中心广场音乐喷泉，为市民提供游玩欣赏好地方，组织鸿福商圈各商业楼宇滚动播放对祖国的祝福语，得到市民群众一致认可。（陈佩珠）

公共交通

【客运行业】 截至2020年底，东莞市有汽车客运站23个，其中一级站5个，二级站5个，三级站11个，简易站2个，另有汽车客运配客点37个，城市候机楼1个；完成全市21家三级以上汽车客运站联网售票工作，可现实网上预售票。全市有客运班车企业19家，莞籍跨省客运班车255辆，跨省客运班线196条；莞籍跨市客运班车685辆，跨市客运班线178条。

【公交行业】 截至2020年底，东莞市有公交企业6家，其中，国有全资1家（东莞巴士公司，含直属的东部分公司）；东莞巴士国有控股4家（城巴公司、小巴公司、滨海湾公交公司、松山湖公交公司）；市交投集团国有参股1家（水乡新城公汽）。全市公交运力6330辆（全部为纯电动公交车）；全市有公交线路466条（含学生专线、假日专线，东莞巴士东部分公司线路100条，城巴线路110条，小巴线路24条，水乡新城运营线路31条，滨海湾线路79条，松山湖线路122条），其中，接驳轨道交通2号线的有145条，接驳穗莞深城轨、莞惠城轨的分别有81条、40条，跨市公交线路有22条（广州8条，深圳9条，惠州5条），部分跨市公交线路可直达毗邻市地铁站。

【出租车行业】 截至2020年底，东莞市有巡游出租汽车企业5家，营运出租汽车1963辆；巡游出租汽车驾驶员2236人。全市有网络预约出租汽车平台企业14家，取得网约车运输证车辆2.38万辆；网络预约出租汽车驾驶员4.92万人。（樊键忠）

2020年国庆期间中心城区夜景　　（市城市管理综合执法局供图）

园林绿化

【园林绿化概况】 2020年，东莞市建成区绿化覆盖面积5.16万公顷，绿化覆盖率43.2%；全市建成区绿地面积4.76万公顷，绿地率39.89%；公园绿地面积1.93万公顷，人均公园绿地面积19.83平方米。

【国家生态园林城市创建工作推进】 2020年，东莞市完成遥感测试绿化数据分析，印发《广东省东莞市创建国家生态园林城市行动规划》；邀请省专家组采取踏查现场、查阅资料、座谈交流等方式进行检查指导。同时，指导茶山镇创建国家园林城镇，做好数据分析、资料收集、线路整改等工作，并鼓励其他镇开展创建工作。

【绿道管理与品质提升】 2020年，东莞市开展全市绿道监督管理工作，采取定期巡查和不定期抽查方式，督促分局加强管理，及时整改，提高绿道管养质量。同时推进市直管绿道连通及配套设施完善项目，完成东莞大道西侧宏二路候机楼至三元立交桥段的绿道品质提升，解决出行“最后一公里”问题，为市民提供舒适、便捷、生态的出行环境。

【“千景绣东莞”专项行动】 2020年，东莞市印发《东莞市“千景绣东莞”专项行动工作方案》和《东莞市“千景绣东莞”工作指引》，在全市范围内建设或升级改造1000个街头小景。截至2020年底，全市建设或升级改造街头小景1157个，用“一景一故事”串珠成链，绣出美丽东莞。开展植物园工程（二期）提升项目，推进园区建设，打造亮丽名片。打造元美公园景观亮点，在元美公园山体斜坡地块打造“芳菲里”花海景观，成为广大市民节假日游览观赏的胜景。

【“爱树护绿”“增绿补绿”专项行动】 2020年，东莞市印发专项行动工作方案，要求各分局规范行道树修剪标准，严防断头树，提高园林绿地日常养护管理水平；每月开展一次道路绿化清洗除尘行动和绿化带积存垃圾专项清理行动；通过裸露地补绿、闲置地覆绿、见缝插绿、增加立体绿化等措施，提高绿地率。截至2020年底，全市修剪树木19.18万棵，管养清洗绿地面积3904万平方米，清理绿化带积存垃圾及枯枝落叶4672吨，增绿补绿面积530万平方米。

（陈佩珠）

环境卫生

【生活垃圾处理设施完善】 2020年，东莞市补齐生活垃圾处理设施的短板，提高生活垃圾处理能力。建成市区有机资源再生利用近期工程，并投产试运营，优化完善莞城、南城等4个街道餐厨垃圾收运处理体系。推进海心沙资源综合利用中心环保热电厂工程的建设，完成项目主厂房施工及一炉一机设备安装，具备750吨/日的生活垃圾进厂条件。年内，完善监督考核制度，整治垃圾运输车辆，提升环保热电厂的运营监管能力。

2020年11月6日，生活垃圾分类“五进”宣传志愿活动在清溪镇中心小学举行

（市城市管理综合执法局供图）

【垃圾分类示范片区建设】 2020年，东莞市召开生活垃圾分类暨城市精细化管理工作会议，出台《东莞市生活垃圾分类三年行动方案（2020—2022年）》，按照“3＋3”“1＋1”的目标推进垃圾分类示范片区建设，把生活垃圾分类纳入市政府十件民生实事，建立“管行业必须管垃圾分类”机制。年内，推进生活垃圾分类“五进”宣传活动，开展垃圾分类志愿服务活动1000多场次，制作广东宏远篮球队公益广告，播放量超120万人次，举办网络直播7场，参与人员近100万人。莞城、松山湖、滨海湾基本建成垃圾分类示范片区，建成厨余垃圾就地处理设备39座，厨余垃圾形成“集中处置”和“就地处置”相结合的处理链。在2020年第二、三、四季度全省生活垃圾分类第三方评估中排珠三角地级市第一名，并在2020年垃圾分类全国现场会上作经验介绍发言。

【垃圾转运站升级改造】 2020年，东莞市启动生活垃圾转运站升级改造专项行动，编制《东莞市生活垃圾收运系统升级改造及管理技术指引》，指导各镇街（园区）打造一批“质量有保证、作业有监管、污染有控制”的高水平生活垃圾转运站，全年完成升级改造任务388座（年度目标300座）。

【“厕所革命”】 2020年，东莞市推进“厕所革命”，全市需完成升级改造的剩余公厕600座，实际完成631座（含35座“星级公厕”）。提升公共厕所管理和服务水平，推进公共厕所“所长制”建立，实现公共厕所日常监管的常态化工作。引进第三方考评单位参与公共厕所管养日常巡察监督考评，同时中心城区“星级公厕”率先试点“便民服务点设置”。

【环境提升专项整治】 2020年，东莞市出台《东莞市环境提升专项整治工作方案》，要求沿线镇街全面开展查漏补缺，防新增、防反弹，对照任务清单逐宗逐项落实整改。编制《广深沿江高速（广龙高速、南沙大桥）重要道路沿线环境景观提升规划指引》，解决违规窝棚、彩钢瓦房、建筑立面、重要节点、裸露复绿等五大核心整治问题，达到干净整洁、文明有序、绿化美化的目标。清理“脏乱差”

问题1500个，拆除窝棚、违法搭建600处（8.3万平方米），翻新建筑物外立面面积22.3万平方米，闲置地复绿及硬底化面积7.94万平方米。同时，启动编制《东莞市城市精细化管理“十四五”规划》《东莞市城市精细化管理标准指引》，推行“路长、巷长、所长、站长”制，推动“门前三包”责任落实到位。全年检查主次干道、内街小巷1.70万条、集贸市场2227个、公共厕所3946个、垃圾转运站2208个，集中解决存在问题4.05万个，整改问题3.97万个，整改率98%。

（陈佩珠）

城市管理

【城市精细化管理“五件套”工作机制提出】 2020年，东莞市在全省创新提出城市精细化管理“五件套”（“行走东莞”“洁净东莞指数测评”“红黑榜”“洁净城市活动日”“城市论坛”）机制。市领导行走315次，覆盖32个镇街（园区）、416个村（社区）次，发现并整改问题952个。市局领导行走519次，各镇街（园区）领导行走2.1万次，各村（社区）领导干部行走20万次，发现问题36.35万个。通过开展“行走东莞”行动，提高各级领导执行力和问题整改率。举办新闻发布会3次、户外论坛12期，发布测评结果及公布“红黑榜”21期。打造集城市管理、服务咨询、普法宣传、休憩喝水、党建阵地、志愿服务等功能于一体的标准化综合性服务平台，截至2020年底，建成城市服务驿站超20座。

【城管领域扫黑除恶专项斗争】 2020年，东莞市城市管理综合执法局向市扫黑办报送有效线索55条、典型案例11个，协助公安部门破获刑事案件14件，线索摸排数量位居市扫黑办成员单位前列，针对各单位存在的短板和弱项开展有针对性的督导调研，统筹安排各分局间交叉督导的行动，推动全市城管领域开展“一十百千万”和“六清”行动，落实整改“三书一函”反馈问题，工作成效获得省市高度评价，工作经验被纳入2021全省建设系统工作会议经验交流材料。

【城市管理综合执法】 2020年，东莞市推进城市管理综合执法工作，打造高品质文明城市。全市城管系统出动执法人员87.72万人次，出动执法车辆29.59万辆次，联合执法6447次，查处各类违法行为58.43万宗，其中城市“六乱”和市容环境违章广告46.13万宗，罚款157.65万元；城市绿化3049宗，罚款10.19万元；市政设施7.45万宗，罚款30.88万元；噪声和焚烧杂物2.59万宗，罚款35.6万元；倾倒固体废弃物1.77万宗，罚款805.98万元。

【违法建设治理】 2020年，东莞市推进违法建设治理，修订《东莞市违法用地、违法建设联合执法实施方案（修订）》，完善“两违”现象发现和整治机制，强化日常巡查、群众举报、无人机空中巡查、三维航拍对比、网格员巡查、视频监控等“六位一体”的监控巡查体系，查控新增违建，特别是新增农民住房违建。年内，治理违建面积3391.56万平方米，提前超额完成省下达东莞市的2900万平方米违建治理任务；拆除（整改）新增在建违法建筑1338宗，拆除（整改）面积43.5万平方米。

【泥头车专项整治】 2020年，东莞市开展泥头车“百日行动”，查扣泥头车2686辆，打击泥头车超载超限、无密闭运输等违法违规行为。推动东莞市余泥渣土处置协会挂牌成立，明确泥头车、运砂车的标载车型，探索建设泥头车运输管理智能化平台。牵头成立市泥头车规范化管理工作专班，落实“一车三证”（行驶证、道路运输证、建筑垃圾处置准运证）办理工作。截至2020年底，全市签订合同及交付使用新型泥头车2353辆，其中办理准运证符合“一车三证”的车辆1074辆，超额完成目标。

【城市道路品质提升工程】 2020年，东莞市开展“城市品质示范路（街）”“千箱美化”“树池修整”“人行道净化”等专项行动，印发相关工作方案以及工作指引，通过在全市打造66条，总长度超100千米的城市品质示范路（街）、美化提升超1000个市政箱体及环卫设施、修整超1万个因树根自然生长而导致人行道凹凸不平、损坏的树池、消除超2000个非机动车道与路面连接梯级高低差问题，完善城市道路设施。截至2020年底，全市打造城市品质示范路72条，总长度118.4千米，美化提升各类市政箱体及环卫设施2100个，修整树池1.27万个、消除非机动车道上的高低差梯级3138个，改善步行环境，确保人行道通行舒适，营造“更干净、更整洁、更有序”的城市环境。

【数字化城市管理】 2020年，东莞市数字城管系统的立案数、结案率均达国内先进城市水平。全市立案122.69万件，结案率99.46%，立案数比上年增长19.12%。在前期率先和省级平台对接的基础上，传输案件信息168万余条、多媒体数据信息529万余条到省级平台。年内，东莞市数字城管系统实现和部级平台网络互通，收到省建设信息中心致信感谢。8月，整合全市各城管分局“八位数”投诉举报电话，统一归口“12319”城管服务热线，实现一个号码对外服务，全年接听“12319”城管服务热线4.97万次，受理立案案件2.5万件。

（陈佩珠）

附：2020年东莞市城市管理和综合执法局领导名录

党组书记、局长：郭怀晋

交通·邮政

TRANSPORTATION · POST

三元立交桥　（2020年张顺祥摄）

编辑：苏淑娴　王学林

公路运输业

路桥建设

【路桥建设概况】　2020年，东莞市交通投资集团有限公司承担续建项目18个，新开工项目6个，筹建项目18个，在建项目完成投资58.4亿元，占年度投资计划的106%；其中13个市重大项目完成投资54.55亿元，占年度计划的107%。年内，深圳外环高速公路东莞段、华为终端松山湖总部园区出入口工程、美景路升级改造工程、水乡地区横向通道中线工程、道滘大桥重建工程、李屋中桥等10座桥梁整治工程、北王公路等7条公路环保整治工程7个项目（路段）完工；松山湖科学城与光明科学城通道（东莞段）首期工程、公常公路县道X232线与莞深高速交汇节点改造工程、县道X232线环常东路段工程、从莞高速谢坑出入口（塘厦互通）至塘厦桥清路连接线、东莞南站周边配套道路工程（一期）5个项目动工建设；莞番高速公路桥头至沙田段二期三期工程、中洪路、望沙路升级改造工程等项目加速推进。

【深圳外环高速公路东莞段完工通车】　2020年12月29日，深圳外环高速公路东莞段完工通车。深圳外环高速公路是广东省“九纵五横两环”高速公路主骨架网中的加密线，也是深圳市“七横一三纵”高快速路网中东西向的一条外环快速干线。其中，东莞段项目起于东莞市塘厦镇（顺接深圳外环高速深圳段），向东经过清溪镇、凤岗镇，终于深圳市龙岗区五联社区，与博深高速相交设清林互通后，接深圳外环高速深圳段，路线长17.05千米，总投资48.77亿元。深圳外环高速的建设，有助于分流深圳市外围圈层东西向交通压力，缓解机荷高速、南

2020年9月30日，华为终端松山湖总部园区出入口工程完工通车（市交投集团供图）

坪快速等通道的交通压力。东莞段项目建成通车后，将改善东莞东南部的交通条件，加快东莞东部城市组团，优化其投资环境。

【华为终端松山湖总部园区出入口工程完工通车】 2020年9月30日，华为终端松山湖总部园区出入口工程完工通车。该项目位于东莞市大岭山镇，是在原大岭山互通立交（龙大高速—常虎高速“高接高”）扩建。项目总投资2.29亿元，改扩建龙大高速主线1.19千米，新建3条匝道中F1和E匝道为双向车道，A1匝道为单向车道。F1匝道长1.06千米、E匝道长0.89千米；新建大桥448.4米/2座，新建收费站1处、收费站管理中心房1处。该项目建成后，改善华为终端松山湖总部园区及周边地区出行条件，促进松山湖高新区发展，缓解大岭山互通立交的交通拥堵状况。

【美景路升级改造工程完工通车】 2020年11月5日，美景路升级改造工程完成交工验收并通车。该项目起于大朗镇与大岭山镇镇界，与美景路大朗段相接，途经犀牛坡村、金菊村、松山木村，终于台东路。项目总投资3.95亿元，路线总长7.82千米，大致呈南北走向，采用一级公路标准（兼城市主干道功能）建设。该项目建成后，有利于完善大朗镇镇际主干路网，改善松山湖南部特别是大朗镇的交通出行环境。

【水乡片区横向通道中线工程完工通车】 2020年6月23日，水乡片区横向通道中线工程完成交工验收。该项目起于沿江高速洪梅出入口，经洪梅、望牛墩、高埗、石碣等镇，接入石龙红梅大桥。项目总投资2.69亿元，路线全长37.18千米，分为道路改造和景观提升两部分，其中新建道路1.21千米、改扩建道路0.47千米、新建环城路沙腰辅道0.61千米（连接线工程0.36千米），完全利用现状道路34.90千米。该项目建成后，加强水乡特色发展经济区与其他片区的道路联系。

【道滘大桥重建工程左幅桥完工通车】 2020年12月31日，道滘大桥重建工程左幅桥完工通车，道滘大桥全部完工。该项目位于道滘镇东北部，是厚道路跨越东莞水道的一座桥梁。新的道滘大桥为原址拆除重建，按照双向六车道一级公路标准建设。项目总投资3.38亿元，路线全长1.13千米，设计车速60千米/小时。道滘大桥重建工程展现当地水乡风情特色，实现基建工程与人文底蕴有机融合。作为该镇东北部南北联系的重要通道，道滘大桥能够有效缓解镇中心至蔡白片区的交通通行压力，改善道滘镇区域交通网络和群众出行条件。

【县道X232线公常公路与莞深高速公路交汇节点改造工程动工】 2020年3月11日，县道X232线与莞深高速公路交汇节点改造工程开工建设。该工程在原莞深高速公路黄江出入口基础上进行改扩建，改造后为三层环形立交，公常公路新建下穿隧道承担直行连续交通，中间环形匝道及辅道承担转向交通，莞深高速公路位于最上层承担高速直行连续交通。项目总投资2.65亿元，采用一级公路（兼城市主干道功能）设计标准，设计速度60千米/小时。主线改造长度1167米，莞深高速公路改建匝道总长656.39米，新建匝道桥178.2米/2座，新建隧道325米/2座，涵洞5座。该项目设置下穿隧道供直行车辆快速通过，环形匝道用于地方路与高速公路交通转换，缓解各向车流之间干扰，能有效改善莞深高速公路黄江互通交通拥堵情况。

【松山湖科学城至光明科学城通道（东莞段）首期工程动工】 2020年3月11日，松山湖科学城至光明科学城通道（东莞段）首期工程开工建设。该项目路线大致呈南北走向，北与松山湖环湖路相接，向南途经美景路、环莞快速路三期和莞佛高速公路至中子源路。项目总投资6.8亿元，全长1.86千米，采用城市主干路标准，双向八车道，设计速度60千米/小时。松山湖科学城至光明科学城通道建设，能密切东莞市松山湖高新区和深圳市光明科学城两地科技创新要素的流通、共享和互动，有利于东莞市融入粤港澳大湾区发展，增强松山湖科学城作为综合性国家科学中心的承载力。

【县道X232线环常东路段工程动工】 2020年9月27日，县道X232线环常东路段工程开工建设。该项目起于东莞市常平镇常北路沥唇河桥东，由南向北上跨广梅汕铁路以及常东路，下穿莞惠城际轨道交通后，终点接常平镇环城南路与东站路平交口。项目总投资6.98亿元，全长4.35千米，按照城市主干道的标准进行设计，双向六车道，设计车速60千米/小时，与常东路接连辅道双向四车道，设计车速40千米/小时。该项目是常平镇环城路的一部分，是常平镇内南北交通的重要通道。项目建成通车后，能有效改善区域路网结构，满足群众日益增长的交通需求，促进东莞东站片区和常平镇大京九片区快速发展。

【东莞南站周边配套道路工程（一期）工程动工】 2020年11月20日，东莞南站周边配套道路工程（一期）工程开工建设。该项目是赣深高铁东莞南站的配套设施，位于塘厦镇林村社区，主要包括站前广场段的规划一路、规划二路、规划四路、落客平台上、下匝道桥，樟木头大道（改扩建）、龙林附路。项目道路总投资6.41亿元，全长5.6千米，按照城市主干道的标准进行设计。项目建成通车后，能优化东莞南站进出站房的道路网络、交通设施和交通组织，改善东莞南站与周边镇街的交通联系，使乘客进出高铁站点更加顺畅、便捷。

【莞番高速公路桥头至沙田段建设】 莞番高速公路桥头至沙田段建设项目于2017年8月开工建设，截至2020年底，累计完成投资90.54亿元，占项目总投资的40.85%。莞番高速公路桥头至沙田段东接河惠莞高速公路惠州段，向西经桥头镇、谢岗镇、常平镇、横沥镇、东坑镇、大朗镇、松山湖高新区、寮步镇、大岭山镇、厚街镇、沙田镇等镇（园区），终点位于沙田镇，与南沙大桥终点顺接。项目总投资221.66亿元，全长64.48千米，建成后与南沙大桥、河惠莞高速公路等组成珠三角东西两岸重要横向通道，也是东莞市东西向干线路网的有益补充。2020年1月8日，新溪隧道右线贯通，是莞番高速公路第一条建设贯通隧道；9月15日，马山隧道右线贯通，为后续老虎岩隧道和老虎岩大桥的实施提供重要的交通通道；12月21日，白石山隧道左幅贯通，是东莞市最长的超大断面公路隧道，也是莞番高速公路二期工程的关键节点。年内，莞番高速公路二期工程土地和房屋征收、寮步镇和桥头镇两处垃圾场处理工作完成，影响工程施工的高压线完成迁改，二期工程施工进入全面攻坚阶段。三期工程设计工作完成并按省高指办要求如期开工，为莞番高速公路全线通车的目标打下坚实基础。

【高速公路桥下空间利用试点项目建成启用】 2020年，东莞市交通投资集团有限公司根据东莞市品质交通千日攻坚行动总指挥部有关工作部署，实施高速公路桥下空间利用试点项目4个，包括广龙高速厚街南枢纽互通桥下空间试点项目（景观提升工程）、虎岗高速万益大桥（大朗）桥下空间项试点项目（巴士停车场）、莞深高速东莞特大桥（寮步）桥下空间试点项目（巴士停车场和小车停车场）、广龙高速厚街下汴村段桥下空间试点项目（小车停车场）。投资总规模2036.37万元，利用面积17.13万平方米，分别建设景观提升工程1个、巴士停车场2个、小车停车场2个，提供巴士停车位154个、小车停车位306个。高速公路桥下空间利用试点项目通过盘活桥下闲置土地资源，因地制宜地建设景观绿化、停车场等，改善道路桥梁环境，增加停车资源，拓宽城市生产发展空间，并通过探索“以用代管”新模式，破解桥下空间长效管理难题，提升桥下空间治理水平。

【全市智慧停车“一张网”格局初显】 2020年，东莞市交通投资集团有限公司下属东莞静态交通投资有限公司紧扣品质交通千日攻坚工作任务，提前完成统筹整合12个镇街路内停车资源的年度目标。全年促成与13个镇街、2个村（社区）静态交通领域的合作，统筹整合公共泊位资源超5万个，莞城街道、虎门镇、望牛墩镇等镇街试点路段上线启用；新增建成莞深高速东莞特大桥（寮步）桥下空间停车场、莞城王屋停车场、望牛墩政务中心便民停车场等路外停车泊位1300个；承建的市智慧停车云平台接入全市301个停车场合计17万余个停车泊位数据，日均过车数据量超150万条；建成启用市植物园片区诱导系统，实现重点区域、统筹运营镇街分级诱导和停车数据实时发布，并开发建设“莞停车”微信公众号以及“东莞通”App路内泊位缴费等功能，为后续实现全市停车支付联通和“一站式”停车服务奠定坚实基础。牵头成立东莞市停车产业协会，于9月23日揭牌，年内吸纳业内70余家优质会员企业，共同探索停车热点问题解决路径。

全市智慧停车“一张网”试点路段完成停车泊位智慧化升级改造

（2020年市交投集团供图）

【东莞市首个商业建筑配建公交首末站启用】 2020年7月14日，国贸中心公交首末站启用。国贸中心公交首末站位于国贸中心商业体6号地下室负一层，是东莞市首个商业建筑内配建的公交首末站。首末站规划面积5000平方米，由民盈集团根据规划完成基础建设后，交付东莞巴士公司下属城巴公司管理。国贸中心公交首末站站台区域设置在商场地下出入口，真正实现地面公交和轨道交通的无缝衔接，优化公交基础设施的资源配置，促进国贸中心商圈的交通融合，为市民提供舒适、便捷的交通出行服务。

【东莞市交通投资集团有限公司资产总额突破800亿元】 2020年，东莞市交通投资集团有限公司受新冠肺炎疫情影响，辖下高速公路自2月17日至5月5日对所有车辆免收通行费，公交、地铁适时调整运力，水上客运澳门航线和香港机场航线分别自2月3日、3月25日起全面停航，驾考中心于4月底逐渐恢复业务，承建的各个工程项目经受着疫情防控和追赶进度的双重压力。截至2020年底，该集团合并报表资产总额811.77亿元，比上年增长11.25%，净资产425.67亿元，增长12.82%，员工总数1.5万人，企业信用评级为AAA。东莞市交通投资集团有限公司下辖东莞巴士公司获“广东省抗击新冠肺炎疫情先进集体”“广东省先进基层党组织”“广东省交通安全文明示范运输单位”“广东省学雷锋活动示范点”等称号；东莞控股公司莞深高速分公司黄江收费站获“广东省青年文明号”称号；东莞通公司获“广东省交通运输行业优秀企业”称号。 （杜炜国）

附：2020年东莞市交通投资集团有限公司主要领导名录

党委书记、董事长：罗沛强

党委副书记、总经理：张庆文

公路养护管理

【公路养护管理概况】 2020年，东莞市公路事务中心主要承担全市辖区内3条国道、6条省道、28条县道公路及14条市政道路的养护管理工作，管养的道路总里程约927.75千米，桥梁642座、隧道10座。

【公路养护】 2020年，东莞市公路事务中心加大道路养护维修和保洁力度，将“十三五”迎国评普通国省干线公路路况提升整治工程列入应急工程实施，对东莞市辖区国道G107线、G220线、G228线实施提升整治，维修面积51.9万平方米，总投资1.1亿元。投入2400万元对中心管养的6条省道开展专项整治，以良好的路况水平迎接“十三五”干线公路养护管理评价工作，得到上级部门和检查组肯定。完成养护维修工程518项，资金合计2.4亿元。其中，国省道完成134项，合计7100万元；县道完成140项，合计7800万元；市属城市道路完成118项，合计5900万元；桥梁、隧道完成126项，合计3500万元。通过完善养护管理制度，督促养护部门、保洁服务单位做好公路保洁清扫工作，尤其是对镇街繁华路段，与高快速路、市政道路接驳路段等重点路段，加大道路清扫、冲洗及洒水频次，提升公路保洁质量；督促养护单位、施工单位加强养护维修工程、公路大修工程文明施工管理，落实安全警示标志标牌设置、错峰作业、施工防尘降噪等文明施工措施，做好现场交通疏导工作，保障施工现场环境整洁有序，为东莞市争创全国文明城市“五连冠”构建良好道路环境。

【路网建设】 2020年，东莞市公路事务中心推进市民生项目和品质交通千日攻坚等各项重点工作任务，加强项目质量监管和进度管理，全力推动项目建设提质提速增效。牵头组织实施的10个在建工程项目完成年度投资4亿元。其中，市主干公路交通堵塞点改造工程噪声防治措施、蓝天保卫战限行禁令标识项目、“十三五”迎国评普通国省干线公路路况提升整治应急工程等6项工程完工。剩余4项工程有序推进中，其中，纳入2020年市重点项目的S357莞惠公路樟木头至谢岗段路面大修工程完成年度投资2.9亿元。牵头督导实施的市政府一号文2020

2020年11月19日，交通运输部“十三五”全国干线公路养护管理检查组到东莞市国道G107线宏远大桥检查该桥实施高韧超薄沥青磨耗层技术情况

（市公路事务中心供图）

年重点工作和民生项目——农村公路提档升级任务，提前超额完成，完成93.8千米提档任务（完成率109%，超额完成里程7.8千米）。实施桥梁专项整治，完成县道X246线茶山中学桥等5座桥梁维修加固工程、X231线塘厦镇林村跨铁路桥梁修复工程、X883线莲湖路跨线桥美化工程等桥梁整治。投入资金245万元，完成国道G107线江南大桥、县道X886线下芦大桥等5座桥梁防撞预警系统建设，提升桥梁通航安全系数；投入资金399万元，对桥梁通航标志等进行更新维护，保障桥梁通航安全。采取倒排节点计划、挂图作战、加强协调督办和建立通报机制等措施，加快推动品质交通千日攻坚任务中的其他筹建项目和前期研究类项目。9月完成道路养护精细化指引初稿编制，上报市总指挥部审定。其余15个前期研究项目均完成可行性研究，上报市总指挥部审批。

（吴倩倩　李志东）

附：2020年东莞市公路事务中心主要领导名录

党委书记、主任：

陈志坚（任至11月）

叶冠强（11月到任）

公路运输管理

【公路运输管理概况】　2020年，东莞市完成交通固定资产投84.72亿元，比上年下降20.96%。其中：在建道路项目43个，完成投资79.28亿元，里程274.69千米，建成项目16个，里程90.40千米。截至年底全市公路里程5222.64千米，全市城市道路里程1175.35千米。全市道路总里程6397.99千米，全市道路网密度260.08千米/百平方千米。

【公路交通规划编制】　2020年，东莞市交通运输局主导编制完成《公交站场强制配建政策研究》《中心城区公交专用道专项规划研究》，启动《东莞市区域路网衔接详细规划》《东莞市干线路网规划》《东莞市综合交通运输体系十四五规划研究》《东莞市国土空间规划交通专项规划大纲及交通规划专责小组报告》《东莞市国家公路国土空间控制规划》《东莞松山湖第二通道交通详细规划》和《东莞市中医院路段（黄旗南片区）周边道路详细规划》等规划研究工作。组织开展东莞大道—鸿福路口、植物园片区、市妇幼保健院、市人民医院等重点片区交通改善“一区一策”研究，其中，部分片区交通改善措施实施，片区交通整体运行状况得到明显改善。

【公路交通设施建设】　2020年，东莞市交通运输局加快在建公路工程进度，全年公路项目完成投资79.28亿元，其中在建项目43个，建设里程274.69千米，建成项目16个，建成里程90.40千米。其中，推进深圳外环高速公路东莞段主线12月29日建成通车，莞番高速公路完成年度投资计划的100.9%。负责监督的公路、水运项目102个，总投资额431.84亿元，开展监督检查386次，发出监督检查文书141份，发现并处理主要问题1768个，公路工程首次抽检合格率94%，水运工程首次抽检合格率96.6%。对存在质量隐患的工程，均按监督程序要求相关单位落实整改，促进工程质量提高。

【公路运输行业管理】　2020年，东莞市交通运输局提升公交服务水平，启动城区片区公交线网系统优化，全年系统优化调整36条公交线路，其中11条公交线路改造为高频骨干线，高峰期的发班间隔由原来15分钟，缩减为8—10分钟，缩短市民候车时间。开通微循环等特色公交线路，完善“最后一公里”公交服务，全市微巴线路数增至11条。结合各片区假日出行特点，在滨海湾片区开通假日专线1条，国庆期间在松山湖功能区开通国庆假日专线4条，有效串联片区主要旅游景区，提升市内旅游出行便利性。强化东莞市常规公交与深圳等毗邻市公交和地铁系统的互联互通，新增3条开往深圳市、1条开往惠州市的跨市公交线路，全市跨市公交线路22条，部分线路可接驳广州、深圳地铁站。

出租汽车行业“文明服务九大提升行动”　2020年，东莞市组织全市2095辆巡游出租汽车开展车容车貌审验，提升车辆形象。全部出租汽车张贴《出租汽车驾驶员“四要八不”文明公约》和文明城市公益广告，车内放置文明手册，通过GPS车载设备每日向驾驶员发送3000余条提醒信息，引导驾驶员做到文明服务、礼貌待客、微笑服务。组织全市3100名驾驶员签订服务承诺书，落实企业对驾驶员开展“一对一”谈话提醒，强化服务意识。

全省客运行业联网售票应用 2020年，东莞市根据省交通运输厅工作部署，在全市汽车客运站推广更换使用标准化站务云系统，全市有12家汽车客运站更换使用标准化站务云系统，提升东莞市客运行业数字化治理能力。

汽车维修电子健康档案系统建设 截至2020年底，东莞市汽车维修电子健康档案系统覆盖603家维修企业，其中一类企业63家，二类企业528家，三类企业12家，系统采集维修数据768万余条，为203万余辆汽车建立维修电子健康档案。

网约车管理细则修订 2020年8月1日，东莞市发布施行《东莞市网络预约出租汽车经营服务管理实施细则》，加强对网约车平台公司管理，禁止通过以租代购等方式向驾驶员转嫁经营风险，优化办证流程，防范网约车无序增长，从规则上规范行业经营服务管理。

蓝天保卫战推进 2020年，东莞市开展汽车维修行业VOCs（挥发性有机物）综合整治，全市维修行业涉及VOCs整治任务的959家企业全部完成整治，完成率100%。推动柴油车用车大户污染治理工作，建立柴油车超10辆用车大户清单，实施大户制管理，全市338家营运柴油货车用车大户合计更新台账17.42万条。推进东莞市物流快递领域车辆纯电动化工作，全市有2家企业，591辆纯电动物流车参加组建城市配送车队，服务范围涵盖物流、快递、连锁超市配送和商贸流通等领域，为城市居民生活和城市中心区商业经营提供货物配送服务。

客运行业简政放权 2020年，东莞市推动道路旅客运输经营许可事项“证照分离”改革试点工作，通过加强事中事后监管措施，实现简化企业章程、营运客车行驶证、客车类型等级评定证明等申请材料。推进从业人员换证、变更、补办等业务进驻全市政务服务中心综合窗口，优化并提高道路运输从业人员业务审批效率，市民办理相关业务更加方便快捷。

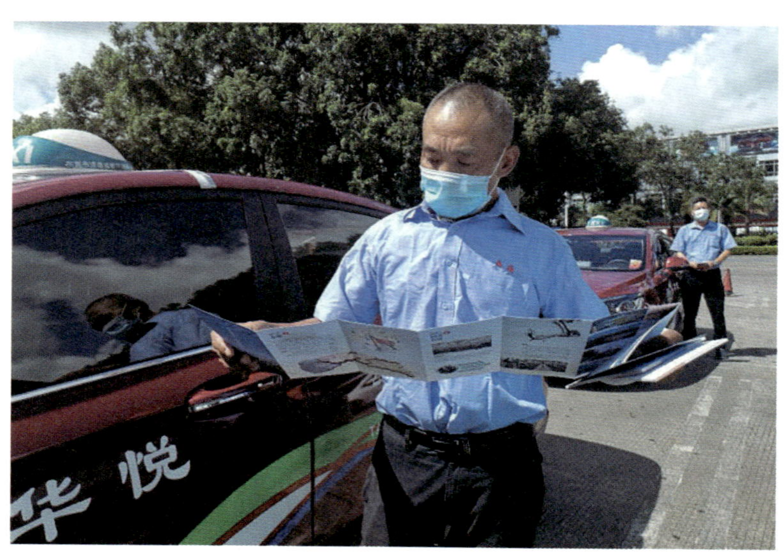

2020年6月19日，东莞市向出租车司机免费派发9000册文明手册
（市交通运输局供图）

【公路交通综合治理】 2020年，东莞市交通攻坚行动完成年度目标，其中：完成投资201.6亿元，占年度计划100.5%；完工项目221个，占年度计划101.8%；新开工项目205个，占年度计划103.5%；完成规划研究或建设前期类项目90个，占年度计划104.6%；新建道路184千米，占年度计划144%；新增停车位6.9万个，占年度计划172%；新增人行道166千米，占年度计划166%；完成堵点整治103个，占年度计划210%。

【公路运输市场秩序规范管理】 2020年，东莞市查处交通公路运输违法案件7197件，办结案件5686件，办结率79%，处罚款2309.10万元。

执法信息化建设 2020年，东莞市推进高速公路和普通公路“治超”（治理超限超载）非现场执法，加强科技监管、提高执法效能，打击超限超载违法行为。开展运政非现场执法工作，依托固定摄像头和流动摄像，在市区三大客运站的巡游车落客区、候客区及车站周边等区域抓拍巡游车不服从调度私自揽客等违法违规行为。

2020年，东莞市开展道路运输市场执法监管，落实节假日执勤制度，强化联动执法，加强重点区域路面巡查。开展打击非法营运汽车、道路旅客运输、道路危险货物运输、道路货运物流安全监管、出租汽车经营服务、道路运输企业安全生产和重点营运车辆动态监管等专项执法行动，全年查处道路运政类案件4191件。

治理超限超载 2020年，东莞市规范货车超限超载治理行为，开展治超联合执法常态化制度化工作，加强货运源头单位监管，结合泥头车专项整治、货运行业乱象问题整治等专项行动，

2020年9月29日，东莞市绿色出行倡议活动在民盈国贸中心举行

（市交通运输局供图）

全年查处超限超载车辆1.38万辆次，其中“百吨王”货车449辆次，办结货运源头相关违法行为案件277件，“一超四罚”（对超限超载运输车辆进行承运人、装载企业、货运企业、驾驶员等四个方面进行处罚）案件315件。

公路路政　2020年，东莞市落实与公路管理机构业务协作，查处道路路政违法违规行为，全年立案查处路政违法案件54件。推进交通工程建设监督行政执法，查处施工工地扬尘案件4件、违法分包案件1件。开展干线公路路域环境整治工作，挂牌督导、清理整治干线公路路域环境重点治理对象1747宗，其中高速公路沿线705宗、国省县道沿线1042宗。指导、督促各交通运输分局及时办理公路管理机构移交的案件，强化各镇街属地路政执法。

高速公路路政　2020年，东莞市加强与高速公路路政部门、属地分局联动协作和信息共享，加强对高速公路路面、桥下、公路用地、建筑控制区、广告设置等重点区域的执法监督检查，查处高速公路路政违法案件8件。落实高速公路车辆救援服务监督检查工作。每个季度进行专项检查，重点节假日期间开展不定期检查，督促各高速公路经营管理单位加强自查，确保高速公路安全畅通。每月不定期联合属地分局、高速交警，对高速公路服务区开展联合执法行动，重点检查停靠的危运、客运车辆。

（樊键忠）

附：2020年东莞市交通运输局领导名录

党组书记、局长：朱利民

交通安全管理

【交通安全概况】　2020年，东莞市机动车保有量342.47万辆，驾驶人员总数336.51万人，机动车新增18.28万辆，驾驶人员新增12.73万人。全年发生一般道路交通事故5578宗，交通事故死亡人数比上年减少13人，连续多年保持下降。

【交警警务运作模式优化】　2020年3月起，东莞市除高速公路、城市快速路和市区莞城、东城、南城、万江交警大队继续由交警支队直管外，其他各镇（园区）交警大队纳入属地公安分局管理。警务运作模式调整后，改变以往公安分局和交警大队“各自为战”的模式，整合基层警务资源，强化警种之间的联动协作，处置路面交通拥堵和交通事故更加高效。

【交通事故预防“减量控大”行动】　2020年，东莞市交警完成10处省、市、镇三级督办隐患路段，以及675个一般隐患路段的治理。组织开展隐患重点车辆清零歼灭战，通过“情报制导、派单作业”精准查缉，多警种联动开展清查，日均处理重点隐患车1000余辆，全年检验8类重点车12.6万辆，报废注销隐患车9424辆；完成6815家重点运输企业的画像信息采集。东莞市交警常态化开展交通秩序整治行动，全年查处交通违法430.95万宗，比上年上升45.19%，其中现场查处152.07万宗，上升88.60%；查处酒驾醉驾2.24万宗，上升39.68%，查处摩托车、电动自行车交通违法31.63万宗，上升170.50%。

【交警部门助力品质交通千日攻坚行动】　2020年，东莞市新增电子警察1347套，完成率115%，超额完成建设任务；全市交警排查高速公路、国省县道、市政道路1716条，标志7.18万处，发现问题标志9081处，完成整改8885处，完成率97.8%；排查道路标线5781.40千米，发现问题标线1319.55千米，完成整改1279.50千米，完成率97%；年内，东莞市人大常委会将《东莞市电动自行车管理条例》列为地方性法规立法预备项目，交警支队牵头组织立法工作起草小组，先后深入全市各片区和周边城市开展调研。条例草案经多次修订完善后，于9月向社会公布征求意见稿，10月组织召开立法听证会。年内，东莞市公安交警部门创新宣传教育手段，联合多部门搭建全市交通安全宣教网络，利用微信群定期推送交通安全资讯，覆盖全市机关团体、企事业单位、学校、社区、住宅小区和重点运输企业300万人。自5月启用后，交警部门年内向市民推送16期交通安全资讯，受到关注和转发，总浏览量905.3万人次。

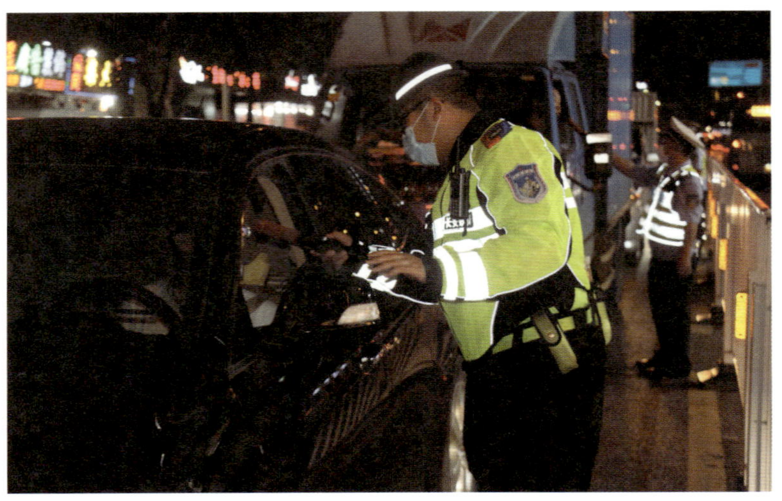

2020年11月10日，东莞市开展酒驾违法整治行动

（市公安局交警支队供图）

【交警部门打击违法效能提升】 2020年，东莞市交警部门开展打击假牌套牌假证违法行为专项行动，运用情报数据提升精准打击能力，全年查处假套牌车1337辆，比上年上升29.43%；保持对买卖记分违法犯罪行为的严打态势，打掉买卖记分团伙7个，处理买卖分人员111人次，其中：刑事拘留3人、行政拘留108人（比上年上升94.7%）。警告教育2321人；严厉打击非法改装车辆“飙车”行为，全年查处非法改装车9671辆，比上年上升174.3%。（黄勇军）

水路运输业

航道管理

【航道管理概况】 2020年，东莞航道事务中心管辖航道100条，养护航道里程643千米，其中七级以上等级航道324千米（其中Ⅰ至Ⅳ级高等级航道154千米），等外航道319千米，航道维护水深年保证率100%；设标航道里程473千米，设置航标1322座、标灯1832盏，完成航标维护工程量50.32万座，航标维护正常率100%。处理航标非维护性失常94宗，开展维护性测量6宗，船舶流量观测6次，办理航道技术服务43宗，发布航道通告11次；辖区等级航道1210座航标遥测遥控全覆盖，航道航标日常检查周期由5天延长至15天一巡。5艘在册船舶处于适航状态，船舶完好率、优秀率均达100%。开展航道监管巡查99次，巡查航道8611千米，发现涉嫌涉航违法案件4件。安全生产工作加强，实现连续23年安全生产无事故。倒运海水道航道整治工程通过竣工验收，东莞航道指挥监测中心建成并试运行，是全系统第一个航道指挥监测中心。《东莞航道志》出版，东莞航道文化展厅建成启用。对外经营收入达2500万元，超额完成年度目标任务的14%。

【航道维护管理】 2020年，东莞航道事务中心加强航道维护，推动航道养护创新发展，全年完成航标维护工程量50.32万座天，处理非维护性失常航标94宗，开展太平水道（镇远大桥至广深沿江高速桥）客运航段水深测量等维护性测量6宗，船舶流量观测6次，航道维护水深、航标维护正常率全部达标。推进东莞水道生态航道试点建设，东莞水道航标（一期）项目取得进展，3座生态景观塔标设计和3座新材料浮标应用研究通过省航道事务中心专家会验收；完成航道行政审批技术服务43宗，其中办理技术服务事项25宗，核查在建项目18个；及时发布航道信息（含航道通告）43次；推进桥梁通航净高标尺数据校核，对指挥监测系统涉航建筑物数据进行更新与校核，对过去5年浮标被碰撞问题进行研讨。加强养护船舶日常保养及管理，全年5艘在册船舶优秀率100%。结合辖区473千米等级航道的1210座航标实现遥测遥控全覆盖的实际，东莞航道事务中心建立健全利用航标遥测遥控系统延长巡标周期管理制度，9月1日起全面执行航道航标日常检查周期由5天一巡延长至15天一巡，巡查时间大幅减少，养护效率提高。

【航道建设】 2020年，东莞航道事务中心推动航道支持保障系统东莞太平航道管理站站场工程及码头工程建设，其中站场工程于年初动工，11月18日完成封顶；码头工程完成施工招标、招标备案及合同签订。加快倒运海水道航道整治工程竣工验收工作，加强与省交通运输厅、省航道事务中心的请示报告，7月17日召开倒运海水道航道整治工程竣工验收会，完成工程竣工验收。推进东莞水道生态航道试点建设，完成东莞水道航标（一期）项目的3座塔标设计，提请广东省航道事务中心验收；11月完成新型材料试用，取得较好效果。

【航道信息化】 2020年，东莞航道事务中心推进航道信息化建设，投入452万元，对东莞航道指挥监测系统进行升级，充分挖掘数据潜力，将数据流与业务流深度融合，实现从航道数字化向智慧化的重大跨越，探索智慧航道发展之路。该项目重点升级航道养护管理、态势分析、应急指挥三大功能，主要建设内容为：对原有水位监测系统等5个子业务系统升级，新增航标遥测遥控数据管理等7个

子业务系统，在工作船、工作车部署信息监测终端，建设东莞航道指挥监测中心，于11月投入试运行，是广东省第一个航道指挥监测中心，基本实现对辖区航道在线监测和指挥功能，航道信息化水平位居全省前列。

【航道安全生产】 2020年，东莞航道事务中心严格落实安全生产责任制，签订安全生责任书9份。春运期间，出航26个航次、10个车次，巡查航道3552千米，出动人员145人次，发现并处置航标因被碰导致失常事件6宗，保障春运航道安全畅通。全年开展航道监管巡查99次，参与人数198人次，巡查航道8611千米，发现涉嫌涉航违法案件4宗。加强安全宣传教育，组织消防应急演练和人员落水、弃船逃生以及船撞桥突发性应急演练2次；加强对业主维护桥涵标的安全监管，开展每月铁路沿线安全隐患排查9次，未发现安全隐患。加强对在建工地、所属码头、站房及船舶的安全检查，对发现问题及时整改；做好防洪防台和季节性危险天气防范工作，成功应对台风“海高斯”及多场暴雨、洪水。针对“5·22”特大暴雨导致机关办公楼水淹的问题，及时立项完成中心机关围墙改造和实施机关大院地面抬高工程。开展安全贯标工作，完成上、下半年安全贯标考核。建成中心应急值班室，节假日、应急值班工作进一步规范。开展新冠肺炎疫情常态化防控及扫黑除恶工作。全年安全生产态势稳定，实现连续23年安全生产无事故。

【航道文化建设】 2020年，东莞航道事务中心加大航道文化建设力度，确定东莞航道核心价值观及东莞航道职业道德规范用语，与东莞航道标识、党建品牌“闪亮航标灯”共同构成东莞航道文化价值体系。投入46万元，建成面积108平方米的东莞航道文化展厅，是东莞航道职工职业道德、党性教育及爱国主义教育的重要基地。

【多波束三维扫测系统运用】 2020年11月23日，东莞航道部门运用多波束三维扫测系统，协助海事部门在东莞水道华润码头河段，实时精准锁定疑似走私铁艇在沉没水域的具体三维位置，完成铁艇打捞，及时消除航道安全隐患。利用多波束三维扫测系统精准锁定沉船位置，是东莞航道部门在航道突发应急处置中第一次成功运用，对做好水下安全工作具有重要意义。

【《东莞航道志》首发】 参见“文化”类目“地方志”分目第363页相关条目。 （李文峰）

附：2020年东莞航道事务中心主要领导名录

党组书记：赖远奎

主　任：黎绍泓

水路运输管理

【港航生产概况】 2020年，港航生产态势总体持续平稳发展，完成港口建设项目固定资产投资1.88亿元，完成全年投资计划的120.84%。全市港口企业81家、码头97座、生产性泊位166个，其中万吨级及以上生产性泊位35个，全港年设计通过能力1.18亿吨、集装箱191.97万TEU（标准箱）、旅客

东莞水道 （2020年东莞航道事务中心供图）

70万人次、滚装汽车10万标辆。全年港口货物吞吐量完成1.99亿吨，比上年增长0.25%；其中：外贸货物吞吐量完成3324.55万吨，比上年下降6.02%；集装箱吞吐量完成379.63万TEU，下降6.21%。全年完成水路货运量7491.49万吨、货物周转量449.89亿吨千米，分别比上年下降0.43%和增长20.56%；完成水路客运量3.08万人次、水路客运周转量200.26万人千米，分别下降86.33%、86.32%。东莞虎门至澳门氹仔航线发行128班，运送旅客4506人，由于新冠肺炎疫情影响，自2月3日起暂停运营。

【港航生产设施建设】 2020年，东莞市完成港口建设项目固定资产投资1.88亿元。坚持服务保障，聚力推进全市5个港口重点项目建设，新沙港散粮装卸系统扩建工程、广州港新沙港区13号泊位工程、广州港新沙港区11号12号通用泊位及驳船泊位工程（注：上述3个项目港政管理由广州市港务局负责）；东莞市虎门港麻涌港区新沙南作业区2号、3号泊位散粮仓库三期工程（注：非水运工程建设项目，但被列为港航重大项目）；东莞市虎门港沙田港区三期工程二阶段交工验收。东莞玖龙码头有限公司2个5万吨级散杂货码头工程、广东中远船务工程有限公司舾装码头（钢质浮体出运站台）工程、广东中远船务工程有限公司舾装码头扩建工程和东莞虎门港沙田港区西大坦作业区5号和6号泊位工程改造工程完成竣工验收工作。

【港航安全生产监管】 2020年，东莞市建立健全港航安全监管机制，对全市港航企业开展全覆盖的安全生产监督检查；强化港口设施保安工作，督促对外开放码头开展保安评估，落实保安措施，领取“港口设施保安符合证书”，提升港口安保能力，对全市19家持有“港口设施保安符合证书”的对外开放港口企业开展港口设施保安年度核验，夯实东莞市港航生产安全态势。全年，经调度安排进出东莞港船舶1.90万艘次，比上年下降8.7%。协调引航3803航次，比上年增长8.3%。

【水路运输市场管理】 2020年，东莞市加强港航执法业务协作，严厉打击港口行政、水路运政、航道行政类违法行为，规范港口经营、水路运输经营等行为，维护航道通航安全。加强对水路运输市场的执法检查，加大对港口码头、各类运输船舶、主要航道的检查力度，查处港航违法违规案件23件。联合东莞海事局、东莞航道事务中心、东莞海警局、东莞海关、广州市交委执法局等有关部门开展水路执法联合行动，强化部门协作，畅通信息共享，联动推进水路执法。（樊键忠）

海事管理

【海事管理概况】 2020年，东莞市海事局辖区进出港船舶34.58万艘次，比上年下降26.22%；水运吞吐量3.66亿吨，下降7.66%；集装箱运输339.81万标准箱，下降11.31%；危险货物运输3998万吨，增长10.2%。市水上搜救分中心组织协调救助行动5次、协调派出救助船艇6艘次、救援船舶8艘次、救援遇险人员80人、获救人员78人，搜救成功率97.5%。完成自定重点专项任务97项、专项整治行动15个，妥善应对虎门大桥桥面异常涡震突发事件。年内，东莞市海事局获评为交通运输部先进基层党组织，获评为东莞市抗击新冠肺炎疫情先进单位、广东海事局虎门大桥突发情况应急处置工作先进单位。

【水上交通安全监管】 2020年，东莞市海事局实施重点部位安全监管，制定六类重点水域、十大重点船舶、六类危险天气等一系列业务指导书，深化实施船港界面安全管理、船舶动态通报制、船舶禁限航等一套监管方法，实施电子巡航14.45万次，电子联动1994次，实施行政处罚2430件，罚款2276万元。坚决打好“碧水蓝天”保卫战，查处含硫量超标120宗、非法排放污染物13宗、其他涉污违法行为47宗。开展水上交通安全专项整治三年行动、水上无线电秩序管理、长期脱管船等专项行动，开展航运公司监督检查90家次，约谈码头、航运公司9家次，查处不按

2020年6月17日，东莞海事局开展水上安全知识进校园活动
（东莞海事局供图）

规定使用无线电设备违法行为284宗，辖区长期脱管船由380艘下降到201艘。加压执行7个“100%全覆盖”，坚决推进“攻砂”行动，落实海上砂石船“六禁”要求，检查到港载砂海船128艘次，实施行政处罚14宗，滞留5艘，将5艘船舶列入“优先关注船舶”名单。实施危险品船岸界面百日专项行动，发现问题77项，安全约谈码头8家，“三超”违规作业顽疾基本消除。协同打击水上走私，联合查处大马力快艇50艘，协助“三无”船核对87艘次。辖区发生一般等级以上水上交通事故1宗，比上年下降85.7%；死亡1人，下降88.9%；无沉船事故、无直接经济损失，事故四项指标全面大幅下降，水上交通安全形势稳定向好。

【海事服务品牌创建】 2020年，东莞市海事局危管防污流动工作站升级船艺工坊、应急工场，加强成果展示。完成2期12人次的进站实训，8篇论文在《中国海事》《珠江水运》等发表。制定67种危化品的应急处置措施。研制小型电动双级堰式收油机、吸油毡自动收集装置并申报专利3项。《危防“非接触式”监督检查工作指引》系列指导书得到广东局发文推广。完成全国首例中国籍国际航行船舶能耗数据验证，编写中国籍国际航行船舶能耗数据报告验证指南。深化应用，编制首靠船“微提醒”，开通“船舶质量选船”模块，指导5个码头完善选船制度。

年内，劳工服务创新工作站参与编制四版《船舶船员新冠肺炎疫情防控操作指南》被推荐到全球174个国家。牵头起草《新冠肺炎疫情防控船长告知书》（中英文版）。首次编制《2019年中国海事劳工履约报告》。参与起草《新增〈2006年海事劳工公约〉标准和导则5.1.6的提案》等2份公约提案。翻译形成《海事劳工履约文件汇编》《IMO疫情防控系列文件汇编（中文版）》。完成“漫游船舶”2.0开发并开展专利申报。实施进站实训，配套设立工作室，共建“广州海事法院粤港澳大湾区（东莞）船员服务站”。行政处罚精细化管理示范点完成22人次实训实操，制定现场执法终端使用指引，形成《行政处罚常见错误汇编》，开发“智慧处罚”App和“海事行政处罚裁量模板编辑器”，试行8类违法行为的“零笔录”办案模式，拓宽处罚系统应用场景，推进3项专利申请工作。创新工作室完成液货船基础知识、PSC热点问题等专题理论学习25次，汇编完成《港口国监督检查履约手册》《国际航行散装化学品船安全监管指南》等工具书，推进“液货船消防安全提示”提案研究。精智工作室组建工作团队，形成现场监管精细化工作法，强化中心安全监管“主战场”、智慧管控“主阵地”作用，在稳住辖区安全形势中起到突出作用。尺牍工作室编写《政务信息写作入门教程》《政务专报选题与写作要诀》，编制9期《尺牍政研》，34篇专报被广东局领导批示肯定，4篇专报被部局《情况交流》采纳。考牒工作室推进党员积分管理2.0版，启动党员积分管理方法专利申请工作，探索廉政风险预警防控机制，建设基层党建、廉政建设工作创新平台。

进行船舶危险货物装卸作业现场检查 （2020年东莞海事局供图）

【海事服务升级】 2020年，东莞市海事局做好“六稳”工作、落实“六保”任务，支持企业复工复产，推进“非接触式”办理，实施告知承诺、同城通办、异地可办等创新举措，率先建立船舶检验证书和船舶登记证书“直通车”。办理船舶登记1172宗、船员证书3683宗、无线电业务审批1050宗，组织船员考试77期2670人次。落实进出口货物港建费阶段性免征政策，免征1.3亿元。服务重大发展战略平台建设，加强滨海湾大桥、港湾大桥等施工水域的交通组织和现场管控，助力玖龙码头开港，制定实施服务外经贸高质量发展工作措施。率先编制并有效更新《安全监管和疫情防控工作指引》《船舶船员发生新冠肺炎疫情的应急指引》，制定《国际航行船舶船员疫情防控应急预案》，协同完成6艘外轮14名船员核酸阳性的应急处置工作，累计保障250艘国际航行船舶的1603名中国籍船员换班，协同护航1306名台胞经水运入境。全年取得水路口岸疫情零扩散和单位内部零感染“双零”佳绩，实现水路交通运输“一断三不断”（一断”是坚决阻断病毒传播渠道，“三不断”是公路交通网络不断、应急运输绿色通道不断、必要的群众生产生活物

资运输通道不断），得到市委、市政府肯定。（李玉芬）

附：2020年东莞海事局主要领导名录

党委书记、局长：陈楚坤

铁路运输业

【铁路概况】 截至2020年底，东莞市建成运营线路3条，包括广深铁路（普铁）、京九铁路（广梅汕铁路，普铁）和广深港客运专线。其中，广深铁路东莞段长53千米，设东莞站、常平站和樟木头站，主要开行广深城际列车；广梅汕铁路东莞段长约23千米，设东莞东站（位于常平），主要开行长途列车；广深港客运专线东莞段长28.5千米，设虎门站，于2005年12月动工建设，其中广州南至深圳北段于2011年12月开通运营，深圳北至福田站于2015年12月开通运营，香港段工程于2018年9月23日开通。

【城际轨道】 截至2020年底，东莞市开通运营线路2条，分别为莞惠城际，线路起于东莞西站，止于惠州小金口站，东莞段长66.5千米，设车站10座（不含东莞西站），其中常平东至惠州小金口段于2016年3月开通运营，道滘至常平东段于2017年12月开通运营；穗莞深城际，起于广州新塘站，止于深圳机场站，东莞段长53.4千米，设车站10座，于2019年12月开通运营。（莫梓勋）

【广深港高铁虎门站】 2020年，途经东莞市虎门站的高铁线路2条，分别是从虎门出发至广州南、深圳北、福田、潮汕、长沙南、桂林北、永州、岳阳东、南宁东、武汉、南昌西、怀化南、邵阳、漯河西、郑州东、宜昌东、石家庄、西安北、北京西、重庆北等站，平均每日开出列车158班。全年高铁虎门站运送旅客1382万人次，发送旅客680万人次，到达旅客702万人次。（王玉玲）

【“企业定制”集装箱专列】 2020年3月28日，广铁集团开行的首趟“企业定制”集装箱专列——X79672次货物列车，载着30个标准集装箱货物，从东莞市常平车站启程前往贵阳市。在确保疫情防控和安全生产的前提下，铁路部门创新方式方法，为有需求企业提供专项服务，不仅以解企业运营所需的燃眉之急，也是量入为出的有效措施，也是铁路企业走出市场天地宽的一个重要策略，帮助企业打通运输“堵点”，属全国首次。

【华南地区中欧邮政班列常态化开行】 2020年5月9日，中欧班列（东莞—维尔纽斯）中国邮政专列在广东（石龙）铁路国际物流基地启程前往欧洲，于22日抵达立陶宛首都维尔纽斯，分拨物资至欧洲26个国家。这是华南地区首趟中欧邮政班列，也是全国运距最长的国际铁路运邮通道。6月20日，再次从东莞市石龙镇火车站开出，中欧班列（东莞—维尔纽斯）中国邮政专列实现常态化开行。

2020年东莞地区主要火车站客货运输发送量表

车站名称	货物发送量（万吨）	旅客发送量（万人次）
东莞火车站	51.4	346
常平火车站	20.4	160
樟木头火车站		101
茶山火车站	15.1	
广深港高铁虎门站		680

【佛莞城际铁路全线贯通】 2020年5月25日，佛莞城际铁路实现全线贯通。佛莞城际铁路全长36.7千米，西起广州南站，东至东莞望洪站，设车站7座，设计运营时速200千米。（苏淑娴）

轨道交通建设

【轨道交通建设运营概况】 2020年，东莞市加快城市轨道交通第二期建设规划调整报审工作，在2013年国家发改委批复的1号线一期、2号线三期和3号线一期的基础上对局部线路方案进行优化调整，完成省发改委初审，上报国家发改委审批。年内，开展10条线路的前期工作，分别为2号线三期、3号线一期、5、6、7、8、9、10、11、12号线。其中，2号线三期进入工可报批阶段，3号线一期处于工可研究阶段。在建线路一条（1号线一期），线路全长58千米，设车站21座，总投资329.39亿元。8月25日，东莞市轨道交通1号线首跨节段箱梁架设完成，标志着全线高架段进入上部结构施工。11月11日，东莞市地铁1号线新源路站至东城南站区间首台盾构机“东新1号”，在新源路站始发。11月18日，东莞市轨道交通1号线一期工程首座车站道滘站封顶。截至2020年底，年度累计完成投资26.5亿元，占年度计划26.07亿元的102%。截至2020年底，东莞市地铁运营线路1条（2号线一、二期），安全运营1680天，运营客运量1.95亿人次，日均客运量11.61万人次，日最高客运量30.1万人次，列车正点率99.96%，运行图兑现率99.98%。

【轨道站场TOD综合开发】 2020年，东莞市完成51个站场TOD综合开发规划编制工作，推进东莞火车站、东莞西站、虎门高铁

2020年8月28日，东莞市轨道交通1号线首台盾构机“莞通1号”始发
（市轨道交通局供图）

站、常平“香港城”等10个TOD重点项目建设，以及滨海湾站、黄江黄牛埔站、塘厦西站等15个项目的前期工作。（莫梓勋）

附：2020年东莞市轨道交通局主要领导名录

党组书记、局长：李天海

邮政业

【邮政业概况】　2020年，东莞市邮政行业业务总量和业务收入分别完成622.94亿元和273.39亿元，分别比上年增长52.16%和14.73%，占全省比重分别为9.64%和11.38%；快递业务量和业务收入分别完成21.2亿件和250.17亿元，分别比上年增长29.86%和20.59%，占全省比重分别为9.59%和11.46%。全市邮政普遍服务营业场所236处、投递处理场所59个、邮路总条数350条，行政村通邮率100%。全市主要快递品牌34个，邮（快）件分拨中心27个，依法取得快递业务经营许可的法人企业353家，备案分支机构309家、备案快递末端网点412家，智能快件箱4698组，快递从业人员超6万人。2020年东莞市邮政管理局被人力资源和社会保障部、国家邮政局授予“全国邮政行业先进集体”称号，被广东省邮政管理局评为“2020年度全省邮政市场监管工作优秀单位”、综合排居全省第二名，被市委、市政府授予“2020年度工作优秀中央和省驻莞单位”，被市安全生产委员会授予“2020年度安全生产责任制和消防安全工作考核优秀的市Ⅰ类单位”，在市委宣传部意识形态考核中获优秀等次，行业2名个人分获省、市抗击新冠肺炎疫情先进个人表彰，邮政业疫情防控、行业发展工作两次获市长批示肯定。东莞市德邦货运有限公司获评为“2020年东莞市青年文明号”。

【邮政业复工复产保障】　2020年，东莞市邮政管理系统党员干部迅速返岗落实24小时值班值守，下沉邮政公司、顺丰公司等企业一线快递网点开展实地督查调研，以“四个率全省之先”为企业纾难解困：编发《邮政快递企业复工复产一本通工作手册》，申请市政府为寄递企业配置口罩等紧缺防疫物资，推动市疫情防控指挥部出台《关于保障疫情期间邮政、快递服务正常有序开展的通知》，率先试点落实“战疫速递”微信健康打卡、3天内注册人数3.5万人。全市邮政快递行业没有发生感染病例。市长肖亚非高度评价行业疫情防控和改革发展工作，指出“全市邮政快递业逆行上阵、坚守一线、服务大局，为保民生保运转保畅通作出了重要贡献”。“5万快递小哥逆向奔跑　彰显力量与担当”战“疫”案例入选“东莞战‘疫’十大市民点赞案例”前三名。

【省级财政专项资金扶持快递业】　2020年，东莞市邮政管理局安排25万元省级促进经济高质量发展专项资金（现代服务业发展用途）对寄递渠道三项制度落实项目进行补贴，有15家快递企业购置的25个防爆罐和1157个智能烟雾报警器成为补贴对象。

【邮政普遍服务监督管理】　2020年，东莞邮政管理局邮政普遍服务工作坚持和发挥“人民邮政为人民”的初心使命，全市邮政普遍服务水平保持有序平稳，全年受理撤销、新设提供邮政普遍服务营业场所各9处，办理备案86处，全市建制村和社区全部直接通邮、投递到户，建制村直接通邮率全年保持100%。邮政基础设施纳入东莞市国土空间规划。邮政管理部门激活跨境电商行业产业，发挥东莞国际邮件互换局兼交换站资源优势和万国邮联的寄递网络优势，探索新业务新通道，共同推进邮关、商关合一监管，打通跨境电商B2B（企业与企业之间通过专用网络或Internet，进行数据信息的交换、传递，开展交易活动的商业模式）出口通道，走通“跨境电商B2B直接出口”（9710）和“跨境电商B2B出口海外仓”（9810）模式，是东莞首批开展跨境B2B出口试点．开通“东莞—维尔纽斯”首趟中欧班列中国邮政专列。

【寄递渠道违法行为查处】　2020年，东莞市邮政管理局开展为期8—10月的“收寄验视、实名收寄、过机安检”3项制度专项整治，把整治贯穿于禁毒、反恐、涉枪涉爆、扫黑除恶、违规收寄危化品和易制毒物品等执法检查中，全年印发《东莞市邮政行业市场监管工作通报》12期，检查市场主体254家次，下达整改通知书48份、约谈告诫15次、行政处罚45起、罚款37.5万元，全年办理案件数量居全省第三位，1件案例被评为全省邮政管理系统行政执法优秀案例。全年协助完成快递许可核查42家，邮政用品用具监制核查1家，完成备案分支机构110家，快递末端网点备案83处，联合公安、应急管理、海关、烟草等部门开展联合检查8次。

【绿色邮政建设】 2020年，东莞市邮政管理局深化与环保等部门的工作协同，把邮政业绿色发展工作和蓝天保卫战、生活垃圾分类一体推进，制定印发《2020年东莞市邮政行业生态环境保护工作实施方案》《东莞市快递包装绿色治理三年行动方案（2020—2022年）》《东莞市邮政业重金属和特定物质超标包装袋专项治理方案》和《东莞市邮政快递业过度包装和随意包装治理工作方案》，开展8个绿色网点和2个绿色分拨中心试点建设，全年全市瘦身胶带封装比例达99.27%，98.76%电商快件不再二次包装，可循环中转袋使用率97.5%，全市邮政快递网点配置标准包装废弃物回收装置438个，行业使用新能源汽车849辆，完成国家邮政局绿色邮政建设“9792”工程（2020年底前力争实现45毫米以下“瘦身胶带”封装比例达95%、电商快件不再二次包装率达85%、可循环中转袋使用基本实现全覆盖、新增200个设置标准包装废弃物回收装置的邮政快递网点）各项目标任务。

【邮政业应急突发事件处置】 2020年，东莞市邮政管理局对应急突发事件迅速反应，妥善处置速尔员工聚集围堵及车线司机扣件事件、旺季生产期间快递员罢工舆情、意外身故快递员的赔偿协商以及速腾虎门分拨中心涉阳性冻品等应急突发事件，保障寄递渠道和社会安全稳定。

【“暖蜂行动”关爱工程落实】 2020年，东莞市邮政管理局联合市总工会、团市委、爱心企业开展关心关爱快递小哥“暖蜂行动”，疫情期间、节假日、业务旺季深入一线检查慰问，为快递员送上口罩、面包、蜜柚等能量包。岁末年初为春节不打烊的快递企业和“留莞过年”的快递员送上数百份春节慰问品和拜年口罩，向他们传递党和政府的关怀慰问。指导62人申报快递工程技术人才职称，促进行业人才梯队培养。连续5年开展“诚信企业”“最美快递员”评选表彰，宣传报道行业先进典型事迹8次，在全社会形成崇尚劳动、尊重劳动者的良好氛围，带动社会各界对快递小哥等新兴青年群体更加尊重、关爱和支持。

2020年5月19日，首列中欧班列中国邮政专列东莞至维尔纽斯启动

（中国邮政集团有限公司东莞市分公司供图）

【邮政业电动三轮车规范管理暨“小蜜蜂”快递服务队上路仪式】 2020年1月13日，东莞市邮政业电动三轮车规范管理暨“小蜜蜂”快递服务队上路仪式在东莞市图书馆广场举行，广东省邮政管理局、东莞市政府、市邮政管理局、市公安局、市交通运输局、市发展和改革局等有关领导出席仪式。15家企业120辆邮政业电动三轮车现场被授予“小蜜蜂”快递服务队旗帜。是东莞市邮政业电动三轮车规范管理的里程碑，以示范引领带动行业良好风尚。

2020年1月13日，东莞市邮政业电动三轮车规范管理暨“小蜜蜂”快递服务队上路仪式举行 （市邮政管理局供图）

【东莞市邮政业安全中心揭牌】 2020年2月，东莞市政府批复同意设立东莞市邮政业安全中心，并于12月1日揭牌。该中心是广东省邮政管理系统获批成立的第三个市级邮政业安全中心，也是第一个登记注册的市级安全中心事业单位，是省、市充实邮政监管力量的重大突破，标志着东莞市邮政业安全监管工作迈入新的阶段。 （黎惠明）

【中国邮政集团有限公司东莞市分公司】 2020年，中国邮政集团有限公司东莞市分公司三大板块、邮政公司、寄递事业部分别完成收入41.7亿元、31.7亿元、20.3亿元。其中邮政企业利润绝对值在全省排第三名，在珠三角大局排第一名。通过东莞邮政渠道流到全国各地的资金总量442.2亿元，服务客户1235万户，为全市1200多家工厂企业提供代发工资服务，每月代发金额9.6亿元；为近万户中小微企业提供金融信贷服务，发放个人经营性贷款、小企业贷款85.55亿元。东莞市通过邮政渠道流通的实物邮件量2.73亿件，其中信函0.63亿件（含国际小包），包裹快递业务2.10亿件。

国际物流通道打造 2020年，中国邮政集团有限公司东莞市分公司国际小包出口业务量2323.55万件，居全国城市第三位。依托互换局核心资源优势，主动发挥跨境电商主渠道作用，打通中欧班列火车运邮通道，为跨境电商卖家运输邮件超过400吨，解决疫情爆发期间航空运能不足问题；走通“跨境电商B2B直接出口”（9710）和“跨境电商B2B出口海外仓”（9810）模式，完善复合化、立体化国际运邮新通道格局。国际e邮宝业务切换到东莞互换局通关，预测年业务量800万件，年产生外贸数据1.2亿美元。互换局助力东莞市提升开放格局、服务“一带一路”倡议逐步发挥作用。

邮政服务国家重大战略 2020年，中国邮政集团有限公司东莞市分公司发挥邮政电商扶贫优势，建成线下电商站点415个，线上通过邮乐网东莞馆推广销售农产品，线下开展对湖北省滞销特色农产品消费帮扶，销售金额近500万元；发挥邮政代理金融在脱贫攻坚中的作用，发放小额贷款2410万元，辅贷模式金额全省排第一名；开展“公益送蔬菜”“进村送年货”公益送项目，“驿路邮爱·平安返莞”外来务工返莞交通补助公益项目，累计受益群众数万人。实现绿色邮政建设行动三年规划目标。包裹窄胶带使用比例达到100%，96%以上电商包裹不再使用二次包装，90个营业及揽投网点设置包装废弃物回收装置推广绿色包装；租赁新能源车辆30辆，邮政专用电动三轮车1282辆；车辆减排实现绿色运输；手机银行使用率超90%实现绿色金融；强化金融风险方面，加大排查和检查力度，全市邮政系统金融风险事故率为零。

邮政服务城市文化建设 2020年，中国邮政集团有限公司东莞市分公司为丰富人民群众文化活动，创新采用线上报名、初赛方式开展“莞香花开”幼儿绘画、“巾帼心向党”广场舞比赛，组织线下复赛、决赛，吸引近8万人参赛，实现镇区全覆盖；向援鄂医疗队赠送《众志成城 抗击疫情》邮折，以《最美请战书》邮票为主题，开展疫情防疫专题宣传活动，推出广东宏远篮球俱乐部《问鼎十冠 铸造辉煌》纪念邮品，建设横沥百年牛墟主题邮局，以虎门销烟和可园为创作原形，设计东莞集邮吉祥物，通过网络平台宣传东莞特色文化。 （石志会）

附：2020年东莞市邮政管理局主要领导名录

党组书记、局长：林 蔚

附：2020年中国邮政集团有限公司东莞市分公司主要领导名录

党委书记、总经理：林泽坚

信息业

INFORMATION INDUSTRY

旗峰山下　（2020年东城街道供图）

编辑：翁舒洁　赵书科　苏淑娴

信息化建设

【信息业概况】　截至2020年底，东莞市拥有固定电话用户186.42万户，移动电话用户1597.09万户。年末互联网用户1967.81万户，比上年增加80.54万户；宽带接入用户344.26万户，增加20.08万户。

【5G网络建设推进】　截至2020年底，东莞市新增5G基站8852个，完成省下达年度任务116.17%，超额完成省下达任务。从2019年开始5G基站建设以来，全市累计建成开通5G基站1.01万个，突破1万个大关，总数排省第三名。

5G规划和政策要素保障　2020年10月，东莞市出台《东莞市加快5G基站的实施方案》，提出加快5G基站建设的18条措施"干货"，缓解基站建设过程中选址难、共享难、报建难等问题。

协调降低5G基站建设成本　2020年，东莞市发布《关于做好降低5G基站用电成本工作的通知》，按照"分步推出、先易后难、能改即改"原则，推进5G基站转供电改造直供电工作。公布《东莞市通信基站公共建筑与设施开放目录（第二批）》，推动公共物业开放。向5G基站建设开放公共物业1216处。发布《关于免费开放公共资源支持5G基站建设的通知》，更新完善公共物业开放目录清单，累计向基站建设开放公共物业1682处，截至2020年底建站公共物业328处。

智慧灯杆建设推进　2020年，东莞市印发实施《东莞市智慧灯杆技术和工程建设规范》《东莞市智慧灯杆建设运营管理办法（试行）》，是广东省首个出台智慧灯杆建设运营管理办法的城市。

重点建设5G综合试验区　2020年，东莞市在5G牌照发放后，启动5G基站建设，率先选取松山湖华为系区域、长安—滨海湾步步高系区域、水乡功能区、市行政中心广场等基础较好的4个区域，重点打造5G综合试验区，以满足华为系、步步高系等重点企业5G研发需求，以及群众在市民办事中心等重点场所使用5G应用需求，为东莞市5G基站建设积累有益经验。

【电信业务总量稳增长】 2020年，东莞市制定《东莞市促进电信业务总量增长的实施方案》及《东莞市关于对三大电信运营商开展“东莞5G行·随手测　发现身边的5G”和“点亮5G”主题活动的奖补方案》《东莞市关于对2021年电信业务总量增长实施奖励的方案》，形成“1+2”的方案体系，多措并举推动电信业务总量稳增长。2020年，电信业务量占全市生产总值比重为1.0%，全市完成电信业务量1943.6亿元，比上年增长26.1%，超额完成全年增长24%的目标。

【移动电信业务贡献突出】2020年，东莞市完成电信业务量1943.6亿元，比上年增长26.1%，超额完成全年增长24%目标。其中，占全市比重62.6%的移动电信业务量比上年增长36.3%，拉动全市电信业务量增长，中国联通、中国电信的电信业务量分别比上年增长13.3%、9.7%。

【规模以上互联网和软件业发展平稳向好】 2020年，东莞市117家互联网和相关服务、软件和信息技术服务业规模以上服务业企业完成营业收入132.4亿元，比上年增长21.2%。其中，23家互联网和相关服务企业完成营业收入38.3亿元，比上年增长18.2%；94家软件和信息技术服务业企业完成营业收入94.1亿元，增长22.5%。

【工业信息化发展】 2020年，东莞市推动工业互联网加快发展，贯彻落实省上云上平台服务券奖补政策，引导工业企业实施上云上平台，实现设备互联互通，推动341个项目获得省扶持资金；推动工业互联数字化升级，培育标杆示范典型，对17个通过评审工业互联数字化转型升级项目给予首期4022.73万元资助，评审认定9个省、市两级工业互联网标杆示范项目，资助金额3235.88万元。推动软件产业创新发展，完善软件产业扶持政策，出台《关于推动东莞市软件和信息技术服务业高质量发展的若干措施》，提出软企成长奖励、增量奖励、租金补贴、贡献奖励等扶持措施，鼓励企业发展工业软件和嵌入式系统软件，加快重点软件企业培育和引进。谋划抢抓“新基建”机遇，编制完成《东莞市通信基础设施专项规划（2020—2035年）》，全市电信运营商新开通5G基站8852个，完成省下达任务116.17%，累计建成开通5G基站1万余个。推动松山湖、水乡、滨海湾、长安、谢岗启动5G综合示范区建设，承接省5G产业园申报工作，获评广东省第二批5G产业园区；出台《关于进一步加强数据中心管理和发展的工作方案》等文件、形成数据中心管理政策体系，推动华为、OPPO、阿里云等数据中心项目落地。

【无线电管理】 2020年，东莞市加强重大活动无线电安全保障，包括对高考、公务员考试、司法考试等16起重大考试的安全保障，出动人员211人次，出动保障车辆78辆次，保障时长250多小时，保障的考试考场无发生无线电信号作弊或正常用频被干扰事件。加强无线电行政审批，全年办理承接无线电事项审批157宗。其中，无线电频率使用许可事项审批5宗，无线电台（站）的设置使用和呼号指配审批事项75，无线电频率占用费事项1宗，销售无线电发射设备备案事项76宗。　（洪雅雯）

数字政府建设

【数字政府建设概况】 2020年，东莞市完善“数字政府”改革机制体制。出台网络安全体系建设、数据治理、电子证照应用等文件，完善“数字政府”改革建设工作领导小组运行机制。推进“数字政府”项目集约化建设。启动涉及全市信息化重点基础建设和重大民生服务75个项目前期工作。夯实云数网“数字底座”，启用电子政务云管控平台，实现市政务云平台与省政务云平台对接纳管，政务数据大脑汇集数据总量突破100亿条，完成骨干节点政务外网升级改造。推进数据共享共治，形成全市一体化政务数据资源目录，完善基础库、专题库，成立数据治理工作专班。推广电子证照应用，开通278种电子证照，签发电子证照总量4363万张，1643项政务事项启用电子证照，用证总量244万次。构建电子政务外网网络安全体系，电子政务外网信息安全体系建设项目整体建设形象进度100%，并通过项目初验，项目一期网络安全部分完成实施，建设网络安全技术支持中心。

【政务服务信息化建设】 2020年，东莞市建设智慧城市运行中心，建成事件管理与联动指挥、空天地一体化信息平台、蓝天保卫战、新冠肺炎疫情数据专题等八大应用专题，实现数据实时汇聚和可视化展现。推进治理域信息化建设，建成空天地一体化感知基础服务平台、生态监管与数据管理平台，推动智慧交通、智慧城管等项目建设。推进数字治疫，建立疫情数据专题库，汇聚超4.2亿条疫情数据，提供数据服务接口112个，实现“粤康码”“莞e申报”二码合一。截至2020年底，全市开通粤康码1084万多人，亮码5322万人次，识别

红码4.6万人次。（黄瑞娴）

网络安全管理

【网络安全管理概况】 2020年，东莞市构建网络综合治理体系，改进和完善网上正面宣传，深化网信领域“大学习、深调研、真落实”，强化互联网行业党建引领，提升网信队伍依法管网治网能力水平，推动网信工作取得新进展。全年发布网络安全隐患通报26份，现场应急处置网络安全事件6宗，协调处置网络安全事件49宗。

【网络综合治理】 2020年，东莞市落实党委（党组）网络意识形态工作责任制要求，加强舆情信息监测预警和分析研判，健全应急处置联动机制，清理整治网上违法违规信息，防范应对重大风险挑战。加强舆情信息的监测、转办、指导，防范化解社会矛盾风险。制定印发《东莞市政务新媒体工作指引》等指导性文件，规范全市政务新媒体平台信息发布和管理。压实网络平台主体责任，组织全市近50家网络媒体平台集中学习《网络信息内容生态治理规定》等互联网法律法规，要求相关平台完善内容审核、防沉迷管理等刚性约束，系统排查清理违规弹窗、恶意推送等突出问题。在“莞香花开”微信公众号及市直媒体网络开设互联网违法和不良信息举报渠道，推动形成网民参与、共治共享网络治理格局。

【网络正面宣传】 2020年，东莞市推动习近平新时代中国特色社会主义思想网上宣传深入人心，组织开展党的十九届四中、五中全会精神和《习近平谈治国理政》第三卷的网上学习宣传，指导全市重点新闻网站和政务新媒体平台开设学习专栏10多个，“莞香花开”微信公众号《学习时间》专栏推送专题20余期。围绕“决战决胜脱贫攻坚”重大主题，策划推出“东莞搭把手、扶贫一起走”扶贫攻坚专题活动，帮扶地区挖掘旅游文化特色，制作东莞脱贫攻坚动画视频和系列海报，相关图文阅读量超1000万次。探索开展“世界好物东莞造”网络直播带货活动，传递出“好物东莞造”良好城市形象。做好网络人士统战工作，成立新阶联网络人士分会，引导网络人士在重要活动、重大事件和突发事件中主动发声。强化网络阵地建设，提升“莞香花开”“东莞发布”等官方帐号传播影响力。

【网络安全保障】 2020年，东莞市制定出台网络安全工作责任制实施办法和考核办法，成立市信息与网络安全协会，整合全市网络安全企业力量，推动网络安全行业健康发展。开展全市网络安全工作考核、实战化网络攻防演练、关键信息基础设施网络安全检查，推进网络安全态势感知与协调指挥平台规划建设，排查消除网络安全隐患，提升全市网络安全防护能力。强化网络安全风险通报预警。开展网络安全宣传教育，统筹协调全市力量参与学习和宣传网络安全法、数据安全法等法律法规和网络安全知识，营造全社会关注和维护网络安全良好氛围。（何 佳）

附：2020年中共东莞市委网络安全和信息化委员会办公室主要领导名录

主　任：黄　辉

2020年12月18日，全东莞，网这看——2020东莞市新媒体创新传播分享大会（市委网信办供图）

通信业

中国电信东莞分公司

【东莞电信分公司概况】 2020年，中国电信股份有限公司东莞分公司（简称东莞电信分公司）客户规模保持平稳，其中移动用户258万户，宽带用户135万户。全年营业额47.60亿元，本地纳税4377.86万元，缴税（含省公司汇总缴纳）5.43亿元。东莞电信分公司有全国青年文明号2个，全国“五一”劳动奖章获得者1人。被评为东莞市年度工作优秀中央和省驻莞单位、全国通信行业“质量信得过班组”。

【东莞电信分公司网络建设】 2020年，东莞电信分公司强化光网建设，推进OLT设备升级改造，实现全市305个千兆标杆小区能力全覆盖；建设政企超低时延OTN专网，实现骨干节点政企超低时延业务全覆盖。强化4G网络建设，全市有电信4G基站1.07万座，核心城区4G网络覆盖率达98%。在通过载波聚合、MIMO、微基站等新技术提升4G网络承载容量及服务性能的同时，利用4G广覆盖和Wi-Fi高速率特点进行综合组网，推进“宽带中国·光网城市”建设。强化5G建设及创新合作，全市电信5G基站4601座，完成核心城区、各镇中心区5G连续覆盖；实现智慧能源、智能停车场、园区无人巴士等5G应用。

除基础网络外，东莞电信分公司加快东莞市数据中心建设及运营。2020年加大CR 100G端口、批量大容量DC交换机建设，形成超大容量汇聚层端口资源，建成IDC 100G专用OTN承载网络，规模化部署100G波道资源，实现IDC节点带宽快速扩容，总体带宽业务规模在省内处于领先水平。

中国电信信息大楼　（2020年中国电信东莞分公司供图）

【东莞电信分公司信息服务】

政务信息化　截至2020年底，东莞电信分公司政务云上线2.73万核CPU，8.30万G内存，360.39万G的存储容量，虚机数量超1576台；建设“明厨亮灶”“智慧消防”项目，助力市场监督局、消防局强化食品安全、消防安全管理。

公安信息化　2020年，东莞电信分公司承接“科技护城墙”项目，助力全息感知网建设；落实“慧眼”项目，构建“平安东莞”信息化安防体系。

医疗信息化　2020年，东莞电信分公司强化医疗安全服务等力度，协助启动电子健康码管理平台、区域共享电子病历等核心信息化系统建设；协助市人民医院完成首次5G+4K远程观摩示教手术直播，推动东莞5G智慧医疗发展。

教育信息化　2020年，东莞电信分公司配合东莞市“百万人才学历提升工程”，建设东莞市市民素质提升平台；为学校提供一键报警终端服务和高速互联带宽，部署“慕课云”、“教育城域网”，打造全市教育城域网一张网。

【东莞电信分公司提速降费】

2020年，东莞电信分公司响应政府“提速降费”号召，创新产品、资费体系。发布“云端推动产业新业态，5G引领智慧新生活”全民升5G活动，5G流量单价较4G下降70%；推出提速百兆惠民惠企活动，全面建设东莞千兆光纤小区，让广大市民尽情享受高速信息新生活。东莞电信宽带用户百兆占比达85.4%。

【东莞电信分公司客户服务】

2020年，东莞电信分公司组建“蓝军”团队，开展服务体验穿测活动；上线装维面对面扫码测评和营业厅一码一监督试点，现场问题“码”上反馈，及时优化客户感知；开展智慧家庭装维工程师技能认证，整合通信管家和企业微信，促进服务标准化、主动化；开展“总经理谈服务”等活动，推动服务文化建设。

【东莞电信分公司网信安全维护】　2020年，东莞电信分公司完善信息安全治理体系，坚守红线意识、底线思维，构建现代化安全治理能力，开展“扫黄打非”、不良信息和垃圾短信治理、防范打击通信诈骗等专项行动，为全市网络安全和信息化建设保驾护航。处置各类有害互联网信息659条，关停违法接入网站356个、垃圾短信号码1180个，协助公安查询涉案号码1010个，关停号码2.1万个。

（肖明楚）

附：2020年中国电信股份有限公司东莞分公司主要领导名录

党委书记、总经理：胡志良

中国移动东莞分公司

【东莞移动分公司概况】 截至2020年底，中国移动通信集团广东有限公司东莞分公司（简称东莞移动分公司）资产规模106亿元，全年营业务收入超过107亿元，营业收入首次突破百亿元，客户满意度持续保持行业领先。东莞移动分公司连续11年被评为“广东省守合同重信用企业”，公司获2020年度最美热心消防公益事业先进集体、中国移动模范职工之家、广东移动班组建设先进单位、广东移动公司五四红旗团委等称号。3个集体获评为中国移动模范职工小家、广东移动五四红旗团支部、广东移动青年文明号。10人分别被评为广东省先进女工、劳动模范、女职工工作先进工作者、广东移动“岗位技术标兵”、青年岗位能手等。

【东莞移动分公司转型发展加快】 2020年，东莞移动分公司推动CHBN同向发力、融合发展，深化基于规模的价值经营。推进宽带场景、终端场景、集团场景等三大场景高质量拉新，做大存量客户“连接+内容+权益”运营，深化内容运营，多路径激发客户流量，实现ToC个人市场稳中向好。补齐网络短板，做大客户规模，做深大小屏融合运营，做大智慧家庭服务，智慧社区、智能门禁、全屋Wi-Fi、移动看家等产品初具规模，数字家庭生态逐步完善，实现ToH家庭市场价值提升，家宽客户达149万户，电视客户规模达106万户，成为地区最大的家庭业务服务运营商。政企市场成为增收主力军，收入增幅跑赢行业，云线+3I（移动云+IDC、IOT、ICT）业务量收齐升，移动e企销售成效显著，实现ToB政企市场跨越发展。ToN新兴市场乘势而起，和彩云、和多号、咪咕快游、视频彩铃等七大新业务发展迅速。

【东莞移动分公司精品网络建设】 2020年，东莞移动分公司坚守“网络是第一生命线”，打造精品网络，支撑业务快速发展。夯实基础网络能力，完成255千米管道建设、3500千米主干光缆建设，主动盘点整改孤立光交2938个和无业务光交1890个，为集客家宽、5G网络建设提供关键基础资源；基站数2.2万个，宽带端口提升至396万个，传输管道管程提升至1.06万千米，传输光缆皮长提升至7.82万皮长千米，数据中心机房投产面积2.13万平方米，投产机架数3549个。优化网络质量，高负荷待扩容小区占比从8.76%降至4.46%，网络黑点解决率从30.6%提升至54.6%，高干扰小区比例从20%下降至12.5%，长期退服小区占比从4.86%下降至1.47%。加快运维效能提升，打造基于网络服务经理的“1+N+M”运作机制，全面推进IT换人，全网故障下降13%。

【东莞移动分公司5G发展争先】 2020年，东莞移动分公司网络规模领先，新建5G基站4527个，累计开通5576个站点，为友商共建的1.3倍，超额完成市政府及省公司下达的5G建设目标。实现份额领先，5G客户份额66.8%，5G客户净增份额77.3%，5G流量客户渗透率9.3%，5G流量客户DOU达到4.66GB，5G资费客户超200万，5G终端客户超160万户，5G权益客户达到67.8万户。行业应用领先，开通华为T园区制造专网，成为全球第一个面向智能制造行业SLA高保障的5G专网；建设东莞市中医院5G合作、东莞港5G智慧港口等标杆项目，打造集团龙头示范项目1个，省级示范项目17个，在第三届“绽放杯”5G应用大赛获得9项大奖。 （江南梦）

2020年12月2日，东莞移动分公司携5G+智慧展馆亮相第六届广东智博会
（东莞移动分公司供图）

附：2020年中国移动通信集团广东有限公司东莞分公司主要领导名录

党委书记、总经理：周济雄

中国联通东莞分公司

【东莞联通分公司概况】 截至2020年底，中国联合网络通信有限公司东莞市分公司（简称东莞联通分公司），年主营业务收入27.81亿元，纳税总额2223.07万元，移动手机用户规模285.9万户，宽带用户规模41.1万户。东莞

联通公司连续13年获“广东省守合同重信用企业”称号，是东莞市唯一加入“守合同重信用企业联合会”的运营商；获省级、市级及以上荣誉14项，其中蝉联全国文明单位“二连冠”，网建客户工程室获战疫“广东省青年文明号”。

【东莞联通分公司用户规模持续突破】 2020年，东莞联通分公司移网业务用户规模285.9万户，移网用户份额18.4%。全渠道全场景全面5G化，5G用户达85.2万户，5G用户市场份额21.0%，5G终端用户57.4万户，5G流量达到1.4万TB，5G当月出账收入突破5000万元。固定宽带业务用户规模41.1万户，宽带用户份额12.0%。

【东莞联通分公司网络转型】 2020年，东莞联通分公司贯彻落实网络强国、提速降费、“互联网+”等重大战略部署，勇担全国文明单位企业责任，打造面向客户体验、内容服务和云服务的新一代超卓网络；致力于产品融合及创新合作，提升服务水平，履行社会责任，普惠社会民生。建成三千兆家庭圈，建成千兆网络小区106个，新国标小区400余个，在千兆5G+千兆宽带+千兆Wi-Fi的组合下，为东莞市民提供三千兆网络的服务便捷。探索和开发智慧家庭服务，全市组建200余人智慧家庭工程师队伍，为家庭客户提供上门服务。

【东莞联通分公司5G引领服务水平提升】 2020年，东莞联通分公司以5G引领，推动云网一体，实现网络服务双领先。聚焦重点行业极速响应，推动5G共建共享，与东莞电信分公司合力完成5G站点建设并开通，实现城区及镇主要区域覆盖。5G引领打造行业应用，打造东莞首家商用部署“5G+MEC（边缘计算技术）”平台，实现全省首单“5G+MEC”商务实施，助力企业打造省级“5G+工业”互联网标杆示范应用。基于“5G+远程评审系统”，助力东莞市工信局企业上云上平台评审项目，打破时空的间隔，实现“不见面”评审的首次探索，提升评审效率。聚焦数字化服务转型，开创体验式服务新模式，打造全业务领先的服务品质。

2020年12月2日，东莞联通分公司以5G主题展亮相第六届“智博会”（东莞联通分公司供图）

【东莞联通分公司推动产业转型升级】 2020年，东莞联通分公司把握产业数字化转型重大战略机遇，结合东莞市实际，制定政务信息化解决方案，重点解决政务数据的汇聚、治理与共享问题，提升镇街信息化建设水平，助力推进东莞市“数字政府”建设；聚焦医疗健康领域，推进全市医疗信息化建设，加强“5G+”医疗、区域医疗、医院信息化、医疗云等服务供给，助力全市打造高水平医院；依托松山湖华南云数据中心，聚焦资源储备，优化网络结构，按需进行资源扩容，为互联网、金融、通信等行业客户提供优质IDC（互联网数据中心）业务运营环境，为企业信息安全保驾护航；5G引领，融合创新，构建基于规模的融合、融智价值运营体系，加快商业、产品模式创新，构筑5G差异化新优势，引领用户规模不断提升、质效水平加速改善，促进数字消费升级。（梁沁媛　蔡　娜）

附：2020年中国联合网络通信有限公司东莞市分公司主要领导名录

党委书记、总经理：胡卫红

中国铁塔东莞分公司

【中国铁塔东莞分公司概况】 2020年，中国铁塔股份有限公司东莞市分公司（简称东莞铁塔分公司）围绕《东莞市信息基础设施建设三年行动提升计划（2018—2020年）实施方案》《东莞市加快5G产业发展行动计划（2019—2022年）》《东莞市通信基站站址专项规划（2019—2023年）》部署，满足3家电信企业（中国电信、中国移动、中国联通）的快速建网和稳定运营要求。新增完成5G基站建设7996个，在广深港高铁专项等重点5G专项上攻克关键站址，协助完成全省范围最先全线覆盖，为打造全球第一条“5G+智慧高铁”提供支持。

【东莞铁塔分公司网络质量保障能力提升】 2020年，东莞铁塔分公司提升站点网络质量和客户满

5G摄像头下的南城街道夜景 （2020年南城街道供图）

意度。通过制定故障升级机制、优化人员分工、强抓代维应急保障能力，减少平均断电退服时长，提升发电及时率；通过物业和外电专项攻坚，减少长断站数量，全年复通长断站871个，减少停租损失315.4万元；设置维护客户经理岗位，与客户常态化对接，响应客户需求。根据不同客户对电池续航时长、节点站保障、迎检重点保障等个性化要求，制定针对性提升措施和方案。

【东莞铁塔分公司业务拓展】 2020年，东莞铁塔分公司落实首席客户经理拜访制度，提升拓展能力，增强业务渗透能力，与市林业局、东实集团、市公安局、广东中浦科技公司签订战略合作协议，与环保、公安、林业、海关、应急等行业开展项目合作。其中环保项目被评为东莞市大气办先进技术帮扶先进单位。东莞铁塔分公司能源业务收入显著增长，C端换电客户数超2300人，换电柜243个；B端客户数超1000人，换电柜88个；备电点位8个，低速车充电桩170个端口。

【5G基站建设推进】 2020年，东莞铁塔分公司参加市政府召开的全市5G产业发展联席会议2次及市工信局召开的片区会议4次，作为行业唯一发言单位，倡导各单位重视5G发展，协调解决问题，推进5G基础设施建设。推动市政府印发《东莞市加快5G基站建设的实施方案》，有关行局印发《关于做好降低5G基站用电成本工作的通知》《关于进一步明确5G基站规划管理相关问题的通知》《东莞供电局支持5G产业发展实施方案》，建立和完善推进5G基站建设机制，明确推动建设规划衔接落地，免费开放公共资源，建立全市5G基站“一站式”绿色通道快速审核流程，由铁塔分公司统筹地面站点报建，加强用电保障、共建共享和通信基础设施保护，建立“讲好5G故事、讲透基站辐射”科普宣传长效机制。借力东莞市加快5G产业发展联席会平台，与工信部门协作，为相关政策制定提供基础数据，引导制定有利于共建共享和公司运营发展的政策，通过《东莞市通信基站公共建筑与设施开放目录（第二批）》获得1216个公共物业开放清单。配合省审计厅开展5G基站建设政策跟踪审计，进驻市民办事中心，加入市城市规划委员会，成为市通信行业协会副会长单位，组织3家运营商协商成立共建共享工作小组，统筹资源共享，营造行业健康发展局面。

（罗运广　周思玙）

附：2020年中国铁塔股份有限公司东莞市分公司主要领导名录

党委书记、总经理：吴　华

区域合作·扶贫开发

REGIONAL COOPERATION · POVERTY ALLEVIATION AND DEVELOPMENT

东莞市中心广场南区　（2020年市林业局供图）

编辑：翁舒洁

粤港澳大湾区建设

【松山湖科学城建设】　2020年7月，国家发展改革委和科技部函复原则同意《大湾区综合性国家科学中心先行启动区建设方案》，松山湖科学城纳入大湾区综合性国家科学中心先行启动区。11月，东莞市与中国科学院签约共建松山湖科学城，国家高能物理科学数据中心大湾区分中心在莞成立。中国散裂中子源提前一年半达到设计指标，中国首台硼中子俘获治疗实验装置研制成功。南方先进光源预研方案完成专家评审，研究测试平台项目开工建设。松山湖材料实验室研究成果入选"2019年度中国科学十大进展"，一期工程（第一批）获批2020年中央预算内湾区建设专项资金2.3亿元，为2020年大湾区唯一入选项目。粤港澳中子散射科学技术联合实验室揭牌建设。松山湖科学城建设领导小组、领导小组办公室及6个工作专班建成，印发实施建设松山湖科学城若干意见，科学功能规划出台。以粤港澳院士峰会、华为开发者大会等为代表的高规格活动在科学城举行，吸引超50位院士常年在东莞市开展科研活动，科学城知名度、显示度提升。

【大湾区重大平台建设】　2020年，东莞市参与粤港澳大湾区建设，支持深圳中国特色社会主义先行示范区建设，应对新冠肺炎疫情和国际国内形势带来的新影响、新变化，推动参与大湾区建设迈出坚实步伐。推进大湾区重大平台建设：滨海湾新区"三年打基础"收官，"五年大发展"启动，城市总规划及系列专项规划印发实施，滨海湾科技创新园被评为省级高新区；滨海湾大道等"五纵一横"市政道路建成通车，湾区1号二期完工并投入使用，正中、欧菲光等项目加快建设；完成水乡功能区统筹概念规划等系列规划编制，核心单元开发建设启动，麻涌站单元控制性详细规划及城市设计高质量完成，推进水乡数字经济产业基地规划建设，功能区统筹以来首个产业项目平安建投东莞水乡项目开启；推进粤海银瓶合作创新区规划建设，粤海大道竣工通车；国际商务区建设拉开序幕，CBD中心公园、市政配套设施等五大重点项目集中启动。

【大湾区标志性重大项目建设】 2020年，东莞市推进大湾区标志性重大项目建设。香港城市大学（东莞）研究院成立并投入运作。大湾区大学办学方案经省政府常务会议审议通过，威远岛土地整备补偿方案印发实施，完成400公顷土地整备股东表决，松山湖校区高标准筹建工作展开。松山湖科学城至光明科学城通道（东莞段）建设加快；佛山经广州至东莞城际、中南虎城际和深惠城际等3个项目纳入《粤港澳大湾区城际铁路建设规划》；深茂铁路先行段（东莞段）建设加快，赣深铁路塘厦站站房完成主体结构施工，东莞南站周边交通配套工程动工建设；狮子洋通道方案确定，预计2021年动工，莲花山过江通道东延线工可报告编制完成；莞番高速沙田至桥头段等建设加快，深圳外环高速、花莞高速建成通车。

【大湾区优质生活圈建设】 2020年，东莞市打造大湾区优质生活圈，港澳（地区）高端人才和紧缺人才认定及个人所得税财政补贴政策实施，在莞工作港澳（地区）高端人才和紧缺人才税负成本与港澳（地区）基本趋同。开展港澳（地区）人士“一卡通”“一人一卡、全省通用”服务模式测试，市民服务中心港澳（地区）人员服务专区投入运行，来往内地通行证可在东莞市换发补发；落实港澳台（地区）居民在内地参加社会基本医疗保险暂行办法，将符合条件港澳台（地区）居民纳入参保范围。落实《省城乡居民基本养老保险实施办法》，将未就业港澳台（地区）居民纳入基本养老保险参保范围。松山湖港澳青年创新创业基地累计引进70个具有港澳（地区）籍或港澳（地区）高校教育背景人才项目落地发展，集聚效应初步显现；滨海湾港澳青年之家创新创业基地揭牌成立；东城、莞城等9个镇街（园区）建设港澳青年创新创业服务先行区。举办非遗墟市粤港澳城际联盟活动和粤港澳大湾区青少年田径邀请赛等文化旅游体育交流交往活动。

（王建敏）

2020年12月28日，滨海湾新区“五纵一横”市政道路建成通车
（程永强　摄）

经济协作

【经济协作概况】 2020年，东莞市承担东西部扶贫协作对口帮扶云南省昭通市昭阳、鲁甸、巧家、镇雄、彝良、威信6个贫困县和对口支援三峡库区重庆巫山县任务，广东省内精准脱贫对口帮扶韶关市浈江、武江、曲江、乐昌、南雄、仁化、始兴、翁源、新丰9个县（市、区），揭阳市普宁、揭西、惠来、产业园4个县（市、区）323个相对贫困村任务，对口帮扶韶关民族地区乳源瑶族自治县和始兴县深渡水瑶族乡任务。通过2019年度国家对东西部扶贫协作和广东省对韶关、揭阳两市精准扶贫工作考核，其中对口昭通东西部扶贫协作工作综合评价为“好”，东莞市对韶关、揭阳两市精准扶贫工作综合评价为“好”。登记备案驻莞办事机构13个，分别来自广西壮族自治区、湖南省、江西省、河南省、贵州省、重庆市，其中地级市9个、县级4个。

【东西部扶贫协作】 2020年，东莞市结对帮扶云南省昭通市82.18万贫困人口实现稳定脱贫、874个贫困村全部出列、6个贫困县全部摘帽（其中国家挂牌督战的镇雄县及其96个贫困村全部脱贫出列）。累计向昭通市投入财政资金12.68亿元，县均投入财政资金2.11亿元，实施扶贫项目328个；落实社会帮扶资金5.73亿元；累计引导推动95个产业项目落地昭通，实际投资34.37亿元，成功培育电子产业集群；累计派出挂职干部24名；累计派出教育、卫生、社工等挂职支援人才383人，打造成“带不走”专业技术人才队伍；累计帮助昭通六个县区贫困劳动力转移就业16.32万人；累计帮助销售农特产品11.18亿元。

【省内精准脱贫】 截至2020年底，韶关、揭阳两市脱贫攻坚工作取得决定性胜利，323个贫困村、1.57万相对贫困户、5.12万相对贫困人口全部稳定脱贫。结合韶关、揭阳两地实际建设特色农业产业项目，培育农业特色产业577个，打造百香果村、红萝卜村等特色产业村；实施村集体增收项目1054个，实施资产性收益项目1535个。帮助有劳动能力贫困户转移就业1.73万人，其中就近就业8483人。有劳动力相对贫困户年人均可支配收入从2015年不足4000元增长到2020年1.87万元，323个相对贫困村集体平均年收入从2015年底3.08万元增长到2020年23.16万元。

【民族地区帮扶】 截至2020年，东莞市累计安排1.06亿元专项帮扶资金重点帮扶民族地区30个行政村86个自然村。2020年，为民族地区推动新签约1亿元以上项目4个，总投资6.65亿元。组织被帮扶地区148名干部到东莞培训，学习借鉴东莞乡村振兴方面经验。安排专项资金335万元扶持发展瑶族文化和乡村特色旅游，组织旅游推介会。开展教育、医疗帮扶活动，组织社会各界捐赠教育教学物资及医疗物资82万元，组织市15名教师、9名医生赴民族地区支教支医。

【对口支援重庆市巫山县】 2020年，东莞市根据省统一部署安排，划拨264万元（比上年增加24万元）帮扶资金到巫山县财政局。主要用于巫山县笃坪初中综合楼建设，支援巫山县库区建设。

（张武国）

附：2020年东莞市人民政府经济协作办公室主要领导名录

党支部书记、主任：陈慧贞

对口支援

【对口援疆】 2020年，东莞市财政向新疆维吾尔自治区生产建设兵团第三师图木舒克市（简称“三师图市”）投入援建资金2.05亿元（广东省全年向三师图市投入援疆资金8.25亿元），实施援疆项目61个，重点支持学校、幼儿园、医院、安居富民房以及城镇基础设施建设。加强产业支援，动员28批次200多家企业到三师图市考察洽谈，组织前往浙江、四川、重庆等开展招商引资，全年推动产业援疆签约项目27个，协议总投资155亿元，实际到位资金60亿元，完成兵团下达年度目标任务150%。加大智力支援，完善“组团式”人才援疆模式，在教育、医疗方面持续发力。支持三师图市推进教育援疆“五个一”工程（实施“种子工程”“育苗工程”“造林工程”“园艺工程”“新芽工程”），提升受援学校教育水平；推动图市人民医院与东莞市人民医院建立帮扶合作关系，培训医护人员1000多人次；组织三师图市干部“千人赴粤培训和跟班学习”，提升当地干部人才业务水平和综合素质。开启41团草湖镇第二轮合作共建，派出10名干部进驻，围绕项目建设及招商引资两大任务，开启第二轮合作共建工作，新增意向投资项目10个，投资额超20亿元。深化结对帮扶，推动落实东莞市19个镇街与三师图市团场街道开展“一对一”结对子，全年组织12个

2020年7月13日，2020年东莞揭阳对口帮扶工作联席会议在东莞市召开 （市经协办供图）

东莞市援疆安居富民房项目 （2020年市发改局供图）

镇街党政代表团到三师图市开展现场帮扶对接工作，捐赠资金、物资等超1300万元。加大消费帮扶力度，推动农产品销售4700吨，销售额9200万元，带动农户集体增收超1500万元。推进文化润疆，实施“一十百千万”工程（打造一个爱国主义教育基地、培育十个以上少数民族致富带头人典型、培育千名以上少数民族技术型人才、教会万名以上少数民族群众流利说普通话），铸牢中华民族共同体意识。

东莞市援建巴宜区布久乡圣域农牧公司果园 （2020年杨志宏摄）

【对口援藏】 2020年，东莞市推进对口支援西藏自治区林芝市巴宜区，市财政投入援藏资金5084万元。推进民生项目建设，投入6002万元（援藏资金4000万元，当地财政资金2002万元）的8个小康示范村工程全部竣工验收。增强造血功能，设立特色产业和旅游推广中心，开发线上小程序“林芝源·藏小鲜”，打通优质农牧产品到消费者手上的“最后一公里”。推进乡镇结对帮扶，安排东莞市9个镇街与林芝市巴宜区9个乡镇“一对一”帮扶结对交流。推动智力援藏，东莞市人民医院、中医院派出技术骨干23人开展医疗援藏工作。东莞市9所中小学与巴宜区中小学结对交流，教师两地跟岗交流学习50多人次，东莞理工学院等高校大学生志愿者88人到巴宜区开展支教。加强农业技术共享，推动巴宜区建成9个乡镇（街道）农技中心、养殖场和牲畜定点屠宰场监控点，实现防疫检疫远程监控。东莞市畜牧兽医学会派出9名专家赴巴宜区开展畜牧技术指导。

【对口援川】 2020年，东莞市推动对口支援四川省甘孜州雅江县、九龙县，投入援建资金9000万元（每县4500万元），援建项目10个（雅江县项目6个、九龙县项目4个）。加大消费扶贫及产业扶贫力度，组织举办“展销会”“推介会”“直播带货”等，促进甘孜州农牧产品走进东莞市场。深化与甘孜州商贸、旅游交流合作，实现商务合作400万元，东莞市旅游协会推出4条甘孜州旅游线路。加强两地人才交流和劳务合作，分别协助两县在东莞举办一期干部培训班，安排九龙县党政干部、专业人才到东莞挂职锻炼及跟班学习。搭建平台促进就业，为两县提供700个就业岗位。

（王建敏）

开放型经济

OPEN ECONOMY

东江大桥　（2020年夏钊昇摄）

编辑：陈建枝

对外经贸合作

【对外经贸合作概况】　2020年，东莞市外贸进出口额1.33万亿元，总量排全国第五名、全省第二名。实际利用境外投资79.6亿元，总量排全省第四名。全年电子商务交易额5861亿元，比上年增长9.0%。全市跨境电商进出口额380.56亿元，其中出口额362.18亿元，进口额18.38亿元。

2020年，东莞市国际邮件互换局的国际小包累计出口量2310.3万件。全市社会消费品零售总额3740.14亿元，排全省第三名。东莞市对“一带一路”沿线国家（地区）进出口额3138.1亿元，比上年增长0.8%，占全市23.6%，提升1.1个百分点。东莞市始发的国际班列132班次，集装箱1.25万标准箱，货运量9.26万吨，货物贸易额7.76亿美元，其中，11月18日开行的“常平号”中欧班列为首发开行。

【企业境外投资】　截至2020年底，东莞市对境外投资项目备案宗数为554宗（含新设、并购），中方投资总额21.33亿美元；企业对境外投资主要以批发和零售业、制造业及租赁和商务服务业为主。2020年，东莞市企业对20个国家和地区的74家境外企业（其中，新设、并购企业54家，增资企业20家）进行非金融类直接投资，中方投资额1.21亿美元。其中，投资到“一带一路”倡议沿线国家（地区）的企业12家，涉及中方投资额6434万美元，占比53.2%。年内，东莞市对境外投资主要流向批发和零售业、制造业及科学研究和服务技术业等领域。其中，批发和零售业有企业47家，中方投资额5363.78万美元，占比44.3%；制造业有企业17家，中方投资额3648.54万美元，占比30.2%；科学研究和服务技术业有企业3家，中方投资额3016.2万美元，占比24.9%。3家企业投资目的地分别为新加坡、美国和越南，其中，投资额最大企业为东莞中洲仙瞳生命科技产业创业投资企业（有限合伙），投资于新加坡，中方投资额2700万美元，属于医学研究和试验发展业。2020年，东莞市企业对境外投资接近70%流向美国、德国及新加坡等发达国家和中国香港地区；接近30%的投资流向马来西亚、越南及印度尼西亚等发展中国家。其中，在发达国家的投资主要是设立研发机构及销售子公司，中国香港地区主要是作为资金中转设立投资公司。

东莞港集装箱码头（2020年市商务局供图）

【“走出去”企业服务水平提升】 2020年，东莞市商务局完善一套服务机制，开设东莞市“走出去”公共服务平台，重点为企业“走出去”提供政策法规、市场信息、涉外风险等公共信息服务，为企业开拓市场“保驾护航”。跟进重点项目，支持南非“东莞制造”品牌展销中心加快发展，加快推动在汤加王国等“一带一路”倡议沿线国家复制推广，力争年内新增1个境外展销中心，形成覆盖全球主要市场和国内重点区域的销售网络，打造“东莞制造”区域品牌，拓宽莞货销售渠道。建立一张重点联系清单，对唯美、华坚、嫡基集团等重点企业和境外项目，建立常态化联系制度，指导境内主体复工复产，为所属境外机构的正常生产经营活动提供支持，主办一系列“走出去”投资宣讲活动。市商务局分别主办“助力海外抗疫，加速莞企出海”线上宣讲会以及中国—白俄罗斯工业园投资推介座谈会，解读“走出去”供应链全球风险版图和后疫情时代“走出去”面临的风险对策，推动东莞市加强与包括欧亚经济联盟在内的“一带一路”沿线国家合作。年内，东莞市对企业投保境外投资信用保险等涉及“走出去”投资业务给予财政支持，为“走出去”企业投资规避风险拓展市场保驾护航。全年资助3家企业约60万元，在中央资金扶持政策方面，资助3家企业超600万元。

【对外经贸交流活动】 2020年，东莞市完善在莞日资企业政企联络会议工作机制，会同市外事局、日本驻穗总领事馆、日本贸易振兴机构广州代表处等单位举办第十六次在莞日资企业政企联络会议，宣传解读东莞市出台的扶企撑企系列政策措施，回应日资企业疫情期间的困难问题及政策关切。参与东莞墨西哥云端战“役”线上研讨会、配合市外事局分别会见日本、西班牙、英国、新加坡、韩国、新西兰、丹麦、埃塞俄比亚、科特迪瓦等国驻穗总领事，介绍东莞市营商环境及产业发展情况，深挖交流合作资源，构建常态化外事联络机制，推动疫情下经贸交流热度不减。

【国际班列开行】 2020年，东莞市国际班列开行132列，石龙国际班列开行131列，常平中欧班列开行1列，集装箱1.25万标准箱，货物贸易额7.76亿美元。其中，中亚班列34列，集装箱3486个标准箱，货值1.51亿美元；中欧班列98列，集装箱9014个标准箱，货值6.25亿美元。国际班列运送商品约80%来源于省内市外，20%来源于东莞市内。（李　倩）

2016—2020年东莞市国际班列货运情况表

项目	2016年	2017年	2018年	2019年	2020年
班列数量（列）	89	106	122	210	132
货运量（TEU）	7624	10008	11450	18510	12500
货运量（吨）	49885	60072	84931	130258.91	92568.95
货物金额（万美元）	33835	50885	50987	81188.87	337705.88

莞台经贸合作

【台商投资经营概况】 截至2020年底，在东莞市经营的台资企业3664家，历年累计合同利用台资202.7亿美元。年内，新增台资企业200家，合同利用台资3.16亿元，实际利用台资5.9亿元。

【莞台金融合作】 截至2020年底，玉山银行东莞分行资产规模29.12亿元，实现净利润2252.81万元，并累计为221家企业提供贷款，贷款总额16.88亿元，其中台资企业占1.43%。彰银商业银行东莞分行开业至2020年底累计实现净利润9301.91万元，并累计为54家企业提供贷款，贷款总额26.62亿元，其中台资企业占85.20%。

【台资企业获表彰】 2020年，东莞市台资企业在规模效益成长性、进出口方面等获表彰。康舒电子（东莞）有限公司、东莞联茂电子科技有限公司获评为2020年度东莞市规模效益成长性前20名企业，东莞富强电子有限公司获评为2020年度东莞市主营业务收入前20名企业，东莞富强电子有限公司、明门（中国）幼童用品有限公司、东莞东聚电子电讯制品有限公司、富港电子（东莞）有限公司获评为2020年度东莞市实际出口总额前20名企业，康舒电子（东莞）有限公司、东莞徐记食品有限公司、大根（东莞）光电有限公司、东莞华科电子有限公司、东莞联茂电子科技有限公司获评为2020年度东莞市效益贡献企业。

【台湾青年在莞创业】 2020年4月，东莞松山湖海峡两岸青年创业基地升级为国家级众创空间。截至2020年底，青创基地储备200多个青创项目，其中完成落户注册164家，项目类型涵盖生物技术、电子信息、互联网、新材料、VR、无人机、文化创意等新兴产业领域。协助58名台湾青年通过科技创新创业人才认定。全年接待各级参访72次，举办各种联谊、路演、企业参访活动32场，14堂培训课程。

【台资企业法治体检专项服务活动】 2020年5—6月，为保障新冠肺炎疫情防控特殊时期民营（外资）企业的法律服务需求，东莞市委台港澳办会同市司法局、市商务局等部门谋划，推动开展律师为民营（外资）企业法治体检专项活动，助力企业复工复产。专项活动对全市33家台资企业逐一进行法治体检，帮助企业完善治理结构、健全管理制度、防范法律风险、化解矛盾纠纷，引导企业依法决策、经营和维权。

【第十一届东莞台湾名品博览会】 于2020年10月29日至11月1日在厚街广东现代国际展览中心举行，来自国家、省、市相关部门领导、全国台商代表及参展商、采购商1000多人出席开幕式。“台博会”由东莞市人民政府主办，以“聚力大湾区开拓新商机”为主题，聚焦5G云端、物联网、AI人工智能等前沿技术，全国多个省、市360多家优秀台资企业同台竞技。“台博会”期间举办60多场高规格活动，吸引5万人次入场，促成合作意向30.8亿元。

2020年10月30日，2020第十一届东莞台湾名品博览会在广东现代国际展览中心开幕 （蓝业佐 摄）

【“台资企业拓内销”线上推介对接（广东专场）活动】 2020年10月29日，2020东莞台湾名品博览会现场同步举行“台资企业拓内销”线上推介对接（广东专场）活动，组织百家台资企业和百家采购商参与线上洽谈推介，达成线上成交意向4.9亿元，当天台企名品直播推介活动累计观看人数超5万人次，实现与“台博会”的叠加效应。

【台资企业先进制造业论坛】 于2020年10月29日在广东现代国际展览中心举办，论坛为“台博会”期间活动之一，围绕“促进双循环，携手新发展”主题，由暨南大学台湾经济研究所教授王鹏主持，清华大学台湾研究院常务副院长殷存毅、上海社会科学院台湾研究中心主任盛九元、全国台企联会长李政宏、艾美特电器（九江）有限公司董事长蔡正富、东莞台商协会会长吴胜丰5位嘉宾进行圆桌交流，吸引市内重点台企代表、市台商协会及镇街分会会员等约100人参加。

（李德诚）

莞港经贸合作

【莞港经贸概况】 截至2020年底，东莞市有港资企业7660家，累计合同吸收港资615.4亿美元，占全市61.6%；累计实际吸收港资457.4亿美元，占全市57.0%。其中，投资额超1000万美元的有668家，涉及总投资金额343.5亿美元。2020年，东莞市与香港地区贸易总额1587.2亿元，占全市11.9%。其中，销往香港贸易额1571.8亿元，占全市19.0%；香港销往东莞贸易额15.4亿元，占全市0.3%。销往香港的主要产品为：自动数据处理设备及其部件、服装及衣着附件、通断保护电路装置及零件、静止式变流器、电话机。

【港资引进】 截至2020年底，东莞市引进港资服务业企业有3944家，累计合同外资273.6亿美元，行业涵盖批发和零售、租赁业、商务服务业、科学研究等领域。利用CEPA（内地与香港关于建立更紧密经贸关系的安排）框架协议，推进香港服务业进入内地市场，为制造业发展提供产业支援。东莞市多次联合香港贸易发展局、香港投资推广署、香港工业贸易署等机构，中央、省属、市直有关部门，以及东莞市总商会、外商协会等组织开展一系列的宣传推广活动。截至2020年底，东莞市设立港资CEPA项目18个，累计投资总额913万美元，注册资本850万美元。

【重点港资企业】 截至2020年底，在东莞市投资额超1000万美元的港资企业有668家，涉及总投资金额343.5亿美元。投资超1亿美元的有60家。重点港资企业有：

玖龙（中国）投资有限公司 由玖龙环球投资有限公司于2014年在松山湖高新区投资成立，投资总额和注册资本32.2亿美元，主要为企业提供从国内外采购自用的机器设备、办公设备及生产所需的原材料、元器件、零部件和在国内外销售其所投资企业生产的产品。

米亚精密金属科技（东莞）有限公司 由米亚精密科技有限公司于2007年在凤岗镇投资设立的港资企业，投资总额7.9亿美元，注册资本4.9亿美元，主要生产和销售五金件、汽车零配件等。2020年进出口额6.2亿元，比上年增长41.3%。

东莞联丰科艺金属有限公司 由联丰表壳厂有限公司于2013年在凤岗镇投资成立的港资企业，投资总额5.4亿美元，注册资本2.5亿美元，主要生产和销售表壳及钟表制品等。2020年进出口额3.7亿元。

东莞德永佳纺织制衣有限公司 由德永佳（中国）发展有限公司于1994年在麻涌镇投资成立的港资企业。投资总额4.9亿美元，注册资本3.7亿美元，主要生产和销售高档织物面料的织染及后整理加工。2020年进出口额25.4亿元。

中粮（东莞）粮油工业有限公司 由时丰泰有限公司于2014年在麻涌镇投资成立的港资企业。投资总额4.8亿美元，注册资本3.8亿元。主要生产、精炼木本食用油料。2020年进出口额7.8亿元，比上年增长121.13%。

东莞南玻太阳能玻璃有限公司 由中国南玻集团股份有限公司、合泰企业有限公司于2005年在麻涌镇投资成立的港资企业。投资总额2亿美元，注册资本7785万美元。2020年进出口额4.8亿元，比上年增长3.3%。

东莞晶苑毛织制衣有限公司 由香港晶苑工业有限公司于1993年在常平镇投资成立的港资企业，投资总额1.2亿美元，注册资本5628万美元。主要生产和销售毛衣、针织服装、袋类制品、针梳织制品、鞋面等。2020年进出口额5.7亿元。

2020年东莞市投资总额前30名港资企业表

序号	企业名称	所在镇街（园区）
1	玖龙环球（中国）投资集团有限公司	松山湖高新区
2	玖龙纸业（东莞）有限公司	麻涌镇
3	广东理文造纸有限公司	洪梅镇
4	米亚精密金属科技（东莞）有限公司	凤岗镇
5	东莞粤海银瓶开发建设有限公司	谢岗镇
6	东莞联丰科艺金属有限公司	凤岗镇
7	东莞德永佳纺织制衣有限公司	麻涌镇
8	中粮（东莞）粮油工业有限公司	麻涌镇
9	东莞深能源樟洋电力有限公司	樟木头镇
10	广东虎门大桥有限公司	虎门镇
11	东莞粤海银瓶发展有限公司	谢岗镇
12	东莞长安新科电子制品有限公司	长安镇
13	广东生益科技股份有限公司	松山湖高新区
14	首铸（广东）集团有限公司	南城街道
15	东莞超盈纺织有限公司	麻涌镇
16	东莞建晖纸业有限公司	中堂镇
17	东莞市宝瑞投资咨询有限公司	厚街镇
18	广东中远海运重工有限公司	麻涌镇
19	东莞美维电路有限公司	东城街道
20	东莞虎门电厂	虎门镇
21	东莞中电九丰新能源热电有限公司	沙田镇
22	东莞广裕房地产开发有限公司	石龙镇
23	粤丰科维环保投资（广东）有限公司	横沥镇
24	东莞市新东元环保投资有限公司	麻涌镇
25	众高（东莞）实业发展有限公司	滨海湾新区
26	东莞南玻太阳能玻璃有限公司	麻涌镇
27	东莞时富花园开发有限公司	寮步镇
28	东莞澳晓织造有限公司	常平镇
29	广东融通融资租赁有限公司	莞城街道
30	东莞玖龙码头有限公司	沙田镇

【港企组团参加第十二届加博会】 2020年12月17—20日，第十二届中国加工贸易产品博览会在东莞市广东现代国际展览中心举行。此届“加博会”特设港资企业专区，参展港资企业37家112个展位，并举办“港企拓内销·合作享商机”线上线下同步推介会，帮助香港同胞熟悉和把握内地内销支持政策，搭建内地与香港企业合作交流平台。 （李 倩）

重大项目建设

【重大项目建设概况】 2020年，东莞市重大项目建设累计完成投资983.8亿元，比上年增长30%，增速提高10.2个百分数。分功能区看，松山湖功能区完成投资268.4亿元，完成年度目标任务151.8%；水乡功能区完成投资74.4亿元，完成年度目标任务133.8%。2020年，省重点项目完成投资444.8亿元，完成年度投资计划137.1%，比上年增长17.1%，其中市管省重点项目完成投资358.7亿元，完成年度投资计划143.8%。

【行业投资】 基础设施工程 2020年，东莞市基础设施工程建设，完成投资349.5亿元，占全部项目完成投资35.5%，比上年增长44.2%，为年度计划投资103.3%。其中，水利工程和环保工程完成投资较多，分别完成96.9亿元和90.2亿元；环保工程建设进度较慢，仅完成年度计划投资81.6%。东引运河流域樟村断面综合治理工程、东莞市中低压配电网续建项目、东莞市城市轨道交通1号线一期工程项目，分别完成投资61.3亿元、35.8亿元、26.6亿元，为年度计划投资84%、102.3%、102.1%。

产业工程 2020年，东莞市产业工程项目发挥拉动投资的主力作用，完成投资480亿元，占全部项目完成投资48.8%，比上年增长8.1%，为年度投资计划121.8%。其中新一代信息技术工程、高端装备制造工程分别完成投资216.5亿元、109.7亿元，完成年度投资计121.8%、115.6%。华为团泊洼8号地块工业项目（一期）、新能源锂电池封装项目一期工程、东莞松山湖华为终端总部项目，分别完成投资22.7亿元、15.5亿元、12.5亿元，为年度计划投2268%、155%、249%。

民生保障工程 2020年，东莞市民生保障工程增长迅猛，完成投资122.8亿元，占全部项目完成投资12.5%，比上年增长78.2%，为年度投资计划126.1%。其中，教育项目建设进度较快，完成年度计划投资182.1%；居民保障项目建设进度较慢，完成年度计划投资84.4%。松山湖台湾科技园南部学校、松山湖华为培训学院、东莞市海德双语学校分别完成投资23.3亿元、9亿元、43亿元，为年度计划投资584%、179.8%、143.7%。

城市更新项目 2020年，东莞市城市更新项目完成投资31.5亿元（不含纳入产业工程类城市更新项目），占983.8亿元3.2%，为年度投资计划226.6%。

【镇街（园区）投资】 投资量 2020年，东莞市各镇街（园区）从完成投资量看，松山湖高新区、滨海湾新区、南城街道完成投资较多，分别完成153.4亿元、69.5亿元和39.6亿元，为年度目标任务213.5%、113.5%和265.3%。

建设进度 2020年，东莞市各镇街（园区）投资从建设进度看，30个镇街（园区）完成或超额完成重大项目投资年度目标任务，其中虎门镇、万江街道、南城街道、松山湖高新区、石龙镇进度较快，超额完成年度目标任务100%以上；4个镇未完成年度目标任务，分别是清溪镇（84.4%）、黄江镇（86.6%）、大岭山镇（87.7%）、寮步镇（99.3%）。

【开工投产项目】 开工重大项目 2020年初，东莞市安排新开工项目85个，年中增补88个，全年共有新开工项目173个。截至2020年底，计划年内新开工项目实际开工154个，完成年度目标任务181.2%，比上年多29个。分行业看，基础设施工程27个、产业工程98个、民生保障工程24个、城市更新项目5个。

投产重大项目 2020年初，东莞市安排投产项目33个，截至2020年底，计划年内投产项目实际投产78个，其中24个项目提前建成投产。分行业看，基础设施工程25个、产业工程33个、民生保障工程19个、城市更新项目1个。 （重大项目办）

投资促进

【投资促进概况】 2020年，东莞市引进项目3946个，协议（合同）投资2938亿元，比上年增长0.27%，单个项目平均规模增长4.2%；实际投资1499亿元，增长25.33%。全年引进内外资大项目385个，投资金额2573亿元，比上年增长9.8%；包括30亿元以上产业项目7个，协议投资392亿元，增长33.8%。其中，引进超1亿元内资项目278个，比上年增加23个，协议投资2399亿元，增长8.4%；超1000万美元外资项目107个，完成全年目标任务118.9%。

【招商项目签约落地】 2020年，东莞市洽谈对接项目376个，涉及总投资金额8482亿元。制定《东莞市推动招商引资重点产业项目促签约包落地实施方案》。推动东勤通讯总部、唯美特种陶瓷、德威工业机器人和精密模具总部等117宗招商引资重点产业项目完成土地摘牌，涉及投资金额超840亿元。其中，5—6月，20个产业项目完成土地摘牌，投资金额超130亿元。

【企业增资扩产】 2020年，东莞市推进138个增资扩产项目落实选址，其中130个项目签订投资协议，涉及投资总额724.6亿元，比上年增长150%。推进上市企业募投项目选址落地，全年解决33个上市募投项目112.53公顷用地需求，涉及投资总额205.5亿元。全年完成19批次项目的研判、评分，向指挥部推荐49个增资项目配置用地指标118.58公顷，涉及投资总额296亿元。制定《进一步加快推进增资扩产项目提速落地行动方案》，全年推动塘厦奥海等26个项目加快完成审批手续，所需办理时间从120天左右压缩至70天左右。

2020年9月8日，东莞全球先进制造招商大会在东莞市举行
（郑琳东 摄）

【招商资源统筹】 2020年，东莞市认定三批16个市镇联合招商基地，累计认定28个基地面积696.8公顷。针对新产业新动能项目，制定重点招商园区（低成本空间）试点工作指引、重点招商园区（低成本空间）扶持奖励暂行办法等政策措施，累计认定13个市重点招商园区，认定面积32万平方米。制定新型产业用地（M0）项目管理补充规定，完善M0项目监管。全年新认定新型产业用地（M0）项目8个，涉及投资129.2亿元。打造集读地云图、园区云图、产业云图的智慧投资平台，为企业“找空间、找伙伴、找政策、找资金、找资源”提供投资云服务。

【招商政策机制】 2020年，东莞市制定出台“投资松绑30条”“促进外资发展三年行动计划”“促进国际商务区招商”等10多项政策机制。制定出台《国际商务区招商项目准入管理暂行办法及奖励暂行办法》，为国际商务区招商工作奠定政策基础。研究制定招商基金方案，实现东莞市招商基金历史突破。制定出台《招商重特大项目认定申报指南》《投资协议范本》等政策措施。推动成立东莞市投资促进协会，引导东莞民营产业园成为全市招商引资工作的有益补充，为来莞投资企业提供服务。

【招商推介活动】 2020年，东莞市举办“云招商、云问暖”、全球先进制造招商大会、中日先进制造恳谈会等招商推介活动，掀起新一轮产业招商热潮。赴京津冀、长三角等地区，主动“走出去”招商约100批次。运用“投资东莞”“莞小投”等线上平台，为客商提供投资云资讯、云服务，营造招商声势。 （官伟政）

附：2020年东莞市投资促进局主要领导名录

局党组书记、局长：
钟 彬（任至11月）
陈顺娇（11月到任）

贸易促进

【商事认证服务】 2020年，东莞市贸促会商事认证项目3.07万个。包括出具商事证明书2027份，代办领事认证290份，签发ATA（高技术配置）单证册20份，转口证书61份，加工装配证书3份。签发原产地证书2.8万份（其中签发自贸区优惠原产地证书5103份，为莞企节约进口国关税金额1893万美元）。年内，设立出证认证“绿色通道”，免费为受疫情影响的企业出具“新冠肺炎”不可抗力事实性证明，全年为80家企业出证172份，帮助企业减免损失。出具防疫物资相关的自由销售证办证份数27份，办理代办领事认证52份。7月，东莞市贸促会设立的东莞FTA服务中心被中国贸促会评为“突出进步集体”。

【商事法律服务】 2020年，东莞市贸促会推动商事调解中心与市两级法院全面“诉调对接”合作。全年接受法院委派案件223件，涉案金额超1亿元，调解成功率70.2%，其中有7件成功案例被法院的公众号、“南方Plus”、《人民法院报》刊登报道，其中有1件案例被广东省高级人民法院作为调诉对接的成功典型。联合市司法局、市律师协会等有关部门组建东莞市涉外法律服务律师团，共同组织举办“2020年东莞市涉外法律服务机遇与挑战”高峰论坛。

【中美经贸摩擦应对】 2020年，东莞市贸促会开展中美贸易摩擦应对工作。全年通过官方网站、公众号发布经贸预警信息439期2278条，全市外贸外资企业提供最新的经贸预警信息；举办“企业国际化经营合规风险排查（广东东莞专场）”工作会议等，全年组织企业参加线上线下培训、各类活动50场。

【国际商会运作】 2020年，东莞市国际商会普通会员企业由换届之初的243个增加至420个，理监事成员由31个增加至60个。与黄埔海关技术中心建立全面战略合作伙伴关系，实现资源优化整合；推动“东莞贸促讲堂”培训品牌建设，累计举办6期线下培训活动，线上线下超20万人次参加。

【贸促会经贸合作交流】 2020年，东莞市贸促会发挥管理的南非经贸代表处作用。新冠肺炎疫情防控初期，在南非前线筹集防疫物资，发运近40万件（套）防疫物资回莞、组织1000套防护服发运湖北省赤壁市人民医院，发运回国的物资总值350万元；复工复产阶段，筹集4000套社区防护衣发运厚街镇。保持与南非当地政府机构、商协会紧密联系，不定期发布南非方面需求信息，促成莞企与南非需求方直接对接。其间收集上报12期工作简报，经贸资讯、商贸预警109条。年内，东莞市贸促会加强国际经贸网络搭建，与12个驻穗领馆和263个境外商务及商协会机构保持经贸联络关系。陪同会见到访东莞市的涉外团体3批次，包括新加坡驻广州总领事一行、新任马来西亚驻广州总领馆投资领事一行、西班牙驻广州总领事一行，探讨建立友好往来长效联络机制。参加西班牙驻广州总领事馆与东莞市人民对外友好协会及公共外交协会举办的“《西班牙的太阳》图片展暨东莞市友城巡礼之西班牙奥萨尔内斯风光图片展”等4场活动。应相关境外机构请求，协助解决医疗物资采购信息对接工作9宗。年内，东莞市贸促会参与粤港澳大湾区建设。邀请香港贸发局中国内地总代表来莞开展经贸洽谈，参加由中国贸促会举办的2020年内地—澳门商会联席会议暨两地企业交流合作论坛，加强互惠合作，实现三地共赢。东莞市贸促会加强与全市商协会、镇街和企业联动合作。联合市国际商会先后与市纺织服装行业协会、市工贸发展促进会、世界莞商联合会、市外商投资企业协会、市台商投资企业协会等20多个市内重点商协会，以及江西、浙江、湖北、福建、潮汕等20多个外省、市驻东莞地方性商会建立联络机制，助力企业开拓市场。

【东莞—欧亚区中外企业对接洽谈会（线上）】 2020年11月5日，东莞市贸促会在线上举办“东莞—欧亚区中外企业对接洽谈会”，邀请来自俄罗斯、哈萨克斯坦、乌兹别克斯坦、吉尔吉斯斯坦、塔吉克斯坦、亚美尼亚、格鲁吉亚七国的31家采购商与东莞市68家企业开展线上对接，中外双方在线参会人员120人。洽谈会根据采购类别，设置小家电和小家具、电子产品及配件、玩具青少年用品3个线上专场。各国采购商与东莞企业达成初步合作意向。

【2020年国际调解高峰论坛】 于2020年11月17—19日在东莞市举行。论坛由中国贸促会主办，中国贸促会商法中心、广东省贸促会、东莞市人民政府承办，规格方面，中国贸促会副会长卢鹏起、司法部副部长赵大程（由司法部人民参与和促进法治局局长罗厚如代表）、中国法学会副会长甘藏春、中华全国律师协会副会长章靖忠、省人民政府副秘书长林积、省贸促会副会长邱招贤、市人民政府副市长罗晃浩等领导出席论坛开幕式并致辞，联合国贸法会（UNCITRAL）秘书长Anna Joubin Bret由于疫情原因，在奥地利维也纳通过视频方式向论坛发表开幕致辞。来自全国各省市的22名厅级领导和53名处级领导来莞参加论坛。论坛全程进行全球在线直播有1.6万人次在线参与，其中境外参与嘉宾人数6000余人次，是自2016年第一届论坛以来参与人数最高的一届。此外，国内各省市的调解员、仲裁员、律师、法官、企业代表400多人来莞参会。会议期间举办东莞营商环境投资推介交流活动，并组织参会嘉宾实地赴松山湖高新区进行投资环境考察，宣传东莞城市形象和投资环境。 （陈伟荣）

附：2020年中国国际贸易促进委员会东莞市委员会主要领导名录

党组书记、会长：

曾民盛（任至12月）

郑文志（12月到任）

2020年11月17—19日，2020年国际调解高峰论坛在东莞市举行

（市贸促会供图）

口岸管理

【口岸管理概况】 2020年，东莞市水运口岸进出境货物3655.93万吨，比上年下降5.25%，铁路口岸9.21万吨，下降29.29%；口岸进出境旅客5.67万人次，下降90.48%；车检场进出境货运车辆4.68万辆次，下降45.8%；口岸进出境船舶9412艘次，下降36.49%。受新冠肺炎疫情影响，东莞铁路（客运）口岸于2020年1月30日暂停运营，东莞港（太平）客运口岸于3月25日暂停运营。

2020年3月27日，东莞海关监管石龙中欧班列快速通行

（黎浩权 摄）

【口岸服务水平提升】 2020年，东莞市开展港口进出口环节收费调研，梳理集装箱进出口环节收费整体情况，起草《关于港口码头、船公司、船代货代公司在进出口环节收费的情况报告》。组织编报“十三五”口岸工作评估及“十四五”口岸规划情况，推进车检场转型升级工作，按照基建工程和财政相关规定实施工程建设为驻莞查验单位提供服务保障。

【口岸营商环境改善】 2020年9月22日，东莞市完成营商环境跨境贸易指标政府部门集中填报工作，并结合工作短板制定跨境贸易整改措施。国际贸易“单一窗口”货物、舱单、船舶申报，主要申报业务应用率达到100%的基础上，推广出口信保、出口退税、金融服务、海关查验信息推送、船舶转港数据复用、通关物流全程评估等功能模块应用。截至2020年底，使用国际贸易“单一窗口”企业1.68万家，累计单证总申报量突破500万票，位居全省第四名。在口岸现场和广东国际贸易“单一窗口”公示300余家口岸经营服务企业收费标准。全年东莞海事局为国际航线船舶减免港口建设费1.3亿元；为货主企业减免货物港务费、港口设施保安费2037万元，免除查验没有问题外贸企业吊装移位仓储费用383万元；东莞港务集团自1月23日至2月29日期间，为货主企业减免内外贸集装箱重箱在港产生的码头库场使用费554万元。

【口岸功能优化】 2020年8月24日，东莞港集装箱港务有限公司进境水果指定监管场地获批为国家进境水果指定监管场地，确保民生物资保供稳价。截至2020年底，纳入东莞港口岸对外开放的一类货运码头有26座，泊位66个。集装箱贸易直航航线8条，包括3条越南海防航线，1条越南胡志明航线，1条柬埔寨/泰国航线，1条马来西亚航线，2条中国台湾地区航线。

（李 倩）

海关监管

【海关监管概况】 截至2020年底，黄埔海关在东莞地区设置7个正处级隶属海关，包括东莞海关、新沙海关、常平海关、太平海关、凤岗海关、东莞长安海关、沙田海关等。其中，东莞海关是联络关，根据黄埔海关的授权，代表驻莞海关负责与东莞党政机关、司法、驻军等单位及企业协会的日常工作联系。主要业务包括，负责东莞地区的企业认证、邮件监管、统计分析以及加工贸易备案、结转、核销；辖区进出境货运监管、加工贸易及保税监管、跨境电商监管、快件监管、企业核查及出入境动植物检疫、卫生检疫、商品检验、进出口食品安全等。

【进出口货物监管】 2020年，东莞海关开展“国门利剑2020”“蓝天2020”联合专项行动，推进“龙腾行动2020”行动，增强知识产权保护意识，严格实施查验，查扣涉嫌侵权货物批次居隶属海关首位。推进安全生产专项整治三年行动，规范危险品进出口监管，监管作业场所（场地）全面整合规范。提升查验监管能力，强化口岸监管环节反恐维稳，防控非洲猪瘟等重大动物疫情疫病输入，加强进出口食品安全监管，实际监管效能强化。深化综合治税，关税征管绩效指标年度考核列隶属海关首位。严密后续监管，核查业务绩效指标总分排名隶属海关首位。

【海关改革】 2020年，东莞海关落实“海关改革2020”方案，“金关二期”改革推进，扩大“两步申报”（进口申报过程中一种申报方式）“两段准入”（海关在监管作业时的分类管理）试点范围，推广完善“提前申报”容错机制，“两步申报”报关单数量在第三批试点隶属海关中排第一名。深化“互联网+海关”应用，开展全程网上稽核查执法试点，利用“互联网+核查”平台开展核查作业。对接全国海关通关一体化改革，落实“压缩货物通关时间三分之一”要求，进出口平均通关时间同比压缩，优化口岸营商环境。推动寄递智慧监管改革落地，助力新业态发展。推动“证照分离”改革，对纳入“证照分离”改革范围的11项行政审批事项按要求进行取消或简化。推动“多证合一”改革，推广应用国际贸易“单一窗口”（参与国际贸易和运输的各方，通过单一的平台提交标准化信息和单证），企业申报更自由、手续更简便、通关更顺畅，至年底主要业务申报应用率100%。

【海关服务】 2020年，东莞海关做好“六稳”（指稳就业、稳金融、稳外贸、稳外资、稳投资、稳预期）工作、落实“六保”（指保居民就业、保基本民生、保市场主体、保粮食能源安全、保产业链供应链稳定、保基层运转）任务，助力外经贸高质量发展。

外贸形势分析研究强化 2020年，东莞海关成立推进东莞外贸高质量发展、推进东莞跨境电商高质量发展、支持东莞邮件互换局发展等3个课题组和外贸监测研判工作专班，派员参加市经济运行指挥部，配合东莞市经济运行调度监测工作。针对中美贸易战、新冠肺炎疫情等影响，开展分析研究，做好决策辅助，全年上报外贸监测预警分析材料157篇。

企业帮扶力度加大 2020年，东莞海关对接东莞市“稳外贸20条”（指2020年4月27日出台的《东莞市关于促进外贸稳定发展的实施意见》，从稳经营、拓市场、强培育、促转型、优服务等方面制定20条政策，全力稳住外贸基本盘），研究出台细化措施16条，主动服务进出口企业复工复产，帮扶企业渡过难关。加大对华为等重点大型企业帮扶力度，落实减税降费政策，做好对美加征关税商品排除清单的退税工作，减轻企业负担。加大对三星视界、陆逊梯卡、富之源等大型公司的AEO（经认证的经营者）认证培育力度，帮助企业在境外享受海关通关便利措施。

粤港澳大湾区建设参与 2020年，东莞海关加强与中欧班列运营平台公司和相关企业的工作对接，推动中欧班列运邮常态化运行，5月9日，华南首趟中欧班列（东莞—维尔纽斯）中国邮政专列从东莞石龙启程。推动建设东莞供港蔬菜海关监管中心，探索创新海关“一站式”监管模式，与地方政府一道做大做强“供港蔬菜”品牌。该监管中心于5月27日通过实地验收，7月1日获批海关作业监管场所，8月28日揭牌成立。

新型贸易业态培育 2020年，东莞海关以邮递物品监管改革为突破口，在邮件出口业务基础上，叠加跨境电商零售进出口业务。做好跨境电商B2B出口试点工作，成立工作专班，协助试点企业完成数据对接和申报测试工作，业务开展顺利。加强对东莞市大朗毛织贸易中心申报新增市场采购贸易试点的扶持力度，配合地方政府有关部门落实进度，协助海关总署职能部门选定具体试点口岸，明确优化监管模式，完善配套监管制度，推动该试点工作开展。支持东城保税物流中心（B型）申报工作，为地方开放型经济发展注入动力。（张　铄）

附：2020年东莞海关主要领导名录

党委书记、关长：

陈　平（任至12月）

潘英启（12月到任）

附：2020年新沙海关主要领导名录

党委书记、关长：

陈啸坪（任至5月）

陈健华（5月到任）

附：2020年常平海关主要领导名录

党委书记、关长：陶理清

附：2020年太平海关主要领导名录

党委书记、关长：刘　锋

附：2020年凤岗海关主要领导名录

党委书记、关长：刘荣水

附：2020年东莞长安海关主要领导名录

党委书记、关长：

陈健华（任至5月）

林　臻（5月到任）

附：2020年沙田海关主要领导名录

党委书记、关长：贺韶辉

出入境边防检查

【出入境边防检查概况】 2020年，东莞出入境边防检查站围绕疫情防控这一主线，筑牢口岸防疫“闭环”，强化口岸管控查缉，优化“放管服”措施，完成以边检业务为中心的各项工作。全年，检查出入境人员23万余人次，检查监护出入境交通运输工具1.7万艘（列）次。东莞出入境边防检查站获评市抗疫先进集体，1人被列入国家移民管理局重大典型库、1人获评全国移民管理系统抗击疫情成绩突出个人、1人获评为公安部全警实战大练兵首批部级“标兵个人”、3户家庭获省市家庭称号、1个单位获评为省直机关“青年文明号’，队伍的形象地位、整体素质明显提升。

【“放管服”改革深化】 2020年，东莞出入境边防检查站全面推行出入境船舶登轮、搭靠证件等边检行政许可网上办理和证件电子化，加强“单一窗口”平台管理应用，办理各类许可证6000余张，交通运输工具及员工边检手续100%网上申报、无纸化办理，实现服务对象“足不出门、一次办结”。（陈　泽）

附：2020年东莞出入境边防检查站主要领导名录

党委书记、政治委员：黄　鹏

党委副书记、站长：吴振标

农业·农村工作

AGRICULTURE · COUNTRYSIDE

茶山镇上元村 （2020年市农业农村局供图）

编辑：陈建枝

农业、农村工作综述

【农业、农村工作概况】 2020年，东莞市以实施乡村振兴战略为总抓手，统筹推进疫情防控和经济社会发展工作，提升全市农业农村经济发展质量和效益，在全省推进乡村振兴战略实绩考核中获评"优秀"等次。农林牧渔业总产值46.39亿元，第一产业增加值30.27亿元，分别比上年增长6.5%、6%，增加值增速连续三年位居全省前列。东莞市农村居民人均可支配收入3.88万元，绝对值位居全省第一，比上年增长8.1%，比城镇常住居民收入高2.8个百分点。全市村组集体总资产、净资产、总收入、纯收入分别达2040.4亿元、1713.4亿元、254.6亿元、189.7亿元，分别比上年同期增长8.9%、9.9%、5.5%和7.8%。实现重大农产品质量安全事故和动植物疫情零发生。

【乡村振兴战略统筹推进】 2020年，东莞市把实施乡村振兴战略与推进粤港澳大湾区建设统筹起来，贯彻落实《中国共产党农村工作条例》，把全域开展农村人居环境整治与提升城市品质、建设美丽东莞结合起来，确立28项重点工作、44项硬任务和16项新任务，分解落实到市有关单位和各镇街。围绕"五大振兴"（产业振兴、生态振兴、组织振兴、人才振兴、文化振兴）总要求，推进城乡一体化、产村融合化、全域项目化、基层治理现代化、文明创建常态化，探索具有东莞特色的乡村振兴之路。全年，东莞市农村人居环境有效改善，基本实现创建广东省农村人居环境示范市的阶段性目标，"乡村振兴三年取得重大进展硬任务"总体完成情况良好。美丽东莞"全域项目化"的经验做法写入2020年省委、省政府的乡村振兴工作文件，在全省复制推广。在

2019年度全省推进乡村振兴战略实绩考核中东莞市获“优秀”等次，在珠三角片区排第四名，比上一年度上升一个名次。9月23—26日，全省乡村振兴（脱贫攻坚）成果展在广州市海心沙亚运公园举行，东莞展馆以精美图文介绍、视频轮播、VR科技展示、实物造型等，展现东莞市乡村振兴和脱贫攻坚成果。

【农村人居环境整治】 2020年，东莞市农村生活垃圾、污水治理和“厕所革命”（对发展中国家的厕所进行改造的一项举措）深入推进，全市自然村环境清拆整治任务基本完成，村庄保洁覆盖面和垃圾处理率100%，生活污水治理率97%，农村无害化卫生户厕普及率100%，村道和村内道路硬底化、列养率100%，实现“干净整洁村”全覆盖。65%的村（社区）达到美丽宜居村标准，50个特色精品示范村建设加快推进，启动70个特色精品村创建工作，如期完成农村人居环境整治三年行动各项硬指标硬任务。经省第三方实地评估，东莞市农村人居环境群众满意度94.67%。横沥镇、高埗镇、茶山镇南社村、清溪镇土桥村被评为“2020年全国文明村镇”。麻涌镇麻三村被评为“中国美丽休闲乡村”“珠三角最美生态乡村”“东莞幸福村居”。茶山镇南社村被评为“广东特色名村”。茶山镇“茶山传统村落文化寻根之旅”和虎门镇“虎门历史与乡村美食游”入选广东省乡村旅游精品线路。在广东省首届乡村振兴大擂台活动中，东莞市获评为“最佳组织奖”，麻涌镇麻三村获评为“优秀村”，中堂镇潢涌村获“优秀村”和“产业发展”“厕所革命”两个单项奖。

【农村集体资产管理】 减租措施落实 2020年，东莞市根据中央和省、市关于疫情防控的决策部署要求，东莞市推动村组落实减租措施，助力莞企复工复产，优化监管防疫开支保障基层运转，特设通道保证资产交易服务，尽最大努力减低疫情对经济社会持续健康发展和企业生产经营的冲击。全年村组累计防疫开支5.4亿元，村均97万元；累计减租8.4亿元，惠及3.8万租户，成为全省出台协调村组减租专门文件最早、减租力度最大的地级市。

政策培训 2020年，东莞市开展“乡村讲堂”25次，面向市委组织部选调生、银行信托机构高管、镇街招商干部和重点企业负责人、党组织书记后备干部、镇村农资管理人员等3400人开展政策制度专题培训。加强典型经验推广，虎门经验成功入选“全国农村财务管理规范化建设典型案例”（全国20个，全省唯一）；《东莞市：政府出钱请“专家”看好村组“钱袋子”》入选“广东十大最具潜力农业农村改革案例”；《东莞市：探索“三社联动”提供“一揽子”服务》入选“广东十大最具人气农业农村改革案例”。

财务管理规范 2020年，东莞市出台并推行省内首个专门规范农村集体建设工程招投标制度，研究出台村组收款合同逾期付款违约金管理工作指南，指导镇村开展农村“三资”（资金、资产、资源）管理集中专项整治，督导镇村开展“白条账”自查，堵塞管理漏洞；推行管理卡制度，完善农村收益分配统计报表体系，新增集体承担乡村振兴和农村人居环境整治等政策性开支、参与城市更新、回购土地、出租物业楼龄、土地

农村人居环境整治成效——横沥镇山厦村 （2020年市农业农村局供图）

款个人分配和下属单位监管等指标；建立健全“分头受理、集中研究、专案记录、书面回复”的业务咨询工作制度。

审计监督　2020年，东莞市配合2021年农村干部换届选举，按照村组“一年一审”全覆盖的要求，借助中介力量加强经济责任审计，借助部门力量严肃违规整改追责。2020年，完成审计资产金额1900亿元，提出意见建议1.1万条。

【农村集体资产交易平台和“三资”监管平台建设】　2020年，东莞市通过集体资产交易平台交易1.89万宗，成交金额241.7亿元，总体溢价率5.0%。以市政府文件修订出台《东莞市农村（社区）集体资产交易办法》，向镇村、行业组织和社会商户派发交易平台宣传手册19万册；印发简化厂房分租审核、取消村级交易点等通知要求，全市29个镇街全面取消村级交易点。完善网上交易保证金管理功能和信用警示名单管理功能，有123个单位和个人被列入信用警示名单；依托“东莞村财”App，与市社会保险基金管理中心和东莞银行等单位协同建设“互联网+数字乡村+金融服务”相融合的农村一体化金融服务平台，实现政务服务、金融服务与村社、村民、社会商户生产生活场景相融合，构建农村居民电子社保卡、在线代缴社保、在线跨行缴租、在线分红等一系列金融服务。12月15日，农村一体化金融服务平台启动上线。

【次发达镇村加快发展】　次发达镇发展　2020年，东莞市落实1亿元扶持次发达镇产业发展竞争性分配资金，支持8个次发达镇12个产业项目。调整2017—2019年度19个项目资金3.11亿元用于7个产业项目。申报和调整19个产业项目计划投资总额50.29亿元，其中2020年计划投资8.78亿元；预计带动各方投入141.15亿元。8个次发达镇新引进超亿元内资项目67个，协议投资金额396亿元。望牛墩、洪梅两镇GDP均突破百亿元大关，全市8个次发达镇GDP总量1030.43亿元，比上年增长5.2%，高于全市平均水平4.1个百分点。

次发达村发展　2020年，东莞市制定《2020年市内帮扶工作方案》，推动70个市直帮扶单位和70个经济发达村（社区），以“二帮一”的形式帮扶70个次发达村（社区），并制定一村一策帮扶方案。市财政减免70个次发达村（社区）社会养老保险承担费用，增加次发达村（社区）基本公共服务补助20%，增加次发达村（社区）生态补偿补助20%。组织乡村振兴“万企帮万村”（指以民营企业为帮扶方，以建档立卡的贫困村、贫困户为帮扶对象，以签约结对、村企共建为主要形式，力争用3—5年时间，动员全国1万家以上民营企业参与，帮助1万个以上贫困村加快脱贫进程）行动，动员全市企业与次发达村、经济较薄弱村、软弱涣散村结对帮扶，推动180家企业在省“万企帮万村”信息平台注册，163个村庄成功对接企业。其中，149家企业帮扶131个次发达村和经济薄弱村145个项目，投资额64.8亿元，每年带动村增收1.1亿元，捐赠给村667万元，带动就业1.1万人。2020年，全市70个次发达村（社区）村组两级经营性纯收入7.73亿元，年均增速比全市集体经济年均增速快8.7个百分点。

【农业经营主体培育壮大】　农业龙头企业培育　2020年，东莞市太粮米业有限公司、东莞市果菜副食交易市场有限公司和东莞穗丰粮食集团有限公司通过农业产业化国家重点龙头企业监测，广东顶鑫农业供应链集团有限公司等4家企业被认定为省重点农业龙头企业，广东华记蔬菜有限公司等4家企业被认定为市农业龙头企业。截至2020年底，全市农业龙头企业42家，其中省级以上26家、国家级4家，全年发放农业龙头企业贷款贴息资金1100万元；全年全市农业龙头企业销售收入220亿元，带动全国范围内农户14万户，带动农户增收4.27亿元。

农民合作社规范发展　截至2020年底，东莞市有农民合作社208家，其中市级示范社13家、省级示范社7家、国家级示范社1家，东莞市厚街桂冠荔枝专业合作社入选第二批47家全国农民合作社典型案例；发放扶持农民合作社各类奖补资金75万元。

家庭农场培育发展　2020年，东莞市新认定省级示范家庭农场9家、市级家庭农场20家及市级示范性家庭农场8家，发放家庭农场奖励及扶持资金154万元。截至2020年底，全市市级家庭农场101家，其中省级示范家庭农场13家，市级示范性家庭农场22家。

农业品牌创建　截至2020年底，东莞市拥有国家农产品地理标志登记保护产品2个（东莞荔枝、麻涌香蕉），粤字号农产品54个，广东省十大名牌农产品4个，广东省名特优新农产品35个，“三品”认证（无公害农产品认证、绿色食品认证、有机食品认证）农产品91个。

【农业产业园建设】　2020年，东莞市农产品冷链物流优势产区产业园被认定为省级现代农业产业园，是全省第一批五个优势产区产业园之一，截至2020年底，建设进度为43%。新认定东莞万江花溪湾现代农业产业园为小型（镇级）农业园并启动建设。全年各级农业产业园建设稳步推进，市现代农业科技园光伏农业温室、望牛墩农业园3.3万平方米温室大棚等建设项目持续推进。年内，东莞市规划建设省、市、镇级农业产业园23个，一、二、三产业总产值超20亿元，从业人员超1万人。

【休闲观光农业发展】　休闲观光农业示范点创建　2020年，东莞市维康生态农业有限公司、岭南盆景文化博览园2个项目获评为全省2019年度休闲农业与乡村旅游示范点；认定岭南盆景文化博览园、东城街道东江印象特色农业园、麻涌镇创艺生态园、虎门镇家之田园生态农场4个项目为2020年市级休闲观光农业示范点。截至2020年底，东莞市有全国休闲农业与乡村旅游示范点2个，全省休闲农业与乡村旅游示范镇6个，全省休闲农业与乡村旅游示范点12个，市级休闲观光农业示范点22个。

休闲观光农业项目发展　2020年，东莞市2公顷以上休闲农业场所120多个，经营面积超1333.3公顷，全年接待游客607万人次，经营主体实现经营收入超2亿元。打造"美丽乡村"等5个农业文化创意项目，推介一批荔枝休闲采摘点和乡村休闲旅游行精品景点线路和美丽乡村。

参与"乐购东莞"促消费活动　2020年，针对新冠肺炎疫情对东莞市休闲农业和乡村旅游的影响，根据市政府总体工作部署，东莞市农业农村局调剂安排300万元用于支持"乐购东莞"活动，组织发动32家农业企业参加，发放消费券吸引市民购买农产品和参与休闲观光体验，活动帮助农业企业减轻疫情对其生产经营的影响，满足市民对农事体验、休闲旅游、食品安全等需求。

【田间窝棚整治】　2020年，东莞市开展田间窝棚整治，1月起，创新将田间窝棚整治纳入全市"智网工程"，组织发动1万名网格员全域巡查，抽调500名网格员组成机动巡查队开展跨区异地排查，对所有排查出的窝棚进行GPS定位建立台账。综合运用无人机空中侦查、领导干部"行走东莞"、"随手拍"、群众举报监督等方式，多渠道排查田间窝棚情况，确保窝棚整治实现全覆盖、无死角。在全省率先全域整治田间窝棚并完成整治任务。截至2020年底，全市排查并拆除田间窝棚3.93万个，拆除率99.96%。规范重建农田工具房，全市计划重建农田工具房5108个，重建4997个，重建完成率97.83%。

【高标准农田建设】　截至2020年底，东莞市在全省率先完成合计4480公顷的2018—2020年度高标准农田建设任务，通过镇街初验和市级专家竣工验收。在全省2019年高标准农田建设考核评价中东莞市获评优秀，广东省农业农村厅专门给东莞市政府发来感谢信，并作为全省先进代表在全省农田建设工作会议上做经验介绍。

【农业物资装备】　2020年，东莞市评定设施农业示范基地5个，落实中央、省、市财政农机购置补贴资金314.827万元，补贴农业机械184台（套），补贴设施129.52公顷，包括温室大棚10.04公顷、节水灌溉设施18.62公顷、渔业过冬棚100.86公顷。拖拉机（联合收割机）年度检验合格494台，核发拖拉机驾驶证15本。建设平安农机示范村3个。

东莞休闲观光农业——市民体验蓝莓采摘乐趣

（2020年市农业农村局供图）

【政策性农业、渔业保险】　2020年，东莞市出台《东莞市农业农村局东莞市财政局中国银行保险监督管理委员会东莞监督分局关于贯彻〈广东省政策性渔业保险实施方案〉的实施意见》，将保险范围扩展至渔业，并追保至2019年8月。

保险覆盖面扩大　截至2020年底，东莞市政策性农渔业保险品种24个，数量与省规定的险种保持一致，险种范围涵盖粮食作物、特色水果、生猪、农业设施、渔民渔船等。2020年新增渔民渔船保险险种，追加补贴到2019年8月，2019年8月至2020年12月，全市渔民投保数量1223人，渔船投保数量84只，保费143.3万元，出险赔付52.93万元。

保障标准提高　从2020年6月开始，东莞市对开办的保险品种进行提标，水稻、玉米保额提高到1.5万元/公顷，香蕉和木瓜等岭南水果保额提高到4.5万元/公顷，育肥猪、仔猪、能繁母猪保额分别提高到1400元/头、500元/头和1500元/头。

【农产品质量安全】　2020年，东莞市镇两级检测蔬菜、生猪、水产品等样品50.15万份，蔬菜农药残留、牲畜"瘦肉精"等残留检测和水产品兽药残留合格率分别为99.61%、99.99%、99.90%，全市无害化处理病死生猪（牛羊）8044头，家禽25.89万羽，不合格肉品227.68吨，不合格水产品0.35吨，无害化处理农药残留超标蔬菜1.63吨，发出不合格产品处理通知

2020年东莞市农业总产值情况表

指标	2020年绝对值（亿元）	构成（%）	2019年绝对值（亿元）	构成（%）	2020年比2019年增长（%）
农林牧渔业总产值	46.52	100	43.98	100	6.2
#种植业	34.35	73.8	32.49	73.88	6.3
林业	0.32	0.7	0.31	0.7	1.3
牧业	0.82	1.8	0.45	1.01	42.2
渔业	9.52	20.5	9.35	21.27	4
农林牧渔专业及辅助性活动产值	1.52	3.3	1.38	3.14	6.8
农林牧渔业增加值	30.89		28.48		6

2020年东莞市农村集体经济情况表

指标	单位	2020年	2019年	2020年比2019年增长（%）
村组两级集体总收入	亿元	254.6	241.4	5.5
村组两级集体纯收入	亿元	189.7	176	7.8
村组两级总资产	亿元	2040.4	1873.7	8.9
村组两级总负债	亿元	327	314.9	3.9
村级两级净资产	亿元	1713.4	1558.9	9.9

书63份。开展农产品及农资产品执法行动，出动农业执法（工作）人员5.03万人次，检查生产经营单位2.97万家次，立案47件，罚没金额26.27万元。涉及两法衔接移交公安部门案件4件。

【涉农扫黑除恶专项斗争】 2020年，东莞市推动农村集体资产管理领域、渔业捕捞领域、农业生产资料领域、农产品生产销售领域、畜禽屠宰领域扫黑除恶专项斗争工作。整治行业乱象，规范行业标准，农资生产经营、农产品质量安全、畜禽屠宰、渔业捕捞等领域态势平稳，企业规范生产、经营，群众安心、满意。

【农业政务服务】 2020年，东莞市农业农村局办理政务服务事项3600宗，按时办结率100%。为应对新冠肺炎疫情影响，提出“特事特办”“窗口替岗”等应对措施。推行“就近办”，依托政务服务一体化平台，实行“全市窗口统一收件、市直部门统一审批、按需流转至镇街（园区）统一出证或邮递出证”的模式。推行“一次办”，所有政务服务事项除特殊情况外，实现“最多跑一次”比率100%。推行“不见面审批”，依托“莞家政务”微信公众号平台，通过“微信下单、上门收件、结果邮寄”形式，实现在家即可办理政务服务事项。落实“延期后补”政策，将“渔业捕捞许可证审核、审批”列入“延期后补”清单，事项审批期限延长至疫情后，为渔民复工复产提供政策支持。10月，结合全省“网上政务服务能力”第三方评估工作要求，推动“减时间”“减跑动”“即办件”服务（简称“两减一即”），办结时限压减率94.80%，100%事项实现网上办理或双向快递办理方式，98.94%事项调整为即办件（从受理之日起1个工作日内办结，现场检验和专家评审等特殊程序的时间不计算入内）。“两减一即”指标不断优化，企业、群众办事更加便利、高效，满意度更高。

【全省农房管控和乡村风貌提升暨田间窝棚整治（珠三角）现场推进会】 于2020年9月21日在东莞召开。会议深入学习贯彻习近平总书记重要讲话和重要指示批示精神，贯彻落实省委、省政府关于全面推进农房管控和乡村风貌提升的工作部署，全面动员部署珠三角地区农房管控和乡村风貌提升工作，推进田间窝棚专项整治工作。

【第五届中国国际食品配料博览会】 2020年10月15—20日，由农业农村部农业贸易促进中心主办的第五届中国国际食品配料博览会在东莞市厚街镇广东现代国际展览中心举行。展会以“心无限食无界”为主题，通过1个线下主展场、9场专业论坛、18个互联网直播平台，形成“1+9+N”农业国际会展新矩阵，线上观看人次1.87亿。来自国内30个省（区、市）及中东欧、伊朗、日本等25国的1500余家企业参与线上线下展示。线上交易额7250万元，线下交易额1.23亿元，签署战略合作协议金额5亿元，通过供应链金融解决项目融资额35亿元，“中国国际食品产业联盟”揭牌成立。展会线下设全国扶贫馆、广东馆、东莞馆以及33个展区（同步设直播间）。东莞市24家优秀本地企业、200多种展品进驻东莞馆参展；149家优秀本地企业进驻线上展会平台，以“一企业一微视频”模式，开展“直播+云展会”。该届展会应用网络直播带货、微综艺、微视频等新模式，为本地企业拓展海外市场、拓宽销售渠道，有效克服疫情对农产品贸易的影响。

【2020年“广东扶贫济困日暨东莞慈善日”系列活动】　2020年，东莞市印发《2020年东莞市“广东扶贫济困日暨东莞慈善日”活动工作方案》部署扶贫济困日活动。结合做好“保企业、促复苏、稳增长”服务，开展企业、商会座谈会和走访活动，市委常委、政法委书记杨东来、副市长黎军先后召开座谈会，深入企业、商会开展调研和宣传发动，向120家重点企业、社会组织宣传东莞市服务企业政策，发动爱心企业积极参与活动。联合东莞电视台制作《扶贫济困献大爱　善行莞邑新征程》“广东扶贫济困日”10周年专题片，制作《决胜脱贫攻坚　助力乡村振兴》系列小视频，在东莞电视台《民生大莞家》栏目中播出四期爱心企业代表访谈，通过报刊、电视台、户外LED屏、海报、新媒体等形式开展“广东扶贫济困日暨东莞慈善日”活动宣传，全社会形成“决胜脱贫攻坚、助力乡村振兴，企业踊跃参与、人人贡献爱心”的良好社会氛围。6月30日，在市会议大厦举行2020年“广东扶贫济困日暨东莞慈善日”活动，活动表扬“6·30”活动十周年突出贡献企业和社会组织，其中突出贡献企业13家，突出贡献社会组织10家。全年“广东扶贫济困日暨东莞慈善日”活动募集资金9268.03万元。　　（黄椿颖）

附：2020年东莞市农业农业局、市委农办、市扶贫办主要领导名录

局长、主任：张永忠

种植业

【种植业概况】　2020年，东莞市农作物播种总面积2.31万公顷，其中，粮食总播种面积1615公顷，总产0.82万吨；蔬菜总播种面积1.93万公顷，总产39.7万吨；花卉种植面积1793公顷，鲜切花产量4921万枝，盆栽观赏植物（包括盆景）1458万盆。水果总种植面积1.24万公顷，总产6.97万吨，其中荔枝8772公顷，香（大）蕉1838.7公顷，龙眼1145公顷，其他杂果603公顷（包括火龙果、芒果、番石榴、无花果、葡萄和百香果等）。

【粮食生产呈现恢复性增长】　2020年，东莞市动员镇村抓好农业生产尤其是早稻扩种各项工作，提高粮食综合生产能力，保障全市重要农产品有效供给。全年粮食播种面积1615公顷，比上年增长30%，其中早稻面积607公顷，比上年增长144%，超额完成省下达的任务，其中早稻生产任务553公顷，完成比例分别为105%和110%。全年落实市级种粮补贴政策，发放市级种粮补贴资金527.67万元，涉及水稻种植面积1093公顷，玉米和马铃薯面积20公顷，种粮大户47户次，惠及种粮农户1165户次，用于支持粮食生产。30个镇街配套出台种粮补贴、地租优惠等政策，提高农民种粮积极性。

【荔枝产业高质量发展】　2020年6月22日，广东省委书记李希，广东省省长马兴瑞到东莞市调研荔枝产业时指出，东莞要打好荔枝产业、市场、科技、文化“四张牌”，通过小切口推动大变化，在推动荔枝产业高质量发展上为全省率先破题、先行示范，助力实现乡村振兴、富民兴农。按照打好“四张牌”的指示精神，东莞市因地制宜、发挥优势。年内，荔枝产业有效克服疫情的影响，全市荔枝种植面积8772公顷，总产量1.74万吨，比上年增长521%；总产值2.2亿元，增长400%。5月20日，“莞农优品湾区领鲜”2020东莞·给荔中国名优农产品品牌推广暨第六届中国（东莞）互联网荔枝节活动在东莞松山湖举行，通过网红直播、部门领导直播带货、短视频宣传等新媒体方式，促进莞荔销售。截至2020年6月底，通过网络、物流等新模式销售量超过6000吨，推动莞荔实现产销两旺、丰产增收。

【“一村一品、一镇一业”推进发展】　2020年，东莞市大朗、谢岗和大岭山等3个镇获评为省级“一村一品、一镇一业”专业镇，金河社区、沙腰村等17个村（社区）获评省级专业村。制定印发《东莞市农业农村局关于贯彻〈广东省农业农村厅“一村一品、一镇一业”建设工作方案〉的实施意见》，扶持发展“一村一品、一镇一业”富民兴村产业，建设一批具有示范引领作用的专业村镇，推动产业兴旺。年内，由东莞市松湖水产品养殖有限公司等5家企业承担实施2020年“一村一品、一镇一业”建设项目，带动发展荔枝、蔬菜、花卉和水产养殖等产业。

【农业有害生物防治】　2020年，东莞市调整成立东莞市农作物重大病虫疫情防控指挥部；印发《关于开展红火蚁统一防控行动的通知》等文件3份，组织各镇街（园区）及市林业局、城管局、住建局等有关单位，做好发生情况监测调查工作，为做好防治工作提供基础数据，在全市范围内部署开展春、秋两季红火蚁统一防控行动。采购和储备一批红火蚁疫情防控应急药物，用于保障全市红火蚁疫情的应急扑杀工作，全年采购0.015%多杀霉素杀蚁饵剂4.32吨；根据防控需要组织发放红火蚁药物，推动防控工作开展，确保疫情不暴发。（黄椿颖）

东莞市农业执法人员对生猪定点屠宰场开展检查

（2020年市农业农村局供图）

畜牧业

【畜牧业概况】 2020年，东莞市畜牧业总产值0.82亿元，比上年增长42.2%；肉类总产量0.19万吨，增长44.99%；截至2020年底，生猪存栏0.83万头，下降10.7%；年末家禽存栏31.78万羽，增长172.2%；全年生猪出栏1.33万头，增长31.07%；全年家禽出栏64.49万羽，增长63.36%。

【饲料生产】 2020年，东莞市39家饲料生产企业饲料总产量659.63万吨，总产值188.74亿元，分别比上年下降0.5%、6.25%，其中单一饲料534.32万吨，基本与上年持平。东莞市单一饲料、浓缩饲料产量都位居全省第一。添加剂预混合饲料、宠物饲料位居全省第二，其中，单一饲料产量自2013年起连续8年居全省第一位。东莞市农业农村局向企业发放《民生保供企业资质证明》70份，确保农产品及农资产品正常流通。

【畜禽资源化利用工作推进】 2020年，东莞市落实畜禽养殖场直联直报信息系统信息报送，确保全市畜禽粪污综合利用率82.18%、规模化养殖场粪污处理设施装备配套率100%，达到省市考核要求。印发《关于申报东莞市畜禽养殖废弃物资源化利用项目的通知》，发放2019年省级乡村振兴战略专项（第一批）—畜禽养殖废弃物资源化利用资金30万元。

【屠宰行业监管】 2020年，东莞市强化屠宰监督管理，保障全市肉品稳定供应与质量安全。推进3个新规划生猪屠宰场选址工作，撤并关闭麻涌、洪梅2家生猪屠宰场，全市生猪定点屠宰场总数减少至16家。市中心定点屠宰场获评为全国生猪屠宰标准化示范厂，石排镇中心屠场、常平食品公司获评为广东省生猪屠宰标准化企业。中堂镇牛羊定点屠宰场建成试产。实行紧急时期外地调入生猪补贴政策，落实市、镇街（园区）两级财政补贴资金4366.96万元，保障春节期间肉品市场稳定供应。落实屠宰企业新冠肺炎疫情防控措施，组织开展全市定点屠宰企业检查、打击私屠滥宰违法行为专项行动等，全市屠宰监管工作扎实到位，没有发生肉品质量安全事故。年内，全市生猪及其肉品供应量与需求量基本保持平衡。受新冠肺炎疫情影响，茶楼食肆肉品消费人群减少，加上非洲猪瘟疫情和生猪及其肉品价格上涨，市民肉食需求减少，致使东莞市屠宰场生猪屠宰量普遍下降。全年屠宰生猪299.96万头，生产合格猪肉产品25.85万吨，分别比上年下降24.25%、25.31%。全年瘦肉型生猪批发平均价38.91元/千克，比上年增长57.79%。（黄椿颖）

渔业

【渔业概况】 2020年，东莞市渔业人口1.6万人，专业从业捕捞人员1100人。截至2020年底，有各类渔业捕捞渔船257艘，捕捞产量0.63万吨。全市水产养殖面积约4900公顷。渔业产值9.52亿元，水产品总产量4.94万吨。

【水产示范推广】 2020年，东莞市财政投入280万元现代渔业奖补资金，引导社会投入300万元，完成都市现代渔业发展项目16个，整治3个标准化鱼塘23.3公顷，新立项项目10个。开展水产绿色健康养殖行动，开展水产养殖尾水治理工作，选取8个国家级水产健康养殖示范场计划投入262万元治理水产养殖面积121.6公顷。

【渔业资源保护】 2020年6月5日，东莞市在虎门威远岛举行东莞市海洋水生生物资源增殖放流活动，增殖黄鳍鲷、和鲻鱼苗100

万尾。6月23日，在石龙镇金沙湾公园举行东莞市江河水生生物增殖放流活动，投放鳙鱼、草鱼、鲮鱼、鲢鱼苗328万尾。其中市财政资金投放300万尾，社会各界热心单位、人士捐赠投放28万尾。8月4日，在滨海湾新区临近海域举行2020年农业资源及生态保护补助资金增殖放流活动，投放黄鳍鲷鱼苗110万尾，斑节对虾苗1000万尾。

【渔业安全生产】 2020年，东莞市开展渔船安全生产整治“百日攻坚”行动、水上交通和渔业船舶安全专项整治三年行动、渔船“不安全，不出海”专项行动。重新修订《东莞市农业农村局渔业防御台风应急预案》，排除渔船防台风暴露出来风险隐患。分别在虎门、沙田镇举办5期渔业安全生产培训，培训500人次，派发宣传小册子、海报600本（张），提升基层社区和渔民群众安全生产责任意识。为虎门镇新湾渔港、沙田镇先锋渔港、中堂镇渔船停泊点配置灭火器、消防水龙带等器材一批，完善渔港消防设施配备。

【渔港渔船建设】 *渔港规范管理* 2020年1月，《东莞市现代渔港建设规划（2020—2025年）》发布，推进渔港规划建设，完善渔业生产作业条件，提升渔港的配套功能，促进东莞市渔村渔业多元化和可持续发展。根据《东莞市新湾渔港管理章程》《东莞市先锋渔港管理章程》，明确渔港范围，厘清部门职责，规范渔港经营活动，强化安全监管。

渔港基础设施建设 截至2020年底，东莞市投入渔港航标等基础建设方面资金1720万元，推动海洋航标建设、新湾渔港小艇码头更新改造、石龙镇东江内河渔船停泊码头、中堂镇红锋内河渔船停泊码头、渔政支队浮趸码头等项目建设。

渔船油补发放、更新改造、减船转产项目 2020年，发放2019年度195艘渔船油价补贴1079万元；发放三期渔船更新改造贷款贴息市镇两级补助资金364.8万元；下达2018、2019年度渔民减船转产项目中央专项补助和省配套补助资金360.12万元；下达2018、2019年度渔船更新改造14艘，补助资金485万元；完成4艘渔船拆解报废工作。

东莞渔政支队联合新湾边防派出所在虎门新湾渔港开展“三无”船舶专项整治行动 （2020年市农业农村局供图）

【休禁渔制度落实】 2020年，东莞市印发《珠江禁渔工作方案和海洋伏季休渔制度工作方案》，组织召开休、禁渔工作会议，落实休禁渔公告、宣传和相关工作要求，督促执法检查巡查工作及安全生产各项措施落实。休禁渔期间，全市注册登记的50艘江河渔船，204艘应休渔船和4艘免休渔业船舶无发生违法非法捕捞行为，无发生休禁渔期渔业生产安全事故。落实油补、休（禁）渔补助政策，印发《关于做好2020年东莞市休（禁）渔渔民生产生活补助工作的通知》，抓好休（禁）渔补助资金审核发放各项程序，指导相关涉渔镇开展休（禁）渔产生活补助申报、审核、数据录入和公示等工作，涉及补贴资金416万元，惠及渔船258艘、渔民1108人。

（黄椿颖）

林 业

【林业概况】 2020年，东莞市参与共建珠三角国家森林城市群，落实珠三角水鸟生态廊道建设任务，营造多彩城市森林，推动乡村振兴林业行动，完善自然保护地体系建设，落实疫情防控属地责任，做好野生动物监管工作。大屏嶂林场获评全国十佳林场。全市累计113.5万人次参与义务植树，折算植树357.57万株。

【绿美南粤三年行动计划】 2020年，东莞市推进生态廊道规划、林业“十四五”规划、森林城市高质量提升规划、国土空间规划林业专项大纲等规划编制。完成大岭山、大屏障、银瓶山三大森林公园彩色林种植任务。完成水源涵养林种植面积163.07公顷、抚育面积153.93公顷，透光伐抚育面积152.13公顷，幼林抚育面积277.2公顷，红树林种植面积3.33公顷，营造和抚育生物防火林带321.1千米，送苗下乡1.11万株。指导长安、谢岗、塘厦、寮步、厚街、横沥、企石、大朗等8个镇做好森林小镇相关工作。

【自然公园建设】 2020年，东莞市协调推进湾区绿色中心公园项目，完成概念性规划，开展总体规划编制。完成红花油茶市级森林公园总体规划初稿编制，推进宝山森林公园总体规划编制。完成银瓶山森林公园三期项目樟木头片区（广东九洞森林公园）工程，于10月1日向公众开放，完成三期项目谢岗景区总工程量的65%，清溪景区项目总工程量的30%。大岭山森林公园完成知青房和石洞卡口公厕升级改造以及碧幽谷音响安装工程，实现石洞核心区域主干道步道全连通。大屏嶂森林公园改造并开放游客服务中心，完成园区登山大道滑坡整治、品竹桥扩建工程。启动虾公山森林公园、天堂围园岭公园、黄旗山城市公园、黄牛埔森林公园项目建设。启动大岭山森林公园智慧科普体验馆等项目，推进大屏嶂森林公园AAAA级旅游景区创建。完成银山市级湿地公园建设并向公众开放，启动东清湖、月明湖、三角湖湿地公园项目建设，麻涌华阳湖国家湿地公园试点期建设通过国家验收。

【自然保护地体系建设】 2020年，东莞市完成《东莞市自然保护地整合优化预案》编制，整合优化后自然保护地个数26个，总面积3.39万公顷，核心保护区面积4706.32公顷。落实黄唇鱼自然保护区日常管护工作，协调市农业农村局和市渔政支队建立健全保护区联合执法机制，完成保护区各项监测任务，推进黄唇鱼人工繁育科研工作。

【森林资源保护】 2020年，东莞市严格林地管理，启动林地变更暨森林督查“一张图”工作，对18个违法图斑进行行政立案，共处罚金63.98万元。严格执行建设项目使用林地边界桩制度，完成省级生态公益林完善落界和“十四五”期间年森林采伐限额编制工作。开展有害生物防治和古树名木保护。完成面积449.74公顷红花油茶寄生植物防治，完成全市松材线虫病和薇甘菊疫情普查，完成薇甘菊防治2479.53公顷，清理松材线虫病疫木和枯死木5830株。完成森林植物及其产品产地检疫，完成《2020年古树名木健康状况巡查总结报告》，审核50份古树名木截枝、枯木清理申请。健全森林防火行业领域安全隐患排查治理和安全风险分级监控管理机制，编制《东莞市森林公园森林火险分级管控办法》，全年森林防火形势稳定。

【野生动物管理】 2020年，东莞市出台《东莞市处置以食用为目的的人工繁育野生动物工作方案》，指导相关镇街做好存栏陆生野生动物的处置、补偿和养殖户转型工作，落实补偿资金1221.57万元。开展涉野生动物违法犯罪专项行动，共立涉野生动物违法犯罪案件80件，收缴、救助国家重点保护动物468头（只），总涉案金额628.72万元，打击野生动物违法犯罪行为专项行动获全省考核第一名。

【自然教育体系建设】 2020年，东莞市推进自然教育体系建设，开展自然教育中长期战略研究和基础理论研究，完成《东莞自然保护地自然教育体系建设方案》《东莞黄唇鱼市级自然保护区自然教育基地概念性规划》的编制。逐步健全自然教育学校基础设施，完成华阳湖湿地公园自然教育科普路径建设，开展林科所自然教育学校及科普展览馆、岭南中草药科普教育基地、黄唇鱼市级自然保护区自然教育基地的建设工作，推荐指导植物园认定为广东省自然教育基地。搭建自然教育推广平台，承办第二届广东森林文化周闭幕式，常态化举办“森林歌唱家”“森林小隐士”“森林生产者”等主题自然教育活动37期，吸引超2000人次参与。

【林业信息化建设】 2020年，东莞市编制《东莞林业管控平台（第一期）建设方案》，建设林区违建和砍伐识别系统，辅助人员快速处理林区违建违法行为。完成《2018年东莞市林业生态状况公报》编制，在媒体发布信息633条，公开行政审批信息9098条、行政处罚信息43条，发送协同监管信息216条。

【森林旅游特色线路】 2020年8月6日，广东省省林业局、省文化旅游厅共同认定省森林旅游特色线

2020年，东莞市推进银瓶山森林公园清溪景区建设。图为公园内盛开的短萼仪花丛
（林业局供图）

路和森林旅游新兴品牌地双百名单；东莞市4条线路被认定为森林旅游特色线路；寮步镇香市文化森林旅游区等6个景点被认定为森林旅游新兴品牌地。（陈　馨）

资料链接

森林旅游特色线路：

A、莞香特色文化体验游

涉及景点包括莞香非物质文化遗产保护园、尚正堂莞香文化博物馆、香市文化森林旅游区。

B、湾区中心森林公园体验游

涉及景点包括大岭山森林公园、银瓶山森林公园、大屏嶂森林公园。

C、东莞麻涌美丽乡村路线

涉及景点包广东麻涌华阳湖国家湿地公园、古梅乡韵、香飘四季。

D、清溪镇生态休闲游线路

涉及景点包括银瓶山森林公园清溪景区、大王山森林公园、契爷石水库湿地公园。

森林旅游新兴品牌地：东莞市大屏障森林公园、东莞市银瓶山森林公园、广东麻涌华阳湖国家湿地公园、东莞市凤岗镇龙凤山庄影视旅游区、东莞银山市级湿地公园、寮步镇香市文化森林旅游区。

附：2020年东莞市林业局主要领导名录

局　长：安连天

2020年东莞市森林公园情况表

序号	公园名称	级别	面积（公顷）	所属
1	广东观音山国家森林公园	国家级	657.18	樟木头镇
2	广东宝山省级森林公园	省级	536.15	广东樟木头林场
3	广东大岭山森林公园	省级	5433.90	东莞市国营大岭山林场
	东莞市大岭山森林公园	市级		虎门镇、长安镇、厚街镇、大岭山镇
4	广东大屏嶂森林公园	省级	2582.00	东莞市国营大屏嶂林场
	东莞市大屏嶂森林公园	市级		塘厦镇，黄江镇
5	广东清溪森林公园	省级	11104.21	东莞市国营清溪林场
	广东九洞省级森林公园	省级		广东樟木头林场
	东莞市银瓶山森林公园	市级		谢岗镇、清溪镇、樟木头镇
6	东莞市水濂山森林公园	市级	2219.10	南城街道、东城街道、大岭山镇、厚街镇
7	东莞市黄旗山城市公园	市级	411.60	东城街道
8	东莞市同沙生态公园	市级	2905.88	同沙林场、东城街道、大岭山镇、寮步镇
9	东莞市南门山森林公园	市级	1255.66	凤岗镇
10	东莞市碧湖森林公园	市级	160.00	凤岗镇
11	东莞市旗岭森林公园	市级	277.30	常平镇
12	东莞市山水天地森林公园	市级	1374.59	清溪镇
13	东莞市黄牛埔森林公园	市级	850.23	黄江镇
14	东莞市威远岛森林公园	市级	538.80	虎门镇、滨海湾新区
15	东莞市巍峨山森林公园	市级	1040.00	黄江镇
16	东莞市红门山森林公园	市级	174.59	清溪镇
17	东莞市亚公山森林公园	市级	743.30	清溪镇
18	东莞市崖山森林公园	市级	228.35	谢岗镇
19	东莞市雁田森林公园	市级	575.80	凤岗镇
20	广东九洞省级森林公园	省级	含在银瓶山森林公园内	广东樟木头林场
21	东莞红花油茶市级森林公园	市级	1114.75	广东樟木头林场
合计			34183.39	

2020年东莞市湿地公园情况表

序号	名称	面积（公顷）	所属镇街（园区）	级别
1	广东麻涌华阳湖国家湿地公园	352.09	麻涌镇	国家级
2 3 4 5 6	东莞城市湿地公园（包括下沙湿地公园、大圳埔湿地公园、中央群岛湿地公园、燕岭湿地公园、月塘湖湿地公园）	651.1	松山湖（生态园）	国家级
7	燕窝湿地公园	28	石排镇	镇级
8	荔香湿地公园	90.7	大朗镇	镇级
9	生态湿地公园	60	大岭山镇	镇级
10	莲湖湿地公园	37	桥头镇	镇级
11	蔡白湿地公园	25	道滘镇	镇级
12	龙湾湿地公园	36	万江街道	镇级
13	水乡公园	8	望牛墩镇	镇级
14	穗丰年湿地公园	319.2	沙田镇	镇级
15	新沙湿地公园	8	麻涌镇	镇级
16	大罗沙湿地公园	8.6	道滘镇	镇级
17	乌沙洲仔湿地公园	15	洪梅镇	镇级
18	东莞银山市级湿地公园	105.06	谢岗镇	市级
19	东莞东清湖市级湿地公园	104.5	企石镇	市级
20	塘厦镇清湖头湿地公园	13.7	塘厦镇	镇级
21	东莞三角湖市级湿地公园	33.07	横沥镇	市级
22	谢岗银瓶湖湿地公园	184.9	谢岗镇	镇级
23	东坑镇月明湖镇级湿地公园	20.8	东坑镇	镇级
24	清溪镇契爷石湿地公园	9.45	清溪镇	镇级
25	清溪镇铁矢岭湿地公园	70.88	清溪镇	镇级
合计		2181.05		

2020年东莞市自然保护区情况表

序号	名称	所属	面积（公顷）	主要保护对象	建立时间
1	东莞银瓶山自然保护区	谢岗镇	2518.3	南亚热带季风常绿阔叶林和珍稀动植物	2000
2	东莞马山自然保护区	大岭山镇、大岭山林场	2356	南亚热带季风常绿阔叶林和珍稀动植物	2000
3	东莞自然生态保护区	同沙林场、大岭山镇、寮步镇	2034	南亚热带季风常绿阔叶林和野生动植物	1998
4	东莞莲花山自然保护区	长安镇、大岭山林场	757.9	南亚热带季风常绿阔叶林	2000
5	东莞灯心塘自然保护区	厚街镇	500	水源林	2000
6	东莞黄唇鱼自然保护区	虎门镇、滨海湾新区	663.6969	黄唇鱼	2005
合计		全市	8829.8969		

工　业

INDUSTRY

南城街道总部基地　（2020年张顺祥摄）

编辑：翁舒洁

工业综述

【工业概况】　2020年，东莞市规模以上工业增加值4145.65亿元，比上年下降1.1%。其中，重工业增加值2631.54亿元，比上年下降1.4%，占规模以上工业增加值的63.5%；轻工业增加值1514.11亿元，下降0.5%，占规模以上工业增加值的36.5%。规模以上工业五大支柱产业增加值2806.89亿元，比上年下降2.1%；工业四个特色产业增加值369.01亿元，增长0.6%。高技术制造业增加值比上年下降3.4%，其中，医药制造业增长35.0%，航空、航天器及设备制造业比上年下降44.4%，电子及通信设备制造业下降6.3%，计算机及办公设备制造业增长13.9%，医疗仪器设备及仪器仪表制造业增长22.6%。先进制造业增加值比上年下降3.3%，其中，高端电子信息制造业下降9.0%，先进装备制造业增长2.7%，石油化工产业增长15.8%，先进轻纺制造业下降4.6%，新材料制造业增长1.2%，生物医药及高性能医疗器械业增长17.1%。优势传统产业增加值比上年增长1.2%，其中，纺织服装业下降9.3%，食品饮料业下降0.4%，家具制造业下降7.5%，建筑材料业增长6.9%，金属制品业增长5.9%，家用电力器具制造业增长37.4%。

【工业持续复苏】　2020年，受新冠肺炎疫情、中美经贸摩擦等影响，东莞市全力抗疫情、稳增长，推动工业持续复苏，工业发展指标平稳增长，获省制造强省领导小组评为2019年制造业发展较好地市。规模以上工业总产值站稳2万亿元；规模以上工业增加值降幅从一季度下降17.9%逐月收窄至1.1%，占全市生产总值比重为

40.5%，在珠三角排第二名，仅次于佛山市（45.5%）。东莞市规模以上工业增加值保持在4000亿元以上，完成“十三五”规划任务。

规模以上企业数稳居全省第一位　2020年，东莞市规模以上工业企业1.08万家，稳居全省第一位，占全省规模以上工业数比重达19.5%，比深圳多550家，比佛山多3135家，比广州多4987家。2020年底规模以上工业企业数比上年增加792家。在全国地级以上市中排第二名，仅次于苏州市。

工业降幅逐月收窄　2020年，东莞市在全省21个地级以上市中，规模以上工业增加值总量排第四名，增速排第十八名。其中，一季度受新冠肺炎疫情严重影响东莞工业出现大幅下降，比上年下降17.9%；二季度工业企业逐步全面复工复产，全市工业呈恢复性增长，大幅收窄至负5.5%；三季度中美贸易摩擦叠加全球疫情反弹，收窄幅度有所放缓，收窄至负3.2%；四季度因龙头企业受中美贸易摩擦影响，增长承压，工业增加值全年负增长1.1%。

工业营业收入增速排珠三角第一名　2020年，东莞市规模以上工业企业营业收入保持2万亿元规模，总量占全省比重15.4%，在全省排第二名，仅次于深圳市；增速比上年增长4.1%，比全省平均水平高4个百分点，增速排珠三角第一名。

内循环引领发展　2020年，东莞市规模以上内资工业企业保持良好发展态势，实现工业增加值2537.35亿元，总量占规模以上工业61.2%，比上年提升0.8个百分点，超过外资企业22.4个百分点。内资工业增加值增速12月实现转正，比上年增长0.8%，分别比全市平均水平和外资企业高1.9个和4.6个百分点。2020年，东莞市规模以上工业深化参与国内大循环，全年完成内销产值14336.79亿元，比上年增长8.0%，内销产值占规模以上销售产值67.0%，比出口交货值占比高34个百分点，内销持续扩大支撑东莞工业经济复苏。

2020年4月12日，东莞市制造业高质量发展暨非公有制经济大会在市行政办事中心召开　（市工信局供图）

疫情“大考”下中小企业率先企稳　2020年，东莞市规模以上中小企业率先实现企稳，四季度增加值回升速度超过两位数。其中，规模以上中型企业实现增加值983.05亿元，比上年增长5.7%，比前三季度回升4.7个百分点；小微型企业实现增加值1385.71亿元，增长3.1%，比前三季度回升5.4个百分点。

【“倍增计划”企业发展】　根据《2020年广东制造业500强企业研究报告》，2020年东莞市入选企业78家，比2019年增加5家，入选企业在各地以上市中排第二名，仅次于深圳（106家）。2020年，全市372家“倍增计划”市级试点企业完成规模以上工业增加值1126.3亿元，占规模以上工业比重27.2%，比上年增长14%，比全市水平高15.1个百分点，拉动规模以上工业增长3.3个百分点。其中，93家名誉倍增企业比上年增长12.2%，279家非名誉倍增企业增长16.3%。

【“小升规”企业增长快速】　2020年，东莞市1584家2019年“小升规”企业完成增加值218.1亿元，占规模以上工业5.3%，比上年增长31.1%，拉动规模以上工业1.2个百分点。其中，62家中型升规企业比上年增长118.9%，1521家小微型升规企业比上年增长17.8%，增速均高于规模以上工业中型企业（5.7%）、小微型企业（3.1%），规模以上工业平稳发展。2020年新增入库企业数1697家，超额完成“小升规”900家企业年度任务。

【增加值前800名企业发展保持增长】　2020年，东莞市增加值总量排名前800名企业完成规模以上工业增加值2575.6亿元，占规模以上工业增加值62.1%，比上年增长4.7%，拉动规模以上工业增长2.8个百分点。其中，增加值前100名企业完成规模以上工业增加值占比34.5%，比上年增长2%，拉动规模以上工业增长0.7个百分点，工业基本盘稳定。

【工业投资与工业技术改造回暖】　2020年，东莞市完成工业投资814.3亿元，比上年增长11%，增速虽比2019年放缓9.2个百分点，但比全省水平高12.1个百分点。在珠三角九市中，东莞市工业投资额排名和增速均排第四名。全年完成工业技术改造投资523.6亿元，比上年增长3.6%，增速虽比2019年放缓13.1个百分点，但比全省水平高13.2个百分点。在珠三角九市中，东莞市技改投资额排第二名，增速均排第五名。（洪雅雯　张锡铃）

支柱产业

【支柱产业概况】　2020年，东莞市五大支柱产业（电子信息制造业、电气机械及设备制造业、纺织服装鞋帽制造业、食品饮料加工制造业、造纸及纸制品业）完成规模以上工业增加值2806.9亿元，比上年下降2.1%，占全市规模以上工业比重67.7%。

【电子信息制造业】　2020年，东莞市电子信息制造业有1700家规模以上工业企业实现工业总产值9844.43亿元，完成规模以上工业增加值1366.77亿元，比上年下降6.3%，占全市规模以上工业比重为33%。其中，通信设备制造业是电子信息制造业占比最高的行业，实现增加值634.74亿元，比上年增长10.3%，比全市平均水平高11.4个百分点。

东莞市电子信息制造业基础扎实、产品门类广泛，涵盖通信设备、集成电路及关键零部件、3C（电脑、通讯和消费性电子产业）产业、5G及下一代通信技术、电子元件及电子专用材料制造等多个领域。产业链配套较完善，从产品设计到产品制造和检测，从基础零部件到终端产品制造，从消费类产品到投资类产品的完整产业体系，产业配套率90%以上。电子信息产业遍布全市各镇街（园区），整体呈现以松山湖、长安为“两核”，各镇多点分布、配套完备产业链布局。东莞市是全球智能移动终端领域重要生产基地，产业规模居全国之首，有华为终端、欧珀移动、维沃通信等一批龙头企业。2020年，东莞市智能手机产量3.16亿部，占全国总产量（11亿部）28.7%。引进星星光电、蓝思科技等显示屏企业以及气派科技、合泰半导体、赛微微电子等集成电路相关企业，形成一定规模集成电路设计产业集聚。

【电气机械及设备制造业】　2020年，东莞市电气机械及设备制造业2807家规模以上工业企业完成规模以上工业增加值872.57亿元，比上年增长8.9%，占全市规模以上工业比重为21%。其中，电气机械及器材制造业实现增加值377.99亿元，比上年增长11.6%；仪器仪表制造业实现增加值50.16亿元，增长4.5%；通用设备制造业实现增加值168.7亿元，增长11.6%；专用设备制造业实现增加值209.23亿元，增长7.9%；汽车制造业实现增加值55.79亿元，下降4.7%；铁路、船舶、航空航天和其他运输设备制造业实现增加值10.72亿元，下降5.5%。

东莞市电气机械及设备制造业产业链条从上游研发设计，到中游零部件生产、设备制造，再到下游运营服务，均分布有较多企业，整体发展处于较高水平。形成长安五金模具、横沥模具、虎门电子线缆、寮步汽车等规模较大、特色鲜明产业集群，松山湖机器人及智能制造装备、麻涌新能源汽车及海工装备制造业等高端装备产业集群正加速崛起。

研发设计方面，引进广东省智能机器人研究院、广东华中科技大学工业技术研究院、东莞华中科技大学制造工程研究院等在数控装备、电子制造方面有较强研发实力的科研院所。通用零部件，拥有大根（东莞）光电、日本电产（东莞）、捷荣技术、新能源科技等行业领先企业。设备制造方面，有中汽宏远、中集专用车、京滨汽车和阿尔卑斯电子等汽车、助动车制造领域代表，和创机电业、京瓷办公、华新电线电缆、柯尼卡、金宝电子等实力雄厚专用器材、设备制造企业。

【纺织服装鞋帽制造业】　2020年，东莞市纺织服装鞋帽制造业1170家规模以上工业企业完成规模以上工业增加值251.6亿元，比上年下降16.8%，占规模以上工业增加值6.1%。其中，纺织业实现增加值76.72亿元，比上年下降9.4%；纺织服装、服饰制造

2020年11月12日，第九届中国中小企业创新服务大会在东莞市召开
（市工信局供图）

业实现增加值95.87亿元，下降21.0%；皮革、毛皮、羽毛及其制品和制鞋业实现增加值79亿元，下降28.5%。

东莞市纺织服装鞋帽制造业体量大、韧性强、产业集群效益明显，形成以虎门为中心，向沙田、麻涌等镇沿珠江口海岸线延伸的纺织服装产业带；以大朗为中心，向常平、寮步等镇扩展的毛针织产业带；以厚街为中心，向东城、道滘等镇街扩展的制鞋产业带。全面覆盖纺织印染、研发设计、机械设备制造、配件及辅料生产、组装加工、品牌销售等环节。有以纯、都市丽人、搜于特、小猪班纳等大型纺织服装鞋帽品牌企业，形成品牌、营销、展会、电商一体的生态圈。

【食品饮料加工制造业】 2020年，东莞市食品饮料加工制造业148家规模以上工业企业完成规模以上工业增加值113.12亿元，比上年下降0.4%，占全市规模以上工业增加值比重由2019年2.6%提升至2020年2.7%。其中，农副产品加工业实现增加值52.77亿元，比上年增长5.0%；食品制造业实现增加值41.82亿元，下降3.3%；酒、饮料和精制茶制造业实现增加值18.54亿元，下降7.0%。

东莞市食品饮料产业链条完善，涵盖原材料、辅料、加工机械、零配件、半成品加工、物流、会展等多个环节；产品种类丰富，包括粮油加工、烘焙、饮料、糖果、调味品、食品添加剂等。细分领域知名品牌众多：农副食品加工业引进益海嘉里、嘉吉、路易达孚等世界粮油巨头，中粮、中储粮大型央企，顶志、福满多、鲁花、穗丰等知名粮油企业；食品制造业汇集徐福记、凤球唛、华美、百味佳、荣华、嘉顿、思朗、桃李面包等品牌；酒、饮料和精制茶制造业有雀巢、可口可乐、东鹏、加多宝、珠江啤酒、雪花啤酒、大益茶业等知名品牌。以食品重镇为依托形成产业局部集聚："中国粮油物流加工第一镇"麻涌镇有粮油仓储、粮油食品加工、粮油贸易等粮油企业40多家，产业涉及大豆压榨、食用油精炼、食用油灌装、油脂分提、饲料蛋白加工、谷物磨制、面粉面条、食品添加剂、饲料添加剂、日化产品等；"中国食品名镇"茶山镇拥有食品及相关配套企业200多家，产品涉及糖果、饼干、点心、调味品等15个大类2000多个品种，形成制造、销售及其他产业配套一体的食品产业集群。

【造纸及纸制品业】 2020年，东莞市造纸及纸制品业375家规模以上工业企业完成规模以上工业增加值202.83亿元，比上年增长5.9%，占全市规模以上工业增加值比重由2019年4.7%提升至2020年4.9%，增速比全市平均水平高7.0个百分点，拉动规模以上工业增长0.3个百分点。

造纸及纸制品业多年来对东莞市工业经济增长起到重要支撑作用，为其他产业包装用纸实现有效供给，特别是电商行业拉动快递物流行业包装包裹用。大中型造纸企业主要布局在水乡片区，拥有玖龙、理文、金洲、建晖等全国闻名企业。 （洪雅雯　张锡铃）

特色产业

【特色产业概况】 2020年，东莞市四个特色产业（玩具及文体用品制造业、家具制造业、化工制造业、包装印刷业）完成规模以上工业增加值369亿元，比上年增长0.6%，占全市规模以上工业比重由2019年8.1%提升至8.9%。

【玩具及文体用品制造业】 2020年，东莞市玩具及文体用品制造业412家规模以上工业企业完成规模以上工业增加值117.27亿元，比上年下降7.8%，占全市规模以上工业比重为2.8%。主营业务收入较大企业有金龙珠宝、长荣玩具、明安运动、伟易达、美泰等。

【家具制造业】 2020年，东莞市家具制造业471家规模以上工业企业，完成规模以上工业增加值89.1亿元，比上年下降7.5%，占全市规模以上工业比重为2.1%。有慕思、洋臣、兆生、赛诺、楷模等主营业务收入较大的企业。

【化工制造业】 2020年，东莞市化工制造业366家规模以上工业企业完成规模以上工业增加值93.99亿元，比上年增长17.4%，比全市平均水平高18.5个百分点，占全市规模以上工业比重为2.3%。其中，石油、煤炭及其他燃料加工业实现增加值4.66亿元，比上年增长13.2%；化学原料和化学制品制造业实现增加值89.33亿元，增长17.7%。主营业务收入较大的企业有巨正源、丰益油脂、罗门哈斯、汉高、大宝化工等。

【包装印刷业】 2020年，东莞市包装印刷业225家规模以上工业企业完成规模以上工业增加值68.66亿元，比上年增长7.8%，占全市规模以上工业比重1.6%，增加值增长7.8%，比全市平均水平高8.9个百分点。主营业务收入较大的企业有敬业、当纳利、天元、虎彩等。 （洪雅雯　张锡铃）

转型升级

【转型升级概况】 2020年，东莞市贯彻落实《广东省关于推动制造业高质量发展的意见》以及省培育战略性产业集群统一部署，争创国家级先进制造业集群，东莞市智能移动终端入选国家先进制造业集群初赛（2019年），2020年参加工信部组织的集群决赛答辩；与广州、深圳、佛山等市联合申报国家先进制造业集群竞赛智能装备方向，成功入围集群中标名单。明确“4+5”（4个支柱产业+5个新兴产业）战略性产业集群培育体系，选取新一代电子信息、高端装备制造、纺织服装鞋帽、食品饮料等四个产业作为支柱产业集群，选取软件与信息服务业、新材料、新能源、生物医药及高端医疗器械、半导体及集成电路等五个产业作为新兴产业集群，分梯度培育形成一批国际一流、国内领先、地方特色产业集群，产业集群发展格局基本建立。加快优势传统产业集聚发展，出台《东莞市“3+1”产业集群试点培育专项资金管理办法》，重点针对纺织服装、食品饮料、家具等产业集群安排3.2亿元培育扶持资金，支持企业开展诊断服务、实施自动化改造、加强品牌培育以及市场开拓，引导企业往高端化、智能化、绿色化发展，针对每个传统产业遴选认定2～3个集群发展核心区，每个核心区给予不少于2000万元集群培育资金，用于核心区传统产业发展规划研究、扶持集群促进机构、提升集群形象、打造产业空间、开展工业旅游等。

【工业企业培育】 2020年，东莞市推动倍增计划优化，完善《倍增计划升级版》，推动产业链倍增和重点企业增资扩产，建立“企业高质量发展评价指标体系”并用于倍增企业筛选。推动专精特新企业发展，制定《东莞市专精特新中小企业培育工作实施方案》，划定市级、省级、国家级三级梯度培育对象，2019年、2020年培育省级专精特新企业103家。推动34家企业认定国家专精特新“小巨人”企业、实现国家级“小巨人”零的突破。推荐12个项目参加2020年“创客中国”广东省中小企业创新创业大赛，获唯一的一等奖并获其他奖项8项，为历年最好成绩。推动企业“小升规”，建立市镇联动摸查、走访、培育工作机制，定期跟踪“小升规”培育库企业、营收阶段性达标未升规企业、注册资本1000万元和5000万元以上新注册企业，开展政策宣讲和升规指导，升规企业数稳居全省第一位。

【“企莞家”服务品牌打造】 2020年，东莞市“企莞家”服务平台企业用户数由1.5万家提升至2.9万家，处理企业诉求2134条，比上年增长3.6倍；平均响应时间2.5个工作日，压缩超过60%。通过白名单贷款风险补偿政策推动试点合作银行对1.7万家企业发放贷款588.7亿元。专题会议协调解决54个产业项目动工、投产等难点问题，向企业推送政策128.8万家次。 （洪雅雯）

工业企业选介

【东莞创机电业制品有限公司】 2003年10月20日成立，位于东莞市厚街镇，占地27.47万平方米。是香港创科实业集团旗下最大全资子公司，主要生产电动装修及建筑工具、地板及地毯电动清洁工具、户外电动及内燃推动的园艺工具、园林机械、太阳能户外灯、刀具、手提电筒、电池组合、电子测量仪器等。香港创科实业集团1988年进驻东莞市厚街镇设立第一家加工贸易企业，先后投资创办6家公司。截至2020年底，仍运营4家：东莞创机电业制品有限公司、东莞厚街创科五金制品有限公司、东莞厚街创机塑胶制品有限公司、东莞厚街科劲机电设备有限公司。东莞创机电业制品有限公司等企业在东莞市研发工程师超1000人，在厚街镇创科工业园投建1.4万平方米研发大楼、2000平方米检测中心，每年研发近300项发明专利。是东莞机电行业龙头企业，被认定为东莞市倍增计划名誉试点企业，获评为商务部颁发的转型升级示范企业。

【东莞华贝电子科技有限公司】 2010年2月2日成立，位于松山湖高新区，占地11万平方米。由华勤通讯技术有限公司和上海创功通讯技术有限公司分别出资，其中华勤通讯技术有限公司是国内手机ODM（原始设计制造商）行业排第一名、位列全球前十的手机制造商。截至2020年底，该公司主营手机研发生产销售，生产智能手机、平板电脑、笔记本电脑、智能穿戴设备、服务器等。产品在世界同业占有份额接近5%。成立工程

东莞市创机电业制品有限公司生产车间 （2020年市工信局供图）

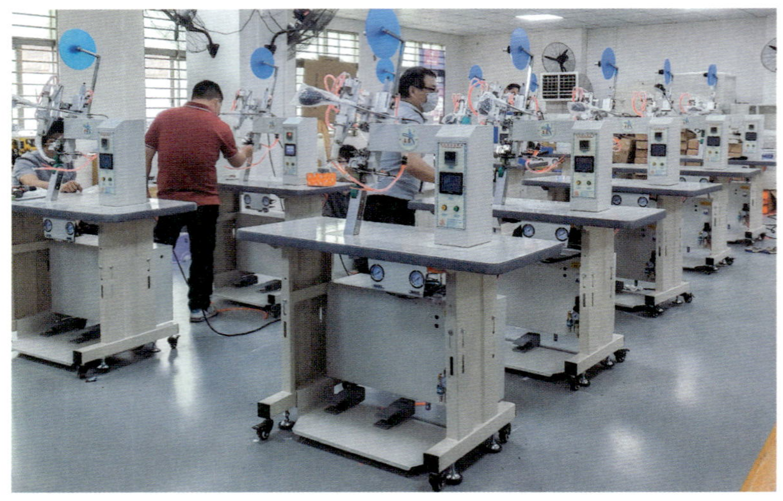

东莞市昌启自动化科技有限公司生产车间（2020年市工信局供图）

技术研究中心，对产品生产所需设备和工艺进行研发和技术改造。华贝电子省级企业技术中心实验室检测中心导入实验室检测和校准能力认可准则、中国合格评定国家认可委员会的特定认可要求，可对移动终端“低温试验、高温试验、温度冲击试验、恒定湿热试验”等10个项目进行测试。与4所著名大学建立产学研合作关系，共同研发智能通信终端、自动化生产线，获得专利及软件著作权超百项，主要客户有华为、联想等公司。

【东莞市昌启自动化科技有限公司】 1996年成立，位于东莞市厚街镇，占地1200平方米。是一家专业、设计、制造防水鞋服设备的高科技合资企业。2018年参与起草制定“制鞋机械、防水压胶机”中华人民共和国轻工行业标准。产品用于需要做防水处理的鞋厂、制衣厂、手袋厂、运动用品制品厂等，适用产品为户外防水登山鞋、风雪雨衣、防水箱包、潜水衣、潜水手套等。截至2020年底，有品牌商标4个、自主研发实用新型专利15项。2020年，在新冠肺炎疫情防控工作中作出重要贡献，获国务院应对新型冠状病毒肺炎疫情联防联控机制医疗物质保障组点名表扬。

【东莞市迈邦智能制衣设备有限公司】 2017年3月成立，位于东莞市高埗镇，属制造业内资企业，厂房面积2500平方米，从事防护服贴条机、防水衣服设备、无缝制衣设备、热移印设备生产销售。截至2020年底，有贴条机系列、超声波无缝系列、皮带热压无缝系列、冷热压机系列、测试机系列五大类十多款机型。参与广东省机械工程协会“防护服贴条机”标准制定，为生产医用防护服关键设备提供标准化生产、检测、维护指导，该标准获广东省机械工程学会科学技术一等奖，迈邦产品防护服贴条机项目获广东省机械工业科学技术一等奖。2020年疫情期间，加班加点生产设备，配合国家工信部调配，供应全国定点企业生产防护服，获国务院应对新型冠状病毒肺炎疫情联防联控机制医疗物质保障组点名表扬。（洪雅雯）

东莞市华贝电子科技有限公司（2020年市工信局供图）

建筑业·房地产业

CONSTRUCTION · REAL ESTATE

长安镇　（2020年长安镇供图）

编辑：郭佩文

建筑业

【建筑业概况】　2020年，东莞市建筑业产值664.48亿元，比上年增长21.7%；建筑业增加值224.53亿元，占全市生产总值2.3%；建筑业税收53亿元，占全市税收2.46%；建安投资1427.08亿元，增长16.4%。全年在莞经营的建设行业企业建立信用档案6057家，比上年增长18.2%，其中建筑施工企业4021家、工程监理企业364家、造价咨询机构230家、勘察企业242家、设计企业731家、工程质量检测机构131家、招标代理机构127家、审图机构28家、安全鉴定企业52家、担保企业131家。全市总承包资质施工企业1173家，包括一级企业29家，二级企业167家，三级企业977家。全年受理登记劳资纠纷信访案件57件，涉及金额4769万元，涉及人数1686人；共对3家不积极处理工人工资拖欠问题的企业作出限制投标及承接工程和网上公示处理，并将其不良行为上报广东省建筑市场监管平台；年内，东莞市开展建筑市场秩序专项整治及下半年全市房屋市政工程建筑市场专项检查，对因赶工费用、工期延长、疫情防控等原因引发的合同履约、工程结算、工程款及工人工资支付等纠纷隐患进行排查，打击卖标、转包、违法分包及挂靠等违法违规行为，督促企业落实用工实名制管理、工资支付分账管理、工资保证金制度等各项机制，保障农民工合法权益。化解建筑市场矛盾纠纷案件204件；市镇两级检查在建工程1257项次，发出整改通知书253份。

【建筑工程质量安全管理】　2020年，东莞市在建受监房屋建筑及市政基础设施工程5414项，总受监建筑面积6111.31万平方米，市政基础设施工程总长度6254千米。完成分部验收监督7645项，竣工验收监督2061项，一次验收合格率100%。受理消防验收832项，办结832项；受理消防备案1955项，办结1938项。全年在监污水治理项目334个，其中在建50个，竣工验收265个，完工但未验收19个；次支管网工程预验收1483.91千米、竣工验收1029.69千米。开展在建基坑工程质量安全专项检查、建设工程预拌混凝土及预拌砂浆专项检查、质量安全专项执法大检查、质量检测机构检查、建筑材料质量专项检查、预拌混凝土及预拌砂浆生产企业质量检查等专项检查10次，举办应急救援演练活动1次，召开观摩会2次，全年出动执法人员6.96万人次，检查各类工地2.75万项次，发出质量监督执法文书1.23万份。年内，获省建设工程优质结构奖项目16个，省建设工程优质奖项目12个，省建设工程金匠奖项目6个。

2020年，东莞市开展危房排查登记并建立全市危房信息管理系统，排查登记危房1845间，其中有人居住危房145间，采取加固等措施消除安全隐患25间，历史遗留建筑台账中所列房屋检查32.93万间，发现存在安全隐患数量2235间，及时消除隐患数量366间。对尚未消除安全隐患的，由属地镇街做好房屋加固、巡查避险等工作，确保群众生命财产安全。开展削坡建房整治。印发《关于加强汛期农村削坡建房整治工作的通知》《关于进一步加强全市削坡建房综合整治全力完成2020年工作任务的通知》，对全市17个镇街开展削坡建房综合整治督查，对治理进度相对滞后镇街进行重点督导，2020年削坡建房治理任务有39处，完成治理21处，治理施工阶段17处，搬迁避让阶段1处，竣工率54%，开工率100%。

2020年9月18日，东莞市住建局在万科江岸花园项目召开2020年“质量月”现场观摩交流会（市住建局供图）

【建设工程监理】 2020年，东莞市实行监理单位向政府质量安全监督主管部门报告质量监理情况制度，实行监理报告常态化研判制度。每周定期召开会议对监理周报、月报进行研判，及时掌握施工现场质量形式及安全状况，全年收到监理周报10.22万份，月报1.28万份。

【建设项目招标投标管理】 2020年，东莞市创新建筑设计招投标改革，推进和规范工程总承包的实施发展。房建市政项目完成招投标192项，其中服务类（勘察、设计、监理等）143项，施工类33项，EPC类16项，发布《东莞市住房和城乡建设局关于进一步优化东莞市房屋建筑和市政基础设施工程建设项目投标保证金使用银行电子保函的通知》，由原“纸质保函+电子指令”优化为“电子保函+电子指令”，修订完善《东莞市住房和城乡建设局房屋建筑和市政基础设施工程采用工程总承包模式建设的工作指引》。

【建设工程造价管理】 2020年，东莞市完善《东莞建设工程造价信息》，并改进发布形式，定期在“东莞市住房和城乡建设局网站”发布电子版文档供免费下载；加大“东莞地区建设工程主要材料价格信息”的发布频率。年内，发布《东莞市主要建筑材料综合价格》22期、《东莞市建设工程常用材料综合价格》12期；经备案的招标控制价项目668个，比上年下降18.73%，招标控制价备案总额184.39亿元，下降17.33%，新增备案企业51家，在东莞市开展工程造价业务的造价咨询企业224家。

【勘察设计管理】 2020年，东莞市不定期聘请相关专家组成督查组开展监督抽查，抽查房屋安全鉴定项目16个，抽查位于轨道交通保护区范围内等重点勘察作业现场项目12个，并对施工图审查机构审查合格的38项（单体）房屋建筑和市政基础设施工程施工图设计文件进行抽查。未发现有违反强制性标准等情况，施工图设计文件质量、房屋安全鉴定、工程勘察现场作业成果质量基本符合要求。

【建设工程项目审批事项改革深化】 2020年，东莞市简化优化项目建设审批手续。优化合并施工许可手续，将质量安全监督登记等事项并入施工许可一并办理，开工安全条件及保障施工的安全措施由企业自行核查并承诺，办理时限由5个工作日缩减至3个工作日。简化基础和基坑报建手续，取得建设用地规划许可证的项目，可即申请基础和基坑工程施工报建，不再要求提供土地使用权证；优化消防设计审查事项，优化装修改造变更手续，推进重大项目消防审批工作；缩减办事时限，由6个工作日缩减至5个工作日。推进数字化联合审图。印发《东莞市住房和城乡建设局关于进一步推进数字化联合审图的通知》，推进联合审图要求，将消防、人防、防雷、通信等技术审查并入施工图设计文件审查，由建设单位自行委托施工图审查机构通过省数字化审查系统实施施工图审查，实行施工图设计文件无纸化申报、审查和审核确认。在全市范围内，建筑工程施工许可、建筑工程消防设计审查意见书、超限高层建筑工程抗震设防审查备案凭证、基础和基坑工程施工报建证明推行电子证照。全年通过办理施工许可证件2823项，建筑面积3518.35万平方米，工程造价783.4亿元；超限高层抗震设防审查10项；基础和基坑工程施工报建149项。房屋建筑与市政基础设施工程施工图审查备案5768项；建设工程消防设计审查781项。年内，东莞市在2020年省发改委组织的营商环境试评价中排全省第三名、地级市第一名。

【建筑业健康发展扶持】 2020年，东莞市开展建筑业企业扶优培强，培育打造东莞建造品牌，招引优质企业落户东莞，首次提出“鼓励支持本土优质企业积极参与全市工程建设”并实施“东莞建造”优质施工企业评价工作，年内，公布2020年“东莞建造”优质施工企业名录（第一批30家）。全年有4家施工总承包一级资质企业落户东莞，其中1家为建筑和市政双一级资质企业。（吴维彬）

房地产业

【房地产业概况】 2020年，东莞市房地产开发投资870.54亿元，比上年增长9.3%，占全市固定资产投资36.2%。全年新建商品房网签销售面积895.31万平方米，比上年增长21.08%，销售金额2000.92亿元，增长44.45%，其中住宅销售面积737.37万平方米，增长35.73%，销售金额1786.28亿元，增长63.33%，销售均价2.42万元/平方米，增长20.34%。核准预（现）售商品房814.55万平方米，增长39.05%，其中住宅面积650.69万平方米，增长56.26%。

【房地产市场调控】 2020年，东莞市出台多项面向房地产业扶企纾困措施，支持企业复工复产。明确非户籍居民家庭在疫情防控期间社保或个税断缴的处理方式，加强商品住房销售价格指导，优化房价申报措施，阶段性放宽限价政策，解决“双合同”问题，促进网签房价回归真实水平。加强商品住房销售价格指导，适时恢复限价措施，遏制房价过快上涨势头。加强房价信息公开，引导市场合理交易。加快住宅入市遏制捂盘惜售。明确8月1日起新建商品住房项目分批销

2020年7月24日，东莞市召开房地产开发企业约谈会（市住建局供图）

售的，每批申请预（现）售的规模须不少于3万平方米，加快商品住房供应，缓解供需矛盾，同时防止“边推边涨”。督促已达预（现）售条件的住宅项目限期办理销售。加强调控打击投机炒房行为。7月25日，印发《关于进一步促进东莞市房地产市场平稳健康发展的通知》，出台多项措施，重点加强对二手房市场的调控（首次将二手住宅纳入非户籍家庭限购范围）。开展房地产市场乱象治理专项行动，重点打击房地产开发企业及中介机构哄抬房价、捂盘惜售等扰乱市场秩序的行为。因势利导培育住房消费增长点。落实港澳居民购房便利措施，明确港澳居民凭香港、澳门特别行政区居民身份证或港澳居民来往内地通行证，个人在东莞市限购一套商品住房。探索研究解决“一房多证”问题，释放合理住房需求。谋划“一城一策”工作方案。编制并完善《“一城一策”工作方案》（初稿）的编制工作。

【房地产去库存】 2020年，东莞市商品房库存面积827万平方米，其中住宅库存面积301万平方米，去库存周期4.88个月，处于供应紧张状态。

【房屋租赁管理】 2020年，东莞市印发《东莞市关于加快培育和发展住房租赁市场的实施意见》，理清房屋租赁管理职责，明确长租公寓、园区、工厂等企业宿舍、物业小区出租屋、商务公寓等租赁房屋，由属地镇街（园区）房管所办事窗口进行租赁登记备案。5月13日，启用房屋租赁系统办理租赁合同登记备案，网签租赁合同可直接办理租赁登记备案。全年办理租赁登记备案1089宗，面积140.85万平方米，其中办公楼登记备案167宗、面积14.67万平方米，商铺用房登记备案557宗、面积14.97万平方米，厂房登记备案91宗、面积74.45万平方米，住宅（含物业小区、长租公寓）92宗、面积0.65万平方米，企业宿舍23宗、面积12.47万平方米，仓库6宗、面积0.76万平方米，综合11宗、面积22.47万平方米，其他10宗、面积0.41万平方米。年内，加强对住宅小区和公寓式住宅租赁的管理，建立住宅物业租赁信息登记和报送工作机制。自9月24日启用以来，全市各物业服务企业报送住宅租赁信息2.58万条。

【房屋维修资金管理】 2020年，东莞市修订《东莞市住宅专项维修资金管理办法》；启用新的维修资金管理业务信息系统，提高维修资金管理信息化水平及业务审批效率；加大对开发商欠缴维修资金追缴力度，追回欠缴维修资金2.2亿元。全年归集维修资金5.21亿元，比上年增长44.32%，累计归集的维修资金余额总额58.44亿元，办理维修资金使用业务80宗，退款业务3360宗。

【物业管理监管】 2020年，东莞市将物业管理和业委会违法违规问题整治纳入全市行业乱象专项整治工作范围，处理物业管理投诉和纠纷6896宗。年内，全面加强物业服务行业规范化、制度化建设，推动形成业主（业委会）、物业服务企业、社区三方共建共治共享小区治理格局。加强物业服务企业党建工作，物业服务企业开展党建工作的小区有88个，成立党小组或党支部的业委会有1个，搭建起党建引领、和谐共融的基层党建平台，其中金域华府小区获得广东省物业管理示范住宅小区的称号。5月1日，实行东莞市物业领域行政办事事项全程网上审批，完成招投标备案项目126个、合同备案项目150个，细化办事指南。建立住宅小区重大事项公告平台。在东莞建设网统一发布全市住宅小区相关重大事项的公示公告，杜绝“被投票”现象。 （吴维彬）

【不动产登记】 2020年，东莞市不动产登记中心推进“互联网+不动产登记”改革，不动产登记能力和服务水平提升明显。年内，全市颁发不动产权证书32.28万本、不动产权证明38.64万本，日均办理2540宗。

【一手商品房办证全网办】 2020年，东莞市不动产登记中心上线启用“东莞市不动产权籍调查系统”商品房部分功能，强化人脸识别、电子合同、电子签名、电子印章、电子证照等技术应用，实现一手商品房网签合同、合同备案、预告（抵押）登记、确权登记（预审）、一手办证全程网办，零跑腿、零材料、1个工作日办结出证，最快1个小时办结。实现“新建商品房首次登记”业务全网办，截至2020年底，办理新建商品房确权预审业务977宗，办理楼盘131个，平均办理时长压缩至1个工作日。全年网办业务近25万宗，占比40%。

【二手商品房“一窗受理、一网通办”模式启动】 2020年，东莞市不动产登记中心开展二手商品房“不动产交易登记+税务+水电气”一窗受理、一网通办模式，申请人办理房屋过户时同步缴纳税费，一并申请办理水电气过户业务，不动产登记部门办理房屋过户后将不动产电子证照、业主身份信息共享到水电气等民生部门并联过户，多项并办业务办理时限由15个工作日压缩至5个工作日，全程只需跑不动产登记窗口1次即可办妥。

【“不动产登记+金融服务”模式】 2020年，东莞市有14家银行310个网点实行“不动产登记+金融服务”模式，实现银行在线提交抵押登记申请材料、不动产登记部门在线审核办结颁发电子证照，办结时限压缩至1个工作日内，最快1小时办结。11月，推出新建商品房抵押权预告登记和招商银行App办理商品房抵押权登记智能化审核“秒批”功能，采取电子合同等技术创新手段，申请材料与业务系统自动校匹配，实现随时随地在线申请、7×24小时审核、即时办结、银行快速放款。截至2020年底，“不动产+金融”网办抵押登记4.9万件。

【“一站式”不动产登记推行】2020年，东莞市民服务中心设立不动产专区，推出1小时办证业务和“一次叫号、一套资料、一窗受理、全城通办”一站式服务，业务覆盖至全市33个镇街的一手办证、商品房抵押登记和部分二手房业务，实现商品房高频业务1个工作日办结，一手办证1小时内办结。截至2020年底，全市通办、网办业务量占全市不动产交易登记总业务量70%。

【不动产登记“掌上办”服务模式开启】2020年3月30日，东莞市推出“东莞市不动产登记中心”微信公众号，实现与“莞家政务”公众号互联互通，为企业群众提供通知公告、办事指南、电子委托、预约取号、业务进度查询、合同备案查询、个人产权查询、出具无房证明、增量商品房转移登记（一手办证）、电子证照下载等一站式服务，实现登记和查询业务“随时办、随地办、掌上办”。全年在线办理一手商品房办证1.21万宗，平均办结时限为3个小时；市民通过微信端获取个人不动产查询证明78.8万份，线上占比68.9%，办理在线委托500余份。

【不动产抵押登记服务能力提高】2020年，东莞市不动产抵押权注销登记和抵押权首次登记合并为一个登记业务，审核时限由原来“1+3”个工作日压缩至3个工作日办结。结合市民服务中心“复工复产”专窗代办服务，可实现并办业务当天办结，助力企业快速及时办理转贷业务。市民服务中心、镇街政务大厅抵押窗口分别以五倍、双倍增加预约号扩充抵押业务承载量，并通过市政务服务中心与镇街政务大厅互补，政务大厅周末不打烊，化解不动产抵押登记预约号供需矛盾。强化银政部门沟通对接，联合市金融工作局、各镇街（园区）登记部门协调各商业银行统计并报送疫情期间积压抵押登记业务，优先消化房贷业务需求，做到简单业务即收即办，复杂业务2个工作日内办结。

【稳定、帮扶房地产企业措施实施】2020年，东莞市印发《关于进一步优化新建商品住房销售价格申报管理的通知》，加强商品住房销售价格指导。针对受疫情影响导致已签订的《商品房买卖合同》逾期备案的问题，调整延长备案时限。印发《关于明确疫情防控期间购房资格认定问题的通知》，对受疫情影响无法按时缴纳社会养老保险费或个人所得税的非东莞市户籍居民家庭，其疫情防控期间在核定购房资格时视为“连续缴纳”，保障群众购房资格；调整商品住房限购政策，落实政策调整后的业务流程再造、系统调整和窗口收件调整等工作，保障房地产市场平稳健康发展。

【在建工程抵押服务升级】2020年，东莞市出台《东莞市人民政府关于加快镇村工业园改造提升的实施意见》，允许“工改工”项目分区、分期、分栋办理在建工程抵押及余额抵押，按分期建设需要，支持原已设定在建工程抵押的厂房竣工后，通过加入新的在建抵押物方式注销原建筑物抵押后办理销售，保证开工、抵押、现售滚动开发的资金需求，为推进镇村工业园改造提升保驾护航。结合“不动产+金融”全流程电子化审批模式以及开设市民服务中心的不动产抵押专窗，实现“工改工”项目在建工程抵押项目一窗办理、一级审核、即到即办。

【不动产权手续补办】2020年2月26日，东莞市出台《东莞市历史遗留产业类和公共配套类违法建筑补办不动产权手续实施方案》及配套实施细则，印发《关于申请纳入“拓空间”历史遗留产业类和公共配套类违法建筑补办工作试点的操作指引（暂行）》。截至2020年底，根据新的补办政策，各镇街（园区）受理纳入台账的申请项目130个，建筑物559栋，建筑面积150万平方米。涉及倍增计划、上市后备、国家级高新技术企业44家。申请纳入台账的公共配套类项目有13个，主要为小学、供电设施等。

【不动产权籍调查改革启动】2020年，东莞市不动产登记中心启动不动产登记权籍调查改革工作，通过启用东莞市不动产权籍调查系统，实现主要登记事项权籍调查由“镇（街）、市”二级确认转变为市一级确认，调查成果全面实现无纸化，权籍调查确认过程全程记录可视化，取消宗地图测量、房产测绘成果备案、单位自建房产籍号等事项，典型的权籍调查审查时限由70个工作日缩减至15个工作日。全年完成商品房、自建房4551栋的权籍调查。

【“房地一体”确权登记推进】2020年，东莞市印发《关于明确东莞市房地一体的农村宅基地和集体建设用地权籍调查有关事项的通知》《东莞市房地一体的农村宅基地和集体建设用地确权登记实施细则》，形成合理高效、操作性强的权籍调查技术标准，完成外业调查工作，进入内业数据处理、资料收集、质量检查和验收工作。截至2020年底，上交村数据435个，通过省厅质检软件检查的村有18个，其中，3个村的首批成果数据已通过省市专家验收。（陈奕西）

附：2020年东莞市不动产登记中心主要领导名录

主　任：叶绍焜

商贸流通业

COMMERCE

鸿福路商圈　（2020年张顺祥摄）

编辑：郭佩文

商贸流通业综述

【商贸流通业概况】 2020年，东莞市社会消费品零售总额3740.14亿元，居全省第三位，比上年下降6.6%。降幅比上半年和前三季度分别下降7.4个百分点、3.1个百分点。分地域看，城镇消费品零售总额3375.88亿元，比上年下降6.6%；乡村消费品零售总额364.26亿元，下降6.4%。分消费形态看，商品零售额3391.75亿元，比上年下降6.4%；餐费收入348.39亿元，下降8.6%。分行业看，限额以上批发零售贸易业零售额1431.87亿元，比上年下降5.6%；限额以上住宿餐饮业零售额94.08亿元，下降12.9%。

年内，东莞市制定《全市商务推进"百日攻坚"行动实施方案》《2020年11、12月经济调度工作方案》，下发《关于做好2020年11、12月经济调度工作的通知》《关于进一步强化商贸统计和促消费工作的通知》《关于填报重点监测商贸企业运行情况的通知》。在"乐购东莞"促消费活动持续刺激下，1—12月粮油食品类、饮料类、烟酒类、日用品类、中西药品类等生活类商品，一直保持着良好的增长态势，分别实现零售额61.3亿元、21.9亿元、15.2亿元、41.7亿元、21.5亿元，分别比上年增长6.8%、60.8%、105.9%、12.9%、6.7%，拉动限额以上零售额增长1.6个百分点。限额以上汽车类下半年保持增长，12月增长3.9%。新增入库社会消费品零售总额限额以上批发、零售、住宿、餐饮企业627家，拉动全市社会消费品零售总额提高0.5个百分点。

【保供稳价】 2020年，东莞市制定《东莞市新型冠状病毒感染的肺炎疫情防控指挥部办公室物资保障二组工作方案》《东莞市冻猪肉储备应急投放机制（试行）》《东莞市商务局关于做好瓶装饮用

2020年8月14日，“乐购东莞”第三季度“东莞之夏”“东莞味道”促消费活动在市民服务中心启动（郑志波　摄）

水等其它生活必需品保供工作的方案》，保障市场供应。建立涵盖全市主要商超、批发市场、便利店等流通企业的监测网络，对全市猪肉、蔬菜、粮食、食用油、鸡蛋菜等10类农产品、市场供求情况进行监测分析。组建保供稳价调查队，深入商超、农贸市场、便利店等一线实地摸查情况，真实掌握市场供应情况。为全市10多家涉及生活必需品运输配送的物流企业、平台企业开具《民生保供企业资质证明》，解决企业市内交通限行问题。协调省相关部门和兄弟地市商务部门帮助解决企业配送车辆市外限行问题。制定印发《东莞市商贸企业节后复工新型冠状病毒肺炎疫情防控工作指南》《东莞市商超、餐饮和住宿行业复工复产一本通工作手册》《东莞市商业服务行业常态化疫情防控工作指引》等指导性文件，指导企业科学做好卫生防护工作。采取市督导组重点抽查、镇街联合普查的方式对全市3000平方米以上的商场、超市开展卫生防护专项督查。

【消费促进活动】　2020年，东莞市开展“乐购东莞”活动，营造兴旺消费氛围。开展“2019—2020年岁末年初‘乐购东莞’促消费专项行动”，举办“东莞之夏”“东莞味道”“全城至HI消费日”促消费活动启动仪式，以及“莞货之光”快闪店展览、东莞好物市集、家电家装节活动；年内，市镇两级发放超1000轮电子消费券，其中，市商务局牵头发放消费券和汽车消费补贴7016.7万元，直接拉动消费金额58亿元，杠杆82.6倍。组织开展“家电惠民”促消费活动、“消费促进月”活动、5G新消费系列活动；指导各镇街（园区）举办步行街（商圈）专题促销、美食嘉年华、网红代言、老字号国潮、服务消费等活动，激活消费市场人气。

【汽车销售市场经济秩序规范】　2020年，东莞市商务局推动汽车行业协会为会员单位建立诚信档案，制定行业信用信息采集、使用、发布、交换制度，依法收集、记录和整理会员企业在经营过程中产生的有关信用信息，建立健全企业信用信息数据库。指导开展第三届东莞市汽车行业“诚信企业”创建活动，为“东莞市汽车消费放心店”授牌。组织开展“双随机一公开”多部门联合抽查计划4项，抽查企业8家，出动执法人员16人次，进一步规范市场秩序。督促汽车销售企业按照《汽车销售管理办法》规定进行汽车销售。开展单用途商业预付卡日常监管，组织全市范围内的单用途商业预付卡风险专项排查工作和《单用途商业预付卡管理办法（试行）》学习宣讲活动。全年协调处理商贸流通领域消费投诉超230宗。

【肉类蔬菜流通追溯体系建设加强】　2020年，东莞市商务局协调石排镇调整试点企业，协调解决嘉荣超市肉菜追溯系统调试、对接、验收过程中相关问题。截至2020年底，试点企业按计划基本完成试点任务，并验收合格。实现与省重要产品追溯管理平台的对接，各项数据报送平稳，月均传输数据量10万条以上，累计报送数据213万余条，排名稳居全省前五。

【市场文明创建督导检查】　截至2020年底，东莞市商务局和市市场监督管理局派出17个督导检查小组，以分片包干方式，每周一次对全市农贸市场、大型商场、大型超市、流动摊贩安置摆卖区、消费者投诉举报电话、问题药品举报电话等文明创建工作进行督导检查。12月，开展农贸市场改造的前期调研工作，对全市农贸市场、摆卖区开展摸底调查工作，制定农贸市场升级改造提升方案。（李　倩）

商品经营

【批发零售贸易】　2020年，东莞市批发业零售额1031.73亿元，零售业零售额2282.43亿元。年内，东莞市实现批发业销售额6502.8亿元，比上年增长0.8%；零售业实现销售额2524.2亿元。

【生产资料销售】　2020年，东莞市建筑及装潢材料类商品零售额3.76亿元；五金、电料类商品类零售额1.31亿元，增长7.2%。

【成品油供应】 截至2020年底，东莞市取得成品油零售经营资格加油站321座，全市加油站成品油销售量245.4万吨，比上年减少3.65万吨，下降1.46%，其中，汽油年销售量174.57万吨，下降3.48%，柴油年销售量70.83万吨，增长3.88%。中石化、中石油、中海油三大集团公司系统内加油站155座，成品油年销售121.22万吨，比上年下降8.74%，其中汽油年销售量77.18万吨，下降12.72%，柴油年销售量44.04万吨，下降0.8%。民营加油站111座，成品油年销售89.61万吨，比上年增长13.96%，其中汽油70.87万吨，增长14.1%，柴油18.73万吨，增长13.42%。外资企业（含中油BP、加德士、延长壳牌）加油站55座，成品油年销售34.57万吨，比上年下降8.03%，其中汽油26.52万吨，下降12.53%，柴油8.05万吨，增长10.74%。

（李　倩　王建敏）

物流业

【物流业概况】 2020年，东莞市交通运输、仓储和邮政业增加值209.49亿元，比上年增长7.9%，占地区生产总值比重2.17%，全省排第四名。全年完成货物运输总量1.77亿吨，增长2.2%，其中，公路货物运输总量9647.38万吨、水运货物运输总量7491.49万吨；全港货物吞吐总量1.99亿吨。

【保税物流发展】 2020年，东莞市保税物流进出口额2615亿元，比上年增长9%，占全市进出口总额的19.7%（全市进出口总额1.33万亿元）。年内，虎门港综保区全年进出园区货值1365.2亿元，比上年增长6.3%；东莞清溪保税物流中心业务量呈现逆势增长，全年进出中心货值666亿元，增长44.98%。东莞市保税物流企业协会有80家保税物流会员企业，有长安、凤岗、寮步三个进出境货运车辆检查场。

【2020年两岸冷链物流产业合作论坛】 2020年12月1—3日，2020年两岸冷链物流产业合作论坛（下称“两岸论坛”）在东莞举行。中国物流与采购联合会规划研究院、台湾海霆国际物流集团与洋浦国际投资咨询公司签订两岸冷链物流产业合作联盟合作框架协议。两岸冷链物流合作试点城市和有关企业联合发起关于共同携手应对疫情行动倡议，两岸论坛为东莞与台湾搭建产业合作交流发展平台，促使莞台两岸在冷链物流等各领域的资源对接，促进两地务实合作。

（李　倩）

会展业

【会展业概况】 2020年，东莞市会展业各项竞争指数在全国90个城市中排第三名，2020年中国最具竞争力会展城市（地级市）排第三名。截至2020年底，东莞拥有广东现代国际展览中心、常平会展中心、虎门会展中心3个专业展馆，室内可展览面积15万平方米，室外可展览面积8万平方米。年内，东莞市举办展览规模在3000平方米以上的展览会33场，总展出面积120万平方米。出台《关于进一步拉动消费复苏　强化中小微企业个体工商户扶持的实施办法》专设拉动会展业复苏政策；编制《东莞市会议、会展活动疫情防控工作指引》，为会展企业做好疫情常态化防控、安全办展提供具体操作依据；建立办会办展临时审批机制，形成“属地疫情防控指挥部初审+市疫情防控指挥部再审”的多部门联动工作机制，解决目前展会活动安全许可审批问题，推动疫情常态化防控与会展业复苏两手抓。

【第二十届广东国际汽车展示交易会·春季】 2020年6月25—28日在广东现代国际展览中心举行，是东莞市疫情防控进入常态化防控新阶段后，首个恢复举办的会展活动。展会规模4.33万平方米，招商45个汽车品牌的163家企业参展，其中，汽车4S店116家，展出车辆超1000辆。展期内，吸引入场参观和订购汽车的观众3.12万人次，成交预定汽车9915辆，成交额20.05亿元，85%的汽车品牌超额完成销量目标。

【2020年中国会展经济研究会年会暨中国会展经济（东莞）论坛】 2020年7月29—31日，在广东现代国际展览中心举办。作为中国会展业最高规格的全国性行业盛会，年会吸引来自23个省市的会展管理部门、12个省市会展行业协会、98家会展相关企业、19所院校超500位代表参会。

【第43/44届国际名家具（东莞）展览会】 2020年8月18—22日在广东现代国际展览中心举行。展会以“聚变2020”为主题，整合线上线下资源，选品涵盖成品家具、定制、整装、设计、材料选材等各个家居参展品类，打造“设计+定制+成品+整装”的大家居品牌展会。是东莞市2020年举办规模最大的展览会，启用展馆10个，展贸一体面积55万平方米，有1165家品牌家具企业参展，入场观众数量12万人次。

【2020中国（东莞）国际医疗防疫及大健康产业发展论坛暨展览会】 2020年10月19—20日，在广东现代国际展览中心举行。该活动采取“政府办会、企业办展”办展模式，遵循“市场化、专业化、国际化”办展思路，同期举办论坛和展览会。论坛围绕“聚焦防疫产业链·智领健康新时代”为主题，推动防疫物资产业联动，助力东莞打造“国际医疗及大健康”产业新名片。展览会分为口罩设备及原材料、口罩产品及防疫物资、消杀消毒设备、大

健康展区以及综合服务共五大展区，展会规模1.5万平方米，设有近400个展位，有158家企业报名参展，两天累计进场观众5956名（其中专业采购商约2000名）。

【2020中国国际汽车升级套件暨改装车展览会】 2020年10月23—25日，在广东现代国际展览中心举行。展会内场面积3万平方米，外场活动区面积5万平方米，汇集国内外316家企业，608个参展品牌，改装车辆超3000辆，吸引观众超3万人次。同时举办以“以立促破 协同共进—打造中国汽车改装发展新局面”为主题的“2020中国汽车改装行业高峰论坛”，是国内首个汽车改装行业的高端交流平台。

【第十一届东莞台湾名品博览会】 2020年10月29日至11月1日，在东莞广东现代国际展览中心举行。展会展览面积2万平方米，吸引300多家参展商，入场观展采购的人数2.5万人次。该届展会在原来的基础上进行转型升级，以更高规格、更新模式、更专产业、更优品牌，全方位、多角度呈现新时代台商台企的崭新风采。

2020年12月2日，第六届广东国际机器人及智能装备博览会在东莞市开幕
（郑家雄 摄）

【第六届广东国际机器人及智能装备博览会】 2020年12月2—4日在广东现代国际展览中心举行。展会定位为国内外高端先进机器人、智能装备及其零部件主题的专业年展，采取“政府办会、企业办展”模式和“市场化、专业化、国际化”办展思路，吸引ABB、发那科、安川电机、爱普生等300多家参展企业，展会同期举办相关主题论坛、沙龙等10余场活动。

【第十二届中国加工贸易产品博览会】 2020年12月17—20日在广东现代国际展览中心举行。该届按照“1个主题展+6大专业展”模式设展，其中主题展紧扣创新发展，设梯度转移、工业设计等四个板块；专业展紧贴加工贸易特色，设智能移动终端、时尚家居用品等六个展区。该次展会参展企业1193家，来自21个省份及港澳台地区；逾5万人次观展采购，其中有专业观众2万人次，来自38个国家和地区；展会现场达成商贸合作项目（含合同、协议和意向）超430个，意向成交额13.5亿元。
（李 倩）

2020年12月17日，第十二届中国加工贸易产品博览会加工贸易梯度转移对接交流会在东莞市举行
（市商务局供图）

拍卖业

【拍卖业概况】　截至2020年底，东莞市取得从事拍卖业务许可的企业45家，从业拍卖师88人。年内，举办拍卖会7929场次，比上年下降5.55%；成交总额26.28亿元，下降35.21%。其中，法院委托成交额11.41亿元，占总成交额43%，比上年下降24%；政府部门委托成交额5.97亿元，占总成交额22%，增长44%；金融资产机构委托成交额1347.49万元，占总成交额0.5%，下降95%；其他机构及个人委托成交额8.77亿元，占总成交额33%，下降35%。拍卖企业主营业务收入3885.2万元，比上年增长53.7%，营业利润171万元。

【拍卖行业年度核查】　2020年3—6月，东莞市商务局开展2019年度全市拍卖行业年度核查工作，组织全市44家拍卖企业开展年审工作。年审结束后，要求有关镇街按照上级部门工作指引督促整改企业制定整改方案，落实整改措施，完善各项制度，按时按质完成整改，发挥镇街商务部门的属地监管作用。（李　倩）

再生资源回收行业

【再生资源回收行业概况】　截至2020年底，东莞市经工商注册登记的再生资源回收市场主体3479家，比上年增长1.3%。制定《关于贯彻落实〈东莞市再生资源回收行业发展规划（2019—2025）〉的实施方案》，针对编制镇街（园区）回收网点设置规划、开展再生资源回收行业整治、健全行业长效管理机制、培育龙头示范企业及推广创新回收模式、拓展再生资源交易管理平台、发挥行业协会引领作用和探索“两网”衔接试点工程等七大重点工作任务，按照先易后难、分步实施工作思路，明确细化阶段任务、工作措施及责任部门，推进再生资源回收提质升级，引导行业规范化、集约化、规模化发展。

【再生资源回收行业管理机制健全】　2020年6月，东莞市再资办制定《东莞市再生资源回收行业管理机制》，细化市再资办及成员单位行业监管职责和各镇街（园区）及村（社区）的属地监管责任，明确将再生资源回收经营场所日常巡查工作纳入“智网工程”管理，针对日常检查发现问题，建立从下而上、逐级解决的联动机制。

【再生资源回收行业专项排查整治】　2020年6—9月，东莞市再资办在全市范围内开展再生资源回收行业安全隐患排查整治工作，重点排查消防安全设施、用电设施、安全作业及安全管理制度等主要问题，通过组织排查建立台账、集中力量联合整治、及时复检查漏补缺等三个阶段推进、分步实施。专项整治期间，各镇街（园区）排查从事再生资源回收经营的站点2394个，其中问题站点1100个，完成整顿站点947个，整改率86.1%。（李　倩）

供销合作商业

【供销合作商业概况】　2020年，东莞市供销社系统实现销售收入135.3亿元，比上年增长32%；利润总额5847.38万元，增长12%；税收2190.9万元，增长1.3%。在全省供销社系统综合业绩考核中获得二等奖。

【供销社消费扶贫力度加大】　2020年，东莞市供销社加强消费扶贫工作力度，在32个镇街建立线上消费扶贫馆，设立线下消费扶贫专区（专柜）26个、专馆14个，在广东省东西部扶贫协作交易市场设立东莞特色展销馆。全年对接帮扶产品182种，销售额4985.9万元，比上年增长2.54倍，帮扶带动昭通、韶关、揭阳等地区农户1000余户。

【供销社城乡服务水平提升】　2020年，东莞市供销社组建实体企业参与生活垃圾分类回收，打造再生资源回收利用体系，与东城、谢岗、茶山等镇街签订业务合同达1558万元。推进“粤菜师傅”工程，3000多名百姓得到免费就业培训机会。参与全省冷链物流骨干网和农产品直供平台建设，更多农产品走入千家万户餐桌，提升服务城乡的手段和功能。东莞市供销集团有限公司入选2020年度全国供销合作社城乡优选服务项目，获得“金扁担改革贡献奖”。（莫志良）

附：2020年东莞市供销社主要领导名录

党组书记、主任：黄启光

专营专卖

【烟草专卖】　2020年，东莞市烟草专卖局（公司）实现税利30.37亿元，比上年增长5.56%；获“2020年度东莞市效益贡献奖”（第二名）、“2020年度东莞市主营业务前20名企业”（第十三名）。

【烟草专卖管理】　2020年，东莞市查处涉烟违法案件1302件，其中涉刑事案件126件，查获涉案卷烟1.55亿支、商标标识4.11万张及其他烟草制假设备4台，涉案总价值1.1亿元。其中查获假烟9149.75万支，价值7518.10万元；走私烟529.1万支，价值369.99万元。其中“7·18”仓储假烟、“8·7”跨省市物流寄递假烟等案件，获公安部、国家烟草专卖局专门贺信表扬。年内，围绕非法卷烟中转分销和物流寄递工作重

点，形成省、市、镇三级烟草打假打私新成效。（招敏华）

【食盐销售】 2020年，广东省盐业集团东莞有限公司销售盐产品5.26万吨，其中小包装食盐3.22万吨，食品加工用盐1.95万吨，其他盐销量860吨。全年实现营业收入9783.34万元，实现利润总额2426.88万元（含政府食盐储备资金）。

【食盐储备建设和质量监管】 2020年，广东省盐业集团东莞有限公司承储政府食盐储备9600吨，其中省级储备量4300吨，市级储备量5300吨，全年储备均符合要求。年内，出动监管人员4840人次，巡查副食店档和用盐单位7546个次，与市场监督管理局开展联合行动15次，发现违规经营线索111条。（李诗馨）

附：2020年东莞市烟草专卖局（公司）领导名录

党组书记、局长、总经理：钟荣林

附：2020年广东省盐业集团东莞有限公司主要领导名录

党支部书记、执行董事（法定代表人）：陈洪晓（3月到任）

电子商务

【电子商务概况】 2020年，东莞市电子商务交易额5861亿元，比上年增长9%。全市跨境电商进出口额380.56亿元，其中出口362.18亿元，进口18.38亿元。东莞邮政发出国际小包2310万件，日均7.4万件。

【“品质东莞 线上绽放”系列活动】 2020年，东莞市先后举办阿里巴巴国际站线上直播专场活动、家具产业带直播活动、东莞优品馆上线仪式、“品质东莞 线上绽放”启动仪式、“品质东莞 绽放”玩具婴童产品展销直播活动、阿里巴巴国际站东莞产业带2.0发布会等活动。截至2020年底，全市举办各类电商直播带货活动超800场，参与企业超3000家，推动线上线下成交18.2亿元，其中线上成交6.9亿元。

2020年4月28日，“品质东莞 线上绽放”启动仪式举行

（市商务局供图）

【与电子商务平台合作保订单、稳市场】 2020年4月，东莞市先后与阿里巴巴、拼多多、京东、苏宁易购、字节跳动、天音互动、盟大等七大电商平台合作，制定阿里巴巴“国际站数字化展会”、“1688外贸企业拓内销”、拼多多“东莞优品馆”、“新品牌计划”等保订单、稳市场方案，引导各大平台将更多资源倾斜到东莞市，帮助东莞市企业抱团上线平台。

【跨境电商B2B出口试点工作启动】 2020年6月12日，海关总署发布《关于开展跨境电子商务企业对企业出口监管试点》，明确自2020年7月1日起，包括黄埔海关在内的十个直属海关开展跨境电商B2B出口监管试点。7月1日0时6分48秒，黄埔海关首票跨境电商（B2B）企业对企业出口货物报关单在该关所属凤岗海关成功放行，该批货物主要为塑料瓶，共50箱，货值2万余元，发往新加坡。该单的成功验放，标志着跨境电商B2B出口监管试点在东莞市落地。截至2020年底，全市跨境电商B2B出口货值82.2亿元。

【2020品质东莞直播带货大赛】 2020年7—9月，东莞市展开为期三个月的直播大赛，大赛评选出1000款东莞制造优品、50家东莞直播带货先进企业、100名东莞主播达人、50名东莞优品推荐官、10个东莞优秀直播基地，在9月21—27日正式比赛阶段，参赛产品实现直接销售1.99亿元，大赛推动全网东莞优品线上线下成交超10亿元。

【菜鸟网络大进口华南（东莞）区域中心项目落地东莞市】 2020年10月，该项目落地东莞市。截至2020年底，该项目实现545.9万单、13.54亿元的跨境电商进口业绩。

【2020先进制造链创新发展大会暨东莞跨境电商采购峰会】 2020年10月30—31日在东莞市举行。有300家东莞制造企业携产品参与对接，吸引亚马逊、速卖通、eBay、Wish、Shopee等跨境电商平台及5000余名来自全国各地的跨境电商采购商参会。现场达成合作意向金额4100万元，比上年增长20%。（李 倩）

旅游业·餐饮业

TOURISM · CATERING

寮步镇香市公园 （2020年张顺祥摄）

编辑：陈建枝

旅游业

【旅游业概况】 2020年，东莞市接待国内外游客3876.53万人次，按可比口径恢复73.61%；实现旅游总收入358.63亿元，恢复69.83%。其中，接待国内游客3851.70万人次，恢复75.14%；实现国内旅游收入350.56亿元，恢复74.38%。接待入境过夜游客24.83万人次，恢复17.71%；实现入境旅游收入1.17亿美元，恢复19.14%。年内，东莞市有国家A级旅游景区24家，其中AAAA级旅游景区15家，AAA级旅游景区9家；星级饭店26家，其中五星级饭店12家，四星级饭店10家；旅行社200家，其中国际旅行社21家，国内旅行社140家，非法人分社39家。年内，东莞市清溪镇、樟木头镇被认定为“广东省全域旅游示范区”，茶山镇被列入为“广东省全域旅游示范区”创建单位。“依托爱国主义教育资源 唱响红色文化主旋律——鸦片战争博物馆红色旅游发展典型案例”入选全国红色旅游发展典型案例。

【旅游规划编制】 2020年，东莞市编制《东莞市旅游发展三年行动计划（2021—2023年）》和《东莞市旅游重大项目概念策划》，出台《东莞市促进全域旅游发展实施方案》，以全域旅游为发展理念，打造“一心四区”（“一心”指东莞城市休闲中心区；“四区”指滨海历史文化游憩区、岭南古村落文化体验区、森林生态度假区、水乡风情休闲区）全域旅游发展空间格局，重点谋划五大旅游产品体系。

【旅游活动】 2020年，东莞市开展“文化四季·四季如歌——2020东莞文旅融合行动”，策划“点燃东莞”镇街文旅季、“‘照’亮东莞”摄影作品征集、“玩转东莞”旅游线路设计、“东莞有礼”创意手信征集、“打卡东莞”网红景点培育、“畅游东莞”旅游体验等六大特色活动。全年举办活动460场，其中线上活动78场，线下活动382场。10月15日，由广东省温泉行业协会、南方日报社联合主办的第十五届广东（东莞·塘厦）国际温泉文化旅游节开幕式在塘厦镇三正半山温泉酒店举行。

【旅游交流合作】 2020年，东莞市组织优质文旅企业参加第八届澳门国际旅游（产业）博览会和2020中国—东盟博览会旅游展，扩大旅游交流合作渠道。举办“新挑战 新机遇”莞港两地旅游业界线上交流会，为莞港两地旅游业发展建言献策。结合中国旅游日，举办乐购东莞——2020年“中国旅游日”暨深莞惠汕河城际互游活动启动仪式，组织五市赴大连市举办旅游联合推介会，促成五市旅行社行业协会合作联盟与大连市旅游协会在线路互通、品牌共塑、市场互动、客源互送等方面达成合作意向，签订战略合作协议。联合深圳市、惠州市、韶关市组织四地旅游企业赴昆明市和贵阳市开展文旅联合宣传推广活动，促进四市文旅线路产品落地，推进与昆明市及贵阳市两地与深莞惠韶四市游客互送。组织东莞市旅游相关协会及旅游企业代表赴韶关市、云南昭通市、黑龙江牡丹江市等地进行实地考察和旅游推介，增进旅游业界的合作交流。东莞市与香港特别行政区、澳门特别行政区以及广东省广州、深圳、珠海、佛山、惠州、中山、江门、肇庆八市的文化和旅游主管部门，共同签署《粤港澳大湾区“9+2”城市旅游市场联合监管协议书》。

2020年12月6日，首届全国公共文化和旅游产品云上采购大会交流展示活动在东莞市文化馆开幕，东莞市同步举办第三届“文化馆日”系列活动 （程永强 摄）

【乡村旅游】 2020年，东莞市麻涌镇、石排镇获评为“广东省旅游风情小镇”；寮步镇陈家埔村入选第二批全国乡村旅游重点村；寮步镇陈家埔村、石排镇塘尾村、麻涌镇大步村、常平镇桥梓村入选第二批广东省文化和旅游特色村；“茶山传统村落文化寻根之旅”“虎门历史与乡村美食游”入选第二批“广东省乡村旅游精品线路”。

【森林旅游】 参见“农业·农村工作”类目，“林业”分目第262页“森林旅游特色线路”条目。

【工业旅游】 2020年，东莞市开展工业旅游资源研究分析工作，草拟《东莞市工业旅游示范点（区）评选办法（试行）》。“东莞智造稻作之旅”入选广东省工业旅游精品线路。 （邓炯永）

2020年东莞市旅游情况表

项 目	单位	2020年	可比口径增长（%）
一星级以上宾馆（酒店）	家	26	-10.34
#四星级宾馆（酒店）	家	10	-9.09
五星级宾馆（酒店）	家	12	-7.69
客房（已评1星以上）	间	8398	-11.00
床位（已评1星以上）	张	12078	-9.60
开房率	%	23.21	
旅行社	家	200	4.71
#国际旅行社	家	21	-4.55

续表

项　目	单位	2020年	可比口径增长（%）
国内旅行社	家	140	10.24
非法人分社	家	39	-7.14
接待人数	人次	38765273	-26.39
#境外旅游者	人次	248269	-82.29
外国人	人次	40597	-87.82
中国港澳台同胞	人次	207672	-80.57
#境内旅客	人次	38517004	-24.86
旅游总收入	万元	3586295.54	-30.17
#国际旅游外汇收入	万美元	11695.51	-80.86
外出旅游人数（旅行社数据）	人次	373701	-78.16
#国内旅游人数	人次	366338	-76.53
出国（境）游人数	人次	7363	-95.11

2020东莞市国家A级旅游景区名录表

序号	名　称	等级	地　址	联系电话
1	鸦片战争博物馆	AAAA	东莞市虎门镇解放路88号	85512065
2	松山湖景区	AAAA	东莞市松山湖工业园内	22890769
3	广东观音山国家森林公园	AAAA	东莞市樟木头镇石新区笔架大道	87700691
4	东莞市科学技术博物馆	AAAA	东莞市南城街道元美路2号	22835268
5	粤晖园旅游景区	AAAA	东莞市道滘镇粤晖路1号	88389236
6	龙凤山庄影视旅游区	AAAA	东莞市凤岗镇官井头大龙管理区龙凤山庄路	87562288
7	东莞市香市动物园	AAAA	东莞市寮步镇药勒管理区	82819988 82813399
8	东莞展览馆	AAAA	东莞市南城鸿福路97号	22834000
9	广东东江纵队纪念馆	AAAA	东莞市大岭山镇大岭村委会大王岭村	85651000
10	东莞市清溪银瓶山森林公园	AAAA	东莞市清溪镇石田二街53号	87386638
11	南社村和塘尾村古建筑群景区	AAAA	东莞市茶山镇南社古村 东莞市石排镇塘尾村古村路	82680082 86527111
12	可园博物馆	AAAA	东莞市莞城街道可园路32号	22227039
13	东莞市逸颐艺舍博物馆	AAAA	东莞市横沥镇彩霞路129号	81172888
14	香市文化旅游区	AAAA	东莞市寮步镇祥富路1号	83526066
15	隐贤山庄	AAAA	东莞市常平镇丽城隐贤山庄大道8号	83395737
16	唯美陶瓷博物馆	AAA	东莞市高埗镇北王路草墩桥侧	81133333
17	森晖自然博物馆	AAA	东莞市莞城街道可园路博厦	22227899
18	仙溪福地欧公文化景区	AAA	东莞市石龙镇新城区欧仙路仙溪福地欧公文化景区	86103663
19	稻香饮食文化旅游区	AAA	东莞市横沥镇西城科技园三区稻香集团	88975122
20	华阳湖国家湿地公园	AAA	东莞市麻涌镇兴华路华阳湖国家湿地公园	81903067
21	大王山森林公园	AAA	东莞市清溪镇三中村顺峰路清溪大王山森林公园	82526633
22	牙香街文化旅游区	AAA	东莞市寮步镇寮步社区牙香街	81100600
23	鑫源食品饮食文化体验区	AAA	东莞市厚街镇下汴汴康工业区	85875688
24	黄大仙公园	AAA	东莞市企石镇金交椅岭黄大仙公园	86768713

松山湖景区　　（2020年松山湖高新区供图）

餐饮业

【住宿和餐饮业概况】　2020年，东莞市住宿和餐饮业生产总值164.39亿元，比上年下降19.6%；限额以上住宿和餐饮业零售额94.08亿元，下降12.9%；固定资产投资增长2.5%。截至2020年底，东莞市有星级饭店26家，其中五星级饭店12家，四星级饭店10家。

【餐饮服务业管理】　2020年3月13日，东莞市新冠肺炎疫情防控指挥部发出《做好餐饮服务业疫情防控工作的通告（第19号）》《东莞市餐饮服务业经营单位疫情防控一本通工作手册（第二版）》。5月9日，东莞市文明办联合市餐饮行业协会等单位面向全市启动推广公筷公勺行动。7月31日，东莞市举行2020年新餐饮城市研讨会。

【餐饮美食宣传】　2020年6月21日，由东莞市委宣传部策划、联合稻来传媒拍摄制作的美食纪录片《寻味东莞》（分《得天独厚》《山水相逢》《欢宴流转》3集，每集50分钟）在广东卫视频道播出，腾讯视频和新浪微博联合独播。9月1日，中央广播电视总台财经频道CCTV-2《消费主张》栏目播出《2020中国夜市全攻略：广东东莞》介绍东莞市地道美食文化。9月25—27日，东莞市商务局在东城街道33小镇举行“东莞味道·美食嘉年华”主题活动。

【东莞“粤菜师傅”烹饪电视大赛】　2020年9月19日，东莞市2020“粤菜师傅”职工技能大赛各项榜单揭晓，邓月光烹饪的“黄金牛油果鸡捲”获第一名，并被东莞市总工会授予“东莞市五一劳动奖章”。12月20日，东莞市举行“粤菜师傅”烹饪电视大赛总决赛，8支队伍同场竞技，东城街道太钟东海餐馆获金奖。

【第八届东莞钻石名菜“寻味东莞”必吃100颁奖典礼】　2020年8月13日，东莞市餐饮行业协会召开新闻发布会启动2020年第八届东莞钻石名菜及“寻味东莞”系列评选活动。10月13—17日，由各界饮食行业专家组成的评委分三组，5天时间寻味85家餐厅，对165道菜品进行点评打分，并给予餐厅提供改良建议，推动东莞市餐饮业发展。11月3日，第八届东莞钻石名菜暨“寻味东莞”必吃100颁奖典礼在东城街道康帝酒店举办，颁奖典礼公布2020年度东莞钻石名菜10道、钻石名点5道；2020“寻味东莞”地标名店34家、地标美食37道、最佳人气餐厅20家、最佳连锁餐饮品牌10家、招牌美食50道、环球风味美食16道、最佳创意莞菜18道；2020东莞地道小吃7道、人气风味小吃7道。并以“吃”为主线，收录获奖菜式和餐厅，绘制成2020年东莞美食地图指南。　（陈建枝）

金融业

BANKING

东莞大道鸿福路商圈夜景灯光　（2020年程永强摄）

编辑：贺　平

金融业综述

【金融业概况】　2020年，东莞金融业实现增加值645.50亿元，比上年增长9.9%，占GDP（地区生产总值）比重提升至6.8%，拉动GDP增长0.7个百分点，有效推动经济恢复性增长。全市本外币存款余额1.82万亿元，比上年增长11%；本外币贷款余额1.28万亿元，增长26.1%；存贷比70.08%，提高8.4个百分点，不良贷款率比年初下降0.34个百分点。全市制造业贷款余额2188.71亿元，比上年增长39.47%，高于全省9.64个百分点；外贸企业贷款余额1475.56亿元，增长49.66%，高全省13.39个百分点，其中贸易融资余额471.78亿元，增长38.22%；普惠型小微企业贷款余额1621.44亿元，增长48.08%，高全省10.53个百分点。全市证券交易额成交量4.72万亿元，比上年增长37.6%；全市累计实现保费收入559.75亿元。全市金融机构158家，银行机构46家、证券期货机构47家、保险机构65家，小额贷款公司17家、融资担保公司12家，融资租赁机构8家，典当行63家，金融机构密集程度居全国地级市前列。

资料链接

“助企撑企15条”：即2020年2月7日出台的《关于支持莞企共克时艰　打赢疫情防控阻击战的若干措施》，从加大稳岗支持、降低企业成本等15个方面推出55项举措。

“复工复产10条”：2020年2月20日出台《东莞市人民政府办公室关于新冠肺炎疫情防控期间进一步推动员工早日返岗和企业复工达产的若干措施》，为帮助企业有效应对新型冠状病毒肺炎疫情带来的影响，在做好防控工作的前提下，鼓励员工尽早返莞返岗，全力支持各类生产企业复工达产。

“优化服务15条”：2020年2月28日出台东莞市《关于进一步优化政府服务 加快惠企政策落实的实施办法》，为有力支持东莞企业共克时艰，尽最大努力降低疫情对经济社会持续健康发展和企业生产经营的影响。

“加快复苏16条”：2020年3月26日，东莞出台《关于进一步拉动消费复苏 强化中小微企业个体工商户扶持的实施办法》，提出及时兑现税收、保障优惠，加快减租让利步伐，扩大收费减免范围，强化金融纾困服务，强化用工保障服务等16条扶持措施。

“稳外贸20条”：2020年4月27日，出台《东莞市关于促进外贸稳定发展的实施意见》，从稳经营、拓市场、强培育、促转型、优服务等方面制定20条政策，帮助企业保市场保订单。

“投资松绑30条”：2020年5月18日，出台《东莞市人民政府关于强化投资松绑 加快项目落地稳定经济增长的实施意见》（简称“投资松绑30条”），从主体、空间、成本、资金、审批、配置等方面提出30项举措，为社会投资松绑、减负。

【金融改革开放】 2020年，东莞市探索释放政策红利，推动区域金融改革开放创新，市金融工作局、中国人民银行东莞市中心支行、东莞银保监分局研究贯彻落实《关于金融支持粤港澳大湾区建设的意见》，12月18日印发东莞市贯彻落实《关于金融支持粤港澳大湾区建设的意见》行动方案，深化东莞市与港澳金融市场互联互通的“施工图”，推动各项工作尽早、尽快落实达效。11月8日，在莞举办以“面向‘十四五’的大湾区金融发展”为主题的第三届粤港澳大湾区金融发展论坛，近30位来自中央部委和金融业内的嘉宾作主旨演讲和专题演讲，省市相关部门、中央驻粤金融管理和监管部门、金融机构和企业、相关协会智库等负责人约300人参会，搭建中央部门与粤港澳三地金融改革开放和交流合作新平台，共商面向“十四五”的大湾区金融发展。推动地方法人金融机构高质量发展，截至2020年底，7家重点地方金融机构、企业总资产9711.20亿元，营业收入429.4亿元，纳税总金额51.23亿，完成地方法人金融机构倍增发展年度目标。东莞银行、东莞农商行、东莞证券等地方法人金融机构上市工作推进。

【多层次资本市场发展】 2020年11月11日，东莞市政府与上海证券交易所签署《东莞市人民政府与上海证券交易所战略合作备忘录》，并在东莞市金融工作局、松山湖设立首批服务基地为东莞拟上市企业提供“零距离”服务。12月29日，由广东宏川智慧物流股份有限公司、东莞发展控股股份有限公司等8家上市企业发起，成立东莞市上市公司协会，发挥行业协会的自律管理作用。储备上市后备企业资源，认定第十四批东莞市上市后备企业39家；全年向26家次企业拨付企业利用资本市场奖励资金4922.03万元，推动境内外上市企业增至58家（年内新增10家）。全市在中国证券投资基金业协会备案的基金管理机构（按办公地查询）180家。

2020年11月8日，第三届粤港澳大湾区金融发展论坛在东莞市开幕

（郑家雄 摄）

【地方金融稳定维护】 2020年，东莞市落实“防风险”任务，坚决守住不发生区域性金融风险的底线。提升完善机制防范化解重大金融风险能力。成立由分管金融的副市长任总指挥的市金融风险应急处置指挥部，构建由市金融风险应急处置指挥部防线、中央驻莞金融管理部门防线、属地政府防线、监测预警防线、舆情管控防线、打击处理防线、教育引导防线组成的市级“七位一体”防控机制。坚守底线，防范处置非法集资毫不松懈。科学研判疫情形势下涉非涉稳风险苗头，利用大数据和云计算技术，加大风险排查覆盖面；开展以“守住钱袋子·护好幸福家”为主题的防范非法集资宣传月活动，制作《防范非法集资小课堂》趣味宣传视频，举办“防范非法集资”短视频、微海报大赛，开展“七进”（进社区、进学校、进农户、进街道、进企业、进商铺、进金融机构）活动超5000场，参与群众超36万人次，网络发布原创作品212篇，营造防范非法集资宣传氛围。推进非法集资陈案积案要案处置，完成广东省部署的工作任务，推动办结非法集资陈案7件。按照“三统两分”（统一指挥协调、统一办案要求、统一资产处置、分别侦查诉讼、分别落实维稳）的处置思路，推进千木灵芝案后续资产处置工作。“团贷网”案处置工作取

得新进展，推动案件进入法院审理阶段，“一事一议”协调解决催收问题，报送逾期借款人信息，打击恶意逃废债行为，完成涉案在建房地产项目、两部扣押飞机的处置工作，推进易贬损资产，提升案件整体受偿比例。推进P2P网贷机构清退，截至2020年底，网贷机构总借贷余额（不含团贷网，下同）比上年下降53.91%，出借人数下降73.56%，借款人数下降67.69%。加强地方金融组织的监管。对小额贷款公司、融资担保公司和典当行共70家地方金融组织开展现场检查，派发《扫黑除恶、平安东莞》宣传小册子逾4200本，敦促地方金融机构向员工和客户宣导扫黑除恶专项斗争工作；开展小额贷款公司监管评级、融资担保机构许可证换证、典当行年审等专项工作，摸清行业情况，实施差异化监管；开展商业保理机构清理规范工作，截至2020年底，东莞市拟纳入监管名单的商业保理公司有2家；开展融资租赁行业清理排查，对全市400多家融资租赁公司进行清理排查，规范融资租赁行业经营行为，促进行业健康发展。（汤永林）

【货币信贷管理】 2020年，中国人民银行东莞市中心支行综合运用3000亿元专项再贷款、1.5万亿元普惠性再贷款再贴现、普惠小微企业信用贷款支持计划资金和普惠小微企业贷款延期支持工具资金等货币政策工具，支持疫情防控、企业复工复产和实体经济恢复发展。2020年，累计提供330.29亿元货币政策工具资金（其中疫情防控专项再贷款10.39亿元、支小再贷款124.44亿元、再贴现121.02亿元，降准释放资金69.63亿元），惠及市场主体超9816户。在省内率先开办绿色票据再贴现业务；率先落地普惠小微企业贷款延期支持工具和信用贷款支持计划两项直达工具。支持辖区法人银行在银行间市场成功发行金融债券132亿元，是上年的2.2倍，首次中标并累计获央行中期借贷便利（MLF）资金

2020年9月22日，东莞市金融支持稳企业保就业政策宣讲会在松山湖高新区召开 （人民银行东莞中心支行供图）

412亿元。

【重大金融风险防范化解攻坚战】 金融风险防控 2020年，中国人民银行东莞市中心支行按照“一行一策”（人民银行制定一些金融政策，然后给每家银行一些部分权利，自行制定）风险处置思路，完善金融稳定系列应急预案。组织开展金融机构压力测试、金融稳定评估评级，夯实辖区金融稳定微观基础。实施存款保险制度，开展存款保险实施五周年宣传活动，部署辖区存款保险标识启用工作，筑牢金融安全网。

金融风险监测 2020年，中国人民银行东莞市中心支行完善针对辖区重点金融机构和金融风险领域的金融风险监测机制，结合形势开展金融风险专项排查，督导落实金融业重大事项报告制度，做好金融风险动态分析研判。

金融风险处置应对 2020年，中国人民银行东莞市中心支行继续依法依规配合市政府推进处置“团贷网”案件。关注东莞信托涉金凰集团信托项目、中国银行“原油宝”、9家金融机构被接管等风险事件，开展交叉性风险排查，并会同相关部门有效处置风险。

打击整治非法金融活动 2020年，中国人民银行东莞市中心支行开展金融综治、平安金融和年度执法检查。配合推进防范打击非法集资、互联网金融风险专项整治、涉众金融领域社会矛盾专项治理等工作，维护地方金融秩序。联合开展“断卡行动”［为打击、治理、惩戒实名制办理手机卡、银行卡（包括单位和个人的银行账户、支付账户）以出售、出借、转借等方式提供他人用于电信网络诈骗犯罪或者其他违法犯罪的行为］，打击跨境赌博和电信网络新型违法行为。配合捣毁地下钱庄窝点25个，赌博窝点12处，涉案金额1263亿元。

【人民币跨境融资】 2020年，中国人民银行东莞市中心支行用好用活跨境人民币政策，降低企业汇兑风险。推广跨境人民币资金池业务，便利跨国企业集团内部调剂资金。全年东莞市跨境人民币累计结算额2426.20亿元，为企业办理全口径跨境人民币跨境融资业务19.66亿元；设立跨境双向人民币资金池51个，收支总额228.47亿元，比上年增长6.1%。

【外汇管理服务】 2020年，中国人民银行东莞市中心支行搭建外汇收付绿色通道，助力防疫救治和相关进出口业务开展，推进跨境贸易和投融资便利化，提升外汇管理与服务水平。其中，助力市政府“全面提升服务企业水平、有效稳

住外贸基本盘”专项工作获得国务院办公厅“点赞”。

外汇政策落实　2020年，中国人民银行东莞市中心支行扩大货物贸易外汇收支便利化试点范围，试点银行和企业数量居省内地市首位，办理试点业务27.16亿美元，节约企业单证准备和银行审核时间50%以上。推动实施资本项目收入支付便利化改革，辖内银行办理资本项下便利化业务1152笔，涉及6.37亿美元。拓宽跨境电商外汇结算渠道，辖区银行机构办理跨境电商个人外汇贸易结汇3554笔1.54亿美元，占全省业务总量51%。

外债便利化改革　2020年，中国人民银行东莞市中心支行办理一次性外债签约14.10亿美元，签约登记企业数居全省地级市首位，帮扶企业搭建境外融资通道。推动落实中小高新技术企业外债便利化额度试点政策，办理广东省内首笔便利化外债提款业务。

外汇流动监测　2020年，中国人民银行东莞市中心支行防范跨境资金异常流动风险，加强国际收支统计数据质量管控，开展非现场检查，提升非现场分析能力，查处广东省内首单服务贸易项下外汇案件。

【基础金融服务】　支付体系建设与监管　2020年，中国人民银行东莞市中心支行加强银行账户管理，畅通账户服务，启动账户绿色通道支持疫情防控；推动移动支付便民工程，移动支付示范镇验收挂牌率和建设覆盖率居全省前列，茶山镇等4个镇街被评为“广东省移动支付示范镇”；开展移动支付促消费工作，参与市政府“乐购东莞”促消费活动。全年大小额支付系统发起业务2143.19万笔，收到业务2349.05万笔，清算金额41.44万亿元。

征信系统建设与监管　2020年，中国人民银行东莞市中心支行推动东莞地区二代征信系统切换上线，新设个人信用报告自助查询代理点21个，办理个人信用报告查询业务45.17万笔、企业信用报告查询业务1.28万笔，高效响应和处理涉疫情征信异议。推广“广东省（东莞市）中小微企业信用信息和融资对接平台”（粤信融）完成银企融资撮合3979笔，金额193.18亿元。建成政府采购合同线上融资系统，实现政府采购平台与“中征应收账款融资服务平台”互联互通，全市有8家银行通过“政采贷”系统向企业发放贷款。

国库系统建设与监管　2020年，中国人民银行东莞市中心支行搭建财政资金拨付，优化退库流程，创新人员调配模式，将业务办理时间由3个工作日缩短至2小时；畅通退税快捷通道，实现退税全流程无纸化办理，企业从申请到退税到账最快只需2个工作日。全年办理国库收支业务1684万笔，金额4529亿元，其中办理各级预算收入业务1560万笔，金额2627亿元。

货币发行管理　2020年疫情期间，中国人民银行东莞市中心支行强化现金卫生消毒管理；自主研制残损1元硬币包装箱，解决某银行机构硬1元残钞库存积压问题；上下联动畅通“回、储、调”渠道，协调多方长效合作有效开展公交领域零钞回笼工作。全年发行库现金投放回笼总额954.50亿元。

金融消费者权益保护　2020年，中国人民银行东莞市中心支行开展金融知识普及教育活动，创新搭建“云课堂”。处理金融消费纠纷，疫情期间指导东莞市金融消费纠纷人民调解委员会创新采用线上“云调解”方式，调解金融纠纷案件17件，全年调解金融案件171件，涉案标的额6.08亿元。

（倪佩敏）

附：2020年东莞市金融工作局主要领导名录

局　长：刘建俊

附：2020年中国人民银行东莞市中心支行主要领导名录

行　长：周开禹

银行业

【银行业概况】　截至2020年底，东莞市有8类40家银行业金融机构（不含5家信用卡中心、1家银行代表处）。辖内1386家分支机构分布在全市32个镇街及松山湖高新技术产业开发区，分支机构较年初增加5家，从业人员2.69万人，较年初增加649人。2020年，东莞银行业资产负债均突破2万亿元。截至2020年底，银行业总资产2.15万亿元，比年初增加0.23万亿元；总负债2.06万亿元，比年初增加0.22万亿元；各项存款余额1.76万亿元，比年初增加0.20万亿元；各项贷款余额1.28万亿元，比年初增加0.27万亿元，贷款增速和增量分别居珠三角和全省地级市首位。存贷比较年初提高7.9个百分点，年内突破70%达到72.52%，信贷服务实体经济能力明显增强。（银行业监管部门口径）

【小微企业信贷】　2020年，东莞银保监分局推进“百行进万企”（是在中国银保监会统一指导下，由中国银行业协会和各地方银行业协会联合发起和组织，全国银行业金融机构主动参与，专门针对解决小微企业融资难融资贵问题开展的一项融资对接工作，旨在推动银行业金融机构集中人力、物力、财力、智力，全面投向小微领域，促进经济高质量发展），普惠金融“增量、扩面、提质、降本”成效明显。全年小微企业贷款余额3495亿元，比上年增长26.62%，普惠型小微企业贷款余额增长48.08%，高于各项贷款23.19个百分点，高于全省10.53个百分点。小微企业贷款户数较年初增加1.93万户，首贷户新增1.11万户，中长期贷款占比63%，信用贷款较年初增长13.72%。为近4万户受疫情影响的中小微企业提供临时性延期还本付息政策支持441.06亿元。普惠型小微企业贷款综合融资成本较上

2020年3月12日，东莞银保监分局召开东莞辖内部分银行机构贯彻落实金融抗疫政策督导会　（东莞银保监分局供图）

年下降1.23个百分点。

【银行业改革开放】　2020年，东莞银保监分局配合出台贯彻落实金融支持粤港澳大湾区建设意见东莞80条行动方案，对照细化40项重点任务，推进各项工作在莞落地。全面取消辖区银行支行和保险支公司及以下机构及其高管的主要准入事项事前审批，实行事后报备，简化缩短流程最长达90天。支持东莞银行、东莞农商行推进挂牌上市，支持发行“小微债”“三农债”“绿色金融债”等补充资本，指导开办衍生产品交易业务，丰富银行跨境业务风险管理工具。指导推动创兴银行东莞支行设立，丰富辖内外资银行主体。推进丝路信用保险公司申设，指导推动东莞银行香港分行及子行设立。加大“险资入莞”推动力度。引导银行机构调整信贷结构，加大向生态环境、节能环保、清洁能源等绿色经济领域的资源倾斜力度。

截至2020年底，辖区绿色信贷余额459.02亿元，比年初增加161.36亿元。指导银行机构通过跨境金融区块链平台完成贸易融资超15亿美元，其中中小企业融资金额占比超70%，提升跨境金融业务办理效率。

【银行业风险防控处置】　2020年，东莞银保监分局完善监测指标体系和风险穿透排查手段，督促银行机构做实资产分类，加大不良处置和拨备力度。辖内不良贷款持续双降，不良贷款率比年初下降0.34个百分点，降幅居珠三角首位。配合有关部门出台房地产调控新政，通过专项检查、监管约谈和风险提示，督促银行机构落实“房住不炒”定位和“一城一策”政策要求，防范信贷资金流入房市。截至2020年底，辖内房地产贷款集中度比上年下降3.4个百分点，维持在近五年最低区间。以《银行业保险业消费投诉处理管理办法》的出台为抓手，督促辖区机构全面梳理、查漏补缺、调整完善消费投诉处理制度机制，聚焦群众关切热点，依法合规妥善处理群众诉求，维护金融消费者合法权益。

【东莞银行支持稳企业保就业】　2020年，东莞银行支持稳企业保就业，落实全市中小微企业融资服务专项行动，参与东莞市举办的金融支持稳企业保就业暨科技企业融资推进活动。对人民银行、银保监会及地方政府出台的金融助企政策进行解读，让中小企业、个体工商户等市场主体了解政策内容、享受政策红利，让金融政策高效、精准、直达企业，发挥金融政策帮助企业、促进就业的效果。东莞银行与企业签署合作协议，加大对中小企业的精准支持，支持全市稳企业保就业工作。

【东莞农商行支持科技创新】　2020年，东莞农商行与东莞市科技局、人保财险东莞分公司联合推动“科保贷”产品（即高新技术企业小额贷款保证保险），面向东莞市政府认定名录内的高新技术企业、科技型中小企业，量身定制信贷服务方案，为轻资产无抵押小微科技型企业提供资金支持。企业自愿购买保证保险后，由银行给予信贷资金支持，市财政补贴利息、保费和补偿风险。该产品额度最高300万元，贷款期限1年，配以灵活还款方式，有效解决科技企业融资难融资贵问题。在东莞市科技局名录内的企业在办理“科保贷”放款后，可申领科技保险保费补贴，最高可享受保费的60%。

【中国工商银行线上线下便捷服务】　2020年，中国工商银行股份有限公司东莞分行投产营业网点自助办税、公积金归集、不动产直连、“银政通一体机”“社保即时制卡机”等服务；创新推出“视频面签”、个人客户经理“云工作室”等线上服务，通过服务创新让“技术多跑路，客户少跑腿”。通过线上触达、大数据风控和人工智能等技术，推出“结算贷”“税易通”“e抵快贷”等线上融资创新产品，为小微企业带来线上办理、实时授信、自助提款还款等便捷体验。

【广发银行发放第三代社保卡】　2020年10月25日，广发银行东莞分行成为全市首家对外发放第三代社会保障卡的银行。为助力东莞市第三代社保卡打造线上线下融合、跨地域全网通、多元化一体化的公共服务“一卡通”功能，广发银行东莞分行推动“东莞社保公众号电子钱包优惠场景建设”项目落地，融合社保、金融与生活消费场景，以科技赋能助力普惠金融创新升级，为东莞社保平台用户提供优惠商户饭票服务。　（方逸朗）

2020年东莞市部分银行机构情况表

单位：亿元

银行名称	资产总额		各项存款余额		各项贷款余额	
	年末值	比年初增减额	年末值	比年初增减额	年末值	比年初增减额
农发行东莞市分行	111.82	23.21	15.42	1.92	112.02	23.66
工商银行东莞分行	1924.68	264.40	1816.57	267.59	1488.62	358.93
农业银行东莞分行	1762.89	195.24	1691.53	186.25	1148.96	203.09
中国银行东莞分行	1499.62	78.81	1414.40	78.92	1212.24	213.17
建设银行东莞市分行	2039.03	382.86	1868.99	350.07	1201.44	298.46
交通银行东莞分行	243.42	21.99	225.97	18.95	188.21	60.52
邮储银行东莞市分行	693.79	61.67	631.82	50.26	357.30	36.89
广发银行东莞分行	968.03	143.67	918.19	128.63	261.18	64.62
中信银行东莞分行	563.05	2.11	526.80	14.62	330.84	51.04
招商银行东莞分行	739.26	90.88	679.31	78.18	531.50	77.81
兴业银行东莞分行	454.12	−20.22	418.85	11.01	450.81	67.20
光大银行东莞分行	237.97	−8.10	223.55	18.74	176.60	22.99
平安银行东莞分行	250.39	−18.80	230.02	−9.06	177.64	46.43
浦发银行东莞分行	314.63	27.55	282.10	7.37	314.39	108.22
民生银行东莞分行	376.76	27.21	362.00	23.21	327.17	97.67
华夏银行东莞分行	147.79	17.82	142.03	17.10	90.51	19.34
渤海银行东莞分行	62.21	−15.94	57.35	−13.10	52.69	−4.10
广东南粤银行东莞分行	90.95	10.08	82.81	6.32	13.98	3.71
广东华兴银行东莞分行	188.27	37.41	181.30	39.46	101.20	17.55
珠海华润银行东莞分行	102.14	27.44	96.36	25.00	57.77	12.21
东莞银行	3545.90	414.53	2320.55	262.44	1658.41	379.34
东莞农村商业银行	4737.84	465.38	3110.71	305.77	2302.91	460.10
东莞长安村镇银行	40.32	3.18	34.07	2.86	20.00	3.20
厚街华业村镇银行	8.84	0.85	7.57	0.71	6.58	1.58
常平新华村镇银行	5.45	1.74	4.17	2.00	4.99	1.64
玉山银行东莞分行	29.12	5.21	26.57	5.02	16.88	−0.10
汇丰银行东莞分行	43.10	7.50	36.54	7.00	27.22	6.54
恒生银行东莞分行	18.72	2.49	14.00	1.93	12.28	−0.18
彰银商业银行东莞分行	8.64	−0.47	6.46	−0.41	5.02	0.37

数据来源：东莞银保监分局

附：2020年中国银行保险监督管理委员会东莞监管分局主要领导名录

党委书记、局长：刘小媛

证券、期货、信托业

【证券业】　截至2020年底，东莞市有证券营业部113家，股票账户数348.09万户，比上年增长9.8%。全年证券交易额46463亿元，比上年增长36.0%。2020年，股票总成交3.14万亿元，比上年增长41.6%。年末保证金余额164.40亿元，比上年末增长21.0%。

【上市公司】　截至2020年底，东莞市有上市公司58家，年内新增10家，其中境内上市公司9家，境外上市公司1家。2020年末A股上市公司总市值3213亿元，约占东莞2020年GDP的33.29%。

【期货业】　截至2020年底，东莞市有独立法人资格期货公司1家，下设期货营业部10家，全年成交额1.85万亿元，比上年增长31.65%。（汤永林）

【东莞发展控股股份有限公司】　截至2020年底，东莞发展控股股份有限公司是公共事业与金融投资经营协同发展的国有控股上市公司（证券代码000828），主营业务为高速公路、轨道交通和充电基础设施的投资建设经营，以及融资租赁、商业保理等类金融运营。2020年，实现营业收入12.56亿元、净利润9.17亿元。截至2020年底，总资产139.87亿元，净资产90.22亿元。

助力企业复工复产　2020年，东莞发展控股股份有限公司落实东莞市疫情防控政策要求，2月17日0时至5月5日24时对所有车辆免收高速公路通行费3.06亿元，助力企业降低交通运输成本。下属单位融通租赁公司、宏通保理公司成立疫情防控助企支持工作小组，通过设定还款宽限期、延长授信期限和建立快速审批通道等惠企措施，为5家企业提供支持，涉及金额6500万元。

莞深高速公路“迎国评”　2020年，莞深高速公路完成沥青路面预防性养护、路面标线翻新、路域环境提升等项目，引入高新技术，首次在东莞市属高速公路大规模使用就地热再生工艺开展路面病害养护维修，为东莞市发展绿色交通、促进循环经济打基础。莞深高速公路于11月通过“十三五”全国干线公路养护管理相关评价组的全面检验。

东莞轨道交通1号线一期工程　2020年进入全线全面开工建设阶段，新增施工作业面约75万平方米，新增13座车站、一场一段进场施工，完成道滘站、新源路站等5座车站封顶及滨—莞区间等6个区间的盾构掘进。2020年完成投资26.62亿元，占年度计划102.1%；完成投资44.76亿元，占总估算12.6%。

全市公交充电设施建设　2020年，东能公司新建3个充电站项目，截至年底运营中的充电站11个，服务纯电动公交车1483辆；参股单位康亿创公司2020年新建（增容）充电站25个，截至2020年底，运营中的充电站34个，服务纯电动公交车3602辆。　（陈迪莎）

附：2020年东莞发展控股股份有限公司主要领导名录

党委书记、董事长：张庆文

【东莞证券股份有限公司】　东莞证券股份有限公司成立于1988年6月，注册资本15亿元，是国有控股的全国性综合类证券公司，也是全国首批承销保荐机构之一。截至2020年底，公司拥有分支机构83家（其中营业网点81家，上海分公司1家，深圳分公司1家），全资拥有东证锦信投资管理有限公司、东莞市东证宏德投资有限公司，控股华联期货有限公司。

2020年，东莞证券股份有限公司总资产439.68亿元，净资产70.03亿元，净资产收益率11.61%，比上年增加1.53个百分点；股票基金交易市场份额1.01%，行业排第27名，比上年提升1名。东莞地区入库税费3.98亿元，2015年至2020年累计入库税费23.19亿元。保荐承销卡倍亿、迦南智能、惠云钛业、利扬芯片、鼎通科技5家IPO项目，募集资金19.11亿元，保荐承销家数行业排第23名。主承销各类公司债券22支，发行规模231.9亿元，承销规模155.37亿元。

东莞证券股份有限公司把社会责任纳入公司治理体系，提升公司社会效益。结对帮扶广东省韶关市百顺、湖南省永州市江华瑶族自治县、云南省昭通市鲁甸县，开展产业扶贫、消费扶贫、金融扶贫，参与社会各类慈善捐赠。2020年捐赠和投入扶贫公益资金189.43万元，推动对口帮扶点全部脱贫出列。同时，利用股权、债券等融资工具为贫困地区提供融资服务，协助赣州市南康区（国家级贫困县）城市建设发展集团有限公司发行2020年非公开发行项目收益专项公司债券（第一期、第二期），募集资金15亿元。　（潘　娇）

附：2020年东莞证券股份有限公司主要领导名录

党委书记、董事长：陈照星

副书记、总经理：潘海标

【东莞信托有限公司】　截至2020年底，东莞信托有限公司管理信托资产总额686.21亿元，净资产57.86亿元。全年实现营业收入11.61亿元，利润总额6.83亿元，净利润5.16亿元。克服疫情影响，加快财富管理业务布局，全年财富销售规模318.38亿元，比上年增长8.46%。其中，村镇资金规模比上年增长129%，异地财富直销规模增长2.37倍。获第十三届“诚信托”行业文化奖。

2020年11月18日，全国干线公路养护管理治理能力评价组到莞深高速公路开展“十三五”全国干线公路养护管理治理能力评价现场检查工作

（东莞发展控股股份有限公司供图）

助力莞企发展 2020年，东莞信托有限公司与东莞市金融局合作设立“莞企转贷专项扶持基金”，为实体企业提供金融转贷服务，为212个客户放款346笔，发放转贷资金95.91亿元，缓解企业转贷困难、转贷成本高问题。新冠疫情暴发后，莞企转贷资金利率按转贷银行新发放的贷款利率下浮50%，为企业节省融资费用376.43万元。公司与多家机构合作发起成立规模超17亿元的“东莞市上市莞企发展投资基金”，为多家本土上市公司大股东发放融资，累计放款金额14亿元。

业务创新 2020年，东莞信托有限公司与相关单位加强合作，在滨海湾、中堂镇项目落地的基础上，加强东莞地区政信项目的开拓，在市重大基础设施和公共服务项目方面探索投融资合作模式。引导村镇集体资金支持地方重大项目建设，实现村镇集体资金保值增值、重大项目加快建设等多方共赢。探索普惠金融、证券投资、标品固收、服务信托及家族信托等新兴业务。制定“2020年至2022年信息科技建设蓝图”，明确路线图和时间表。

企业品牌建设 2020年，东莞信托有限公司通过举行信托文化知识竞赛、打造党企信托文化展厅等形式，宣传“服务、民生、责任、底线、品质”信托文化。响应中国信托业协会号召，捐赠资金50万元参与发起抗击新型肺炎慈善信托。开展对口帮扶，全年到乐昌市仕坑村、东莞市佛子凹村开展扶贫慰问活动6次。（雷　辉）

附：2020年东莞信托有限公司主要领导名录

董事长：黄晓雯

党委书记、监事会主席：庞张欢

保险业

【保险业概况】 截至2020年底，东莞市有保险业机构65家，其中财产险机构24家、人身险机构41家。保险中介机构490余家，其中中介法人机构16家。截至2020年底，东莞保险业总资产1680.71亿元，比上年增长12.49%。其中，财险公司2020年提供风险保障金额25.52万亿元，比上年增长88.60%，高于全省平均增速109.7个百分点；寿险公司2020年新增保险金额9.42万亿元、增长6.09%，期末有效保险金额10.92万亿元、增长6.18%。

2020年，东莞市原保费收入559.77亿元，省内地级市排第一名，比上年下降0.2%。其中，财产险保费收入159.71亿元，比上年下降0.5%；人寿险保费收入400.06亿元，下降0.1%。支付各项赔款和给付162.51亿元。其中，机动车保险赔付72.01亿元；非车财产险赔付19.68亿元；人身险赔款支出12.17亿元；满期给付35.76亿元；死亡医疗给付12.25亿元。

【“5·22”暴雨灾害保险理赔】 2020年5月22日，东莞市遭遇特大暴雨，财产损失严重。东莞市保险业做好应对“5·22”暴雨灾害相关工作，根据各级应急管理部门预警信息，各保险公司对可能出险的地区、客户加强风险提示，提供安全防范建议，投入人力物力，协助可能出险地区、客户对风险隐患点进行检查、排险，做好各项防灾防损工作；灾害发生后，各财险公司做好理赔救援工作，配合客户抢险，集中力量做好受灾严重地区的查勘定损和理赔工作，开通绿色理赔通道，确保理赔服务质量。在“5·22”暴雨灾害中，东莞市保险业相关报案3万余件，理赔金额超5亿元。

【东莞市巨灾指数保险落地】 2020年5月11日，东莞市应急管理局与承保方代表签订2020—2022年度巨灾保险合作协议。东莞市2020—2022年巨灾指数保险由人保财险东莞市分公司、平安财险东莞分公司、国寿财险广东省分公司三家保险机构组成的共保体共同承保，其中人保财险东莞市分公司为共保体首席承保人。该保险根据地区的灾害特点和实际，选取发生频率较高、影响较大的台风和强降水两项作为指标，保险金额4亿元。2020年5月18—25日，东莞市出现强降雨天气过程，造成东莞多个镇街出现严重积水和内涝，触发东莞市巨灾指数保险赔付阈值。承保方立即启动大灾应急机制，在24小时内，向市应急管理局赔付首笔赔款900万元。截至2020年底，东莞市巨灾保险赔付2000万元，发挥商业保险在应对风险管理、辅助灾后重建等方面的补充作用。（方逸朗）

2020年5月27日，东莞市巨灾指数保险首笔赔付款支票交接仪式举行
（人保财险东莞市分公司供图）

财政·税务

FINANCE · TAXATION

同沙公园春色 （2020年巫业通摄）

编辑：施雪芬

财 政

【财政收支概况】 2020年，东莞市一般公共预算收入694.68亿元，比上年增长3.18%。一般公共预算收入中税收收入571.03亿元，比上年增长2.8%，占一般公共预算收入比重82.2%，市级税收收入占比连续4年位居全省第一名；非税收入123.65亿元，增长4.96%，占一般公共预算收入比重为17.8%。以上收入加上上级补助收入、镇街上解收入、地方政府一般债券转贷收入、外债转贷收入、调入资金及上年结余，全市一般公共预算总收入970.95亿元。2020年，全市一般公共预算总支出962.52亿元，比上年下降1.54%。其中，市本级支出443.87亿元，完成预算95.36%，包括：派驻镇街及园区单位基本支出46.22亿元、一般性转移支付支出85.41亿元，市直部门基本支出99.01亿元，一般项目支出200亿元（含预备费7.83亿元），基本建设支出13.23亿元。收支相抵，年末结转结余8.43亿元，预算稳定调节基金滚存余额19.17亿元。

2020年，全市政府性基金预算收入810.83亿元，比上年增长83.12%。其中，土地出让收入779.46亿元，比上年增长88%。加上上级补助收入、地方政府专项债券转贷收入及上年结转结余，全市政府性基金预算总收入1024.27亿元。全市政府性基金预算总支出972.91亿元。其中，市本级支出175.77亿元，完成预算97.91%，包括：一般项目支出28.48亿元，基本建设支出147.29亿元。收支相抵，全市政府性基金预算年末结转结余51.36亿元。

2020年，全市国有资本经营预算收入9.86亿元，比上年增长66.55%。加上上年结余0.32亿元，国有资本经营预算总收入10.18亿元。全年全市国有资本经营预算总支出10.1亿元。收支相抵，国有资本经营预算结余0.08

亿元。

2020年，全市社会保险基金预算总收入633.1亿元，比上年下降6.08%。全市社会保险基金预算总支出653.61亿元，比上年增长64.65%。收支相抵后，当年收支缺口20.51亿元，使用累计结余弥补后，年底累计结余2282.58亿元。

汇总一般公共预算、政府性基金预算和国有资本经营预算收支，剔除重复计算部分，东莞市2020年征收收入1515.37亿元，加上上级补助收入、地方政府债券转贷收入、镇街上解收入、调入资金和上年结转结余等，东莞市财政总收入1984.62亿元，财政总支出1924.75亿元。收支相抵，年末结转结余59.87亿元。

【财政支持高品质现代化都市建设】 2020年，东莞市市级财政投入20.39亿元，落实城市品质三年提升计划。投入11.84亿元，支持市中央商务区建设。投入5.92亿元，用于公路桥梁、市政设施及城市公园养护，推进“厕所革命”。投入2.18亿元，推动“拓空间”及“三旧”（旧城镇、旧厂房、旧村庄）改造。投入24亿元，集中攻坚石马河流域综合治理。投入8.63亿元，用于污水处理。投入7.08亿元，用于水生态建设PPP（公共基础设施中政府和社会资本合作的项目运作模式）项目付费。投入4.27亿元，支持珠江三角洲水资源配置工程建设。投入11.3亿元，加强网络信息化建设，其中投入4.05亿元，打造“数字政府”；投入1.99亿元，建设“科技护城墙”。

【财政支持品质交通千日攻坚】
2020年，东莞市市级财政投入69.97亿元，支持轨道交通1号线建设和2号线运营，推进东莞火车站、城际轨道和赣深铁路东莞南站等建设。市财政投入5.39亿元，连同镇街（园区）投入的16.47亿元，全市投入21.86亿元，支持公交服务运营。投入4.48亿元，支持铁路东莞站配套工程建设。投入3.07亿元，支持广深高速沿线环境品质提升建设。投入3.5亿元，支持环莞快速路三期建设。投入1.57亿元，支持美景路升级改造。投入1亿元，支持博深高速清溪出入口连接线工程建设。

【财政支持经济高质量发展】
2020年，东莞市市级财政投入14.12亿元，支持松山湖科学城建设，建设松山湖材料实验室和南方光源研究测试平台。投入2.3亿元，支持重点领域研发、新型研发机构提质增效、科技成果转移转化和孵化育成体系建设等。投入2.07亿元，重点打造“倍增计划”（重点企业规模与效益倍增）升级版，推进建设广东省制造业供给侧结构性改革创新实验区。投入2.2亿元，支持智能制造、绿色制造，打造智能制造全生态链。投入2.18亿元，推动企业转型升级，拓展国际国内市场，鼓励外商投资。投入1.51亿元，推进国际物流通道建设，打造粤港澳大湾区供应链创新高地和高端物流分拨中心。投入5.84亿元，选树莞邑名匠和首席技师，打造“技能人才之都”。投入1.96亿元，引进和培养创新人才。

【财政支持区域统筹协调发展】
2020年，东莞市市级财政投入24.53亿元，实施村（社区）基本公共服务补助。投入23.32亿元，补助镇街增强基本公共服务保障能力。投入10亿元，支持优化市直管镇体制改革。投入3.6亿元，开展农村人居环境整治，推动美丽乡村、美丽幸福村居单村及特色连片示范建设。投入5.92亿元，用于对口支援和帮扶新疆维吾尔自治区、西藏自治区、四川省甘孜藏族自治州、云南省昭通市、重庆市巫山县、韶关市和揭阳市相对贫困村、省内民族地区。

【财政推进教育扩容提质千日攻坚】 2020年，东莞市市级财政投入37.16亿元，补助镇街（园区）教育经费及市属学校经费。投入1.77亿元，推进市直学校扩建工程。投入4.42亿元，支持民办教育发展。投入3.5亿元，为义务教育阶段随迁子女发放积分制入学民办学位补贴。投入5.12亿元，支持东莞理工学院建设新型高水平理工科大学。投入7983万元，支持东莞职业技术学院创建省一流高职院校。

【财政支持卫生服务体系建设】
2020年，东莞市市级财政投入12.28亿元，完善公立医疗卫生机构医疗救治和公共卫生设施，支持市人民医院和市中医院创建省高水平医院。投入3.59亿元，购置二类疫苗，支持无偿献血工作，健全疾病预防控制等公共卫生服务体系。投入2.11亿元，为市民免费提供14项基本公共卫生服务及“两癌”（乳腺癌和宫颈癌）筛查、唐氏综合征产前筛查、新生儿听力筛查和儿童口腔疾病干预等服务。

【财政强化民生兜底保障】
2020年，东莞市市级财政投入20亿元，资助城乡居民参加社会养老保险、医疗保险等。投入1.68亿元，将低保标准、特困供养标准分别提高到每人每月1060元和1696元，将临时救助范围拓宽到外来户籍对象。投入2.43亿元，向4.84万名残疾人发放残疾津贴，提高残疾运动员集训补贴标准。投入1.36亿元，提供失能老年人护理补助和居家养老服务，向15.96万名70周岁以上高龄老人发放生活津贴。连同失业保险基金共投入2.39亿元，为小额创业贷款提供担保基金和贴息，最高贷款额度从20万元提高到30万元。投入1.38亿元，支持高校毕业生和就业困难人员就业创业，将就业困难人员工资差额补贴最高标准提高到每人每月308元。

【现代财政体制建立完善】
2020年，东莞市“十四五”财政体制改革方案通过市委、市政府审定并印发实施，为提高市镇两级财政的保障能力提供支撑。在投融资体制改革方面，坚持以“经营城市”的理念推动政府投融资工作，优化试点项目方案，完善投融资项目配套机制，匹配资源和出台政策，支持市属重点项目建设。全面实施预算绩效管理，扩大预算绩效管理范围，推动绩效自评全覆盖，首次实施部门评价，选取20个项目实施重点绩效评价，涉及金额46.07亿元，邀请人大、政协参与监督，提高绩效评价的透明度和权威性。人大预算审查监督的范围从试点扩大到全部市属园区和街道，促进财政预算资金使用由合法合规性向绩效性、有效性转变。

【财政管理】 2020年，东莞市财政局通过一般性项目压减10%、严控追加一般性支出等硬措施，集中财力保障“六稳”（指稳就业、稳金融、稳外贸、稳外资、稳投资、稳预期），“六保”（指保居民就业、保基本民生、保市场主体、保粮食能源安全、保产业链供应链稳定、保基层运转）等重点领域的资金需求。推进减税降费工作，全年为企业新增减负超260亿元，激发企业发展活力。用好直达资金和新增债券资金，全年取得中央直达资金31.4亿元和新增专项债券资金162.7亿元，统筹用于支持疫情防控、基础设施、民生服务、科创平台等建设，重点做好债券项目的遴选，发挥资金效益。盘活国有资产，清理排查行政事业单位公房物业，提高资产利用效率。

（袁颖桢）

附：2020年东莞市财政局主要领导名录

党组书记、局长：罗军文

税　务

【税务概况】 2020年，东莞市管辖正常状态纳税人89.39万户、自然人850多万人。东莞市税务系统获“全国五四红旗团支部（团总支）”“全国模范职工之家”等市厅级荣誉17项，受表彰单位45个；县处级荣誉30项，受表彰单位62个。

【税费收入】 2020年，东莞市税务局成立税收运行监测中心，制定42项工作任务，实施收入目标动态管理，强化组织收入统筹，国内税收收入单月增幅在5月首次实现“由负转正”，累计增幅在12月“由负转正”，完成各级次收入目标任务，全年组织税费收入2656.57亿元，比上年下降5.7%；其中，税收收入完成2153.19亿元，下降0.6%。剔除海关代征税收后，税务部门组织国内税收收入1782.53亿元，比上年增长1.2%，比全省高1个百分点，增幅在全省排名第四位；其中，市级收入573.42亿元，增长3.4%，比全省高3.3个百分点，增幅在全省排名第三位。全年税务系统办理出口退（免）税853.04亿元，比上年下降8.8%。

【税收营商环境优化】 2020年，东莞市税务局创新铺开税收宣传，在广东省率先推出“东莞税务”官方抖音号，播放量突破829.9万次。升级“银税互动”，累计帮助2.7万家企业获信用贷款158.8亿，位居全省第一名。推广“银税互联”，全市银税互联网点超300个，实现镇街全覆盖。优化企业开办、注销流程，企业开办时间压缩至1个工作日内，税务注销按时办结率99.99%。上线东莞市境外高端紧缺人才个税补贴申报系统，为911名高端紧缺人才办理补贴8865.91万元。签署全国首例产生协同效应的预约定价安排和全省首宗“三连签”预约定价安排，为企业在华投资灌注信心。在《2020年广东省营商环境试评价报告》中，东莞“纳税缴费”指标达97.84分，位居全省第一名。

【“非接触式”办税推行】 2020年，东莞市税务局推行“全预约办税”，引导纳税人进行网上办税，全市“非接触式”办税率92.3%，位居全省第一；全市办税服务厅服务人次和业务量分别比上年下降56.37%和34.28%。在全省首创电子税收业务集约处理中心，疫情期间推出免费邮寄发票等17项服务，通过批量处理标准高效办理税费业务，减轻基层负担，避免人工办理差错，累计发出发票邮寄总量排全省第一名。推广“V-Tax”远程可视化自助办税系统（纳税人、缴费人可通过该系统与税务人

2020年11月7日，国家税务总局东莞市税务局参加市电视台“阳光热线”直播栏目，与市民互动交流

（陈育贤　摄）

员远程视频、线上传递资料并办理多项涉税费业务），受理业务9.6万笔，让纳税人足不出户办理税费业务。

【税收执法方式优化】 2020年，东莞市税务局推进行政执法“三项制度”（行政执法公示制度、行政执法全过程记录制度、重大执法决定法制审核制度）及税收普法建设，严格实施执法裁量权，规范税收执法行为。落实警税联合办公室实体化运作，在全省首创三层多维的税警联合执法主体模式和税关共建六联机制，推进打虚打骗两年专项行动，维护市场秩序。组织开展防范化解税收领域风险专项行动，在防范发票管理风险上，全省首创“阳光核票”模式实现系统自动批票，实现风险企业、风险任务、异常凭证核查任务、新办纳税人中风险户数占比“四个明显下降”；在防范税收执法风险上，构建“智慧监控”防控体系，实现重点风险指标疑点数据有效下降。

（彭颖菁）

附：2020年国家税务总局东莞市税务局主要领导名录

党委书记、局长：曹　益

助力打赢新冠肺炎疫情防控阻击战的20条税收政策措施表

税种	税收政策	政策内容
增值税、消费税	防控疫情免税政策	对捐赠用于疫情防控的进口物资，免征进口关税和进口环节增值税、消费税。前述免税进口物资，已征收的应免税款予以退还。对运输防控重点物资和提供公共交通、生活服务、邮政快递收入免征增值税
	增值税增量留抵退税政策	符合条件的纳税人可以向主管税务机关申请退还增量留抵税额。对疫情防控物资生产企业优先加快办理增值税留抵退税，对防控重点物资生产企业扩大产能购置设备，全额退还防疫期间增值税增量留抵税额
	蔬菜和鲜活肉蛋产品流通环节免征增值税政策	免征蔬菜流通环节增值税，即对从事蔬菜批发、零售的纳税人销售的蔬菜免征增值税
		免征部分鲜活肉蛋产品流通环节增值税，即对从事农产品批发、零售的纳税人销售的部分鲜活肉蛋产品免征增值税
	公益捐赠增值税政策	单位或者个体工商户向其他单位或者个人无偿提供服务、无偿转让无形资产或者不动产，用于公益事业的不视同销售
增值税、消费税	小微企业普惠性减免增值税政策	对月销售额10万元以下（含本数）的增值税小规模纳税人，免征增值税。自2019年1月1日起，小规模纳税人发生增值税应税销售行为，合计月销售额未超过10万元（以1个季度为1个纳税期的，季度销售额未超过30万元，下同）的，免征增值税
	医疗机构，技术转让、技术开发免征增值税政策	医疗机构提供的医疗服务免征增值税。纳税人提供技术转让、技术开发和与之相关的技术咨询、技术服务免征增值税
企业所得税	小微企业普惠性减免企业所得税政策	符合条件的小型微利企业，无论采取查账征收方式还是核定征收方式，其应纳税所得额不超过100万元的部分，减按25%计入应纳税所得额，按20%的税率缴纳企业所得税；对年应纳税所得额超过100万元但不超过300万元的部分，减按50%计入应纳税所得额，按20%的税率缴纳企业所得税
	高新技术企业减按15%税率征收企业所得税政策	国家需要重点扶持的高新技术企业减按15%的税率征收企业所得税。企业获得高新技术企业资格后，自高新技术企业证书注明的发证时间所在年度起申报享受税收优惠
	研究开发费用税前加计扣除政策	企业开展研发活动中实际发生的研发费用，未形成无形资产计入当期损益的，在按规定据实扣除的基础上，再按照实际发生额的75%在税前加计扣除；形成无形资产的，在上述期间按照无形资产成本的175%在税前摊销

续表

税种	税收政策	政策内容
企业所得税	防控疫情扣除政策	对防控重点物资生产企业扩大产能购置设备允许税前一次性扣除
	公益性捐赠企业所得税税前扣除政策	企业通过公益性社会组织或者县级（含县级）以上人民政府及其组成部门和直属机构，用于慈善活动、公益事业的捐赠支出，在年度利润总额12%以内的部分，准予在计算应纳税所得额时扣除；超过年度利润总额12%的部分，准予结转以后三年内在计算应纳税所得额时扣除
个人所得税	支持一线抗疫医护人员个人所得税政策	对政府给予医护人员和防疫工作者的疫情防控临时性工作补助，不进行个人所得税申报。疫情防控期间对医护人员和防疫工作者暂缓开展2019年度个人所得税汇算清缴，后续工作采取专业辅导、精简资料、便捷办理
	公益捐赠个人所得税政策	个人通过中华人民共和国境内公益性社会组织、县级以上人民政府及其部门等国家机关，向教育、扶贫、济困等公益慈善事业的捐赠，捐赠额未超过纳税人申报的应纳税所得额百分之三十的部分，可以从其应纳税所得额中扣除；国务院规定对公益慈善事业捐赠实行全额税前扣除的，从其规定
房产税、城镇土地使用税	卫生机构自用房产、土地免征房产税及城镇土地使用税政策	对医疗机构、疾病控制机构和妇幼保健机构等卫生机构自用的房产、土地，免征房产税、城镇土地使用税。符合申报享受税收减免条件的纳税人，无需进行税收减免备案或者核准，在办理纳税申报时直接享受
	房产税及城镇土地使用税困难性减免	在抗击新型冠状病毒肺炎疫情过程中受影响的相关行业纳税人，因疫情影响纳税确有困难的，可凭东莞市人民政府出台的重点扶持相应文件，享受减免房产税、城镇土地使用税
印花税	商品储备购销合同、财产捐赠免印花税政策	商品储备管理公司及其直属库承担商品储备业务过程中书立的购销合同免征印花税。企业按规定进行免税申报，并将承担商品储备业务情况等资料留存备查。财产所有人将财产赠给政府、社会福利单位、学校所立的书据免纳印花税
土地增值税	房屋、土地使用权赠与免土地增值税政策	房产所有人、土地使用权所有人通过中国境内非营利的社会团体、国家机关将房屋产权、土地使用权赠与教育、民政和其他社会福利、公益事业的，免征土地增值税
耕地占用税	医疗机构占用耕地免征耕地占用税	医疗机构占用耕地免征耕地占用税
社会保险费	社会保险费不加收滞纳金	对于受新型冠状病毒感染的肺炎疫情影响，用人单位无法按时缴纳企业职工养老保险费、失业保险费、工伤保险费的，可延期至疫情解除后三个月内缴费，期间不加收滞纳金。疫情期间用人单位、灵活就业人员、城乡居民未按时办理参保缴费登记、申报缴款、待遇申领等业务的，允许疫情结束后补办，延长期间养老保险、失业保险、工伤保险待遇正常享受，不影响参保人员个人权益记录，补办应在疫情解除后三个月内完成
延期办理纳税申报、延期缴纳税款	延期办理纳税申报、延期办理缴纳税款	受疫情影响，纳税人、扣缴义务人按照规定期限办理纳税申报，或者报送代扣代缴、代收代缴税款报告表确有困难需要延期的，向税务机关提出申请，经税务机关核准，可以延期申报。符合延期缴纳税款条件的，依法准予延期缴纳税款

经济监督管理

ECONOMIC SUPERVISION AND MANAGEMENT

东莞大道　（2020年郑琳东摄）

编辑：陈建枝

发展、改革

【发展、改革概况】　2020年，东莞市发展和改革局围绕“湾区都市、品质东莞”的价值追求，推动实现“三个转变”：从微观向宏观转变、从立足本部门向立足全市全局转变、从“重运转”向“抓两端、优中间”（守住底线、谋划发展，优化运转）转变，聚焦“五个重大”（重大规划、重大政策、重大平台、重大项目、重大改革）。强化对全市经济社会发展的统筹协调，稳投资、稳增长、促改革、调结构、惠民生、防风险，完成省市各项发展、改革工作任务。

【“十四五”规划纲要编制】　2020年，东莞市发展和改革局编制“十四五”规划，经反复论证修改完善形成《“十四五”规划纲要》，获东莞市第十六届人大七次会议全票通过。《“十四五”规划纲要》立足新发展阶段、贯彻新发展理念、构建新发展格局的核心逻辑主线，以突出新旧动能转换的新动力、突出城市品质提升的新路径、突出融入国家战略的新格局、突出深化改革开放的新气魄、突出提升公共服务的新水平、突出创新社会治理的新模式等“六个新”为重点，部署创新生态、现代产业体系、数字经济、城市品质内涵、更深层次改革、扩大开放合作、金融强市、新型城镇化和乡村振兴、绿色发展、文化繁荣发展、教育现代化强市、民生福祉、法治工作、安全发展等17项主要任务，谋划科技创新发展、现代产业体系建设、综合交通运输体系建设、能源环境建设、公共服务等五大领域22个重大项目工程包，预计“十四五”期间投资8622亿元。

【重点专项规划编制】　2020年，东莞市发展和改革局编制完成《东莞市现代产业体系中长期发展规划纲要》，明确全市未来产业发展方向；组织编制《东莞市临深片区产业规划》，谋划临深片区发展新思路；牵头开展《东莞市生命科学和生物技术产业发展规划》编制，提出东莞市生命科学和生物技术产业发展的总体思路和方向。牵头编制《东莞市人口发展规划》；组织开展服务业发展、能源发展、节约能源、汽车能源基础设施、粮食安全等多项“十四五”专项规划编制；配合编制大湾区基础设施互联互通和城际铁路建设规划；基本编制完成通用机场规划，提出“一主多点”通用机场布局。参与《深圳都市圈发展规划》编制，与广州发展改革委共同编制《穗莞合作发展规划》，推动全市重大产业平台、重大基础设施等纳入规划。

2020年5月15日，东莞市2020年二季度重大项目、增资扩产项目、城市更新项目集中开工仪式在沙田镇举行（市发展和改革局供图）

【新兴产业基地规划建设】2020年，东莞市发展和改革局统筹全市约60平方千米空间资源，谋划建设松山湖生物医药、东部智能制造、东莞新材料、东莞数字经济、东莞新能源、临深新一代电子信息、银瓶高端装备等七大战略性新兴产业基地，编制完成《东莞市战略性新兴产业基地规划建设实施方案》，牵头组织制定“1+N”配套政策体系，通过土地、财政、人才、产业、服务等支持，多维度支撑战略性新兴产业基地建设。推动构建以市主要领导为总指挥长、片区分管副市长为现场指挥长的“总指挥部—现场指挥部”组织架构，并牵头组建工作专班。研究推动整合市政府现有基金、构建战略性新兴产业基金体系。

【固定资产投资】2020年，东莞市发挥投资对经济增长的关键作用，加强投资监测调度，推动投资在逆势中实现增长。全年全市完成固定资产投资2405.1亿元，比上年增长13.0%，高于全国（2.9%）10.1个百分点、全省（7.2%）5.8个百分点。按注册类型分，内资经济投资增长15.4%，外资及港澳台资经济投资下降6.2%（其中港澳台经济投资增长5.6%）。从产业投向看，投资集中在第二、三产业。第二产业投资比上年增长11.0%；第三产业投资增长14.1%。基础设施投资增长19.3%，总量占固定资产投资的比重为23.6%；工业投资增长11.0%，总量占固定资产投资的比重为33.9%。先进制造业投资增长11.8%，总量占固定资产投资的比重为20.5%；高技术产业（制造业）投资增长13.5%，总量占固定资产投资的比重为15.8%。

年内，实施重大项目落地攻坚行动，落实重大产业项目落地机制，按季度组织举办四批次重大项目集中开工活动，强化专人服务和问题调度督导，加大资源要素保障，推动重大项目落地建设。全年全市重大项目完成投资983.8亿元，比上年增长30%，新开工项目154个，建成投产项目78个，投资额、增速、新开工项目数均创历史新高。申报争取专项债及中央预算内资金支持，做好项目策划储备和申报，获162.7亿元中央专项债额度，在全省排第三名，在地级市中排第一名；获中央预算内资金4.98亿元，创历史新高。

【重点领域改革】2020年，东莞市发展和改革局推进营商环境改革，牵头制定《东莞市争创一流营商环境攻坚行动方案》，统筹全市有关部门做好国家营商环境评价迎检工作，高质量完成各项迎评工作；在《2020年广东省营商环境试评价报告》中，东莞市获分86.14分，全省排第三名。创新政府投资项目管理制度，依托新成立的市财政投资项目评审中心，做强政府投资项目前期工作，提高审批效率和项目效益，打造具有东莞特色的政府投资项目评审制度。加快信用体系建设，全市信用信息平台累计注册单位85家、注册目录1124项、共享数据总量6.89亿条；组织全市28个部门开展信用联合奖惩试点工作，实现奖惩对象查验29.7万次；推广“信易+”应用场景，全年“信易贷”授信金额17.26亿元。深化价格领域改革，优化调整公共交通汽车票价，合理制定和调整民办中小学学费标准，深化资源和环境价格改革，减轻企业水电气等成本28亿元。

【重大发展改革问题研究】2020年，东莞市发展和改革局开展重大问题研究，制定具有战略前瞻性和现实可行性的政策措施。起草代拟《关于支持东莞在新时代加快实现高质量发展的意见》。会同相关部门研究起草《关于优化配置公共服务资源的实施意见》，统筹推进人口和公共服务发展。结合国家和省放开放宽入户限制的相关政策，开展人口规模及公共服务需求测算，提出应对户籍制度变化的对策建议。梳理应对人口老龄化工作情况和相关政策，配合开展养老、托幼行业调研和政策研究。开展《东莞加快形成“以国内大循环为主体，国内国际双循环相互促进”新发展格局》课题研究。

【经济运行监测】 2020年，东莞市发展和改革局履行经济运行监测联席会议办公室职责，制定《2020年经济稳增长工作方案》及季度稳增长工作建议，促进经济稳增长。牵头开展服务业指标监测相关工作，推动服务业相关指标完成全年增长目标任务。统筹全市促消费工作，制定《东莞市完善促进消费体制机制实施方案》，促进居民消费、推动消费增长。抽调业务骨干到大岭山镇、黄江镇开展经济运行监测调度指导服务工作，促进两镇经济增长。

【教育、交通千日攻坚行动】 2020年，东莞市发展和改革局参与教育交通两个千日攻坚行动。牵头起草《关于进一步提升教育扩容提质千日攻坚项目审批服务和建设效率的意见》，推动项目审批提速、破解历史遗留问题；开展水乡片未来学校选址布局、建设模式及资金投入等问题研究，参与大湾区大学、香港城市大学（东莞）、高水平理工科大学国际合作创新区、粤港澳大湾区产教融合园等高校项目选址、融资等问题研究；核定20个市属学校项目的前期工作费用，批复12个市属学校项目概算，安排教育工程预算资金13.36亿元。协调推进广深港高铁虎门站站房改扩建工程、虎门高铁站TOD（以公共交通为导向的开发）综合开发核心区市政配建工程、赣深铁路塘厦站配套工程等项目；谋划推进深茂铁路东莞段、城市轨道2号线三期、佛山经广州至东莞城际、中南虎城际等项目；深化粤港澳大湾区背景下城际铁路发展策略研究；争取上级资源要素支持，研究提出申请纳入国家“十四五”综合交通运输规划项目20个、省“十四五”规划项目33个。

【粮食及重要物资保障】 2020年，东莞市发展和改革局修订《东莞市市级储备粮管理办法》，推进角美粮食储备库扩建项目开工建设，粮库智能化升级改造项目（一期）完成投资和建设任务，全年组织储备粮轮换35批次31.62万吨；完成80万吨粮食储备任务，食用油储备5500吨，连续三年被省评为粮食安全责任优秀等级。联合商务部门优化冻肉储备方案，加大冻肉储备量，市级冻猪肉储备4000吨。

【油气电力供应稳定保障】 2020年，东莞市发展和改革局制定《东莞市加强能源安全储备体系建设实施方案》，规划“十四五”期间全市油、气、电、煤、新能源等能源储备和发展目标任务。开展立沙岛LNG（液化天然气）调峰储备库及配套码头项目的前期调研工作。协调国家管网中海油公司、九丰公司、新奥公司等企业多渠道组织落实气源，加大对全市天然气供应。加快电网工程项目建设，220千伏樟洋燃气电厂送出线路等重点工程提前投产，500千伏柔直“背靠背”工程提前核准并实现开工建设，全年完成电网投资57.9亿元，年度完成率114.8%。

【发展和安全统筹】 2020年，东莞市发展和改革局保持打击“黑油”高压态势，全年出动9.55万人次，查处“黑油”窝点（包括流动点）866个，查扣涉黑油车辆981辆，查扣“黑油”924.4吨，强化全市油库、加油站经营监管，维护成品油市场经营秩序。加强油气管道、加油站、电厂、充电站（桩）等能源领域安全监管，实现全市镇街（园区）油气、电力安全生产督导检查全覆盖，确保能源行业生产经营安全稳定。做好各类违纪违法案件涉及财物价格认定工作，全年办理各类刑事案件涉及财物价格认定1.68万件，涉及金额9.43亿元，办结率100%。 （王建敏）

附：2020年东莞市发展和改革局主要领导名录

党组书记、局长：

罗　斌（任至1月）

陈庆松（1月到任）

自然资源管理

【自然资源管理概况】 2020年，东莞市自然资源局完善城市更新政策，推进镇村工业园改造，出台改造提升政策，从“降低成本、提高收益、创新模式、破解难题、机制保障”等方面提出34条

2020年8月14日，广东省百个重大建设项目“百日攻坚”专项行动第一片区督导会议在东莞市召开 （市自然资源局供图）

86项政策。完成镇村工业园“工改工”（将土地性质为普通工业用地改变为新型产业用地，将旧工业区拆除重建升级改造为新型产业园）拆除平整535.47公顷。创新空间拓宽优化机制，破解空间资源瓶颈制约，制定完善土地收储整备补偿和利益共享机制，完成市镇收储土地882.61公顷；推动制造业企业原地增资、零地增容，累计办理工业仓储用地（含新型产业用地）提容231宗，面积990.5公顷。创新资源供给保障机制，保障重大项目落地，通过统筹全市用地指标，优先保障市重大项目、市“倍增计划”（重点企业规模与效益倍增）项目，全年为179个项目落实1033公顷用地指标。推进全流程电子化改革，优化不动产登记服务，改革成效入选“2020年度广东省营商环境改革创新奖”十大优胜案例。出台《关于做好国土空间规划编制过渡时期现行规划管理工作的通知》以及控制性详细规划调整管理办法。推进审批制度改革，提升资源保障效率，规划用地许可领域多审合一，规划土地核实领域多验合一，实现用地预审和规划选址合并办理，用地规划许可和用地批准合并办理，国有工业、仓储用地使用条件变更、规划条件、建设用地规划许可证“三合一”办理，工程建设许可阶段“并联”审批。

鳙鱼洲项目鸟瞰　（2020年市自然资源局供图）

【自然资源调查监测】　2020年，东莞市自然资源局开展年度国土变更调查工作，查清年度土地利用变化情况，调查图斑约5000个，按要求上报2020年度国土变更调查成果。年内，在2019年镇村工业园区摸底调查工作的基础上东莞市新增调查面积在2～5公顷间约800个约60平方千米的工业集聚区（合计6700个调查单元），完成工业集聚区土地利用状况信息指标调查，并融合反映产业发展状况8个新信息指标。将2020年及2019年工业园区摸底调查数据成果进行整理及融合，形成2611个面积379平方千米的镇村工业园区摸底调查综合数据库（合计3.97万个调查单元），为推动东莞市镇村工业园改造提升提供数据基础。

【自然资源开发利用】　截至2020年底，东莞市处置省下达年度任务基数内的闲置地面积31.97公顷，占省任务基数116.24公顷的27.5%，超额完成省下达的闲置地处置率在15%以上的年度处置任务。年内，建立经济运行监测机制，实行容缺受理、并联审批，快审快批工作机制，全要素全流程提升审批效率，促进重大项目落地建设。实现国有工业仓储用地使用条件变更、规划条件、建设用地规划许可证“三合一”办理，审批时限从38日压缩至8个工作日，全年办理工业仓储用地变更土地使用条件业务231宗，面积990.5公顷（其中提容168宗，面积548.55公顷），累计增加工业厂房建筑面积667万平方米，增容的建筑面积超2019年全年总数的3倍，支撑实体经济原地增资、零地增容。年内，完成土地公开出让成交额712.39亿元（按签订合同统计），为全市有效应对疫情防控、稳住经济基本面、城市经营管理、补齐民生短板等提供资源支撑。其中商住（商业）用地成交53宗，出让面积220.13公顷，出让总价款652.94亿；产业用地成交118宗，出让面积472.6公顷，出让总价款59.45亿元。全年供应重大项目建设用地110宗，面积446.40公顷，其中：工矿仓储用地105宗，面积420.44公顷；科研设计用地4宗，面积18.73公顷；医疗卫生用地1宗，面积7.23公顷。供应倍增企业的项目用地21宗，面积64.24公顷。

【城市更新】　2020年，东莞市启动“工改工”三年行动计划，研究出台《关于加快镇村工业园改造提升的实施意见》，提出34条政策86项“政策干货”，健全各环节政策细则，完成镇村工业园“工改工”拆除平整面积535.47公顷，任务完成率107%，盘活存量工业用地，承载制造业高质量发展。全年完成审查标图建库地块500宗（面积1840.93公顷），更新单元划定方案20份次（面积408.27公顷），前期研究报告17份（面积578.27公顷），“1+N”（“1”指贯彻执行《中国共产党纪律检查机关监督执纪工作规则》的办法；“N”指系列配套制度，是具体条款的操作性办法）总体实施方案审批43宗（含松山湖、水乡功能区审批的6宗），项目面积172.13公顷；322宗城市更新旧项目，已批49宗，清退88宗，报备继续实施185宗；全年城市更新完成投资411亿元，新增实施改造面积734.05公顷；完成各类改造面积625.59公顷，分别达到省下达任务122.3%、109.1%。

【国土空间用途管制】 2020年，东莞市按照土地利用年度计划指标管理办法，做好用地指标管理，做好战略性任务用地指标保障；通过统筹全市用地指标，优先保障市重大项目、市“倍增计划”（重点企业规模与效益倍增）项目，落实“三旧”（旧城镇、旧厂房、旧村庄）改造奖励、乡村振兴、“优城市、拓空间”项目和未达省核销条件的民生设施用地保障，争取省核销指标补民生、基础设施短板，并争取省返还、省调整指标等方式，为178个项目落实1033公顷用地指标。完成建设用地审批会审并通过市政府审批的批次199宗，涉及用地面积786.58公顷，其中省管权限批次47宗，涉及用地面积295.58公顷；市管权限批次152宗，涉及用地面积491.00公顷。全年获省级批准单独选址项目1个（莞番高速公路桥头至沙田段项目），用地面积486.96公顷。

【国土空间生态修复】 2020年，东莞市完成4800万个重点海湾整治专项资金项目、500万个海岸线生态修复专项资金项目，新建生态海堤350米，海岸滨海湿地生态植被恢复面积约6000平方米。省下达东莞市2020年矿山石场治理复绿任务3.9公顷，东莞市分解落实具体矿山石场治理复绿项目，具体为东莞市清溪镇齐兴石场和银山石场，全年投入治理资金101.3万元，治理复绿面积4公顷。

【耕地保护监督】 2020年，东莞市耕地保有量3.55万公顷，完成2.46万公顷耕地保有量责任目标，实现年度耕地占补平衡。划定永久基本农田2.05万公顷，完成省下达的指标任务2.04万公顷。年内，东莞市实际占用耕地面积407.69公顷，其中批准占用面积407.69公顷，全部采用有偿受让补充耕地形式落实耕地占补平衡、占优补优。

【地质与海洋勘查防灾】 2020年，东莞市排查确定地质灾害隐患点271处（含削破建房风险点118处），威胁人口756人，威胁财产5983万元，其中橙色风险3处、黄色风险32处、蓝色风险236处。做好汛期地质灾害防御工作，全年出动地质灾害巡排查4800余人次，撤离人员3000余人，处置8起小型险情，保障群众生命财产安全，实现连续11年地质灾害“零伤亡”；推进地质灾害综合治理，全年安排资金93万元，通过工程治理、搬迁避让等方式完成42处地质灾害隐患点综合治理。年内，强化海洋灾害预测预报工作，每天制作东莞市沿岸的麻涌港区、沙田港区、威远岛、沙角半岛、新湾渔港、先锋渔港、交椅湾等7个站点的逐时潮位、高低潮时、海浪高度、表层水温等数据预报；每天制作东莞邻近的狮子洋海域、伶仃洋海域、外伶仃洋海域、桂山岛海域4个海域的浪向、浪高和表层水温预报。风暴潮、灾害性海浪等海洋灾害发生时，及时发布相关预警报信息。全年发布海洋预报数据3.2万组，发布风暴潮警报11次，海浪灾害警报11次，发送手机短信2.5万条。

【矿产资源管理】 2020年，东莞市组织开展矿业权人勘查开采信息填报和实地核查工作，全年查矿山企业11家，各矿山企业均依法依规开展矿产资源开采，履行各项义务到位，不存在违法行为。同时，核查期间对各矿山企业的安全生产、绿色矿山创建等工作进行督导和宣传，全年完成2家绿色矿山建设，完成省下达任务指标。完成全市1家矿山开发利用方案、3家矿山矿山地质环境恢复治理及土地复垦方案审查；完善压覆矿查询审批流程，完成压矿查询10宗；开展矿业权出让收益征收调研工作，达成矿业权出让收益征收工作意见。

【海岸带保护与利用】 2020年，东莞市推进滨海湾新区海岸带保护与利用综合示范区建设，做好3方面6类12项示范项目建设，完成省资金支持的东宝公园一期工程建设，建成生态化海堤450米、修复海岸线350米、滨海湿地6000平方米，成为全市海岸带整治修复样板和滨海旅游“网红打卡点”，逐步塑造东莞滨海活力之城形象；推动滨海湾新区开展滨海景观活力长廊规划设计，编制磨碟河片区和太平水道综合整治规划，推动沙角电厂退役转型，打造国际一流、湾区领先、最具魅力的滨海景观休闲带；推动交椅湾片区海堤达标建设前期工作，提高海岸带地区海洋防灾减灾水平。

【海域海岛管理】 2020年，东莞市推进6个项目填海施工、3个项目补办及8个生态修复工程实施，完成新沙港13号泊位工程、新沙南4号、5号新增泊位工程完成填海竣工验收，新沙港11号、12号泊位工程完成填海施工，增加土地面积57.64公顷，协调解决麻涌海岸线整治修复工程政企对接问题，为用海项目异地修复积累经验，围填海历史问题处理总体工作进度保持全省领先。聚焦重大项目和品质交通千日攻坚行动，制定《东莞市重大项目（涉海）跟踪管理服务台账》，对8个重大项目、5个重大预备项目及16个交通项目实行动态跟踪服务，做到提前介入、迅速响应、精准服务、高效审批，全部在建用海项目均如期复工复产。全年为滨海湾新区滨海湾大桥等重大项目提供用海面积12.5公顷，比上年增长123%，做好深茂铁路、狮子洋通道等重大涉海项目前期工作，为项目加快开工建设创造条件。

【国土测绘】 2020年，东莞市确定“十四五”基础测绘规划期间全市层面的四大任务，八项重大工程，34个测绘地理信息项目；全年完成61.86平方千米（合990幅标准图，其中包含“房地一体”项目私人宅基地测量1.10万宗，计7.53平方千米，合120幅标准图）1：500地形图修补测量与入库工作；完成东莞市自然资源局系统数据坐标转换工作，向系统外提供坐标转换约500个，其中涉及重大项目约20个；对全市已有的3家甲级、6家乙级、17家丙级、38家丁级测绘单位实施统一监督管理，全年完成丁级测绘资质核准5宗，乙级、丙级资质初审7宗，测绘作业证核准40宗，其中检查测绘资质单位22家，检查市财政资金测绘项目5个，发出整改通知书11份。

【地理信息管理】 2020年，东莞市抽取133家地图生产和展示、销售的企业进行“双随机一公开”（随机抽取检查对象，随机选派执法检查人员，抽查情况及查处结果及时向社会公开）行政检查，发出整改通知书5份，处理群众举报“问题地图”3项。全年地图审核57批次，全部通过审核；完成《东莞市地图》更新工作，以及13个镇街的人文地图编制，并同步发布镇街标准地图服务；为镇街、部门提供地形图2632平方千米，航空影像图4920平方千米，卫星遥感图2460平方千米。

【自然资源执法监督】 2020年，东莞市开展土地违法案件查处、日常执法巡查、卫片执法检查、扫黑除恶专项斗争和农村乱占耕地建房问题摸排整治等工作，坚决打击违法违规用地行为。全年全市拆除违法占地建筑物面积38万平方米，复耕复绿土地面积133.33公顷，依法立案查处土地违法案件255件，申请法院强制执行165件，向公安机关移送涉嫌犯罪的土地违法案件线索14条（涉及16人），向纪检监察机关移送违法用地案件3件（涉及5人）。

【土地收购储备】 2020年，东莞市纳入市土地储备库管理土地有133宗面积882.61公顷，办理土地出库手续228宗面积843.5公顷。市级土地收储6宗面积70.75公顷，市级储备土地供应13宗面积58.07公顷，回笼资金84.68亿元。市级储备土地临时出租收入525万元。年内，出台《关于进一步加强土地收储整备工作的指导意见》等配套政策，加强土地收储整备全流程的标准化、规范化建设。编制《东莞市土地储备规划及计划（2020—2024年）》明确土地储备存量空间和土地潜力空间，指导差异化收储工作。探索五大流域治理投融资创新机制，其中以石马河流域土地收储作为五大流域土地收储工作试点项目，收储出让成交地块9宗，成交总价168.5亿元。

【城市发展空间拓展】 2020年，东莞市保障土地资源供应，完成市级收储面积70.75公顷，镇级收储面积811.89公顷。全年完成土地出让807.92亿元，比原定目标（600亿元）超出207.92亿元，超额34.65%。深化“拓空间”内涵，加强空间要素保障，在城市更新、存量盘活、零地增容三大方面破解难题，服务城市高质量发展。实施“工改工”三年行动计划，开展镇村工业园提质改造，从“降低成本、提高收益、创新模式、破解难题、机制保障”五方面创新政策，加快改造升级低效产业空间。全市盘活存量用地面积738.7公顷，其中处置闲置土地面积215.57公顷，均超额完成既定任务。全市办理工业仓储用地（含工改M0）提容231宗，面积990.5公顷，增加工业厂房建筑面积667万平方米。

（张佩珊）

附：2020年东莞市自然资源局主要领导名录

党组书记、局长：赖健伟

附：2020年东莞市土地储备中心主要领导名录

主　任：黄沛文

国有资产监督管理

【国有资产经营概况】 2020年，东莞市属国有企业资产总额、净利润居全省第四位，市属国有企业的资产主要分布在金融行业、交通运输、投资与资产管理等第三产业。截至2020年底，东莞市市属国有企业（含园区企业）资产总额6714.58亿元，比上年增长13.74%；净资产1428.36亿元，增长10.94%；全年实现营业收入350.78亿元，增长11.60%；净利润57.80亿元，下降3.33%；资产负债率78.73%，比上年上涨0.54个百分点；实现劳动生产总值173.81亿元，实缴税费30.55亿元，利润收入上缴比例提高到30%。

【国有企业推动复工复产】 2020年，东莞市国资委印发《2019年度东莞市属国有企业社会责任报告书》，公布企业履行社会责任的现状、规划和措施，完善社会责任沟通方式和对话机制。开展疫情防控工作和推动复工复产，各市属国有企业主动为中小企业减免租金6200万元。

【国资国企改革】 2020年，东莞市人民政府国有资产监督管理委员会（以下简称“市国资委”）完成东莞港务集团有限公司管理体制调整工作，东莞港务集团有限公司出资人由东莞港管委会变更为市国资委。指导完成东盈投资公司、海翔轻纺等企业市属股权整合至东莞市资产经营管理有限公司。会同市财政局共同推进完成东莞产权交易中心等经营性国有资产集中统一监管工作。配合市委编办、市生态环境局共同完成东莞市环境保护技术服务中心转企改制，成立由市国资委出资的“东莞市生态环保研究院有限公司”。完成全市11家市属国有“僵尸企业”（指已停产、半停产、连年亏损、资不抵债，主要靠政府补贴和银行续贷维持经营的企业）处置工作。完成在莞央企、省企及市属国有企业退休人员社会化管理工作。

【国资国企薪酬制度完善】 2020年，东莞市国资委印发《东莞市市属国有企业工资决定机制改革实施办法》，指导市属国有企业编制2019年工资总额预算方案，同步进行核审、备案。根据市政府要求，对东莞银行股份有限公司、东莞证券股份有限公司、东莞信托有限公司3家金融企业负责人实施倍增发展增量奖励，并将倍增发展增量奖励扩展到东莞金控、科创集团。完成2019年预算执行情况清算。印发《东莞市市属企业负责人薪酬披露方案》，指导各市属国有企业调整负责人薪酬方案及员工薪酬方案，并报市国资委审核、备案。

【国资国企经营考核监督】 2020年，东莞市国资委修订出台《东莞市市属企业负责人经营业绩考核评价办法》《东莞市市属金融企业负责人经营业绩考核评价办法》，制定《上市莞企发展投资基金专项考核方案》《莞榕计划绩效考核方案》并组织实施。向市政府报送《关于2019年度市属企业负责人经营业绩考核评价情况的报告》。指导各市属国有企业报送2020年度及本届董事会任期经营业绩目标责任书、落实董事会对经营层的业绩考核职权。

【国企产权管理】 2020年，东莞市国资委办理市属国有企业的预决算情况、利润分配方案、发债等审核事项；市属国有企业投融资计划、大额资金使用情况、市属国有企业内部无偿划转等备案事项。处理东莞证券股份有限公司非公开发行公司债券、东莞市公共自行车试点项目剩余资产报废处置等市属国有企业发债及资产处置事项；处理划拨各企业2020年国有资本经营预算支出款项、东莞市交通投资集团有限公司向云南省昭通市捐赠非纯电动客运车辆增加费用等企业重大资金使用事项。

【国企内部审计】 2020年，东莞市国资委印发《关于调整东莞市国资委内审工作领导小组的通知》，根据机构改革后科室职能调整和人员变动情况，经委党委研究，对委内部审计工作领导小组作出调整；印发《东莞市国资系统2020—2024年内部审计工作发展规划》，明确对监管市属一级企业每2年实现内部审计全覆盖。市国资委、东莞实业投资控股集团有限公司、韶关市莞韶产业转移工业园开发公司三方股东组成内审小组，聘请天健会计师事务所开展对广东东韶实业投资开发有限公司内部审计工作。聘请天健会计师事务所对东莞市交通投资集团有限公司、东莞市水务集团有限公司、东莞实业投资控股集团有限公司、东莞科技创新金融集团有限公司、东莞市能源投资集团有限公司共5户市属一级企业开展2020年度常规内部审计。

【国企人才新格局构建】 2020年，东莞市国资国企系统引进博士12人、硕士277人、高级职称专业技术人才69人。其中，配合市委组织部实施“百名博士党政国企人才计划”，选拔任用6名博士。落实走访联系高层次人才工作，领导带队走访联系9家企业，联系博士人才13人。指导市属国有企业优化人才培养机制，推动市属国有企业打造“领航之星”培养计划、开展业务多元化转型、成立人才培养研究院、建设技师工作站与研发基地、设立博士后创新实践基地等。

【镇属资产监督管理】 2020年，东莞市国资委贯彻落实《东莞市镇（街道）属企业资产监督管理办法》《东莞市镇（街道）属企业改革工作的指导意见》，摸清32个镇街企业资产状况及运营情况，指导32个镇街完成改革工作方案编制并全面铺开镇（街道）属企业改革工作。截至2020年底，全市镇（街道）属企业资产总额936.15亿元，比上年增长0.11%；营业总收入73.62亿元，增长2.10%；净利润7.96亿元，增长30.35%。

【国资监管制度完善】 2020年，东莞市国资委出台《东莞市市属国有企业重大事项清单管理制度》，制定监管权力和责任清单。出台《东莞市市属国有企业工资决定机制改革实施办法》、修订《东莞市市属国有企业负责人经营业绩考核评价办法》及《东莞市市属金融企业负责人经营业绩考核评价办法》、制定《东莞市市属国有企业负责人薪酬披露方案》，开展上市莞企发展投资基金、莞榕计划等专项考核。

【国有企业对口帮扶】 截至2020年底，东莞市市属国有企业

2020年9月1日，东莞市镇（街道）属企业改革工作动员会在行政办事中心召开

（郑家雄 摄）

对近50个地区开展对口帮扶，累计投入扶贫资金1.3亿元，开展各类扶贫项目363个，实现就业1645人，累计脱贫3921人、摘帽退出15个贫困地区，帮扶地区脱贫率100%。（陈添伟）

附：2020年东莞市人民政府国有资产监督管理委员会主要领导名录

党委书记、主任：卢汉彪

市场监督管理

【市场监督管理概况】 2020年，东莞市市场监督管理局（以下简称“东莞市市场监管局”）落实市委、市政府和省市场监管局决策部署，推动疫情防控和市场监管工作开展。年内，全市新增市场主体22.7万户，实有市场主体134.1万户，比上年增长8.3%，市场主体总量、企业数量均居全省地级市第一位。东莞“深化商事制度改革”获评为全国首批法治政府建设示范项目。年内，东莞市市场监管局获评为“广东省抗击新冠肺炎疫情先进集体”和“广东省先进基层党组织”。东莞市企业获第二十一届中国专利奖22项，获奖数量和等次创历年新高。国家食品安全示范城市创建工作以89.73分通过省中期评估。

【商事制度改革】 2020年，东莞市市场监管局深化商事制度改革，实现商事登记全流程信息化和企业开办“一个环节、一网通办”，在电子签名、电子档案、智能服务、便利准营等领域取得六个全省率先，开办企业最快仅需0.5个工作日。率先实现企业登记档案网上查询，系统上线半年查询量突破32万次，是窗口一年查询量的10倍。全年，全市新增市场主体22.7万户，实有市场主体134.1万户，比上年增长8.3%，市场主体总量、企业数量均居全省地级市第一位，长安市场主体突破12万户，位居全市第一位。省营商环境试评价中，东莞开办企业指标得分与广州、深圳并列全省第一位。

【事中事后市场监管】 2020年，东莞市市场监管局制定市场监管大数据建设应用工作方案，建成全局统一的数据管理平台，汇集数据总量7.6亿条。推动市场监管与“智网工程”融合发展，办结监管任务35.4万条，网格员上报问题线索11.3万条。建立风险分析研判会商制度，一周一动态、一月一研判、一季一会商，防范化解市场风险。开发东莞市“互联网+明厨亮灶”智慧监管系统，构建食品安全智慧监管体系。截至2020年底，完成全市1712家学校食堂全覆盖建设，学校食堂“互联网+明厨亮灶”议案入选市人大优秀代表议案，获评为“先锋杯”市直机关工作创新大赛“优秀作品奖”。强化企业信用监管，全省率先编制“双随机一公开”（随机抽取检查对象，随机选派执法检查人员，抽查情况及查处结果及时向社会公开）部门联合抽查事项清单，实现系统内“双随机”抽查全流程整合，归集涉企信息1885万条，公示涉企信息1624万条、省“守合同重信用”企业3581家，公示监管实现量质齐升。探索市场监管领域共建共治，汇聚全市56个商协会力量，推动成立全国首个市场监管共建共治联合会，打造特色共治品牌。市个私协会获市“突出贡献社会组织”称号。

【市场管理改革】 2020年，东莞市市场监管局围绕东莞打造粤港澳大湾区先进制造业中心战略布局，建立质量变革工作机制，设立镇街（园区）质量工作考核，完善政府质量奖制度设计，制定实施卓越绩效管理模式推广三年行动计划。厚街镇率先创建“质量变革战略示范镇”。选取企石镇和中堂镇开展NQI（国家质量基础设施）投入统计及协同服务，搭建市级NQI“一站式”服务平台，指导成立全市检验检测认证协会，推动全省首家具备欧盟公告机构口罩等业务资质的认证机构落户东莞，推动东莞理工学院开设全省首个质量管理工程本科专业，质检中心组建全市第一家“产品医院”，特检院打造特种设备综合服务特色项目，计量院创新推动自动化校准和科研成果转化，标码所探索所企共建企业标准化部门。探索打造石排计量小镇和精密仪器仪表产业园，联合横沥镇政府承办省2020年世界标准日暨“标准化+乡村振兴”宣传活动。全市22家单位获省标准化专项资金资助420万元，资助资金数、企事业单位数和制修订标准数量均居全省地级市第一位。横沥镇、蓝

2020年12月28日，东莞市在沙田镇举办进一步加强进口冷链食品疫情防控现场会，启用市进口冻品集中监管仓，部署推进全市冷链食品疫情防控相关工作 （市市场监督管理局供图）

天星农产品交易有限公司获批国家标准试点示范项目，占广东省获批项目一半。

【知识产权建设】 2020年，东莞市市场监管局推进国家知识产权运营服务体系重点城市建设，成立以市长为组长的工作领导小组，出台专项资金管理办法，推动知识产权运营中心、专利导航等项目统筹实施，引导产业转型升级和创新发展。深化知识产权质押融资，全国首单知识产权法律费用保险落地东莞。年内，东莞专利权质押登记金额69.86亿元，位居全国第四位、全省第二位。实施商标品牌战略，激励企业开展商标品牌和区域品牌建设。全年新增注册商标8.51万件，累计39.95万件，排名全省第四位。专利申请量和授权量分别为9.6万件和7.43万件，国内有效发明专利量3.74万件，居全省第三位；每万人发明专利拥有量44.22件，居全省第四位。加快知识产权保护体系建设，完善知识产权纠纷多元化解机制和快速维权服务，开展“铁拳”“蓝天”等专项行动，净化社会创新环境。东莞成为全省专利侵权纠纷行政裁决示范建设试点市，2019年度知识产权行政保护工作绩效考核排名并列全国第十三、全省地级市第一。

【市场重点领域监管】 2020年，东莞市市场监管局推动国家食品安全示范城市创建工作，完成创城阶段性任务。开展“食安东莞”优秀餐饮街区创建、放心肉菜示范超市创建，推进食品销售单位风险分级分类和食用农产品信息化追溯，开展学校及周边食品安全监管、食品小作坊行业整治和提质行动，推进食用油、湿米粉、特殊医学用途配方食品、“九号查酒”等专项整治，完成食品抽检3.98万批次、食用农产品政府快检117.38万批次，提前超额完成全市“每千人5批次”的食品抽检任务。启动农贸市场品质提升三年行动，开展农贸市场文明创建综合治理。加大药品安全监管力度，组织全市首次药品安全事故应急演练，开展无菌和植入性医疗器械、“清网行动”等医疗器械专项行动，创建东莞市化妆品经营共建共治共享规范区，保障药械化安全。开展电动自行车、燃气热水器、成品油等产品质量整治，检查生产经营单位1.2万家次，产品质量合格率95.03%。加强特种设备安全监管，印发全市加强住宅小区电梯安全管理工作意见，制定推进住宅小区老旧电梯更新改造重大修理工作办法。开展特种设备安全专项行动20余次，检查单位1.7万家，检验特种设备14.27万台次，消除安全隐患4074处，开展安全警示教育136场，保障全市特种设备安全运行。

【市场监管执法建设】 2020年，东莞市市场监管局批量立案吊销企业2.1万家，2019年度企业年报率93.73%。开展“长江禁捕打非断链”专项行动，深化扫黑除恶专项斗争，连年获评为全市扫黑除恶先进集体。加强公平竞争审查和反不正当竞争执法，建立市商业秘密保护联系点11个。规范行政事业性收费与行业协会收费，累计为企业减负1.5亿元。管控广告市场环境，监测各类广告42万条次。开展打击传销、规范直销、价格、网络市场和广告等专项整治，全年查办经济违法案件6182件。创新建立“市场监管普法多多”宣传品牌，获评为全市“谁执法谁普法”履职评议优秀单位。完成市“12345”平台与全国“12315”平台对接集成，处理投诉举报咨询13.75万件，为消费者挽回经济损失3572万元。开发投诉举报快速处置系统和异常名录库，举办“品质东莞新消费”活动，创建“放心消费承诺单位”1743家、“线下无理由退货承诺店”120家，优化消费环境和提升消费质量。 （李晓恩）

附：2020年东莞市市场监督管理局主要领导名录

党组书记、局长：陈锡稔

审　计

【审计概况】 2020年，东莞市审计局推进审计监督全覆盖，全年完成审计项目34个，查出违规金额15.55亿元，损失浪费金额5873万元，管理不规范金额56.84亿元，促进整改落实有关问题资金20.73亿元，促进拨付资金到位5.92亿元，出具审计报告和专项调查报告78篇，提交专题审计报告、信息54篇，移送处理事项17宗，发挥审计的监督和保障作用。

【政策跟踪审计】 2020年，东莞市审计局围绕“六稳”（指稳就业、稳金融、稳外贸、稳外资、稳投资、稳预期）和“六保”（指保居民就业、保基本民生、保市场主体、保粮食能源安全、保产业链供应链稳定、保基层运转）等重大政策部署，组织对科技企业孵化体系、5G基站建设、大湾区办工作开展等政策专题进行跟踪审计，反映政策执行过程中的堵点痛点，针对性提出意见建议，力促政令畅通。

【财政审计】 2020年，东莞市审计局组织对全市2019年度市级预算执行情况审计，利用大数据手段，首次实现对74个市一级部门预算单位预算执行情况审计全覆盖，对社会保险基金、涉农资金等管理使用情况开展审计调查，拓展预算执行审计全覆盖的广度和深度，推动财政政策资金聚力增效。

【经济责任审计】 2020年，东莞市审计局贯彻落实中办、国办新修订的经济责任审计规定，规范经济责任审计，完成经济责任审计项目12个，审计党政和企事业单位主要领导干部15名，合理界定领导责任，并依托审计委员会、经济责任审计工作联席会议等平台，加强审计结果分析报告、情况通报，推动部门监督联动，规范权力运行。

【“三大攻坚战”审计】 2020年，东莞市审计局强化防范化解重大风险意识，在经济责任、财政等各类型审计中，重点关注政府债务、国有资产运营等风险易发高发的领域和环节，及时发出预警、提出防控建议，为经济安全运行保驾护航。组织14名审计人员对东西部扶贫、援藏、援疆相关政策资金进行审计，促进提高扶贫资金使用绩效，保障区域帮扶政策措施落到实处。聚焦水污染精准治理，组织开展茅洲河、污水治理设施等项目审计调查，部署对谢岗、企石等镇领导干部开展自然资源资产离任审计，促进相关单位和镇街提高生态环境治理水平。

【民生审计】 2020年，东莞市审计局组织对全市乡村振兴、技工人才培养政策资金和医疗保险基金等开展审计，坚持把民生政策资金项目作为各专业审计项目常态化审计内容，及时反映影响政策普惠性、基础性和兜底性的问题，促进织密扎牢民生保障网。

【内部审计】 2020年，东莞市审计局通过搭建“互联网+”内部审计培训平台，首次借助政务微信群实行线上授课、互动答疑，为全市各部门单位、镇街、市属重点企业280多名内部审计人员进行线上培训，发挥内部审计“免疫系统”基础防线作用。

【审计队伍建设】 2020年，东莞市审计局招录、选调各类审计人才27人，落实审计实务导师制，加强对审计一线青年干部的培养；组建审计数据分析室，组织58人次参加国产数据库应用、“金审工程”三期项目相关应用系统使用操作等培训班，强化大数据审计能力，促进审计队伍专业水平和综合素质提升。 （黄珊珊）

附：2020年东莞市审计局主要领导名录

党组书记、局长：卢炳辉

统计、调查

【统计、调查概况】 2020年，东莞市统计系统围绕落实党中央“六稳”（指稳就业、稳金融、稳外贸、稳外资、稳投资、稳预期）要求，组织开展全市第七次全国人口普查，做好经济形势分析和监测工作，推进改革创新，多措并举提高数据质量，统筹推进疫情防控下的统计工作，为“湾区都市、品质东莞”建设提供统计保障。

【东莞市第七次全国人口普查】 2020年，东莞市推进第七次全国人口普查各项工作。2月，成立东莞市第七次全国人口普查领导小组；4月，召开全市第七次全国人口普查动员电视电话会议，动员部署全市人口普查工作任务；6—8月，在东莞市东坑镇井美村完成人口普查综合试点；8月19—25日，国务院人普办在东坑镇开展数据处理综合试点；8月25日，国家统计局总统计师曾玉平一行到东莞调研；9月，分批对全市4.25万名普查指导员和普查员进行业务培训；10月31日，举行东莞市第七次全国人口普查正式入户登记启动仪式；11月，完成全市人口普查短表和长表登记工作；12月14—20日，配合完成国家事后质量抽查工作。经普查，东莞市常住人口1046.66万人，比2010年第六次全国人口普查增长27.33%，年平均增长率2.45%。

【统计、调查研究】 2020年，东莞市统计局加强经济监测分析，实行局经济运行监测周例会制度，形成专业分析材料，为市委、市政府研判经济形势提供具有时效性的统计数据和分析。选取重点工作相关领域，开展“新冠肺炎疫情对我市经济影响的初步判断”“东莞人口与经济社会发展关系分析”“关于东莞‘四上’企业三年提质计划的工作建议”等专题调研。形成《东莞市生产性服务业发展状况研究》《迈进“6时代”实现新跨越——四经普东莞文化产业发展情况》《东莞市企业基础研究情况的调研报告》等专题分析报告20余篇。《2013—2018年东莞创新能力评价研究与分析》《关于赴江苏、浙江、福建六市调研的情况报告》分别获2020年度全省优秀统计分析报告一等奖、二等奖。全年刊发《东莞发展动态》40期、特刊5期、镇街专项通报9篇。

【统计制度改革】 2020年，东莞市统计局推进镇街统一核算改革，按照省要求，修订完善各镇街

2020年10月31日，东莞市第七次全国人口普查正式入户登记启动仪式在市民服务中心举行 （市统计局供图）

地区生产总值统一核算制度，由以往核算10个门类、10项核算基础指标改为26个大类、32项核算基础指标，采用全市统一的换算系数。从一季度始，实施各镇街地区生产总值统一核算，实现镇街与全市数据的衔接，更加科学合理反映全市各镇街经济发展情况。同时，落实上级部门统计改革要求，做好知识产权产品投资统计试点工作，完成年度镇街绿色发展指数计算工作，探索数字经济统计工作。

【统计宣传创新】 2020年，东莞市统计局制作发布微信动态产品H5《深入推进湾区都市品质东莞建设——2019年东莞经济和社会运行情况》，以动态图文的形式，多维度展示东莞经济社会发展亮点，各主流媒体转载，社会反响良好。优化改进《东莞统计月报》《东莞统计概要》，细化完善数据指标体系，丰富数据的纵向和横向对比内容，力求把最重要、最详尽的数据信息呈现给读者。9月26日，东莞市统计局联合国家统计局东莞调查队举办第十一届“中国统计开放日之东莞”暨东莞市第七次全国人口普查宣传月启动仪式，以“大国点名，没你不行”为主题，创新宣传方式，现场设置宣传展板、LED播放动画视频、有奖问答互动、游戏竞赛项目等环节，向市民、社会各界介绍和宣传人口普查，提升市民对人口普查的认识和理解。

【统计法治建设】 2020年，东莞市统计局加大统计执法监督力度，全年检查企业116家，重点检查40家规模以上工业企业、20个固定资产投资项目、20家规模以上服务业企业和20家限额以上批零住餐业企业，联合市市场监督管理局抽取8家规模以上服务业企业开展“双随机一公开”（随机抽取检查对象，随机选派执法检查人员，抽查情况及查处结果及时向社会公开）联合执法检查。收集全市统计从业人员基础信息和信用信息，建立统计从业人员统计信用档案，加强对统计从业人员管理。组织统计普法宣传，通过举办统计普法宣传培训会议、开展宣传教育活动、印发宣传品等方式，分阶段、按计划开展法治宣传教育。制作《统计小百科之人口普查普法篇》宣传视频，参与第十七届全国法治动漫微视频作品征集展示活动，获得“优秀作品奖”。 （张锡铃）

【统计调查改革创新】 2020年，国家统计局东莞调查队制作动态记账辅导视频，增强记账操作的培训效果，通过改成多种方言在全省全国大范围推广，实行家庭多人记账，探索解决漏记问题，提高记账质量。与市统计局联合成立工作领导小组，明确职责分工，制定《2020年东莞市农业统计调查工作方案》，全面规范农业统计调查工作流程，创立历史统计台账，建立巡视督查机制，确保调查数据真实性。价格调查基期轮换有序开展，通过数据梳理评估，优化权数测算，逐项评估数据的合理性，确保新基期权数资料的准确、合理，住户调查样本完成轮换。年内，国家统计局东莞调查队参与广东调查总队各类重点选题调研、信息约稿调查，报送调查信息分析及素材162篇，其中成稿分析105篇（含深度分析4篇），向《中国信息报》投稿11篇，其中单篇采用6篇，综合采用2篇，报送微信信息素材14篇（次），“广东调查与你同行”单篇采用4篇，综合采用5篇，“统计微讯”微信单篇采用1篇。向总队“广东调查与你同行”抖音投稿4篇，其中单篇采用3篇，综合采用1篇。

【统计调查基础建设】 2020年，国家统计局东莞调查队完善统计调查制度建设，规范地方统计调查项目管理，围绕统计设计管理要点，加大统计制度方法理论研究力度。全年向广东调查总队报送制度方法研究文章13篇，其中总队制度方法栏目采用9篇，国家局统计研究栏目采用10篇，《中国信息报》刊载2篇。修订《国家统计局东莞调查队各专业全周期数据质量核查办法（试行）》等一系列制度文件，为依法统计、依法治统保驾护航。全年组织干部员工开展统计法治培训15场次，对基层开展统计法治培训13场次，实现全市32个镇街统计普法全覆盖。制作统计普法视频、小品、歌曲等文艺作品，通过微信、抖音等平台传播，提高社会公众的统计法治意识。推动多部门联合学法普法，为部门开展统计法治专题培训，协助相关部门更规范地开展统计业务。

【统计普法】 2020年12月8日，国家统计局东莞调查队配合广东调查总队，承办开展“全面弘扬宪法精神深入推进依法治统”大型主题普法宣传活动。发动全队力量参与节目创作，邀请东莞广播电视台等10多家媒体对活动进行报道。通过举办“12·8”活动，使社会公众了解《中华人民共和国统计法》，推动统计法治宣传形成热潮，为依法调查营造良好的社会氛围。

【房价调查方式创新】 2020年，国家统计局东莞调查队推进房价调查工作，做好基础数据处理与实地走访工作。运用工具Python编写多个自动化小程序，将新型工具运用于东莞房价调查工作中，形成房价调查自动化“小助手”，为东莞房价调查工作提质增效。联合开展房价和房租调查，通过一并开展培训会议和数据评估会议，利用房价重点企业走访机会，了解租赁市场变化情况等。 （陈德斌）

附：2020年东莞市统计局主要领导名录

局　长：梁佳沂
党组书记：林　岚（任至9月）
　　　　　朱默河（9月到任）

附：2020年国家统计局东莞调查队主要领导名录

党组书记、队长：欧阳湘

应急管理

EMERGENCY MANAGEMENT

大溪水库 （2020年黄生摄）

编辑：张德全

安全生产监督管理

【安全生产概况】 2020年，东莞市应急管理系统落实中央、省、市决策部署，敢于担当，攻坚克难，全力打好疫情防控阻击战，严密防范复工复产安全风险，抓住安全生产基本盘不放松，完善安全监管责任机制、加大安全整治执法力度。全市发生各类生产安全事故293起，死亡200人，受伤168人，分别比上年下降26.6%、23.7%、36.1%，未发生重大以上事故，直接经济损失5711.32万元。

【安全生产工作机制健全】 2020年，东莞市推动各负有安全监管职责的部门制定落实“一线三排”（“一线”是指坚守发展决不能以牺牲安全为代价这条不可逾越的红线，“三排”是指排查、排序、排除）具体实施工作措施，将推动安全生产“一线三排”落实与日常安全生产监督检查相结合，指导督促重点行业领域的企业运用“一线三排”工作机制，查风险、除隐患、防事故，提高企业本质安全水平。实行安全生产述职述安工作制度，2020年底组织各镇街（园区）党委、政府主要负责人、分管安全生产的负责人及各村（社区）书记、主任，专职安全员，重点行业领域企业负责人开展安全生产述职述安，压紧压实安全生产党政领导责任、基层监管巡查责任和企业主体责任。建立月度安全风险研判会商机制，以市政府名义每月召开安全生产和消防安全会商约谈会，同时，市、镇两级安委办、减灾办每月至少开展一次安全生产和自然灾害综合安全风险研判会商，市应急管理、交通运输、住建、消防等十几个重点部门每月至少开展一次行业安全风险研判。实行响应机制，事故发生后立即开展专家指导、约谈通报、“一盘棋”响应、事故调查、执法检查、警示教育、安全培训等工作，全面提高防范同类事故能力。

【安全生产专项整治】 2020年，东莞市开展安全生产专项整治三年行动。在全省率先印发《安全生产专项整治三年行动实施方案》，明确两个工作专题、八个行业领域安全整治任务，制定三年路线图，深化安全生产源头治理、系统治理和综合治理，推动实现“从根本上消除事故隐患”。开展五大领域安全生产专项整治，统筹应急管理、交通、住建、消防等部门分别牵头制定工作方案，从4月至12月，组织各级各部门开展落实企业主体责任、危险化学品、交通运输、建筑施工、消防等五大领域安全专项整治行动。开展预防与控制生产安全事故专项行动，靶向事故防控短板，突出建筑施工、道路运输、消防安全、危险化学品和烟花爆竹、工商贸、水上交通、旅游及大型群众性活动、燃气、特种设备等重点行业领域安全治理，实现2020年全市各类生产安全事故总数及死亡人数实现比上年双下降10%的目标。加强危险化学品安全综合治理工作，落实“四令三制”，加强化工行业特殊作业安全管理；按照“保配套、控总量、控品种”的原则，推进危险化学品产业结构调整，推动11家危险化学品生产企业关闭、注销或搬迁；推动全市使用液氯的重大危险源企业改用更安全的次氯酸钠，推动全市“两重点一重大”危险化学品生产装置和储存设施安装自动安全联锁系统。加强对涉有限空间和粉尘涉爆企业的治理提升工作，对每家涉有限空间企业均安排不少于两名专职安全员每周专门监管巡查，并实行有限空间作业报备制度，要求企业在开展有限空间作业前必须向对应的专职安全员报备，接受现场指导监督；大力引导全市涉金属粉尘企业完成湿式除尘工艺改造，全市1115家金属粉尘涉爆企业中有1090家的安全治理效果通过专家验收，降低粉尘爆炸安全风险。

【安全生产监管执法】 2020年，东莞市开展“散乱差”企业安全生产执法专项行动。全年检查“散乱差”企业5557家，查出隐患1.85万处，责令停产停业整顿企业1245家，依法清理或引导关闭不符合安全生产条件的企业572家，立案处罚612件，罚款1223.45万元。打击企业主要负责人不履职行为，开展企业主要负责人履行安全生产职责专项执法行动，压实企业法定代表人、实际控制人、主要负责人的安全生产第一责任，全年执法检查企业1.36万家，检查企业主要负责人1.78万人，排查整治企业主要负责人未依法履行安全生产职责的隐患4.48万处，立案处罚146件，罚款282.00万元。实施全市生产安全事故隐患信息公开公示制度，公开公示存在事故隐患的企业，并督促企业自行公开隐患自查自纠信息，全面强化安全生产社会监督和企业内部监督，2020年向社会公开公示存在事故隐患的企业1.98万家、问题隐患5.41万项，并推动4.96万家工贸企业设立安全生产信息公示牌，促进企业自行公开公示问题隐患15.30万处。

【应急保障能力建设】 2020年，东莞市构建应急联动工作机制，成立市专项指挥部，以市公安、应急管理、卫生健康、消防救援、水务等5个部门为核心，其他行业主管部门依据职能参与，强化应对较大以上事故灾害的联动处置能力。建立应急能力与安全风险“双评”工作机制，组织专业机构和权威专家每季度、每年度对各镇街（园区）、各村（社区）应急响应和安全风险防控能力进行综合评估评价，为改进应急应对工作提供科学支撑。整合全市应急救援队伍，按照主要灾种和相关部门职责，在全市范围内编组形成市公安

2020年11月30日，东莞市应急救援队伍授旗仪式在市体育馆举行 （市应急管理局供图）

机动突击大队、市森林火灾应急救援大队、市危险化学品应急救援大队等14支专业应急救援大队。加强专业森林消防队伍建设，组建市森林消防大队，队员定岗30人，主要承担全市森林火灾扑救任务、紧急情况下的抢险救援和对外扑火支援任务、依法协助管理野外火源、协助做好森林防火宣传教育等职责。

【安全生产基层基础】 2020年，东莞市打造运营线上宣传教育培训平台，集合各级各部门安全生产教育资源，打造上线安全科普云品牌——“安全云平台”，推出安全知识超市、安全创意短视频大赛、安全矩阵、安全宝典共四大板块内容，向广大市民提供有趣、有料、有用的安全知识，平台总访问量超过170万人次。开设“线上安全培训课堂”，2020年先后开展复工复产、有限空间、高处作业在线安全培训活动，参与学习和考核测验活动的人数超过242万人次。运营“东莞应急管理”微信公众号、“南方+”东莞应急管理频道、南方号等新媒体平台，每天制作推送应急管理微视频、微制作、微动漫等，以喜闻乐见、通俗易懂的内容形式，让应急管理宣传真正走进企业、走进员工、走进家庭，2020年“东莞应急管理”微信公众号阅读量超过2000万人次，粉丝量突破118万，2020年2月以来综合排名连续11个月位居全省地级市应急管理微信公众号前2位。上线全省首个安全生产考试服务系统，通过“互联网+”和大数据技术，有效联接学员、培训机构和考核机关，打造从安全培训报名到发证的全流程、全链条安全生产培训考试服务体系。开展应急管理主题宣传活动，通过“线上线下结合+沉浸式体验”形式，开展“安全生产月”系列宣传、全国防灾减灾日和国际减灾日宣传、安全生产“五进”（进社区、进学校、进企业、进农村、进家庭）活动，引导群众形成学安全、会安全、讲安全的良好社会氛围。开展事故警示教育活动，制作消防安全、建筑作业安全、有限空间作业安全、危险化学品安全、燃气安全、特种设备作业安全、机械作业安全等8个专题的事故警示教育片，警示教育片累计观看人数超过300万人。制作推出能引发关注度的宣传精品，制作的歌曲视频“复工防疫disco”获得《人民日报》、应急管理部、省应急管理厅、中国安全生产杂志微信公众号等众多媒体平台报道推广，成为东莞市唯一入围中央政法委第五届平安中国“三微”（微电影、微视频、微动漫）比赛获奖作品，被省网信办评为2020年广东网络文化最受网民欢迎作品并获得东莞市第二届短视频大赛最具创新奖；短视频作品《东莞市生产安全事故预防与应急处置系列短片之燃气安全》、系列漫画《复工“疫”起来》均获得第一届全国应急管理普法作品二等奖；“东莞应急管理”微信公众号分别被南方都市报、东莞市网信办评为“东莞优秀政务新媒体”“创新传播优秀平台”。

（袁振威）

附：2020年东莞市应急管理局主要领导名录

党组书记、局长：张志强

消防安全管理

【消防安全管理概况】 2020年，东莞市消防救援队伍围绕战斗力标准，坚持抓基础、保稳定、求突破、重创新的全年工作思路，继往开来、勇于担当、创新实干、奋力攻坚，消防事业实现了新的跨越发展。东莞市消防救援支队党委以“两树两保两争先”（两个树立：树全新形象，树清风正气。两个保持：保火灾形势平稳，保队伍安全稳定。两个争先：争先进党委，争先进支队）为总目标，紧盯消防安全三年翻身仗、全员岗位大练兵、“百年大庆”等工作重点，为“十四五”发展开好局、起好步，奠定坚实的基础。全市接警出动1.03万次，抢救被困人员1279人，抢救财产价值1.29亿元。

【消防救援装备保障】 2020年，面对疫情影响，东莞市消防救援支队科学统筹、细化保障，在全市经济下行的态势下，全市各级争取地方消防经费预算9.74亿元，比上年增长35%，地方消防经费总量逆势大幅提升。推动新建消防站25个，总投资约3.2亿元，新购消防车43辆，消防装备4.35万件（套），新增市政消火栓945个，消防基础力量全面增强。30个镇街（含国家队及专职队）地方消防经费预算超过1000万元，2个镇街超过5000万元，经费保障水平稳步提升。

【火灾防控】 2020年，东莞市火灾形势稳中向好，精准防控能力不断提升。市政府将消防工作纳入2020年市政府1号文件，要求全面推广联网型感烟火灾探测报警器、简易喷淋等四项智慧消防设施，加强技防措施。2020年“三小”场所、出租屋联网型感烟火灾探测报警器、简易喷水灭火系统安装率20.25%。送电15年以上工作企业电气火灾远程监控系统安装率37.4%。全市住宅小区推广安装电动自行车便民智能充电柜3993套，出租屋集中区域安装6664套。建成消防宣传微型体验点村（社区）达到489个。2021年春节期间，东莞市消防救援支队落实五大工作举措，做到“眼睛亮、见事早、行动快”，全市火灾起数比上年下降9.6%，死亡人数下降100%，实现春节假期火灾形势稳中有降总体目标。实践推广“全科网格”消防安全治理和网络直播宣传模式，在全省率先开展消防安全送服务和部门联合“双随机、一公开”消防抽查，首次建立消防安全述职述安制度，“东莞消防”微信公众号获评为“全国十佳”和东莞市2020年优秀政务新媒体平台，原创动漫作品获全国法治动漫微视

2020年11月4日，东莞市“119”消防宣传月活动启动仪式在东莞市民服务中心举行 （市消防救援支队供图）

频作品一等奖，消防安全治理卓有成效。

【消防救援能力提升】 2020年，队伍体制机制稳步优化，全域作战能力提升。东莞市消防救援支队实践推广全天候实地“驻训练兵”模式，先后开展各类实战演练1400次，获评全省岗位练兵先进支队，在全省特勤比武4个项目中获2个单项第一名。持续建强4支专业队，做精8支尖刀队，壮大34支专职队，统筹和加强市级综合应急救援力量建设。强化8种特种灾害事故专业救援技术培训项目，培养各类业务骨干574名，评选“专业指挥员”“金牌教练员”和“工匠消防员”20余名，综合应急救援能力增强。2020年，全市消防救援队伍接警出动1.03万次，抢救被困人员1279人，抢救财产价值1.29亿元。完成虎门“5·19”海韵大酒店火灾事故、莞城“5·22”内涝灾害、松山湖“9·25”火灾事故等一系列急难险重灭火与应急救援任务。 （李 斌）

附：2020年东莞市消防救援支队主要领导名录

支队长：陈 全

政治委员：陈小公

自然灾害和减灾救灾

【自然灾害概况】 2020年，东莞市在3月31日进入汛期，10月29日结束汛期，全年共遭遇22场强降雨，降雨量1898毫米，比常年同期偏多3.6%，“龙舟水”年景明显偏重，台风影响偏轻，无旱情发生。“龙舟水”期间有7场强降雨，过程累计降雨量721.9毫米，比常年同期偏多119%，位居历史降雨量第三位。初次台风偏早，有2个台风（“鹦鹉”和“海高斯”）对东莞市产生一定的风雨影响。除5月至6月东江东莞段潮位、东引运河和挂影洲围部分站点超警戒水位外，全市江河水库水情总体平稳。进入9月后，天气持续干燥，各级各部门采取防旱抗旱措施，无旱情发生。全年因灾直接经济损失1.67亿元。全年启动防暴雨应急响应9次，防汛Ⅳ级应急响应4次，防汛Ⅲ级应急响应1次、防风Ⅳ级应急响应2次、防风Ⅲ级应急响应1次。

【灾害风险隐患排查】 2020年，东莞市建立健全行业灾害风险分析研判制度，每月定期分析研究各行业领域的风险形势，中秋节、国庆节“双节”期间坚持“一日一研判”。建立健全风险研判运作模式，明确会商组织主体、会商组织形式、会商报告内容、定期研判时限、专业机构参与研判和研判结果使用等重要环节操作办法和内容。及时将研判结果总结形成研判报告，全年刊发8期《风险研判》和8期《东莞市风险点、危险源台账》。加强对综合风险监测工作的统筹协调，做好安全生产和自然灾害的风险点、危险源数据库的更新工作，每月编辑市、镇街（园区）两级的风险点、危险源台账，督促市、镇街（园区）有关部门分别加强对红、橙、黄、蓝等级的风险点、危险源的监管力度，降低安全风险。对63处列为红色风险点的点源，购买第三方机构开展风险核查评估，提交《风险点危险源、危险源分级分析报告》，组织专家对报告进行审核验收。

【全民防灾减灾意识和能力提升】 2020年，东莞市建立灾害信息员队伍，全市建立村（社区）灾害信息员958名，镇街（园区）灾害信息员66名，并分别建立镇级、村级灾害信息员工作群，及时、准确、客观收集灾害信息。举办全市灾害信息员队伍灾情统计与防灾救灾业务培训班，对组建的全市灾害信息员队伍分4期开展业务培训，明确灾害信息员灾前、灾中、灾后工作任务。开展防灾减灾宣传活动，与《东莞日报》、“南方+”等媒体合作，推出“5·12”全国防灾减灾日宣传活动专题报道；与市救援辅助协会合作，在市中心广场显要位置液晶屏播放“5·12”全国防灾减灾日宣传视频；在微信公众号推出宣传动画，开展有奖竞猜活动。10月13日，在市旗峰公园广场组织举办2020年东莞市国际减灾日现场宣传活动，向群众宣传防灾减灾知识。 （袁振威）

散裂中子源科学城　（2020年张顺祥摄）

编辑：张德全

科技创新

【科技创新概况】　2020年，东莞市拥有国家高新技术企业6381家。全市国内专利申请量和授权量分别为9.60万件和7.43万件；其中，发明专利申请量2.20万件，比上年增长8.6%，占专利申请总量23.0%，数量排全省第三名；发明专利授权量8718件，增长8.9%，数量排全省第三名；全市国际专利申请量3787件，增长15.9%，数量排全省第二位。全市新型研发机构数量33家，其中省级26家。全市各级重点实验室和工程技术研究中心累计总数844家，其中国家级2家，省级450家，市级392家。科技企业孵化器118家，其中国家级23家、省级21家、市级53家；众创空间73家，其中国家级24家、省级13家、市级12家。规模以上工业企业设立研发机构比例43.3%。技术合同成交275项，合同成交额69.53亿元。引进省级创新创业团队38个；市级创新科研团队53个。推进科技信贷、科技保险等工作，推动16家签约银行为东莞市2778家企业发放贷款3724笔，贷款金额171.99亿元；推动430家企业参与投保，总保额3879.83万元，发放保费补贴799.90万元。

2020年，东莞市落实省委“1+1+9”和市委“1+1+6”决策部署，参与粤港澳大湾区国际科技创新中心、广深港澳科技创新走廊、大湾区综合性国家科学中心建设，以打造国家创新型城市为总抓手，构建“源头创新—技术创新—成果转化—企业培育”全链条创新体系，提升创新能级，科技创新工作在整体推进的前提下呈现出新的亮点和成效。2019年全市全社会R&D（科学研究）经费投入289.96亿元，比上年增长22.7%，总量排全省第三名，R&D占GDP比重3.06%，排全省第三名，仅次于深圳、珠海，达到世界发达国家水平，提前一年完成“十三五”目标。承担国、省基础与应用基础研

2020年11月2—4日，2020粤港澳院士峰会暨第六届广东院士联合会年会在松山湖科学城举行　　（袁嘉荣　摄）

究项目能力持续提升。获国家自然科学基金项目立项66个，资助经费2772万元，立项数和资助金额比上年分别增长10%、28.3%；获省基础与应用基础研究重大项目立项支持1个、资助经费4200万元。重点领域研发计划项目立项实现突破。2020年获省重点领域研发计划立项24个，立项金额1.556万元，立项数和立项金额排全省第三名；东莞理工学院牵头项目获国家重点研发项目立项，实现该校牵头承担国家级重大项目上零的突破。获省级科技项目立项数创新高。获省科技计划项目立项598个，立项金额3.65亿元，立项总金额在全省各市中排第三名，立项数和立项金额分别是上年全年的6倍和1.3倍。

【科技创新从“地方队”跃升“国家队”】　2020年，国家战略首次赋能东莞。国家发改委、科技部批复同意“光明科学城—松山湖科学城”片区为大湾区综合性国家科学中心先行启动区的主体，标志着东莞科技创新从“地方队”跃升“国家队”，在全国创新大格局中占据重要地位。松山湖科学城科学功能规划出台。明确重大科技基础设施、前沿交叉研究平台、专业研发机构建设、科技成果转化、高水平大学、区域协同、体制创新等建设布局重点，推动完善松山湖科学城创新体系，打造世界级创新高地。重大科技基础设施加快集聚。散裂中子源运营能力提升，一期工程打靶束流功率提前一年半达到100千瓦的一期工程设计指标，并实现稳定供束运行；推进建设反角白光中子源平台，通过粤港澳中子散射科学技术联合实验室推动多物理谱仪二期建设；依托松山湖材料实验室布局建设阿秒光源重大科技基础设施；与中科院和省科技厅积极沟通，争取散裂中子源二期、南方先进光源预研和先进阿秒激光设施等大科学装置项目纳入国家重大科技基础设施“十四五”规划。

【院地科技合作实现里程碑式突破】　2020年11月22日，中科院与东莞市签署共建大湾区综合性国家科学中心先行启动区（松山湖科学城）合作协议，将全链条、全方位对接中科院创新资源，为松山湖科学城建设先行启动区提供支撑，这是中科院首次与地级市签署共建战略合作协议，是东莞市与国家战略力量对接合作的新起点。启动中科院科技服务网络计划——东莞专项（STS专项）。引导支持中科院所属单位优质科技成果到东莞市落地转化和产业化，首批共有30家企业对接中科院院所并联合申报项目，立项资助其中13个项目总金额4100万元，主要集中在新一代信息技术、新材料、先进制造领域。国家高能物理科学数据中心大湾区分中心落户。中科院高能物理研究所国家高能物理科学数据中心大湾区分中心在松山湖高新区成立，为包括散裂中子源在内的大湾区大科学装置及科学研究提供直接的服务，并将与大湾区的科研机构、高校、企业在大数据管理、数据挖掘与应用、数据安全、计算技术等领域展开研究，促进数据科学技术和技术转化。

【松山湖材料实验室建设】　2020年，松山湖材料实验室初步形成“前沿基础研究—应用基础研究—产业技术创新—产业转化”全链条研究模式。前沿研究取得重大突破。在国内外权威学术期刊上发表高水平论文超过330篇，研究成果首次入选“中国科学十大进展”。获批各类国家、省级项目75个，项目资助经费超过4.1亿元。基础平台建设初具规模。与西安光机所共建先进阿秒激光装置，日趋完善为高校院所、科研机构和企业提供通用性技术服务能力。科技成果转化蓄势待发。设立创新样板工厂，截至2020年底，有25个团队项目落户，孵化25家产业化公司。发起成立新材料投资产业基金，成立产业育成中心，提供全业态的产业载体和国际领先的创业配套服务。共建研发平台多点开花。与中国航发集团、航天五院钱学森实验室、福建祥鑫股份和华南师范大学等共建研发平台，开展太空探索实验合作和前沿应用基础和交叉学科研究等。

【科技成果转化】　2020年，东莞市以原大学创新城及周边地区为重点建设松山湖国际创新创业社区，作为承接松山湖科学城、华为、国际知名高校院所高层次人才创新创业的重要载体，在硬件配套上着力打造“创新创业不夜城”，在软件服务上完善全链条服务配套，打造全市乃至大湾区创新创业的新标杆，接洽包含新一代信息技术、新材料、机器人、智能装备等60余个新兴产业项目，与李泽湘教授团队就科创训练营达成初步共识，举办院士峰会IBT成果发布会、青少年人工智能创新挑战赛、松山湖人才之夜等大型活动。滨海湾新区获批省级高新区。滨海湾科技创新园获省政府认定为省级高新技术产业开发区，总规划面积585.89公顷，定名为东莞滨海湾高新技术产业开发区，这是东莞市继松山湖之后又一个获批高新区的重大科技发展平台，实现东莞市省级高新区建设的新突破。大科学装置产业化项目取得突破。中国首台自主研发加速器硼中子俘获治疗实验装置在东莞研制成功，并启动首轮细胞实验和小动物实验，为中国肿瘤治疗带来技术性革新。新型研发机构提质增效稳步推进。优化调整新型研发机构的绩效考核机制，强化人才队伍建设和成果转化导向，并完成2018年、2019年度考核工作，为下一步的提质增效理清工作方向。科技特派员专项启动。在全省地级市中率先出台科技特派员专项政策，全市获省农村科技特派员项目29个，位居全省第三；在省企业科技特派员申报平台（华转网）申请入库企业102家，位居全省第四，基层科技创新能力大为增强。科研仪器设备共享平台启用。出台全市科研仪器设备共享办法，建设全市科研仪器设备共享平台，完善功能模块，汇集3338台科研仪器设备，着力提升用户体验。技术转移人才培养初见成效。松山湖高新技术产业开发区科技成果转化中心入选第二批国家技术转移人才培养基地（本批次广东省唯一入选者），举办两期东莞市初级技术经纪人培训班，228名学员通过结业考试。清华东莞创新中心获批为“国家引才引智示范基地”。

【高新技术企业数量持续稳居全省第三位】 2020年，东莞市高新技术企数量6385家，稳居全省第三位。构建“高新技术企业—瞪羚企业—百强创新型企业”的创新型企业培育梯队工作。首批认定29家百强创新型企业、34家瞪羚企业。支持科技型中小企业技术创新。3435家企业获得科技型中小企业评价入库编号，入库企业数量居全省第三位。支持高企在资本市场上市。截至2020年底，全市有29家高企在境内上市，占上市企业的78%。支持工程技术中心及实验室建设。东莞市企业获得省重点实验室项目1个、省工程技术研究中心18项（全省地级市各首位），在省级重点实验室考评中获评2项优秀、3项良好。引导金融机构支持企业发展。引导合作银行为科技企业提供信用贷款超过170亿元，惠及企业3000家左右，为企业提供贴息资助9000万元，提供贷款风险补偿422.3万元，为科技企业购买科技保险补贴超过890万元。研究生联合培养（实践）助推企业发展。累计认定36个研究生联合培养工作站，吸引265家企业吸纳研究生进行培养（实践），在562名毕业就业人数中留东莞就业人数有176人，留东莞率31%。

【创新型城市政策体系构建】 2020年，东莞市制订出台《东莞市科技计划体系改革方案》，对市级科技计划项目的设置进行整体性、系统性谋划，明确设立源头创新、平台载体、创新人才、技术创新、企业培育和成果转化6大专项、21类科技计划项目，形成支持全链条创新、全科技要素创新的科技计划体系。出台系列科技创新配套政策。围绕建设国家创新型城市的主线，在松山湖材料实验室、重点领域技术攻关、创新型企业培育、创新强镇建设、科技特派员、仪器设备共享、科技金融等创新链条重点环节制订并出台相应的扶持政策，初步建立适应新形势、新需求的科技政策体系。加快编制东莞市科技发展“十四五”规划。制定编制工作方案，成立编制领导小组、课题小组与专家顾问组，根据中央和省关于制定“十四五”规划和2035年远景目标建议的精神，以及市委、市政府关于加快推进大湾区综合性国家科学中心先行启动区（松山湖科学城）建设的若干意见，结合调研情况，加快推进规划编制工作。（李月玲）

附：2020年东莞市科技局主要领导名录

局　长：卓　庆

行业科技

【农业科技】 2020年，东莞市农业系统科研单位申报国家、省、市科技项目立项8个，获资助经费86.7万元。组织验收科研项目5个，全部通过验收。科研成果获省级奖2项，获国家发明专利16项。以第一作者在各类刊物发表科研论文9篇，其中1篇被收录SCI（美国《科学引文索引》），4篇发表在国家核心期刊。获得2019年广东省科技进步奖二等奖1项、一等奖1项（第七完成单位），2019年度广东省农业技术推广奖三等奖1项，1人获“广东省2020年十大杰出高素质农民”称号，1人获“广东农技推广能手”称号。全市筛选评定并推介发布主导品种11个，主推技术1项。认定农业科技成果转化示范基地5个、科技示范户9个。2020年发放市级农业技术推广专项资金67.1万元。开展“田间课堂”“农技直通车”科普参观活动等科技下乡，农技培训活动200余期，发放种苗、农药、肥料、疫苗等农资物品价值72.6万元，受训受益2万多人次。（黄椿颖）

【林业科技】 2020年，东莞市研究“华南地区沼生湿生乡土植物

2020年12月30日，《广东省绿色建筑条例》宣贯及绿建技术设计比赛颁奖典礼暨绿色建造现场观摩活动在东莞职业技术学院开展

（市住建局供图）

资源开发利用研究”等省市课题项目7个，通过验收“东莞风水林主要树种种质资源收集和利用”等省市课题3个，发表“不同长势古树土壤真菌群落组成和多样性”等科研论文4篇，取得专利2项，发布广东省地方标准“土沉香种子育苗技术规程（DB44/T 2225-2020）”“古树名木健康诊断与维持技术集成与推广应用”获广东省农业推广技术奖三等奖。市林科所成为“粤港澳大湾区生态保护修复科技协同创新中心”理事单位。开展黄唇鱼人工繁殖试验，完成《黄唇鱼人工繁殖设施建设与研究》和《黄唇鱼人工繁殖技术研究与亲本养殖示范》课题结题验收，实施珠江口黄唇鱼种群保护研究与繁殖期生境监测项目，与南方水产特种研究所签订黄唇鱼救护基地租赁协议和驯养服务，为黄唇鱼的生长繁殖提供保障。整合优化智慧林业云功能，建设运营“东莞林业”微信公众号，完成古树名木管理系统升级。

2020年东莞市初步完成《东莞市自然保护地自然教育体系建设方案》，推选银瓶山森林公园和植物园认定广东省自然教育基地，推动将黄唇鱼市级自然保护区打造成为省级自然教育基地。逐步健全自然教育学校基础设施，搭建东莞自然教育微信小程序，推广自然知识科普，全系统举行自然教育活动37期，吸引参与者超过1000人次。

（陈　馨）

【工业科技】　2020年，东莞市围绕技术、装备应用创新，推动工业企业新一轮技术改造。资助省市技术改造745个，资助金额11亿元。推动企业创建技术中心，有国家企业技术中心3家、省级企业技术中心127家、市级企业技术中心78家，安排市财政资金奖励各级认定企业技术中心建设投入。推动行业创新型龙头企业牵头组建制造业创新中心，选准发动、培育、指导龙头企业，争取获国家或省级制造业创新中心认定，广东省宽禁带半导体材料及器件创新中心获省批复为第三批广东省制造业创新中心，实现省级制造业创新中心零的突破。（洪雅雯）

【建设科技】　2020年，东莞市新增绿色建筑面积约830万平方米。申领绿色建筑评价标识项目33个，建筑面积约303万平方米；其中获得运行评价标识项目6个，建筑面积约64万平方米。举办第五届绿色建筑技术应用设计比赛，收到58组作品，其中包括社会组17个单位的32组作品，学生组近十所高校近150名学子的26组作品。最终，赛事评选出创意奖4组，优秀指导奖5名，社会组和学生组三等奖各3组，社会组和学生组二等奖各2组，社会组和学生组一等奖各1组。

是年，东莞市完成万科江岸花园、臻悦花园等22个项目设计阶段预评价评审工作，装配式建筑面积345万平方米。金悦花园、天悦家园、虎门港坭洲岛公租房三个项目被评为广东省装配式建筑示范项目，东莞市建筑科学研究所、华科住宅工业（东莞）有限公司被评为广东省装配式建筑产业基地。

全年全市新增民用节能建筑面积1212万平方米，设计、施工阶段执行节能强制性标准比例均为100%；新增太阳能光热建筑应用面积40万平方米；建筑能耗监测平台新增纳入1栋建筑，累计141栋；完成民用建筑节能改造面积约70万平方米；认定新型墙体材料生产企业91家，年总生产能力3300万立方米。

年内，东莞市开展BIM（建筑信息模型）技术宣贯培训、技术交流和宣传推广工作，在滨海湾新区、东莞南城国际商务区及轨道交通项目推广BIM、CIM技术，扶持本地建筑企业提升BIM技术应用能力，探索全过程BIM技术应用。

（吴维彬）

科学技术普及

【科普阵地建设】　2020年，东莞市科协草拟、市政府印发《东莞市人民政府办公室关于认定东莞市科普示范镇、科普示范社区、创客培育中心、创客培育学校、科普教育基地的通报》，创建东莞市科普示范镇4个、东莞市科普示范社区1个、东莞市创客培育中心2个、东莞市创客培育

2020年10月28日，"弘扬抗疫精神　厚植爱国情怀"科普讲座在松山湖实验中学举行（东莞科学馆供图）

学校6所、东莞市科普教育基地3个、科普中国e站落地应用试点单位2个，全市科普阵地规模不断扩大，科普力量持续增强。

【应急科普】　2020年，东莞市科协在疫情防控最关键的上半年，通过"东莞i科普"等公众号平台编写信息300余篇，信息浏览量超过10万次。向全市科协系统和广大科技工作者发出防控新冠病毒疫情倡议书，号召全体干部和广大科技工作者积极投身疫情防控的阻击战。发动全市科普阵地，科学有效开展线上应急科普，及时做好科学辟谣，全市科普阵地上半年共发布疫情科普信息2300余篇，浏览量超过150万次，引导群众提高防护意识和防护能力。

【全市性科普活动】　2020年，东莞市科协加大"互联网+科普"工作力度，运营"东莞i科普"公众号，除引导市民科学抗疫外，还针对虎门大桥异常抖动、长征五号B运载火箭发射、垃圾分类等热点话题开展线上科普。开展1次网上互动游戏、2场网络直播、1场云上科普行等线上科普互动活动，累计编写推文442篇，阅读量突破3.5万次。举办"健康新生活"科普系列讲座22场，惠及人数近1万人次。紧贴"防灾减灾日"等科普热点举办"科普讲座进校园"科普系列活动，派发《应急气象知识手册》和《地震科普应急避险手册》1660本，提升青少年学生防灾减灾避灾意识和应对能力。围绕"天文"科普主题，组织开展天文系列活动共32场，现场参与人数超1万人次，营造良好的天文学习社会氛围。东莞市疾控中心通过官网、"东莞疾控"微信公众号等途径向社会免费提供防控知识宣传资料；2020粤港澳院士峰会暨第六届广东院士联合会年会策划举办抗疫院士风采展，展示以钟南山、张伯礼、陈薇为代表的21位院士在疫情防控方面的事迹，弘扬科学家精神；市护理学会举办新型冠状病毒肺炎专科护理培训班，增强全市护理人员对新冠肺炎危重症紧急救治和应急管理能力。

【全国科普日活动】　2020年，在全国科普日期间，东莞市各镇街（园区）科协、各科技社团、各科普教育基地围绕2020年全国科普日活动主题开展各类形式多样的活动。经全国科普日活动网络申报统计，全市开展线上线下主题活动40项，活动场次563场，形式包含展览展示、体验活动、科普讲座、科普表演等。9月26日，东莞市科协联合市卫健局、莞城街道办事处，在东莞科学馆举办"决胜全面小康·践行科技为民"——2020东莞市全国科普日活动启动仪式暨"科技引领·健康生活"科普展览开幕式，组织市级医疗机构、市科普基地和科技社团等共计32家单位开展联动科普，全景展示东莞市科技及健康医疗领域的科普知识。东莞市科协先后被中国科协、省科协两级科协授予"2020年全国科普日活动优秀组织单位"称号，主场活动被评为"全国科普日优秀活动"。企石镇科协、清溪镇科协、青少年

2020年7月10日，中国地震局督查组到东莞市开展建设工程地震安全监管检查实地督查调研　（市地震局供图）

科技教育协会、市林学会、市护理学会被省科技授予“2020年广东省全国科普日活动优秀组织单位”称号，东莞市科协、麻涌镇科协、厚街镇科协、常平镇科协、长安镇科协、洪梅镇科协举办的活动被评为“2020年度广东省全国科普优秀活动”。

【科技志愿服务队伍建设】2020年，东莞市科协贯彻落实省科协、省文明办要求，制定东莞市建立科技志愿服务队伍的工作方案，组织机关和下属单位，各镇街（园区）科协、各科技社团，各科普阵地组建科技志愿服务队伍。截至2020年底，组建涵盖33个镇街（园区）的48支科技志愿服务队伍，注册科技志愿者2933名。

（罗阳轩）

防震减灾

【防震减灾概况】　2020年，东莞市辖区内无地震事件发生。截至年底，东莞市建成省、市地震监测设施点67个，包括中国散裂中子源地震监测台阵1个，地震预警信息接收终端16个，地震群测群防点16个，测震台、强震台、烈度台、GNSS（全球导航卫星系统）基准站、重力联测点、地下流体观测等设施点34个，具备对辖区及周边地区1.5级以上地震的监测能力。

【地震监测】　2020年，东莞市地震局执行震情监测24小时在岗值班制度，确保新冠肺炎疫情防控和震情监测值班本职工作两不误，全年报送《震情周报》52期、《震情简报》30期。因市机构改革办公用房调整，东莞市地震监测中心由南城街道城市风景街搬迁至东城街道莞龙路283号东莞市住建局机关大院。开展谢岗地震综合观测站建设前期工作，开展东城街道办事处办公大楼振动监测调查，协助广东省地震局开展虎门大桥悬索桥异常振动（涡振）观测调查，做好地震趋势会商和地震群测群防工作。开展国家地震烈度速报与预警工程广东子项目实施，完成寮步中学、东坑中学、桥头中学、中堂中学4个一般站场地建设和樟木头强震台升级改造，推进洪梅中学洪梅强震台（基本站）规划重建，在市消防救援支队、市轨道交通公司、南城阳光实验中学、常平振兴中学安装紧急地震预警信息接收终端开展预警示范。

【建设工程地震安全监管检查】2020年，东莞市地震局、东莞市住房和城乡建设局联合开展建设工程地震安全监管暨“双随机一公开”检查，检查建设单位、勘察设计单位、施工图审查企业自查报送的学校单体工程991个、医院单体工程114个、一般建设工程项目单体工程1871个，现场抽查学校单体工程116个、医院单体工程10个、一般建设工程单体工程8个，通过查阅项目勘查报告、结构设计图纸、计算书等文件核实项目是否达到抗震设防要求，检查显示，全市受检建设工程均符合《中华人民共和国防震减灾法》规定。7月10日中国地震局督查组到东莞开展建设工程地震安全监管检查实地督查调研，督查组组长陈宇坤认为东莞制定学校、医院建设工程抗震措施及地震作用“双提高”的规定并严格执行，是高标准落实建设工程地震安全监管的一项有力措施，为广东全省作出表率。

【震灾预防】　2020年，东莞市完成《东莞市国土空间总体规划〈防震减灾专项规划大纲（2020—2035年）〉》编制，推进地震灾害风险点危险源排查治理，市住房城乡建设、教育、卫生健康、地震工作主管部门联合开展地震易发区重要公共建筑物加固工程实施工作，印发实施方案并组建联合检查组开展检查和评估工作。围绕市委、市政府中心工作，做好年度369个市重大项目和228个预备项目“地震安全咨询”服务保障。探索开展区域性地震安全性评价工作，在“东莞市工程建设项目区域评估系统”上完成该事项申报所需材料说明、申报流程图及审批时限等，推进该事项在广东政务服务网《建设工程项目审批》栏目上线。

【防震减灾宣传教育】 2020年，东莞市地震局结合疫情防控实际开展防震减灾科普宣传，在防灾减灾宣传周、唐山大地震纪念日、国际减灾日期间，开设网站线上主题宣传，在东莞人民公园地震应急避险场所开展防震减灾宣传亲子家庭定向活动，参与市减灾办在黄旗山城市公园广场举办的国际减灾日现场宣传，指导横沥镇政府开展2020年地震知识培训和政府部门应急避险疏散演练，到东城街道星城社区、道滘镇四联小学、厚街镇科蒂幼儿园等社区、学校开展地震科普讲座和应急疏散演练活动，提高党政机关和市民学生防震减灾意识和防震避震能力。

【中国散裂中子源地震安全监测与警报项目】 2020年，东莞市地震局督促运维承担单位做好该项目运维工作，定期提交地震监测报告，对于年内对东莞产生震感影响的地震及时开展震动影响分析，为国家重大科学装置提供强震动监测服务保障。

【东莞市首个隔震技术应用示范工程】 2020年，东莞市首个隔震技术应用示范工程——谢岗镇黎村小学体育馆项目建成。谢岗镇地震基本烈度为6度，该项目抗震措施与地震作用按抗震设防烈度7度，设计基本地震加速度0.10g确定。体育馆主体下部结构布设38套隔震橡胶支座，与阻尼装置等部件组成具有整体复位功能的隔震层，通过隔震层降低主体结构承受的地震能量，可以有效减弱上部结构水平地震作用50%以上，达到保障建筑地震安全目的。5月，中国地震局深圳防灾减灾技术研究院、中国地震局地球物理研究所国内防震减灾领域领导专家到谢岗镇考察指导隔震技术推广应用，对东莞隔震技术推广应用工作表示肯定。

【珠海香洲区海域3.5级地震事件处置】 2020年1月5日6时55分，广东省珠海市香洲区海域（北纬22.07度、东经113.85度）发生3.5级有感地震，震源深度12千米。震中距离东莞市中心城区约110千米，东莞市部分镇街（园区）有震感，未造成东莞市人员伤亡和财产损失。东莞市地震局及时核实震情，上报和发布震情信息，稳定市民情绪和社会秩序。 （黄远峰）

附：2020年东莞市地震局主要领导名录

局　长：陈伟东

气　象

【气象概况】 2020年东莞市气候主要特点是：年总降水量1898.0毫米，较常年平均值略偏多3.6%，属正常年份；年平均气温23.6℃，较常年平均值偏高1.0℃，为历年同期第二高；年日照时数1824.2小时，与常年平均值相比略偏少3.4%。年内降水分布不均匀，月降水极端化明显：共有7个月降水量偏少30%以上，其中第四季度降水量较常年同期异常偏少70%以上，2月、5月、9月降水量偏多40%以上。3月31日开汛，10月19日汛期结束，汛期总降水量1701.1毫米，较常年同期偏多9.1%。年内月平均气温普遍显著偏高：除4月平均气温较常年同期偏低以外，其余月份的气温均偏高，1月、3月和11月平均气温均较常年同期异常偏高2℃以上，7月和11月平均气温为历史同期最高。全年高温日数（≥35℃）为21天，年内日最高气温出现在7月29日，为36.8℃。年内日最低气温为5℃，出现在12月31日，有1天低温（≤5℃）天气出现。

2020年，东莞市气象局通过第六届全国文明单位复评，获评为全省气象部门综合考评特别优秀单位、2020年度工作优秀中央和省驻莞单位，公共气象服务满意度位居全省地级市第一，年度综合预报准确率排全省第一名。市气象天文科普馆被中国气象局、科技部授予首批“国家气象科普基地”称号。

【主要气候事件】 2020年，东莞市发生的主要气候事件有：

年平均气温为历年第二高　年平均气温23.6℃，为历年同期第二高。除4月平均气温较常年同期偏低以外，其余月份的气温均偏高。

强对流天气提前、开汛略早　2月13—15日出现首轮强对流天气过程，较其他年份明显偏早。3月31日开汛，汛期结束时间为10月19日，持续203天，出现33次较强降水过程。

“龙舟水”偏重，为历年第三多　东莞“龙舟水”降水强度大，雨量偏多，为近10年来最严重的一次。“龙舟水”（5月21日至6

2019—2020年东莞市气象情况表

指标	2019年	2020年
雨量（毫米）	1912.3	1898.0
平均气温（℃）	23.9	23.6
日照时数（小时）	1887.1	1824.2
暴雨日数（日）	8	10
热带气旋（个）	2	2
低温（日）	0	1
高温（日）	17	21
霜日（日）	0	0

注：所有数据除特别注明者外，均来源于东莞国家基本气象站。

2020年5月22日，东莞市遭遇特大暴雨。图为莞城街道受灾情况

（市气象局供图）

月20日）期间累计降水量721.9毫米，位居历史第三位。镇街累计降水量最大的为东城1056.1毫米。

“5·22”特大暴雨过程破3小时雨强纪录　5月21夜间至5月22日早晨，东莞出现暴雨到大暴雨，局部特大暴雨，3小时雨强刷新全省“龙舟水”期间雨强历史纪录，东城最大3小时雨量为全市有气象记录以来历史最高，具有短时降水破纪录、强降水时间长、大暴雨范围广的特点。

夏季高温天气突出，高温预警时长破纪录　年内日最高气温为36.8℃，高温日数（≥35℃）为21天，年内最长连续高温日数为4天。7月14日高温黄色预警信号升级为橙色，共持续25天，高温预警持续时间为有历史记录以来最长。

初台偏早，7月“空台”　2020年主要影响东莞的台风有2个，台风“鹦鹉”和台风“海高斯”。6月13—14日台风“鹦鹉”是影响东莞的第一个台风，初台时间偏早，影响较轻。7月全市台风期西北太平洋及南海洋面上没有热带气旋生成，是1949年以来首次，属历史罕见。

第四季度干燥少雨，入秋晚　10月以来，天气持续干燥，累计雨量16.5毫米，较常年同期（120.7毫米）异常偏少86.3%。森林火险预警信号长时间生效，入秋时间偏晚，是近十年最晚入秋的一年。

年末跨年寒潮来袭　2020年12月29日夜间至2021年1月4日，出现2018年以来最强寒潮天气，具有降温快、幅度大、气温低、风力大的特点。12月31日至2021年1月2日连续平均气温低于12℃，12月31日最低气温5℃，也是2020年首次出现低温天气。

【气象防灾减灾第一道防线作用发挥】　2020年，东莞市发布预警信号7种共183次，发布地质灾害气象风险预警信号5次，发送重大气象信息快报46期，决策短信678次超1220多条，覆盖各级防灾责任人和基层信息员接收人1.8万人。“东莞天气”微信用户22.5万户，推送文章52篇，总阅读量94.68万人次；“东莞天气”新浪微博粉丝93.32万，发布5822条，总阅读量8197.2万人次，被转发2918条，被评论25441条，被点赞24620条。为市新冠肺炎疫情防控指挥部提供防控气象服务，发布《新型肺炎防控气象服务专报》326期；为春运、中高考等重要活动提供气象保障服务，发布《春运气象预报服务专报》81期，《中高考天气保障专报》23期；服务蓝天保卫战，成功预测7次臭氧污染过程；做好巨灾保险技术支撑和监测设施保障工作，2020年因灾害性天气获赔付2000万元。

【气象事业发展】　2020年，东莞市政府工作报告要求“做好气象服务”，“着力提高城市防灾减灾能力，完善突发灾害性天气监测预报预警体系”纳入市政府1号文件。气象重点任务纳入全市“十四五”发展规划和粤港澳大湾区气象发展规划三年行动计划，起草编制气象事业“十四五”规划。气象综合观测能力提升工程项目开启建设，“平安海洋”气象保障项目基本建成。气象、应急联合印发《镇街（园区）三防气象服务体系建设工作方案》和建设指南，推进“有专业技术人员、有明确工作内容、有规范业务及信息共享平台、有保障的传播渠道、有严格考核机制”的“五有”标准的镇街（园区）三防气象服务体系建设。起草完成《东莞市气象灾害防御条例》草案。公布全市第二批气象灾害防御重点单位79家。印发实施《东莞市雷电防护装置检测单位信用管理办法》，实施隐患信息曝光制度，在信用东莞网公布检测报告抽查信息103条、警示信息6条。全年共组织开展危化企业、旅游场所、各类规模以上企业气象防雷安全巡查检查495宗，发现隐患企业136家，全部实现闭环管理。行政审批申请量181件，审批予以许可155件。

【“5·22”特大暴雨过程气象服务】　2020年5月21日夜间至5月22日早晨，东莞出现特大暴雨，东莞市气象部门强化监测预报，精准会商研判，从5月15日起，通过快报、微博、微信、短信、电视、电台、网站等多种渠道及时向各级政府和有关部门、社会公众滚动发布预报信息和防御建议，共发布快报6期、短信48条、微信3条、微博162条。此次过程气象服务，得到市委、市政府和省气象局领导批示肯定。（陈汝婷）

附：2020年东莞市气象局主要领导名录

党组书记、局长：凌汉强

社会科学

【社会科学工作概况】 2020年，东莞市社科联联系7个高校分会、26个社科类学会（协会、研究会），凝聚全市社会科学工作者，围绕省委、市委以及市委宣传部有关工作要求，发挥咨政建言作用，推出一批高质量、有分量、接地气的研究成果和咨政报告。市社科联党支部被评为市直机关规范化建设先进党支部，市社科联先后获评“东莞市文明单位”“广东省特级档案综合管理单位”“东莞市2018—2020年度争创第六届全国文明城市工作先进集体”“第十五届读书节活动优秀组织奖”。

【社科课题评审及研究管理】 2020年，东莞市社科联推动社科规划，加强课题管理，修改完善《东莞市哲学社会科学规划课题管理办法（试行）》和《东莞市哲学社会科学规划课题经费管理办法》，确保课题管理的科学性、针对性。面向市直单位、园区、镇（街道）、高校、社科社团广泛征求意见，精选有价值的研究题目，并向全市发出课题申报通知，收到260份申报材料。经资格审查、立项评审、会议审定、公示等程序，2020年对9个重点咨政课题和80个常规课题予以立项，评选出15个优秀课题，并选取质量较高的社科课题研究报告转化为《东莞咨政内参》。

【社科交流】 2020年5月26日，东莞市社科联召开2019年哲学社会科学规划课题总结会暨2020年重点课题发布仪式，总结回顾2019年各项工作取得的成绩，并对2020年社科工作的开展提出设想。7月30—31日，东莞市社科联调研组一行到潮州市社科联、揭阳市社科联，就组织机构、党建工作、社科普及、学术研究以及贯彻落实《广东省社会科学普及条例》等方面开展调研交流，并与潮州市社科联、揭阳市社科联探索交流两地社科工作互补共赢的思路。9月21—25日，东莞市社科联协助中国社科院亚太与全球战略研究院调研组到东莞调研，主要围绕“中美贸易战背景下的东南沿海劳动密集型产业转移去向”主题对东莞市17家企业进行实地走访，较深入地了解东莞产业在中美贸易战下的情况，以及部分劳动密集型产业对外转移的主要目的等情况。12月11日，东莞市社科联举行东莞市文明单位揭牌暨东莞市社会科学普及基地授牌仪式，为东莞市文明单位、省特级档案综合管理单位揭牌，并为15个东莞市社会科学普及基地和7个东莞市社会科学普及标兵基地授牌。12月24日，东莞市社科联组织东莞市社科普及工作交流会暨“十四五”社科规划征求意见座谈会，东莞市39家社会科学普及基地有关负责人参加会议。基地代表针对开展社科普及活动、基地建设作简要经验介绍，陈述2021年开展社科普及工作的思路，并交流下阶段如何加强深度合作，创建城市社科名片。

【社科基地建设】 2020年，东莞市社科联推进社科普及基地培育。制定《东莞市社会科学普及基地管理办法（试行）》，促进东莞市社科普及基地建设规范化、制度化、常态化。新获评1个省级社科普及基地，指导和推荐东莞市常平镇青少年宫参评并获广东省人文社会科学普及基地称号，指导中华民族婚俗微雕博物馆成功创建全省民族团结进步教育基地。新认定15个市级社科普及基地，发挥社会科学普及基地在社科普及工作中的“示范、带动、辐射”作用。首次认定7个市级社科普及标兵基地，设立社科普及基地专项扶持经费，以“扶优扶有价值”为原则，安排专项经费扶持标兵基地。截至2020年底，认定38个市级社科普及基地，7个社科普及标兵基地，培育4个省级人文社科普及基地。各基地涉及不同领域和行业，各具特色，知名度和美誉度不断提升。

【社会科学普及】 2020年，东莞市社科联开展科普工作，举办“莞邑社科沙龙”系列活动，开展1场主题征文大赛、2场人文知识讲座、3场读书沙龙活动。开展社科普及品牌宣传，通过打造“三个1”——1个卡通IP形象（“阿联”）、1个动漫视频短片、1组表情包，用动漫传播方式，宣传有趣、易阅读、记得住的科普内容，向市民普及人文社科知识。参加省社科联组织的广东省科学普及及四项评优工作，鸦片战争博物馆荣获“2020年广东省优秀社会科学普及基地”称号，《琴轩集注释》（作者为陈发枝、冯锡祺）获“2020年广东省优秀社会科学普

2020年9月28日，东莞市举办2020年“莞邑社科沙龙”系列活动之第三期读书沙龙活动 （市社科联供图）

寮步镇陈家埔村　（2020年李玉龙摄）

及作品”称号，中共东莞市委党校市情研究中心主任、教授黄琦获“2020年广东省优秀社会科学普及专家”称号。配合省社科联开展广东社科普及周系列活动，推荐《迎客来》等3个经典地方特色文化节目参与扶贫攻坚社科普及展演活动。配合省社科联开展社科普及基地考察调研和主题党日活动，实地考察常平青少年宫，为其作为广东省人文社会科学普及基地、东莞市人文社会科学普及基地揭牌，召开考察调研座谈会，围绕疫情防控、社科普及基地建设等问题展开深入交流。

【社科研究成果】　2020年，东莞市社科联组织相关研究人员，积极撰写研究文章，先后在社科智库论坛上发言1次、学术文章交流2篇，在各级刊物上发表论文5篇，撰写的《论凝聚共识与政治协商、民主监督、参政议政的辩证关系》获广东省政协“发挥人民政协专门协商机构作用”理论研讨会征文评选三等奖。协助省政协开展“倡导现代文明生活方式”专题调研，撰写《“倡导现代文明生活方式”——东莞在行动》《寻改革良策　抓新闻主业——地方主流媒体应对突发公共事件现状及策略》《品质生活助力健康广东建设》3篇调研文章。2020年4月，组织科研人员深入东莞市市直有关部门、园区、镇（街道）、企业开展走访调研，深入了解全市制造业企业的发展现状，分析存在的困难和问题，提出相关对策建议，撰写《关于当前我市制造业生态情况的调研报告》。2020年8月，根据市委宣传部关于开展全面建成小康社会专题调研活动的统一部署，市社科院成立专题调研工作组，负责调研全市选定的20个村（社区）中的6个，调研组深入走访干部群众，实地考察东莞乡村经济社会发展新貌，挖掘各村（社区）的特点、亮点，总结东莞全面建成小康社会的伟大成就，撰写6篇专题调研报告，其中《光辉思想照潢涌　两个文明硕果香》《都市乡韵：抒写百姓心中的画卷——周屋调查》被选报省委宣传部。

【咨政课题研究】　2020年，东莞市社科联组织研究人员、市社科院骨干科研人员开展重大决策咨政课题研究，推出8期《东莞咨政内参》报告，呈送给市委、市政府领导决策参考。其中组织撰写的《东莞建设粤港澳大湾区先进制造业中心研究》《建设“东方硅谷”之探索——松山湖科学城引领功能区提质发展路径研究》《东莞精神文明建设与乡村振兴研究》《东莞普惠性民办幼儿园教师发展情况调查及促进措施》《东莞二手车市场发展状况及对策研究》5篇得到肯定，并转相关部门参阅，实现研究成果落地转化。向省社科联报送的咨政内参《关于提升松山湖功能区功能助力大湾区建设科技创新高地的建议》刊登在《南方智库专报》第291期。

【《建设“东方硅谷”之探索——松山湖科学城引领功能区提质发展路径研究》】　2020年，东莞市社科联策划推出《建设“东方硅谷”之探索——松山湖科学城引领功能区提质发展路径研究》报告，对松山湖功能区、散裂中子源、科研机构、科技企业深入调研后，总结松山湖科学城引领功能区升级发展的现状，分析松山湖科学城与其他先进科学城建设方面存在的不足，提出打造“东方硅谷”、推动松山湖科学城引领功能区提质发展路径。

【《东莞建设粤港澳大湾区先进制造业中心研究》】 2020年，东莞市社科联策划推出《东莞建设粤港澳大湾区先进制造业中心研究》报告，对东莞先进制造业重点领域、重点企业发展现状进行调研，并结合所发现的问题提出五方面的对策建议：一是以松山湖科学城和滨海湾新区等高水平重大战略平台为基础，打造集聚高端创新资源、助推先进制造业创新发展的强大引擎；二是以拉长产业链、补强创新链、提升价值链、优化生态链为导向，强化“东莞总部工厂”集聚区定位、打造世界级先进制造业集群；三是以融入全球创新网络为契机，完善科技成果转化机制，推动科技服务业与先进制造业联动协同；四是以推动高等院校高质量建设、优化人才“引进—培育—服务”政策为抓手，打造东莞先进制造业“技能人才之都”；五是以提升先进制造业营商环境和政策配套为支撑，降低先进制造业企业成本负担、做好做实重大产业项目招商落地工作。

【《东莞精神文明建设与乡村振兴研究》】 2020年，东莞市社科联策划推出《东莞精神文明建设与乡村振兴研究》报告，从坚持党建引领、强化干部队伍建设、多部门联动统筹、优化财政资金配置、多渠道资金融资、改善乡村人居环境、耕植乡风文明7个方面出发，提出各项具体措施以解决现有问题。另外，构建“东莞市乡村振兴和精神文明建设发展指数体系”，在体系中设定2022年和2025年的发展目标，为未来工作提供量化考核的基础，构建东莞市乡村振兴和精神文明建设的长效机制，助力东莞精神文明创建“多连贯”。

【《共建志愿之城　助力争创全国文明城市“五连冠”——东莞社会志愿服务研究报告》】 2020年，东莞市社科联策划推出《共建志愿之城　助力争创全国文明城市“五连冠”——东莞社会志愿服务研究报告》，通过对东莞及周边地市的调研，深入分析东莞市社会志愿服务发展状况及存在的现实问题，从七个方面提出改善东莞市社会志愿服务质量的对策措施：一是理顺管理体制，提升组织活力；二是完善激励机制，推动志愿服务良性发展；三是健全培训机制，提高志愿者服务水平；四是建立文明积分志愿机制，激发志愿者服务热情；五是培育服务精神，创设家庭志愿服务项目；六是强化供需对接，力促志愿服务精准高效；七是打造交流平台，共享志愿服务信息资源。

【《东莞二手车市场发展状况及对策研究》】 2020年，东莞市社科联策划推出《东莞二手车市场发展状况及对策研究》报告，通过对东莞二手车市场现状调查及存在问题分析，提出推进二手车市场健康发展的三点建议：一是健全二手车交易监管体系，规范二手车市场交易行为，建立二手车计税交易评估价格机制，严厉打击市场违法行为；二是完善二手车交易服务体系，建立二手车交易信息网，完善二手车交易售后服务体系，加强二手车金融服务体系建设；三是培育壮大二手车市场主体，积极扶持二手车品牌企业，成立东莞市二手车交易联盟，修建汽车主题公园。

【《东莞普惠性民办幼儿园教师发展情况调查及促进措施》】 2020年，东莞市社科联策划推出《东莞普惠性民办幼儿园教师发展情况调查及促进措施》报告，通过大量的调研走访，分析当前幼师发展存在的问题和原因，并提出促进普惠性民办园教师发展的七点建议：一是优化培养机制，提高幼儿教师学历；二是严格准入机制，提高整体师资层次；三是健全监督机制，注重师资动态监管；四是完善投入机制，提高幼教工资水平；五是创新培训体系，提升教师专业能力；六是创新引领模式，改善教师专业发展条件；七是优化园本教研，推进建设合作型组织文化。

【《东莞家政服务业现状及发展建议》】 2020年，东莞市社科联策划推出《东莞家政服务业现状及发展建议》报告，通过对东莞家政行业现状调查及存在问题分析，提出六点建议：一是完善家政服务相关法规，加大政府帮扶和监管力度；二是建立家政服务查询平台，推进“诚信家政工程体系”建设；三是落实“南粤家政”工程，打造东莞家政服务品牌；四是加强家政行业协会管理职能，规范行业道德准则；五是加强对家政服务业的宣传，引导社会观念的转变；六是发挥本地职业院校作用，设立家政服务相关专业。

【《关于东莞市加强房屋建筑安全管理与维护工作的建议》】 2020年，东莞市社科联策划推出《关于东莞市加强房屋建筑安全管理与维护工作的建议》报告，建筑主要存在七类安全隐患，其原因是建筑安全意识不强、建设监管整体性考虑不够、质保标准过于宽松和滞后、维护保养“治本”思维不足。为此，提出七点建议：一是建立既有建筑安全隐患排查机制；二是建立和健全校舍质量控体系；三是先行先试，加大审查监测力度；四是加大建筑安全评估及检测力度；五是引导民众提高建筑质量和安全维护意识；六是加大建筑行业新技术、新工艺应用支持力度；七是建立违法建设案件企业或个人诚信系统。 （荣　婷）

附：2020年东莞市社会科学界联合会主要领导名录

党组书记、主席：王炜东

附：2020年东莞市社会科学院主要领导名录

院　长：王炜东

教　　育

EDUCATION

东莞理工学院鸟瞰　（2020年东莞理工学院供图）

编辑：贺　平　陈建枝

教育综述

【教育概况】　2020年，东莞市有各类学校1835所，在校生178.88万人。其中，幼儿园1206所，在园幼儿37万人；小学335所（不含九年、十二年一贯制学校），在校生84.22万人；初中206所（不含完全中学、十二年一贯制学校），在校生26.57万人；普通高中学校48所（含完全中学和十二年一贯制学校），在校生9.15万人；中职学校28所（含技工学校7所），全日制在校生8.41万人；普通高等院校10所（其中普通本科院校5所、高职院校4所、成人高校1所），全日制在校生13.53万人；特殊教育学校2所，在校生711人。全市持有“民办学校办学许可证”的民办教育培训机构1670家，培训量60万人次。

2020年，东莞市一般公共预算教育经费支出195.16亿元（含中央和省财政补助11亿元），比上年增加15.8亿元，增长8.81%。

【教育扩容提质千日攻坚行动】　2020年，东莞市为推动攻坚行动开展，制定“一个机构、两个支撑、四个指引、一个标准”政策文件体系，作为开展攻坚行动的政策和机制保障。具体包括：一个机构——《关于成立东莞市教育扩容提质千日攻坚行动指挥部的通知》；两个支撑——《东莞市关于加快公办中小学建设的实施意见》《东莞市公办中小学校建设布点计划（2020—2025年）》；四个指引——《东莞市教育扩容提质千日攻坚行动计划（2020—2022年）》《东莞市教育扩容提质千日攻坚行动资源保障工作指引》《东莞市教育扩容提质千日攻坚行动项目协同审批工作指引》《市属国有企业参与教育扩容提质千日攻坚行动工作指引》；一个标准——《东莞市普通中小学建设标准指引》。

市、镇两级成立教育扩容提质千日攻坚行动指挥部，将教育扩

2020年9月8日，东莞市庆祝2020年教师节座谈会召开（市教育局供图）

容提质千日攻坚行动任务纳入市政府“硬任务”管理。其中，市指挥部在2020年召开会议14次，集中审议并协调解决51个议题事项，发挥议事决策等工作职责。2次下发加强施工安全管理通知，常态化开展问题隐患排查整治。推进过程中严格落实国家质量安全有关法律法规和工程建设强制性标准，保证校舍建筑质量。召开市人民政府教育督导委员会全体（扩大）会议，研究部署加快推进教育扩容提质工作措施，加大督导督办力度。2020年，完工新改扩建学校32所，增加学位3.7万个，比原定2020年计划超额完成3所，新增学位超0.34万个。完成拨付公办中小学校建设项目补助资金1.63亿元到寮步镇、常平镇、东坑镇。

推进中小学校集团化办学和品牌学校培育工作，累计遴选120所品牌学校培育对象、认定60所品牌学校，组建40个教育集团，扩大优质教育资源覆盖面，努力办好家门口的每一所学校。以课程建设为抓手，推动办学质量提升，构建未来学校课程体系，举办第二届东莞市中小学未来课程设计大赛，提升东莞教师的未来教育理念和未来课程的研发水平，与中国教科院合作，开展中国未来学校课程框架的课题研究，进行课程框架设计。

【教育改革提速发展】 2020年，东莞市建立公办义务教育学位供给与商住用地出让联动机制、公办高中学校教育用地保障机制，全年完成新改扩建公办中小学32所，新增义务教育阶段学位3.7万个。推进校长职级职和教师“市管校聘、镇管校聘”改革，健全中小学岗位设置动态调整机制，加强镇内教师交流。推进“莞式慕课”教学改革，新建优课微课1.16万节，举办“慧教育·慧资源·慧应用”“莞师·慧课堂”“莞师·慧教研”等线上线下相结合的教研活动103场，100多万人次教师参与，被教育部认定为“国家级信息化教学实验区”。深化招生考试制度改革，实施首次义务教育公民办学校同步招生，完善学生综合素质评价体系，初步形成分类考试、综合评价、多元录取的考试招生录取模式。新增提供积分入学和优待政策学位近8万个，“两个为主”（以流入地管理为主、以公办学校为主）随迁子女占比50.07%。推进高中阶段学校考试招生制度改革，2020年，全市优质公办普通高中学校分配名额比例达到50%，随迁子女报考本市普通高中通过资格认定比例达91.2%，居全省前列。深化职业教育改革，开展现代学徒制试点改革，持续扩大中高职衔接培养规模，开展“学历证书+若干职业技能等级证书”制度“1+X”试点工作，全市16所中职学校的46个专业与省内高职院校实施“三二分段”中高职贯通培养。推进质量监测与评价改革试点工作，市教育局被评为2020年国家义务教育质量监测实施优秀组织单位。申报广东省基础教育综合改革实验区、教育评价改革实验区。

【教育职责评价】 2020年，东莞市教育局统筹做好省政府对市政府履行教育职责评价工作，代市政府草拟《东莞市关于开展2020年市人民政府履行教育职责评价自评工作方案》，组织市有关部门和市教育局各科室做好逐项自评，形成东莞市年度自评报告及收集整理相关佐证材料，依时上报省政府，完成受评工作。组织开展对镇街园区政府2019年履行教育职责评价工作，制定《东莞市人民政府教育督导室关于印发〈对园区管委会、镇人民政府和街道办事处2019年履行教育职责评价实施细则〉的通知》，开发东莞市人民政府履行教育职责评价系统，组织全市33个镇街（园区）开展自评、网上上报材料工作，组织市相关职能部门开展网上评审。

组织召开市人民政府教育督导委员会扩大会议，制定《东莞市人民政府2020年对园区管委会、镇人民政府和街道办事处履行教育职责评价实地核查工作方案》《东莞市人民政府教育督导委员会工作规程（试行）》，成立由市有关部门组成的17个实地核查组，对全市33个镇街（园区）政府开展实地核查，完成年度评价工作。

【教师队伍建设】 2020年，东莞市教育局开展全市第九轮中小学校长聘任期满考核，做好第十轮校长聘任工作。加强学校机构编制支持，增加中小学机构编制总量，优化编制配置结构。贯彻落实保障基础教育精神，用好省市下达和调剂的中小学教职员专门编制，经市委编委批复同意，分两批核增向全市中小学编制分配事业编制703名，彻底解决中小学校超编问题；其中东莞松山湖未来学校等11所新开办学校核定机构为公益一类事业单位和每校核定10名事业编制用于班子团队建设，缓解新建扩建学校编制短缺问题。组织开展职称评审工作，有12位中小学教师评审通过正高级职称，605位教师评审通过副高级职称。东莞市可园中学刘成兵、东莞市纺织服装学校张蕾被评为广东“最美教师”；组织教师参加省第九届师德主题征文及微视频征集活动，获省一等奖4个，二等奖6个，三等奖14个，市教育局获得“优秀组织奖”；联合检察院、公安局、民政局出台《东莞市密切接触未成年人行业入职人员违法犯罪记录查询办法》，建立普教系统工作人员“先查询，后入职”制度。

【教师及高层次人才培养】 2020年，东莞市教育局落实疫情期间的线上教育，实施学校管理能力提升培训项目、见习教师规范化培训项目、骨干教师教育教学能力提升项目等市级项目，培训32.43万人次，其中远程培训30.34万人次；高层次人才培养方面，遴选259名学校校长后备干部、25名华南师范大学访问学者、25名市级卓越教师进行专项培养，联合华南师范大学培养市卓越领航校长、民办学校小学名校长、初中名教师培养对象、市名班主任工作室主持人122人；全方位促进专任教师高一级学历比例的提升，幼儿园专任教师大专及以上学历比例为87.52%，小学、初中专任教师本科及以上学历比例分别为83.48%、96.29%，普通高中、中职学校专任教师研究生学历或硕士学位及以上比例分别为20.57%、16.14%。2020年，对完成学历提升的840名教师发放补贴333万元，4947人参加教师资格考试面试、3976人通过教师资格认定、9088人通过教师资格证注册。

【随迁子女教育服务】 2020年，东莞市教育局重新修订出台《东莞市非户籍适龄儿童少年接受义务教育实施办法》和《东莞市义务教育阶段非户籍适龄儿童少年积分制入学积分方案》，降低申请门槛，扩大申请范围，优化积分项目，加大部门数据共享，取消“现场确认”环节，实现积分入学申办全网办结、群众“零跑动”。创新宣传方式，联合社会媒体开展积分入学报名指导会直播活动。2020年，有12.88万人有效提出积分入学申请，全市为义务教育阶段非户籍适龄儿童少年新增提供积分入学和优待政策申请学位接近8万个（含公办学位、购买民办学位和民办学位补贴）。修订高端人才和企业人才子女入学实施办法，将各类高端人才和企业（机构）人才整合纳入统一的引进人才入学体系，扩大优惠范围和优惠学

2020年9月8日，东莞市委书记、市人大常委会主任梁维东（左一），副市长黎军（左二）慰问教师代表杨宝霖老师 （市教育局供图）

位数，提供企业人才子女入学学位数超过1万个。

【德育】 2020年，东莞市教育局利用党团活动、班级活动、社会实践活动等有效载体，推动习近平新时代中国特色社会主义思想进教材、进课堂、进社团、进课余生活。优化全员、全过程、全方位育人的“三全”育人的学校德育工作新模式。推动中小学校“一校一案”落实《中小学德育工作指南》。结合疫情防控工作，组织线上升旗仪式，并利用微信公众号、官网、线上班会课、线上教学等方式加强中小学生的思想道德建设工作。树立学生榜样，推选出市级优秀学生887名、省优秀学生23名和省宋庆龄奖学金获得者28名，配合市文明办开展“新时代好少年”评选。7月，成立东莞市学校德育研究会，推动学校德育研究机制的建设，为学校德育研究工作奠定基础。提升德育管理干部素质，组织90人参加2020年全国中小学德育骨干、班主任和心理健康教育教师网络培训示范班。承担全省市县德育管理干部培训班的工作任务，全省各地市共203名德育管理干部在东莞市参加为期三天的培训，东莞市40多名德育管理骨干参加观摩培训，市教育局在培训开班仪式上作学校德育工作经验介绍。组织开展“复学第一课”“卫生法治大课堂”活动、举办“同上一节主题班会课——我们在战‘疫’中成长”活动等系列主题活动，其中“同上一节主题班会课—我们在战‘疫’中成长”的线上活动，聚焦抗击新冠肺炎疫情中的真人真事真情，吸引了近千万人次观看。联同市文广旅体局举办《东莞战“疫”——东莞市抗击新冠肺炎疫情纪实展》巡展，组织开展第十三届广东省中小学“暑假读一本好书”活动、2020年广东省“书香校园”建设系列活动、广东省教育厅“我和我的祖国”中小学幼儿园主题教育活动、东莞市第十五届中小学生书信活动、东莞市第十六届读书节活动。东莞中学初中部、莞师附小被评为“全国文明校园”，莞城中心小学被评为“广东省文明校园”。

【家庭教育与心理健康教育】 2020年，东莞市教育局开发家庭教育与心理健康教育培训课程，分别培训专（兼）职心理教师6.63万人和班主任2.74万人；联合“南方+”开展3次“云上”家长会、“同上一节心理暖心课”等系列大型直播活动，参与人数839.6万人次以上。联合11部门印发《东莞市关爱学生心理健康联动工作方案》，健全“家庭、学校、社会”三位一体的学生心理健康防护网络；推进实施《东莞市学校家庭教育品质提升计划（2019—2021年）》，建立东莞市中小学幼儿园家长学校课程“超市”，并要求各中小学开足开好家长教育课程，免费向家长推送《家庭教育100个怎么办》《家教有方 智慧问答》等家庭教育科普微视频，推动全市家庭教育品质发展；联合东莞广播电台《城市的声音》合力打造家庭教育“空中学堂”，全年播出49期；举办首届东莞市中小学家庭教育指导与心理健康教育优秀案例评选，评出家庭教育指导优秀案例171篇，心理健康教育优秀案例180篇。

【体育、艺术教育】 2020年，东莞市教育局开展中小学生体质健康测试评估，委托第三方专业测试机构抽取4.6万名学生进行体质测试，结合镇（街）人民政府履行教育职责考核工作，加强学生体质健康测试评估结果应用。合理规划涵盖一年四季的文体活动和竞技比赛，科学规划学校文艺演出和艺术作品展览专题，传承发展莞邑文化艺术。参加全省中小学校高水平艺术团队创建交流展示活动，获优胜奖3个、优秀组织奖2个。参加广东省中学生篮球锦标赛，获高中组亚军和季军、初中组季军，参加“省长杯”青少年足球联赛，获得中职组亚军和高中组第6名，参加广东省中、小学生健美操啦啦操联赛，包揽高中组团体总分冠亚军和初中组团体总分季军，获得12个单项第一名。年内，东莞市有20所学校通过第二批广东省中小学中华优秀传统文化传承学校复评，有20所学校通过第四批广东省中小学艺术教育特色学校复评，有20所学校获评为全国青少年校园足球特色学校，14所幼儿园获评为全国足球特色幼儿园，有4所学校获评为全国青少年校园篮球特色学校，2所学校获评为全国青少年校园排球特色学校，11所学校获评为省校园篮球推广学校，6所学校获评“省校园排球推广学校”。

【科技教育】 2020年，东莞市建设并验收完第三批29所创客教育学校，完成“中小学创客教育”项目规划的建设97所创客教育学校的任务。联合科技局开展“科技少年，科创未来”2020年东莞市青少年人工智能创新挑战赛暨科教实践系列活动、“大手拉小手，抗议院士说”院士进校园活动。联合钱学森实验室、松山湖材料实验室、东莞市科技局开展市首届“太空探索实验”青少年教育项目征集活动，并邀请钱学森实验室宋坚教授、中国航天科技集团510所周晖教授、松山湖材料研究所柯海波博士对相关项目进行赛前诊断培育。2020年，东莞市师生参加广东省青少年科技创新大赛获58项大奖：一等奖7项、二等奖19项、三等奖27项，3项专利申请奖，其中有7个项目代表广东省参加第35届全国青少年科技创新大赛。

【教育科研】 2020年，东莞市教育局组织开展东莞市2020年度规划课题申报评审，有申报项目1897个，为历年最多，批准立项700个。组织申报2020年度省“强师工程”项目，37个项目被批准立项，为历年最多。9项课题被批准立为省教育科学规划德育专项课题，10项课题被批准立为广东省中小学德育课题。1个项目被批准立为大湾区专题研究项目。106项成果获广东省中小学教育创新成果奖，获奖数量占全省53.0%，位列全省第一，其中全省一等奖9项东莞市占4项。组织开展市教育学会论文征集评选工作，评出获奖论文222篇。东莞市入选基础教育国家级优秀教学成果推广应用示范区，成为全省2个入选区域之一。

【慧教育网络学习空间建设与应用】 2020年，东莞市教育局开展优质教学资源的建设与应用，新增优课微课1.18万节、习题20.66万道、教学素材6.12万个，成果《促进区域教育均衡发展的“莞式慕课”研究与实践》获2019年广东省教学成果奖一等奖，代表省在第五届中国教育创新成果公益博览会上展示。东莞慧教育网络学习空间建设与应用，获教育部认定为“全国网络学习空间应用普及活动优秀区域”，并受邀在全省分享经验；其中单个应用项目的经验还获得教育部认定为“全国优秀基础教育信息化典型应用案例”；网络学习空间成效获得2019年度全市“单打冠军”。

开展优质教学资源的建设与应用，新建优课微课1.16万节，习题26.5万道，教学素材6.11万个，东莞市教学资源应用平台总浏览量8.14亿次，上线师生380万人次，教师备课20.4万节，布置作业43.6万份，学生观看2083.1万次，学生答题3588.6万道。遴选东莞市石龙镇明德小学、东莞市大朗启明学校、东莞市清溪银河学校、东莞市常平常青学校4所民办学校为莞式慕课实验基地和另外23所民办学校为莞式慕课实验基地共同体学校，开展市镇教研员驻点帮扶125人次。2020年8月，东莞被教育部确立为“基于教学改革、融合信息技术的新型教与学模式”实验区，是省内4个试验区之一。《促进区域教育均衡发展的“莞式慕课”研究与实践》被教育部评为2020年度全国基础教育改革发展优秀工作案例。

【依法治教】 2020年，东莞市教育局授权镇街综合执法办行使14个涉及教育行政处罚事项的权力。开展证明事项清理工作，取消8个证明事项。落实行政执法“三项制度”，规范行政执法。修订教育局行政执法操作流程及文书范本，举办全市教育系统行政执法培训班，开展教育行政执法案卷评查活动。开展“双随机、一公开”（随机抽取检查对象，随机选派执法检查人员，抽查情况及查处结果及时向社会公开），加强行政监管。动态调整“一单两库”（一单指随机抽查事项清单，两库指市场主体名录库、执法检查人员名录库），开展部门联合监管，共开展部门联合抽查5次。依法做好政府信息依申请公开，按期答复信息公开申请30宗。全面开展依法治校创建活动，2020年新评依法治校达标学校50所，全市认定达省级依法治校创建标准学校564所，其中获广东省依法治校示范校称号55所，东莞市依法治校示范校称号316所。

【学校安全管理】 2020年，东莞市教育局开展安全生产监管检查（巡查）工作，强化防溺水、校园安保和校车管理等督导检查，完成7个轮次683所中小学幼儿园的督查工作，发现并督促整改隐患7372处；市财政投入5750多万元升级改造校车安全管理平台，为全市6523辆校车安装全新的车载监控终端设备，并接入升级改造后的管理平台，实现对校车运行情况的实时监控。全年督促整治校车违规行为1017辆次。联合交通、交警等部门，常态化推进东华、光明、翰林等试点学校学生接送工作，全年设置接送车运行线路238条、公交专线13条，调配接送车444辆、学生公交50辆，累计运送学生62.3万人次。印发《东莞市2020年防范学生溺水问题专项治理工作方案》，制定33条工作措施，全面部署水域隐患整治、构建完善防范网络。完成50场防溺水体验式宣教活动，通过聘请专业人员采取送教上门的方式，实施体验式的防溺水主题教育课程。联合市禁毒办、市关工委组织组织小学五年级至高中二年级的学生共94.81万人次学生收看“东莞市青少年禁毒教育公开课”。组织233名镇街教育管理中心和市直属学校安全管理干部开展为期3天的业务培训，增强应对安全管理工作的处置能力。市财政投入190.53万元建设东莞市校园主要出入口一键报警设备管理系统，联合市公安局按照省的技术标准，完成全市1826所学校主要出入口一键式紧急报警前端设备升级改造，并按要求接入市公安局“110”报警平台和东莞市校园主要出入口一键报警设备管理系统。2020年，全市校园配备专职保安1.09万人，购置安全防卫器械7577套6.82万件，安装硬质防冲撞设施1906组，全市中小学、幼儿园校园主要出入口“四路对射视频”和公安“一路治安监控视频”建设完毕并联入公安视频专网。 （张金龙）

基础教育

【学前教育】 2020年，东莞市有幼儿园1206所，其中公办、集体办幼儿园210所，民办幼儿园996所。在园幼儿37万人，入园率103.2%。全市幼儿园教职工5.31万人，其中园长、教师2.77万人，教师学历达标率99.64%，大专以上学历占87.52%。全市“广东省规范化幼儿园”1182所，省、市一级优质幼儿园634所，其中省一级幼儿园21所，市一级幼儿园613所。

2020年，东莞市通过新建改扩建回收等方式增加公办园学位，同时支持园区、镇（街）通过购买民办园学位、在民办园举办公办班、补贴辖区适龄儿童入读民办园、以公办园为龙头成立幼教集团等多元化方式，增加公办学位，满足不同家庭对教育的多元化需求，2020年，东莞市公办园（含创新

2020年7月14日，东莞市在厚街镇海月学校启动2020年中小学生体验式防溺水宣教活动（市教育局供图）

方式扩充的公办学位）在园幼儿占比52.49%，公办园（含创新方式扩充的公办学位）和普惠性民办幼儿园在园幼儿占比82.22%，按期完成国家和省定目标任务。

对集体办园和普惠性民办园的基本补助标准从每班每年9000元提高至1.2万元，实施集体办幼儿园生均定额经费补助，对815所集体办园和普惠性民办园下拨生均经费补助9770.49万元，对209所集体办园和普惠性民办园下拨教师达标奖补1936万元。根据《东莞市公益普惠性幼儿园认定、扶持和管理办法》，2020年新认定普惠性民办幼儿园61所，2020年公办（集体办）和普惠性民办园共893所。

把小区配套园治理工作纳入年度重点工作，加强督查督导，强化部门沟通协调，推进35所小区配套园完成治理，按要求完成2020年城镇小区配套园专项治理任务。

【义务教育】 2020年，东莞市有小学335所，在校生84.22万人，比上年增加0.48万人，户籍学龄儿童小学入学率100%，小学毕业生升学率100%。全市有初中206所，在校生26.57万人，增加0.22万人，户籍适龄少年初中入学率100%，初中毕业生升学率99.1%。

2020年，东莞市义务教育学校非东莞户籍学生76万人，比上年减少2.68万人，减少的主要原因是户籍政策调整，义务教育户籍学生数大幅增加3.38万人。非东莞户籍小学生59.99万人，比上年减少1.74万人，其中在公办小学就读的有10.5万人；非东莞户籍初中生16.04万人，比上年减少0.93万人，其中在公办初中就读的有2.94万人。

【普通高中教育】 2020年，东莞市有普通高中（含完全中学和多层次学校高中部）48所，在校生9.15万人，比上年增加5987人。东莞高级中学内地新疆班招收新生160人，全市内地新疆高中班在校生672人。

【特殊教育】 2020年，东莞市特殊教育学校在校生711人，新建资源教室20间，户籍“三残”（智残、体残、肢残）儿童入学率97.59%。完善残疾学生入学机制，加强随班就读和送教上门管理及指导，建立特殊教育干部教师全员培训体系，培训180人次。（张金龙）

【东莞中学教育教学】 广东省东莞中学创建于清光绪二十八年（1902年），最初名为东莞学堂，后多次易名，1950年改名为东莞中学。2020年，学校被授予“东莞市文明校园”“东莞市先进基层党组织”“东莞市抗击新冠肺炎疫情先进集体”“2017—2019年东莞市中小学科技教育活动先进学校”“2020年广东省校园篮球推广学校”“2020年广东省校园排球推广学校”称号。

2020年，东莞中学有专任教师219人，其中：正高级教师3人，高级职称78人，中级职称107人。全国先进工作者1人，全国优秀教师3人。广东省特级教师4人，广东省校长工作室主持人1人，广东省中小学教师工作室主持人1人。广东省优秀教师、优秀教育工作者14人。东莞市名教师工作室主持人4人，东莞市名班主任工作室主持人2人。市学科带头人43人。学校春季开学学生数2628人，其中高一级898人，休学7人，复学3人，转入5人；高二级867人，休学2人；高三级863人，复学1人，休学1人。学校秋季开学2671人，其中高一级902人，复学5人；高二级900人；高三级869人。

2020年，东莞中学履行主体责任，组织开展疫情防控工作，被授予“东莞市抗击新冠肺炎疫情先进集体”称号。学校研究制定《东莞中学防控新型冠状病毒感染疫情工作方案》为全市中小学抗疫工作提供优秀范本，各年级返校复课工作平稳顺利开展，各项工作获得市教育局和属地教育管理中心的肯定。学校密切关注全校师生身体健康状况和心理健康状况，针对抗疫一线人员子女，学校全面了解情况，及时送达关怀。学校联合校友会向全球各地校友发出呼吁，为奋战在防疫一线的医护工作人员捐赠紧缺医疗防护物资。（卢泳欣）

附：2020年东莞中学主要领导名录

党委书记、校长：黄灿明

2020年东莞市32个学校建设项目完工情况表

序号	项目名称	所在镇街	学校类型	建设类型（新建或改扩建）	总投资（万元）	新增学位（个）
1	大岭山中学	大岭山	完全中学	改扩建	4810	500
2	虎门镇博涌小学新校	虎门	小学	新建	11450	1350
3	南城阳光第十小学	南城	小学	新建	19000	1620
4	谢岗镇中心小学曹乐校区	谢岗	小学	新建	11000	1620
5	凤岗镇中心小学分校	凤岗	小学	新建	15000	2160
6	寮步镇香市小学分校（香城小学）	寮步	小学	新建	28760	1890
7	寮步镇香市小学分校（文昌小学）	寮步	小学	新建	27400	2160
8	沙田镇中心小学	沙田	小学	新建	27000	900
9	松山湖北区学校	松山湖	九年一贯制学校	新建	52900	3960
10	大朗镇实验小学	大朗	小学	改扩建	2082	180
11	东坑镇中心小学	东坑	小学	改扩建	3591	810
12	麻涌镇古梅第一小学	麻涌	小学	改扩建	1968	966
13	麻涌镇漳澎小学	麻涌	小学	改扩建	1784	665
14	南城阳光中心小学（扩）	南城	小学	改扩建	2999	810
15	松山湖中心小学分校二期	松山湖	小学	改扩建	18000	810
16	万江第三中学	万江	初中	改扩建	2364	1600
17	樟木头镇实验小学	樟木头	小学	改扩建	11000	1500
18	樟木头镇中心小学	樟木头	小学	改扩建	2434	600
19	寮步镇河滨小学	寮步	小学	改扩建	2550	405
20	寮步镇石步小学	寮步	小学	改扩建	1108	585
21	寮步镇西溪小学	寮步	小学	改扩建	14000	540
22	东城第一小学（含扩建）	东城	小学	改扩建	3364	1620
23	石排镇福隆小学	石排	小学	改扩建	2955	540
24	东坑中学	东坑	初中	改扩建	5359	1000
25	黄江中学	黄江	初中	改扩建	25000	1115
26	沙田实验中学	沙田	初中	改扩建	4979	1000
27	袁崇焕中学	石碣	初中	改扩建	1487	750
28	松山湖横沥实验学校（厂房改造）	横沥	九年一贯制学校	改扩建	10000	2430
29	莞城中心小学分校	莞城	小学	新建	11778	1080
30	石龙实验小学	石龙	小学	改扩建	1853	600
31	南城中学	南城	初中	改扩建	720	600
32	南城第五小学	南城	小学	改扩建	900	675
合计					329595	37041

高等教育

【高等教育概况】 截至2020年底，东莞市有10所高校，分别为东莞理工学院、广东医科大学（东莞校区）、东莞理工学院城市学院、广东科技学院、中山大学新华学院（东莞校区）、东莞职业技术学院、广东创新科技职业学院、广东亚视演艺职业学院、广东酒店管理职业技术学院、东莞开放大学。按类别分，有普通本科院校5所、高职院校4所、成人高校1所。全市高校在校生人数19.89万人，其中全日制在校生13.53万人，毕业生3.48万人，毕业生留莞就业率38.4%。全市高校的学科专业设置涵盖除军事学、哲学和历史学以外的10个学科门类，有博士专业点1个，硕士专业点12个，本科专业点215个，专科专业点198个；有省级重点学科18个，特色示范专业建设项目省级39个、校级48个。拥有各类实验室和实训中心1434个，国家级重点实验室1个，省重点实验室13个，各类实习基地3833个。全市高校教职工7895人，专任教师5935人，硕士研究生3109人，博士生1240人，研究生学历人数占专业教师73.28%，副教授1343人，教授627人，硕士生导师423人，博士生导师49人。9所高校与23个国家和地区的58所高等教育机构开展教育合作与交流。全市9所高校设立研发机构173个，开展科研项目1589个，研发活动总经费投入5.24亿元。

【高校创新建设】 2020年，东莞理工学院加快建设新型高水平理工科大学示范校，加快国际合作创新区项目建设；广东医科大学推进教育教学、人才队伍建设和科技创新服务；东莞职业技术学院成功创建省示范校，完成省一流校验收报评工作，推进国家“双高校”建设。加快大湾区大学筹设工作，确定大湾区大学创校负责人，制定《大湾区大学办学初步方案》并通过省政府常务会审议。引进香港城市大学开展合作办学，明确由东莞理工学院联合香港城市大学合作举办香港城市大学（东莞），并签署合作协议，接受教育部专家组的现场考察和集中评议，明确校园设计方案。协调推进东莞理工学院城市学院和中山大学新华学院的转设工作，中山大学新华学院转设为独立设置的本科学校，更名为广州新华学院。 （张金龙）

【大学筹建】 2020年，东莞市推进大湾区大学和香港城市大学（东莞）两所高水平大学的筹建工作。

大湾区大学筹建 5月，明确田刚院士为大湾区大学筹建负责人；7月，广东省政府常务会议审议并原则通过《大湾区大学办学初步方案》，明确大湾区大学开展“一校两区”建设，同步在东莞市松山湖高新区和滨海湾新区威远岛设置校区。

香港城市大学（东莞）筹建 1月，东莞市政府与香港城市大学签署《东莞市人民政府 香港城市大学关于合作举办香港城市大学（东莞）协议》；8月，推动注册成立东莞市香港城市大学研究院；10月，教育部组织专家组来莞实地考察和现场评议香港城市大学（东莞）筹建工作。 （大学筹建办）

2020年10月29日，东莞理工学院城市学院华为云学院人工智能中心成立，图为“华为云学院人工智能中心”揭牌 （市教育局供图）

职业教育

【职业教育概况】 2020年，东莞市有独立设置中职学校28所（含技工学校7所），特殊学校附设中职班2个，高职院校附设中职部2个，在校生8.41万人。省级以上重点中职学校17所，其中国家级重点10所，国家示范性中职学校2所。共开设专业130多个，其中省“双精准”建设专业23个，招生2.87万人，接收广东省“双转移”学生6286人。毕业生升学就业率99.49%。

【职业教育开展】 2020年，东莞市开展职业院校定点实习实训基地认定，全年认定36个定点实习实训基地，组织1024名学生到定点实习实训基地进行顶岗实习，按标准对接收学生实习的定点实习实训基地发放补贴资金100.43万元和企业设施设备补助200万元；2020年，东莞市有16所中职学校的46个专业与省内高职院校实施“三二分段”［指在中职学校和高职院校选取对应专业、制定中职学段（三年）和高职学段（二年）一体化的人才培养方案］中高职贯通培养，招生5335人，比2019年增加1875人，中职毕业生成功升入高一级院校就读8089人，比上年增加499人；东莞理工学校和东莞市经济贸易学校等两所试点学校成功开发“1+X”的技能证书，组织676名学生参加开发证书的考评，其中396名学生成功考取技能证，有11所中职学校组织学生参加“1+X”制度试点申报工作；全市有9所中职学校的13个专业参与中外合作办学，招生规模570人，引入4个国际通用职业证书考证体系，并组织440名学生考证，其中340人成功考取技能证；接收2019名昭通学生在东莞市中职学校就读，发放交通生活费补助364.44万元。

（张金龙）

2020年9月23日，南城社区学院篁溪公益学堂进宏图社区学校

（市教育局供图）

2020年11月25日，东莞市2020年职业教育活动周开幕式举行

（市教育局供图）

【东莞职教城发展】 东莞职教城是东莞市推进职业教育和技工教育创新发展的重点工程项目。2009年8月，市委、市政府决定选址东莞生态园和横沥镇交界处规划建设东莞职教城，2011年7月动工兴建，2013年9月一期工程交付使用，二期工程2016年9月投入使用。截至2020年底，东莞职教城占地101.59万平方米，总规划建筑面积43万平方米，总估算投资20亿元。东莞职教城包括东莞市技师学院、东莞市高技能公共实训中心、东莞理工学校和职教城公共服务区四大功能模块，容纳1.5万名全日制在校生，年职业技能社会培训鉴定量5万人次。

职教城图书馆 职教城图书馆是由东莞市政府投资，建筑面积2.3万平方米，以资源共享、集约管理的理念，将园区各单位的图书馆功能设计集中在公共服务区来建设。图书馆是以“书本”为设计原型；设计概念从藏书、借阅书籍等单一功能向学习中心、活动中心、会议中心、休闲娱乐中心等综合功能发展，打造“复合型”图书馆。图书馆开创与会堂融合设计方案的先例，既符合现代图书馆发展要求，又体现职业教育的特点，满足职教城以及周边区域的需求。

技师学院提质扩容 东莞市技师学院自2013年职教城校区开办以来，至2020年底，在校生从3000人发展到1.32万人。2020年，东莞职教城帮助东莞市技师学院扩大国际化技能人才培养规模和创建高水平技师学院，将职教城公共服务区作为市技师学院提质扩容项目建设用地。提质扩容项目建设教学实训综合大楼和学员宿舍楼各1栋，总建筑面积1.88万平方米，投资9404万元。其中，教学实训综合大楼建筑面积1.3万平方米，包括技能培训办事办证大厅、一体化教室、技能鉴定实训室、学习型工厂等；学员宿舍楼建筑面积5800平方米，包括学员宿舍、学员食堂等。

“技能莞家”平台 2020年，东莞市“职教慕课”更名为“技能莞家”。“技能莞家”平台继续整合职教城内各院校的优质职业课程资源，向社会开放的公益性学习平台。年内，开发11门课程，140节课时，涵盖经济管理、信息工程、烹饪、物流、智能楼宇、机械工作、酒店服务、艺术媒体等。“技能莞家”平台协助开展疫情防控期企业职工线上适岗职业培训，注册用户数增至3111家，学员超20万人。 （温泽枫）

附：2020年东莞市教育局主要领导名录

局　长：梁凤鸣（任至7月）
　　　　叶淦奎（7月到任）

附：2020年东莞职教城主要领导名录

主　任：陈　杰

成人教育

【成人教育概况】 2020年，东莞市有社区教育实验区26个、乡镇成人文化技术学校30所、持有民办学校办学许可证的民办教育培训机构1670家，年培训量68万人次，各类成人高等学历教育规模达1.69万人（不含在莞高校成人学历在校生6.36万人）。

【“莞易学”平台服务】 2020年，东莞市依托“莞易学”平台（东莞市市民素质提升教育平台）向市民提供免费学习内容。截至2020年底，“莞易学”平台有非全日制中职学历教育32个专业，452门专业课程；技能提升课程和素质课程341门，报名人数35.5万人。12月19—20日，举办非全日制中职学历教育线下毕业考核，共6848名学员报名参加考试，实际参加考试人数5274人，通过考试人数3130人，通过率53.3%。

【全民终身学习活动周】 2020年11月9—15日，东莞市举办主题“全民智学，助力‘双战双赢’”的全民终身学习活动周活动。全市33个辖区开展全民终身学习活动周相关活动，参加免费教育咨询和课程培训活动的单位、社区和培训机构有300个，提供免费教育询和课程培训项目500个，线下公益培训名额2万个，有8万人参加活动。

（张金龙）

民办教育

【民办教育概况】 截至2020年底，东莞市经批准开办的民办幼儿园996所；民办普通中小学296所，其中小学116所、初中（含九年一贯制学校）158所、高中（含十二年一贯制、完全中学）22所。民办中小学（幼儿园）在校生100.6万人，其中幼儿园29.69万人、小学52.22万人、初中15.19万人、普通高中3.5万人。

2020年，吸纳民间资金24.1亿元，全年新增设立民办普通中小学5所、民办幼儿园30所，向社会新增提供民办学位2.35万个。

东莞市高埗新世纪颐龙湾幼儿园手球课堂（2020年市教育局供图）

【民办教育扶持】 2020年，东莞市向近1.9万名教师发放从教津贴约7800万元，向约5800名原民办代课教师发放生活困难补助约2900万元。推进64对公、民办学校结对帮扶，针对民办学校开展教研活动857次，教学课例展示1007节，听课、评课1365节，协助完善民办学校管理制度218项。向44所民办学校发放教育信息化基础设施建设财政奖励2399.21万元，评选获得2020年市民办中小学扶持专项资金的民办学校61所。疫情期间开展民办学校扶持工作，印发《东莞市人民政府办公室关于支持民办学校克服疫情影响 稳定健康发展的措施》，给予民办学校租金减免、税费优惠、金融扶持、财政补贴等方面的优惠待遇。形成《关于新冠疫情期间我市民办幼儿园享受政策扶持和经营情况的报告》，关注各民办幼儿园的经营困难和享受扶持的状况，及时做好民办学校各项扶持资金申报、评审和绩效评价工作。

【民办学校规范管理】 2020年，东莞市举办民办学校管理干部专题培训班，提升民办学校管理干部的审批管理水平。优化民办学校行政审批“放管服”（简政放权、放管结合、优化服务）改革工作；将无证中小学、幼儿园的日常排查工作纳入市社会服务管理“智网工程”检查项目，实行网格化管理，做到发现一所，取缔一所。指导镇街清理整顿无证学前教育机构21所，分流安置幼儿800人。

【民办培训机构管理】 2020年2月，东莞市印发《关于明确校外培训机构许可登记有关问题的通知》，明确面向中小学生的民办校外培训机构，由教育部门负责审批和管理，校外培训机构取得办学许可后方可向市场监管部门或民政部门进行登记。发放《中小学生培训机构办事指南》《中小学生培训机构网上申报指引》，方便群众依法依规申请办学。印发《东莞市清理整治无证中小学生校外培训机构工作方案》，对未取得教育部门办学许可、擅自开展中小学生教育培训的各类校外培训机构进行清理整治，全年清理无证机构2028所，其中办理许可证1070所，变更经营范围604所，整改停办354所。11月，开展年检及信用评价，通过“东莞慧教育”公众号公布2020年东莞市白名单民办教育培训机构1651家，灰名单5家，黑名单14家，并在东莞市教育局网站公布，引导家长选择合法规范机构报名。

（张金龙）

文　　化

CULTURE

东莞市图书馆　（2020年张满枝摄）

编辑：陈建枝

文化综述

【文化事业概况】　截至2020年底，东莞市有市民艺术中心1个，文化站33个，公共图书馆（室）657个，公共电子阅览室585个，文化广场756个，国有博物馆17座，非国有博物馆36座，电影放映单位140个。全市有广播节目43套，电视节目31套。全年放映电影场次75.4万场，全年观影人数688万人次，电影票房收入2.5亿元。

【文旅融合】　2020年，东莞市发展全域旅游，加快构建全域旅游发展空间格局。清溪镇、樟木头镇获评为“广东省全域旅游示范区”，寮步镇陈家埔村获评为“全国乡村旅游重点村”，麻涌镇、石排镇获评为“广东省旅游风情小镇”。“依托爱国主义教育资源　唱响红色文化主旋律——鸦片战争博物馆红色旅游发展典型案例”入选全国红色旅游发展典型案例。“东莞智造稻作之旅”入选“广东省工业旅游精品线路”。

（邓炯永）

公共文化服务

【公共文化服务概况】　2020年，东莞市农民工吴桂春留言东莞图书馆（见下图），成为轰动全国的新闻事件，传递城市正能量，以此为契机持续优化公共文化服务，建设书香东莞。实现文化馆总分馆建设全覆盖。创新推出“文化四季·四季如歌——东莞文旅融合行动计划”，开展全民艺术普及行动，举办“东莞龙舟文化月”“中国农民丰收节”等文化活动。承办

2020年5月8日，“东莞战‘疫’——东莞市抗击新冠肺炎疫情纪实展”在东莞展览馆开展（郑志波　摄）

首届全国公共文化和旅游产品云上采购大会交流展示活动，获文化和旅游部好评。

临别留言，让人动容……

原创　新华社记者　新华社　2020-06-25

今天
网友@Xenophon
发布了一张照片
附言“读书还是有那么一点点意义的”
照片是东莞图书馆读者留言表中的一页
上面写着这样一段话

我来东莞十七年，其中来图书馆看书有十二年。书能明理，对人百益无一害的唯书也。今年疫情让好多产业倒闭，农民工也无事可做了，选择了回乡。想起这些年的生活，最好的地方就是图书馆了。虽万般不舍，然生活所迫，余生永不忘你，东莞图书馆。愿你越办越兴旺。识惠东莞，识惠外来农民工。

湖北农民工
2020.6.24

【全民艺术普及行动】　2020年，东莞市开展全民艺术普及行动，推出“学、演、展、诵”四大板块1600多场次的活动。根据新冠肺炎疫情防控实际情况优化调整，强化线上供给，如“东莞市民大舞台”“东莞城市艺术time”“一见你就笑”“城市交响”“小诗人沙龙”等多项活动，均增加线上展演的场次。强化点单配送，依托东莞市文化馆总分馆体系，组织“2020年艺术普及进百村”系列活动等超1200场活动免费配送到基层镇街或村（社区），让市民在家门口就能享受到优质的文化服务。截至2020年底，举办“走进艺术”线下培训班27个，提供学位436个，推出线上慕课38门；完成惠民培训744场次；举办文化惠民演出451场，其中镇街自主演出99场。

【群众文艺创作】　2020年，东莞市加强群众文艺精品创作。打造《花开小康路》《幸福小区之一梯两户》等文艺精品，献礼全面小康。完成东莞市群众文化论文征集评选工作，并通过腾讯会议组织论文点评会。举办东莞市第三届群众音乐舞蹈花会，通过作品录制视频、线上展播、评委观看视频的方式进行，评选出金奖作品15件、银奖作品23件、铜奖作品38件以及单项奖54件。根据市群众音乐舞蹈花会的评选结果，推荐13件作品代表东莞参加省群众音乐舞蹈花会评选，并获得3枚金牌、4枚银牌、2枚铜牌。开展东莞市第四届童谣创作大赛。此外，根据广东省文旅厅公布的2019年度全省群众文艺作品评选结果，东莞17件作品获奖，排全省第三名。

【公共文化活动品牌打造】　2020年，东莞市开展“时令东莞”东莞文化年历项目，借助“南方+东莞云上文化馆”平台，以线上策划为重心，打造“东莞文化年历”品牌，并围绕“二十四节气”，创新推出“健康云课堂”。截至2020年底，完成24个节气的宣传，并结合传统节日开展“中国农民丰收节”等7场线下活动。深化青年艺术家圆梦行动，联合“南方+”东莞云上文化馆线上线下同步推进，为每位青年艺术家制作数字化、媒体化的成长档案，全年举办个人演出11场、个人展览6场，发表人物专访15期，现场直播6场，点击量近14万次。打造“爱心文化馆”品牌，保障特殊群体享受公共文化服务权益，用艺术的力量疗愈特殊群体的心灵。年内，“爱心文化馆”项目获2020年全国文化和旅游志愿服务项目线上二等奖，被文旅部推荐参加第五届中国青年志愿服务项目大赛全国赛，并获金奖。

【“文化四季·四季如歌”东莞文旅融合行动计划实施】　2020年，东莞市把原来的文化活动品牌“东莞文化四季”和旅游服务

2020年4月28日，“文化四季　四季如歌”东莞文旅融合行动计划启动仪式在东莞市文化馆实验剧场举行　　（黄孟良　摄）

品牌“畅游东莞·四季如歌”进行整合，以文化为内涵、以旅游为外化的方式，利用线上线下结合的形式，包装推广东莞旅游资源，挖掘展现城市文化底蕴，2020年5—12月举办东莞镇街文旅季、手机摄影大赛、线路设计大赛、镇街创意手信征集活动、网红景点评选活动、旅游体验活动等六大项目、500场文旅融合活动。其中，重点推出12个融合镇街特色的文旅活动季。全年参与策划举办活动460场，开展12场镇街文化旅游直播活动，约120万人通过网络云游东莞景点。

【东莞2020“中国农民丰收节”暨对口帮扶地区农产品购物嘉年华活动】　2020年9月19日，该活动在东莞市文化馆举行。此次活动由东莞市文化广电旅游体育局、东莞市人民政府经济协作办公室指导，东莞市文化馆主办，主题为“庆丰收 迎小康”，旨在展现东莞人民对美好生活的憧憬与期待，礼赞走向全面小康的幸福与美好，同时倡导“节约粮食，从我做起”的风尚。活动专门设立特色农产品展销摊位，特邀东莞对口帮扶地区——云南昭通、广东韶关（乳源、新丰）、揭阳等地的特色农产品进行现场展销，还现场展销来自新疆、西藏等帮扶地区的特色农产品。

【首届全国公共文化和旅游产品云上采购大会交流展示活动】　2020年12月6—7日，首届全国公共文化和旅游产品云上采购大会交流展示活动在东莞市举行。该次活动由文化和旅游部全国公共文化发展中心、广东省文化和旅游厅指导，中国文化馆协会、东莞市人民政府主办，东莞市文化广电旅游体育局承办，旨在全面总结公共文化和旅游产品采购大会经验成果，展望“十四五”时期文化馆行业高质量发展新路径；并现场举行国家云上采购会签约仪式，同方知网（北京）技术有限公司、中演演出院线发展有限责任公司、国家开放大学等代表上台签约。截至11月底，通过国家公共文化云平台报名参展单位8905家，发布产品信息2万条，线上平台各端总访问量710万人次、产品服务咨询4000次。

（邓炯永）

文艺展演

【文艺展演概况】　2020年，东莞市举办第七届中国·东莞音乐剧节、“花开小康路——东莞故事演唱会”暨“茶花杯”全国美丽乡村主题歌曲推广晚会。创作推出一批涵盖书画、美术、摄影、曲艺等多门类文艺精品，反映东莞生态环境整治的音乐剧《绿水·乡愁》在第十四届广东省艺术节上获奖。

【音乐剧《绿水·乡愁》在第十四届广东省艺术节上获奖】　2020年4月27日，东莞市召开治水主题音乐剧《绿水·乡愁》相关工作的研讨会，专家对该音乐剧的剧本、作曲、音乐编配、音响设计、影像设计、服装设计、道具设计等相关内容进行讨论，并提出具体的修改意见。《绿水·乡愁》讲述东莞治水的故事，从一名基层环保工作者李振邦出发，融入东莞从严开展涉水环境执法、全面落实河长制、建设水污染治理工程、企业老板改变环保理念、东深供水等元素，记录东莞人民全力以赴投身污水治理攻坚战、保卫母亲河的故事。7月22日，召开治水主题音乐剧《绿水·乡愁》相关工作的协调会，推进剧目的创作、排演等工作。9月23—25日，该剧目在塘厦镇演艺馆首演；11月26日，在惠州西湖大剧院代表东莞市参评参赛第十四届广东省艺术节演出，并获三等奖。

【第七届中国·东莞音乐剧节举办】　2020年10月9日至12月26日，东莞市举办第七届中国·东莞音乐剧节。该届音乐剧节邀请国内原创音乐剧《西厢》等19个各具主题特色、表演新颖的优质剧目，共演出35场。音乐剧节结合玉兰大剧院15周年院庆，创新推出“云上音乐剧节”，选取本土及大湾区优秀艺术讲座，通过在线直播形式传播。其间，于12月23—26日在玉兰大剧院召开中国音乐剧协会第六届三次会员代表会议及音乐剧发展论坛，借力中国音乐剧协会推动音乐剧产业发展。

【“花开小康路——东莞故事演唱会”】　2020年12月15日，由东莞市文化广电旅游体育局、茶山镇人民政府共同主办的“花开

2020年第七届中国·东莞音乐剧节演出表

序号	剧目	演出单位
1	音乐剧《西厢》	新绎剧社
2	音乐剧《重生》	何李活音乐剧/东莞塘厦松雷音乐剧剧团
3	儿童音乐剧《少年袁崇焕》	广东艾利发剧院管理有限公司
4	音乐剧《献给阿尔吉侬的花束》	一台好戏音乐剧《献给阿尔吉侬的花束》剧组
5	音乐剧《面试》中文版	上海音乐剧艺术中心
6	音乐剧《再见，1990》	广东歌舞剧院
7	音乐剧《拉赫玛尼诺夫》	上海文化广场剧院管理有限公司
8	家庭音乐剧《素敌小魔女》	北京四季欢歌剧团
9	音乐话剧《雁叫长空》	厦门歌舞剧院
10	音乐剧《如果》	上海魅鲸文化传播有限公司
11	儿童音乐剧《妈妈咪鸭之鸭飞冲天》	北京儿童艺术剧院
12	超级飞侠音乐剧《海洋G指令》	广州戏胞文化传播有限公司
13	音乐剧片段赏析	SophiaOu音乐剧工作室
14	音乐剧《花儿与号手》	宁夏演艺集团歌舞剧院
15	音乐剧片段赏析	莞城英文实验学校
16	音乐剧片段赏析	丁丁少儿戏剧、莞城步步高小学、莞城运河小学、莞城实验小学
17	情系百老汇音乐剧主题交响音乐会	新世纪交响乐团
18	儿童音乐舞台剧《魔豆时代》	魔豆时代剧团（东莞）有限公司
19	李宗盛作品音乐剧《当爱已成往事》	北京环球百老汇文化发展有限公司

小康路——东莞故事演唱会”晚会，在东莞市玉兰大剧院举办，吸引1000多名市民观看此次演出。晚会是2020年“艺起来——东莞文艺名家推广计划”主要演出活动之一，旨在用歌曲展示东莞市乡村振兴及全面小康的成果，表达人民对美好生活的向往，歌颂普通百姓用勤劳双手创造美好生活的小康故事。

【鸦片战争博物馆获评为国家一级博物馆】 2020年12月21日，中国博物馆协会发布《关于第四批国家一、二、三级博物馆名单的公告》，东莞市参加定级评估的7家博物馆全部入选，申报成功率100%。其中，鸦片战争博物馆晋升为国家一级博物馆（2008年获评为国家二级博物馆），成为东莞市首家国家一级博物馆，广东东江纵队纪念馆、袁崇焕纪念园、蚝岗遗址博物馆、石龙博物馆、钱币博物馆、唯美陶瓷博物馆获评为国家三级博物馆。至此，全市有国家等级博物馆10座，仅次于广州市，与深圳市并列全省第二名。（邓炯永）

资料链接

鸦片战争博物馆：位于广东省东莞市虎门镇，是纪念性和遗址性相结合的专题博物馆，馆里有林则徐销烟池和虎门炮台旧址等全国重点文物保护单位，是鸦片战争时期的历史见证，截至2020年底，鸦片战争博物馆管理面积80万平方米，建筑面积3.5万平方米，展厅面积9000平方米。

文艺团体活动

【文艺表演团体活动】 2020年，东莞市有文艺表演团体26个，包括东莞市桥头金荷艺术团、东莞塘厦松雷音乐剧剧团、东莞塘厦农民工艺术团、东莞市巷头朗声木偶粤剧团、东莞市荔香粤剧团、东莞市长安戏剧曲艺协会粤剧团、东莞市魅力岭南艺术团、东莞市艺青粤剧团、东莞市精战杂技艺术团、东莞市度香亭杂技艺术团、东莞市魅力岭南艺术团、东莞保利文化演艺团、东莞市维亚艺术团、广东艾利发剧院管理有限公司东莞儿童艺术剧团、广东心灵之声艺术团、东莞市残疾人艺术团、东莞市龙吟艺术团等。

东莞市长安戏剧曲艺协会粤剧团 2020年，该剧团排演剧目《十五贯》《使命》，其中《使命》作为长安镇红色文化品牌中的一剧。参加2019—2020年广东省戏曲进校园演出（清远站），承办长安镇第十四届粤曲大赛。

东莞塘厦松雷音乐剧剧团 2020年，该剧团和公安部宣传新闻局、腾讯影业共同创作推出首部缉毒题材音乐剧《重生》，剧目以一线缉毒民警罗金勇及其妻子罗映珍为原型，讲述一个关于真爱与信仰的故事。在东莞、深圳、珠海、上海、北京等地巡演22场。

广东艾利发剧院管理有限公司东莞儿童艺术剧团　2020年，该剧团创编推出儿童音乐剧《少年袁崇焕》，用充满童趣的故事歌颂爱国、爱乡、爱人爱己的中国传统美德。该剧由王佳纳导演，刘婧、刘佳蕾编剧，马小倩主演，10月底在玉兰大剧院首演。　（邓炯永）

长安粤剧团剧目——《使命》剧照　（2020年市文广旅体局供图）

【文艺家协会活动】　2020年，东莞市文联下属各文艺家协会按照东莞市第八次文代会的总体部署，围绕“同心抗疫”等主题，开展“到人民中去”“东莞好”等文艺品牌活动，推进东莞文艺“飘香”“繁星”“传薪”“扎根”“筑巢”五大行动，组织创作一大批弘扬主旋律、传播正能量、贴近实际生活的精品力作，获多个文艺奖项，开展各式各样的文艺活动，弘扬社会主义核心价值观，展示东莞美丽形象，为“湾区都市、品质东莞”建设作出贡献。

作家协会　2020年，东莞市作家协会举办第三届东莞市校园文学创作大赛、东莞作家看石碣采风暨“诗意东江”文学沙龙活动、“中国文学名家看东莞”系列活动之《小说选刊》“大美清溪”创作采风分享交流活动、“中国文学名家看东莞”系列活动之“诗意黄江”创作采风分享交流活动等文学活动。

书法家协会　2020年，东莞市书法家协会开展“防疫控情、风雨同舟、万众一心”主题书法创作征集活动、东莞市“莞艺·战疫”主题书画展等“抗疫”主题创作活动，创作2000多幅书法篆刻作品。联合市爱国拥军促进会、东莞报业传媒集团在厚街现代国际展览中心举办“千人挥毫、文化拥军”东莞市迎春送福文化拥军活动，组织千名书法家和学生新秀为退伍退役军人书赠3500幅春联和500个“福”字。开展“同心同书——祖国新春好”到人民中去·东莞市书法名家送万福进万家义务挥春活动，全市参加挥春送福活动的书法家1907人，合计276场，书赠对联、福字和书法作品11.40万幅。

音乐家协会　2020年，东莞市音乐家协会组织音乐家们围绕抗疫主题开展创作，创作《看见你的热泪》《逆风中的爱情》《等你回家》《医者丹心》《武汉的冬天不冷》等一批抗疫原创歌曲。

美术家协会　2020年，东莞市美术家协会举办第三届东莞美术探索展，“小康东莞”东莞市美术书法作品展，“众志成城、抗击疫情”东莞市美术家协会抗疫情网络作品展，“异彩同途”——柯茂华、周荣昌、张峭然、刘婉仪、刘嘉铭、樊粤作品展，“继往开来”——龙虎、蔡伟国、李燕祥、陈瑾、刘凯作品联展、虎门行——东莞美术专题展等展览活动；开展2020年麻涌镇美术创作采风活动；成立黄泽森美术工作室荷花馆。

舞蹈家协会　2020年，东莞市舞蹈家协会发动全市会员编排抗疫舞蹈，先后创作舞蹈作品《战“疫”情》《复苏》以及手语操《平凡的天使》和儿童舞蹈操《等你回家》等，其中《复苏》5月25日在广东“学习强国”平台上线，后被“学习强国”全国平台选用。

文艺评论家协会　2020年，东莞市文艺评论家协会举办“创意写作与东莞文学发展”学术研讨会、“文化遗产与品质城市”学术沙龙活动，推出《抗疫路上，我们在一起》《写给春天》等东莞抗疫主题作品。

民间文艺家协会　2020年，东莞市民间文艺家协会承办广东省第六届麒麟文化节，指导、协助开展中华民俗风情场景微雕展、“好乐无荒”——王可逊斫琴艺术展，推荐《茶园泥公仔（茶山泥塑）》《东莞老手艺——历史时光里的民间记忆》《瑶族盘王武术及瑶医瑶药诊疗技术》3部民间文艺作品获省民间文艺著作奖。

摄影家协会　2020年，东莞市摄影家协会在协会微信公众号平台推出《东莞摄影人在行动丨影像赞英雄》系列，联合“流行东莞”“文化莞家”等微信公众平台，推出《疫情下的“空”城东莞，依旧温暖而坚定！》视频+图片专题，承办“乐购东莞2020——疫往情深　守护希望”主题图片作品征集活动，联合多个部门共同组织开展“莞爱万里”“脱贫攻坚　实现百年小康——东莞韶关精准扶贫摄影创作活动”以及“文化四季·四季如歌——2020‘照’亮东莞摄影大赛”等活动。

曲艺家协会　2020年，东莞市曲艺家协会响应省曲协和市文联的号召，创作一批振奋人心、鼓舞士气的优秀曲艺作品，包括15个快板、小品、相声作品。

戏剧家协会　2020年，东莞市戏剧家协会创作《济世扶危写春秋》《诵唱表丹心》《逆行者之歌》等抗疫粤曲以及新编木鱼歌《战瘟神》等抗疫作品，与东莞粤剧发展中心联合举办东莞首个少儿粤剧曲艺网络评选活动——东莞市最“炫”少儿粤剧曲艺新星评选活动。

电影电视家协会　2020年，东莞市电影电视家协会举办优秀短片（原创）作品征集活动和以“时代新人之我和祖国共成长”为主题的年度观影活动，会员单位创作短片《白衣执甲　逆风而行》、原创歌曲MV（音乐短片）《我们在·常平安》等作品。

（何　伟）

传播媒体

报　刊

【报业概况】　2020年，东莞日报社（东莞报业传媒集团）拥有三大媒体平台：传统媒体“两报”（《东莞日报》和《东莞时报》）、新兴媒体（东莞时间网，微信微博矩阵，i东莞客户端，抖音、快手、微视频等视频号）、户外媒体（近1000个党报阅报栏及户外大屏）。有东莞报业传媒集团有限公司、东莞时报传媒发展有限公司、东莞日报印刷厂、万家通报刊发行物流有限公司、时间数字传媒发展有限公司、多维新媒体广告有限公司、广东经济出版社东莞编辑出版中心、东莞报业文化传播有限公司8家子分公司，员工801人。年内，东莞日报社被评为“十三五”中国报业媒体融合优秀单位，获中国传媒经营价值百强榜“全国城市日报”第二名、全国第15届“残疾人事业好新闻奖”一等奖、全国政法优秀新闻作品二等奖。获新闻类全国性奖项15个、省级奖项14个、市级奖项77个，并获“东莞市先进基层党组织”“东莞市抗疫工作先进集体”等称号。

【新闻主业】　2020年，东莞日报社策划组织习近平总书记重要讲话重要指示批示精神、党的十九届五中全会、深圳经济特区建立40周年、全国和省市重要会议等重大主题宣传，各项主题宣传刊发稿件2.3万篇。围绕建设“湾区都市、品质东莞”目标，策划推出走向我们的小康生活、疫情防控和复工复产、“一号文两攻坚”、全国文明城市创建、文化品质提升等宣传报道。修订完善“三审三校”制度，严格执行“两小时交稿制”，每日召开采前会编前会，每季度召开意识形态工作研判会议。

【媒体融合发展】　2020年，东莞日报社坚持传统媒体和新兴媒体同步发展，融合推进。主动把推动媒体融合发展列入报社党委重要议事日程，并作为“一把手”工程。制定《东莞日报社推动媒体融合发展三年行动计划》，建立媒体融合发展专题会议制度，推动媒体融合向纵深发展。围绕建设新型主流媒体目标，做强做精《东莞日报》，推动《东莞时报》转型为周报，加大新媒体建设力度，构建新型主流媒体格局。截至2020年底，《东莞日报》发行量10多万份，新媒体矩阵用户超1000万人，初步实现从传统媒体向新型媒体、从地市媒体向区域媒体、从全市影响向全网影响的转变。坚持内容为王、技术为要、移动优先，运用数据抓取、移动直播、全景拍摄等技术，增强新闻呈现的质量和冲击力。推出《鼓励新闻精品创作总编辑奖暂行办法》，设立名记者名编辑工作室，推出更多弘扬主旋律、传播正能量的精品。全年有100多件新闻作品获国家、省、市级新闻奖，有3000多件新闻作品被新华社、《人民日报》等媒体采用或转载，多个抖音号、快手号等传播力排名全国地市级媒体前列。

【报社参谋辅政】　2020年，东莞日报社坚持思想立“参”（内参），发挥智库作用。疫情期间，采编人员主动作为，深入一线，对于基层出现的新问题，及时撰写《关于餐馆提供限制性堂食服务的情况反映》《关于湖北籍人士陆续返莞各方将面临防控问题和困难的情况反映》等10篇内参，为市委、市政府精准施策当好参谋。

【报社承办文化活动】　2020年，东莞日报社与市文化广电旅游体育局、市展览馆合作，策划承办“东莞战‘疫’——东莞市抗击新冠肺炎疫情纪实展”，成为省内首个以抗疫为主题的实物陈列纪实展。与市文联、妇联、市文化馆及市书法家协会等单位，联合开展以“防控疫情、风雨同舟、万众一心”为主题的书法创作摄影征集展览公益活动，讲述东莞抗疫好故事。11月28日，中共东莞市委宣传部主办，东莞报业传媒集团、东莞市摄影家协会等承办第六届市民摄影周暨《品质东莞》新书首发活动。该次活动以“城市·品质”为主题，举办新书首发、摄影展览、讲座沙龙等一系列活动，同时推出户外展览与线上VR（虚拟现实）展览，通过影像立体展现“湾区都市、品质东莞”。其中，东莞市民服务中心、东莞展览馆、东莞图书馆、市行政中心广场东草坪4个场馆（地）共推出20多个摄影展览，涉及名家展、友城展、本土展、影赛联展等。

（董珊伶）

附：2020年东莞日报社（东莞报业传媒集团）主要领导名录

党委书记、社长、总编辑：张树坚

网络媒体

【网络新媒体概况】 截至2020年底，东莞市在运行政府网站41个，在运行政务新媒体304个；各类网站8万余，有影响力的自媒体平台近200个，平均粉丝数20万人。东莞市网络媒体与传统媒体加速融合发展，逐步形成全面融媒体矩阵，实现资源互补互融和信息价值最大化。

2020年，东莞日报社获“‘十三五’中国报业媒体融合优秀单位”称号，旗下各网络新媒体平台共发布稿件5万余条，总阅读量逾4亿人次；新媒体平台开设专题总数108个，制作发布自采高品质视频近1000条；微信公众号矩阵粉丝数近300万人，“i东莞”App用户80万人。东莞广播电视台旗下东莞阳光网等新媒体平台共制作网络新闻专题89个，网络直播49场，刊发原创网络新闻1.8万条。突出广电“视频特色”，其中“走村直播看小康”系列13场直播活动，在线观看总人数近90万人次。

【政务新媒体创新】 2020年，东莞市委网信办探索利用网络直播新热点组织开展“世界好物东莞造”“东莞一直播”等系列创意传播活动。11月26日，主创的“巧借网络阵地助力经济社会发展”获全省政府舆情引导优秀案例奖，这是东莞连续五年获该项大奖。强化自有平台建设，2020年“莞香花开”微信公众号粉丝数比上年增长50%，推文平均阅读量增长70%。“东莞发布”抖音号上线一年即实现粉丝数破百万，点赞数超1500万。年内，东莞市持续深化政务新媒体矩阵建设，利用新技术新形式发布政务信息与政策解读，主动回应社会关切，唱响东莞好声音。在广东政务新媒体2020年度奖项评选中，东莞13个镇街、部门的政务新媒体平台获其中的8项大奖，同时东莞也被列为战疫指数优异地市。

（黄锐钧）

【东莞日报社媒体融合改革取得突破】 2020年，东莞日报社推动媒体融合改革，精简内设机构，优化机制体制，将原来《东莞日报》、《东莞时报》、新媒体的采编与技术部门有效整合，组成采访、编辑、可视化、技术4个中心，媒体融合改革取得新突破。其中，“东莞时间网”、“i东莞”、微信公众号、微博发布稿件5万余条，总阅读量逾4亿人次；新媒体平台开设专题总数108个；微信三大头部号共发推文近1万条，总阅读量突破1亿人次，粉丝增加10万人，微信矩阵粉丝数近300万人，“i东莞”App用户80余万人，获“‘十三五’中国报业媒体融合优秀单位”称号。

视频、海报报道 2020年，东莞日报社发力短视频、创意视频和海报制作，创新报道形式，扩大新闻舆论传播力和影响力。全年制作发布自采高品质视频近1000条。全市首创《东莞防疫Disco》《复工防疫Disco》MV，被应急管理部、“广东发布”、“广东应急管理”、新华社、《人民日报》、“学习强国”App等微信号或客户端转发，获得《广东省新闻阅评（38期）》点评肯定，全网播放量超过7000万次。围绕疫情防控、复工复产、乡村振兴、脱贫攻坚、全面建成小康社会等题材，拍摄“扶贫印记”“向往的莞乡”“我们的小康生活”等专题视频近40条，制作动漫短视频30多条、创意视频海报逾100条，形成系列化风格。全国人大、政协“两会”期间，首次引进新华社会议报道机器人，快速推出短视频报道逾50条；官方抖音总粉丝量突破450万，“i东莞”抖音号总点赞量突破1亿次，在抖音平台11月“城市媒体月度优质推荐案例”全国城市榜排第11名，其中《东莞医护人员抢救新冠肺炎危重患者瞬间》《广东一男子确诊只因这个大家常有的小动作》等5条短视频播放量突破1亿人次。

直播探索 2020年，东莞日报社主动融入直播浪潮，增强引导力和影响力；加大作品向“学习强国”推送力度，实现优质内容二次传播，全年直播近200场。策划“《东莞日报》助力东莞智造，品质带货主播邀你来”系列直播活动，联合市商务局、大岭山镇、黄江镇等，主动联手抖音、快手、爱逛等互联网直播平台，对接华为、格力等知名公司需求和资源，举办6场直播带货专场活动，吸引近120万网民观看，带货405万元。创新市人大、政协“两会”直播方式，推出“云上会客厅”线上直播3期，观看人数逾50万人次；首次联合镇街推出融媒体产品《全城都在关注这场“直播带货”》，浏览人数达10万人次。完成“走向我们的小康生活”征文统计、评选、投票工作，其中东莞日报社入围作品281件，包括文字作品76件、摄影作品150件、微视频作品55件。东莞市入围总数全省排第二名。

（董珊伶）

【智慧广电融媒体建设】 2020年，东莞市推进广播电视媒体融合发展，坚持“移动优先”策略和“融合采编”机制。是年，东莞广播电视台持续优化广播、电视、网络及“两微一端”融合采编发布平台，打造媒体深度融合的管理体系和传播体系，更新“知东莞”移动客户端。在全市“两会”期间，“知东莞”发挥政务服务功能，创新推出“云相册”体验，上线短短3天浏览量超20万次。截至年底，“知东莞”用户量超100万人，东莞阳光网PC端（用户端）、微信号、抖音号及“今日东莞”英文网平台覆盖用户群体达800万人。东莞阳光网是省内唯一推出本地疫情防控英文网页的地级市网站。“知东莞”客户端、东莞阳光网公众号、莞视频、《莞make》直播栏目及“知东莞”聚融媒之力，奏响

"战役"时代强音等5个项目（作品）以及省广播电视网络股份有限公司东莞分公司"镇村之窗"获"2020年广东省广播电视媒体融合先进典型"称号。（邓炯永）

广播、电视、电影

【广播电视安全播出】 2020年，东莞市加强广播电视安全播出，优化公共服务，推动广播电视事业产业发展。协调组织全市安全播出责任单位，先后开展一系列安全检查、督查活动，提高广电系统安全风险防控能力和安全应急管理水平，全年重点抓好春节、全国"两会"、国庆、元旦等重要保障期安全播出保障工作，全市无发生重大安全播出责任事故。

【广播电视超高清视频产业发展】 2020年，东莞市严格按照国家、省超高清视频产业发展总体规划，推进电视频道4K建设，提高超高清视频节目制播、传输能力，组织协调制播和传输单位设备升级，制作和传输4K超高清节目。推进5G+广电高清视频传输，利用5G建设，扩大5G传输技术在新闻采集、新闻报道等领域的应用。2020年，东莞广播电视台在东莞阳光网站、"知东莞"App开始使用5G设备及网络，承载《健康东莞行动启动仪式暨全民万步健走活动》《揭秘战疫英雄背后故事之隔离病房里的危急时刻》等10多场网络直播活动，实现"5G+高清视频传输"的应用。

【广播电视行业管理】 2020年，东莞市履行行政监管职责，完善行业管理制度，强化导向管理、市场监管、社会管理，提升依法行政水平，先后协调组织开展低俗节目清查整顿、违规电视购物短片广告清理等专项整治行动，规范全市广播电视播出秩序。截至2020年底，新设立影视制作经营机构23家，全市持证影视制作经营机构共94家。

【广播电视产业发展】 2020年，东莞市广播电视产业拓展网络应用，研发推广广电新业务，提升网络产值。是年，东莞分公司总收入8.595亿元；发展有线数字电视用户150万户，主机用户98.4万户，高清电视用户90万户，高清互动用户66万户，智能网关用户28万户，新数字家庭用户2.5万户；宽带用户57.6万户，其中100M及以上宽带用户14.3万户；截至2020年底，传输电视节目185套，其中标清基本电视节目69套，标清付费电视节目43套，高清电视节目46套，高清付费节目22套，4K电视节目5套，把党的声音安全、高质量传输到千家万户。（邓炯永）

【电影票房收入连续9年排全省地级市第一名】 2020年，东莞市正常营业影院140家，全年放映电影场次75.4万场，全年观影人数688万人次，电影票房收入2.5亿元，全国排名第20位，连续9年全省排第三名、地级市第一名。

【电影业帮扶】 2020年，东莞市受疫情影响电影院从春节开始全部暂停营业，直至7月16日国家电影局通知发布后，市委宣传部于7月20日发出《关于在疫情防控常态化条件下有序推进我市电影院开放的通知》，发布《东莞市电影院恢复开放疫情防控指引》，明确疫情防控和消防安全措施落实到位并通过所属镇街（园区）检查备案的影院即日起可恢复营业。出台"积极协助我市商业影院申请国家、省级扶持受疫情影响影院专项资金，按省拨款金额的50%给予配套"的帮扶政策，共向全市140家受疫情影响的电影院拨付中央和省级专资和市级配套资金685.5万元，是全省唯一提供市级配套扶持的城市。市委宣传部成立督导小组，对全市各镇街（园区）恢复开放的电影院进行实地检查，对落实不到位之处提出整改意见，并不定期组织走访调研，了解全市各镇街（园区）落实影院帮扶政策、影院落实防疫措施和消防安全、影院恢复开放等情况。

【公益电影放映】 2020年7月，东莞市发布《2020年东莞市公益电影放映活动实施方案》《东莞市

东莞海关和东莞广播电视台　（2020年李群摄）

公益电影放映疫情防控指引》，要求各镇街（园区）在做好疫情防控的前提下有序开展公益电影放映活动，丰富市民群众精神文化生活，全年放映4214场次。（袁炜荣）

新闻出版和版权保护

【新闻出版管理】 2020年，东莞市完成全市报刊年检和新闻记者年度核验工作，4家公开发行出版物和4家省内新闻单位驻莞机构通过年度核验。市、镇两级审批一次性内部资料性出版物47宗，全市有连续性内部资料性出版物32宗。

【印刷发行管理】 2020年，东莞市有印刷企业3460家，印刷工业总产值650亿元，出版物发行单位945家，销售总额7.2亿元，完成3214家印刷企业年度报告和873家出版物发行单位年度核验工作。开展印刷发行行业审批工作，审批新设立印刷企业280家，变更427家，注销备案75家；审批新设立出版物发行单位154家，变更54家，注销备案52家；审批境外出版物印件2073宗，6.82万种，12.7亿册；办理境外包装装潢和其他印刷品来（进）料加工备案690宗，出口总值92.3亿元。加强印刷发行行业监管，组织开展全市印刷企业法规培训班和新闻出版行业安全生产、疫情防控检查工作。

【版权保护】 2020年，东莞市加强全国版权示范城市后续建设。修订并公布《东莞市版权局版权示范单位和示范园区认定办法》《东莞市版权局优秀版权作品认定扶持办法》《东莞市版权局作品著作权登记资助管理办法》，并于1月9日实施。做好2020年保护著作权宣传周活动，组织开展“版权保护在东莞”专题宣传；承办2020年全省版权和印刷工作会议暨版权行政执法培训班。将软件著作权登记情况纳入全市“倍增企业”考核指标；制定《东莞市版权纠纷人民调解委员会诉调对接工作制度》，全年调解各类著作权纠纷687件，1名人民调解员被评为全市综治工作先进个人，东莞市版权纠纷人民调解委员会被评为诉调对接工作先进集体。上线“ACTIF（中国国际漫博会）品牌运营中心云平台”，有1万家国内外版权方、制造业企业入驻签约，累计20万影视动漫从业者和个人设计师在平台登记注册，直接对接项目超过1500个；2件原创作品分获中国版权协会“2020年度中国版权最佳版权实践奖”和“最佳创意产品奖”；选取15家企业成为省级2020年推进企业使用正版软件工作重点推进企业；完成市级国有企业软件正版化工作。

（周永强）

文化遗产保护

【文化遗产保护概况】 2020年，东莞市协助中国美术馆和市委宣传部在北京市举办“有容乃大——容庚捐赠展”。建成叶挺、李秀文革命事迹陈列馆。鸦片战争博物馆获评国家一级博物馆，全市国家三级以上博物馆达10家，居全省第二位。“东莞记忆”、“中国近代史开篇地——华南抗日根据地”、岭南古村落等3条历史文化游径入选第一批广东省历史文化游径。推动东莞非遗数字化传播，成立“东莞非遗墟市粤港澳城际联盟”。

【文物保护】 截至2020年底，东莞市有市级以上文物保护单位146处，其中全国重点文物保护单位9处、省级文物保护单位30处、市级文物保护单位107处。2020年，东莞市围绕习近平总书记在中央政治局第二十三次集体学习时的重要讲话，市委常委会首次就文物、考古工作进行传达学习，并提出东莞市贯彻落实意见。启动谢岗镇先秦遗址考古调查勘探工作，组织文博骨干12人于1个月内完成并结题，是该重要讲话后全省启动的首个考古项目。

【文物保护利用与城市建设双赢发展】 2020年，东莞市配合审核各类规划32项，城市更新单元方案29个；审批保护范围和建设控制地带工程方案6个、文物维修方案16个；实施文物保护利用工程8项，市、镇、村投入资金1683万元，完成2项，工程优秀率100%。“东莞记忆”“中国近代史开篇地——华南抗日根据地”“岭南古村落”3条游径入选第一批广东省历史文化游径，“大岭山抗日根据地旧址和广东东江纵队纪念馆”游径入选第二批广东省历史文化游径，“孙中山石龙东征径”“虎门炮台海防径”2条游径入选粤港澳大湾区遗产游径首发线路。指导虎门镇建成开放郑师许陈列馆，在全省率先建成“坪石先生”专题陈列馆。

【革命文物保护利用】 2020年，东莞市打造叶挺、李秀文革命事迹陈列馆。指导寒溪水村借力活化利用革命文物赋能乡村振兴，获选省文物古迹活化利用典型案例。策划《“碧血丹心耀莞邑”广东（东莞）红色经典历史文化游径图片展》赴24个镇街巡展。

【文物安全保护】 2002年，东莞市逐级落实文物安全责任制，联合镇街（园区）文物管理部门开展巡查。全年出动1万人次开展文物安全巡查，巡查文物459处，编制文物安全工作简报10期，整改安全隐患36处，实现全年文物安全零事故。协调虎门大桥公司、部队完善文物保护报批手续，协调横沥、洪梅、寮步等镇街加强文物保护工作。

【“有容乃大——容庚捐赠展”举办】 2020年11月3日至12月5日，由中国美术馆、广东省文化和旅游厅、广州市文化广电旅游局共同主办的文化和旅游部2020年度国家美术作品收藏和捐赠奖励项目“有容乃大——容庚捐赠展”在北京中国美术馆举办。此次展览展出著名古文字学家、收藏家容庚（东莞籍）及其家属捐赠的历代书画、青铜器、手稿、印章以及各类文献资料等近300件。东莞市配合中国美术馆做好藏品借展工作，展出东莞籍名人作品等文物藏品31件（套），是东莞籍历史名人、东莞市文物藏品在国家级展馆的首次展示。

2020年9月1日，“碧血丹心耀莞邑”广东（东莞）红色经典历史文化游径图片展开展 （市文广旅体局供图）

【入选广东省历史文化游径】
2020年5月11日，广东省文化和旅游厅公布第一批广东省历史文化游径，其中，东莞市“东莞记忆历史文游径”“东莞‘中国近代史开幕地—华南抗日根据地’历史文化游径”“东莞岭南古村落历史文化游径”3条历史文化游径入选。

资料链接

东莞记忆历史文游径：迎恩门—东莞可园—容庚故居—大西路—中兴路历史文化街区—却金亭碑

东莞“中国近代史开幕地—华南抗日根据地”历史文化游径：鸦片战争博物馆—广东东江纵队纪念馆—大岭山抗日根据地旧址—大岭山森林公园

东莞岭南古村落历史文化游径：茶山南社古村落—茶山牛过蓢古村落—东莞国家城市湿地公园—石排塘尾古村落—凤岗古寺—横山康王庙—燕岭古采石场遗址

2020年东莞市市级以上文物保护单位情况表

序号	名称	年代	地点	级别	公布登记日期
1	林则徐销烟池与虎门炮台旧址	清	虎门镇	全国重点文物保护单位	第二批，1982年2月23日
2	东莞可园	清	莞城街道	全国重点文物保护单位	第五批，2001年6月25日
3	南社村和塘尾村古建筑群	明—清	茶山镇 石排镇	全国重点文物保护单位	第六批，2006年5月25日
4	却金亭碑	明	莞城街道	全国重点文物保护单位	第六批，2006年5月25日
5	大岭山抗日根据地旧址	抗日战争	大岭山镇	全国重点文物保护单位	第六批，2006年5月25日
6	蚝岗贝丘遗址	新石器时代	南城街道	全国重点文物保护单位	第七批，2013年3月5日
7	广九铁路石龙南桥	1911年	石龙镇	全国重点文物保护单位	第七批，2013年3月5日
8	东莞村头遗址	新石器时代	虎门镇	全国重点文物保护单位	第八批，2019年10月7日
9	蒋光鼐故居	1930年	虎门镇	全国重点文物保护单位	第八批，2019年10月7日
10	金鳌洲塔	明	万江街道	广东省文物保护单位	第三批，1989年6月29日
11	燕岭古采石场遗址	明—清	石排镇	广东省文物保护单位	第四批，2002年7月17日
12	横山康王庙	清	石排镇	广东省文物保护单位	第四批，2002年7月17日
13	黎氏大宗祠及古建筑群	宋—明—清	中堂镇	广东省文物保护单位	第四批，2002年7月17日
14	国殇冢	1949年	道滘镇	广东省文物保护单位	第四批，2002年7月17日
15	卫佐邦墓	清	东城街道	广东省文物保护单位	第五批，2008年11月18日

续表

序号	名称	年代	地点	级别	公布登记日期
16	方氏宗祠	明	厚街镇	广东省文物保护单位	第五批，2008年11月18日
17	苏氏宗祠	明—清	南城街道	广东省文物保护单位	第五批，2008年11月18日
18	容庚故居	清	莞城街道	广东省文物保护单位	第五批，2008年11月18日
19	牛眠埔洪仁玕避难遗迹（含永培书室遗址、福音堂、鼎和堂、张彩廷纪念碑、张声和夫妇墓）	清	塘厦镇	广东省文物保护单位	第五批，2008年11月18日
20	朱执信纪念碑	民国	虎门镇	广东省文物保护单位	第五批，2008年11月18日
21	松岗遗址	明—民国	清溪镇	广东省文物保护单位	第七批，2012年10月20日
22	道滘大坟	清	道滘镇	广东省文物保护单位	第七批，2012年10月20日
23	榴花塔	明	东城街道	广东省文物保护单位	第七批，2012年10月20日
24	余屋进士牌坊	明—清	东城街道	广东省文物保护单位	第七批，2012年10月20日
25	云岗古寺	明—清	石排镇	广东省文物保护单位	第七批，2012年10月20日
26	石龙公园史迹（含周恩来演讲处、李文甫纪念亭、莫公壁殉难纪念碑、凯旋门）	民国	石龙镇	广东省文物保护单位	第七批，2012年10月20日
27	雁田抗英指挥部旧址	1899年	凤岗镇	广东省文物保护单位	第七批，2012年10月20日
28	郑氏大宗祠	清	虎门镇	广东省文物保护单位	第八批，2015年12月10日
29	虎门医院旧址	1933年	虎门镇	广东省文物保护单位	第八批，2015年12月10日
30	陈益家族墓	明	虎门镇	广东省文物保护单位	第九批，2019年4月19日
31	迎恩门	明	莞城街道	广东省文物保护单位	第九批，2019年4月19日
32	余屋余氏宗祠	明清	东城街道	广东省文物保护单位	第九批，2019年4月19日
33	新基莫氏祠堂	明—清	麻涌镇	广东省文物保护单位	第九批，2019年4月19日
34	彭屋彭氏大宗祠	明	东坑镇	广东省文物保护单位	第九批，2019年4月19日
35	中坑王氏大宗祠	明	石排镇	广东省文物保护单位	第九批，2019年4月19日
36	下桥钱氏宗祠	明清	东城街道	广东省文物保护单位	第九批，2019年4月19日
37	大汾何氏大宗祠	明—清	万江街道	广东省文物保护单位	第九批，2019年4月19日
38	邓尔雅故居	晚清	莞城街道	广东省文物保护单位	第九批，2019年4月19日
39	东莞中学旧址	民国	莞城街道	广东省文物保护单位	第九批，2019年4月19日
40	金刚经云石塔	清	莞城街道	东莞市文物保护单位	第三批，1982年8月24日
41	广东人民抗日游击队东江纵队路东干部训练班旧址	抗日战争	清溪镇	东莞市文物保护单位	第三批，1982年8月24日
42	宋皇姑赵氏墓	宋	东城街道	东莞市文物保护单位	第四批，1989年1月7日
43	熊飞墓	明	东城街道	东莞市文物保护单位	第四批，1989年1月7日
44	李桤墓	明	桥头镇	东莞市文物保护单位	第四批，1989年1月7日
45	东岳庙	明	茶山镇	东莞市文物保护单位	第五批，1989年5月31日
46	海月岩	宋	厚街镇	东莞市文物保护单位	第五批，1989年5月31日
47	东莞县博物馆旧址	民国	莞城街道	东莞市文物保护单位	第五批，1989年5月31日
48	欧仙院	民国	石龙镇	东莞市文物保护单位	第六批，1990年2月1日
49	黄旗胜迹	宋	东城街道	东莞市文物保护单位	第七批，1993年6月22日
50	大汾古桥	明	万江街道	东莞市文物保护单位	第七批，1993年6月22日

续表

序号	名称	年代	地点	级别	公布登记日期
51	单氏小宗祠	明	石碣镇	东莞市文物保护单位	第七批，1993年6月22日
52	郭真人古庙	明	虎门镇	东莞市文物保护单位	第七批，1993年6月22日
53	黄氏宗祠	明	企石镇	东莞市文物保护单位	第七批，1993年6月22日
54	逆水流龟村堡	明	虎门镇	东莞市文物保护单位	第七批，1993年6月22日
55	巍焕楼	清	道滘镇	东莞市文物保护单位	第七批，1993年6月22日
56	薰莱亭	清	桥头镇	东莞市文物保护单位	第七批，1993年6月22日
57	叶氏宗祠	清	大岭山镇	东莞市文物保护单位	第七批，1993年6月22日
58	马山古迹	清	大岭山镇	东莞市文物保护单位	第七批，1993年6月22日
59	神仙水	明	厚街镇	东莞市文物保护单位	第七批，1993年6月22日
60	观音山古迹	明	大岭山镇	东莞市文物保护单位	第七批，1993年6月22日
61	崖山古迹	清	谢岗镇	东莞市文物保护单位	第七批，1993年6月22日
62	万福庵贝丘遗址	新石器时代	企石镇	东莞市文物保护单位	第八批，2004年1月8日
63	龙眼岗贝丘遗址	新石器时代	石排镇	东莞市文物保护单位	第八批，2004年1月8日
64	叶永青家族墓	明	茶山镇	东莞市文物保护单位	第八批，2004年1月8日
65	郑瑜墓	明	虎门镇	东莞市文物保护单位	第八批，2004年1月8日
66	温皋谟家族合葬墓	明	寮步镇	东莞市文物保护单位	第八批，2004年1月8日
67	钟氏祠堂	明	寮步镇	东莞市文物保护单位	第八批，2004年1月8日
68	孙杜古桥	明	石龙镇	东莞市文物保护单位	第八批，2004年1月8日
69	鸡啼岗黄氏宗祠	明	黄江镇	东莞市文物保护单位	第八批，2004年1月8日
70	丁氏祠堂及丁屋村古围墙	明	东坑镇	东莞市文物保护单位	第八批，2004年1月8日
71	埔心村古建筑群	明—清	石排镇	东莞市文物保护单位	第八批，2004年1月8日
72	福隆文阁	明—清	石排镇	东莞市文物保护单位	第八批，2004年1月8日
73	江边村古建筑群	明—清	企石镇	东莞市文物保护单位	第八批，2004年1月8日
74	迳联村古建筑群	明—清	桥头镇	东莞市文物保护单位	第八批，2004年1月8日
75	西溪村古建筑群	明—清	寮步镇	东莞市文物保护单位	第八批，2004年1月8日
76	半仙山村古建筑群	明—清	横沥镇	东莞市文物保护单位	第八批，2004年1月8日
77	桥梓村古建筑群	明—清	常平镇	东莞市文物保护单位	第八批，2004年1月8日
78	文光庙	明—清	大朗镇	东莞市文物保护单位	第八批，2004年1月8日
79	大井头村古建筑群	明—清	大朗镇	东莞市文物保护单位	第八批，2004年1月8日
80	慕香书室	清	凤岗镇	东莞市文物保护单位	第八批，2004年1月8日
81	礼屏公祠	清	虎门镇	东莞市文物保护单位	第八批，2004年1月8日
82	浮竹山文阁	清	寮步镇	东莞市文物保护单位	第八批，2004年1月8日
83	兰田别墅	清	横沥镇	东莞市文物保护单位	第八批，2004年1月8日
84	颂遐书室	清	常平镇	东莞市文物保护单位	第八批，2004年1月8日
85	陈氏家祠及胜起家祠	清	中堂镇	东莞市文物保护单位	第八批，2004年1月8日
86	福庆桥	清	中堂镇	东莞市文物保护单位	第八批，2004年1月8日
87	铁场客家围	清	清溪镇	东莞市文物保护单位	第八批，2004年1月8日
88	清厦客家围	清	清溪镇	东莞市文物保护单位	第八批，2004年1月8日
89	恬甲村古建筑	清—民国	南城街道	东莞市文物保护单位	第八批，2004年1月8日
90	中山路民国建筑群	民国	石龙镇	东莞市文物保护单位	第八批，2004年1月8日
91	保安圩古街	民国	大朗镇	东莞市文物保护单位	第八批，2004年1月8日

续表

序号	名称	年代	地点	级别	公布登记日期
92	新埠正街	民国	横沥镇	东莞市文物保护单位	第八批，2004年1月8日
93	殷氏宗祠	明	大岭山镇	东莞市文物保护单位	第八批，2004年1月8日
94	洪全福故居	清	凤岗镇	东莞市文物保护单位	第八批，2004年1月8日
95	大沙村西门楼	清	大岭山镇	东莞市文物保护单位	第八批，2004年1月8日
96	大片美游击队税站旧址	清	大岭山镇	东莞市文物保护单位	第八批，2004年1月8日
97	孙中山先代故乡旧址	清—民国	长安镇	东莞市文物保护单位	第八批，2004年1月8日
98	霄边农会旧址	清—民国	长安镇	东莞市文物保护单位	第八批，2004年1月8日
99	张廷辅墓	民国	南城街道	东莞市文物保护单位	第八批，2004年1月8日
100	李任之故居	民国	常平镇	东莞市文物保护单位	第八批，2004年1月8日
101	东江纵队第一支队三龙大队部及驻军营地旧址	民国	高埗镇	东莞市文物保护单位	第八批，2004年1月8日
102	东圃小学旧址	民国	高埗镇	东莞市文物保护单位	第八批，2004年1月8日
103	高埗大桥旧址	中华人民共和国	高埗镇	东莞市文物保护单位	第八批，2004年1月8日
104	太公岭村抗日旧址	民国	大岭山镇	东莞市文物保护单位	第八批，2004年1月8日
105	东莞县新二区区府旧址	民国	大岭山镇	东莞市文物保护单位	第八批，2004年1月8日
106	翟氏宗祠	明—清	莞城街道	东莞市文物保护单位	第九批，2012年11月6日
107	宋氏宗祠	清	南城街道	东莞市文物保护单位	第九批，2012年11月6日
108	白衣庙遗址	南宋—清	南城街道	东莞市文物保护单位	第九批，2012年11月6日
109	李氏大宗祠	明—清	南城街道	东莞市文物保护单位	第九批，2012年11月6日
110	陈氏宗祠	明—清	南城街道	东莞市文物保护单位	第九批，2012年11月6日
111	陈氏大宗祠	明—清	万江街道	东莞市文物保护单位	第九批，2012年11月6日
112	元信陈公祠	清	万江街道	东莞市文物保护单位	第九批，2012年11月6日
113	节度陈公祠	清	厚街镇	东莞市文物保护单位	第九批，2012年11月6日
114	李氏宗祠	明—清	东坑镇	东莞市文物保护单位	第九批，2012年11月6日
115	福隆当铺	明—清	石排镇	东莞市文物保护单位	第九批，2012年11月6日
116	谷吓文阁	清	石排镇	东莞市文物保护单位	第九批，2012年11月6日
117	埔心古塔	清	石排镇	东莞市文物保护单位	第九批，2012年11月6日
118	明伦堂财产信条碑亭	1937年	莞城街道	东莞市文物保护单位	第九批，2012年11月6日
119	讴歌亭	1921年	莞城街道	东莞市文物保护单位	第九批，2012年11月6日
120	郡驸公祠	1923年	厚街镇	东莞市文物保护单位	第九批，2012年11月6日
121	济川善堂	1936年	道滘镇	东莞市文物保护单位	第九批，2012年11月6日
122	崖山碉堡	1943年	塘厦镇	东莞市文物保护单位	第九批，2012年11月6日
123	莫萃华故居	20世纪20年代	洪梅镇	东莞市文物保护单位	第九批，2012年11月6日
124	主山黄氏宗祠	明清	东城街道	东莞市文物保护单位	第十批，2014年9月15日
125	乌石岗黎氏宗祠	明—民国	东城街道	东莞市文物保护单位	第十批，2014年9月15日
126	绍贤家塾	1937年	东城街道	东莞市文物保护单位	第十批，2014年9月15日
127	温塘文阁	清	东城街道	东莞市文物保护单位	第十批，2014年9月15日
128	周屋周氏宗祠	明清	东城街道	东莞市文物保护单位	第十批，2014年9月15日
129	修鳌峙塘围堤记碑	1948年	东城街道	东莞市文物保护单位	第十批，2014年9月15日
130	雅园张氏宗祠	清—民国	南城街道	东莞市文物保护单位	第十批，2014年9月15日
131	雪松李公祠	1917年	南城街道	东莞市文物保护单位	第十批，2014年9月15日
132	五玉翟公祠	清中期	南城街道	东莞市文物保护单位	第十批，2014年9月15日

续表

序号	名称	年代	地点	级别	公布登记日期
133	上甲谢氏宗祠	明清	万江街道	东莞市文物保护单位	第十批，2014年9月15日
134	耕乐祖祠	清—民国	万江街道	东莞市文物保护单位	第十批，2014年9月15日
135	耕读祖祠	清—民国	万江街道	东莞市文物保护单位	第十批，2014年9月15日
136	谷涌庚氏宗祠	清—民国	万江街道	东莞市文物保护单位	第十批，2014年9月15日
137	鲇鱼山周氏古墓葬	南宋	常平镇	东莞市文物保护单位	第十一批，2018年10月26日
138	寒溪水村古民居	清	茶山镇	东莞市文物保护单位	第十一批，2018年10月26日
139	中共东莞特别支部机关旧址	1925年	莞城街道	东莞市文物保护单位	第十一批，2018年10月26日
140	中共东莞县委机关旧址	1940年	东城街道	东莞市文物保护单位	第十一批，2018年10月26日
141	东莞县新四区人民政府旧址	1949年	中堂镇	东莞市文物保护单位	第十一批，2018年10月26日
142	东莞新三区抗日民主政府旧址	1944—1945年	寮步镇	东莞市文物保护单位	第十一批，2018年10月26日
143	东江纵队铁东大队大队部旧址	1944—1945年	桥头镇	东莞市文物保护单位	第十一批，2018年10月26日
144	东莞县国民政府旧址	1938—1943年	樟木头	东莞市文物保护单位	第十一批，2018年10月26日
145	明园	民国	莞城街道	东莞市文物保护单位	第十一批，2019年1月16日
146	明生中学图书馆旧址	民国	莞城街道	东莞市文物保护单位	第十一批，2019年1月16日

注：全市有市级以上文物保护单位146处，其中全国重点文物保护单位9处、省级文物保护单位30处、市级文物保护单位107处。

【非物质文化遗产保护】 2020年，东莞市非物质文化遗产（简称“非遗”）保护工作遵循非遗保护“见人、见物、见生活”的原则，探索非遗融入现实生活，以传承弘扬优秀传统文化为中心，以各项品牌活动为平台，以互联网+数字化为手段，完善制度建设，促进东莞非遗现代转变和产业转变。截至年底，东莞市有市级以上非物质文化遗产名录146项，其中含省级以上非物质文化遗产名录44项、国家级非物质文化遗产名录8项。

【非遗制度设计及名录体系建设完善】 2020年，东莞市出台《东莞市非物质文化遗产保护与管理暂行办法》，确保非物质文化遗产保护传承工作有法可依、有章可循。全年印发2期内部刊物《润物》，分别为“莞邑武术”“莞邑美食”专题。做好传承人健康档案，为非遗代表性传承人提供免费健康体检。第五批国家级非物质文化代表性项目名录公示项目中，东莞市莫家拳、茶园游会入选。新增第二批市级非物质文化遗产工作站6个、第三批市级非物质文化遗产传承基地5个、第五批市级非物质文化遗产项目代表性传承人33人。

【非遗文化传承普及教育】 2020年，东莞市在莞城、茶山、道滘等镇街开展非遗进校园活动，获得省非遗进校园的精品案例2个和优秀实践案例1个。全年举办44场次墟市活动，其中包括4场粤港澳非遗墟市专场展销活动。举办东莞市第四届腊味节活动，开展非遗墟市腊味专场、腊味制作课堂等活动。

2020年5月30日，东莞龙舟月开幕式举行　（市文广旅体局供图）

【非遗文化创新传播】 2020年，东莞市打造互联网时代非遗新IP——“非遗小姐姐”，通过“抖音”和直播的方式，为东莞非遗产品代言“带货”。“非遗小姐姐”全年发布4个系列57条短视频，开展“东莞文采会”“乐购东莞”“东莞龙舟月启动”“东莞非遗购物节”等6场线上直播；与“南方+”联合推出“云赏非遗”非遗课堂9期。推出“东莞非遗墟市”小程序，汇聚全省近200个非遗精品，开辟非遗美食、非遗手艺、演艺和研学、非遗文创等专区，推出丰富多样的非遗“云产品”和“云服务”。联合“南方+”，推出“云赏非遗”专栏，含非遗“云课堂”、“非遗云展厅”、“莞览非遗”等多个内容。

【粤港澳非遗墟市城际联盟成立暨2020东莞龙舟月、万江龙舟文化季启动仪式】 2020年5月30日，该活动在东莞市万江街道正丫起龙广场举行。2017年，东莞市推出“东莞非遗墟市”，并联合广州等九市成立非遗墟市城际联盟；2019年，升级为粤港澳大湾区非遗墟市城际联盟；随着全省21个地级以上城市加盟，实现粤港澳地区全覆盖，升级为粤港澳非遗墟市城际联盟。统一建立“粤港澳非遗墟市”展销交流平台。全年举办42场东莞非遗墟市活动，其中片区专场5场、走镇街8场；参加城际联盟活动18场，包括粤港澳城际联盟专场4场、城市专场11场；“走出去”专场3场，分别为走进广东省非遗中心年货专场、广东省非遗日韶关专场、非遗墟市走进河源市专场。

（邓炯永）

2020年东莞市非物质文化遗产名录表

序号	项目名称	项目类别	保护单位	获市级名录	获省级名录	获国家级名录	传承人情况
1	灯彩（东莞千角灯）	传统美术	莞城区文化服务中心	第一批（2007年）	第一批（2006年）	第一批（2006年）	张金培，国家级第三批（2009年），2009年去世 张树祺，国家级第五批（2018年）、省级第二批（2011年）
2	龙舟制作技艺	传统技艺	中堂镇文化广播电视服务中心	第一批（2007年）	第二批（2007年）	第二批（2008年）	冯怀女，国家级第三批（2009年） 霍灼兴，省级第一批（2008年），2016年4月去世 冯沛朝，市级第四批（2017年）、省级第六批（2020年） 霍沃培，市级第四批（2017年） 霍沃标，市级第五批（2020年）
3	麒麟舞（“樟木头舞麒麟”为国家级名称）	传统舞蹈	樟木头镇文化广播电视服务中心	第一批（2007年）	第一批（2006年）	第三批（2011年）	蔡玉财，省级第一批（2008年） 刘伟团，市级第二批（2014年）省级第六批（2020年）
4	木鱼歌	曲艺	东坑镇文化广播电视服务中心	第一批（2007年）	第三批（2009年）	第三批（2011年）	李仲球，省级第二批（2011年） 黄佩仪，市级第三批（2016年）
5	龙舟月（“赛龙舟”为国家级名称）	传统体育、游艺与杂技	万江区文化服务中心	第一批（2007年）	第三批（2009年）	第三批（2011年）	

续表

序号	项目名称	项目类别	保护单位	获市级名录	获省级名录	获国家级名录	传承人情况
6	彩扎（麒麟制作）	传统美术	清溪镇文化广播电视服务中心	第一批（2007年）	第二批（2007年）	第四批（2014年）	黄素明，国家级第五批（2018年）、省级第一批（2008年） 黄志成，省级第一批（2008年）
7	传统香制作技艺（莞香制作技艺）	传统技艺	东莞市尚正堂莞香发展有限公司	第二批（2010年）	第四批（2012年）	第四批（2014年）	黄欧，国家级第五批（2018年）、省级第四批（2014年） 汤锦华，市级第二批（2013年）省级第六批（2020年）
8	寮步香市	民俗	寮步镇文化广播电视服务中心	第一批（2007年）	第二批（2007年）	第四批（2014年）	
9	咸水歌	传统音乐	沙田镇文化广播电视服务中心	第一批（2007年）	第二批（2007年）		黄锦玉，省级第一批（2008年） 叶敬银，市级第四批（2017年）
10	东莞龙舞	传统舞蹈	大朗镇文化广播电视服务中心	第一批（2007年）	第二批（2007年）		叶沃筹，省级第一批（2008年），2009年去世 叶伍槐，省级第一批（2008年）
11	醒狮	传统舞蹈	石排镇文化广播电视服务中心	第一批（2007年）	第二批（2007年）		王裕坤，省级第一批（2008年） 王荏滔，市级第五批（2020年）
12	莞草编织	传统技艺	厚街镇文化广播电视服务中心	第一批（2007年）	第二批（2007年）		梁女，市级第一批（2010年）
13	乞巧节	民俗	望牛墩镇文化广播电视服务中心	第一批（2007年）	第二批（2007年）		陈杰芳，省级第一批（2008年） 黄妍，省级第一批（2008年）
14	东坑卖身节	民俗	东坑镇文化广播电视服务中心	第一批（2007年）	第二批（2007年）		
15	塘尾康王诞（“康王宝诞”为省级名称）	民俗	石排镇文化广播电视服务中心	第一批（2007年）	第二批（2007年）		
16	草龙舞	传统舞蹈	企石镇文化广播电视服务中心	第一批（2007年）	第三批（2009年）		
17	莫家拳	传统体育、游艺与杂技	桥头镇文化广播电视服务中心	第一批（2007年）	第三批（2009年）		莫柏许，省级第三批（2012年） 莫锦满，市级第三批（2016年）
18	石龙醒狮头制作技艺	传统美术	石龙镇文化广播电视服务中心	第一批（2007年）	第三批（2009年）		郭润棠，省级第二批（2011年）

续表

序号	项目名称	项目类别	保护单位	获市级名录	获省级名录	获国家级名录	传承人情况
19	盆菜（“长安大盆菜”为省级名称）	民俗	长安镇文化广播电视服务中心	第一批（2007年）	第三批（2009年）		
20	舞木龙	民俗	厚街镇文化广播电视服务中心	第一批（2007年）	第三批（2009年）		陈锦柱，市级第五批（2020年）
21	端午游木龙	民俗	常平镇文化广播电视服务中心	第一批（2007年）	第三批（2009年）		
22	中堂龙舟景	民俗	中堂镇文化广播电视服务中心	第二批（2010年）	第三批（2009年）		
23	麒麟引凤	传统舞蹈	道滘镇文化广播电视服务中心	第一批（2007年）	第四批（2012年）		刘东良，省级第三批（2012年）
24	茶山公仔	传统美术	茶山镇文化广播电视服务中心	第一批（2007年）	第四批（2012年）		林暖钦，省级第三批（2012年） 林伟强，市级第五批（2020年）
25	七夕贡案	民俗	道滘镇文化广播电视服务中心	第一批（2007年）	第四批（2012年）		
26	横沥牛墟	民俗	横沥镇文化广播电视服务中心	第一批（2007年）	第四批（2012年）		
27	麒麟舞（清溪麒麟舞）	传统舞蹈	清溪镇文化广播电视服务中心	第二批（2010年）	第四批（2012年）		黄鹤林，省级第三批（2012年） 黄谨行，市级第五批（2020年）
28	白沙油鸭制作技艺	传统技艺	虎门镇文化广播电视服务中心	第二批（2010年）	第四批（2012年）		方成仔，省级第三批（2012年）
29	厚街腊肠制作技艺	传统技艺	厚街镇文化广播电视服务中心	第二批（2010年）	第四批（2012年）		陈什根，省级第三批（2012年），2017年12月去世 余立新，市级第五批（2020年） 陈颢承，市级第五批（2020年）
30	道滘裹蒸粽制作技艺	传统技艺	道滘镇文化广播电视服务中心	第二批（2010年）	第四批（2012年）		李志平，市级第一批（2010年） 卢细妹，省级第四批（2014年）
31	客家山歌（清溪客家山歌）	传统音乐	清溪镇文化广播电视服务中心	第一批（2007年）	第五批（2013年）		刘国权，省级第四批（2014年）
32	客家山歌（凤岗客家山歌）	传统音乐	凤岗镇文化广播电视服务中心	第一批（2007年）	第五批（2013年）		杜带娣，市级第二批（2014年）、省级第六批（2020年） 杨艳芬，市级第四批（2017年）
33	麒麟舞（塘厦舞麒麟）	传统舞蹈	塘厦镇文化广播电视服务中心	第二批（2010年）	第五批（2013年）		黄汉光，省级第四批（2014年）
34	莞草编织技艺	传统技艺	道滘镇文化广播电视服务中心	第一批（2007年）	第六批（2015年）		叶小玲，女，市级第三批（2016年），省级第五批（2017年）

续表

序号	项目名称	项目类别	保护单位	获市级名录	获省级名录	获国家级名录	传承人情况
35	厚街濑粉制作技艺	传统技艺	厚街镇文化广播电视服务中心	第二批（2010年）	第六批（2015年）		余球，市级第一批（2010年，2018年1月去世）
36	石龙新昌鼓制作技艺（扩展项目）	传统技艺	石龙镇文化广播电视服务中心	第二批（2010年）	第六批（2015年）		叶任和，市级第一批（2010年）、省级第五批（2017年），2017年1月去世 叶浩和，市级第五批（2020年）
37	庚家粽制作技艺（扩展项目）	传统技艺	东莞市花园粥城服务有限公司	第三批（2014年）	第六批（2015年）		庚美连，女，市级第三批（2016年）、省级第五批（2017年） 黎振雄，市级第四批（2017年）
38	高埗矮仔肠制作技艺（扩展项目）	传统技艺	高埗镇文化广播电视服务中心	第三批（2014年）	第六批（2015年）		吕衬婵，女，市级第三批（2016年）、省级第五批（2017年）
39	庙会（茶园游会）	民俗	茶山镇文化广播电视服务中心	第三批（2014年）	第六批（2015年）		骆炳根，市级第四批（2017年）、省级第六批（2020年）
40	节马传说	民间文学	虎门镇文化广播电视服务中心	第四批（2016年）	第七批（2018年）		
41	茶山绸衣灯公	传统美术	茶山镇文化广播电视服务中心	第四批（2016年）	第七批（2018年）		李翠薇，市级第五批（2020年）
42	东莞荔枝蜜酿造技艺	传统技艺	清溪镇文化广播电视服务中心	第四批（2016年）	第七批（2018年）		梁伟东，市级第五批（2020年）
43	莞香制作技艺	传统技艺	清溪镇文化广播电视服务中心	第四批（2016年）	第七批（2018年）		刘东晓，市级第五批（2020年）
44	大步巡游	民俗	麻涌镇文化广播电视服务中心	第三批（2014年）	第七批（2018年）		祝志财，市级第五批（2020年）
45	过洋乐	传统音乐	莞城区文化服务中心	第一批（2007年）			
46	貔貅舞	传统舞蹈	横沥镇文化广播电视服务中心	第一批（2007年）			吴子成，市级第一批（2010年），2012年去世 吴满水，市级第二批（2014年）
47	龙舞	传统舞蹈	长安镇文化广播电视服务中心	第一批（2007年）			
48	草龙舞	传统舞蹈	横沥镇文化广播电视服务中心	第一批（2007年）			
49	粤剧	传统戏剧	长安镇文化广播电视服务中心 望牛墩文化广播电视服务中心	第一批（2007年）			李应梅，市级第四批（2017年）

续表

序号	项目名称	项目类别	保护单位	获市级名录	获省级名录	获国家级名录	传承人情况
50	木偶戏	传统戏剧	大朗镇文化广播电视服务中心	第一批（2007年）			陈绍初，市级第三批（2016年）
51	粤曲	曲艺	道滘镇、麻涌镇文化广播电视服务中心	第一批（2007年）			黄日辉，市级第二批（2014年）
52	龙舟说唱	曲艺	石碣镇文化广播电视服务中心	第一批（2007年）			卢锦全，市级第五批（2020年）
53	麒麟制作技艺	传统技艺	石龙镇文化广播电视服务中心	第一批（2007年）			何滚流，市级第四批（2017年）
54	灯笼仔制作技艺	传统技艺	石龙镇文化广播电视服务中心	第一批（2007年）			叶安，市级第一批（2010年） 刘淑如，市级第五批（2020年）
55	客家服饰制作技艺	传统技艺	樟木头镇文化广播电视服务中心	第一批（2007年）			
56	“百岁”制作技艺	传统技艺	中堂镇文化广播电视服务中心	第一批（2007年）			胡葵，市级第一批（2010年），2019年12月去世
57	凉帽制作技艺	传统技艺	桥头镇文化广播电视服务	第一批（2007年）			邓佰稳，市级第一批（2010年）
58	交盘会	民俗	石碣镇文化广播电视服务中心	第一批（2007年）			
59	放河莲花	民俗	道滘镇文化广播电视服务中心	第一批（2007年）			
60	东莞粥品	民俗	东莞市花园粥城饮食有限服务公司	第一批（2007年）			
61	东莞小吃	民俗	东莞市花园粥城饮食有限服务公司	第一批（2007年）			
62	海月风帆传说	民间文学	厚街镇文化广播电视服务中心	第二批（2010年）			
63	盲佬话	民间文学	洪梅镇文化广播电视服务中心	第二批（2010年）			
64	老人歌	传统音乐	东城区文化服务中心	第二批（2010年）			
65	哭嫁歌	传统音乐	大朗镇文化广播电视服务中心	第二批（2010年）			
66	客家山歌（市级扩展项目）	传统音乐	大岭山镇、塘厦镇文化广播电视服务中心	第二批（2010年）			
67	红漆描花传统木屐制作技艺	传统技艺	石龙镇文化广播电视服务中心	第二批（2010年）			梁锦泉，市级第一批（2010年）
68	李全和麦芽糖、糖柚皮制作技艺	传统技艺	石龙镇文化广播电视服务中心	第二批（2010年）			李凤丽，市级第一批（2010年） 王凯茵，市级第四批（2017年）

续表

序号	项目名称	项目类别	保护单位	获市级名录	获省级名录	获国家级名录	传承人情况
69	冼沙鱼丸	传统技艺	高埗镇文化广播电视服务中心	第二批（2010年）			黄淦林，市级第四批（2017年） 冯耀昆，市级第四批（2017年）
70	糖不甩	传统技艺	东坑镇文化广播电视服务中心	第二批（2010年）			黄瑞珠，市级第四批（2017年）
71	焙荔枝干	传统技艺	大朗镇、常平镇文化广播电视服务中心	第二批（2010年）			叶茂水，市级第四批（2017年）
72	客家酿酒	传统技艺	清溪镇文化广播电视服务中心	第二批（2010年）			张凤英，市级第一批（2010年） 张淑恩，市级第三批（2016年）
73	阴菜	传统技艺	东坑镇文化广播电视服务中心	第二批（2010年）			卢善波，市级第一批（2010年），2017年11月去世 卢国华，市级第二批（2014年） 卢德光，市级第五批（2020年）
74	厚街什锦菜头制作技艺	传统技艺	厚街镇文化广播电视服务中心	第二批（2010年）			王慧婵，市级第一批（2010年）
75	寮步豆酱	传统技艺	寮步镇文化广播电视服务中心	第二批（2010年）			陈柱和，市级第四批（2017年） 梁健华，市级第五批（2020年）
76	土法凉茶“春明茶”	传统医药	大朗镇文化广播电视服务中心	第二批（2010年）			刘金玉，市级第二批（2014年）
77	浸冬瓜水	传统医药	常平镇文化广播电视服务中心	第二批（2010年）			
78	开灯习俗	民俗	东城区文化服务中心 洪梅镇文化广播电视服务中心 大朗镇文化广播电视服务中心	第二批（2010年）			
79	东莞传统婚俗	民俗	东城区文化服务中心 麻涌镇、常平镇、横沥镇文化广播电视服务中心	第二批（2010年）			
80	疍家传统婚俗	民俗	沙田镇文化广播电视服务中心	第二批（2010年）			
81	客家传统婚俗	民俗	凤岗镇、大岭山镇文化广播电视服务中心	第二批（2010年）			
82	入伙习俗	民俗	东城区文化服务中心	第二批（2010年）			

续表

序号	项目名称	项目类别	保护单位	获市级名录	获省级名录	获国家级名录	传承人情况
83	喊惊习俗	民俗	东城区文化服务中心 东坑镇文化广播电视服务中心	第二批（2010年）			
84	中秋习俗	民俗	东城区、麻涌镇、桥头镇文化广播电视服务中心	第二批（2010年）			
85	祝寿习俗	民俗	黄江镇文化广播电视服务中心	第二批（2010年）			
86	新年习俗	民俗	常平镇文化广播电视服务中心 东城区文化服务中心	第二批（2010年）			
87	端阳节	民俗	望牛墩镇文化广播电视服务中心	第二批（2010年）			
88	古琴音乐（岭南派）	传统音乐	莞城区文化服务中心	第三批（2014年）			王可逊，市级第二批（2014年）
89	竹塘麒麟舞	传统舞蹈	凤岗镇竹塘村委会	第三批（2014年）			张马通，市级第三批（2016年） 张家发，市级第五批（2020年）
90	中国象棋（凤岗）	传统体育、游艺与杂技	凤岗镇文化广播电视服务中心	第三批（2014年）			
91	龙形拳	传统体育、游艺与杂技	塘厦镇文化广播电视服务中心	第三批（2014年）			林效明，市级第三批（2016年）
92	道滘蟛蜞酱制作技艺	传统技艺	道滘镇文化广播电视服务中心	第三批（2014年）			
93	莞城花灯制作技艺	传统技艺	莞城区文化服务中心	第三批（2014年）			王浩均，市级第三批（2016年）
94	樟木头麒麟制作技艺	传统技艺	樟木头镇文化广播电视服务中心	第三批（2014年）			刘金星，市级第四批（2017年）
95	万江新村腐竹制作技艺	传统技艺	万江区文化服务中心	第三批（2014年）			
96	东莞传统建房风俗	民俗	南城区文化服务中心	第三批（2014年）			
97	东莞卖懒习俗	民俗	南城区文化服务中心	第三批（2014年）			
98	鸦片战争民间故事	民间文学	虎门镇文化广播电视服务中心	第四批（2016年）			
99	金鳌传说	民间文学	万江文化服务中心	第四批（2016年）			
100	银瓶山传说	民间文学	东莞市谢岗镇南面村村民委员会	第四批（2016年）			

续表

序号	项目名称	项目类别	保护单位	获市级名录	获省级名录	获国家级名录	传承人情况
101	紫霞道人传经传说	民间文学	大岭山镇文化广播电视服务中心	第四批（2016年）			
102	黄大仙传说	民间文学	企石镇文化广播电视服务中心	第四批（2016年）			
103	兴塘醒狮	传统舞蹈	莞城街道办事处兴塘社区居民委员会	第四批（2016年）			陈汝森，市级第四批（2017年）
104	莞城粤剧	传统戏剧	莞城文化服务中心	第四批（2016年）			
105	道滘木鱼歌	曲艺	道滘镇文化广播电视服务中心	第四批（2016年）			刘淦堂，市级第四批（2017年）
106	莞城龙形拳	传统体育、游艺与竞技	莞城文化服务中心	第四批（2016年）			简应球，市级第四批（2017年）
107	双手洪拳	传统体育、游艺与竞技	厚街镇文化广播电视服务中心	第四批（2016年）			王汉辉，市级第四批（2017年）
108	陈氏太极拳（张志俊功夫）	传统体育、游艺与竞技	横沥镇文化广播电视服务中心	第四批（2016年）			邓锦华，市级第四批（2017年）
109	林旁粽制作技艺	传统技艺	虎门镇文化广播电视服务中心	第四批（2016年）			林容弟，市级第四批（2017年）
110	洪梅花灯技艺	传统技艺	洪梅镇文化广播电视服务中心	第四批（2016年）			
111	保安围扣肉	传统技艺	高埗镇文化广播电视服务中心	第四批（2016年）			
112	东莞腊猪头皮制作技艺	传统技艺	东莞市真宜食品有限公司	第四批（2016年）			吕辉，市级第四批（2017年）
113	糍粑制作技艺	传统技艺	樟木头镇文化广播电视服务中心	第四批（2016年）			蔡运娇，市级第四批（2017年）
114	中式茶点烘焙技艺	传统技艺	南城文化服务中心	第四批（2016年）			詹树安，市级第四批（2017年）
115	寮步面豉制作技艺	传统技艺	东莞市寮步美味副食品有限公司	第四批（2016年）			
116	苏木红团制作技艺	传统技艺	东莞市谢岗镇居民股份经济联合社	第四批（2016年）			谢日容，市级第五批（2020年）
117	荔枝柴烧鹅制作技艺	传统技艺	东莞市谢岗镇居民股份经济联合社	第四批（2016年）			罗谭炳，市级第四批（2017年）
118	方氏正骨	传统医药	虎门镇文化广播电视服务中心	第四批（2016年）			万润财，市级第四批（2017年）
119	南社九大簋	民俗	东莞南社创意文化旅游发展有限公司	第四批（2016年）			谢荏良，市级第四批（2017年）

续表

序号	项目名称	项目类别	保护单位	获市级名录	获省级名录	获国家级名录	传承人情况
120	黎村谭公诞	民俗	东莞市谢岗镇黎村股份经济联合社	第四批（2016年）			何英有，市级第四批（2017年），2020年2月去世
121	樟木头客家山歌	传统音乐	东莞市樟木头镇文化广播电视服务中心	第五批（2019年）			
122	长安狮舞	传统舞蹈	东莞市长安镇文化广播电视服务中心	第五批（2019年）			
123	咏春拳	传统体育、游艺与杂技	东莞市企石镇文化广播电视服务中心	第五批（2019年）			梁毅钊，市级第五批（2020年）
124	莞城腊肠制作技艺	传统技艺	东莞市食品有限公司旗峰腊味厂	第五批（2019年）			王景康，市级第五批（2020年）
125	古书画修复技艺	传统技艺	东莞市莞城文化服务中心	第五批（2019年）			钱桂荣，市级第五批（2020年）
126	糖冬瓜制作技艺	传统技艺	东莞市莞城文化服务中心	第五批（2019年）			许志敏，市级第五批（2020年）
127	传统红木家具制作技艺及其创新	传统技艺	东莞市福木源家具有限公司	第五批（2019年）			胡鑫，市级第五批（2020年）
128	火麻仁茶饮料制作技艺	传统技艺	港亨食品（广东）有限公司	第五批（2019年）			
129	岭南古琴修复与斫制技艺	传统技艺	东莞市万江文化服务中心	第五批（2019年）			
130	东莞沙琪玛制作技艺	传统技艺	东莞市同发食品有限公司	第五批（2019年）			陈锦祺，市级第五批（2020年）
131	广式红木家具制作技艺	传统技艺	东莞市鸿普轩家具有限公司	第五批（2019年）			
132	厚街酱油酿造技艺	传统技艺	东莞市厚街镇文化广电服务中心	第五批（2019年）			
133	东莞鸡蛋卷制作技艺	传统技艺	东莞市邓福记食品有限公司	第五批（2019年）			邓永福，市级第五批（2020年）
134	寮步石埗羊肉制作技艺	传统技艺	广东石埗传承食品有限公司	第五批（2019年）			陈伟强，市级第五批（2020年）
135	莞草种植技艺	传统技艺	东莞市沙田镇文化广播电视服务中心	第五批（2019年）			
136	广式月饼制作技艺	传统技艺	东莞市华美食品有限公司	第五批（2019年）			
137	茶园松糕制作技艺	传统技艺	东莞市茶山镇文化广播电视服务中心	第五批（2019年）			林凤媚，市级第五批（2020年）
138	新湾渔网编织技艺	传统技艺	东莞市虎门镇文化广播电视服务中心	第五批（2019年）			陈锦全，市级第五批（2020年）

续表

序号	项目名称	项目类别	保护单位	获市级名录	获省级名录	获国家级名录	传承人情况
139	凤岗客家腊肠制作技艺	传统技艺	东莞市清凤食品有限公司	第五批（2019年）			黄小明，市级第五批（2020年）
140	荔枝柴烧鹅制作技艺	传统技艺	东莞市大岭山镇文化广播电视服务中心	第五批（2019年）			
141	客家米橙制作技艺	传统技艺	东莞市大岭山镇文化广播电视服务中心	第五批（2019年）			李群芳，市级第五批（2020年）
142	中医清宫正骨	传统医药	东莞市南城文化服务中心	第五批（2019年）			郭石磊，市级第五批（2020年）
143	刘氏毫火针疗法	传统医药	东莞市虎门中医院	第五批（2019年）			刘恩明，市级第五批（2020年）
144	卢氏正骨	传统医药	东莞市道滘镇文化广播电视服务中心	第五批（2019年）			
145	温塘游会	民俗	东莞市东城街道温塘股份经济联合社	第五批（2019年）			
146	南社斋醮	民俗	东莞市茶山镇南社村村民委员会	第五批（2019年）			谢树森，市级第五批（2020年）

备注：1.市级名录四批共146项，其中含省级以上44项、国家级8项。国家级传承人5名（其中1人去世），省级传承人29名（其中4人去世），市级传承人83名（其中5人去世）。
2.七夕贡案保护单位为望牛墩镇、道滘镇，2007年望牛墩镇成功申报省级第二批名录，名称为“乞巧节”。2012年道滘镇成功申报省级第四批名录，名称为“七夕贡案”。

文化场馆

【博物馆】 截至2020年底，东莞市有博物馆53座，其中国有博物馆18座、非国有博物馆35座，年观众量248.4万人次。

提质升级 2020年，东莞市在第四批全国博物馆评估定级中，鸦片战争博物馆晋升国家一级博物馆，广东东江纵队纪念馆、袁崇焕纪念园、蚝岗遗址博物馆、石龙博物馆、唯美陶瓷博物馆、钱币博物馆获评国家三级博物馆。截至2020年底，全市有国家等级博物馆10座，仅次于广州市，与深圳市并列全省第二名。推进东江纵队纪念馆升级改造工程，市博物馆新馆、袁崇焕博物馆筹建工作。

展览举办 2020年，东莞市各博物馆举办展览61场，组织外出交流展览18场，开展宣教活动346场次，组织“流动博物馆”72场次。全市31件（套）文物藏品亮相中国美术馆“有容乃大——容庚捐赠展”；抽调文博骨干组成工作组，深挖东莞对容庚治学影响，撰写论文《从地缘亲缘业缘看东莞对容庚先生治学的影响》在《东莞日报》全文刊登，并在学术研讨活动作主题发言。5月18日，国家文物局发布2019年全国博物馆数据，鸦片战争博物馆参观人数584.5万人次，在全国备案的5535家博物馆中排第七名，为全省之首；可园博物馆陈列展览43场，排第十六名。王亚楠在第二届全国红色故事讲解员大赛的195名选手中获第八名，是广东省历年最好成绩，被中共中央宣传部、文化和旅游部评为“专业组金牌讲解员”。鸦片战争博物馆获“2020年广东省优秀社科普及基地”称号和2020年广东博物馆开放服务最佳做法推介“最佳导览服务奖”。

【图书馆】 东莞图书馆新馆于2005年9月28日开馆，建筑面积4.46万平方米。截至2020年底，设有大陆首家漫画图书馆、全国首家自助图书馆、全国首家粤剧图书馆、东莞书屋等多个馆中馆。此外，在莞城街道新芬路另设9000余平方米的少年儿童图书馆。依托335万余册馆藏文献资源开展公益性文献服务、阅读推广和社会教育活动。2020年接待读者74.82万人次，书刊文献外借142.57万册次，举办各类读者活动1150场次。经过复评，东莞市馆继续获“全国文明单位”称号；获“‘品读湾区’9+2城市阅读之旅”等活动3

项优秀组织奖；再次被国家图书馆评为“全国图书馆联合编目中心2019—2020年度优秀数据上传机构”“优秀数据监督机构”等。

读者服务 2020年，新冠肺炎疫情初期，东莞图书馆通过多方位打造线上服务资源，并成立新型冠状病毒流行期间数字资源服务工作小组、网上图书推介小组、网上读者活动策划与实施小组等专业化服务团队，以加强线上服务；疫情防控常态化后，及时根据上级精神指引逐步恢复阵地服务，先后4次逐步扩大馆内开放区域、开放时长和可预约人数，通过严格采取提前预约、限流、健康检查、及时登记、馆舍及图书消毒等防疫措施，保障阵地服务的安全性；同时，继续开展品牌活动营造全民阅读氛围。在“‘我讲书中的故事’儿童故事大王比赛”“2020东莞动漫之夏”等品牌活动基础上，还推出“书香助战‘疫’，快递享免邮”活动，帮助读者足不出户即可借阅图书；联合各镇街分馆开展“数字阅读来抗毒”专题活动，带动各镇街分馆在闭馆期间的读者活动不断档。6月24日，读者吴桂春不舍东莞图书馆的留言，在普通市民、政府、媒体及业界间引起广泛关注，纷纷转发、评论、传播，在短时间内成为全国焦点事件，中央、省、市媒体持续关注报道。

图书馆管理 2020年，东莞市以全局视野和统筹性思维完成《东莞图书馆“十四五”战略规划》编制工作。根据市图书馆现阶段实际业务需求，增补完善系列管理制度，开展《东莞图书馆规范管理工作手册（2015版）》修补工作，以及《图书馆规范管理指南》编辑工作。加强各类服务网点的建设和管理，截至2020年底，全市建成1个总馆，52个分馆、102个图书流动车服务站、40个24小时自助图书馆、445个联网的村（社区）图书馆服务点、18个绘本馆、12个城市阅读驿站的总分馆服务体系。

2020年东莞市博物馆情况表

序号	名称	性质	建筑面积（平方米）	展厅面积（平方米）	所在地
1	鸦片战争博物馆	国有	35000	9000	虎门
2	东莞博物馆	国有	5800	3300	莞城
3	可园博物馆	国有	41771.58	2534.68	莞城
4	广东东江纵队纪念馆	国有	5001	3989	大岭山
5	东莞展览馆	国有	26000	10000	南城
6	东莞市袁崇焕纪念园	国有	10582	860	石碣
7	东莞科学技术博物馆	国有	40000	10000	南城
8	东莞蚝岗遗址博物馆	国有	2659	1260	南城
9	石龙博物馆	国有	2600	700	石龙
10	石龙镇举重博物馆	国有	560	560	石龙
11	石龙东征博物馆	国有	1500	450	石龙
12	塘厦城市展示馆	国有	2600	700	塘厦
13	凤岗历史博物馆	国有	1500	1400	凤岗
14	容庚故居纪念馆	国有	203	203	莞城
15	李任之生平事迹陈列馆	国有	200	200	常平
16	卢子枢艺术纪念馆	国有	350	350	虎门
17	太平手袋厂陈列馆	国有	570	350	虎门
18	郑师许陈列馆	国有	300	110	虎门
19	中国建筑陶瓷博物馆（唯美陶瓷博物馆）	非国有	10000	16000	高埗
20	钱币博物馆	非国有	3000	2400	东城
21	森晖自然博物馆	非国有	7800	6500	莞城
22	观音山古树博物馆	非国有	2000	2000	樟木头
23	旗峰山艺术博物馆	非国有	10000	5782.2	东城
24	圣心糕点博物馆	非国有	16000	3000	茶山
25	福木源紫檀博物馆	非国有	20000	1000	莞城
26	塘厦鑫嘉鸿红木艺术博物馆	非国有	3000	700	塘厦
27	尚正堂莞香文化博物馆	非国有	8000	1000	东城

续表

序号	名称	性质	建筑面积（平方米）	展厅面积（平方米）	所在地
28	东桥艺术品博物馆	非国有	2892	914.4	大岭山
29	成铭热熔胶博物馆	非国有	480	400	高埗
30	麻涌小英雄粤剧博物馆	非国有	2100	1100	麻涌
31	逸颐艺舍博物馆	非国有	6000	5000	横沥
32	磊祥瑞国石博物馆	非国有	11000	8000	万江
33	东莞市厚麟古文物博物馆	非国有	1100	450	石碣
34	东莞市沉香文化博物馆	非国有	2500	800	寮步
35	东莞饮食风俗博物馆	非国有	1000	880	万江
36	陈伯陶史迹陈列馆	非国有	210	210	中堂
37	蚝岗民俗文物馆	非国有	1798	900	南城
38	啤酒博物馆	非国有	167333	3000	松山湖
39	潢涌陈列馆	非国有	2050	2050	中堂
40	婚庆微雕艺术博物馆	非国有	1030	1500	凤岗
41	稻香饮食文化博物馆	非国有	576	550	横沥
42	众生药业公司展示馆	非国有	609.2	500	石龙
43	正业仪器装备科技馆	非国有	3000	3000	松山湖
44	石源馆	非国有	200	200	松山湖
45	第八人民医院院史陈列馆	非国有	198.4	198.4	石龙
46	佰媚堂岭南婚俗博物馆	非国有	158	158	茶山
47	牛文化展示馆	非国有	1000	800	横沥
48	鑫源食品文化博物馆	非国有	1200	1800	厚街
49	乐人谷茶文化博物馆	非国有	1215	1153	高埗
50	力嘉包装印刷博物馆	非国有	3110	3110	桥头
51	中共东莞县委机关旧址陈列馆	非国有	473	128	常平
52	寒溪水罗氏革命史迹陈列馆	非国有	586	586	茶山
53	松山湖望野博物馆（筹）	非国有	4160	2169	松山湖

【文化馆】 2020年，东莞市文化馆获“广东省文明单位”称号，“爱心文化馆”项目获2020年全国文化和旅游志愿服务项目线上二等奖、第五届中国青年志愿服务项目大赛全国赛金奖等。

年内，东莞市建立全国首家媒体文化馆。联合“南方+”平台，打造全国首家政媒合作的“南方+东莞‘云上文化馆’”。对市文化馆线下文化活动品牌进行整合和升级包装，全年开展直播、投票、活动报道等172场次，浏览量超过205万人次。

基本实现文化馆总分馆制全覆盖。完成东莞市文化馆第三批分馆的建设验收工作，并开展第四批9个分馆的建设。截至2020年底，全市建成市文化馆总馆1个，建成镇街（园区）文化馆分馆34个、村（社区）文化馆支馆521个，建立起市、镇、村三级联动、总、分、支馆一体化的公共文化服务网络体系，基本实现文化馆总分馆制全覆盖。

成功举办首届全国公共文化和旅游产品云上采购大会交流展示活动。2020年，由于疫情原因该调整为线上举办，活动以“展望十四五 共享文化新时代”为主题，全面总结公共文化和旅游产品采购大会经验成果，并举办“面向十四五：文化馆行业的创新发展”研讨交流。同步举办2020年文化馆日系列活动，推出四大板块50多项活动与市民共享盛宴。其间，文化和旅游部党组成员、副部长张旭实地考察东莞市文化馆和沙田分馆。

【岭南美术馆】 岭南美术馆（岭南画院）是东莞市文化广电旅游体育局直属的公益性事业单位，在省内外具有较大的影响力。岭南美术馆（岭南画院）成立于2004年11月，坐落于东莞市莞城可园文化园区，占地面积2.1万平方米，建筑面积1.8万平方米。2020年，岭南美术馆策划举办35个线上线下展览及公教活动项目，推出“文脉传薪——中国写意油画年展（北京站）”“不忘恩师、弘扬传统——何为先生遗作捐赠暨师生作品联展”“墨韵岭南·文艺矩阵——全国中国画名家作品邀请展”“岭南画院画家抗疫主题创作展”等系列展览；借助数字技术开展“艺术与欣赏”公共教育活动10场，编辑出版3本展览同名画册。组织画家参加各类重要艺术展览，在国家级大展中，11件作品入选；在省级大展中，1件作品获二等奖、2件作品获三等奖、3件作品获优秀奖、17件作品入选。2020年，征集藏品330件（套）；开展专项课题研究2项。

【玉兰大剧院】 玉兰大剧院是东莞市文化广电旅游体育局直属的公益性事业单位，成立于2005年11月。玉兰大剧院建筑面积4.03万平方米，拥有1个1600座的大剧场和1个400座的多功能小剧场。2020年，因受疫情影响上半年实行闭馆管理，于7月18日开始恢复演出活动，加强防控措施和控制不超过75%的剧场上座率。全年引进演出134场，其中自营演出85场（A类48场、B类28场、C类9场）、公益演出14场、其他演出35场，上座率58%，平均票价191元。其中包括芭蕾舞剧《天鹅湖》、开心麻花爆笑舞台剧《窗前不止明月光》、“归来·又见玉兰花开”音乐会、舞剧《粉墨春秋》等多场高水平艺术节目。年内，玉兰大剧院在线上推行“玉兰云艺术”“保利云剧院”等艺术普及活动，微博平台直播观看量超100万次。年内，东莞市举办第七届中国·东莞音乐剧节，上演《当爱已成往事》等19个剧目32场演出活动，同时打造“云上音乐剧节”，举办11场“户外艺术嘉年华”演出活动。

【叶挺、李秀文革命事迹陈列馆】 2020年8月3日，由东莞市文化广电旅游体育局和长安镇联合筹建的叶挺、李秀文革命事迹陈列馆建成开馆。该陈列馆历时9个月筹建，占地面积2528平方米，综合运用浮雕、场景、影像、互动的形式设计，以叶挺将军戎马一生为主线，叶挺、李秀文生死相伴的爱情为副线，分“为生民立命”“为家国而战”“虽身死犹无悔”3个篇章，展示叶挺、李秀文一生践行国家大义、初心无悔的革命事迹。陈列馆内以“初心”与“家国”为主题设置展览，展览采用电影式的剪辑手法，集中展现叶挺、李秀文夫妇人生中鲜活、生动的画面，在526平方米的范围内展出5组圆雕作品、11幅背景浮雕、2幅油画、5处艺术场景。 （邓炯永）

党史·地方志·档案

党 史

【党史研究】 2020年，中共东莞市委党史研究室开展党史征集编研，促进党史研究成果转化。前往市档案馆征集东莞改革开放部分时期（1995—1999年）的重要文件、领导讲话、会议资料等史料200余份，约60万字。依据修订后的《中国共产党东莞历史第三卷（1978—2012）》提纲和编撰计划，启动撰写工作，分别完成邓小平、江泽民、胡锦涛3个时期的1万至2万字的初稿，为全面铺开撰写奠定基础。撰写《东莞与深圳经济特区合作的历史回顾、特点与启示》获评省委宣传部主办的广东省庆祝经济特区成立40周年征文“优秀论文”，《袁振英的重要历史文化贡献》《青年俞秀松成为马克思主义者的心路历程及现实启示》入选“共产党早期组织与中国共产党的创建学术研讨会”论文集，《试述建党前后袁振英的心路历程》入选“渔阳里：跨越百年的初心传承”主题研讨会论文集。

【党史宣传教育】 2020年，中共东莞市委党史研究室推动党史学习宣传教育工作，营造知史爱党，知史爱国氛围。制定《市委党史研究室2020年度党史宣讲计划》，在全市范围内征集一批十九大以来党史宣讲工作综述及40余份优秀讲稿，摸清党史宣讲工作现状和队伍规模，为壮大全市党史宣讲团和开展全市性党史宣讲工作打下基础。室主任以“从农业大县到制造业名城——东莞改革开放概况”“习近平新时代中国特色社会主义思想最新发展成果的权威著作——学习《习近平谈治国理政》（第三卷）”“开启全面建设社会主义现

2020年9月15日，中共东莞市委党史研究室到高埗镇宣讲《习近平谈治国理政》（第三卷） （黄勇胜 摄）

代化国家新征程——深入学习贯彻党的十九届五中全会精神”等为主题，到市直机关、镇街开展宣讲16场次，听众5000多人，为全市开展党的历史和党的理论学习提供服务。拓宽党史宣传教育的渠道，利用三大宣传平台加强东莞党史宣传，编印《东莞党史》2期；及时更新“东莞党史”网页内容，“东莞党史”微信公众号平台运作良好。

【革命遗址普查】 2020年，中共东莞市委党史研究室完成全市新一轮革命遗址普查，经过省认定全市有革命遗址117处、重要线索26处、其他遗址24处。编印《东莞市革命遗址汇编》，为今后准确判断革命遗址的保护形势、科学制定革命遗址保护政策和规划红色旅游资源环境提供翔实依据。完成第四批9处革命遗址的挂牌立碑，截至2020年底，全市有40处革命遗址完成挂牌立碑。 （徐二凯）

附：2020年中共东莞市委党史研究室主要领导名录

主 任：蔡建勋（任至12月）
李炳球（12月到任）

地方志

【地方志概况】 2020年，东莞市地方志系统一手抓修志编鉴，一手抓开发利用。在全市2020年度工作总结大会上，东莞市地方志系统获7项“单打冠军”。全年出版地方志17部，其中，《南社村志》入选第四批《中国名村志丛书》，是广东省2020年唯一入选名镇志名村志丛书的村志；广东省首部区域航道志《东莞航道志》7月发行；《大汾村志》等村志发行；《万江街道志》编纂启动。年鉴质量提升，《东莞年鉴（2019）》在全国地方志年鉴类评价中获评二等奖，广东省年鉴质量评价中，东莞市选送的8部2019卷年鉴全部获奖，获奖数量居全省各地级市之首。地方志数字化工作在珠三角九市中获评“优秀”。推动地方史编修工作，完成《东莞市革命老区发展史》审校，送出版社审核，《东莞史志》按时出版；在2020年全省地方志理论研讨活动中，东莞市有3篇论文获奖，市志办被评为优秀组织单位。多形式开发利用地方志资源，拍摄《东莞影像志》电视片（第二期）12集；在“方志广东”微信公众号平台开展“东莞月”地情推广；在2020年多彩乡村主题教育实践活动中，东莞市有36件作品获奖，市志办获评优秀组织单位。履行各级方志馆资政育人及公共文化服务职能，赠书3500册。截至2020年底，建成市方志馆1个、镇级方志馆2个、镇村史馆52个、方志驿站5个。市志办为省、市编修抗疫志工作征集抗疫材料1577份，完成2020年报资料征集工作。2020年4月，市直机关工委评定市志办党支部达到“五好六有”标准，确定为2019年市直机关规范化建设先进党支部。

【年鉴质量评价】 2020年，东莞市编纂出版《东莞年鉴（2020）》和13部镇街（园区）年鉴2020卷。市志办制定《2020年东莞市年鉴质量评价方法》，举行全市年鉴质量评价工作会议，强化年鉴质量建设。会议评出优秀镇街（园区）年鉴6部，优秀专业年鉴1部，与市年鉴一起参加全省年鉴质量评价，全部获奖，数量居各地市之首，其中《东莞年鉴》等3部获一等奖，并获推荐参加第七届全国地方志优秀成果（年鉴类）评比；3部年鉴获全国地方志优秀年鉴奖，其中《东莞年鉴》获二等奖，《长安年鉴》《虎门年鉴》获三等奖。

【地方志开发利用】 2020年，东莞市志办开展地情调查，撰写资政报告，提交资政报告3篇，为党委、政府中心工作献智献策。推出《东莞影像志》第二期12集，点击量18万人次，7集入选“学习强国”学习平台。开展读志用志工作。以设立方志驿站的形式，送地方志进社区、进农村等。编纂出版地情书，镇街相继出版《城市视角下的乡村记忆》《东莞市南城古村落姓氏族群》。在“方志广东”微信公众号平台开展“东莞月”地情推广，推文21篇，其中入选“学习强国”广东平台19篇、全国平台1篇，点击量8.5万人次。

【东莞市在珠三角九市地方志数字化工作考评中获评“优秀”】 2020年，东莞市级志书及年鉴按省标准完成6.3万页数字化入库；完成32部镇街志、13部中心镇年鉴数字化。规范建设东莞市情网，“方志东莞”微信公众号运行良好，全年推送信息184篇。建设数字方志馆，融入“数字政府”，打造地情数据库。向市政务数据大脑提供16项900余条数据。向省情网“工作动态”等栏目提供稿件23篇，被采用16篇，其中2篇稿件被中国方志网转发。同时参与省“抗疫”专栏建设。

【东莞市在2020年多彩乡村主题教育实践活动获奖】 2020年，东莞市动员各镇街、高校参与广东省多彩乡村主题教育实践活动，组织学校师生、党员干部、志愿者等深入镇街实践，以古建筑、非遗项目、特色产品等为主题，以建立乡村导赏员队伍、举办“美丽乡村”作品征集比赛、教育课程开发等形式，全面铺开活动。累计发动5万人次参与，向省地方志办提交约500件作品，其中36件作品获奖。东莞市人民政府地方志办公室、东莞理工学院、广东科技学院、中山大学新华学院、东莞市大朗镇人民政府、东莞中学松山湖学校获评优秀组织单位。

【市志办获评2020年广东省地方志理论研讨活动优秀组织单位】 2020年，在全省地方志理论研讨活动中，东莞市有3篇论文获奖，其中《被引数据视域中的综合年鉴观察——以广东地级以上城市年鉴为中心》《“方志东莞”微信公众号的调查与分析》获二等奖，《古村落改造的业态引入模式——以东莞茶山南社为例》获三等奖，东莞市人民政府地方志办公室获评2020年广东省地方志理论研讨活动优秀组织单位。

【《东莞年鉴（2020）》出版】 2020年8月，东莞市委、市政府主管，东莞市人民政府地方志办公室组织编纂的《东莞年鉴（2020）》由广东人民出版社出版。该卷年鉴设“年度关注、争当排头兵、大事记（2019年）、概览”等类目36个，下设分目220个、条目2013个，收录图片347幅、表格144张。卷首专题图片设“庆祝中华人民共和国成立70周年”和“湾区都市、品质东莞”等主题，卷末附《政府工作报告》等文献。该卷年鉴记载2019年东莞市坚持以习近平新时代中国特色社会主义思想为指导，落实省工作部署和市工作思路，实施“优城市、拓空间、提产业、强基层、惠民生、促改革”“六大工程”取得的成果。《东莞年鉴（2020）》封面设计以庆祝中华人民共和国成立70周年为主题，展现东莞新形象、讴歌新时代。封面采用叠加艺术数字“70”作为主创元素，“0”嵌入“莞城迎恩门城楼”图，“7”嵌入“东莞大道”“2019东莞市中心区”图，封底嵌入“滨海湾新区”图，从封面到封底的图片形成阶梯排布，“过去、现在、未来”依次递进，寓意承继历史，从迎恩门城楼沿东莞大道一路走向繁华的市中心区，走向城市繁荣的未来。全书175万字。

【《东莞航道志》发行】 2020年7月，广东省首部区域航道志——《东莞航道志》发行。《东莞航道志》编修工作于2018年3月开始动员，5月开始编辑，至2019年5月完成初稿，11月经东莞市人民政府地方志办公室审查通过，2019年12月出版，2020年7月发行。《东莞航道志》记述20世纪50年代以来东莞航道管理机构从无到有，特别是改革开放至2018年东莞航道事业的发展变化。全书由总述、大事记、专志、附录等组成，其中专志部分有14章58节，主要记述航道、航道建设、航道养护、航标设置与维护、航道管养设施、航道行政管理以及管理机构等内容。全书彩色印刷，300多幅图片，56万字。

【《南社村志》入选中国名村志丛书】 2020年11月，《南社村志》由方志出版社出版，东莞市茶山镇南社村志编纂委员会编写，是第四批5部中国名村志丛书之一和广东省2020年唯一入选名村志丛书的村志。该志书于2016年谋划，2017年启动，历时4年出版。《南社村志》设基本村情、文物胜迹、保护开发、风土民情、艺文杂记、名人与名村等篇目，综合运用述、记、志、传、图、表、录等各种体裁。全书35.9万字，205张图片，全面展示南社村800年历史文化和民俗风情，突出“名”“特”风采：以完整的明清古建筑群突出文化底蕴；以“南社斋醮”活动、“南社九大簋”喜宴、“茶山绸衣灯公”传统手艺突出民俗文化；以崇文尚武突出保家卫国情怀；以保护利用突出历史活化。

【南城历史文化陈列厅揭牌】 2020年11月4日，南城历史文化陈列厅揭牌。该陈列厅是南城方志馆的功能用房，面积1540平方米，设有南城印象区、名胜微景区、名人档案区、视听档案区、方志藏书区五大部分。以“展、藏结合，览、憩结合”为理念，通过挖掘南城历史记忆，以多媒体技术手段展

2020年，《东莞年鉴（2020）》《东莞航道志》《南社村志》等地方志书出版发行 （张德全 摄）

示出南城方志馆收藏的部分珍稀档案、文献、志书年鉴及家谱族谱资料，并面向社会群众开放。

（王学林　赵书科）

附：2020年东莞市人民政府地方志办公室主要领导名录

主　任：李文蔚

档　案

【档案信息化建设】 2020年，东莞市档案馆完成30万页馆藏档案数字化扫描，累计完成1913万页馆藏档案数字化工作，馆藏档案数字化率在95%以上。开展数据安全备份，共磁带备份498太字节（TB）、硬盘备份48太字节（TB）。推广档案数据中心系统，推动市住房公积金管理中心、市信访局、市婚姻登记中心、市农村农业局、市志办等21个单位通过数字档案室进行档案整理、归档、统计、利用等工作。

【档案资源建设】 2020年，东莞市档案馆接收各单位文书档案1522卷又5.21万件，专门档案3678件，基建档案2卷，照片档案43卷1687张，视频档案（电子）5.92万条，图书资料474册，电子报刊4382件。截至2020年底，馆藏档案15.97万卷81.45万件。收集整理张英、黄佳等4位名人纸质档案331件、实物档案95件、音像档案3卷。完成6个全宗单位，共971卷又3991件涉密档案的清理解密工作。完成污染源档案著录1.79万条。重新整理历史照片档案4198张。拍摄全市重大会议、重大活动和市党政主要领导重要政务活动215次，整理归档照片7155张。

【档案利用服务】 2020年，东莞市档案馆通过“党员服务先锋岗”和疫情期间查档预约服务，全年接待来馆查阅利用档案共802人次，提供利用档案5845卷又642件，复印3.49万页，提供利用照片档案超1000张。全年接待来馆展厅参观的单位、社会团体和市民群众6批。

【重点档案抢救】 2020年，东莞市档案馆开展1.2万小时东莞历史新闻视频抢救性整理和数字化加工，抢救和完整保存东莞珍贵历史记录。

【《东莞市档案馆指南》（2019年版）内部出版】 2020年6月，《东莞市档案馆指南》（2019年版）内部出版。该指南系统介绍东莞市档案馆基本概况、馆藏档案和资料、档案资源开发和利用等，是在2001年版的基础上进行补充完善。续编主要增加新的全宗单位和档案内容，补充2001—2018年档案事业发展变化和各项统计数字。

【《东莞明伦堂档案》（第一辑）公开出版】 2020年9月，《东莞明伦堂档案》（第一辑）共50册，由广东人民出版社出版公开发行。《东莞明伦堂档案》（第一辑）收集各类档案5098件，包括合同、条约、信函、公牍、章程、账册账单、报表、电报等几十种，共888万字。为尽量保持档案收藏原貌，该书按照东莞市档案馆馆藏档案号次序原件影印出版。11月18日，东莞市委常委、宣传部部长杨晓棠，中山大学历史人类学研究中心主任刘志伟，广东人民出版社副总编辑柏峰等领导和嘉宾50余人，出席《东莞明伦堂档案》（第一辑）赠书仪式。

（钟生文）

附：2020年东莞市档案馆主要领导名录

馆　长：连希波

2020年东莞市镇街（园区）年鉴编纂出版情况表

书名	编纂单位	出版单位	出版时间	字数（万）
南城年鉴2020	东莞市南城街道办事处	广东人民出版社	2020年10月	65
厚街年鉴2020	东莞市厚街镇人民政府	吉林大学出版社	2020年10月	60
长安年鉴2020	东莞市长安镇人民政府	中州古籍出版社	2020年10月	59.2
塘厦年鉴2020	塘厦年鉴编委会	广东人民出版社	2020年10月	60
松山湖高新区年鉴2020	松山湖高新区年鉴编纂委员会	广东人民出版社	2020年11月	47
虎门年鉴2020	虎门年鉴编纂委员会	广东人民出版社	2020年11月	75
石碣年鉴2020	东莞市石碣镇人民政府	广东旅游出版社	2020年12月	53.6
寮步年鉴2020	东莞市寮步镇人民政府	中州古籍出版社	2020年12月	77
大朗年鉴2020	大朗年鉴编纂委员会	广东人民出版社	2020年12月	70
麻涌年鉴2020	麻涌年鉴编纂委员会	羊城晚报出版社	2020年12月	62
凤岗年鉴2020	东莞市凤岗镇人民政府	广东旅游出版社	2020年12月	55.6
樟木头年鉴2020	东莞市樟木头镇人民政府	广东旅游出版社	2021年4月	28.2
桥头年鉴2020	东莞市桥头镇人民政府	广东旅游出版社	2021年4月	55.5

卫生·体育

HEALTH · SPORTS

东莞市中医院 （2020年市卫生健康局供图）

编辑：施雪芬

卫生健康

卫生健康综述

【医疗卫生概况】 2020年，东莞市有医疗卫生机构3154个，其中，医院112个、基层医疗机构3023个、专业公共卫生服务机构9个、其他医疗卫生机构10个；实有床位3.4万张；卫生机构有在岗职工7.0万人，其中卫生技术人员5.9万人，含执业（助理）医师2.2万人、注册护士2.8万人。全市每千常住人口拥有执业（助理）医师、注册护士分别为2.08人、2.67人，每万常住人口全科医生为2.68人。全市诊疗量5601.1万人次，出院量98.7万人次。

2020年，东莞市卫生健康局获评为全国抗击新冠肺炎疫情先进集体、2020年度工作优秀市直单位，东莞市疾病预防控制中心获评为全国文明单位、广东省抗击新冠肺炎疫情先进集体、先进基层党组织，东莞市获评为全国计划生育优质服务先进单位，东莞市妇幼保健院被评为国家级母婴安全优质服务单位，东坑医院被评为全国医养结合典型，寮步镇、樟木头镇被评为国家慢性病综合防控示范区，寮步、大朗、大岭山、东坑、厚街、麻涌、南城、沙田、石龙、樟木头、长安、松山湖高新区12个社区卫生服务中心在“优质服务基层行”活动中达到国家卫生健康委推荐标准。全系统获广东省抗击新冠肺炎疫情先进集体3个、省文明单位2个、省青年文明号1个，获东莞市抗击新冠肺炎疫情先进集体41个、市先进基层党组织13个、市青年文明号8个。有1人获评为全国抗击新冠肺炎疫情先进个人、1人获评为全国先进工作者，2人获评为广东省劳动模范、19人获评为省抗击新冠肺炎疫情先进个人、4人获评为省优秀共产党员，206人获评为东莞市抗击新冠肺炎疫情先进个人、9人获评为市劳动模范、157

人获评为东莞好人。

【医药卫生体制改革】 2020年，东莞市出台《东莞市医疗卫生健康事业发展专项资金（人才及学科建设部分）管理暂行办法》。推进建立现代医院管理制度，东莞市妇幼保健院、东莞市东部中心医院及东莞东华医院开展省级试点。公立医疗机构薪酬制度改革推开，实行岗位总量和绩效工资总量核定，实施全员岗位聘用，2万多名编外专业技术人员纳入岗位管理。

【药物政策】 2020年，东莞市完善医疗机构重点药品监控、阳光用药制度建设工作，市公立医院药占比（不含中药饮片）21.41%，为历史最低值。推动医疗机构开设药学门诊及药学联合诊室，为患者提供用药教育，提升临床药学服务能力。建立健全市短缺药品保障联动会商工作制度，实施全市医疗机构急（抢）救药品常态化储备工作，保障群众治疗用药需求。

【卫生健康信息化建设】 2020年，东莞市卫生健康信息化建设纳入“数字政府”建设三年行动计划，推进全市区域电子病历共享平台建设，互联网医院达18家。实现全市统一预约服务号源。17家医疗机构开展“互联网＋护理服务”试点工作，开展网约服务96例。规范药品采购和药事管理，互联网+整体推进基本药物制度实施。 （梁静兰）

医疗服务体系

【医政管理】 2020年，东莞市有医疗卫生机构3154个，新增病床679张。市人民医院、厚街医院、东华医院3家卒中中心（含建设单位）入选国家高级卒中中心（含建设单位）。凤岗医院、石排医院、常安医院3所医院通过二级甲等综合性医院评审。新增超声医学、麻醉、重症医学、产科（专业）、结核病5个市级质量控制中心。22所医院完成发热门诊规范化建设。东莞市第九人民医院增挂“东莞市传染病医院”牌子。全市组建医联体100个，所有公立医疗机构参与组建。新增市临床重点专科27个，市级临床特色专科11个。获国家自然科学基金青年基金项目3个，省厅级科研项目17个，地市级科研项目447个，获东莞市新型冠状病毒肺炎防疫防治技术研究及推广应急攻关专项12项。获财政资助经费1613.6万元。获得国家级发明专利8项，广东省卫生健康适宜技术推广项目10项。

【高水平医院建设】 2020年，东莞市与中国科学院高能物理研究所合作建设硼中子俘获治疗中心，提升恶性肿瘤治疗的技术水平。东莞市人民医院建设市公立医院中心实验室、市临床病理诊断中心、腹腔镜实训中心等优质医学平台。建立“中德关节交流中心”。东莞市呼吸和重症医学研究所与广州呼吸健康研究院钟南山院士团队达成合作意向。市中医院国医馆项目奠基，骨伤科大楼实施论证，引进暨南大学第一附属医院肾内科高层次医学团队和广东省人民医院心血管名医陈纪言、广东省中医院针灸科名医符文斌、广东省中医院儿科名医许尤佳3个省级医院专家团队，申报粤莞联合基金青年项目2个。

【医疗卫生校地共建】 2020年，东莞市与广州中医药大学签约，共建“广州中医药大学东莞医院”。东莞市与省内3所高校签订校地共建合作协议，市人民医院与南方医科大学合作共建“南方医科大学附属东莞医院”；市东部中心医院与暨南大学合作共建“暨南大学附属第六医院”；市东南部中心医院与广东医科大学合作共建“广东医科大学附属东莞第一医院”。通过帮扶共建、建成直属附属医院2种合作模式，推动高水平医院和区域中心医院建设。

【基层卫生服务】 2020年，东莞市开展“优质服务基层行”活动，全市397所社区卫生服务机构基本完成标准化建设。人均基本公共卫生服务项目（29类）经费补助标准达到84.1元，比全省标准高10个百分点。家庭医生签约服务全面铺开，拓展残疾人家庭医生签约服务，落实签约服务费绩效分配，累计签约服务包222万个。建立居民电子健康档案778万份，建档率92.79%。全市基层门诊量占比保持在40%以上，“小病在社区、大病在医院”的就医格局基本形成。

【医疗人才队伍建设】 2020年，东莞市引进高层次人才85人，设立市医疗卫生健康事业发展专项资金，对9名医学领军人才、17名杰出青年医学人才、30名医学学科带头人和539名医学学科骨干进行补助。疫情防控一线医务人员考察入编255人，享受职称激励政策600人。首次承接卫生系列副高级职称评审，1292人通过，通过率82.3%。参加医师资格考试1975人，通过986人。住院医师规范化培训270人，专科护理培训220人。

年内，出台《东莞市公立医疗机构薪酬制度改革试点工作意见》《东莞市公立医院岗位总量核定办法（试行）》《东莞市公立医院工作人员岗位聘用管理实施意见（试行）》等文件，推动全市41所公立医院和33所社区卫生服务中心全面实施薪酬制度改革，实施全员聘用。

【家庭医生培训】 2020年，东莞市选派61名医生、30名护士参加东莞—香港金牌家庭医生和护理培训，建成茶山、东坑、寮步、常平、企石5个香港家庭医生服务工作室，累计建成8个。全科医生转岗培训新增949人，每万常住人口全科医生数达2.68人。

【中医药强市建设】 2020年，东莞市召开全市中医药大会。推进市中医院创建高水平医院，市政府与广州中医药大学共建广州中医药大学东莞医院，虎门中医院整体搬迁，市东南部中心医院区域中医医疗中心启动建设，市中医康复专科联盟成立，全市备案中医诊所185所。12月1日，广州中医药大学东莞医院（东莞市中医院）举行建院55周年系列活动，包括东莞市中医院国医馆项目奠基、成立沈宝藩及禤国维两位“国医大师”传承工作室，并开展学术活动。

【医疗卫生重大民生工程落地见效】 2020年，东莞市中心血站新血站启用，提升采血能力，满足东莞市输血事业未来10年发展的需求。东莞市松山湖中心医院心血管病诊疗中心大楼奠基动工，项目定位为东莞市区域心血管病诊疗中心和国内享有影响力的临床科研机构。虎门中医院整体搬迁。市东南部中心医院区域中医医疗中心启动建设。市中医康复专科联盟成立。

【东莞市首次参与制定国人临床诊断参考值】 参见“争当排头兵”类目“全国之最”分目第52页“东莞市医疗团队首次参与到中国人临床诊断参考值的制定工作”条目。

（梁静兰）

公共卫生服务体系

【爱国卫生运动】 2020年，东莞市开展爱国卫生运动。完成第四次国家卫生城市复审，寮步、厚街、桥头、大岭山、石排、麻涌、道滘、中堂、常平9个镇通过国家卫生镇复审。

【卫生应急】 2020年，东莞市组建市、镇两级疫情防控应急队伍和企业、学校疫情防控应急小组，实行24小时备勤。实行“警医合作”模式，规范事故救援工作，健全应急救援机制，确保快速抢救绿色通道，减少伤亡率。

2020年8月18日，东莞市中医药大会在市行政办事中心召开

（市卫生健康局供图）

【“健康东莞”行动启动】 2020年，东莞市印发《“健康东莞2030”行动计划》，成立“健康东莞”推进委员会，启动“健康东莞”行动。聚焦重点健康影响因素、重点疾病、重点人群和健康服务内涵提升等方面，提高全市人民健康素养和健康水平。（梁静兰）

健康服务管理

【妇幼保健】 2020年，东莞市加强妇幼健康体系建设，开展第三轮妇女“两癌”（宫颈癌和乳腺癌）筛查项目，免费筛查人群延伸至缴交社保满五年的35—64岁非户籍妇女，全市筛查17.5万人；新生儿疾病筛查率98.37%；开展儿童青少年近视调查和干预。促进3岁以下婴幼儿照护服务发展，建立全市联席会议制度，推进托育机构注册登记、卫生评价和备案工作。指导全市3岁以下婴幼儿托育（早教）机构开托复课。

【老龄健康管理】 2020年，东莞市实现“银龄安康行动”全覆盖，为33万名60周岁以上户籍老年人提供意外伤害风险保障，累计1.14万人次受益。开展“敬老月”活动。常平镇再少康公园、东坑医院护理院、樟木头镇敬老院3个单位获“2020年全国‘敬老文明号’”称号，潘康涛、王珊珊、李思勇3人被评为“2020年全国‘敬老爱老助老模范人物’”。

【医疗卫生保障】 2020年，东莞市建立干部保健工作制度，逐步完善医疗卫生保障体系。做好东莞市人大、政协“两会”等重要会议和中国男子篮球职业联赛、高考、中考等重大活动（会议）的医疗卫生保障。全年实施医疗卫生保障92次，派出救护车856车次，派出医务人员2342人次，保证各项活动的进行。

【安宁疗护国家级建设试点启动】 2020年，东莞市成立市安宁疗护研究中心，选定市松山湖中心医院、市中西医结合医院、清溪医院、虎门中医院、洪梅医院、东坑医院、企石医院、石碣医院、福星女儿家护理院、康怡护理院、金慈护理院、怡心园医院、大朗镇社区卫生服务中心13家医疗机构定为东莞市安宁疗护试点单位，为疾病终末期或老年患者提供住院和居家安宁疗护服务。（梁静兰）

卫生健康法治、宣传

【医疗卫生行政审批】 2020

年，东莞市卫生健康局94个行政许可事项全部进驻市民服务中心，精简优化行政审批流程，即办率100%，推进“全程网办”，“网上办”率100%。

【医疗卫生执法】 2020年，东莞市卫生健康局制定行政规范性文件2份，依法向法院申请强制执行案件20件，向公安移送涉嫌犯罪案件5件。修订违法违规执业医疗机构公示制度，查处医疗类案件415件，罚没金额158.27万元。排查职业病危害重点企业1985家。指导镇街消除“零执法”现象，立案处罚152件、罚没金额45.6万元。

【医疗援建与扶贫】 2020年，东莞市派出57名医务人员驰援湖北抗击新冠肺炎疫情。其中，第二批医疗队队员15人，进驻武汉客厅方舱医院，支援时长41天，累计参与收治患者1760例，治愈患者868例，患者满意度99.44%；第三批医疗队队员21人，对口支援荆州市第一人民医院，支援时长30天，累计收治确诊住院病人202例，救治重型和危重型病人57例，推动该院确诊住院病人降至7人。年内，第二批医疗队队长师清莲获“全国卫生健康系统新冠肺炎疫情防控工作先进个人”称号，全体队员获中共东西湖方舱医院临时委员会“先进标兵”或“优秀个人”称号。由25人组建的广东省第30批援赤道几内亚医疗队继续对赤道几内亚开展对外援助任务。与墨西哥北部四州医疗专家举行疫情视频经验交流会，分享中国抗疫信息和防控经验。组织“最美天使志愿者服务队”赴喀什、林芝、昭通、韶关等地开展医疗交流帮扶活动。接收云南昭通82人莞进修学习。

【医疗卫生宣传】 2020年，东莞市获2020政务新媒体“创新传播优秀平台”、第二届东莞短视频大赛“最佳传播奖”。东莞市卫生健康局官微发布推文2023条，阅读量超过10万人次的稿件24条，总阅读量超过3000万次，累计发动各级各类媒体平台推送疫情信息5.8万篇，阅读量超31亿次，覆盖2000万人次，稳居全市政务官微排行前三名。原创MV《爱在两米之外》全网播放量过千万次，获广东省卫生健康好新闻新媒体类一等奖、2020东莞市政务新媒体“创新传播优秀作品”。

【第五届东莞市“最美医护”评选】 2020年，东莞市举办第五届东莞市“最美医护”评选，评出“最美医生”“最美护士”各10名，累计评出“最美医生”“最美护士”100人。举行庆祝第三个“中国医师节”暨2020东莞市“最美医生”“最美护士”发布仪式活动，设立奖项“抗疫先锋”奖，57名援鄂医疗队员以及355名直接参与疫情防控和医疗救治，享受获得该奖项。8个平台同步直播，总观看人数超过80.5万人次。

【首届东莞卫生健康文化艺术节文艺汇演】 2020，东莞市举办首届东莞卫生健康文化艺术节，设置音乐舞蹈、语言艺术、书法绘画、微视频征文摄影等四大类，收到1200余个（幅、组）作品，高频率举办13场直播，收获265万张网络投票，作品累计访问数达128万次。举办文艺汇演，观看直播的网友超109万人次。 （梁静兰）

疾病预防控制

【疾病预防控制概况】 2020年，东莞市无甲类传染病发生，传染病报告发病数比上年下降59.6%。启动实施全民防控高血压、糖尿病行动，对18岁及以上门诊就诊患者首诊测血压，对35—49岁人群开展糖尿病早期筛查，全市新筛查高血压和2型糖尿病高危人群并纳入确诊人数2.23万人和1.17万人。将职业健康工作纳入镇街党政领导班子考核，实行定期评价通报。抓尘肺病防治攻坚治理，推动用人单位落实职业病防治主体责任。在南城区袁屋边社区综合服务中心成立东莞市第一个“安心小屋”，提供心理咨询、心理健康教育、心理援助等一站式心理服务。

【传染病防控】 2020年，东莞市无甲类传染病发生。东莞市疾病预防控制中心对流感样病例咽拭子标本、手足口病普通病例开展病原学监测，对SARI病例（严重急性呼吸道感染病例）咽拭子流感病例开展核酸检测，开展禽类经营市场外环境样本监测。湖北武汉发生新冠肺炎疫情后，1月东莞市开始在东莞市人民医院等5家医院开展门诊病人和住院SARI病例新冠肺炎监测。

面对2020年的新冠肺炎疫情，东莞市疾病预防控制中心实施“六位一体”防控模式，即侦察员——做好重点场所、重点人群监测，消防员——现场应急调查处置市每例确诊病例和无症状感染者，检测员——每例确诊病例均由市疾控中心检测确诊，勤务员——做好全市各行各业应急防控物资的储存和分发，宣传员——主动向群众解读疫情防控形势，参谋员——实时开展市疫情方向研判，“六员”各司其职、相互配合，疫情防控期间高效运转，特别是负责现场流调和消杀工作的消防员。成立现场流调小分队，24小时待命，确保全市所有确诊病例和无症状感染者的流调和消杀工作均在12小时内完成，比国家要求的24小时提前12个小时。在疫情防控中总结工作经验，根据流行病学调查结果，在全省首创密闭、半密闭空间防控要点，并在全省范围内推广运用；建议广东省疾病预防控制中心调整密接判定时间并被采纳。东莞市疾病预防控制中心党委获“广东省抗击新冠肺炎疫情先进集体”“广东省先进基层党组织”称号，原中心主任张巧利获“2020年广东省预防医学会抗疫巾帼英雄”称号，张泽武、黄勇和黄振宇获“2020年广东省预防医学会防疫精英”称号。

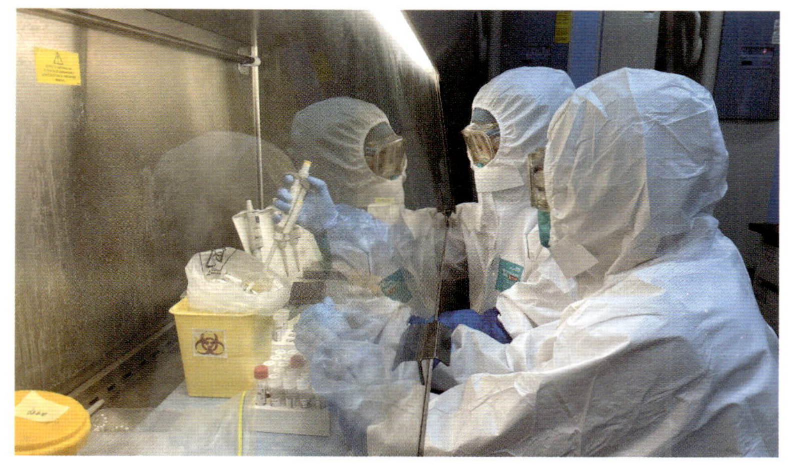

2020年1月31日，东莞市疾控中心微生物检验员在检测新冠肺炎样本

（市疾控中心供图）

【艾滋病防控】 2020年，东莞市艾滋病自愿咨询门诊为群众提供检测前咨询、HIV抗体检测、梅毒检测和转介服务。东莞市疾病预防控制中心培育引导社会组织参与艾滋病防治工作，引进社工为艾滋病患提供心理辅导、家庭关系辅导、社会关系重建、社会救助等专业的社工服务，举办12期艾滋病感染者关怀支持活动。按照属地管理的原则，居住在本辖区内的HIV感染者每6个月随访1次。对特殊行业服务者、男男同性性行为者、性病门诊就诊者开展高危行为干预。对暗娼、吸毒者、男男同性性行为者、性病门诊男性就诊者、孕产妇和男性外来务工人员6类人群开展哨点监测。为响应世界卫生组织提出的“2030年消除病毒性肝炎公共卫生威胁”愿景，东莞市疾病预防控制中心组织开展为期三年的东莞市消除丙肝公共卫生危害的试点工作，内容涉及加强丙肝检测治疗及医保报销政策等方面。

【免疫规划】 2020年，东莞市免费接种扩大国家免疫规划疫苗合计244.94万剂次。启用东莞市免疫规划信息管理系统，对预防接种数字化门诊实行全流程信息管理、微信预约接种，确保在新冠肺炎疫情防控形势下有效避免人群聚集的同时持续做好预防接种工作。从3月16日起，东莞市各接种门诊根据广东省统一要求，使用新的广东省疫苗流通和接种管理信息系统。落实各医疗机构15岁以下急性弛缓性麻痹主动监测工作；加强麻疹防控；开展麻疹、风疹等专病监测工作，各项监测指标都达到国家和省的要求。做好疑似预防接种异常反应工作，全年无疫苗质量事故及接种事故报告。全年全市110家医疗卫生机构659台冷链设备安装“疫苗冷链系统实时动态监测与报警系统”，避免疫苗冷链事故造成的直接经济损失。截至2020年底，全市有5类143间预防接种门诊，东莞市疾病预防控制中心开展接种单位建设的技术指导工作。

【卫生监测】 2020年，东莞市做好卫生监测和保障。公共卫生方面，东莞市疾病预防控制中心加强食品安全风险监测和食源性疾病监测工作的开展。食源性疾病监测机构从上年的83家医疗机构扩展到119家；加强食品安全风险监测数据的分析评估。开展饮用水水质，游泳池水，各类公共场所和餐具、饮具集中消毒监测工作。协助完成2020年春运、2020年高考等全市13项重大卫生保障任务，对98个单位的公共场所、生活饮用水、集中空调通风系统、外环境新冠病毒等项目进行卫生监测。全市碘缺乏病工作达到消除标准，全市医疗机构未报告新发地方性克汀病病人，人群碘营养状况为碘充足。饮水型氟中毒病区村检测饮用水氟含量符合国家生活饮用水卫生标准，病区村达到控制标准，改水工程运行状态保持良好。东莞市如期实现地方病防治专项三年攻坚行动目标。

学校卫生方面，对13个镇街（园区）的18所学校的5406名学生进行视力、龋齿、血压、身高、体重及脊柱弯曲异常等学生常见病进行监测。开展儿童口腔疾病综合干预项目的学校数497所，学校覆盖率100%。对24所市直属学校开展学校教学与生活环境卫生监测工作，及时将监测结果反馈给相关学校并要求其结合实际情况进行整改。对全市96间监测点学校开展因病缺勤监测工作。

消毒杀虫方面，在东莞市33个镇街（园区）开展鼠、蚊、蝇、蟑螂、诱蚊诱卵指数和布雷图指数6个项目监测。开展白纹伊蚊对4种药物的抗药性监测工作。采集23份白纹伊蚊标本进行登革热病原学监测。在1个镇开展疟疾蚊媒监测。开展全市布雷图指数随机抽查7次61个点。完成对129个医疗机构和托幼机构的消毒质量监测工作及2个医院的肠道病毒哨点监测工作。

【慢性非传染性疾病监测】 2020年，东莞市疾病预防控制中心指导各镇街（园区）社区卫生服务中心做好肿瘤患者随访工作，通过跟踪随访，首次统计分析发布东莞市恶性肿瘤和重点癌种的5年生存率，对评价市居民健康水平、优化卫生资源配置及制定卫生发展策略方向提供客观科学依据。加强人口死亡信息登记报告工作，定期开展质量督导审核，撰写《2019年死因工作总结》《2019年死因数据分析报告》。开展居民慢性病及其危险因素监测工作，选取南城街道、茶山镇、黄江镇3个镇街为监测点开展相关工作，完成现场问卷调查和采样任务及监测问卷数据录入工作。撰写发布《2018年东莞市常住居民慢性病及其危险因素监测报告》。12月，石龙镇创建为广东省慢性病综合防控示范区。通过市、院、科三级技术培训、面对面督导交流反馈、每月审核报卡查错查漏通报等，加强市产品伤害监测工作，实现省产品伤害联合督导检查连续三年漏报率低于5%。协助东莞市卫生健康局制定全市基层呼吸系统疾病筛查能力项目实施方案。

【健康教育与促进】 2020年新冠肺炎疫情发生以来，东莞市疾病预防控制中心每天及时利用“东莞疾控”微信公众号向公众解读疫情防控形势和普及防控科普知识，推文发布数量从疫情初期前的日均1篇增加至日均10篇。建立“东莞市新冠肺炎防控宣传教育资料库”，及时通过东莞市健康教育网络工作微群、QQ群、钉群和中心网站及微信百度网盘等途径将新冠肺炎宣传资料分享给公众使用，宣传资料涵盖18类1120种；播放音频和视频8451个，播放总时长超176万小时。全市完成健康讲座及健康素养巡讲进社区、进企业、进学校和进机关活动2619场，受益人群28.74万人次；举办2020年东莞市居民健康素养知识竞赛活动，通过镇街（园区）线上线下竞赛评选及市级竞赛活动，提升居民健康素养水平；规范开展健康促进区终末调查及居民健康素养和烟草流行监测工作，市城乡居民健康素养水平为27.51%，吸烟率17.94%，经常参加体育锻炼人口比例为38.01%。完成广东省健康促进区省级评估30个，新增创建广东省健康促进单位（社区/企业/学校/医院/机关）54个，新增创建广东省健康家庭9061户，新增上报广东省无烟单位181个。截至2020年底，东莞市建成全国健康促进区2个，广东省健康促进区20个，在建广东省健康促进区11个，建成广东省健康促进单位1298个，广东省健康家庭14.38万户，广东省无烟单位1685个，建成健康主题公园67个，健康步道88条158千米。 （唐苯菲）

卫生监督

【卫生监督案件查处】 2020年，东莞市卫生监督所加大案件查处力度，对镇街（园区）疑难案件进行审查指导，全年审查各类卫生行政处罚案件53件。全市查处违法案件1046件，罚款175.85万元，没收违法所得7.97万元；其中，市卫生监督所查处违法案件48件，罚款18.35万元。6—11月，在全市范围内对69个监督对象进行暗访，68个监督对象进行飞行检查。

【卫生监督“双随机”监督抽检】 2020年，东莞市卫生监督所做好国家“双随机”（随机抽取检查对象、随机选派执法检查人员）监督抽检工作，全年接收国家“双随机”任务177单，任务完成率82.49%，完结率100%，及时在网站和微信平台公示抽查结果，提高监管精确度和透明度。

【医疗乱象整治】 2020年，东莞市卫生监督所开展卫生领域损害群众利益问题集中整治，市镇两级卫生监督机构出动执法人员1.09万人次、执法车辆3700辆次，检查医疗机构4717家次，罚没86.97万元；开展打击非法代孕专项整治，对全市72家有妇产科的医院开展监督检查。全年配合公示违法违规医疗机构“黑名单”105家次。

【日常卫生监督执法】 2020年，东莞市卫生监督所对管辖的42户公共场所实施量化评分，量化率100%；完成食品安全企业标准备案530件；完成“CBA复赛东莞赛区”“华为开发者大会”“东莞全球先进制造招商大会”等保障任务。缩短卫生行政许可承诺时限，将101件事项改为“即办”，时限压缩率92.14%，即办率88.60%；延伸服务链条，推行“一体化窗口+快递+网办”多元化办理渠道；建立内部工作核查机制，推动效能监管信息化。 （王文娟）

附：2020年东莞市卫生健康局主要领导名录

党组书记、局长：叶向阳

附：2020年东莞市疾病预防控制中心主要领导名录

主　任：张巧利（任至8月）
　　　　姚旭芳（8月到任）
党委书记：张巧利（任至12月）
　　　　　姚旭芳（12月到任）

附：2020年东莞市卫生监督所主要领导名录

党总支书记、所长：肖文忠

2020年8月31日，广东省卫生监督所联合东莞市卫生监督所开展东莞秋季开学学校疫情防控监督检查专项行动 （市卫生监督所供图）

医疗保障

【医疗保障概况】 截至2020年底，东莞市社会基本医疗保险631.19万人，生育保险493.14万人。2020年，社会基本医疗保险（含生育保险）总收入111.79亿元，比上年增长6.21%，基金总支出119.68亿元，增长29.17%。对全市特困、低保、低收入救助对象每月参加基本医疗保险个人缴费部分给予全额资助，并通过二次医疗救助对困难群众实施政策性兜底扶贫。1.02万名困难群众按规定纳入医疗救助范围，支出困难家庭医疗救助金2500万元。出台《东莞市困难家庭医疗救助暂行办法（修订）》，优化基本医疗保险、大病保险与医疗救助衔接，健全多层次医疗救助体系。全市药品价格持续下降，112个药品落实国家前三批集采政策实现集中采购，为全市患者减轻用药负担5.11亿元。2020年1月起执行《广东省基本医疗保险、工伤保险和生育保险药品目录（2019年版）》，更多救命救急药品落地东莞市。基本医疗保险及大病保险年度最高支付限额分别提升至51万元、76万元，社会基本医疗保险（含大病保险）年度最高支付限额超过127万。出台《关于贯彻落实香港澳门台湾居民在莞参加社会基本医疗保险有关事项的通知》，拓宽港澳台地区居民在莞参保范围，在莞居住且办理港澳台地区居民居住证未就业港澳台地区居民纳入东莞市社会基本医疗保险保障范围。

【医疗保障基金监管】 2020年，东莞市完成诊疗项目及医疗服务设施范围等规范性文件修订；落实案件信息披露制度，建立全市医保行政执法事项清单、行政执法人员和检查对象名录库，落实“双随机一公开”（随机抽取检查对象，随机选派执法检查人员，抽查情况及查处结果及时向社会公开）监管；做好事权改革，与33个镇街（园区）签订行政委托协议，新增5项行政处罚、1项行政检查委托镇街（园区）承办。开展“打击欺诈骗保，维护基金安全”集中宣传月活动，发放宣传单张、开设专题网页、录播基金监管“云培训”视频。强化执法监督，以医保经办机构和定点医疗机构为重点，推进医保违法违规专项治理，形成严厉打击欺诈骗保高压态势。全年立案查处9件案件，其中移送公安案件8件，追回医保基金7万元。接受市医保基金审计、国家飞行检查、省交叉检查，组织全市定点医院开展专项治理深化整改工作，开展专项治理“回头看”，全年专项治理持续发力。

【医疗保障服务效能提升】 2020年，东莞市启动国家医疗保障信息平台上线并完成基础数据上传准备，推广医保电子凭证应用，全市1300家定点医疗医药机构支持线下扫码支付，在广东省率先实现定点医药机构全覆盖。截至2020年底，医保电子凭证累计激活数240.49万人，激活率38.89%，位于全省前列。创新“互联网+医保”服务，选取6家定点医疗机构开展试点，提供包括特定门诊及医疗保险个人账户在线复诊服务，满足群众对互联网诊疗服务需求。推进莞深门诊异地就医直接结算，选取7家定点医院与深圳医保经办机构对接，门诊异地就医结算实现突破，为莞深参保人双向门诊就医直接结算创造条件。

【医疗保障宣传】 2020年，东莞市医保网站频道发布信息稿件1352篇，其中疫情防控工作信息300篇；“东莞医保”微信服务号推送文章256篇，累计关注人数114万人；新设置激活医保电子凭证栏目，开展“东莞医保、感谢有你”主题征文、“爱东莞、爱健康”医保云健步、医保服务满意度调查等活动。东莞市医疗保障局网络安全管理工作成果入选2020年广东省网络安全宣传周主题展。

（冯宝茵）

2020年3月17日，东莞市在全省率先实现定点医药机构扫码支付全覆盖

（市医保局供图）

附：2020年东莞市医疗保障局主要领导名录

党组书记、局长：

邹　联（任至9月）

林　岚（9月到任）

体　育

群众体育

【群众体育概况】 截至2020年底，东莞市有体育运动场地17119个（座），其中足球场423个、篮

球馆365座、室外篮球场（灯光）5415个、健身路径1368条、室外游泳池453个、室内游泳池（馆）125个、室外羽毛球场1478个。2020年，东莞市完善公共体育设施网络，新建8个足球场、5个社区体育公园，推动全市130多处公共体育设施、40多所学校体育设施免费或低收费向社会开放。

2020年，东莞市提升全民健身服务体系，举办全市全民健身活动700次，参加人数42.1万人次。其中举办第三届市民运动会暨2020东莞时尚运动节，推出10项精品赛事，打造全市群众体育品牌；按照疫情防控要求，推广居家健身和全民健身网络赛事活动。开展万人体育公益培训和社会体育指导员培训，各镇街为市民提供体育公益培训2.19万人次，培训3000多名社会体育指导员。

【体育科学指导服务】 2020年，东莞市开展万人体育公益培训活动。以滨江体育公园开展千人体育公益培训为龙头，推动全市各镇街共同举行体育公益培训活动，全年全市各镇街为市民提供公益培训服务超过2.3万人次，项目包括篮球、游泳、羽毛球、广场舞等运动项目，覆盖各年龄层次。开展社会体育指导员培训，加强市社会体育指导员队伍建设，全年培训3000多名社会体育指导员，对象主要面向行政村文体协管员，健身广场、健身苑（点）、体育场馆人员，镇街（园区）管理人员，各类体育协会管理人员。开展体质测定与运动健身指导工作，全年完成6000人以上体质测定服务工作，为受测者提供体质评定报告及健身指导建议，并建立体质健康个人档案，完成400人以上的体质测定与健身指导的跟踪服务，举办4场科学健身大讲堂活动，为群众参与体育锻炼提供全面的服务。

【公共体育设施网络建设】 2020年，东莞市做好足球场建设工作，由市财政投入新建8个足球场，完成省下达的建设任务。推动镇街社区体育公园建设，建成5个社区体育公园，全部验收通过，向市民投放。落实公共体育场馆免费或低收费开放，推动符合条件的学校体育场馆开放工作。截至2020年底，有130多处公共体育设施、40多所学校体育设施向社会开放。开展全市体育场地调查工作，全面了解和掌握市体育场地数量、质量、类型、结构和使用管理等发展状况，为政府部门调整体育场地建设投资方向和建设结构，制定体育发展政策、实施监督管理提供客观依据。

【全民健身活动】 2020年，东莞市以举办“全民健身日”启动仪式为契机，举行第三届市民运动会暨2020东莞时尚运动节。打造全国篮球城市品牌，开展全市篮球联赛等篮球赛事活动，全年各类群众性赛事活动超过1000场。按照常态化疫情防控要求，推广居家健身和全民健身网络赛事活动，全年通过《东莞日报》等媒体制作10多条居家健身视频，通过网络进行传播。

【体育社会组织建设】 2020年，东莞市鼓励有条件的体育项目成立单项体育协会或体育俱乐部。截至2020年底，全市登记成立体育协会143个、体育俱乐部107个。加强对体育社会组织运作情况的监督检查，对体育社会组织的运作情况（党建工作、团队建设、财务状况、公益活动等）进行普查，对存在问题的社会组织要求整改。

【东莞市第三届市民运动会暨2020东莞时尚运动节】 于2020年8月8日在东城体育公园举行。该活动持续2个月，以“推动全民健身，助力全面小康”为主题，设滑板、街舞、飞盘、电子竞技、啦啦操、滑冰、冰球、气排球、桥牌、轮滑10项精品赛事。该活动吸引近2000名运动爱好者参与，参赛选手年龄最小的6岁（啦啦操项目），年龄最大的79岁（桥牌项目），年龄跨度73岁，参赛者年龄集中在18—50岁。（邓炯永）

竞技体育

【竞技体育概况】 全年全市运动员共获得193枚金牌、182枚银牌、184枚铜牌。其中夺得全国赛金牌16枚、银牌10枚、铜牌12枚；广东省赛金牌177枚、银牌172枚、铜牌172枚。

2020年，东莞市优化办赛质量，承办东莞赛区CBA（中国男子篮球职业联赛）复赛，承办花样游泳、现代五项、射箭、跳水、网球等多项广东省锦标赛，举办2020年粤港澳大湾区青少年田径邀请赛，启动第十六届省运会备战及2021年东莞市第十届运动会筹备工作。实施青少年“体育星梦”计划，举办全市系列青少年体育竞赛活动，组织东莞运动员参加2020年省青少年锦标赛。广东宏远男篮成功卫冕，成为CBA历史上第一个“十冠王”。东莞新彤盛女篮获得WCBA（中国女子篮球联赛）第二名。东莞男女篮分别于广东省联赛完成“六连冠”“三连冠”。

【国内首个复赛大型职业赛事】 2020年6月20日，中国男子职业篮球联赛自新冠肺炎疫情发生而中止以后，恢复比赛。20支球队分成两组，以赛会制的方式分别在山东省青岛市和广东省东莞市举办，采用无现场观众的空场形式举行。东莞市作为CBA复赛第一阶段两大赛区之一，承办新冠肺炎疫情发生以后，国内恢复的首个大型职业赛事。是日，广东东莞银行队以105比82战胜山西汾酒股份队。

【宏远男篮成为CBA联赛“十冠王”】 2020年8月15日，2019—2020赛季CBA总决赛在山东青岛举行。宏远男篮以123：115力克辽宁，总比分2：1战胜对手，获得队史第十个总冠军，成为CBA联赛

2020年8月15日，宏远男篮队获得2019—2020中国男子篮球职业联赛总冠军，成为CBA联赛“十冠王” （市文广旅体局供图）

“十冠王”。

【广东省“中国体育彩票——中怡杯”青少年花样游泳锦标赛】 于2020年8月1日在东莞市游泳运动管理中心举行。这是广东省近年来参赛人数和队伍最多的一次，比赛分甲乙丙3个组别，设有单人、双人、集体和组合项目，有10支队伍209名运动员参赛。深圳队以团体总分获得第一名，广州队获得第二名，深圳市大龙游泳俱乐部有限公司获得第三名。新组建的东莞花游队首度参赛，获得1枚铜牌，团体总分位列第五。

【广东省青少年射箭锦标赛】 于2020年8月15日在东莞市体校射箭场落幕。来自广东省的8支代表队集中比赛，最终深圳队蝉联团体总分第一。东莞队收获6金6银1铜，取得金牌数、奖牌数“双料第一”和团体总分第二名，获得赛事体育道德风尚奖。

【广东省“中国体育彩票——欧池帝杯”青少年跳水锦标赛】 于2020年8月16在东莞市游泳运动管理中心落幕。该次比赛吸引13支代表队、357名选手参加。东莞跳水队拿下18金15银8铜，金牌数名列广东省第一，团体总分名列广东省第二。

【东莞市第一个广东省国际象棋锦标赛冠军】 2020年8月24日，2020年广东省青少年国际象棋锦标赛在潮州市落幕。该次赛事分快棋赛和慢棋赛各12个组别。吸引来自广州、中山、佛山、汕头、梅州等11个地市26支队伍493名选手参赛。经过6天比赛，最终中山市苏子晋获得男子青年组（慢棋）冠军；东莞市吴欣凤获得女子青年组（慢棋）冠军，成为东莞市第一个广东省国际象棋锦标赛冠军。

【东莞女篮实现“三连冠”】 2020年8月27日，2020广东省女子篮球联赛总决赛在茂名市体育馆落幕。在一场决胜负的赛制下，东莞女篮以67比55战胜佛山女篮，勇夺冠军，实现“三连冠”。东莞队方敏得到26分，连续三年当选总决赛MVP。佛山顺德均安碧桂园队夺得亚军，肇庆中交四航队夺得季军。

【广东省“中国体育彩票”青少年网球锦标赛】 于2020年8月29日在东莞市网球中心落幕。该次赛事吸引来自广州、深圳、珠海等14支地市代表队和8支学校代表队共322名运动员参加。最终广州队获得团体总分第一名，深圳队获得第二名、江门队获得第三名。东莞队取得1金1银，获体育道德风尚奖。

【广东省青少年现代五项锦标赛】 于2020年11月14日在东莞市落幕。该次比赛有来自东莞、江门、珠海等6个城市13支代表队145名运动员参赛。比赛采用积分制，分两日举行，设置10项竞赛小项。东莞队最终获得3金5银3铜和团体总分第一名。

【2020粤港澳大湾区青年自行车联赛】 于2020年11月14日在东莞市同沙生态公园举行，东莞连续三年承办此项比赛。2020粤港澳大湾区青年自行车联赛·东莞站是比赛的第二站，最终，东莞莱腿观光团的李子达、东莞REVERSAL的周泽航、南沙变速自行车队的周明林分别获得男子组的冠亚季军；傅诗琪、韶关美利达的张婷婷、CCN车队的吴文敏分获得女子组的冠亚季军。 （邓炯永）

2020年东莞运动员参加全国体育比赛获前三名情况表

项目	时间	地点	比赛名称	小项	姓名	性别	名次	输送镇街
皮划艇	11月3日	浙江丽水	2020年全国皮划艇静水锦标赛	四人混合划艇	李政中	男	1	中堂
赛艇	11月15—20日	上海	2020年全国赛艇锦标赛	混合八单2000米	景祥慧	女	1	虎门
				男子四人艇2000米	张　全	男		

续表

项目	时间	地点	比赛名称	小项	姓名	性别	名次	输送镇街
跆拳道	10月26日	江苏无锡	2020年全国跆拳道冠军总决赛	女子46公斤	张 莹	女	1	虎门
	10月26日		2020年全国跆拳道锦标赛系列赛总成绩		张 莹	女	2	
	9月29日		2020年全国跆拳道冠军总决赛	63公斤	肖绍红	男	2	
帆船	9月1—10日	河北秦皇岛	2020年全国帆船锦标赛	女子雷迪尔级U21组长距离赛	余梦瑶	女	2	虎门
拳击	12月4—9日	河北迁安	2020年全国青年少年女子拳击锦标赛	U16 54公斤	钟莉莉	女	3	虎门
小轮车	11月7日	四川营山	中国BMX自由式联赛	自行车越野自由式成年女子组	周惠敏	女	1	黄江
				自行车越野自由式青年男子组	徐悦骑	男	3	厚街
	11月21日	河南濮阳	中国自行车越野自由式联赛总决赛	自行车越野自由式成年女子组	周惠敏	女	1	黄江
				自行车越野自由式青年男子组	徐悦骑	男		厚街
	12月5日	湖北潜江	中国自行车越野自由式全国锦标赛	自行车越野自由式成年女子组	周惠敏	女	1	黄江
				自行车越野自由式青年男子组	徐悦骑	男	2	厚街
自行车场地	9月2日	山西太原	中国自行车场地联赛	成人男子麦迪逊	代文昊	男	1	黄江
举重	10月17—25日	湖南邵阳	2020年全国女子举重锦标赛暨东京奥运会模拟赛	抓举	彭翠婷	女	1	石龙
				总成绩	彭翠婷		2	
				挺举	曾田甜		2	
				总成绩	曾田甜		3	
摔跤	10月11—13日	浙江温州	2020年全国国际式摔跤锦标赛暨奥运会资格选拔赛	女子跤55公斤	罗兰暖	女	1	石排
	11月21—29日	河南焦作	2020年全国国际式摔跤冠军赛				3	
田径	9月20日	山东泰安	全国竞走锦标赛	20公里竞走	王凯华	男	1	莞城
	9月17日	浙江绍兴	全国田径锦标赛	三级跳远	吴瑞庭			大朗
射击	9月22日	陕西宝鸡	全国射击冠军赛	男女气枪混合团体	惠子程	男	1	长安
击剑	11月29日	广东肇庆	全国击剑锦标赛	女子重剑团体	赖江玲	女	1	厚街
	10月1日	江苏南京	全国击剑冠军赛				2	
	11月24日	广东肇庆	全国击剑锦标赛	男子青年赛团体	黄小桐	男	3	南城
游泳	9月26日至10月2日	山东青岛	全国游泳冠军赛暨东京奥运会选拔赛	男女4×100米混合泳接力	赖炽权	男	2	道滘
蹦床	10月22—29日	江苏淮安	2020年“新金菱”杯全国蹦床青少年	11—12岁组男子双蹦床团体	赵凯杰 田张乐	男	2	南城
				11—12岁组男子双蹦床个人	赵凯杰			
				11—12岁组男子双人同步	赵凯杰 田张乐		3	
				11—12岁组男子双蹦床个人	田张乐			
				11—12岁组女子蹦床团体	赖慧灵 刘秋然	女	3	莞城 南城
				11—12岁组女子双人同步	赖慧灵			莞城
				11—12岁组女子双蹦床团体	赖慧灵 刘秋然			莞城 南城

社会生活

SOCIAL LIFE

滨江体育公园　（2020年市文广旅体局供图）

编辑：翁舒洁

重点人群

妇女·儿童

【妇儿发展环境优化】　2020年，东莞市新建、升级公共场所母婴室50个，实施“玉兰花开　关爱女童”项目，出台妇女儿童权益保护合作机制、建立家暴案件信息互通制度。出台白玉兰家事人民调解委员会建设工作指南，全市妇联系统处理信访案件4405件，答复率100%。坚持源头治理和系统治理相结合，保持对拐卖、强奸等针对妇女儿童实施的违法犯罪严打力度，并做好违法犯罪的防控工作。

【妇幼重大公共卫生服务实施】　2020年，东莞市推进预防艾滋病、梅毒和乙肝母婴传播及地中海贫血防控、新生儿疾病筛查、补服叶酸等妇幼重大公共卫生服务项目，实施婚前和孕前、孕期健康检查和新生儿疾病筛查，强化孕前、产前和新生儿期三道出生缺陷防线。全市新生儿遗传代谢性疾病筛查率98.62%，提前实现2020年新生儿疾病筛查率达到95%的妇女儿童发展两个规划目标。

【妇女职业发展保障】　2020年，东莞市促进妇女充分就业创业，完善市镇村三级公共就业服务平台，开展“春风行动”“就业服务日”等就业服务品牌活动，推广“村民车间”就业安置模式，优化城乡女性失业人员就业服务。开展妇女职业技能培训工作，增强就业竞争力，拓宽就业渠道。2020年全市女性专业技术人才16.62万人，占比59.5%。市级党政工作部门领导班子71.4%配有女干部，镇街党政领导班子100%配有女干部。选树全国省市“三八红旗手”（集体）、省抗疫先进个人等典型25个。

【困境妇女儿童保护】　2020

年，东莞市出台《关于进一步加强全市事实无人抚养儿童保障工作的实施方案》，2020年1月起，全市孤儿基本生活保障标准提高到每人每月1820元。出台《关于加强全市农村留守妇女关爱服务工作实施方案》，为全市农村留守妇女提供相应关爱服务。开通未成年人24小时救助保护热线，及时分析、预警各类风险。实施困难妇女儿童救助、“白玉兰”妇幼健康保险、“佑未来　护成长”贫困白血病儿童救助等公益项目。爱心父母大联盟活动第13年连续开展，推动2000名爱心父母与困境儿童结对帮扶。慰问有需要的妇女儿童困难家庭4827户，慰问物资360.8万元。

2020年11月7日，东莞市“大手拉小手，文明齐步走”传承弘扬好家教好家风行动启动仪式在东城街道举行　（市妇联供图）

【儿童教育发展】　2020年，东莞市中小学性别平等教育工作纳入市政府一号文，75所中小学校被列为市试点。落实国家、省、市发展学前教育第三期行动计划要求，全市公办园（含创新方式扩充的公办学位）在园幼儿占全市在园幼儿比例为52.49%，公办园（含创新方式扩充的公办学位）和普惠性民办园在园幼儿占全市在园幼儿比例为82.22%，完成国家和省定任务。开展“玉兰姐姐”家庭教育计划，出台《东莞市关爱学生心理健康联动工作方案》，构建“家庭、学校、社会”三位一体学生心理健康防护网络。实施第二期特殊教育提升计划，落实“一人一案”，做好义务教育阶段残疾儿童少年教育安置，实现全覆盖、零拒绝。全年扩招5个班50个公办特殊学校学位。

【女童权益维护机制完善】　2020年，东莞市建立维护女童权益机制和“关爱女童　护苗成长”保护女童人身权益三年行动协调机制，实施“玉兰花开　关爱女童”项目。摸排两类残疾女童325人，落实一对一帮扶联系责任；报告性侵未成年人案件13件，为受害人提供心理辅导19人次；组建64人组成的关爱女童项目讲师队伍，开展专题讲座和外展宣传活动64场，受益群众1.52万人次。

【第三轮妇女“两癌”筛查完成】　2020年，东莞市妇女“两癌”（宫颈癌和乳腺癌）免费筛查人群由户籍妇女扩大到东莞市户籍的35—64岁妇女和连续参加东莞市社会医疗保险五年以上的35—64岁非户籍妇女，项目单位在原38家公立医院基础上增加东华、康华两家民营三级甲等医院，全市全年完成“两癌”筛查19.5万人。

【东莞市妇女儿童活动中心（新校址）项目封顶】　2020年10月，东莞市妇女儿童活动中心（新址）完成主体结构封顶，计划2022年交付使用。该项目是省、市重点项目，定位为“东莞妇女的公共空间”“莞邑儿童的智乐园”“‘妇’字品牌的大展馆”。2018年12月破土动工，位于东城街道新源路与鸿福东路交汇处，总用地面积1.11万平方米，总建筑面积4.98万平方米。建有座位数544位的剧场，2层地下室，可提供车位335个，负一层与地铁1号线新源路站对接。

【万江儿童公园建成】　2020年，东莞市“园中园”儿童公园建设纳入2020年市政府一号文重点工作。6月6日，市首个示范性“园中园”儿童公园——万江儿童公园揭牌。该公园位于万江街道谷涌、滘联美丽幸福村居特色连片示范建设“浪漫花海”段，长条形沿江而建，以符合儿童发展需求为基础，以保护和促进儿童发展为主线，在社区公共空间提供绿色环保、家风文化、健康文明等立体化多维度亲子家庭服务。搭建“妇女儿童之家”阵地共融，在高效农田示范观光区开展“小小劳动家”活动，在厨余处理示范区开展垃圾分类厨余处理和蔬果种植，在沿江步道开展家风家训文化宣传，在龙舟文化区旁建设儿童体能锻炼乐园，在科普玻璃屋开展亲子阅读活动，从德智体美劳方面为社区儿童和亲子家庭提供服务。

【“玉兰花开”巾帼家美积分超市建设】　2020年，东莞市结合“市—镇”行政结构和倒挂型人口结构、大部分村（社区）外来人口远超本地村民、城镇化率高、乡村经济实力雄厚、城乡之间交融发展、大部分村（社区）以“小区”模式管理等实际，因地制宜搭建40个“玉兰花开”巾帼家美积分超市。通过“小超市”发挥“大撬动”作用，用“柔性力量”架构本

外地家庭“连心桥”。（龙江波）

附：2020年东莞市妇女联合会主要领导名录

党组书记、主席：黄伟青

老年人

【老年人概况】 截至2020年底，东莞市60岁以上户籍老年人34.53万人，占户籍总人口的13.09%。其中，60—69周岁18.38万人，70—79周岁10.77万人，80—89周岁4.49万人，90—99周岁0.87万人，100周岁以上184人。

截至2020年底，东莞市开展65岁及以上老年人健康体检13.8万人，接受健康管理人数12.88万人，健康管理率66.51%。

【敬老优待】 2020年，东莞市发放敬老优待卡2.12万张，其中莞籍18580张、非莞籍2645张。为16.14万名高龄老人发放高龄津贴1.37亿元，为5062名老人发放失能老年人护理补贴2382.33万元。

【敬老宣传】 2020年，东莞市开展以“孝老爱亲，向上向善”为主题的“敬老月”系列活动，通过广播电视及微信公众号等新媒体平台集中宣传东莞市敬老院先进事迹和典型人物。结合老年人文化艺术节等活动，开展老年人防诈骗知识宣传和《广东省老年人权益保障条例》普法教育活动，提高老年人防范意识，宣传各类敬老先进典型事迹，东莞市常平镇再少康乐园、东坑医院护理院、樟木头镇敬老院3个单位被评为全国“敬老文明号”，潘康涛、王珊珊、李思勇3人被评为全国“敬老爱老助老模范人物”。

【“银龄安康行动”全覆盖】 2020年，东莞市形成市、镇、村（居）、个人多渠道参与“银龄安康行动”良好局面，为33万名60周岁以上户籍老年人提供意外伤害风险保障，1.14万人次受益，实现“银龄安康行动”全覆盖。截至2020年底，全市理赔受益1.14万人次，赔付金额1847万元，受惠人群比上年增长7.8%，赔付金额增长1.3%。（贺 伟）

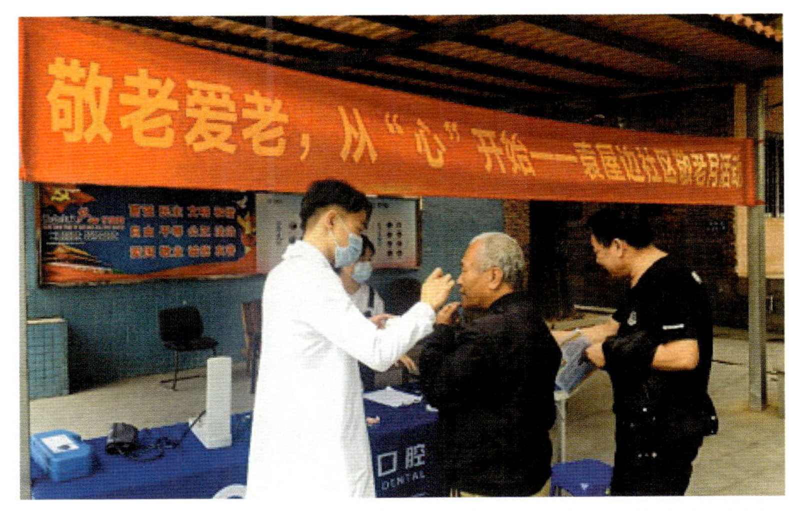

2020年9月，敬老爱老，从“心”开始——东莞市南城街道袁屋边社区敬老月活动现场（市民政局供图）

附：2020年东莞市民政局主要领导名录

党组书记、局长：
张春扬（任至3月）
黎雪琴（3月到任）

残疾人

【残疾人概况】 截至2020年底，东莞市户籍残疾人口10.63万人，占户籍总人口4.03%，其中视力残疾1.48万人，听力残疾2.68万人，言语残疾2264人，肢体残疾2.71万人，智力残疾5358人，精神残疾1.03万人，多重残疾1.96万人。

【文化助残】 2020年，东莞市使用云收集和视频录制等方式举办“阳光伴我行—东莞市第七届残疾人风采大赛”，选出31幅作品参加全省残疾人美术作品大赛，6个节目参加省第十届残疾人艺术汇演。影片《平凡不平凡》获第六届“南粤金影奖”广东公益微电影大赛最佳微电影（纪录片）奖。开展“幸福共享汇”党建助残项目，组织残疾人免费观看电影，开展插花、烘焙等公益培训，丰富残疾人文化生活。

【社会助残】 2020年，东莞市组织开展第四届“善行东莞 助力圆梦”行动等志愿助残扶残活动，帮助160多名残疾人圆梦。组织镇街助残志愿服务队参与“2020年益苗计划大赛”，开展2期助残志愿者能力提升培训活动。设立大学生社会实践志愿服务基地，深化高校志愿助残服务。全年开展助残志愿服务活动121次，累计志愿服务时数1.4万小时。

【全国助残日系列活动】 2020年，东莞市围绕第三十次全国助残日主题“助残脱贫 决胜小康”开展助残系列活动，组织开展东莞市首届最美助残组织和个人评选活动，评选表彰10个最美助残组织、10个最美助残个人、4个最美助残组织提名奖、5个最美助残组织个人提名奖。组织开展对最美助残组织和个人产品、残疾人企业家产品和安排残疾人就业较多企业产品

2020年11月8日，东莞市首届残疾人乒乓球锦标赛举行。图为比赛现场 （东莞市残疾人联合会供图）

进行直播带货，吸引3万人在线观看。组织20多户残疾人家庭到中国建筑陶瓷博物馆，助力残疾人融入社会。

【东莞市残疾人励志报告团】 2020年，东莞市在全市采取自荐和推荐的方式，选拔王灿基、鲁云、李俊峰、杨佩等10名优秀残疾人代表，组建市残疾人励志事迹报告团，深入机关、学校等分享自身励志故事，讲好残疾人故事，向社会传递正能量。报告团全年组织开展培训活动2次，举行5场报告会。 （钟伟伦）

民族·宗教

民族事务

【民族政策实施】 2020年，东莞市制定《关于全面深入持久开展民族团结进步创建工作 铸牢中华民族共同体意识的实施方案》。该方案以深化民族团结进步宣传教育、促进各民族交往交流交融和提升民族团结进步创建工作水平为主要工作任务，明确全市各有关单位职责，加强组织领导，强化分工配合，强化保障措施，坚持以人民为中心，紧扣“中华民族一家亲，同心共筑中国梦”总目标，推动社会主义民族关系进一步巩固和发展。全市严格执行党的民族政策，印发《关于防止和杜绝针对少数民族歧视性做法的意见》。

【民族团结进步宣传】 2020年，东莞市开展第9个民族团结进步宣传月活动，全市各镇街、单位、社区、学校、企业结合自身情况开展活动，举办民族文艺汇演、游园活动、知识问答、政策讲座、运动会、民族美食交流会等各种活动200多场次，参与人数20万人次，悬挂标语900条，张贴海报3000份，电视、LED（发光二极管）展屏滚动播放宣传标语10万次，微博、微信公众号、“学习强国”App等新型媒介刊报民族政策知识宣传1000次，营造民族团结良好氛围，推动铸牢中华民族共同体意识。结合微雕展举办“东莞市民族团结进步宣传教育活动月暨市委统战部党员志愿服务活动”，举办有奖问答、政策答疑、派发民族政策知识小册子等活动，送出宣传小礼品数百份，增进广大市民对民族政策和知识的了解。东莞市松山湖高新区制作东莞市首部民族团结主题动漫“民族团结一家亲”，通过趣味动画形式向园区居民进行民族知识科普，获广东省民族宗教委微信公众号、“南方+”、腾讯视频等媒体转发传播。

【民族团结进步工作获省肯定】 2020年1月，东莞市中华民族婚俗微雕博物馆获广东省民族宗教委命名为第二批全省民族团结进步教育基地。9月，广东省人民政府对全省民族团结进步模范集体和模范个人进行通报表彰，其中东莞市公安局巡逻警察支队被授予“广东省民族团结模范集体”称号，东莞高级中学校长卢旭昌、凤岗镇副镇长叶林、长安镇党委委员张建和被授予“省民族团结模范个人”称号。

【少数民族风情场景微雕展】 2020年9月，由广东省民族团结进步教育基地——中华民族婚俗微雕博物馆承办的“少数民族风情场景微雕展”在东莞市图书馆展出，展出少数民族传统婚俗和传统体育微雕塑15组，展示维吾尔族等10多个民族建筑、服饰、婚庆、体育运动等特色内容，吸引观众9.5万人次。东莞市大岭山镇图书馆、东莞市海德广场展览会场吸引观众10万人次。

【“56个民族携手奔小康”知识有奖竞答】 2020年，东莞市在“东莞市委统战部”微信公众号和“东莞阳光网”网站同步举办“56个民族携手奔小康”知识有奖竞答。活动同步在镇街官方媒体微信公众号同步推送信息，参与用户2万人次，中奖者2585人，中奖次数3796次。

【《彝族务工人员服务管理专项工作》被评为2018—2019年度全省民族宗教工作创新成果】 2020年，东莞市加强彝族务工人员服务管理取得阶段性成果。利用在莞彝族务工人员服务管理工作领导小组加强彝族务工人员服务工作领导，建立五级沟通渠道，完善工作网

2020年9月3—27日，“少数民族风情场景微雕展”在东莞市图书馆举行。图为市民参观展览（市民族宗教事务局供图）

络；深入调查走访，帮助彝族农民工解决实际困难；完善日常信息采集，建立“每月一走访”机制，提高服务管理能效；实施“以案说防”和联合巡防，防范涉案事件发生。截至2020年底，未发生一起涉彝族人员群体性事件。2020年3月，由市民族宗教局申报的《彝族务工人员服务管理专项工作》被评为2018—2019年度全省民族宗教工作创新成果。（林　睿）

宗教事务

【宗教概况】　2020年，东莞市合法审批开放宗教活动场所（含临时活动地点）77处。全市宗教教职人员160人，有履行皈依、受洗等宗教轨仪的信教群众4万人。全市有市佛教协会、伊斯兰教协会、天主教爱国会、基督教三自爱国会、基督教协会5个宗教团体。

【宗教场所平安建设】　2020年，东莞市推进平安宗教场所创建，增加宗教活动场所管理和安全工作在镇街考核的比重，增强平安场所建设属地责任。与宗教活动场所负责人签订《东莞市宗教活动场所责任书》，压实消防安全主体责任。在东城街道黄旗观音古寺和虎门镇观音寺举办消防安全现场演练和消防安全知识培训，培训各宗教团体领导班子成员和宗教活动场所负责人250人次。制定《东莞市宗教活动场所消防安全专项整治行动工作方案》，明确整治目标、罗列任务清单、制定方法措施、细化进度安排，压实工作责任。围绕“关注消防，生命至上”主题，在东莞市大岭山镇观音寺建立消防安全展示厅，通过展示消防事故警示案例、发放消防安全宣传资料等方式，普及宗教场所消防知识。印发《关于深刻吸取山西临汾“8·29”重大坍塌事故教训切实加强宗教领域建筑安全工作的通知》，对全市宗教活动场所建筑安全进行排查，建立整改台账，定期跟进。

【民间信仰活动场所普查备案】2020年，东莞市开展民间信仰活动场所普查备案工作和试点工作。建立健全镇街（园区）宗教部门备案具体管、有关部门配合管、村（居）民委员会协助管、活动场所自我管的管理机制。排查全市民间信仰活动场所情况，深入了解民间信仰活动场所信仰特点和活动、财务管理、消防安全、管理组织建设等情况，按面积、活动人数等情况对排查结果进行分类梳理。印发民间信仰活动场所普查备案和试点通知、举办培训、登记建档、登记编号标准，选取活动人数较多、规模较大的民间信仰活动场所开展试点工作，指导镇街探索人员、财务、活动等方面管理模式，推进本地民间信仰场所规范化管理。截至2020年底，采集符合登记建档民间信仰场所671处。

【宗教领域宣传教育】　2020年，东莞市召开市委理论学习中心组（扩大）专题学习会，邀请广东省民族宗教委党组成员、广东省民族宗教研究院院长黄心怡进行授课。通过东莞阳光网在宗教政策法规学习月举办“宗教工作知识知多D”有奖竞答，同步在“东莞统一战线”“东莞阳光网”微信公众号发起，吸引2.6万名网友参加。印制3000册《〈广东省宗教事务条例〉动漫宣传册》，分发给各镇街（园区）、各宗教团体和宗教活动场所。组织全市各宗教团体班子成员、各宗教活动场所主要负责人300人次，集中学习全国、全市人大、政协“两会”精神，《习近平谈治国理政》第三卷，中共十九届五中全会精神。在虎门镇观音寺建设爱国主义教育基地，展示中国佛教护国事迹、宗教界参与公益慈善和开展国旗、政策法规、优秀传统文化、社会主义核心价值观进宗教场所活动等情况，深化宗教中国化方向认识，增强宗教界人士和广大信教群众家国情怀。

【宗教团体联席会议机制建立】2020年，东莞市协调佛教协会、基督教协会和基督教爱国会、伊斯兰教协会、天主教爱国会共同租赁政府物业作为各宗教团体集中办公场所，实现集中办公。利用集中办公平台，每季度召开全市宗教团体负责人座谈会，推动建立宗教团体联席会议机制。2020年举办会议3期，围绕完善工作机制、加强自身建设、发挥团体作用展开研讨，集中学习新修订的《宗教事务条例》《广东省宗教事务条例》《宗教团体管理办法》等政策法规和时政要闻，起草《东莞市宗教界坚持我国宗教中国化方向五年规划，构建宗教事业健康发展新格局倡议书》。

【宗教活动场所建设规划】2020年，东莞市开展宗教活动场所规划调研，征集各镇街（园区）、各宗教团体意见，了解全市宗教活动场所建设现状、建设规划需求和依据，形成《关于宗教活动场所建设规划的调研报告》。以调研报告为依据，推动宗教活动场所建设纳入东莞市国土空间总体规划（2020—2035年），争取调整优化全市宗教活动场所布局。

【民族宗教领域政务服务能力提升】 2020年，东莞市推进少填信息、少报材料、少跑动、少带证件的“四免”优化，通过开通电子章、电子证照和电子签名，对接省、市数据大脑，搭建民族宗教数据共享平台。结合提供互联网咨询、互联网收件、互联网预审、互联网受理、互联网办理、互联网结果和电子证照反馈、物流快递服务，与公安系统共享数据等，多措并举实现全程网办、全国通办，最大限度压缩承诺办理时限和跑动次数，努力实现“零跑动”和“即来即办”。对照《广东省民族宗教部门政务服务事项省级通用目录（2020年版）》，对已进驻东莞一体化政务服务平台的事项进行梳理、修正调整。（李敏渝）

附：2020年东莞市民族宗教事务局主要领导名录

局　长：胡炳棋

人力资源

【人力资源工作概况】 2020年，东莞市实施稳就业系列政策，强化公共就业服务，保证就业大局稳定，获评年度最佳促进就业城市。截至2020年底，全市新增城镇就业9.48万人，完成全年任务；城镇登记失业率2.18%，控制在年度目标3%以内；2020届高校毕业生初次就业率99.78%，完成年度目标；全市生源应届未就业困难高校毕业生动态清零，完成年度目标。为应对疫情防控，组织开展企业复工复产、人力资源调度专项工作，开辟“点对点”员工返岗“绿色通道”，以专车、专列接回3.2万人。在全国率先推出官方版“共享用工”模式，获人力资源和社会保障部推广。42万人次提升学历技能素质，提前一年完成培训百万目标。发放各类人才补贴（奖励）资金1.75亿元，惠及各类人才5349人次。东莞市人力资源和社会保障局获评为2020年度东莞市社会建设类优秀市直单位，获人社部办公厅等评为全国清理整顿人力资源市场秩序专项执法行动表扬单位、2019年度保障农民工工资支付工作考核A级、《中国劳动保障报》新闻宣传工作先进单位。人力资源系统获推荐评选东莞市抗击新冠肺炎疫情先进个人375名、先进集体125个、市优秀共产党员70名、先进基层党组织45个。

【就业创业服务】 2020年，东莞市出台实施2.0版“促进就业九条”，完善企业吸纳就业、高校毕业生就业、就业困难人员就业、鼓励创业等政策体系。发放各项就业创业以及疫情期间吸纳就业补贴3.97亿元，惠及22.67万人次。启动高校毕业生“莞邑启航、逐梦湾区”就业创业计划，提出10项行动。组织296场线上线下专场招聘会，293家用人单位提供4945个就业见习岗位。落实35个基层公共就业服务岗位和100个基层社区工作者岗位招录困难高校毕业生工作。组织389个事业单位集中招聘应届毕业生615人，完成国有企业招聘高校毕业生1288人。“一对一”帮扶就业困难人员，发放工资差额补助1.53亿元，惠及19.02万人次。线上线下服务同步推进。组织48场“春风行动”及复工复产线上招聘会，促进2.23万人次实现就业。启动校企合作云上洽谈，邀请全国408家院校与1345家莞企对接，举办13场直播活动，促成3.28万人次达成就业意向。疫情缓解后，及时启动线下对接服务，举办608场“就业服务日”现场招聘活动，提供5.33万个就业岗位，达成就业意向4188人。投入300万元建设9个港澳青年创新创业服务先行区，先行区镇街（园区）按不少于1∶1的比例配套资金，松山湖港澳青年创新创业基地吸引74个港澳青年项目、99名港澳人才。举办92期创业培训班，为2666名有创业意愿的学员提供服务；培训农村电商人员6885名。举办创业培训及系列创业大赛。创业贷款额度提高到30万元，支出贷款贴息2.16亿元，惠及5.69万人。

【“技能人才之都”建设】 2020年，东莞市健全完善技能人才政策体系，出台职业技能培训标准开发与认证试行办法和技能人才引进培养资助办法，形成技能人才培养政策体系。开发推广“东莞标准”，成立职业技能培训课程标准技术委员会，开发70个职业技能培训标准规范，其中工业机器人系统操作员成为国家标准，实现零的突破。25个专项职业能力考核规范通过人力资源和社会保障部备案，占全省总量35.7%，走在全省前列。东莞市新奥燃气、东莞市轨道交通成为省第二批职业技能等级认定试点单位，11家民营企业全省率先启动认定工作。实施职业技能提升行动，支出技能提升行动专账资金2.21亿元，惠及21.78万人。开展线上适岗培训，658家企业获得补贴1.6亿元，惠及16.6万名企业员工。开展以工代训“百日行动”，支持企业稳定岗位、吸纳就业，215家企业获得补贴5827.9万元。推进新型学徒制培养，47家企业申报备案4323人。实施职业资格鉴定、专项能力考核1.32万人次。立足专业镇建设和特色产业发展需求，开展“一镇一品”（镇街特色文化和镇街好企业、好品牌）产业人才培训16.21万人次。对接企业国内外市场开拓需求，启动“培”你“赢”销专项培训计划，培训2.75万人次营销人才。新建30家“技师工作站”，涵盖智能制造、电子信息等10多个行业领域。新建4家高技能公共实训分基地，市高训中心成为国家级高技能人才培训基地，完成实训22万人次。实施“粤菜师傅”工程，新建2家省级“粤菜师傅”培训基地和2家省级“粤菜师傅”大师工作室，出版《莞色莞味》，联合香港稻香集团开展烹饪专业人才培养，培养“粤菜师傅”3425人次。实施“广东技工”工程，东莞市技师学院成为全省高水平技师学院创建单位，新建中显智能制造学院等4个学习型工厂，建立公办带动民办办学机制，优化技工院校日常管理模式，8所技工院校新招生1.04万人，完成计划的78.4%，毕业生就业率95%。实施“南粤家政”工程，建立1个省级培训基地，依托技师学院开展德国养老护理专业合作，推出“玉兰莞家”巾帼家政计划，实施员工制家政服务企业吸纳就业和社保补贴政策，开展家政培训1.25万人次。“智通到家”成为省级家政服务龙头企业，参与起草和组织省家政服务多项标准制定。首次争取到2项世赛全国选拔赛、2项国赛承办资格，承办项目数量仅次于广州、深圳。组队参加国赛5人获得奖项，3人获得“全国技术能手”称号；组团参加省第一届职业技能大赛，获得38个奖项，8人获“广东省技术能手”称号。开展工业机器人技术应用等11项市级技能竞赛，69人获得“市技术能手”称号。

【创新人才培育】 2020年，东莞市注重研发人才引育，实施万名研发人才引进培养政策，成为全国首个研发人才专项政策，每人每年可享受最高100万元经济贡献奖，516家企业入库，1359名人才提交经济贡献奖励申请。加强平台载体建设，2家公司获批设立国家博士后科研工作站，2家公司完成广东省博士后创新实践基地备案。17家企事业单位获批设立博士工作站。松山湖港澳青年创新创业基地统筹15个分站点，引进74个创新创业项目，吸引99名港澳籍人士来莞就业。加强高层次人才引育，修订特色人才特殊政策。实施新时代创新人才引进政策，发放补贴7897.87万元，引进本科、初级以上职称人才1157名，支持1675名人才提升学历素质。向首批58名“特支计划”入选者拨付资助资金。新增副高级以上职称专业技术人才2186人，超额完成广东省创新驱动任务指标。实施境外紧缺人才认定和个税财政补贴政策，向125名境外紧缺人才发放个税补贴1319.53万元。推进社会化人才评价，向省争取到卫生系列副高级职称评审权下放，成为全省首个获审批权下放地级市，申报此类职称人数同比增长30.78%。支持工研院、电研院、智研院等3家科研院所开展职称自主评审。依托有实力的社会组织有序承接政府转移人才评价工作，开展建筑副高级职称和机电、化工、环保等8个专业中初级职称评审，3261人参加评审。促进市场化引才，拟定促进人力资源服务业高质量发展扶持政策，全市人力资源服务机构319家。支持松山湖人力资源服务产业园申报省级产业园，吸引25家知名机构进驻。完善事业单位人才激励机制，发布《东莞市事业单位短缺人才目录》，开展2期“百名博士”党政国企人才招聘，招聘12名事业单位博士人才。推动公立医疗薪酬制度改革落地，落实公办学校教师绩效考核和绩效工资分配。完成事业单位集中招聘高校应届毕业生工作。健全人才服务体系，拟订优才卡政策，持卡人才可享受24项政策待遇和便利服务，有916人通过审核。启用优才服务中心，为各类人才提供“一站式”“一对一”代办等综合服务，服务事项1727项。在寮步镇试点建立青年人才驿站。修订人才入户政策，学历型、企业自评人才等实现“秒批”，全年2.08万人获得入户资格。

【和谐劳动关系构建】 2020年，东莞市依托劳动关系风险预警系统“大数据”及舆情监测平台，分级分类评估隐患问题，排查风险隐患6443处，建立台账式管理、跟进化解机制。着力保障工资权益，实地督查考核33个镇街欠薪治理工作，召开欠薪企业主会议180场，为劳动者补发工资11547.04万元，公布欠薪违法企业34家，向公安移送涉嫌欠薪犯罪案件42宗。完善劳动关系维稳应急预案，强化应急梯队建设，市镇两级建立与公安部门劳动关系预警处置“点对点”机制。开展农民工工资支付等专项执法检查，巡查企业16349家，立案1769件，对132家企业作出行政处罚。推广在线视频庭审、微信小程序“指尖办”，首次实现仲裁案件“线上办”。加强裁审衔接，统一重点关注法律适用问题共识。与深圳市签署仲裁调查要素库、裁决文书说理库“两库”共建合作协议。试行全市统筹办案，确保法定审限内结案率100%，累计结案率95.21%，调解率77.44%。完善信访调处机制，修订信访工作流程，梳理50项诉求清单，推进信访业务规范化。加强劳务派遣行业监管，成立劳务派遣监管专责小组，整合行政许可、执法监管、信用约束三大手段，多措并举规范劳务派遣市场秩序。183家劳务派遣单位列入经营异常名录、4家列入黑名单，注销失效许可248家。建立用工动态监测及工价公开机制，引导派遣行业健康发展。指导帮扶155家规模以上劳务派遣机构做优做强。发挥三方四家联动机制，开展“和谐同行”千户企业培育，用好村一级调解员队伍推进集体协商，全市各类企业劳动合同签订率99%。统计发布2019年度市属企业职工平均工资，制定发布2020劳动力市场工资指导价位，完善收入分配机制。

【对口就业帮扶】 2020年，东莞市与云南省昭通市签订对口帮扶劳务协作协议，联合韶关市实施优质人力资源对接行动。吸纳昭通籍劳动力2万人（其中建档立卡贫困户6175人）、揭阳籍劳动力6.78万人（其中建档立卡贫困户439人）、韶关籍劳动力4.79万人（其中建档立卡贫困户644人）就业。

【“共享用工”人力资源互助调剂模式推出】 2020年2月，为推动企业复工复产，东莞市在全国率先推出适用实体经济企业的官方版“共享用工”人力资源互助调剂模式。“共享用工”企业用工余缺调剂服务模式主要有：主要针对非技术类岗位用工短缺的企业间用工互助调剂模式；主要针对技术类岗位用工短缺的行业间用工调剂模式；非全日制兼职用工调剂模式。组建“共享用工”法律顾问和就业服务专员2个团队，4月29日上线公益性“共享用工”信息平台，平台内含问题解答、用工需求、用工供应、信息发布以及企业服务专员等5个模块。全市750家企业开展“共享用工”对接，“共享用工”2万人，解决“前疫情”时期疫情防控物资企业“缺人”，“后疫情”时期生产企业“缺单”人员闲置导致人力资源成本负担重、富余员工工资收入锐减3个核心问题，实现“1+1+1＞3”社会效果。2020年9月，人力资源和社会保障部专门下发《关于做好共享用工指导和服务的通知》，支持企业间开展“共享用工”。东莞“共享用工”获全国公共就业服务专项竞赛活动优秀就业服务成果三等奖；“共享用工”作品参加第八届广东省市直机关“先锋杯”工作创新大赛，获得优秀作品奖，参赛作品作为广东省9个优秀展播作品之一在全省展播。“共享用工”短视频作品获得第二届东莞新媒体创新传播创新大会最佳传播奖。

【“云上”校企合作洽谈会线上举行】 2020年6月10日，2020东莞市（第十一届）校企合作洽谈会以直播方式线上启动。洽谈会以“才聚莞邑 智汇湾区”为主题，开启“云上”洽谈的校企合作新模式，转变以往主要由院校和企业交流洽谈方式为院校、企业、毕业生三方共同交流、互动和匹配的方式，让毕业生直接参加云上洽谈，打破时间和场地限制，活动时间从6月一直持续到12月，贯穿春、秋2个毕业招聘季，打造24小时“不打烊”云上洽谈会。活动特邀中国男篮主教练杜锋，东莞理工学院校长马宏伟，全国人大代表、唯美集团董事长黄建平，东莞市政协常委、香港青年协进会副会长梁毓雄，CBA篮球新星胡明轩等5人开展开幕前公益助力宣传。平台设置综合展示、院校展厅、企业展厅、直播专区、求职专区5个功能板块，其中院校展厅创新设置“港澳院校专区”，邀请7家港澳院校参加，澳门院校首次参会；设立“脱贫攻坚专区”，帮助未脱贫地区通过就业扶贫实现脱贫；院校、企业展厅首次设立“内销市场人才对接专区”，助力东莞外贸企业拓展内销市场；企业展厅首次设立“国有企业专区”，帮助更多高校毕业生就业；首次设立“求职专区”，方便毕业生可直接在线求职应聘，真正实现院校、企业、毕业生三方对接、互动、匹配。该届洽谈会报名参会的企业和院校数量均创历史新高，全国26个省、直辖市、自治区和港澳特别行政区408家院校，1345家东莞知名企业和广大院校毕业生报名参加，提供就业岗位5.52万个。

【“促进就业九条”2.0版推出】 2020年7月31日，东莞市出台《关于贯彻落实〈广东省进一步稳定和促进就业若干政策措施〉的实施意见》，通过“稳”存量、“扩”容量，将产业、金融、投资、外贸、消费与就业统筹考虑、统一部署，提出进一步开展援企稳岗、进一步开发就业岗位、进一步拓宽就业渠道、进一步鼓励创业带动就业、进一步促进重点群体就业、进一步提升职业技能水平、进一步托底帮扶困难人员、进一步优化就业用工服务、进一步完善就业失业监测研判机制等九条政策，包括39项51款具体措施。在1.63亿元就业专项资金基础上，新增1.25亿元，总额2.88亿元。

【优才服务中心启用】 2020年9月4日，东莞市人力资源和社会保障局在市民服务中心政务大厅设置的东莞优才服务中心启用。这是东莞市根据《粤港澳大湾区发展规划纲要》“打造人才高地”有关工作部署，为给各类人才提供更加优质的服务而设立。服务对象主要包

2020年12月9日，2020东莞高层次人才活动周开幕

（市人力资源社会保障局供图）

括：经东莞市认定的特色人才、优才卡持卡人及其直系亲属，国家、省、市等其他类别高层次人才。服务对象范围将根据全市人才认定政策动态调整。

【优才卡颁发】 2020年12月9日，东莞市人民政府出台《东莞市优才卡管理暂行办法》，全方位涵括人才服务。东莞市优才卡分为玉兰卡和莞香卡，玉兰卡有28种类型的申领对象，莞香卡有15种类型的申领对象，涉及多个领域、不同层次的人才。其中，莞香卡和玉兰卡持卡人均可享受政务服务、户籍办理、安居保障、子女入学、社会保险、医疗便利、停居留和出入境、商事登记以及金融、交通、就业、配偶安置，文体、旅游、科研通关、政策宣传、学习培训等服务。此外，玉兰卡持卡人还可专享行政便利、子女教育、医疗保障、社保服务、个税服务、公积金贷款、文艺专享服务。2020年12月9日，在"2020高层次人才活动周"开幕仪式上，东莞市委书记梁维东颁发第一批优才卡。截至2020年底，916名人才获发优才卡。 （周巧云）

附：2020年东莞市人力资源和社会保障局主要领导名录

党组书记、局长：司　琪

社会保障

社会保险

【社会保险概况】 2020年，东莞市推进参保扩面，保障湖北籍员工等受新冠肺炎影响重点群体持续参保，将非就业港澳台人员等群体纳入参保范围，探索新业态从业人员参保机制。截至2020年底，全市七大险种参保总人次2611.78万，其中社会养老保险580.95万人，城乡居民养老保险5.99万人，机关事业单位养老保险10万人，失业保险437.86万人，工伤保险452.65万人。2020年社会保险基金总收入663.32亿元，保险基金总支出685.14亿元；年末社会保险基金累计余额2284.64亿元，上年保险基金结余2306.47亿元。保障企业疫情期间特别是延缴期间全市参保人社保待遇正常享受，个人权益记录不受影响。全年发放社会养老保险基本养老金496.52万人次，支出478.38亿元，其中待遇支出89.34亿元；发放工伤待遇2.97万人，支出20.56亿元，其中待遇支出13.09亿元；发放失业保险待遇（包括定期失业待遇和一次性失业待遇）15.64万人，支出23.33亿元，其中待遇支出12.88亿元。

【阶段性社保优惠政策落实】 2020年，为支援抗击疫情，国务院阶段性减免政策一发布，东莞市暂停6.90万家待缴状态企业8.77亿元社保费划扣。省减免政策文件出台第二天，全市完成26.09万家企业2月已缴养老、失业、工伤社保费退费27.49亿元。截至2020年底，养老、失业、工伤三险共减负183.97亿元。2—12月，落实社保费延缴政策，延缴三险社保费60.56亿元。

【基本养老金年度调整】 2020年，东莞市落实40.77万名社会养老保险退休人员养老金年度调整，调整后12.61万名企业退休人员基本养老金人均水平达2456.17元/月，较调整前增长6.11%；28.15万名村（社区）退休人员基本养老金人均水平达1363.25元/月，较调整前增长8.25%。2020年，东莞市社会养老保险退休人员人均养老金为1770.68元/月。

【失业保险稳岗返还提速完成】 2020年，东莞市放宽稳岗返还政策裁员率标准，使更多企业满足稳岗返还领取资格，全年发放失业保险费稳岗返还4.71亿元，发放受影响企业失业保险费返还3.44亿元。在广东省人社厅发文明确可取消企业申请环节和压缩公示时间的第三天，完成全市符合资格企业失业保险费稳岗返还划账工作，该情况被《光明日报》作为优秀工作案例报道。

【失业补助金发放落实】 2020年，东莞市上线失业补助金业务，成立失业补助金审核工作小组，分批次向36.1万名符合申领失业补助金失业人员精准发送手机短信提醒，最大限度简化申领流程、畅通申领渠道，委托发卡银行批量办理失业补助金申请工作，加快数据比对审核，实现失业补助金应审尽审、快审快发。截至2020年底，全市发放失业补助金1.96亿元，发放人数18.83万人，发放金额和发放人数均排广东省前三名。

【价格临时补贴发放范围落实和标准调整】 2020年3—6月，东莞市在原有保障困难人群的基础上，将领取失业补助金人员纳入联动机制保障范围，落实价格临时补贴发放工作。全年为24.76万人次发放价格临时补贴4085.18万元。

【社会保险业务政务服务优化】 2020年，东莞市倡导线上办、电话办、延后办等"不见面"服务。疫情期间，单位和个人可延期办理社保业务，暂停窗口现场取号，实行全预约制，按照疫情前日均叫号量50%逐步调整至110%提供预约号，2020年底日均业务办理量回升至疫情前规模，高峰期通过电话联系预约人，分类提出业务办理建议，办理结果邮寄给参保人，减少接触式办理。依托"东莞人社"小程序、"东莞社保"微信公众号，实现增减员等16项业务微信办理，预官事项与可网上办理事项123个，社保事项可网上办理率91%。开发上线返莞人员专班、稳岗返还申领等网上办理程序，临时调整失业保险金资格个人现场验证为经办机构主动认证。改造企业网上申报系统，参保单位员工入职当日即可办理增减员业务，实现90%以上单位业务网上经办。全年全市网办业务2057.84万笔，微信凭证下载618.65万次，微信个人查询量20559.27万次，邮寄业务8.5万笔。

【社会保险宣传】 2020年，东莞市开展“惠企便民社保在行动”主题宣传活动146场，3603家企业2.52万人参加，开展线上政策宣传直播1场，1.7万人次参加，4.1万人次点赞。开展“春风送暖、社保惠企”现场宣讲会99场，服务1529家企业。“东莞社保”微信公众号推文47期85篇，总阅读量超1200万人次，公众号粉丝超405万人，多次在广东政务微信地市级服务号中排第一名。制作社保惠企政策解读视频，拍摄领导政策带货小视频；推出“社保疫情防控专题”线上折页。上线运营“东莞社保姐姐”抖音媒体号，发布短视频29个。

【第三代社会保障卡发行】 2020年12月23日，东莞市举办“智慧社保卡 刷亮新生活”——东莞第三代社会保障卡首发仪式暨主题宣传活动，14名参保人代表现场领取第三代社保卡。2020年，东莞市成立第三代社保卡工作专班，推动第三代社会保障卡全周期谋划建设，拓展创新社保卡民生服务应用。社保卡发卡银行从6家扩展至10家、服务网点从570个扩展至1210个，全市银行网点覆盖率87%。10月起，三代卡进入发行试运行阶段，12月发行三代卡。推出“东莞人社”微信小程序第三代社保卡网上申办功能，推动即时发卡成为主要发卡方式，领卡“立等可取”，部分银行实现所有网点即时制卡。对标全国先进社保卡“一卡通”服务管理平台项目，形成“一库、一支撑、一平台、三系统”（新建社保卡数据资源库，新建社保卡支撑管理系统，新建社保卡“一卡通”应用平台，升级改造社保卡管理系统、社保卡业务系统、新建社保卡智能辅助系统）为支撑的第三代社保卡平台建设规划。重点应用场景落地：整合各医疗机构诊疗卡功能，实现互认互用并支持刷脸就诊；可刷卡或扫码乘坐地铁、公交并享受折扣；养老保险待遇通过社保卡发放在12月落地，以社保卡为载体的“优才卡”发放；上线市图书馆社保卡刷卡和电子社保卡扫码图书借阅功能。升级社保卡关联服务，改版“东莞社保”微信公众号，提供发卡申请、交通出行、金融服务、生活缴费、医疗健康等线上服务，搭建配套民生服务平台。 （姚炜怡）

社会救助

【社会救助概况】 2020年，东莞市健全完善社会救助制度，统筹梳理“10+1”（指最低生活保障、特困人员供养、低收入家庭保障，受灾人员救助、医疗救助、教育救助、住房救助、就业救助、临时救助、生活无着流浪乞讨人员救助和社会力量参与）的社会救助政策体系，构建“大救助”格局。印发《社会救助兜底脱贫行动实施方案》，“不漏一户、不落一人”。转发《广东省民政厅 广东省财政厅转发民政部 财政部关于进一步做好困难群众基本生活保障工作的通知》，推进困难群众基本生活保障工作。修订临时救助政策，形成《东莞市临时救助办法（送审稿）》，拟将临时救助范围从户籍居民逐步拓宽至常住人口。2020年1月，东莞市最低生活保障标准提高至每人每月1060元，特困人员供养标准和低收入家庭认定标准分别同步提高至每人每月1696元、1590元。全年全市发放春节慰问金836.92万元、低保金8608.92万元、特困供养金1454.13万元、食品燃气水电补助金761.8万元、补助低保对象和特困人员参加基本养老保险个人缴费部分1309.97万元、临时救助金63.02万元。

【分类救助实施】 2020年，东莞市建立分类救助主动发现机制：做好入户走访和政策宣传工作，主动协助有需要的群众提出救助申请；各镇街（园区）摸排辖区内失业人员和困难企业职工家庭等困难群众，确保受疫情影响的困难群众基本生活保障；动员网格员、志愿者等社会力量，做好困难外来务工人员日常摸排、主动发现、告知救助途径等工作。印发《关于切实做好疫情防控期间灵活就业困难群众基本生活保障的通知》，对基本生

2020年1月，东莞市开展2020年春节市领导慰问老党员（困难党员）、低保家庭（特困人员）和困难异地务工人员家庭活动

（市民政局供图）

活受疫情影响且符合有关救助条件的，及时按规定纳入低保、特困、低收入家庭救助或临时救助范围；对其他社会救助制度暂时无法覆盖困难群众，通过慈善项目、“民生大莞家”项目等措施进行救助。

【特困人员护理服务】 2020年，东莞市推进特困供养人员自理能力评估分类，对全市6105人发放特困护理补贴470.28万元。印发《东莞市民政局关于切实做好我市流浪乞讨人员和困难群众新型冠状病毒感染的肺炎疫情防控和基本生活保障工作的紧急通知》，在全市各镇街建立疫情通报机制。优化整合各镇街（园区）社会事务部门力量，通过上门探访、电话视频等方式，每天重点对低保对象中单独居住和分散供养特困人员进行走访跟进，并每天进行电话回访抽查。

【精准救助推进】 2020年，东莞市实现救助申请家庭经济状况核查核对两个100%覆盖，对全市低保对象、特困供养人员、低收入家庭对象以及临时救助对象开展全面入户核查，核查比例为100%；签署核对授权书相关情况信息核对比例100%。对低保对象、特困人员、低收入家庭开展家庭经济状况核查核对1.98万人次。加强社会救助兜底脱贫和低保专项治理等7项整治行动。印发《2020年东莞市城乡低保和残疾人两项补贴专项治理行动实施方案》重点围绕应保尽保、应救尽救、应养尽养、应兜尽兜、应改尽改、应管尽管、应查尽查、应用尽用等8个重点任务，推动政策供给优化、审核审批程序便捷、资金监管有效、群众满意度提升。

【救助管理服务质量提升】 2020年，东莞市实现全市街面流浪乞讨人员和市救助管理站内长期滞留人员“双减少”目标。为175名无身份受助人员成功寻亲。开展“帮扶救助流浪人员”社工服务项目等街面巡查救助活动，开展街面救助691次，救助流浪乞讨人员1548人，劝导209人进站接受救助，联系家属接领107人。落实疫情防控“六道防线”，严把入站关、严控隔离区、严把体测关、严把预防关、严把消毒关、严抓落实关，防止市救助管理站出现聚集性感染。印发《东莞市生活无着的流浪乞讨人员救助管理服务质量大提升专项行动实施方案》《东莞市救助管理站长期滞留受助人员落户安置工作方案》，为91名长期滞留东莞市救助管理站受助人办理落户安置手续。

（贺　伟）

社会福利

【社会福利概况】 2020年，东莞市拥有社会福利事业单位49个，其中社会福利院1个、社会福利中心1个、敬老院29个，敬老院供养老人460人。社会福利事业单位收养3745人，全年社会救济8169人。全市居民最低生活保障支出8608.92万元，慈善基金结余37159.44万元。全市纳入“五保户”对象有728人，“五保户”费用支出1454.13万元。

【居家养老服务提升】 截至2020年底，东莞市1.01万名老人享受居家养老服务资助，实现有居家养老服务需求的村（社区）全覆盖。出台《2020年东莞市居家养老“大配餐”工作方案》，将非试点镇街纳入资助范围，试点镇街建设补贴标准从最高50万元提高至70万元，非试点镇街最高可享受50万元建设补贴。全年为全市各镇街长者饭堂提供补贴144.93万元（其中建设补贴55万元，运营补贴89.93万元）。截至2020年底，居家养老“大配餐”服务实现镇街（园区）全覆盖，全市47间长者饭堂投入使用，形成自建自营集户配送、社会化集中配送、养老机构对外辐射服务、社区自营+助餐点助餐等多元化服务模式，为有需求的居家养老服务资助老人提供助餐配餐服务。推进《东莞市居家养老服务管理办法》修订，形成《东莞市民政局关于审定〈东莞市居家养老服务管理办法（修订）〉的请示》，拟将服务资助对象范围优化为“年满60周岁的重度失能老年人，年满70周岁的中度失能老年人，孤寡人员、计划生育特殊家庭、部分享受定期定量抚恤生活补助优抚对象中年满60周岁及以上的失能老年人，特困供养人员、低保家庭、低收入家庭中年满60周岁及

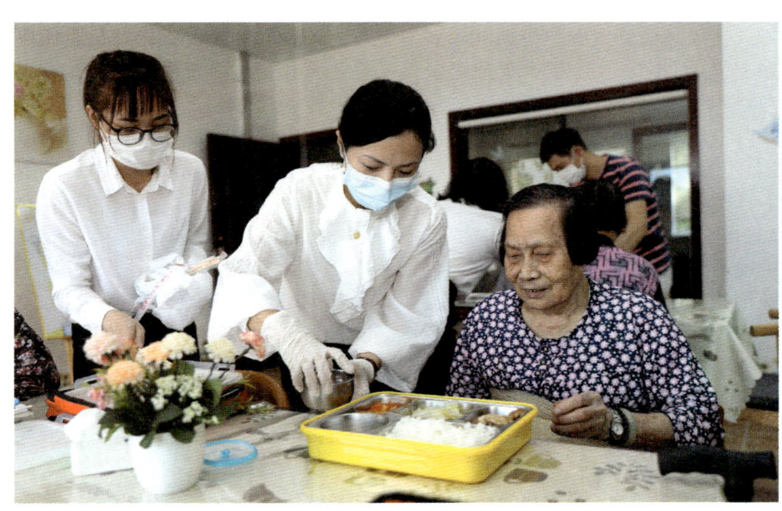

2020年11月2日，东莞市茶山镇茶山圩社区长者饭堂开业

（市民政局供图）

以上的老年人”，预计惠及1.4万名老年人。

【困难老年人家庭适老化改造工程实施】 2020年，东莞市印发《东莞市困难老年人家庭适老化改造项目实施方案》，通过政府、慈善组织、企业等多方力量，由养老服务产业有关企业提供技术支撑及改造建设，为困难老年人提供住房安全性和无障碍设施等方面的改造。项目计划实施三年。2020年为1200户困难老年人家庭提供每户最高3000元资助。

【“互联网+养老”服务】 2020年，东莞市上线智慧养老服务平台“居家养老自助下单服务”，居家养老服务对象可通过手机微信端（App端）、“平安铃”等通信载体，按需自主选择服务项目，满足老年人家庭个性化养老服务需求。截至2020年底，智慧养老服务平台完成服务订单106.43万张，服务评价满意率96%，构建“菜单式”居家养老服务网络。

【养老服务人才培训】 2020年，东莞市组织养老服务从业人员参加线上培训班5期，参训2373人次，培训包括老年人常见疾病及护理、康复训练及运动、压疮预防及护理等13个方面理论知识和实践技巧。全年开展养老服务培训80场，3089人次参与，提升养老护理员专业水平，完成2020年全市培训养老护理员1000人次目标任务。

【养老护理员职业技能竞赛】 2020年11月，东莞市举办“养老护理员”照护技能大赛，对养老护理员技能操作、应用知识、沟通协调、人文关怀等方面进行理论知识考核和综合操作考核，63名养老护理骨干人员参赛，其中24名表现突出选手脱颖获奖（特等奖1人一等奖3人二等奖8人三等奖12人）。特等奖选手被授“东莞市五一劳动奖章”称号，前八名获奖选手被授“东莞市职工技术标兵”称号。

【儿童福利保障】 2020年，东莞市为社会散居孤儿（含1名艾滋病病毒感染儿童）和未纳入低保管理的事实无人抚养儿童发放春节慰问金3.332万元、六一儿童节慰问金1.02万元。为31名社会散居孤儿（含艾滋病病毒感染儿童）预拨全年基本生活保障金45.31万元，向26名散居孤儿发放教育保障金11.334万元，为30名散居孤儿购买社会医疗保险支出1.23万元，为203名事实无人抚养儿童预拨全年差额补助金75.75万元，发放临时价格补贴5.21万元。依法办理收养登记业务11宗（国内收养登记5宗、解除收养登记6宗），安置成年孤儿4人。印发《东莞市关于进一步加强全市事实无人抚养儿童保障工作的实施方案》《关于加强东莞市儿童保障体系建设的实施方案》，加强儿童监护兜底保障。推进“合力监护 相伴成长”专项行动，强化家庭监护主体责任，依法承担兜底监护责任。 （贺 伟）

慈善事业

【“广东扶贫济困日暨东莞慈善日”活动】 2020年，东莞市向市直机关单位、企业、社会各界人士印发活动倡议书，通过网络平台宣传活动，营造热衷慈善、积极行善氛围。2020年“广东扶贫济困日暨东莞慈善日”活动募集慈善资金9268.03万元，其中定向捐赠220万元，非定向捐赠9048.03万元。

【慈善项目扶贫协作】 2020年，东莞市开展新时代文明实践·东莞慈善超市建设运营资助、抗洪救灾、标准化温室大棚建设、标准化卫生室建设、人居环境示范路改造、御寒物资购置、巴宜区特困人员集中供养服务中心老年活动场所（阳光房）改造等慈善帮扶项目，募集对口帮扶广东省韶关市、揭阳市，云南省昭通市，西藏自治区林芝市、类乌齐县，新疆维吾尔自治区图木舒克市等地区慈善款物1273.8万元。

【慈善信托管理】 2020年，东莞市将“大力鼓励发展慈善信托”列入市政府一号文2020年重点工作。截至2020年底，设立备案慈善信托2单，分别为“东莞信托·善信—莞慈1号慈善信托”和“东莞信托·善信—丰泰慈善信托”，资金规模400万元，开展扶贫、教育、助残等方面慈善帮扶活动。2020年支出14.38万元。

【慈善宣传】 2020年，东莞市印发《东莞市民政局关于开展第五个“中华慈善日”宣传活动工作的通知》，开展主题慈善宣传活动。动态直播东莞慈善工作访谈一期，在线观看人数逾千人。在《南方日报东莞观察》整版刊发东莞慈善力量决战脱贫攻坚、助力疫情防控报道。通过“南方+”客户端推出慈善政策“一图读懂”、东莞慈善力量参与扶贫、抗疫、助学等领域系列报道、“大爱东莞”慈善故事展播。9月5日“中华慈善日”当天，在东莞地标建筑电子展示屏滚动播放慈善活动海报。9月18日，赴深圳参加“第八届中国公益慈善项目交流展示会”，学习全国各地慈善组织先进经验。10月25日“东莞慈善日”当天，组织东莞地标高楼集体亮灯庆祝“东莞慈善日”十周年，营造慈善氛围。

【慈善医疗救济】 2020年，东莞市对患危、急、重病和意外受重伤困难群众实施医疗救济1134人次，发放救济金445.8万元。开展慢性肾衰竭尿毒症期困难群众医疗救济项目，针对罹患慢性肾衰竭尿毒症期困难群众进行专项救助，救助困难群众534名，发放医疗救济金354.2万元。

【“关爱环卫工 疫期送健康”活动】 2020年，东莞市开展“关

爱环卫工　疫期送健康”项目。项目为东莞市3.6万名一线环卫工人派发东莞国药“健康卡”，支出216万元，营造关爱环卫工人健康风尚。

【“海豚计划”脑瘫儿童康复救助项目实施】 2020年，东莞市继续实施“海豚计划”脑瘫儿童康复救助项目。全年救助全市0至6周岁脑瘫儿童141人次，其中莞籍儿童63人次、非莞籍儿童78人次，支出救助金126.4万元。（贺　伟）

彩票发行

【彩票发行概况】 福利彩票　2020年，受新冠肺炎疫情，东莞市福利彩票停市59天，“中福在线”销售厅停销。东莞市开展投注站标准化建设、开展各票种促销活动等工作应对新冠肺炎疫情影响，全市福利彩票发行量保持平稳健康发展势头。全年销售福利彩票19.49亿元，福彩市场占有率54.44%，全年缴交中奖所得税3372.59万元，筹集公益金5.84亿元，其中市级留成2.11亿元。

体育彩票　2020年，东莞市有体育彩票发行网点1861个，销售总额16.32亿元，体育彩票公益金4.37亿元，其中市级公益金1.29亿元。

【福利彩票发行省任务超额完成】 2020年，东莞市福利彩票销售总额全省排第三名，完成省民政厅下达15.8亿元销售任务的121.39%。各票种销售情况分别为：“快乐十分”销售8.54亿元，比上年增长1.72%；“双色球”销售6.28亿元，下降12.1%；其他电脑票销售9270.65万元，增长16.16%；“刮刮乐”即开票销售3.66亿元，下降2.65%；“中福在线”视频票销售779.3万元，下降98.06%。（贺　伟）

住房保障

【住房保障申请审批】 2020年，东莞市完成5604户（人）住房困难群众的申请审批。其中户籍家庭396户、新就业职工214人、外来务工人员4698人（含东部工业园莞城园区80人、松山湖4143人）、新入户人员296人。

【公租房管理】 2020年，东莞市开展8次市属（雅园新村）公租房分配工作，1042户（人）配租对象进行意向登记，其中东莞市户籍217户，外来务工769人，新就业职工56人，实际抽签选房822户（人），有效选房822户（人）；园区（东部工业园莞城园区、松山湖）公租房分配4223套。推进公租房货币化改革：2020年10月1日起调整租赁补贴发放标准，调整后东莞市租赁补贴标准计算参数市场平均租金标准由原来的15元/平方米调整为18元/平方米，并限定补贴面积不得超过60平方米，调整后，1—5人困难家庭补贴金额均有不同程度增幅；增加租房补贴和租金优惠两种保障方式。针对入住市属租赁住房新就业职工，提供补贴期最长为3年、每年6000元租金优惠。针对新入户人员，提供补贴期最长为3年、每年6000元租房补贴。东城、南城、道滘、寮步等四个镇街上线运行公租房信息系统试点，完善公租房信息系统。

【人才安居】 2020年，《东莞市人才安居办法（试行）》印发，明确人才安居部门职责、对象标准、房源筹集、配租配售、监督管理和法律责任等内容。制定《东莞市安居房配建管理实施细则》，涉及建设管理、移交管理、房源分配、供后管理、监督管理、保障措施等方面内容，其中对各类房源面积、建设装修标准、移交手续、准入条件、退出机制等关键问题进行明确。全年通过招拍挂出让住宅用地配建安居房29宗地（含松山湖高新区1宗、滨海湾新区2宗和大岭山镇3宗重点及高端企业人才房配套项目），建筑面积87万平方米（其中重点及高端企业定向人才房58万平方米），按平均每套90平方米计算9520套（其中重点及高端企业定向人才房6403套）。东实集团安居公司推出面向东莞市人才、外来务工人员的市人才安居社区（东城立新店、同沙店）等9个人才住房项目，筹集人才住房4985套，投入使用4085套。（吴维彬）

2020年11月26日，东莞市长安镇44100977投注站中出2736万元双色球大奖。图为市福利彩票发行中心为售出中奖彩票投注站业主颁发中奖证书（市民政局供图）

住房公积金管理

【住房公积金管理概况】 2020年，东莞市住房公积金新开户单位7949家，净增单位1016家，新开户职工38.55万人，净增职工4.58万人；实缴单位4.86万家，比上年增长2.14%；实缴职工187.77万人，增长2.50%；缴存额167.72亿元，增长15.10%；提取额103.44亿元，增长2.75%；发放个人住房贷款1.63万笔、134.15亿元，分别下降0.49%、增长6.40%；回收个人住房贷款31.98亿元，增长43.54%；实现增值收益5.62亿元，增长43.81%。截至2020年底，公积金缴存总额1169.89亿元，比上年增长16.74%，缴存余额424.28亿元，增长17.86%；提取总额745.61亿元，增长16.11%；发放个人住房贷款11.73万笔585.77亿元，贷款余额392.51亿元，分别增长16.16%、增长29.71%、增长35.19%；资金运用率92.51%，增加11.86个百分点。

【住房公积金"双统筹"落实】 2020年，东莞市出台"受疫情影响企业可申请缓缴、停缴、降低缴存比例""贷款保证金可用保函替代""保障职工公积金贷款、提取权益"发布"延期后补"事项清单等阶段性助企惠民政策。全年为348家企业节省周转资金1.37亿元，保障职工提取、贷款权益不受影响。

【住房公积金提取政策调整】 2020年，东莞市调整公积金提取政策，增加租住本市自住住房提取低缴存额全额提取和租住政府保障性住房按实际租金据实申请2种方式；取消享受社会最低生活保障提取、职工本人或家庭成员患重大疾病提取、离职提取，停止受理物业管理费提取，购买外市二手房应办出不动产权证满6个月方可申请提取。取消建造、翻建、大修住房提取额度限制，由申请人据实申报。

【住房公积金贷款政策调整】 2020年，东莞市调整公积金贷款政策，新增商转公贷款顺位抵押、可贷额度上浮3种情形，新增展期和等额本金还款方式，贷款最长年限统一设定为30年。首套房最高贷款额度由120万元调整为90万元，二套房最高贷款额度由80万元调整为50万元。供收比核定方式调整为家庭总债务月均还款额不超过规定范围。调整流动性调节系数工作机制，鼓励、支持房地产开发企业、担保公司使用现金保函等额置换保证金。下调公积金贷款担保公司收费标准，规定贷后停缴满12个月将提前收回贷款或按借款合同约定贷款利率上浮30%计收违约金。异地缴存职工申请公积金贷款的申请人或配偶任意一方须符合户籍在东莞要求。购买再交易商品住房在办妥过户手续后，应自不动产权属证书发证之日起3个月内提出贷款申请。

【住房公积金追缴】 2020年，东莞市住房公积金管理中心发出责令限期改正违法行为通知书2105份，催告书659份，立案查处涉住房公积金行政违法行为4966宗，比上年增长18.04%。对3个单位作出行政处罚，罚款金额15万元，向人民法院申请强制执行案件351件，为职工追缴到账资金5760.26万元。

【住房公积金群体性风险防范】 2020年，东莞市将各镇街、（园区）住建部门列为住房公积金对口部门，健全沟通协调、维权纠纷协同等机制，防范群体性追缴风险。稽查归集、提取、贷款业务3.5万笔，稽查总金额81.6亿元。开展内部控制、行政经费使用情况、贷后管理等6项专项稽查，首次聘请社

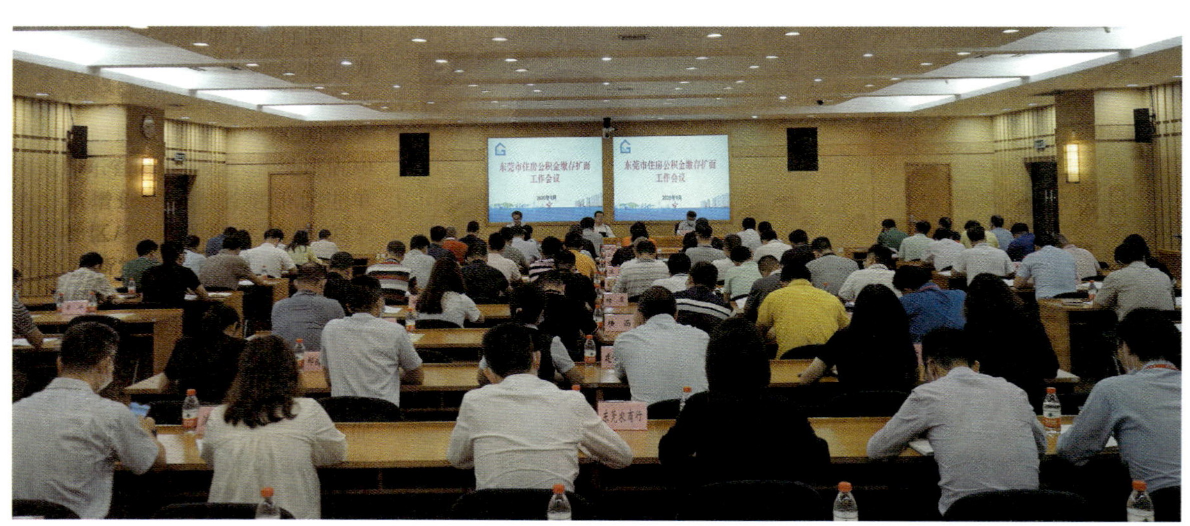

2020年9月16日，东莞市住房公积金缴存扩面工作会议召开 （市住房公积金中心供图）

会审计机构参与项目稽核。持续开展扫黑除恶专项斗争，稽查高风险外市购房提取档案900笔，未发现违规骗提情况。

【住房公积金流动性风险防范】2020年，东莞市住房公积金资金净流量滚动平均值5月起连续为负数，个贷率在7月起超过85%警戒线，12月底达到92.51%。5月，东莞市将住房公积金贷款供收比规定比例从60%调整为50%，7月对异地贷款增加户籍要求，9月调整流动性调节系数工作机制，10月、12月分别将流动性调节系数调整为0.8、0.6，同时降低最高贷款额度，防范资金流动性风险。

【住房公积金服务提升】2020年，东莞市深化“放管服”改革，上线住房公积金单位网上办事大厅（二期），实现单位缴存类业务全覆盖。疫情期间阶段性助企政策均实现线上申请，包括单位开户在内22个业务实现当场办结，100%事项实现即到即办；企业开具《守法证明》材料由3项精简至1项；企业开立公积金账户新增3个全程网办渠道。升级个人网上办事大厅，新增异地转入申请、逐月划扣签订、开具《职工缴存证明》《提取情况证明》等事项全程网上办，在业内首创二手房贷款线上申办功能，实现贷款业务线上办理零突破。扩增住房公积金政务预审事项范围，实现100%事项可网办，51%事项可全程网办，全年发生各类业务593.45万笔，其中通过线上渠道办理545.25万笔、网办率达91.88%。异地缴存职工申请住房公积金缴存使用证明可在东莞市“跨省通办”。截至2020年底，东莞市微信公众号关注量154万人，商贷信息互通合作银行增至15家。东莞市公积金管理中心被评为市党内法规制度建设先进单位，档案工作先进单位，保密工作先进单位。（裴家宏）

附：2020年东莞市住房公积金管理中心主要领导名录

党组书记、主任：林儒森

社会事务

婚姻家庭

【婚姻登记概况】2020年，东莞市各婚姻登记处及时更新《中华人民共和国民法典》《民政部关于贯彻落实〈中华人民共和国民法典〉中有关婚姻登记问题的通知》中婚姻登记相关规定和程序须知，在婚姻登记场所和有关网站进行公开。12月21日，开展全市婚姻登记工作培训班，重点对民法典实施后办理结婚、离婚实操过程进行解答，确保全部婚姻登记员得到培训、掌握政策、学会操作，确保婚姻登记工作政策无缝衔接、平稳过渡。全年办理内地居民结婚登记1.57万对、离婚登记8364对。办理涉中国港澳台地区结婚登记47对、离婚登记32对，办理涉外结婚登记27对，离婚登记7对。补领结婚证2673宗、补领离婚证336宗。出具婚姻登记记录证明3份，出具无婚姻登记记录证明14份。

【婚姻家庭辅导服务】2020年，东莞市运用“社工+法律+婚姻辅导”服务模式推进婚姻家庭辅导服务，建立以“幸福花开”新婚辅导服务项目和“幸福加油站——婚姻护航”婚姻家庭辅导项目为主，其他辅导服务为辅服务体系。全年，“幸福花开”新婚辅导项目开展新婚教育活动5场，服务182人次；有记录的优生

2020年10月1日，东莞市“‘疫’无阻挡　姻缘如约”医务人员中式集体婚礼在市民服务中心举办

（市民政局供图）

优育健康咨询67人次；新婚辅导36对，服务60人次。“幸福加油站——婚姻护航”婚姻家庭辅导项目开展即时辅导417人次，个案29个，离婚调解233对，成功调解216对。

【“‘疫’无阻挡 姻缘如约”医务人员中式集体婚礼】 2020年，东莞市在市民服务中心中庭下沉广场举办“‘疫’无阻挡 姻缘如约”医务人员中式集体婚礼。以此致敬新冠肺炎疫情期间冲锋前线的医务工作者，倡导健康文明、简约适度婚俗文化，弘扬移风易俗、婚事新办社会新风。 （贺 伟）

人口生育

【人口生育概况】 2020年，东莞市户籍人口政策生育率91.43%，出生人口性别比为106.46。常住人口出生率9.23‰、自然增长率7.88‰。其中常住人口二孩出生3.88万人，户籍人口二孩出生1.71万人。

【计划生育服务管理】 2020年，东莞市按时足额发放计生节育奖励金、养老奖励金和特殊家庭扶助金，失独家庭扶助金发放标准提高50%（即1500元/人/月）。全年向4.12万人发放奖励金1.49亿元。推广计划生育家庭综合保险，5.63万个家庭参保，为301人赠送失独家庭综合保险。

【东莞市获评为全国计划生育优质服务先进单位】 2020年，东莞市统筹推进计划生育服务管理、家庭发展和治理机制综合改革，计划生育服务顺利转型发展。获国家卫健委评为“2018—2020年全国计划生育优质服务先进单位”。

（梁静兰）

殡葬管理

【殡葬基本服务费用免除】 2020年9月22日，东莞市修订出台《东莞市免除殡葬基本服务费用实施方案》，实施免除殡葬基本服务费用政策，明确免费对象、免费项目及标准、调整申请资料、完善办理程序。2020年火化遗体1.78万具，其中东莞市1.08万具；免除殡葬基本服务费用1.78万宗，其中异地减免4宗，免除群众殡葬基本服务费用2228.7万元。

【公墓（骨灰楼）管理】 2020年，东莞市对2019年度批准建立的公墓（骨灰楼）开展年检，加强公墓建设管理，促进公墓单位依法经营、优质服务。经评审，2家经营性公墓和19家公益性公墓（含骨灰楼）均合格。

【清明祭扫暂停】 2020年，东莞市印发《关于加强清明期间群众性祭扫活动管理的通告》《东莞市清明期间疫情防控和安全管理工作方案》等文件，暂停全市现场祭扫活动，明确18个部门清明节期间疫情防控和安全管理职责，清明期间，暂停各类骨灰寄存场所祭扫活动，关停全市公墓、骨灰楼、村（社区）墓地等394个祭扫场所。清明节假期间，全市各镇街（园区）、村（社区）设置临时劝返点788处，安排工作人员9144人次（其中公安、消防等人员6168人次），村（社区）工作人员1.24万人次，志愿者1889人次，劝返群众853人次。 （贺 伟）

基层政权和社区建设

【“民生大莞家”服务品牌打造】 2020年，东莞市印发《东莞市打造“民生大莞家”品牌项目实施方案》，启动“民生大莞家”品牌试点，创新社区治理和民生服务模式。全市建成“莞家驿站”575个，建成爱心企业、社会组织及热心市民参加的爱心资源库355个。收集办理“民生微实事”745件、“民生微心愿”1992个，解决群众身边的“小急难”问题。

【城乡社区治理“十优”品牌创建】 2020年，东莞市印发《东莞市民政局开展城乡社区治理六个“十优”项目评选实施方案》，围绕社区服务、社区协商、村规民约、企业参与共治、社会组织参与共治、双工联动等组织开展城乡社区治理品牌创建活动，评选出6个“十优”品牌，带动基层治理工作水平提升。

2020年东莞市十大优秀社区服务品牌项目 寮步镇“尚善365”上屯文明积分计划、石龙镇兴龙社区“友善社区”睦邻文化建设、东城街道花园新村“楼住有情人”楼道睦邻项目、沙田镇鲸沙花园拆迁安置社区幸福营造项目、南城街道“白马故事馆”社区文化保育、莞城街道东正社区“幸福家园”社区服务品牌、洪梅镇尧均“社区好大姐”项目、樟木头镇樟罗社区“花蕾行动”大学生义教暨暑期成长营、洪梅镇黎洲角村“左邻右里”社区营造计划、虎门镇新莞人幼儿学堂。

2020年东莞市十大优秀村（社区）协商成果 望牛墩镇官洲村协商推进河涌环境整治、莞城街道北隅社区协商改善老旧楼宇小区服务管理问题、高埗镇卢溪村协商共建美丽乡村、东城街道桑园社区协商推进住宅小区环境整治、道滘镇闸口村协商推动“三旧”改造、樟木头镇石新社区协商石马综合市场物业出租、南城街道石鼓社区协商编写《石鼓李氏族谱》、石龙镇中山西社区协商共促文明养犬、清溪镇罗马村协商确定社区卫生服务站选址、黄江镇田美社区协商化解历史遗留问题。

2020年东莞市十大优秀村规民约范本 沙田镇滨港社区居民公约，樟木头镇官仓社区居民公约，清溪镇荔横村村规民约，南城街道雅园社区关于城市精细化管理建筑材料、垃圾的暂行管理规定，道滘镇大罗沙村环境管理公约，高埗镇塘厦村乡规民约，大朗镇求富路社区居民公约，塘厦镇横塘社区村规民约，清溪镇渔樑围村规民约，莞城街道创业社区邻里公约。

2020年东莞市十大优秀企业参与共治项目 莞城街道“广东宏达工贸集团党建扶贫双推进，结对共建回馈社群”、沙田镇“新长桥积极参与社会公益，奉献爱心筑和谐”、洪梅镇“汇益爱心早餐惠长者，敬老爱老社区扬”、莞城街道“用爱心回馈社会——东莞市航空服务有限公司积极参与公益活动”、寮步镇“天成机电积极投身公益事业，勇担企业社会责任使命”、麻涌镇“嘉吉粮油扶贫助困暖人心”、东城街道“撬动企业力量”，东泰社区打造“党建+社企共建”基层治理新模式、横沥镇“公益咖啡学院助力特殊人群参与社区治理”、南城街道“联合爱心企业，打造‘1+2+N’慈善模块”、樟木头镇“小猪班纳热心助学，协同共建幸福年”。

2020年东莞市十大优秀社会组织参与共治经验 虎门镇虎门平安建设促进会打造“3S之家”，建设平安和谐小区、长安镇人人学急救，急救为人人——长青公益急救宣教项目、石碣镇“因文明而光荣、因文明而互惠”——正阳驻石碣桔洲社区综合服务中心组织开展“文明桔洲”文明积分项目、黄江镇袁屋围公益基金会与社区联动共治、寮步镇发展社会组织·激发社会活力——社会创新公益园孵育社会组织经验、东坑镇“融社区 齐参与”隔坑社区服务站用心服务社区、大朗镇篮球“家”——巷头社区体育文化“善营”计划、沙田镇西大坦老年协会积极参与社区治理服务工作、常平镇“育雏行动，立体联动”青少年品格教育社会实践活动、茶山镇超朗慈善基金会汇聚大爱推进基层公益慈善。

2020年东莞市十大优秀双工联动案例 厚街镇“服务社区，奉献关爱”宝屯志愿服务项目、黄江镇梅塘社区“艺起飞翔”儿童宫成长项目、石龙镇“爱青助学”困难学生助学项目、沙田镇“双工合力，共筑社区”鲩沙花园社区双工联动服务项目、洪梅镇尧均“社区好大姐”项目、东城街道温馨楼道妇女微家、莞城街道“阳光伴你行”东正社区私人定制服务项目、南城街道“雅园心田”社区公益农田项目、道滘镇“最美七夕，匠心相传”厚德村文化传承社区营造项目、樟木头镇樟罗社区“爱心小天使”小义工培养与成长计划。

【村规民约推广】 2020年，东莞市指导、督促各村（社区）修订完善村规民约（居民公约），拓宽村（居）民参与社区事务管理渠道，增强村（居）民自我教育、自我管理、自我服务等自治功能。截至2020年底，全市100%村（社区）完成村规民约（居民公约）修订工作。

【乡镇政府服务能力提升】 2020年，东莞市印发《东莞市关于加强镇人民政府（街道办事处）服务能力建设的实施方案》，明确加强镇人民政府（街道办事处）服务能力建设16大项任务及37个责任部门。选取东城街道、石碣镇、大朗镇3个镇街作为试点，确保乡镇政府服务能力建设工作落到实处。

【社区综合服务中心运营管理】 2020年，东莞市实施“以奖代补”机制，对通过验收的5个新建社区综合服务中心予以服务设施奖励，对通过评估的115个社区综合服务中心予以运营服务奖励。实施第三方督导机制，邀请专业社会组织对全市社区综合服务中心开展实地督导，协助解决运营管理瓶颈难题，保障中心运营服务成效。

【城乡社区协商制度落实】 2020年，东莞市印发《城乡社区协商工作操作指引》，推动民主协商常态化开展。截至2020年底，全市596个村（社区）全面落实城乡社区协商制度，开展协商活动3455场次，协商议题6264个。

【正常离任村干部信息采集】 2020年，东莞市完成首轮离任村干部信息采集工作，采集录入4228名离任村干部有关信息。印

万江街道滘联社区一景　（2020年程永强摄）

发《东莞市民政局关于常态化做好我市正常离任村（社区）干部信息采集和生活补助有关工作的通知》，指导镇（街道）和村（社区）常态化开展离任村（社区）干部的信息采集和生活补助。

【基层社会治理人才培育】 2020年，东莞市印发《东莞市基层社会治理人才培育提升工程实施方案》，将村（社区）“两委”干部、“乡贤”、社会组织、社会工作、社区服务等5方面人才纳入重点培育对象，到2025年，培育不少于1万名基层社会治理人才。开展新一届村（社区）书记、主任培训班暨基层社会治理人才培育提升工程启动仪式、社会组织能力建设培训7场，培训基层治理人才1035人。

【村级自治组织换届选举筹备】 2020年，东莞市组建村（社区）换届工作筹备组，细化操作指引、强化巡回督导、组织开展骨干培训。对32个镇（街道）实施两轮全覆盖巡回督导，66个重点难点村（社区）纳入台账管理，通施“一村（社区）一策”集中整治，完成重点难点村（社区）整顿任务。

（贺　伟）

社会组织

【社会组织概况】 2020年，东莞市依法登记社会组织总数4626家，其中社会团体1145家（联合性664家，行业性162家，学术性79家，专业性240家），民办非企业单位3426家（教育类1613家，文化类65家，科技类107家，体育类98家，劳动类212家，民政类1193家，法律服务类4家，其他类134家，卫生类0家），基金会55家。新登记社会组织193家（其中新增社会团体79家、新增民办非企业单位106家、新增基金会8家），注销社会组织231家。登记认定慈善组织104家，确认获得公开募捐资格慈善组织3家，确认获得2019年度公益性捐赠税前扣除资格社会组织48家。市社会组织党委共管理党总支2个、党支部44个、党员432人，打造五星党组织3个，四星党组织7个，社会组织阳光雨党群服务中心1个，市级“双标工程”示范点1个。

【社会组织助力脱贫攻坚】 2020年，东莞市社会组织认领“社会组织扶百村”项目5个，参与“牵手行动”社会组织13家，参与云南昭通市镇雄县帮扶项目10个，投入资金163.75万元，募集对口帮扶茶园村慈善资金140万元、慈善物资1.86万元。“广东扶贫济困日暨东莞慈善日”活动中，社会

2020年9月25日，“乐购东莞　社会组织牵手大行动”签约仪式在东莞市举行　（市民政局供图）

组织认捐294.17万元，会员企业及个人捐赠5815万元。

【社会组织扶持】 2020年，东莞市出台《东莞市社会组织发展扶持专项资金管理办法》《东莞市关于新时代促进社会组织发展的意见》。全年市社会组织发展扶持专项资金资助社会组织服务项目23个，资助总额358.04万元，截至2020年底拨付资助款200.58万元。

【社会组织监管】 2020年，东莞市开展社会服务机构专项整治，现场检查296家，发出整改通知书26份，整改完成率100%。加强行业协会商会涉企收费管理，对39家行业协会商会进行收费检查，未发现违法违规收费行为。开展社会组织风险防范试点并通过市委政法委验收，开展10场社会组织安全教育专题讲座。全年对368家社会组织进行财务审计，开展执法约谈18次，发出责令改正通知书48份，办理信访61宗。列入社会组织活动异常名录373家，其中完成整改26家，主动完成注销15家。

【社会组织创新服务基地揭牌】 2020年7月，东莞市社会组织创新服务基地举行揭牌仪式。基地服务团队自主开展131场社会组织能力建设课程，服务社会组织2000家次、6513人次；开展东莞市社会组织助力高校毕业生就业活动2场，提供1600个就业岗位；整合32名专家资源建立“智库”，为社会组织提供专家咨询、解答困惑625次。

【社会组织工作联席会议】 2020年12月7日，东莞市召开市社会组织工作联席会议第一次全体会议。审议通过《东莞市社会组织工作联席会议议事规则》《东莞市社会组织登记工作协调机制实施方案》《东莞市社会组织资金监管机制实施方案》《东莞市社会组织联合执法机制实施方案》等文件。 （贺 伟）

专业社会工作

【专业社会工作概况】 2020年，东莞市购买社工岗位服务1889个，有民办社工机构54家，其中承接政府购买服务的社工机构28个，服务涉及禁毒、教育、残疾人康复、医务、司法矫正、救助帮扶、婚姻家庭、企业、青少年、妇女儿童等16个领域。全市社工全年开展小组工作4707个，计1.76万节，开启个案6878个，即时辅导14.87万人次，完成家访及探访96.03万次，组织志愿者参与服务13.48万人次。12月，东莞市出台《东莞市关于加强社会工作专业岗位开发与人才激励保障的实施办法》，明确社会工作专业岗位开发、社会工作专业职级管理等事项，完善社会工作专业人才激励保障措施，为社会工作专业人才队伍建设和推进社会工作专业化职业化发展指明方向。

【社会工作服务行业监测】 2020年，东莞市定期收集机构信息，对薪酬调整、机构运营、行业规范等方面进行研究调查，掌握行业发展动态和存在问题。截至2020年底，收集行业监测数据300份，对全市社会工作服务点（站）进行773次监察，对每个社会工作服务点在场地环境与安全、站点社工资质、服务情况、服务支持等方面进行针对性观察和站点员工访谈。

【社会工作督导人才培训】 2020年，东莞市对社会工作督导人才开展培训。组织开展5期督导助理集中培训、5期见习督导集中培训、6期督导工作坊、8期专题培训、3期外出参访培训和2次课程实践，参训人数1878人次，开展培训310学时。

【社会工作督导人才管理】 2020年，东莞市开展社会工作督导人才监管工作，通过“数据报表+工作抽查+电话访谈”的日常监管方式进行全面监管。收集、统计督导人才月报表2388份，实地走访115名督导人才服务点，听取245名督导人才工作汇报，电话访谈716名受督导一线社工。一线社工对社会工作督导人才每月工作评分的平均分达9.5分。组织实施2019年东莞市社会工作督导人才年度考核工作和2020年东莞市社会工作督导人才中期考核工作，对416人次社工督导人才的工作进行检查和总结。截至2020年底，全市有230名社会工作督导人员，其中督导助理159名，见习督导53名，督导18名。

【社会工作服务机构“牵手计划”实施】 2020年，东莞市选派10家社会工作服务机构参与社会服务机构“牵手计划”，对口帮扶湖北省孝感市孝昌县和恩施土家族苗族自治州、宜昌市秭归县、十堰市房县、黄冈市罗田县等10个市县。截至2020年底，赴湖北省开展实地督导服务20次，派驻督导79人次，援派时间350个工作日，惠及7302人次，培养社会工作专业人才260名。

【“双百计划”社工服务站运营】 2020年，东莞市虎门镇、道滘镇、寮步镇、中堂镇、厚街镇、横沥镇6个镇“双百计划”（省建设200个镇街社工服务站计划）社工服务站社工扎根镇村，以社区为本，运用社会工作的专业方法和技巧，协助落实有关福利保障政策。截至2020年底，入户走访和服务低保对象、高龄老人、困境儿童、残疾人等2.16万人次，建立家庭服务档案1378户，帮助846人落实低保、特困人员、残疾人“两项补贴”、医疗救助、临时救助等政策，为3539人次提供心理疏导、精神慰藉等服务。

【云南省昭通市社会工作服务帮扶】 2020年，东莞市莞城街道、樟木头镇等22个镇街落实《关于携手奔小康镇街帮扶昭通市社会工作服务工作方案》要求，安排社会工作力量到云南省昭通市对口县区开展社会工作扶贫协作工作，投入资金32.06万元，聘请本土社工督导12名、昭通社工16名，开展社会工作“传、帮、带”服务。截至项目结项，社会工作服务帮扶覆盖昭通市13个社区，开展个案服务14个，小组工作19个，社区活动89场次，暑期夏令营5个，走访安置群众1059户，组建社区兴趣队伍10支，直接受益人数5572人，间接受益人数近万人。

【“东莞市帮扶昭通鲁甸卯家湾易地搬迁”社会工作服务】 2020年，东莞市组织开展“东莞市帮扶昭通鲁甸卯家湾易地搬迁社会工作服务项目”，由东莞市鹏星社会工作服务社承接，采用“东莞社工督导+鲁甸本地社工”协同服务工作模式，开展社会工作督导以及服务。派出社工督导12批，完成个人督导96次、小组督导43次，督导时长209.5小时；完成社区走访及家访1134户，建档1129户，咨询1150余次，开启个案23个、结案20个；完成小组组建8个，社区活动35个，孵化品牌项目1个，登记注册志愿者121人，累计服务景新、和悦两个社区居民近万人次。

（贺　伟）

地名与区划界线管理

【区划界线管理概况】 2020年2月，东莞市印发《东莞市民政局关于做好2020年行政区域界线及行政管辖范围分界线联合检查工作的通知》。开展茶山东坑线等19条镇级行政区域界线第四轮联检工作，巩固界线勘定成果。

【建筑物命名审批】 2020年，东莞市审批同意80宗建筑物命名（更名），分别是：莞非展贸中心、东樾花园、万科江湾花园、云麓台、叁悦花园、莲花华庭、纯水岸花园、宏达通信大厦、清溪雅苑、万科江岸花园、宜展公馆、臻悦花园、博凯停车楼、伟业工业大厦、山湖碧桂园、海怡广场、麻涌民营广场、城南誉府、悦璟台、金地名京花园、寮盈慧谷科创中心、京东都市科技金融创新中心、唐商翰林居、鹏瑞天玥广场、万科金域东方花园、新世纪颐龙轩、西平新地中心、玖珑湾花园、金穗润华府、东骏广场、绿岛花园、欧菲光电影像产业科研中心、璟悦台、远洋大厦、天寰广场、格兰名筑商业大厦、悦江花园、太和城市花园、松湖领峯花园、万象府、君汇广场、天韵花园、深业松湖云诚花园、天健阅江苑、滨江紫云花园、元昇数谷中心、信鸿湾区智谷科研中心、万科金域花园、万科滨江苑、碧桂园智造创新中心、美霖商务楼、卓越悦山湖花园、保利悦花园、春江悦峯广场、天悦花园、翡丽花园、创智汇产业园、滨江璀璨花园、江畔花园、御峰华庭、天悦华院、玖墅公馆、云锦花园、东豪商业大厦、芳华水岸花园、依城大观花园、时代智造中心、嘉利工匠大楼、芳华花园、佳郡花园、森悦花园、鹏程上花园、万科金域公馆、裕和苑、信鸿仓库楼、玉兰公馆、蔚蓝星宸花园、世城悦湖花园、万科星辰花园、珑远翠珑湾印象花园。

【道路命名审批】 2020年，东莞市有148条道路命名（更名）。分别是：刘屋冚叠彩路、刘屋冚横村路、刘屋冚横村路东一巷、刘屋冚横村路东三巷、刘屋冚横村路东二巷、刘屋冚横村路东五巷、刘屋冚横村路东四巷、刘屋冚环翠路、北永金牛路上横二巷、北永金牛路上横四巷、新港三路、望牛墩同乐街、狮石厦文昌二巷、狮石厦文昌巷、狮石厦文昌直巷、电商路、白鹭五路、蚬黄路、青鹤湾路、万江金新路、上周塘木棉路一巷、上安街、东基路、东江堤街、东滨路、九龙潭路、京东路、京山江南路、元马路、公园北路、凝华街、创业北路、创达路、北永金牛路上横三巷、厚山路、司马沿河路、和顺街、和馨路、嘉华街、四纵东路、四纵横路、四纵路、圩镇新村二巷、天启路、天辰路、天际路、富顺街、寮步教育路横巷、崇彩街崇正路、市心中路、广业路、广济路三巷、建达一街、彩华街、掌洲北路、掌洲南路、新宾路、新港一路、新港二路、新街基十九巷、旺兴街、星光滨湖路、星光象山路、星峰路、星源街、昭华街、朗豪街、松园支路、板石红荔路、枫树一路、枫树三路、枫树二路、柏景二巷、槎朗路、槎湖二路、横塘宝兴路、永福街、江畔横一路、江畔横三路、江畔横二路、江畔路、沙湾路、泗安路、泰宁路、洲心街、济洲西一路、海德路、海心沙路、海纳路、清泉南路、滨涌一横路、滨涌一路、滨涌二横路、琅华路、瑞德路、瑶池路、白头柱西一巷、白头柱西三巷、白头柱西二巷、白鹭一路、白鹭三路、白鹭二路、白鹭四路、盛华街、福鑫路、立德路、粟边东塘新街、粟边新园路、维沃路、美江路、翠河五巷、翰林街、聚才路、胜利赵屋南一路、芳华街、蔡坊青云街一巷、豆豉洲路、豪侠滘新村路、迎宾一路、郭仙路、重元路、金涌路、铁矢岭黄屋路西二巷、银井一街、银井二街、镇海路、长宏新城三路、闸口思贤河路、雁田吉园路八巷、风门坳路、香堤路、鹤湾一路、麻一二坊南街一横巷、麻三富江二路、麻三富江路一巷、麻三富江路二巷、黎咀巷、黎旗尾花溪街、龙尾坑一巷、龙尾坑三巷、龙尾坑二巷、柏地翠河路、清溪商业街、裕丰光明路、长安兴发南路、靖海东路、鹿鸣路。（贺 伟）

学生校外托管机构管理

【学生校外托管机构管理概况】 2020年7月8日，东莞市印发《关于开展全市学生校外托管机构全面排查工作的通知》，摸查出学生校外托管机构1154家，服务入托学生5万人。截至2020年底，东莞市登记学生校外托管机构932家，其中2020年新增登记31家。

【学生校外托管机构年度专项整治行动】 2020年，东莞市开展社会服务机构专项整治工作，将学生校外托管机构纳入整治范围，通过实地检查、组织开展执法清理，同时严格学生校外托管机构年度工作报告内容审查，规范学生校外托管机构，引导不开展活动、失去活力的学生校外托管机构主动完成注销。全年主动注销48家，立案131家，列入活动异常名录108家。（贺 伟）

收支、消费

【居民收入】 2020年，受新冠肺炎疫情影响，东莞市居民收入增速有所回落。全年居民人均可支配收入5.65万元，比上年增长5.4%。其中，城镇常住居民人均可支配收入5.81万元，比上年增长5.3%；农村常住居民人均可支配收入3.88万元，增长8.1%，城乡收入差距进一步缩小。

从收入构成上看，居民人均工资性收入3.96万元，占人均可支配收入70.1%，是居民收入的首要来源；其次是人均财产净收入，达1.16万元，占人均可支配收入20.5%。

【居民支出】 2020年，东莞市居民八大类支出呈现“四升四降”趋势，其中人均食品烟酒支出增长1.2%、居住支出增长3.2%、生活用品及服务支出增长4.4%、医疗保健支出增长2.6%、衣着支出下降4.7%、交通通信支出下降11.3%、教育文化娱乐支出下降21.3%、其他用品和服务支出下降19.8%。

从生活消费支出来看，2020年东莞市居民人均生活消费支出3.42万元，较上年下降4.1%。其中，城镇常住居民人均生活消费支出3.47万元，下降4.1%；农村常住居民人均生活消费支出2.69万元，下降3.0%。全市居民恩格尔系数33.4%，比上年增加1.8个百分点，其中城镇33.1%、农村37.2%。

【价格指数】 2020年。东莞市居民消费价格总水平比上年上涨2.9%，其中食品烟酒类上涨8.4%、衣着类下降1.3%、居住类下降0.9%、生活用品及服务类下降0.1%、交通和通信类下降2.8%、教育文化和娱乐类上涨4.5%、医疗保健类上涨2.0%、其他用品和服务类上涨3.4%；商品零售价格总指数上涨1.0%；工业生产者出厂价格指数下降0.6%。

【消费者权益保护】 2020年，东莞市开展“凝聚你我力量”消费维权年主题工作，受理处理消费者各类咨询投诉举报13.76万件，其中咨询7167件、投诉3.81万件，挽回消费者经济损失3851.44万元。针对疫情防控工作发出消费提示，引导消费者稳定情绪，科学防护保健康。对经营活禽和野生动物的市场、餐饮服务单位以及药店、防疫物资生产企业、学校食堂等重点场所开展明察暗访，落实疫情防控措施。新冠疫情爆发初期，及时、高效受理处理涉及哄抬物价、预付款不退等涉疫消费投诉1517件，挽回消费者经济损失50.43万元。获全省消委会系统投诉工作优秀单位、放心消费创建优秀单位以及消费维权信息报送优秀单位。

【消费维权多元共治格局构建】 2020年，东莞市制定《东莞市提升城市消费者满意度工作实施方案》，建立消费环境建设统筹协调机制，创建消费维权服务站，将消费纠纷调处延伸到最前线。截至2020年底，全市建设消费维权服务站503家，基本做到“维权不出店，就近维权，现场维权”。建立人民调解与消委会调解的联动机制及司法诉调对接机制。落实《东莞、澳门消保网上调解及仲裁计划》，加强区域合作建立跨境消费维权机制，实现东莞、澳门两地消费纠纷视频在线调解，便捷、快速处置两地消费纠纷，维护两地消费者合法权益。

【“3·15”消费维权活动】 2020年，东莞市围绕“凝聚你我力量”年主题，制作抗击疫情、消费维权、放心消费创建等短视频100余份，通过各大媒体发布消费提示警示7期。针对投诉热点痛点问题，约谈相关企业负责人。开展放心消费创建活动，全市创建承诺单位1858家，其中“放心消费承诺单位”1739家，“线下无理由退货承诺店”119家。发起“凝聚你我力量 让消费更温暖”系列社会公益活动，提高餐饮行业诚信经营及服务水平。举办“品质东莞新消费”活动，提高东莞产品美誉度。组织开展儿童读物印刷产品比较试验，引导消费者树立健康、绿色消费理念。开展“食安东莞”优秀餐饮街区创建和放心肉菜示范超市创建活动，开展食用油、湿米粉、特殊医学用途配方食品、电动自行车、燃气热水器、成品油以及特种设备等专项整治行动。

（李晓恩）

生态环境

ECOLOGICAL ENVIRONMENT

松山湖春色　（2020年曹永富摄）

编辑：郭佩文

环境质量

【水环境质量】　2020年，东莞市2个城市集中式饮用水源地（东江南支流和中堂水道）年均水质类别达Ⅱ类，水质状况属优，水质达标率（按频次计算）100%。全市7个国考、省考地表水监测断面水质总体有效改善，断面水质优良比例57.1%，3个省考断面水质稳定达标，4个国考断面水质达到考核要求，泗盛断面达Ⅱ类（除溶解氧），共和村、旗岭、樟村断面水质均为Ⅳ类；其中：共和村断面氨氮比上年下降70.4%，总磷下降56.2%；旗岭断面氨氮下降75.2%，总磷下降64.2%；樟村断面氨氮下降74.6%，总磷下降72.9%；泗盛断面氨氮下降53.1%，总磷下降20.7%。全市水环境改善幅度全国排第三名、全省排第一名。全年优良水库比例69.6%，比上年上升38.8个百分点；劣Ⅴ类水库比例8.7%，比上年下降14.4个百分点。

【大气环境质量】　2020年，东莞市环境空气质量指数（AQI）范围在21—206，达标天数为334天，达标天数比91.3%，比上年上升13.2个百分点。六项主要污染物浓度全部达到国家二级标准，比上年均有较大幅度下降：二氧化硫（SO_2）年均浓度8微克/立方米，下降20.0%；二氧化氮（NO_2）年均浓度27微克/立方米，下降27.0%；可吸入颗粒物（PM10）年均浓度38微克/立方米，下降20.8%；细颗粒物（PM2.5）年均浓度24微克/立方米，下降25.0%；一氧化碳（CO）日均值第95百分位数浓度0.9毫克/立方米，比上年下降18.2%；臭氧（O_3）日最大8小时值第90百分位数浓度155微克/立方米，下降18.8%。

【声环境质量】　2020年，东莞市区域环境噪声昼间等效声级平均值57.2分贝，比上年下降3.7%，区域噪声环境质量总体水平等级为三级，处于一般水平。影响区域声环境的主要声源构成为生活源和交通源，分别占65.8%和22.5%。城市道路交通噪声昼间等效声级平均值为67.1分贝，比上年下降3.2%，道路交通噪声强度等级为一级，处于“好”的水平。城市功能区噪声昼间达标率52.8%，比上年下降8.3个百分点；夜间达标率41.7%，比上年上升5.6个百分点。（张灿辉）

东引运河　　（2020年市东引运河现场指挥部供图）

环境规划

【声功能区区划】　2020年3月19日，东莞市生态环境局以《中华人民共和国环境噪声污染防治法》、《声环境质量标准》（GB3096-2008）中各类标准适用区域为依据，印发《东莞市声功能区区划》，结合城市区域用地现状统计资料、声环境质量现状统计资料、城市总体规划，根据《声环境功能区划分技术规范》（GB/T 15190-2014），按区域规划用地的主导功能、用地现状，进行全市范围声环境区能区的划分，将市域划分为1类、2类、3类、4类声环境功能区，无0声环境功能区。

【生态环境保护规划】　2020年，东莞市推进《东莞市生态环境保护“十四五”规划》编制工作，科学制定“十四五”生态环境规划编制工作方案，并征求市有关部门意见，召开专家咨询会，修改形成《东莞市生态环境保护“十四五”规划（第四轮征求意见稿）》。

【《国土空间总体规划生态环境专责小组报告》完成】　2020年，东莞市编制完成《国土空间总体规划生态环境专责小组报告》，对各类保护边界提出生态空间管控措施，明确全域山水林田湖海生态保护修复的目标任务、策略路径、重点方向和重点区域。明确各类自然保护地范围边界，提高生态空间完整性和网络化；提出水污染防治和水生态修复、土地整治与污染修复、生态环境综合修复、自然保护地生态修复、海洋生态修复措施要求；安排生态保护修复的重点工程的规模、布局和时序；明确大气、水、土壤、海洋环境质量提升及产业绿色发展的规划措施、近期建设重点，协调统筹未来十五年东莞市在生态环境领域的空间开发、利用、保护需求，在此基础上形成空间用途管制“一张蓝图”。《国土空间总体规划生态环境专责小组报告》于2020年11月25日通过专家论证。（张灿辉）

污染防治

【水污染治理攻坚战】　2020年，东莞市7个国省考断面水质基本达标（溶解氧除外）。分别出台治污攻坚命令，完善市级—流域—镇级指挥体系，加大统筹和资金投入力度，以大兵团作战推进茅洲河、石马河、东引运河—寒溪河、东江下游片区等重点流域综合整治，年内，茅洲河共和村、石马河旗岭、东引运河樟村断面水质分别为Ⅳ类，东江下游片泗盛断面水质（不算溶解氧）为Ⅱ类。推进主干管网检测修复、排水单元地块污水接驳、地下雨污系统错混接整改、排水户雨污分流等13项重点攻坚任务。水生态一至五期管网工程基本建成并通水，全年新增截污管网5700千米，全市建成污水管网超过1.3万千米，全市排水地块1.36万个，年内，完成地块污水接驳1.35万个，完成率99.4%；源头雨污分流重点排水户（工厂、公共建筑、住宅小区）3.03万个，完成雨污分流2.93万个，完成率96.77%。重点排水户基本做到雨水接入市政雨水管道（或自然水体），污水接入市政污水管道，逐步实现雨污分流；推进污水处理提质增效，新增污水处理项目6项，至年底污水处理总规模373万吨/日，35家污水处理厂提标改造工程全部投入运营，完成分散式及一体化污水处理设施建设（处理能力45.4万吨/日）154座。城市建成区22条黑臭水体于同年底在“全国城市黑臭水体整治监管平台”上报长制久清。

截至2020年底，完成河涌水环境整治任务424条，其中2020年新增完成213条；推广排水许可核发，形成持证排水、无证不得排入城镇污水管网的工作管理机制；规范入河排污口整治，按照“清理一批、整治一批、规范一批”的原则，对全市入河排污口进行“一口一策”溯源整治，摸查出18186

个明渠市政入河排污口完成整治17915个；强化饮用水源保护，全面完成“千吨万人”饮用水水源地摸底排查，12月21日，印发实施《东莞市“千吨万人”乡镇级饮用水水源保护区划分方案》。

【蓝天保卫战】 2020年5月22日，东莞市大气污染防治办公室出台《东莞市蓝天保卫战2020年度实施方案》，制定实施强化措施32项，加大大气污染防治力度。空气质量各项指标创有监测以来历年最好水平，改善幅度居全省前列，空气质量在全国168个重点城市中排第二十位。空气质量综合指数3.23，比上年增长22.4%，改善幅度全国、全省第二；优良天数比例91.3%，比上年提高13.2个百分点，提高比例全省第一。PM2.5浓度24微克/立方米，首次达到世界卫生组织第二阶段标准。年内，东莞市推进自备电厂煤改气，建成点火试运行4家、加快建设13家。全市煤炭消费总量1112万吨，比上年压减260万吨。完成2268家重点企业帮扶执法和整治销号；完成79家高污染高排放企业整治淘汰和387家落后产能VOCs企业整治淘汰；完成重点行业低VOCs原辅材料替代360家、汽修企业VOCs综合整治959家、无组织排放治理811家、末端整治414家以及25台C级炉窑的提升改造；淘汰改造燃煤及生物质锅炉40台。强化实施国III柴油货车核心区限行、黑烟车全市限行措施，完成交通拥堵节点治理49个；对956家柴油用车大户单位3.5万辆车实行大户清单管理，约谈超标用车大户59家，执法检查柴油车3318辆次，责令整改超标排放柴油车51辆；完成非道路移动机械摸底调查备案2.17万台，检查5726台次、检测607台次；检查船舶2762艘次，检测燃油852次，查处燃油硫含量超标船舶120艘次；查处“黑油”窝点（包括流动点）752个，查扣涉“黑油”车辆941辆，查扣“黑油”754.28吨。加强生活源污染控制，查处露天烧烤、焚烧行为1660起；规范工地扬尘和泥头车密闭运输管理，责令2365个工地整改扬尘问题，查扣泥头车、运砂车等运输车辆3970辆，排查处理裸露公共用地922处。成立余泥渣土处置协会，加强行业自律。开展夏季臭氧和冬季颗粒物污染防控专项行动，对重点区域污染源排查整治并实施分级管控1242个；建立本地典型污染天气案例库，加大污染天气应急减排力度。

2020年4月23日，东莞市重点行业企业用地土壤污染状况调查现场采样工作启动 （东莞市生态环境局供图）

【净土防御战】 2020年6月1日，东莞市生态环境局印发实施《2020年东莞市土壤污染防治工作方案》。完成884家重点行业企业和7个重点工业园区用地基础信息调查和相关地块采样分析、风险分级及成果集成。公布2020年土壤污染重点监管单位名录，落实隐患排查和自行监测制度。介入土壤环境管理的建设用地超550宗，健全“事前—事中—事后”土壤调查监管机制。完成2020年省下达的0.18万公顷受污染耕地安全利用任务，完成耕地土壤环境质量类别划分工作。开展土壤环境背景值调查研究和地下水污染调查评估。

【固体废物污染防治】 2020年，东莞市推动“无废城市”建设，探索建立固体废物综合管理制度、技术体系和指标体系，编制完成《东莞市“无废城市”建设实施方案文本》《东莞市“无废城市”建设指标体系及编制说明》《东莞市“无废城市”建设实施方案研究报告》征求意见稿；12月8日，印发实施《东莞市工业固体废物综合整治工作方案》，建立从产生、贮存、转运到利用和处置全过程的工业固体废物管理体系。海心沙绿色工业服务项目完成主体工程建设，焚烧项目一期（3万吨/年）和收集暂存项目（0.03万吨/年）于同年12月24日获危险废物经营许可证投入运营；立沙岛丰业固体废物项目（处理处置危废26类，5.45万吨/年）获危险废物经营许可证投入运行；危险废物填埋场项目（规划处置危废5类，6.9万吨/年）形成选址请示。年内，东莞市污泥脱水处理能力提升至2310吨/日。新增污泥处置能力1700吨/日，至年底有污泥处置能力1760吨/日；污泥集中处理处置项目选址在沙田镇立沙岛，加快开展规划调整、特许经营实施方案编制、可研、环评、稳评等前期工作。截至2020年底，全市纳入危险废物规范化管理企业1.74万家。推进固体废物申报登记，完成上年度一般工业固体废物申报登记企业2.52万家，危险废物申报登记2.17万家。东莞市医疗废物处理中心收运处置医疗废物1.01万吨。8家废纸进口企业获核准固体废物进口许可236.2万吨，比上年下降31.9%。

【近岸海域污染防治】 2020年，东莞市推进近岸海域综合整治，印发实施《东莞市近岸海域污染防治实施方案》；强化入海排污口监管与整治，对全市海岸线范围内的排污口进行核查和水质监测，形成全市入海排污口分布地图，摸清入海排污口数量和类型，全年完成整治入海排污口69个。建立入海排污口台账，实行动态清单管理，对直排海企业每季度开展水质监测，联合市海监、海事和海警等部门开展近岸海域污染防治联合行动，打击污染海洋环境、破坏海洋生态违法行为；强化海洋环境保护监测，推进麻涌、沙田、虎门等3个岸基自动观测站建设，开展14个海洋功能区环境监测，完善海洋生态环境监测网络。

【绿色发展】 2020年，东莞市推进生态保护红线、环境质量底线、资源利用上线、生态环境传入清单编制工作，编制成果汇总至全省成果。新建、扩建石化、化工、工业涂装、包装印刷等VOCs（挥发性物质）排放重点行业、重点工艺项目及VOCs重点排污单位名录项目（市重大项目、市经济运行重点监测A库企业且属于企业自身产品配套所需的项目除外）须进入工业园区（或共性工厂）内建设，改建、迁建项目须实施大气污染物排放总量削减。对临时性的三类建设项目（包括医疗卫生、物资生产、研究试验等）豁免环境影响评价手续；落实《广东省豁免环境影响评价手续办理的建设项目名录（2020年版）》，对基本不产生生态环境影响的61个行业类别的建设项目，不再要求办理环评手续。将畜牧业、交通运输业等17大类44个小类行业的项目纳入环评告知承诺制审批改革。年内，通过告知承诺制审批流程办理环评事项128宗。结合疫情防控，推进环评“不见面”审批，截至2020年底，采取“零跑动、免接触、不见面”方式完成环评审批项目607个。完成136家省级企业和1428家市级企业环境信用评级工作，按程序向社会发布两批环境违法“黑名单”374家。推进清洁生产，将401家企业纳入到2020年度强制性清洁生产名单，全年组织对227家重点企业进行清洁生产评估验收，其中通过评估验收企业210家。（张灿辉）

环境监管

【环境执法监管概况】 2020年，东莞市运用交叉执法、攻坚执法、联合执法、协同执法、蹲点执法等模式，围绕污染防治攻坚战等环境保护工作以及第二轮中央环保督察工作，重拳整治，铁腕治污。抓好“双随机一公开”监管主线，将主要污染物排放量占全市排污总量85%以上的企业全部纳入“双随机”企业库，对排污企业实施分类监管和差异化监管。聚焦石马河流域、茅洲河流域、东引运河流域、重点黑臭水体，开展蹲点执法和深莞惠联合交叉执法，解决石马河塘厦天桥段白色泡沫异常、黄江污水处理厂进水异常等事件，在国考断面全面铺开驻点执法整治行动和常态化的驻点督导执法回头看，保障四大国考断面流域维稳Ⅴ类水质；开展楼宇式分租厂房环境整治专项行动，清理整治环境违法企业。年内，东莞市检查企业9.5万家次，日均检查企业261家次，比上年增长94%；查处环境违法案件4588件，罚款6.59亿元，增长74.8%；移送涉嫌环境犯罪案件214件，增长197.2%，执行环保法各项配套措施案件数量排全省第一名。探索“楼企”矛盾化解新模式，开展专项行动。全面排查梳理辖区内的“楼企”矛盾问题，形成问题清单，带案下访，主动对话企业，约访业主代表，以可感知、可评估的方式向业主代表反馈企业整改情况。应对“邻避”矛盾化解新常态，对拟建、在建涉环保“邻避”项目进行排查梳理，做好项目公示、落地前准备，确保发现负面舆情时及时做出反应。全年生态环境系统受理各类环境信访案件2.3万件，比上年下降20.57%。接报、指导、调度处置各类突发事件25起，其中一般（Ⅳ级）突发环境事件6起。东莞市33个园区、镇街完成应急预案修订，1767家环境风险企业完成应急预案备案。

2020年11月12日，东莞市环境监管执法人员检查废水处理管道走向情况　（周美玲　摄）

【环境监管改革】 2020年，东莞市推进生态环境监管执法改革取得阶段性成效，推进生态环境专管员制度试点，组建一支1288人的“专职+专业”村级专管员队伍，壮大基层监管执法队伍力量；利用快速检测包、走航车监测、无人机追踪、全过程在线监控等为环境执法提供技术保障，全方位形成“人防+技防”的执法监管防控体系；用好监管执法排名指挥棒，完善考核指标，引导规范监管执法行为。年内，东莞市创新监管执法形式，印发实施《东莞市环境违法行为有奖举报暂行办法》，鼓励全民参与环保监督，全年发放奖金274万元；5月26日印发实施《〈东莞市生态环境局综合行政执法音像记录管理制度（试行）〉及其配套文件》，推动现场执法阳光化、规范化；7月29日印发实施《东莞市企业环境规范化管理指南》，帮扶企业全面提升环境管理能力。

【环保督察】 2020年，东莞市完成中央环保督察、“回头看”及固体废物环境问题专项督察的整改事项33个，其中27个销号，完成办结交办案件348件；涉及省级环保督察整改事项37个，完成30个，其中销号27个，完成办结交办案件281件。4月7日，印发《东莞市生态环境局2020年度重点工作督查督办方案》，将各项重点工作任务纳入督办事项，对各项重点任务进行跟踪督办，加强环保督查工作。11月16日，印发实施《东莞市人民政府办公室关于成立东莞市生态环境问题整治工作领导小组的通知》，成立市生态环境问题整治工作领导小组，开展督查督办，每月召开督办工作会，形成专报、通报，全面推动突出问题整改，消除隐患。

【环保信息化建设】 2020年，东莞市推出监控组合拳，运用污染物监测分析、大数据分析，及时发现环境问题，对污染进行溯源，协助环境执法工作，督促全市268家重点排污单位自动监控、按照国家要求完成自动监控建设垃圾焚烧厂6家；对8945家重点行业企业实施污染源产污、治污、排污等全过程监控；针对散乱污等污染源，利用卫星遥感、无人机、走航车、微站、水平衡等在线监控技术，实施面源监控，污染溯源。

【医疗机构环境监管检查行动】 2020年，东莞市生态环境局成立疫情防控工作领导小组，对全市医疗废物及污水环境监管加强统一指挥、统一领导。1月25日、28日、31日分别紧急制定并印发《关于迅速做好新型冠状病毒感染的肺炎疫情防控工作的通知》《医疗机构环境管理工作指引》《东莞市医疗机构疫情防控期间环境污染防治现场监管工作方案》等多份工作指引和行动方案，排查医疗废物及污水处置排放的情况。将涉生态环境系统防控工作切分为八方面重点工作，共26项具体事项，工作开展率100%。年内，全市生态环境系统检查医疗机构1.6万家次，农贸（“三鸟”）市场5084家次，医学观察点143家次。疫情期间核查全市107家环评审批20张床位以上的医疗机构的排水情况，绘制全市39家重点医院机构的排水去向示意图，指导、督促有资质的处置单位市医疗废物处理中心收运全市医疗废物9200吨，均安全处理处置。建立监督执法正面清单，将七类共381家企业纳入监督执法正面清单名单；构建环境违法容错纠错机制，明确凡因落实疫情防控任务而违反生态环境法律法规的，酌情不予处罚或者从轻处罚；创新施行处罚款缓交政策，全市有2055家企业，近3.1亿元的处罚款享受处罚缓缴政策红利。 （张灿辉）

生态保护

【生态文明示范市创建工作启动】 2020年5月6日，东莞市创建国家生态文明建设示范市领导小组办公室印发《东莞市2020年生态文明建设示范市创建重点工作》，推进生态文明建设示范市创建工作。落实国家和省有关生态文明建设的决策部署，从生态空间、生态经济、生态环境、生态生活、生态制度、生态文化六个方面提出各项任务，把打好污染防治攻坚战摆上更加突出的位置，以创建国家生态文明建设示范市为抓手，践行绿水青山就是金山银山的理念。

【农村农业生态环境保护】 2020年，东莞市编制实施《东莞市“千吨万人”乡镇级饮用水水源保护区划分方案》，全市有“千吨万人”乡镇及以下集中式饮用水水源地20个，全部完成划定，保护区划定比例100%；根据《东莞市乡镇级集中式饮用水水源地环境保护专项整治工作方案》要求，启动对乡镇级饮用水水源保护区内存在的215个环境问题的整治工作，年内，基本完成整治。推进截污次支管网建设，因地制宜实施雨污分流

成群白鹭在东引运河栖息 （2020年市东引运河现场指挥部供图）

改造，加快农户的污水接驳，基本完成村庄生活污水治理工作。2月27日，印发实施《东莞市畜禽养殖区域划分实施方案（2020年修订）》，优化调整生猪养殖布局。6月14日，出台《东莞市畜禽养殖区域管理指南》，规范畜禽养殖行为，明确非禁养区畜禽养殖场（小区）选址、防疫、申办手续等规范及要求，指导开展畜禽养殖污染整治工作；规模化养殖场粪污处理设施装备配套率100%，全市畜禽粪污综合利用率82.18%。完成行政村农村环境综合整治19个，重点围绕农村饮水安全、水污染防治、畜禽禁养区养殖业清理、生活垃圾治理等方面，加大农村环境保护力度；开展东莞市“十三五”农村环境综合整治成效评估工作，实地核查建制村的整治成效73个，形成自评报告，完成建制村省级检查迎检工作。（张灿辉）

谢岗华能热电项目（2020年市发改局供图）

节能减排

【污染物总量减排】 截至2020年底，东莞市四项主要污染物排放量分别为化学需氧量6.670万吨、氨氮1.315万吨、二氧化硫7.250万吨和氮氧化物11.500万吨，对比2015年排放量（化学需氧量9.57万吨、氨氮1.608万吨、二氧化硫8.65万吨和氮氧化物12.73万吨）分别削减2.90万吨、0.293万吨、1.40万吨和1.23万吨，减排比例分别达30.30%、18.20%、16.18%和9.66%。完成省下达的各年度主要污染物减排任务。（张灿辉）

【煤炭压减及自备电厂煤改气】 2020年，东莞市煤炭消费总量1112万吨，比上年减少260万吨。全市综合能耗3042.6万吨，比上年减少57.4万吨，单位地区生产总值能耗下降2.91%，完成年度及“十三五”能耗双控目标任务。推进自备电厂煤改气，落实属地镇街和有关企业主体责任，推动燃煤机组关停。全市18家自备电厂煤改气首期项目进入建设收尾阶段，沙田福田绿洲及中堂理文、金洲、建晖纸业等4家企业煤改气项目点火试运行。

【新能源汽车推广及充电设施建设】 2020年，东莞市制定印发《新能源汽车产业创新发展贴息资金操作细则》《新能源汽车推广应用资金管理办法》等规范性文件，完善新能源汽车及充电设施推广应用资金管理，审核发放新能源汽车专项补贴资金1.57亿元，充电设施补贴资金6793.32万元。落实《关于加快纯电动公交车等电动汽车充电基础设施建设工作方案》《东莞市加快充电基础设施建设布局工作方案》和《东莞市物流快递领域车辆纯电动化发展实施方案》，推动公交充电桩和公共机构充电设施建设，截至2020年底，建成充电站超200座、充电桩超7000个。

【光伏行业健康发展】 2020年，东莞市实施《分布式光伏发电项目建设管理暂行办法》《分布式光伏发电项目资金管理办法》，指导分布式光伏项目建设和运营安全生产，促进光伏发电项目健康发展，提升全市可再生能源消费占能源消费比重。截至2020年底，新增光伏项目44.47兆瓦，建成分布式光伏发电项目372.44兆瓦，发放光伏补贴3580.74万元。

【集中供热项目建设】 2020年，东莞市落实《东莞市热电联产规划（2018—2025年）》，优化调整热力布局。协调解决工程难点问题，立沙岛中电热电项目一期、谢岗华能热电项目、樟洋电厂二期等3个项目建成投运。

【沙角电厂退役及替代电源建设】 2020年，东莞市推进沙角电厂替代电源宁洲电厂项目建设，完成场地平整与地基处理工程签订主设备（机岛）和余热锅炉采购合同。完成天然气供应管道工程全线路分段立项核准，推进一期工程（主管网工程）路由坐标确认、规划审批、施工招标及建设。宁洲电厂获省电网公司批复接入系统。（王建敏）

附：2020年东莞市生态环境局主要领导名录

党组书记、局长：蒋亚军

开发园区

DEVELOPMENT ZONE

松山湖高新区新城大道沿线　（2020年松山湖高新区供图）

编辑：苏淑娴

松山湖高新区

【松山湖高新区概况】　松山湖高新区位于东莞地理几何中心，坐落于“广深港”黄金腹地，南邻香港、深圳，北靠广州，是广深港澳科技创新走廊重要节点，总规划控制面积107平方千米。截至2020年底，松山湖高新区实现国内生产总值661.82亿元；固定资产投资244.73亿元，为历年最高，比上年增长5.6%；财政收入76.36亿元，增长16.41%；税收收入172.92亿元，增长5.6%；限额以上批发和零售业销售额691.37亿元，增长31%；实现工业投资145.04亿元，增长25.2%，其中工业技改投资104.49亿元，增长14%；规模以上工业增加值总量、工业投资完成总额、工业技改投资完成总额均列东莞市第一位。年内，松山湖高新区被评为东莞市园区工作优秀单位，获评“绿色产业示范基地”“第三批国家级大众创业万众创新示范基地”“国家技术转移人才培养基地”“广东省中小学教师信息技术应用能力提升工程2.0省级试点区”“广东省五四红旗团委”“东莞松山湖电子信息产业集群数字化转型试点”“制造业发展较好地区”7个东莞市“单打冠军”。成立松山湖“两新”组织党委、教育党委、第一届少工委、机关团总支和保利红珊瑚小区妇女委员会，全市第一个“玉兰花开”巾帼家美幸福超市启动试点。园区门户网站获评为“2020年度中国政务网站”，“幸福松山湖”获2020年度国家高新区微信领先奖。

【松山湖高新区综合性国家科学中心先行启动区建设】　2020年，松山湖高新区推动综合性国家科学中心先行启动区建设取得新进展。松山湖科学城纳入大湾区综合性国家科学中心先行启动区，与中国科学院签署战略合作协议。《松山湖科学城发展总体规划》《松山湖科学城空间总体规划纲要》《松山湖科学城科学功能规划》3个重点规划基本完成。松山湖科学城发展集团有限公司组建。金菊福利院土地整备攻坚战打响。中国散裂中子源提前一年半将束流功率提升到100千瓦。散裂中子源二期、先进阿秒激光设施、南方先进光源关键技术预研项目建设进展顺利，均被中国科学院推荐纳入国家重大科技基础设施“十四五”规划。中国散裂中子源催生首个产业化项目、中国首台自主研发加速器硼中子俘获治疗（简称BNCT）实验装置研制成功并启动首轮实验。松山湖材料实验室一期（第一批）工程进展顺利，引进25个创新团队，相关研究成果入选“2019年中国科学十大进展”。11月6日，“松湖之材”产业育成中心揭牌。2020年粤港澳院士峰会、九校联盟“一流大学建设系列研讨会”、新材料高峰论坛、岭南科学论坛·湾区创新论坛等具有广泛影响力的活动在松山湖科学城举行，一批创新成果项目在松山湖科学城发布和对接。大湾区大学（松山湖）、香港城市大学（东莞）建设有序推进。年内，松山湖高新区新增7家市级重点实验室和20家省级、8家市级工程技术研究中心，规模以上工业企业研发机构覆盖率超过58%。松山湖知识产权大厦启用，园区万人专利申请数、万人专利授权数、户均企业注册商标拥有量等指标居东莞市第一位。实施领军人才集聚工程、港澳人才创新创业实施办法等人才政策。截至2020年底，松山湖高新区拥有各类国家级人才68名，其中双聘院士16名，占东莞市总量的100%。松山湖高新区入选国家第三批大众创业万众创新示范基地和国家技术转移人才培养基地，海峡两岸青年创新创业基地升级为国家级众创空间。松山湖国际创新创业社区揭牌运营，近2000名科学家和创业者在社区创新创业。

【松山湖高新区新产业新动能增强】 2020年，松山湖高新区坚持高质量发展方向，推动新产业新动能持续增强。松山湖高新区成为全省2个首批国家级绿色产业示范基地之一。松山湖电子信息产业集群成为广东省特色产业集群数字化转型试点之一；生物技术产业、高端装备制造产业工业总产值分别比上年增长60.6%和12.3%；以生产性服务业为重点的现代服务业加快发展，规模以上服务业营业收入增长30.4%；成为东莞市首个“软件和信息化技术服务集聚区”，软件和信息技术服务业营业收入增长69.8%。中国电子产业园、中集产城产业园、光大We谷产业园、宝豪清园产业园、天安云谷科技产业孵化器5个科研载体成为首批“东莞市软件产业园”试点园区。围绕重点产业链，招引立讯技术、凯金、盛茂源等优质项目，园区全年协议引资额95.66亿元。49个重大项目完成投资153.4亿元，比上年增长28.8%；机器人智能装备制造产业加速器、团泊洼9号地块、佳禾智能等11个项目开工建设。成立松山湖企业家联盟、松山湖天使投资基金，建设上市公司总部基地。2020年，松山湖高新区高新技术企业存量366家，新增省级孵化器4家、市级孵化器2家，新增在孵企业440家，上市后备企业数量居东莞市第一位。实施松山湖“产业云”项目，推动71家企业成为工业互联数字化转型试点，华为云工业互联网创新中心投入运营。华为全球开发者大会在松山湖高新区举办，华为公司与国家体育总局共建的华为运动健康科学实验室投入使用。

【松山湖高新区城市配套建设】 2020年，松山湖高新区城市配套完善。松山湖中心城区、北部、南部三大城市服务中心规划启动设计，佳纷天地、万科滨湖广场等一批高品质商业配套投入使用。松山湖北区学校开学，松山湖中心小学分校二期完工交付，未来学校、台湾园北部学校、东莞中学松山湖学校扩建项目稳步推进，新增松山湖中心小学—企石江南小学、松山湖实验中学—东坑中学2个跨镇集团化办学。新时代文明实践中心、东莞市文化馆松山湖分馆、松湖书院服务点完成建设。全年园区新增

松山湖高新区南部滨湖区域远眺　　（2020年松山湖高新区供图）

停车位超过1.4万个，推进公交示范廊道规划，优化景区配套、公交站台、市政道路等一批公共设施。推进“洁净城市”“行走东莞”“厕所革命”“垃圾分类”等专项行动，“洁净东莞指数测评”全年位列东莞市第一位。打赢碧水攻坚战、蓝天保卫战、净土防御战，完成樟村国考断面水质达标任务。深入开展“扫黑除恶”“飓风2020”“打击盗抢骗”等系列专项整治行动，应急指挥中心、台湾高科技园消防站投入使用。

【松山湖高新区功能区统筹深化拓展】 2020年，松山湖高新区坚持系统整体协同，推动松山湖功能区统筹深化拓展。建立功能区统筹发展联席会议制度和功能区统筹发展工作专班，“1园9镇”（东莞生态园、石龙镇、寮步镇、大岭山镇、大朗镇、横沥镇、东坑镇、企石镇、石排镇、茶山镇）国土空间规划编制、土地统筹建设资金池试点等工作有序推进。首个园镇村合作示范项目启动建设。举办松山湖功能区投资推介会，推动阿里云等29个项目完成签约，协议投资额约350亿元。建立功能区重大项目管理服务机制，促成46个重大项目开工建设、13个重大项目竣工。全年拨付1.07亿元帮助52个接壤村完成美丽乡村建设。东部工业园启动东部工业园门户节点景观提升、主干道升级改造工程等实质性建设项目，启动返还地厂房设计。

【松山湖高新区重点领域和关键环节改革攻坚】 2020年，松山湖高新区推进重点领域和关键环节改革攻坚。松山湖高新区在东莞市“数字政府”改革建设及政务服务能力评估中排名全市第一位。成为东莞市首个行政服务“深莞通办”试点，实现271项事项跨市通办。完成首个“标准地”和“带方案”项目用地出让。创新“不见面审批”服务，实现185个审批事项“零跑腿”“零花费”“零接触”办理，“大综窗”建设实现680项业务“一窗受理”。以新机制、新模式推动招商引智、土地储备、环境整治、国有资产国有企业改革、中心城区建设等工作，完成南部及周边环境综合整治、交通拥堵点治理等难点攻坚。

（陈　钶　梁巧玲）

附：2020年东莞松山湖高新技术产业开发区管理委员会主要领导名录

党工委书记：刘　炜（3月到任）
管委会主任：欧阳南江

滨海湾新区

【滨海湾新区概况】 滨海湾新区地处粤港澳大湾区几何中心，紧连广州南沙自贸区、深圳大空港和前海自贸区，毗邻香港、澳门，由交椅湾、沙角半岛和威远岛3大板块组成，规划面积84.1平方千米，打造大湾区特色合作平台。截至2020年底，滨海湾新区完成重大项目投资69.53亿元，排名全市第二名，获批省级高新技术产业开发区，连续第四年获评为市年度园区工作优秀单位，城市规划设计工作获得全市“单打冠军”。

【滨海湾新区发展战略谋划】 2020年，滨海湾新区管理委员会形成《中国（广东）自由贸易试验区东莞滨海湾新区片区总体方案》上报广东省人民政府，由省政府提请国家支持将新区等区域纳入广东自贸试验区实施范围，广东自贸试验区新片区争创取得新成果。《关于支持东莞与香港合作开发建设滨海湾新区的若干政策措施》纳入《中共广东省委　广东省人民政府关于支持东莞市落实新发展格局加快实现高质量发展的意见（代拟稿）》；《建设粤港澳大湾区先进制造业离岸创新实验区研究》获得省市有关领导批示，上报国家相关部委；《东莞滨海湾新区对港合作发展策略研究报告》提出打造“莞港三链融合创新区”思路。12月28日，滨海湾新区管委会召开新区发展战略专家咨询会，邀请20多位知名专家学者共商新区“十四五”发展规划。

【滨海湾新区获批为省级高新区】 2020年12月25日，广东省政府同意认定东莞滨海湾科技创新园为省级高新技术产业开发区，定名为东莞滨海湾高新技术产业开发区，实行现行的省级高新区政策。东莞滨海湾高新区规划面积585.89公顷，四至范围：东至石围，南至东宝河，西至大涌河，北至沙区；是东莞市第二个省级高新区，对新区加快实施创新驱动发展、集聚高端高新资源、支撑科技自立自强国家战略具有重要意义。

【滨海湾新区规划设计体系健全】 2020年，滨海湾新区以新一轮国土空间规划编制为契机，优化自然资源要素布局，健全新区规划体系。发展总体规划产业发展、基础设施建设、生态环保3个专项规划，城市总体规划市政、防洪排涝、绿地、交通、海绵城市5个专项规划印发实施；交椅湾板块控规成果获市政府批准，沙角半岛和威远岛板块完成控规初步成果；片区国土空间规划编制稳步推进，完成片区规划大纲方案、片区专题研究、底图底数梳理等工作；威远岛森林公园国际竞赛成果获市主要领导肯定，威远岛高速公路门户景观（标志）设计竞赛启动，深化起步区城市设计和滨海景观活力长廊国际竞赛成果，滨海景观活力长廊交椅湾段方案设计完成比选；滨海湾新区城市总体规划先后获评广东省优秀城市规划设计奖一等奖、全国优秀城乡规划设计奖二等奖。

【滨海湾新区基础设施建设】 2020年，滨海湾新区建成投资6亿元、建筑面积6.1万平方米的滨

滨海湾新区管委会　（2020年滨海湾新区供图）

海湾青创广场，建成投资20.86亿元、14.87千米的“五纵一横”（五纵：振海路、兴海路、中海路、华海路、东海路；一横：滨海湾大道）市政道路及智慧道路示范段，建成投资1.7亿元、占地12.66公顷的茅洲河口生态湿地公园（东宝公园）一期，以及滨海湾新区规划展示中心、滨海景观活力长廊滨海驿站。作为全省首批海岸带综合保护与利用示范区，完成近期建设任务，完成磨碟河片区雨污管网及配套工程建设。同步启动滨海湾大桥、东湾大道、滨海景观活力长廊、滨海湾大道沙涌桥、规划二路、镇远中学等项目建设，涉及投资170亿元。

【滨海湾新区土地整备】　2020年，滨海湾新区同步推动三大板块土地整备工作。威远岛板块，将全岛1156公顷土地纳入整备范围，用半年左右的时间完成面积403.6公顷土地整备，其中包括大湾区大学范围内面积53.33公顷用地，为大湾区大学落地建设提供空间保障，形成安置区回迁户型设计方案。沙角半岛板块，开展深茂铁路及滨海湾站TOD、轨道2号线停车场、东湾大道3个项目面积146.67公顷土地整备工作，按时交付面积2.15公顷深茂铁路先行段用地，前2个项目私宅及工厂测绘完成率分别达90%及99%、私宅及工厂确权完成率100%、工厂资产评估完成率93%；开展滨海湾青创城、站北市政公园、沙角电厂、信义玻璃厂、环保产业基地等城市更新和土地共建项目前期工作。交椅湾板块，加快厦岗片区1.8平方千米土地整备，制定补偿方案。

【滨海湾新区产业体系建设】　2020年，滨海湾新区与OPPO芯片研发中心、OPPO全球总部、vivo智慧终端总部、华侨城文化旅游科技产业及综合创新示范项目等重大项目集中签约，协议投资额278亿元。OPPO、正中、欧菲、紫光等在建产业项目完成投资额34.02亿元。开展人工智能、生命健康重点产业规划编制，纳入全市5G创新示范区，交椅湾72.27公顷土地纳入市上市企业总部基地，人工智能、生命健康、会展等产业纳入全市产业重点布局。总部经济、利用资本市场、高质量发展、新一代信息技术、生物医药、新基建、生产性服务业、资本招商等“8个十条”产业政策集中出台，构建全生命周期政策扶持体系。国内首个地级市国家级版权服务平台——滨海湾版权产业服务中心启用，知识产权运营服务体系建设迈进重要一步。

【滨海湾新区与周边区域协同发展】　2020年，滨海湾新区紧扣粤港澳大湾区协同发展特色合作平台的定位，通过项目合作、规划对接、战略谋划等方式，强化与广州、深圳、香港等周边城市的统筹协同发展。协同香港方面，规划建设103.27公顷滨海湾青创城，推动“青创城+CBD”一体建设，形成滨海湾青创城城市更新A单元划定方案；打造滨海湾青创广场，滨海湾港澳青年之家创新创业基地、滨海湾青年人才驿站、湾区莞港菁英荟总部、广东省创投协会大湾区总部等项目入驻。协同广深方面，主动与广州南沙、深圳前海、宝安、大空港等地区政府部门建立联络，共谋合作发展事宜；参与穗莞融合发展战略研究，编制《滨海湾新区海洋经济发展专项规划》，推动与深圳海洋新城协同发展；协调推进海堤路与深圳滨江大道在规划、建设时序层面衔接，协调推动深圳地铁20号线、广州地铁22号线、深茂铁路、中南虎城际接入滨海湾站，推动新区与广州和深圳互联互通。　（林立煌）

【东莞港】　东莞港位于广东省中南部，珠江口东岸，是粤港澳大湾区核心经济带，区位优势显著，产业特征明显。东莞港拥有珠江口53千米有条件成规模开发的深水岸线，海域面积79平方千米，航道水深-13米，是国家一类口岸、首批对中国台湾直航港口之一，由麻涌、沙田、沙角、长安和内河5个大港区组成，全港集装箱吞吐量超400万标准箱，居全球港口排名前50强。截至2020年底，东莞港完成集装箱吞吐量380万标准箱，货物吞吐量1.98亿吨，在全国沿海集装箱港口中排名第15位。

截至2020年底，东莞港务集团有深水泊位6个和驳船泊位10个投入使用，累计开通72条内外贸航线，其中内贸航线48条，外贸航线11条，汽车滚装船航线3条，“湾区快线”10条。内贸航线覆盖环渤海、长三角、东南沿海、珠三角、西南沿海等国内沿海城市；近洋航线覆盖中国台湾地区以及泰国、越南、柬埔寨、马来西亚等东南亚国家；“湾区快线”覆盖粤港澳大湾区“9+2”城市群，点对点、天天班对接中国香港、深圳、广州等远洋通道，实现货物快速集散，在全球航运遭受新冠肺炎疫情肆虐下，“湾区快线”全年外贸集装箱吞吐量逆势增长17%；通过发展海上和铁路联运，对接“一带一路”。助力东莞保税物流中心（B型）升格为东莞虎门港综合保税区，于2020年5月封关运作，全年实现进出区货值比上年增长6.3%，位列全国综保区第18名。（冯圆圆）

附：2020年东莞滨海湾新区管理委员会主要领导名录

党工委书记：罗　斌（3月到任）
管委会主任：刘　杰（任至3月）
　　　　　　罗　斌（3—9月任职）
　　　　　　孙海波（9月到任）

附：2020年东莞港务集团主要领导名录

党委书记、董事长：万　辉

水乡功能区

【水乡功能区概况】　水乡功能区位于东莞市西北部，是省级重点发展平台，是东莞市委、市政府统筹优化市直管镇体制改革的试点功能区。截至2020年底，地域范围包括麻涌镇、中堂镇、望牛墩镇、洪梅镇、道滘镇5个镇，面积266平方千米，常住人口69万人。2020年，水乡功能区完成地区生产总值729.72亿元，比上年增长4.3%；完成固定资产投资总额222.13亿元，增长22.3%；实现规模以上工业增加值356.85亿元，增长3.1%。

【水乡功能区统筹改革】　2020年，东莞市水乡功能区凝聚五镇工作合力，推进高质量统筹发展。研究出台《关于水乡功能区改革创新真抓实干　深化落实优化市直管镇体制改革的实施意见》，推出系列改革创新举措，并以洪梅镇为先行试点，以项目化铺开改革实践，初步形成上下贯通、高效运转的统筹局面。构建立体投融资体系，通过将土地开发、产业项目、基础设施、公共服务进行捆绑，探索建立“投融资支撑重点项目”与“重点项目反哺投融资”良性循环，支撑水乡功能区可持续发展。加强疫情联防联控，出台《水乡功能区复工复产指导服务工作方案》，对350家重点企业的复工复产开展分类指导和生产服务；出台《关于应对新冠疫情支持企业复工复产和保障重大项目建设的若干措施》并安排5000万元专项资金，扶持企业复工复产，经济社会复苏取得明显成效。

【水乡功能区发展规划编制】　2020年，东莞市水乡功能区创新牵头统筹水乡功能区五镇编制国土空间规划，在全市范围率先完成功能区国土空间底图底数摸查，推进耕地和基本农田保护等9大专题研究，制订滨水空间改造提升、带动沿线综合开发等策略机制。

编制完成《水乡功能区产业协同发展规划（2020—2035年）》，立足水乡八岛，明确5G+智能制造、生命健康、现代服务业三大重点产业，打造“12348”现

东莞港夜景　（2020年曹永富摄）

代产业体系。

编制实施《东莞水乡功能区综合交通实施规划》，规划“两环三横四纵五轨”的交通架构，形成对外快速连通粤港澳大湾区、对内便捷高效的交通网络。

围绕功能区统筹核心单元开展规划设计工作，在完成东莞西站枢纽核心区城市设计的基础上，开展综合开发策略和概念性建筑方案设计，为东莞西站TID（轨道交通站点综合开发）综合开发打下基础；完成麻涌站单元城市设计及控制性详细规划编制，结合招商情况开展土地出让；推进重点改造单元的城市设计，明确将梅沙单元、夏汇单元、鸡心岛单元分别打造成为“创意产业岛”“文化旅游岛”“生命健康岛”。

推进“多审合一、多证合一”改革，优化审批流程、提升审批效能，颁发全市第一本新版《建设用地规划许可证》，提速增效受到国家自然资源部宣传推广；自2017年广东省实施海域和无居民海岛使用“放管服”改革以来，完成东莞市第一例“海域使用权”转“土地使用权证”审批；实施全市第一个“联合测绘”试点项目；自主制作国内第一个区域级720度的水乡五镇自然资源影像全景覆盖。

东莞西站　　（2020年水乡管委会供图）

资料链接

水乡八岛：东莞西站洪梅单元—会展商贸岛、东莞西站望牛墩单元—金融服务岛、道滘九曲单元—科创和粤港澳合作岛、麻涌站单元—5G信息岛、洪梅梅沙单元—创意产业岛、洪梅夏汇（黎洲角）单元—文化旅游岛、望牛墩洲涡（鸡心岛）单元—生命健康岛、中堂北海单元—装备智造岛。

“12348”现代产业体系：“1”指以“企业分等定级评价”为统领，实现水乡新旧动能转换的重要支撑；“2”指“内外”两个协同为原则，精确指引水乡产业发展方向；“3”指聚焦“5G+智能制造、生命健康、现代服务业”三个方向，打造水乡错位发展、特色发展的镇域经济；“4”指以“引领、示范、支撑、手段”四大举措，打造建设湾区融通中心、创意岭南水乡；“8”指形成8个新产业主题岛，构建增量产业带动和传统产业转型升级的示范力量。

“两环三横四纵五轨”交通架构：两环指内环（中洪路—中心大道—粤晖路—桥东路）、外环（沿海公路水乡段—兴南路—中麻路—环城西路—港口大道—疏港大道延长线）；三横指望万路、中心大道、水乡大道；四纵指麻涌大道、中洪路、望洪路、粤晖路；五轨指轨道1号线、佛莞穗城轨、穗莞深城轨、莞深快轨、轨道11号线西延线。

【水乡功能区区域开发】2020年，东莞市水乡功能区开展土地整备，推进城市更新，打造产城融合发展平台。全面启动五镇八个核心单元面积1666.67公顷土地整备，其中统筹土地面积813.33公顷，移交表决土地面积421.73公顷，收储入库面积100公顷，为统筹开发和项目落地拓展空间。麻涌站单元、洪梅夏汇黎洲角单元、洪梅梅沙单元、东莞西站洪梅单元、道滘九曲单元等地块的土地整备表决通过率分别达到98%、97.63%、95.8%、75%和73%，共商共建、和谐征地。创建全市首个连片“工改工”基层改革创新实验区，建立健全政策体系，出台20项具体措施，创新实施5大改造模式，以商住反哺产业，推动“工改工”利益实现总体平衡。认定5个连片“工改工”项目为首批试点，合计改造面积380公顷，率先探索运用“M1+R2”“M1+R0”（M1：一类工业用地；R2：二类居住用地；R0：新型产业用地配套的居住用地）改造模式、工改平衡系数等创新举措，打造承接新兴产业发展平台。推动功能区内数字经济和新能源两大市级战略性新兴产业基地建设，划定面积16.02平方千米产业集聚发展范围，开展规划设计，酝酿制订实施个性化的鼓励政策，引导新兴产业在水乡形成集群发展效应。

【水乡功能区产业发展】2020年，东莞市水乡功能区加大产业布局优化力度，加快促进动能转换，强力提升经济发展质量。编制实施《东莞水乡功能区产业协同发展规划（2020—2035）》，明确5G+智能制造、生命健康、现代服务业重点产业方向，规划金融服务、会展商贸、科技创新、5G信息、文化旅游、创意产业、智能装备、生命健康等8个新兴产业主题岛，优化产业发展布局。探索“分等定级”企业评价体系，划定产业发展地图，按照“升级一批、腾退一批”思路，匹配要素资源，推动造纸、食品加工等低效产业转型升级。建立智慧水乡招商引资综合平台，为意向落户水乡的企业项目进行精准地块推介。推行“以商引商”工作模式，加强与行业协会、龙头企业对接联系，在东莞全球先进制造招商大会上，现场签约平安集团和霖峰集团2个重大项目，总投资95亿元。主动加强与广州市、深圳市等周边地区合作共建。水乡功能区与广州开发区实现部分政务事项在实体窗口或自助终端的跨城通办；实现两区跨区公交运营；推动两地高校院所累计建立新型研发机构8家，科技企业孵化器3家；与珠江投资集团、广州市建筑集团等广州国有企业签订战略合作协议，助力“湾区都市、品质东莞”建设。

【水乡功能区城市品质提升】2020年，东莞市水乡功能区聚焦基础设施建设，加快项目进程，增强统筹发展支撑能力。调整充实功能区市重大项目工作领导小组，实施《水乡功能区2020年市重大项目管委会领导督导方案》，推出重大项目代办制、项目审前辅导、一站式全科会审等创新举措，保障重大项目建设。有市重大建设项目63个，计划总投资455.05亿元，累计完成投资74.35亿元，完成年度目标任务133.5%。按照交通规划，推进交通基础设施建设，推进对外快速通道项目建设，推进广州开发区与东莞水乡功能区连接通道项目，主动协调推动东江通道、东江大桥扩建、莲花山过江通道等建设；推进辖区内主干道路建设，中洪路、望沙路、望中路中线、镇区联网改造升级工程4号路等项目进展顺利。建成水乡科创中心一期工程，水乡大道绿化和照明工程一期基本完工，有效带动周边环境蝶变升级。出台《水乡功能区民生设施工程专项资金实施方案》，设立6亿元专项补助资金池，鼓励建设一批学校、医院、公园、停车场等高质量的民生基础设施和人居环境整治项目。实施“乡村振兴”战略，设立3亿元基础资金池，带动镇村投入配套资金约5亿元，分批推进24个水乡特色示范村庄建设。

【水乡功能区营商环境优化】2020年，东莞市水乡功能区推进政务服务改革创新，围绕搭平台、优服务、建制度等开展创新改革，建成水乡政务服务大厅，实现群众和企业办事只进一扇门；利用信息化技术构建高效水乡服务平台，推动审批业务一网通办；创新开展审批事项审前服务，让办事群众最多跑一次；推进一手商品房办证、不动产抵押登记业务，一级办理一小时办结；实施重大项目审批代办，实行一条龙服务。全年受理审批业务4.79万宗，平均每个工作日191宗，办结率100%，审批时间总体上比原来减少三分之一。实施综合窗口人员统筹管理改革，以洪梅镇政务服务中心为试点，建立“无差别受理”综合窗口和人员队伍，实现统一入口、统一平台、统一标准的服务创新。推进政务服务前移下沉，在道滘镇华科城产业园区设立智慧政务服务点，采用功能区、属地镇、产业园三方共建模式，构建集智能终端无人政务区和线上网办服务平台于一体的智慧政务服务综合平台，实现一批事项通过“不见面”邮递办理和在24小时自助终端机就近办理，打通服务企业和群众的“最后一公里”。深入梳理审批事项，形成首期89项核审分离事项清单，对事项审批全链条中的导办、收件、核查、审批、出证等5个环节进行划分重构，构建1+1>2的高效水乡审批新模式。

（吴　琼　梁敏珊）

附：2020年东莞水乡特色发展经济区管理委员会主要领导名录

党工委书记：陈志伟（任至3月）
　　　　　　叶葆华（3月到任）
管委会主任：叶葆华（任至9月）
　　　　　　肖必良（9月到任）

银瓶合作创新区

【银瓶合作创新区概况】银瓶合作创新区涵盖谢岗镇全域，位于广州市、深圳市、香港特别行政区、东莞市、惠州市的“一小时生活圈”内，总面积91.04平方千米。是新时期代表东莞市参与粤港澳大湾区建设和对外开放的战略平台，是省级经济技术开发区、广深港澳科技创新走廊省级节点、国家新型城镇化试点。2020年，银瓶合作创新区坚持以绿色高质量发展为主线，明确把“粤港澳生态发展创新区、产城人山水融合示范城”作为创新区发展的战略定位和价值追求，推动创新区绿色高质量发展。

【银瓶合作创新区规划编制】2020年，银瓶合作创新区把握市“拓空间”试点片区、国土空间规划试点等契机，全面推进发展总体规划、生态基础设施、海绵城市建设等28项专项规划编制，做到高起点规划、高标准建设。邀请专家院士对谢岗镇国土空间规划工作“把脉会诊”，合理布局山水生态、产业发展和公共生活空间。与知名团队合作开展重要节点的规划设计，推动银瓶站TOD（以公共交通为导向的开发）和八卦村的整体开发，打造高质量、现代化的靓丽城市节点。争取开展各项试点工作，先行先试加快发展，成为市“拓空间”工作、国土空间规划、水污染治理示范镇、海绵城市建设、美丽幸福村居连片改造奖励项目、15分钟社区优质生活圈、村庄规划优化提升、省级解决发展党员违规违纪问题等8个试点项目。

【银瓶合作区体制架构创新】2020年，银瓶合作创新区完善政府企业双方协调决策机制，强化市对创新区的统筹协调指导。对银瓶

银瓶合作创新区粤海产业园　（2020年谢树森摄）

合作创新区总指挥部和现场指挥部进行人员调整，由分管银瓶合作创新区的副市长万卓培和粤海集团的副总经理蓝汝宁担任指挥长。现场指挥部全面负责创新区建设各项工作的总统筹协调。7月17日和10月29日，副市长万卓培分别主持召开银瓶合作创新区工作推进会，专题研究创新区建设发展情况，推进创新区高质量发展。

【银瓶合作创新区招商引资】2020年，银瓶合作创新区市场主体1.09万家，规模以上工业企业195家，高新技术企业84家。银瓶高端装备产业基地成为东莞市首批战略性新兴产业基地之一，打造高端装备制造业、新一代电子信息产业、新材料产业三大产业体系，促进三大战略产业协调支撑。创新区重点规划建设广东粤海装备技术产业园和银山科技园两大重点产业园区。粤海产业园由东莞市与粤海集团采取政企开发创新模式建设，规划总面积17.4平方千米，建成36万平方米厂房，24家企业入驻，其中7家已报产。银山科技园选址位于创新区西部片区，规划总面积286.67公顷，是东莞市产业转型升级基地，与粤海产业园错位互补，形成具有特色效应的产业集群和产业基地，2020年引进重点产业项目4个。

【银瓶合作创新区城市建设】2020年，银瓶合作创新区加快打造现代化交通体系，周边有4条高速公路呈“井”字形环绕，有广梅汕铁路、莞惠城轨贯穿，内部有“五纵四横”［“五纵”包括东莞市镇际联网路29号路、赵林大道（爱民大道）、潼谢路（广场中路）、谢岗大道（厚龙路）、大黎路；“四横”包括桥沥路、工业大道（粤海大道）、谢常路（X239线）、莞惠路（S357线）］的城市主干道。申请博深高速公路谢岗互通立交工程纳入省高速公路建设总指挥部重点项目督办事项，打通高速路连接粤海产业园的“最后一公里”，实现园区与区域高快速路系统有机衔接。推进29号路等跨镇道路及园区支路建设；加强与铁路部门沟通协调，加快29号路、大黎路、谢岗大道等道路涉铁路段建设。“南延北拓”工程有序推进，拓宽和新建更多连通铁路南北走向的通道，打通交通脉络，拓展城市空间。

【银瓶合作创新区PPP路网建设】2020年，银瓶合作创新区加快推动园区内道路建设，补齐历史短板。创新区基础设施PPP（公共基础设施中政府和社会资本合作的项目运作模式）项目由政府和社会资本合作，通过采购方式确定粤海集团为“五纵四横”PPP项目投资人。PPP项目位于创新区内，主要包括镇际联网路29号路、粤海大道、谢岗大道、大黎路、爱民大道、博深高速公路谢岗互通及一批园区内部支路等多条道路。启动粤海大道、爱民大道、29号路、大黎路、谢岗大道等项目建设，完成投资19.2亿元。其中，全长11.85千米粤海大道是银瓶合作创新区的重要主干道，双向6车道，12月31日建成通车，可以通过29号路出入莞番高速公路和潮莞高速公路，有效盘活创新区北部近20平方千米土地。全长1.34千米的爱民大道是省道S357线与谢常公路之间重要交通转换通道，加强谢岗镇与樟木头镇互联互通，优化提升区域路网功能，助力营商宜居环境建设。

【银瓶合作创新区环境建设】2020年，银瓶合作创新区森林覆盖率48%，全域推进海绵城市建设，规划建设全镇绿地系统，拥有森林公园、2个湿地公园、碧道系统。推进总长43千米万里碧道工程，把5条贯穿南北截洪渠打造为连通南北山水绿脉，谋划建设更多支渠碧道，促进山水城市融合发展。生态工程动工，总投资13亿元，借鉴“一河两岸”思路，启动铁路城市生态廊道建设，万里碧道工程、湿地公园、美丽幸福村居特色连片示范建设项目等各类公园陆续启动。（吴昭敏）

附：2020年银瓶合作创新区（谢岗镇）党委、人大、政府主要领导名录

镇委书记：胡毅峰

镇人大主席：罗树华（任至8月）

镇人大主席：罗满桥（8月到任）

镇　长：李惠勤

镇　　街

URBAN AND TOWNSHIP

莞城街道文化广场
（2020年莞城街道供图）

编辑：梁炜强　贺　平　张德全　苏淑娴

莞城街道

【莞城街道概况】　莞城街道位于东莞市北部偏西，东江下游南支流东岸，地处东莞市区中心。截至2020年底，辖区面积11.16平方千米，下辖8个社区，常住人口17.42万人，其中户籍人口20.66万人。莞城街道是“全国精神文明建设工作先进单位”。

2020年，莞城街道实现地区生产总值215.21亿元（第一产业0亿元，第二产业29.99亿元，第三产业185.22亿元），比上年下降0.5%；全社会固定资产投资总额23.31亿元，下降20.85%；社会消费品零售总额114.72亿元，下降8.82%；实际利用外资3.50亿元，增长1065.52%；外贸出口总额41.84亿元，下降36.33%；各项税收总额43.23亿元，下降5.64%；地方财政总财力21.8亿元，增长36.25%。年内，获“2020年广东省‘民主法治示范村（社区）’”“2020年国家义务教育质量监测实施县级优秀组织单位”“广东省基层综合性文化服务中心与旅游服务中心融合发展试点”“2020广东省工商联系统‘四好’商会”4个市级“单打冠军”。

【莞城街道经济高质量发展】　2020年，莞城街道推动企业有序复工复产，在全面执行市有关扶持政策的基础上，配套出台《莞城街道关于支持莞企共克时艰打赢疫情防控阻击战的若干措施》，从用工就业、租金减免、生产和供应防疫重点物资、消费促进、金融保障、市场开拓、政企服务等方面为企业“输血供氧”，包括促成11家金融机构为辖区内80家企业落实9.53亿元新增贷款；制定“一企一策”帮扶方案，做好务工人员返岗工作，用近60天时间推动97%以上企业复工复产。加大对重点工业项目和重大项目的跟踪服务力度，动态更新工业投资和工业技改投资项目库，对辖区京滨、那智、万宝至、冈本、宏大、大州、恩斯克、维布络安舍、立德达、福寿、恒润11家有增资扩产项目或确认增资项目企业，落实专人跟踪服务，及时解决土规、控规调整及用地规模、供电、环保、报建等制约项目落地难题。11个增资扩产项目投资15.3亿元，完成投资8.1亿元。优化创新创业生态，建成莞城粤港澳青年创新创业基地，推动东莞市智慧小镇创意产业园成功申报省级企业孵化器，认定高新技术企业35家。

【莞城街道城市品质更新】 2020年，莞城街道完成《莞城城市更新专项规划》《莞城国土空间规划研究（初稿）》等的编制工作；推进粮仓片区活化及“东莞记忆”项目，配合市做好东莞大道品质提升和鳒鱼洲活化改造工作，完成粮仓片区单元、圳头单元、戴屋庄单元等城市更新项目的前期服务商招引工作；促成鸿福商业综合楼和天源电脑城2个村企合作项目。实施“工改工”（将土地性质为普通工业用地改变为新型产业用地，将旧工业区拆除重建升级改造为新型产业园）和“工改M0”（利用旧城镇、旧村庄、旧厂房资源建设新型产业用地项目），对莞城科技园的旧厂房进行改造建设面积3.5万平方米的“科创中心”。推进品质交通千日攻坚行动，推进各项工作落实，新增停车位、慢行系统升级改造、严管路整治、停车秩序管理、港湾式公交站台改造等任务有序推进。完成西正路、市桥路等7条道路路内停车泊位设施智能化建设，以及步步高停车场等7个停车场智能化设施建设工作，新增路外车位809个。实施乡村振兴战略，重点推进工农路景观化改造等36个重点项目落地；完成37万平方米的违建治理任务，新增违建实现零增长；建成慢行品质示范路2条，包括运河西路（西一路、西二路）、运河东路（东一路、东二路），对可园公交站和步步高东公交站进行港湾式改造。莞城街道被列为全市生活垃圾分类示范片区，开展生活垃圾分类试点工作。

【莞城街道环境治理】 2020年，莞城街道水污染防治工作取得重大进展，完成迈豪街、木巷等易涝点整治工程，完成东门路等9千米雨污分流工程和东门河等4条内河涌清淤工作，推进东江下游片区水污染整治工程建设。推进蓝天保卫战，治理VOCs（挥发性有机物）企业17家，空气质量达标天数占比提升至91.8%，比上年多7天。

【莞城街道民生保障】 2020年，莞城街道加大民生投入，完善社会救助体系，做好对口帮扶工作，织密基本民生保障网。落实促进就业创业政策，鼓励多渠道多形式就业，城镇登记失业率控制在1.1%以内。加快民生工程建设，完成新社区卫生服务中心、退役军人服务中心、敬老院和文化分馆建设等工程，推进新步步高派出所建设工程。加快发展养老服务业，成立养老产业发展公司，推进养老服务产业化、市场化。开展教育扩容提质千日攻坚行动，完成莞城中心小学分校建设工程，配合市开展东

活化改造后的鳒鱼洲　　（2020年莞城街道供图）

莞中学（初中校区）、市经贸学校（理工校区）改扩建征收工作；深化教育综合改革，加大校际帮扶力度，推进基础教育的特色化、均衡化。深化精神文明创建，建成街道新时代文明实践中心和8个社区新时代文明实践站，做好“全国文明城市”复评迎检工作。

【莞城街道社会治理】 2020年，莞城街道推进市域社会治理现代化，定期开展社会风险隐患排查，及时化解各类矛盾纠纷70件；深化“智网工程”建设，发现各类问题隐患6.17万处，完成整改率99.5%；严厉打击各类违法犯罪活动，依法查处涉黑恶案件69件、打掉恶势力集团1个、涉恶团伙1个、“保护伞”2个、涉网黑恶团伙3个，全年违法犯罪警情数、刑事案件立案数、治安案件受理数分别比上年下降9.4%、3.0%、26.9%。推进法治莞城建设，加强党对法治建设的领导，健全依法治街道工作体系，完善依法决策机制，自觉接受人大代表和政协委员的监督，推进政务公开，推动决策科学化、民主化、法治化。持续抓好安全生产、消防安全、应急处置等工作，切实防范化解重大风险，保持社会大局和谐稳定。

【东莞市首个镇街主导“电商直播学院”落户莞城街道】 2020年6月24日，莞城街道举办“电商直播学院”揭牌仪式暨首期分享交流活动。作为东莞市首个由镇街主导“电商直播学院”，莞城电商直播学院位于联丰创意产业园区内的莞城粤港澳青年创新创业基地，由莞城商务局、莞城网信办和莞城人社分局主办，是莞城电商工作的重要组成部分，结合“乐购莞城”系列活动，为加快疫情后复工复产，助推企业转型升级，开发新型销售模式。莞城电商直播学院主要围绕“乐购+电商”“电商+直播”“直播+创业”“创业+孵化”等多种模式开展系列主题授课、培训、分享和交流等活动。莞城电商直播学院将在辖区多个商圈设立学院分点，通过整合政府各项资源和配套政策，帮助企业制订适应自身发展的线上营销模式。如设立天宝建材设计城作为家装、设计行业的学院分点，投放设计、建材、家装等方面资源，作为试点，定制线上交易平台和直播间，推出一系列分享学习活动。首期莞城电商直播学院分享活动，由东莞君尚百货、天宝建筑材料城有关负责人分别讲解主播的带货话术、受众心理等直播技巧知识，分享企业直播带货经验，现场模拟直播间直播带货，让企业直观了解直播带货的营销模式。 （余文诗）

莞城中心小学分校 （2020年莞城街道供图）

附：2020年莞城街道党委、人大、办事处主要领导名录

党委书记：曲洪淇（任至8月）
　　　　　陈　钊（8月到任）
人大工作委员会主任：张建均
办事处主任：麦允谦

2019—2020年莞城街道主要经济社会指标情况表

指标	2019年	2020年
户籍人口（人）	200769	206565
常住人口（万人）	17.04	17.42
面积（平方千米）	11.16	11.16
地区生产总值（万元）	2158539	2152101
第一产业（万元）	0	0
第二产业（万元）	317728	299902
第三产业（万元）	1840811	1852199
总用电量（万千瓦时）		
全社会固定资产投资总额（万元）	294576	233150
社会消费品零售总额（万元）	1258164	1147224
外贸出口总额（万元）	657186	418440
实际利用外资（万元）	2999	34954
地方财政总财力（万元）	160102	218047
各项税收总额（万元）	458115	432294

注：2017年起，受4个街道供电合并城区供电分局影响，不能分出4个街道用电量数据。

石龙镇

【石龙镇概况】 石龙镇位于东莞市最北部。截至2020年底，辖区面积13.83平方千米，下辖7个村和3个社区，常住人口14.50万人，其中户籍人口8.5万人。

2020年，石龙镇实现地区生产总值114.27亿元（第一产业0.01亿元，第二产业45.23亿元，第三产业69.03亿元），比上年下降1.6%；全社会固定资产投资总额22.45亿元，增长62.41%。总用电量8.01亿千瓦时，下降1.8%；社会消费品零售总额50.15亿元，下降10.3%；实际利用外资1583万元，下降96.93%；外贸出口总额100.96亿元，下降18.74%；各项税收总额19.18亿元，下降2.17%；地方财政总财力17.18亿元，增长35.17%。年内，获“广东省五四红旗团委”“广东省计生协青春健康沟通之道家长培训项目点”“广东省五星级示范退役军人服务中心”3个全市“单打冠军”。

【石龙镇实体经济发展】 2020年，石龙镇开展重点企业帮扶、商贸消费复苏、中小企业培育等专项行动。出资3509万元列入市50亿元保企业促复苏稳增长专项资金，全年减免企业税费、租金、社保等费用3.3亿元，推动企业申领省、市、镇扶持政策资金合计3300多万元。实现“企莞家”服务平台规模以上企业全覆盖，全年解决企业关于增资扩产、减税降费等诉求50多个。以评选“品质龙商”优秀标杆商企为引领，全镇市场主体超过1.7万户。梳理形成中小企业培育库，全年6家企业实现“小升规”（小微企业规范升级为规模以上企业，小升规企业认定以成功录入国家规模以上企业库为标准）。投放镇财政资金300万元举办“乐购石龙”系列活动，支持发展“直播经济”等消费新业态，撬动社会消费近3000万元，取得较好的经济效益和社会效益。坚持产业强镇战略，先进制造业、高技术制造业占比55.6%和57.0%，分别高于全市4.7个和19.1个百分点。建立专家教授“一对一”高企培育申报机制，全年完成高企培育21家，高企总数35家。支持传统产业技改升级，推动企业获省、市级技术改造资助项目15个，资助金额1872万元。开普云公司成为全市首家科创板上市企业；众生药业、开普云公司同时入选东莞市首批百强创新型企业；广安电气公司被授予国家级“专精特新‘小巨人’企业”称号（“专精特新”企业指主营业务和发展重点符合国家产业政策及相关要求，专业化、精细化、特色化、新颖化特征明显的中小企业）；中科信息港入选“粤港澳科技企业孵化器”和市级创业孵化基地，并成功培育国家级众创空间；现代信息服务园成为年度总营业收入“亿元楼”。推动京瓷光电迁建、中外运石龙码头改扩建工程2个市重大项目建设，超额完成年度投资目标。市级倍增阵营扩充至9家企业。举办招商推介活动，18个重点项目集中签约落地，计划总投资金额近150亿元，涵盖城市更新、电子信息、生物制造、教育、文化等多个领域。

【石龙镇城市品质提升】 2020年，石龙镇推动“旧城改造促进产业更新”基层改革创新实验区建设，梳理形成51条具体改革举措

石龙镇 （2020年石龙镇供图）

和29个先行启动改革项目。新维村木材厂片区城市更新项目及中山路修缮运营项目首期计划投资80亿元。全镇首个“工改工”（将土地性质为普通工业用地改变为新型产业用地，将旧工业区拆除重建升级改造为新型产业园）黄家山轮胎市场项目破土动工。旗云城市广场、西湖商业中心增补入选市重大建设项目，2个项目总投资15.5亿元。制定出台1亿元镇级财政奖补方案，撬动34个年度重点项目加快建设。推进城乡人居环境整治，田间窝棚在全市率先完成清理，立案查处“城市六乱”案件213件，全镇26座公厕全部升级改造。西湖村投入超4000万元争创全市特色精品示范村。全镇10个村（社区）全部通过干净整洁村验收，7个村达到美丽宜居村标准。深化“行走石龙”“洁净城市”工作机制，增绿补绿8万多平方米，完成550多个绿化树池整治改造；建立4个生活垃圾分类示范片区，启动4座小型生活垃圾中转站升级改造。完成黄家山路、裕承路、裕发街等一批路网升级改造，红海大桥实现双向通车。完成“互联网+”交通治理项目建设，新增路外停车位800多个。石龙镇在全市水污染防治考核和环境保护责任考核中实现“双第一”。全年完成各类截污次支管网建设90千米，16家纳入省销号式VOCs（挥发性有机物）整治企业按时完成整治；建设1千米市政路灯智能道路雾化PM2.5降尘工程。石龙南河、北河2个省考断面水质稳定达到Ⅱ类水标准；饮用水源水质达标率100%；空气质量优良天数达标率93.9%，较往年提高9.5个百分点，石龙生态环境全面提升。

2020年3月27日，开普云信息科技股份有限公司在科创板上市

（石龙镇供图）

【石龙镇社会治理】 2020年，石龙镇打好扫黑除恶收官战，专项行动以来累计侦破涉恶案件93件，打掉涉恶犯罪团伙12个，抓获涉恶违法犯罪嫌疑人超300人，涉黑恶保护伞问题立案9件；依托各类技术手段破获刑事案件225件；在全镇范围内开展“大巡防”工作，提高路面见警率和管事率，“110”接报违法犯罪警情比上年下降14.7%。推进安全生产专项整治三年行动，全年安全生产事故发生数下降75%，死亡人数下降50%。开展“打通生命通道”、电动自行车综合治理等消防安全专项行动，投入600万元建成老城区新维消防分站，补齐老城区消防应急救援短板，全年无发生人员伤亡火灾事故。重拳出击开展危险化学品、建筑施工等行业领域安全整治，查处“黑油”点9个、查扣“黑油”2.39吨，整治建筑领域安全隐患70项。石龙镇在全市安全生产责任制和消防工作考核中，获评优秀镇街。推行“共建议事会”制度，10个村（社区）累计开展各类协商活动117场次，协商解决问题128个，兴龙社区“友善社区”睦邻文化建设、中山西社区“协商共促文明养犬”获评市城乡社区治理品牌项目。

【石龙镇教科文卫发展】 2020年，石龙镇中考连续17年超市平均分，高考本科上线率超90%；全镇培育出各级名教师、名班主任、名校长、学科带头人200多人；石龙获批成为全国规范化家长学校实践活动实验区，入选广东省中小学教师信息技术应用能力提升工程2.0省级试点区。教育设施条件优化，实验小学完成扩建，爱联学校、中心小学西湖学校扩建工程加快推进，粤华外国语学校项目签约落地。在全市率先实现中小学校及幼儿园“互联网+明厨亮灶”全覆盖。东莞市松山湖中心医院建成传染病专区并投入使用，心血管病诊疗中心大楼奠基动工；镇社区卫生服务中心标准化建设启动，西湖社区卫生服务站完成标准化升级改造。石龙成功创建广东省慢性病综合防控示范区，带动全镇39个单位创建“广东省健康促进示范单位”。推进全生命周期健康管理，打造11个样板服务项目。镇内医疗机构全面落实第一批、第二批国家集中采购药品，全年为患者让利1400万元。按照全市统一步伐提高低保、低收入家庭、特困人员供养的认定标准，落实老龄和残疾人保障政策，发放各类补助和补贴合计1665万元。统筹360多万元打造“民生大莞家”品牌，14个“民生微实事”项目动工建设，8个“民生微心愿”项目全部办结。帮扶413名困难人员就业，城镇登记失业率控制在3%以内。完成对口揭阳普宁脱贫攻坚、对口云南昭通扶贫协作各项工作任务，实现脱贫出列摘帽。建成“1+3”新时代文明实践中心（站），所有村（社

东莞火车站TOD项目工地　（2020年石龙镇供图）

区）均被评为“东莞市文明村（社区）”。石龙博物馆成为全省镇级馆中唯一的国家三级博物馆，中国举重博物馆全面重启筹建，石龙被认定为市重点文艺创作基地之一。挖掘石龙本土特色，选树“石龙好人”、讲好石龙故事，全年登上“学习强国”平台61次。

【石龙镇政府服务效能优化】2020年，石龙镇首次推行民生实事项目人大代表票决制，建立实施国有资产管理情况报告制度，开展人大代表主题活动、镇领导接访日活动，全年办理人大代表提出的意见、建议32个，办结率和满意率均100%。投入近3000万元完成“一站式”政务服务中心升级改造，集中进驻27个办事单位，承办超1100个政务服务事项；镇村政务服务一体化工作协同推进，“莞家政务”自助终端实现村（社区）全覆盖。

【“塑志·心传”黄志伟师徒石湾陶艺作品联展】 2020年8月28日，“塑志·心传”黄志伟师徒石湾陶艺作品联展开幕式在东莞市石龙博物馆举行，该展览是由石龙镇人民政府指导，镇宣传教育文体局、文化广播电视服务中心、文学艺术界联合会主办，是石龙镇重点策划的大型展览。该次联展中，石龙籍中国工艺美术大师、陶瓷艺术大师黄志伟精选自己和父亲黄松坚、弟弟黄志棠、女儿黄美祺，以及40多位徒弟，包括石湾陶、交趾陶、宜兴陶、国画、书法等86件代表作品，用三代陶艺人的精心杰作，回到家乡石龙，以师徒联展的形式集中展示石湾陶塑的精髓，弘扬中华优秀传统文化。（林秋江）

附：2020年石龙镇党委、人大、政府主要领导名录

镇委书记：梁寿如
镇人大主席：王敬波
镇　长：李亚鹏

2019—2020年石龙镇主要经济社会指标情况表

指标	2019年	2020年
户籍人口（人）	82751	84985
常住人口（万人）	14.46	14.50
面积（平方千米）	13.83	13.83
地区生产总值（万元）	1161310	1142729
第一产业（万元）	107	112
第二产业（万元）	522452	452345
第三产业（万元）	638751	690272
总用电量（万千瓦时）	81560	80090
全社会固定资产投资总额（万元）	138208	224469
社会消费品零售总额（万元）	559089	501510
外贸出口总额（万元）	1242341	1009588
实际利用外资（万元）	51559	1583
地方财政总财力（万元）	127095	171790
各项税收总额（万元）	196048	191787

虎门镇

【虎门镇概况】 虎门镇位于东莞市滨海湾片区，珠江口东岸，粤港澳大湾区几何中心，与南沙自贸区经虎门大桥一桥相连，是全市唯一集高速铁路、城际轨道、地铁、高速公路与粤港澳航线于一体的区域性综合交通枢纽。截至2020年底，辖区面积178.5平方千米，下辖30个社区，常住人口83.95万人，其中户籍人口16.9万人。虎门镇是“全国重点镇”“中国女装名镇”“中国童装名镇”“全国服装（休闲服）知名品牌创建示范区”“国家电子商务示范基地”“国家电子信息产业基地”“国家特色景观旅游名镇”。

2020年，虎门镇地区生产总值644.56亿元（第一产业1.71亿元，第二产业303.59亿元，第三产业339.26亿元），比上年下降0.4%；全社会固定资产投资总额68.28亿元，增长12.08%；总用电量55.66亿千瓦时，下降0.31%；社会消费品零售总额308.35亿元，下降6.86%；实际利用外资4753万元，下降20.81%；外贸出口总额284.66亿元，下降2.80%；各项税收总额88.15亿元，下降20.81%；地方财政总财力109.45亿元，增长158.38%。年内，虎门镇被评为广东省抗击新冠肺炎疫情先进集体，16人次、7个单位（党组织）获省市抗疫先进表彰；《虎门年鉴·2019》获评为广东省一等优秀年鉴，16人获评为“东莞好人”。

【虎门镇经济稳定发展】 2020年，虎门镇抓好经济运行监测调度，做好复工复产工作，出台支持企业共克时艰10条、加速推动经济高质量发展“1+4”配套政策等扶企助企措施，年安排1亿元专项资金推动经济高质量发展，减免租金和管理费1.6亿元，减免社保费用6.5亿元，协调银行、担保机构为4600多家企业提供金融支持超77亿元，推动“乐购虎门”常态化开展，商家让利和发券优惠金额累计2.35亿元。发展电商产业，通过第三方平台实现网上销售额518亿元，年快递业务量4.1亿票。

【虎门镇产业基础巩固提升】 2020年，虎门镇推动服装服饰业加快升级，举办国家印花发展大会、虎门服交会等一系列行业专业展会和赛事。虎门服装协同创新中心项目通过专家验收，服装服饰领域的四大国家级公共服务平台项目落户虎门，推进大湾区国际时尚谷、衣流时尚产业园以及以纯集团智造中心项目前期工作。发展电商产业，举办第七届虎门国际电商节，参与制定电子商务联盟标准3项，虎门电商产业园被商务部评定为A级国家电子商务示范基地。推动维峰电子华南总部及华南智造基地建设项目、怡合达智造产业链技术中心等本土优质企业项目落地，增强产业发展的新动能。

【虎门镇城市发展空间拓展】 2020年，虎门镇推动区镇融合发展，抽调120人与滨海湾新区共同组建威远岛、沙角半岛两个土地整备现场指挥部，推动威远岛土地整备取得突破性进展，配合新区加快威远岛大湾区爱国主义教育基地的规划建设。完善拓展空间领导工作架构，出台虎门城市更新十条意

虎门镇滨海大道 （2020年黄生摄）

见，动工建设大宁生态智慧产业园、北栅“智汇城”两个产业类城市更新项目，完成“工改工”（将现有土地性质为普通工业用地改变为新型产业用地，将旧工业区拆除重建升级改造为新型产业园）拆除18.53公顷。完成虎门高铁站TOD（以公共交通为导向的开发）综合开发58.67公顷的土地收储，并启动核心区建设。完善交通路网，推进深茂铁路、滨海湾大道（信义路段）等20个项目的土地整备工作，推动虎门大道东、金宁路、捷东路、会展路等一批城市道路动工建设，拉通长堤路。

【虎门镇城市品质提升】 2020年，虎门镇实施乡村振兴战略，推进农村人居环境整治“百日攻坚战”，实施环卫保洁作业模式改革，高品质建设虎门寨黄河商圈1平方千米和博涌“两万”（万科和万达）示范商圈，推动生活垃圾分类处理，完成公厕升级改造59座，建设高标准农田78.87公顷，建成美丽宜居村20个。建成富民商圈等一批停车场，新增停车位4700个。整治非法占用农耕地、户外违章广告、田间窝棚等5.3万平方米，整治违法建筑223万平方米，完成高铁沿线、莞佛高速、广深沿江高速等10条线路虎门段共303处、11.2万平方米环境整治。

【虎门镇生态环境治理】 2020年，虎门镇攻坚克难打好污染防治攻坚战。以大兵团作战完成磨碟河、东江下游和白沙片区“三大片区”480多千米雨污管网建设，改造源头雨污分流2250个，建成应急一体化污水处理设施23套，推进“最后一米”管网接驳。重拳清理“散乱污”企业（不符合产业政策，不符合产业布局规划，未办理工信、发改、土地、规划、环保、工商、质监、安监、电力等相关审批手续，不能稳定达标排放的企业）1575家，立案处理337件，处罚金额3000多万元。落实河长制湖长制，完成河道清淤26千米、河道两岸清“四乱”（乱占、乱采、乱堆、乱建）36千米。整治和推动搬迁虎门电镀印染专业基地B区。深化治气治土治固废，完成土壤污染状况调查备案24个，整治VOCs（挥发性有机物）排放企业424家，空气优良天数比例91.6%，比上年上升13.2%。

【虎门镇社会公共安全】 2020年，虎门镇加强平安虎门建设，筑牢科技护城墙，做实做细“二标四实”（标准作业图、标准地址库；实有人口、实有房屋、实有单位、实有设施）基础信息采集，建成高清视频、慧眼视频1.4万路，违法犯罪警情比上年下降32%，做好矛盾纠纷排查化解，调解成功率95.9%，加强“智网工程”建设，成立“智网工程”机动巡查队，持续完善消防基础建设，建成沙角消防执勤分站和全市首支消防铁骑，生产安全事故死亡人数下降23.5%，未发生较大以上生产安全事故，安全生产形势总体平稳。

【虎门镇教育医疗服务】 2020年，虎门镇推进教育扩容提质千日攻坚，完成博涌小学新校和虎门外语学校扩建工程，推动13所公办中小学改扩建，新办1所民办高中、4所民办幼儿园，新增普通高中学位和学前教育学位共3300多个，公办和普惠性民办幼儿园就读占比提高至85.9%。启用虎门中医院新院，扩建虎门医院，建立居民电子健康档案59万多份，提升医疗卫生公共服务水平。落实就业创业、保障底线民生等政策资金5300多万元，助力打赢脱贫攻坚战。

【虎门镇城市文明创建】 2020年，虎门镇建成镇级新时代文明实践中心、4个社区实践站和8个实践点。成立虎门融媒体中心，推进蒋光鼐博物馆建设，建成启用东莞市文化馆虎门分馆、郑师许陈列馆。

【2020虎门科技金融发展论坛暨“科技金融月”】 于2020年4月23日启动。该次活动举办1场高峰论坛、5场风险普教、5场政策宣传、9场交流对接活动。有20家金融机构、800家（次）企业参与。其中，融资对接包括虎门镇重大项目与重点企业融资对接会、2020虎门科技金融交流对接会、黄河时装城金融信贷周、复工复产信贷产品推介会、中小微企业融企对接会、小微纾困贷助企业对接会、非公经济融资洽谈会等。截至2020年底，各银行在谈授信6.86亿元，达成授信14.36亿元，两项合计21.22亿元。

【虎门高铁站TOD核心区综合开发项目】 于2020年7月22日动工。该项目以虎门高铁站、换乘中心及城市平台为中心进行集聚式开发，将多种交通功能整合于一体，形成地上、地下多层次的步行交通体系，提升区域的城市功能和城市品质，营造全天候、无障碍、高度智能化的综合交通体系，把该区域打造成站城一体的综合交通枢纽、产城融合的现代产业集聚区、宜居宜业宜游的国际社区。项目总占地面积37.33公顷，规划建筑面积135万平方米，项目总投资约240亿元。

【2020中国国际服装服饰印花博览会】 2020年9月26日，为期三天的2020中国国际服装服饰印花博览会在虎门会展中心开幕。博览会展出面积约7000平方米，吸引国内8个省16个城市的优质展商参展，展示内容包括印花设备、印花材料、数码印花、个性定制服装、制版材料及辅助设备器材等，设置“2020年度中国服装服饰印花精品展示区”和“印花产品专区”，帮助企业快速掌握服装印花新趋势，助力塑造品牌竞争新优势。

【2020第二届中国（虎门）纺织面料交易会】 于2020年11月5日在虎门会展中心开幕。该次交易会以“环境友好”和“时尚功能”为核心，展期3天，展会面积1万平

方米，除特设女装面料区、休闲运动面料区等展区外，还加入中国纺织服装供应链继承创新巡展区、中国流行面料创新展示及精品对接环节、趋势发布秀场区、品牌大讲堂论坛主展馆活动区及纺织服装集群内循环交流对接会等，依托中国流行面料工程等中国最优秀的纺织生产力，为广东及周边地区服装品牌及服饰加工企业精准对接，提供一站式的面料解决方案，建立供应链端的核心能力，吸引千余家广东、福建及周边的服装品牌及加工企业，150家全国优秀的面辅料供应商，以及海内外纺织服装行业专业观众参加。

2020年11月19日，第25届中国（虎门）国际服装交易会暨2020虎门时装周在虎门会展中心开幕。图为时装表演秀　（虎门镇供图）

【第25届中国（虎门）国际服装交易会暨2020虎门时装周】　于2020年11月19日在虎门会展中心开幕，展期4天。主会场设在虎门会展中心，共有展位520个，涵盖女装、男装、内衣童装等，设有2020虎门时尚创新体验展系列活动、服装服饰印花创意精品展等。该届展会另设分会场20个。展会期间有3场行业高端论坛、9场时装发布会等20多项活动。该次展会首次开启线上云展会直播，实现展商云展示、采购商云逛展。在该届服交会开幕式上，中国纺织工业联合会旗下的中国纺织信息中心大湾区时尚产业可持续发展研究中心等四大公共服务平台同时在虎门揭牌。

【虎门镇新时代文明实践中心揭牌】　2020年12月17日，虎门镇新时代文明实践中心揭牌仪式在执信公园举行。虎门镇建成新时代文明实践中心，打造4个社区实践站和朱执信纪念碑、虎门中学旧址、虎门医院旧址、太平手袋厂陈列馆等8个实践点，搭建理论宣讲等“五大服务平台”，成立由虎门镇党委书记为队长的志愿服务总队和147支志愿服务分队。

【郑师许陈列馆揭牌启用】　2020年12月28日，郑师许陈列馆在白沙社区逆水流龟村堡揭牌启用。郑师许陈列馆位于逆水流龟村堡内，是一座二层民房建筑，总面积约300平方米。其中，展馆部分约110平方米，书吧、休闲区约190平方米。展馆用“求学东南路修远”“治学史海勤作舟”“兴学乡梓自成蹊”三大部分讲述虎门籍“坪石先生”郑师许的生平事迹，通过油画、多媒体互动触屏、动漫视频等方式，以全方位展示郑师许“求真致用”的治学精神。　（何东玲）

附：2020年虎门镇党委、人大、政府主要领导名录

镇委书记：刘　杰（任至3月）
　　　　　罗　斌（3月到任）
镇人大主席：孙景森（任至9月）
　　　　　　王维钢（10月到任）
镇　长：邓卫洪（任至1月）
　　　　罗　斌（1—3月任职）
　　　　王耀明（4月到任）

2019—2020年虎门镇主要经济社会指标情况表

指标	2019年	2020年
户籍人口（人）	162173	168995
常住人口（万人）	83.68	83.95
面积（平方千米）	178.5	178.5
地区生产总值（万元）	6458560	6445643
第一产业（万元）	16266	17067
第二产业（万元）	3125055	3035942
第三产业（万元）	3317240	3392634
总用电量（万千瓦时）	558302	556577
全社会固定资产投资总额（万元）	609225	682806
社会消费品零售总额（万元）	3310464	3083501
外贸出口总额（万元）	2928520	2846607
实际利用外资（万元）	6002	4753
地方财政总财力（万元）	423606	1094524
各项税收总额（万元）	876643	881454

东城街道

【东城街道概况】　东城街道位于东莞市中心区。截至2020年底，辖区面积105.9平方千米，下辖23个社区和2个国营林场，常住人口59.70万人，其中户籍人口15.9万人。东城街道是“全国文明单位”“全国敬老文明号先进集体”。

2020年，东城街道实现地区生产总值600.64亿元（第一产业0.18亿元，第二产业222.24亿元，第三产业378.22亿元），比上年增长2.4%；全社会固定资产投资101.74亿元，增长5.79%；社会消费品零售总额250.56亿元，下降7.09%；实际利用外资1.13亿元，下降47.31%；外贸出口总额413.9亿元，增长3.5%；各项税收总额135.35亿元，下降8.63%；地方财政总财力39.29亿元，下降3.22%。获“广东省社会型节水示范县（区）”“广东省工会女职工工作先进集体”“广东省最美志愿服务社区”“全省法学会系统先进集体”“广东工会‘三个一批’建设示范点”等项目“单打冠军”。在抗疫过程中，获评“广东省抗击新冠肺炎疫情先进个人”1人、“东莞市抗击新冠肺炎疫情先进个人”12人。

【东城街道产业集约发展】　2020年，东城街道围绕食品优势产业集聚核心区、高端生产性服务业聚集区、新兴经济总部聚集区三大板块，着力打造三个100亿元的产业集群。加强招商引资，累计引进内资项目370个，协议总投资97.5亿元，其中新零售巨头KK集团、世界500强企业中建铁投两个年总产值分别超过100亿元的区域总部项目落户东城。引进亿元以上投资项目6个，中麒光电MiniLED新型显示模组产业化等项目动工投产，东城博力威总部、鸿铭智能型多功能成套包装设备生产化中心等项目持续增资扩产。推进欢乐海岸项目落户的洽谈，打造环球顶级的开放式、沉浸式、融合式的大型文旅商务项目。积极开拓国内外市场，联合阿里巴巴一达通举办“稳外贸、促增长”跨境电商峰会，推动54家次企业参加东莞防疫健康展、东莞台博会、上海进博会，创新“电商+直播”的销售模式助推贸易出口转内销。设立年度最高5000万元的“创新驱动发展专项资金”，新增国家企业孵化器、省级工程中心及省级科技企业孵化器各1家。全年上市和过会4家企业，有规模以上工业企业461家、市和街道倍增相关企业103家。小升规纳统企业再破百家，其中工业小升规完成47家，完成率142%。工业投资和技改分别比上年增长15.6%、15.9%，均超额完成市下达目标任务。

【东城街道改革开放深化】　2020年，东城街道推进“数字政府”建设，深化行政办事功能区域、市一体化政务服务平台、智慧大厅管理平台建设，优化政务服务事项流程配置，推动政务服务“一门集中”“一窗办理”“一网通办”等改革，将150项高频服务事项延伸至群众身边，打通群众办事“最后一公里”。深化贸易服务建设，开展中心园区跨境电商B2B出口业务试点，全年跨境电商零售出口货值21.7亿元，比上年增长19%；国际邮件互换局出口国际小包2310万件，出口货值16.03亿元。推进广东省知识产权服务业集聚发展试验区建设。创新推出街道政商银易微贷项目，成立2000万元的担保资金池，发放放贷额度2亿元，用于支持东城工贸企业生产经营。搭建‘一对一”“一对N”的精准融资服务桥梁，为东城679家企业提供总授信额度160.10亿元。

东城街道中心区夜景　（2020年巫业通摄）

【东城街道城市品质提升】2020年，东城街道深化黄旗南的综合开发建设和品质提升，加快体育公园、儿童公园、横岭村活化等项目实施，推动黄旗南“一带一轴一环”空间格局初见规模。推进“香遇走廊”碧道与黄旗山公园、虎英公园现有碧道连接，全面“串珠成链”。重点谋划同沙新型综合文旅产业的开发，打造中央生态活力区。推进火炼树等旧改项目，打造“一心两轴三片区”品质提升的示范工程。温塘、桑园、周屋、余屋四个社区完成美丽幸福村居特色连片示范建设。提升城市精细化管理水平，高标准升级改造垃圾中转站34座，建设岗贝等生活垃圾示范社区7个，升级改造社区公厕52座。推进排水接驳及雨污分流改造，修复截污主干管网137千米，整治小微水体27条和入河排污口333个，黄沙河同沙段、筷子河、老围河水质稳定达V类。整治“散乱污”企业（不符合产业政策，不符合产业布局规划，未办理工信、发改、土地、规划、环保、工商、质监、安监、电力等相关审批手续，不能稳定达标排放的企业）1404家、VOCs（挥发性有机物）企业307家，空气质量达标天数比例91.2%。

民盈国贸中心（2020年刘伟聪摄）

【东城街道社会治理】2020年，东城街道推进平安建设，重拳打击各类违法犯罪行为，侦破涉恶案件56件，“盗抢骗”（盗窃、抢劫、诈骗）犯罪案件924件、涉黄案件40件。深化科技护城墙建设，建成视频点1.01万路、“慧眼”小视频8003路、动态人脸识别1308路，硬件设施建设水平走在全市前列。创新推出疫情保障专项保险产品《东城街道社区传染病政府救助（一元民生）保险项目》和突发公共卫生事件专项保险产品《街道突发公共卫生事件巨灾保险》。推动辖区143家学校食堂落实互联网+“明厨亮灶”项目建设工作。推动专业检测机构、农贸市场、超市参与“放心肉菜工程”，创建广东省食品安全示范区。加强东城街道安全生产专项整治三年行动，深化危险化学品运输、有限空间作业等重点行业领域整治，实现辖区各类亡人安全生产事故和死亡人数“双下降”。

【东城街道民生工程】2020年，东城街道投入195.8万元开展“民生大莞家”试点项目19个，擦亮“民生大莞家”品牌。推进实施教育扩容工程，完成新建实验幼儿园和扩建第一小学、实验中学建设项目，新增学位2210个。加快“东城教育”品牌学校建设，有东莞市品牌学校2所、市品牌学校培育对象4所。统筹推进街道品质交通千日攻坚行动，新增路外停车位2107个。实行老年人健康管理项目，辖区老年人规范健康管理率、中医药健康管理率、健康保健服务规范率，分别为67.31%、71.49%、71.28%。成立全市首个街道级社会组织联合会。落实水资源管理工作，获“广东省社会型节水示范县（区）”称号。

【东城街道全国首个公共卫生巨灾保险项目落地东城街道】2020年，东城街道探索“政府主导协调+责任部门牵头解决+保险公司经济补偿”模式，引入商业保险机制参与公共卫生事件管理，与商业保险公司达成总保费69.64万元的突发公共卫生事件巨灾保险合作项目，标志着全国首个县区一级统保的公共卫生巨灾保险项目落地。该项目由商业保险承保，按照东城辖区内常住人口1元每人的标准计算保费，主要提供三大保障：一是对东城行政区域范围内所有人口，感染合同约定类型的传染病可给予一次性伤亡救助金。二是发生法定的突发公共卫生事件，政府相关部门在职责范围内开展应急救援与善后处置工作，对于其依法承担的超出一般预算的相关费用，可通过保险进行转移。三是设立防疫经费，用于疫情防控所需物品和服务采购、疫情后续处理等必要支出。

【东城街道获“广东省社会型节水示范县（区）”称号】2020年，东城街道根据节水型社会达标建设要求，落实节水型社会建设任务，健全节水管理体制总体格局；用最严格标准执行水资源管理制度、用水定额管理、计划用水及节水“三同时”工作；推进企业节水系统使用，创建节水公共机构、居民小区等节水载体，提高社会各界节水意识；打好“碧水攻坚战”，强化管网建设与改造，推进老围河等7条黑臭水体整治，加快河涌水生态修复，完成黄沙河流域海绵城市建设试点示范项目建设和梨川大王洲堤围综合整治工程。年内，获“广东省社会型节水示范县

（区）”称号。

【东城街道总工会女职工委员会获“广东省工会女职工工作先进集体”称号】 2020年，东城街道总工会女职工委员会坚持以党建带领工建，立足本岗，巾帼建功，为女性职工打造过硬本领、健康身心、促进个人多元发展。推出“健康直通车”品牌项目，组织医疗服务车队“一月一直通车进企业”，为女职工进行“两癌”等专项筛查，受益人每年超5000人次；采取专题讲座、知识竞赛等多种形式，组织女职工学习劳动合同法等法律法规，维护女工合法权益；推动公共资源和公共服务向女职工群体倾斜，深入实施“提升素质工程”，开展各类线上线下文娱活动，不断提高女性职工整体综合素质。年内，获“广东省工会女职工工作先进集体”称号。

【东城街道星城社区获“广东省最美志愿服务社区”称号】 2020年，东城街道星城社区获“广东省最美志愿服务社区”称号，星城社区志愿服务站于2011年8月成立，由社区团总支部书记担任服务站站长，组织架构健全，软硬件设施完善，设有微信公众号“星城家园”等多种宣传渠道，有效带领广大志愿者踊跃参与志愿服务活动。服务站围绕社区实际，开展“青春有梦·人生出彩”等主题团日活动；联合9个“两新”团支部，开展东城区青年健身跑步活动、“关爱脑瘫患儿”公益活动和“爱心出动”公益义演行动；以未成年人思想道德建设为契机，利用“道德讲堂”平台，营造社会团结互助的氛围。

【东莞市首个“诉源治理示范社区”落户东城街道】 2020年，东莞市首个“诉源治理示范社区”在东城街道东泰社区揭牌成立，为东莞市推动市域社会治理现代化，完善多元纠纷化解体系，提升社区治理能力提供参考，努力打造成为全省乃至全国推广的“枫桥经验”

2020年5月1日，“乐购东莞·乐购东城”“五一”购物嘉年华暨东城名优产品展在黄旗山城市公园举行 （东城街道供图）

东莞样板。打通诉调对接“新机制”。开创“法官指导、两员履职”的工作模式，东城法庭在东泰社区设立社区法官工作室开展调解工作，竭力将矛盾化解于萌芽状态。打通简案快办“高速路”。开通涉社区纠纷案件快速处理绿色通道，建立线上工作平台，设置工作热线，由法庭主动介入，运用诉前调解，维护社会秩序稳定。打通法治宣传“最后一公里”。以法庭开放日为依托，开展主题讲座、巡回法庭等普法宣传活动，坚持以案释法，为老百姓答疑解惑，提升社区居民群众的法治意识水平。

（黄韵纹）

附：2020年东城街道党委、人大、办事处主要领导名录

党委书记：刘林宏

人大工作委员会主任：詹耀东

办事处主任：

郭荣新（1—11月任职）

钟　彬（11月到任）

2019—2020年东城街道主要经济社会指标情况表

指标	2019年	2020年
户籍人口（人）	148065	159773
常住人口（万人）	49.64	59.70
面积（平方千米）	105	105
地区生产总值（万元）	5865523	6006400
第一产业（万元）	1717	1825
第二产业（万元）	2281796	2222390
第三产业（万元）	3582009	3782184
总用电量（万千瓦时）		
全社会固定资产投资总额（万元）	961714	1017402
社会消费品零售总额（万元）	2696697	2505566
外贸出口总额（万元）	3999081	4139000
实际利用外资（万元）	21377	11264
地方财政总财力（万元）	405934	392868
各项税收总额（万元）	1353514	1236685

注：2017年起，受4个街道供电合并城区供电分局影响，不能分出4个街道用电量数据。

万江街道

【万江街道概况】 万江街道位于广东省东莞市西部，地处粤港澳经济走廊，临近珠江入海口。截至2020年底，辖区面积48.6平方千米，下辖30个社区，常住人口32.89万人，其中户籍人口11.3万人。万江街道是“国家全民健身活动先进单位”。

2020年，万江街道实现地区生产总值168.69亿元（第一产业0.90亿元，第二产业78.74亿元，第三产业89.05亿元），比上年增长4.6%；全社会固定资产投资总额38.02亿元，增长24.05%；社会消费品零售总额101.94亿元，下降7.1%；实际利用外资1777万元，增长5.84%；外贸出口总额49.75亿元，增长1.84%；各项税收总额40.6亿元，增长31.6%；地方财政总财力39.31亿元，增长9.26%。年内，万江街道年度工作考评全市第6，获评优秀镇街，获评广东省乡村治理示范村镇、广东省“民主法治示范村（社区）”、广东省五星级示范退役军人服务中心等3项工作“单打冠军”。

【万江街道经济发展】 2020年，万江街道落实“助企撑企15条”“稳外贸20条”“投资松绑30条”等一揽子扶持举措，帮助企业获得资助金额8367万元，引导落实私人物业、集体物业、街属企业减免租金5210万元，发放稳岗补贴449万元，减免企业社保、医保费用4.73亿元，促成银行为辖区倍增企业、小微企业发放贷款17.06亿元。做好重大项目招引落地和建设。完成重大项目供地16宗，总面积30.09公顷；盘活存量土地4宗，总面积8.14公顷；招引项目11个，总投资276亿元；完成市镇联合招商基地认定，完成协议投资58.61亿元，实际投资38.95亿元；市重大项目全年完成投资3.35亿元，完成率134.08%。面对疫情造成消费停摆，街道社会消费品零售额数据大幅下降的压力，通过开展“乐购东莞”万江专场活动，动员辖区餐饮、汽车销售、成品油销售等行业互助互帮，扭转消费疲软局面，全年实现社会消费品零售总额101.94亿元，增速排全市第十名。

【万江街道科技创新】 2020年，万江街道申报市“科技强镇”，被认定为市“科普示范镇（街道）”。1家企业在科创板上市，实现科创板上市零的突破。新增上市后备企业1家，总数8家；“新三板”挂牌企业5家。国家高新技术企业总数239家。规模以上企业研发投入3.37亿元，比上年增长33.73%，研发投入占GDP比重增至2.11%，规模以上工业企业研发机构覆盖率54.05%。有省市级创新团队、重点实验室、工程技术研究中心、科技企业孵化器、众创空间等各类创新载体30家。尚甲都市产业园被认定为国家级科技企业孵化器。全年引进博士4名、硕士75名、高级职称人员122名。与东莞理工学院建立产学研联盟。规模以上先进制造业、高技术制造业分别实现增加值19.38亿元和10.92亿元，分别比上年增长14.7%、22.9%，占规模以上工业比重分别为36.4%、20.5%，智能装备制造成为万江重要支柱产业。

【万江街道人居环境优化】 2020年，万江街道新建90千米截污次支管网、60千米雨污分流管网，4条黑臭水体年底国家考核达到“长制久清”，辖区内河涌基本消除黑臭。实施蓝天保卫战措施36项，完成22家VOCs（挥发性有机物）企业过程治理，9家VOCs省级重点监管企业销号式整治。金田纸业、新富发纸业“煤改气”（烧煤炭改为烧天然气）进展顺利。“三江六岸”示范段一期工程动工，市、街道两级投资2.1亿元。投入8381.8万元，推动社区人居环境提升。在城市主要干道建成街头小景

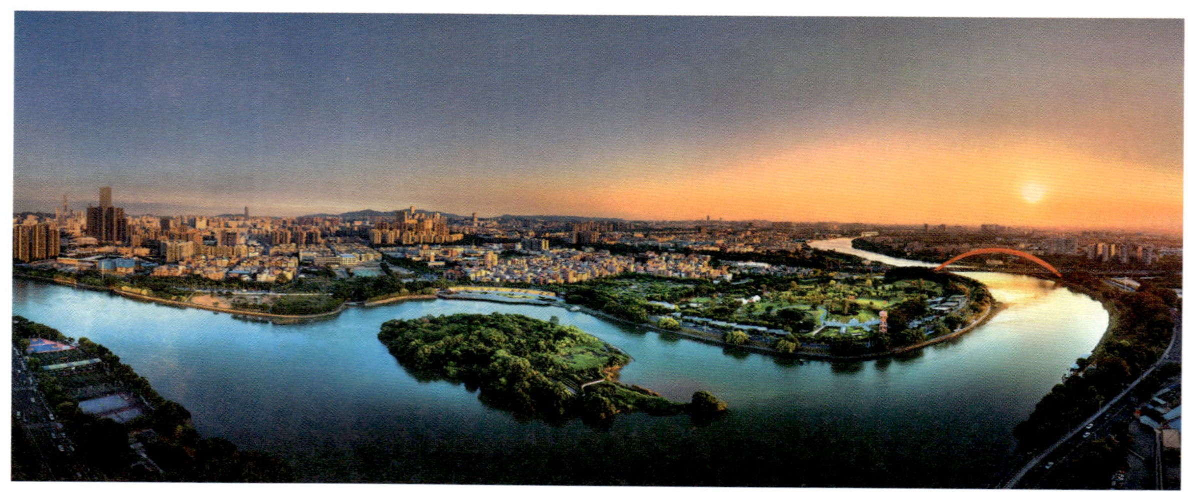

万江街道 （2020年李回立摄）

34个。完成13座厕所、15座垃圾转运站升级改造。管理更加精细。制定断面作业、垃圾收运、绿化养护等一系列城市管理作业标准，实现环卫作业标准化。建立从社区管理人员到环卫工人的“奖惩”管理考核体系。坚持抓小抓细，累计处理数字城管案件7.5万件，治理“两违”（违法用地、违法建设）总面积106.93万平方米。推进生活垃圾分类，建成厨余垃圾处理中心7个。

【万江街道社会治理】 2020年，万江街道优化安全生产和消防安全季度考核机制，压实各方责任。加大安全生产执法力度，全年出动执法人员2346人次，检查企业1173家，查处隐患1159项，落实整改1103项。开展消防安全专项整治，组织检查社会单位638家、发现火灾隐患321处，督促整改火灾隐患316处。承办全市防汛防风应急救援演练，并被作为典型示范写入省市应急管理系统培训教材。针对近年楼盘物业矛盾纠纷多发的现状，成立物业纠纷调解指导委员会、人民调解委员会，组建物业纠纷调解队，化解突出矛盾。“智网工程”在社会治理中的作用更加凸显，全年完成工单54万单，消除各类隐患近7万处，成立首支机动巡查队。开展货车超载超限、危化品运输车、“一盔一带”等交通秩序专项整治，维护群众出行安全。新增企业内保警民联防点256个，组建志愿巡逻队27支，新增建设各类治安视频6560个，社会治安防控安全网更加严密。推进扫黑除恶专项斗争，破案24件，刑拘189人。“两抢”（抢劫、抢夺）发案数比上年下降38.9%，入室盗窃、打架斗殴、盗窃电动车等多发性案件分别下降58.1%、41.5%、51.7%。

【万江街道民生福祉】 2020年，万江街道打好教育扩容提质攻坚战，投入1.46亿元，启动新建一批教育教学设施。推进品质交通攻坚，完成17项道路工程和10项慢行系统工程，新建、改造道路12.46千米、慢行系统21.84千米，停车位3933个。推动新基建建设，全年建成5G基站336个、充电桩68个。在落实常态化疫情防控同时，抓好居民基本医疗服务，社卫中心全年接诊41.8万人次。兜牢民生保障底线，街道参保人次达62.95万人次，基本实现参保全覆盖，发放创业就业补贴、最低生活保障金、残疾人津贴约2000万元。建成长者饭堂，为有需求的居家养老服务政府兜底资助对象提供助餐配餐服务。受理劳资争议案件1080件，为劳动者追回欠薪452.9万元。扶贫攻坚成效显著，广东省揭西县7个贫困村实现脱贫退出，1002名相对贫困人口脱贫。紧扣抗疫主题，举办龙舟节、敬老节、戏剧曲艺节三大文化惠民活动，用丰富的文化活动弘扬抗疫正能量。开展志愿服务，全年志愿服务6万小时，服务群众超100万人。完成第七次全国人口普查登记工作。国防动员、审计、外事侨务、民族宗教、工青妇幼、档案方志、残疾人等工作全面推进。

2020年11月11日，万江街道首家上市公司广东利扬芯片测试股份有限公司登陆上海证券交易所科创板 （万江街道供图）

【万江街道健康防护产业集聚推动】 2020年，万江街道打造万江口罩及装备区域品牌，注册“万江口罩”国内商标，推动全国首个口罩产业行业协会、东莞首个健康防护用品产业园落户万江街道。该产业园位于万江街道新和社区创业工业园新和盛丰路5号，毗邻港口大道和环城路，占地面积5.33公顷，建筑总面积7万平方米。产业园进驻有广东省东莞市质量监督检测中心口罩及装备检测工作站、认证服务工作站和东莞市口罩及装备行业协会，集聚10余家企业和机构。搭建东莞市万江健康防护用品供应链服务平台，为防护用品立足万江市场提供销售方面全方位的资源服务，与京东商城设立万江健康防护用品专馆，在园区设立小型防护用品京东流转仓。增强创新能力，推进建设口罩产业链示范基地、口罩及装备检验检测服务平台、企业实验室、口罩科研中心、口罩人才实训基地，建成万江口罩及装备产业创新中心。

【万江街道谷涌滘联连片示范区通过综合验收】 2020年，万江街道谷涌社区滘联连片示范区通过综合验收。美丽幸福村居特色连片示范片区位于谷涌、滘联两个社区，覆盖范围3.84平方千米，2018年经竞争评选以及市政府同意后，被列为市首批三个美丽幸福村居特色连片示范区之一，同年底部分项目启动建设，截至2020年底，全部连片项目完成建设。项目总投资1.37亿元，重点对片区进行空间规划梳

金鳌洲塔　（2020年李回立摄）

理，开展“三清理三拆除三整治”（清理村巷道及生产工具、建筑材料乱堆乱放，清理房前屋后和村巷道杂草杂物、积存垃圾，清理沟渠池塘溪河淤泥、漂浮物和障碍物；拆除危房、废弃猪牛栏及露天厕所茅房，拆除乱搭乱建、违章建筑，拆除非法违规商业广告、招牌等；整治垃圾、污水及水体污染）、河道清淤，充分挖掘、修复、保育历史遗存，自然景观与公共空间、私人房屋结合相得益彰，打造谷涌入口广场、浪漫花海、起龙广场、正丫龙舟大观园、衫林碧橦等20余项景观节点，围绕“滨江景观休闲带”，串联起集休闲娱乐、水岸观赏、龙舟文化、古树名木、村落古街为特色的6千米的生态水岸观光线，打造一个“亦城亦乡，宜居宜游”的现代田园都市。

【万江街道新政务办事大厅建成】　2020年，万江街道新政务办事大厅建成入驻。该大厅坐落于万江市民文化服务中心一楼，总面积3870平方米。功能布局主要划分为前台窗口办事区、后台审批区、导办咨询区、等候区和24小时自助办事区。可提供79个办事窗口，提供群众等候座位228个，可容纳办公人员230人。实现智能一体化政务服务平台上线政务事项965项，“莞家政务”自助终端实现全覆盖。

【东莞市首个儿童公园建成】　2020年，万江街道建成万江儿童公园，为东莞市第一个儿童公园。公园选址位于谷涌、滘联美丽幸福村居特色连片示范建设的“浪漫花海”段，占地面积3.33公顷，长条形沿江而建。公园分成妇女儿童之家、高效农田观光区、厨余处理展示区、蔬菜种植示范区、家风家训健康步道、儿童体能体验区等功能区。公园建成后先后开展亲子绿色环保实践活动40多场次。通过打造街道首条垃圾分类趣味跑道，创建“玉兰花开　巾帼家美”积分超市，用绿色文明行为兑换果蔬礼品，推广绿色环保知识；接待省、各地市妇联，新疆维吾尔自治区优秀妇女，各镇街妇联干部到儿童公园交流学习，促进共同进步。

（谢　力）

附：2020年万江街道党委、人大、办事处主要领导名录

党委书记：黄贵洪
人大工作委员会主任：陈榴基
办事处主任：刘永定

2019—2020年万江街道主要经济社会指标情况表

指标	2019年	2020年
户籍人口（人）	108513	113000
常住人口（万人）	25.39	32.89
面积（平方千米）	48.6	48.6
地区生产总值（万元）	1609747	1687014
第一产业（万元）	8620	9045
第二产业（万元）	730102	787435
第三产业（万元）	871024	890534
总用电量（万千瓦时）		
全社会固定资产投资总额（万元）	306488	380198
社会消费品零售总额（万元）	1097584	1019398
外贸出口总额（万元）	488469	497510
实际利用外资（万元）	1679	1777
地方财政总财力（万元）	359828	393123
各项税收总额（万元）	308539	405990

注：2017年起，受4个街道供电合并城区供电分局影响，不能分出4个街道用电量数据。

南城街道

【南城街道概况】 南城街道位于东莞市中南部，是东莞市的新城市中心，是市委、市政府所在地。截至2020年底，辖区面积56.62平方千米，下辖18个社区，常住人口41.90万人，其中户籍人口15.68万人。南城街道是“全国文明单位”“全国城市体育先进社区”“全国文物工作先进县”“全国综合减灾示范社区”。

2020年，南城街道实现地区生产总值624.47亿元（第一产业0.14万元，第二产业106.45亿元，第三产业517.88亿元），比上年增长1.8%；全社会固定资产投资总额83.96亿元，增长35.02%；社会消费品零售总额367.06亿元，下降7.28%；实际利用外资1.75亿元，下降33.8%；外贸出口总额287.46亿元，下降9.99%；各项税收总额150.68亿元，下降4.48%；地方财政总财力75.84亿元，下降10.3%。在全市总结大会上，南城街道被评为“2020年度领导班子工作优秀镇街”，并获得“广东省移动支付示范镇”“广东省抗击新冠肺炎疫情先进集体、先进基层党组织”“2020年广东省乡村治理示范村镇”“2020年度广东省节水型社会示范县（区）”“2020年度广东工会‘三个一批’建设示范点”5个“单打冠军”。

【南城街道科技创新】 2020年，南城街道实施创新驱动战略，推进软件、互联网、云计算、大数据等信息产业发展，辖区集聚高新技术企业300家，规模以上软件和信息技术服务企业33家，获“市软件和信息技术服务业集聚区”称号，把天安数码城、联科国际信息产业园、高盛科技园、南信产业国际、宏远国际人工智能产业中心5个园区设为“试点园区”，国家超算广州中心东莞分中心和市博士创业促进会人才基地进驻南城街道。

【南城街道重大项目建设】 2020年，南城街道加快重大项目建设，加强对接服务，续建7个重大项目，新建万象府、盛世商潮总部运营中心2个项目，9个重大项目完成投资39.63亿元，完成年度计划265.3%，超额完成任务，全市排第三名。

【南城街道教育事业】 2020年，南城街道推进教育扩容提质千日攻坚，建成小学、公办幼儿园各1所，完成1所初中、2所小学改扩建，增加优质学位供给，获评市政府硬任务先进配合镇街，1人获2020年市政府硬任务个人嘉奖。公办教育教学质量稳步提升，阳光系列小学教育教学质量居全市前列，2所公办中学实现优质均衡发展。创建1所“东莞市一级幼儿园”、3所东莞市“广东省规范化幼儿园”，4所学校通过市品牌学校验收，3所学校被评为市品牌学校培育对象，新增全国青少年校园足球特色学校等19个特色学校称号。

【南城街道社保优惠政策】 2020年，南城街道落实社保优惠政策，为1.51万家企业拨付稳岗返还补贴4600多万元，减免企业社保费用16.21亿元，实行减半征收医保缴费单位部分惠及2.28万家企业，发放新招用员工一次性吸纳就业补贴205万元、受疫情影响职工工资补贴39.73万元。

【南城街道文化建设】 2020年，南城街道厚植南城文化底蕴，举办线上线下文化活动239场；参加文艺展赛，获各类奖项44个。打造“艺之南”品牌建设工程，举办活动37场。擦亮“篁溪雅韵”文化品牌，举办各类专题文艺展览，推进“和谐之声”合唱艺术基地文化项目，实现文化馆社区支馆全覆盖，丰富群众文化生活。推动体育事业蓬勃发展，广东宏远篮球俱乐部勇夺CBA十冠王，共建青少年篮球训练基地，培养篮球人才。支持世纪城羽毛球队承办全国羽毛

南城街道 （2020年张顺祥摄）

球选拔赛广东站等赛事，擦亮南城羽毛球名片。推行公共体育场馆免费或低收费向社会开放，惠及广大群众。推进档案、地方志工作，妥善管理已存的29万卷又18万件档案，编研利用好社会各界的抗疫档案资料。加强地方文化和地情资源开发利用，编纂《南城年鉴》，出版《东莞市南城古村落姓氏族群》，多方征集家谱族谱、古籍、方言和珍稀档案。

【南城街道社会治理】 2020年，南城街道推动市域社会治理现代化，加强城市智慧治理，推进“雪亮工程”、科技护城墙建设，优化“智网工程”信息系统，加快建设跨部门大数据平台。以“数字政府”和大数据公共服务平台为支撑，建设社会治理云平台，打造一体化的信息系统和综合指挥平台。完成清明、“五一”、全国“两会”、中秋国庆、深圳经济特区建立40周年庆典等重大节点的安保工作。压实社区、企事业单位、出租屋等主体责任，引导在南城的61.2万实有人口完成自主申报，为疫情精准研判、精准防控打下坚实基础。把扫黑除恶置于突出位置，严厉打击各类违法犯罪，开展“逃犯清零”“线索清仓”“案件清结”行动，全年立刑事案件2718件，比上年下降3.2%，破1106件，破案率上升11.8%。破涉黑恶案件145件，打掉各类黑恶犯罪团伙18个。开展扫黑除恶宣传活动505场次，派发宣传资料7万份，经宣传动员有9名涉黑恶犯罪嫌疑人到公安机关投案自首。加强风险防范化解，落实全方位疫情防控排查管控，严防发生住宿餐饮、批发零售、交通运输、房地产等受新冠肺炎疫情影响较大的行业产生矛盾纠纷，确保社会大局平稳有序。强化安全生产管理，全年安全生产事故数量和死亡人数比上年实现双下降。加强监督管理，最大限度消除各类安全隐患，全年未发生较大以上安全生产事故、火灾事故、社会治安事故、道路交通事故和食品药品安全事故。

【南城街道城市品质提升】 2020年，南城街道提升城市休闲空间品质，做好中心广场、植物园、元美公园等周边人流、交通、安全的管理，加强石鼓生态公园、周溪翠湖公园、蚝地南之城广场以及各社区街角的环境整治和维护，新建市民花园、百花林公园，以及南城儿童乐园，形成错落有致，功能各异、布局合理的休闲空间体系。广发片区城市品质提升工程成为全市城市品质提升的标杆和范本。优化城市人居环境，14个传统社区均达到“干净整洁村”标准，全部创建为美丽宜居村。升级改造30个街头小景，开展“增绿补绿”行动增加绿化面积，美化提升老旧市政设施。完成31座公共厕所升级改造，“厕所革命”（对发展中国家的厕所进行改造的一项举措）工作达到预期效果。全年新增公共智慧停车位3500个。推动生活垃圾处理和分类，重点推进生活垃圾分类示范片区建设，大件垃圾及园林废弃物处置中心投产，全年处理南城生活垃圾28.5万吨，其中无害化焚烧处理17.4万吨，可回收利用物11.04万吨。强化城市环境保洁，清理“牛皮癣”（公共场合非法贴涂的小广告）12.5万张、人行道板2264.4万平方米、装修垃圾约2600吨。落实专人专车及时安全处理口罩废弃物，规范作业，做好重点场所的消杀消毒工作。优化完善“数字城管”系统功能，加强单元网格巡查，实现对基础设施、道路交通、市容环境、园林绿化、城市“六乱”（乱搭乱建、乱堆乱放、乱设摊点、乱拉乱挂、乱贴乱画、乱扔乱吐）等城市事件和部位的数字化管理，2020年受理并处置案件3.9万件。加强城市治理，街道领导班子成员带头“行走南城”369次，发现并整改问题1241个。拆除新增违法搭建铁棚、砖墙等违建行为189宗，实现违建“零增长”。整治历史存量违建行为20宗，实现控违“负增长”。清理辖区内乱停放共享单车5万辆。开展蓝天保卫战，加强各类排放源、污染源管控治理，运用无人机等科技手段对工业企业、露天焚烧等进行辅助巡查，发现问题企业326家，其中帮扶整治企业289家，立案查处企业37家，查封违法企业8家。空气质量指数达标率比上年上升12.9%，南城街道的空气质量显著改善。坚决打好治水攻坚战，定期开展河涌和断面水质检测，保障黑臭水体整治成效。完成141千米污水主干管网检测，修复三级以上结构性缺陷管网105处。加强对截污次支管网、雨污分流管网和提升泵站的规划建设工作，实施东江下游片区管网工程，加大入河排污口整治力度，确保按时按质完成任务。

【东莞国际商务区建设】 截至2020年底，东莞国际商务区建设实质性启动，水涧头村总签约户数318户，占比96.65%，水涧头村总签约房屋646栋，占比97.43%，移交房屋644栋（完成率97.13%）。安置物业项目完成桩基础工程。东莞国际商务区前期5个项目动工，总部基地一期完成投资27.91亿元，占总投资94.93%；二期完成投资35.57亿元，占总投资107.59%。

【南城街道禁毒主题公园揭牌】 2020年6月3日，东莞市南城街道禁毒主题公园揭牌仪式在水濂山森林公园举行。此次揭牌仪式由东莞市禁毒委员会、南城街道禁毒委员会共同举办，旨在全面贯彻落实“全民禁毒工程”，通过在园内设立各种宣传展示牌，从禁毒历史、毒品种类、毒情形势、毒品预防、法律法规等方面，全方位展示预防毒品的重要性和必要性。建设禁毒主题公园，是街道深入开展新时代禁毒宣传教育的一项重要举措。

【南城街道完成脱贫攻坚任务】 2020年8月12—13日，南城街道组团前往南雄市，开展脱贫攻坚、落实做好全国脱贫攻坚收官工作，确保如期完成脱贫攻坚任务。11

座“幸福楼”竣工交付使用及标准厂房建设启动，每座幸福楼建设两层，每层为3套一房一厅一厨一卫的套间，合共6套。幸福楼的建成，较好地解决当地五保户和低保户居住难问题。标准厂房项目分两期建设，一期规划用地面积1.46万平方米，总建筑面积2.30万平方米，总投资约5000万元。

【全国首家最全胆石博物馆落户南城街道】 2020年11月1日，由南城医院打造的人类胆石博物馆开馆。该馆收藏着7000多份各式各样的“石头”，是全国最大的胆石科研样本库。人类胆石博物馆面积约800平方米，馆内围绕科普和培训，分别设立胆石史记、胆石圣殿、人机对话、肝胆注塑模型、动漫模拟等展区，展出的7000多人份胆道结石标本来自全国各省（市、自治区），以及美国、马来西亚、法国、澳大利亚等7个国家和地区。馆内将人类结石、肝胆、胆道、血管、手术等内容，用实物、视频、图文、VR系统等现代化展陈技术加以展示。馆内设有180度全息投影系统、虚拟现实示教系统（AR+VR）、腹腔镜模拟训练器、内镜微创手术体验基地，也为医学同行提供创新性的培训基地。

【南城街道历史文化陈列厅揭牌】 2020年11月4日，位于宏图科技中心3号楼3楼的南城街道历史文化陈列厅揭牌。该陈列厅是南城档案馆、南城方志馆为完善馆内功能用房建设打造的历史文化精品场馆，免费向公众开放。南城历史文化陈列厅总面积1540平方米，设有南城印象区、名胜微景区、名人档案区、视听档案区、方志藏书区五大部分，以“展、藏结合，览、憩结合”为理念，通过各种多媒体多形式展示南城历史文化，是具有展览、藏书、文化和教育的多功能空间。

东莞市南城阳光第八小学 （2020年《南城》编辑部供图）

【南城街道新时代文明实践中心揭牌】 2020年12月3日，南城街道新时代文明实践中心揭牌启用，打通宣传、教育、关心、服务群众的“最后一公里”。南城街道新时代文明实践中心以全域为整体，以志愿服务为基本形式，面向基层社区、企业，通过打造新时代文明实践“一中心二十站三十点”，建设理论宣讲、教育服务、文化服务、科技服务、体育服务五大基础服务平台，突出创建市民素质提升、心理健康指导、好人文化传播、健儿精神宣扬、特色志愿服务五大特色平台，以及战“疫”善行义举榜等，全方位开展文明实践活动。

（周静珊）

附：2020年南城街道党委、人大、办事处主要领导名录

党委书记：詹文光

人大工作委员会主任：邱　刚

办事处主任：苏　东（任至11月）

　　　　　　黄淦洪（11月到任）

2019—2020年南城街道主要经济社会指标情况表

指标	2019年	2020年
户籍人口（人）	143837	156854
常住人口（万人）	41.77	41.90
面积（平方千米）	56.62	56.62
地区生产总值（万元）	6128244	6244681
第一产业（万元）	1327	1392
第二产业（万元）	1034272	1064518
第三产业（万元）	5092645	5178771
总用电量（万千瓦时）		
全社会固定资产投资总额（万元）	621754	839560
社会消费品零售总额（万元）	3958784	3670589
外贸出口总额（万元）	3193553	2874613
实际利用外资（万元）	26461	17516
地方财政总财力（万元）	845487	758424
各项税收总额（万元）	1577545	1506801

注：2017年起，受4个街道供电合并域区供电分局影响，不能分出4个街道用电量数据。

中堂镇

【中堂镇概况】 中堂镇位于东莞市西北部。截至2020年底，辖区面积59.88平方千米，下辖20个村（社区），常住人口19.69万人，其中户籍人口8.57万人。中堂镇是“中国民间文化艺术之乡”“中国曲艺之乡”“中国龙舟文化之乡”“中国龙舟之乡”“国家卫生镇”。

2020年，中堂镇实现地区生产总值145.65亿元（第一产业2.01亿元，第二产业82.62亿元，第三产业61.02亿元），比上年增长5.2%；全社会固定资产投资总额48.01亿元，增长55.79%；总用电量15.34亿千瓦时，下降7.03%；社会消费品零售总额40.81亿元，下降19.59%；实际利用外资3502万元，下降50.3%；外贸出口总额28.21亿元，下降19.81%；各项税收总额28.21亿元，增长4.9%；地方财政总财力54.94亿元，增长46.31%。年内，获“广东省文明镇”“广东省五四红旗团委”“全国综合减灾示范社区”“广东省民主法治示范村（社区）”“广东省乡村治理示范村镇”及广东省数字乡村发展试点等9项市“单打冠军”，通过“国家卫生镇”复审。

【中堂镇经济发展】 2020年，中堂镇成立镇复工复产专项工作组，建立防疫及企业服务团队，点对点为企业提供精准服务。专门为企业聘请“防疫监督员”，构建安全防疫网。3月全镇实现复工率100%。成立镇经济运行监测调度指挥部，建立工业投资项目库，适时召开经济监测联席会议，研判分析全镇经济运行情况。对全镇77家A库企业、27家B库企业分别制定专门的帮扶方案，扶持企业稳定发展。聚焦智能终端、智能装备制造以及智慧环保等多个重点行业，加大招商引资力度，分别举行东莞市2020年三季度重大项目集中开工仪式、中堂镇2020年第三季度招商项目签约暨环保智能装备研发生产项目动工仪式，签约16个项目。推动互赢新能源智能装备生产、燃气热电联产项目二期工程、仕兴鸿数控机床生产等9个项目动工，实现全镇全年14个市重大建设项目动工。全镇有省市重大项目16个，包括14个重大建设项目、2个重大预备项目，计划总投资超150亿元。建设北海产业园、槎滘产业园、中堂TOD（以公共交通为导向的开发）经济开发区、下四马岛“四大平台”，北海产业园有8个省市重大项目落户动工，总投资86亿元；槎滘产业园打造天安·中堂智能生态小镇项目，与60多家意向入驻企业签订合作协议；TOD经济开发区建设穗莞深城际中堂站配套项目一期；下马四岛计划打造具有航天特色的农业生态文旅太空岛。推进高企树标提质，实施“倍增计划”（重点企业规模与效益倍增），制定实施推动企业高质量发展、推动“倍增计划”升级版方案，加大对科技创新的奖补力度。规模以上高新技术企业增加值40.36亿元，比2015年增加35.88亿元，培育创新发展动能。推进5G建设，建站率、开通率排全市第一。申报为省数字乡村发展试点镇，是全市仅有的2个试点镇之一。深化领导挂点企业服务，将走访暖企与经济监测相结合，做好数据异动较大企业的服务保障等工作，帮助企业恢复生产、全面达产、增资扩产。疫情期

中堂镇中心区 （2020年袁景文摄）

2020年7月22日，东莞市2020年三季度重大项目、增资扩产项目、TOD项目集中开工仪式在中堂镇举行（中堂镇供图）

间，以应急状态加强经济运行监测调度，主动为企业争取“助企撑企15条”“助企复工10条”“水乡委若干措施”“投资松绑30条”和50亿元专项资金等一系列政策红利，开展“乐购中堂”促销活动，帮助企业渡过难关。

【中堂镇城市品质优化】 2020年，中堂镇推进品质交通千日攻坚大会战，推进打通“断头路”、穗莞深城际中堂站配套项目等系统工程，新增停车场9个，新增停车位1001个。完成村级一、二期小公园建设，完成新建、改建公厕16座。推动觉华公园、德本公园、省道S120线北潢路升级改造、国道G107线中堂段景观改造等项目建设，完成文化广场、觉华公园、迎宾路等区域的灯光亮化提升。推进生活垃圾分类三年专项行动（2020—2022年），启动“1+1”示范片区建设。落实“行走中堂”行动和长效管理机制，开展洁净城市活动日11次，镇领导班子共行走1095人次，村两委干部行走13532人次，问题整改率100%。探索实施环境卫生保洁改革，试行市场化承包与村（社区）属地负责相结合模式，健全环卫保洁监管考核体系。建设“拓空间”1.5平方千米优质生活圈项目，作为全省10个优秀案例之一入选“广东优秀案例美好生活榜”。推动21个城市更新改造项目，改造面积461公顷。全年收储土地面积64.14公顷，完成率113.18%。抓好土地开发实施落实、城市更新单元划定方案组织编制、TOD综合开发专项规划等工作，为融入水乡功能区统筹发展、推动项目落地提供保障。以“全域项目化”抓实工作，建设190个镇村两级乡村振兴重点项目，完成62个项目建设。在全省乡村振兴大擂台中，潢涌村获“厕所革命”单项奖第一名、产业发展单项奖第三名及优秀村奖，取得优异成绩。推进示范村庄建设，完成潢涌村特色精品示范村创建工作，推动凤冲村建设第一批水乡特色示范村庄项目以及东泊社区、斗朗社区、中堂村创建第二批水乡特色示范村庄，推动三涌村、湛翠村、吴家涌村以及鹤田村创建成为特色精品村。

【中堂镇生态文明建设】 2020年，中堂镇推动国家级生态保护与建设示范区建设，开展水污染防治，河湖清“四乱”（乱占、乱采、乱堆、乱建）工作成效获得《人民日报》《经济日报》等主流媒体宣传报道。整治入河排污口，完成589个入河排污口整治。完成258个源头雨污分流考核任务。北海仔河水质提前达到V类水标准。发挥河长制作用，镇、村、民间河长共巡河1928次，发现并落实整改问题1164个。推动VOCs（挥发性有机物）企业整治，完成98家VOCs排放企业治理任务。建立以臭氧、PM2.5为主要对象的污染天气应急应对体系，夯实应急减排措施。空气质量5项指标全面达标，全年空气优良天数345天，优良率95.3%，比上年增长23.6%。开展系列环保专项执法行动，通过交叉执法、夜间突击检查等加大环境执法监管力度。全年立案查处152件环境违法行为，行政处罚152件，刑事拘留案件3件，查封14件。建立清理“散乱污”企业（不符合产业政策，不符合产业布局规划，未办理工信、发改、土地、规划、环保、工商、质监、安监、电力等相关审批手续，不能稳定达标排放的企业）长效机制，全年完成整治595家“散乱污”企业。利用广东省固体废物管理信息平台加强固废、危废转移监管，全年在省固废信息平台注册完成企业588家，完成率100%。

【中堂镇社会治理】 2020年，中堂镇完成社区警务改革，完成全镇辅警分流；加强社会面巡逻防控，巩固“2+N+N”巡防接警、护学岗等工作；完成232个高清视频监控安装，开展二类视频监控建设，加快辖区电子警察卡口建设升级改造。公安重点工作综合成绩排全市第二名，其中有18项工作排全市第一名，群众安全感、满意度排全市第三名，中堂的社会治理工作取得显著成效。潢涌派出所办案区被列为省级执法办案场所示范点，公安工作在全市公安情报“四智”大比武中获一等奖，5名警察及警属入选东莞公安“百佳”先进典型。推动“莞邑联防”队伍建设，网格员队伍壮大至349人，建成“1个中心+3个片区调度站+20个村级工作站”的层级化管理模式。全年实现8个部门事项入格，“智网工程”建设不断深化和警务触角不断延伸，立体化社会治安防控体系更加完善。部署推进“五大领域”、“三年行动”专项整治、“奋战100天”等安全生产工作。完成中堂镇安全生产全覆盖监管检查（巡查）智能信息系统平台建设。建立一支独立运作的专职安全员队伍，强化安全生产巡查，全年对规模以下企业和小作坊巡查6955家次，覆盖率100%。巡查危险化学品生产经营企业143家次、工矿商贸企业806家次，帮助和指导各企业消除安全隐患问题641个。强化消防隐患排查化解，共检查各类单位1.91万家次，发现火灾隐患8405处、督促整改8405处。中堂消防大队成为全市唯一获评省2020年度执勤训练工作“先进政府（企事业）专职队”的队伍。

【中堂镇民生事业】 2020年，中堂镇凝聚各方力量创建为“广东省文明镇”。新时代文明实践中心省级试点工作持续深化，新时代文明实践点增加至60个，开展志愿活动进社区、进学校900多次，志愿总时长比上年增长14%。完成编制《中堂镇基础教育设施专项规划（2020—2035年）》，推进教育扩容千日攻坚行动，完成中心幼儿园、第三幼儿园改扩建工作，组建3个教育集团，把中堂中学创建为品牌学校，高薪招聘146名教师，教育品质得到提升。为全镇户籍人口购买重大疾病商业保险，受益群众1207名，共赔付1762.57万元。完成中堂医院改扩建项目立项审批，发热门诊规范化建设和社卫中心潢涌分中心主体和基础装修工程建设。中堂医院创建省级胸痛中心。规范疫苗接种管理，完成预防接种门诊数字化建设。通过国家卫生镇复审，推进广东省健康促进区创建工作。为378户低保户发放低保金750万元，为全镇2423名持证残疾人发放专项补助540.4万元。成为全市第一个全镇铺开“大配餐”项目的镇街，全年为居家养老服务对象提供“大配餐”服务19.86万餐。深化文体振兴三年发展规划，创新举办线上龙舟节，吸引120多万浏览量。中堂龙舟队在中国民族民间龙舟公开赛上获得双料冠军，中堂曲艺承办第二届广东省展演活动并取得一等奖，中堂篮球在市级联赛中取得季军。加快建设文化艺术中心，完成5个村的风雨球场建设，对13个村（社区）健身路径进行维护，群众文体活动空间有效扩大。

【中堂镇产业发展】 2020年，中堂镇举办中堂互赢新能源智能装备生产项目开工典礼、中堂仕兴鸿数控机床生产项目开工仪式、东莞市制糖厂有限公司整体搬迁项目开工仪式、东莞市2020年三季度重大项目集中开工仪式、中堂镇2020年第三季度招商项目签约暨环保智能装备研发生产项目动工仪式和中堂福创科电子科技项目开工仪式，签约项目16个。推动互赢新能源智能装备生产、燃气热电联产项目二期工程、仕兴鸿数控机床生产等9个项目动工，形成全镇16个市重大项目同时开工的良好局面，开工项目总数创历史新高。全年中堂镇重大建设项目完成投资17亿元，完成比例141.41%，排全市第九名、水乡功能区五镇第二名。

【中堂镇举行北海仔河流域综合整治项目誓师大会】 2020年3月13日，中堂镇举行北海仔河流域综合整治项目誓师大会，铺开北海仔流域综合整治项目，涉及干流10.5千米，13条支流50.63千米，共61.13千米，流域面积25.5平方千米，总投资8.21亿元。北海仔河流域综合整治项目建设是中堂镇继截污次支管网工程完成后的又一项重要的水环境治理工作。涉及水质整治工程基本完成，北海仔河完成黑臭消除，水体逐渐返清，根据市水质监测断面达标情况的通报，北海仔河（豆豉洲断面）全年水质均达到Ⅴ类或优于Ⅴ类。

【中堂镇举行“广东省文明镇”揭牌仪式】 2020年12月30日，中堂镇举行“广东省文明镇”揭牌仪式。全镇实现市级以上文明村（社区）全覆盖，其中有全国文明村1个、省文明村（社区）2个、市文明标兵村（社区）9个；省文明单位1个、市文明标兵单位8个、市文明单位19个、市文明校园4个、市文明家庭8户；全镇先后涌现出中国好人、道德模范、东莞好人、最美家庭等先进人物91名。 （黎杰文）

附：2020年中堂镇党委、人大、政府主要领导名录

镇委书记：叶沃昌
镇人大主席：郭陈明
镇　长：曾庆云

2019—2020年中堂镇主要经济社会指标情况表

指标	2019年	2020年
户籍人口（人）	85749	87389
常住人口（万人）	14.19	19.69
面积（平方千米）	59.9	59.9
地区生产总值（万元）	1384577	1456575
第一产业（万元）	19184	20129
第二产业（万元）	813554	826217
第三产业（万元）	551839	610229
总用电量（万千瓦时）	165010	153376
全社会固定资产投资总额（万元）	308208	480143
社会消费品零售总额（万元）	507451	408123
外贸出口总额（万元）	351833	282089
实际利用外资（万元）	7046	3502
地方财政总财力（万元）	375460	549371
各项税收总额（万元）	238686	250441

望牛墩镇

【望牛墩镇概况】 望牛墩镇位于东莞市西北部，东江下游。截至2020年底，辖区面积31.6平方千米，下辖21个村和1个社区，常住人口8.63万人，其中户籍人口5.32万人。望牛墩镇是“国家卫生镇”“国家第一批绿色村庄”“全国综合减灾示范社区”。

2020年，望牛墩镇实现地区生产总值100.56亿元（第一产业0.54亿元，第二产业54.67亿元，第三产业45.35亿元），比上年增长5.7%；全社会固定资产投资总额21.25亿元，增长40.83%；总用电量7.21亿千瓦时，增长5.32%；社会消费品零售总额15.4亿元，下降5.56%；实际利用外资3592万元，下降54.18%；外贸出口总额26.27亿元，下降16.93%；各项税收总额12.18亿元，下降1.77%；地方财政总财力13.21亿元，下降12.63%。年内，获广东省“民主法治示范村（社区）”“广东省乡村治理示范村镇”2个“单打冠军”。

【望牛墩镇经济发展】 2020年，望牛墩镇以超常规机制加强经济运行监测调度，推动集体物业减租2000多万元，为28家重点企业、外贸企业融资3亿多元，为83家中小微企业争取贷款1.6亿元，帮助企业申请各项资金补贴2200多万元。全镇经济增速由负转正，全年完成生产总值100.6亿元，高质量迈进GDP百亿元俱乐部。村级集体经济发展壮大，21个村村组经营性纯收入比上年增长16.3%。招商引资取得新成效，招引项目6个总投资38亿元。芙蓉产业中心创建为全市首个重点招商园区（低成本空间），2个产业中心共招引企业36家。智源彩印、凸版艺彩等项目建成投产。7个市重大项目完成投资5.7亿元。27家企业通过国家高新技术企业认定，规模以上工业企业研发机构覆盖率达到48.5%，超过全市平均水平。

【望牛墩镇空间拓展推进】 2020年，望牛墩镇组织300多名干部下沉一线攻坚东莞西站望牛墩单元土地整备，明确补偿标准和补偿方案，取得良好开局。与水乡管委会签订洲涡（鸡心岛）单元统筹开发合作协议，用时一周完成南组团地块征地表决，为下来区域开发和项目招引奠定基础。划定东兴路、五涌村等城市更新单元，完成10公顷镇、村工业园“工改工”（将土地性质为普通工业用地改变为新型产业用地，将旧工业区拆除重建升级改造为新型产业园）改造拆除平整任务，新宏百利智慧谷等7个项目纳入市“工改工”三年行动计划项目库。收储铭丰、电子总等地块合计15.33公顷。处理镇村土地历史遗留问题，启动违规出让、转让、出租土地清理试点工作。

【望牛墩镇城市品质提升】 2020年，望牛墩镇国土空间规划形成初步成果，完成城镇开发边界预案划定工作，启动全镇交通发展战略规划编制。启动望中路中线、望沙路延长线建设，推动中洪路、望沙路升级改造，完成沿河路二期、沿河路支路等工程项目建设，完成6.18千米四好农村公路路况整治。全力推进智慧停车建设，新增停车位600个。管理效果更加凸显，整治城乡“六乱”（乱搭乱建、乱堆乱放、乱设摊点、乱拉乱挂、乱贴乱画、乱扔乱吐）行为1.2万宗，打造品质示范路3条，建设街头小景33处，翻新候车亭29个。推进“厕所革命”（对发展中国家的厕所进行改造的一项举措），升级改造厕所22个。拆除违法建设57宗，提前完成54万平方米违建治理任务。

【望牛墩镇环境治理】 2020年，望牛墩镇完成44.6千米截污次支管网和39千米雨污分流管网建设，完成234个排水户源头雨污分流改造和210个入河排污口整治。完成五涌村、寮厦村、横沥村、上合村和蕉利河5条河涌水环境综合整治。全镇水环境质量持续改善，9个省市考核断面水质全部达标。完成12家企业VOCs末端治理任务以及24家VOCs重点监管企业销号式综合整治，淘汰“散乱污”企业

望牛墩镇中心区　　（2020年望牛墩镇文化服务中心供图）

（不符合产业政策，不符合产业布局规划，未办理工信、发改、土地、规划、环保、工商、质监、安监、电力等相关审批手续，不能稳定达标排放的企业）282家。落实3家企业的锅炉整治任务。落实施工工地“六个100%”扬尘控制，推动路面降尘，空气质量优良天数比上年增加11天，空气质量指数（AQI）达标率90.1%。

【望牛墩镇民生事业】 2020年，望牛墩镇财政总支出的82.7%用于民生事业。望牛墩中学入选市品牌学校培养对象，中考成绩超市平均分13.7分，为近9年最好。推动北辰高级中学开办，超额完成招生任务。新增义务教育阶段随迁子女积分入学和优待政策学位600多个，新增公办幼儿学位近100个，超额完成市下达任务。建成东莞市文化馆望牛墩分馆，开展各类文体活动惠及群众5.5万人次。完成“一镇一品”产业人才培训2300多人次，利用“村民车间”安置本地劳动力1100多人，帮扶困难人员就业638人，困难高校毕业生就业率100%，全年发放各项就业补贴700多万元。做好民生兜底保障，提高低保、低收入家庭认定、特困人员供养和孤儿基本生活保障标准，试点开展居家养老“大配餐”。完成第七次全国人口普查登记工作。

【望牛墩镇社会治理】 2020年，望牛墩镇违法犯罪警情比上年下降28%，盗窃、打架、滋事等主要违法犯罪警情分别下降47%、10%、51%。开展“科技护城墙”建设，累计建成各类视频380多路，联网共享12个社会智能停车场，建成“慧眼”1600多路。推进扫黑除恶专项斗争，破获一批涉黑涉恶案件，打掉一批涉黑恶犯罪团伙和“保护伞”。组建“智网工程”机动巡查队，隐患处置率99.5%，排全市第三名。安全生产形势总体稳定，全年没有发生较大以上生产安全事故。信访案件下降40%。完成全国“两会”、深圳经济特区成立40周年庆祝活动、十九届五中全会等重大敏感节点安保维稳工作任务。

【望牛墩镇政务提效】 2020年，望牛墩镇完成机构改革任务，推进“放管服”改革。保持疫情防控期间政务服务不松懈，建立预约办理绿色通道，实施延时服务，创新推出105项“不见面审批”事项。开展“数字政府”建设，完成政务服务中心扩容提质，25个部门909项事项纳入一体化平台一窗受理。推进法治政府建设，加强规范性文件管理，规范政府重大事项决策行为。主动接受人大监督，人大建议办结率100%。整合镇总值班室、“12345”政府服务热线等平台资源，建立群众求助24小时快速响应机制，办结率100%，群众满意率100%。强化审计监督、财政监督，加强政府系统党风廉政建设。

【望牛墩镇朱平沙村创建成为广东省民主法治示范村】 2020年，望牛墩镇坚持全面发展理念，贯彻省委关于法治乡村建设的决策部署，推动民主法治示范村创建活动，经济较快发展，社会和谐稳定，村民安居乐业。指导朱平沙村加大民主法治建设力度，提高依法治村水平，促进各项事业的健康有序发展，朱平沙村在民主法治治理、村容村貌建设、经济发展方面得到显著提高，实现社会政治稳定，人民安居乐业，创建成为“广东省民主法治示范村”。

【望牛墩镇获评为“广东省乡村治理示范村镇”】 2020年，望牛墩镇围绕实施乡村振兴战略的总体部署，坚持加强党对乡村治理的集中统一领导，推动健全党组织领导的自治、法治、德治相结合的乡村治理体系，指导各村把乡村治理与建设“民主法治村”、法治建设、平安建设、乡村振兴、基层治理等工作有机结合，开展乡村治理示范村镇创建活动。年内，望牛墩镇被评为“广东省乡村治理示范村镇”。

（陈玉霞）

附：2020年望牛墩镇党委、政府、人大主要领导名录

镇委书记：吴润玲
镇人大主席：陈艳芬
镇　长：叶惠明（任至4月）
　　　　莫伟鸣（4月到任）

2019—2020年望牛墩镇主要经济社会指标情况表

指标	2019年	2020年
户籍人口（人）	52008	53215
常住人口（万人）	8.63	8.63
面积（平方千米）	31.57	31.57
地区生产总值（万元）	938047	1005500
第一产业（万元）	5119	5371
第二产业（万元）	529887	546657
第三产业（万元）	403041	453472
总用电量（万千瓦时）	68435	72078
全社会固定资产投资总额（万元）	150894	212501
社会消费品零售总额（万元）	162706	153986
外贸出口总额（万元）	316211	262689
实际利用外资（万元）	7839	3592
地方财政总财力（万元）	151244	132054
各项税收总额（万元）	123974	121826

麻涌镇

【麻涌镇概况】 麻涌镇位于东莞西北部，与广州开发区一桥相通。截至2020年底，辖区面积91平方千米，下辖13个村和2个社区。常住人口18.27万人，其中户籍人口8.8万人。麻涌镇是"中国粮油物流加工第一镇""中国现代港口物流重镇""全国文明镇""全国美丽宜居小镇""全国生态文明先进乡镇""中国最具特色魅力乡镇""中国曲艺之乡""中国美丽乡村建设示范镇""国家卫生镇"。

2020年，麻涌镇实现地区生产总值259.94亿元（第一产业1.62亿元，第二产业147.79亿元，第三产业110.53亿元），比上年增长3.1%；全社会固定资产投资总额104.43亿元，增长8.01%；总用电量19.96亿千瓦时，增长3.65%；社会消费品零售总额309.58亿元，增长0.22%；实际利用外资1.05亿元，下降92.48%；外贸出口总额83.95亿元，下降7.99%；各项税收总额37.49亿元，增长6.96%；地方财政总财力53.31亿元，增长91.79%。年内，获得广东省文明村镇、乡村振兴大擂台比武、2019年度县（市、区、镇街）推进乡村振兴战略实绩考核优秀等次等8项全市"单打冠军"及连续三届获评为全国文明镇，获评为广东省旅游风情小镇，麻涌美丽乡村路线被认定为全省森林旅游特色线路。华阳湖国家湿地公园通过国家林业和草原局评估验收，被认定为全省森林旅游新兴品牌地；华阳湖段省级万里碧道试点项目通过省河长办现场评估。

【麻涌镇产业发展】 2020年，麻涌镇通过降低企业租金、税收、费用负担等14个方面22个具体措施支持企业复工复产。镇、村两级减免租金累计1381.12万元，引导落实私人物业减租703万元。落实电费优惠政策，为5200多家企业节省电费4634.2万元。加快退税审批进度，办理出口退税2.49亿元。超100家企业获得各级工业信息、科技创新类财政扶持资金5755万元。349家（次）企业在镇内银行办理贷款42.52亿元，累计放款37.37亿元，估算为企业节省成本5578万元。打造面积36.07公顷的市镇联合招商基地，落户祥鑫科技新能源汽车部件制造项目。2020年内资项目协议投资金额90.76亿元，完成市下达年度任务的127.5%；实际投资金额约60亿元，完成市下达年度任务的117.4%。全镇倍增企业获省市镇扶持资金3186万元。31家倍增企业实现营业收入744亿元，比上年增长1.2%。推动宏远汽车二期、华阳湖大桥等5个项目开工，玖龙20万吨包装袋项目、水乡中心医院等7个项目建成投产。全年22个

华阳湖国家湿地公园 （2020年麻涌镇供图）

市重大建设项目完成投资28.66亿元，超过年度计划65.66%。申报为市“创新强镇”建设项目，制定全镇科技产业发展规划。24家企业通过国家高新技术企业认定，完成市下达目标126.3%，完成率排全市第三名。R&D（研发）上报总额超16.3亿元，总额全市排第七名。R&D占GDP比例为3.2%，规模以上工业企业研发机构比例为59.5%，均高于市平均水平。投入300万元开展“乐购东莞·美丽麻涌”促消费专项行动。推进企业开展直播带货线上新型销售模式，加强与京东等电商平台合作，投入50万元设立京喜麻涌特色馆线上促销平台。建设东莞车管所麻涌服务中心，推进珠三角汽车博览中心建设。

【麻涌镇城市品质提升】 2020年，麻涌镇投入1.64亿元，以经营城市的理念，推进城市品质再提升工作。制定城市品质再提升“1+11+1”方案（即1个总体方案、11个具体工作子方案和1个督导方案）。围绕11个较为突出的重点难点堵点问题，打造一批亮点，疏通一批堵点，解决一批痛点，整治一批难点，补齐城市环境短板。华阳湖通过国级验收并挂牌国家湿地公园。推进华阳湖段省级万里碧道试点项目，在水环境治理、水生态修复与保护等5个方面开展17个具体项目建设，一期投资超1亿元的13个项目全部完工，通过省河长办现场评估。推动全镇商住用地“招拍挂”，完成大步村东环路居住地块、大步村麻涌大道旁商住地块和东太村原电器城等3个地块15.2公顷的公开出让。推进大步居住更新单元、珠三角汽车博览中心二期产城融合更新单元等共180公顷的9个城市更新单元项目开发。加快广深高速科创走廊两侧的工业园区、麻涌大道新基工业区、新沙港后方工业园区“工改工”项目改造。完成4.2平方千米的东莞港麻涌港区新沙南作业区移交工作。高标准高质量打造“一村一示范路（街）”等重点项目。开展“洁净城市活动日”暨“行走麻涌”专项行动。建立健全村级环境卫生网格化管理机制，利用数字城管平台，提高城市管理智慧化、网格化、精细化水平。治理违法建设面积65.63万平方米，超额完成年度违建治理任务。推进“厕所革命”（对发展中国家的厕所进行改造的一项举措），做好全镇50多座新公厕的养护工作，投入约200万元在华阳湖国家湿地公园建成2座星级公厕。实施品质交通千日攻坚行动，投入2.8亿元新建或升级16个路桥项目，统筹镇内约2700个停车位并实施智能化管理。2020年度市品质交通千日攻坚工作考核排全市第一名。推动河长制、湖长制，落实“清四乱”（乱占、乱采、乱堆、乱建）整治任务，累计完成429个排污口整治，完成率100%。建成截污次支管网107千米，加快推进13千米中小河流治理。完成污水处理厂提标扩容，建成并投入使用6座分散式污水处理站，实现生活污水集中处理全覆盖，全镇8个市考核断面均达到市下达的水质目标。全镇空气质量优良天数比例达到91.2%。海心沙生活垃圾焚烧厂一、二期建成投入运行。推进玖龙纸业和德永佳纺织自备电厂煤改气，全年全镇煤炭消费量约260万吨，比上年下降1.41%。重点开展镇中心区（麻三村）和1个农村（黎滘村）“1+1”生活垃圾分类示范片区建设。

【麻涌镇社会治理】 2020年，麻涌镇农村集体经济稳步向前，村组两级集体总资产、经营总收入，分别为74.45亿元、4.44亿元，分别比上年增长33%、6.2%。打造麻一等4个总投资超1亿元的特色精品示范村，推进大步等6个总投资1.3亿元的水乡特色示范村庄。全镇14个村（社区）全部达到美丽宜居村标准。承办广东省农房管控和乡村风貌提升暨田间窝棚整治（珠三角）现场推进会，深入开展人居环境整治“百日攻坚战”，累计整治田间窝棚4594个。入选广东省数字乡村发展试点，推进融媒体中心、数字云广播系统、智慧旅游体系等建设。推进“智网工程”工作，全年累计完成巡检工单15万条，发现隐患约8200处，处置率91.6%。推进“莞邑联防”建设，在全镇组建群防群治队伍3支、应急联防队3支，发展“莞邑联防”群防群治力量约6700人。推进“科技护城墙”建设，共建成一类视频点2225路、视频结构化1200路。推进“扫黑除恶”专项斗争。实现涉黑恶线索办结率、线索清零两个100%。被市扫黑办认定的有效线索76条，打掉恶势力犯罪集团2个，立案涉黑涉恶腐败和“保护伞”案件10件。强化反走私综合治理。立走私案件20件、破案8件，查获走私冻品435吨，成品油约130吨。群众安全感和满意度“双提升”、科技护城墙2个单项排全市第一名，刑侦专项、禁毒工作、打私专项等7个单项排并列全市第一名。

【麻涌镇民生保障】 2020年，麻涌镇完成云南省昭通市扶贫任务，落实135万元资金保障实施脱贫项目。开展揭阳市扶贫工作，贫困户100%实现脱贫，7个贫困村全部实现整村退出。开展“万企帮万村”，麻一村等4个次发达村村组级资产总额17.9亿元，比上年增长21.1%。推进水乡中心医院重点项目建设。推进家庭医生签约服务，重点人群签约覆盖率87%，超额完成市下达任务。为困难群众发放各类救助金888.7万元，发放节日慰问金及慰问品折合151.2万元，发放残疾人“两项补贴”525.2万元。铺开居家养老服务，为500多名老人提供各项养老服务。完成第七次全国人口普查工作。投入1亿多元，扩建改造古梅一小、漳澎小学、古梅一中等校舍。引入总投资达15.3亿元的民办北大新世纪嘉荣外国语学校，可新增学位9000多个。投入700万元推进莞初古梅一中集团化办学，中考成绩取得历史性突破，重点高中入围率22%。高考成绩再创新高，麻涌中学文化科考取重本17人，本科以上293人，本科以上完成率138%，超额完成各项任务目标。古梅中心小学线上教学案例被中央电化教育馆选用，面向全国推广。打造“古梅乐韵”文化品牌，“中国曲艺之乡”建设受全国曲协表扬。文化基础设施逐步完善，岭南水乡文化艺术中心大楼、14个村（社区）文化支馆等建设初步完成。麻涌首次夺得市篮球联赛甲级总冠军。落实就业创业扶持政策，审核市镇各项促进就业补助资金2973万元，惠及3万人次。举办各类公共就业现场招聘会17场，累计为3500多名求职人员提供公共就业服务。落实高校毕业生就业推荐工作，推荐就业382人次，高校毕业生100%实现初次就业。升级改造政务服务中心，综合窗口统一受理20个部门共338项窗口业务。推广“莞家政务”“粤省事”“粤商通”等网上政务服务平台。发挥人民调解效能，成立麻涌镇首个个人调解工作室，推进矛盾调处“多元共治”。

【麻涌镇农村集体土地集约开发利用创新模式】 2020年，麻涌镇为确保TOD（以公共交通为导向的开发）项目能够如期开发，通过参与集约土地的经济组织股东户代表表决的方式，将权属分散的77块土地独立的土地所有权证整合为一个土地所有权证，分散的土地权属变更为涉地21个股份经济合作社及东太村股份经济联合社按照面积占比共同所有，突破特殊的村三级经济架构造成的发展困局，完成东太村107.83公顷连片土地（含42.73公顷TOD用地）整备工作，提高土地的集约利用效益和村民土地补偿收益。该经验做法入选2020年度市十个基层优秀改革创新案例。

【麻涌镇连续三届获“全国文明镇”称号】 2020年，麻涌以东莞市连续五届入选全国文明城市为契机，坚持把文明创建工作融入到经济社会发展中，市民文明素质显著提高、城乡整体面貌变化翻天覆地、全域文明程度明显提升。在中央精神文明建设指导委员会发布《关于复查确认继续保留荣誉称号的全国文明城市、文明村镇、文明单位、文明家庭、文明校园的通报》中，麻涌镇通过全国文明村镇复评，连续三届获得“全国文明镇”称号。

【东莞水乡·平安信息科技港项目落户麻涌镇】 2020年9月，平安信息科技港项目成为麻涌站TOD单元首个签约落户的产业项目，标志着水乡功能区迈入“产业施工期”。平安水乡信息港项目是M0新型产业用地项目，建设内容包括工业大厦、定制厂房、研发楼、生产企业总部、配套设施等。招商入驻企业以5G产业为主导，带动相关上下游产业链协同发展，包括但不限于智能制造、高端电子、新型显示、人工智能、物联网等产业。项目预计引入100家企业，创造超过5000个就业岗位。

【华阳湖国家湿地公园（试点）通过国级验收】 2020年11月26日，华阳湖国家湿地公园（试点）完成国家评估验收，得到国家验收组肯定，成为东莞首个国家湿地公园。华阳湖18.3千米省级万里碧道试点项目通过省河长办现场评估。麻涌坚持做好华阳湖国家湿地公园建设、保护和管理，有效带动麻涌经济、文化领域加速发展，擦亮“美丽麻涌”靓丽名片。

（罗冠文）

附：2020年麻涌镇党委、人大、政府主要领导名录

镇委书记：黄桥法（任至11月）
　　　　　谭叙棉（11月到任）
镇人大主席：薛幼东
镇　　长：谭叙棉（任至11月）
　　　　　何俊聪（11月到任）

2019—2020年麻涌镇主要经济社会指标情况表

指标	2019年	2020年
户籍人口（人）	85685	88113
常住人口（万人）	12.28	18.27
面积（平方千米）	91	91
地区生产总值（万元）	2516292	2599329
第一产业（万元）	15408	16167
第二产业（万元）	1532626	1477886
第三产业（万元）	968258	1105276
总用电量（万千瓦时）	192543	199566
全社会固定资产投资总额（万元）	966829	1044263
社会消费品零售总额（万元）	3089114	3095809
外贸出口总额（万元）	912368	839548
实际利用外资（万元）	139221	10464
地方财政总财力（万元）	277959	533094
各项税收总额（万元）	350544	374924

石碣镇

【石碣镇概况】 石碣镇位于东莞市北面，北接广州市增城区，南与东莞市区隔江相望。截至2020年底，辖区面积36.2平方千米，下辖14个村和1个社区，常住人口28.23万人，其中户籍人口6.35万人。石碣镇是“全国文明镇”“全国综合实力百强镇”“中国电子信息产业名镇”“国家级生态镇”“国家卫生镇”“中国绿色名镇”，也是英雄故里、供港蔬菜基地。

2020年，石碣镇实现地区生产总值205.32亿元（第一产业0.41亿元，第二产业136.79亿元，第三产业68.12亿元），比上年增长1.16%；全社会固定资产投资总额42.25亿元，增长3.5%；总用电量20.67亿千瓦时，下降0.15%；社会消费品零售总额54.89亿元，下降8.44%；实际利用外资2.84亿元，增长383.97%；外贸出口总额259.92亿元，下降8.58%；各项税收总额40.75亿元，增长5.77%；地方财政总财力25.54亿元，增长5.70%。

【石碣镇惠企政策落实】 2020年，石碣镇在全面复工复产阶段，成立镇经济运行监测调度指挥部，落实市指挥部部署，出台一系列政策举措，助推石碣成为全市“第一个所有村组落实租金减免、第一批组织银企对接落实融资、第一个对符合条件企业实行防疫保险足额补贴”的“三个第一”镇街，镇村组三级累计减免租金5400万元，为企业减压，推动复工复产工作。结合“乐购东莞”开展线下促销活动10次，投入320万元发放电子消费券，有效刺激市场消费。鼓励24家企业申报市稳企专项资金，9家企业获奖励1086万元。落实中小企业培育专项行动，新增“小升规”［规模以下小微企业（即年主营业务收入2000万元以下的企业）升级为规模以上企业］工业企业38家和“新升规”企业22家。

【石碣镇产业升级发展】 2020年，石碣镇实施创新强镇战略，研究制定鼓励促进创新驱动发展的扶持办法，三年内安排3000万元作为创新强镇专项资金。全镇规模以上企业R&D支出9.9亿元，完成率103.8%，规模以上工业企业设立研发机构比例46%。培育高新技术企业，协助67家企业申报2020年国家高新技术企业。截至年底，全镇有国家高新技术企业171家、省工程研发（技术）中心8家、市工程研发（技术）中心8家、市专利优势企业8家、市创新型龙头企业2家、专利奖8项。

【石碣镇城市形象升级】 2020年，石碣镇完成街头小景打造，以“绣花”功夫，利用好闲置土地进行景观改造，加强农田周边环境的绿化美化，推动城市管理工作再上台阶。建成袁崇焕中学综合楼扩建工程等10个城市品质提升项目，刘屋堤段堤防达标工程通过验收。开创综合交通网络新局面，成立石碣镇交通委员会，通过整治乱停车交通违法行为、划定专项停车位等，超额完成900个新增路外停车位建设任务，完成智慧停车首期2423个路内收费停车位建设，科学开展停车资源管理，增加超900个停车位，缓解停车难、停车乱问题，公共交通方面，新开通3条公交线路，完善全镇公交网络。

【石碣镇环境治理】 2020年，石碣镇铺设截污次支管网69千米，雨污分流管网63千米，完成重点住宅小区、工厂、公共建筑源头雨污分流工作和排水地块污水接驳工作，531个重点排水单体及278个

石碣镇 （2020年夏钊昇摄）

排水地块全部完成。完善水利设施，兴建横滘排渠等6个节制闸泵站，完成360个入河排污口整治，完成9条内河涌清淤疏浚，河道“清四乱”（乱占、乱采、乱堆、乱建）工作完成273宗，清拆面积4.7万平方米。沙腰污水处理厂二期提标工程和檀香岛分散式污水处理站投入运营。

【石碣镇民生发展】 2020年，石碣镇推动全镇医疗服务水平上升，完成创建省健康促进区评估工作，推进石碣医院创二甲工作，新社卫中心大楼主体工程基本完工。中考总成绩进入全市镇街前5名，将7所民办学校纳入集团管理。文明建设再上台阶，建设新时代文明实践中心、5个村（社区）新时代文明实践站和首批17个实践点，做好全国文明镇、文明村镇复评等创文活动，建成东莞市文化馆石碣分馆，完成石碣图书馆升级改造，实现村级综合文化服务中心全覆盖。做好稳就业保就业工作，多渠道促进高校毕业生、退役军人就业创业，累计发放就业创业补贴2421.5万元，退役军人自主就业安置率100%。脱贫攻坚取得新成效，累计投入840万元，用于揭阳市惠来县的10个贫困村的产业就业基础设施建设和人居环境改善等领域扶贫工程，石碣镇对口帮扶惠来县10个省定相对贫困村退出率100%，贫困户559户2511人实现脱贫率100%，获“揭阳市脱贫攻坚优秀帮扶单位”称号。

【石碣镇社会治理】 2020年，石碣镇打赢扫黑除恶专项斗争收官战，全镇涉“两抢”警情比上年下降86.7%。深化安全生产监管检查（巡查）全覆盖工作，落实安全生产三年专项整治行动，全年各类生产安全事故发生率和死亡率分别比上年下降41.2%和20%，实现“双下降”目标。全年无发生食品安全事故，没有发生重大群体性事件、严重暴力犯罪事件及重大网络舆情事件。

【石碣镇召开城市规划座谈会】 2020年3月，石碣镇召开城市规划座谈会，邀请华南理工大学专家团队进行指导，为石碣城市发展“破题”，提出科学的城市发展思路，石碣镇在专家建议的基础上，结合城市规划基础好、电子信息产业集聚、岸线资源丰富等发展优势，加强与华南理工专家团队对接，从设计、创意和城市工贸与形态进行深入探讨，提出“一轴两带五片区”（以崇焕路为城市发展主轴、利用东江环抱的生态水文优势，北部打造浮岛休闲带，南部打造水岸活力带，规划建设中心商贸、文旅示范、现代科创、水韵滨江、工业乡村五大发展片区）的全新城镇发展思路，全镇在发展上取得突破。

【石碣镇“东江生态文化季”系列活动启动】 2020年6月6日，石碣镇“东江生态文化季”系列活动启动仪式举行，其中袁崇焕诞辰436周年“英雄祭”纪念活动、“文化四季·四季如歌”之2020“照”亮东莞摄影大赛以及“大美东江”摄影大赛共启动，“南方+”App、知东莞App两大平台对活动进行同步直播。石碣镇精心策划五大主题11项文旅活动贯穿全年，推出“东江美食文化节”“欢乐东江生态行”“绿韵东江生态舞游周”“东江之珠文学周”“东江摄影周”五大活动版块，以绿道徒步、乡村游会，十大名菜十大名小吃评选，寻找东江伴手礼等活动形式，让人们走进英雄故里，穿越百年沧桑，感受东江之珠的文化风姿。国内首个以“酒具”作为专题研究的官窑瓷器展览‘玉壶清华——景德镇宋元明清酒具瓷展”也于活动启动开幕，展出90余件茶酒具瓷器精品，让市民在了解袁崇焕精神文化之余，并获别样的文化体验。活动中，市民群众可欣赏汉服舞蹈《书简舞》、诗朗诵《边中送别》和汉服表演《将军归》，观看“英雄祭”祭祀礼仪式。 （钟烨朗）

附：2020年石碣镇党委、人大、政府主要领导名录

镇委书记：罗晓勤（任至1月）

邓卫洪（1月到任）

镇人大主席：叶仲球

镇　长：香杰新

2019—2020年石碣镇主要经济社会指标情况表

指标	2019年	2020年
户籍人口（人）	59664	63466
常住人口（万人）	24.41	28.23
面积（平方千米）	36.2	36.2
地区生产总值（万元）	2029572	2053205
第一产业（万元）	3889	4081
第二产业（万元）	1379663	1367895
第三产业（万元）	646020	681229
总用电量（万千瓦时）	206969	206661
全社会固定资产投资总额（万元）	408226	422505
社会消费品零售总额（万元）	599463	548884
外贸出口总额（万元）	2843219	2599160
实际利用外资（万元）	5859	28356
地方财政总财力（万元）	241633	255399
各项税收总额（万元）	385269	407503

高埗镇

【高埗镇概况】 高埗镇位于东莞市北部，在东江下游南支流稍潭水北、潢涌水南岸、挂影洲围西部，三面环水，是中心城区“一心两轴三片区”中“三江六岸”重要组成部分。截至2020年底，辖区面积34.6平方千米，下辖18个村和1个社区。常住人口17.02万人，其中户籍人口4.59万人。高埗镇是“国家卫生镇”“全国亿万农民健身活动先进乡镇”“全国文明镇”。

2020年，高埗镇实现地区生产总值164.26亿元（第一产业0.96亿元，第二产业102.42亿元，第三产业60.88亿元），比上年下降1.8%；全社会固定资产投资总额25.42亿元，下降24.41%；总用电量14.07亿千瓦时，下降2.56%；社会消费品零售总额33.44亿元，下降7.9%；实际利用外资4134万元，增长3.9%；外贸出口总额140.24亿元，下降13.7%；各项税收总额27.14亿元，增长4.17%；地方财政总财力11.53亿元，下降14.07%。年内，获“全国文明镇”“2020年广东省‘民主法治示范村（社区）’”“2020年广东省乡村治理示范村镇”“国家和省关心下一代工作先进集体”等4项市“单打冠军”。镇内高豪花园建筑有限公司获“2020年度市效益贡献企业”称号。

【高埗镇产业转型升级】 2020年，高埗镇推动产业升级，加快构建抗击力强的经济发展体系。瞄准“五大领域、十大产业”，突出产业“强链补链拓链”导向，累计接洽项目30个，签约落地涌固精密治具、台易电子、黄宝石电子等大项目，预计投资总额约10亿元。打造高埗数字经济新名片，签约由云计算、大数据专家赵淦森教授负责的大数据集群项目，促使大数据、区块链、人工智能、5G物联网等新一代信息技术和数字经济的相关项目和成果落地高埗。加大大型工业投资项目的培育力度，2019年完成规模以上工业企业研发经费投入7.45亿元，完成率102.9%。完成工业投资7.13亿元，比上年增长10.6%；技改投资6亿元，增长2.8%。规模以上工业企业设立研发机构比例53.1%。多举措助力高新技术企业发展，推动66家企业申报国家高新技术企业。积极协助唯美公司等上市后备企业解决上市用地、融资等需求，助推企业做大做强做优。全镇市场主体数量首次突破2万家，增长速度比全市高出2.5个百分点。

【高埗镇城市品质提升】 2020年，高埗镇拓展优化发展空间，提升城市形象和品质内涵。融入市城区片区和“三江六岸”历史文化区建设，连续三年实施“城市品质提升十大亮点工程”，申请认定三联地块和欧邓地块为市镇联合招商基地，佰旺科技园厂区为“市重点招商园区”（低成本空间），冼沙长盈地块、昌兴产城融合等城市更新项目加快推进，兰州地块、丽江地块等土地收储项目取得实质性进展。加强农房管控，治理违法建设81.26万平方米，超额完成市下达任务。推进东江下游片区水污染综合治理工程，全年累计新建截污管网73千米，超额完成年度目标任务，完成809家“散乱污”企业专项整治，空气质量指数（AQI）达标率92.7%，比上年提高10.8%。镇领导班子带头持续开展“行走高

高埗镇 （2020年夏钊昇摄）

埗”“洁净城市活动日”“河湖保洁日”等活动，开展“千箱美化”等专项行动，街头小景建设获“东莞绣花奖”，投入500多万元开展彩色林建设，完成13座公厕升级改造，启动生活垃圾分类示范区、大件垃圾处理站和易腐垃圾处理中心建设，公共区域分类垃圾桶投放率达到100%。分段建设高埗碧道，建成5千米“一环亲水绿道”，成为全镇乃至市中心城区群众休闲散步的好去处。完成高埗迎宾中心轴莞潢路、颐龙西路全线提档升级，构建起精美“四横四纵”主干路网大交通格局。完成2.5平方千米新中心区规划，大数据科创文化中心、伊仕顿国际学校、大广国际汽车城、九八七茅台小镇、新世纪颐龙湾、万科第五城、安联尚璟、新世纪颐龙轩等一批高端项目逐步建成。高埗整体城市功能更完善，城市气息更时尚，城市品位更高级。

【高埗镇乡村振兴】 2020年，高埗镇把农村人居环境整治作为实施乡村振兴战略的主抓手，围绕100%村（社区）达到“干净整洁村”的目标，以农村人居环境整治巡回示范村“擂台赛”为抓手，加强整治垃圾、污水、厕所、窝棚等重点内容，探索出基础薄弱镇村打赢人居环境整治攻坚战的突围之路，获省市领导肯定表扬，形成“五子登科”（面子、旗子、银子、票子、位子）的有效经验和内生动力机制。深化“党建+”工作模式，创新以分片“打擂台”模式将农村人居环境整治“擂台赛”2.0版推向新高潮，通过实地参观点评、视频展示、村党工委书记上台演讲、线上线下投票打分等方式，不断创新农村人居环境整治长效路子，实现2020年底前全镇65%以上村（社区）达到美丽宜居村标准。连续三年实施“十大乡村振兴”项目，专门设立3000万元村组债务帮扶专项资金，建立市镇村三级211个重点项目库，完成镇域乡村建设规划、“乡村振兴文化行”等项目，提速芦村村特色精品示范村项目。全镇村组两级实现纯收入2.49亿元，比上年增长6.4%，4个市次发达村完成年度发展目标，村组两级增资减债工作取得新成效。横滘头村获评“2020年度中国全面小康乡村振兴十大示范村镇”。完成对口帮扶韶关市武江区、云南省昭通市鲁甸县、新疆维吾尔自治区结对团场各项任务。

【高埗镇民生福祉】 2020年，高埗镇把改善民生作为一切工作的出发点和落脚点，坚决打赢全面建成小康社会收官战。全年投入1756万元用于民生兜底，将符合条件的282人纳入低保范围。连续四年实施“十大民生实事”，完成率达100%。投入2233万元“稳企业、促就业”，共为7105人次提供失业登记和就业推荐服务，开展周末妇女创业集市13场，带动近500名女性创客创业。全镇参加社会基本养老保险达8万人。为446名老人提供居家养老服务，启用长者饭堂，推出“大配餐”服务。完成5个社区卫生服务站升级改造，为近20万人建立电子健康档案，完成大肠癌免费筛查6823人次，完成30所学校（幼儿园）3027名儿童口腔疾病综合干预。推进教育扩容提质“七大项目”，镇新中心幼儿园动工，实验小学新建和东圃小学改扩建等项目加快推进，推进“游泳进校园”，为全镇2136名公民办小学三年级学生提供暑假游泳技能公益培训。完成第七次全国人口普查工作。完成北王路候车亭升级改造、草墩桥匝道改造等，对镇内共3400多个停车位实施整体规划和智能改造，在市品质交通千日攻坚年度考核排第一名。

【高埗镇社会安全治理】 2020年，高埗镇加强和创新基层社会治理，启用新中心消防站，创新机制，出租屋电动自行车违规停放充电整治工作得到上级肯定。深化“智网工程”建设，各类问题隐患处置率排名全市前列。开展创建社区“平安细胞”行动，共建成一、二类视频和“慧眼”小视频4775路，保持对“两抢一盗”、涉黄赌毒等违法犯罪行为严打高压态势。构建大调解格局，成立“郑桐生”个人调解工作室。打赢扫黑除恶专项斗争，打造全民参与的共建共治共享社会治理新格局。

【高埗镇政府建设】 2020年，高埗镇着力转变政府职能，加大“放管服”和“数字政府”改革力度，开展“减证便民”行动，推进

2020年3月18日，高埗镇新一届村（社区）“两委”干部集体就职宣誓仪式举行（高埗镇供图）

高埗镇一环路　　（2020年高埗镇供图）

一体化政务服务平台建设。深化行政审批制度改革，推进“多证合一”、“多报合一”、十二项便利化措施。制定《高埗镇争创一流营商环境攻坚行动方案》，推进政务公开标准化、规范化，推行“网格+市场监管”作业，完成4800多项商改任务反馈与处理。推进“数字财政”改革，高埗深化“数字财政”改革项目被市委深改委评为“全市十大优秀基层改革创新案例”。规范公正文明执法，推进市场监管、生态环境保护、文化市场等领域综合行政执法改革。

【高埗镇创建成为“全国文明镇”】　2020年，高埗镇推进新时代文明实践中心建设，推进卢溪、保安围、凌屋村等新时代文明实践站建设，持续举办“孝义之星”评选等活动。开展新时代文明实践宣讲活动，由教师、医生、企业负责人、“东莞好人”、“孝义之星”等组成百姓宣讲团，全年开展11场百姓宣讲活动，开展文化惠民演出、公益展览等共277场次。构建起以中国建筑陶瓷博物馆、昌兴存茶、乐人谷茶文化博物馆、东江画院、九八七茅台小镇为主体的博物馆文化体系，开展系列商贸旅游文化节，扩大城市美誉度、知名度和影响力。邀请城市形象大使陈苏伟、“太阳之子”主唱黎耀江等推出一批原创文艺作品，举办全镇抗击新冠肺炎疫情纪实主题展览，讲好高埗抗疫故事。年内，高埗镇创建成为“全国文明镇”。　（苏晓珊）

附：2020年高埗镇党委、人大、政府主要领导名录

镇委书记：严继宗（任至11月）
　　　　　郭荣新（11月到任）
镇人大主席：李建雄
镇　　长：邓炳华

2019—2020年高埗镇主要经济社会指标情况表

指标	2019年	2020年
户籍人口（人）	44449	45909
常住人口（万人）	17.35	17.02
面积（平方千米）	34.6	34.6
地区生产总值（万元）	1669178	1642682
第一产业（万元）	9158	9609
第二产业（万元）	1110327	1024238
第三产业（万元）	549694	608836
总用电量（万千瓦时）	144367	140673
全社会固定资产投资总额（万元）	336278	254194
社会消费品零售总额（万元）	363236	334389
外贸出口总额（万元）	1624901	1402427
实际利用外资（万元）	3979	4134
地方财政总财力（万元）	134213	115325
各项税收总额（万元）	260507	271365

洪梅镇

【洪梅镇概况】 洪梅镇位于东莞市西北部的水乡新城核心区，地处粤港澳大湾区、广深港澳科技创新走廊的重要节点。截至2020年底，辖区面积33.2平方千米，下辖9个村和1个社区，常住人口6.54万人，其中户籍人口2.70万人。洪梅镇是“中国花灯之乡”“国家卫生镇”。

2020年，洪梅镇实现地区生产总值101.60亿元（第一产业0.44亿元，第二产业72.31亿元，第三产业28.85亿元），比上年增长5.2%；全社会固定资产投资总额17.25亿元，增长26.28%；总用电量5.91亿千瓦时，增长1.09%；社会消费品零售总额9.21亿元，下降9.67%；实际利用外资829万元，下降85.31%；外贸出口总33.14亿元，增长11.04%；各项税收总额16.97亿元，增长6.01%；地方财政总财力37.75亿元，增长353.59%；年内，获2019—2020年度广东省乡镇（街道）社会体育指导员A级服务站1项全市年度“单打冠军”。

【洪梅镇产业优化升级】 2020年，洪梅镇把握“三区”叠加和市直管镇体制改革重大历史机遇，深度融入水乡功能区建设。创新建立区镇联动招商、跨部门会商谋划机制，瞄准新一代信息技术、高端装备制造等五大领域十大产业，招引华技达、慈能、广业等11个高能级项目及2个民生项目，推动镇内企业增资扩产7宗，全年协议引资99亿元，比上年翻两番。完善重大项目快速落地常态机制，落实项目洽谈、签约、落地、建设、竣工、投产全流程管理。全镇有21个市重大项目，总投资额超110亿元，数量及投资额创历史新高，其中11个重大建设项目累计完成投资14.9亿元，拉动全镇固定资产投资增长26.3%。坚持先进制造业发展理念，推动德丰、欧陆通等6个项目开工，华平二期、海新厨具一期项目投入运营，先进制造业、高技术制造业增加值分别占规模以上工业增加值的34.69%和6.46%。加快盘活存量用地，全年精准盘活低效产业用地25.4公顷，完成项目供地10.67公顷。新增东莞市上市后备企业1家，全镇高新技术企业存量达30家、省市工程技术研究中心5家。优化升级出口结构，新签外商投资企业6家，比上年增长20%，推动外贸新动能加速壮大。制定促消费政策措施，通过发放补贴、消费券等多种形式，扩大农产品消费、餐饮消费。

【洪梅镇城市品质提升】 2020年，洪梅镇把握新发展阶段，贯彻新发展理念，引领全镇城市品质提升。深度参与功能区路网对接、产业共建，投入超10亿元实施旧镇区改造等26个项目，投资额度高于过去10年投入总和，努力打造市直管镇体制改革先行区。高品质布局“三路两桥”（望沙路、中洪路、沿海公路、海沙大桥、新城南路大桥）等外联性交通脉络和洪梅大道改造、沿江高速连接线等镇内部道路，贯通所有滨水岸线，打造三道合一的慢行系统和亲水碧道。推进“三大攻坚战”，坚持系统科学精准治污理念，推行河长制工作，完成截污次支管网整治23.67千米，完成整治入河排污口79个、排水单元地块98个、市政地下排水系统雨污错漏接整改470处、截流井53个、重点排水户雨污分流及其接驳133家，内河涌消灭黑臭水体，水污染治理取得历史性突破。做好蓝天保卫战，VOCs（挥发性有机物）治理、“散乱污”（不符合产业政策，不符合产业布局规划，未办理工信、发改、土地、规划、环保、工商、质监、安监、电力等相关审批手续，不能稳定达标排放的企业）整治、涉气在线监控任务完成率均达100%，空气质量持续好转。开展“洁净城市日”和“行走洪梅”专项行动，由镇领导班子带队开展镇、部门、村（社区）三级环卫整治，镇村干部行走1962次，发现问题1784个，办结率100%；推进“厕所革命”（对发展中国家的厕所进行改造的一项举措），完成16座公厕升级改造；严查垃圾违法倾倒，查处泥头车违法63宗。推进村庄综合环境整治，整治“六乱”（乱搭乱建、乱堆乱放、乱设摊点、乱拉乱挂、乱贴乱画、乱扔乱吐）2210宗、“三清理”（清理村巷道及生产工具、建筑材料乱堆乱放，清理房前屋后和村巷道杂草杂物、积存垃圾，清理沟渠池塘溪河淤泥、漂浮物和障碍物）135宗、“生活噪声”（人为活动所产生的除工业噪声、建筑施工噪声和交通运输噪声之外的干扰周围生活环境的声音）26宗，人居环境明显改善。提升城市精细化管理水平，基本形成生活垃圾分类收运、处置体系，开展“城市体

洪梅镇 （2020年洪梅镇供图）

检”“增绿补绿”等工作。

【洪梅镇城市空间拓展】 2020年，洪梅镇坚持规划先行，对标一流标准，高水平编制国土空间规划、站前广场TOD（以公共交通为导向的开发）规划，推动城市更新提速增效。镇领导班子牵头开展拓展优化空间专题调研，形成东莞西站洪梅单元、夏汇黎洲角单元、梅沙单元三大单元土地整备以及河西连片统筹示范区系列调研成果，凝聚高质量发展强大动力。加强土地收储整备和盘活利用，实施近440公顷的3大单元土地整备，统筹空地面积267.62公顷，表决移交面积163.984公顷，收储入库面积35.53公顷。探索土地综合利用，综合运用指标配置、用途管制、配套公共设施等手段，创新推出“工改居”（工业地改造为国有居住用地）反哺“工改工”（将土地性质为普通工业用地改变为新型产业用地，将旧工业区拆除重建升级改造为新型产业园）新模式，启动面积231.15公顷的河西连片“工改工”示范片区项目，以望沙路为中轴线，西侧为产业组团，东侧为配套组团，推动土地资源有效盘活和系统整体开发，打造为产城融合示范平台、产业高质量发展平台和人才集聚平台。成立民房管治办，建立健全群众投诉举报、专人专责管理和快速拆除机制，整治违法建筑面积28.7万平方米，加强民房管控执法力度，拓展优化城市发展空间。

【洪梅镇行政效能提升】 2020年，洪梅镇推进“数字政府”建设，优化政务服务环境和营商环境。全年分解政府重点工作任务49项，完成21项，按阶段性目标完成27项，整体完成率97.96%，推动各项决策部署落实到位。深化“放管服”改革，优化审批流程，推动20个主要部门集中进驻洪梅镇市民中心，实现集中行政审批统一办公模式。创新推出“不见面审批”、周六延时服务以及重大项目全程代办等服务，铺设“莞家政务”自助终端，57%的事项实现“零跑动”，行政许可事项可在线申报率达100%，公安、税务实现一窗通办。依申请事项最多跑一次办理率89%，比上年上涨58%。开发应用“文明洪梅”智慧上报系统，城市运行“一网统管”架构基本形成。办理群众通过“12345”政府服务热线反映的诉求750件，按时办结率100%，群众认可度稳步上升。完成政府机构改革，政府职能更加优化、运转更加高效。部门一般性支出预算压减904万元，完善廉政建设与业务工作融合机制。坚持把法治政府建设摆在突出位置，完善各项决策程序规则，提升依法行政水平。落实中央八项规定及其实施细则精神，持之以恒正风肃纪，营造风清气正的政治生态。

【洪梅镇社会治理创新】 2020年，洪梅镇探索推进社会治理创新，强化基层党组织领导核心作用，发挥工青妇等群团组织桥梁纽带作用，提升社会治理效能。常态化开展驻点普遍联系群众工作，全镇10个驻点团队走访群众7498户次，收集台账问题386个，走访率和意见建议办结率均达100%，密切党和群众血肉联系。开展“扫黑除恶”“飓风2020”和电信网络诈骗等专项行动，刑事案件数、刑事拘留数分别比上年下降9.3%和7.2%，全镇违法犯罪数下降25%，社会整体形势持续稳定好转。推进科技护城墙建设，建成一类视频点374路、人脸卡口160路、视频结构化219路，“慧眼”前端建成1070个，提升科技信息化支撑保障能力。健全社区警务运行机制，完善警务室规范化硬件建设，实现社区民警专职化。推进安全生产全覆盖工作，镇领导班子落实督导检查企业819次，覆盖率100%；村（社区）落实监管检查全镇规模以下企业和小作坊1752次，覆盖率768.42%。严厉打击“四黑”（黑作坊、黑工厂、黑市场、黑窝点），查扣黑危化品2.12吨、黑油车40辆、黑油56.2吨，查处取缔违法储存黑窝点1个，全年危化企业、工贸商行业安全生产零事故零死亡，各类事故控制指标稳中有降，安全生产形势总体保持稳定。推进消防安全专项整治三年行动，对全镇“三小”场所（小档口、小作坊、小娱乐场所）、出租屋、住宅小区、工厂企业开展安全综合治理，以新庄村为试点，落实消防宣传培训微型体验点的建设。严抓食品药品、交通安全管理、重特大自然灾害防范，保持社会大局稳定。

【洪梅镇民生持续改善】 2020年，洪梅镇树立和践行以人民为中心的发展思想，办好年度十件民生实事。推进教育扩容提质，加快洪屋涡幼儿园工程项目建设，推动卓艺宏爱幼儿园落实春季招生，新增普惠性学前教育学位450个。挖掘公办学位潜力，增设1个小学班级，提供333个积分入学学位，提升教育均等化水平。加大教育投入，支持洪梅中学与可园中学组建教育集团，引进东莞市翰林高级中学，推动优质教育资源普及普惠。完善医疗卫生基础建设，完成洪梅医院品质提升工程，柏康园医养结合项目有序推进，医养结合服务能力提升。推进家庭医生签约服务工作，全镇完成家庭医生签约1.22万人，重点人群签约率69.54%。加强慢性病管理，全镇纳入管理高血压患者2697名、Ⅱ型糖尿病患者828名，高血压患者规范管理率和Ⅱ型糖尿病患者规范管理率均高于市下达70%的指标。落实省、市、镇各项就业补贴金额412.86万元，开展“一镇一品”产业人才培训工作940人，新增就业1461人次。精准帮扶困难群众，发放各类保障资金400万元，“民生大莞家”解决群众身边“小急难”问题46个。实施医疗救助3746人次，拨付医疗救助资金51.92万元，兜紧医疗保障底线。深化精神文明创建，建设“中心、站、点”三级文明实践阵地，打通宣传、教育、关心、服务群众“最后一公里”。

【洪梅镇乡村振兴】 2020年，洪梅镇推进乡村振兴战略实施，选优配强基层干部队伍，建立水乡委与洪梅镇“党建共建”机制和党员干部“挂职交流”机制，谋划“头雁”“雏鹰”双结合计划，完成村（社区）“两委”班子换届工作，实现书记、主任100%一肩挑，书记调整比例60%，主任调整比例70%，调整幅度全市最大。“两委”干部党员占比100%，大专以上学历近100%，平均年龄由47岁降为37岁，其中新进书记平均年龄仅33岁，村（社区）“两委”班子结构和整体功能有效提升。推动集体经济提质增效，村组两级总资产和经营纯收入分别16.35亿元和0.81亿元，收不抵支村减少1个，洪屋涡村和氹涌村2个次发达村经营性纯收入分别3814万元和495万元，经营性纯收入增速快于全市。支持揭西县金和镇金溪村、仙坡村，钱坑镇钱北村、大茶石村4个省定贫困村推进产业发展、基础设施建设、就业帮扶等工作，定点帮扶291户1130人实现脱贫。开展对口云南省昭通市威信县扶贫协作任务，发动“万企帮万村”行动，动员10家优质企业结对威信县帮扶村，探索适合自身发展的致富道路。实施“一村一品”工程，创建水乡特色示范村庄4个、申报市级特色精品村2个。

【洪梅镇市民中心投入使用】 2020年，洪梅镇市民中心投入使用。洪梅镇以整合闲置资源、盘活闲置资产为重点，利用闲置多年的原汽车客运站改造为洪梅镇市民中心，总投资约6500万元，项目用地面积29473平方米，建筑面积18551平方米，设有文化活动中心（新时代文明实践中心、文化馆、图书馆）、政务服务大厅、行政办公区、商务配套区。建立全市首个“前台综合受理+后台集中审批”一体化平台，设置通铺式办公区，推动20个主要部门380人进驻集中办公，促进政府部门之间事项快速协调跟进办理。设置政务服务窗口50个，配置后台61个，覆盖全镇34个部门共1725个公共服务事项，提升优化行政审批效率和政务服务水平，建设成为集一站式政务服务和行政办公、商务及生活配套、文化体验与展示、公共交流同互动于一体的多功能综合体，打造为洪梅新城形象地标、水乡功能区市民服务示范区。

洪梅市民中心 （2020年洪梅镇供图）

【洪梅镇乌沙村示范性村公共法律服务工作站成立】 2020年，洪梅镇推动乌沙村公共法律服务工作站升级改造，打造成为全市新增示范性村公共法律服务工作站，向群众提供精准定向贴身式的公共法律服务。年内，累计接受群众咨询118人次，为村“三资”管理提供法律意见10余次，开展法治讲座35场次。组织法律顾问参与法援活动，印刷上千份《公共法律服务业务指南》、法律顾问便民卡等宣传资料，有效提升一村（社区）一法律顾问工作的知晓率、满意率。

（谢雅颖）

附：2020年东莞市洪梅镇党委、人大、政府主要领导名录

镇委书记：叶葆华
镇人大主席：郭 旺
镇 长：刘学东

2019—2020年洪梅镇主要经济社会指标情况表

指标	2019年	2020年
户籍人口（人）	26148	27010
常住人口（万人）	5.92	6.54
面积（平方千米）	33.2	33.2
地区生产总值（万元）	945894	1016000
第一产业（万元）	4093	4350
第二产业（万元）	703385	723129
第三产业（万元）	238416	288520
总用电量（万千瓦时）	58470	59110
全社会固定资产投资总额（万元）	136582	172475
社会消费品零售总额（万元）	102006	92138
外贸出口总额（万元）	298464	331443
实际利用外资（万元）	5642	829
地方财政总财力（万元）	83217	377467
各项税收总额（万元）	160050	169660

道滘镇

【道滘镇概况】 道滘镇位于东莞市西部，毗邻东莞市区，处于市中心与水乡新城之间。广深高速、广深沿江高速、东莞大道延长线、疏港大道等南北向主要通道，港口大道、粤晖路、万道路、沿江路等东西向主要通道以及莞惠城轨、市轨道交通R1线贯穿辖区，并设有莞惠城轨道滘站、市轨道交通R1线道滘站和道滘东站三个轨道站。截至2020年底，辖区面积54.3平方千米，下辖13个村和1个社区，常住人口15.98万人，其中户籍人口6.65万人。道滘镇是“中国特色食品名镇”“中国游泳之乡”“中国曲艺之乡”“中国民间文化艺术之乡”“国家卫生镇”。

2020年，道滘镇实现地区生产总值121.96亿元（第一产业1.09亿元，第二产业68.51亿元，第三产业52.36亿元），比上年增长4.3%；全社会固定资产投资总额31.2亿元，增长23.02%；总用电量11.65亿千瓦时，下降5.2%；社会消费品零售总额34.96亿元，下降9.0%；实际利用外资4134万元，下降2.87%；各项税收总额22.17亿元，下降5.46%；地方财政总财力31.26亿元，增长54.07%。

年内，道滘镇在全市镇街领导班子年度工作考评中排第七名，比2019年上升4位，获评为2020年度领导班子工作优秀镇街。获“2019—2020年度广东省乡镇（街道）社会体育指导员A级服务站”“2020年广东省‘民主法治示范村（社区）’”“2020年广东省乡村治理示范村镇”“2020年国家义务教育质量监测实施县级优秀组织单位”“广东省家庭文明建设示范点”“广东省五星级示范退役军人服务中心”“制造业发展较好地区”“2020年度广东工会‘三个一批’建设示范点”8项单打冠军。

【道滘镇实体经济发展】 2020年，道滘镇抓好经济运行监测调度工作，出台“助企12条”“投资松绑17条”等优惠政策，精准兑现扶持资金3000多万元，累计为企业减负超6亿元，新增企业贷款超25亿元，市场主体总数逆势增长21%。实施重大项目快速落地攻坚行动，推动全镇9个市属重大建设项目投资8.08亿元，其中顺丰项目从办理征地报批到动工建设用时不到5个月，刷新项目落地的“道滘速度”。全镇固定资产投资、工业投资分别比上年增长23%和20.4%，增速均排名全市前列，发挥投资“逆周期”调节作用。开展“乐购东莞·乐享道滘”促消费专项行动，组织线上直播带货81场、线下集中促销活动11场，政商联合让利超370万元，带动限额以上住宿餐饮业营业额逆势增长3.4%。

【道滘镇产业转型升级】 2020年，道滘镇支持企业倍增发展，推动26家企业“小升规”［规模以下小微企业（即年主营业务收入2000万元以下的企业）升级为规模以上企业］，新增国家专精特新“小巨人”企业1家和省专精特新中小企业3家，带动全镇规模以上

道滘大桥

（2020年道滘镇供图）

工业增加值比上年增长10%，增速排全市第五名。新增培育国家高企22家、市科技创新团队1个，规模以上工业企业研发机构覆盖率升至44.6%，先进制造业、高技术制造业占比分别达49.7%和15.2%。实施招商引资百日攻坚行动，招引大益集团湾区总部暨大益东莞生物发酵智造中心、江西百神药业湾区总部等一批优质项目，带动全年引进内外资项目37个，实际投资金额比上年增长2.7%。制订出台镇村工业园改造提升项目实施指导意见，启动“工改工”（将土地性质为普通工业用地改变为新型产业用地，将旧工业区拆除重建升级改造为新型产业园）三年行动计划，小河、大罗沙、新稔等连片“工改工”项目进入厂房清拆阶段，拆除平整面积超15.33公顷。盘活存量低效用地，统筹收储土地超50公顷，挂牌出让土地超4公顷，超额完成目标任务。

【道滘镇民生事业发展】 2020年，道滘镇开展“民生大莞家”试点工作，如期完成“民生微实事”项目9个和“民生微心愿”17个。建成全镇首家长者饭堂，道济安老院初步通过验收检查。累计发放就业创业补贴超860万元，成立全市首个退役军人就业创业基地，创建广东省五星级退役军人服务中心。常态化开展爱国卫生运动，创建广东省健康促进区，通过国家卫生镇复审。推进脱贫攻坚，对口帮扶揭西坪上镇、彝良县洛泽河镇、龙街乡的16个贫困村全部达到脱贫标准。启动中心小学分校（蔡白学校）建设，新增公办义务教育学位270个，全镇公办园在园幼儿、公益普惠在园幼儿占比分别52.7%和81%。创建全国规范化家长学校实验区，新增培育市级品牌学校1所，中小学校午餐午休服务、公办小学“430”课后课堂实现全覆盖。坚决打赢扫黑除恶专项斗争收官战，影响群众安全感的八类严重暴力犯罪比上年下降66.7%。推进安全生产专项整治三年行动，打通“生命通道”超18千米。全面筑牢食品安全监管防线，建成“食安东莞”优秀餐饮街区和放心肉菜示范超市各1个，查获走私冻品430吨。

【道滘镇城乡建设管理】 2020年，道滘镇推进品质交通千日攻坚行动，新建平面停车场10个、停车位1217个，治理拥堵节点12个，道滘大桥建成通车，行车秩序、通行效率明显优化。推进工业园区环境品质提升，累计新建街头小景34个、升级改造公厕26个、美化提升箱体41个、修整树池309个，多项“东莞绣花奖”综合评比成绩位居全市前列。铺开“屋顶革命”专项行动，累计治理违建面积70.43万平方米。推进生活垃圾分类，启动“1+1”示范片区建设，全镇公共机关单位垃圾分类实现全覆盖。成立乡村振兴工程建设指挥部，蔡白、南丫、大岭丫3个特色精品示范村建设取得初步成效，推进九曲等6个水乡特色示范村建设，农村环境更加宜居优美。加强农村集体经济监管，村组集体总资产、经营总收入、经营纯收入分别比上年增长2.3%、5.9%和12.1%。树立分布式治水理念，建立健全“3+2”河长制管理体系，完成376.72公顷雨污分流改造和195家排水户排污尾水接驳工程，建成分散式污水处理设施4座，污水处理效能排名全市前列。推进大气污染防治，全年空气质量达标天数占比升至92.5%。实施中汇循环经济示范利用中心项目，升级改造垃圾中转站10座，生活垃圾收运处置能力显著提升。

【道滘镇政务效能提升】2020年，道滘镇推进农村综合治理改革，基层综合监管队伍改革试点取得初步成效。推进社会治理现代化实践创新，划定社会治安重点地区2个，依法调处各类矛盾纠纷613宗，社会大局保持稳定。推进行政执法改革，厘清部门权责清单超3500条，承接上级下放行政职权884项。创新推出“不见面审批”26项，实现公安、税务事项100%“一窗受理”，通过“互联网+邮政+政务服务”累计办理各类业务超9万宗。推行镇政府向镇人大报告镇属资产管理情况制度，全年办理人大建议34件，办理率和满意率均100%。加强和创新审计监督机制，压减一般性支出预算超1600万元。依法推进村（社区）“两委”换届工作，全力做好市委巡察“后半篇文章”，有效营造“风清、气正、心齐、劲足”的政治生态和干事氛围。

2020年9月21日，东莞市首个退役军人就业创业培训基地在道滘镇华科城挂牌成立（道滘镇供图）

【道滘镇“智慧停车”项目启动】 2020年1月15日，道滘镇“智慧停车”项目启动仪式在江滨公园举行。该项目规划3400多个停车泊位，第一阶段投入使用653个。道滘“智慧停车”项目的启动，科学高效调节机动车停车资源配置，缓解停车压力，对于提高全镇城市管理水平、改善市民出行体验。

【道滘镇首家企业党总支部成立】 2020年7月1日，搜于特集团股份有限公司党支部改设为党总支部，并揭牌成立，成为道滘镇首家企业党总支部。搜于特集团股份有限公司党支部成立于2019年，有党员50名，为加强企业党员教育管理，发挥党组织的战斗堡垒和党员先锋模范作用，根据公司党建工作的实际需求，经道滘镇委批准，搜于特集团股份有限公司党支部改为党总支部，并下设2个支部，分别为东莞市搜于特供应链管理有限公司党支部和东莞市搜于特医疗用品有限公司党支部。

【东莞市首个退役军人就业创业培训基地在道滘镇挂牌成立】 2020年9月21日，东莞市退役军人就业创业服务合作签约仪式暨退役军人就业现场招聘、适应性培训开班典礼在道滘镇华科城孵化园举行。同时，全市首个退役军人就业创业培训基地挂牌成立。活动为到场的退役军人进行适应性开班培训，从退役军人就业现状分析、求职指导以及职业适应等方面对退役军人进行培训。通过培训，在就业创业方面给予退役军人方向指引。现场还组织包括新能源、新材料、电子科技等领域的17家来自镇内企业进行招聘活动。

道滘镇退役军人就业创业培训基地，为东莞市首个创建的星级示范退役军人就业创业服务基地，基地紧扣服务、管理、保障三大主业，围绕退役军人的“退役、就业、优待”全过程，按照“八个一”的标准和要求真诚服务，通过政校企合作，实施专业共建，促进产教融合，共同培养打造新兴行业退役军人技能人才培养标准，加强退役军人创业孵化、创业项目指导和扶持，实施“一镇一品”产业技能人才特色培养等方式，做好退役军人服务管理工作，切实让退役军人感受到尊崇。

【道滘镇市镇联合招商基地落户项目签约仪式举行】 2020年12月2日，道滘镇市镇联合招商基地落户项目签约仪式在道滘镇举行。大益茶业集团湾区总部项目和百神药业集团湾区总部项目签约落户道滘。其中，大益集团湾区总部项目定位于打造具有国际水平的微生物资源研究所、天然产物研究所、产品研发中心、质检中心、中试工程验证平台、生物发酵研发中心以及大益饮料产品生产线于一体的湾区总部。项目计划投资总额不低于13亿元，项目建成投产后预计年产值近20亿元，年纳税额不低于7000万元。百神药业湾区总部项目计划依托江西百神药业集团的资源，打造成为集药物研发和药品智能制造于一体的现代生物医药产业园，项目计划投资17亿元，预计年产值15亿元，年纳税额不低于6800万元。

【道滘镇首个长者饭堂揭牌启用】 2020年12月25日，道滘镇首个“长者饭堂”揭牌启用。该饭堂位于厚德社区综合服务中心，针对老年人开放，每天为老人提供午餐和晚餐。主要为永庆村、厚德村、大罗沙村、昌平村、九曲村及蔡白等6个村，以及兴隆社区居住在以上6个村的居家养老服务对象提供助餐配餐服务。对行动不便的老人，由护工提供送餐上门服务；其他社会老人可以按配餐标准，自费参加配餐服务。

【道滘大桥全线通车】 2020年12月31日，道滘大桥全线完工通车。该项目起点位于道厚路蔡白村段，跨越东莞水道后，终于道厚路与桥东大街的平交口，全线1.13千米，桥宽29米，设双向四车道，按一级公路标准设计建设，连接道滘与厚街、万江以及市中心区，提升交通承载力，缓解水乡片区往来市区的交通通行压力。 （卢润志）

附：2020年道滘镇党委、人大、政府主要领导名录

镇委书记：谢卫东
镇人大主席：赖锡池
镇　　长：陈旭林（任至3月）
　　　　　陈　涛（3月到任）

2019—2020年道滘镇主要经济社会指标情况表

指标	2019年	2020年
户籍人口（人）	65149	66515
常住人口（万人）	14.38	15.98
面积（平方千米）	54.29	54.29
地区生产总值（万元）	1168700	1219773
第一产业（万元）	10335	10984
第二产业（万元）	658811	685107
第三产业（万元）	499554	523682
总用电量（万千瓦时）	122928	116510
全社会固定资产投资总额（万元）	253568	311951
社会消费品零售总额（万元）	262897	349673
外贸出口总额（万元）	367176	332023
实际利用外资（万元）	4256	4134
地方财政总财力（万元）	202909	312625
各项税收总额（万元）	234536	221740

厚街镇

【厚街镇概况】　厚街镇北连东莞市区，南邻东莞港，东倚大岭山，西南毗连沙田镇，西北与道滘镇、洪梅镇隔河相望。东莞市域轨道交通R2线、穗莞深城际轨道、广深高速公路、莞番高速公路、省道S256线、环莞快速路纵横厚街镇全境，广深港客运专线虎门站和穗深城际轨道厚街站坐落其中。截至2020年底，辖区面积125.7平方千米，下辖24个社区。常住人口55.17万人，其中户籍人口13.33万人。厚街镇是"珠三角工业重点卫星镇""全国乡镇企业百强镇""全国出口创汇十强镇""中国会展名镇""中国钻石餐饮名镇""中国最佳会展目的地名镇"。

2020年，厚街镇实现地区生产总值415.72亿元（第一产业2.22亿元，第二产业214.84亿元，第三产业198.66亿元），比上年增长0.2%；全社会固定资产投资总额73.72亿元，增长36.22%；总用电量36.94亿千瓦时，下降3.9%；社会消费品零售总额229.43亿元，下降7.27%；实际利用外资10.76亿元，增长299.46%；外贸出口总额607.09亿元，下降6.51%；各项税收总额82.0亿元，增长11.31%；地方财政总财力88.41亿元，增长121.37%。年内，被评为东莞市"2020年度领导班子工作良好镇（街道）""广东省城乡融合发展省级试点中心镇""2019—2020年度中国最佳会展目的地名镇""中国产业会展示范区""2020年度金五星优秀会展城市"，获得"2020年广东省乡村治理示范村镇""省级'一村一品、一镇一业'专业镇村""2020年度广东工会'三个一批'建设示范点""第二次全国污染源普查表现突出集体"等7个市单打冠军。

【厚街镇经济发展】　2020年，厚街镇强化经济运行监测调度，出台8套惠企政策，统筹7.13亿元从促进进出口增长、稳定外贸基本盘、减轻企业经营幅度等方面与企业共克时艰。率先在全省复办展会，全年安全举办展会35个、会议论坛近300场，并获"中国产业会展示范区""金五星优秀会展城市""中国最佳会展目的地名镇"等称号。厚街镇地区生产总值由一季度负13.2%向全年正增长0.2%回升。助推传统产业提档升级，出台产业发展规划、外贸经济发展三年行动规划、"三优三强"实施方案等产业政策，培育"四高"（高效率、高效益、高薪酬、高向心力）企业。实施"倍增计划"（重点企业规模与效益倍增）和支持"小升规"［规模以下小微企业（即年主营业务收入2000万元以下的企业）升级为规模以上企业］，累计有13家"倍增计划"试点企业实现翻倍增长目标；83家企业实现"小升规"，翻倍完成市定目标。全年实现外贸进出口总额887.81亿元。搭建科技创新合作平台，与东莞理工学院签订校地战略合作协议，推动南兴装备、慕思寝具等一批优质企业与华中科技大学、华南理工大学等科研院所开展产学研合作；培

厚街镇政务服务中心

（2020年厚街镇报社供图）

育创新企业，促成厚街华科城荣获省级科技企业孵化器认定，全镇累计建成省、市两级工程技术研究中心及重点实验室15个，省级孵化器1个、市级孵化器2个、市级众创空间1个。新增高新企业41家、达到225家，规模以上工业企业建有研发机构比例超40%，创新实力得到增强。改革招商引资激励政策和镇、村项目分成办法，高规格举办投资推介会，促成永益总部等13个重大产业项目现场签约，推动广泽汽饰等6个项目动工建设，总投资37亿元。全年10个市重大项目累计完成投资14.18亿元，超额完成年度目标。10月20日，厚街时代金融中心动工，打造厚街第一高楼。

【厚街镇人居环境建设】 2020年，厚街镇推进大气整治，完成43家VOCs（挥发性有机物）省级重点及145家VOCs市级重点监管企业的销号式整治，整治“散乱污”企业（不符合产业政策，不符合产业布局规划，未办理工信、发改、土地、规划、环保、工商、质监、安监、电力等相关审批手续，不能稳定达标排放的企业）1992家。打好水治理攻坚战，投入10.38亿元完成东江下游工程截污管网233.72千米；计划投入6亿元启动雨污分流管网建设，年内完成投资1.6亿元，建成雨污分流管网61.50千米；1724户重点排水户完成源头雨污分流改造。实现沙溪水库等水质断面全面达标，22条内河涌全部消除黑臭。推进生活垃圾分类示范区建设，“一厕一景”“一站一景”升级57座厕所和45座垃圾中转站，建设街头小景41处。启动“4+10”特色精品村建设工程，涉及项目222个，总投资5.55亿元，年内完成投资1.72亿元，完成涌口海月公园升级改造项目等一批标杆工程，厚街乡村振兴样板示范村初具雏形。开展鳌台书院周边环境整治提升工程，打造区域特色文化街区。成立革命老区工作专班，计划投入2.8亿元帮扶新围、大迳两个老区振兴发展。新围、大迳社区上榜首批省级“一村一品、一镇一业”专业村。开展卫生环境、市容市貌、乱停乱放等城市“六乱”（乱搭乱建、乱堆乱放、乱设摊点、乱拉乱挂、乱贴乱画、乱扔乱吐）综合整治，城市秩序更加规范。整治S256省道等交通干道违法广告招牌，优化城市环境。完善数字城管、智慧城管平台建设，提高推进城市管理效率。持续推进“行走厚街”及社区精细化管理考核长效机制，提升城市精细化管理水平。

【厚街镇城市空间优化】 2020年，厚街镇致力于优化城市空间，国土空间规划编制及市轨道2号线4个站点TOD规划取得阶段性成果。启动穗深城际厚街站TOD规划修编工作，启动建设珊美站TOD君汇广场项目。新围、大迳两社区纳入省级村庄规划优化提升试点村。启动品质交通千日攻坚行动，推进新建及升级改造道路13条，建成工业东路和环保路，改造农村低等道路1.19千米。优化利用城市空间解决“停车难”问题，推进环莞快速路水濂山1桥厚街段等桥下空间改造工程，建成大型综合停车场1个，社区停车场22个，新增停车位2285个。启动城市更新项目7个，完成“新增改造”指标39.058公顷、“完成改造”指标33.35公顷。开展厚街新城土地统筹工作，统筹河田、赤岭创新片区2个地块30.39公顷，完成土地收储任务73.33公顷。超额完成138万平方米“两违”（违法用地、违法建设）拆除任务。启动实施镇村工业园三年升级改造行动，与深圳前海控股签署战略合作框架协议，高水平改造黑山片区。

【厚街镇社会治理】 2020年，厚街镇推进“数据赋能”，新增接入一、二类视频9332路，建成“慧眼”小视频1812路，全镇联网视频达140路/平方千米。改革辅警管理机制，收编村级辅警，建成2个警务工作站，升级改造5个派出所智能办案区。扫黑除恶专项斗争收官，全年打掉涉黑团伙16个，破获案件66件，全镇违法警情数比上年下降22.29%，厚街社会治安群众安全感排全省（县区）第二名；厚街公安分局“我用心你放心”党建引领新时代警民公共关系建设被评为全省十大优秀公共关系案例。创新实施“多网合一、多员合一”基层治理模式，整合治安员、安全员等“多员力量”1203人，建立一支全方位的基层治理“网格员”队伍。建成厚街镇社会治理运营中心（厚街镇城市管理指挥中心）及20个社区社会治理运营中心，构建“1+5+N”基层社会治理指挥调度体系，实现基层治理工作统一调度，分网格规范化管理，基层治理现代化水平得到有效提高。厚街“多员合一”基层社会治理项目被列为省优秀案例。深化少年警校、莞邑联防、社会治理多元参与促进中心等共治品牌。创新打造智慧消防监管平台，完成4227栋出租屋、5634个“三小”场所（小档口、小作坊、小娱乐场所）技防改造，360家企业工厂安装电气火灾远程监控系统。对254栋高层出租屋进行消防安全专项整治，新建电动车停放充电点（间）813处。全年全镇发生安全生产事故和死亡人数分别比上年下降66.7%和64.3%。高度重视信访工作，全年办理信访案件261件，办结256件，办结率98.1%。依法依规推进解决跨境电商产业项目和华科顺发物流地块两大国有资产历史遗留问题。食品和交通安全工作取得成效，“‘互联网+明厨亮灶’食品安全智慧监管体系”获全市单打冠军。

【厚街镇民生保障服务】 2020年，厚街镇完成年度十件民生实事，全年发放各类救助金3034.83万元。优化长者服务，建成4个社区长者饭堂，全镇享受居家养老服务的老人4885人次，免费享受平安铃服务的老人432人。做好敬敬老中心升级改造及消防整改工作。落实就业创业政策，补贴1.05万人次、企业146家次，补贴金额1042.52万元。推进教育扩容提质千日攻坚行动，推进竹溪中学宿舍楼重建等5项扩容工程，增加公办学位1453个，实现所有义务教育阶段学校提供午餐服务。开展社区卫生服务机构提升工程，对社卫中心、中心预防接种门诊及20个社卫站点进行升级改造和能力提升，改善社区就医环境。年内启动首批1个中心及3个站点建设。建成厚街双拥文化公园、厚街镇新时代文明实践中心及7个新时代文明实践站点，承办第五届“中国青年志愿服务项目大赛暨志愿服务交流会”，获团中央高度好评。深化“放管服”改革，启用新政务服务中心，实现卫生健康局、公共服务办、交通分局等21个部门约600个事项“一窗式”综合受理，企业、群众办事“只进一扇门”，政务服务更便捷高效。开展全程电子化商事登记，优化营商环境、准入服务。累计登记在册的各类市场主体6.95万户。

【厚街镇会展业获六个全国性行业荣誉】 2020年，厚街镇围绕“提升会展发展品质，打造湾区产业会展名镇”的工作目标，在新冠肺炎疫情冲击困境下，对标对表粤港澳大湾区现代服务业发展的新要求，创新工作理念和工作措施，推动以厚街镇为核心的东莞会展业向国际化、品牌化、市场化、专业化、特色化发展，推动会展行业复苏回暖。2020年5月13日，第十二届中国加工贸易产品博览会线上展开幕，成为疫情之后广东举办的首个国字号“云展会”；6月25—28日，2020东莞春季国际车展在广东现代国际展览中心举行，为东莞恢复会议展览活动后的首展。年内获“第十七届中国会展之星年度大奖”“2019—2020年度中国最佳会展目的地名镇”“2020年度金五星优秀会展城市奖”“2019—2020年度特色会展目的地”“中国产业会展示范区”“中国最具竞争力会展城市”等六个行业荣誉。全年厚街镇举办智博会、名家具展等各类展会35个，累计展出面积111.74万平方米。

【厚街镇在全市率先举办投资推介会】 2020年4月10日，“湾区现代新城、创新活力厚街”投资推介会在广东现代国际展览中心举行。活动吸引120多家国际知名企业和厚街本土优质企业聚首厚街，共襄发展。该次活动促成投资及增资项目30个，涉及投资及意向投资总额755亿元，项目涉及会展综合体、智能电子装备、汽车配套、航天科技、环保、医疗等多个领域。其中，现场集中签约重大项目15个，投资额738亿元。预计项目建成投产后，释放出的经济效益和社会效益，为厚街新一轮发展提供强大动力。

【厚街镇成为广东省城乡融合发展省级试点中心镇】 2020年11月，广东省人民政府办公厅印发《广东省城乡融合发展省级试点地区名单》，包括7个市县试点和39个中心镇试点地区，厚街镇为东莞市入选省级中心镇试点的两个镇街之一。试点工作于2020年11月启动，厚街镇坚持高质量发展主题，以协调推进新型城镇化战略和乡村振兴战略为抓手，在公共服务设施提标扩面、市政基础设施提档升级、产业转型升级提速换挡、乡村振兴战略提质增效等四个方面试点先行。

【第五届中国青年志愿服务项目大赛暨2020年志愿服务东莞交流会举行】 2020年11月21—25日，第五届中国青年志愿服务项目大赛终评会在厚街镇广东酒店管理职业技术学院举行，这是中国志愿服务领域的最高赛事。大赛采用“线上路演+线下评审”的方式举行，全国各地的80多名评委监委通过观看路演视频、线上提问、集中评审打分等方式，集中评审入围终评的1000个项目进行，评出150个金奖项目、350个银奖项目、500个铜奖项目。 （方丽萍）

附：2020年东莞市厚街镇党委、人大、政府主要领导名录

镇委书记：刘学聪

镇人大主席：方活力

镇　长：叶可阳

2019—2020年厚街镇主要经济社会指标情况表

指标	2019年	2020年
户籍人口（人）	127739	133290
常住人口（万人）	44.29	55.17
面积（平方千米）	125.7	125.7
地区生产总值（万元）	4140674	4157237
第一产业（万元）	21160	22202
第二产业（万元）	2284269	2148407
第三产业（万元）	1835245	1986628
总用电量（万千瓦时）	384435	369409
全社会固定资产投资总额（万元）	541190	737247
社会消费品零售总额（万元）	2474135	2294337
外贸出口总额（万元）	6493661	6070884
实际利用外资（万元）	26934	107591
地方财政总财力（万元）	399379	884114
各项税收总额（万元）	736729	819971

沙田镇

【沙田镇概况】　沙田镇位于东莞市西南部，地处粤港澳大湾区中部轴线和广深科技创新走廊腹地，东江南支流出海口与狮子洋交汇处。截至2020年底，辖区面积111.5平方千米，下辖16个村和2个社区。常住人口21.01万，其中户籍人口5.63万人。沙田镇是“全国重点镇”“中国港口物流重镇”“全国龙舟之乡”“中国水上民歌（咸水歌）之乡”“国家卫生镇”。

2020年，沙田镇实现地区生产总值209.32亿元，（第一产业1.99亿元，第二产业90.23亿元，第三产业117.10亿元），比上年增长7.19%；全社会固定资产投资总额102.55亿元，增长20.23%；总用电量25.38亿千瓦时，增长27.85%；社会消费品零售总额38.73亿元，下降7.7%；实际利用外资4.03亿元，下降23.26%；外贸出口总额759.25亿元，增长6.75%；各项税收总额41.47亿元，增长5.57%；地方财政总财力49.37亿元，增长64.36%。年内，在镇街领导班子年度工作考评中排第五名，获得疫情期间经济高速高质发展、省级“一村一品、一镇一业”专业镇村、广东省五星级示范退役军人服务中心、全国综合减灾示范社区等4项“单打冠军”。

【沙田镇产业发展】　2020年，沙田镇强化在谈项目对接，在市2020年二季度重大项目、增资扩产项目、城市更新项目集中开工仪式上集中签约引进大能、汉维等16个重大项目，意向总投资额超900亿元。挖掘现有企业投资潜力，推动富加宜等18家企业增资扩产，计划投资额超40亿元。实施重大项目快速落地攻坚行动，新增东唯新材料、梅塞尔等10个项目开工建设，中电、擎天等11个项目竣工投产，19个省市重大项目年累计完成投资超32亿元，超额完成年度投资计划。拨付“科技沙田”专项资金912万元，撬动全镇R&D（科学研究与试验发展）投入6.28亿元。推动45家企业通过国家高新技术企业认定。先进制造业、高技术制造业增加值增速分别48.8%和56.6%。新增“小升规”［规模以下小微企业（即年主营业务收入2000万元以下的企业）升级为规模以上企业］工业企业26家，11家倍增企业全年营收比上年增长56%。推动金富科技疫情期间上市。思贝克港湾科创产融城快速发展，粤润汽车等优质企业进驻，思贝克“工业＋互联网＋金融”大型综合服务平台落户，实现销售额116.8亿元。立沙岛精细化工园区产业结构持续优化，推动数据回归，园区企业全年纳税总额4.8亿元，比上年增长126%。

【沙田镇城市品质提升】　2020年，沙田镇环境质量显著改善，国考、省考断面水质稳定达到III类标准，穗丰年水道获评为全市最美河涌，空气质量达标天数93%，群众幸福指数大幅提升。完成百亩涌等6条河涌整治，完成入河排污口、污水接驳、源头雨污分流等年度整治任务，新建管网约370千米，福禄沙污水处理厂进水COD（化学需氧量）浓度提升45%，实施环保专业基地“一园一策”综合

沙田镇龙舟公园　（2020年沙田镇供图）

整治，通过全市专业基地综合整治验收。开展城市道路扬尘污染防控和泥头车专项整治百日行动，完成立沙岛临时垃圾堆放场清场复耕。推进“洁净城市”“行走沙田”“厕所革命”行动，承办“洁净东莞·城市论坛之沙田话美”活动。完成散杂乱堆木场清理，治理违建面积61万平方米，超额完成年度任务，新增违建实现“零增长”。推进品质交通千日攻坚行动，环保路、泥头桥重建等工程通车，港湾大桥主塔封顶，全年新增路外及配建停车位1700多个，规范建设重型货车停车场1座，整顿压减散杂乱停车场12个。民田安置小区一期、泥洲岛公租房等项目完工，为拆迁安置群众、产业人才提供住房约3300套。建设奇石景观公园等30个街头小景，龙舟公园街头小景入选东莞绣花奖。建成5G（第五代移动通信技术）基站196个，实现重点区域有效覆盖。

【沙田镇乡村振兴】 2020年，沙田镇推动乡村振兴，农村发展质效齐升，村组两级总资产、经营总收入、经营纯收入持续增长。推动农村旧貌更新改造和农村“低矮旧”厂房改造，信鸿湾区智谷完成年度投资7亿元，稔洲造纸厂等更新项目竣工，“工改工”（将土地性质为普通工业用地改变为新型产业用地，将旧工业区拆除重建升级改造为新型产业园）改造任务完成率全市排第一名，完成港湾新城面积20.93公顷土地整备及穗深城际沙田站TOD（以公共交通为导向的开发）周边面积9.93公顷土地收储。盘活农村闲置土地，推进农用地统租，试点统筹成熟地块面积29.33公顷。开展农村人居环境百日攻坚战行动，全部村（社区）通过干净整洁村创建验收，推动阇西村“精品示范村”创建。发放支农惠农补贴2112万元，升级改造横流大街—鹤洲路段等“四好农村路”（建好、管好、护好、运营好）4千米，超额完成153.33公顷高标准农田建设，2300多个窝棚应拆尽拆。严格监管集体资产，通过交易平台成功交易项目53个。脱贫攻坚战成效显著，镇内次发达村两级总资产等指标增速均超过全镇平均水平，落实韶关市始兴县对口帮扶资金700多万元，7个省定贫困村全部脱贫摘帽，324户贫困户实现脱贫，1名扶贫干部获评为“全国脱贫攻坚先进个人”。做好东西部扶贫协作、援藏等工作。

【沙田镇民生保障】 2020年，沙田镇落实125户家庭最低生活保障，为700多人次提供医疗救助，为242名老人提供居家养老服务，推动314名户籍失业人员就业，发放各类民生补助约2300万元，多种方式解决群众住房困难。做好退役军人服务管理，获评全国示范型退役军人服务中心、全省首批“五星级”退役军人服务中心，1人获评2020年度全国退役军人服务中心（站）“百名优秀主任（站长）”。实施教育扩容提质千日攻坚，新中心小学、实验中学扩建工程投入使用，新中心幼儿园基本完工，增加公办学位2290个，新招聘教师125人，小学毕业考核达到省市一级学校要求，高考成绩创历史新高，沙田实验中学入选第二批品牌学校培育对象，提供积分制入学学位7370个，随迁子女享受义务教育公办学位或发放民办学校学位补贴比例超50%。强化传染疾病预防控制，建成临床基因扩增检验实验室，开展发热门诊规范化标准化建设，省健康促进区创建通过省级评估，创建一批省健康促进单位、无烟单位和健康家庭，沙田医院、社卫中心获评为省健康促进示范医院，社卫中心获国家卫生健康委、国家中医药局联合发文通报表扬。完成敬老院综合服务型养老护理院改造，提供床位60张。

【沙田镇文化事业】 2020年，沙田镇举办2020年迎新春长跑、春节联欢晚会系列活动，休闲广场改造及龙舟观演平台建成投入使用，建成东莞唯一的疍家文化博物馆——沙田文化艺术中心，成为沙田文化新地标，承办首届全国云上文采会“文化馆年会论坛”和“文化馆之夜”等系列活动。传承发展龙舟、疍家、莞草等本土优秀传统文化，成功申请“莞编坊”莞草文创品牌，原创舞蹈《疍家阿妹》等一批本土文艺作品获省市大奖，举办群众性文化活动326场次。建成镇文明实践中心和3个实践站。

【沙田镇基层社会治理】 2020

2020年12月6日，东莞市唯一的疍家文化博物馆——沙田文化艺术中心揭幕，承办首届全国云上文采会“文化馆年会论坛”和“文化馆之夜”等系列活动

（沙田镇供图）

年，沙田镇推进第七次全国人口普查，开展市域社会治理现代化暨创新基层社会治理体系建设，推广“创新平安文化建设工作模式”等5个经验，鲩沙花园“双工联动”等5个项目入选市城乡社区治理“十优”品牌项目。落实“智网工程”、“12345”政府服务热线、社会矛盾调处等闭环工作机制，信访事项比上年下降16.8%。开展“飓风2020”等专项行动，完成扫黑除恶“六清”（线索清仓、逃犯清零、案件清结、伞网清除、黑财清底、行业清源）工作任务，推进海防及反走私、反偷渡工作，加强联合巡查执法。严格全域安全监管和风险管控，实施安全生产专项整治三年行动，成立立沙岛综合事务中心，实施立沙岛精细化工园区整体封闭管理。

【沙田镇政务服务改革】 2020年，沙田镇推进政务服务改革，进驻服务中心事项903项，推广“粤省事”“粤商通”等在线办事App（应用程序）。加强重大决策、规范性文件合法性审查，严格规范执法行为。推动村（社区）法律顾问参与基层事务，开展民法典普法系列活动，完成“七五”普法验收。依法办结政府信息公开申请87宗，发布各类政务信息1200多条。抓好镇人大评议部门反馈意见落实，办结人大建议及议案共52条。完成18个村（社区）和182个小组的现场审计工作，开展镇扶贫领域等专项监督检查，推进镇行政事业单位和镇属企业内审工作。

【沙田镇争创全国、省示范退役军人服务中心】 2020年，沙田镇以争创省五星级退役军人服务中心和全国示范型退役军人服务中心为主线推进退役军人服务管理工作，实现“退役军人服务平台体系化、服务手段信息化、服务模式多元化、服务管理规范化、服务队伍专业化”，退役军人服务中心分别获评为全国示范型退役军人服务中心、省五星级退役军人服务中心，单位负责人被评为2020年度全国退役军人服务中心（站）“百名优秀主任（站长）”，并在广东省军地合力推动退役军人工作暨学习推广新时代“枫桥经验”现场会及2021年全省退役军人事务局长会上代表东莞市接受授牌。

【沙田镇获“省长杯”工业设计大赛金奖】 2020年，沙田镇落实绿色、生态、环保、安全、可持续的发展理念，注重立沙岛精细化工园区发展的经济效益、社会效益和生态效益相统一，探索出立沙岛绿色石化产业高质量发展模式，并参加广东省第十届“省长杯”工业设计大赛。2020年10月，“绿色石化集群 先进制造基石——以创新设计思维为引领的东莞立沙岛绿色石化产业高质量发展模式”从3万多件参赛作品中脱颖而出，获得产业组金奖和2020年绿色设计国际大奖提名奖，吸引央视、新华社等多家中央、省级权威媒体的关注采访。

【虎门港综保区一期封关运作】 2020年5月1日，虎门港综保区一期项目封关运作，依托四通八达的交通路网，与海关等边检部门强化协作，先后推出跨境电商、先出区后报关、两步申报、跨境电商出口海外仓、网购保税进口商品退货、中欧班列直通车、保税维修等重点改革项目，支撑全市制造业特别是外贸企业发展。2020年，虎门港综保区进出区货值1365.2亿元，比上年增长6.3%，位列全国144个综保区第18位。

【沙田镇文化艺术中心建成对外开放】 2020年12月6日，沙田镇文化艺术中心（东莞文化馆沙田分馆）举行揭幕仪式，并承办首届全国公共文化和旅游产品云上采购大会交流展示活动之“文化馆年会论坛”和“文化馆之夜”等系列全国性文化活动，来自全国各地的200多位国家文化和旅游公共服务专家、文化馆发展研究院专家、中国文化馆协会理事、各级文化馆代表出席参加相关活动，依托疍家文化、龙舟文化、莞草文化，进一步推动沙田文化事业，提升文化影响力。 （梁嘉伟）

附：2020年沙田镇党委、人大、政府主要领导名录

镇委书记：贾贵斌
镇人大主席：刘振邦
镇　　长：叶淦奎（任至7月）
　　　　　叶毅朝（8月到任）

2019—2020年沙田镇主要经济社会指标情况表

指标	2019年	2020年
户籍人口（人）	53448	56300
常住人口（万人）	18.14	21.01
面积（平方千米）	111.5	111.5
地区生产总值（万元）	1952800	2093300
第一产业（万元）	18808	19990
第二产业（万元）	851938	902281
第三产业（万元）	1082054	1171019
总用电量（万千瓦时）	198498	253784
全社会固定资产投资总额（万元）	852937	1025526
社会消费品零售总额（万元）	419608	387310
外贸出口总额（万元）	7112691	7592463
实际利用外资（万元）	52570	40340
地方财政总财力（万元）	300356	493654
各项税收总额（万元）	392830	414721

长安镇

【长安镇概况】 长安镇位于东莞市南端，东邻深圳市，南接滨海湾新区，西邻虎门镇，北倚莲花山，穗深城际铁路、国道G107线、省道S358线、广深高速公路、虎岗高速公路、广深沿江高速公路贯通全镇，是广州市、东莞市与深圳市交通往来的南大门。全镇土地面积79.69平方千米，下辖15个社区，常住人口80.74万人，其中户籍人口8.44万人。是“中国机械五金模具名镇”“中国电子信息产业重镇”“全国文明村镇”“国家园林城镇”“国家生态乡镇”“全国五金模具产业知名品牌创建示范区”“全国法治县（市、区）创建活动先进单位”。

2020年，长安镇实现地区生产总值801.94亿元（第一产业0.18亿元，第二产业476.65亿元，第三产业325.11亿元），比上年增长4.3%；规模以上工业增加值387.5亿元，增长6.8%；全社会固定资产投资总额84.7亿元，增长13.8%；总售电量73.0亿千瓦时，下降1.3%；社会消费品零售总额303.7亿元，下降1.5%；进出口总额2861.0亿元，增长0.2%；各项税收总额147.4亿元，增长0.8%；地方财政总财力40.1亿元，增长11.2%；金融机构各项存款1871.8亿元，增长16.1%。获“国家计生协计生家庭维权项目点”“广东省乡村治理示范村镇”等10项市“单打冠军”，在2020年全国综合实力千强镇评选中，长安镇居第六位。

【长安镇经济高质量发展】 制造业发展 2020年，长安镇规模以上电子信息增加值200.2亿元，比上年增长7.7%；规模以上机械五金模具增加值116.0亿元，增长5.3%；新增“小升规”企业128家。全镇高技术企业589家，规模以上高技术制造业产值1496.8亿元；有省级企业工程技术研发中心26个，市级企业工程技术研发中心17个，市重点实验室3个；全年专利授权量1.3万件，比上年增长21.8%，其中发明专利授权量5840件，增长27.5%。新增胜蓝科技、奥普特2家上市企业，全镇A股上市企业总数7家。

商贸业发展 2020年，长安镇登记在册市场主体在全市率先突破12万户，达到12.21万户，比上年增长7.03%。全年外贸出口总额1372.68亿元，增长2.8%；社会消费品零售总额303.7亿元，下降1.5%；限额以上批发和贸易业销售额692.1亿元，下降1.0%；规模以上其他服务业营收总额124.3亿元，增长40.3%，其中规模以上科学技术服务业营收增长最为明显，达到41.9亿元，增长415.7%。年内新商品房（含铺位，不含二手房）销售2639套；销售额105.6亿元，增长581.3%。电子商务加快发展，举办稳外贸促增长东莞市跨境电商峰会，全年电子商务交易额达到560亿元。会展经济效益明显，举办2020第二十届中国（长安）国际机械五金模具展览会，达成意向交易额约6亿元。

集体经济增长 2020年，全镇社区（不含长盛、长乐、长怡）集体资产170.4亿元，比上年增长7.8%；社区、小组两级集体常规收入27.6亿元，增长9.2%；社区、小组两级资产负债增长6.9%。镇属企业长安集团工业总产值208.9亿元，比上年增长14.3%。

【长安镇重大项目招引建设】 2020年，长安镇列入东莞市重大建设项目计划的项目有10个，列入市重大预备项目计划的项目有4个。10个重大项目分别为：步步高研发生产项目、长安长发光电研发生产项目、广东旭宇光电有限公司旭宇光电研发生产项目、长安宇瞳

长安镇莲花山森林公园 （2020年张超满摄）

光学视频监控高清镜头研发生产项目、小天才生产中心、OPPO长安研发中心项目、东莞东阳光药物研发有限公司厂区项目、长安华茂智能终端研发生产项目、长安奥普特机器视觉产业增资扩产项目、长江股份总部项目。其中，华茂项目于6月动工，长江项目于7月动工，奥普特项目于10月动工；旭宇光电项目于6月竣工产。全年重大项目完成投资16.5亿元，完成年度投资计划的117.6%。年内，OPPO研发中心项目通过省市项目入库，并通过省发改委的重点项目，步步高、OPPO、华茂项目等省重点项目共完成投资8.74亿元，占全镇重大项目实际完成投资的37.02%。

2020年5月19日，长安18个重大工业项目集中签约，总投资超百亿元（长安镇供图）

【长安镇城市品质提升】 城市空间扩容 2020年，长安镇全面铺开《长安镇国土空间总体规划（2020—2035年）》编制，健全城市发展顶层设计。完成124.84公顷轨道交通TOD省市合作开用地征收表决，占TOD征地总面积的79.9%。新增城市更新标图建库16宗，涉及面积116.83公顷；推进知荣服饰创新中心等6宗镇村工业园改造项目，涉及面积65.27公顷。招拍2.33公顷原永兴混凝土地块，完成3个地块15.76公顷土地收储。

人居环境改善 2020年，长安镇投资超4亿元推进62个乡村振兴重点项目，全方位提升社区人居环境，完成涌头美丽幸福村居特色连片示范点建设。全年升级改造垃圾转运站23座，升级公厕43座，建设城市管理服务驿站6座，建成充电桩355座，建成5G基站428座。220千伏纵江至长安输电线路投产通电，13个社区全面完成“三线”（电力线、通信线、电视线）整治。投入295.4万元开展“千景绣东莞”行动，建设完成40个街头小景。开展品质交通千日攻坚行动，完成13个拥堵节点整治和一龙路升级改造。增大公共停车位供给，全年新增停车位2225个。

城市管理加强 2020年，长安镇全面推行城市精细化管理“分片区管理、网格化执法”的工作新模式，将全镇13个社区划分为4个片区，发挥社区城管队伍主体作用，同时研发运用“长安精细化管理考核系统”及手机端App，治理效果大幅提升。清理卫生死角3.4万处，清理积存垃圾1.49万吨，清理垃圾聚集点2.95万处，清理“牛皮癣”8.52万处，整治城市“六乱”（乱搭乱建、乱堆乱放、乱设摊点、乱拉乱挂、乱贴乱画、乱扔乱吐）6.93万宗次。开展村庄清洁行动，分片包干巡查暗访整治“脏乱差”。投入817.2万元对三八河、人民涌、长青渠等35条河开展河道保洁。清拆新增违建、搭建、加建及民房超标准建设197宗，继续保持“零新增”的工作目标，整治历史违建119万平方米。开展共享单车整治，清退全镇1.2万辆共享电动自行车。

【长安镇污染防治攻坚战】 2020年，长安镇推进环境污染整治，推动生态环境绿色协调发展。巩固茅洲河流域治理成效，重点推进雨污分流和河涌清淤，全年完成雨污分流1.2万栋、末端截污约3万栋，完成4.2万栋排水建筑主体的雨污分流复核工程；启动磨碟河流域126个排水地块的污水接入工作，确保源头治污控污；基本完成霄边排渠、长青渠、三八河明渠段、东引河等7条河涌清淤工程，实际清淤量23.7万立方米；年内长安茅洲河国考断面水质稳定优于Ⅳ类水。加强VOCs企业整治，年内销号式整治160家，“一企一策”整治41家，全年空气质量优良天气数比例95%。严抓土壤综合治理，开展土壤调查企业19家。强化环境监管执法，全年动执法人员1.8万人次，完成散乱污企业预警核查整治7899家，现场监理污染源企业7282家，加大环境监管执法力度，立案查处企业256家，累计处罚金额6283万元。

【长安镇民生事业】 教育事业 截至2020年底，长安镇有102所中小学、幼儿园，其中公办中小学9所，民办中小学19所，公办（集体办）幼儿园10所，民办幼儿园64所，在校学生9.18万人。年内，长安镇推进教育千日攻坚，投入7.2亿元用于教育事业发展。新增公办学位1300个；建成长安中学新宿舍楼，稳步推进实验中学、实验小学、第一小学等7所公办中小学改扩建。发放户籍生民办学位补贴1500多万元，积分制民办学位补贴4900多万元，惠及学生约4万人次。出台优秀镇聘教师转特聘教师考核制度，47名镇聘教师转为特聘教师。

医疗事业　截至2020年底，长安镇有医疗机构189个，实有床位1645张（编制床位1943张）；执业（助理）医师1266人，执业护士1469人，投入2.9亿元用于医疗卫生事业发展。长安医院“产科”和社区卫生中心“社区护理”被评为2020年东莞市临床特色专科；加强与优质医疗资源合作，全镇公办、民办医疗机构累计建立56个医联体；优化社区卫生站资源，全镇21个服务站点均落实搬迁至集体物业；建立职业健康企业数据库，打击取缔51所黑诊所。全年全镇常住人口出生6170人，其中二孩出生2993人，出生人口性别比110.44。

就业和社会保障　2020年，长安镇网上发布就业岗位5.5万个，组织企业包车接回返莞员工6万多人次；发放失业金1.3亿元、稳就业政策补贴543万元，失业保险稳岗返还2035.8万元。开展“一镇一品”（镇街特色文化和镇街好企业、好品牌）产业人才培训，年内开设70个班，培训13677人。落实人才政策补贴申报，年内申报各项补贴3010人，涉及金额7813万元。全年社会保险参保单位3.92万家（户），各项险种参保196.12万人次，累计核付各项保险待遇8.73亿元。向低保户、特困户、孤儿等困难群众发放补助及慰问金68.2万元，向重点优抚对象发放各类补助及慰问金678.7万元，向镇级困难户发放生活补助56.6万元。推动韶关乳源东阳光新型宠物药制剂、胜蓝电子二期等11个产业项目动工建设，投资总额17.9亿元。

【长安镇社会治理】　2020年，长安镇推进“扫黑除恶”“盗抢骗”“食药环”等专项打击治理工作，全镇违法犯罪警情、刑事案件立案数、治安案件受理数分别比上年下降7.96%、7.73%、18.78%，破获东莞首宗“涉疫情诈骗案”。推进“科技护城墙”建设，全镇一、二类高清视频点建成总量超过1.2万路，三类“慧眼”视频近1万路，完成联合情报作战分中心升级改造，建成公安实战训练基地。推进安全生产和消防安全专项整治三年行动，排查各类生产经营单位（场所）9.5万家次，查处事故隐患5.7万处，推动1.5万家“三小”场所安装联网型感烟探测报警器。全年发生各类生产安全事故34起，比上年下降24.4%；发生火灾事故478起，下降12.13%；发生森林火灾事故3宗。加强食品相关企业监督检查，加强食品相关企业监督检查，完成监督抽检1711批次，政府快检4.12万批次，发现不合格产品449批次，无害化销毁处理421.94千克。落实疫情防控措施，对农贸市场、冷库直接接触人员、产品和环境进行每周全覆盖核酸检测，累计检测产品和环境涂抹拭子8668份，从业人员咽拭子1.05万份，结果全部为阴性。

【长安镇法治建设】　2020年，长安镇推进法治政府建设，组建综合行政执法办公室，年内公示行政处罚案件2621件、行政许可案件7006件，公示“双随机、一公开”行政检查案件2516件。完善公共法律服务，镇法律援助中心全年承办各类法律援助案件289件，涉及人数1482人，涉案金额4824.04万元；社区法律顾问受理市民群众法律咨询1594次。设立退役军人服务中心法律援助联络点，成立南华公证处长安镇公共法律服务中心工作站。加强普法宣传，利用“长安普法”微信公众号、抖音号开设“大状说法”“法治长安云讲坛”等线上普法品牌。完善基层服务，新筹建长乐、长

长安镇中心区　（2020年长安镇供图）

恰两个新型社区，抓好矛盾纠纷化解，综治中心两级平台年内受理案件1123件，调处1093件，调解成功率97.3%；成立全市镇街首个行业性、专业性个人调解工作室——“老韩个人调解工作室”。发动社会力量参与基层治理，推广“群防群治”项目建设，截至2020年底，镇群防群治队伍注册人数1739人，队伍骨干36人。选取万豪苑、恒星花园和富山居3个商住小区开展第四批“样板社区”创建。

【长安镇文化建设】 2020年，长安镇加强公共文化基础设施建设，建成开放叶挺、李秀文革命事迹陈列馆和茅洲河工业文明展示馆，长安图书馆获评国家文化和旅游公共服务机构功能融合试点单位。提升公共文化服务水平，年内举办文化惠民活动4471场次活动，参与人数39.6万人次；推出原创大型抗疫题材粤剧《使命》、原创歌曲《战“疫”有我有你》；于2020年6月和10月分别举办学习强国线下、线上知识竞赛，参与人数12万多人次。年内采编电视新闻1311条；长安报出版93期，刊发稿件1611篇；“欢乐长安”微信公众号发稿2231条，阅读量893.7万次。

【长安镇图书馆获评为全国文化和旅游公共服务机构功能融合试点】 2020年4月，文化和旅游部公布国家文化和旅游公共服务机构功能融合试点，长安镇图书馆入选，是广东省唯一的公共图书馆入选单位。长安镇图书馆位于长安镇东门西路1号，占地1.79万平方米，建筑面积2.95万平方米，主楼高五层，分阅览、展览、综合三大区域，藏书约55万册，是县级一级图书馆。根据相关要求，长安图书馆在试点期间（2020年4月至2021年6月）按照“宜融则融，能融尽融”的要求，在功能服务、场地设施、资源共享等方面进行融合提升，重点推进饶宗颐美术馆建设，拓宽城市文化空间服务网络。

长安镇大型抗疫粤剧《使命》剧照　（2020年长安镇供图）

【长安镇计生协会获评国家计生家庭维权项目点】 2020年7月，国家计生协会评定出10个年度计生家庭维权项目点，长安镇计生协会入选，是广东省唯一的承接单位。长安镇围绕计划生育、妇女权益保障法、婚姻法、反家庭暴力法等主题，开展集中宣传讲座，为计生家庭提供免费法律咨询服务，普及计生权益知识。是年，镇计生协会开展政策法律宣传、计生困难家庭慰问、生育关怀、系统学习培训等活动60场，服务1361人次，提供免费法律咨询服务超56人次，维护育龄群众和计生家庭合法权益。

（黄　真）

附：2020年长安镇党委、人大、政府主要领导名录

镇委书记：叶孔新
镇人大主席：王志明（任至1月）
　　　　　　张　冲（4月到任）
镇　长：郭荣新（任至1月）
　　　　覃　春（4月到任）

2019—2020年长安镇主要经济社会指标情况表

指标	2019年	2020年
户籍人口（人）	78953	84458
常住人口（万人）	67.40	80.74
面积（平方千米）	81.5	81.5
地区生产总值（万元）	7603300	8019500
第一产业（万元）	1736	1845
第二产业（万元）	4940277	4766540
第三产业（万元）	2661287	3251115
总用电量（万千瓦时）	742507	729929
全社会固定资产投资总额（万元）	744445	847267
社会消费品零售总额（万元）	3084859	3037204
外贸出口总额（万元）	13354676	13726824
实际利用外资（万元）	79668	113412
地方财政总财力（万元）	360863	401076
各项税收总额（万元）	1462768	1474350

寮步镇

【寮步镇概况】 寮步镇位于东莞市中心城区与松山湖功能区的节点。截至2020年底，辖区面积71.38平方千米，下辖20个村、10个社区，户籍人口11.7万人，常住人口51.31万人。寮步镇被评为“国家卫生镇”“国家生态乡镇”“中国电子信息产业名镇”“中国汽车销售名镇”“中国沉香之乡”。

2020年，寮步镇实现地区生产总值344.92亿元（第一产业4.57亿元、第二产业167.08亿元、第三产业173.27亿元），比上年增长3.2%；规模以上工业增加值129.9亿元，下降1.9%；全社会固定资产投资总额88.33亿元，增长16.5%；总用电量33亿千瓦时，增长3.0%；社会消费品零售总额359.53亿元，下降9.8%；实际利用外资2.16亿元，增长11.8%；外贸出口总额353.9亿元，增长8.0%；各项税收总额79.53亿元，下降4.85%；地方财政总财力59.01亿元，增长26.52%。

2020年，寮步镇在全市镇（街）领导班子年度工作考评中，获评优秀镇和综合排名进步前三名，并获“全国综合减灾示范社区”“2019—2020年度广东省乡镇（街道）社会体育指导员A级服务站”“广东省移动支付示范镇”“广东省民主法治示范村（社区）”“广东省乡村治理示范村镇”“广东省先进基层武装部”“广东省五星级示范退役军人服务中心”“省级‘一村一品、一镇一业’专业镇村”等8项全市“单打冠军”。

【寮步镇产业转型发展】 2020年，寮步镇实施产业“补链拓链强链”（补充产业链、拓展产业链、强化产业链）工程、国家高新技术企业“育苗造林”行动、企业规模与效益“倍增计划”“小升规”“专精特新”中小企业培育工程等系列产业创新发展行动计划。新增国家高新技术企业72家，总数310家，规模以上工业企业数487家，被认定广东省“专精特新”中小企业10家，其中国家级专精特新“小巨人”企业5家，数量排全市第一名。推动53个工业“拓空间”项目建设，盘活存量低效土地面积170.87公顷。光大科技智慧谷、东晟科创产业园、横坑万荣工业区、汇元佳、鼎昊科技园等5个重点“工改工”项目全面推进，其中横坑万荣工业区连片改造项目纳入市“拓空间”试点项目。

2020年，寮步镇提振消费市场，促进现代商贸服务业集聚发展。镇财政设立550万元促消费专项资金，开展“乐购东莞·幸福寮步”促消费专项行动，提振受新冠肺炎疫情影响的消费市场。打好促进汽车消费“组合拳”，推广电商直播带货，举办“本地名优产品文化展览”等活动，助推万润、景泰香都、欧尚等商圈在“五一”“十一”等节假日实现销售额超1亿元，助力汽车市场综合销售额超15亿元。

【寮步镇招商引资】 2020年，寮步镇加强招商选资，引进内资项目91个，实际投资金额50亿元，增长94.4%。其中投资超亿元项目5个，分别是重庆大江美利信、天邦达新能源、阿尔泰显示技术、维斗科技、新创安远景能实业，投资总额13.5亿元。引进外资项目29个，实际投资金额2.5亿元，比上年增长11.4%。香市科技产业园一期松湖智谷项目招商效益初显，签约进驻企业项目185个，投产122个，年产值超20亿元、税收2.3亿元，较上年翻一番。新引进10家民营外贸

寮步镇全景图 （2020年寮步镇供图）

企业和跨境电商企业，引进服务业投资总额11.6亿元。14个市级重大项目完成年度投资总额28.3亿元，完成投资总量全市排第九名。

【寮步镇城市品质提升】 2020年，寮步镇打好城市品质提升三年行动计划收官战，城市品质内涵和宜居水平全面提升。开展新一轮国土空间规划编制，对接市中心城区“一心两轴三片区”（指东莞市中心城区品质提升重点地区。其中“一心”指市行政文化中心区，“两轴”指东莞大道时代发展轴和鸿福路山水文化轴，“三片区”指东莞国际商务区、“三江六岸”历史休闲区、黄旗南生态科创区）和松山湖功能区统筹协调联动发展。城市更新加快推进，完成城市更新总面积43.33公顷。道路、水电气、5G网络等基础设施完善升级，完成11条道路升级改造，建成5G基站774座。实施“3年3个亿”农村人居环境整治提升工程，镇、村两级共投入4.9亿元，启动6批次193个环境整治提升项目，全镇所有村（社区）达到市美丽宜居村创建标准。开展“两违”（违法建筑、违法用地）治理、“洁净城市”、“行走寮步”、“厕所革命”、“智慧停车”等专项行动，新建和升级改造公厕15座，完成违建治理任务158万平方米，新增公共停车位2159个。配合莞番高速项目建设开展上底和刘屋巷垃圾填埋场90万立方米的存量垃圾清理整治。城市精细化管理水平提升，陈家埔村被评为全国乡村旅游重点村，浮竹山村被评为市级特色精品示范村。

【寮步镇生态环境建设】 2020年，寮步镇打好水污染防治攻坚战、蓝天净土保卫战，生态环境质量明显改观。投资超8亿元推进治污建设，水生态一至五期188.14千米管网建设任务全部完成并通水使用，全镇污水管网系统基本闭合，累计建成截污管网538.5千米，建成区管网实现全覆盖。新建10座分散式污水处理设施，完成竹园污水处理厂一、二期提标扩建工程，每日污水处理产能从10万立方米提升至21.1万立方米，获全市“污水（处理）厂提质增效”“单打冠军”，全镇33条内河涌基本消除黑臭，4个考核断面水质全面达标。开展黄沙河流域海绵城市试点示范区建设，推进西南河、寮步河一河两岸综合整治，清理整治河道违章建筑33处，拆除违建总面积2845平方米，打造水清岸绿景美的安全河风景河。在全市环境保护责任考核中排第二名，被评为全市水污染治理突出表现集体。强化环境监管执法，实施蓝天保卫战36条措施，累计清退整治“散乱污”企业4171家，空气质量优良天数比例在91%以上。设立涉水企业公示牌和环境违法行为有奖举报暂行办法，加大对重点污染企业监管力度，对违法排污行为开展联合专项执法，检查企业4099家，发现存在环境违法行为企业141家，查封企业93家，开展源头治理VOCs（挥发性有机化合物）重点企业9家，完成率100%。推进一般工业固体废物产生、贮存、利用及处置等环节申报登记，加强一般工业固体废物污染防治。投入7000万元开展林业生态改造，创建广东省森林小镇。

【寮步镇乡村振兴】 2020年，寮步镇制定《2020年寮步镇实施乡村振兴战略行动方案》，调整全镇乡村振兴领导小组办公室的组织架构，完善《寮步镇乡村振兴战略重点项目库》《2020年寮步镇农村人居环境整治工作要点》，增补纳入乡村振兴重点项目123个，总投资127亿元，以“全域项目化”工作思路统筹推进乡村振兴重点任务。结合农村人居环境整治，全域开展“干净整洁村”“美丽宜居村”“特色精品示范村”创建工作，完成28个村（社区）“美丽宜居村”创建申报和浮竹山村创建全市特色精品示范村收尾工作。加强农房管控和乡村风貌提升，开展农村泥砖房专项整治，排查泥砖房6049间，总建筑面积23.61万平方米，拆除危房178间，拆除面积7695平方米。清理整治田间窝棚1251个。建立完善农村集体资产交易监管制度，出台《寮步镇农村（社区）集体资产交易办法》，规范集体资产交易行为，实现集体资产保值增值。全镇村组集体资产总额86.4亿元，比上年增长13.9%；净资产71.3亿元，增长13.1%；村组集体经营纯收入8.4亿元，增长10.3%；村组两级股东分红4.9亿元，增长7.7%。落实都市农业奖补政策，推进农业生态园建设，获省级扶持农业龙头企业奖励资金30万元，市农业龙头企业贷款贴息22.27万元，国政农业生态园被认定为市级农业标准化示范基地。长坑村被认定为省级“一村一品、一镇一业”专业村。推进韶关翁源精准扶贫、浈江产业帮扶结对共建工作，落实帮扶资金1871万元，推动翁源10个贫困村645户贫困户全部脱贫，投资2.1亿元推动寮浈共建产业园区标准厂房项目建设。

【寮步镇社会综合治理】 2020年，寮步镇按照全市创建市域社会治理现代化试点工作要求，制定《寮步镇市域社会治理现代化工作实施方案》，复制推广“创新平安文化建设工作模式”“深化基层民主法治建设”“创新人民调解模式”，创新“智网工程”工作机制，“创新诉调对接工作模式”等5项基层治理创新工作经验，推行村（社区）共建议事会制度，深化驻点联系群众工作制度，提升社会治理效能。“尚善365”上屯文明积分计划入选全市十大优秀社区服务品牌。落实镇级综合行政执法体制改革，提升执法队伍专业化建设水平。探索实行“1+3+30”网格化管理服务运作模式，依托1个镇级指挥调度中心和30个村级指挥调度工作站的工作架构，划分为镇中心片区、良横片区、西南片区3个片区，实行片长负责制，加强对各工作站网格管理员的督导指导，抓好入格事项的巡查交办。网格管理员巡查发现入格事项安全隐患和各类违法违规行为20.35万宗（个），上报问题线索10.16万条（个），劝导教育改正10.19万宗（个），跟踪处置率99.2%。寮步“智网工程”被评为全市首批8个五星示范网格之一。强化公共安全保障，开展扫黑除恶专项斗争，重拳整治涉黄赌毒等治安敏感问题和“盗抢骗”等违法犯罪活动，全镇治安警情比上年下降20.8%。推进安全生产专项整治三年行动，强化对安全生产、消防安全、交通安全、校园安全、食品安全等公共安全的专项治理，全镇安全生产事故和亡人事故分别比上年下降33.3%和16.7%。

【寮步镇民生福祉增进】 2020年，寮步镇加大民生事业投入力度，补齐公共服务短板。推动教育扩容提质，完成香城小学、香市一小2所公办小学新建和西溪小学、横坑小学、石步小学改扩建工程，新增公办学位5710个，缓解公办学位紧缺问题，中考、高考成绩均创历史新高。提升医疗服务水平，完善寮步医院硬件设施，可开放病床位增至800张，新建寮步医院永久性发热门诊。完善公共卫生服务体系，21个村（社区）完成卫生服务站点标准化建设，通过全国健康促进区创建和国家卫生镇复审。坚持就业优先政策，建设全市首个“青年人才驿站”，为青年群体提供就业创业服务。完善特殊困难群体兜底保障政策，修订《寮步镇困难家庭生活救助实施方案》和《寮步镇居民重大疾病救助及身故抚恤实施方案》，将困难群众临时救助范围拓宽至常住人口，扩大居家养老“大配餐”服务覆盖面，提高困难家庭收入补助标准，在市最低生活保障标准1.5倍的基础上再提高200元每月的困难家庭人均收入差额补助。全年发放最低生活保障金326.2万元、医疗救助金43.5万元，特殊困难群体救助金和抚恤金974.6万元，实现基本民生保障从“补缺型”向“普惠型”转变。深化基层文明创建，推动基层综合文化服务中心建设全覆盖，全镇29个村（社区）获市级文明称号。做好拥军优属、国防武装工作，寮步退役军人服务中心被评为广东省首批“五星级”退役军人示范服务中心，寮步武装部被广东省军区评为全市唯一的“先进基层武装部”。

【寮步镇政务服务】 2020年，寮步镇围绕建设服务型、响应型政府，推进“一门一窗一网一次”政务服务改革，提升行政办事服务效能。建成启用全市镇级规模最大的综合性政务服务中心和行政办事大厅，进驻单位31个，设置办事窗口115个，同时设立24小时自助服务区。近九成政务服务事项实现“一窗受理”，800多项高频次事项实现“最多跑一次”办理，开发“寮步政务”微信小程序，推行“5G+智慧政务服务”，行政办事综合服务效率提升32.9%。建立群众求助快速响应机制，打造“民生大莞家”服务品牌，解决群众身边“小急难”问题，推动村（社区）群众求助快速响应工作站实现全覆盖。主动接受人大和社会监督，人大代表建议办结率和满意率均达100%。

【第十一届国际沉香文化艺术博览会】 2020年12月18—21日，第十一届中国（东莞）国际沉香文化产业博览会在寮步镇旭生香市文化创意产业园（主会场）和沉香文化博物馆、牙香街（分会场）同时举行。该届香博会采取“线下+线上”的市场化办展模式，由东莞市沉香协会主办，中华人民共和国濒危物种进出口管理办公室、中国野生植物保护协会沉香保育委员会、中华文化促进会香文化委员会中国林业与环境促进会沉香产业委员会作为指导单位。线下展馆总面积超5万平方米，其中主会场展览面积3.2万平方米，设五大展区，标准展位366个，展品涵括沉香全产业链。同时举办沉香高峰论坛及主题研讨会、全国沉香行业评选等一系列活动，集中展示沉香行业发展成果。展会4天吸引4万多人次入场观展采购，线上观展超5万人次，开启香博会数字化办展元年。 （刘勋良）

附：2020年寮步镇党委、人大、政府主要领导名录

镇委书记：梁荣业
镇人大主席：韩巨登
镇　长：黄荣峰

2019—2020年寮步镇主要经济社会指标情况表

指标	2019年	2020年
户籍人口（人）	109170	116980
常住人口（万人）	42.01	51.31
面积（平方千米）	71.38	71.38
地区生产总值（万元）	3342795	3449212
第一产业（万元）	43024	45727
第二产业（万元）	1742791	1670814
第三产业（万元）	1556981	1732670
总用电量（万千瓦时）	322356	329962
全社会固定资产投资总额（万元）	758417	883294
社会消费品零售总额（万元）	3985234	3595335
外贸出口总额（万元）	3277131	3539301
实际利用外资（万元）	19345	21633
地方财政总财力（万元）	466420	590113
各项税收总额（万元）	835863	795341

大岭山镇

【大岭山镇概况】　大岭山镇位于东莞市中南部，地处广深港澳科技创新走廊（东莞段）的核心轴及东莞市区、松山湖、滨海湾三大片区的中心节点，东临松山湖，南接深圳光明新区，北连东莞市区，是东莞南部重要的交通枢纽。截至2020年底，辖区面积95.53平方千米，下辖21个村、2个社区，常住人口36.67万人，其中户籍人口6.64万人。大岭山镇是著名的革命老区、荔枝之乡、莞香原产地、家具名镇，综合竞争力在中国百强镇中排第27位，是“国家生态乡镇”“全国环境优美镇”“中国绿色名镇”“国家卫生镇”“国家防邪示范镇”“省园林城镇”“省森林小镇”。

2020年，大岭山镇实现地区生产总值302.07亿元（第一产业0.40亿元、第二产业155.60亿元、第三产业146.07亿元），比上年增长6.23%；全社会固定资产投资总额87.34亿元，增长26.81%；总用电量28.81亿千瓦时，增长2.06%；社会消费品零售总额81.18亿元，下降8.27%；实际利用外资2479万元，下降81.48%；外贸出口总额128.05亿元，下降9.97%；各项税收总额54.99亿元，下降5.99%；地方财政总财力67.32亿元，增长94.85%。是年，大岭山镇被评为“2020年度领导班子工作优秀镇（街道）”“2020年度综合排名进步前三名镇（街道）”，被评为“广东省五四红旗团委”“广东省乡村治理示范村镇”“广东省五星级示范退役军人服务中心”“省级‘一村一品、一镇一业’专业镇村”等6项全市“单打冠军”。

【大岭山镇企业帮扶】　2020年，大岭山镇成立镇经济运行监测调度指挥部，落实各项援企稳岗帮扶措施，累计减免企业租金及社会保险等费用6.5亿元，发放各类稳就业促就业补贴1901.9万元。实行“点单式”走访帮扶服务，精准帮助204家重点企业解决问题249个，协助企业获得“保企业促复苏稳增长”专项资金补助3362.46万元和用地指标15.3万平方米。推动53家工业企业、13家批零住餐企业、3家其他服务业企业纳入“四上”企业（规模以上工业企业、资质等级建筑业企业、限额以上批发零售住宿餐饮企业、国家重点服务业企业等四类规模以上企业），超额完成市下达的中小企业培育工作任务。鼓励企业参加各类展会、用好用活电商直播平台开拓内销市场，开展“乐购东莞·乐享大岭山”促消费活动，拉动消费778万元。

【大岭山镇产业转型升级】　2020年，大岭山镇引培拓斯达、金太阳等9个超亿元产业项目，协议投资总额133亿元；伟创力、海能一期等4个优质产业项目集中动工，协议投资总额31.5亿元；海能二期、捷讯等4个产业项目完成土地摘牌落户大岭山，协议投资总额163亿元。坚持以科技创新赋能产业发展，引导拓斯达与东莞理工学院开展产学研合作，联合共建广东省3C智能机器人与柔性制造企业重点实验室。截至2020年底，全镇有国家高新技术企业210家、省级重点实验室1家、省级工程技术研究中心14家、市级工程技术研究中心8家、自建研发机构规模以上工业企业172家、科技企业孵化器1家，9家企业获省、市技术改造资金补助4240.5万元。实施倍增计划，53家市镇倍增试点企业、协同倍增企业实现总产值287.2亿元，比上年增长8.8%，纳税总额8.75亿元，增长11.1%。坚持做精做优大岭山家具“紫外线LED光固化处理技术”“水溶性树脂”等新技术、

大岭山镇中心区　　（2020年东莞市摄影家协会大岭山分会供图）

新材料实现转化应用，举办家具行业峰会，家具行业转型升级、绿色发展道路不断拓宽。

【大岭山镇城市品质提升】
2020年，大岭山镇提升城市品质内涵，完成大岭山广场亮景提质升级，31个街头小景成为“网红打卡点”。交通路网体系更加完善，完成改造大岭山大道、向东路、镇中心区11条路，修整道路周边1619个树池，建成一批电子警察监测系统、交通信号灯等设施。完成交通标线、停车充电桩等6个品质项目建设，建成全市首个升级型母婴室示范点。开展“厕所革命”和“垃圾转运站革命”，完成19座公厕和7座垃圾压缩站升级改造。智慧停车项目签约，完成4369个停车位智能化升级，新增路外停车位939个，缓解群众停车难问题。常态化开展“行走大岭山”“洁净城市”专项行动，处置各类影响城市面貌违法行为7510宗次，严治“两违”，全年治理各类违法建筑143万平方米，完成率114.4%。污染防治成效显著，累计新建污水管网239千米，清理整治“散乱污”企业3320家，6个水质考核断面实现达标，全镇23条内河涌消除黑臭，17条内河涌水质达V类水及以上；全年大气优良天数比例达88.5%。

【大岭山镇政务服务提升】
2020年，大岭山镇完善“多证合一”“全程电子化+审批服务”等服务，推进简易注销改革，实现企业开办全流程一体化智能办理，全年新增各类市场主体8620户，比上年增长11.2%。强化“互联网+政务服务”，全面启用24小时办事大厅，“莞家政务”自动终端实现全覆盖，“一机通办”146项高频业务。推行不见面审批服务，受理不见面审批业务1589宗。落实机构改革，推动党政机构设置和人员结构配置优化完善。深化财政管理改革，推动实施政府向人大报告国有资产管理情况制度，确保国有资产高效安全使用。

【大岭山镇城乡区域协调发展】
2020年，大岭山镇配合松山湖形成《松山湖科学城空间总体规划（2020—2035）》纲要成果，并衔接完善镇国土空间规划成果。主动推进交通互联互通，研发西四路、东华南路等“断头路”建成通车，莞番高速征地100%完成，轨道交通1号线大岭山东站主体结构封顶，园镇公交实现一体化运营。深化镇村统筹联合招商，大塘朗村、大环村、太公岭村、百花洞村、大塘村获税收分成1469.65万元。引导村组以盘活集体盈余资金推动村级经济创收增效，全镇村、组两级总资产66.23亿元，比上年增长17%；净资产58.78亿元，增长17.7%。完成27个乡村振兴项目建设，旧飞鹅、新塘乡村振兴示范项目建设基本完成，大岭村红色美丽乡村试点建设规划方案初步完成。落实22条样板路常态化考核，新增9个美丽幸福村居。

【大岭山镇城市更新推进】
2020年，大岭山镇23个村（社区）基本完成村级土地利用规划编制工作，促进土地利用规划和城乡规划相融合，形成国土空间规划“一张图”。完成土地收储面积78.57公顷，土地整备面积17.12公顷，盘活存量用地面积30.35公顷，处置闲置用地面积25.13公顷，为城市发展腾出空间。以“工改工”为主攻方向推进城市更新，镇村工业园“工改工”完成拆除平整24.37公顷，完成率104%，完成光辉家具项目的主体工程和富生物业项目的施工报建，太公岭村西部城市更新项目完成单元划定方案编制。实施“两违”联合执法，拆除违法建筑169宗，拆除面积5.8万平方米，治理各类违法建筑143万平方米，完成率114.4%。

【大岭山镇社会治理创新】
2020年，大岭山镇打造“湾区智岭”城市品牌，初步完成“智慧大岭山”建设总体规划，建立全镇综合治理三级运行管理架构。整合吸收各类基层社会治理部门入网格，建立大综管机制。强化信息化监管，“互联网+明厨亮灶”工程建设完成。全面构建“杠杆型”社区警务新模式，建立联合情报研判快速反应机制，全年警情比上年下降49.51%，社区警务、巡逻防控等4项重点工作排全市第一名；推进“二标四实”信息采集工作，数据优良率排全市第一名。深入推进扫黑除恶专项斗争，打掉涉恶团伙30个、“保护伞”1宗，破案126件。推进法治大岭山建设，

2020年6月5日，大岭山镇举行重大项目建设推进会暨项目集中签约仪式
（蒋兵华 摄）

投入110万元建设无邪教示范村、反邪教基地学校；构建“7×24小时”矛盾纠纷调处机制，形成矛盾纠纷排查化解工作闭环，矛盾纠纷化解率99.5%。开展火灾隐患重点地区整治行动，建成湖畔消防分站，创新推行消防警情医疗救护应急联动机制，全镇火灾事故宗数和死亡人数分别比上年下降14.3%和100%；开展对有限空间、交通、建筑等重点领域的隐患排查整治，生产安全事故宗数、死亡人数分别下降13.2%和23.1%。加强食药安全监管，快检各类食用农产品合格率99%。

【大岭山镇民生帮扶】 2020年，大岭山镇巩固脱贫攻坚成果，隆江镇、溪西镇10个对口帮扶省定贫困村2452人全部脱贫，次发达村大岭村、大环村经营纯收入分别比上年增长13.8%和10.5%。推进教育扩容提质，向随迁子女提供公办学位和优惠政策学位1.17万个，大岭山中学扩建项目投入使用，深化大岭山中学教育集团、“松山湖实验小学—大岭山镇第三小学”办学联盟，第三小学、向东小学被认定为市第三批品牌学校培育对象，省规范化幼儿园覆盖率达100%。东莞市中西医结合医院通过广州中医药大学非直属附属医院评审，建卫分院全面启用，“中西医结合医院+社卫中心”联体建设深化，社卫中心大楼项目建设启动。民生兜底保障力度加大，实施困难家庭二次医疗救助，困难家庭临时救助范围适度拓宽至常住居民，提高低保、低收入和特困人员供养标准。

【大岭山镇文化建设】 2020年，大岭山镇厚植“一红二源三香”（一红指传承着宝贵的红色基因，二源指大岭山是华南地区红色文化的源头，也是莞香制作技艺的源头，三香指大岭山有醇甜的荔枝、智慧的书香、清幽的莞香）文化品牌，开展大岭山抗日根据地旧址文化氛围提升，并对周边环境进行整治，设立旧址文物历史环境风貌恢复及控建地带民房的专项维修经费，启动文物保护规划修编。开展“天生荔质独领风骚”系列文化活动，塑造“岭岭荔荔”荔枝特色卡通IP。开展“岭图”系列主题活动208场，大岭山图书馆获评《图书馆报》“年度影响力绘本馆”，建成4个城市阅读驿站。全年开展线上线下文化演出、公益培训、直播活动360场，惠及市民超107万人次。开展文艺创作，纪录片《英雄母亲》、声乐套曲《永恒的丰碑》入选东莞市文化精品专项资金委托项目，爱国主题广播剧《护旗》和“战役”主题广播剧《生日里特殊的礼物》获国家级一等奖。成立镇新时代文明实践中心，重点打造鸡翅岭、水朗、元岭3个新时代文明实践示范村（社区），增设6个新时代文明实践点。全年12人获评“东莞好人”，8个村（社区）、单位获评市文明（标兵）单位。

【第二届“女儿香”文化节】 2020年12月17—19日，第二届“女儿香”文化节在大岭山镇鸡翅岭村举行。女儿香是东莞最负盛名的特产和文化名片之一。大岭山镇以传承女儿香文化为出发点，推进乡村文化建设，实现文化繁荣、产业兴旺。该届“女儿香”文化节由鸡翅岭村村民委员会主办，包括香道表演、莞香制作技艺专题知识讲座、莞香树认种、女儿香人文摄影作品展、盆景展等活动。

【大岭山镇政务服务中心新大楼建成使用】 2020年，大岭山镇新建成的政务服务中心投入使用，是大岭山镇贯彻落实政务服务及“数字政府”改革而建设的“一站式”政务服务平台。该中心建设24小时办事大厅，建筑面积189平方米，实际面积约2000平方米，配备“莞家政务”、东莞银行“银证通”、税务、人社、出入境、身份证、车驾管、燃气等服务终端机20台，为群众提供24小时不打烊服务，提高群众办事便利度。该中心设置窗口55个，进驻部门29个，1046个事项实现“一门式”办理，976个事项实现“一窗通办”。 （蓝　茜）

附：2020年大岭山镇党委、人大、政府主要领导名录

镇委书记：张拔海
镇人大主席：吴美娇
镇　长：黄德洪（任至11月）
　　　　叶晓华（11月到任）

2019—2020年大岭山镇主要经济社会指标情况表

指标	2019年	2020年
户籍人口（人）	62516	66422
常住人口（万人）	36.54	36.67
面积（平方千米）	95.53	95.53
地区生产总值（万元）	2838940	3020737
第一产业（万元）	3789	3976
第二产业（万元）	1574797	1556018
第三产业（万元）	1260354	1460743
总用电量（万千瓦时）	282306	288119
全社会固定资产投资总额（万元）	688732	873375
社会消费品零售总额（万元）	885016	811846
外贸出口总额（万元）	1422379	1280548
实际利用外资（万元）	13389	2479
地方财政总财力（万元）	345492	673189
各项税收总额（万元）	584862	549853

大朗镇

【大朗镇概况】 大朗镇位于东莞市中南部，地处粤港澳大湾区、广深港澳科技创新走廊的重要节点，毗邻松山湖（生态园）国家高新区，与广州、深圳和香港同处一小时生活圈。截至2020年底，全镇土地面积97.5平方千米，下辖28个村（社区）。户籍人口10.02万人，常住人口55.7万人。2020年，大朗镇通过“全国文明镇”复评，连续四次获评为“全国文明镇”；获评为“中国（大湾区）时尚毛织产品采购基地”“全市首个国家级市场采购贸易方式试点”；获12个市级“单打冠军”，数量排全市第一名。

2020年，大朗镇实现地区生产总值358.4亿元（第一产业0.66亿元、第二产业220.12亿元、第三产业137.6亿元），比上年增长1.1%；全社会固定资产投资总额76.7亿元，增长6%；总用电量42.56亿千瓦时，增长1.1%；社会消费品零售总额138.1亿元；实际利用外资1.45亿元；外贸出口总额181.8亿元，增长6.8%；各项税收总额51.8亿元，增长2.2%；地方财政总财力36.4亿元，增长94%。

【大朗镇创新驱动】 2020年，大朗镇规模以上装备制造业工业增加值41.2亿元；规模以上电子信息产业工业增加值77.4亿元；毛织业电商销售额94.4亿元，比上年增长6.86%。与东莞市职业技术学院共建毛织服装产业学院，建成全省首个毛织人才驿站，打造京东物流超级供应链、大朗数字贸易产业服务中心、莞商创意谷直播基地、环球直播基地、毛一大朗电商共享中心、纱线世界电商直播基地。引进物流保税仓，全市首个国家级市场采购贸易方式试点运作。实施创新驱动发展战略，全镇有高新企业235家，规模以上工业企业建立研发机构178家，省级工程中心19家。推进重大项目建设，集中签约和动工重大项目22个，投资总额150多亿元，为大朗历年之最。13个市重大建设项目全年完成投资总额7.8亿元，占全年计划的128%。

【大朗镇空间拓展】 2020年，大朗镇融入深圳先行示范区建设和松山湖功能区统筹发展，配合松山湖科学城规划建设，推进“松山湖科学城—光明科学城”主通道、香港城市大学（东莞）等重大项目征地拆迁，打造综合性国家科学中心。以完善国土总体规划编制工作为契机，梳理和摸清存量土地面积超373.33公顷，全年完成土地收储面积24.8公顷。推进“工改工”项目面积54.4公顷，拆除平整面积29.43公顷。保障企业增资扩产用地，帮助奈那卡斯等4家企业取得增资扩产专项用地指标，总投资额5.7亿元。

【大朗镇城市品质提升】 2020年，大朗镇推进城市品质提升，文化艺术中心完成前期筹备手续，朗豪步行街建成运营，长盛核心区15分钟优质生活圈加速形成。结合大朗特色打造街头小景35个，为城市景观增色添彩。加强城市精细化管理，在全市首创“包村入格”［即全镇28个村（社区）划分为四大战区，组成领导团队，形成作战地图和战队］督导机制，28个村（社区）实现干净整洁村全覆盖。投入超7000万元打好松山湖南部及周边区域环境综合整治百日攻坚战，完成象山垃圾临时堆放点清运工作，美景西路沿路环境面貌实现较大改观。投入超3.4亿元攻坚水污染防治，落实“河长制”，完成截污管网建设213.7千米、重点排水户雨污分流接驳1100多个，排查疑似“散乱污”企业超4000家，完成整治近400家，获评全市环境保护任务完成量2个优秀镇街之一。推进乡村振兴战略，打造多个乡村振兴亮点项目，推动水平、巷头等5个村（社区）创建特色精品示范村。

【大朗镇民生事业】 2020年，大朗镇投入超5200万元强化安全风险防范，增配安全生产巡查员130名，推广联网型火灾感烟探测器、简易喷淋装置。铁腕整治“两违”，超额完成违法建设治理面积达162万平方米。扩大社保覆盖面，累计发放就业补贴631万元。全面提升医疗服务水平，大朗医院立体停车库、发热门诊投入使用，

大朗镇中心区 （2020年叶绍求摄）

大朗社区卫生服务中心入选为“广东省科普教育基地”。全年累计投入5.8亿元发展教育事业，推动大朗中学等13所公办学校新建（改扩建）项目建设，缓解学位短缺局面。推动品质交通建设，新增路外公共停车位超2400个，智慧停车项目落地。深化“放管服”改革，创建全省基层政务公开标准化规范化试点成果推广应用单位，在全市率先编制完成镇级政务公开标准目录，实现259个政务服务事项“深莞通办”（即在深圳、东莞线上线下办理两地政务服务事项）。新时代文明实践中心建成使用，创建全国职工书屋，大朗女篮卫冕市女子篮球联赛冠军，全年开展各类文化活动1000多场。

【中国散裂中子源项目】 2020年2月28日，中国散裂中子源（CSNS）达到打靶束流功率100千瓦的设计指标，并开始100千瓦稳定供束运行。8月13日，中国科学院高能物理研究所东莞分部在大朗成功研制中国首台自主研发加速器硼中子俘获治疗（BNCT）实验装置，整台装置自主设计建造，掌握全部核心技术，是中国在癌症治疗高端医疗设备整机技术开发方面取得的又一重大成果。BNCT装置是利用中国散裂中子源相关技术催生的首个产业化项目。10月12日，中国散裂中子源（CSNS）在暑期维护期间成功完成首个运行靶体的遥控维护拆除、转运与储存，并成功遥控维护安装第二个靶体，经水压保压测试，密封安全可靠，完成靶体更换任务。

【东莞市唯一国家级市场采购贸易方式试点】 2020年9月，东莞大朗市场采购贸易方式试点获批，成为全省新获批的3个试点之一、全市唯一的试点。大朗镇成立工作领导小组，建立健全工作机制，统筹协调推进，11月2日，实现首单通关放行。截至2020年底，大朗市场采购贸易方式试点总共报关出口1122票，总货值1.26亿美元。商品涉及服饰鞋帽、家具、灯饰及配件、塑料玩具、机械零配件等产品，主要出口至美国、荷兰、日本等40个国家或地区。

【第十九届中国（大朗）国际毛织产品交易会】 2020年11月3—8日，第十九届中国（大朗）国际毛织产品交易会（以下简称“织交会”）在大朗毛织贸易中心举行。此届“织交会”以“品质·新织城”为主题，全面展示品质、设计、智造、科技、创新、艺术等产业时尚潮流趋势。以中国·大朗毛织贸易中心为主会场，设环球贸易广场、纺织世界、毛一毛织商贸街、纱线世界、广东毛织市场为分会场，并在主会场西门外设机械专业展馆，展览总面积超过20万平方米，共有800多个搭建展位、2000多个铺位展位，为整个产业上下游企业提供权威的产品展示、采购洽谈、资讯传播平台。此届“织交会”不仅举办毛织服装设计大赛等超20个活动，还创新举办大朗毛织时尚周活动、“百团千人采购对接会”、“百名主播走进织交会”活动。此届“织交会”首次打造“织交会”云展小程序，开展展会视频直播，相关直播总观看人数超25万人，得到广大参展企业的一致好评，中央电视台、中国新闻社、《南方日报》等超百家主流新闻媒体高度关注并跟踪报道，向全球展现东莞品质智造的魅力与无限商机。

【大朗镇获评为中国（大湾区）时尚毛织产品采购基地】 2020年11月2日，中国纺织工业联合会流通分会与大朗镇签订“共建中国（大湾区）时尚毛织产品采购基地战略合作协议”，并授予大朗镇人民政府“中国（大湾区）时尚毛织产品采购基地”称号。

【大朗镇朗豪商业步行街竣工】 2020年，大朗镇将长盛二期规划三路改名为朗豪街，打造成大朗镇最具规模的商业步行街，助推打造长盛片区15分钟社区优质生活圈，提升片区环境。朗豪街升级改造内容包括：完善景观绿化，增设绿道、路灯、坐椅等市政设施，并在道路主要节点增设艺术雕塑等。该项目于11月开工，至12月完工。

（陈学斌）

附：2020年大朗镇党委、人大、政府主要领导名录

镇委书记：陈福坤

镇人大主席：陈慧娟

镇　　长：方德佳

2019—2020年大朗镇主要经济社会指标情况表

指标	2019年	2020年
户籍人口（人）	95758	100203
常住人口（万人）	32.1	55.7
面积（平方千米）	97.5	97.5
地区生产总值（万元）	3537748	3583738
第一产业（万元）	6248	6555
第二产业（万元）	2223030	2201166
第三产业（万元）	1308470	1376017
总用电量（万千瓦时）	421111	425618
全社会固定资产投资总额（万元）	723548	767336
社会消费品零售总额（万元）	1480303	1380574
外贸出口总额（万元）	1702194	1818000
实际利用外资（万元）	15202	14483
地方财政总财力（万元）	187681	364126
各项税收总额（万元）	506353	517577

黄江镇

【黄江镇概况】 黄江镇位于东莞市东部产业园片区，西邻松山湖，南与深圳交界，是东部产业园片区对接深圳的重要通道，也是高水平对接和融入深圳中国特色社会主义先行示范区的南部临深9镇之一。主干道莞惠公路、公常公路分别贯通东西、南北全境，往中国香港、广州、深圳等城市均在一小时车程内，融入珠三角一小时经济生活圈。2020年，全镇公园绿地面积1275万平方米，绿化覆盖率65.9%，辖区内有大屏嶂森林公园等3个森林公园和黄牛埔水库等12座水库。是广东省第四次全国经济普查“优秀集体”、广东省“民主法治村（社区）”、“广东省乡村治理示范村镇”、“广东省文明村镇”、省级“一村一品、一镇一业”专业镇。在最新中国百强镇排行榜中，黄江镇位居第55位。

2020年，黄江镇实现地区生产总值226.83亿元（第一产业0.23亿元、第二产业133.94亿元、第三产业92.66亿元），比上年增长5%；规模以上工业增加值115.8亿元，增长6%；全社会固定资产投资总额49.2亿元，下降23.9%；总售电量25.52亿千瓦时，增长7.5%；社会消费品零售总额65.5亿元，下降8.5%；进出口总额302.92亿元，增长9.9%；各项税收总额43.9亿元，增长4.6%；地方财政总财力39.55亿元，下降0.9%。

【黄江镇产业转型升级】 2020年，黄江镇规模以上先进制造业增加值和高技术制造业增加值分别达77.5亿元和58.3亿元，分别比上年增长13.8%和19.3%。全镇高新技术企业数181家，比上年增长7.6%。全镇R&D投入14亿元，占GDP比重超过3%。企业申报科研、技改专利325项。完成工业投资19.4亿元，比上年增长12.9%。启动星河人工智能小镇项目，引进全球最大通信基站滤波器设计制造商“大富科技”，推动华南电子元器件科研生产基地落户黄江。引进300万元以上的内资项目304宗，协议投资总额超59.8亿元，总额比上年增长28%。引进外资项目22个，合同利用外资超1.7亿元，总额比上年增长252.1%。集中签约启动115个重点项目，投资总额达300亿元。安世半导体、正扬电子等龙头企业扩产增资超53.5亿元。领益智造投资32亿元建设总部和生产基地。推进“一企一策”帮扶，累计为重点企业协调解决问题超450个，助力企业申请财政奖补、风险补偿等3358万元。全年累计减免企业税费、社保费等约4.8亿元。全镇新增市场主体5560户。实施“技能人才之都”“人才高地建设”行动计划，受理各类人才补贴申请524.7万元。市级试点企业和协同倍增企业总产值200亿元，比上年增长12.4%。

【黄江镇城市品质提升】 2020年，黄江镇启动战略定位提升编制工作。加速启动黄江南站等5个站点TOD规划编制，加快8个TOD站点“串珠成链”进程。推进土地资源集约利用，完成土地收储面积8.92万平方米。盘活土地资源面积32.37万平方米，智创中心等12个“工改工”项目纳入全市三年计划第一批实施项目库。加速推进21个重点更新单元前期工作，指导做好11个城市更新单元前期服务商招引。铁腕推进“两违”整治，超额完成市定76万平方米违建治理

裕元工业园航拍图 （2020年李鄂摄）

目标任务。组建全市首支女子城管执法队，打造城市管理柔性执法品牌。推进“厕所革命”，打造11座星级公厕。落实“路长、巷长、所长制”“一社区一督导”机制。将江南路、江北路打造成“城市管理品质示范路”。投资3.4亿元新增城市品质提升项目15个。投资3.2亿元实施嘉宾路等道路升级改造工程。推进“智慧停车”项目，新增2800余个停车位，缓解停车难问题。落实“千景绣东莞”（建设或升级1000个街头小景）行动，提升全镇20个主干道重要节点以及10座人行天桥绿化水平。

【黄江镇水污染治理】 2020年，黄江镇以“挂图作战”建立水污染治理指挥部，实施“清单消耗制”模式，打赢水污染防治攻坚战。完成2260个两线摸排整改任务以及918个排污口整治工作。基本完成自建房雨污分流改造。保持环境执法高压态势，排查“散乱污”企业2089家次，查封企业183家，责令停业整改484家。

【黄江镇乡村振兴】 2020年，黄江镇集体经济实现壮大发展，村、组两级集体经济组织总资产、总收入、纯收入三项指标分别比上年增长14.6%、7.2%、9.7%，农村股份分红增长11.1%。全镇4个次发达村创收项目有效实施，经济增收任务全面完成。深入推进乡村振兴18项工程，投入5.1亿元打造田美社区、田心村特色精品示范村，“小巷子整治”“荔枝园整治”等多项工程完工。投资3816万元启动“袁屋围建设美丽村居”等10项亮点工程。推进农村人居环境整治，完成市定窝棚整治任务。大冚村获评为首批省级“一村一品、一镇一业”专业村。

【黄江镇社会公共服务】 社会保障 2020年，黄江镇落实各项惠民利企补贴、救助金3609万元，慈善基金会共筹集社会捐赠款物726万元。健全欠薪治理长效机制，帮助追讨拖欠工资待遇1496.2万元。健全540名持证残疾人社会保障机制。以8所“妇女之家”为阵地推进“新农村、新生活”培训工作，供电服务中心等单位创建省市“巾帼文明岗”。开展拥军优属活动，助力东莞实现全国双拥模范城“九连冠”。高质量完成第七次全国人口普查。推动脱贫攻坚，对口帮扶韶关市曲江区10个贫困村450户，1016人均达到脱贫标准，助力彝良县退出贫困县序列。

医疗服务 2020年，黄江镇联合市人民医院、市妇幼保健院等医疗机构深化“医联体”建设，提供一站式、一体化健康服务。完成8个社区卫生服务站点标准化建设。完善社会心理服务体系建设，建成产学研一体化的实体心理服务平台。探索健康管理模式，组建专业团队定制大众化医疗服务，累计服务3272人次。争创广东省健康促进区，新增省无烟单位、健康促进企业6家。

教育品质提升 2020年，黄江镇投入教育经费3.6亿元，推动教育扩容提质千日攻坚行动。5所公办小学改扩建工程全部动工，黄江中学一期改造、华南师范大学附属东莞学校中学部工程建成并投入使用。提升公共教育资源供给，推动校企联合办学，南京师范大学附属星河中学、暨南大学教育学院东莞分院等先后落户黄江。深入探索集团化办学模式，达成普惠性学前教育资源“5080”工作目标。

文旅发展 2020年，黄江镇创建为“广东省文明镇”。成立新时代文明实践志愿服务队伍19支，开展文明实践活动300余场，建成新时代文明实践中心“1+7+N”项目工程。推进文体综合楼建设。蕴涵岭南人文风情的“百福园”竣工开园，7个社区全部建成文化支馆。镇自行车队在省“中国体育”青少年自行车锦标赛获得5金6银。发展乡村旅游产业，促进文旅深度融合发展。征集抗疫文艺作品累计596篇，编印《艺心战疫》作品集2000册。

【黄江镇社会治理】 2020年，黄江镇以“六清”（线索清仓、逃犯清零、案件清结、伞网清除、黑财清底、行业清源）行动为抓手，深挖黑恶势力保护伞，切断黑恶势力资金链，打好打赢扫黑除恶专项斗争收官战。打造市域社会治理现代化“5+N”模式，有效压减矛盾纠纷存量，为社会发展保平安、促和谐。创新推动“租你平安”出租屋管理模式，激活社会治理神经末梢，提升社会治理效能。投入4400余万元建设科技护城墙，推动“打两抢、破小案”专项行动，全镇违法犯罪警情比上年下降36.1%。安全生产执法检查保持高压态势，处置违法行为8298起。防灾减灾基础工作取得新进展，全面加强内涝、地质灾害、森林火灾等隐患排查化解，确保自然灾害应急应对工作高效有序。全面加强市政府1号文消防综合治理工作，全年火灾起数比上年下降16.5%，无人员伤亡。全面加强安全监管责任，有效防范食品、药品、特种设备、工业产品质量安全风险隐患。推进落实企业主体责任、危险化学品、交通运输、建筑施工、消防等五大领域安全专项整治行动。推进互联网+“明厨亮灶”建设，筑牢食品安全风险管控“防火墙”。健全完善党领导的依法治镇工作体系，推动基层社会治理法治化。推进科学民主依法决策，落实党委议事决策程序，确保行政决策于法有据。有效制约监督行政权力，解决和落实市、镇人大代表提出的13件意见建议，办结率100%。法治创建成效显著，全镇创建省、市法治社区任务达标率100%。践行“枫桥经验”（发动和依靠群众，坚持矛盾不上交，就地解决。实现捕人少，治安好），全镇调解组织参与调解2660宗，调解成功率97%。

【黄江镇政务服务水平提升】 2020年，黄江镇启用新政务服务中心，设置42个综合服务窗口，可办理业务970项，推进全镇政务服务事项及高频市政公用服务事项

2020年5月29日，星河（黄江）人工智能小镇项目动工暨航天电器、南京师范大学合作仪式举行

（李 鄂 摄）

进驻。实行领导值班审批制度，推行线上行政审批、“互联网+邮政+政务服务”等新模式，企业群众办事效率得到明显提高。为重点企业、重点业务开辟绿色通道，实行窗口延时服务。率先引入现场管理系统，打造智慧服务示范大厅。实行微笑服务，落实“好差评”制度，好差评榜窗口服务好评率100%。深化“放管服”改革，推进事权改革。实行重点工作约谈制度，推动重点工作优质高效落实。优化公文办理流程，以通报回复办理时间倒逼部门提高工作效率，平均办文时间缩短近30%。加快“数字政府”建设，明确职权事项运行流程，建立查询追溯反馈机制。整治文山会海，严格执行年度发文、会议活动计划，公用经费、一般性支出有效压减10%。全面实施市场准入负面清单制度，深入推进商事制度改革。实行24小时“12345”政府服务热线接听制度，受理2236宗，办结率100%。全面加强政治纪律建设，推行“廉洁无小事”试点工作，专项整治不正之风和腐败问题。公布行政效能投诉方式，妥善处理行政效能投诉，改进机关作风。围绕春节等重要时间节点，下发提醒通知和廉洁过节短信，敲响纪律警钟。加强执纪问责和教育，聚焦“四风”突出问题，对享乐主义、奢靡之风时刻保持防范。深化政务公开，完成全省政府网站集约化平台迁移工作，更新发布信息2212条。

【欣意医疗保健制品厂获国务院疫情联防联控机制医疗物质保障组表扬】 2020年2月，黄江镇帮助欣意医疗保健制品厂恢复医疗用品生产。通过直接接送、对接当地公安部门协助接送等方式，解决企业员工返程难题，用1天时间接回30多名企业技工人员。同时，协调镇内、外企业，调派60多名员工赴欣意厂协助生产。黄江镇在接到上级通知第2天，助力企业实现复工复产，开动防护服和口罩生产线，进入24小时不间断的生产状态，完成国家调拨国标医用防护服1.7万件任务，送抵湖北武汉等重点疫情地区。3月13日，该企业获国务院应对新型冠状病毒肺炎疫情联防联控机制医疗物资保障组致感谢信。

（李呈鑫 张嘉润）

附：2020年黄江镇党委、人大、政府主要领导名录

镇委书记：叶锦锐（任至10月）
　　　　　苏　东（11月到任）
镇人大主席：陈泽深
镇　长：李冠洲

2019—2020年黄江镇主要经济社会指标情况表

指标	2019年	2020年
户籍人口（人）	41729	44321
常住人口（万人）	23.37	38.64
面积（平方千米）	98	98
地区生产总值（万元）	2156203	2268300
第一产业（万元）	2166	2273
第二产业（万元）	1324289	1339440
第三产业（万元）	829748	926613
总用电量（万千瓦时）	237380	255150
全社会固定资产投资总额（万元）	646358	491851
社会消费品零售总额（万元）	716172	655301
外贸出口总额（万元）	1877768	2088739
实际利用外资（万美元）	17523	11251
地方财政总财力（万元）	398955	395513
各项税收总额（万元）	419353	438690

樟木头镇

【樟木头镇概况】 樟木头镇是广东省中心镇，位于东莞市东南部。截至2020年底，辖区面积118平方千米，下辖10个社区（含1个新型社区），常住人口17.42万人，其中，户籍人口4.9万人。是"国家慢性病综合防控示范区""省全域旅游示范区"，获"全国敬老文明号""省民主法治示范村（社区）""省乡村治理示范村镇""省级'一村一品、一镇一业'专业镇村"称号。

2020年，全镇地区生产总值132.79亿元（第一产业0.04亿元、第二产业57.22亿元、第三产业75.53亿元），比上年增长0.3%；规模以上工业增加值40.61亿元，下降1.1%；固定资产投资总额39.1亿元，增长9.8%；工业投资13.6亿元，增长27.1%；社会消费品零售总额76.2亿元，下降8.3%；常规性财政收入10.6亿元，增长15.9%；进出口总额130.6亿元，增长9.3%。村组两级经济进入健康运行轨道，纯收入2.4亿元、增长14.8%；资产负债率持续快速下降至21.1%，再创历史新低。

【樟木头镇发挥家庭医生团队作用】 2020年，樟木头镇有家庭医生服务团队34个，在岗医护人员145人，家庭医生签约率全市第一。樟木头镇推动家庭医生签约数据库与公安大数据、群众举报等线索耦合，利用签约档案提升重点人群线索的完整性，提升排查工作的高效化、精准化水平；实行家庭医生服务制，利用签约数据库，快速筛出仍在重点地区的签约群众，由家庭医生负责通过电话对其进行排查、劝导，同时组织家庭医生定期了解仍在重点地区的签约群众动向，宣传防控信息；参与重点人员落地排查工作，家庭医生加入社区网格化排查4人小组，对线索人员上门排查登记，实行"家庭医生+包片管理"，将145名家庭医生团队成员分配至全镇9个社区包片管理，在片区范围内公开包片医生工作电话，建立片区诊疗服务微信群，居民可通过电话、微信享受线上免费问诊咨询服务，家庭医生也可通过问诊对片区发热患者进行分类分层排查分流，避免居民盲目到医院就诊，切实减少交叉感染风险。家庭医生防控相关工作信息被国家部委、省指挥部、市指挥部采用。

【樟木头镇经济发展】 2020年，樟木头镇三大产业结构优化调整为0.03：45.38：54.59。

工业 2020年，樟木头突出招大引强，开展精准招商，引进优质项目3个，总投资超16亿元，总产值约30亿元。全年引进内资项目102个，协议投资总额近70亿元。引进合同外资3亿元，增长3.8倍。全年工业投资13.6亿元，比上年增长27%，较全市平均增速快16%，其中7个市重大建设项目完成投资12.3亿元，超额完成年度投资计划。安佳控股、深能源、罗曼智能等8个项目建设进度超50%。

商贸业 2020年，樟木头升级塑胶产贸全产业链体系，壮大提升塑胶产业发展平台，规范塑胶行业经营行为，年税收额增加约1600万元，交易额超600亿元。

旅游业 2020年，樟木头编制全域旅游发展总体规划，挖掘文旅资源价值，推动九洞森林公园开园，开发"观音绿"荔枝等特色旅游产品，举办荔枝旅游文化节、广东省青少年麒麟舞邀请赛等特色活动。

服务企业 2020年，樟木头实施择优扶强战略，挖掘增资扩产项目资源，统筹24.33公顷土地协助罗曼、太粮等8家重点企业增资扩产，工业投资比上年增长77%。引导企业用好"投资松绑30条"等政策红利，助推企业升级改造。通过送政策、拨资金、供学位、调资源、优流程解决企业诉求74个，申领省市镇扶持资金1337万元，提供公办学位90个。加快政务服务数字化转型，开设"深莞通办"、布设"莞家政务"自助终端，提升政务服务效能，办事时间压缩40%。

【樟木头镇创新驱动发展】 2020年，樟木头镇打造创新驱动发展升级版，发展动能稳步增强。规模以上先进制造业增加值和高技术制造业增加值分别达18.1亿元和6亿元，占规模以上工业产值比例再创新高。高新技术企业数新增35家，总数达95家。全年R&D投入1.9亿元，比上年增长10.8%；工业技改投资11亿元，增长17.2%。

樟木头镇中心区 （2020年蒋鑫摄）

【樟木头镇生态文明建设】

2020年，樟木头镇巩固水污染治理成果，加快石马河综合整治和碧道建设工作，打好水污染治理攻坚战、蓝天保卫战和净土攻坚战。7条内河涌清淤工程全面完成，污水处理厂处理能力提升近7成，旗岭国考断面水质稳定达标，水污染防治工作排名位居全市前列。投资2.7亿元启动总长26.2千米的碧道建设，其中石马河碧道樟木头段纳入省级特色廊道，官仓河和竹排水库碧道纳入市碧道项目。生活垃圾分类全面铺开，升级改造垃圾转运站6个。改善空气质量，空气质量指数优于全市水平。

【樟木头镇城市建设】 2020年，樟木头镇基础设施投入3.7亿元，推动城市品质三年提升行动圆满收官，提高城市承载力和软实力。

空间拓展 2020年，樟木头加快进行国土空间总体规划编制，加快裕丰片区控规和TOD综合开发规划进程。推进土地资源集约利用，完成土地收储28公顷。加速推进官仓、裕丰等8个更新单元前期工作。拆除整治“两违”面积34.7万平方米，全面加强和规范农房管理，优化拓展城市发展空间。

交通治理 2020年，樟木头开展品质交通千日攻坚，投资6亿元的樟谢路扩面升级工程全线贯通，东部片区进入5分钟交通圈。新建改建泰安路等道路9千米、人行道升级改造12千米。成立镇交通委员会，通过整治乱停车交通违法行为、划定专项停车位等，完成1000多个新增路外停车位建设任务，科学开展停车资源管理，缓解停车难、停车乱问题；新开通20条公交线路，构建内畅外联的综合交通运输体系。

市容市貌提升 2020年，樟木头建成10个城市品质提升项目，推进城市“增绿补绿”等细节品质提升行动，完成西城路等11个绿化景观改造、4个主要出入口景观改造和34个街头小景等系列工程建设。

【樟木头镇社会事业发展】

2020年，樟木头镇首次执行重大民生实事项目代表票决制，突出抓好一批民生实事，提升群众幸福感、获得感、安全感。

教育 2020年，樟木头累计投资5亿元，实验小学二期工程、中心小学扩建工程完工，第一幼儿园投入使用，累计增加优质公办学位超3000个。一中一小项目、振丰教育项目前期准备工作取得进展。实验小学、樟木头中学等获“广东省书香校园”“东莞市品牌学校”等省市荣誉12项，各级教学能手、学科带头人比上年增加近60名，户籍学生本科及以上上线率上升近20%，教育质量得到稳步提升。

医疗 2020年，樟木头获“国家慢性病综合防控示范区”称号，通过省基本公共卫生服务项目验收，樟木头医院综合住院大楼计划投入使用、新发热门诊和社区卫生服务中心发热诊室的规范化建设加快推进，人民群众健康保障能力持续提升。

乡村振兴 2020年，樟木头村、组集体经济稳健发展，村组两级经营纯收入比上年增长14.8%。“一社区一景点”精品工程全面完工，推进特色精品示范村建设，全部社区干净整洁村创建达标。乡风文明持续提升，获评6个市社区治理“十优”品牌，官仓社区获评“省民主法治示范社区”。

社会保障 2020年，樟木头落实就业创业政策，发放各类就业补贴近500万元，全镇户籍就业率98.3%。推进全民参保，发放各险种待遇1.4亿元、比上年增长7.4%。“民生大莞家”项目持续推进，完成10件“民生微实事”和61个“民生微心愿”。完成市内外精准扶贫任务。

平安建设 2020年，樟木头“二标四实”夯实智慧平安基础，“智网工程”铺开治理网络，“科技护城墙”架起智慧云端，“扫黑除恶”“飓风2020”“打击盗抢骗”系列专项行动推进，违法犯罪警情数再创新低，平安樟城建设取得成效。人民调解成效凸显，矛盾纠纷调解成功率98.5%。“横向到边、纵向到底”的安全生产管理体系持续筑牢，安全生产形势总体稳定，全年没有发生较大及以上安全生产事故。

【樟木头镇公共服务提质增效】

2020年，樟木头镇坚持以群众和企业需求为导向，加快推进“一窗受理”改革，各类法定审批时限比上年缩减40%，优化营商环境。推进法治建设，搭建多元化法治宣传平台，创建“省级法治镇”，公共法律服务中心入选“全市12个示范性乡镇公共法律服务中心”。

【樟木头镇“文化惠民”工程】

2020年，樟木头镇九洞森林公园、滨河体育公园投入使用，完成文化活动广场升级改造，完善全镇文化公园体系。举办省青少年麒麟舞邀请赛、首届荔枝旅游文化节，擦亮文化旅游名片。

【樟木头镇获评为国家慢性病综合防控示范区】 2020年6月，樟木头镇被国家卫生健康委办公厅评为国家慢性病综合防控示范区。是2019年东莞市唯一参与创建国家慢性病综合防控示范区的镇，樟木头镇委、镇政府高度重视慢性病防控工作，2012年启动省级慢性病综合防控示范区创建工作，2013年获“广东省慢性病综合防控示范区”称号，2018年开始筹备创建国家级慢性病综合防控示范区工作，2019年提出创建国家级慢性病综合防控示范区的申报。在该批次国家慢性病综合防控示范区建设评估中，广东省7个区（镇）上榜，樟木头镇为东莞市唯一的获评镇。

【樟木头镇荔枝旅游文化节】

2020年6月20—22日，樟木头镇“魅力樟城 荔韵飘香”荔枝旅游文化节举行，活动由樟木头镇人民政府主办，镇党政办、旅游办、宣教文体局、文广中心共同承办，以

"魅力樟城　荔韵飘香"为活动主题。活动以观音绿荔枝品牌为基础，结合旅游、文化两大要素，通过樟城"观音绿"荔枝特色游、樟木头荔枝旅游文化展暨观音绿荔枝游园会、千人森林健康徒步、"魅力樟城　荔韵飘香"摄影大赛、诗和远方——知名诗人和记者"逛樟城　品荔枝　著诗文"、品尝地道客家特色美食等活动，配合线上线下全方位宣传，推广樟木头镇特色文化旅游资源和城市形象及推广"观音绿"品牌。

【樟木头镇九洞森林公园开园】2020年9月28日，东莞市首个省市合作共建的森林公园——广东九洞森林公园（银瓶山森林公园樟木头景区）开园。公园于2019年5月动工，2020年9月25日完工，规划面积30.57平方千米，记录有野生维管束植物526种，动物96种，其中，国家保护和各级珍稀濒危植物26种、国家保护和广东省重点保护的动物21种。

【樟木头镇获评广东省全域旅游示范区】　2020年10月，樟木头镇被广东省文化和旅游厅评为广东省全域旅游示范区。樟木头镇有观音山森林公园、宝山森林公园、九洞森林公园，有观音寺、将军馆、冠和明清家具博物馆、官仓蔡氏宗祠、三家巷客家古建筑群及凤山古庙等旅游景点，有列入国家非物质文化遗产名录的客家麒麟舞和"观音绿"荔枝等旅游资源，有景怡酒业、木祥阁等市工业旅游示范点。

【2020年广东省非物质文化遗产青年麒麟舞邀请赛】　2020年12月15日，"非遗传承　健康生活"2020广东省非物质文化遗产青少年麒麟舞邀请赛在樟木头镇举行，活动由省文化和旅游厅指导，省非物质文化遗产保护中心、省非物质文化遗产促进会、市文化广电旅游体育局、樟木头镇人民政府共同主办。其间举行省非遗墟市一日游、麒麟大巡游、青少年麒麟舞邀请赛等，旨在传承和弘扬传统麒麟文化，推动广东省麒麟舞创新发展，促进全省各地青少年麒麟队伍互相交流。参赛作品须为2018年以后创作，并未获得过市级及以上奖项的新作，参赛麒麟必须是富有地方特色的新创麒麟舞表演，其舞蹈动作、结构编排、伴奏音乐、舞台设计、服饰等必须区别于传统麒麟舞表演。来自全省16支麒麟队参加麒麟舞邀请赛，其中，广州市南沙区黄阁镇麒麟队、东莞市樟木头镇文化服务中心、潮州市潮安区文里麒麟舞队、深圳市南山区文化馆深圳南山区民间艺术团、东莞市樟木头镇柏地麒麟队等5支队伍获得金奖，其余队伍获得银奖。　　（张嘉雯）

2020年12月15日，广东省非物质文化遗产青少年麒麟舞邀请赛在樟木头镇举办　　（蒋　鑫　摄）

附：2020年樟木头镇党委、人大、政府主要领导名录

镇委书记：周伟森

镇人大主席：蔡传胜（任至5月）
蔡建彬（5月到任）

镇　长：尹锡棋

2019—2020年樟木头镇主要经济社会指标情况表

指标	2019年	2020年
户籍人口（人）	47174	49714
常住人口（万人）	13.68	17.42
面积（平方千米）	118	118
地区生产总值（万元）	1321394	1327938
第一产业（万元）	427	448
第二产业（万元）	590292	572154
第三产业（万元）	730675	755337
总用电量（万千瓦时）	116178	116573
全社会固定资产投资总额（万元）	356137	391163
社会消费品零售总额（万元）	831524	762408
外贸出口总额（万元）	788892	928667
实际利用外资（万元）	14604	11597
地方财政总财力（万元）	128903	172721
各项税收总额（万元）	271658	255800

凤岗镇

【凤岗镇概况】 凤岗镇地处东莞市东南端，东、南、西三面紧邻深圳市龙岗、横岗、平湖和观澜等地。全镇总面积82.42平方千米，下辖12个村（社区），户籍人口4.4万人，常住人口52万人，有华侨3万多名分布在世界36个国家和地区，是中华人民共和国第一位象棋大师杨官璘的出生地。是“全国重点镇”“国家卫生镇”“全国象棋之乡”“广东省中心镇”“广东省教育强镇”“广东省文明镇”“广东省森林小镇”。

2020年，凤岗镇实现地区生产总值318.47亿元（第一产业0.16亿元、第二产业193.08亿元、第三产业125.23亿元），比上年增长4.7%，增速排全市第十二位，超额完成市的调度目标（2.5%）任务。全镇规模以上工业总产值690.3亿元，比上年增长7.3%，实现增加值143.6亿元，增长9.1%。全镇70家倍增企业实现工业增加值74.3亿元，占规模以上工业比重51.7%，比上年上涨16.5%。各项税收总额60亿元。一般公共预算收入18亿元。

2020年，凤岗镇获2020年度领导班子工作优秀镇（街道）以及2019—2020年度广东省乡镇（街道）社会体育指导员A级服务站、2020年广东省“民主法治示范村（社区）”、广东省家庭文明建设示范点、广东省五星级示范退役军人服务中心、广东省五四红旗团支部、广东省“最美应急集体”等7个全市“单打冠军”。

【凤岗镇对口劳务协作】 2020年疫情期间，凤岗镇收集辖内12家重点企业近5000个岗位信息，采取主动对接方式，组织镇内7家企业代表赴云南鲁甸县及广西博白县、陆川县，开展对口劳务协作，解决企业复工复产用工短缺难题。该举措获央视报道。

【凤岗、深圳融合发展】 2020年，凤岗镇高标准开展国土空间总体规划编制，启动“两心两轴，十字发展”（两心：凤岗主中心和南部副中心；两轴：石马河品质发展轴和莞深同城联系轴）城市新格局建设。贯彻市委推动南部各镇加快高质量发展的决策部署，与深圳市在城管、警务、应急、环保等领域合作取得实质性成效，产业、交通、城市品质对接更加紧密。完成新一轮乡镇体制改革，推进行政执法权限和力量向基层延伸和下沉。推进“一门、一网、一窗、一次”政务服务改革，实现259项深圳市政务服务事项“跨城通办”，突破政务服务区域限制。融入大湾区交通一体化布局，改善交通路网，推动深外环高速公路建设，提升承接深圳产业外溢的交通环境，巩固凤深“半小时交通圈”优势，为融入粤港澳大湾区建设“提速”。

【凤岗镇创新发展】 2020年，凤岗镇以“创新强镇”建设为契机，推动“凤岗制造”向“凤岗智造”加速转变。

全镇规模以上工业研发机构建设比例达41.5%，占比提高11个百分点，59家企业通过高新技术企业认定。联合三大产业平台面向深港澳地区招商，重点引进联东项目、京东湾区总部项目，涉及总投资137亿元；形成镇村统筹选商新模式，协助5家市倍增企业解决超33万平方米用地需求。对本土11家优质企业增资扩产给予用地支持，涉及用地面积29.3万平方米，总投资额达30亿元。研发投入、高新企业数量持续增长，2019年度R&D经费支出7.2亿元，比上年增长43%，国家高新技术企业171家，增长5%。实施科技企业孵化器“筑巢育凤”行动计划，推动都

凤岗镇园龙山 （2020年凤岗镇供图）

市丽人等企业与科研机构共建孵化器。培育市瞪羚企业2家。依托大型骨干企业，累计建成24个高水平研发机构。新增引进高级职称专业技术人才58人、博士2人、硕士16人，超额完成人才引进任务。创新平台建设成效明显，东莞市首宗“工改M0”项目都市慧谷落地、动工，天安数码城、都市智谷两大产业平台引进企业超400家。加快人工智能小镇建设速度，初步形成《产业发展规划》《配套设施综合规划》《政策保障和运营管理机制研究》等成果。

【凤岗镇重大项目建设】 2020年，凤岗镇有天安数码城一组团、深证通二期、理光办公项目、京东项目、果丰缘项目、康佳项目等6个市重大建设项目，其中天安数码城一组团、深证通二期、京东项目、康佳项目等4个项目列入省重点建设项目；有天安数码城二期、都市丽人智能项目二期、三和盛项目二期、博深高速联络线及雁鸣湖路道路工程、深证通（二期）工程综合能源项目等5个市重大预备项目，其中，天安数码城二期、都市丽人智能项目二期等2个项目列入省重点预备项目。上述11个项目涉及总投资额354亿元。2020年度完成投资入库数21.6亿元，占年度投资计划的146.9%。

【凤岗镇乡村振兴】 2020年，凤岗镇组织各村（社区）开展“美丽宜居村”创建工作，选定官井头、油甘埔、天堂围3个村申报2021东莞市特色精品村。抓好3个乡村振兴人居环境示范点建设。深入推进农田、林地窝棚整治，完成高标农田验收。雁田村创建市特色精品示范村初见成效。乡村振兴“三年取得重大进展”目标基本实现，农村人居环境明显改善，全镇干净整洁村达标率100%。全面落实组财村管统筹发展模式，将除雁田村外含有村小组的村纳入组财村管统筹管理范围，提高村、组财务管理水平。村、组经济稳步增长，截至2020年底，村、组两级总资产123.42亿元，比上年增长16.63%；净资产112.18亿元，增长19.91%；村、组两级总收入12.8亿元，增长3.33%；村、组两级纯收入10.51亿元，增长4.01%。对口帮扶仁化县12个相对贫困村全部达到退出标准，相对贫困户全部达到脱贫标准。

【凤岗镇公共服务】 2020年，凤岗镇投入15.5亿元用于民生建设，占财政一般公共预算支出的65%以上，河涌清淤、候车亭改造、3～6岁儿童牙齿涂氟等民生工程项目完成；教育扩容提质和品质交通千日攻坚行动展开，新中心小学建成启用，新增学位2160个，新增积分制学位补贴5728个；优化调整镇内、跨镇、跨市公交线路14条，新增站点162个；推进养老服务体系建设，居家养老“大配餐”服务、“民生大莞家”项目推广运行，完成省市下达的全民健康素养促进工作任务；全镇低收入住房困难家庭实施住房租赁补贴全覆盖，拓宽困难群众临时救助范围，街面流浪乞讨人员明显减少；加强对汇商花苑14套公租房管理，对符合条件的住房困难群众实行轮候入住，推进人才安居房建设。推进老旧小区改造，改善居住条件。全面启动民房建设审批，保障人民住房需求；全镇66家学校食堂完成“互联网+明厨亮灶”建设工作；开展形式多样家庭医生式签约服务工作模式，2020年累计个性化签7.2万人，家庭医生签约服务覆盖率22.3%，全镇群众健康素养水平提高，完成广东省健康素养促进工作建设目标；推进退役军人服务保障体系建设，创建为“广东省五星级退役军人服务中心”；建设“舒心驿站”并与心理咨询相结合，创新妇女儿童维权方式方法，挂牌成立侨联法律服务站（凤岗分点），为周边侨界群众进行义务涉侨法律咨询，坚持发展“枫桥经验”，推动司法服务进社区，发挥“红姐”调解工作室、“邓小红诉调对接工作站”和雁田村诉源治理示范社区作用，源头化解矛盾纠纷；对雁湖公园进行全面升级改造，打造村级党建·宪法主题公园。强化消费维权，创建“放心消费承诺单位”“线下无理由退货承诺店”12个；开展“放心肉菜示范超市”创建工作。推动“政务服务＋邮政服务”的深度合作，推行办事全预约制、“不见面”审批、周末延时服务以及复工复产绿色通道服务。

【凤岗镇社会治理】 2020年，凤岗镇抓好全国“两会”、“五一”、“十一”、深圳经济特区建立40周年庆祝活动、中共十九届五中全会

凤岗镇天安数码城项目 （2020年郑家雄摄）

2020年10月30日，东莞康佳智能产业园项目动工建设（凤岗镇供图）

等节点维稳安保工作，维护社会稳定。打掉恶势力犯罪集团1个、涉恶团伙3个。全镇“盗抢骗”犯罪发案比上年下降16.2%，破案数上升101.3%。完成第七次全国人口普查登记工作，整合铁骑、应急机动、一呼百应、莞邑联防队伍，实现街面警情快速发现、处置，着力构建静态防控体系。开展安全生产专项整治三年行动，生产安全事故起数、死亡人数分别比上年下降42.8%、25%，实现事故宗数、死亡人数双下降目标，没有发生较大及以上生产安全事故和因灾伤亡事件。推进应急管理现代化建设，投入600多万元，在全市率先建成镇级应急指挥中心。分级推进金属粉尘涉爆企业安全生产专项整治，试点危化品企业网络巡查，创建全市首家危险化学品规范管理示范点建设企业。开发安全生产全覆盖巡查检查信息化系统，达到底数清晰、专业提升、效率翻倍的效果，相关工作经验在全省推广，获《中国安全生产》杂志专题报道。

【凤岗镇城市空间拓展】 2020年，凤岗镇坚持以规划统筹引领为先导，全面塑造发展新优势，构建与“三区”（国家循环经济发展先行区、生态文明先行区和民族团结进步示范区）建设相适应的发展布局。由政府主导推动连片镇村工业园改造升级，加快城市扩容。编制“工改工”三年行动计划，涉及用地面积60万平方米，重点推进4个“工改工”项目。加大土地收储力度，完成收储面积8.62万平方米。以雁田奥威斯酒店地块为试点，探索市、镇、村联合收储新模式。推进“拓空间”新型产业用地试点项目——竹塘村大湖洋地块的收储整备试点工作。融入大湾区交通一体化布局，投入2000多万元，公开招标选取高水平设计机构，对镇内2条轨道交通站点进行TOD综合开发规划编制工作。全面推进违法建设治理，治理违建面积90.7万平方米，超额完成年度治理任务。

【凤岗镇城市经营管理】 2020年，凤岗镇累计投入15亿元，以中心城区灯光亮化、碧道绿道建设、公园升级等工程为抓手，增添城市风景线，整体提升城市精细化管理水平。开展“千景绣东莞”工程，建设或升级改造46个街头小景。推进夜景灯光亮化工程，完成永盛大街266套玉兰灯和在凤深大道274套中华灯的安装，覆盖道路长度10千米，提升道路照明效果。开展“洁净城市”和“行走凤岗”专项行动，开展整治城市道路扬尘污染防控和泥头车专项百日行动，整治城市“六乱”行为2.1万宗。设立375.5万元垃圾分类专项资金，打造“1+2”示范片区，投入2400万元建设日处理量30吨的易腐垃圾处理站，初步形成凤岗镇生活垃圾分类投放工作新模式，生活垃圾分类工作获评全市先进。完成26座公共厕所升级改造工作。完成741个排水单元地块污水接驳、1928家重点排水户源头雨污分流改造、暗渠排口溯源整改、排水系统摸排和污水系统封闭等水污染治理工作，实现治污基础设施基本收官，石马河竹塘断面基本消除劣V类，实现达标。全面完成农贸市场试点提升工程。全年空气质量优良天数全市排第二名。“智网工程”建设取得新成效，基层治理现代化水平不断提高。加快“智慧城管”建设，推动数字城管、智网工程、公安视频系统融合对接。数字城管处理案件3.2万件，结案率100%，全市排第四名。完成智网工单58万条，发现隐患33万处，完成处置32.9万项，处置率99.7%。完善政务大厅建设，完成服务事项全进驻，全年业务总受理量44.3万宗。建设智能停车管理项目，启动中心区6个固定停车场、9个路段路内停车位的数字化管理，缓解停车难和交通拥堵。

【凤岗镇精神文明建设】 2020年，凤岗镇加大公共文化产品和服务供给，十大宣传文化品质提升项目稳步推进，举办公益夏令营、“四球”联赛等群众性文体活动。推进文化惠民特色文化活动，举办文化惠民演出，受惠人数1500人次。开展文化体育科技公益培训千人夏令营活动，课程涵盖20个项目，受惠人数1000人。开展市级非遗申报，非遗传承发展成效显著，凤岗客家山歌进校园入选非遗进校园之“十大示范性案例”；凤岗客家腊肠制作技艺入选第五批市级非物质文化遗产代表性项目。推动5个文物点的修缮工作和纂香书室改造工程。完善公共文化服务设施，建成并启用新时代文明实践中心、文化馆、妇女儿童活动中心。推动东莞文化馆凤岗分馆、3个城市阅读驿站、融媒体中心等10个项目建设，促进公共文化和体育管理服务水平提升。

【凤岗镇获评为全国文明城市工作先进单位】 2020年，凤岗镇助力东莞市创建全国文明城市，围绕“湾区创新重镇、智慧客侨新城”建设，推进城市精细化管理和人居环境整治，城市品质稳步提升。在满足人民群众对美好生活的向往的同时，还用行动引领文明风尚，铸就城市精魂。持续对文明创建工作实施常态长效管理，巩固文明创建成果、提升文明程度，探索莞深深度融合、一体联动发展的高质量发展样板。年内，凤岗镇获评为全国文明城市工作先进单位。

【凤岗镇雁田村获评为广东省民主法治示范村】 截至2020年底，凤岗镇雁田村以“法治”为灵魂，推进民主法治示范村创建，利用“客侨大讲堂”开展各类法治主题宣讲活动，提高群众法律意识；发动辖区学校参加广东省中小学生“民法典故事会”征文大赛；推动普法宣传向企业、小区延伸，举办模拟法庭活动，得到居民响应；推动信浓马达有限公司创建为广东省法治文化建设示范企业。雁田村打造“党建·宪法”主题公园，使市民在游园观景中潜移默化地接受党史党建和宪法教育。雁田村以“治理”为抓手，创新发展新时代“枫桥经验”，成立“红姐”调解工作室、邓小红诉调对接工作站、雁田村诉源治理示范社区。2015—2020年，雁田村人民调解委员会调解纠纷1949件，调解成功1919件，成功率98.5%。2020年，凤岗镇雁田村获评为广东省“民主法治示范村”。

【凤岗镇退役军人服务中心获评为广东省五星级退役军人服务中心】 2020年，凤岗镇追加78万元专项经费用于建设新退役军人服务中心，新场所实用面积390平方米，包括办事大厅、荣誉室、军民共建室、信访协调室等，提供“一站式”“规范化”“标准化”综合服务。并以烈士陵园升级改造为契机，建设双拥文化品牌项目，建立凤岗镇退役军人就业创业孵化基地，推动退役军人就业创业。12月，凤岗镇退役军人服务中心被广东省退役军人事务厅命名为“广东省五星级退役军人服务中心”。

【凤岗应急管理分局获评为“广东最美应急集体”】 2020年，凤岗镇整合三防办、森林防火办、综合防灾减灾办和气象站等职能，从“全灾种”“大应急”角度，统筹做好疫情防控下安全生产与自然灾害防御。在深化体制改革，修订全镇应急预案，完善专职安全员、灾情信息员队伍，建设镇应急指挥中心等方面取得成效。在全市率先创立和使用全覆盖检查巡查系统，达到“底数清晰、提高专业、效率翻倍”效果。年内，凤岗应急管理分局获评为广东省“最美应急集体”称号，成为全省唯一获评镇级应急管理单位。 （叶停停）

附：2020年凤岗镇党委、人大、政府主要领导名录

镇委书记：张耀洪
镇人大主席：巫惠平
镇　长：林　岚（任至1月）
　　　　宁　康（1月到任）

2019—2020年凤岗镇主要经济社会指标情况表

指标	2019年	2020年
户籍人口（人）	44233	47270
常住人口（万人）	32.45	55.18
面积（平方千米）	82.43	82.43
地区生产总值（万元）	3035864	3184622
第一产业（万元）	1503	1577
第二产业（万元）	1851812	1930783
第三产业（万元）	1182550	1252262
总用电量（万千瓦时）	357720	365127
全社会固定资产投资总额（万元）	787872	800629
社会消费品零售总额（万元）	948645	879094
外贸出口总额（万元）	1795728	1850369
实际利用外资（万元）	43660	18760
地方财政总财力（万元）	480417	1025470
各项税收总额（万元）	642013	609341

谢岗镇

【谢岗镇概况】 银瓶合作创新区（谢岗镇）是东莞的东大门，东与惠州市接壤，处于深、莞、惠几何中心。2020年，辖区总面积91.04平方千米。辖11个村、1个社区。总人口14.11万人（“二标四实”更新至2020年10月22日数据），其中户籍人口2.5万人、常住人口10.62万人。谢岗镇是“国家卫生镇”“省教育强镇”“省高端装备制造专业镇”“广东省文明镇”“广东省森林小镇”“东莞市文明镇”“东莞市推进教育现代化先进镇”。

2020年，谢岗镇实现地区生产总值108.25亿元（第一产业1.85亿元、第二产业74.81亿元、第三产业31.59亿元），比上年增长4%；固定资产投资总额76.8亿元，总量全市排第十名，增长117.9%，增速连续两年全市排第一名；规模以上工业增加值53.9亿元，增长4.5%。社会消费品零售总额16.4亿元，下降11%；税收总额14.5亿元，下降2.5%；实际利用外资金额6.7亿元，增长23.3%，增速全市排第七名；财政总收入27.2亿元，增长23.9%；财政总支出24.5亿元，增长14.8%；全社会用电量12.0亿千瓦时，增长3.3%；工业用电量10.4亿千瓦时，增长2.8%。获市领导班子年度考核工作优秀等次，排全市第三名。获广东省“民主法治示范村（社区）”、广东省乡村治理示范村镇、广东省文明村镇、省级“一村一品、一镇一业”专业镇村4项“单打冠军”。

【谢岗镇专项规划编制】 2020年，谢岗镇把握市“拓空间”试点片区、国土空间规划试点契机，推进发展总体规划、生态基础设施、海绵城市建设等28项专项规划编制，做到高起点规划、高标准建设。邀请专家对谢岗镇国土空间规划工作“把脉会诊”，合理布局山水生态、产业发展和公共生活空间。与知名团队合作开展重要节点的规划设计，推动银瓶站TOD和八卦村的整体开发，打造高质量、现代化的靓丽城市节点。争取各项试点，先行先试加快发展，成为市“拓空间”工作、国土空间规划、水污染治理示范镇、海绵城市建设、美丽幸福村居连片改造奖励项目、15分钟社区优质生活圈、村庄规划优化提升、省级解决发展党员违规违纪问题等8个试点项目。

【谢岗镇经济产业发展】 2020年，谢岗镇坚持“引进来、走出去”联动打通“产业发展脉搏”，利用银山科技园、粤海产业园、碧桂园等载体，按照“宁可不入，不可乱入”原则，聚焦招商精准发力。建成70万平方米厂房，完成5个项目17.48万平方米工业用地出让，为产业发展提供充足空间。全年引进7个产业项目，总投资24.7亿元。总投资185亿元的20个重大项目稳步推进，4个重大项目新开工。华能热电联产等重大（产业）项目投产。推进8个企业增资扩产。激发企业创新活力，完成76.8亿元固定资产投资，其中工业投资占比40.5%，全镇工业技改投资14.1亿元，比上年增长148%，工业技改投资增速排全市第一名。全镇R&D投入强度3.1%，高于全市

谢岗镇鸟瞰图 （2020年谢岗镇全媒体中心供图）

平均水平。新增33家国家高新技术企业。全镇“小升规”企业27家，超额完成市下达任务。申报省高新技术产业开发区。开展省级知识产权提升工程，全年专利申请952件，比上年增长84.9%，专利授权689件，增长88.3%。

【谢岗镇城市空间拓展】 2020年，谢岗镇总投资68.8亿元的道路项目加速建设，品质交通千日攻坚行动取得成效，投资11.4亿元、全长11.85千米的粤海大道建成通车；总投资15.5亿元的29号路、大黎路、谢岗大道等主干道及22条镇村道路全面建设。坚持经营城市理念，全面拓展城市发展空间，推出朗惠、银瓶湖2个商住地块，6个房地产项目有序建设。9个旧村改造项目和1个旧城镇更新项目启动，其中4个更新单元完成拆赔方案制定，6个“工改工”项目纳入东莞“工改工”三年行动计划项目库，30.6公顷花园工业区“工改工”加速推进，建成一期人才公寓。完成36公顷4宗土地收储管理。

【谢岗镇生态环境优化】 2020年，谢岗镇以“公园城市”为目标，构建“四横五纵”多节点山水公园城市格局。创建为“广东省森林小镇”海绵城市全域推进。总长43千米的万里碧道工程加快建设，银山湿地等一批生态公园投入使用，银瓶湖湿地公园、鹭巢保护公园启动建设。打好蓝天净土保卫战，完成35家VOCs重点监管企业销号式综合整治工作，空气质量持续好转。河长制工作取得成效，完成“治污治水、生态修复、河道保洁”各项规定动作，9—12月石马河流域河涌水质排全市第一名。全镇23条河涌被评为“不黑不臭”类别，河湖日常保洁平均每天投入35人次，高峰期每天投入80人次。雨污分流全面铺开，累计建成污水管网337.2千米，总长12.2千米的新建截污主干管加快建设，全年完成254个排污口整治，实现污水应收尽收。

【谢岗镇城市品质提升】 2020年，谢岗镇以“绣花功夫”落实精细化管理，开展“百日攻坚”、城市品质综合提升等行动，推进农村“厕所革命”和垃圾分类工作，巩固“三清三拆三整治”成果。乡村振兴战略全面实施，“党建+文明+乡村振兴”三创协同、融合推动，美丽村居“四大比武”（即从整洁、景观、设施、文化等四个方面进行现场考评）取得成效，镇财政补贴3000多万元，推动农村人居环境提升，推动90个城市品质工程陆续建成，打造30个街头小景和7个闲置地块建成，增加6600个停车位，拓宽公共生活空间。创新环卫管理，成立镇环卫所，组建一支171人环卫保洁队伍，负责镇中心区及莞惠路、谢常路2条主干道66万平方米的保洁面积。投入1000万元用于环卫设施设备更新换代，提升机械化保洁作业效率，探索试点政府直接管理的环卫作业模式，环卫保洁工作得到明显提升。按照物业管理标准完善党建主题公园、银山湿地公园等镇村公园管理方式，投入1260万元成立公园管理中心，招聘110人打造园林绿化专业队，负责107万平方米公园绿地的日常巡查管理、绿化养护、市政设施维护、公厕维修和安保等工作，统筹和提升全镇公园的精细化管理。在建日处理300吨的垃圾中转站，

2021年5月22日，谢岗镇鹭巢保护公园 （谢树森 摄）

建成日处理20吨的厨余垃圾处理场，东南部卫生填埋场二期项目稳步开展。提前超额完成41万平方米违建治理目标，整治“城市六乱”行为2.6万宗等，打造“干净、有序、安全”城市空间。

【谢岗镇民生事业发展】 2020年，谢岗镇13项民生实事如期兑现。教育品质千日攻坚行动扎实推进，东莞市实验中学与谢岗中学实现集团化办学，建成谢岗镇第一小学，8个学校项目启动前期工作。市镇医联体二期项目主体结构封顶。中医馆升级改造工程投入使用。公租房项目完工，稔子园安置区加快建设，住房保障体系更加完善。启动新时代文明实践中心，所有村（社区）文明实践站点实行“全覆盖”，完成“1个中心12个站7个点”建设。文化、旅游、体育事业持续繁荣，举办“奋进的韶华——谢岗镇庆祝中华人民共和国成立71周年励志歌会”、“绽放战役青春　讴歌时代精神”演讲比赛、“奋进新时代　学习再出发”学习强国知识竞赛等系列活动，编辑发行《银瓶文艺》刊物，发挥文化引领作用。就业、医保、救助等社会保障工作落实到位。累计发放低保救助金、特困人员救助金、重大疾病医疗救助金、高龄津贴、生果金1047万元。为111名困难儿童提供专项关爱服务。

【谢岗镇社会治理现代化】 2020年，谢岗镇提高社会治理能力和政务服务水平，实行周末延时、不见面审批、网上办理指导等服务，实现疫情期间政务服务不断档。政务服务中心新办事大厅投入使用，启用服务窗口48个。打造智慧大厅，完成一体化政务服务平台973个事项的上线工作，将业务延伸至各村（社区）。统一使用“莞家政务”平台进行预约办事，扩大“粤省事”“粤商通”小程序覆盖面。社会发展大势保持平安稳定，20所校园食堂完成“互联网+明厨亮灶”建设工作，学校食品安全工作开启智慧监管新模式，防控生产安全事故，落实安全生产“一线三排”工作要求，全镇各类生产安全事故防控工作有力有序，“平安谢岗”建设深入推进。完善“智网工程”工作机制，整合4个片区调度站、优化细分61个基础网格。成立“榜叔”调解工作室，谢岗镇阳光调解志愿服务队、粤海产业园综治中心，提高调处能力。坚持依法治政，推进“法治谢岗”建设，完善公共法律服务，创建稔子园村、谢岗村、五星村、大厚村4个示范性村公共法律服务工作站，健全公共法律服务平台。

【谢岗镇政务服务中心服务大厅投入使用】 2020年7月，谢岗镇政务服务中心大厅于建成投入使用。服务大厅是由一座旧厂房改建而成，改造投资约3000万元，总建筑面积3668平方米，停车场面积2万平方米，总占地面积2.99万平方米。谢岗镇政务服务中心有两层，设置服务窗口70个，后台审核卡位38个，办公室18间，办公座位44个。进驻服务大厅单位27个，其中，政务服务实施部门22个（包含人员进驻部门8个，事项进驻综窗部门14个）、市政公用服务企业5个，工作人员89人，可办理政务服务事项1050项。

【“四横五纵”多节点山水公园城市格局构建】 2020年，谢岗镇提出构建“四横五纵”多节点山水公园城市格局。“四横”是北部湿地公园生态碧道走廊、中部产城融合走廊、铁路城市生态廊道、南部森林公园生态屏障。“五纵”是将南北走向的5条截洪渠打造成沟通山水之间的山水绿脉，贯通南部银瓶山和北部湿地公园。“四横五纵”构成谢岗镇的生态山水网络。利用谢岗镇的支渠水系、线性公园等空间将分散的历史文化设施、城市公园和景观节点整合到“四横五纵”的格局之中。重点建设好银山湿地公园、银瓶湖湿地公园、人民公园、鹭鸟公园、环八卦村公园、站前公园、“一村一公园”等节点生态空间。通过碧道慢行路径，将5条骨干碧道串珠成链，形成水清岸美的山水公园城市格局。（吴昭敏）

附：2020年谢岗镇党委、人大、政府主要领导名录

镇委书记：胡毅峰
镇人大主席：罗树华（任至8月）
镇人大主席：罗满桥（8月到任）
镇　长：李惠勤

2019—2020年谢岗镇主要经济社会指标情况表

指标	2019年	2020年
户籍人口（人）	24402	25134
常住人口（万人）	9.88	10.62
面积（平方千米）	91.04	91.04
地区生产总值（万元）	1039799	1082431
第一产业（万元）	17590	18457
第二产业（万元）	736458	748061
第三产业（万元）	285750	315913
总用电量（万千瓦时）	117121.32	120318
全社会固定资产投资总额（万元）	352511	767947
社会消费品零售总额（万元）	183866	163598
外贸出口总额（万元）	587700	751294
实际利用外资（万元）	53967	66540
地方财政总财力（万元）	222501	308064
各项税收总额（万元）	149159	145377

塘厦镇

【塘厦镇概况】 塘厦镇位于东莞市东南部，东连清溪镇，西邻黄江镇，北接樟木头镇，南与凤岗镇和深圳市观澜街道接壤，地处穗深港经济大走廊的黄金地段，是广东电子电源专业镇、广东省教育强镇、国家园林城镇、高尔夫产业名镇。莞深高速公路、龙林高速公路、京九铁路贯穿而过，是东莞市东南部的交通枢纽。

截至2020年底，全镇总面积128平方千米，下辖21个社区，户籍人口9万多人，常住人口62.9万人。2020年全镇实现地区生产总值502.67亿元（第一产业1.50亿元、第二产业343.78亿元、第三产业157.39亿元），比上年增长6.3%；规模以上以上工业增加值259.2亿元，增长10.2%；出口总额341.9亿元，增长4.8%；完成税收102.16亿元，增长5.5%；村组两级资产总额96.02亿元，增长13%。

2020年，塘厦镇获"2020年广东省乡村治理示范村镇""广东省城乡融合发展省级试点中心镇""2019—2020年度广东省乡镇（街道）社会体育指导员A级服务站""2020年广东省'民主法治示范村（社区）'""省级'一村一品、一镇一业'专业镇村""全国五四红旗团委""国家档案工作服务农村基层社会治理试点地区"等7项全市"单打冠军"，获镇（街）年度综合排进步第一名、领导班子工作优秀镇第一名。

【塘厦镇产业转型升级】 2020年，塘厦镇在疫情爆发初期就立足产业制造优势，成立进出口商会防疫物资出口专委会，谋划发展医疗防护全产业链，推动防疫物资产能优势转化为出口优势，防疫物资出口专委会19家规模以上企业全年实现工业总产值78.2亿元，比上年增长260.1%，占全镇规模以上工业总产值7.4%；成立企业上市培育工作领导小组和挂点服务专班，建立塘厦企业上市工作联席会议制度，重点加大上市后备企业的扶持力度，全年新增上市后备企业4家，全镇上市后备企业增至19家，总数全市排第一名，推动奥海科技、三友联众在深交所上市；塘厦镇入库市级倍增试点企业数量由2019年17家增加至24家，市级试点企业数量排全市第二名，24家市倍增试点企业实现工业增加值69.91亿元，比上年增长26.3%。

【塘厦镇坚朗公司驰援武汉火神山医院建设】 2020年初，广东坚朗五金制品股份有限公司了解到武汉火神山医院急需一批新风换气专业设备，公司调拨其它订单产品，优先满足火神山医院建设需求，向火神山医院捐赠高静压换气机，安排专车运往武汉，2月，企业捐赠防疫资金50万元，助力抗击疫情。

【塘厦镇快裕达公司支援建设全自动口罩生产线】 2020年，东莞快裕达自动化设备有限公司加大专业口罩自动化设备生产力度，设备出库量超过4000台，帮助全国超过100个地区建成全自动口罩生产线，帮助富士康、金发科技、中船、广汽等数十家国家重点大型企业建立口罩自动化生产线并授权使用具有公司核心知识产权专利。公司获"东莞市先进集体""广东省新冠肺炎疫情防控物资保障工作重要贡献企业"称号。

塘厦镇中心区　（2020年塘厦镇供图）

【塘厦镇招商引资】 2020年，塘厦镇新签外资项目43个，增资项目16个，引进超千万美元项目6个，全年完成实际外资金额4.43亿元，比上年增长6.7%；实施补链招商、强链招商和扩链招商，继续巩固做强、做大电子信息等支柱产业。在全国制造业行业分类的31个大类中，塘厦镇有23个。是年，塘厦镇有外资工业企业900多家，民营工业企业7000多家，规模以上工业企业788家，总量排全市第二名，省级工程技术研究中心21家，高尔夫用品制造和销售企业140多家，是广东省电子电源专业镇、中国高尔夫产业名镇。塘厦镇围绕新一代信息技术、新材料、新能源等领域，以瑞勤科技项目2个半月快速落地作为样板，不断刷新重大产业项目落地速度，引进瑞勤科技、金龙机电等13个超亿元重大产业项目，协议投资金额191亿元。累计纳入市重大项目34个，总投资405亿元，其中瑞勤、东益、金锐显等22个市重大项目实现动工建设，全年实际完成投资34.5亿元，投资总量全市排第二名。

【塘厦镇消费促进活动】 2020年，塘厦镇制定《2020年“乐购东莞·魅力塘厦”促消费专项行动实施方案》，全年统筹3000万元资金投入到促消费活动当中。开展汽车消费网购活动，上线“购车乐”微信小程序，促成汽车成交额1.65亿元；发放240万元惠民电子消费券，带动消费1.13亿元。举办2020第三届东莞塘厦汽车消费文化节，促成成交及意向成交额3.89亿元。谋划商业综合体发展，推动塘厦镇天虹购物中心开业。是年，全镇限额以上住宿餐饮营业额5.15亿元；限额以上批发零售销售额131.58亿元，比上年增长60.3%。

【塘厦镇科技创新】 2020年，塘厦镇拥有国家高新技术企业392家，瞪羚企业2家，百强创新型企业2家，规模以上高新技术企业实现工业增加值118.60亿元，比上年增长9.1%，总量占全镇工业增加值49%；完成工业技改投资28.56亿元，完成工业技改投资备案项目70个。谋划建设重点实验室，引进松山湖材料实验室透明陶瓷、多孔陶瓷和单晶薄膜3个创新团队，成立东莞先进陶瓷与复合材料研究院，产出5个成熟可产业化项目。优化创新环境，拥有市级工程技术研究中心10家，省级工程技术研究中心21家，数量均位居全市前列。

【塘厦镇城市品质提升】 市政建设 2020年，深圳外环高速公路塘厦段实现通车，东莞南站配套设施完成征地面积39.15公顷、拆迁面积7.5万平方米。品质交通千日攻坚进展顺利，推动农村道路升级4.8千米，建成严管路3条、城市品质示范路7条、公交候车厅12个、人行道3.7千米、各类停车位1.2万个，完成环市西路等3个拥堵节点改造。加快市政设施建设，完成供水管网改造72.6千米，新建5G基站488个。2020年建成110千伏溪头变电站，完成110千伏林村站至莲湖站线路工程和110千伏凤凰（桥陇）输变电工程，投资1.2亿元建设89个低压重过载配变台区建设及改造项目，公共配变增长6.0%，缓解12个社区用电紧张问题。

城市空间拓展 2020年，塘厦镇以“拓空间”为主要路径，推动镇村联动统筹发展，收储土地24宗面积101公顷，通过解除协议出让土地合同方式收回土地面积190.26公顷（含协助社区收回土地），撬动增长新引擎，为承接深圳外溢的优质产业提供支撑。以镇、村工业园改造为主战场，打好产业空间拓展主动仗，全年完成“工改工”拆除平整任务面积31.11公顷、土地整理任务面积30公顷，盘活存量和低效用地。打造一批连片城市更新项目，全镇划定改造核心区面积1593公顷，有15个社区22个更新单元招引前期服务商。

城市精细化管理 2020年，塘厦镇遏制“两违”（违法用地、违法建设）增长，实行政府特勤、城管、社区三级联动监管机制，采取“零容忍”态度，保持高压态势，拆除一批案情典型、社会影响较大的违法建设，治理违建面积191万平方米，超额完成年度治理任务。重拳打击非法转运余泥的违规砂石场和非法倾倒的泥头车，短时间内查封砂石场36个、查扣泥头车200多辆。出台《城市精细化管理办法（试行）》，建立城市精细化管理考核奖惩机制，推行“路长、巷长、所长、站长”制，开展“行走塘厦”，全镇各级累计行走6203次，发现城市管理各类问题1.55万个，完成整改98.8%，精细化管理水平提高。

【塘厦镇乡村振兴】 2020年，塘厦镇聚焦城市环境短板弱项，以农村人居环境的突出问题为攻坚重点，开展农村人居环境整治“百日攻坚行动”，实行“大兵团”作战，抽调200多人组成指挥部，投入近10亿元全面实施九大整治，建设人行道护栏11.5千米、道路中央护栏6.6千米，修复路面11.2万平方米，完成66座公厕升级改造，完成19个“一村一景点”项目和65个街头小景建设，启动26个垃圾中转站改造，拆除487个户外广告，推动全镇所有社区基本达到“干净整洁村”标准。推动林村、龙背岭、石鼓特色精品示范村试点创建，投入1.2亿元，围绕“舒适、优美、高品质”的目标，重点实施村级道路、生态停车场、公共厕所、休闲广场公园以及建筑外立面改造提升，新建一批休憩景观花圃、街头小景等精品小筑。

【塘厦镇生态文明建设】 水污染治理 2020年，塘厦镇累计建成369.1千米截污管网并实现通水，完成2368个入河排污口整治、2542个源头雨污分流建设、宝山水等5条内河涌整治，推进利是陂水、白泥湖水质净化厂、穿铁路管网3个中央及省环保督查事项的整改落实，石马河旗岭断面全面消除劣

塘厦镇一景 （2020年刘来坚摄）

Ⅴ类、实现基本达标。推进VOCs企业过程治理，狠抓扬尘污染治理，实现空气质量6项指标全面达标，全年空气质量优良天数94.8%。完善固体废物长效监管机制，督促1737家企业落实一般工业固废申报登记，对1143家涉危企业开展规范化管理，在全镇43个压缩站设置有害垃圾收集点，土壤环境污染得到全面管控。

大气污染防治　2020年，塘厦镇通过采取源头治理、过程管控、末端治理等方式，深化VOCs深度治理，完成13家制鞋、家具制造、工业涂装等企业低VOCs原料替代工程，58家VOCs企业无组织排放治理工作，21家VOCs排放企业末端治理，49家汽修行业VOCs综合整治，10家餐饮油烟综合治理和2家工业炉窑综合治理以及淘汰7家开启式干洗机任务，全镇131家VOCs一企一策综合整治，大气污染治理，实现空气质量6项指标全面达标，全年空气质量优良天数达94.8%。

固体废物污染防治　2020年，塘厦镇深化固体废物长效监管机制，督促1737家企业落实一般工业固体废物申报登记，对1143家涉危企业开展规范化管理。在全镇43个压缩站设置有害垃圾收集点。

【塘厦镇社会民生】　2020年，塘厦镇实施教育扩容提质千日攻坚，投资3亿元的塘厦第二实验小学和初级中学师生宿舍楼扩建项目动工建设；卓越蔚蓝山幼儿园设立，唐彩幼儿园转制为社区集体办幼儿园，新增学位720个；教育品牌效应不断增强，塘厦获批全国规范化家长学校实践活动实验区，全镇列入市品牌学校由2所增至4所；推动东南部中心医院与广东医科大学合作，成立广东医科大学附属东莞第一医院；免费组织开展儿童口腔综合疾病干预和“两癌”（乳腺癌、宫颈癌）筛查，高血压和2型糖尿病患者规范管理率均达83%；塘厦镇推动《绿水乡愁》《重生》等精品音乐剧巡演，城市文化会客厅、林村村史馆投入使用。加强群众性精神文明建设，8人获评“东莞好人”，建成镇级新时代文明实践中心和4个新时代文明实践站。“同饮一江水”2020广东劳动者歌唱大赛（东莞赛区）走进各社区、广场举办赛事5场次，创新利用线上平台，通过“南方+”客户端搭建“广东劳动者云开唱”展播平台。全年举办体育赛事300多场。获2020年广东省青少年国际象棋锦标赛青年女子组冠军，省青少年击剑锦标赛女子重剑个人赛亚军、团体赛第三名等省、市级体育奖项30多项。举办第十二届塘厦高博会，展会期间举办2020塘厦高博会“总裁杯”高尔夫球邀请赛。

【塘厦镇社会治理】　2020年，塘厦镇推进市域社会治理现代化，建成“网格化管理、信息化支撑、精细化服务、法制化保障”的社会治理新模式。开展扫黑除恶专项斗争，破涉黑恶九类刑事案件123件，破获涉恶犯罪集团案1件。推动“慧眼”视频等科技护城墙建设，深化社区警务改革，多元化组建“莞邑联防”群防群治队伍，打造交叉叠加式巡防体系，违法犯罪警情比上年下降27.7%，社会治安形势全面向好。启动安全生产专项整治三年行动，组建专职安全生产检查员队伍，推进安全生产领域五大专项整治，推动5429家“三小”场所及出租屋安装简易喷淋，全年无发生较大以上因灾伤亡事件。塘厦镇开展“法治示范”创建工作，塘厦挂牌成立“青少年法治教育实践基地”，林村社区创建为省“民主法治示范社区”。推进人民调解工作，依托凤凰岗社区调解委会和公共法律服务工作站，建立“陈毓春律师调解工作室”，打造塘厦镇社区法律顾问和人民调解品牌，建成“塘厦镇凤凰岗诉源治理示范社区”，共建多元调解格局。深化公共法律服务体系建设，建立社区集体“三资”管理听取法律顾问意见制度，发挥人民调解化解矛盾纠纷“第一道防线”作用，深化“法援惠民生”品牌建设，在劳动仲裁庭和退役军人服务中心设立“法援点”，全镇21个社区完成公共法律服务站建设，推动8个社区申报省级示范性公共法律服务工作站。

【塘厦镇政务服务】 2020年，塘厦镇推进“一门式、一网式”政务服务改革，实现“莞家政务”自助终端镇、村100%全覆盖，推动政务服务事项通过自助终端实现群众办事“足不出镇”“足不出村”，24小时在线。推进综合窗口建设，实现综合窗口收件事项大扩容，推动供水、供电、电信等市政公用服务事项全面进驻政务中心，实现“一键报装”，推动公安分局14个业务窗口整体进驻并实现所有公安、交警业务“一窗通办”，提高群众办事的便利度。林村社区党群服务中心建成全市首个24小时便民服务区，为群众提供24小时不打烊便民服务。塘厦镇搭建线上线下政企沟通平台，建成企业高质量发展综合评价管理平台，打造从政务数据共享、企业评价、企业运行监测到政企互动的业务闭环，企业可以直接反映企业发展诉求和第一时间接收市镇政策资讯。通过驻点普遍直接联系群众活动和领导班子挂点联系企业制度，实现“一对一”帮扶企业常态化和制度化，解决服务企业的“最后一公里”问题。

【塘厦镇对口帮扶始兴县12个贫困村全部脱贫】 2020年，塘厦镇组建第三轮塘厦始兴对口帮扶团队，落实十大帮扶计划，开展深渡水瑶族乡对口帮扶工作，围绕“共推始兴发展、加快塘厦转型升级”这一目标，以产业共建为重点，推动始兴县4个镇12个贫困村全部出列，348户全部脱贫，脱贫率100%。年内，塘厦镇拨付财政到村引导资金900万元，用于基础设施建设和集体增收产业投资，加快从向村“输血”到村“造血”的转变，12个贫困村村级集体年收入均超过10万元。

【塘厦镇团委获评为全国五四红旗团委】 2020年，塘厦镇团委以习近平新时代中国特色社会主义思想为指导，把“推动改革创新，凝聚青年力量”作为工作定位，履行“组织青年、引导青年、服务青年和维护青少年合法权益”四大职能。在就业创业、宣传思想文化、学校团建、少先队建设、大学生社会实践、“两新”组织团建等方面工作成绩突出，在东莞市共青团工作中发挥先锋模范作用。7月，被共青团中央授予“全国五四红旗团委”。

【林村社区获评为广东省民主法治示范社区】 截至2020年底，塘厦镇林村社区制定并完善社区党工委党风廉政建设责任制、社区干部目标管理责任制等20多项制度，重点实施社区干部及部门岗位责任考核制度，形成科学民主的自治工作组织体系。围绕民主、公开原则，探索法治、自治、德治相融合的基层民主治理模式，依法按期完成社区党工委、居委会换届选举，程序规范。落实每周班子联席会议制度，党员代表、居民（股东）代表、集体经济组织成员代表共同参会。社区法律顾问协助社区开展依法治理、法治体检，指导完善乡规民约和自治章程，经居民代表大会讨论并通过《林村社区村规民约》。以“全国和谐社区建设示范社区”“全国创建无邪教示范社区”“全省民主法治社区”为载体，建设法治和谐社区。2020年12月，被广东省司法厅评为广东省民主法治示范社区。（陈 渊）

附：2020年塘厦镇党委、政府、人大主要领导名录

镇委书记：唐耀文

镇　长：黎雪琴（3月离任）

　　　　叶惠明（4月到任）

人大主席：杨晓斌

2019—2020年塘厦镇主要经济社会指标情况表

指标	2019年	2020年
户籍人口（人）	86706	91807
常住人口（万人）	49.84	62.9
面积（平方千米）	128	128
地区生产总值（万元）	4702506	5026700
第一产业（万元）	14089	14974
第二产业（万元）	3326062	3437804
第三产业（万元）	1362356	1573922
总用电量（万千瓦时）	545575	563384
全社会固定资产投资总额（万元）	764541	725088
社会消费品零售总额（万元）	1213642	1656345
外贸出口总额（万元）	3263713	3419345
实际利用外资（万元）	41804	44317
地方财政总财力（万元）	199844	190881
各项税收总额（万元）	968433	1021782

清溪镇

【清溪镇概况】 清溪镇位于东莞市东南部、深、莞、惠三市几何中心，是东莞唯一同时与深圳、惠州接壤的镇，处于深、莞、惠半小时经济圈。全镇辖区面积140平方千米，下辖21个村（社区）。截至2020年底，常住人口34.43万人，其中户籍人口5.50万人。2020年，清溪镇获"全国文明镇"五连冠，土桥村首次获"全国文明村"。

2020年，清溪镇实现地区生产总值319.17亿元（第一产业2.28亿元，第二产业222.14亿元，第三产业94.75亿元），比上年增长2.5%；总用电量34.88亿千瓦时，增长3.30%；全社会固定资产投资总额70.09亿元，增长7.25%；社会消费品零售总额61.54亿元，增长2.80%；外贸出口总额394.31亿元，增长2.75%；实际利用外资2.36亿元，下降7.81%；地方财政总财力31.94亿元，增长2.23%；各项税收总额49.70亿元，增长4.32%。

【清溪镇经济发展】 2020年，清溪镇加强经济运行监测调度，利用好市50亿元扶企资金、投资松绑30条等有利政策，打好减税、退费、免租、贴息等政策组合拳，发放援企稳岗补贴1035.87万元，减免184处镇属物业租金954.94万元，减免全镇企业社保费11.64亿元，向228家企业发放招工补贴421.1万元；设立11个工作小组和21个服务队，落实领导包干重点企业工作制度，实现603家企业走访全覆盖，梳理解决19个重大项目15个问题诉求，累计解决企业困难和问题233个，为企业新增和续贷金额32亿元。2020年，全镇实现规模以上工业增加值180.1亿元，比上年增长3.4%；全镇进出口总值563.3亿元，增长2.1%，总量排全市第四名，增速排全市第十二名。完成工业投资35.73亿元，比上年增长14.2%，总量排全市第一名，增速排第十三名。村组总资产58.1亿元，比上年增加4.3亿元，增长8%；村组纯收入7.4亿元，增加1.2亿元，增长18.8%。市场主体不降反增，有市场主体3.95万户，比年初增长17.2%。

【清溪镇产业发展】 2020年，清溪镇开展招商引资百日攻坚行动，实施高质量发展税收奖励办法，强化对优质税源型企业招引，引进300万元以上项目508个，协议投资金额115.88亿元，其中，超亿元项目9个，协议投资64亿元；有21个项目纳入市重大项目库，是全市重大建设项目最多的镇街之一。在全市先行先试新型产业用地（M0）政策取得阶段性成效，"青湖湾科创中心"奠基动工，"力合双清创新基地"部分建成投产，中建国际米德兰"工改M0"项目启动。借助互联网电商平台及线上直播活动为企业拓展内销市场，发力数字经济、新基建、人工

清溪镇中心区 （2020年杨石彪摄）

智能、生物技术等“新赛道”。强化清溪保税物流中心作为开放型经济重要窗口作用，开通“7×24小时卡口智能验放”，为企业“买全球”“卖全球”提供便利。

【清溪镇科技创新】 2020年，清溪镇实施“科技清溪”工程“1+N”政策体系、“1+30”扶持非公经济高质量发展政策体系，安排6000万元专项资金全方位扶持倍增计划、科技创新、智能制造、品牌质量、商贸旅游、招才引智，推动镇内企业借力“三区”建设做大做强。依托院士专家工作站等创新平台，促成域外高端人才与镇企事业单位“联姻”合作，新增宜安科技、鸿德电池等3个广东省院士专家工作站，清溪镇科学技术协会获评省级优秀组织单位；天元股份登陆中小板，成为清溪镇第三家A股上市公司；全镇高新技术制造业完成增加值近60.88亿元，比上年增长23.5%，占规模以上工业增加值比重达33.8%。实施“十百千万百万”人才工程，引进高层次人才49名，完成“一镇一品”技能人才培训1831人。

【清溪镇城市品质提升】 2020年，清溪镇推进新一轮国土空间总体规划编制，完成土地入库8宗31.6万平方米，米德兰“工改M0”、金桥工业园区、重河石田路东侧城市更新单元推进。对全镇96个工业园区、1482个单元进行摸底摸查，通过改造升级一批、拆除重建一批、产业置换一批，将旧村、旧工业区改造为创意产业园、科技企业孵化器等创新型经济项目。打好“两违”治理攻坚战，全年组织421次集中拆除行动，拆除、整改各类建筑物90.5万平方米，提前超额完成违法建设治理任务的104.03%，实现“零增长”目标。推进“16+2”城市精细化管理示范区创建，完成清林路、莲塘路等品质提升工程；全域推进农村人居环境整治、“行走清溪”等10项环境提升专项整治，清理卫生死角6520余处，整治“六乱”行为1.58万宗，整治田间窝棚298个。试点推进荔横村“洁净城市示范村”和三中村“生态宜居示范点建设”；创新实施“30分钟垃圾处理机制”“路（巷）长+管养公司制”，生活垃圾分类示范片区建设稳步推进。

2020年5月10日，大湾区·深投控清溪科技生态城青湖湾科创中心开工仪式举行 （黄广文 摄）

【清溪镇生态文明建设】 2020年，清溪镇完成石马河流域综合治理、截污管网、排污口整治、雨污分流改造、污水处理厂提标等工程；石马河马滩断面氨氮、总磷浓度均值分别比上年下降69.7%、61.3%，稳定达到Ⅴ类水标准。镇村两级河长挂点督办全镇43条河涌，累计开展巡河1600多次；开展生态环境执法，推动300家重污染企业接入重点污染源在线监控平台，实行村级水环境质量24小时在线监控。全面推进蓝天和净土保卫战，实行空气质量网格化监管，全年空气质量优良天数比例达91%，空气质量稳居全市第一。开展“2020森林麒麟动漫季”“点亮清溪八点半”系列文旅活动，“东莞耕山小寨”项目于8月中旬对外营业，“银瓶山森林公园清溪景区—契爷石水库湿地公园—大王山森林公园”认定为“广东省森林旅游特色线路”。

【清溪镇民生实事】 2020年，清溪镇推动清溪中学复办高中、公办学校扩建扩班、海德双语学校和华中师大附中开学；推进公办学校扩建扩班，增加36个教学班、1620个公办学位。完成8条内畅道路升级改造工程。建成清林路生态停车场，完成16条道路路内停车位及标线完善工作，推行智慧停车试点，实施28个交通路口“微改造”，全镇交通基础设施服务水平进一步提升。推进“医养结合”大健康项目，实施“1个中心17个站点”的社区卫生服务机构标准化建设。推进老年人和儿童免费体检等项目，累计服务1.3万人次。落实公共服务保障，全年发放各类救助金和慰问金730万元，发放各项就业创业补贴305.02万元，帮扶2929名城镇失业人员实现再就业。

【清溪镇社会治理】 2020年，清溪镇创建省级维稳工作示范点，排查不稳定隐患65处，妥善处置化解64处，处置化解率98.4%；办理镇一级信访事项1084人次，比上年下降17.75%；接各类警情6.88万起，其中违法犯罪警情4289起，比上年下降23.9%，完成国庆、中秋、深圳经济特区建立40周年庆祝大会等维稳安保工作。强化智网工程建设，发现线索隐患2.35

万条，完成处置2.12万条，处置率近90%；疫情期间全镇网格队伍走访出租屋2.83万栋次、排查人员3.26万人次。开展安全生产专项整治三年行动，排查安全隐患1.35万处，立案查处32件。突出食品安全监管，抽检食品1000余批次，守护“菜篮子”安全。狠抓消防安全工作，新中心消防站、南部消防站（三中分站）投入使用，排查整改发现火灾隐患1.93万处。

【清溪镇政务服务】 2020年，清溪镇深化“放管服”改革和“数字政府”建设，开展行政管理体制改革、“一门式、一网式”政务服务改革工作，镇政务服务中心进驻27个部门1059项事项，网上办事大厅上线2672项政务服务事项，将989项政务服务事项纳入一体化平台；受理13.23万宗业务，满意率99.95%。完成21个村（社区）党群服务中心“莞家政务”自助终端部署，推动140多项便民服务事项进驻党群服务中心，建成大利和浮岗两个社区综合服务中心。

【清溪镇连续五届获评为全国文明镇】 2009年1月20日，清溪镇获评为全国文明村镇，从此与文明创建相伴相随，保持着文明创建的长效常态。集中力量突破薄弱环节，推动城市精细化管理水平跃升，增强人民群众的幸福感、获得感、安全感。在美化城市环境的同时，也让文明理念深入人心，推动新时代文明实践中心（站）等阵地建设，形成一批社会主义核心价值观教育的主阵地，推动文明实践在基层走深走实。2020年，清溪镇通过全国文明村镇复评，连续五届获评为全国文明镇，下辖的土桥村也创建为全国文明村。

【清溪镇获评为国家外贸转型升级基地】 截至2020年底，清溪镇作为国内最大光电通信制造基地以及重要的国际电子产品制造基地，制定以光电通信产业为主导的产业发展规划，出台系列扶持政策和配套措施，分层次打造青湖湾科创中心（协同创新中心）、清溪镇国际商务交流中心、清溪镇跨境电商培训基地、力合双清才智服务基地、中小企业服务平台，培育外贸主体，实行科研引领，强化人才支撑，引入新业态新模式，培育自主知名品牌，加速形成产业集群，全面提升外贸发展质量和层次。2020年，清溪镇被国家商务部获批为“国家外贸转型升级基地（光电通信）”。

全国文明镇——清溪镇。图为清溪镇镇标　　（2020年杨石彪摄）

【清溪镇获评为广东省全域旅游示范区】 2016年，清溪镇被列入广东省第一批全域旅游示范区创建单位，至2020年，按照创新工作相关指引和要求，重点在“体制机制、平台构建、龙头驱动、品牌建设、公共提升”等方面下功夫，推进全域旅游示范区创建，探索旅游发展新路径。2020年6月，清溪镇被广东省文化和旅游厅评定为“广东省全域旅游示范区”。

（李海波）

附：2020年清溪镇党委、人大、政府主要领导名录

镇委书记：范燕彬（任至11月）
　　　　　叶锦锐（11月到任）
镇人大主席：姚伟民
镇　　长：李惠明

2019—2020年清溪镇主要经济社会指标情况表

指标	2019年	2020年
户籍人口（人）	51920	54981
常住人口（万人）	31.37	34.43
面积（平方千米）	140.1	140.1
地区生产总值（万元）	3110685	3191562
第一产业（万元）	21687	22756
第二产业（万元）	2189484	2221359
第三产业（万元）	899513	947448
总用电量（万千瓦时）	337611	348765
全社会固定资产投资总额（万元）	653458	700862
社会消费品零售总额（万元）	664604	615447
外贸出口总额（万元）	3837555	3943051
实际利用外资（万元）	25621	23620
地方财政总财力（万元）	312462	319440
各项税收总额（万元）	476418	496993

常平镇

【常平镇概况】 常平镇位于东莞东部，地处广深经济走廊中段。2020年，辖区面积103平方千米，下辖33个村（社区）。截至2020年底，常住人口44.49万人，其中户籍人口11.45万人。常平镇是“全国重点镇”“全国文明镇”“国家卫生镇”“中国电子信息产业名镇”“中华餐饮名镇”“中国粮油物流重镇”“中国楹联文化之乡”“中国塑料新材料之都”“省级生态乡镇”，是东莞东部产业园片区中心镇。

2020年，全镇实现地区生产总值374.47亿元（第一产业1.05亿元，第二产业194.42亿元，第三产业179.00亿元），比上年增长1.3%；规模以上工业增加值118.80亿元，下降2.4%；固定资产投资总额60.46亿元，增长20%；社会消费品零售总额171.92亿元，下降10.2%；进出口总额407.62亿元，下降8.1%；税收总额52.36亿元，下降3.9%；总用电量36.61亿千瓦时，增长2.3%。连续四届获“全国文明镇”“国家卫生镇”称号，并获“全国敬老文明号”“全国综合减灾示范社区”“全国示范刑事科学技术室”称号。

【常平镇重大平台建设】 “香港城”项目 2020年，常平镇加快“香港城”项目征地拆迁，项目范围内同意征收房屋80%、核心区95%，累计拆除建筑面积6.8万平方米，完成用地报批24.71万平方米，其中完成土地入库面积9.68万平方米。项目概念性规划方案完成中期成果，编制控制性详细规划草案和开展核心区土壤环境初步调查。

“双区”建设 2020年，常平镇把基层实验区建设作为全面深化改革的首要任务和系统基层工程，主动对接深圳、广州、香港等城市优质产业资源，做好《深化莞港经贸产业合作改革创新实验区方案》编制工作，创建莞港现代服务业融合发展先导区，组织推进落地一批重大改革、重大工程，构建现代化产业体系。

科技创新平台提升 2020年，常平镇国际创新港累计引进创新创业型企业（项目）超300家（个），8家载体获得市级以上孵化器或众创空间认定，累计达16家。重点建设多层次人才培养体系和专业交叉融合的教学基地，启动东莞理工学院（常平）智能制造与创意设计学院施工建设。

城市发展空间拓展 2020年，常平镇启动屋厦片区优质生活圈建设，对公共空间、街道空间、公建服务空间及居住空间等进行重点改造提升。完成27.37万平方米城市更新改造任务，6个“工改工”项目纳入市首批“工改工”项目库，新开工改造4个，固定资产投资额6.46亿元。盘活存量土地12宗，涉及土地面积39.31万平方米。

重大项目建设 2020年，常平镇建立完善工业企业增资扩产项目库，库内在建、拟建项目86个，涉及总投资额241.3亿元。全年13个重大项目完成投资31.82亿元，完成市下达任务100.11%。推动一批重特大项目签约落地，完成内资协议投资68.8亿元，实际利用内资18.7亿元，超亿元内资产业项目3个。专项债方面，寒溪水常平中心区段工程完成总工程量的39%，申请3.97亿专项债，全部完成支付。

【常平镇经济发展】 2020年，常平镇坚持把稳定作为经济工作的第一要求，经济运行逆势回升。以应急状态建立经济运行监测调度体系，组建镇经济运行监测调度指挥部，落实市指挥部各项要求和部署，推动企业复工复产、满工满产，确保经济平稳健康运行。

扶企稳企 2020年，常平镇主

常平镇中心区 （2020年常平镇供图）

动加强对企服务，在186家市级重点监测企业基础上，增加200家重点“四上”企业纳入镇重点监测企业，落实“一企一专班”“一企一顾问”。深入企业开展“点对点”帮扶，收集问题580个，全部办结，办结率100%。帮助企业缓解资金压力，累计发放贷款52.76亿元，提供票据贴现9.70亿元，帮助503家企业申报市专项资金超7775万元。

稳外贸基本盘　2020年，常平镇配套制定稳外贸工作方案，281家小微外贸企业实现出口信用保险全覆盖，完成年度目标，另外有11家中型以上外贸企业购买出口信用保险。全年利用合同外资8.67亿美元，比上年增长32.8%，完成进度125.3%，利用外资超千万美元项目7个，完成进度140%。

促消费　2020年，常平镇举办直播带货培训活动60场，辅导超700家企业开展直播带货活动超2300场，带动销售4000万元。组织4家商超综合体举办线下集中促销活动。结合消费时节新热点，发放两轮电子消费券吸引超过10万人次参与，累计发券总额218.3万元，拉动消费总额超3.3亿元。举办全国第一个镇级云上博览会——云上东莞（常平）商品博览会，为46家企业匹配意向采购商。打通国际货运通道，推动“东莞常平号”中欧班列以常平作为始发站常态化运转，运输产品涵盖电子产品、防疫用品、家具、五金等货值306万美元货物。引入广东铧为现代物流股份有限公司开展中欧班列业务，并签署战略合作协议建设A型保税物流中心，完善保税仓储物流服务。

【常平镇人居环境】　2020年，常平镇坚持把品质提升作为城市建设的着力点，人居环境不断改善。东莞东站TOD规划方案上报市领导小组审批，核心区完成用地报批面积17.52万平方米，完成核心区面积17.38万平方米土地征拆工作。朗贝片区意愿征询同意率98%，基本完成单元入户测绘、地籍调查等工作，卢屋片区完成意愿征询和入户测绘，同步推进袁山贝片区意愿征询和测绘工作。

生态环境质量提升　2020年，常平镇打好3个国考断面水质稳定达标攻坚战，累计建成截污管网1050千米，整治河涌排污口794个，清理整治“散乱污”企业2546家，1824家企业完成雨污分流改造工程。开展河涌综合治理，创新工作机制，安装河道视频监控，加强河道范围跨区域管理。寒溪水常平中心区段工程完成招标，完成总工程量9%。落实“河长制”，压实责任，水污染治理取得阶段性成效。

全域整治人居环境　2020年，常平镇开展人居环境整治“百日攻坚战”，结合“行走常平”“洁净城市”等专项行动，加强城市“六乱”治理，推进“千景绣常平”工程，提升市容环境质量。建立完善覆盖全镇范围的三级田园巡查机制，巩固田间窝棚整治成果。86个公共机构率先开展垃圾分类工作。完成21座“厕所革命”建设工作。开展城市道路扬尘污染防控和泥头车专项整治百日行动以及铁路沿线环境景观提升和安全隐患综合整治行动。提升改造“四好农村路”6千米。推进“两违”治理，全年拆除新增违法建筑45宗面积2.1万平方米，治理各类违法建筑面积188.4万平方米，超额完成年度治理目标。

美丽幸福村居全覆盖　2020年，常平镇31个村通过市“干净整洁村”“美丽宜居村”验收，开展美丽幸福村居建设项目134个，总造价2亿元，镇配套补助1.19亿元。加快打造示范样本，打造“桥梓特色精品示范村”、8个“美丽宜居示范村”，以及31个“美丽宜居村”。创新使用“轻流”系统，构建人居环境快速巡查交办机制，推行各村“人居环境十件实事”，选取一批优质项目进行奖补扶持。

国家AAAA级旅游景区——隐贤山庄　（2020年常平镇供图）

【常平镇社会事业】　2020年，常平镇压缩部门、单位）10%支出，向重点领域和民生领域倾斜。

教育提质扩容　2020年，常平镇推进新城学校筹建，新投入一批公办中小学幼儿园，新增2个教育集团、2所品牌学校和2个品牌学校培育对象，缓解基础教育学位不足、品牌优质教育资源分布不均等问题。适应疫情防控形势，整理开发线上教育优质资源，累计组织超7万人次参加中小学家庭教育线上课程活动。

医疗卫生水平提高　2020年，常平镇推进新社卫大楼竣工验收，下墟、麦元社区卫生服务站建设工程稳步进行。常住人口建立健康档案比率达92.12%。推行家庭医生服务，购置签约电子设备47台，重点人群签约率67.62%。开展中医"治未病"服务，为5995名社区居民提供中医体质辨识及健康干预服务。

文体事业推进 2020年，常平镇10个社区综合服务中心建成并投入使用，全面提升社区服务水平。建立1个新时代文明实践中心、7个实践站及4个实践点，组建54支志愿服务队，文明建设深入推进。组织发动全镇文艺工作者创作抗"疫"主题文艺作品162幅（件）。开展旱木龙手工制作、旱木龙剪纸等文化公益培训，弘扬常平镇省级非物质文化遗产。推动隐贤山庄景区创建申报"广东省文旅融合发展示范区"和"广东省研学旅行实践基地"。

扶贫济困 2020年，常平镇做好低保户、残疾人、孤儿和特困供养人员等的社会救助服务，累计发放民政救助款项562.25万元落实社会救助工作，投入1182万元专项经费做好敬老爱老服务，平安铃安装全镇服务对象全覆盖。做好对口支援新疆维吾尔自治区、扶贫协作曲江、精准扶贫南雄等工作，确保推动一批贫困村和贫困户出列。

【常平镇公共服务】 2020年，常平镇坚持把效能提升作为服务体系建设的关键所在，公共服务更加优质高效。

机构改革推进 2020年，常平镇通过改革机构设置、优化职能配置、创新体制机制，推动机构改革深入实施，常平镇党委、政府下设3个委员会、13个党政机构和20个事业单位，完成集中挂牌并运行。

政务服务提质提效 2020年，常平镇优化政务服务中心硬件环境，完成二期装修工程。推进一窗受理，梳理涉及19个部门（单位）1001项事项纳入《常平镇"一窗受理"事项清单》。延长服务时间助力复工复产，通过周末值班延长办事大厅服务时间，为企业、群众办结业务3078件。

依法治镇落实 2020年，常平镇完善依法治镇委员会及其办公室组织架构和运行机制，制定《常平镇2020年全面依法治镇工作要点》，深化依法治镇工作。严格审查规范性文件，完善政府经济合同法律审查制度，加强执法部门案件合法性审查，保障政府行为合法合规。整合铁骑、网格员、专职安全员等多支队伍力量，提高社区治安及社会治理统筹能力和作用，加强不稳定因素排查收集、分析研判、调处化解。处理各类信访案件90件，比上年下降42.68%；违法犯罪警情在连续两年大幅下降的情况下，再度下降30.73%；安全生产监管监察（巡查）覆盖率100%，全镇社会大局持续和谐稳定。

【常平镇连续四届获评为"国家卫生镇"】 2020年，常平镇以巩固"国家卫生镇"、提升城市竞争力为目标，围绕健康教育、环境整治、环境污染治理、病媒生物防制、卫生监督、食品安全、传染疾病防控、农村社区卫生等方面，深化环境治理，加强城市建设，人居环境不断改善，城镇功能日益增强。全镇市容环境卫生质量明显提高，群众不仅收获"干净、整洁、有序、安全"的城市环境，更收获健康生活理念、良好卫生习惯、文明生活方式。年内，通过复审，连续四届获评为"国家卫生镇"。

【常平镇再少康乐园获评为"全国敬老文明号"】 常平镇再少康乐园为离退休党员干部提供健身、学习、休闲、娱乐于一体的综合性活动场地。截至2020年底，占地面积1580平方米、建筑面积680平方米，设有镇老干部党支部活动室、有声图书馆、舞蹈室、书画室以及其他运动器材等，日均人流量150—180人次。2020年，常平镇以该乐园为活动阵地，推进老干部党支部规范化建设，打造"榕树下的声音"老干部工作品牌，促进常平镇老干部党支部获评为"东莞市离退休干部党支部规范化建设示范点"，并成为全市唯一"全省离退休干部先进集体"党支部。2020年，常平镇再少康乐园获评为全国"敬老文明号"。 （李彬斌）

附：2020年常平镇党委、人大、政府主要领导名录

镇委书记：刘裕昌

镇人大主席：刘学新

镇　　长：朱默河（任至10月）

　　　　　李中文（10月到任）

2019—2020年常平镇主要经济社会指标情况表

指标	2019年	2020年
户籍人口（人）	108731	114542
常住人口（万人）	39.50	44.49
面积（平方千米）	103.3	103.3
地区生产总值（万元）	3689310	3744650
第一产业（万元）	9964	10455
第二产业（万元）	1991670	1944219
第三产业（万元）	1687675	1789975
总用电量（万千瓦时）	356279	362777
全社会固定资产投资总额（万元）	504039	604595
社会消费品零售总额（万元）	1915309	1719190
外贸出口总额（万元）	2665419	2543826
实际利用外资（万元）	61298	15840
地方财政总财力（万元）	426701	581031
各项税收总额（万元）	544993	523625

桥头镇

【桥头镇概况】 桥头镇位于东莞市东北部，与惠州市接壤。截至2020年底，辖区面积56平方千米，下辖11个村和6个社区，常住人口20.73万人。是“全国综合实力千强镇”“全国文明镇”“中国环保包装名镇”“中国荷花名镇”“国家卫生镇”“广东省中心镇”“广东省教育强镇”“广东省生态乡镇”。

2020年，桥头镇实现地区生产总值174.62亿元（第一产业0.55亿元，第二产业120.30亿元，第三产业53.77亿元），比上年增长0.4%；总用电量23.87亿千瓦时，增长2.4%；规模以上工业增加值103.3亿元，增长1.9%；社会固定资产投资32.8亿元，下降17.2%；进出口总额304.7亿元，下降14.7%；各项税收总额27.4亿元，增长0.7%；社会消费品零售总额40.9亿元，下降7.8%；地方财政总财力24亿元。

【桥头镇经济发展】 招商引资 2020年，桥头镇在做好疫情常态化防控的基础上，推动经济社会发展，加强项目招引和落地，加大招商引资力度，引进内资协议投资62.9亿元，实际投资32.8亿元，比上年增长43.6%，其中，招引顺玺电子、晋铭、集美等5宗超亿元项目，涉及总投资额25.7亿元，总用地面积12.27公顷；合同利用外资2.9亿元，实际利用外资1.5亿元，其中，引进森源环保、慧然科技、卡莱医疗增资项目等3个超千万美元项目。协助12个市重大项目建设，完成投资额8.5亿元，年度任务指标完成率163%。

企业服务 2020年，桥头镇抓好经济运行监测调度，贴身做好企业服务，出台“扶企15条”，推动减税、退费、免租、贴息等政策落实，为企业减免租金4200多万元。开展“倍增计划”，推动市倍增计划试点企业增至11家，落实倍增计划扶持资金307万元。培育中小微企业成长，建立“小升规”重点潜力企业培育库，完成“小升规”企业60家，推动87家企业列入中小微企业白名单，指导74家企业获680万元专项资助资金。

创新驱动 2020年，桥头镇促进企业加大研发投入力度，71家企业通过国家高新技术企业认定，工业总产值5亿以上规模以上企业研发机构覆盖率100%，先进制造业、高技术制造业分别占规模以上工业增加值36.8%和24.3%。深化“产学研”合作，引进专业博士人才4名，与中南林业科技大学建立产学研合作关系，建成1个市级科技孵化器、1个众创空间，力嘉产业园获评广东省工业旅游精品线路，桥头镇获得中国包装联合会特殊贡献奖。

促进消费升级 桥头镇开展“乐购东莞”促消费行动，投入400万元，通过线上线下发放优惠券，进一步带动市场消费。培育“直播带货”新业态模式，举办4场电商直播带货活动，37家企业、224款产品参加直播活动，有效促进消费增长。

【桥头镇城市品质提升】 2020年，桥头镇拓展城市空间，加快国土空间规划编制，初步完成“底图底数”评估分析工作，启动概念方案研究及相应五个支撑专题研究，形成概念方案及战略研究初步成果，确立以“一河一路·两园区”产城融合发展思路为基础，构建“一轴一带，一心两核五组团”的城市空间结构。

城市更新步伐加快 2020年，桥头镇做好9宗城市更新地块前期服务工作，完成第一批6个地块的

桥头镇中心区 （2020年桥头镇供图）

测量、权属调查，启动第二批3个地块前期服务，开展镇村工业园改造，推动宏辉、蓝盾、弘业等5个“工改工”项目动工建设，完成拆除平整21.93公顷。加快土地资源储备整合，收储整合土地15.33公顷，其中收储大洲社区高头岭3.33公顷、公办高中项目12公顷土地，超额完成市下达收储8.67公顷的任务，同时推动13.43公顷市镇联合招商基地由“生地”转为“熟地”，落实8公顷用地指标。

人居环境改善 2020年，桥头镇完成1个特色精品示范村创建，铺开3个特色精品村和7个第一批美丽宜居村建设；完成石马河、东引运河流域次支管网建设工程，落实“三级”河长巡查和河道“五清”专项工作，完成635个入河排污口整治，河道水质不断改善；打好蓝天保卫战， 2020年五项大气主要污染物浓度持续下降，各项污染物浓度均达国家二级标准，空气优良率达96.1%。开展“洁净城市”“行走桥头”专项行动，治理面积“两违”面积79.84万平方米，超额完成市下达治理75万平方米的年度任务，实现田间窝棚清零。加快大型垃圾中转站建设，新建“一类星级公厕”2座和提升“二类公厕”6座。

路网建设推进 2020年，桥头镇完成莞番高速（桥头段）征地拆迁，加快29号路建设，东太湖路升级改造、X243升级改造纳入市千日攻坚任务清单，完成桥鸿路、真功夫路口、中兴路路口升级改造，新城大道、光明路等“四好农村路”有序推进；加强静态交通管理，新增路外停车位687个、严管路1条。

【桥头镇社会治理完善】 2020年，桥头镇坚持底线思维和问题导向，增强忧患意识，做好全国人大、政协“两会”和国庆、深圳经济特区建立40周年等安保维稳工作，强化隐患排查化解。开展扫黑除恶专项斗争，加大对10类重点行业整治力度，全年立案涉恶案件50件，打掉犯罪集团2个，确保收官之年专项斗争取得全面胜利。从严打击各类违法犯罪行为，全年违法犯罪警情下降9%，其中“两抢”（抢夺、抢劫）警情下降八成。加强社会治理创新，突出信息化治理，加快智慧桥头视频监控系统建设，完成建筑物、市场主体、出租屋建档，突出开展巡检排查，发现问题隐患4.59万处，完成处置4.57万处，完成率99.53%；完善人民调解格局，依托“莫满水调解工作室”，培育“李屋阳光调解”“岭头阳光调解”项目，全年矛盾纠纷案件调处成功率98%。落实安全生产“一线三排”（一线是指坚守发展决不能以牺牲人的生命为代价，这是不可逾越的红线，三排是指排查、排序、排解），结合安全生产领域五大专项整治，全面开展安全生产整治三年行动，排查治理重点领域隐患，完成30间出租屋消防安示范点，建成1间“放心肉菜示范超市”，全年生产安全事故宗数、死亡人数、受伤人数比上年下降22%、33%和67%，无发生重大安全事故。

【桥头镇民生水平提高】 2020年，桥头镇全面推进小康社会建设，全力加强民生保障，推进教育扩容提质，完成公办高中用地征收，推进桥头中学、中心小学、第一小学、第三小学、第五小学增扩建工程，全年新增小学学位395个。加强社会保障，启动“民生大莞家”服务项目，开展居家养老“大配餐”服务，全面推进医保电子凭证推广应用，实施困难家庭医疗救助及二次医疗救助，户籍困难人口基本医疗保险参保率达100%，减轻困难群众的医疗费用负担。推动桥头医院建设“智慧

桥头镇夜景 （2020年桥头镇供图）

医院”，完成3个预防接种门诊标准化建设。实施人才工程，帮助3000多人实现就业，发放补贴518万元，城镇登记失业率控制在3%以内。开展双拥共建工作，退役军人服务中心创建为省五星级示范中心。坚决打赢脱贫攻坚战，实现揭西凤江镇、棉湖镇7个帮扶贫困村及贫困人口脱贫出列，落实云南省昭通市镇雄县8个深度贫困村结对帮扶，筹集各类帮扶资金206万元，做好西藏自治区林芝市巴宜区百巴镇和韶关市仁化县的产业共建帮扶，促进两地合作共赢。

【桥头镇群众服务优化】 2020年，桥头镇完善公共文化服务体系，完成东莞市文化馆桥头分馆16个村（社区）支馆设置，启动邓屋村“华南教育历史研学点”建设，莫家拳入选国家级非遗项目；深化群众文化品牌建设，举办2020年新春赏花行、第十七届东莞荷花节等大型文化活动，举办第三届全国扬辉小小说奖、“广东美塑杯”东莞市第十二届小小说等创作大赛，开展各类展览活动，桥头文化服务中心获评广东省基层文化工作先进单位。全面推动“四个之城”（友善之城，志愿之城，好人之城，希望之城）建设，建成新时代文明实践中心及3个实践站，组建志愿服务总队和47支分队，开展“最美家庭”“东莞好人”“善行义举榜”等评选，全年获评“绿色家庭”6户、“东莞好人”5人。优化营商环境建设，完成新政务大厅建设，扩大办事窗口达63个，逐步上线政务服务事项达1136项；实现一体化政务服务平台登记、受理、审核、审批、办结等业务全过程网上流转、审批全程留痕；全面推行综合受理，实现966项政务服务事项一窗通办；完成“莞家政务”自助终端配备，提供24小时不打烊便民服务。

【桥头镇“一河一路·两园区”建设】 2020年，桥头镇按照“湾区都市、品质东莞”战略部署以及“1+1+6”工作思路，形成总体发展思路：坚持“品质·美丽·宜居”的战略目标和价值追求，以“一河一路·两园区”建设为主抓手，推进产业基础高级化和产业链现代化，将桥头打造为深莞惠产业合作示范区、大湾区生态旅游高地。

东太湖科技产业园 桥头镇全面统筹东太湖科技产业园约10平方千米连片土地，依托区位优、交通好、成本低等多重优势，对园区进行重新规划和整体再造，加强与银屏合作创新区、潼湖生态智慧区的区域联动和优势互补，打造产城融合示范区，启动“连片工业区改造”“东太湖生态美景建设”和“新兴产业项目招引”工作，研究东太湖科技产业园升级改造，初步形成园区规划概念方案，划定85.33公顷“工改工”核心区，做好15.2公顷连片“工改工”；划定15.91公顷用地建设“东太湖”及环湖路项目，打造优美的生态环境和居住环境；聚焦新兴产业开展招商引资，推进生命健康城项目洽谈，引进昶通通讯、明亨家居、润信包装、中兴瑞电子、实优特等一批产业项目。

荷花文旅产业园 桥头镇统筹荷花产业园466.67公顷连片土地，构建全域旅游链条，以建设粤港澳大湾区饮水思源博物馆为契机，串联邓屋名人陈列馆、迳联古村落、国家级非遗莫家拳等历史文化资源，打造东江花月夜5A级景区，构建完整的旅游产业链。构建现代产业服务区，通过乡村振兴、品质提升、城市更新、生态治理等途径，布局高端配套空间，在医疗、教育、金融、康养、楼宇、住宅等六个领域培育高端产业、集聚优质资源，承接和扩大园区消费，实现供给侧改革与需求侧管理良性互动。推进全域旅游策划，开展全域旅游发展总体规划撰稿，完善园区核心景区设计，完成《桥头特色旅游目的地创建全案策划》和9大专题篇章方案，并启动项目前期招商工作。同时，划定18.67公顷范围，建设集休闲游览、生态观光于一体的“七彩花田”项目，为园区整体规划建设开展先行先试。

（陈家豪）

附：2020年桥头镇党委、人大、政府主要领导名录

镇委书记：翟耀东
镇人大主席：陈进昌
镇　　长：叶冠强（任至11月）
　　　　　刘锦棠（11月到任）

2019—2020年桥头镇主要经济社会指标情况表

指标	2019年	2020年
户籍人口（人）	45148	47049
常住人口（万人）	20.70	20.73
面积（平方千米）	56	56
地区生产总值（万元）	1736575	1746251
第一产业（万元）	5206	5462
第二产业（万元）	1199227	1203043
第三产业（万元）	532142	537746
总用电量（万千瓦时）	233342	238743
全社会固定资产投资总额（万元）	396626	328286
社会消费品零售总额（万元）	443602	408905
外贸出口总额（万元）	2345437	2017076
实际利用外资（万元）	22361	14657
地方财政总财力（万元）	182172	239885
各项税收总额（万元）	271989	273761

横沥镇

【横沥镇概况】 横沥镇位于东莞市东部，纳入松山湖统筹发展功能区，东莞职教城落户于此，东部快速、从莞高速和在建的莞番高速纵贯全镇。2020年，辖区面积44.67平方千米，常住人口27.93万人，户籍5.23万人，下辖16个村和1个社区。横沥镇是“全国文明镇”“国家级生态乡镇”“国家卫生镇”“广东省教育强镇”“广东省文明镇”。截至2020年，连续4年跻身全国综合实力百强镇。

2020年，全镇地区生产总值174.09亿元（第一产业0.86亿元，第二产业125.55亿元，第三产业47.68亿元），比上年增长4.7%，增速在全市排第十二名；规模以上工业增加值98.27亿元，增长8.4%，增速在全市排第八名；固定资产投资45.48亿元，增长39.3%，增速在全市排第五名；社会消费品零售总额41.28亿元，增速在全市排第十八名；税收总额28.04亿元，增长11.0%，增速在全市排第六名。全镇市场主体突破3万户。

【横沥镇模具产业发展】 截至2020年底，横沥镇先后获评为中国模具制造名镇、广东省模具制造专业镇，全省首批产业集群工业互联数字化转型试点、全国外贸转型升级基地（模具）。聚焦模具支柱产业优势，打造“一城一园一中心一学院一品牌一基地”“六个一”产业平台［模具城、模具科技产业园、模具产业协同创新中心、横沥模具技术培训学院、横沥模具商标、国家外贸转型升级基地（模具）］，推动模具产业提质升级。2020年，规模以上模具总产值119.72亿元，比上年增长20.1%，支柱效应凸显。规模以上电子信息制造业、光电产业总产值分别为76.38亿元和30.77亿元，电子信息、智慧光电“两翼”加快成长，“一柱两翼”产业体系逐步形成。

【横沥镇创新驱动发展】 2020年，横沥镇成功申报“创新强镇”项目。重点以协同创新中心作为母平台，建成模具检测技术中心、材料塑性成形技术中心、横沥模具产业云专区等10个子中心，被录入广深科技创新发展走廊创新项目2个。有省、市工程技术研究中心13家。全镇企业2019年R&D（研发）经费支出5.91亿元，研发强度3.55%，全市排第二名。全镇国家高新技术企业278家，规模以上工业企业自建研发机构189家，覆盖率47.4%。促成校企产、学、研合作项目78个，实现成果转化57项。成立东莞市循环经济工业设计研究中心，从事产业研究和科普推广。

【横沥镇重大项目建设】 2020年，横沥镇镇重大项目建设完成投资10.20亿元，超额完成0.49%。

银宝山新项目 该项目主要生产通信电子、汽车零部件，项目总投资20亿元。截至2020年底，进度1号厂房主体完成，4号厂房天花至屋面，7号宿舍主体完成，进入装修阶段。

华庄项目 该项目主要从事汽车电子产品、通信设备业务，项目总投资2亿元。截至2020年底，1号厂房完工，2号宿舍完工，厂区

横沥镇夜景 （2020年横沥镇供图）

进入市政建设工程工作。

怡合达项目　该项目主要从事自动化零部件产业链业务，总投资7.8亿元。截至2020年底，1号厂房外墙清洗，首层地面浇筑完成100%，2号厂房首层地面清理完成100%，3号厂房楼层清理完成90%；5号宿舍楼地板砖粘贴完成；4号地下室清理完成。

维科项目　该项目主要生产聚合物电芯，项目是购买旧忠信、联志厂房进行改造，一期和二期合计投资8亿元。截至2020年底，一期厂房改造完成，主体设备进厂；二期项目为厂房改扩建及装修。

泰亮项目　该项目主要生产半导体照明电子电器产品、灯饰产品，总投资2亿元。截至2020年底，宿舍外排栅已拆除，1号厂房消防工程安装完成70%，2号厂房外墙施工中，3号厂房完成桩基础。

诺正电子项目　该项目主要生产机顶盒和智能电源，总投资2.4亿元。截至2020年底，工程建设完成95%。

擎洲光电项目　东莞市擎洲光电科技有限公司智慧零碳工场项目，投资金额2.35亿元，以加工生产LED光具为主。截至2020年底，完成前期审批情况办理，桩机进场。

仁和水项目　仁和水横沥段水环境综合整治工程项目总投资1.78亿元，主要开展河道二边修复及景观的改造。截至2020年底，完成前期审批办理。

【横沥镇城市品质提升】　2020年，横沥镇推进国土空间总体规划编制。完善环境设施，镇村路网、绿化景观、铁路沿线、建筑立面不断优化升级。完成东引运河二期整治，启动仁和水综合整治项目，“三河六岸”滨水景观长廊加快成型，结合灯光夜景工程，提升中心区品位。统筹抓好截污管网、雨污分流、内河涌整治等工程项目，32条河涌全面消除黑臭。启动垃圾分类试点工作，开展“行走横沥”“厕所革命”等专项行动，完成“两违”治理91.13万平方米。建成新时代文明实践中心站点体系，各类文艺工作室、展馆、剧社等基层文化阵地落成启用，全年举办400多场次文化惠民活动，城市文化内涵加快提升。

【横沥镇社会治理创新】　2020年，横沥镇深化社会治理协同创新，建设“公益咖啡”“童步成长路”等一批特色亮点项目。组建11个村级共治协会，推进35个乡村和谐善治项目，新成立8家民间调解组织，社会治理水平明显提高。动员社会各界支援基层战疫，“楼嫂”服务广受好评，社区发展基金会获评“全国防疫优秀案例”。工、青、妇等群团组织，获“省三八红旗集体”“省先进女职工集体”“省巾帼文明岗”称号。

【横沥镇民生实事发展】　2020年，横沥镇投入10.9亿元实施民生工程。抓好教育扩容提质，推动实验学校集团化办学，组建镇幼教集团，中心小学被认定为市第二批品牌学校。实施品质交通攻坚，完成停车设施专项规划，新增路外停车位1943个。启动社卫大楼改建工程。试点落实“民生大莞家”，完成“微实事”23件，解决一批民生热点难点问题。做好民生兜底保障，发放各类低保金、救助金、高龄津贴、残疾人补贴超1000万元。加大就业服务力度，各项就业培训补贴累计发放2300万元。深化平安横沥建设，提升群众安全感。

【横沥镇创建为“全省乡村旅游示范镇”】　2020年，横沥镇推进农村人居环境整治，以大投入推动全域项目化，首批入库项目完工率超9成，各村街头小景串珠成链、连点成片，农村面貌持续改善。17个村居创建为“干净整洁村”“美丽宜居村”，张坑、山厦、村头入选全市首批“特色精品示范村”。斗牛大会、边角花园等做法经验获得市委、市政府高度评价并作全域推广。山厦村“彩虹村”、村头村“百亩葵园”、新四村“678艺时代”等品牌项目成为群众喜爱的“打卡点”。申报省、市家庭农场和种养基地7个，现代农业发展基础更加扎实。　（卢　奕）

附：2020年横沥镇党委、人大、政府主要领导名录

镇委书记：何植尧
镇人大主席：陈细钿
镇　　长：赵智佳

2019—2020年横沥镇主要经济社会指标情况表

指标	2019年	2020年
户籍人口（人）	49285	44892
常住人口（万人）	27.84	27.93
面积（平方千米）	44.67	44.67
地区生产总值（万元）	1661211	1740949
第一产业（万元）	8190	8593
第二产业（万元）	1211385	1255541
第三产业（万元）	441637	476814
总用电量（万千瓦时）	210742	221076
全社会固定资产投资总额（万元）	326535	454791
社会消费品零售总额（万元）	381060	412836
外贸出口总额（万元）	1129992	1106326
实际利用外资（万美元）	1751	5536
地方财政总财力（万元）	217390	380543
各项税收总额（万元）	252521	280399

东坑镇

【东坑镇概况】 东坑镇位于东莞市中部。截至2020年底，辖区面积23.7平方千米，辖14个村和2个社区。常住人口18.79万人，其中户籍人口3.83万人。东坑镇是“全国文明镇”“国家卫生镇”“全国示范社区卫生服务中心”“全国休闲农业与乡村旅游示范点”“全国敬老爱老先进单位”“全国敬老文明号”。

2020年，东坑镇实现地区生产总值179.31亿元（第一产业0.26亿元，第二产业136.97亿元，第三产业42.08亿元），比上年增长5.6%；规模以上工业增加值111.22亿元，增长6.7%；全社会固定资产投资总额52.17亿元，增长29.1%；总用电量13.72亿千瓦时，增长5.3%；社会消费品零售总额25.92亿元，下降9.1%；外贸出口总额16.37亿元，下降9.7%；各项税收总额29.07亿元，增长11.63%；地方财政总财力20.79亿元，增长25.14%。2020年，获广东省乡镇（街道）社会体育指导员A级服务站、县（市、区、镇街）推进乡村振兴战略实绩考核优秀等次、广东省五星级示范退役军人服务中心、全国“敬老文明号”、广东省五星级养老机构、广东省文明单位、广东工会“三个一批”建设示范点等7项全市单打冠军，在全市镇街领导班子年度工作考评中连续四年获优秀镇街称号。

【东坑镇产业优化升级】 2020年，东坑镇瞄准新一代信息科技、高端装备制造、新材料、新能源、高端医药制造等产业精准招商，引进高义包装、安阔欣精密电子、迈思普电子等亿元以上优质项目48宗，协议投资总额54.9亿元。全镇17个项目纳入市重大项目，实现华荣科技园、迅扬科技、东坑大道绿化提升等10个重大建设项目完成投资18亿元，超额完成市攻坚任务。举办18个市镇重大项目集中动工仪式，打造东勤通讯总部项目为全市第一个依托市镇联合招商基地招商项目。全镇11家市“倍增计划”企业完成工业总产值251.2亿元，比上年增长7.6%；完成工业增加值56.5亿元，增长7.8%，拉动规模以上工业增长4.7个百分点。

【东坑镇创新驱动发展】 2020年，东坑镇坚持创新第一动力，推动先进制造业、高技术制造业占规模以上工业增加值分别达41.2%和61.8%。全镇新增国家高企40家，入库科技型中小企业37家，科技型中小企业达90家。专利申请、专利授权比上年增长19.07%、37.65%，国际专利申请13件。企业研发投入增加，研发年投入千万元以上企业共有8家，R&D投入经费4.68亿元，R&D占GDP比重2.75%，完成任务目标的122.24%。对镇创新驱动发展专项资金（第三批）81家企业进行配套奖励，奖励金额共494万元。2020年共有15家企业实现自动化、智能化改造，并通过验收，共获资助4000万元，创新能级全面提升。

【东坑镇城市品质提升】 2020年，东坑镇完成东坑大道绿化提升、主干道路灯饰亮化、30个“千景绣东莞”街头小景建设、6座公厕升级改造等一系列品质提升工程，打造皇家公馆步行街、四季松湖广场、万升荟广场等一批精品街区，东坑大道黄花风铃木形成靓丽风景线。围绕168商住更新单元项目，实施“造心行动”，打造15分钟优质生活圈。品质交通千日攻坚进展顺利，推进东坑百顺等3个立体停车楼建设，新建慢行品质示范街道3千米、停车位580个。升级东坑百顺市场为样板市场，打造群众舒心放心的“菜篮子”。开展“洁净城市”“行走东坑”，推进

东坑农业园 （2020年东坑镇供图）

"1+1"垃圾分类，实现公共机构生活垃圾分类全覆盖，完成违建治理84万平方米。

【东坑镇环境治理攻坚】 2020年，东坑镇坚持生态优先，强化"水陆空"立体治理。完成樟村国考断面河涌水环境综合整治，新建截污次支管网63.4千米，完成率100%，完成应急一体化污水处理设施建设，建成角社排渠、东坑内河、坑美排渠三座一体化污水处理设施。开展正本清源工程，完成全镇162个接驳地块总口截流整治。实施雨污分流，推动452个排水大户实施源头雨污分流改造。强化三级河长作用，推进内河涌水环境综合整治。开展"散乱污"工业企业整治，完成年度VOCs末端提升和餐饮油烟整治任务，空气PM2.5和臭氧均值基本达到二级标准以上，空气质量优良天数达标率91%以上。打好净土防御战，完成16块建设用地超46.1万平方米土壤污染识别调查。完成高标准农田建设任务。

【东坑镇乡村振兴】 2020年，东坑镇推进农村综合改革，14个村集体经济运行良好，村组两级总资产31.1亿元，比上年增长9.12%；经营性纯收入2.7亿元，增长3.85%；资产负债率15.8%，高负债村组及收不抵支村均保持0个。打好农村人居环境整治"百日攻坚战"，有序铺开16个村（社区）田间窝棚整治、违章违建大清拆、村庄环境综合整治等12项行动，全镇所有村（社区）均达到干净整洁村标准。落实乡村振兴专项资金4786万元，推进专项补助项目30个，推动黄麻岭镇村联动发展示范项目纳入次发达镇补助项目、井美村创建全市首批特色精品示范村，美丽幸福村居特色连片示范项目全速推进，2019年度省级乡村振兴实绩考核综合评价"优秀"、珠三角片区排第七名。

【东坑镇城市空间拓展】 2020年，东坑镇推进"拓空间"工作，盘活国有土地资源6宗17.27公顷，完成年度土地收储任务10.5公顷，保障国丰家具、东勤一期和莱尔照明项目落地。实施"工改工"三年行动计划，拆除平整土地面积11.26公顷，完成率112.6%，拆除平整任务排名全市前列；推动黄麻岭宝星厂地块、黄屋沙冲工业旧区改造项目等11个面积30.89公顷；1+N总体实施方案获批5宗面积7.17公顷，新增标图建库地块2宗面积7.53公顷。打造旧村改造样板，有序推动中心区168商住区、长安塘旧厂区商住等旧村更新单元12个面积197.97公顷，其中5个项目面积71.31公顷已招引前期服务商，形成空间拓展、产出增加良好局面。

【东坑镇教育扩容提质】 2020年，东坑中学纳入松山湖实验中学教育集团，全市首创公办幼儿园教育集团化办学，幼教集团实现"5080"（公办园在园学生比例达到50%，普惠幼儿占比达到80%）目标，中学二期宿舍投入使用，中心小学功能楼主体工程竣工验收，多凤小学、中心幼儿园被认定为省书香校园，义务教育公办学校就读和民办学校就读享受学位补贴的随迁子女人数占比达52.2%。

【东坑镇医疗卫生发展】 2020年，东坑医院争创二甲医院、打造市安宁疗护试点单位（国家试点），社卫中心全年服务40万人次，社保减免医疗费用2250万元，落实国家组织药品集中采购，减轻群众慢性病常用药负担660万元。东坑医院护理院获评为全国"敬老文明号"、全国医养结合典型经验单位、省"五星级养老机构"。

【东坑镇民生服务保障】 2020年，东坑镇完成全市唯一人口普查综合试点任务，完成全国唯二、全省唯一人口普查数据处理综合试点任务。建成省五星级示范退役军人服务中心和首个村级（彭屋村）长者饭堂，发放低保金、残疾人补助等共270.9万元，疫情期间向特殊困难群体发放临时价格补贴22.6万元。创建首个"城市阅读驿站"，创作镇形象歌曲《凌云壮志》、木鱼歌微电影《粤歌·木鱼》，实现体育场馆全面开放。

【东坑镇脱贫攻坚】 2020年，东坑镇围绕"决胜全面小康、决战脱贫攻坚"目标，推进市内、市外帮扶工作。连续多年提前完成年度市内帮扶任务。统筹市外扶贫资金3328万元，加大产业帮扶、就业帮扶、基建帮扶力度，推广光伏发电、农贸市场升级改造项目，推动普宁市南溪镇南溪村、北溪村、篮兜村和金溜村4个贫困村229户1007人提前实现100%脱贫，对口帮扶云南省昭通市巧家县、新疆维吾尔自治区等成效显著。

【东坑镇社会和谐善治】 2020年，东坑镇完成全国"两会"、深圳经济特区成立40周年庆等重要节点安保维稳工作，群众信访诉求渠道进一步拓宽，深化"智网工程""科技护城墙"智慧建设，推进"扫黑除恶""飓风2020""破小案""禁毒"等专项行动，违法犯罪警情数比上年下降32.7%，其中"双抢"警情下降71%，摧毁犯罪团伙22个。工青妇幼、"双拥"等工作取得新成效。推进市域社会治理现代化工作，加强防灾减灾能力，食品安全、消防安全、安全生产形势持续好转，全镇无发生重大特大群体性事件、个人极端暴力案件等，社会大局和谐稳定。

【东坑镇政务服务改革】 2020年，东坑镇完成机制体制改革工作，推进"放管服"及"数字政府"改革，落实政务服务，实现"莞家政务"自助终端全覆盖，办理服务事项10.1万宗、"12345"政府热线工单1912宗、快速响应联动工单4宗，按时办结率均达100%。整治“文山会海”，印发编号文件、行政规范性文件分别比上年下降73.6%、20%。推进依法行政，夯实镇、村两级公共法律服务热线、网络及实体三大平台建设，推进一村（社区）一法律顾问工作，建成1家个人调解工作室。

【东坑镇获评为“2019—2020年度广东省乡镇（街道）社会体育指导员A级服务站”】 东坑镇社会体育指导员服务站是组织学员培训考核、登记办证、健身交流、竞技比赛及开展全民健身志愿服务活动的重要场所，镇内建成社会体育指导员服务点3个，围绕篮球、马拉松、广场舞、健身等群众喜闻乐见的运动项目，举办三级社会体育指导员培训班，培养出一批高素质专业化的社会体育指导员。截至2020年底持证社会体育指导员400余名，科学规范地引导开展全民健身运动，逐步建立起亲民、便民、利民的多元化群众体育服务体系。

【东坑镇获2019年度县（市、区、镇街）推进乡村振兴战略实绩考核“优秀”等次】 东坑镇把全域推进农村人居环境整治作为乡村振兴的重要抓手，组建乡村振兴工作专班和9个专项组，围绕产业兴旺、生态宜居、乡风文明、治理有效、生活富裕五方面的目标要求，健全工作机制，完善基础设施，补齐发展短板。出台《东坑镇“三清理三拆除三整治”奖励办法》，投入800万元激励农村深化“三清三拆三整治”工作，全镇16个村（社区）达到干净整洁村标准，推进美丽幸福村居特色连片示范项目，推动井美村创建为全市特色精品示范村。落实乡村振兴专项资金4786万元，推进专项补助项目30个，推动黄麻岭镇村联动发展示范项目纳入次发达镇补助项目，规划建设初坑村、东坑村、寮边头村等6个荔枝公园，建成一批农村人居环境整治样本工程，不断巩固提升农村人居环境。2019年度省级乡村振兴实绩考核综合评价“优秀”。

【东坑镇社卫中心获评为“广东省文明单位”】 2020年，东坑镇完善“1中心5站点”的社区卫生服务网络和“15分钟服务圈”，推动基本医疗保健服务与14项国家公共卫生服务项目全面覆盖16个村（社区），年均门诊服务量超40万人次。探索家庭医生签约新模式，携手香港联合医务集团建立温馨私密、以病人为中心的金牌家庭医生工作室，于9月投入使用，同时优化特色少儿中医服务，开展小儿推拿、艾灸、捏脊等特色理疗项目。实施精细化管理，在东莞市基层社区率先推广使用胰岛素、开展慢性伤口造口护理管理服务、推行“老年人流感疫苗及23价肺炎疫苗免费接种”公益项目等9个“第一”。

【东坑医院护理院被评为全国“敬老文明号”】 东坑医院护理院是东莞市首批国家级医养结合典型经验单位，2017年12月投入使用以来，坚持“医养护一体化”的养老模式，为老人提供持续性、全方位的健康养老服务。护理院是按照国家级养老建筑标准改造而成，总建筑面积8110平方米，编制床位300张，每间房独立配有24小时呼叫系统、紧急救助系统、吸痰吸氧系统、无障碍设施等。配有固定医务人员36名，兼职医务人员122名，社工师、营养师各1名，养老护理员80名。同时也依托东坑医院，医疗设备共享共用，包括核磁共振、四维彩超、运动机器人等高端大型医疗设备。设有亲情会客室、娱乐活动室、康复理疗室、健康评估室等，并配有活动花园，供老人举办活动，散步种菜等，丰富老人的业余生活。护理院秉持以人为本的服务理念，根据老人特点和需求，为长者们提供一系列优质的特色疗养服务，包括疾病风险预警、功能康复训练、药膳食谱疗法、园艺疗法、药浴沐足等三十多项特色服务，并开展东莞市首家失智症照护专区，获得老人及家属一致好评。2020年东坑医院护理院获评为“全国敬老文明号”“全国医养结合典型经验单位”“广东省五星级养老机构”。 （李换珠）

附：2020年东坑镇党委、人大、政府主要领导名录

镇委书记：谭全河
镇人大主席：苏庆中
镇　长：王业宽（任至12月）
　　　　蔡国威（12月到任）

2019—2020年东坑镇主要经济社会指标情况表

指标	2019年	2020年
户籍人口（人）	36308	38347
常住人口（万人）	13.65	18.79
面积（平方千米）	23.7	23.7
地区生产总值（万元）	1700000	1793137
第一产业（万元）	2481	2636
第二产业（万元）	1327599	1369713
第三产业（万元）	369920	420788
总用电量（万千瓦时）	130330	137205
全社会固定资产投资总额（万元）	403975	521665
社会消费品零售总额（万元）	250288	259196
外贸出口总额（万元）	1792736	1636565
实际利用外资（万元）	4835	7145
地方财政总财力（万元）	166073	207863
各项税收总额（万元）	260451	290748

企石镇

【企石镇概况】 企石镇位居东莞东北部、东江中下游南岸，地处穗、深、港经济黄金走廊中部。截至2020年底，辖区面积58.22平方千米，下辖19个村和1个社区，常住人口16.97万人，其中户籍人口5.04万人。

2020年，企石镇实现地区生产总值112.85亿元（第一产业0.43亿元，第二产业75.75亿元，第三产业36.67亿元）比上年增长8.4%；规模以上工业增加值51.6亿元，增长7.4%；各项税收总额15.2亿元，增长4.8%；镇财政收入9.26亿元，增长10.23%；进出口总额89.97亿元，下降2.9%；社会消费品零售总额32.02亿元，下降7.0%。在东莞市2020年度综合考评中，企石镇取得总分排镇街第二名，连续两年被评为领导班子工作优秀镇。获“国家卫生镇”“2020年国家义务教育质量监测实施县级优秀组织单位”等7项“单打冠军”。

【企石镇重大项目建设】 2020年，企石镇加强提升组织领导能力，重点发挥“企石镇重大项目工作领导小组”作用，落实人员保障，组织16次重大项目服务保障会议。建立会议工作制度，研究部署有关工作，完善信息通报机制，每月至少报送1次项目进展情况。通过集中申报，截至年底企石镇有市重大项目13个，其中建设项目7个、新开工项目6个，分别为江夏数码、信太科技、朝阳科技、奕铭光电、美信科技、思泉新材料。预备项目6个，分别为绿色环保装备、鼎峰高端装备一期、协鑫天然气、绿色循环经济、鼎峰高端装备二期、龙泰智能制造，完成投资5.38亿元。

【企石镇“倍增计划”实施】 2020年，企石镇实施试点企业动态调整机制，完成2019年度“倍增计划”试点企业考核工作，并为12家符合条件的试点企业申请镇财政资助149.25万元，优化倍增企业队伍。全镇43家试点企业（包含市镇两级试点企业及市协同倍增企业）完成工业增加值18.61亿元，比上年增长13.9%，营业收入75.10亿元，增长0.02%，纳税1.49亿元，下降6.7%；其中7家“倍增计划”市级试点工业增加值10.33亿元，增长15.2%，高于目标任务（15%）0.2个百分点，营业收入33.32亿元，下降6.0%，纳税7821.7万元，增长23.0%。

【企石镇创新驱动经济发展】 2020年，企石镇通过部门联动，宣传政策和动员申报，重点筛选目标企业，联合市专家以坐诊、巡诊等方式加强对企业的申报辅导，全镇47家企业申报认定高企，国家批复拟通过认定的企业共40家，通过率85%，完成全年目标率100%。截至年底，企石镇建有国家博士后科研工作站1个，省博士后科研工作站1个，省企业技术中心1个，省工程技术研发中心4个，省院士工作站1个，省重点实验室培育基地1个，省国际科技合作基地1个，市工程研发技术中心6个。

【企石镇社会事业发展】 2020年，企石镇十件民生实事、21个“民生微实事”基本兑现，解决一批民生热点难点问题。教育扩容提质和品质交通两个千日攻坚全面启动，一批教育改建、扩建项目扎实推进。完善内联外畅的道路交通网络，连接北部惠州市博罗县的两座大桥相继通车，企石“北大门”交通运输再提速。医疗卫生服务水平全方位优化，疾控大楼、新社卫中心投入使用，“15分钟健康服务圈”初具雏形。长者饭堂投入运营，居家养老“大配餐”模式全面推行。

2020年，企石镇保持对违法犯罪的严打高压态势，确保社会政治和治安“双稳定”开展“天鹰”“亮剑”“断桥”扫黑除恶、“飓风2020”打“两抢”破“小案”禁毒等一系列专项行动。侦破涉黑恶案件128件，电信诈骗案件223件、经济犯罪案件6件；打掉

莞惠跨江通道东平东江大桥夜景　　（2020年企石报社供图）

恶势力犯罪集团3个，恶势力犯罪团伙11个。安全生产事故连续两年保持下降四成以上，社会大局保持稳定。

【企石镇城市品质提升】　2020年，企石镇实施城市品质三年提升计划，企石天蓝、地绿、水清的生态环境彰显，启动建设东清湖湿地公园、虾公山森林公园、万里碧道（东江企石段）等项目。开展治水攻坚战，完成535个排污口整治、10条暗渠整治等项目，水环境质量持续向好。推进蓝天净土保卫战，全年优良天数比例排全市第九名。

【企石镇乡村振兴】　2020年是企石镇农村人居环境整治三年行动收官之年，企石镇围绕“三清三拆三整治”（清理村巷道及生产工具、建筑材料乱堆乱放，清理房前屋后和村巷道杂草杂物、积存垃圾，清理沟渠池塘溪河淤泥、漂浮物和障碍物；拆除危房、废弃猪牛栏及露天厕所茅房，拆除乱搭乱建、违章建筑，拆除非法违规商业广告、招牌等）开展农村人居环境整治工作，完成全镇100%“干净整洁村”创建任务，拆除田间窝棚506个，重建集装箱农具房75座；聚焦农村生态保护和文明建设，统筹推动虾公山森林公园、东清湖湿地公园、江边特色精品示范村、新南和南坑美丽宜居村等项目的筹备与建设工作。截至年底，企石镇完成13个“美丽宜居村”创建，推动南坑、新南、铁岗、上洞等村申报特色精品村创建工作，通过申报乡村振兴项目，协助铁岗村落实用地指标6公顷，为农村产业振兴提供用地保障。启动镇级乡村振兴项目50个，投资额33.88亿元，其中4个项目入选“2020年莞版乡村振兴重点项目库”。制定乡村振兴专项资金补助方案，提供乡村振兴专项补助3000万元，支持各村（社区）开展人居环境整治、村容村貌改善、公共设施建设等项目，全年推动村级乡村振兴补助项目18个，投资总额7276.44万元，其中5个建成并投入使用。

企石镇滨江长廊沙滩　　（2020年企石报社供图）

【企石镇政务服务中心改造升级】　2020年，企石镇对政务服务中心进行改造升级，对公安专区和24小时自助服务区进行扩容，建设停车场供工作人员及办事群众使用，占地面积为2738.08平方米，可提供65个车位，12个充电桩，有效满足办事群众和办公人员的停车需求。同时，政务服务中心根据“互联网+政务服务”建设要求，配备接通网上自助申报、排队叫号机、智能触摸查询终端、服务质量评价设备、音视频监控设备、大厅广播设备等信息化设施，推进云叫号系统引流，全面优化政务服务效率。截至2020年底，政务服务中心设有56个窗口，进驻部门27个，包括公安、市场监管、不动产登记中心、交通、自然资源、卫生健康、生态环境、自来水、人力资源和社会保障分局、电信、燃气、供电等部门。其中，综合窗口设10个，一体化政务服务平台配置上线事项985项。　（谢子韬）

附：2020年企石镇党委、人大、政府主要领导名录

镇委书记：袁丽群

镇人大主席：麦阳柱

镇　　长：姚灿光

2019—2020年企石镇主要经济社会指标情况表

指标	2019年	2020年
户籍人口（人）	49243	50468
常住人口（万人）	12.39	16.97
辖区面积（平方千米）	58.29	58.22
地区生产总值（万元）	1074830	1128387
第一产业（万元）	4005	4257
第二产业（万元）	735371	757460
第三产业（万元）	335453	366670
总用电量（万千瓦时）	140874	148748
全社会固定资产投资总额（万元）	356501	382840
社会消费品零售总额（万元）	247712	320207
外贸出口总额（万元）	126961	153602
实际利用外资（万元）	11445	1099
地方财政总财力（万元）	77394	84301
各项税收总额（万元）	145356	152265

石排镇

【石排镇概况】 石排镇位于东莞市东北部，截至2020年底，全镇面积48.75平方千米，下辖18个村和1个社区，常住人口23.52万人，其中户籍人口5.11万人，外来人口18.41万人，石排镇是“国家卫生镇”“国家生态乡镇”“中国最美小镇”“国家园林城镇”“广东省通信部件专业镇”“广东省旅游风情小镇”“广东省文明镇”。

2020年，石排镇实现地区生产总值160.24亿元（第一产业0.65亿元，第二产业111.87亿元，第三产业47.72亿元）比上年增长6%；全社会固定资产投资总额70.31亿元，增长14.1%；实际利用外资1.28亿元，下降46.6%；外贸出口总额100.37亿元，增长4.8%；各项税收总额24.6亿元，增长11.7%；地方财政总财力46.35亿元，增长1.7%。获“国家园林城镇”“全国综合减灾示范社区”“全国五星红旗团支部”等11项全市“单打冠军”。

【石排镇创新驱动发展】 2020年，石排镇以创建市创新强镇为契机，实施创新驱动发展战略，出台促进创新驱动发展实施细则，引导鼓励企业提高自主创新能力，全镇R&D经费支出4.7亿元，比上年增长106%，投入强度3.12%。完善企业培育体系，构建创新型企业培育梯队，气派公司获评为国家级“小巨人”企业，德聚公司被认定为东莞市首批“瞪羚企业”（创业后跨过死亡谷，以科技创新或商业模式创新为支撑进入高成长期的中小企业），全镇新增国家高新技术企业28家，国家高新技术企业总数增至163家，比上年增长10.14%。推进研发机构建设，全镇建有研发机构的规模以上工业企业183家，占全镇规模以上工业企业总数56.83%，超过全市平均水平11.38个百分点，排全市第四位，拥有工程技术研究中心13家、企业技术中心5家和国家认可实验室1家。加强核心技术攻关，铭普公司引进以华南理工大学陈熹教授为带头人的“耐高温电感和磁粉芯材料研究和开发”创新科研团队，气派公司“高密度大矩阵无引脚超薄芯片封装关键技术研究与产业化”核心技术攻关项目通过中期验收。

【石排镇项目招引建设】 2020年，石排镇精准招商，重点引进高科技型、高成长性、高税收型优质项目，举办投资说明会暨重大项目集中动工仪式，引进17个涵盖产业发展、康养文旅、城市更新等领域的意向投资项目，其中产业项目9宗，投资额达48亿元。卓力能、新扬、旺盈配套等5宗项目纳入市重大产业项目。拓展城市空间，推进8个“工改工”项目，为新兴产业腾挪发展空间。抓好29个市镇重大项目落地建设，推动海仔河南片区项目全面竣工，中德项目、华辉（一期）项目竣工投产。全年累计完成重大项目投资21.99亿元。

【石排镇倍增计划实施】 2020年，石排镇实施“倍增计划”升级行动，制定《石排镇“倍增计划”实施意见（2020—2024年）》，从“单双倍增”奖励、晋升提级、拓展空间、挂点服务、转型升级保用电、协同倍增等九个方面进行精准扶持，支持企业通过转型升级、拓展空间、兼并重组等集约发展方式提升企业综合竞争力，全镇40家规模以上倍增工业企业增加值32.23亿元，比上年增长19.1%，增速高于全镇规模以上工业企业增加值7个百分点，占全镇规模以上工业增加值42.5%。

【石排镇城市品质提升】 2020年，石排镇补齐城市短板，提升

石排公园 （2020年石排镇供图）

城市品质，升级改造李横大道、石排大道辅道等7条主次干道，完成3个公园景观项目、4个道路景观提升项目和9个街头小景项目，建成3.19千米慢行系统示范路，基本建成新时代文明实践中心、市文化馆石排分馆和各村文化支馆，建成红石山燕岭古采石场遗址公园并对外开放。建成18个村美丽幸福村居一期项目，塘尾村、石排村和赤坎村二期项目率先完成，向西、下沙2个特色精品示范村完成建设，全镇村（社区）基本达到美丽宜居村标准，高品质推动总面积6.8平方千米、涵盖8个村的美丽幸福村居特色连片示范区建设，建成17个“生态振兴”项目，推动塘尾村获评为“广东省文化和旅游特色村”。提升城市精细化管理水平，开展“洁净城市”和“行走石排”行动，推进5座垃圾中转站升级改造，新建或改造44座公厕，开展438个“树池修整”、70个“千箱美化”专项行动，开展20项城市部件、事件专项整治，全面加大对乱停乱放、乱搭乱建、乱摆乱占等行为的执法力度，累计处置环卫、城市“六乱”（乱搭乱建、乱堆乱放、乱设摊点、乱拉乱挂、乱贴乱画、乱扔乱吐）等问题9.7万个，加强农房建设管理，治理违法建筑面积132万平方米，完成率125.96%，承办“洁净东莞·城市论坛之品韵石排”活动，通过国家卫生镇复审。

【石排镇生态环境治理】　2020年，石排镇加大污染治理力度，改善生态环境质量，完成10条内河涌清淤工作，整治排污口718个，推动镇内河涌基本消除黑臭；累计建成截污管网285千米，基本实现建成区污水管网全覆盖；完成市定996家重点排水户雨污分流改造，全面铺开18个村雨污分流改造工作，建成村级雨污分流管网70.89千米；深化工业污染源治理，实现市定30家重点排水工业企业24小时在线监管，“散乱污”（不符合产业政策，不符合产业布局规划，未办理工信、发改、土地、规划、环保、工商、质监、安监、电力等相关审批手续，不能稳定达标排放的企业。）和VOCs企业整治任务完成率均达100%。

红石山燕岭古采石场遗址公园　　（2020年石排镇供图）

【石排镇基层一线管控】　2020年，石排镇推进社会治理协同创新，做实做强61个基层网格，全年排查网格问题隐患8.68万处，处置率100%；推动市域社会治理现代化，打造“邻里汇”楼盘小区服务、“燕岭夕阳红”老干部工作等基层治理品牌；投入6500多万元推进“科技护城墙”建设，投入489万元建成科技执法“三平台、一场地”，推进“飓风2020”专项行动，“两抢”（抢劫、抢夺）案件比上年下降62.96%，违法犯罪警情下降26.7%，打好扫黑除恶三年行动收官战，加强社会矛盾排查化解，做好“团贷网”专项维稳工作，信访案件办结率100%，营造安全稳定的社会环境；抓好安全生产、消防安全、食品安全、学生防溺水等工作，全镇生产安全事故下降42.86%，死亡人数下降50%，无发生较大以上生产安全事故。

【石排镇民生事业发展】　2020年，石排镇加大民生事业投入，抓好镇级42项民生实事和村级58项民生微实事，全年完成镇级民生实事38项、村级民生微实事31项，完成率90.48%、98.28%，提升群众获得感和幸福感；加快推进品质交通千日攻坚，建好8条“四好农村路”（建好、管好、护好、运营好农村公路），新增公交线路1条、微巴线路1条，完成镇村停车设施改造，提供停车泊位7000多个；抓好教育扩容提质千日攻坚，推进6所公办中小学、幼儿园新建或改扩建工程，福隆小学扩建工程建成投入使用；提升医疗服务水平，完成预防接种门诊标准化建设，重点人群家庭医生签约覆盖率超7成，石排医院创建为二甲医院；建立健全以最低生活保障、特困供养为基础，以医疗救济、临时救助、失能老年人护理补贴及慈善事业为补充的多层次保障体系，全年向低保家庭、特困供养人员发放各类补助465.77万元，发放就业创业补贴670.22万元；加强文体活动、艺术普及等系列工作，推进5个文明示范文化样板村建设，规划建设中坑明德醒狮主题公园、明德醒狮展馆、明德学堂，石排摔跤队在省锦标赛中获得9金4银7铜的优异成绩，文化惠民、文化建设有效提升。保质保量完成脱贫攻坚任务，完成与新疆维吾尔自治区结对交流工作，对口帮扶揭西县上砂镇4个贫困村、935名相对贫困户全部稳定脱贫，扶贫协作的昭通市巧家县、镇雄县全部脱贫出列。

【石排镇创建为“国家园林城镇”】　石排镇围绕创建国家园林城镇的目标要求，实施乡村振兴和城市品质提升计划，开展“绿化、净化、美化”整治提升行动，建成区绿地面积1385.11公顷，绿地率34.35%，绿化覆盖总面积1578.76公顷，绿化覆盖率39.15%，人均公园绿地面积11.09平方米，达到国家园林城镇标准。2020年石排镇成功创建为“国家园林城镇”，是当年全省唯一获得该称号的乡镇。

【石排镇创建为“广东省旅游风情小镇”】　2020年，石排镇创建广东省旅游风情小镇，按照镇旅游发展规划，统筹用好2800万元专项资金，整合文物古迹、湖岛生态、乡村民俗、文化艺术、特色产业等资源，建设红石山燕岭古采石场遗址公园、塘尾古村落生态公园、古村文化长廊等特色景观，塑造康王宝诞、明德醒狮等文化品牌，培育古村研学游、生态休闲游、文化创意游、体育赛事游等多元旅游业态，通过升级改造交通路网、城市景观、景点周边环境、旅游配套设施等构建宜游服务网络，鼓励企业利用自身优势参与文旅项目开发运营，以“政府+市场”协同发展模式推动“旅游+产业+生活”高质量融合发展。根据广东省文化和旅游厅公布的第二批广东省旅游风情小镇名单，石排镇创建为“广东省旅游风情小镇”。

【石排镇“系统融合、数据共享”市镇共建试点项目创新开展】
2020年，石排镇被选定为全市唯一试点开展“系统融合、数据共享”项目建设工作，以“市镇共建”模式探索打通业务链条和数据共享堵点的有效路径，推动更多政务服务事项“市镇通收”“跨镇通办”。石排镇成立试点项目组，坚持以“镇级反馈、市级研究、市级明确、固化标准”原则推动50项高频事项完成标准化建设，创建4大类共50个课件学习培训资源，建设“数据握手”中间构件系统避免多平台、多系统登录收件，收件时长压减率43%，退件时长压减率90%，促进受理、审批、办结、出证等数据全流程对接、精准匹配，实现高频事项“镇村两级跑2次”变“村级跑1次”，办件时长从最快半天压减至最快10分钟，推动群众办事“一次办、就近办”，验证“事项标准化建设、队伍专业化提升、中间构件系统搭建”是推进一体化政务服务平台落地镇街、政务服务事项“市镇通收”“跨镇通办”的有效路径。

（黄可欣）

塘尾村——美丽幸福村居连片示范村　（2020年石排镇供图）

附：2020年石排镇党委、人大、政府主要领导名录

镇委书记：邵宏武（任至11月）
　　　　　严继宗（11月到任）
镇人大主席：姚灿光
镇　　长：郑晓坚

2019—2020年石排镇主要经济社会指标情况表

指标	2019年	2020年
户籍人口（人）	49589	51125
常住人口（万人）	16.07	23.52
面积（平方千米）	48.7	48.7
地区生产总值（万元）	1508698	1602466
第一产业（万元）	6206	6512
第二产业（万元）	1043010	1118736
第三产业（万元）	459482	477219
总用电量（万千瓦时）	209700	215970
全社会固定资产投资总额（万元）	616194	703089
社会消费品零售总额（万元）	482087	477441
外贸出口总额（万元）	957922	1003713
实际利用外资（万元）	24036	12827
地方财政总财力（万元）	455690	463520
各项税收总额（万元）	220315	246037

茶山镇

【茶山镇概况】 茶山镇位于东莞市中北部，截至2020年，辖区面积45.4平方千米，下辖16个村和2个社区，常住人口21.97万人，其中户籍人口5.3万人。茶山镇是“全国文明镇”“国家卫生镇”“中国食品名镇”“广东省园林城镇”“广东省生态镇”“广东省教育强镇”。

2020年，茶山镇实现地区生产总值169.42亿元（第一产业0.38亿元，第二产业102.87亿元，第三产业66.17亿元）比上年增长5.1%；规模以上工业增加值69.4亿元，增长8.4%；固定资产投资总额87亿元，增长28.8%；总用电量19.2亿千瓦时，增长2.7%；社会消费品零售总额49.9亿元，下降8.2%；外贸出口总额76.8亿元，下降12.7%；一般公共预算收入15.5亿元，增长32.3%；各项税收总额31.6亿元，增长18.1%。2020年获全国文明村、全省维稳工作示范点、全国“强基础、转作风、树形象”表现突出单位、2019—2020年度广东省乡镇（街道）社会体育指导员A级服务站、广东文化旅游名村、广东省首批家教家风实践基地、广东省移动支付示范镇、全国“智慧矫正”试点单位、2020年广东省乡村治理示范村镇、乡村振兴大擂台比武、广东省基层综合性文化服务中心与旅游服务中心融合发展试点、广东省家庭文明建设示范点等12个“单打冠军”，连续六年被评为全市镇街领导班子工作优秀镇街。

【茶山镇经济发展】 2020年，茶山镇加强经济运行监测调度，出台系列政策，为各类市场主体减免和返还社保4.4亿元，减免用电成本5000多万元，动员集体和私人物业减免租金1300多万元，帮助企业渡过难关。投入500多万元开展“乐购茶山”促消费活动，茶园商城直播基地获评市首批“示范型电子商务直播基地”，支持引导企业参加线上线下展会84家次，推行企业共享员工，加速推动复工复产、复商复市。创新驱动持续加力，新增18家高新技术企业，成立全市首个食品行业标准联盟，华美食品获评市政府质量奖。创新开展“云招商”“云问暖”活动，引进投资项目174个，其中亿元以上内资项目6个，超千万美元外资及中国港澳台资项目2个，莞民投电子、悠派智能、华阳国际等15个重大建设项目完成投资14.5亿元，经济发展后劲进一步增强。

【茶山镇城市品质提升】 2020年，茶山镇开展“洁净城市”“行走茶山”活动，整治“六乱”（乱搭乱建、乱堆乱放、乱设摊点、乱拉乱挂、乱贴乱画、乱扔乱吐）行为4560多宗，改建、新建公共厕所7座，完成垃圾分类示范片区建设年度目标，完成10个垃圾转运站升级改造，建成厨余垃圾、大件垃圾及园林废弃物等垃圾终端处理项目。城市环境整洁卫生，“添花增彩”“千景绣东莞”专项行动推进，开展“公园小镇”建设，升级建设8个公园、36个街头小景，新增绿化及补绿复绿17.9万平方米。开展“两违”（违法用地、违法建设）整治，完成违建治理130.9万平方米，完成率137.8%，考核排全市第三名。开展污染防治攻坚战，河涌黑臭全面消除，其中3条河涌基本稳定达到V类水体；空气质量优良天数占比94%，创历史最高水平。全年新建污水管网130.2千米，新建成分散式污水处理站3座，新增日处理能力1.5万吨；完成雨污分流改造企业单位

茶山镇南社古村落 （2020年茶山镇供图）

1153家，检修清淤污水管网85.6千米，整改管网错混漏接185处，累计完成河湖“清四乱”（乱占、乱采、乱堆、乱建）2.4万平方米，完成碧道建设14.9千米；整治“散乱污”企业近300家，完成VOCs（挥发性物质）整治任务233个。2020年茶山镇城市管理综合排名和数字城管考核均为全市第一名，被评为“城市精细化管理优秀镇街”。

【茶山镇乡村振兴】 2020年，茶山镇实施乡村振兴战略，累计完成农村人居环境改善项目201个。上元稻田公园优化升级，四大连片美丽乡村示范区建设稳步推进，清理窝棚和乱堆杂物2400多宗，完成农村破旧泥砖房清拆治理429间。坚持“镇村联动、利益共享”，引进航达高新、航空发动机高精密部件等超亿元项目，6个村共获得产业振兴专项资金1.3亿元，盘活提升6个旧物业。全年村组两级实现总收入和纯收入分别比上年增长5.1%和9.5%。南社村获评为“广东文化旅游名村”“广东省摄影目的地”，并被写入《粤港澳大湾区文化和旅游发展规划》，获支持建设特色美丽乡村，上升到国家发展战略。南社、牛过蓢古村落入选首批广东省历史文化游径。茶山传统村落文化寻根之旅被评为广东省乡村旅游精品线路、广东美丽乡村精品线路。南社村、超朗村、寒溪水村申报创建为市特色精品示范村，寒溪水村被评为“厕所革命优秀村”。

【茶山镇民生福祉】 2020年，茶山镇推进教育扩容提质工程，完成茶山中学升级改造一期工程和中心幼儿园修缮工程，新增1320个初中学位、2400个床位，完成学前教育“5080”（公办园在园学生比例达50%，普惠幼儿占比达80%）攻坚任务，实现“430”课堂（四点半课堂）全覆盖，促进校园文化建设，提升校园环境和信息化水平。创新推进九年一贯制紧密型集团化办学模式，茶山中学连续四年获评为市初中教育质量优秀单位，中心小学入选市第三批品牌学校培育对象。医疗服务提质增效，茶山医院医学人才公寓综合楼建成投入使用，茶山医院与中山大学附属第三医院泌尿外科、医学生殖中心组建专科联盟，骨外科（手外科）获评为市临床重点专科。完成新社卫中心及8个站点标准化建设并投入使用，形成“15分钟健康服务圈”。品质交通千日攻坚实施，总投资31亿元的18个交通项目建设稳步推进，茶南路、增卢路等道路建成通车。智能停车试点工作推进，新建4个停车场827个停车位，缓解停车难问题。社会保障体系更加完善，发放社保待遇2.4亿元、创业就业补贴320多万元；打造“民生大莞家”特色品牌，实施“民生微实事”“民生微心愿”81项；推进居家养老“大配餐”，首家“长者饭堂”投入使用。脱贫攻坚取得决定性胜利，对口帮扶揭西县7个相对贫困村507户贫困户全部脱贫，结对帮扶云南省昭阳区、援疆援藏工作取得明显成效。

【茶山镇文化建设】 2020年，茶山镇实施大湾区优秀传统文化实践地三年行动计划，推进6大工程项目21项重点任务。开展精神文明建设，完成新时代文明实践1个中心、23个站点建设，通过全国文明镇复评，南社村获评为全国文明村、广东省首批“家教家风实践基地”，寒溪水村获评为广东省“家庭文明建设示范点”。公共文化设施日趋完善，实现村（社区）特色图书馆、文化馆、文体广场（公园）全覆盖，新建全市首个智能体育体验园、省首批市首个文旅融合粤书吧（试点）。提供“云上系列”展览、文体培训、文明实践、百姓宣讲等特色活动2700场次，服务群众达100万人次。茶园游会入选国家级非遗代表性项目，寒溪水村入选省文物古迹活化利用典型案例，打造全国“茶花杯”美丽乡村主题歌曲征集推广、全国阅读推广优秀项目“学研行”系列活动，举办云上茶园游会、庆祝中国农民丰收节、南社传统文化季、“张穆杯”、“全民展荟”、“乡村春晚”等特色文化活动，培育出醒狮、太极、粤剧等群众特色文艺队伍50多支，打造忠孝文化节、开灯文化节、松糕文化节、卖懒文化节、和谐邻里节等一批乡村品牌文化活动，擦亮茶山文化名片。

【茶山镇基层社会治理】 2020年，茶山镇的省维稳工作示范点通过考核验收，工作经验获全省推介。推行“全科网格”试点等10个社会治理创新项目，维护劳资领域稳定化解模式、创新“智网工程”工作机制列为全市首批社会治理创新典型推广项目。完善劳动监察平台，创新建立“诉调对接+网格”工作机制，将管理人员力量下沉、关口前移。推进全国首批“智慧矫正”示范点创建，推广应用“智安小区”管理模式。建设一批平安文化宣传阵地、平安文化示范企业，开展平安校园、平安村（社区）创建活动，让平安文化走进千家万户。完成全国“两会”、国庆、深圳经济特区建立40周年等重大节点重大活动的维稳工作，扫黑除恶专项斗争成效明显，社会大局和谐稳定。安全生产和消防安全形势总体良好，未发生较大以上安全事故。

【茶山镇政务服务改革】 2020年，茶山镇推动乡镇街道体制改革落地，落实13个内设机构、3个市直部门派驻镇有关分局、9个事业单位的优化设置，同步开展人事调整，推进机构、队伍、工作全面融合。政务服务改革任务全面落实，全镇23个窗口部门944项服务事项全面进驻综合窗口。全市率先试点推行食品经营业务“证照同办”服务，推动营业执照、食品经营许可证的办理时间从原来的四个工作日变为“即来即办、当日即批”“证照同办”试点改革经验向全市推广。完善市场监管体系，办证率、清无率、企业年报率均排全市第一

茶山镇　　（2020年茶山镇供图）

名。数字政府建设大力推进，推进一体化政务服务平台事项梳理、分批测试上线工作，23个部门978项服务事项上线。完成村（社区）“两委”换届选举工作。

【茶山镇南社村获“全国文明村”称号】　截至2020年底，茶山镇南社村拥有八百多年历史，是远近闻名的明清古村落，崇尚孝德文化治家，民风淳朴，有着深厚的历史文化底蕴，孝德文化七度受到中央广播电视总台推介。先后获“全国重点文物保护单位”“中国历史文化名村”“全国乡村旅游重点村”“广东最美丽乡村”等称号。于2007年12月创建为广东省文明村，后持续发力，2020年11月创建为全国文明村。

【茶山镇入选全省维稳工作示范点】　2020年，茶山镇作为广东省维稳工作第一批试点地区的唯一的镇街，围绕改革发展稳定大局，推进维稳工作机制创新、方法创新，培育一批基层维稳亮点项目。为补齐风险防控化解体系“短板”，创新建立社会治理指挥中心，实现风险隐患智能化管控，为分析研判社会稳定形势提供数据支撑。为破解小微型企业众多，用工管理水平较低，劳资纠纷频发的问题，探索建立劳动监察平台，将关口前移，实现突发性劳资纠纷事件逐年下降。针对网格划分不够优化、网格员专职性不够强、问题隐患处置不力等问题，创新运行模式，发现问题隐患数比上年增长162%，处置率从最初的59%提升至99%。创新开展“智安小区”试点建设，有效破解出租屋多、治安复杂、安全隐患易发多发等问题，试行以来，该小区出租屋实现治安案件“零发案”。

【茶山镇《南社村志》入选中国名村志文化工程丛书】　参见“文化”类目“党史·地方志·档案”分目第363页相关条目。（陈校波）

附：2020年茶山镇党委、人大、政府主要领导名录

镇委书记：黎寿康

镇人大主席：汤锡祥

镇　长：黄锦发

2019—2020年茶山镇主要经济社会指标情况表

指标	2019年	2020年
户籍人口（人）	53152	55649
常住人口（万人）	21.89	21.97
面积（平方千米）	45.4	45.4
地区生产总值（万元）	1609010	1694287
第一产业（万元）	3666	3847
第二产业（万元）	990095	1028734
第三产业（万元）	615248	661706
总用电量（万千瓦时）	187419	192445
全社会固定资产投资总额（万元）	675563	870231
社会消费品零售总额（万元）	543744	499391
外贸出口总额（万元）	880074	768108
实际利用外资（万元）	17474	18704
地方财政总财力（万元）	409329	557068
各项税收总额（万元）	267766	316319

指标 镇街	户籍人口（人）	常住人口（万人）	面积（平方千米）	地区生产总值（万元）	总用电量（万千瓦时）
莞城街道	206565	17.42	11.16	2152101	
石龙镇	84985	14.5	13.83	1142729	80090
虎门镇	168995	83.95	178.5	6445643	556577
东城街道	159773	59.7	105	6006400	
万江街道	113000	32.89	48.6	1687014	
南城街道	156854	41.9	56.62	6244681	
中堂镇	87389	19.69	59.9	1456575	153376
望牛墩镇	53215	8.63	31.57	1005500	72078
麻涌镇	88113	18.27	91	2599329	199566
石碣镇	63466	28.23	36.2	2053205	206661
高埗镇	45909	17.02	34.6	1642682	140673
洪梅镇	27010	6.54	33.2	1016000	59110
道滘镇	66515	15.98	54.29	1219773	116510
厚街镇	133290	55.17	125.7	4157237	369409
沙田镇	56300	21.01	111.5	2093300	253784
长安镇	84458	80.74	81.5	8019500	729929
寮步镇	116980	51.31	71.38	3449212	329962
大岭山镇	66422	36.67	95.53	3020737	288119
大朗镇	100203	55.7	97.5	3583738	425618
黄江镇	44321	38.64	98	2268300	255150
樟木头镇	49714	17.42	118	1327938	116573
凤岗镇	47270	55.18	82.43	3184622	365127
谢岗镇	25134	10.62	91.04	1082431	120318
塘厦镇	91807	62.9	128	5026700	563384
清溪镇	54981	34.43	140.1	3191562	348765
常平镇	114542	44.49	103.3	3744650	362777
桥头镇	47049	20.73	56	1746251	238743
横沥镇	44892	27.93	44.67	1740949	221076
东坑镇	38347	18.79	23.7	1793137	137205
企石镇	50468	16.97	58.22	1128387	148748
石排镇	51125	23.52	48.7	1602466	215970
茶山镇	55649	21.97	45.4	1694287	192445

主要经济社会指标情况表

全社会固定资产投资总额（万元）	社会消费与零售总额（万元）	外贸出口总额（万元）	实际利用外资（万元）	地方财政总财力（万元）	各项税收总额（万元）
233150	1147224	418440	34954	218047	432294
224469	501510	1009588	1583	171790	191787
682806	3083501	2846607	4753	1094524	881454
1017402	2505566	4139000	11264	392868	1236685
380198	1019398	497510	1777	393123	405990
839560	3670589	2874613	17516	758424	1506801
480143	408123	282089	3502	549371	250441
212501	153986	262689	3592	132054	121826
1044263	3095809	839548	10464	533094	374924
422505	548884	2599160	28356	255399	407503
254194	334389	1402427	4134	115325	271365
172475	92138	331443	829	377467	169660
311951	349673	332023	4134	312625	221740
737247	2294337	6070884	107591	884114	819971
1025526	387310	7592463	40340	493654	414721
847267	3037204	13726824	113412	401076	1474350
883294	3595335	3539301	21633	590113	795341
873375	811846	1280548	2479	673189	549853
767336	1380574	1818000	14483	364126	517577
491851	655301	2088739	11251	395513	438690
391163	762408	928667	11597	172721	255800
800629	879094	1850369	18760	1025470	609341
767947	163598	751294	66540	308064	145377
725088	1656345	3419345	44317	190881	1021782
700862	615447	3943051	23620	319440	496993
604595	1719190	2543826	15840	581031	523625
328286	408905	2017076	14657	239885	273761
454791	412836	1106326	5536	380543	280399
521665	259196	1636565	7145	207863	290748
382840	320207	153602	1099	84301	152265
703089	477441	1003713	12827	463520	246037
870231	499391	768108	18704	557068	316319

人　物

FIGURES

旗峰山森林公园　（2020年张超满摄）

编辑：李俊玉

新任职市领导

刘　炜　1968年11月生，广东兴宁人，1991年7月参加工作，1998年10月加入中国共产党，在职博士研究生学历，博士学位。1987年9月至1991年7月，在华南农业大学植物遗传育种专业学习，大学毕业；1991年7月至1993年3月，在广东省农科院科研处工作；1993年3月至1996年2月，广东省农科院科研处计划科科员；1996年2月至1999年7月，广东省农科院科技处计划科副科长（其间：1996年被聘为助理研究员）；1999年7月至2001年3月，广东省农科院科技处计划科科长（其间：2001年被聘为副研究员）；2001年3月至2004年11月，广东省农科院科技处副处长（其间：2004年被聘为研究员；2000年4月至2003年5月在华南农业大学农业推广专业学习，取得硕士学位）；2004年11月至2006年12月，广东省科技厅办公室副主任（其间：2003年7月至2005年3月借调到科学技术部农村与社会发展司工作；2005年3月至2006年12月借调到广东省政府办公厅工作）；2006年12月至2008年7月，广东省部产学研结合协调领导小组办公室调研员（其间：2007年12月主持产学研办公室全面工作）；2008年7月至2010年11月，广东省科技厅产学研结合处处长；2010年11月至2012年7月，广东省科技厅党组成员、副厅长；2012年7月至2014年9月，广东省科技厅党组成员、副厅长，佛山市副市长（挂职）（其间：2007年9月至2013年6月在华南理工大学企业管理专业学习，博士研究生毕业）；2014年9月至2018年4月，广东省科技厅党组成员、副厅长；2018年4—5月，东莞市人民政府副市长人选、党组成员；2018年5月至2020年3月，东莞市人民政府副市长、党组成员；2020年3月起，任东莞市委常委、松山湖高新技术产业开发区党工委书记。

喻丽君 1965年2月生，女，四川资中人，1989年7月参加工作，1989年4月加入中国共产党，研究生学历，硕士学位。1982年9月至1986年7月，在西南师范大学政治教育专业学习，大学毕业；1986年9月至1989年7月，在华南师范大学中共党史专业学习，硕士研究生毕业；1989年7月至1992年3月，东莞市纪委办公室办事员；1992年3月至1993年9月，东莞市纪委办公室主办科员；1993年9月至1994年5月，东莞市纪委办公室副科级纪检员；1994年5月至2000年12月，东莞市纪委、市监察局办公室副主任（其间：1999年9月定为正科级）；2000年12月至2003年3月，东莞市纪委、市监察局办公室主任；2003年3月至2004年4月，东莞市纪委、市监察局案件审理室主任；2004年4—9月，东莞市纪委常委、案件审理室主任；2004年9月至2007年11月，东莞市妇联党组书记、主席；2007年11月至2008年10月，东莞市妇联党组书记、主席，市人大常委会委员；2008年10月至2010年3月，东莞市委组织部副部长（正处级）、市人大常委会委员；2010年3月至2012年1月，东莞市委组织部副部长，市人大常委会委员、选举联络人事任免工作委员会主任；2012年1—2月，东莞市人民政府副市长、党组成员，市委组织部副部长；2012年2月至2013年3月，东莞市人民政府副市长、党组成员；2013年3月至2020年3月，东莞市人民政府副市长、党组成员，市红十字会会长；2020年3月起，任东莞市委常委，市人民政府常务副市长、党组副书记。

方灿芬 1967年5月生，东莞厚街人，1990年7月参加工作，2000年6月加入中国共产党，中央党校研究生学历、硕士学位。1986年9月至1990年7月，在中山大学财政学专业学习，大学毕业；1990年7月至1991年7月，东莞市财政局见习干部；1991年7月至1992年11月，东莞市财政局办事员；1992年11月至1996年1月，东莞市财政局办公室科员；1996年1月至1999年1月，东莞市财政局办公室主办科员；1999年1月至2001年12月，东莞市财政局办公室副主任（其间：1999年10月至2001年9月在中山大学世界经济专业研究生课程进修班学习）；2001年12月至2002年9月，东莞市财政局办公室主任；2002年9—12月，东莞市长安镇党委副书记（挂职）、市财政局办公室主任；2002年12月至2005年3月，东莞市长安镇党委副书记（挂职）；2005年3月至2008年8月，东莞市沙田镇党委副书记、镇长（其间：2005年5月定为副处级；2008年1月定为正处级）；2008年8—9月，东莞市塘厦镇党委副书记、镇长候选人；2008年9月至2012年9月，东莞市塘厦镇党委副书记、镇长（其间：2007年4月至2008年12月在中山大学高级管理人员工商管理专业学习，取得硕士学位；2007年9月至2010年7月在中央党校法学理论专业学习，研究生毕业）；2012年9—10月，东莞市环境保护局党组书记、局长人选，塘厦镇镇长；2012年10—11月，东莞市环境保护局党组书记、局长，塘厦镇镇长；2012年11月至2017年7月，东莞市环境保护局党组书记、局长；2017年7—8月，东莞市环境保护局党组书记、局长，塘厦镇党委书记；2017年8月至2019年8月，东莞市塘厦镇党委书记；2019年8—10月，东莞市塘厦镇党委书记、一级调研员；2019年10—12月，东莞市塘厦镇党委书记、二级巡视员；2019年12月至2020年3月，东莞市人大常委会副主任候选人、二级巡视员，广东省第五扶贫协作工作组组长；2020年3—4月，东莞市人大常委会副主任候选人、二级巡视员，广东省第五扶贫协作工作组组长，云南省昭通市委常委（挂职），昭通市政府党组成员、副市长人选（挂职）；2020年4—6月，东莞市人大常委会副主任候选人、二级巡视员，广东省第五扶贫协作工作组组长，云南省昭通市委常委（挂职），昭通市政府党组成员、副市长（挂职）；2020年6月起，任东莞市人大常委会副主任、党组成员，广东省第五扶贫协作工作组组长，云南省昭通市委常委（挂职），昭通市政府党组成员、副市长（挂职）。

刘　杰 1970年9月生，山东莘县人，1992年7月参加工作，1995年12月加入中国共产党，省委党校研究生学历。1988年9月至1992年7月，在中南财经大学国际税收专业学习，大学毕业；1992年7月至1993年7月，广东省国土厅广东地产公司见习干部；1993年7—10月，广东省国土厅广东地产公司干部（其间：1992年7月至1993年10月在东莞市国土局锻炼）；1993年10月至1994年9月，东莞市国土局出让科科员；1994年9月至1997年3月，东莞市国土局人秘科主办科员；1997年3月至2000年9月，东莞市国土局人秘科副科长（其间：1997年9月至2000年7月在广东省委党校经济学专业学习，研究生毕业）；2000年9月至2002年3月，东莞市土地开发中心主任；2002年3月至2005年8月，东莞市国土资源局地籍科科长；2005年8月至2009年6月，东莞市国土资源局党组成员、纪检组组长；2009年6月至2012年7月，韶关市国土资源局党组书记、局长；2012年7月至2014年1月，东莞市国土资源局党组成员、局长；2014年1月至2018年8月，东莞市国土资源局党组书记、局长；2018年8—11月，东莞港（滨海湾新区）党工委副书记、管委会主任；2018年11月至2019年1月，东莞港（滨海湾新区）党工委副书记、管委会主任，虎门镇党委书记；2019年1—12月，东莞市人民政府党组成员（挂任），东莞港（滨海湾新区）党工委副书记、管委会主任，虎门镇党委书记；2019年12月至2020年3月，东莞市人民政府党组成员（挂任），东莞港（滨海湾新区）党工委副书记、管委会主任，虎门镇党委书记、一级调研员；2020年3—12月，东莞市人民政府副市长、党组成员。2020年12月，调离东莞市。

罗晃浩 1973年10月生，广东连平人，1995年7月参加工作，1996年6月加入中国共产党，大学学历，硕士学位。1991年9月至1993年7月，在北京大学中文系学习（其间：1991年9月至1992年7月在石家庄陆军学院军政训练）；1993年9月至1996年7月，在北京大学政治学与行政管理学专业学习，大学毕业；1996年7月至1998年1月，中国建设银行河源市分行科员；1998年1月至1999年4月，中国建设银行江门市分行科员；1999年4月至2002年2月，中国建设银行佛山市分行禅建支行房信部科员；2002年2—7月，中国建设银行佛山市分行公司业务部副经理；2002年7月至2003年8月，中国建设银行佛山市分行房地产金融客户部副经理（主持工作）；2003年8月至2004年3月，中国建设银行佛山市分行房地产金融客户部经理；2004年3月至2006年3月，中国建设银行佛山市分行行长助理兼金库主任；2006年3月至2007年8月，中国建设银行佛山市分行行长助理；2007年8月至2009年2月，中国建设银行佛山市分行党委委员、副行长；2009年2—5月，中国建设银行广州电力支行主要负责人兼电力客户经营中心总经理（广东省分行部门副总经理级）；2009年5月至2010年1月，中国建设银行广州电力支行行长兼电力客户经营中心总经理（广东省分行部门副总经理级）（其间：2005年3月至2009年6月在中山大学工商管理专业学习，取得硕士学位）；2010年1—6月，中国建设银行江门市分行主要负责人；2010年6月至2014年2月，中国建设银行江门市分行党委书记、行长；2014年2月至2016年4月，中国建设银行小企业业务部处长；2016年4月至2018年11月，中国建设银行小企业业务部副总经理；2018年11月至2020年5月，中国建设银行广东省分行合规官；2020年5—6月，东莞市人民政府副市长人选；2020年6月起，任东莞市人民政府副市长、党组成员。

周兆翔 1967年11月生，山东禹城人，1990年7月参加工作，1988年6月加入中国共产党，大学学历。1986年9月至1990年6月，在中国人民公安大学法律专业学习，大学毕业；1990年7月至1994年1月，西安公路学院公安处干部；1994年1月至1996年9月，深圳市公安局宝安分局水田派出所科员；1996年9月至1998年7月，深圳市公安局宝安分局水田派出所副所长；1998年7月至2003年11月，深圳市公安局宝安分局公明派出所副所长、副政治教导员；2003年11月至2006年11月，深圳市公安局宝安分局经济犯罪侦查大队大队长；2006年11月至2007年4月，深圳市公安局宝安分局松岗派出所所长；2007年4月至2010年5月，深圳市宝安区西乡街道党工委委员；2010年5—9月，深圳市宝安区西乡街道正处级干部；2010年9月至2011年9月，深圳市宝安区西乡街道正处级干部，新疆塔什库尔干县县委副书记；2011年9月至2013年9月，深圳市宝安区西乡街道正处级干部，深圳市援疆前指总指挥助理，挂任喀什地区公安局副局长，兼塔什库尔干县县委副书记；2013年9月至2014年3月，深圳市宝安区西乡街道正处级干部，深圳市援疆前指总指挥助理、临时党委委员，挂任喀什地区公安局副局长；2014年3—9月，深圳市宝安区西乡街道正处级干部，深圳市援疆前指总指挥助理、临时党委委员，挂任喀什地区公安局党委副书记、副局长；2014年9月至2015年10月，深圳市宝安区西乡街道正处级干部，深圳市援疆前指副总指挥、临时党委委员，挂任喀什地区公安局党委副书记、副局长；2015年10月至2016年5月，深圳市宝安区副局级干部，深圳市援疆前指副总指挥、临时党委委员，挂任喀什地区公安局党委副书记、副局长；2016年5—6月，深圳市宝安区政府副区长人选、党组成员，市公安局宝安分局党委书记、局长、督察长；2016年6月至2017年1月，深圳市宝安区政府副区长、党组成员，市公安局宝安分局党委书记、局长、督察长；2017年1—12月，深圳市宝安区政府副区长、党组成员，区委政法委第一副书记，市公安局宝安分局党委书记、局长、督察长；2017年12月至2018年12月，深圳市公安局党委委员、副局长；2018年12月至2020年12月，深圳市公安局党委副书记、常务副局长，兼市委政法委委员；2020年12月起，任东莞市人民政府副市长、党组成员，市委政法委第一副书记，市公安局党委书记、局长、督察长。

罗晓勤 1966年7月生，广东兴宁人，1985年10月参加工作，1987年4月加入中国共产党，广东省委党校研究生学历，硕士学位。1985年10月至1989年3月，武警惠州支队战士、卫生员；1989年3—5月，转业待分配；1989年5月至1991年3月，在惠州市公安局城区交警大队工作；1991年3月至1994年5月，在惠州市政府办公室小车队工作；1994年5—11月，惠州市政府办公室小车队副队长（副科级）（其间：1991年9月至1994年7月在惠州大学经济管理专业学习，在职大专毕业）；1994年11月至1996年7月，湛江市政府办公室秘书科副科长；1996年7月至1998年7月，湛江市政府研究室副主任（正科级）；1998年7月至1999年5月，汕头市委办公室主任助理（正科级）；1999年5—6月，汕头市龙湖区政府党组成员（正科级）；1999年6月至2003年6月，汕头市龙湖区政府党组成员、副区长（其间：1997年9月至2000年7月在广东省委党校经济学专业学习，研究生毕业；2002年2—7月参加广东省委党校中青年领导干部培训二班学习）；2003年6月至2006年11月，汕头市龙湖区政府党组副书记、常务副区长（其间：2006年10月定为正处级）；2006年11月至2010年2月，汕头市质量技术监督局党组书记、局长（其间：2006年4月至2008年6月在中山大学高级管理人员工商管理专业学习，取得硕士学位；2008年3—7月参加广东省委党校中青年领导干部培训一班学习）；2010年2月至2016年8月，东莞市质量技术监督局党组书记、局长；2016年8—10月，东莞市石碣镇党委书记、人大主席，市质量技术监督局局长；2016年10—11月，东莞市石碣镇党委书记、人大主席；2016年11月至2019年8月，东莞市石碣镇党委书记；2019年8—11月，东莞市石碣镇党委书记、一级调研员；2019年11—12月，东莞市石碣镇党委书记、二级巡视员；2019年12月至2020年1月，东莞市政协副主席候选人，石碣镇党委书记、二级巡视员；2020年1—3月，东莞市政协副主席候选人、二级巡视员，东莞对口帮扶韶关指挥部总指挥，韶关市委常委（挂职），韶关市政府党组副书记、副市长人选（挂职）；2020年3—6月，东莞市政协副主席候选人、二级巡视员，东莞对口帮扶韶关指挥部总指挥，韶关市委常委（挂职），韶关市政府党组副书记、副市长（挂职）；2020年6月起，任东莞市政协副主席、党组成员，东莞对口帮扶韶关指挥部总指挥，韶关市委常委（挂职），韶关市政府党组副书记、副市长（挂职）。

曲洪淇　1970年10月生，山东邹平人，1994年7月参加工作，1994年3月加入中国共产党，大学学历，硕士学位。1990年9月至1994年7月，在中国人民大学经济学专业学习，大学毕业；1994年7月至1995年7月，东莞市委政策研究室见习干部；1995年7月至1996年1月，东莞市委政策研究室办事员；1996年1月至1999年2月，东莞市委政策研究室科员；1999年2—8月，东莞市委政策研究室主办科员；1999年8月至2001年1月，东莞市委政策研究室政策调研科副科长（其间：1998年3月至2001年1月借调到东莞市委办公室综合科工作）；2001年1—11月，东莞市委办公室综合督查科副科长；2001年11月至2005年5月，东莞市委办公室综合科科长；2005年5月至2009年4月，东莞市委办公室副主任（其间：2006年4月至2008年12月在南开大学法律专业学习，取得硕士学位；2007年3—7月参加广东省委党校中青年班学习）；2009年4月至2012年2月，东莞市委副秘书长（其间：2011年1月定为正处级）；2012年2月至2013年2月，东莞市委副秘书长、市委政策研究室主任；2013年2—3月，东莞市虎门镇党委副书记、镇长候选人；2013年3月至2017年6月，东莞市虎门镇党委副书记、镇长；2017年6月至2019年10月，东莞市莞城街道党委书记；2019年10月，东莞市莞城街道党委书记、一级调研员；2019年10—12月，东莞市莞城街道党委书记、二级巡视员；2019年12月至2020年6月，东莞市政协副主席候选人，莞城街道党委书记、二级巡视员；2020年6—8月，东莞市政协副主席、党组成员，莞城街道党委书记；2020年8月起，任东莞市政协副主席、党组成员。（市委组织部）

先进模范人物

劳动模范

陈善国　1970年11月生，湖南衡阳人，中共党员，高中学历，东莞市以纯集团有限公司东骏厂生产部经理。用模板化生产取代传统缝制方法，使生产效率提高2倍以上，工人工资收入水平成倍增长，为企业增加年缴税金1700多万元。该项目获2013年广东省产业结构调整专项资金奖励。调整生产布局，将传统手工生产改为自动吊挂生产线，实现产业升级。2020年，面对新冠肺炎疫情，立即停止春节休假，承担研发和生产重任，协调解决口罩、防护服等防疫医用物资紧缺问题。2015年被评为“广东省劳动模范”，2017年获得“全国五一劳动奖章”，2020年被评为“全国劳动模范”。（参见《东莞年鉴》2018年卷“全国五一劳动奖章获得者”分目）

王　猛　1979年12月生，山东潍坊人，本科学历，化工工程师，广东生益科技股份有限公司研发工程师。主持或主要参与“CTI400的FR4”“高CTI无卤CEM3”“高耐热CEM3”“一种增韧树脂的合成”等研发和产业化，其中多个产品达到国际先进水平，填补国内同类产品空白。主持或作为主要项目成员承担2013年科技部科技基础性工作专项（创新方法工作）、2014年东莞市科协重大科普专项“企业知识产权管理规范培训”等，其参与的“环保高耐热覆铜箔层压板及粘结片”项目获得广东省科学技术奖励二等奖。2014年被评为“广东省院士专家企业工作站先进工作者”，2015年被评为“广东省劳动模范”，2020年被评为“全国劳动模范”。

李民英　1961年11月生，陕西咸阳人，中共党员，本科学历，高级工程师，广东志成冠军集团有限公司工程师。拥有发明专利11项、实用新型专利17项，参与制修订国家和行业标准11项。在国内率先研制出大容量UPS（不间断电源），打破国外垄断，获得中国专利金奖。研制出多制式模块化UPS电源产品、高压直流电源、汽车充电桩等产品，其中多制式模块化UPS电源技术获得中国专利优秀奖。研制出储能电站、大型双向变流器等产品，其专利“一种实现逆变器并网离网无缝切换的装置及方法”获得中国专利优秀奖。2019年获得“全国五一劳动奖章”，2020年被评为“全国劳动模范”。（参见《东莞年鉴》2020年卷“五一劳动奖章获得者”分目）

王世超 1987年4月生，天津和平人，本科学历，高级工程师，OPPO广东移动通信有限公司高级结构工程师。担任OPPO手机R系列和Reno系列结构工程师、结构经理。开发出R17手机“水滴形态显示屏摄设计”，使手机屏占比达91.5%；开发出Reno系列手机“侧旋式运动机构摄像头”，提升品牌形象和科技感。2017—2019年累计获发明专利74件。2020年被评为“广东省劳动模范”。

李文佳 1982年11月生，女，山东潍坊人，中共党员，硕士学历，正高级工程师，广东东阳光药业有限公司生物所所长。突破繁育冬虫夏草多项关键技术瓶颈，于国内外率先实现虫草产业化繁育。开发包括冻干冬虫夏草、鲜冬虫夏草等10余款产品，截至2019年底，产值超17亿元。开发糖尿病、肿瘤、自身免疫性疾病等药物，获临床批件10个。主持或参与国家及省部级科研项目8个，获省市科技奖3项，出版专著1部，在国内外杂志上公开发表专业学术论文88篇，拥有授权专利86项。2020年被评为“广东省劳动模范”。

赖正友 1983年11月生，江西赣州人，本科学历，机械工程师，南兴装备股份有限公司产品经理。主导开发“重型自动封边机”和“编码器控制全自动多功能的重型自动封边机”，攻克木材加工智能封边、自动换胶锅、自动换带等技术难关。该项目关键性技术处于国内领先地位。突破自动封边机厚板供胶不足、板式家具柔性开料、板式家具通过式高效钻孔等技术难题。参与多项木工机械行业标准制定。曾获得10项发明专利、45项实用新型专型、1项外观专利、“第三届中国林木装备三维创新设计大赛”一等奖，被授予“中国木工机械行业设计大师”称号。2020年被评为“广东省劳动模范”。

刘世伟 1979年12月生，广东梅州人，中共党员，硕士学历，高级工程师，中国移动通信集团广东有限公司东莞分公司市场部经营分析室主任。攻关升级投诉预警平台，实现智能化预测、自动化干预服务流程。2018年，该平台在广东省各地市落地，处理“10086”工单1000多万条，输出预测结果7万多条，总体客户满意度较年初提升3个百分点。在2020年抗击新冠肺炎疫情中，通过大数据预测务工人员返莞趋势及时间数量，助力企业复工复产。累计发表论文10余篇，其中6篇获评广东省通信学会优秀论文且获二等奖、三等奖各1次。个人申报发明专利3项。曾获东莞市“首席技师”称号和“广东省五一劳动奖章”，2020年被评为“广东省劳动模范”。（参见《东莞年鉴》2019年卷“广东省五一劳动奖章获得者”分目）

杨子君 1990年5月生，江西上饶人，本科学历，助理工程师，广东坚朗五金制品股份有限公司研发技术员。从事门窗五金配件研发与设计工作，设计实现量产新产品30多个，获得国家发明专利4项、实用新型专利13项、外观专利2项。设计研发下悬锁安全执手，用ADC铝合金代替传统A380铝合金，降低成本，实现可自由控制的多功能结构。该产品在2015年、2016年均获得中国建筑金属结构协会颁发的建筑门窗“四新”（新技术、新工艺、新材料、新设备）成果奖。突破PVC塑钢型材门窗耐火完整性技术瓶颈，解决PVC门窗耐火要求。2020年被评为“广东省劳动模范”。

王　科 1980年4月生，湖北荆门人，中共党员，博士学历，化工工程师，东莞南玻太阳能玻璃有限公司化工工程师、广东省太阳能光伏能源系统标准化委员。先后开发六代太阳能光伏减反射镀膜玻璃，产品销售面积超过1.3亿平方米，销售额超过30亿元。开发具有高硬度、防眩光、抗灰等新特性玻璃产品，实现产品差异化。获得专利13项（海外专利3项），其中发明专利7项。2018年获全国建材行业技术革新奖一等奖、广东省建材行业技术革新奖特等奖。2020年被评为“广东省劳动模范”。

梁永昌 1971年6月生，广东东莞人，中共党员，本科学历，高级工程师，东莞供电局供电服务中心计量自动化一班高级作业员。精通用电检查、反窃电及装表接电等技术，是供电系统“反窃电专家”，多次与有关部门联合开展反窃电行动，累计查处窃电电费4000多万元。主持建设片区供电局、镇街供电服务中心自主培训场地，自主研发设计培训仿真设备，形成创新的计量专项培训方法。主持研制防窃电电能计量接线盒、组合式互感器、防窃电户外高压计量柜等项目，降低窃电案件发生。取得发明专利2项、实用新型专利33项、计算机软件代码著作权5项，发表论文16篇。2020年被评为“广东省劳动模范”。

曾香桂 1979年7月生，女，湖南邵阳人，本科学历，物业管理师，东莞市瑞康工贸有限公司工会主席。从基层岗位做到公司主要负责人，并担任团支部书记、工会主席。2011年当选为东莞市横沥镇人大代表，踏上为农民工群体发声之路。2013年当选为东莞市首位农民工全国人大代表。其负责的公司工会于2004年获评为“广东省职工之家”。其个人2018年获得“广东省五一劳动奖章”，2020年被评为“广东省劳动模范”。（参见《东莞年鉴》2019年卷“广东省五一劳动奖章获得者”分目）

袁伦香 1969年11月生，女，广东东莞人，中共党员，高中学历，东莞东聚电子电讯制品有限公司总经理室经理、工会主席。推动公司建成集生活超市、电子阅览室等多个功能于一体的企业先锋号，让员工足不出厂享受全方位康体娱乐活动。注重帮扶困难员工，主动制定员工谈心谈话制度，开展专题心理辅导课。2011年被评为东莞市优秀共产党员，2018年带领公司工会成功创建“全国模范职工之家”。2020年被评为“广东省劳动模范”。

林海川　1972年6月生，广东揭阳人，民盟盟员，博士学历，广东宏川集团有限公司董事长。创立并带领宏川集团发展成国内领先的化工行业综合服务商，成为中国民营企业500强、中国民营服务业100强。集团旗下广东宏川智慧物流股份有限公司在A股上市。践行社会责任，撰写多个政协提案，参与公益品牌活动。抗击新冠肺炎疫情期间，为一线医务及防控人员捐款捐物，个人及其企业累计公益捐款金额超过1800万元。2020年被评为“广东省劳动模范”。（参见《东莞年鉴》2019年卷“广东省五一劳动奖章获得者”分目）

韩裕生　1972年8月生，河南信阳人，大专学历，陆逊梯卡华宏（东莞）眼镜有限公司业务服务副总裁、工会主席。每年组织公司“三八红旗手”和“劳动模范”评选表彰，开展劳动技能竞赛，激发职工主动性和创造性；组织各类职业资格培训，使数百名职工通过考试取得职业资格证书；主导成立华宏困难职工救助基金会，累计向数百名困难职工发放救助金596万元；举办新春嘉年华和歌唱、舞蹈、形象大赛等品牌文化活动；组织公司青年志愿者前往贫困山区学校开展暖冬助学公益行动。2020年被评为“广东省劳动模范”。（参见《东莞年鉴》2020年卷“五一劳动奖章获得者”分目）

陈钻佳　1977年5月生，女，广东东莞人，高中学历，东莞市谢岗环山石峡龙眼专业合作社社长。创办环山石峡龙眼专业合作社，申请南面石峡龙眼商标。合作社帮助果农培训龙眼管理知识，种植基地实行统一用药和管理，使果品达到绿色食品标准，帮助果农增加收入。合作社衍生东莞市谢岗群山蜂蜜合作基地，引领更多农村妇女投身现代农业建设。2020年被评为“广东省劳动模范”。

王志明　1978年2月生，广东东莞人，中共党员，研究生学历，广东万达丰农投蔬果有限公司董事长。推动精品农业发展，带动农民增收致富。先后到宁夏、内蒙古、云南、贵州、湖南、广西等地，建立高标准源头生产基地，并建立蔬菜溯源体系，确保蔬菜质量安全。推行“公司+基地+农户+标准化”经营管理模式，强化公司与农户利益联结机制。其公司2017年获评为广东省农业龙头企业，公司“菜专家”品牌获评为广东省著名商标。发起扶贫帮困活动，在贵州、云南、湖南等地建立多个上千亩精准扶贫基地项目，帮助贫困农户2100多户，农民收益和公司效益得到双赢。2020年被评为“广东省劳动模范”。

骆庆明　1974年8月生，广东东莞人，中共党员，硕士学历，主任医师，东莞市第八人民医院副院长。坚守儿科一线20多年，面对甲型流感、手足口病等疫情，冲锋在最前线。2008年赴汶川抗震救灾；2019年赴赤道几内亚指导当地开展儿科诊疗，救治大批疟疾、伤寒、营养不良患儿。组织成立东莞市防治地中海贫血协会，开展对血液病儿童社会资助。主持参与省、市级科研项目一余项，出版著作2本，发表论文40多篇。2020年被评为“广东省劳动模范”。（参见《东莞年鉴》2019年卷“广东省五一劳动奖章获得者”分目）

黄艳芬　1978年3月生，女，广东东莞人，中共党员，本科学历，小学一级教师，广东省东莞市莞城中心小学副教导主任。主张“再难也不放弃任何一个孩子”。撰写教学设计、论文等获国家级奖6项、省级奖19项，主持省市立项课题并获奖9项。是广东省欠发达地区教师跟岗辅导老师，曾辅导学生参加教育部支援西部教育课程光盘拍摄工作。作为广东省名班主任主持人、市家庭教育讲师，2016—2020年为各镇街、各学校授课200场。带领团队开发课程，指导家庭教育，课程阅读量5万人次。2020年被评为“广东省劳动模范”。（参见《东莞年鉴》2019年卷“广东省五一劳动奖章获得者”分目）

谢宏琴　1971年2月生，女，江苏南通人，九三学社，博士学历，高级工程师，广东省东莞市环境监测中心站实验室副主任、东莞市环境监测业务学术带头人。带领同事做好生态环境监测分析，提供监测数据和技术支撑，多次在突发生态环境事故应急监测中快速响应，及时准确上报数据。为打赢新冠肺炎疫情阻击战，组织对全市发热门诊重点医院医疗废水进行监测分析，为监管决策提供支撑，确保疫情期间医疗废水达标排放。2020年被评为“广东省劳动模范”。（参见《东莞年鉴》2018年卷“广东省五一劳动奖章获得者”分目）

叶国华　1972年6月生，广东东莞人，中共党员，本科学历，主任医师，东莞市中医院院长。明确医院发展和服务目标，带领医院完成治未病5A级（最高级）评定，高分通过三级甲等中医医院复审，成功申报一大批国号、省号中医重点专科，在引进国医大师和高水平医学团队、建设互联网医院、建设广州中医药大学临床医学院等方面，不断实现突破，医疗业务年均增长20%~30%。医院连续被评定为优秀等级，被授予国家节约型公共机构示范单位、国家药物不良反应监测哨点医院、中国中医院竞争力百强等称号。2020年被评为“广东省劳动模范”。

尹巨荣　1986年10月生，广东东莞人，中共党员，本科学历，东莞市寮步镇政务服务中心副主任。从2013年起派驻韶关市翁源县、浈江区从事扶贫工作，帮助53户贫困户149名贫困人口实现脱贫，贫困户人均纯收入从2836元提升至9563元，贫困村集体收入从3000元提升到9万元。打造“寮步效率+浈江服务”营商环境品牌，推动引进产业共建项目落地建设14个，举办医疗、教育等帮扶活动20多场，构建“浈江所需，寮步所能”全面帮扶格局。2020年被评为“广东省劳动模范”。

何拥萍　1971年1月生，女，广东东莞人，东莞市家宝园林绿化环卫公司环卫工。2002年起，一直在一线从事清扫保洁工作，兢兢业业。新冠肺炎疫情期间，主动放弃休假，坚守环卫岗位，除打扫街道、清运垃圾，还承担消毒灭菌任务，确保废弃口罩妥善处理。2015—2019年，连续被评为“东莞市环卫先进个人”，2018年被评为“广东省优秀环卫工人”。2020年被评为“广东省劳动模范”。（黄爱和）

先进工作者

师清莲　1962年8月生，女，陕西清涧人，中共党员，本科学历，主任护师，东莞市茶山医院党委副书记、副院长。在东莞市率先按照省标准建成现代化、标准化、规范化消毒供应室，参与指导全市50多家医院消毒供应室建设和管理；指导镇街社区卫生服务中心（站）前期建设工作。2019年，获中华护理学会“杰出护理工作者”称号。2020年，主动请缨带队前往湖北省武汉市抗击新冠肺炎疫情一线，负责管理广东省护理人员，参与并指导护理工作。2020年被评为“全国卫生健康系统新冠肺炎疫情防控工作先进个人”“全国先进工作者”。

郑浩源　1981年2月生，广东东莞人，中共党员，研究生学历，东莞市公安局刑事警察支队五大队四级警长。2015年7月9日，在一次伏击抓捕行动中，为保护群众，以身挡车，被犯罪嫌疑人驾车撞倒，遭前后轮双重碾压，身负重伤，当场休克。2017年7月返岗后，依然投入工作，通过对高速公路碰瓷案件串并比对，先后排查出多起案件中的碰瓷团伙，协助抓获“碰瓷”团伙成员10多人，缴获作案车辆10辆，破获案件30多件。曾被评为二级英模，记个人三等功3次，获个人嘉奖5次。2020年被评为“广东省先进工作者”。（黄爱和）

获奖励军人

叶任堂　1997年4月生，广东东莞人，中共党员，大专学历，八一海军五项队少尉。从小热爱游泳，2007年到东莞市游泳中心练习游泳，2015年应征入伍，2017年加入八一海军五项队。2019年，参加第七届世界军人运动会。2020年，因在第七届世界军人运动会中夺得海军五项赛男子团体冠军、障碍接力团体赛冠军、个人全能第八名、个人航海技术铜牌，被中央军委训练管理部军事体育训练中心授予个人二等功。（李达桦）

优秀共产党员

司　琪　1969年4月生，女，山西大同人，中共党员，研究生学历，硕士学位，东莞市人力资源和社会保障局党组书记、局长。面对新冠肺炎疫情，研究人社领域应对疫情举措，牵头、参与制定全市抗疫和助企复工政策。在广东省率先完成对湖北籍员工点对点提醒、社保退费超过27.5亿元、创新推出“共享用工”。带队到广东省云浮市、江西省开展用工对接，“点对点”接回员工3万多人。基本解决华为和OPPO等重点企业阶段性缺工问题。全市规模以上工业企业复工率和返岗率居全省前列。制定全国首个地市研发人才专项政策。2020年，被评为“广东省优秀共产党员”。

阮永队　1966年1月生，广东阳江人，中共党员，研究生学历，主任中医师，东莞市东南部中心医院中医部学科带头人。面对新冠肺炎疫情，主动请缨到市第九人民医院参加临床一线工作。通过分析首发于湖北省武汉市的新冠肺炎疫情特点，结合临床观察，提出从“寒湿疫”辨治新冠肺炎的思路，具体治法采用温阳扶正化饮，散寒去湿解毒，处方以破格救心汤和李可变通小青龙汤为主。诊治普通型患者44例、重型和危重型13例，疗效好，无一例转为重型及危重型。2020年，被评为“广东省优秀共产党员”。

张艳红　1972年5月生，女，湖南醴陵人，中共党员，大学本科学历，主任护师，东莞市洪梅医院党支部书记、院长。作为广东援助湖北应对新冠肺炎疫情第二十一批医疗队队员，张艳红是国内为数不多、基层医院屈指可数的“造口治疗师”。2020年2月20日，作为广东第六批支援湖北荆州医疗队东莞队长，带领21名护理人员援助荆州市第一人民医院救治工作。2020年，被评为“广东省优秀共产党员”。

黄新武 1983年9月生，女，广西钦州人，中共党员，大学本科学历，主任护师，东莞市樟木头医院护理部副主任兼ICU护士长。担任东莞市援助湖北医疗队第二临时支部委员会委员和武汉东西湖方舱医院总护士长，参与统筹协调分工，管理护理梯队和防护物资，联系119幅小林漫画挂在方舱医院内，筹划《同心抗疫，我们在一起》诗歌朗诵活动并参与表演，获得中共东西湖方舱医院临时委员会“先进标兵”称号；获“广东省五四青年奖”。2020年，被评为“广东省优秀共产党员”。

王　浩 1986年11月生，内蒙古兴安盟人，中共党员，研究生学历，硕士学位，主治医师，东莞东华医院风湿免疫科主治医师。2020年2月9日至3月20日，作为东莞市第二批援鄂医疗队（广东省第十一批）队员，在武汉东西湖方舱医院支援，管理150余名患者，根据患者具体情况制定个体化中西医结合治疗方案。2020年，被评为“广东省优秀共产党员”。

古　谊 1986年5月生，广东梅州人，中共党员，大学本科毕业，东莞市公安局厚街分局副局长。作为厚街公安疫情落地查人和打击涉疫情违法犯罪工作负责人，日夜坚守抗击新冠肺炎疫情第一线，近60天没有回家休息。参与排查线索3.43万条、落地查人2.57万人，打击查处涉疫情违法犯罪案件24起。2020年，被评为“广东省优秀共产党员”。

尹月娥 1971年12月生，女，广东东莞人，中共党员，大学本科学历，东莞市寮步镇良平社区党委书记、居委会主任。良平社区管辖56个物业小区、人口近20万人，其中疫区返莞人员3116户9305人。新冠肺炎疫情期间，尹月娥每天工作超过12个小时，走遍每个楼盘小区。成立“楼嫂巡逻队”，率队走访居家隔离家庭，关爱孕产妇及困难家庭等特殊群体。推行“良平社区人”小程序，实现疫区返莞人员申报全覆盖。多方寻找资源，自行垫付资金，解决社区防护物资不足问题。2020年，被评为“广东省优秀共产党员”。（冯　硕）

道德模范人物

中国好人

王庆余 1978年5月生，东莞市南城志愿者协会会长。曾参加亚运会、深圳大运会等上百场大型赛事志愿服务活动；创建和注册成立多个社会公益组织，策划和开展各类公益慈善、志愿服务活动超过3700场（次）。截至2020年底，个人志愿服务时数1.05万小时。先后获评广东好人、广东省志愿服务金奖、广东省学雷锋志愿服务先进典型、广东省十大消费维权人物、广东省五星级志愿者。2020年，被评为助人为乐“中国好人”。（参见《东莞年鉴》2020年卷“东莞市‘广东好人’”分目）

张　凯 1969年8月生，东莞市北粤传媒有限公司董事长。新冠肺炎疫情发生后，成立东莞虎哥爱心志愿车队，为东莞一线疫情防控人员提供无偿用车和防疫物资运送服务。带领车队驰援湖北省武汉市，为医疗机构运输防疫物资，以及为当地居民采购与运送生活物资。主动参与北京新发地批发市场环境消杀志愿服务工作。先后获吉林省舒兰市新型冠状病毒肺炎疫情防控工作贡献奖、全国“百名疫情防控最美志愿者”、“广东好人”等荣誉。2020年，被评为助人为乐“中国好人”。

陈丽芬 1934年生，女。2006年创立“金韵台艺术团”，带领一群来莞务工人员公益演出上千场，观众累计超过100万人次。作为团长，关爱团员，是团员心中的“东莞妈妈”，让团员在东莞找到认同感、归属感和自豪感。被人民网称为“热心公共文化服务的代表人物”，曾获“优秀文化志愿者”“广东省五星志愿者”“广东省优秀文化志愿者”等称号。2020年，被评为助人为乐“中国好人”。

广东好人

张静雯 1990年5月生，女，广东春夏新材料科技股份有限公司仓管员。新冠肺炎疫情发生后，主动请缨投入口罩生产一线，最长连续工作30多个小时（中途休息4个小时），带病坚守岗位，争分夺秒提高口罩产量。被广东省总工会授予“广东省五一劳动奖章”。2020年，被评为敬业奉献“广东好人”。

张　平 1963年3月生，女，东莞市人民医院呼吸与危重症医学科主任。担任东莞市防控新冠肺炎疫情领导小组防治专家组组长、市第九人民医院医疗救护专家组组长，带领救治队伍入驻九院救治病人，打响防“疫”战第一枪，为全市人民筑起健康防线。先后获评岭南名医、广东省三八红旗手、全国抗击新冠肺炎疫情先进个人。2020年，被评为敬业奉献“广东好人”。

宋秀婵 1980年4月生，女，东莞市第八人民医院（东莞市儿童医院）护理部主任、东莞市公立医院护理专业杰出人才。新冠肺炎疫情发生后，带领护理人员赶制防护面罩，发放到临床一线。三度请战驰援湖北省，在广东省第六批援鄂医疗队中担任重症隔离病区护士长，带领团队抢救病人，并二度请战荆州市直至所有病例清零，是东莞市唯一留守到最后的队员。先后获评广东省抗击新冠肺炎疫情先进个人、广东省先进女职工、护理创新先进个人。2020年，被评为敬业奉献“广东好人”。

殷思纯 1963年3月生，民革党员、传染病学主任医师、东莞市第九人民医院感染科学科主任。曾参与东莞市非典、甲型H1N1流感等多种传染病救治。新冠肺炎疫情发生后，担任市新冠肺炎医疗救助专家小组副组长、兼市第九人民医院总病区主任。其间，组织攻关小组，参与氯喹抗病毒治疗、中药治疗、氢氧机治疗等科研项目，组织营养小组、心理辅导小组、输血管理小组，通过综合治疗方法，提高治疗效果。2020年，被评为敬业奉献“广东好人”。

关腾飞 1997年3月生，2019年到东莞市茶山镇工作。2020年6月28日，东莞市寒溪河茶山大桥河段发生一起落水事故，湖北籍退伍军人关腾飞跳河救起落水青年，自身不幸遇难。2020年，被评为见义勇为“广东好人”。

张健霞 1986年12月生，女，中国电信股份有限公司东莞中堂分公司营业厅营业经理。精销售、会管理、善经营，带领团队业绩居全市同行领先地位，连续9年获评优秀营业厅。2019年获得“全国五一劳动奖章”。2020年，被评为敬业奉献“广东好人”。（参见《东莞年鉴》2020年卷“五一劳动奖章获得者”分目）

谢东阳 1974年1月生，东莞市公安局交警支队东城大队政治教导员。发起“风信子的微笑”公益项目，帮助脑瘫孩子及其家庭。在新冠肺炎疫情期间，发动志愿者为脑瘫孩子家庭献爱心，以快递方式送上关爱。截至2020年底，带领志愿者帮扶85户家庭91名脑瘫人士，开展志愿活动2135场次，志愿服务超过6.8万小时。先后获评广东省岗位学雷锋标兵、广东省学雷锋志愿服务最美志愿者、广东省五星志愿者。2020年，被评为助人为乐“广东好人”。

罗永辉 1988年4月生，东莞市第三人民法院四级主任科员（派驻揭阳市揭东区龙尾镇新丰村第一书记、新丰村扶贫工作队长）。2020年1月，在小孩出生不到3天的情况下，毅然前往新丰村开展新冠肺炎疫情防控工作。曾被评为广东省2016—2018年扶贫攻坚突出贡献个人。2020年，被评为敬业奉献“广东好人”。

（靳诗毅）

东莞市中共十九大代表、第十三届全国人大代表、第十三届全国政协委员情况表

类别	姓名	性别	工作单位及职务
中共十九大代表	黎锡康	男	中堂镇潢涌村党委书记、村委会主任
第十三届全国人大代表	梁维东	男	东莞市委书记、市人大常委会主任
	黄建平	男	广东唯美陶瓷有限公司党委书记、总工程师
	曾香桂	女	东莞市瑞丰物业服务有限公司工会主席
	余雪琴	女	东莞巴士有限公司党群工作部副主任
第十三届全国政协委员	张巧利	女	东莞市疾病预防控制中心主任（任至2020年8月）； 东莞市卫生健康局副局长（2020年8月到任）
	李胜堆	男	东莞东华实业有限公司董事长
	张华荣	男	东莞华宝鞋业有限公司董事长
	王国强	男	香港金城营造集团主席兼行政总裁
	方文雄	男	香港协成行集团总经理、方树福堂基金董事
	孙少文	男	香港SML集团主席
	李月华	女	香港金利丰集团总裁
	谭锦球	男	香港颂谦企业集团有限公司董事长

（市委组织部　市人大常委会办公室　市政协办公室）

2020年东莞市获国家部委以上表彰先进个人情况表

获奖者	工作单位	获奖项目	授予单位	授予时间
黄彩华	东莞市第二人民法院	全国法院新闻舆论工作先进个人	最高人民法院	1月
黄雪影	国家税务总局东莞市税务局莞城税务分局	全国税务系统先进工作者	人力资源社会保障部、国家税务总局	1月
黄秀娟	广东名道律师事务所	全国法律援助工作先进个人	司法部	1月
孙 岩	广东康怡司法鉴定中心	全国公共法律服务工作先进个人	司法部	1月
彭浩强	东莞市司法局	全国公共法律服务工作先进个人	司法部	1月
罗 剑	东莞市医疗争议专业调解委员会	“大排查、早调解、护稳定、迎国庆”专项活动表现突出个人	司法部	1月
任庆祥	黄江镇人民调解委员会祥叔调解工作室	“大排查、早调解、护稳定、迎国庆”专项活动表现突出个人	司法部	1月
高少蓉	长安镇人民调解委员会驻厦岗派出所调解工作室	“大排查、早调解、护稳定、迎国庆”专项活动表现突出个人	司法部	1月
莫满水	桥头镇石水口村人民调解委员会	“大排查、早调解、护稳定、迎国庆”专项活动表现突出个人	司法部	1月
周运华	大朗镇党建工作办	2019年度全国组织系统“优秀网宣员”	中共中央组织部	3月
刘 兴	东莞市粮食和物资储备中心	全国粮食系统先进工作者	人力资源社会保障部、国家粮食和物资储备局	5月
聂盛仙	东莞市农业农村局	全国农用地土壤污染状况详查表现突出个人	生态环境部、农业农村部、自然资源部	7月
谭立霞	东莞市公安局特警大队	公安部全警实战大练兵第一批部级“训练标兵”	公安部	7月
蔡 丹	东莞出入境边防检查站	公安部全警实战大练兵第一批部级“标兵个人”	公安部	7月
李光霞	东莞市政协、中国农工民主党东莞市委员会	农工党中央纪念农工党成立九十周年先进个人	中国农工民主党中央	8月
王锦坤	东莞市公安局厚街分局	个人一等功	公安部	8月
林远渠	东莞市公安局石排分局	个人一等功	公安部	8月
李创宁	东莞市大朗镇关心下一代工作委员会、大朗镇党建工作办公室、大朗镇房地产管理所	全国关心下一代工作先进工作者	中国关心下一代工作委员会、中央精神文明建设指导委员会办公室	8月
黄建英	东莞市民主党派办公室	民进全国会史工作先进个人	中国民主促进会中央委员会	8月
陈剑峰	东莞市第三市区人民检察院	全国优秀公诉人	最高人民检察院	9月
王 磊	广东三鼎实业集团有限公司、九三学社东莞市委员会	2016—2020年社会服务先进个人	九三学社中央委员会	9月
王锦坤	东莞市公安局厚街分局	全国公安系统二级英雄模范	公安部	9月
林远渠	东莞市公安局石排分局	全国公安系统二级英雄模范	公安部	9月
张山凤	东莞市松山湖中心医院	卫生健康行业经济管理后备领军人才	国家卫生健康委员会	9月
赵五宝	东莞市中级人民法院	全国法院审判监督工作先进个人	最高人民法院	10月

续表

获奖者	工作单位	获奖项目	授予单位	授予时间
曾科文	东莞市万江农业技术服务中心	全国农业技术能手	农业农村部	10月
陈善国	以纯集团有限公司	全国劳动模范	中共中央、国务院	11月
王　猛	广东生益科技股份有限公司	全国劳动模范	中共中央、国务院	11月
李民英	广东志成冠军集团有限公司	全国劳动模范	中共中央、国务院	11月
师清莲	东莞市茶山医院	全国先进工作者	中共中央、国务院	11月
吴利娜	东莞市第三市区人民检察院	2020年度全国检察宣传先进个人	最高人民检察院、检察日报社	11月
韩晓群	东莞市清溪医院	全国优秀农民工	国务院农民工工作领导小组	12月
谢娇明	东莞联志五金制品有限公司	全国优秀农民工	国务院农民工工作领导小组	12月
任　敏	东莞市衡正光学科技有限公司	全国优秀农民工	国务院农民工工作领导小组	12月
黎淦松	东莞市人民医院	全国优秀农民工	国务院农民工工作领导小组	12月
莫幼坤	横沥镇社区卫生服务中心	全国优秀农民工	国务院农民工工作领导小组	12月
招志刚	东莞市公安局刑事警察支队	全国公安百佳刑警	公安部	12月
潘康涛	东莞市医疗保障局	2020年全国敬老爱老助老模范人物	国家卫生健康委员会、全国老龄工作委员会办公室	12月
王珊珊	东莞市石龙敬老院	2020年全国敬老爱老助老模范人物	国家卫生健康委员会、全国老龄工作委员会办公室	12月
李思勇	厚街镇社区卫生服务中心	2020年全国敬老爱老助老模范人物	国家卫生健康委员会、全国老龄工作委员会办公室	12月
郭建生 何子毅 余　霖	东莞市中心血站	2018—2019年度全国无偿献血奉献奖金奖	国家卫生健康委员会、中国红十字会总会、中央军委后勤保障部卫生局	12月
陈金凤 刘仁强 麦伟珍 覃铭军	东莞市中心血站	2018—2019年度全国无偿献血奉献奖银奖	国家卫生健康委员会、中国红十字会总会、中央军委后勤保障部卫生局	12月
邹姣丽 梁自领 陈志航 杨忠飞 叶柱江 吕文彬	东莞市中心血站	2018—2019年度全国无偿献血奉献奖铜奖	国家卫生健康委员会、中国红十字会总会、中央军委后勤保障部卫生局	12月
邓志强 陈剑飞 莫家乐 谭婉娥	东莞市中心血站	2018—2019年度全国无偿献血奉献奖铜奖	国家卫生健康委员会、中国红十字会总会、中央军委后勤保障部卫生局	12月
黄志森	东莞市中心血站	2018—2019年度全国无偿献血志愿服务奖五星级	国家卫生健康委员会、中国红十字会总会、中央军委后勤保障部卫生局	12月
叶柱江	东莞市中心血站	2018—2019年度全国无偿献血志愿服务奖四星级	国家卫生健康委员会、中国红十字会总会、中央军委后勤保障部卫生局	12月

续表

获奖者	工作单位	获奖项目	授予单位	授予时间
叶惠芬	东莞市中心血站	2018—2019年度全国无偿献血志愿服务奖三星级	国家卫生健康委员会、中国红十字会总会、中央军委后勤保障部卫生局	12月
苏柱安 陈庆恺 叶群弟 郭鹏豪 车　昕	东莞市中心血站	2018—2019年度全国无偿献血志愿服务奖二星级	国家卫生健康委员会、中国红十字会总会、中央军委后勤保障部卫生局	12月
张炯贤	虎门镇大宁社区工会联合会	全国优秀工会工作者	中华全国总工会	12月
谭艳婷	东莞市第三人民法院	全国法院办案标兵	最高人民法院	12月
李　玫	东莞市生态环境局松山湖分局	民盟思想政治建设和宣传工作先进个人	中国民主同盟	12月
邓小红	东莞市凤岗镇雁田村人民调解委员会	全国模范人民调解员	司法部	12月
严小艳	东莞市莞城人民调解委员会	全国模范人民调解员	司法部	12月
潘旭毅	东莞市医疗争议专业调解委员会	全国模范人民调解员	司法部	12月
殷思纯	东莞市第九人民医院	政府特殊津贴	国务院	12月
刘　洋	东莞出入境边防检查站	全国最美家庭	全国妇联	12月
王晓蔚	东莞市民主党派办公室	民进全国履职能力建设先进个人	中国民主促进会中央委员会	12月
张杰志	东莞市南城阳光第三小学	民进全国抗击新冠肺炎疫情先进个人	中国民主促进会中央委员会	12月
卓奇文	松山湖管委会宣传与社会工作局	民进中央参政议政成果奖二等奖	中国民主促进会中央委员会	12月

2020年东莞市获省（自治区、直辖市）级表彰先进个人情况表

获奖者	工作单位	获奖项目	授予单位	授予时间
黎　敏	东莞市纺织服装学校	第九批省市优秀援疆干部	中共新疆生产建设兵团委员会 新疆生产建设兵团	1月
刘彦慧	东莞市妇幼保健院	广东省科技进步二等奖	广东省人民政府	2月
阮永队	东莞市东南部中心医院	广东省优秀共产党员	中共广东省委员会	10月
张艳红	东莞市洪梅医院	广东省优秀共产党员	中共广东省委员会	10月
黄新武	东莞市樟木头医院	广东省优秀共产党员	中共广东省委员会	10月
王　浩	东华医院	广东省优秀共产党员	中共广东省委员会	10月
古　谊	东莞市公安局厚街分局	广东省优秀共产党员	中共广东省委员会	10月
司　琪	东莞市人力资源和社会保障局	广东省优秀共产党员	中共广东省委员会	10月
尹月娥	寮步镇良平社区居民委员会	广东省优秀共产党员	中共广东省委员会	10月
韩治东	东莞市人力资源和社会保障局	广东省爱国拥军模范	中共广东省委员会 广东省人民政府 广东省军区	10月

续表

获奖者	工作单位	获奖项目	授予单位	授予时间
李长平	东莞理工学院	第七届广东省专利奖金奖（项目：一种硫化氢气体吸收剂及其应用）	广东省人民政府	11月
程发良 张　燕 张　敏 陈妹琼 柳　鹏 蔡志泉	东莞理工学院	第六届广东省专利奖优秀奖（项目：一种纳米线-纳米颗粒修饰电极的制备方法及其应用）	广东省人民政府	11月
吕斯濠 梁志辉 曾艳燕 范洪波 刘啸天 彭　敏	东莞理工学院	第六届广东省专利奖优秀奖（项目：一种采用有序介孔炭识别水相中超滤膜污染物的方法）	广东省人民政府	11月
王世超	OPPO广东移动通信有限公司	广东省劳动模范	中共广东省委　广东省人民政府	12月
李文佳	广东东阳光药业有限公司	广东省劳动模范	中共广东省委　广东省人民政府	12月
赖正友	南兴装备股份有限公司	广东省劳动模范	中共广东省委　广东省人民政府	12月
刘世伟	中国移动通信集团广东有限公司东莞分公司	广东省劳动模范	中共广东省委　广东省人民政府	12月
杨子君	广东坚朗五金制品股份有限公司	广东省劳动模范	中共广东省委　广东省人民政府	12月
王　科	东莞南玻太阳能玻璃有限公司	广东省劳动模范	中共广东省委　广东省人民政府	12月
梁永昌	东莞供电局供电服务中心	广东省劳动模范	中共广东省委　广东省人民政府	12月
曾香桂	东莞市瑞康工贸有限公司	广东省劳动模范	中共广东省委　广东省人民政府	12月
袁伦香	石碣镇东聚电子公司	广东省劳动模范	中共广东省委　广东省人民政府	12月
林海川	广东宏川集团有限公司	广东省劳动模范	中共广东省委　广东省人民政府	12月
韩裕生	陆逊梯卡华宏（东莞）眼镜有限公司	广东省劳动模范	中共广东省委　广东省人民政府	12月
陈钻佳	东莞市谢岗环山石峡龙眼专业合作社	广东省劳动模范	中共广东省委　广东省人民政府	12月
王志明	广东万达丰农投蔬果有限公司	广东省劳动模范	中共广东省委　广东省人民政府	12月
骆庆明	东莞市第八人民医院	广东省劳动模范	中共广东省委　广东省人民政府	12月
黄艳芬	莞城中心小学	广东省劳动模范	中共广东省委　广东省人民政府	12月
谢宏琴	东莞市环境监测中心站、九三学社东莞市委员会	广东省劳动模范	中共广东省委　广东省人民政府	12月
尹巨荣	东莞市寮步镇政务服务中心	广东省劳动模范	中共广东省委　广东省人民政府	12月
叶国华	东莞市中医院	广东省劳动模范	中共广东省委　广东省人民政府	12月
何拥萍	东莞市家宝园林绿化环卫公司	广东省劳动模范	中共广东省委　广东省人民政府	12月
郑浩源	东莞市公安局	广东省先进工作者	中共广东省委　广东省人民政府	12月

2020年东莞市高级职称人员名单

一、正高级职称人员（30人）

党校教师专业（2人）：刘晋飞 黄琦

工程系列机电专业（1人）：刘明建

工程系列轻工专业（3人）：樊惠娜 明星 王维昀

工程系列建筑专业（5人）：王玉福 刘永璞 汪华清 张彤炜 张洪图

工程系列石油和化工专业（1人）：李义涛

工程系列自然资源专业（1人）：魏金占

自然科学研究系列（1人）：张书彦

工程系列林业专业（1人）：柯周荣

图书资料专业（1人）：李映嫦

会计专业（1人）：李晓燕

文学创作专业（1人）：李国斌

中小学教师系列（12人）：袁志林 钟晓宇 谢洪涛 阮美好 冯伟华 范传东 曹义琼 张峰 李涛 王世建 张青云 余再超

二、副高级职称人员（2058人）

中小学教师系列（605人）：班艳 蔡鹊英 蔡汝明 蔡石屏 蔡仲春 曹佐彤 岑君良 曾鹏辉 曾娴 曾鑫泉 曾映玲 曾勇东 曾云峰 常文举 陈爱华 陈冰 陈德煜 陈东玲 陈奋 陈凤霞 陈广勇 陈桂贤 陈果 陈海深 陈宏 陈焕新 陈辉 陈康和 陈柳慧 陈平平 陈萍 陈其彪 陈谦 陈庆旺 陈生 陈世声 陈淑妮 陈曙兵 陈水英 陈晚好 陈伟全 陈文标 陈文东 陈小平 陈晓 陈晓文 陈笑英 陈新统 陈星 陈秀娟 陈旭婉 陈学文 陈雅怡 陈艳梅 陈艳艳 陈永坚 陈月忠 陈中云 谌来彪 成强 成晓斌 程华碧 程为旺 戴靓 戴姝燕 邓得志 邓海伦 邓敬娣 邓丽媛 邓倩怡 邓小琼 邓义文 邓永康 邓永良 邓永忠 邓宇中 邓赵省 邓珍珍 刁海胜 刁宏垠 董芳 董荷茹 董慧仪 董庆威 杜坚 段玲慧 段伟 樊景新 方慧敏 方丽琴 方月清 冯素贞 冯先成 符海丽 甘信付 高维 高英华 古伯纯 郭彩云 郭贺祥 郭建丽 郭敏婷 郭绮华 郭珍婉 韩吉贵 何岸龙 何承城 何海军 何继东 何妙娟 何棋珍 何启贤 何清富 何小茶 何燕珍 何忠南 贺素君 贺铁玉 贺玉容 侯燕华 胡桂芳 胡海燕 胡健虎 胡理明 华丽 黄步舜 黄彩红 黄衬安 黄代强 黄国航 黄惠良 黄济胜 黄洁扬 黄锦英 黄菁 黄丽珊 黄琳涛 黄敏 黄敏 黄强 黄庆兰 黄若荣 黄善厚 黄淑卿 黄天华 黄挺基 黄伟强 黄旭珍 黄雪芬 黄艳芬 黄燕玲 黄永光 黄勇 黄玉海 黄玉琼 黄长青 黄政颖 黄志锋 江海峰 蒋芳芳 蒋建红 蒋艳春 景美 康云峰 柯超杰 柯兰 柯胜来 赖桂芬 赖美 赖俏仙 赖树旭 赖小芬 赖雪清 赖展钦 赖转章 兰羽生 蓝海青 蓝小军 劳玉梅 黎焕弟 黎惠祥 黎健仪 黎金玲 黎美欢 黎笑霞 黎雪珍 李艾 李百平 李波 李朝阳 李光辉 李光梅 李虹 李计绸 李健新 李军英 李珺洁 李堪珠 李丽霞 李满娇 李满银 李美红 李敏 李明春 李明珠 李品珍 李庆春 李润华 李上青 李盛丰 李世峰 李淑敏 李巳邦 李维 李伟民 李伟祥 李晓刚 李晓剑 李新凤 李新庆 李雪芬 李雪芬 李艳平 李游 李泽华 李泽娜 李兆鹏 李振华 李志欢 李转南 李子超 梁奋兰 梁惠兴 梁锦棠 梁沛洪 梁庆新 梁文伟 梁贤郁 梁雪妹 梁燕凤 梁咏杰 梁玉华 廖国宝 廖海燕 廖奇志 廖志文 林冲 林道志 林的萍 林桂梅 林锦玲 林进得 林俊锋 林珺 林莉 林旅建 林美兴 林孟伟 林敏 林庆武 林锐朗 林松康 林彦逸 林玉蝉 凌勇军 刘兵 刘昌波 刘国锐 刘辉 刘慧琴 刘季珍 刘家亮 刘家玉 刘剑雄 刘金华 刘金萍 刘军 刘立芬 刘丽云 刘凌兰 刘婉嫦 刘伟忠 刘小莉 刘英明 刘勇华 刘志武 刘志云 龙丽 卢福娣 卢九 卢俊 卢妙云 卢琦 卢妍博 卢耀棠 卢耀文 罗慧玲 罗锦兰 罗君妹 罗利雄 罗莉 罗林娥 罗柳梅 罗文婷 罗笑清 罗永化 罗苑红 吕雪玲 马菲 马洪稳 马晓红 满超岳 毛亚 蒙华 莫海波 莫建娣 牟茜 聂炳南 欧泽彬 潘柏森 潘东城 潘秀群 潘秀群 庞达藕 庞文 彭春宁 彭带章 彭伏秋 彭丽华 彭莉 彭盛森 彭细英 戚海玲 戚丽昆 乔志芳 秦茵 丘韶科 邱海蓉 邱兰萍 邱银宝 区杰源 权娜 任雅洁 邵锦娟 石雪 宋现坤 苏文儒 苏跃波 隋传胜 孙联国 孙有杰 孙振楚 谭宏杰 谭杰文 谭丽君 谭妮 谭荏华 谭舒医 谭宪权 谭燕萍 汤梦元 唐冬连 唐冬云 唐隆伟 唐配乾 唐先蓉 唐志勇 陶代显 滕余 万旭坚 汪力 汪书峰 王波 王春林 王芳 王丰明 王广锋 王建昌 王姣 王洁萍 王俊君 王礼华 王丽婧 王丽娟 王利 王巧嫦 王清 王庆玲 王上团 王淑英 王松 王天立 王文然 王笑媚 王育财 韦培球 温桉城 温河山 温卫军 温小娟 文礼华 翁惠珍 翁灵霞 翁永通 吴半边 吴传柒 吴丹 吴鸿远 吴均 吴开震 吴丽欢 吴丽英 吴巧仪 吴琼珠 吴文静 吴新科 吴雪忠 吴艳梨 吴焱 吴玉桦 吴元兵 吴月珠 吴柱棠 伍复荣 奚品 席守亮 夏秀春 夏中振

香锦伦　向　爽　肖国胜　肖海燕　肖剑鸣　肖文增
肖小静　萧大军　萧惠慈　谢带英　谢迪元　谢东成
谢福顺　谢国柱　谢海根　谢丽珍　谢联耀　谢木深
谢　倩　谢如香　谢锐滔　谢婉娇　谢笑蕊　谢燕容
谢志远　熊德峰　熊松平　熊文阳　徐飞雄　徐敏茹
徐少萍　徐淑仪　徐细龙　徐晓红　徐雄杰　徐秀媚
徐映仪　徐　优　许　红　许景荣　许小凤　许兆兰
严翠花　阳新宜　杨　柳　杨　斌　杨德展　杨　东
杨慧华　杨坤腾　杨露蓉　杨伟华　杨文兄　杨旭玮
杨学强　杨　忠　姚　清　姚淑章　姚铚娟　叶剑锋
叶洁玲　叶丽香　叶柳青　叶双玲　叶伟强　叶欣欣
叶雄辉　叶秀群　叶秀兴　叶雪芬　叶雪凤　叶燕凌
叶燕平　易凤茹　尹李菊　尹妙娟　尹淑贤　尹伟锋
尹艳玲　于　涛　庾丽冰　喻　翔　袁春燕　袁红梅
袁建成　袁军城　袁立慧　袁瑞如　袁伟琼　袁裕琼
张柏青　张春娣　张　毳　张　斐　张峰铭　张贵香
张红莲　张家辉　张　健　张　晶　张理现　张丽婷
张　琳　张梅云　张美丽　张　敏　张　倩　张任坤
张韶台　张树军　张思文　张　涛　张伟雄　张喜远
张雪莲　张艳媚　张燕萍　张　颖　张　颖　张永青
张玉梅　张月坚　张　芸　张志强　招婉琼　赵怀杰
赵　娉　赵少宇　赵伟艳　者书辉　郑楚楚　郑嘉瑜
郑　健　郑文杰　郑艳霞　郑中华　郑兹滨　钟彩兰
钟当贤　钟凤婷　钟建平　钟明星　钟伟群　钟小敏
钟小英　钟秀清　钟秀兴　钟映萍　钟　勇　钟有水
钟玉华　钟育燕　周　芳　周海军　周海清　周红梅
周丽波　周丽芬　周丽梅　周銮卿　周　鹏　周　琴
周少娟　周文莲　周沃辉　朱海艇　朱　江　朱晓岚
朱苑芳　朱志业　庄春红　庄志涛　邹丙生　邹和平
邹佳妮　邹　进　邹雪环

党校教师专业（1人）：王　鹏

卫生系列（1290人）：王　宁　丁　健　黄转弟
陈雪筠　李秀兰　罗沛芬　江　彬　明　子　吴少敏
曾带娣　胡茂研　黄秀娟　何妙珠　梁咏娴　叶婉玲
李柳贞　周玉嫦　罗章英　莫笑连　卢桂好　张带芳
郭惠玲　叶婉玲　黄金凤　梁小青　杜丽华　黎钻好
万丽婵　李婉霞　叶君燕　陈玉玲　刘旭明　温嘉玲
袁艮弟　邓勇进　杜艳章　陈健瑶　郑春梅　刘巧如
黎婉媚　陈巧琼　袁领欢　张志成　范惠双　何文旭
罗环千　陈俊君　袁智帆　温贺龙　李　艺　潘富强
姚瑞岩　谢浩锋　梁泳娜　陈　靖　胡可丁　陈惠霞
罗燕玲　莫淑婷　钟淑勤　丁爱娇　莫婉华　罗秀霞
莫海兴　郭振添　王文锋　朱梓年　何少娟　张锡波
谢小燕　周晓玲　吴志锋　梁德志　黄绍坤　张文川
韦剑波　李　伟　罗根培　洪楚亮　叶照伟　叶观生
黎银焕　李伊敏　姚满田　张丽仪　李　新　陈孟君
陈茂生　郑志丹　刘汝明　方锦龙　袁泽强　李　劲
黎绍球　钟慧筠　钟剑波　林沛基　罗宇文　麦建林
张海滨　陈志坚　庾燕君　黄润成　林正权　李　牧

叶志彬　王毅钧　梁桂锋　陈刘镇　罗灼明　陈卓林
卢星照　黄河清　陈桂林　尹润龙　罗成焕　尹东亮
陈小聪　甘　宇　毛志强　叶贝华　郑锦标　莫元春
刘浩锋　谢家隆　梁玉莲　廖　漫　杨群妹　尹燕河
叶瑞英　胡瑞娟　方刚妹　姚淑婷　林鸣琴　万　颖
邓冠华　曹　婷　陈　伟　尹玉兰　李碧芳　叶永胜
黄彦英　王　俊　谭志锋　袁胜超　吴江林　叶树森
陈金水　王新强　赖惠东　陈锡培　莫换好　赖丽钧
杜三维　殷楚芬　曾研津　卢柳娟　闫　莉　陈胤文
马一欣　张　亮　钟明浩　陈惠鹏　章　隽　杨茂增
陆奕彬　欧海燕　夏韵妍　王　坤　唐明生　阮敏仪
朱丁贤　朱凤明　赵凤丽　苏丽珍　黄广玲　李婉仪
骆玥瑜　蔡建珍　黄见欢　陈锦国　钟玉杭　张荣华
陈冠帅　杨　刚　徐亚雄　庾静云　庞　英　刘文静
赖雪芹　邓淑贞　徐燕珊　朱春丽　张婉玲　张汉文
顾淑贤　张　敏　孔凤霞　莫惠芬　叶爱元　蔡桂云
朱凤娟　黄玉娥　刘淑清　邓丽冰　黄思婷　谢凤珍
陈嘉雯　张俊峰　叶子云　陈敏玲　肖　鹏　陈婉婵
叶庆邦　刘柄岢　陈毅光　庄小垒　夏渭超　李诗成
邓文龙　陈景福　蔡振明　徐宝琪　黄丽辉　欧翰杰
蔡伟鹏　邱子文　张隐妹　廖凤玲　方彩君　林爱玲
邓金梅　周少华　肖　望　陈银花　唐秀炻　钟汉平
王　芳　管莉芬　曹华丽　罗淑娟　黄玉梅　周映虹
陈　蓉　李春霞　曾海凤　奉伍妹　宋艳娟　曹科英
梁　璐　卢翠碧　张翠惠　杨志勇　黎展鸿　陈雄辉
王　飞　王杰英　陈燕珠　孙茂本　张孟贤　郑文亮
陈　霞　邓明汉　陈　斌　谢果晋　林宇峰　张加乐
蔡潮深　李德桂　陈佳婷　谭婉仪　张志海　何耀彬
刘　熙　邓　荟　叶志桃　何颖君　梁悦浓　梁　芳
曾素芬　陈燕卿　邹亿城　卢锐辉　王淑芬　廖志概
方丹娜　赖志君　李耀军　谭子锋　李建波　王长新
曾观银　林朝凤　刘雪花　梅秋凤　刘　静　刘妙玲
卢丽鹂　王　娟　郑月梅　陈素君　张碧群　钟　玫
张月娥　曹晓清　刘瑞伦　叶敏南　冯明涛　何月敏
徐炳燕　林海龙　林金华　谢树锋　陈文峰　张　伟
林　东　梁　鹏　陈　辉　黄　喆　李柏坚　周　雯
张玉琼　王燕浩　周柳瑜　余王君　罗燕贞　莫卫芳
徐登先　梁冠宇　黄子牛　梁　英　邱文达　何雅婷
陈敏红　周华姣　陈杏杏　刘盼盼　丘文英　黄玉婷
王明喜　鲁智荣　赵俊喜　阳建平　杨福河　陈美双
方爱儿　丁姿璇　李元元　许　瑶　符宏建　王　导
苏宝庭　黄志文　薛　峰　刘世豪　洪友钦　陈　鹏
李　菲　陈剑云　陈　振　李丽曼　唐伟裳　李海静
陈翠华　刘　芳　李利群　李燕玲　李凤云　刘玉珍
谭玉娟　李丽霞　罗　抗　梅小苹　刁金连　周婉仪
张　茜　谢燕敏　黄丽玲　周小敏　周艳梅　孙兰艳
尹巧莲　黄伟华　葛永丽　谢　标　陈　文　刘惠丹
黄永坤　朱　永　范俊杰　叶志明　陈效强　李　锋
袁锐坤　郭伟峰　宋雨晨　黄伴如　陈苑珠　王　伟

刘钰斌 李慧平 李柳韶 庞杰锋 农玉白 李桂玉
邝妙玲 刘贤清 柳东伟 梁亚闯 何贵文 赖海新
庄光波 叶东清 何志雄 欧 杰 赵受伟 陈珊珊
郭淑贞 陈雪英 李婉妍 杨丽红 董其昌 谢汉洪
黄智敏 梁妙兴 梁妙贤 古兴元 黄慧君 黄石龙
陈壮娜 曾柳凤 肖秋江 梁少云 林 芳 李华梅
李少云 伊 莉 孙展彦 王明媚 梁佩伦 周春元
覃 丽 甘海兰 江文昊 刘小亮 郑景森 黄育南
肖 明 何金福 陈志超 徐伟熙 李 凯 陈德添
谢伟一 胡文辉 黄春优 黄 韬 熊飞燕 雷耿秋
邹翠娟 袁思戈 阮 婉 梁华珍 欧阳清 骆建英
罗 峰 李仿模 张国强 曾文超 陆偲宇 陈淑珍
汤思明 莫婉玲 陈剑武 陈加家 陈鸣宇 陈炜炜
洪小娟 张志坚 曹 渊 涂建勋 肖崇平 刘飞交
唐雍华 张玉婵 何秀屏 洪雪飞 黄瑞凤 袁衬容
苏镜波 吕灿尧 张爱玲 方婧菲 于 龙 彭 聪
吕洁文 贾洪昶 安君丽 林 婷 邓柳琪 谢晓燕
罗演华 黎衬兴 黎绮文 黎敬云 莫凤琼 黎瑞怡
张伟燕 温小敏 彭家权 刘学义 李廷发 陈冬云
郭建业 黎敏如 陈得枝 李敬红 邹伟钊 杜燕彩
陈燕霞 袁少芬 李丽洪 陈艳丽 施亮来 赵立新
胡树培 谢学玲 林荣波 卢兆辉 陈伟斌 邓伟青
梁民联 朱立茎 张会娣 顾仕媛 冯美娟 徐 柳
刘奕仕 黄冬玲 姚剑锋 陈浩云 唐锦华 肖文良
王陶伟 张海燕 练广鹏 刘 燕 王桃英 黎福清
徐汉荣 黄欢笑 莫国东 姚 健 单淑芳 唐丽娟
刘伟学 李宏光 黄惠珍 王天谊 陈永红 李定峰
郭权森 付鉴坤 黄利明 曾 敏 刘沛权 曾 伟
张国雄 吴彩云 周月娥 余伟强 高春员 黄日绩
刘婉连 杨延江 沈馨菲 徐静芳 吴志强 戴德栋
况芳祥 李淑芳 刘李洁 黄 方 袁群弟 江燕煊
郭衬好 林远清 罗汉媚 刘 刚 李婷婷 雷芳金
李玉玲 方红芳 毛秀建 高 莹 叶丽芳 袁钻云
林小敏 罗艳洁 陈瑞兴 刘 亮 罗忠明 叶嘉辉
刘晓雷 陈隆福 杨子才 梁东雅 莫伟锋 钟锐森
陈光中 曲 莹 韩德兰 张亚虹 揭朝霞 林燕霞
裴荣巧 陆小辉 黄会杰 鄢华勤 龙 雁 周楚敏
苏梅香 陈芬芬 吴冬梅 刘荣莉 胡雪芬 黄翠如
黄素媛 马少建 陈裕丰 周寅川 周雁苹 支明俊
杨映映 钟裕新 黄德东 陈苑新 孙海光 郑伟雄
赵丽丽 卫玉光 麦培芬 尹美婷 温淑贤 陈晓燕
钟衬珠 刘卫群 钟杨锋 雷丽香 徐昌浓 尹丽君
吉木斯 汤步陛 周庆健 邝见娉 石炯田 何兴辉
尹巧英 万传俊 招芳霞 刘景英 薛金燕 邝燕霞
黄健敏 贺宝金 唐彩艳 李雪群 蔡 方 黄宝珠
叶占芳 卢家宜 张苏梅 陈祥云 叶新富 陆逢时
元文辉 刘敏聪 王 朋 黄冬劲 陈根源 李春芳
刘什春 马德云 叶珊羽 林艳芬 钟丽雀 李 冰
龚海燕 黄玉萍 韩换群 黎妙余 张卫民 陈锦堂

易婷华 庄银波 冯琤聪 刘凤英 陈柳玲 黄伟柱
杨育如 高 欣 刘志伟 朱海成 刘伟怡 陈沛林
王 兵 钟占嫦 谢 晓 林少虹 赖竹圆 罗蓉蓉
黄爱群 黄家义 刁利娟 许小丽 唐淑红 朱花女
吴爱玲 肖谏凤 蔡淑英 林丹丽 王建伟 陈达金
潘 武 杜益平 陈来梅 张培珍 张淑娇 李洁环
郭彩霞 林淑娜 朱 礼 杨仕彩 李金城 张秋霞
江美玲 刘爱琼 杨艳霞 李健英 邓锦松 郑奇峰
胡忠文 黄德志 梁有卿 马瑞成 夏代伟 谢 峰
何学银 林坤波 邓天赐 姚玉冰 刘志敏 温武略
饶梓辉 李 裕 黄武彬 房子胜 张文青 郭腾飞
罗衬银 李秀琼 李国华 黄秋兰 谢素芳 张冬平
陈江华 张 翠 莫丽珍 王爱梅 卓洁影 黄丽霞
曾翠妍 陈记红 赖苑娜 左彩娇 杨秀珍 陈秀娟
黎小兰 谢志能 邓由清 王壮波 黄召武 林 红
王 明 邹 坤 薛金丽 周本涛 韩巧军 杨文权
李 婷 赖泳龙 陈荣添 雷海优 叶锦媚 罗汝华
罗福娣 何汝远 柴 梅 刘 锦 陈世兵 黄佳娜
张利锋 李满洪 邓彦雯 吕 勇 陆 平 闫 华
朱凤婉 李慧娟 香见欢 罗潘婷 黄桂芷 谢勇刚
李祝有 龙晓东 邓焕柱 朱巧红 黄至辉 邓浩财
黄丽芳 刘辉焜 黄慧炳 潘海燕 詹樱珠 陈金妮
苏凤英 杨 平 邹家柳 李 蒙 罗 迪 吴玉轩
程 青 姚映笑 陈 丽 梁志群 姚衍欢 黄巧仪
韦小江 刘承宗 劳传毅 陈建球 姚茂盛 缪日辉
林静雅 黎广敏 王自当 莫小冠 陈 崛 姚秀英
谭智进 郑倍奋 林淑芳 陈红霞 严柏文 林耿玉
冯 慧 黄芳梅 钟晓红 钟晓琴 刘卓红 刘宏艺
罗巧玲 陈展文 叶妙英 吴永华 姚英俊 罗惠君
陈晓娜 张焕彬 廖伟华 武书果 孙 翀 向燕飞
胡 丹 蔡树坚 徐琛玮 邵锦炜 陈妙玲 张英仪
黎凤珍 刘巧儿 刘慧娟 莫映霞 陈妙玲 刘礼家
姚秀萍 黄祖佑 马艳荣 张利苑 何 珍 邱新声
李汉鹏 胡勇光 曾昭笔 李国强 巫少彬 秦柳平
何丽琴 钟凤兰 胡芬爱 蒋玉仙 江艳玲 扈丹丹
李映雪 卢艳芬 李 鹏 黄晓玲 李华丽 邱 芳
邓贺春 何 涛 曾海仕 吴 亮 肖李梅 周浪燕
颜慧芬 曾志灵 袁换章 谢水良 吴 俊 谭罗英
李育谦 文华庭 李洪伟 张志强 巫资娟 刘 磊
刘秋燕 侯亚长 黄银娇 汪延安 刘 萍 温双强
张志宏 黄文彬 钟沛敏 林瑞眉 张健新 翟苑文
崔少荣 曾焕清 罗柳金 肖 艳 赵玉婷 胡 敏
李 戈 陈锦容 陈婉嫦 黄燕文 莫玉君 袁健明
莫雪梅 廖淑华 李瑞君 谢绍环 黄柳芬 熊妙连
聂 静 李泉中 陈慰鑫 袁卫军 刘颖聪 卢玉玲
曾 征 曹淑雯 林嫣嫣 严 靖 刘伟强 谭银珠
张 丽 魏见有 姚天娇 吴文西 詹建平 黄海英
黄学飞 郑芳琳 陈静怡 林意珊 陈笑珠 郭秀连
叶秀兰 许正传 张家灿 林锡江 吴国银 魏松辉

周婷婷　卢德佳　杜国杰　王　凤　叶瑞连　李梦薇
赖细琴　胡朝坚　萧燕霞　洪　霖　邹　玄　刘春玉
李丽欢　张庆佳　陈锦霞　潘华秋　陈秋月　陈纯红
周洪艳　尹　娜　夏位勋　张林平　黄　聪　刘汉海
郑　波　赵　伟　欧阳长兰　李雨霞　郑坚荣　冯杰文
文灼锋　邱伟玲　李佩珠　林苑梅　许龙豪　李创和
叶燕红　杨普贤　吴宝红　何群锋　黄巧勤　吴远玲
郑东霞　叶丽兰　刘　香　叶淑葵　张　琳　邢国家
梁伟经　杨祖贵　李　滔　朱秋秋　吴敏贤　叶淑如
叶秀芳　钟燕娜　陈慧萍　黄永昌　刘森鑫　潘夏紫
李明花　李清果　莫彦文　谢巧燕　钟芳鸿　徐春晓
叶雅雯　杨满湖　钟丽莉　唐　琴　黄余凯　曾湛艳
张雪娟　曾　丽　黎　倩　周彩霞　赵凤连　李春花
游玉芳　刘　燕　朱智德　黄楚洁　张瑞珍　叶秀芳
谭远平　刘添生　陈巧珊　郑乃树　邵红胜　王勇斌
李　丽　闫　全　周红献　林建华　刘火顶　肖亚辉
卢克莱　吕　兰　蓝小敏　陈栩敏　罗　媚　刘志强
彭江琼　黎　斌　林志旺　陈秉通　林文盈　蓝羽飞
张燕媚　马辉金　田小丹　黎小杜　张会梅　侯桂玉
袁金华　陈丽敏　罗淑玲　李晓旋　卢燕芬　何建华
韦旭荣　袁清妹　谢招萍　计　娜　龚利民　陈绍龙
涂伟胜　刘　丽　邓小莨　钱　隽　欧东萍　曾祯勇
刘武斌　黄仕芳　卢新芳　罗文清　马艳朝　罗三秋
黎炜霞　任春霞　袁换弟　黄晓薇　黄玉婵　黄占璋
叶松贵　谭广荣　叶葵兄　庄　莹　袁玉娟　何　娟
欧传军　邓晓霞　于仁忠　莫灼东　范红霞　黄晓芳
段德海　李　华　胡志强　刘　波　袁淑敏　吴玉强
朱浩源　李焕银　余冬梅　谢肖娥　朱明全　叶智勇
何亚兵　陈传科　刘丁龙　黄凤佳　沈艳丽　邝小兰
王巧占　梁月玲　黄彗娴　叶万田　李国基　杨　飞
刘述话　黎淑明　彭艳花　曾　玲　黄小凤　刘俊军
陈高颂　左志刚　黄桂梅　周玉珍　黄绮筠　鲁巍巍
赖宝添　黄俊花　莫晓嫦　余幼辉　蔡米丽　莫如洁
尹小生　涂少玲　吴绍腾　李秋雨　苏丽兴　欧阳林锋
倪泽旭　陈丽莉　黎丽芬　田　睿　刘　琳　黄　灿
罗常有　卢国坤　相永森　张　露　彭理明　陈　军
姚　剑　段洪凯　周丽丽　余伟儇　莫大超　连宗德
陈荣军　方松城　徐宝华　杨海宝　赖兰娣　陆军燕
胡翠娟　李　宁　熊凤娟　李艳娜　郑华银　谢　辉
雷励团　刘肖瑛　雷亚利　张　磊　安凌春　袁　红
李树龙　黄显光　李松湖　彭雪萍　周健和　宁　思
沈国刚　刘付轩聪　于世超　梁瑞欣　彭梅芳　刘朝霞
曾　鹏　尤一新　陶鸿燕　王太生　刘一蛟　尹新才
艾国峰　张佩峰　曹荣芳　呙誉东　魏雪琴　龙惠东
薛小军　李淑玲　谢亚莉　何丛馨　王秀萍　阮富旺
罗金成　陈　伟　李桂锋　戴益斌　巩　威　吴素登
谢焕芳　陈韶芳　徐坚文　刘　莉　范秀红　陈知杰
钱珊英　戴兴中　高泓威　吕　涛　杨　超　邵　韦
张少林　何秋香　沈泽坚　易　艳　尹转通　袁煜宗
谭泳昌　道银喜　郑群峰　卓　丽　陈振锋　刘　彬
张中兴　王　娅　夏鉴德

工程系列机电专业（11人）：梁红亮　程　明　张纳新　刘延海　邹爱军　孙根伟　黄梅荣　聂云海　李朝阳　黄仲庸　叶朝桢

工程系列电力专业（4人）：叶莞玉　梁显志　郭正中　金英杰

工程系列轻工专业（6人）：欧志勇　黎金成　刘　凯　余送清　沈荣伟　吴新良

工程系列纺织专业（3人）：方　方　朱国权　卢杰宏

工程系列石油和化工专业（5人）：何　平　王小平　林　伟　李　丹　林　健

工程系列自然资源专业（5人）：陈庆飞　谢春锋　欧阳玲　张凌云　高益忠

工程系列林业专业（4人）：张尚坤　李果惠　黄俊庆　张　锋

图书资料专业（3人）：王　宏　单红波　叶少青

文物博物专业（1人）：许　鹏

群众文化专业（8人）：康玉琼　唐安东　黎　晖　杨献威　覃　妮　李　华　王文利　张文康

艺术专业（1人）：周坚洪

会计专业（84人）：刘静伟　李　海　袁继刚　朱旭东　吴　峰　林光从　叶国华　喻蕴斐　李　虹　钟沁夏　陈宜红　张友雄　陆　洁　李远飞　曾荣贵　肖志高　庄　敏　郭小慧　徐画梅　肖　冰　夏　端　张艳利　张修普　陈　克　张山凤　李　敏　杨恩慧　王道清　王小芳　潘振威　张葱葱　易杏枝　冉　玲　郭兆兵　吴　洁　周文娟　杨　燕　周优林　刘　卉　谭　留　赵健美　龙　媛　甘　霖　刘小艳　周宏亮　汤香春　丁志勇　杨　丹　杨　群　石艳红　唐桂英　王悠然　黄映琴　熊燕萍　汤优花　林伟财　廖秋影　陈先明　黄春燕　韦天寿　钟战春　曾咏青　邱志钢　朱春红　赖炳辉　黎若冰　尹雪芳　钟映莲　黄巧力　周浩森　覃金福　徐剑芬　王少容　赵智鑫　赖淑娴　赵晓强　胡金菊　梁秀娟　温贤武　郑显贵　金　蓉　刘　勇　安艳艳　林　琳

经济专业（21人）：刘亮明　张华宇　石烁婷　张　媛　葛　伟　周桂山　谢晓晶　蔡　洁　陈仁喜　刘明伟　黎桂华　黎树高　黎俊钦　郭菊君　武　希　曾雄志　史嘉亮　肖启明　何惠敏　雷光明　杨剑波

审计专业（1人）：李金娜

文学创作（1人）：周云方

新闻专业（4人）：唐戈雯　解冉锐　冯　旭　陈婉琳

（市人社局）

附　　录

APPENDIX

同沙森林公园春色　（2020年聂新建摄）

编辑：赵书科

在市委十四届十三次全会上的报告

（2021年1月29日）

东莞市委书记　梁维东

同志们：

现在，我受市委常委会委托，向全会作工作报告。

一、在极不平凡的一年里，我们有力有效应对各种风险挑战，推动东莞各项事业取得新进步

2020年是新中国历史上极不平凡的一年。面对新冠肺炎疫情叠加中美经贸摩擦等严重冲击，我们坚持以习近平新时代中国特色社会主义思想为指导，全面贯彻落实党的十九大和十九届二中、三中、四中、五中全会精神，深入贯彻习近平总书记重要讲话、重要指示精神，团结带领全市广大干部群众，保持定力、奋勇前行，抓住“三区”叠加重大机遇，认真落实省“1+1+9”工作部署和市“1+1+6”工作思路，在大风大浪中推动各项事业取得新进步，“湾区都市、品质东莞”建设不断迈上新台阶。一是学习贯彻总书记思想取得新成效。抓好《习近平谈治国理政》的学习，围绕学习贯彻总书记出席深圳经济特区建立40周年庆祝大会和视察广东重要讲话、重要指示精神和党的十九届五中全会精神，开展“大学习、深调研、真落实”工作，深入谋划“十四五”发展，与时俱进优化完善提升市“1+1+6”工作思路，形成了推进现代化建设的具体行动方案和施工图。二是以超常规机制推进“双统筹”取得重大成果。慎终如始抓好疫情防控，在节后大规模人员返回的严峻形势下较快形成

2021年1月29日，中国共产党东莞市第十四届委员会第十三次全体会议在会议大厦召开　（程永强　摄）

了稳控有力的良好局面，在跨境人流物流频繁往来的常态压力下有效确保不发生反弹和局部爆发。以超常规力度抓好经济运行监测调度，在全省率先成立市级指挥体系，扎实推进“六稳”“六保”，有力稳住经济基本盘，实现逆势更优。三是把握“三区”叠加机遇推进改革开放迈出新步伐。与港澳地区的规则衔接持续深化，与广深等城市的联动发展更加紧密。省制造业供给侧结构性改革创新实验区建设第一批事项扎实推进，通过强化功能区统筹优化市直管镇体制改革取得重要进展。统筹推动松山湖、滨海湾新区、水乡新城、银瓶合作创新区四大战略平台积厚成势、迈上新台阶。四是城市品质提升成效不断彰显。城市空间布局全面优化，“三位一体”都市核心区初具雏形，中心城区“一心两轴三片区”建设实质性启动，第一批美丽幸福村居特色连片示范区建成通过验收，国省考断面全部达标，污染防治攻坚战取得重要阶段性成效，人民群众获得感幸福感显著提升。五是科技创新取得重要突破性进展。松山湖科学城纳入综合性国家科学中心先行启动区，滨海湾新区获批省级高新区，材料实验室建设成效突出，科技成果转化加速推进，全市获省科技计划项目立项总额排名全省第三，国家高新技术企业数量稳居全省第三，科创板上市企业占全省地级市近6成。六是以先进制造业为主体的现代产业体系加快构建。全力支持龙头企业做大做强，带动中小企业加快转型升级。全力推进高质量产业招商，统筹规划约70平方千米产业用地，首批布局建设7大战略性新兴产业基地。大力推动纺织服装、食品饮料加工和家具制造三大传统优势产业高质量发展。七是共建共治共享社会治理格局加快形成。积极创建市域社会治理现代化全国首批试点，推行村（社区）共建议事会制度，持续深化驻点联系群众制度，整体提升“智网工程”，基层治理现代化水平不断提高。八是民生社会事业短板加速补齐。教育扩容提质、品质交通建设取得扎实成效。提前一年完成百万劳动力素质提升工程目标。民生保障底线兜好兜牢，扫黑除恶专项斗争成效明显，平安东莞法治东莞建设深入推进。九是党的领导和党的建设全面加强。完善不忘初心、牢记使命的制度，健全“两个维护”十项制度和政治要件闭环落实机制，牢牢掌握意识形态工作领导权主动权话语权，坚决打好基层党组织建设三年行动计划收官战，村（社区）“两委”班子换届平稳顺利完成。驰而不息正风肃纪反腐，风清气正的政治生态进一步形成。

这一年，我们坚定不移发展社会主义民主政治，加强和改善党委对人大、政协工作的领导，支持人大、政协依法依章程履职。持续巩固壮大爱国统一战线，加快构建大统战工作格局，扎实做好民族宗教工作，各民主党派和无党派人士以及工会、共青团、妇联等人民团体作用进一步发挥，党管武装、全民国防教育、军民融合发展取得新成效。各级各部门进一步加强执行力建设，各行各业、各个领域、各条战线精诚团结、风雨同舟，打赢了一场又一场硬仗，战胜了一个又一个困难，办成了一件又一件实事。

通过这一年的艰辛努力，我们如期实现“十三五”规划圆满收官，高水平全面建成小康社会胜利在望。“十三五”时期，我们坚持以总书记思想统领东莞一切工作，在省委、省政府的正确领导和大力支持下，紧扣高质量发展主题，坚持稳中求进工作总基调，坚定不移贯彻新发展理念，“湾区都市、品质东莞”的价值追求深入人心并取得扎实成效，有力推动了东莞综合实力不断迈上新台阶。我们把握住一系列重大机遇。在“双区”建设重大历史机遇的强大牵引下，东莞更多工作上升到国家战略层面，科技创新正式跻身“国家队”，省也在改革创新实验区建设、落实新发展格局实现高质量发展、赋能外经贸高质量发展、创建台资企业转型升级试验区等方面，以前所未有的力度，支持我们大胆闯、大胆试、自主改，为东莞发展注入了澎湃动力。我们以城市品质内涵提升为主抓手，深度参与国际一流湾区和世界级城市群建设，显著提升了中心城区首位度、城市知名度和美誉度，有力彰显了魅力小城和生态宜居美丽乡村建设成效，城乡面貌发生深刻变化，大大增强了城市对高端资源要素的吸引力承载力，提升了群众的幸福感满意度，东莞作为投资洼地、创业沃土、品质之城的形象进一步彰显，社会各界普遍看好湾区时代的东莞。我们取得了一系列重要突破。地区生产总值连跨三个千亿元台阶，朝着破万亿元迈出了坚实步伐。“四大创新体系”建设取得突破性进展，创新生态从点的突破迈向系统能力提升，全社会R&D投入强度达到发达国家水平，国家创新型城市形象不断彰显。以先进制造业为主体的现代产业体系加快构建，电子信息产业形成万亿级规模，规上工业企业总产值突破2万亿元，先进制造业增加值占比超过50%。资本市场“东莞板块”加速扩容，上市企业数量增至59家。外贸综合竞争力稳居全国前列，一般贸易出口占比超过50%。划定工业红线得到刚性执行，城市更新特别是村镇工业集聚区改造全面铺开，“十三五”期间三次获省节约集约用地考核一等奖。全省平安建设（综治工作）考评排名从2015年的18名跃升到2018、2019年连续两年全省第二，2020年各类生产安全事故综合下降幅度为历年第一，获得全国综治最高荣誉“长安杯”，成功实现全国社会治理创新示范市“四连冠”、全国双拥模范城“九连冠”，连续五届入选全国文明城市。我们打赢了一系列重点攻坚。坚持把打好打赢“三大攻坚战”作为重大政治任务来抓，坚持系统科学精准理念，全面推行河长制工作，以前所未有的力度打好污染治理攻坚战，推动全市生态环境实现根本性改善，水污染治理取得历史性突破，2020年水环境质量改善幅度排名全国第三、全省第一，空气质量优良天数比例达到有大气监测以来的历史最好水平；助力全国全省打赢脱贫攻坚战，结对帮扶的贫困县村全部脱贫出列、贫困人口实现稳定脱贫。坚持用改革创新的思维和办法破解公共服务供给不平衡不充分问题，教育扩容提质和品质交通两个千日攻坚实现良好开局，公办学位紧缺问题得到有效缓解，交通拥堵有效改善。我们经受住一系列重大考验。面对中美经贸摩擦带来的严峻挑战，我们始终保持战略定力，全力稳住产业链关键环节和龙头企业，稳住外资和民营经济基本盘，大力推进关键核心技术攻关，大力开拓欧盟和“一带一路”市场，较好实现了经济发展逆势而进、逆势更优。面对“团贷网”案件等重大案事件和香港“修例风波”等影响，我们坚持全市上下“一盘棋”，有序有效推进处置化解工作，牢牢守住了不发生区域性系统性风险的底线。面对新冠肺炎疫情叠加中美经贸摩擦等多重巨大冲击，我们打出一系列精准有效的“组合拳”，迅速控制住疫情蔓延势头，精准有序复工复产，不失时机扩大有效投资，切实变“两难”为“两全”。

“十三五”特别是过去一年，既惊心动魄又波澜壮阔，既艰苦卓绝又成绩斐然。好局面、好态势来之不易，是总书记思想科学指引、党中央坚强领导的结果，是省委、省政府大力支持的结果，是全市上下奋勇拼搏、社会各界积极参与的结果。在此，我代表市委常委会，向全市干部群众和关心支持东莞发展的社会各界人士，表示衷心的感谢！

站在新起点上回望过去，成绩令人振奋、奋斗难以忘怀、经验弥足珍贵。实践告诉我们，做好东莞工作，必须进一步增强“四个意识”、坚定“四个自信”、做到“两个维护”，坚决维护总书记党中央的核心、全党的核心地位，坚持以总书记思想统领一切工作，坚持以人民为中心的发展思想，坚持和完善中国特色社会主义制度，学好用好总书记教给的世界观、方法论，坚定不移贯彻新发展理念，扎实落实省“1+1+9”工作部署，以城市品质提升为牵引推动经济社会持续转型，以先进制造业为根基构建现代产业体系，以科技创新为核心提高发展能级，以建设链接“双循环”重要枢纽为依托融入新发展格局，以增进民生福祉为根本促进人的全面发展、社会全面进步。这些经验十分宝贵，我们要在今后工作中继续运用好发展好。

在肯定成绩的同时，也要清醒看到，我们的工作还存在一些不足。比如，经济恢复基础尚不牢固，面临的不确定性不稳定性因素依然较大；新动能还不够强劲，关键核心技术卡脖子问题尚未得到有效解决，创新链、产业链、供应链仍存在薄弱环节；城市品质提升的不平衡不充分问题还比较突出,发展空间拓展力度仍需加大；创新基层治理、促进社会融合还要深入探索；公共服务保障水平有待提高；物质文明和精神文明发展还不够协调，人的文明素质还要加速提升；干部执行力建设仍需进一步加强，“四风”问题等仍禁而未绝。对这些问题和短板，我们必须高度重视，加快解决。

二、深刻领悟习近平总书记重要讲话、重要指示精神，统一思想、深化认识，进一步增强推动“十四五”高质量发展的责任感使命感紧迫感

近期，总书记在党的十九届五中全会、中央经济工作会议、中央农村工作会议、省部级主要领导干部专题研讨班等重要会议上，先后发表了一系列重要讲话，深刻分析国内国际形势，全面部署2021年和“十四五”时期工作，为我们提供了强大思想武器和科学行动指南。尤其是总书记深刻阐明新发展阶段、新发展理念和新发展格局三者之间的逻辑关系，科学回答了社会主义现代化建设“从哪里来、向哪里去”“实现什么样的发展、怎么实现发展”等重大问题，为我们开启新征程提供了科学指引，为做好今年工作提供了根本依据。省委十二届十三次全会对学习贯彻总书记重要讲话、重要指示精神作了系统部署。我们要按照省委部署要求，深刻领悟总书记对大局大势的科学洞察和战略运筹，坚定不移沿着总书记指引的方向谋划和推动改革发展各项工作，奋力推动东莞“十四五”高质量发展路子走对走实走好。

（一）深入领会进入新发展阶段的深刻依据和目标要求，准确把握东莞所处的历史方位和发展阶段 总书记深刻把握国内国际发展大势，作出我国进入新发展阶段的重大战略判断。李希书记要求我们准确把握新发展阶段的理论依据、历史依据、现实依据和目标要求，正确认识广东所处历史方位和发展阶段。东莞作为改革开放先行地，经过几十年改革发展，与全国全省一道，决胜全面建成小康社会取得决定性成就。进入新发展阶段，总书记深情寄望广东在全面建设社会主义现代化国家新征程中走在全国前列、创造新的辉煌,省委明确要求东莞在全省实现总定位总目标中承担更大责任。经过“十三五”发展，东莞经济社会发展各方面都迈上了新台阶，为推进现代化建设奠定了坚实基础。同时，在百年未有之大变局中，我们面对的国内外风险挑战明显增多，特别是新冠肺炎疫情叠加中美经贸摩擦将在相当长一段时期对东莞产生重大影响。我们一定要结合东莞实际，正确认识东莞自身所处的历史方位和发展阶段。要深刻认识新发展阶段是社会主义初级阶段中的一个阶段，同时是经过几十年积累、站在了新的起点上的一个阶段，把自己的工作、东莞的发展放在今后30年的长时间段、放在全国全省的大局中去把握，接过前辈们交给我们的接力棒，续写东莞发展新辉煌。要深刻认识世界发展总体趋势是“东升西降”、时与势在我们一边，但“西强东弱”的国际格局还没有变，清醒把握东莞作为外贸大市、地处“两个前沿”所面临的多重压力，做好付出艰苦努力、持续奋斗的思想准备，做好在较长时间内开顶风船的工作准备，保持战略定力，扎扎实实办好自己的事，以新担当新作为奋力推动“十四五”开好局，全力在全省实现总定位总目标中承担更大责任、走在全省前列。

（二）深入领会贯彻新发展理念的新要求，努力走出一条具有东莞特点的高质量发展之路 新发展理念是总书记思想的重要组成部分，是党的十八大以来我们党对经济社会发展提出的13个方面重大理论和理念中最重要、最主要的。总书记要求全党必须完整、准确、全面贯彻新发展理念。总书记去年视察广东期间强调，广东经济发展水平较高，面临的资源要素约束更紧，受到来自国际的技术、人才等领域竞争压力更大，落实新发展理念、推动高质量发展是根本出路。“十三五”时期特别是近年来，东莞发展取得的系列重大成就，就是来源于新发展理念的科学指引。面向未来我们要把新征程的路子走对走好，就必须牢记总书记的告诫和嘱托。我们要清醒认识到，与建设现代化的要求相比，东莞高质量发展还面临许多挑战。我们外向依存度全国最高，必须加速提升产业链现代化水平、增强供应链自主可控性，才能在复杂严峻的外部环境中以更高水平参与国际竞争合作；同时，城市品质提升、重点领域改革等任务依然艰巨，民生保障、社会治理等领域仍有不少短板。要对标对表总书记、党中央的要求，对标对表中国式现代化的标准，坚决把当前和今后一个时期的工作重点放在落实新发展理念、推动高质量发展上来，坚持把创新作为引领发展的第一动力,坚持制造业立市不动摇，坚持以人民为中心的发展思想，努力走出一条具有东莞特点的高质量发展之路，当好地级市高质量发展的领头羊，打造成为广东高质量发展的名片。

（三）深入领会加快构建新发展格局的主攻方向，为全省打造新发展格局战略支点提供有力支撑 构建新发展格局是事关我国发展全局的重大战略任务，总书记明确指出，这是“把握未来发展主动权的战略性布局和‘先手棋’，是新发展阶段要着力推动完成的重大历史任务，也是贯彻新发展理念的重大举措”。党的十九届五中全会对此作出了全面安排，中央经济工作会议也强调要确保构建新发展格局“迈好第一步，见到新气象”。省委明确提出要打造新发展格局战略支点，要求今年全省各项工作都要围绕这一目标来展开。李希书记、马兴瑞省长去年来莞调研时，就明确要求东莞在构建新发展格局中走出新路子。近年来，在中美经贸摩擦叠加新冠肺炎疫情影响下，国际贸易保护主义抬头、外部需求萎缩、关键核心技术“卡脖子”、支柱产业持续承压等对我们的发展造成了深刻影响，推动构建新发展格局是我们推进现代化建设必须回答好的一个重大命题。我们要进一步提高政治站位，结合东莞实际，深刻领会总书记的战略意图，准确把握省委的期盼要求，牢牢把握经济循环畅通无阻这个关键，切实找准东莞的

主攻方向，更加自觉地担当好推动构建新发展格局的使命与责任。作为东莞的领导干部，特别要防止两个方面的认识误区，一方面必须防止片面强调“国内国际双循环”、因外贸依赖惯性而忽视国内市场开拓的错误倾向，另一方面也要防止片面强调“国内大循环为主”、在对外开放上收缩的认识误区。要深刻理解把握东莞的优势在国际循环，潜力在国内循环，既要坚持扩大内需战略基点，以前所未有的力度融入国内大循环，又要毫不放松巩固提升对外开放优势，更好利用国内国际两个市场、两种资源，加快打造链接国内国际双循环的现代化枢纽城市。要着力做好供给侧结构性改革和需求侧管理“两篇文章”，从生产、分配、流通、消费各领域同向发力，全方位提高资源配置的匹配性和有效性，加快培育壮大发展新动能，努力为全省打造新发展格局战略支点提供有力支撑。

三、以推动高质量发展为主题，向“1+1+6”工作思路重点领域聚焦用力，以点带面推动“十四五”开好局

2021年是我们党成立100周年，是实施“十四五”规划、开启全面建设社会主义现代化国家新征程的第一年，做好今年工作意义重大、责任重大。我们要在工作部署上充分体现“新发展阶段、新发展理念、新发展格局”要求，推动各项工作围绕高质量发展来开展。今年全市工作的总体要求是：以习近平新时代中国特色社会主义思想为指导，全面贯彻党的十九大和十九届二中、三中、四中、五中全会及中央经济工作会议精神，深入贯彻习近平总书记对广东系列重要讲话和重要指示批示精神，围绕在全省实现总定位总目标中承担更大责任、走在全省前列的使命任务，坚持稳中求进工作总基调，立足新发展阶段，贯彻新发展理念，构建新发展格局，以推动高质量发展为主题，以深化供给侧结构性改革为主线，以改革创新为根本动力，以满足人民日益增长的美好生活需要为根本目的，坚持系统观念，巩固拓展疫情防控和经济社会发展成果，更好统筹发展和安全，抢抓“三区”叠加重大机遇，深入实施省“1+1+9”工作部署和市“1+1+6”工作思路，扎实做好“六稳”工作、全面落实“六保”任务，努力保持经济运行在合理区间，坚持扩大内需战略，强化科技战略支撑，扩大高水平对外开放，推动“湾区都市、品质东莞”建设再上新台阶，确保“十四五”开好局，以优异成绩庆祝建党100周年。

市委考虑，今年经济增长的预期目标为6%左右。提出这个目标，主要是从我市实际出发，并与国家、省预期目标相衔接，引导各方面把精力集中到深化供给侧结构性改革、推动高质量发展上来。肖亚非同志等会还将对今年经济工作作具体安排。下面，我围绕推动“1+1+6”工作思路向纵深推进，重点强调几方面工作。

（一）全面对接“双区”建设重大战略，在更高起点上重塑改革开放新优势 牢牢把握重大历史机遇，以全面对接“双区”建设和“双城”联动为牵引，在更高起点上全面深化改革、扩大开放，着力破除高质量发展瓶颈制约，打造发展新动能，不断增创新时代东莞改革开放新优势。

一要全力推动重点领域改革取得新突破。这几年，我们承担中央、省重大改革试点任务97项，60个重点领域和关键环节改革取得显著成效。我们要总结经验，以更大力度推动更多重点领域改革取得新突破。要深入推进制造业供给侧结构性改革创新实验区建设，全力争取省第二批支持事项，围绕实施质量变革战略、金融支持先进制造业发展等深化探索。要深化通过功能区统筹优化市直管镇体制改革，优化事权划分充分放权赋能，推动功能区高水平统筹，充分激发镇级发展活力动力。要深化国资国企改革，健全以管资本为主的国资国企监管制度体系。要以优化完善城市更新机制为带动，深化国土空间资源利用改革。要以经营城市的理念深化投融资体制机制改革，完善基础设施建设资金多元化筹集机制。要深化“数字政府”改革，完善一体化政务服务体系，不断提高政府服务效能。要进一步完善公共服务供给体系，深化教育、医疗等民生领域改革，建立多元化、项目化、数字化的民生服务供给体制。

二要加大力度赋能外经贸高质量发展。要以申请创建省外资外贸发展赋能升级试验区为抓手，加快建设更高水平开放型经济新体制。要深度参与全球产业链供应链重塑，引进更多世界500强、全球行业龙头和“独角兽”企业落户，支持外贸综合服务行业发展，在专业服务领域探索实施更大程度开放。要持续增强全球资源配置能力，着力打造跨境“直通”贸易体系，大力开展市场采购贸易方式试点，拓展高质量贸易消费新方式。要改革创新扶持外资企业转型的体制机制，围绕支持并购、引导拓展内销等，精准实施差别化的资源配置政策，推动外资企业加快总部化品牌化发展，增强扎根东莞发展的信心。要深化商事制度改革，建立更加契合外商投资规则的招商体制和有利于优质外资项目落地的空间保障机制。

三要坚定不移深化莞港澳台交流合作。与港澳台紧密合作，是我市改革开放取得辉煌成就的重要依靠，也是我们在新发展阶段绝不能丢弃的独特优势。要坚持优势互补，大力引进发展与我市先进制造紧密关联的港澳台高端生产性服务业，大力支持辖内银行联合港澳台银行推出跨境业务。要加强与港澳台在公共产品服务方面的跨境合作，加快滨海湾青创城、常平“香港城”等平台载体建设，不断深化莞港澳台青少年交流。要加快创建台资企业转型升级试验区，积极创建大湾区海峡两岸高端电子信息产业合作基地，以更大力度引进培育台资优势产业集群。

（二）乘势而上把城市品质提升推向新的高度，更好引领经济社会综合转型 近年来，我们以城市品质提升引领经济社会综合转型取得了有目共睹的显著成效，凝聚起全市上下的高度共识。今年要在前几年的扎实基础上，再鼓劲加力，以更强措施推动城市品质实现新的更大提升。

一要高水平推进城市规划建设管理。要继续以脚步丈量城市，加快完成市、镇（园区）国土空间总体规划编制。要高标准掀起新一轮城市建设热潮，加快推进中心城区“一心两轴三片区”规划建设，加快魅力小城和优质生活圈项目建设进度，推动城市功能品质风貌全面提升。要在虎门高铁站TOD实质性动工的基础上，加快启动更多TOD、TID项目建设。要加快推进轨道交通规划建设和路网建设，下大力气提升公共交通服务水平，持续推进交通综合治理，不断提升综合交通品质。要健全完善常态化、长效化的管理机制，加快推动城市大脑和智慧城市综合运营管理平台建设，全面提升城市精细化智能化管理水平。

二要以城市更新为主战场加大拓空间力度。要在“工改工”三年行动计划基础上，深入推动村镇工业集聚区改造取得更大突破，加大力度盘活存量工业用地，打造新型产业社区。要强化陆海资源统筹利用，科学制定土地供应计划，推广“标准地出让”等高效供地方式，推动实施“点状供地”政策，深化重点招商园区（低成本空间）拓展,全力保障重大项目、增资扩产等用地需求。要推广石马河流域治理平衡模式，加快推进其余流域的土地收储整备前期工作。

三要以乡村振兴为主抓手深化城乡融合发展。要深化全省农村人居环境示范市创建工作，实施乡村建设行动，全面建成第二批3个美丽幸福村居特色连片示范区，谋划创建70个特色精品村，推动示范创建工作串珠成链、连线成片、整体提升。要大力实施村（社区）品质改造提升、精细化管理示范等工程，持续抓好农村生活污水治理、农村“厕所革命”，大力规范农房建设管理，促进农村环境细节再提升。要落实最严格耕地保护制度，加快发展现代都市农业，推动农村集体经济提质增效。要做好巩固拓展脱贫攻坚成果同乡村振兴有效衔接，扎实做好新一轮市外对口帮扶工作，研究制订我市接续推进市内帮扶的政策措施。

四要久久为功做好污染防治“后半篇文章”。要做实河湖长制，着力补齐污水处理能力缺口，完善市政污水收集管网，持续推进雨污分流，确保国省考断面稳定达标，力争年内全部黑臭水体、70%内河涌消除劣V类。要实施供水安全保障规划，加大力度整治城市易涝问题。要持续深化大气、土壤污染防治，加快补齐工业固体废物处置短板，深入推进生活垃圾分类工作。要不断完善生态环境监测“一张网”，鼓励引导更多社会化力量参与环境监管。要把生态环境建设深度融入城市建设和城市经营中，建好万里碧道、休闲公园、生态驿站等，打造更多像华阳湖一样具有生态震撼力的美丽河湖、湿地公园，让综合生态效益充分释放，更好惠及发展、惠及社会、惠及市民。

五要下大功夫提升城市文化软实力。要着力建设更高水平的社会文明，以深入推进总书记思想传播工程为牵引，推动理想信念教育常态化制度化，组织开展好庆祝建党100周年宣传教育及文艺活动，深化精神文明创建，促进人的素质全面提升。要支持莞城等加强历史文化保育，深入挖掘东莞文化内涵，打响“岭南文化”“莞邑文化”“都市文化”等品牌，打造更富内涵和活力的品质文化之都。要大力开展全域旅游创建，加快引进培育龙头文旅项目，加强区域非遗文化共建，打造湾区休闲旅游目的地。

（三）蹄疾步稳推动重大平台建设再上新台阶，强化支撑高质量发展的重要引擎作用 近年来，我们坚持高起点规划、高标准建设、高质量运营，推动各大平台空间格局加速构建，正从全面起势加快转入提速突破的发展新阶段。下来，既要保持从容开发的定力，又要强化时不我待的紧迫感，蹄疾而步稳推进重大平台建设再提升。

一要强化统筹、错位发展。要在松山湖高新区已经在全国打响名声的基础上，立足国家战略平台的新定位，围绕吸引更多高端创新资源集聚的新要求，加快完善松山湖科学城的城市功能，抓好产业体系发展和城市品质双提升，加快实现由“园”到“城”的深刻转变，打造具有全球影响力的大湾区科技创新高地和高品质产业新城。要立足构建“一廊两轴三板块”空间格局，加快基础设施建设，加大产业招商力度，全力推动滨海湾新区打造广东自贸试验区联动发展区、纳入自贸区扩区范围，加快打造面向全球的高水平对外开放高地、内地与港澳深度合作发展的“湾区样本”“未来城市”形象标杆片区。要深入推进水乡功能区统筹发展，主动对接广州高端创新资源，大力推进产业新旧动能转换，彰显水生态震撼力，高品质建设水乡新城核心区，打造大湾区全面深度合作先导区。要加快银瓶合作创新区建设，聚焦科技产业转化和成长型企业集聚，高质量建设银瓶高端装备产业基地，打造粤港澳生态发展创新区和产城人山水融合示范城。市里将大力支持银瓶合作创新区和水乡功能区申报省级高新区。要大力推动南部各镇加快高质量发展，进一步完善区域协调发展格局，打造深莞深度融合发展的样板和引领全市高质量发展的新高地。要有力推动重大平台与周边地区的“手拉手”融合发展，形成各具特色、竞相发展的生动局面。

二要改革创新、激发活力。各重大平台要积极主动当好全市重大改革的重要“试验田”。松山湖科学城要加强与光明科学城的改革联动，力争在科技产业创新、营商环境优化、功能区统筹等方面取得更大突破。滨海湾新区要积极打造综合改革创新实验区，努力在连片城市更新、法定机构改革、与香港合作共建、先进制造业离岸创新等领域深化改革创新、探索有益经验。水乡功能区要深化国土空间规划管控改革和城市建设管理机制改革，探索建立“水乡模式”城市设计管控体系，实现更高水平的统筹发展。银瓶合作创新区要围绕推进镇企深度合作、深化深莞惠联动、加快绿色发展等领域，探索新经验新机制。南部各镇要率先争取复制推广深圳先行示范区建设和综合改革试点经验，不断巩固提升综合成本优势，有效承接深圳高质量发展的辐射带动。

三要集中资源、全速推进。各重大平台要认真履行主体责任，充分发挥主观能动性，全力加快推进平台功能完善、资源统筹整合、项目招引落地等重点工作。各级各部门要系统优化政策支撑体系，集中资源力量推动各大平台建设加速推进。要加大组织协调力度，畅通重大平台项目“绿色通道”，强化土地资源统筹整合，推动建设用地资源向重大平台、重大项目、重点产业倾斜，对纳入“十四五”规划的重大项目优先保障用地指标。要加大财政投入支持力度，优先保障重大平台战略项目实施和基础工程布局，用好专项资金完善重大平台城市功能配套，支持推动平台高新产业加速集聚发展。

（四）举全市之力推进松山湖科学城建设，牵引带动全市创新生态整体提升 要从更高站位落实国家关于科技自立自强的部署要求，充分把握新型举国体制重大机遇，全力加快推进松山湖科学城建设，牵引带动我市创新生态和创新能级进一步提升，完善源头创新、技术创新、成果转化、企业培育“四大创新体系”，更好地支撑引领产业高质量发展。

一要推动松山湖科学城高标准建设。要加快规划体系构建，高水平确定科学城总体发展规划、科学功能规划和国土空间规划，对标国际一流组织开展中央创新区城市设计。要加快对接国家科技战略力量，落实与中科院共建战略合作协议。要加快重大科研平台建设，推动散裂中子源二期项目、南方先进光源关键技术预研项目、先进阿秒激光设施立项，争取正式纳入国家重大科技基础设施建设“十四五”规划。要进一步提升科学城环境品质，尽快推动首批项目建设，强化与光明科学城的互联互通，加快完善科学城生产生活配套功能，进一步提升综合性国家科学中心先行启动区的综合承载能力。

二要进一步完善加速科技成果转化的体制机制。要大力推进科技成果转化平台载体建设，促进新型研发机构提质增效，实施市科技仪器设备平台开放共享，推动松山湖国际创新创业社区优质项目批量化进驻。要加快推动形成以创新龙头企业为引领、以高新技术企业为支撑的创新引领型企业梯次发展体系。要探索关键核心技术攻关新型举国体制的“东莞路径”，大力争取国家和省的政策、资金、项目支持，探索关键共性技术“揭榜挂帅”机制，集中力量打好关键核心技术攻坚战。

三要大力抓好高层次创新人才引进培养。要实施更加开放的人才政策，围绕综合性国家科学中心建设，研究出台引进战略科学家团队政策，支持大科学装置、高校和实验室机构化、成建制引进顶尖科研团队，强化源头创新能力。要优化实施东莞市名校研究生联合培养（实践）计划，建立完善科技特派员人才库，为科技人才提供一流服务。要加力推动高校创新发展，支持大湾区大学建立现代高校治理体系、建设高水平新型研究型大学，支持香港城市大学（东莞）引进香港高校师资课程和优势学科、建设世界一流大学，支持东莞理工学院加快推进国际合作创新区项目建设、高质量建设新型高水平理工科大学示范校。

（五）笃定心志推动制造业高质量发展，加快构建具有国际竞争力的现代产业体系 要以推进产业基础高级化、产业链现代化为主攻方向，加快提升产业链供应链稳定性、安全性和竞争力，进一步提升制造业能级。

一要统筹推进补短板锻长板。要进一步做优做强支柱产业，厚植电子信息、装备制造发展优势，重点推动新一代通信设备、高端智能制造装备等集聚发展，加快将智能移动终端产业集群培育成为国家首批先进制造业产业集群，着力培育更多“链主”企业和“专精特新”企业。要加快推动传统优势产业向价值链中高端迈进，加快数字化、网络化、智能化转型升级。要大力开展“高质量产业招商三年行动计划”，瞄准行业龙头企业和重点产业链供应链关键缺失环节，以更大力度定向招商精准招商。要紧紧扭住产业链核心和产业集群龙头，进一步强化空间、人才、金融等要素保障，带动大中小企业协同发展。要大力发展金融、会计、法律等生产性服务业，推动先进制造业和现代服务业深度融合发展。

二要以新体制新机制培育战略性新兴产业。要健全决策统筹运行工作机制，围绕发展培育人工智能、新材料、新能源、生命健康等，加快建设水乡数字经济融合发展集聚区等7大战略性新兴产业基地，力争今年战略性新兴产业投资规模实现明显增长。要加快推进“1+N”配套政策制订，以超常规力度在基地内实施创新投融资、产业用地、招商引资、资金、人才等综合配套改革，促进高端产业要素加快集聚。要深度参与建设国家数字经济创新发展试验区，发挥好数字经济对先进制造业的推动作用。

三要以碳达峰、碳中和牵引产业绿色低碳循环发展。要强化机遇意识，认真落实中央决策部署，统筹好产业发展、人口就业、能源需求，构建政策协调机制，科学制定具体行动方案。要大力调整优化能源结构，积极推进优先使用绿色低碳能源，加快推动“煤改气”。要积极引进绿色投资，支持低耗能、低污染的先进制造业、高新技术产业、现代服务业发展，推动传统产业智能化、清洁化、可持续化改造，全面提升产业绿色循环发展水平。

（六）坚持扩大内需这个战略基点，在服务全省打造新发展格局战略支点中发挥优势、把握机遇 东莞是经济大市、人口大市，制造业实力雄厚，消费市场潜力巨大。我们要充分发挥优势，紧紧扭住供给侧结构性改革，同时注重需求侧管理，全力服务畅通国内大循环，加快打造链接国内国际双循环的现代化枢纽城市，为全省打造新发展格局战略支点提供有力支撑。

一要以前所未有的决心和力度开拓国内市场。要加快畅通生产、分配、流通、消费各环节堵点，构建企业内销服务快速响应机制，全面塑造内销竞争新优势。要进一步加大出口产品转内销扶持力度。要实施“东莞制造”品牌提升计划，发挥品牌对企业市场开拓的带动作用。要积极推动线上线下渠道协同，支持鼓励企业利用直播电商等新业态、新模式，依托加博会、漫博会等知名展会，积极拓展内销新渠道。

二要全力以赴扩大有效投资。要继续发挥政府投资引领作用，着力加大新型基础设施、大科学装置等领域投资，持续推进城市品质提升、民生福祉、电力能源等重点领域项目建设。要持续巩固提升为投资“松绑”的改革成效，充分发挥民营企业投资促进作用，继续大力吸引先进制造业投资，推动优质企业增资扩产，推动形成市场主导的投资内生增长机制。要积极争取将我市优质项目纳入国家、省重大项目清单，用好国家专项债等政策，力争今年市重大项目投资突破1000亿元。要坚决防止盲目投资重复建设，坚决遏制高能耗、高排放项目。

三要深挖潜力激发市内消费。要着力建设高品质的消费新平台，促进中高端消费回归，全力打造消费强市。要优化拓展消费网络，打造一批区域性消费节点。要推动消费业态创新，引导“互联网+”消费健康发展，促进消费新模式、新场景的普及应用，充分发挥数字贸易带动作用，招引培育更多品牌首店、互联网平台企业。要顺应消费升级趋势，积极创新发展信息消费、健康消费、家政养老服务等新型消费，让市民和游客充分体验“湾区都市、品质东莞”的现代魅力。

四要软硬并举畅通流通体系。要畅通要素高效便捷流通通道，加快构建完善“通道+枢纽+网络”的现代化物流体系。要大力推进跨境电商综合试验区、国家级供应链创新与应用等试点城市建设，推进数字物流、智慧物流、绿色物流发展，更好引导传统批发零售与现代物流融合发展，积极引进培育一批流通领域龙头企业。

（七）统筹发展和安全，大力促进社会共建共治共享 要坚持总体国家安全观，统筹传统安全和非传统安全，持续加强和创新基层治理，全面推进依法治市，加快把东莞建设成为全省最安全稳定、最公平公正、法治环境最好的地区之一。

一要深化党领导下的基层协同共治。要充分发挥基层党组织领导核心作用，持续织好行业和区域党建“两张网”。要完善基层群众自治制度，不断拓展非户籍常住人口、新的社会阶层等参与社会治理的途径，引导非户籍人口更好融入东莞、扎根东莞。要坚持和完善基层党建联动，健全“四社联动”机制，支持和鼓励工青妇等群团组织发挥桥梁枢纽作用，更好引导群众参与社会治理。要深化社会组织管理体制改革，积极培育公益性、服务性、互助性社会组织，壮大社区志愿者队伍，让“微治理”释放出“大能量”。

二要大力推进市域社会治理现代化改革试点。要强化城市韧性建设，把全周期理念贯穿城市规划、建设、服务、管理全过程，超前布局城市生命线、应急救援和物资储备等系统。要强化法治保障,健全市域社会治理制度体系，加强社会治理领域立法。要以“智网工程”智能化建设为抓手，全面提升社会治理信息监测、研判、分析、决策能力。要完善城乡社区治理和服务体系，深入推进平安文化建设，营造德育建设新风尚。

三要建设更高水平平安东莞法治东莞。要坚决维护国家政治安全，持续深入开展专项行动，切实防范化解国家安全风险。要加强经济安全风险预警、防控机制和能力建设，坚决守住不发生系统性风险底线。要全力维护粮食安全、生物安全、生态安全等非传统领域安全。要坚持和发展新时代“枫桥经验”，持续推进重点领域信访突出问题化解，完善社会矛盾综合治理机制。要围绕建党100周年等重大节点，持续做好安保维稳等工作。要推进扫黑除恶机制化常态化，健全立体化智能化社会治安、消防防控体系，保持对“黄赌毒”问题特别是“涉黄”违法犯罪的严打高压态势，坚决打击和防范各类违法犯罪，织密公共安全网。要认真贯彻习近平法治思想，全面提升依法治市水平，为改革发展创造安全的政治环境、稳定的社会环境、公正的法治环境。

（八）用心用情办好重点民生实事，持续提升市民群众生活品质 坚持以人民为中心，切实保障和改善民生，让人民群众共享成果，是党和政府一切工作的出发点和落脚点。

一要推进更高质量就业创业。要全面强化就业优先政策，加强劳务派遣市场规范管理，落实创业扶持政策，促进重点群体就业创业。要探索建立与新就业形态相适应的服务模式和制度供给，培育新就业增长点。要深入实施“粤菜师傅”“广东技工”“南粤家政”三项工程，适应新需求持续深入推进劳动力技能素质提升工作，深化“技能人才之都”建设，完善终身职业技能培训体系，实现更加充分更高质量就业。

二要全力打造品质教育。要扎实推进教育扩容提质千日攻坚行动，实施多元化教育投建模式，创新公办学位供给路径，全力确保各学段学位供需平衡。要推进莞邑良师工程，强化师德师风建设，不断提升教师教书育人能力。要深入推进基础教育综合改革，推进评价改革，支持和鼓励民办教育规范优质发展，努力办好家门口的每一所学校。

三要全面推进健康东莞建设。要着眼“后疫情时代”，健全公共卫生服务体系，构建集中统一高效的公共卫生应急领导指挥、疾病预防控制、应急医疗救治和物资保障体系，加快筹建东莞市公共卫生医学中心。要进一步推进高水平医院创建和区域中心医院建设，引导镇街公立医院向“大专科、小综合”转型，推进社区卫生服务提质增效。要进一步做深做实市人民医院、市中医院以及几所区域中心医院与相关高等院校建立的新型合作关系，推动我市医疗卫生服务水平全面提升。要继续深化医药卫生体制综合改革，全面实施公立医疗机构薪酬制度改革。要加强食品药品安全监管，严守安全底线。

四要健全多层次社会保障体系。要坚持以社会保险为主体、社会救助保底层，深化“民生大莞家”品牌项目建设，积极完善社会福利、慈善事业、优抚安置等制度。要围绕“老有所养、病有所医、弱有所扶”，完善养老、医疗、失业、工伤保险制度。要坚持“房子是用来住的、不是用来炒的”定位，促进房地产市场平稳健康发展，大力实施人才安居工程，加快完善长租房政策，构建多主体供给、多渠道保障、租购并举的住房供应与保障体系。

四、坚持加强党的全面领导和党的建设，为推进现代化建设提供坚强政治保证和组织保证

面对复杂严峻的国内外形势和艰巨繁重的改革发展任务，要实现“十四五”开好局，必须更加坚定自觉地坚持和加强党对社会主义现代化建设的全面领导，把全市各级党组织锻造得更加坚强有力，更好团结带领全市广大党员干部群众共同奋斗。

（一）持续深入学习贯彻党的创新理论 坚持把学习贯彻总书记思想作为头等大事和首要政治任务，全面落实“第一议题”等学习制度，推动理论武装常态化制度化。要持续巩固深化“不忘初心、牢记使命”主题教育成果，以庆祝建党100周年为契机，深入进行理想信念教育、爱国主义教育，广泛开展党史、新中国史、改革开放史和社会主义发展史专题教育，发挥好市镇党校等主阵地作用，引导党员干部坚定理想信念、践行初心使命。要持续深化“大学习、深调研、真落实”，不断把总书记重要指示要求转化为改革发展的具体举措和扎实成效。

（二）旗帜鲜明讲政治抓政治 要始终把党的政治建设摆在首位，进一步增强“四个意识”、坚定“四个自信”、做到“两个维护”，健全“两个维护”十项制度和政治要件闭环落实机制，把总书记、党中央集中统一领导落实到东莞工作各方面。要深入实施一把手政治能力提升计划，推动领导干部特别是一把手善于从政治上看问题，善于把握政治大局，不断提高政治判断力、政治领悟力、政治执行力。要严明政治纪律和政治规矩，严守“五个必须”、杜绝“七个有之”，不断涵养风清气正的政治生态。要全面压实意识形态工作责任制，加强各类意识形态阵地管理，坚决打赢意识形态领域斗争主动仗。

（三）织密上下贯通、执行有力的组织体系 要强化大抓基层的鲜明导向，一体推进各层级各领域党组织建设。要继续抓好新一轮加强党的基层组织建设三年行动计划的落实，持续抓好城市基层党建工作，继续推进模范机关创建活动，完善国有企业党的领导体制，注重抓好学校、医院党建工作，进一步增强基层党组织的政治领导力、思想引领力、群众组织力、社会号召力。

（四）锻造适应高质量发展要求的高素质专业化干部队伍 要坚持党管干部原则，落实新时代好干部标准，抓好选育管用储各环节，建设政治过硬、具备领导现代化建设能力的干部队伍。要认真谋划、组织好市镇两级换届工作，确保换届工作有序推进。要面向现代化加强干部教育培养和交流锻炼，不断提高干部把握新发展阶段、贯彻新发展理念、构建新发展格局的能力。要加强换届后村（社区）“两委”班子岗位培训，切实提高履职水平。要持续加强执行力建设，坚持严管和厚爱结合，充分激发党员干部干事创业的精气神。

（五）持之以恒正风肃纪反腐 全面从严治党永远在路上，必须把严的主基调长期坚持下去。要坚持纠“四风”与树新风并举，锲而不舍落实中央八项规定精神，持续纠治形式主义、官僚主义问题。要突出政治监督，加强对领导班子特别是一把手监督，强化对公权力运行的监督制约。要坚定不移深化政治巡察，高质量完成本届市委巡察全覆盖。要一体推进不敢腐、不能腐、不想腐，坚决整治群众身边的腐败和作风问题，构建亲清政商关系，不断巩固发展反腐败斗争压倒性胜利。

同志们，新时代赋予新使命，新征程呼唤新作为。让我们更加紧密地团结在以习近平同志为核心的党中央周围，不忘初心、牢记使命、接续奋斗，以一往无前的奋斗姿态、风雨无阻的精神状态，奋力推动“十四五”开好局，推动“湾区都市、品质东莞”建设不断迈上新台阶，为全省在全面建设社会主义现代化国家新征程中走在全国前列、创造新的辉煌作出应有的贡献，以优异成绩庆祝建党100周年！

政府工作报告

——2021年2月5日在东莞市第十六届人民代表大会第七次会议上

东莞市人民政府市长　肖亚非

各位代表：

现在，我代表市人民政府，向大会报告政府工作，请各位代表予以审议，并请各位政协委员和其他列席人员提出意见。

“十三五”发展成就及2020年主要工作

“十三五”时期是全面建设小康社会、实现第一个百年奋斗目标的决胜时期，是东莞经济社会发展取得重大成就的关键时期。五年来，在市委的坚强领导下，全市政府系统高举习近平新时代中国特色社会主义思想伟大旗帜，认真落实省“1+1+9”工作部署和市“1+1+6”工作思路，围绕建设“湾区都市、品质东莞”的战略目标，凝心聚力，砥砺奋进，较好地完成了“十三五”确定的主要目标任务，高质量发展迈出了坚定步伐。

这五年，东莞综合发展实力实现了重大进步。经济实力稳中有进。全市地区生产总值达9650.2亿元，年均增长6.5%，提前一年完成“十三五”规划目标。人均地区生产总值超过11万元，达到高收入经济体水平。市一般公共预算收入694.7亿元、税收总额2153.2亿元，分别是2015年的1.3倍和1.5倍。社消零总额、规上工业增加值分别突破3000亿元、4000亿元，是2015年的1.4倍和1.5倍。本外币存、贷款余额分别突破1.8万亿元和1.2万亿元，是2015年的1.8倍和2.1倍。五年实际利用内外资5326.7亿元，完成固投9615.2亿元。外贸进出口超1.3万亿元，稳居全国第五。全市市场主体超过134万户，是2015年的1.8倍，占全国总量1%。高企总数6381家，是2015年的6.5倍。主营业务收入超千亿元企业实现零突破。镇村实力持续增强。全国百强镇从12个增至15个，5个镇街进入500亿元俱乐部，所有次发达镇均超100亿元，实现历史性的突破。村组两级总资产、经营性纯收入分别增长42%和66.8%，纯收入超亿元村由10个增至30个，70个次发达村（社区）村组两级经营性纯收入实现翻番。城市影响力不断提升。先后荣获全国质量强市示范市、版权示范城市、水生态文明城市和国家节水型城市、中国法治政府奖等称号，首获全国综治工作“长安杯”，成功蝉联全国文明城市、卫生城市、社会治理创新示范市、双拥模范城等荣誉，连续两年政商关系健康指数排名全国第一，连续三年跻身中国外贸百强市竞争力前三，连续四年入围新一线城市，“湾区都市、品质东莞”的价值追求深入人心，投资洼地、创业沃土的城市形象充分彰显。

这五年，东莞把握“双区”驱动机遇取得了重大进展。一批重大平台加快建设。松山湖科学城纳入大湾区综合性国家科学中心先行启动区，与中科院开展合作共建，东莞参与大湾区国际科技创新中心建设迈出了重要步伐。滨海湾新区纳入大湾区发展规划纲要特色合作平台，获批省级高新技术开发区，掀起了加速开发建设的热潮。水乡功能区核心单元开发建设全面启动，银瓶创新区加快建设，虎门港综保区正式封关运作，南部各镇率先对接和融入深圳先行示范区建设。一批重大改革深入推进。成功获批建设省制造业供给侧结构性改革创新实验区。国家开放型经济新体制综合试点、功能区统筹优化市直管镇体制等改革取得明显成效，深化商改、稳住外贸基本盘、公立医院综合改革等工作获国务院督查激励。市民服务中心成为全省进驻部门最全、进驻事项最多、综合窗口集成最高的办事大厅之一，社会投资项目审批提速50%以上，一手房办证最快1小时内办结，开办企业便利度位居全省地级市第一。一批历史遗留问题得到有效解决。出台农房建设管理办法，从源头刹住控住违建抢建势头，提升农房品质风貌。专门出台加强镇级资产监督管理办法，启动镇属企业改革工作，推动集体资产保值增值。专项推动符合条件的产业类和公共配套类违建补办不动产权手续，盘活大量存量资产。创新统筹开发模式和利益平衡机制，加快松山湖东部工业园建设步伐。铁腕整治“两违”问题，累计治理违建面积超过7000万平方米。坚持问题导向，强力督查督办硬指标硬任务，全面推广明察暗访、“行走东莞”等工作机制，创造性解决问题的能力得到有效提升。

这五年，东莞创新驱动发展获得了重大突破。区域创新体系加快完善。创新成为引领和支撑产业转型升级的第一动力，全市构建起源头创新、技术创新、成果转化、企业培育“四大创新体系”。全球第四台、中国首台散裂中子源投入运营。南方先进光源项目预研启动。松山湖材料实验室加快建设，研究成果入选“中国科学十大进展”。成功争取大湾区大学和香港城市大学（东莞）落户。东莞理工学院排名大幅提升。科技创新要素加速集聚。R&D投入强度从2.36%提至3.06%，达到发达国家水平。国家级孵化器、省级工程中心、省级新型研发机构分别是2015年的2.9倍、3.5倍、1.5倍。全市集聚高层次人才15.6万人，超过50位院士常年在莞开展科研活动，省创新科研团队38个，居全省地级市第一。先进制造特色更趋明显。规上工业企业数量突破1万家，比2015年翻一番，跃升至全国第二、总产值突破2万亿元。三大手机出货量位居全球前五。95家市级试点企业实现倍增。78家企业入围广东制造业500强。单位规上工业增加值能耗下降31%。先进制造业、高技术制造业分别占规上工业增加值的50.9%、37.9%，成为工业增长的主要力量。

这五年，东莞城市品质内涵得到了重大提升。城市空间格局发生深刻变化。中心城区、松山湖、滨海湾新区“三位一体”的都市核心区初具雏形，六大片区加快统筹发展。东莞正式进入“地铁时代”，轨道交通、高快速路、水电气、5G网络等基础设施不断完善，城市更新、TOD建设、镇村工业集聚区改造等加速推进，市镇收储土地4.4万亩，拓空间工作取得重大突破。中心城区首位度加快提升。“一心两轴三片区”规划建设大幕全面拉开，民盈国贸中心等城市地标顺利建成，国际商务区、黄旗南、三江六岸等片区建设实质性启动，中心城区灯光夜景、广深高速沿线景观品质、东莞大道十里迎宾景观带等提升工程成效突显。魅力小城和美丽乡村串珠成链。“洁净城市”“厕所革命”“五线”整治等补短板行动扎实推进，32个魅力小城示范街道、10个示范片区项目顺利实施，建成美丽幸福村居单村389个、特色连片示范区3个，全部村（社区）达到干净整洁村标准，东莞创建全省唯一的农村人居环境示范市。乡村振兴“三年取得重大进展”目标基本实现。城市活力显著提升。大湾区院士峰会、华为全球开发者大会、男篮世界杯、亚洲马拉松等高规格活动赛事成功举办，湖北籍务工者吴桂春的故事广为传播，书香东莞、友善东莞的形象持续提升，全市每年人口净流入保持在十万人以上，五年增加户籍人口69万人。东莞生机勃勃的新一线城市形象不断突显，城市吸引力、承载力和竞争力进一步提升。

这五年，东莞生态环境建设发生了重大变化。水污染治理取得决定性成果。以壮士断腕的决心、前所未有的力度打响治水攻坚战，五年投入超700亿元，新建污水管网1.2万千米，新建扩建污水处理项目18个，提标改造污水处理厂35座，清理整治砂场182个，整治污染河涌424条，7个国省考断面水质明显改善，建成区22条黑臭水体基本消除黑臭，茅洲河、石马河等重点流域水质全面达标，水生态环境发生了根本性变化。蓝天净土保卫战扎实推进。空气优良天数比例提升至91.3%，PM2.5平均浓度比2015年下降28%。生活垃圾、危险废物、生活污泥处理处置能力比2015年分别提高93.5%、127%和131%，新增生活垃圾实现全焚烧、零填埋，36座镇级填埋场全部完成整治。生态质量全面提升。划定永久基本农田及海洋生态红线，新建森林公园、湿地公园14个，华阳湖成为国家级湿地公园，东莞植物园成为市民亲近自然的网红打卡点，全市4A级旅游景区增至15个，11个镇街成功创建省森林小镇，生态环境质量提升跑出加速度。

这五年，东莞建设全面小康赢得了重大胜利。市财政投入2000多亿元用于民生建设，支出比例每年均超七成，有效满足了人民群众日益增长的美好生活需要。脱贫攻坚成效显著。对口帮扶的韶关、揭阳323个贫困村、1.57万相对贫困户全部稳定脱贫，昭通6个贫困县、874个贫困村、82.18万贫困人口全部脱贫出列。援疆“村连结对”做法在全国推广，援藏8个小康示范村项目全部完工，援川工作得到上级高度肯定。民生福祉持续改善。居民人均可支配收入达5.7万元，比2015年增加46.3%。新增义务教育阶段公办学位12.5万个、病床位6千张、养老床位4千张，药价平均降幅超54%，人均预期寿命突破80岁大关。“技能人才之都”建设成效显著，132万人次完成学历技能素质提升。公共文化服务体系建设硕果累累。社会保障、救助及福利水平不断提升。社会大局和谐稳定。“智网工程”“二标四实”等工作深入推进，“两抢”案件下降超过九成、命案发案数下降五成，扫黑除恶专项斗争成果群众满意度全省第一。团贷网案件得到稳妥处置。全市生产安全事故起数和死亡人数逐年下降，群众安全感进一步提升。

刚刚过去的2020年，是“十三五”规划收官之年，也是改革开放以来东莞经历的极不平凡、极不容易的一年。面对新冠肺炎疫情带来的严重冲击，面对外部中美经贸摩擦、内部产业结构性问题叠加的严峻挑战，全市上下众志成城、风雨同舟、披荆斩棘，疫情防控取得重大战略成果，成功稳住了经济基本盘，经济社会发展加快复苏振兴，为“双胜利”打下了坚实基础，为“十三五”画上了圆满句号。

一年来，我们以推进“双统筹”为主线，奋力夺取疫情防控和经济社会发展“双胜利”。坚持人民至上、生命至上，积极应对实际管理人口1000多万、市场主体130多万家等巨大压力，牢牢构筑起“外防输入、内防扩散、医疗救治、自我防护”四道防线，全市没有发生社区和企业聚集性疫情，37天实现无新增本地确诊病例、63天基本恢复正常生产生活秩序。在做好疫情防控的前提下，通过出台“助企撑企15条”等一揽子政策、设立50亿元援企专项资金、配置3000亩增资扩产用地指标、组建36个复工复产指导服务组等措施，以超常规机制加强经济运行监测调度。全市经济增速由负转正，主要指标呈现持续恢复性增长，市一般公共预算收入增长3.2%，制造业贷款余额增长39.5%，增量约占全省两成，工业用电量增长1.4%，市场主体增长8.3%，新增上市及过会企业17家、创历年新高，新业态、新动能加快成长，为赢得未来保住了底盘、留住了青山。

一年来，我们以补齐民生短板为突破，有效增强群众的获得感、幸福感和归属感。围绕高水平全面建成小康社会的目标，出台实施市政府一号文，大力推进100项重点民生事项。全面启动教育扩容提质和品质交通两个千日攻坚行动，新改扩建公办中小学32所，新增公办学位超过3.7万个，新建道路184千米、停车位6.9万个。加快补齐公共卫生短板，完善分级诊疗和全民医疗保障制度，与暨南大学、南方医科大学、广东医科大学、广州中医药大学等共建高水平医院和区域中心医院。切实做好民生兜底保障，全面提高低保、低收入家庭认定、特困人员供养和孤儿基本生活保障标准，实现居家养老“大配餐”和长者饭堂镇街全覆盖。“民生大莞家”解决群众身边“小急难”问题近2500宗。完成第七次全国人口普查登记工作。审计、信访、外事侨务、防震减灾、民族宗教、工青妇幼、档案方志、红十字会、残疾人等工作全面推进。

一年来，我们以补链强链拓链为导向，加快完善现代产业体系。聚焦产业链关键环节、缺失环节，高规格举办全球先进制造招商大会、“云招商、云温暖”等活动，成功招引京东大湾区总部等一批重大项目，推动企业增资扩产130宗，全年实际引资1499亿元，增长25.3%。每季度集中动工一批重大项目，累计完成投资983.8亿元，拉动全市固投增长13%。全面实施“452外经贸振兴计划”，外企内销总额超过4900亿元，电子商务交易额超过5500亿元，保税物流进出口超过2600亿元，快递业务量突破20亿件、业务收入全国第七，石龙中欧班列成为中国第三条国际铁路运邮通道。

一年来，我们以主动对接“双区”驱动为引领，积极增创改革发展新优势。主动融入“一核一带一区”发展格局，深度参与深圳都市圈、穗莞合作发展等规划编制，深化莞港澳在金融、跨境电商等方面的合作，着力构建湾区“1小时交通圈”，各规划6处地铁通道分别与广深相连，深外环高速东莞段建成通车，佛莞城际全线铺轨。全力支持深圳建设先行示范区，推动松山湖科学城与光明科学城共建综合性国家科学中心先行启动区。深入推进省制造业供给侧结构性改革创新实验区建设，用好用足省28项支持事项，强化投资“松绑”、优化营商环境等工作取得明显成效。

一年来，我们以打造高品质现代化都市为目标，大力提升城市形象和城市品质。城市品质三年提升计划圆满收官，从重点突破转入全面完善和整体提升的常态化阶段。深入推进新一轮国土空间总体规划编制，科学规划未来15年的空间发展蓝图。深入推进污染防治攻坚战，完成河涌水环境整治213条，海心沙资源循环综合利用基地、立沙岛危废处理中心等项目顺利建成，生活垃圾分类示范片区建设大力推进。水环境质量改善幅度全国第三、全省第一。空气质量综合指数改善幅度全国第二、全省第一。深入推进城市精细化管理，城市体检、老旧小区改造等工作有序开展，“路长、巷长、所长、站长”制大力推行。深入推进乡村振兴战略，创建特色精品示范村50个，65%以上村（社区）达到美丽宜居村标准。

一年来，我们以转变政府职能为要求，进一步提高政府治理能力和服务效能。围绕优化疫情期间政务服务，创新推出2878项“不见面审批”事项、198项“延期后补”事项等服务。围绕推进“数字政府”建设，基本建成政务数据大脑，全面铺开“莞家政务”服务，行政许可事项全程网办率达97%，各园区、镇街政务服务中心基本实现公安、税务事项一窗受理。全面开展镇街综合行政执法改革，认真实施养犬管理、水土保持等条例，办理人大建议202件、政协提案402件，办理率和满意率均达100%。

各位代表，回顾“十三五”这五年，全市上下在把握时势中抢抓机遇，在乱云飞渡中苦练内功，在笃定创新中奋力进取，在顶压前行中再创新高。这是深入贯彻落实习近平新时代中国特色社会主义思想的结果，是在省委省政府和市委的坚强领导下，一代又一代的东莞人艰苦创业、接续奋斗的结果。在此，我代表东莞市政府，向全市干部群众，向人大代表和政协委员，向各民主党派、各人民团体、社会各界人士，向各驻莞单位、驻莞部队和武警官兵，向所有参与和支持东莞建设发展的港澳台同胞、海外侨胞和国际友人，表示衷心的感谢和崇高的敬意！

我们清醒地认识到，当前东莞实现高质量发展仍面临不少问题和挑战：外部环境不稳定不确定因素较多，中美经贸摩擦和龙头企业受打压的趋势不甚明朗，双循环新发展格局需要加快构建，全市经济下行压力依然较大；产业能级需要加力提升，工业生产以中间产品为主、附加值相对较低，战略性新兴产业、生产性服务业等新动能亟需加快培育；对重大项目和重大改革的谋划需要加强，国家级、湾区级的重大项目不够多，在探索推进全域性、关键性改革上还有待加大力度；城市综合环境需要进一步优化，公共服务供给仍有短板，对高端项目、高素质人才的吸引力和承载力有待增强；行政服务效能还有较大的提升空间，政府系统干事创业的精气神仍需进一步提振。对于这些问题，我们必须高度警醒，尽最大努力予以有效解决。

“十四五”主要目标及2021年工作安排

“十四五”时期是我国“两个一百年”奋斗目标的历史交汇期，是全面开启社会主义现代化强国建设新征程的重要机遇期。我们必须坚持以习近平新时代中国特色社会主义思想为指导，准确把握新发展阶段，深入贯彻新发展理念，加快构建新发展格局，围绕在全省实现总定位总目标中承担更大责任、走在全省前列的使命任务，全力推动“湾区都市、品质东莞”建设再上新台阶。

根据党的十九届五中全会精神和《中共东莞市委关于制定东莞市国民经济和社会发展第十四个五年规划和二〇三五年远景目标的建议》，市政府编制了《东莞市国民经济和社会发展第十四个五年规划和二〇三五年远景目标纲要（草案）》。

“十四五”时期我市经济社会发展的主要目标

是：城市综合实力明显提升，打造富有活力和国际竞争力的高品质现代化都市；创新驱动发展动力明显提升，打造具有全球影响力的湾区创新高地；产业链供应链现代化水平明显提升，打造以科技创新为引领的全国先进制造之都；构建新发展格局支撑作用明显提升，打造链接国内国际双循环的现代化枢纽城市；城市治理效能明显提升，打造城市治理体系和治理能力现代化范例；公共服务保障水平明显提升，打造民生幸福美好城市。展望二〇三五年，我市将基本实现社会主义现代化，经济实力、科技实力和综合竞争力大幅跃升，经济总量和城乡居民人均收入迈上新的大台阶，实现产业基础高级化和产业链现代化，创新能力和城市品质显著提升，治理体系和治理能力现代化基本实现，人民生活更加美好，人的全面发展、全体人民共同富裕率先取得更为明显的实质性进展。

"十四五"时期，我们要永葆"闯"的精神、"创"的劲头、"干"的作风，切实将各项工作部署项目化、事件化，加快转化为一项项硬指标、硬任务，一个个大项目、大工程，一件接着一件办，一年接着一年干，奋力谱写东莞改革发展新篇章。

——我们要聚焦"创新+产业"，加快建设具有全球影响力的湾区创新高地 坚持创新核心地位，深度参与粤港澳大湾区国际科技创新中心建设，着力巩固东莞创新驱动发展的良好态势，坚定不移走高质量发展之路。以创新生态引领产业升级。加快推进大湾区综合性国家科学中心先行启动区建设，全面深化与中科院、国内高校的战略合作，推动形成大科学装置的集聚协同效应，努力打造原始创新策源地。吸引更多顶尖科研机构、大学、跨国公司来莞设立联合实验室和研发中心，促进新型研发机构提质增效，建设大湾区科技成果转化主阵地。加快建设以企业为主体的技术创新体系，构建"科技型中小企业—高新技术企业—瞪羚企业—百强创新型企业"梯度发展格局，力争到2025年，全市高企达8000家，R&D占比达3.2%左右。以新动能推动产业优化。突出高端化、终端化、品牌化的导向，全面实施稳链补链强链拓链工程，力争五年实际投资超6000亿元，进出口总额超7万亿元，外企出口产品转内销超2.5万亿元。全市引进培育千亿企业超过5家，百亿企业超过25家，形成万亿级的新一代信息技术，五千亿级的高端装备制造，千亿级的新材料、新能源、服装鞋帽、食品饮料，百亿级的集成电路、生物医药等"万、千、百"亿级产业集群发展梯队。以科技造富壮大产业实力。强化对高企的政策扶持和资源倾斜，大力培育一批"专精特新"企业，加速推进资本市场"东莞板块"扩容提质，力争三年内上市莞企数量突破100家、总市值翻番，全部镇街实现上市企业破零，国有资本规模破万亿、超千亿的市属国有企业3家以上，全市新增一大批具有全球一流竞争力的优质企业。

——我们要聚焦"环境+人才"，加快建设高品质现代化都市 在国际一流湾区和世界级城市群建设中强化东莞担当、展现东莞颜值、彰显东莞魅力，着力打造高品质环境、集聚高素质人才、发展高质量产业，努力把东莞建设成为有志之士向往聚集、追梦圆梦的高品质现代化都市。以绿色集约为导向提升城市品质。全面推进新一轮城市品质提升，让欣欣向荣的现代都市、草长莺飞的山水田园在东莞有机融合、协调共生。积极构建"三心引领、廊道支撑、片区协同、节点开花"的城市空间格局，进一步提升都市核心区首位度，加快打造立体交通、科技创新、生态环境三条城市线性发展廊道，推动"六大片区"组团统筹联动发展。推动土地利用模式从"增量扩展"向"存量优化"转型，每年至少实施"工改工"1万亩，五年收储土地4.5万亩。全面巩固提升污染防治攻坚战成果，推动环境改善重心向综合治理、生态修复、绿色发展延伸，凸显"半城山色半城水、一脉三江莞邑香"的城市特色，力争实现碳排放达峰走在全省前列，加快实现从世界工厂向生态之都、绿色之城的转变提升。更加注重优化城市软环境，不断提升城市文明水平、科学素养、人文精神、艺术氛围，促进人的全面发展，致力打造青春之城、活力之城、梦想之城。以镇村基层为重点优化综合环境。结合乡村振兴战略的深入推进，把镇村作为优环境的主战场。突出加强镇村规划管控，实施大片区统筹，抓好江河岸线管理，以镇村核心区和重点片区的更新改造为突破口，对城乡面貌、公共空间、居住空间等进行优化提升，加快打造产城融合、宜居宜业的品质镇街，乡风淳朴、美丽幸福的莞邑村居。积极推动南部各镇加快建设一批高品质、低成本、优环境的产城融合新社区，打造深莞深度融合、一体联动发展的"引爆点"。着力推动镇村提升公共服务水平，让群众在家门口就能上优质的学校，逛美丽的公园，享受便捷的医疗，欣赏精彩的演出，让东莞的镇村成为能够留住本地人、吸引外来人的好地方。以优质环境为平台集聚高端人才。把人才作为支撑发展的第一资源，依托大科学装置集群、新型研发机构、高水平大学、科技企业等平台载体，大力引进国际一流的科学家团队、科技领军人才和高水平创新团队，加强研发人才、营销人才、管理人才等的培养，全方位提供人才创新创业、施展才华的靓丽舞台。努力为人才打造舒适惬意、安居乐业的优质环境，广聚天下英才而用之，让人才聚莞、人才爱莞成为东莞一道亮丽的风景线。

——我们要聚焦"民生+服务"，加快建设和谐善治的民生幸福美好城市 以人民为中心、视群众为父母，着力打造全面小康的"东莞样本"和政府服务的"东莞品牌"。以"全生命周期"为标准提升民生保障水平。大力补齐学位、停车位、病床位、养老床位、就业岗位"五个位"民生短板，全面完成教育扩容提质和品质交通千日攻坚任务，着力解决好"一老一小"问题，加力做好对困难群众、特殊群体的兜底和帮扶，有序推进常住人口基本服务全覆盖，努力实现各类民生保障水平走在全省前列，老百姓的幸福更有温度、更具质感。以“店小二意识”为导向做好对企业和企业家的服务。始终把优质企业作为东莞经济的坚挺脊梁，把优秀企业家视为东莞发展的宝贵资源，坚持“一对一”服务龙头大企业与用心用情服务中小企业相结合，既“锦上添花”，更“雪中送炭”，力争在减轻企业负担、解决融资难用地难问题、打通惠企政策落实“最后一公里”等方面取得明显突破，引导全社会形成尊崇企业家、爱护企业家、服务企业家的共识与氛围，在“商场如战场”的激烈竞争中，用最优质的资源供给、最舒心的政务服务、最给力的政策支持，切实当好对企服务的“行家里手”和广大企业的“坚强后盾”。以“现代化治理”为手段促进社会和谐善治。坚持有效市场和有为政府相结合，更好地发挥政府作用。加强数字化技术运用，掀起政府部门科学化精准化的效能革命，推进政务流程全面优化、系统再造，推动更多民生服务事项和涉企服务事项“不见面”审批和“一网通办”“一站办理”。加快提升镇村基层的现代化治理水平，对企业和群众普遍关心的热点问题、涉及切身利益的实际问题，进行系统治理、源头治理。进一步强化底线思维，切实做好重大风险的防范化解，确保发展大局和谐稳定。

——我们要聚焦“进取心+归属感”，加快建设昂扬向上的包容共享城市　推动东莞这座具有历史厚重感的城市，在新时代立潮头、再出发，使活力成为东莞最突出的特征、进取成为东莞最鲜明的气质，归属感、自豪感成为东莞人民对这座城市最深切的情感。充分彰显“莞商”力量。弘扬“低调务实、敢为人先、诚信厚道、与时俱进”的精神特质，发挥各大商会的桥梁纽带作用，抱团打拼、开疆拓土，充分释放蛰伏的发展潜能，进一步擦亮“莞商”品牌。在市场准入、政府采购、撬动民营资本等方面切实加强对本土企业的扶持，加快培育本土优秀新生代企业家队伍，打造更多“莞字号”的百年老店、世界名企。着力培育家园意识和主人翁精神。感恩和善待每一位在这座城市生活、为这座城市建设的人，大力弘扬开放包容、融洽共生的城市文化，积极营造公平友善的就业、创业、生活环境，充分尊重市民权利，及时响应群众诉求，加快构建人人有责、人人尽责、人人享有的社会治理共同体，让“东莞是我家”的意识深入人心，真正实现广大市民群众与东莞同呼吸、共命运、共成长。时刻保持争创一流的意识。对标国际一流城市，以卓越理念、超前思维推动东莞发展，各领域谋划、各条线工作都主动对标一流、争创一流、赶超一流。大到产业集群打造、重大平台建设，小到一个投资项目、一个城市小品、一个办事窗口，都把高品质、高水平作为孜孜不倦的追求，瞄准最好最优最先进，将每件工作都做到极致，把每个项目都建成精品，凸显整个城市的品位和档次，打造名副其实的新一线城市。进一步提振干事创业精气神。加强对基层和一线工作人员的关心关怀，充分调动部门和镇村的积极性、创造性，走出“舒适圈”、勇当“领头羊”，在新动能培育等“大战略”上显身手，在优化营商环境等“大工程”上比高低，在城市更新改造等“硬骨头”上论英雄，在民生实事推进等“硬任务”上求实效，在想干事、能干事、干成事的浓厚氛围中，锤炼干部成长，引领社会风气，推动地方发展。

2021年是中国共产党成立100周年，是“十四五”规划实施的开局之年。做好今年政府工作，必须坚持以习近平新时代中国特色社会主义思想为指导，全面贯彻党的十九大和十九届二中、三中、四中、五中全会及中央经济工作会议精神，深入学习贯彻习近平总书记对广东系列重要讲话和重要指示批示精神，坚定不移贯彻新发展理念，坚持稳中求进工作总基调，以推动高质量发展为主题，以深化供给侧结构性改革为主线，以改革创新为根本动力，以满足人民日益增长的美好生活需要为根本目的，认真执行落实省“1+1+9”工作部署和市“1+1+6”工作思路，着力巩固拓展疫情防控和经济社会发展成果，深入推进“湾区都市、品质东莞”建设，确保“十四五”开好局、起好步，以优异成绩庆祝建党100周年。

综合考虑各方面因素，今年全市经济社会发展的主要预期目标为：地区生产总值增长6%左右；地方一般公共预算收入增长5%；固定资产投资增长10%左右，社会消费品零售总额增长6.5%以上，进出口增长1%，规上工业增加值增长5%；居民人均可支配收入与GDP增速同步；居民消费价格上涨3%左右；城镇登记失业率3%以内，城镇新增就业人数完成省下达任务。围绕以上目标，重点抓好以下工作：

一、以实体经济为根基，着力构建具有较强国际竞争力的现代产业体系

加快构建面向未来的多极支撑产业体系。出台市政府一号文，强化对新动能发展的统筹推动。设立战略性新兴产业基金，划定约70平方千米产业基地，出台1+N扶持政策，实行“七个一”项目包落地机制，推动形成松山湖生物技术、东部智能制造、东莞新材料、东莞数字经济、东莞水乡新能源、临深新一代电子信息、银瓶高端装备等七大战略性新兴产业竞相发展的生动局面。以碳达峰、碳中和牵引产业绿色低碳循环发展，制定实施碳达峰行动方案，积极引进绿色投资，大力发展低碳产业。以消费升级为契机，推动纺织服装、食品粮油、家具制造等传统优势产业进一步做优做强，提升自主研发和创意设计能力，对此类企业推广品牌新增支出给予10%的补助、营业收入新增量给予不超过1%的奖励。大力推进企业升规工作，建立“小升规”企业成长服务跟踪机制，对符合条件的分别给予最高10万元升规奖励，以及最高10万元稳规奖励。实施龙头企业领航计划，推进高质量产业招商三年行动，重大发展平台重点招引50亿~100亿元以上产业项目，各镇街重点招引30亿~50亿元以上产业项目，三年内实现园区、镇街龙头企业全覆盖。纳入市镇联合招商基地的300亩以上连片产业用地，原则上不分宗出让，重点招引龙头企业。鼓励镇街统筹开发、高效利用农村集体土地、物业、资金，让农民更多分享产业增值收益。

大力推动产业链供应链现代化、价值链高端化。实施重点支柱产业"强心优链"创新工程，编制产业链供应链全景图谱，引进一批补链强链拓链优质项目。建立产业链供应链供需信息发布与合作对接平台，引导有条件的配套企业进入龙头企业供应链。做强做优智能移动终端产业，加大对龙头企业的资源倾斜，破解"卡脖子"问题，带动上下游企业协同发展。做大做精先进装备制造业，瞄准智能机器人、智能制造装备等领域，培育一批具有国际竞争力的制造业企业。开展建筑业企业培优扶强行动，支持本市企业以联合体方式参与大型基础设施建设。稳定厂房租赁市场。整合镇街产业园，3年内统筹提供100万平方米高品质低成本空间。

积极打造数字经济集聚区。支持头部企业牵头开展产业链数字化协同创新试点，向上下游企业输出数字化解决方案和管理经验。加快推广"5G+工业互联网"发展，优先在电子信息、机器人与智能装备等行业遴选打造1~2个标杆示范项目。支持三大手机打造生态伙伴开放合作平台，集聚发展嵌入式软件、新型工业软件、平台化软件等软件产业。加快数字产业集聚试点园区建设，选取10~15家软件和信息技术服务企业纳入市"倍增计划"。推进电竞、直播、短视频等数字创意产业发展。加快建设数字社会，拓展新基建应用场景，推进生活数字化、公共服务数字化。

加力发展现代服务业。培育壮大金融业，围绕服务产业、服务城市、服务百姓民生，大力发展产业金融、普惠金融、科技金融、绿色金融、外贸金融、供应链金融，争创省级制造业金融创新示范区。抓住注册制改革等机遇，加快资本市场"东莞板块"扩容，推动地方法人金融机构上市发展，加大跨境金融合作。大力发展会展经济，推进6平方千米东莞国际会展新城建设。做好国家物流枢纽申报，推动东莞港打造生产服务型国家物流枢纽。出台工业设计行动计划，办好"东莞杯"设计大赛。深挖电子商务、人力资源、文旅、环保、养老等行业新动能，出台专项产业政策，三年内在每个行业各引进培育2~3个具有较强竞争力的龙头企业。

二、以扩大内需为基点，着力建设链接国内国际双循环的现代化枢纽城市

实施扩大有效投资行动。建立重大项目谋划机制，积极争取和布局一批事关全局、影响长远的国家级、湾区级项目。对纳入"十四五"规划的重大项目优先保障资金和用地指标，直接编制可行性研究报告。深化项目投资审批制度改革，完善快速落地常态机制，力争市重大项目投资超1000亿元。狠抓企业增资扩产，强化工业投资全流程跟踪服务，完成投资879亿元。

全力打造消费强市。完善促进消费顶层设计。优化"一核三带四组"城市商圈布局，加快将东莞CBD打造成新型国际级消费集聚区，将鸿福路和东城商圈打造成时尚休闲消费中心，将西城楼商圈打造成历史商业街区，将万江商圈打造成体验消费中心。在各镇街打造一批特色街区和消费场景，力争社消零总额突破3900亿元。大力发展首店经济，三年推动各类品牌首店落户100个以上。探索与国内知名商业机构合作开设市内免税店。大力发展流量经济，推动东莞制造与个性定制、直播带货、线上销售等深度对接。充分挖掘篮球、羽毛球等运动项目的商业价值，争创国家体育消费试点城市。

支持企业拓展内销市场。深入实施质量变革战略，鼓励发展"同线同标同质"产品。实施支持出口产品转内销三年行动计划，强化政策、平台、金融和机制支撑，打通莞企参与内循环的堵点痛点。加强与电商平台合作，打造"东莞制造"线上展会平台，鼓励更多企业参加行业知名展会拓市场抢订单。加快搭建出口转内销的渠道，拓宽"湾区快线"，做优铁路货运，加快完善面向国内市场的流通体系。抓好转内销政策宣讲和法律风险培训。

推动外经贸高质量发展。深化对RCEP、中欧投资协定等研究，出台专项政策，帮助企业抢占国际贸易先机，开拓多元化市场。大力推进市场采购贸易试点，力争年出口超500亿元。加快推进香港-东莞国际空港项目，抓好虎门港综保区、跨境电商综试区、中欧班列、出口集拼中心等建设，吸引货源回流，扩大出口规模。创建国家进口贸易促进创新示范区，打造水果、粮油、工业原材料等大宗商品交易平台。

三、以科技创新为核心，着力营造最优创新生态

举全市之力建设综合性国家科学中心先行启动区。做好松山湖科学城建设发展的顶层设计，科学编制和实施发展总体规划、科学功能规划、国土空间规划。深入推进与中科院的战略合作，共同抓好建设重大科技基础设施集群、搭建前沿科学交叉研究平台、举办科技交流活动等工作。加快推进散裂中子源二期、南方先进光源研究测试平台、先进阿秒激光设施的建设，争取纳入国家重大科技基础设施建设"十四五"规划。加快推进大湾区大学和香港城市大学（东莞）建设，全力支持东莞理工学院建设新型高水平理工科大学示范校。支持粤港澳联合实验室建设，办好粤港澳院士峰会等活动，推动大湾区科技创新论坛升格为省院共办并永久落户，积极吸引港澳台和国际人才来莞创新创业。

进一步提升重大平台的创新引领作用。支持滨海湾新区加快打造莞港特色合作平台，谋划建设上市企业总部基地、大湾区大学科技园、滨海湾青创城等，主动对接自贸区创新资源外溢，探索离岸创新、莞港“三链”融合，力争在制度开放、区镇融合发展等方面创造更多先行经验。全面铺开水乡功能区建设，基本完成八大核心单元空地整备，加快打造数字经济产业园，掀起水乡大开发、大建设新高潮。支持银瓶创新区立足生态资源禀赋，强化粤海平台和市镇联合招商，打造粤港澳生态发展创新区。

大力推进产业链创新链双向融合。加快中子治疗技术探索设施、大科学智能计算数据中心等项目建设，形成大科学装置与前沿技术攻关链式协同，为产业关键技术突破提供支撑。组织关键共性技术、颠覆性技术创新攻关。加快出台新型研发机构提质增效配套政策，完善技术创新和成果转化体系，“一院一策”增强自我造血能力。建设一批创新创业工场、公共技术服务平台，推广国际机器人产业基地模式，联动研究生培养（实践）计划，打造科创训练营。

努力打造更有温度、更有吸引力的人才高地。进一步整合优化现有人才政策，树立更加开放的用才导向，聚焦重点招引产业、重大科研项目，实施创新团队、高层次人才机构化、成建制同步引进，探索特定“双聘制”高端人才与全职引进人才享受同等政策待遇。优化出台2.0版“技能人才之都”政策，做好急需紧缺技术技能人才引育。大力实施人才安居工程，建设筹集安居房5000套，规划建设一批人才社区、青年人才驿站。优化调整高端人才个税补贴等政策，扩大人才入户“秒批”范围，全面实施优才卡，为人才在莞工作生活提供全方位便利。

四、以品质提升为牵引，着力推动城市综合环境全面优化

大力推进新一轮城市品质提升。高质量完成市镇两级国土空间总体规划编制。探索建立地区规划师、片区总设计师、片区城市综合运营商制度。大力推进“一心两轴三片区”建设，抓好中心广场、东莞大道、元美公园等节点品质提升，加快国际商务区首开区建设步伐，实施滨水岸线、莞城粮仓、东城体育公园等活化提升，启动东城火炼树、南城亨美等城中村改造，推进莞太路品质提升工程，努力让中心区每年都有新变化，都有新惊喜。进一步明确镇街轨道站场TOD、TID开发功能和规模，高水平建设一批“轨道+物业”“轨道+社区”示范项目。再启动70个特色精品村建设，建成第二批3个特色连片示范区。大力推进老旧小区改造和既有住宅增设电梯，提升物业小区治理水平和居住品质。大力发展绿色建筑，提升“东莞建造”品质，开展建筑质量年活动。

加快完善“以我为主”融入湾区的现代化基础设施。持续推进品质交通千日攻坚，构筑以轨道交通为骨干的“二主六辅”综合交通网络，尽快将区位优势转换为交通优势，打造大湾区区域交通枢纽。大力推进1号线一期建设，争取开工2号线三期，完成3号线一期立项和投融资方案审批。协调佛莞城际东莞段工程建设，推动上半年通车运营。加快推进赣深客专东莞段工程及东莞南站周边配套设施建设，推动下半年开通运营。完善“五纵四横六连”高速公路网络，建成莞番高速二期、加快三期建设，推动广深、莞深、常虎高速改扩建工程。加强干线路网规划建设，加快松山湖二通道规划，开展水乡快速环线前期工作，推进环莞快速三期建设。大力推进千兆宽带工程，新建5G基站5000个。开展一流电网千日攻坚行动。实施供水安全保障规划，推进全市“供水一张网”整合，构筑东西互补、江库互通的水资源配置体系。

强化城市全周期精细化管理。建立“一年一体检、五年一评估”城市体检机制。深入推进“洁净城市”“行走东莞”专项行动，开展精细化管理“两个一百”工程，进一步整治城市“六乱”。严格规范农房建设管理，保持“两违”治理高压态势，治理违建2900万平方米以上。建设“无废城市”，打造“3+3”“1+1”生活垃圾分类示范片区，推动建筑垃圾资源化循环利用，建成海心沙环保热电厂。全面启动消除存量垃圾工作，三年清理250万立方米。坚持公交优先发展，科学调整站点线路，提高公交运营效率。整治中医院等片区拥堵，完成50个以上堵点治理，新建停车位6万个，强化摩托车、电动自行车管理。

持续拓展优化城市发展空间。以用地总规模为倒逼，结合五大流域治理、轨道交通和中心城区建设，综合运用指标配置、用途管制、配套公共设施等手段，推动土地资源有效盘活和系统整体开发。实施土地收储三年行动计划，精准收储、主动收储、和谐收储，优化收储用地结构，收储土地1万亩以上，其中市级1000亩以上。启动城市更新“头雁计划”，率先打造10个千亩以上产城融合示范片区。出台专门政策鼓励企业开展成片改造，探索在滨海湾新区等进行试点推进。实施“工改工”三年行动计划，搭建产业运营商与镇村对接平台，出台财政补助细则，实行税收留成专项补助，激发村集体参与改造积极性，“工改工”力争整备、拆除不少于1万亩，其中拆除不少于8000亩。开展闲置土地和农村乱占耕地建房问题整治，探索实施耕地保护集聚区等机制。全面推行林长制。推进地质灾害防治三年行动，完成高中风险隐患点治理。

全面巩固提升污染防治攻坚战成果。加强重点流域初期雨水污染控制，推进农村黑臭水体及劣V类一级支流深化整治，力争消除市域内全部黑臭水体，24条上报省重点一级支流和全市70%的内河涌消除劣V类，实现考核断面水质稳定达标。全力推进雨污分流工程，完成入河排污口整治，提高截污管网污水收集率，尽快实现“全覆盖、全收集、全处理”。大力调整优化能源结构，推进自备电厂煤改气，推动传统产业智能化、清洁化、可持续化改造。狠抓臭氧防治，

试点推进VOCs企业环保管家项目，建立排污者付费、第三方管理运营的治理新机制，做好污染天气应急应对。推进塑料污染治理。开展地下水污染状况调查评估。

进一步提升生态建设水平。加强滨水岸线管控，开展码头岸线资源环境综合整治，整合取缔散乱码头，清退修复岸线，为江海岸线“留白增绿”。启动滨海湾至松山湖的碧道建设，打造6个美丽河湖样板，争取1个入选国家优秀案例。加快推进植物园二期、市儿童公园建设，建成横沥三角湖、企石东清湖湿地公园和虾公山森林公园，争创国家生态园林城市。

五、以深化改革为动力，着力增创高质量发展新优势

用好各级重大政策红利。加强与上级的对接，争取下放更多权限，推动全市一批具有全局性、战略性、带动性的重大项目纳入到国家和省的规划。争取省支持我市高质量发展的相关文件加快出台。深入推进省制造业供给侧结构性改革创新实验区建设，引导5个基层实验区在“工改工”、莞港经贸合作等方面开展差异化改革探索。积极申报创建国家级台资企业转型升级试验区、省外资外贸发展赋能升级试验区、省教育综合改革实验区。充分利用上级解决耕地历史问题相关政策，进一步优化耕地和永久基本农田保护布局。选树一批具有东莞特色的改革品牌，争取国务院督查激励，将更多政策红利转化为实实在在的发展动力。

推动“放管服”改革与“数字政府”建设有机结合。着力打造“一卡一证一线”改革品牌，以三代社保卡为基础推出“多卡合一”的市民卡，连通医疗、金融、征信等涉及民生的各项政务应用，扩展公交支付、智慧校园等应用场景；探索企业准营改革，将一个行业准入涉及的多张许可证，整合为一张许可证；升级扩容12345政府服务热线，开通企业服务专席，提高响应速度和服务质量。深入推进政务数据大脑和城市运行中心建设，开展政务服务“四免”优化，将一体化政务服务平台加快部署至镇村。将各政务应用以及生活服务App进行集成统一，实现市民、企业通过一个端口即可畅享便捷服务。

深入推进现代财税金融体制改革。深化财政体制改革，优化市镇支出分担比例，完善均衡性转移支付制度，合理配置全市财力，全面加强绩效管理。建立园区镇街“三保”预算审核控制机制，推动政府过“紧日子”成为常态。建立政府债券项目全过程管理统筹协作机制，积极争取上级债券额度支持。按照“经营城市”的理念完善基础设施建设资金多元化筹集机制，全力推进一批试点项目落地。深化税收征管制度改革，提升税法遵从度和社会满意度。以增加有效供给、有效防控风险为目标，以服务实体经济为根本，加大金融业市场主体招引，加强政、银、企对接和投、贷、担、保联动，加强增信、征信、集信体系建设和信息平台整合，加强条块协同、人技联防，不断完善多元化、多层次金融供给体系和联防联控的金融风险防控体系。

充分激发市场活力。推进新一轮国企战略性重组，进一步提升资本运营能力和证券化水平。探索出台推动市属企业创新发展建立容错纠错机制的实施意见，全面加强对镇属企业资产监管和改革发展的指导，引导市属企业、镇属企业盘活存量资产，积极参与土地储备、城市更新、园区开发、配套运营等重点任务，更好地服务城市发展。健全支持中小企业和个体工商户发展的政策体系，营造支持非公有制企业发展壮大的良好发展环境。争取设立中国（东莞）知识产权保护中心。编制公共资源交易目录清单，将清单内项目逐步整合进公共资源交易平台，确保阳光交易、公平竞争。

六、以人民至上为导向，着力提升人民群众生活品质

织密扎牢兜底民生保障网。扎实做好民生十件实事。推进分层分类的社会救助体系建设，做好孤、老、病、残、弱等困难群众的救助保障服务，将困难群众临时救助范围逐步拓宽至常住人口。推动更高质量就业创业，开展各类补贴性职业技能培训30万人次，帮扶1.6万名失业人员实现就业，应届高校毕业生初次就业率超过96%。做好“一城一策”工作，加快建立多主体供给、多渠道保障、租购并举的住房制度，开展“三限房”试点，促进房地产市场平稳健康发展。探索“物业服务+养老服务”，促进养老机构服务提质增效，力争护理型床位达到40%以上。探索开展“东莞慈善·临终关怀”项目试点。推进社会工作服务站园区、镇街全覆盖，实现市直部门购买社会工作岗位向购买服务项目逐步转变。保障妇女儿童合法权益。关爱军人军属、退役军人等群体。做大做强“民生大莞家”服务品牌，形成不少于100个微实事亮点项目和100个微心愿典型案例。深化对口支援，做好省内帮扶和东西部协作交接衔接工作，扎实做好援疆、援藏工作。

加快打造品质教育。年内新改扩建公办中小学45所、幼儿园18所，分别新增学位4.68万和7000个。推动松山湖未来学校、市中小学德育基地建设，推进启智学校扩容。完善五育并举育人机制，突出对体美劳教育的引导。实现千人以上中小学全部配备专职心理教师。加强青少年防近视工作，更新改造一万间教室灯光照明。启动双特色普通高中建设。推动民办教育规范优质发展。完善中小学幼儿园教师准入和招聘制度，推进莞邑良师建设。推动公办小学提供校内下午课后服务基本全覆盖。深化职业教育产教融合，建设一批特色专业群、高水平校企合作基地。

加快推进健康东莞建设。毫不放松抓好外防输入、内防反弹工作，坚持常态化精准防控和局部应急

处置有机结合，确保不出现规模性输入和反弹。安全有序做好新冠疫苗接种工作。进一步加强疾病预防控制体系建设，筹建东莞市公共卫生医学中心，建立传染病应急腾空机制和院前急救转运体系。全面开展高血压、糖尿病高危人群早期筛查及干预行动。深化医药卫生体制改革，加快推进高水平医院和区域中心医院建设，引导镇街公立医院向“大专科、小综合”专科医院、康复医院等转型发展，促进中医药传承创新发展。深入推动体医融合、体教融合，实施全民健身计划，打造全民运动之城。

建设更高水平的平安东莞。优化巡逻防控机制，坚决打击和防范盗窃、电信网络诈骗、走私偷渡等突出违法犯罪。完善社区警务工作机制，做实做强“东莞义警”等群防群治措施。建成新一代“智网工程”信息系统、“雪亮工程”视频联网等项目，将指挥调度中心升级打造为全市社会治理运营中心。深入开展“1+2+8”安全生产专项整治三年行动，加强防汛防风、减灾救灾、森林防火、地质灾害防治等关键工程建设，持续推进“三小”场所、出租屋、工厂企业等消防设施和电气线路升级改造，加快创建国家安全发展示范城市。开展农贸市场品质提升三年行动，培育60家“放心肉菜示范超市”，打造市民放心的“菜篮子”。

加快文化事业和文化产业创新发展。组织庆祝中国共产党成立100周年系列活动，创作一批反映时代精神和东莞发展成就的文艺精品。新建一批共享文化馆、阅读驿站、粤书吧等高品质公共文化空间。加快修复大岭山抗日根据地旧址，升级改造东江纵队纪念馆，建设市博物馆新馆，建立莞籍历史名人名迹档案和作品藏品资料库，更好地传承城市文脉、讲好东莞故事。完善“一心四区”全域旅游发展格局，推出一批红色游、乡村游、亲子游、体育赛事游的精品路线，加强森林生态旅游资源利用及产品开发。扩大“东莞非遗墟市”粤港澳城际联盟交流合作，共建大湾区文化遗产游径，全力打造更富内涵和活力的品质文化之都。

七、以政府建设为保障，着力提振一往无前、风雨无阻的精气神

加强政府系统党的建设。始终把政治建设摆在首位，将“两个维护”十项制度和政治要件闭环落实机制贯彻到工作全过程。严格落实全面从严治党主体责任，驰而不息加强作风建设，聚焦形式主义官僚主义问题开展全面检视、靶向治疗，持续为基层减负，严格执行文件、会议和督检考事项计划管理，切实防止文山会海反弹回潮。坚持从严管理监督与有效激励并重，尊重基层和群众的首创精神，全面提升干部“七种能力”，不断提升政府抓落实的效率和效果。

着力建设有为政府。突出科学谋划，做好顶层设计，切实加强对全市产业发展、城市更新以及镇村规划管控、品质提升等的主导和统筹。突出高效管理，实行重点工作闭环管理，探索构建“大产业”“大城建”“大民生”“大安全”管理格局。突出抓早抓细，加强对全年经济运行情况的动态监测研判，倾斜资源优先保龙头企业、保核心产业链，确保经济平稳运行。突出靠前服务，推动各级干部贴身解决群众企业诉求，进一步提升“企莞家”等服务实效，确保各项扶企惠民政策落实到位。

全面提升依法行政能力和水平。依法接受人大及其常委会监督，自觉接受政协民主监督，主动接受社会和舆论监督，充分发挥审计监督作用，进一步提升政府工作的科学化、民主化、法治化水平。启动民生实事人大代表票决制工作。全面推行行政执法公示、执法全过程记录、重大执法决定法制审核三项制度，健全完善跨部门、跨区域执法联动响应和协作机制。围绕生活垃圾分类、机动车停车、自然保护地管理等领域加强政府规章立法，深化全面依法治市实践。科学编制“八五”普法规划，推动全民守法普法成为社会治理的法治基础。聚焦重点领域、重要部门、关键岗位织密廉政风险防控网络，严肃整治群众身边的腐败问题，努力营造风清气正的政治生态。

各位代表！站在“两个一百年”历史交汇点上，前进的航道大潮奔涌，千帆竞发，时不我待。让我们更加紧密地团结在以习近平同志为核心的党中央周围，在省委省政府和市委的坚强领导下，与全市人民一道，奋楫破浪，坚毅前行，用智慧和汗水驱动“湾区都市、品质东莞”的航船驶向更加美好的未来，以优异的成绩向中国共产党成立100周年献礼，奋力谱写“十四五”高质量发展的新篇章！

名词注解：

全国百强镇、500亿元俱乐部：入选全国百强镇的是指长安、虎门、厚街、塘厦、常平、寮步、凤岗、大朗、大岭山、清溪、高埗、黄江、横沥、沙田、石碣；进入500亿元俱乐部的有长安、虎门、南城、东城、塘厦。

双区：指粤港澳大湾区、深圳建设中国特色社会主义先行示范区。

行走东莞：由市四套班子领导牵头，采取不打招呼、不需陪同、不定线路、不听汇报、直奔现场、直面问题“四不两直”的方式进行暗访步行。

一心两轴三片区：指中心城区品质提升的重点地区。其中，“一心”指市行政文化中心区，“两轴”指东莞大道时代发展轴和鸿福路山水文化轴，“三片区”指东莞国际商务区、“三江六岸”历史休闲区、黄旗南生态科创区。

“五线”整治：指对广深高速、广深铁路、广深港高铁、莞深高速、环莞快速沿线景观开展综合整治。

二标四实：“二标”指标准作业图、标准地址库；“四实”指实有人口、实有房屋、实有单位、实

有设施。

养老“大配餐”：指向纯老、独居、孤寡、高龄、计划生育特扶、失能老人等特殊困难老年人提供助餐配餐服务。

民生大莞家：指通过进一步健全民生诉求收集、处理、反馈机制，切实解决一批群众身边的小急难问题。

452外经贸振兴计划：即健全内外循环的贸易体系、打造多轮驱动的贸易平台、构建畅通全球的贸易枢纽、创新接轨国际的体制机制等“四大目标”；产业链、供应链、贸易链、物流链、金融链等“五大提升”；打造贸易强市优化监管链和健全工作链等“两大保障”。

一核一带一区：指省委十二届四次全会提出的区域发展格局。“一核”指珠三角地区，是引领全省发展的核心区和主引擎；“一带”指沿海经济带，是新时代全省发展的主战场；“一区”指北部生态发展区，是全省重要的生态屏障。

瞪羚企业：指创业后跨过死亡谷，以科技创新或商业模式创新为支撑进入高成长期的中小企业。

“专精特新”企业：指主营业务和发展重点符合国家产业政策及相关要求，专业化、精细化、特色化、新颖化特征明显的中小企业。

“七个一”项目包落地机制：指战略性新兴产业基地建设中，实行一名市领导挂帅、一个工作专班、一份产业规划、一套支持政策、一张招商地图、一项配套基金、一项督查机制。

一核三带四组：“一核”指以主商业中心组团作为核心，即南城CBD商圈、鸿福路商圈、西城楼商圈、东城商圈和万江商圈；“三带”指大京九铁路商业发展带、水乡沿江现代商业发展带和莞太轨道黄金商业带；“四组”指四个商业集聚组团，即南部、东北部、东南部、西南部四个副商业中心。

“同线同标同质”产品：指出口企业在同一生产线上按照相同标准生产出口和内销产品，能有力推动外向型企业成功内销转型，助推东莞制造向中高端迈进。

湾区快线：指东莞港联通大湾区“9+2”城市群的定点定班驳船运输网络。

片区城市综合运营商制度：围绕政府城市化建设目标，由企业统一规划布局，以市场化运作方式投资、建设和经营，使开发项目成为城市发展建设的有机组成部分。

二主六辅：“二主”即广深第二高铁始发站、东莞东站，“六辅”即虎门高铁站、东莞站、东莞西站、东莞南站、滨海湾站、松山湖站。

五纵四横六连：“五纵”指广深沿江高速、广深高速、莞深高速、从莞高速、博深高速，“四横”指莞番高速、常虎高速、惠塘高速、深外环高速，“六连”指清平高速、龙大高速、常虎高速延长线、虎门大桥、莲花山过江通道、新派高速。

“两个一百”工程：指开展100个精细化管理示范村（社区）工程，100个街道、村（社区）品质改造提升工程。

“3+3”“1+1”生活垃圾分类示范片区：“3+3”指松山湖、滨海湾、莞城基本建成生活垃圾分类示范区，南城、东城、万江三个街道开展生活垃圾分类示范区建设。“1+1”指各镇的中心区和1个村（社区）开展生活垃圾分类示范片区建设，试点推行生活垃圾分类城乡一体化制度。

5个基层实验区：指滨海湾新区建设高质量对外开放改革创新实验区、水乡功能区建设连片“工改工”改革创新实验区、石龙镇建设旧城改造促进产业更新改革创新实验区、塘厦镇建设莞深科技产业联动发展改革创新实验区、常平镇建设深化莞港经贸产业合作改革创新实验区。

东莞义警：指由公安机关发动、组织、管理、保障的，由平安志愿者组成的群众性综治力量，自愿、无偿开展社会治安防范公益服务活动。

雪亮工程：指公共安全视频监控系统建设联网应用项目。

“1+2+8”安全生产专项整治三年行动：“1”指《东莞市安全生产专项整治三年行动实施方案》；“2”指学习宣传贯彻习近平总书记关于安全生产重要论述、落实企业安全生产主体责任专题实施方案；“8”是指危险化学品、消防、道路运输、轨道交通运输、水上交通和渔业船舶、城市建设、工业园区等功能区、危险废物专项整治。

一心四区：“一心”指东莞城市休闲中心区；“四区”指滨海历史文化游憩区、岭南古村落文化体验区、森林生态度假区、水乡风情休闲区。

七种能力：指政治能力、调查研究能力、科学决策能力、改革攻坚能力、应急处突能力、群众工作能力、抓落实能力。

企莞家：由工信局开发的企业公共服务平台，为企业提供政策咨询申报、问题诉求处理、项目全流程管理等一站式服务。

2020年东莞市国民经济和社会发展统计公报

2020年，面对新冠肺炎疫情的严重冲击，叠加中美经贸摩擦、国内外经济下行压力的严峻挑战，东莞坚持以习近平新时代中国特色社会主义思想为指导，全面贯彻党的十九大和十九届二中、三中、四中、五中全会精神，在市委的坚强领导下，认真落实省“1+1+9”工作部署和市“1+1+6”工作思路，统筹抓好疫情防控和经济社会发展，较好地完成了“十三五”规划确定的主要目标任务，高质量发展迈出坚定步伐，为“湾区都市、品质东莞”建设奠定坚实基础。

一、综合

初步核算，2020年东莞实现地区生产总值9650.19亿元，比上年增长1.1%。分产业看，第一产业增加值30.27亿元，增长6.0%；第二产业增加值5193.09亿元，下降0.9%；第三产业增加值4426.83亿元，增长3.5%。三次产业比例为0.3：53.8：45.9。在第三产业中，交通运输、仓储和邮政业增长7.9%，批发和零售业下降6.4%，住宿和餐饮业下降19.6%，金融业增长9.9%，房地产业增长8.8%。

2020年东莞市分行业地区生产总值增长速度表

行业	总量（亿元）	增长（%）
地区生产总值	9650.19	1.1
第一产业	30.27	6.0
第二产业	5193.09	−0.9
建筑业	224.53	18.2
第三产业	4426.83	3.5
批发和零售业	751.59	−6.4
住宿和餐饮业	164.39	−19.6
交通运输、仓储和邮政业	209.49	7.9
金融业	645.50	9.9
房地产业	908.28	8.8

在现代产业中，规模以上先进制造业增加值2108.36亿元，比上年下降3.3%；高技术制造业增加值1569.62亿元，下降3.4%。现代服务业增加值2822.11亿元，增长6.9%。

年末，全市工商登记注册户数134.10万户，比上年末增长8.3%。其中，企业工商登记62.38万户，增长11.3%；个体户登记71.66万户，增长5.8%。私营企业登记户数增长较快，增长11.8%。

全年居民消费价格总水平比上年上涨2.9%。其中食品烟酒类上涨8.4%，衣着类下降1.3%，居住类下降0.9%，生活用品及服务类下降0.1%，交通和通信类下降2.8%，教育文化和娱乐类上涨4.5%，医疗保健类上涨2.0%，其他用品和服务类上涨3.4%。此外，全年商品零售价格总指数上涨1.0%。工业生产者出厂价格指数下降0.6%。

2015—2020年居民消费价格总指数（上年=100）

2020年东莞市价格变动情况表

类别	价格指数（上年=100）
居民消费价格总指数	102.9
食品烟酒	108.4
#粮　食	105.1
食用油	106.3
菜	103.4
畜肉类	143.5
水产品	103.3
蛋类	94.0
衣着	98.7
居住	99.1
生活用品及服务	99.9
交通和通信	97.2
教育文化和娱乐	104.5
医疗保健	102.0
其他用品和服务	103.4
商品零售价格总指数	101.0
工业生产者出厂价格指数	99.4

全年市一般公共预算收入694.68亿元，增长3.2%。市一般公共预算支出843.67亿元，下降2.5%；其中，一般公共服务支出88.57亿元，公共安全支出119.30亿元，教育支出203.50亿元，社会保障和就业支出63.22亿元。全年全市税收总额2153.19亿元，下降0.6%。

二、农业

全年全市农林牧渔业总产值46.52亿元，比上年增长6.2%。其中农业产值34.35亿元，增长6.3%，占农林牧渔业总产值的73.8%；林业产值0.32亿元，增长1.3%，占农林牧渔业总产值的0.7%；牧业产值0.82亿元，增长42.2%，占1.8%；渔业产值9.52亿元，增长4.0%，占20.5%；农林牧渔专业及辅助性活动产值1.52亿元，增长6.8%，占3.2%。全年农作物总播种面积34.67万亩，水果种植面积18.53万亩。全年粮食产量0.82万吨，增长39.7%；蔬菜产量39.70万吨，下降4.4%；水产品总产量4.94万吨，增长1.7%；生猪出栏1.33万头，增长31.1%；家禽出栏64.49万只，增长63.4%。

全年全市共有农民专业合作社208家、农业龙头企业42家（其中省级26家，国家级4家）、“粤字号”农业品牌产品共54个。

三、工业和建筑业

全年全市规模以上工业增加值4145.65亿元，比上年下降1.1%。其中，重工业增加值2631.54亿元，下降1.4%，占规模以上工业增加值的63.5%；轻工业增加值1514.11亿元，下降0.5%，占规模以上工业增加值的36.5%。

2020年东莞市规模以上工业主要产品产量表

产品名称	计量单位	产量	增长（%）
布	亿米	1.2	-9.2
服装	亿件	9.4	-21.2
鞋	亿双	1.2	-37.5
家具	万件	4071.2	-9.2
机制纸及纸板（外购原纸加工除外）	万吨	1553.4	3.1
纸制品	万吨	216.6	-3.2
塑料制品	万吨	132.3	-11.4
电动手提式工具	万台	3476.3	-1.2
原电池及原电池组（非扣式）	亿只	58.3	-21.9
灯具及照明装置	万套（台、个）	16398.3	-31.5
电子计算机整机	万台	983.8	-39.3
显示器	万台	94.6	12.9
电话单机	万部	2316.7	-7.3
移动通信手持机（手机）	万台	31624.5	-18.1
彩色电视机	万台	80.5	33.6
光电子器件	亿只（片、套）	232.5	10.6
电子元件	亿只	19674.3	35.9
印制电路板	万平方米	1941.7	1.5

全年全市规模以上工业五大支柱产业增加值2806.89亿元，比上年下降2.1%；工业四个特色产业增加值369.01亿元，增长0.6%。

全年高技术制造业增加值比上年下降3.4%。其中，医药制造业增长35.0%，航空、航天器及设备制造业下降44.4%，电子及通信设备制造业下降6.3%，计算机及办公设备制造业增长13.9%，医疗仪器设备及仪器仪表制造业增长22.6%。

全年先进制造业增加值比上年下降3.3%。其中，高端电子信息制造业下降9.0%，先进装备制造业增长2.7%，石油化工产业增长15.8%，先进轻纺制造业下降4.6%，新材料制造业增长1.2%，生物医药及高性能医疗器械业增长17.1%。

全年优势传统产业增加值比上年增长1.2%。其中，纺织服装业下降9.3%，食品饮料业下降0.4%，家具制造业下降7.5%，建筑材料业增长6.9%，金属制品业增长5.9%，家用电力器具制造业增长37.4%。

规模以上工业成本费用利润率3.4%，产品销售率99.0%，全员劳动生产率16.47万元/人，实现利润总额745.96亿元。

全年全市建筑业实现增加值224.53亿元，比上年增长18.2%。总承包和专业承包建筑企业完成总产值664.48亿元，增长21.7%；施工面积2269.6万平方米，增长54.7%；竣工面积589万平方米，增长25.5%。总承包和专业承包建筑企业按施工产值计算的全员劳动生产率为45.75万元/人，增长12.3%。

四、固定资产投资

全年固定资产投资比上年增长13.0%。按注册类型分，内资经济投资比上年增长15.4%；港澳台资经济投资增长5.6%；外资经济投资下降6.2%。

从产业投向看，投资集中在第二、三产业。第二产业投资比上年增长11.0%；第三产业投资增长14.1%。基础设施投资增长19.3%，总量占固定资产投资的比重为23.6%；工业投资增长11.0%，总量占固定资产投资的比重为33.9%。先进制造业投资增长11.8%，总量占固定资产投资的比重为20.5%；高技术产业（制造业）投资增长13.5%，总量占固定资产投资的比重为15.8%。

2015—2020年固定资产投资增长速度

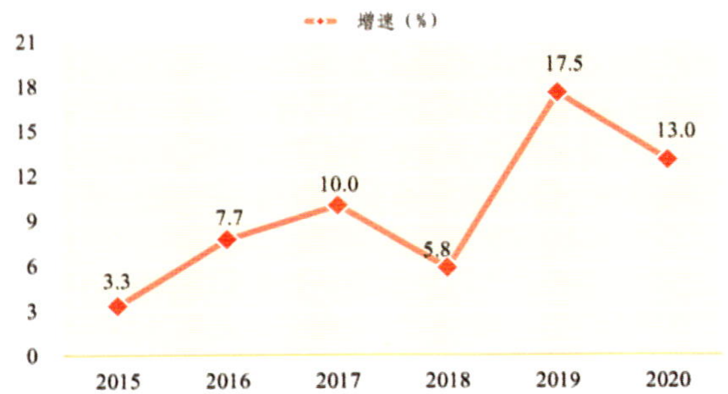

2020年东莞市分行业固定资产投资情况表

行业	增长（%）
总计	13.0
农、林、牧、渔业	87.0
制造业	15.4
电力、热力、燃气及水生产和供应业	−11.8
建筑业	−100.0
交通运输、仓储和邮政业	−5.3
信息传输、软件和信息技术服务业	64.2
批发和零售业	15.4
住宿和餐饮业	2.5
金融业	106.2
房地产业	6.9
租赁和商务服务业	138.8
科学研究和技术服务业	41.0
水利、环境和公共设施管理业	43.0
居民服务、修理和其他服务业	−54.8
教育	8.3
卫生和社会工作	30.1
文化、体育和娱乐业	−9.0
公共管理、社会保障和社会组织	−16.8
第一产业	—
第二产业	11.0
第三产业	14.1

全年完成房地产开发投资比上年增长9.3%。商品房屋建筑施工面积4294.25万平方米，增长3.1%；竣工面积239.00万平方米，下降14.9%。新建商品房网上签约销售面积895.31万平方米，增长21.1%；其中商品住宅销售面积737.37万平方米，增长35.7%。新建商品房网上签约销售金额2000.92亿元，增长44.5%；其中商品住宅销售金额1786.28亿元，增长63.3%。

五、国内贸易

全年全市批发和零售业实现增加值751.59亿元，比上年下降6.4%；住宿和餐饮业实现增加值164.39亿元，下降19.6%。

全年社会消费品零售总额3740.14亿元，比上年下降6.6%。分地域看，城镇消费品零售总额3375.88亿元，下降6.6%；乡村消费品零售总额364.26亿元，下降6.4%。分消费形态看，商品零售额3391.75亿元，下降6.4%；餐费收入348.39亿元，下降8.6%。分行业看，限额以上批发零售贸易业零售额1431.87亿元，下降5.6%；限额以上住宿餐饮业零售额94.08亿元，下降12.9%。

2015—2020年社会消费品零售总额及增长速度

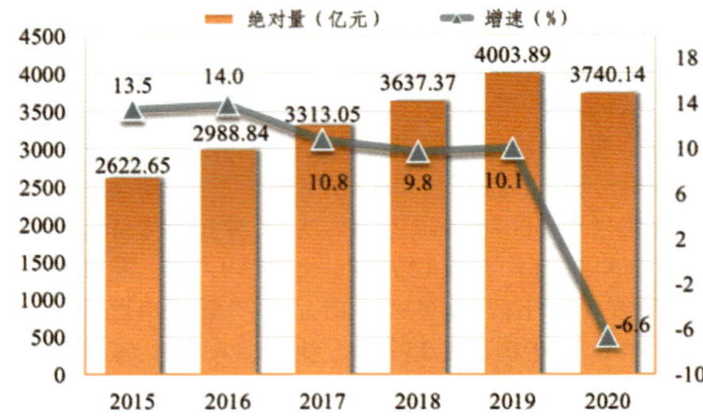

在限额以上批发和零售业中，粮油食品类零售额比上年增长6.8%，饮料类增长60.8%，烟酒类增长105.9%，服装、鞋帽、针纺织品类下降19.9%，日用品类增长12.9%，汽车类下降5.5%，石油及制品类下降19.8%。

六、对外经济

全年全市进出口总额13303.03亿元，比上年下降3.8%。其中进口5021.48亿元，下降2.9%；出口8281.55亿元，下降4.4%。“一带一路”沿线国家进出口额3138.15亿元，增长0.8%。全市电子商务交易额5861亿元，增长9.0%。

按贸易方式分，一般贸易出口4647.40亿元，比上年下降1.9%；加工贸易出口3115.82亿元，下降11.0%；保税物流出口496.84亿元，增长18.8%；其他出口21.50亿元，增长1925.5%。

按出口的地区分，对“一带一路”沿线国家出口2322.57亿元，比上年增长2.4%；对亚洲出口4303.02亿元，下降1.4%；对北美洲出口1686.65亿元，下降7.3%；对欧洲出口1629.14亿元，下降10.0%；对拉丁美洲出口374.26亿元，下降5.1%；对大洋洲出口149.15亿元，增长2.6%。

全年机电产品出口6259.66亿元，比上年下降3.4%，占出口总额的75.6%；高新技术产品出口3624.83亿元，下降6.0%，占出口总额的43.8%。

全年全市新签外商直接投资项目896宗，合同外资金额164.96亿元，比上年增长20.9%。实际利用外资79.63亿元，下降9.5%。其中，制造业实际利用外资44.57亿元，下降25.5%，占全市实际利用外资56.0%。

七、交通、邮电和旅游

全年全市交通运输、仓储和邮政业实现增加值209.49亿元，比上年增长7.9%。

全年全市公路通车里程5222.65千米，公路密度212.30千米/百平方千米，公路密度继续位居全省前列。年末全市机动车保有量（民用）341.81万辆，比

2020年东莞市进出口情况表

指标名称	总量（亿元）	增长（%）
进出口总额	13303.03	-3.8
#出口总额	8281.55	-4.4
其中：一般贸易	4647.40	-1.9
加工贸易	3115.82	-11.0
其中：机电产品	6259.66	-3.4
高新技术产品	3624.83	-6.0
其中：国有企业	7.13	-94.0
三资企业	3727.59	-6.6
集体企业	0.66	3.6
民营企业	4531.38	-0.4
#进口总额	5021.48	-2.9
其中：一般贸易	1329.38	-8.5
加工贸易	1564.76	-9.6
其中：机电产品	4045.60	-1.8
高新技术产品	3243.44	-1.3
其中：国有企业	6.51	-77.8
三资企业	2305.39	3.5
集体企业	0.01	-92.8
民营企业	2709.57	-6.6
进出口贸易顺差（出口减进口）	3260.06	-5.7

2020年东莞市主要商品出口情况表

商品名称	金额（亿元）	增长（%）
机电产品	6259.66	-3.4
高新技术产品	3624.83	-6.0
手机	1197.66	-17.0
电子元件	783.54	1.7
电工器材	759.37	9.1
自动数据处理设备及其零部件	686.12	12.7
文化产品	468.24	-1.5
音视频设备及其零件	302.86	3.6
家具及其零件	275.87	-3.6
服装及衣着附件	221.48	-32.0
塑料制品	241.56	-8.7
纺织纱线、织物及其制品	152.61	4.3
玩具	210.26	-5.9
鞋靴	86.60	-41.7
家用电器	161.42	19.8
印刷、装订机械及其零件	96.40	-23.9
箱包及类似容器	90.38	-33.4
灯具、照明装置及其零件	142.74	-3.6

2020年东莞市主要国家和地区货物进出口总额情况表

国别（地区）	进出口总额		出口总额		进口总额	
	总量（亿元）	增长（%）	总量（亿元）	增长（%）	总量（亿元）	增长（%）
亚洲	8856.20	−2.0	4303.02	−1.4	4553.18	−2.6
北美洲	1832.22	−7.1	1686.65	−7.3	145.56	−5.5
欧洲	1792.98	−10.4	1629.14	−10.0	163.84	−13.8
一带一路	3138.15	0.8	2322.57	2.4	815.57	−3.5
欧盟（27国）	1389.71	−10.8	1246.83	−10.3	142.88	−14.5
东盟（10国）	1834.38	1.5	1132.98	6.4	701.40	−5.6
中国香港	1587.23	−3.6	1571.81	−3.5	15.42	−16.3
美国	1703.76	−6.3	1571.46	−6.7	132.30	−0.8
日本	919.84	−2.6	388.34	−7.2	531.50	1.1
韩国	1018.66	−19.4	260.54	−16.0	758.12	−20.5

2020年东莞市分行业利用外资情况表

行业名称	合同外资金额（万元）	增长（%）	实际利用外资（万元）	增长（%）
总计	1649552	20.9	796305	−9.5
制造业	609197	−12.4	445663	−25.5
纺织服装、鞋、帽制造业	36607	−26.9	6217	−84.2
家具制造业	18432	455.5	14588	299.2
通用设备制造业	33926	−67.7	20410	−26.8
专用设备制造业	13421	−51.3	5971	−75.4
电气机械及器材制造业	114890	187.7	83583	80.3
计算机、通信和其他电子设备制造业	84149	−60.3	175702	27.8
金属制品业	33622	22.2	10119	−56.8
橡胶和塑料制品业	59024	1.2	25289	−56.0
文教、工美、体育和娱乐用品制造业	12944	−68.7	7436	−52.6
造纸及纸制品业	5622	−81.7	2658	−84.8
其他制造业	193700	100.5	91435	−52.4
交通运输、仓储和邮政业	40019	−61.3	23270	−67.8
批发和零售业	278024	82.2	121816	166.8
租赁和商务服务业	247150	214.7	83172	178.2

上年末增长5.4%。其中汽车保有量340.96万辆，增长5.4%。

全年公路货物运输量9647.38万吨，货物周转量78.88亿吨千米；水路货物运输量7491.49万吨，货物周转量449.89亿吨千米。全年公路运输完成客运量828.35万人，旅客周转量11.44亿人千米；水路运输完成客运量3.08万人，旅客周转量200.26万人千米。全年港口旅客吞吐量3.08万人次，货物吞吐量19856.57万吨。

全年完成邮电业务（含快递）收入458.97亿元，比上年增长10.3%。邮政发送信函3696.65万件，邮政快递包裹22.93万件。年末全市固定电话用户186.42万户；移动电话用户1597.09万户。年末互联网用户1967.81万户，增加80.54万户；宽带接入用户344.26万户，增加20.08万户。

年末全市有星级酒店27家，其中五星级酒店12家。全市旅行社200家，全年接待国际及港澳台游客24.83万人次，比上年下降82.3%。其中接待外国游客4.06万人次，下降87.8%；接待港澳台游客20.77万人次，下降80.6%。国际旅游外汇收入1.17亿美元，下降80.9%。全年接待国内游客3851.70万人次，下降24.9%。旅游总收入358.63亿元，下降30.2%。全年

2020年东莞市客（货）运量、周转量表

指标	单位	数值	增长（%）
客运量	万人	831.43	-74.6
#公路	万人	828.35	-74.5
旅客周转量	亿人千米	11.46	-72.9
#公路	亿人千米	11.44	-72.9
货运量	万吨	17139.87	-1.6
#公路	万吨	9647.38	-2.6
货物周转量	亿吨千米	528.77	16.0
#公路	亿吨千米	78.88	-4.7

东莞组团外出旅游37.37万人次，下降78.2%。其中，国内旅游36.63万人次，下降76.5%；出境旅游7363人次，下降95.1%。

八、金融

全年全市金融业实现增加值645.50亿元，比上年增长9.9%。

年末全市各类金融机构158家，其中银行类机构46家（含1家代表处，5家独立持牌信用卡中心），保险类机构65家，证券期货类机构47家。上市公司58家，后备上市公司244家。

年末金融机构各项本外币存款余额18232.83亿元，比上年增长11.0%。其中住户存款余额6998.52亿元，增长9.9%。各项本外币贷款余额12777.12亿元，增长26.1%。在个人消费贷款余额中，个人住房按揭贷款余额4182.16亿元，增长17.7%；个人汽车消费贷款余额36.68亿元，下降1.7%。

全年股票总成交额31440.41亿元，比上年增长41.6%。年末保证金余额164.40亿元，比上年末增长21.0%；开户数达147.32万户，增长24.9%。

全年全市各类保险保费收入559.77亿元，比上年下降0.2%。其中，财产险保费收入159.71亿元，下降0.5%；人寿险保费收入400.06亿元，下降0.1%。全年共支付各项赔款和给付162.51亿元。其中，机动车保险赔付72.01亿元；非车财产险赔付19.68亿元；人身险赔款支出12.17亿元；满期给付35.76亿元；死亡医疗给付12.25亿元。

九、科技和教育

2020年全市国家高新技术企业达6381家。全市国内专利申请量和授权量分别为95959件和74303件；其中，发明专利申请量为22045件，比上年增长8.6%，占专利申请总量的23.0%，数量排全省第3位；发明专利授权量为8718件，增长8.9%，数量排全省第3位；全市PCT国际专利申请量为3787件，增长15.9%，数量排全省第2位。全市新型研发机构数量33家，其中省级26家。全市各级重点实验室和工程技术研究中心累计总数844家，其中国家级2家，省级450家，市级392家。科技企业孵化器118家，其中国家级23家，省级21家，市级53家；众创空间73家，其中国家级24家，省级13家，市级12家。规上工业企业设立研发机构比例达43.3%。技术合同成交275项，合同成交额69.53亿元。引进省级创新创业团队总数38个；市级创新科研团队53个。大力推进科技信贷、科技保险等工作，推动16家签约银行为我市2778家企业发放贷款3724笔，贷款金额171.99亿元。推动430家企业参与投保，总保额3879.83万元，发放保费补贴共计799.90万元。

年末全市幼儿园1206所，比上年末增加35所；其中省、市一级幼儿园634所，增加57所。全市小学335所，在校学生84.22万人；本市户籍小学学龄儿童

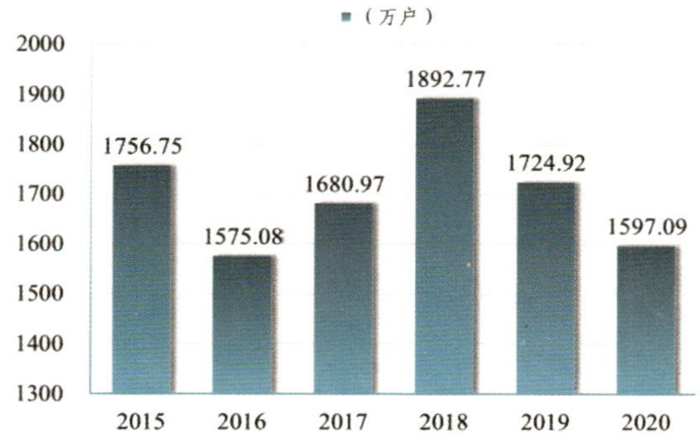

2020年东莞市金融机构存贷款情况表

指标	总量（亿元）	增长（%）
金融机构各项本外币存款余额	18232.83	11.0
#住户存款	6998.52	9.9
金融机构各项本外币贷款余额	12777.12	26.1
本外币存贷比（%）	70.1	8.4
金融机构各项人民币存款余额	17440.48	13.2
#住户存款	6951.97	10.1
金融机构各项人民币贷款余额	12023.30	25.3
人民币存贷比（%）	68.9	6.6

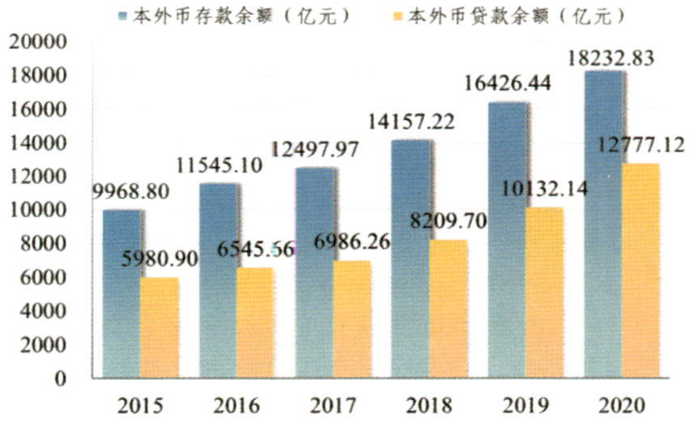

2020年东莞市教育情况表

指标	招生（万人）	增长（%）	在校生（万人）	增长（%）	毕业生（万人）	增长（%）
普通本专科	4.51	26.3	13.45	8.1	3.48	13.4
成人本专科	2.81	20.1	6.36	32.5	1.12	30.2
中等职业技术教育	3.06	-0.3	8.37	-1.2	2.61	3.6
普通高中	3.38	11.9	9.15	6.9	2.76	1.8
初中	9.24	-5.5	26.57	0.8	7.38	6.8
小学	14.02	-12.4	84.22	0.6	10.93	-2.8
学前教育	12.60	3.9	37.08	1.6	13.40	-0.7

入学率达100%，小学毕业生升学率达100%。全市初中206所（不含完全中学），在校学生26.57万人；本市户籍适龄少年初中入学率100%，初中毕业生升学率99.1%。全市普通高中48所，在校生9.15万人；中职学校28所（含技工学校7所），在校生8.37万人。全市普通高等院校9所，在校学生13.53万人；全年普通高等院校共招收本科、专科学生4.51万人，毕业生3.48万人。

十、文化、卫生和体育

年末全市有文化馆1个，文化站33个，公共图书馆657个，公共电子阅览室582个，公办博物馆17个，民办博物馆36个，文化广场756个，电影放映单位140个。全市公共广播节目43套，公共电视节目31套。全年共发行报纸4143万份，其中《东莞日报》3733.98万份。电影放映75.4万场次，观众687.62万人次。

年末全市医疗机构3154个，其中，三级甲等医院6个，门诊部、诊所、医务室、卫生站、社区卫生服务机构等基层医疗机构3023个。全市卫生技术人员5.89万人，医疗机构实有病床3.37万张。全市门诊量5601.13万人次，比上年下降24.7%；住院量98.72万人次，下降15.3%。

全年全市运动员共获得193枚金牌、182枚银牌、184枚铜牌。其中夺得全国赛金牌16枚、银牌10枚、铜牌12枚；广东省赛金牌177枚、银牌172枚、铜牌172枚。全年举办全市全民健身活动700次，参加人数42.1万人次。全市有各类体育运动场地17119个（座），其中足球场423个，篮球馆365座，室外篮球场（灯光）5415个，健身路径1368条，室外游泳池453个，室内游泳池（馆）125个，室外羽毛球场1478个。全市有体育彩票发行网点1861个，销售总额16.32亿元，体彩公益金4.37亿元，其中市级公益金1.29亿元。

十一、人民生活

2020年受疫情影响，居民收入增速有所回落。全年东莞居民人均可支配收入56533元，比上年增长5.4%。其中，城镇常住居民人均可支配收入58052元，增长5.3%，农村常住居民人均可支配收入38827元，增长8.1%，城乡收入差距进一步缩小。2020年东莞城镇登记失业率为2.18%，控制在3%的目标范围内。

从收入构成上看，居民人均工资性收入39621元，占人均可支配收入的70.1%，是居民收入的首要来源；其次是人均财产净收入，达11604元，占人均可支配收入的20.5%。

从生活消费支出来看，2020年东莞居民人均生活消费支出34260元，较上年下降4.1%。其中，城镇常住居民人均生活消费支出34706元，下降4.1%；农村常住居民人均生活消费支出26890元，下降3.0%。全市居民恩格尔系数为33.4%，比上年增加1.8个百分点，其中城镇为33.1%，农村为37.2%。

八大类支出呈现“四升四降”趋势。其中，人均食品烟酒支出增长1.2%，居住支出增长3.2%，生活用品及服务支出增长4.4%，医疗保健支出增长2.6%；衣着支出下降4.7%，交通通信支出下降11.3%，教育文化娱乐支出下降21.3%，其他用品和服务支出下降19.8%。

十二、社会保障

全市参加各类社会保险2611.78万人次，其中基本医疗保险631.19万人次，养老保险人数596.94万人次，失业保险437.86万人次，工伤保险452.65万人次。全年社会保险基金总收入663.32亿元，保险基金总支出685.14亿元；年末社会保险基金累计余额2284.64亿元，上年保险基金结余2306.47亿元。

年末全市社会福利事业单位49个，其中社会福利院1个，社会福利中心1个，敬老院29个，敬老院供养老人460人。社会福利事业单位收养3745人，全年社会救济8169人。全市居民最低生活保障支出8608.92万元，慈善基金结余37159.44万元。全市纳入“五保户”对象有728人，“五保户”费用支出1454.13万元。

十三、人口、资源、环境和安全生产

年末全市户籍人口263.88万人。全年出生人口3.42万人，出生率为13.38‰；死亡人口1.10万人，死亡率为4.29‰；人口自然增长率为9.08‰。

全年水资源总量约20.13亿立方米，比上年下降18.6%。日供水能力688万立方米/日。我市共有8个国控地表水监测断面：其中观澜河—企坪、茅洲河—共和村、东江北干流—石龙北河、东江干流—东岸4个断面为跨市河流边界断面，东莞运河—樟村、东江南支流—沙田泗盛、东江南支流—第六水厂和石马河—旗岭4个断面为市境内河流断面。2020年国控地表水监测断面水质状况：优良水质比例（达到或者优于Ⅲ类）为50%，Ⅳ类水体比例为50%，已消除劣Ⅴ类水体。

全年城市环境空气质量优良天数提升至334天，优良天数占比为91.3%，六项主要大气污染物年评价值均达到国家二级标准，其中PM2.5年平均浓度下降至24微克/立方米。

全年雨日天数180天，日照时数1824.2小时，平均气温23.6摄氏度，相对湿度76%，降水量1895毫米。

全市共有11个镇街成功创建广东省森林小镇，有4个村被评为国家森林乡村。共有市级自然保护区6个，面积达8829.90公顷；森林公园21个，面积达34183.39公顷；湿地公园达25个，面积2181.05公顷。

年末全市建成区土地面积1168.32平方千米，公共管理与公共服务用地面积57.80平方千米。全市建成区绿地率为39.89%，绿化覆盖率为43.20%。

全年全市共发生各类生产安全事故293起，比上年下降26.6%，未发生重大以上事故；死亡200人，比上年下降23.7%；受伤168人，下降36.1%；直接经济损失5711.32万元。全年发生道路和水上交通事故3344起，比上年上升12.3%；死亡433人，下降5.3%；受伤3005人，上升14.9%；直接经济损失807.57万元，上升13.9%。道路交通万车死亡人数为1.27人。

注释：

1.本公报中2020年数据为初步统计数；统计图中2015—2019年数据为年报数；最后统计数据以各部门年报及《东莞统计年鉴2021》为准。

2.地区生产总值、各行业增加值、农业总产值绝对数按当年价格计算，增长速度按可比价格计算；地方一般公共预算收支增长速度按可比口径计算。

3.从2011年起，规模以上工业统计口径由年主营业务收入500万元调整为2000万元及以上的工业法人企业；固定资产投资项目统计起点由计划总投资50万元提高到500万元，增速为可比口径。

4.五大支柱产业包括电子信息制造业、电气机械及设备制造业（包括电气机械及器材制造业，仪器仪表制造业，通用设备制造业，专用设备制造业，铁路、船舶、航空航天和其他运输设备制造业以及汽车制造业）、纺织服装鞋帽制造业（包括纺织业，纺织服装、服饰制造业，皮革、毛皮、羽毛及其制品和制鞋业）、食品饮料加工制造业（包括食品制造业，酒、饮料和精制茶制造业，农副产品加工业）、造纸及纸制品业。

四个特色产业包括玩具及文体用品制造业、家具制造业、化工制造业（包括化学原料和化学制品制造业，石油煤炭及其他燃料加工业）、包装印刷业。

先进制造业包括高端电子信息制造业、先进装备制造业、石油化工产业、先进轻纺制造业、新材料制造业、生物医药及高性能医疗器械。

高技术制造业包括医药制造业、航空、航天器及设备制造业、电子及通信设备制造业、计算机及办公设备制造业、医疗仪器设备及仪器仪表制造业、信息化学品制造业。

5.阅读本公报时，请注意统计指标的时间、口径和计算方法等。

6.资料来源：本公报中城镇登记失业率、社会保障数据来自市人力资源和社会保障局；农民专业合作社、龙头企业及“粤字号”农业品牌产品数来自市农业农村局；进出口、利用外资数据来自市商务局；公路通车里程、交通运输、公路、水路相关数据来自市交通运输局；邮电业务收入、邮政发送信函、电话用户等数据来自市邮政、电信、移动等相关运营商；星级酒店及旅游情况、文化馆、文化站、公共图书馆、公共电子阅览室、博物馆、文化广场、公共广播节目、运动员获得奖牌、健身活动、体育彩票发行情况来自市文化广电旅游体育局；电影放映情况来自市委宣传部文明办；年末各类金融机构数据来自市金融工作局；本外币存贷款余额来自市人民银行；股票总成交额及年末保证金余额数据来自证券期货业协会；保险、保费及赔款与给付来自市银保监局；国家高新技术企业家数以及科研成果奖等数据来自市科学技术局；专利申请和授权量数据来自市市场监督管理局；教育数据来自市教育局；卫生医疗机构、出生和死亡人口等相关数据来自市卫生健康局；福利单位、敬老院等数据来自市民政局；户籍人口数据来自市公安局；气象数据来自市气象局；森林小镇、森林公园、湿地公园、自然保护区等数据来自市林业局；建成区及公共管理与公共服务用地面积来自市自然资源局；建成区绿地率、绿化覆盖率数据来自市城市管理和综合执法局，生产安全事故相关数据来自市应急管理局；道路交通事故等相关数据来自市公安局、海事局。

2016—2020年东莞市国民经济和社会发展主要指标表

指标	单位	2016年	2017年	2018年	2019年	2020年
年末常住人口	万人	1016.58	1038.22	1043.77	1045.50	1048.36
年末户籍人口	万人	200.94	211.31	231.5867	251.06	263.88
地区生产总值	亿元	7260.92	8079.20	8818.11	9474.43	9650.19
第一产业	亿元	22.76	22.85	25.83	28.85	30.27
第二产业	亿元	3859.42	4416.53	4960.40	5298.93	5193.09
第三产业	亿元	3378.74	3639.82	3831.87	4146.65	4426.83
人均地区生产总值	元	72028	78637	84708	90696	92176
全社会固定资产投资额	亿元	1557.46	1712.83	1811.42	2128.41	2405.10
#房地产开发	亿元	642.76	702.15	736.79	796.54	870.54
社会消费品零售总额	亿元	2988.84	3313.05	3637.37	4003.89	3740.14
进出口总额	亿元	11416.0	12264.4	13418.7	13801.7	13303.0
出口总额	亿元	6556.8	7027.4	7955.6	8628.8	8281.5
进口总额	亿元	4859.1	5237.0	5463.1	5172.9	5021.5
实际利用外商直接投资	万美元	392617	171893	127247	129092	114499
地方公共财政预算收入	亿元	544.75	592.07	649.91	673.27	694.75
地方公共财政预算支出	亿元	599.29	667.65	765.41	863.01	840.33
居民消费价格指数	%	102.7	101.4	102.5	103.5	102.9
全社会用电量	亿千瓦时	702.01	760.68	806.64	850.72	873.87
工业用电量	亿千瓦时	506.00	555.39	580.46	602.53	611.27
规模以上工业增加值	亿元	2968.16	3618.19	3914.38	4192.78	4145.65
先进制造业增加值	亿元	1505.20	1920.33	1984.20	2241.94	2108.36
高技术制造业增加值	亿元	1103.20	1459.03	1396.87	1667.52	1569.62
公路里程	千米	5265	5262	5262	5284	5223
客运量	万人	4874	4342	3383	3276	831
货运量	万吨	15593	16725	17272	17426	17140
港口货物吞吐量	万吨	14583.72	15713.75	16417.13	19807.96	19856.57
港口集装箱吞吐量	万标准箱	364.23	391.32	355.95	404.77	379.63
移动电话用户	万户	1575.08	1680.97	1892.77	1724.92	1597.09
国际旅游外汇收入	万美元	153117	159582	163012	159108	11696
中外资金融机构本外币存款余额	亿元	11545.10	12497.97	14157.22	16426.44	18232.83
住户存款余额	亿元	4943.56	5160.71	5656.01	6365.70	6998.52
中外资金融机构本外币贷款余额	亿元	6545.66	6986.26	8209.70	10132.14	12777.12
税收总额	亿元	1704.96	2010.63	2263.69	2166.61	2153.19
保费收入	亿元	472.69	468.27	489.43	561.11	559.77
专利申请量	件	56653	81275	97030	83217	95959
专利授权量	件	28559	45204	65985	60419	74303
卫生技术人员	万人	4.77	5.06	5.43	5.73	5.89
执业（助理）医师	万人	1.67	1.75	1.95	2.08	2.18
年末参加基本养老保险人数	万人次	651.66	694.49	597.24	593.08	596.94
年末参加基本医疗保险人数	万人次	574.57	566.09	583.30	615.50	631.19

注：1.2021年，根据全国第七次人口普查结果，对2011—2019年常住人口进行修订，相应修订各年人均地区生产总值。
2.2020年数据为初步统计数，最终数据以《东莞统计年鉴2021》为准。

东莞市第七次全国人口普查公报[①]

东莞市统计局
东莞市第七次全国人口普查领导小组办公室

全市常住人口情况

根据《中华人民共和国统计法》《全国人口普查条例》规定，我国进行了第七次全国人口普查[②]。在以习近平同志为核心的党中央坚强领导下，按照省委、省政府工作部署要求，在市委、市政府统一指挥下，在各镇街（园区）和各有关部门的大力支持下，在全市各级普查机构和普查人员的共同努力下，在广大普查对象的积极配合下，我市第七次全国人口普查圆满完成现场登记工作，汇集了丰富翔实的普查数据，取得重要阶段性成果。根据第七次全国人口普查结果，现将2020年11月1日零时我市常住人口[③]的基本情况公布如下：

一、常住人口

全市常住人口[④]为10466625人。

二、人口增长

全市常住人口与2010年第六次全国人口普查的8220237人相比，十年共增加2246388人，增长27.33%，年平均增长率为2.45%。

三、户别人口

历次人口普查常住人口及年均增长率

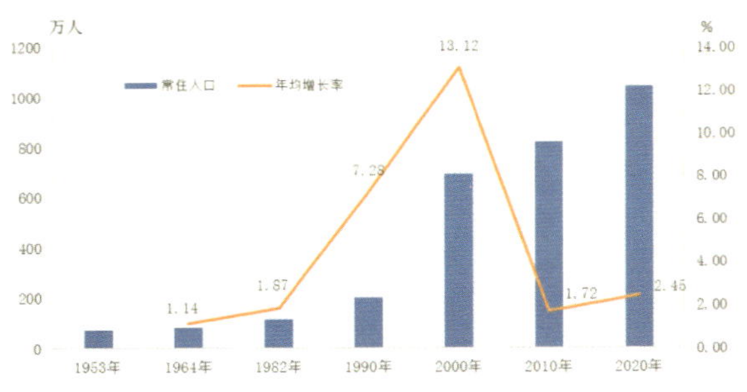

全市共有家庭户[⑤]4388293户，集体户669093户，家庭户人口为8571041人，集体户人口为1895584人。平均每个家庭户的人口为1.95人，比2010年第六次全国人口普查的2.23人减少0.28人。

注释：

① 本公报数据均为初步汇总数据。

② 普查标准时点为2020年11月1日零时，普查对象是普查标准时点在中华人民共和国境内的自然人以及在中华人民共和国境外但未定居的中国公民，不包括在中华人民共和国境内短期停留的境外人员。

③ 常住人口包括：居住在本乡镇街道且户口在本乡镇街道或户口待定的人；居住在本乡镇街道且离开户口登记地所在的乡镇街道半年以上的人；户口在本乡镇街道且外出不满半年或在境外工作学习的人。

④ 全市常住人口是指市内32个镇街和松山湖科技产业园的人口，不包括居住市内的中国港澳台居民和外籍人员。

⑤ 家庭户是指以家庭成员关系为主、居住一处共同生活的人组成的户。

地区人口情况

根据第七次全国人口普查结果，现将2020年11月1日零时我市33个镇街（园区）的常住人口[①]有关数据公布如下：

一、地区人口

33个镇街（园区）中，人口超过60万人的有3个，在40万人至60万人之间的有7个，在20万人至40万人之间的有10个，少于20万人的有13个。

第七次全国人口普查东莞市各地区人口数表

地区	人口数（人）	比重（%）[②]	
		2020年	2010年
全市	10466625	100.00	100.00
东城街道	597192	5.71	6.00
南城街道	418288	4.00	3.52
万江街道	328856	3.14	2.98
莞城街道	173957	1.66	1.97
石碣镇	282255	2.70	3.00
石龙镇	144762	1.38	1.73
茶山镇	219333	2.10	1.90
石排镇	235194	2.25	1.95
企石镇	169396	1.62	1.48
横沥镇	278858	2.66	2.49
桥头镇	207294	1.98	2.03
谢岗镇	106152	1.01	1.21
东坑镇	187877	1.80	1.69
常平镇	444894	4.25	4.70
寮步镇	513090	4.90	5.09
樟木头镇	173875	1.66	1.62
大朗镇	556778	5.32	3.78

续表

地区	人口数（人）	比重（%）[2]	
		2020年	2010年
黄江镇	283426	2.71	2.81
清溪镇	344303	3.29	3.80
塘厦镇	629016	6.01	5.86
凤岗镇	417430	3.99	3.88
大岭山镇	366101	3.50	3.40
长安镇	807391	7.71	8.08
虎门镇	838144	8.01	7.77
厚街镇	550807	5.26	5.33
沙田镇	210175	2.01	2.18
道滘镇	159502	1.52	1.74
洪梅镇	65325	0.62	0.71
麻涌镇	182416	1.74	1.44
望牛墩镇	86960	0.83	1.03
中堂镇	196890	1.88	1.70
高埗镇	169923	1.62	2.64
松山湖产业园	120765	1.15	0.49

二、地区人口变化

与2010年第六次全国人口普查相比，33个镇街（园区）中，有32个人口增加。人口增长较多的7个镇街依次为：大朗镇、虎门镇、塘厦镇、长安镇、南城街道、厚街镇、东城街道，分别增加245889人、199487人、146949人、143161人、129033人、112524人、104317人。

注释：

① 常住人口是指市内32个镇街和松山湖科技产业园人口，不包括居住市内的中国港澳台居民和外籍人员。

② 指各镇街（园区）常住人口占全市人口比重。

人口性别构成情况

根据第七次全国人口普查结果，现将2020年11月1日零时我市33个镇街（园区）的人口性别构成情况公布如下：

一、全市人口性别构成

全市常住人口中，男性人口为5917079人，占56.53%；女性人口为4549546人，占43.47%。总人口性别比（以女性为100，男性对女性的比例）由2010年第六次全国人口普查的117.81上升为130.06。

二、地区人口性别构成

33个镇街（园区）中，人口性别比在130以上的有19个，在120—130之间的有9个，在110—120之间的有2个，在110以下的有3个。

历次人口普查人口性别构成

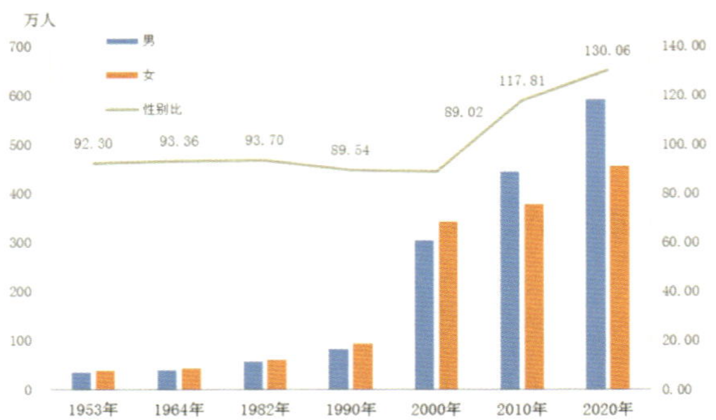

第七次全国人口普查东莞市各地区人口性别构成表

地区	占总人口比重（%）		性别比
	男	女	
全市	56.53	43.47	130.06
东城街道	54.27	45.73	118.68
南城街道	52.08	47.92	108.69
万江街道	54.71	45.29	120.78
莞城街道	50.83	49.17	103.38
石碣镇	56.72	43.28	131.07
石龙镇	51.56	48.44	106.45
茶山镇	55.55	44.45	124.96
石排镇	57.55	42.45	135.58
企石镇	57.19	42.81	133.60
横沥镇	58.28	41.72	139.67
桥头镇	57.82	42.18	137.09
谢岗镇	58.28	41.72	139.72
东坑镇	59.20	40.80	145.10
常平镇	54.88	45.12	121.66
寮步镇	57.01	42.99	132.62
樟木头镇	54.35	45.65	119.05
大朗镇	56.82	43.18	131.60
黄江镇	58.83	41.17	142.88
清溪镇	57.70	42.30	136.43
塘厦镇	57.70	42.30	136.43
凤岗镇	57.49	42.51	135.26
大岭山镇	58.91	41.09	143.37

续表

地区	占总人口比重（%）		性别比
	男	女	
长安镇	58.43	41.57	140.57
虎门镇	55.98	44.02	127.15
厚街镇	57.22	42.78	133.77
沙田镇	58.56	41.44	141.30
道滘镇	55.07	44.93	122.56
洪梅镇	57.99	42.01	138.06
麻涌镇	55.91	44.09	126.81
望牛墩镇	55.89	44.11	126.69
中堂镇	56.02	43.98	127.38
高埗镇	55.96	44.04	127.07
松山湖产业园	57.96	42.04	137.85

人口年龄构成情况

根据第七次全国人口普查结果，现将2020年11月1日零时我市33个镇街（园区）的常住人口年龄构成情况公布如下：

一、全市人口年龄构成

全市常住人口中，0—14岁人口为1372875人，占13.12%；15—59岁人口为8521125人，占81.41%；60岁及以上人口为572625人，占5.47%，其中65岁及以上人口为370020人，占3.54%。与2010年第六次全国人口普查相比，0—14岁人口的比重提高4.87个百分点，15—59岁人口的比重下降6.78个百分点，60岁及以上人口的比重提高1.94个百分点，65岁及以上人口的比重提高1.28个百分点。

第七次全国人口普查东莞市人口年龄构成表

年龄	人口数（人）	比重（%）
总计	10466625	100.00
0—14岁	1372875	13.12
15—59岁	8521125	81.41
60岁及以上	572625	5.47
其中：65岁及以上	370020	3.54

二、地区人口年龄构成

33个镇街（园区）中，15—59岁人口比重在80%以上的有22个，在75%—80%之间的有7个，在75%以下的有4个。

3个镇街65岁及以上老年人口比重超过7%。

第七次全国人口普查东莞市各地区人口年龄构成表

地区	占总人口比重（%）			
	0—14岁	15—59岁	60岁及以上	其中：65岁及以上
全市	13.12	81.41	5.47	3.54
东城街道	14.68	78.41	6.92	4.49
南城街道	17.22	76.07	6.71	4.22
万江街道	17.42	74.27	8.31	5.58
莞城街道	17.15	69.43	13.42	9.62
石碣镇	13.07	81.50	5.43	3.57
石龙镇	16.23	72.01	11.76	8.19
茶山镇	11.48	82.42	6.09	4.13
石排镇	11.23	84.02	4.75	3.25
企石镇	13.43	80.27	6.30	4.34
横沥镇	12.50	82.92	4.58	2.96
桥头镇	11.72	83.02	5.27	3.39
谢岗镇	11.90	82.74	5.36	3.41
东坑镇	12.67	81.92	5.41	3.55
常平镇	14.14	80.20	5.66	3.66
寮步镇	13.62	81.44	4.94	3.10
樟木头镇	17.06	76.97	5.98	3.65
大朗镇	12.75	82.83	4.42	2.74
黄江镇	11.96	84.53	3.51	2.05
清溪镇	11.80	84.40	3.80	2.29
塘厦镇	12.14	84.47	3.39	1.95
凤岗镇	12.62	83.69	3.69	2.11
大岭山镇	13.26	82.54	4.19	2.55
长安镇	10.72	86.59	2.68	1.54
虎门镇	11.57	83.57	4.86	3.10
厚街镇	11.16	83.59	5.25	3.44
沙田镇	13.68	80.16	6.16	3.95
道滘镇	14.25	76.08	9.67	6.85
洪梅镇	12.82	78.86	8.32	5.73
麻涌镇	13.69	77.17	9.14	6.33
望牛墩镇	15.87	72.90	11.23	7.94
中堂镇	14.97	75.33	9.70	6.61
高埗镇	12.09	81.58	6.33	4.29
松山湖产业园	13.72	83.43	2.85	1.55

人口受教育情况

根据第七次全国人口普查结果，现将2020年11月1日零时我市33个镇街（园区）的人口受教育基本情况公布如下：

一、受教育程度人口

全市常住人口中，拥有大学（指大专及以上）文化程度的人口为1385885人；拥有高中（含中专）文化程度的人口为2331842人；拥有初中文化程度的人口为4418897人；拥有小学文化程度的人口为1644668人（以上各种受教育程度的人口包括各类学校的毕业生、肄业生和在校生）。与2010年第六次全国人口普查相比，每10万人中拥有大学文化程度的由7103人上升为13241人；拥有高中文化程度的由20301人上升为22279人；拥有初中文化程度的由54399人下降为42219人；拥有小学文化程度的由13502人上升为15713人。

第七次全国人口普查东莞市各地区每10万人口中拥有的各类受教育程度人数表

单位：人/10万人

地区	大学（大专及以上）	高中（含中专）	初中	小学
全市	13241	22279	42219	15713
东城街道	21707	23948	32468	14812
南城街道	33036	24089	20450	13775
万江街道	19296	24144	29839	18324
莞城街道	27949	25988	22163	15439
石碣镇	10229	21159	45924	16550
石龙镇	18758	21539	33304	18150
茶山镇	8694	18235	48213	19073
石排镇	8059	15207	54623	16698
企石镇	8261	16376	45891	22393
横沥镇	9174	21493	49452	13900
桥头镇	8654	22464	47295	16286
谢岗镇	7630	18355	51563	16753
东坑镇	10829	21098	45890	15894
常平镇	12064	22662	42413	16480
寮步镇	14012	24132	40414	14573
樟木头镇	13491	25281	37273	16252
大朗镇	10408	21430	45532	16240
黄江镇	9790	21995	48027	14656
清溪镇	8359	20726	50303	14781
塘厦镇	10439	20740	48892	14093
凤岗镇	9931	19225	51297	13412
大岭山镇	10158	21522	45555	15648
长安镇	10219	24940	48840	10720
虎门镇	8998	26256	43428	15474
厚街镇	10959	26077	40239	17009
沙田镇	10471	21421	41603	18837
道滘镇	12573	20087	38814	19913
洪梅镇	12223	18448	40419	21431
麻涌镇	21907	18862	30837	20465
望牛墩镇	14447	17950	36433	22253
中堂镇	11731	17130	39343	23831
高埗镇	9912	21223	45534	16951
松山湖产业园	47518	15180	21109	8671

二、平均受教育年限[1]

与2010年第六次全国人口普查相比，全市常住人口中，15岁及以上人口的平均受教育年限由9.82年提高至10.41年。

33个镇街（园区）中，平均受教育年限在10年以上的有26个，在9年至10年之间的有7个。

三、文盲人口

全市常住人口中，文盲人口（15岁及以上不识字的人）为60081人，与2010年第六次全国人口普查相比，文盲人口增加7614人，文盲率[②]由0.64%下降为0.57%，下降0.07个百分点。

注释：

① 平均受教育年限是将各种受教育程度折算成受教育年限计算平均数得出，具体折算标准是：小学=6年，初中=9年，高中=12年，大专及以上=16年。

② 文盲率是指全市常住人口中的15岁及以上不识字人口所占比例。

第七次全国人口普查东莞市各地区15岁及以上人口平均受教育年限表

单位：年

地区	2020年	2010年
全市	10.41	9.82
东城街道	11.24	10.85
南城街道	12.33	11.13
万江街道	11.02	10.01
莞城街道	11.91	11.03
石碣镇	10.10	9.66
石龙镇	10.81	9.99
茶山镇	9.74	9.25
石排镇	9.69	9.27
企石镇	9.53	9.01
横沥镇	10.11	9.63
桥头镇	10.02	9.78
谢岗镇	9.76	9.39
东坑镇	10.16	9.51
常平镇	10.35	9.73
寮步镇	10.59	9.80
樟木头镇	10.66	9.93
大朗镇	10.13	9.46
黄江镇	10.15	9.75
清溪镇	9.97	9.68
塘厦镇	10.18	9.71
凤岗镇	10.13	9.65
大岭山镇	10.13	9.62
长安镇	10.40	9.87
虎门镇	10.17	9.66
厚街镇	10.23	9.76
沙田镇	10.00	9.40
道滘镇	10.06	9.35
洪梅镇	9.91	9.46
麻涌镇	10.80	9.62
望牛墩镇	10.11	9.20
中堂镇	9.82	9.28
高埗镇	10.00	9.60
松山湖产业园	13.20	13.47

城乡人口和流动人口情况

根据第七次全国人口普查结果，现将2020年11月1日零时我市人口城乡分布及流动情况公布如下：

一、城乡[1]人口

全市常住人口中，居住在城镇的人口为9644871人，占92.15%；居住在乡村的人口为821754人，占7.85%。与2010年第六次全国人口普查相比，城镇人口增加2373549人，乡村人口减少948885人，城镇人口比重提高3.69个百分点。

二、流动人口[2]

全市常住人口口，人户分离人口③为8308567人，其中，市内人户分离④人口为356353人，流动人口为7952214人。流动人口中，外省流入人口为6193503人，省内流动人口为1758711人。

与2010年第六次全国人口普查相比，人户分离人口增加1725093人，增长26.20%；流动人口增加1460844人，增长22.50%。

历次人口普查城乡人口及比重

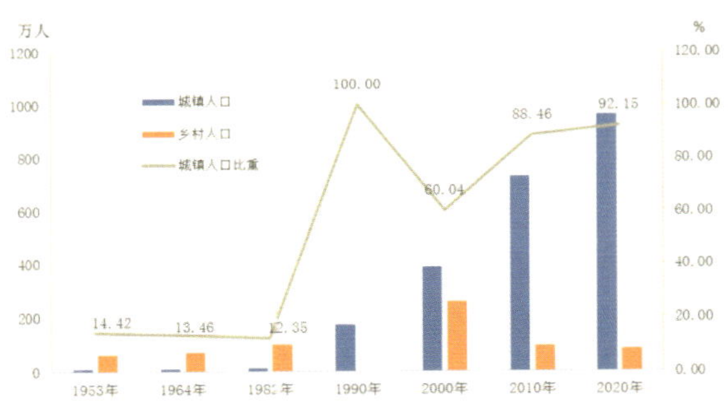

注释：

① 城镇、乡村是按国家统计局《统计上划分城乡的规定》划分的。

② 流动人口是指人户分离人口中扣除市内人户分离的人口。

③ 人户分离人口是指居住地与户口登记地所在的乡镇街道不一致且离开户口登记地半年以上的人口。

④ 市内人户分离人口是指市所辖的镇街（园区）之间，居住地和户口登记地不在同一镇街（园区）的人口。

文件选目

2020年中共东莞市委、市委办文件选目表

序号	发布文号	文件名称	发布日期
1	东委发〔2020〕1号	中共东莞市委贯彻落实《中共中央关于坚持和完善中国特色社会主义制度、推进国家治理体系和治理能力现代化若干重大问题的决定》的实施意见	2月14日
2	东委发〔2020〕4号	中共东莞市委关于印发《中共东莞市委常委会2020年工作要点》的通知	3月10日
3	东委发〔2020〕7号	中共东莞市委、东莞市人民政府关于深入实施乡村振兴战略建设高质量小康社会的实施意见	5月17日
4	东委发〔2020〕12号	中共东莞市委关于认真学习宣传贯彻《习近平谈治国理政》第三卷的通知	8月27日
5	东委发〔2020〕13号	中共东莞市委、东莞市人民政府关于推进外经贸高质量发展在加快形成以国内大循环为主体国内国际双循环相互促进新发展格局中发挥更积极作用的意见	10月18日
6	东委发〔2020〕14号	中共东莞市委、东莞市人民政府关于加快推进大湾区综合性国家科学中心先行启动区（松山湖科学城）建设的若干意见	10月18日
7	东委发〔2020〕15号	中共东莞市委关于认真学习宣传贯彻习近平总书记出席深圳经济特区建立40周年庆祝大会和视察广东重要讲话重要指示精神的通知	10月24日
8	东委发〔2020〕16号	中共东莞市委、东莞市人民政府关于进一步完善区域协调发展格局推动南部各镇加快高质量发展的意见	10月30日
9	东委字〔2020〕1号	中共东莞市委、东莞市人民政府关于2018—2020年度东莞市群众性精神文明创建先进单位的通报	1月8日
10	东委字〔2020〕2号	中共东莞市委关于深入贯彻落实习近平总书记重要批示精神构筑群防群治抵御疫情严密防线的通知	2月1日
11	东委字〔2020〕3号	中共东莞市委、东莞市人民政府关于全市2019年度工作情况的通报	3月18日
12	东委字〔2020〕4号	中共东莞市委、东莞市人民政府关于营造共建共治共享社会治理格局的意见	3月21日
13	东委字〔2020〕5号	中共东莞市委关于做好2020年重点工作的通知	4月24日
14	东委字〔2020〕7号	中共东莞市委印发《关于建立健全坚决落实“两个维护”十项制度机制的实施方案》的通知	8月20日
15	东委字〔2020〕8号	中共东莞市委、东莞市人民政府关于印发《东莞市青年发展规划（2020—2025年）》的通知	9月22日
16	东委办〔2020〕2号	中共东莞市委办公室关于印发《2020年全市开展纪律教育学习月活动的意见》的通知	7月24日
17	东办字〔2020〕1号	中共东莞市委办公室、东莞市人民政府办公室关于全市2019年度党内法规制度建设、信息、督查、档案、保密、值班值守工作情况的通报	1月13日
18	东委办字〔2020〕1号	中共东莞市委办公室关于做好党内规范性文件备案审查工作的通知	1月26日
19	东委办字〔2020〕2号	中共东莞市委办公室关于印发《东莞市委市政府班子成员开展约谈提醒工作实施意见》的通知	1月31日
20	东委办字〔2020〕3号	中共东莞市委办公室、东莞市人民政府办公室关于全力做好“三服务”工作为打赢疫情防控阻击战提供坚实服务保障的通知	2月11日
21	东委办字〔2020〕6号	中共东莞市委办公室关于印发《2020年市委文件制定计划》和《2020年以市委或市委、市政府名义召开的全市性会议和全市重要政务活动安排》的通知	3月10日

续表

序号	发布文号	文件名称	发布日期
22	东委办字〔2020〕9号	中共东莞市委办公室关于成立东莞市市域社会治理现代化工作领导小组的通知	4月17日
23	东委办字〔2020〕10号	中共东莞市委办公室、东莞市人民政府办公室关于印发《东莞市加快推进国有企业退休人员社会化管理工作实施方案》的通知	5月29日
24	东委办字〔2020〕11号	中共东莞市委办公室关于做好新冠肺炎疫情防控档案工作的通知	6月8日
25	东委办字〔2020〕12号	中共东莞市委办公室印发《贯彻落实〈关于持续解决困扰基层的形式主义问题为决胜全面建成小康社会提供坚强作风保证的通知〉分工安排》的通知	7月3日
26	东委办字〔2020〕13号	中共东莞市委办公室、东莞市人民政府办公室印发《关于全面深入持久开展民族团结进步创建工作铸牢中华民族共同体意识的实施方案》的通知	7月31日
27	东委办字〔2020〕16号	中共东莞市委办公室、东莞市人民政府办公室关于印发《东莞市2020年劳动模范（先进工作者）和先进集体评选方案》的通知	8月28日
28	东委办字〔2020〕17号	中共东莞市委办公室、东莞市人民政府办公室印发《关于进一步加强和规范全市党政机关办公用房、公务用车管理工作的实施意见》的通知	11月9日
29	东委办字〔2020〕18号	中共东莞市委办公室、东莞市人民政府办公室关于深入贯彻落实习近平总书记重要指示精神坚决制止餐饮浪费行为的通知	11月9日

2020年东莞市人大常委会文件选目表

序号	发布文号	文件名称	发布日期
1	东常〔2020〕1号	关于批请批准《东莞市水土保持条例》的报告	1月2日
2	东常〔2020〕2号	关于补选周楚良为广东省第十三届人民代表大会代表的报告	1月6日
3	东常〔2020〕3号	东莞市人民代表大会常务委员会免职名单	1月6日
4	东常〔2020〕4号	东莞市第十六届人民代表大会常务委员会公告（第二十七号）	1月21日
5	东常〔2020〕5号	东莞市人民代表大会常务委员会决定任免名单	1月21日
6	东常〔2020〕6号	东莞市人民代表大会常务委员会关于接受陈鸿钧、何俊聪、李奎山辞去东莞市人大常委会委员职务请求的决定	1月21日
7	东常〔2020〕7号	东莞市人民代表大会常务委员会任免名单	1月21日
8	东常〔2020〕8号	东莞市人民代表大会常务委员会关于召开东莞市第十六届人民代表大会第六次会议的决定	1月21日
9	东常〔2020〕9号	东莞市人民代表大会常务委员会关于推迟召开东莞市第十六届人民代表大会第六次会议的决定	2月3日
10	东常〔2020〕10号	东莞市人民代表大会常务委员会决定任免名单	3月19日
11	东常〔2020〕11号	东莞市人民代表大会常务委员会任命名单	3月19日
12	东常〔2020〕12号	东莞市人民代表大会常务委员会免职名单	3月19日
13	东常〔2020〕13号	东莞市第十六届人民代表大会常务委员会公告（第二十八号）	4月29日
14	东常〔2020〕14号	东莞市人民代表大会常务委员会任免名单	4月29日
15	东常〔2020〕15号	东莞市人民代表大会常务委员会任免名单	4月29日
16	东常〔2020〕16号	东莞市人民代表大会常务委员会决定任免名单	4月29日
17	东常〔2020〕17号	东莞市人民代表大会常务委员会关于接受李奎山等辞去市第十六届人民代表大会代表职务请求的决定	4月29日
18	东常〔2020〕18号	关于报送《东莞市水土保持条例》备案有关材料的报告	5月8日
19	东常〔2020〕19号	东莞市第十六届人民代表大会常务委员会公告（第三十号）	6月2日
20	东常〔2020〕20号	东莞市人民代表大会常务委员会任免名单	6月2日

续表

序号	发布文号	文件名称	发布日期
21	东常〔2020〕21号	东莞市人民代表大会常务委员会任免名单	6月2日
22	东常〔2020〕22号	东莞市人民代表大会常务委员会关于召开东莞市第十六届人民代表大会第六次会议的决定	6月2日
23	东常〔2020〕23号	关于调整列席和邀请列席东莞市第十六届人民代表大会第六次会议人员的决定	6月2日
24	东常〔2020〕24号	东莞市人民代表大会常务委员会决定任命名单	6月8日
25	东常〔2020〕25号	关于东莞市各镇人大开展民生实事项目人大代表票决制工作情况的报告	7月28日
26	东常〔2020〕26号	东莞市人民代表大会常务委员会任免名单	8月5日
27	东常〔2020〕27号	东莞市人民代表大会常务委员会任免名单	8月5日
28	东常〔2020〕28号	东莞市人民代表大会常务委员会任免名单	8月5日
29	东常〔2020〕29号	东莞市人民代表大会常务委员会决定任免名单	8月5日
30	东常〔2020〕30号	关于报请批准《东莞市养犬管理条例》的报告	8月6日
31	东常〔2020〕31号	关于东莞市人大常委会领导班子成员分工调整的通知	8月11日
32	东常〔2020〕32号	东莞市人民代表大会常务委员会关于批准东莞市2019年市级决算的决议	9月30日
33	东常〔2020〕33号	东莞市人民代表大会常务委员会关于批准2020年市级财政预算调整方案的决议	9月30日
34	东常〔2020〕34号	东莞市人民代表大会常务委员会决定任免名单	9月30日
35	东常〔2020〕35号	东莞市人民代表大会常务委员会任免名单	9月30日
36	东常〔2020〕36号	市人大常委会关于视察我市农业产业园发展情况的通知	9月30日
37	东常〔2020〕37号	东莞市人民代表大会常务委员会公告（第三十二号）	9月30日
38	东常〔2020〕38号	关于报送《东莞市养犬管理条例》备案有关材料的报告	10月13日
39	东常〔2020〕39号	关于与民法典相关地方性法规专项清理工作的报告	11月5日
40	东常〔2020〕40号	东莞市人民代表大会常务委员会任免名单	12月4日
41	东常〔2020〕41号	东莞市人民代表大会常务委员会决定任免名单	11月10日
42	东常〔2020〕42号	东莞市人民代表大会常务委员会决定任免名单	11月10日
43	东常〔2020〕43号	东莞市人民代表大会常务委员会任命名单	11月10日
44	东常〔2020〕44号	东莞市人民代表大会常务委员会任免名单	11月10日
45	东常〔2020〕45号	东莞市人民代表大会常务委员会公告（第三十三号）	11月10日
46	东常〔2020〕46号	东莞市人民代表大会常务委员会关于许可对市人大代表莫启旭采取强制措施的决定	11月10日
47	东常〔2020〕47号	东莞市人民代表大会常务委员会关于批准2020年财政预算第二次调整方案的决议	12月21日
48	东常〔2020〕48号	东莞市第十六届人民代表大会常务委员会关于表彰优秀代表议案建议和先进承办单位的决定	12月21日
49	东常〔2020〕49号	东莞市人民代表大会常务委员会公告（第三十四号）	12月21日
50	东常〔2020〕50号	东莞市人民代表大会常务委员会任免名单	12月21日
51	东常〔2020〕51号	东莞市人民代表大会常务委员会决定任免名单	12月21日
52	东常〔2020〕52号	东莞市人民代表大会常务委员会任命名单	12月21日
53	东常〔2020〕53号	东莞市人民代表大会常务委员会任免名单	12月21日

2020年东莞市政府、市府办文件选目表

序号	发布文号	文件名称	发布日期
1	东府〔2020〕2号	东莞市环境违法行为有奖举报暂行办法	1月2日
2	东府〔2020〕10号	关于加快公办中小学建设的实施意见	2月3日
3	东府〔2020〕11号	关于加快建设现代化综合交通体系　打造粤港澳大湾区品质交通城市的实施意见	2月6日
4	东府〔2020〕12号	关于支持莞企共克时艰　打赢疫情防控阻击战的若干措施	2月7日
5	东府〔2020〕13号	东莞市计划生育养老奖励办法（修订）	2月10日
6	东府〔2020〕14号	东莞市农村（社区）集体资产交易办法	2月11日
7	东府〔2020〕16号	东莞市住房公积金个人住房贷款管理办法	2月25日
8	东府〔2020〕17号	东莞市既有住宅增设电梯管理办法	2月25日
9	东府〔2020〕15号	关于进一步优化政府服务加快惠企政策落实的实施办法	3月4日
10	东府〔2020〕1号	关于坚持和完善民生保障机制　建设高水平小康社会的实施意见	3月11日
11	东府〔2020〕21号	东莞市现代产业体系中长期发展规划纲要（2020—2035年）	3月20日
12	东府〔2020〕22号	关于进一步拉动消费复苏　强化中小微企业个体工商户扶持的实施办法	3月27日
13	东府〔2020〕24号	关于加快镇村工业园改造提升的实施意见	4月3日
14	东府〔2020〕26号	东莞市人口发展规划（2020—2035年）	4月7日
15	东府〔2020〕31号	东莞市非户籍适龄儿童少年接受义务教育实施办法	4月17日
16	东府〔2020〕35号	关于加快培育和发展住房租赁市场的实施意见	4月30日
17	东府〔2020〕37号	关于强化投资松绑　加快项目落地　稳定经济增长的实施意见	5月19日
18	东府〔2020〕39号	东莞市生活垃圾分类三年行动方案（2020—2022年）	5月27日
19	东府〔2020〕44号	东莞市镇（街道）属企业资产监督管理办法	6月23日
20	东府〔2020〕45号	东莞市燃放烟花爆竹安全管理规定	7月2日
21	东府〔2020〕49号	东莞市人才安居办法（试行）	7月31日
22	东府〔2020〕51号	关于贯彻落实《广东省进一步稳定和促进就业若干政策措施》的实施意见	8月5日
23	东府〔2020〕52号	东莞市人才入户实施办法	8月10日
24	东府〔2020〕58号	东莞市困难家庭医疗救助暂行办法（修订）	9月27日
25	东府〔2020〕72号	东莞港总体规划（2020—2035）	11月9日
26	东府〔2020〕28号	东莞市农民安居房管理办法	11月13日
27	东府〔2020〕81号	东莞市优才卡管理暂行办法	12月25日
28	东府〔2020〕82号	关于开展“房地一体”农村宅基地和集体建设用地确权总登记的通告	12月29日
29	东府办〔2020〕1号	东莞市医疗废物管理规定	1月9日
30	东府办〔2020〕6号	东莞市行政调解事项清单	1月23日
31	东府办〔2020〕7号	东莞市交通发展白皮书	2月4日
32	东府办〔2020〕9号	2020年重大建设项目计划和重大预备项目计划	2月6日
33	东府办〔2020〕10号	东莞市社会保险监督委员会章程	2月17日
34	东府办〔2020〕11号	关于新冠肺炎疫情防控期间进一步推动员工早日返岗和企业复工达产的若干措施	2月20日
35	东府办〔2020〕14号	东莞市历史遗留产业类和公共配套类违法建筑补办不动产权手续实施方案	2月28日
36	东府办〔2020〕16号	关于进一步加强土地收储整备工作的指导意见	3月3日

续表

序号	发布文号	文件名称	发布日期
37	东府办〔2020〕17号	关于进一步完善土地收储整备补偿和利益共享机制的意见	3月3日
38	东府办〔2020〕19号	东莞市完善促进消费体制机制实施方案的通知	3月12日
39	东府办〔2020〕18号	关于对2019年市政府硬任务完成情况及个人奖励情况的通报	3月20日
40	东府办〔2020〕20号	《市政府一号文2020年行动计划》《东莞市民生项目清单》	3月27日
41	东府办〔2020〕27号	关于深入推进城市更新工作　拓展优化城市发展空间的若干意见	4月3日
42	东府办〔2020〕29号	东莞市市级储备粮管理办法	4月8日
43	东府办〔2020〕30号	关于公布全市2020年度消防安全重点单位和火灾高危单位名单的通知	4月9日
44	东府办〔2020〕33号	东莞市关于促进外贸稳定发展的实施意见	4月22日
45	东府办〔2020〕34号	关于支持民办学校克服疫情影响　稳定健康发展的措施	4月24日
46	东府办〔2020〕35号	东莞市海绵城市规划建设管理暂行办法	4月26日
47	东府办〔2020〕37号	东莞市社会组织发展扶持专项资金管理办法	5月6日
48	东府办〔2020〕39号	东莞市鼓励优质企业项目落户莞韶产业园暂行办法（修订）	6月11日
49	东府办〔2020〕45号	东莞市加工贸易边角废料内销网络交易管理办法	7月16日
50	东府办〔2020〕46号	关于优化配置公共服务资源的实施意见	7月23日
51	东府办〔2020〕48号	关于进一步优化惠企扶持和经济调度的实施办法	7月31日
52	东府办〔2020〕51号	关于进一步加强住宅小区电梯安全管理工作的意见	8月3日
53	东府办〔2020〕53号	东莞市促进3岁以下婴幼儿照护服务发展实施方案	8月24日
54	东府办〔2020〕54号	东莞市政务数据资源共享管理办法（试行）	8月28日
55	东府办〔2020〕57号	东莞市加快推进养老服务体系建设高质量发展三年行动计划（2020—2022年）	9月1日
56	东府办〔2020〕65号	东莞市境内外上市和上市后备企业募投项目流转落地和利益共享实施办法	9月30日
57	东府办〔2020〕67号	关于全面加强民政工作的意见	11月5日

报道选目·图书书目

2020年《人民日报》涉莞重要报道选目表

序号	日　期	刊载版面	标　题
1	1月1日	新媒体平台	东莞万人环城跑喜迎2020年！新年环城晨跑已连续举办37届
2	1月2日	新媒体平台	百年商都骑楼摇身变为市集，东莞市民青睐传统文化过新年
3	1月4日	新媒体平台	最高奖25万，东莞举报六种环境违法行为有奖
4	1月5日	新媒体平台	中国地理杂志团队历时一年走遍东莞写成这本书，全国发售
5	1月9日	新闻客户端	大湾区工业经济报告：深圳总量占比超三成，东莞综合创新指数增幅第一
6	1月12日	新闻客户端	东莞医护人员拍摄养生科普版“野狼Disco”引共鸣
7	1月13日	新闻客户端	预约轮椅！春运路上，东莞东站上演暖心一幕
8	1月13日	新闻客户端	朋友圈今天已刷爆　这个春节去东莞桥头赏中国最早盛开的油菜花
9	1月14日	新闻客户端	精明增长型城市！2020，东莞继续爆发
10	1月14日	新闻客户端	黄河风·珠江情！河南广播电视台大象艺术团走进东莞慰问演出

续表

序号	日 期	刊载版面	标 题
11	1月14日	新闻客户端	全省首创，东莞基层河长述职评议
12	1月15日	新闻客户端	东莞市委书记梁维东：初步确定在新区威远岛建设大湾区大学
13	1月16日	新闻客户端	东莞市委书记梁维东：今年将深度参与世界级城市群建设
14	1月16日	新闻客户端	东莞市委书记梁维东：全力参与国际科技创新中心建设
15	1月16日	新闻客户端	东莞市81个乡村振兴重点项目集中启用，树立统一标识牌302块
16	1月16日	人民网	梁维东：把握“三区叠加”机遇 提升东莞城市品质
17	1月17日	人民网	广东省大湾区办及9市市长纵论大湾区建设
18	1月18日	新闻客户端	东莞参建大湾区优势：17万家工业企业
19	1月18日	新闻客户端	东莞人才入户放宽年龄限制
20	1月18日	新闻客户端	便民！东莞地铁多站点设置春运便民服务站；爱心专列载着1526名达州老乡从东莞起航
21	1月26日	新闻客户端	广东东莞拉开抗击疫情战役 力保医护零感染、患者零死亡
22	1月26日	新闻客户端	东莞抗击新型冠状病毒肺炎专家张平17年前阻击非典 披甲再上一线；除夕夜！东莞这189名医疗骨干，没有年夜饭……
23	1月27日	新闻客户端	东莞：即日起所有养老机构实施临时封闭管理；东莞“白衣铁军”的请战书，看完让人泪奔
24	1月28日	新闻客户端	生产线全开，东莞这家口罩企业提前复工驰援疫情防控前线
25	1月28日	人民网	战“疫”24小时，东莞“白衣铁军”筑起抗击疫情的坚固防线
26	1月28日	人民网	东莞护士主动请缨援助湖北，同时作诗点赞加油
27	1月29日	新闻客户端	出发了！东莞22名“白衣战士”夜奔武汉抗疫前线
28	1月30日	新闻客户端	东莞市粮油肉菜市场供应正常不必“抢购”“囤货”
29	1月30日	新闻客户端	哄抬物价、囤积居奇，重拳出击！广东省东莞市公布三起典型案件
30	2月6日	人民网	广东东莞首例新冠肺炎患者治愈 出院前向医护人员鞠躬致谢
31	2月6日	人民网	东莞治愈者呼吁别再吃野生动物：放过它们也放过自己
32	2月6日	人民网	广东省东莞市市场监管局全力推动餐饮环节严防死守
33	2月6日	人民网	“防疫进行时”东莞市长安镇组建硬核广播员队伍 传播防疫正能量
34	2月7日	19版	让进城务工人员子女上学不再难
35	2月7日	新闻客户端	10天，东莞企业家捐资赠物支援防疫一线逾亿元
36	2月8日	人民网	东莞实施防控“五严四必须”九项措施！所有小区加强封闭式管理！
37	2月10日	新闻客户端	一图读懂东莞企业复工复产流程；东莞高校老师维护医疗物资企业设备，老师：出一份力量等5篇报道
38	2月12日	新闻客户端	工人返岗VS疫情防控：外来人口流入大市东莞怎样解难题；东莞经济：疫情有影响，长期向好基本面不会变
39	2月12日	新闻客户端	东莞已帮助23家疫情防控相关企业，解决用工需求380多人
40	2月14日	新闻客户端	东莞制造业复工：统一配餐或错峰上下班
41	2月15日	新闻客户端	东莞市严厉打击处置涉疫违法犯罪行为
42	2月15日	新闻客户端	东莞这封信火热！温暖了数百万外来务工人员，你读了吗？
43	2月16日	新闻客户端	张虎率队赴东莞调研强调 加强医疗废物废水处置
44	2月16日	新闻客户端	隔空战“疫”！李兰娟院士远程会诊东莞新冠肺炎危重症患者
45	2月16日	新闻客户端	中欧班列“复工”，彰显中国大国担当！
46	2月17日	03版	广东春节后首趟中欧班列开行
47	2月18日	04版	“身在湖北，请求就近支援”

续表

序号	日　期	刊载版面	标　题
48	2月24日	头版、A04版	我们一定能战胜疫情，保持良好发展势头——习近平总书记在统筹推进新冠肺炎疫情防控和经济社会发展工作部署会议上的重要讲话引发强烈反响
49	2月24日	新媒体客户端	"世界工厂"企业抱团复工　东莞政企联手打通供应链，推动上下游全面复工；东莞多家医院陆续恢复门诊，满足患者就医需求
50	2月24日	人民网	万家规上工业企业复工率近八成　东莞致信投资者：现在来投资正当其时
51	2月25日	新媒体客户端	东莞规上工业企业复工8876家！开工率83.3%；外资企业进出口300强开工率91%　东莞打出稳外资、稳外贸"组合拳"
52	2月27日	新媒体客户端	"昭通—东莞"专列抵莞，接回1381名务工人员
53	2月27日	新媒体客户端	一支水的爱与信任
54	2月28日	人民网	"中国好房东"，东莞又来了一打，减租超过2000万元
55	3月1日	新媒体客户端	东莞茶山：港资食品企业抗"疫"复工两不误
56	3月1日	新媒体客户端	实地探访东莞集中医学观察点：工作人员暖心服务获多人点赞
57	3月2日	新媒体客户端	战疫中的港澳台同胞携手打赢这场疫情防控阻击战；防疫复工"两不误"
58	3月4日	新媒体客户端	广东东莞全省率先完成社保退费27.5亿元，助力企业复工复产
59	3月5日	13版头条	广东经济更"硬核"了
60	3月6日	新媒体客户端	东莞农村集体经济组织为企业减租7.7亿元
61	3月6日	新媒体客户端	2020年东莞市政府"一号文"及两攻坚行动计划公布
62	3月6日	新媒体客户端	东莞高速出口车流已达正常水平七成
63	3月9日	人民网	城市经济复苏排名：东莞等新一线复苏强劲，华北城市待发力
64	3月9日	人民网	广东东莞加强家禽水产品抽样监测
65	3月11日	人民网	东莞实施境外来莞返莞人员信息报备制度
66	3月12日	人民网	东莞：1号文提出建设"响应政府"，有什么不同？
67	3月13日	人民网	东莞发布2020年"一号文"：聚焦民生发展，满足人民对美好生活的追求
68	3月16日	18版	实施就业优先政策　强化稳岗举措　打好组合拳确保就业稳
69	3月16日	新闻客户端	口罩机产能约占全国六成　广东东莞财政补贴奖励助企业渡难关
70	3月16日	新闻客户端	东莞第二位输注康复者血浆的危重症患者，下午要出院了！
71	3月17日	新媒体客户端	关爱激励让东莞基层战疫者无忧笃行
72	3月18日	新媒体客户端	东莞力争到2022年，培育形成1个产值超万亿世界级先进制造业产业集群；东莞"工改工"计划第一步：改造低效镇村工业园
73	3月18日	新媒体客户端	英雄就要回东莞！
74	3月18日	新媒体客户端	东莞东火车站防疫不松懈
75	3月18日	人民网·海外版	最高法印发加强和规范在线诉讼工作通知"云法庭"，探路诉讼"键对键"；CBA预计4月15日复赛，东莞青岛或成赛会制赛区
76	3月18日	新媒体客户端	有爱！防护服上画卡通
77	3月18日	新媒体客户端	东莞社会服务管理"智网工程"全覆盖
78	3月19日	新闻客户端	东莞茶山：硬核服务添信心　外企增资扩产忙
79	3月19日	新媒体客户端	加速研发　集中生产！莞企战"疫"勇担当
80	3月19日	新媒体客户端	第二次"清零"！东莞首例境外输入病例治愈出院；我跟爸爸上"战场"；好样的！东莞90后
81	3月19日	新闻客户端	东莞市消委会全力开展放心消费环境创建，首批创建数居全省第一
82	3月19日	新闻客户端	补贴五成　东莞市政策性渔业保险实施意见发布

续表

序号	日　期	刊载版面	标　题
83	3月20日	新媒体客户端	我们回家了！东莞第二、三批支援湖北医疗队踏上返莞路；东莞医疗队撤离荆州，患者痛哭百姓夹道相送；“在武汉，做梦都想吃东莞烧鹅濑粉”——好的，等你回来马上送到！
84	3月20日	新媒体客户端	重磅！东莞出台硬核12条，保护关心爱护医护人员！
85	3月21日	新闻客户端	GDP9482.5亿元！东莞2019成绩单出炉！这些企业上榜……
86	3月21日	新闻客户端	英雄回家！两首粤语歌大合唱，现场泪流满面；最高礼遇！最豪华车队！东莞铁骑为援鄂东莞医疗队，开道迎送回家；想念广东奶茶的第40天！“99后林妹妹”驰援驰援额武汉，今天回东莞啦！
87	3月21日	新闻客户端	9篇日记还原东莞医疗队员为湖北拼命的时刻；东莞出台硬核12条，保护关心爱护医务人员
88	3月22日	新闻客户端	东莞市政府“一号文”：大力推动慈善事业和社会工作
89	3月22日	新闻客户端	港商的“转移”考虑与东莞的“香港”计划
90	3月26日	新闻客户端	重磅！东莞出台拉动消费和强化中小微企业个体户扶持政策
91	3月27日	海外版第05版图片新闻	英雄，欢迎回家！；东莞疾控人：以“生死时速”阻断病毒传播
92	3月27日	新闻客户端	“人防+技防”！东莞：机器人揪出偷排污水“元凶”
93	3月27日	新闻客户端	张艳红：保护好大家，是我的职责所在
94	3月31日	新媒体客户端	截至3月30日　广东东莞在建重大项目复工率达98.2%
95	4月7日	新媒体客户端	东莞启动“网红直播带货基地”帮扶
96	4月8日	人民网	我国海关连出“硬核”措施　全力帮扶外贸企业复工复产
97	4月10日	新媒体客户端	东莞成立经济运行监测调度指挥部，“超常规机制”稳发展
98	4月17日	（海外版）05版	网友热议复工复产有序推进“听，机器轰鸣声响起来了！”
99	4月17日	新媒体客户端	《新闻联播》聚焦东莞复工复产
100	4月17日	新媒体客户端	“乐购东莞”活动将开启　一大波消费券正在发货中
101	4月20日	12版	公安机关对倒卖熔喷布“零容忍”破获案件20起，抓获犯罪嫌疑人42人
102	4月20日	新媒体客户端	广东消费券金额破10亿！明起珠海东莞清远等多地市通过支付宝发券
103	4月22日	（海外版）头版	不放弃，港澳台企拓新机
104	4月22日	新媒体客户端	东莞市人民医院向德国医疗机构输出战疫经验
105	4月23日	新媒体客户端	东莞成阿里战略伙伴：“春雷”响　工厂开工忙
106	5月1日	新媒体客户端	东莞滨海湾新区开展植树活动　将构建“一廊三绿心三水系”生态格局
107	5月2日	新媒体客户端	这个超遥远的地方缺医少药，东莞的援助说到就到
108	5月6日	新闻客户端	5条培育措施！东莞打造外贸直播内销发展新模式
109	5月6日	新闻客户端	“五一”迁移大数据：东莞成迁入人口最多城市
110	5月10日	人民网	为粤港澳大湾区带货！中欧班列国际邮政专列首发欧洲
111	5月11日	新闻客户端	东莞战“疫”——东莞市抗击新冠肺炎疫情纪实展
112	5月12日	新媒体客户端	第一场线上加博会13—16日举行
113	5月12日	新媒体客户端	东莞设专线接送学生试点学校各年级学生错峰返校
114	5月13日	18版	产能加速恢复　需求有力激活电子信息业开拓“新蓝海”
115	5月15日	新媒体客户端	东莞再上央视！《经济半小时》关注疫情下东莞外贸订单保卫战
116	5月16日	新闻客户端	东莞推出“投资松绑30条”　力争三年吸引投资6600亿元
117	5月16日	新闻客户端	“快、准、狠、稳”　东莞拨款专项资金50亿，出台投资松绑30条
118	5月20日	新闻客户端	东莞长安：2020年重大工业项目集中签约

续表

序号	日　期	刊载版面	标　题
119	5月23日	新闻客户端	梁维东："双统筹"工作扎实有力，经济社会发展大局总体平稳
120	5月24日	10版	广东省东莞市委书记梁维东代表：以改革创新激发市场活力
121	5月24日	新闻客户端	【两会"粤"时刻】梁维东代表：坚持以"超常规机制"稳住经济基本盘
122	5月26日	新闻客户端	东莞民警：把办证窗口"搬"进ICU
123	5月27日	06版	湾区都市　品质东莞
124	5月29日	人民网·海外版	会转型、能转型，更要敢转型数字化助中小企业渡难关
125	5月29日	人民网	【两会"粤"时刻】东莞外来工代表：加强新型社区服务与治理
126	6月6日	新媒体客户端	2020年，东莞要打好这几"战"
127	6月10日	人民网	东莞市委书记喊话湖北人：你们回来了，我们的力量更强了！
128	6月10日	人民网	人民日报头版头条关注！广东：撑企业、渡难关，手中饭碗稳下来
129	6月12日	人民网	企稳！1—5月，东莞经济"五个向好"
130	6月19日	人民网	关于第一批全国法治政府建设示范地区和项目名单的公示
131	6月22日	人民网	东莞营商环境位居全国第五
132	6月22日	人民网	《寻味东莞》今晚开席！做道下酒菜，陪老爸边吃边看边聊！
133	6月24日	（海外版）09版	全力以"复"　CBA再出发
134	6月26日	新媒体客户端	让书香成为一座城市最大的眷恋
135	6月26日	新媒体客户端	湖北农民工手写留言告别东莞图书馆：余生永不忘你
136	6月27日	新媒体客户端	结局太暖！留言东莞图书馆的农民工，不走了！
137	6月27日	新媒体客户端	【最新】那位给东莞图书馆留言的农民工，不走啦！
138	6月27日	新媒体客户端	他，终于可以留在东莞了！！！
139	6月27日	新媒体客户端	让书香，成为一座城市最大的眷恋
140	6月28日	人民网	农民工更好融入城市：让他们无忧打拼　安心奋斗
141	6月28日	人民网	人社部门暖心服务　东莞农民工吴桂春可以继续读书了
142	6月28日	人民网	人社部：@吴桂春们，这份求职就业指南请收好
143	6月29日	12版	最不舍　是书香
144	6月29日	人民网	人社部：@吴桂春们，这份求职就业指南请收好
145	6月29日	人民网	农民工留言图书馆走红后，人民日报又关注了山东的"吴桂春们"
146	6月30日	新闻客户端	最不舍是书香
147	6月30日	新闻客户端	退伍军人东莞跳水救人遇难，今年刚刚24岁
148	7月5日	新闻客户端	那位给东莞图书馆留言的农民工，不走啦！
149	7月5日	新闻客户端	23岁舍己救人英雄关腾飞魂归故里　东莞高规格护送
150	7月6日	新媒体平台	东莞高考人数28724人，全部考场安装空调
151	7月6日	新媒体平台	71天，4139公里！父女俩的这段旅程网友直呼羡慕
152	7月7日	头版、02版	东莞主动应变赢先机（在危机中育新机　于变局中开新局）
153	7月8日	12版	全国职工主题阅读首场活动举办
154	7月9日	（海外版）07版	难舍书香
155	7月10日	新媒体客户端	东莞启动科创全链条布局：科技企业上市最高奖励700万，支持力度已超北京、郑州及南京
156	7月13日	新媒体客户端	东莞辅警下班途中勇救落水老人
157	7月14日	新媒体客户端	大手笔！总投资超500亿，东莞这些镇街都有
158	7月15日	新媒体客户端	被低估的东莞，静悄悄发大财
159	7月16日	新闻客户端	总投资70亿　东莞石排30个重大项目齐动工　助力高质量发展

续表

序号	日 期	刊载版面	标 题
160	7月16日	人民网	开到家门口的图书馆：让“悦”读“识”惠全民
161	7月17日	新媒体平台	东莞启动招商引资百日攻坚行动
162	7月22日	05版	公共文化添彩小康生活
163	7月23日	（海外版）05版	务工者吴桂春的读书梦（众生相）
164	7月25日	人民网	如何为“东莞智造”插上腾飞翅膀——记东莞市电子信息产业协会成立20周年
165	7月27日	人民网	如何为“东莞智造”插上腾飞翅膀？
166	7月29日	新闻客户端	东莞新一轮惠企“25条”，又有哪些惊喜？
167	7月30日	人民网	东莞发布“完善扶持25条”政策
168	8月4日	新闻客户端	广东一老师退休前做了个决定：带着妈妈去云南支教
169	8月16日	人民网	2019—2020赛季CBA总冠军颁奖仪式　广东加冕“十冠王”
170	8月16日	人民网	广东宏远队第十次获得CBA总冠军
171	8月18日	人民网·海外版	多地加码停车设施规划　智慧停车让大街小巷更畅通
172	8月26日	新闻客户端	华为中国生态之行2020，助力“品质东莞”
173	8月28日	09-11版	全国抗击新冠肺炎疫情先进个人拟表彰对象
174	9月4日	人民网	女子将38000元存款，顺手扔进垃圾中！结果……
175	9月7日	（海外版）04版	为了七百五十万人的生命健康
176	9月7日	人民网	凡人善举汇暖流（一线抗疫群英谱）——记抗疫中的志愿者
177	9月9日	新闻客户端	东莞向全球先进制造业抛出“橄榄枝”：你投资，我服务！
178	9月9日	13版	全国抗击新冠肺炎疫情先进集体名单（500个）
179	9月11日	人民网	华为宣布手机将全面支持鸿蒙
180	9月11日	人民网	华为开发者大会又在这里举行　松山湖是个什么湖
181	9月12日	人民网	华为宣布推出鸿蒙2.0系统　首款“鸿蒙手机”年底登场
182	9月13日	06版	逐梦的舞台　创业的沃土（潮涌大湾区②）
183	9月15日	（海外版）05版	数字治理　让中国城市更美好（新业态新模式之新观察①）
184	9月21日	新闻客户端	东莞长安：党建引领乡村振兴
185	9月25日	新闻客户端	引才留才育才，东莞十项行动“含金量”不小
186	9月27日	新闻客户端	“东莞医生+云南患者”：医者仁心　攻坚贫困
187	10月1日	新闻客户端	东莞：构建党建引领基层治理新格局
188	10月20日	新闻客户端	国际制造名城持续发力　东莞为全球战疫输送“弹药”
189	10月21日	新闻客户端	院士加持！东莞松山湖发力“大湾区原始创新高地”
190	10月23日	人民网	“产业力”就是“免疫力”！东莞：坚守制造业，防疫有底气
191	10月30日	新媒体客户端	东莞台博会开幕　助推3700家台资企业加入“国内大循环”
192	10月30日	人民网	2020粤港澳院士峰会11月东莞举行
193	10月30日	人民网	2020粤港澳院士峰会下月开幕，近60位院士将聚首松山湖
194	11月3日	新闻客户端	［粤港澳院士峰会］“国士担当　战士气势”抗疫院士风采展在莞揭幕
195	11月3日	新闻客户端	［粤港澳院士峰会］探索智慧医疗“新赛道”
196	11月6日	人民网	跨越4000公里的接力帮扶　广东东莞市对口帮扶西藏林芝市巴宜区10年
197	11月10日	新闻客户端	东莞十镇街帮扶新疆生产建设兵团　逾500万元物资飞往图木舒克
198	11月19日	人民网	碧水芳华“智造小镇”生态治理之路
199	11月26日	人民网·海外版	容庚捐赠展举行
200	11月29日	新闻客户端	第一所以杨振宁命名的教研楼启用，杨振宁这样说……

续表

序号	日　期	刊载版面	标　题
201	11月30日	新闻客户端	全国首个“中国抗疫精神论坛”在东莞松山湖举办
202	11月30日	新闻客户端	工业名城也有文艺范儿！2020东莞市民摄影周致敬恩格斯
203	12月7日	头版	新增长极加速崛起，比较优势有效发挥，人民群众共享发展成果——区域协调发展呈现新格局
204	12月7日	人民网·海外版	中欧班列跑出了新速度（十三五·中国印象）
205	12月10日	人民网	李希马兴瑞到深圳东莞调研
206	12月24日	07版	迢迢援滇路　悠悠山海情
207	12月24日	新闻客户端	新年买好茶！东莞茶博会将于12月31日开幕
208	12月25日	12版	东莞推行第三代社保卡
209	12月25日	新闻客户端	小卡片　大民生！东莞发放第三代社保卡，“一卡通”刷亮新生活
210	12月26日	人民网	中国美术馆举办“有容乃大——容庚捐赠展”览大家风范　感赤子情怀（解码·让优秀传统文化活起来）
211	12月31日	人民网·海外版	松山湖科学城打造美好生活样本
212	2月29日	新闻客户端	助企惠企再放大招！东莞发布“优化服务15条”
213	2月29日	新闻客户端	东莞麻涌：16个在建重大项目100%复工

2020年新华社涉莞重要报道选目表

序号	日　期	标　题
1	1月1日	东莞虎门港综合保税区正式通过验收　积极融入湾区发展新格局
2	1月17日	东莞：强化功能定位　深化改革再出发
3	2月13日	东莞制造业有望迎来补偿性增长
4	2月14日	机器一响　世界不慌——中国制造重镇珠三角开始复工复产
5	2月17日	广东节后首趟中欧班列开行
6	2月18日	“疫情打不垮珠三角”——广东全力支持和推动企业复工复产直击
7	2月21日	“世界工厂”的机器声逐渐响起来
8	2月24日	复工助抗疫，东莞格力已捐赠500万元防疫物资
9	2月26日	“世界工厂”东莞外资企业进出口300强开工率91%
10	2月28日	废弃口罩的密闭之旅
11	2月29日	3000公里！东莞派出专车接工人返岗
12	3月1日	内地港澳企业：携手抗疫共守家园，回复发展坚定信心
13	3月2日	“加速曲线”展现“中国智造”行动力
14	3月15日	税务部门迅速落实阶段性减免企业社保费政策为复工复产添动能增活力
15	3月16日	“硬核”广播员：传递信息干货满满
16	3月17日	春暖花开　来品尝岭南荔枝蜜
17	3月17日	东莞：住房限价、限购政策适时优化
18	3月18日	我国医疗物资出口提速支援全球抗疫
19	3月20日	战“疫”中的“东莞制造”
20	3月22日	东莞“亮剑”拆违建　今年将力争完成2900万平方米违建的治理
21	3月23日	华坚集团向非洲多国捐赠防疫物资
22	4月8日	稳外贸，看广东疏“堵”解“痛”
23	4月17日	【视频】ICU最美逆行者：唱一首温暖的歌曲，致敬我们战斗的地方

续表

序号	日 期	标 题
24	4月18日	“数”立信心丨东莞“暖企春风”稳推复工复产
25	4月19日	广东东莞：投放1亿元消费券推动消费复苏
26	4月25日	中石油西气东输东莞站向华能燃机电厂供气
27	4月28日	半月谈丨东莞：世界工厂3.0版“倍增计划”——东莞制造升级的关键之钥匙
28	4月29日	直播热倒逼供应链变身“轻骑兵”
29	5月3日	广东东莞虎门港综合保税区正式封关运作
30	5月11日	新闻分析：出口反弹进口走弱，稳外贸仍需加力
31	5月13日	新供应链　新业态　新渠道——“世界工厂”东莞抗疫抓生产见闻
32	5月16日	广东东莞争取2022年累计招商引资额超6600亿元
33	5月18日	4个小时直播带货2280万元　“东莞制造”走向走进千家万户
34	5月21日	支付宝数据显示：新开店数量显著增长　个体户就业形势触底反弹
35	5月22日	东莞市长安镇2020年重大工业项目集中签约
36	5月23日	东莞—维尔纽斯首趟中欧班列抵达立陶宛
37	5月25日	广东东莞清溪保税物流中心进出口货值逐年增长
38	5月26日	珠三角企业抢占“新基建”先机增长提速
39	6月2日	广东佛莞城际铁路全线贯通
40	6月3日	“世界工厂”东莞“疫”中重塑供应链
41	6月3日	经参调查｜“疫”中蜕变，更上层楼！“世界工厂”东莞探路重塑供应链
42	6月5日	篮协：CBA将于6月20日复赛在青岛和东莞展开
43	6月8日	东莞市首个示范性“园中园”儿童公园启用
44	6月17日	广东东莞：“一二三四五”稳住经济基本盘
45	6月17日	美食纪录片荧屏接力　解锁“世界工厂”美食地图
46	6月18日	东莞望牛墩22万平方米智能制造科技产业园招商全面启动
47	6月19日	2020年东莞市生活垃圾分类已初步实现三个“定”
48	6月22日	来之不易，CBA复赛
49	6月22日	CBA复赛第一阶段：东莞赛区开赛
50	6月22日	CBA复赛第一阶段：广东东莞银行胜山西汾酒股份
51	6月23日	《寻味东莞》锁定黄油蟹、桂味荔枝、林旁粽
52	6月23日	CBA复赛第一阶段：深圳马可波罗对阵广东东莞银行
53	6月23日	广东8人得分上双35分大胜深圳
54	6月24日	篮球——CBA复赛第一阶段：广东东莞银行胜苏州肯帝亚
55	6月25日	东莞线上线下联动开展“一盔一带”安全守护行动
56	6月26日	探访中国第一家“三来一补”企业陈列馆
57	6月26日	临别留言，让人动容
58	6月26日	湖北农民工手写留言告别东莞图书馆：余生永不忘你
59	6月27日	他，终于可以留在东莞了！！！
60	6月27日	结局太暖！留言东莞图书馆的农民工，不用告别啦
61	6月28日	农民工留言图书馆走红：在泥泞生活中坚守精神富足
62	7月1日	“世界工厂”东莞的奶茶店又开始排队了
63	7月9日	视频丨CBA复赛第二阶段：广东东莞银行胜青岛国信双星
64	7月10日	“吴桂春”们后续：纸短情长　写满对城市的牵挂

续表

序号	日　期	标　题
65	7月11日	71天，4000多公里，从东莞骑行到拉萨："90后"单亲爸爸和4岁女儿的诗与远方
66	7月16日	Profile: 4,000-km bike ride to Tibet with 4-yr-old daughter（带着4岁女儿骑行4000公里去西藏）
67	7月21日	新就业"吸纳力"从何而来？——广东加大政策支持力度助力新就业形态发展
68	7月22日	东莞国际商务区中心公园及绿轴方案设计国际咨询获胜方案出炉
69	7月22日	东莞影院陆续开放
70	7月23日	来看！东莞有座"超级显微镜"
71	7月24日	"识惠东莞"——"世界工厂"的打工者文化与城市融合
72	7月26日	"图书馆留言大叔"刷屏背后，是"世界工厂"东莞打工者文化和城市融合
73	7月27日	东莞出台限购限售新政
74	8月3日	广东全力保障水电稳定供应香港
75	8月9日	广东东莞公安提升五项"品质"　护航"湾区都市"建设
76	8月10日	视频丨CBA联赛半决赛：广东东莞银行晋级决赛
77	8月12日	珠三角制造业破"疫"前行突出重围
78	8月12日	组建"四支队伍"、建立"人大热线"……东莞推进县乡人大的创新工作
79	8月14日	探寻抗癌新路径　我国加速器硼中子俘获治疗实验装置通过评审
80	8月15日	China Focus: China's radiation cancer therapy facility starts cell, animal tests
81	8月16日	CBA｜广东总比分2:1击败辽宁夺得CBA队史第十冠
82	8月16日	视频｜CBA总决赛：广东东莞银行夺冠
83	8月16日	广东成就CBA十冠王　易建联重伤离场
84	8月16日	"十冠王"传奇的背后——广东宏远冠军之路
85	8月16日	畅通"双循环"——中国外向型城市的内生性发展
86	8月22日	"东莞市民保"发布助力构建多层次医疗保障体系
87	8月22日	四川甘孜州农特产品推介暨松茸美食品鉴活动在东莞茶山举行
88	8月23日	深圳东莞数字治理综合水平居全国前列
89	8月23日	"东莞市民保"上线　开创补充医疗保险+医保电子凭证的应用新模式
90	8月27日	华为中国生态之行2020·东莞数字峰会在东莞举办　助力打造湾区品"智"新东莞
91	8月28日	东莞市举办"东莞市民保+第三代社保卡"专场活动
92	8月29日	第八届"珠江天使杯"科技创新创业大赛（东莞赛区）分赛举行
93	8月31日	"东莞制造"如何走向B2C模式？
94	9月6日	2020中国国际食品配料博览会向全球食品商发出邀请
95	9月14日	粤港澳大湾区"9+2"城市旅游市场联合监管协作体成立
96	9月16日	2020年度华为开发者大会在东莞举办
97	9月17日	广东宏远新赛季更名"东莞大益队"　保留上赛季班底目标夺冠
98	9月19日	新一批项目密集签约　先进制造业再蓄力
99	9月22日	罪错少年的迷途摆渡人
100	9月22日	打通产业链堵点　为中小企业集体带货——东莞民企的应变图存
101	9月23日	构建高效率治理体系　促进中心城市和城市群健康发展——民盟中央2020年度重点考察调研观察
102	9月25日	东莞住房公积金管理中心：首套、二套房最高贷款额度均下调30万元
103	9月28日	东莞省级碧道试点亮相　市民相约"打卡"华阳湖
104	10月7日	女篮联赛综合消息：江苏47分大胜天津　东莞鏖战力克四川

续表

序号	日 期	标 题
105	10月17日	食博会为什么那样“火”
106	10月18日	第五届中国国际食品配料博览会在东莞举办
107	10月19日	“食博会”为何落子东莞？筑巢引凤致力打造千亿级产业集群
108	10月19日	新华网评：这条振兴路让村庄变了样
109	10月24日	何以聚院士？东莞松山湖这样答
110	10月28日	2020粤港澳院士峰会将于11月2日在东莞开幕
111	10月30日	第十一届东莞台湾名品博览会开幕逾360家台企参加
112	10月31日	广东东莞：交警直播宣传交通安全获市民点赞
113	11月2日	花莞高速正式通车
114	11月4日	“有容乃大——容庚捐赠展”在京开幕
115	11月4日	2020粤港澳院士峰会暨第六届广东院士联合会年会在东莞开幕
116	11月4日	第十九届中国（大朗）国际毛织产品交易会今日开馆
117	11月5日	探讨新药创制发展机遇“湾区科技对话”在东莞举行
118	11月5日	才自矿出　玉从心生——谢先德院士走进东莞理工学院　畅谈科技“中国梦”
119	11月6日	2020年全国企业家活动日暨中国企业家年会12月1—2日在广东东莞举行
120	11月7日	80秒带你了解我国著名古文字学家容庚
121	11月7日	东莞市发展战略院士咨询委员会2020年会主题沙龙举办
122	11月7日	第五届中国创新挑战赛（广东·东莞松山湖）在东莞落下帷幕
123	11月12日	“摸得着”的小积分让乡村文明大变样
124	11月20日	东莞松山湖推动软件产业高质量发展
125	11月21日	“有容乃大——容庚捐赠展”研讨活动在中国美术馆举行
126	11月24日	关键领域创新型产业集群蓄势崛起　多地加快布局生物医药、人工智能等产业
127	11月29日	东莞市民摄影周开幕
128	11月30日	东莞理工学院国际合作创新区奠基仪式在松山湖科学城举行
129	12月3日	东莞：掀起新一轮城市更新热潮　推动城市更新迈向新台阶
130	12月4日	“双城情缘”获外媒关注：东莞推出伍珀塔尔展　纪念恩格斯诞辰200周年
131	12月20日	广东东莞依法为200多名工人追回2500多万元欠薪
132	12月23日	外媒看虎门服装产业“云端焕新”：折射中国经济新发展格局下的产业变化

2020年中央广播电视总台涉莞重要报道选目表

序号	日 期	频 道	刊播栏目	标 题
1	1月5日	央广网		东莞海警局抓获涉嫌走私冻品300余吨
2	1月12日	央广网		东莞医护人员拍摄养生科普版“野狼Disco”引共鸣
3	1月12日	中国之声		东莞医护野狼Disco
4	1月13日	CCTV-1	晚间新闻	大规模减税降费落实　助力高质量发展
5	1月16日	国际在线		东莞优化拓展空间为大湾区建设提供有力支撑
6	1月16日	央广网		东莞培育发展新动能　加快实施5G产业行动计划
7	1月18日	央广网		推进大湾区建设　珠三角9市市长有话说……
8	1月23日	央视新闻客户端	央视新闻	湾区花正开
9	2月5日	央广网		火神山医院首批进口免税捐赠物资从东莞海关通关

续表

序号	日期	频道	刊播栏目	标题
10	2月10日	CCTV-13	新闻直播间、午夜新闻、朝闻天下等	战疫情：治愈出院　多地新增治愈出院的新冠肺炎患者
11	2月13日	央视新闻客户端	央视新闻	东莞：确诊病例中　家庭聚集性传播超半数
12	2月14日	CCTV-13	东方时空	部分企业复工复产　加强防疫措施保安全
13	2月16日	央视新闻客户端	央视新闻	妈妈，如果不能抱你，请让我为你跳支舞
14	2月17日	CCTV-13	东方时空	妈妈，让我为你跳支舞
15	2月19日	CCTV-1	新闻联播	广东：粤港澳大湾区重点项目陆续复工复产
16	2月21日	央视新闻客户端	央视新闻	广东支援荆州第六批医疗队101人昨日下午启程
17	2月27日	CCTV-1	新闻联播	国家电投东莞立沙岛热电冷联产项目投产
18	3月14日	CCTV-13	新闻直播间	广东东莞战疫情：财政补贴奖励提高口罩机产能
19	3月15日	央视网		在疫情大考中交出中国青年的合格答卷
20	3月21日	央视新闻客户端	央视新闻	两首粤语歌合唱送别广东援鄂千名英雄今天回家了！
21	3月25日	CCTV-1	新闻联播	多措并举　加速推动复工复产
22	3月29日	CCTV-13	战疫情特别报道	中国散裂中子源一期高效稳定运行
23	4月9日	CCTV-1	新闻联播	稳经济促发展　复工复产有序推进
24	4月15日	CCTV-1	新闻联播	迎难而上　创新发展　我国数字经济全面提速；企业苦练内功加快转型　提升“东莞制造”国际话语权
25	4月23日	央广网		东莞将推线上加博会助千家莞企展销
26	4月26日	国际在线		东莞举办智能制造产业专利导航成果线上发布会
27	4月29日	CCTV-13	新闻直播间	广东东莞：多措并举　稳外贸外资基本盘
28	5月10日	CCTV-1	新闻联播	各地加快恢复生产生活正常秩序
29	5月14日	CCTV-2	经济半小时	疫情下的外贸：订单保卫战
30	5月16日	国际在线		东莞将印发“投资松绑30条”和“50亿元专项资金方案”推动经济社会发展
31	5月30日	CCTV-13	新闻30分	广东东莞共享员工调余缺　力保用工稳就业
32	6月5日	央视新闻客户端	央视新闻	中国篮协：CBA联赛将于6月20日复赛　在青岛和东莞两个赛区展开
33	6月14日	CCTV-13	新闻直播间	东莞出台“投资松绑30条”　50平方公里产业用地全球招商
34	6月14日	央视新闻客户端	央视新闻	串珠成链！首批广东省粤港澳大湾区文化遗产游径今天发布
35	6月19日	CCTV-2	经济信息联播	权威财经报告发布　东莞营商环境位居全国第五
36	6月20日	CCTV-4	中国新闻	携手共建一流湾区（一）　产学研结合　大湾区科创成果加速落地
37	6月20日	国际在线		广东东莞向城市环境“脏乱差”发起总攻
38	6月20日	国际在线		东莞今年将实现全市公共机构生活垃圾分类全覆盖
39	6月21日	CCTV-2	第一时间	真香！东莞灰水粽制作方法通过央视传遍全国
40	6月22日	CCTV-1	新闻联播	中国男子职业篮球联赛昨天复赛
41	6月27日	CCTV-13	共同关注	吴桂春：深情留言图书馆　不舍东莞再务工
42	6月27日	CCTV-13	新闻1+1	一边打工，一边读书，然后呢？
43	6月27日	央视新闻客户端	央视新闻客户端	不走了！留言东莞图书馆的农民工有新工作了

续表

序号	日 期	频 道	刊播栏目	标 题
44	6月27日	央视新闻客户端	央视新闻客户端	结局太暖！留言东莞图书馆的农民工，不用告别啦！
45	6月27日	央视新闻客户端	央视新闻客户端	湖北农民工：要走了，舍不得这里的书……东莞：留下来！
46	6月27日	央视新闻客户端	央视新闻客户端	主播说联播| 不管哪座城，都应该为想读书的人，创造更好的条件
47	6月27日	中国之声		最新！东莞图书馆留言农民工不用告别了！他的这席话让人动容……
48	6月28日	CCTV-13	新闻直播间	吴桂春找到新工作　重获借书证
49	6月28日	中国之声		“余生永不忘你”！农民工留言惜别的东莞图书馆，到底是啥样？
50	6月28日	央广网		让农民工不舍留言的东莞图书馆有何魅力？
51	6月28日	央视网		不走了！在东莞图书馆留言的农民工有新工作了
52	6月28日	央视新闻客户端	央视新闻	广东东莞吴桂春：要走了　舍不得这里的书
53	6月28日	央视新闻客户端	央视新闻	又办回读书证了！这家让他“余生永不忘”的图书馆究竟长啥样？
54	6月30日	“港”清楚		东莞加快建设松山湖科学城，与深圳协同共建综合性国家科学中心
55	7月1日	国际在线		广东扶贫济困日　东莞募得认捐善款8632万元
56	7月2日	CCTV-2	正点财经	云南昭通：一根数据线串起的产业链
57	7月5日	央视新闻客户端	央视新闻	沉浸东莞图书馆12年的他有了新身份：公益代言人
58	7月6日	央视新闻客户端	央视新闻	粤港澳大湾区深圳至江门铁路开工　预计2026年建成通车
59	7月6日	央视新闻客户端	央视新闻	71天，4139公里！父女俩的这段旅程网友直呼羡慕
60	7月6日	CCTV-13	朝闻天下	云南昭通：数据线引来产业群　产业链串起脱贫路
61	7月6日	CCTV-5	今日关注	中堂龙舟民俗文化节相约“云端”
62	7月7日	CCTV-13	新闻直播间	电力先行　助力产业园提速发展
63	7月12日	CCTV-17	我爱发明	激光清障仪
64	7月15日	CCTV-1	晚间新闻	东莞老师陈国志：带上妈妈去支教
65	7月19日	CCTV-13	新闻直播间	电力护航5G产业发展
66	7月21日	CCTV-13	朝闻天下	“共享员工”稳就业　大数据助力精准匹配
67	7月22日	CCTV-1	新闻联播	激发市场主体活力弘扬企业家精神　推动企业发挥更大作用实现更大发展
68	7月25日	央广网		打造“创新创业不夜城”　东莞松山湖国际创新创业社区揭牌
69	7月26日	CCTV-13	新闻调查	转危为机
70	7月26日	CCTV-2	经济信息联播	广东东莞：楼市调控加码　剑指投机客
71	7月26日	CCTV-2	经济信息联播	又一城，宣布了！10天，深圳、南京、宁波、东莞接连楼市调控“加码”，透露什么信号？
72	7月27日	央广网		东莞开启新一轮楼市调控　首次对二手住宅采取限购
73	7月27日	央视新闻客户端	央视新闻	热评丨图书馆多点“服务+”　让书香更加沁入人心
74	7月29日	央视新闻客户端	央视新闻	东莞出台限购限售新政　非东莞户籍买首套房需交1年社保

续表

序号	日期	频道	刊播栏目	标题
75	7月30日	央广网		东莞发布惠企政策"完善扶持25条"
76	8月1日	央视新闻客户端	央视新闻	广东今年开出100趟中欧班列　拓展全球物流产业链
77	8月1日	央视新闻客户端	央视新闻	复苏图谱丨31省份上半年GDP出炉16省份增速转正
78	8月4日	国际在线		广东东莞创新实施"共享员工"促进就业用工对接
79	8月4日	央视新闻客户端	央视新闻	广东东莞试行人才安居政策　新入户人才每年可享6000元租房补贴
80	8月6日	CCTV-2	经济半小时	东莞厚街外贸调查
81	8月14日	CCTV-10		肿瘤治疗技术重大突破！我国首台自主研发加速器BNCT实验装置研制成功
82	8月15日	CCTV-13	朝闻天下	新设备问世　或将为治癌提供新技术平台
83	8月16日	央广网		广东队第十次获得总冠军CBA诞生首个十冠王
84	8月16日	CCTV-12	现场	一站解纷争之"世界工厂"里的"枫桥经验"
85	8月17日	CCTV-1	新闻联播	中职篮总决赛落幕　广东队夺取第十冠
86	8月19日	国际在线		2020东莞台博会将于10月29日开幕
87	8月19日	央广网		2020东莞台湾名品博览会将于10月举办
88	8月19日	国际在线		2020东莞台博会将于10月29日开幕
89	8月22日	国际在线		"东莞市民保"正式上线　开创全国首个"补充医疗保险+医保电子凭证"应用新模式
90	8月23日	央广网		全国首个补充医疗保险+医保电子凭证应用"东莞市民保"上线
91	8月27日	国际在线		华为中国生态之行2020·东莞数字峰会举行
92	8月29日	央广网		相约"云上文采"，共享美好生活——打造永不落幕的云上文采会
93	8月29日	央视新闻客户端	央视新闻	1500人！全国抗疫先进个人拟表彰对象名单公示
94	9月1日	央广网		总投资13亿元！东莞松山湖再增一批重大项目
95	9月1日	央广网		东莞台博会设立创业专馆支持两岸青年创业
96	9月2日	CCTV-2	消费主张	2020中国夜市全攻略：广东东莞
97	9月3日	大湾区之声	早晨新闻	重走东纵抗战路　东江纵队英勇抗日
98	9月5日	央视新闻客户端	央视新闻	小店看中国丨东莞：悠悠东江水，绵绵莞菜情
99	9月10日	国际在线		广东东莞举办全球先进制造招商大会　现场签约超1895亿元
100	9月11日	央视新闻客户端	央视新闻	华为发布鸿蒙2.0系统　明年起华为手机全面支持该系统
101	9月11日	央广网		投资总额逾3000亿元！216个重大项目落户东莞
102	9月13日	央视新闻客户端	央视新闻	小店看中国丨人间烟火味　最是扶人心
103	9月16日	央广网		东莞党建引领基层治理，打造家门口的"党群之家"
104	9月19日	CCTV-13	新闻直播间	助企政策效应显现　外贸逆势突围
105	9月22日	CCTV-2	经济半小时	治癌新设备　抗癌新信心
106	9月25日	央视新闻客户端	央视新闻	优秀传统文化大数据联合实验室在广东成立
107	10月3日	央视网		广东：舞龙舞狮　多种活动庆"双节"

续表

序号	日 期	频 道	刊播栏目	标 题
108	10月20日	央视新闻客户端	央视新闻	粤港澳大湾区将再添过江大通道 狮子洋通道筹建在即
109	10月20日	央广网		第五届食博会东莞举行 新电商助力线上“云展会”
110	10月21日	CCTV-1	新闻联播	原始创新 科技创新 国之重器先行
111	10月22日	央广网		广东召开全省抗击新冠肺炎疫情表彰大会
112	10月22日	央广网		东莞台博会转型专业展30家上市台商科技企业首度亮相
113	10月22日	央视新闻客户端	央视新闻	原始创新 科技创新 国之重器先行
114	10月23日	央广网		打造“藏茶之都” 2020东莞茶博会将于12月开幕
115	10月27日	CCTV-1	新闻联播	“十三五”成就巡礼 区域发展战略引领中国经济高质量发展
116	10月29日	CCTV-1	焦点访谈	非凡“十三五”
117	10月30日	央广网		东莞台博会开幕 台企聚力湾区拓商机
118	10月31日	央广网		“台资企业拓内销”助力台企融入大陆新发展格局
119	10月31日	央广网		广东东莞：交警直播宣传交通安全
120	11月2日	央视新闻客户端	央视新闻	“掌上办”“指尖办”泛珠三角地区跨省通办服务开通了！
121	11月4日	CCTV-13	新闻直播间	广东东莞构建区域创新共同体 推动高质量发展
122	11月4日	CCTV-13	新闻直播间	广东东莞 加强原始创新 打造新兴产业集群
123	11月4日	央广网		2020粤港澳院士峰会在东莞开幕 筑巢引凤激活创新基因
124	11月5日	央广网		广东东莞：“组团式”医疗援藏 构筑大健康体系
125	11月6日	大湾区之声、中华之声		广东东莞：“组团式”医疗援藏 构筑大健康体系
126	11月7日	CCTV-2	经济信息联播	高质量发展看东莞 广东东莞：从“世界工厂”到“先进制造业之都”
127	11月7日	CCTV-2	正点财经	落实“六稳”与“六保” 广东东莞：线上毛织交易火热直播带动销量
128	11月7日	央广网		脱贫攻坚进行时！广东东莞援藏工作组小康示范村建设已完成95%
129	11月8日	CCTV-2	经济信息联播	高质量发展看东莞 广东东莞：科研成果产业化加速
130	11月8日	CCTV-1	新闻联播	东莞构建区域创新共同体 推动高质量发展
131	11月9日	CCTV-2	经济信息联播	高质量发展看东莞 广东东莞：高端人才聚集 加速融入大湾区发展
132	11月11日	国际在线		第六届广东国际机器人及智能装备博览会12月初在东莞举行
133	11月11日	央广网		第六届智博会12月在东莞举行 聚焦先进制造业
134	11月11日	央视新闻客户端	央视新闻	国家高能物理科学数据中心大湾区分中心10日成立
135	11月23日	CCTV-2	经济信息联播	集装箱告急 日产740个集装箱工厂加班加点赶订单
136	11月29日	央广网		2020东莞市民摄影周开幕
137	12月2日	央视新闻客户端	央视新闻	中欧班列再添新成员！首开东莞至德国杜伊斯堡中欧班列
138	12月3日	国际在线		第六届广东国际机器人及智能装备博览会在广东东莞开幕
139	12月3日	央广网		东莞加快打造全国高端装备制造重要基地

续表

序号	日期	频道	刊播栏目	标题
140	12月4日	大湾区之声		脱贫攻坚｜即将退休　他带着八旬母亲去支教
141	12月5日	国际在线		东莞高层次人才活动周将于12月9日举行
142	12月11日	经济之声	天下财经	粤港澳大湾区企业：三组“一增一降”折射特殊之年三重改变
143	12月18日	央广网		打造“技能人才之都”　探秘东莞的人才培养模式｜大国工匠湾区行
144	12月26日	央广网		再添“国字号”名片　东莞松山湖入选第三批双创示范基地

2020年《南方日报》涉莞重要报道选目表

序号	日期	刊载版面	标题
1	1月1日	A08版	8地市获耕地保护考核奖
2	1月7日	AII01-02版	文体旅融合书写城市“高光时刻”；大型国际赛事　推动东莞旅游业发展
3	1月10日	DC01版	东莞努力打造广东高质量发展名片；东莞经济稳中向好长期向好
4	1月10日	DC04版	2020年东莞教育将持续扩容提质
5	1月10日	A11版	东莞：规上工业企业总数　排名全省第一
6	1月13日	A05版	关爱，让返乡路充满温馨
7	1月13日	A09版	最后一列“支南列车”抵达东莞
8	1月14日	DC01版	去年前三季度农村常住居民人均可支配收入达3万元，同比增长11.4%东莞乡村振兴迎来“高光时刻”
9	1月14日	DC01版	东莞招商引资交出亮丽成绩单
10	1月14日	DC02版	东莞招商引资交出亮丽成绩单
11	1月14日	A07版	开放扩容：广东国际朋友圈日益壮大
12	1月15日	A19版	东莞：创新服务推动企业高质量发展
13	1月15日	A01版	“四种力量”驱动广东经济跃上新台阶
14	1月15日	A03版	省政府工作报告部署2020年工作时提出，充分释放“双区驱动效应”加快构建“一核一带一区”区域发展新格局
15	1月15日	A04版	增加学位除家长“心病”强化抽检保“舌尖”安全
16	1月15日	A06版	推动资源要素进一步聚集　东莞：坚守先进制造业的“根”与“魂”
17	1月15日	A11版	发挥广深“双核”优势　向湾区内城市延伸；网购过后是“污染狂潮”？建议制定绿色快递包装强制标准
18	1月15日	A12版	省人大代表、东莞市保险行业协会秘书长卢建强：呼吁重拳打击保险欺诈
19	1月15日	A12版	省政协委员、东莞市弘智经营管理研究院院长尹利平：团结“新生代”共建大湾区
20	1月16日	A19版	东莞：先行先试助力开放型经济建设
21	1月16日	A14版	东莞把参与综合性国家科学中心建设作为创新工作的重中之重　加快建设松山湖科学城　逐梦世界一流科学城
22	1月16日	A15版	代表委员热议创新驱动发展战略、供给侧结构性改革、高质量发展、制造业立省　努力推动广东高质量发展走在全国前列
23	1月16日	A03版	把主题教育作为　永恒课题持续巩固深化
24	1月16日	A06版	提升治理现代化水平　城市品质提升展现美丽东莞新形象
25	1月16日	A08版	第二场“代表通道”首次迎来3位市长，代表热议城市发展与民生热点　建议引入社会组织力量参与垃圾分类
26	1月16日	A09版	代表热议我省“放开放宽广深以外城市落户限制”　建议超前谋划布局公共资源配给

续表

序号	日 期	刊载版面	标 题
27	1月16日	A12版	“厕所革命”引起会场热议，代表频出“金点子” 做好“绣花”功夫 维护厕所“颜值”
28	1月17日	DC01版	省十三届人大三次会议东莞市代表团热议省政府工作报告 东莞努力打造广东高质量发展名片；东莞市代表团举行媒体开放日活动，梁维东肖亚非答记者问 透视“湾区都市、品质东莞”新亮点
29	1月17日	DC02版	去年前11月，东莞先进制造业和高技术制造业增加值占比分别提至54%和42.1% 工业经济创新驱动指数增幅领跑珠三角
30	1月17日	A16版	东莞长安：打造成大湾区先进制造业中心的重要支点
31	1月17日	A03版	代表审议省人大常委会工作报告，为改进立法工作建言在立法程序可引入辩论机制
32	1月17日	A05版	省人大会议举行记者会，有关部门及地市负责人纵论粤港澳大湾区建设 定点机构使用港澳医保可直接支付医疗费
33	1月17日	A06版	省人大代表持续热议习近平总书记在“不忘初心、牢记使命”主题教育总结大会上的重要讲话精神 把初心使命变成真抓实干原动力
34	1月17日	A06版	省人大代表为“打造数字经济创新发展试验区”建言 利用5G优势推动传统制造转型升级
35	1月17日	A13版	东莞：推动全球合作提升经贸水平
36	1月18日	A07版	东莞：拓展通道助力“全球买、全球卖”
37	1月18日	A09版	16日广铁发送旅客195万人次 节前广深到北京方向动卧有少量余票 穗深城际首次春运送客破8万
38	1月21日	A02版	经初步核算，2019年全市GDP为9482.50亿元 东莞GDP离破万亿仅差500多亿
39	1月21日	A02版	李玉妹在东莞市 开展基层慰问活动
40	1月22日	A09版	草龙献岁
41	1月26日	A03版	东莞抽调189名骨干组成救治队伍
42	1月27日	A04版	有奖征集非法销售野生动物线索
43	2月1日	A03版	同心“战疫” 党员在行动
44	2月2日	A03版	社区小喇叭巡街 社工入户量体温 东莞积极做好社区疫情防控
45	2月4日	头版	聚焦人员返粤高峰和城乡社区 进一步细化实化强化防控措施
46	2月4日	A04版	地市战“疫”进行时
47	2月5日	头版、A07版	一场争分夺秒的接力
48	2月5日	A04版	科学复工 精准战“疫”
49	2月5日	A07版	进口防疫物资可“即到即提”
50	2月5日	A07版	地市战“疫”进行时
51	2月6日	A07版	地市战“疫”进行时
52	2月7日	A04版、A07版	地市战“疫”进行时；火神山雷神山背后的广东制造
53	2月8日	头版、A04版	落细落实各项措施做好防疫物资供应保障
54	2月8日	A04版	高三学子“云端”备考“在+上课”
55	2月10日	A03版	地市战“疫”进行时
56	2月10日	A03版	全力提高收治率治愈率
57	2月11日	A04版	你隔离 我守护
58	2月11日	A07版	地市战“疫”进行时
59	2月12日	A06版	筑在车间生产线上的战疫防线
60	2月12日	A09版	“不要害怕，要相信医护人员”
61	2月14日	A06版	坚决防止疫情向社区蔓延

续表

序号	日期	刊载版面	标题
62	2月14日	A09版	地市战“疫”进行时
63	2月15日	A04版	预计今年春播农作物面积逾3200万亩
64	2月15日	A05版	粤企加足马力陆续开工
65	2月15日	A06版	东莞“楼嫂”：“半边天”的“5+2”
66	2月15日	A08版	加强医疗废物废水处置
67	2月16日	A04版	“大湾区未来潜力无限”
68	2月16日	A04版	政企合力复工忙
69	2月16日	A07版	地市战“疫”进行时
70	2月17日	A04版	机器再次轰鸣
71	2月18日	A06版	地市战“疫”进行时
72	2月19日	A03版	暖企添动力　扩产有信心
73	2月19日	A04版	“等不是办法，干才有希望！”
74	2月20日	A03版	手中有工　心中不慌
75	2月20日	A04版	用电量不断攀升　“云开工”成主流；落实疫情防控助力复工复产有成效
76	2月20日	A06版	网格作战　科技赋能珠三角多地探索基层防疫新战法
77	2月21日	A06版	广东第6批援助荆州医疗队101人出发　出征时，响起温馨生日歌
78	2月22日	A03版	全省新增医用口罩生产企业48家
79	2月22日	A05版	地市战“疫”进行时
80	2月23日	A02版	粤四万余家规上工业企业复工
81	2月23日	A05版	地市战“疫”进行时
82	2月23日	A04版	“世界工厂”企业抱团复工
83	2月24日	A06版	战“疫”和复工，用电两不愁；地市战“疫”进行时
84	2月25日	A04版	预计可为企业减轻租金负担超14亿元
85	2月25日	A07版	地市战“疫”进行时
86	2月26日	A10版	东莞松山湖　同心抗疫汇聚创新加速度
87	2月26日	A11版	加大筛查排查　压实主体责任
88	2月28日	BT01-24版	大考之下　东莞力量；众志成城　系列指令背后的东莞战略；闻令而动　党员先锋队筑牢一线堡垒；最美逆行白衣天使以生命守护生命；夜驰援在一线写下最美“战地日记”；风雨坚守　夜以继日做好城市“守门人”；群防群治　防控末梢背后的全市总动员；制造力量“东莞制造”驰援湖北前线；物资保障　从口罩到“菜篮子”的保卫战；实招撑企　精准施政与企业共渡难关；复工大考　硬核措施力促“两难”变“两全”；复工大考“防疫+生产”打响车间攻坚战；城区片区织密防控网　战疫发展两不误；松山湖功能区　东莞先行区的战疫担当；滨海湾片区　制造引擎正在强力快速复苏；东南临深片区　联防联控保障安全有序复工；水乡功能区　抗疫组合拳有力度更有温度；东部产业园片区　快马加鞭助企业复工复产；云上课堂　百万师生迎来智慧学习新模式；文艺战疫　“莞味”作品传递真情弘扬正气；守望相助　东莞爱心接力温暖战疫一线；全民行动　他们一起守护这座城市；携手战疫　共盼春归；东莞移动　科技战疫提供发展新动能
89	2月28日	A05版	“暖企行动”助力粤企安全复工
90	2月28日	A06版	减租让利向租户释放“二房东”不得截留
91	2月28日	A07版	把控社区安全　当好复工复产“服务员”

续表

序号	日 期	刊载版面	标 题
92	3月1日	A06版	疫情之下生命接力3份脐血千里救人
93	3月6日	DC01版	为全国防疫攻克最急迫的技术，赶制最紧缺的物资 疫情之下 东莞制造逆发创新力；自救、探索、革新疫情考验下 传统产业谋突围
94	3月6日	DC04版	东莞基层战疫：守好疫情防控关键一环
95	3月9日	A05版	防疫“战斗员”也是扶贫“帮扶员”
96	3月9日	A07版	捕猎交易野生动物6人被判刑
97	3月10日	头版、A05版、A07版	广东制造动起来 全球供应活起来
98	3月10日	A05版	地市战“疫”进行时
99	3月11日	HD01版	“六项行动”促进复工复产
100	3月11日	HD02版	黄江战疫打响食品安全保卫战
101	3月11日	A07版	地市战“疫”进行时
102	3月12日	A10版	东莞虎门：重大项目建设马力全开
103	3月12日	A11版	今年9月前投入使用20所学校
104	3月16日	A01版	东莞举行校园情景式防疫演练
105	3月16日	A03版	护理专家师清莲 最大心愿是让更多患者出院
106	3月16日	A04版	地市战“疫”进行时
107	3月16日	A06版	东莞：物流企业复工率达9成 日业务量超200万件
108	3月17日	A06版	地市战“疫”进行时
109	3月17日	A07版	线上直播为企业答疑
110	3月18日	A06版	将镇村工业园改造提升作为头号工程
111	3月18日	A06版	支持企业化危为机 加快实现高质量发展
112	3月18日	A06版	地市战“疫”进行时
113	3月19日	A06版	“国之重器”稳定运行
114	3月19日	A08版	地市战“疫”进行时
115	3月20日	DC02版	东莞部署今年22项重点改革
116	3月20日	A13版	地市战“疫”进行时
117	3月21日	A05版	地市战“疫”进行时
118	3月22日	A04版	左手指挥棒 右手测温仪 东莞中堂镇潢涌村黎锡康的防“疫”周末
119	3月23日	A03版	为群众的口罩和菜价忙碌着
120	3月23日	A08版	节水优先护生态 补齐短板保安澜
121	3月24日	AⅡ01-04版	英雄归来 请收下一座城市的敬意 东莞以最高礼遇迎接援鄂医疗队，出台暖心政策关爱医务人员；有召必应奔赴一线，争分夺秒救死扶伤 东莞医护三地同心战疫；大朗医院主任护师张艳红：推广新方法护理重症病人；市九院感染科主任殷思纯：留守时间由疫情决定；茶山医院副院长师清莲：两次请缨终赴前线；他们主动请缨战疫，逐一排查疫情、服务隔离人员、赶工生产口罩 守望相助 凡人不凡；最强后援团情暖战疫战士；最美身影 动人瞬间
122	3月24日	A03版	广东口罩相关专利申请总量全国第一
123	3月26日	A04版	26所高校斩获110项广东科技奖
124	3月27日	AII01版	凸显供应链整合优势 抓准新需求带动新投资 逆袭的莞企 拐点的机遇
125	3月27日	AII03版	塘厦增创新优势唱好莞深“连城诀”；东莞镇街推进品质交通千日攻坚 强化交通优势 打通“肠梗阻”
126	3月29日	A03版	广东推“社保贷”缓解企业融资难

续表

序号	日　期	刊载版面	标　题
127	3月29日	A06版	尽快打通管网接驳“最后1米”
128	4月1日	A05版	《医线日志》里的医患情
129	4月1日	A08版	东莞建设高质量森林城市
130	4月3日	DC01版	全面提升全市社会治理现代化水平
131	4月3日	DC03版	东莞制造借力数字化转型“线上”突围；疫情倒逼东莞产学研合作升级
132	4月4日	A07版	“网红直播带货基地”加快东莞企业复苏步伐
133	4月10日	DC01—04版	莞企搏疫策：迈向高质量发展；产业链整合：转产转型实现逆势上扬；科技创新：“硬科技”托举倍增梦想；总部经济：产业集群发挥乘数效应；兼并重组：加速打造“月亮工程”；服务型制造：“卖产品”升级到“卖服务”；资本运营：资本市场崛起“东莞板块”
134	4月10日	A05版	“倍增计划”再升级东莞打造高质量发展“新引擎”
135	4月11日	A03版	东莞将全面加快镇村工业园改造
136	4月14日	头版、A02版	坚持目标导向问题导向结果导向　以决战决胜之势坚决打赢污染防治攻坚战
137	4月14日	A09版、DC04版	东莞百万师生同上一堂班会课；百万中小学师生同上战疫班会课
138	4月17日	DC01—04版	危中寻机　奋力突围；依托供应链优势　强化话语权；抓住发展趋势　向高端化转型；顺应疫情需求　调整生产方向；创新营销模式　开拓国内外市场；“生产+服务”打开创收新赛道；擎起研发“杀手锏”开发新品抢市场
139	4月17日	A08版	中欧班列跑出“加速度”
140	4月18日	A06版	珠海东莞将各发放1亿元消费券；29家企业（农场）将参与“乐购东莞”！农家乐走起，1亿元消费券！“乐购东莞”海量福利等你来；官宣！东莞要发消费券了
141	4月20日	A01版	广东消费券金额逾10亿
142	4月21日	DC01版	春暖花开日，重逢校园时——致全市返校学生家长的一封信
143	4月21日	DC03版	温情与大爱彰显东莞文明基因
144	4月22日	DC01版	东莞供电局助力企业复工复产
145	4月23日	A08版	四市工业红线超1600平方公里
146	4月27日	DC01—04版	新品质　新优势　新内涵；保洁设施日渐完善　城乡环境优美宜居；打造千个街头小景　城市亮点串珠成链；对标一流城市　破解管理难题；细微之处见真章　提升市民幸福感；城市品质与排名一起跃升。
147	4月27日	A07版	“南方+东莞云上文化馆”上线；从数字化到智慧化，南方+“东莞云上文化馆”启动！
148	4月28日	DC06版	东莞文采会为文旅体企业转型“加油”
149	4月29日	A05版	东莞出台“稳外贸20条”加速企业转型
150	4月29日	A09版	“直播带货”催动东莞产业复苏
151	4月30日	A08版	东莞企石：奋力开创高质量发展新局面
152	5月2日	AⅡ05版	云文化线上平台开拓文化生活新方式
153	5月2日	A03版	东莞茶山：探寻传统文化之美　解读文旅融合精彩
154	5月3日	A01版	东莞虎门港综合保税区正式封关运行
155	5月3日	A03版	10万副医用护目镜搭中欧班列出口海外
156	5月4日	头版	保千万市场主体　激发经济内生活力
157	5月4日	A03版	东莞松山湖科学城建设跑出“加速度”
158	5月6日	A04版	乡村游升温：到大湾区后花园去
159	5月7日	头版	把人民群众生命安全放在首位　加强监测研判　科学稳妥处置

续表

序号	日 期	刊载版面	标 题
160	5月8日	DC01版	疫情“大考”下，东莞怎样化危为机
161	5月8日	DC02版	迁入人口数量居全国前五，区域旅游市场逐渐升温 文旅季带热东莞“五一”旅游消费
162	5月8日	A12版	东莞松山湖：推动重大项目建设驶入全面加速“快车道”
163	5月10日	A04版	华南首趟中欧班列（东莞—维尔纽斯）中国邮政专列从东莞启程
164	5月11日	A09版	大科学装置“扎堆”粤港澳大湾区
165	5月12日	DC04版	科研创新加速东莞新兴产业崛起
166	5月12日	A03版	熟悉的同学 陌生的间距
167	5月15日	A01版、A02版	全力促进外贸回稳向好 推动经济高质量发展
168	5月16日	A07版	东莞将印发“投资松绑30条” 推出50亿元专项资金方案，吸引更多投资
169	5月17日	A02版	东莞加速构建临港产业体系
170	5月19日	CT16版	东莞市 制造业大市的“双线作战”
171	5月19日	DC01版	统筹50平方公里土地，投入50亿元财政资金，力争3年招商6600亿元——东莞将全链条式为投资松绑
172	5月21日	头版、A08版	不一样的两会 一样的情怀
173	5月21日	A06版	拟提出16条涉战疫议案建议
174	5月21日	A09版	税费减负，今年一季度广东累计实现减税降费693亿元——助力企业抢抓“新基建”机遇
175	5月22日	DC02版	东莞给“荔” 全国接“荔”
176	5月23日	A13版	如何守住“六保”底线稳住经济基本盘?
177	5月24日	A05版	民生保障暖人心 多措帮扶增信心
178	5月24日	A10版	昔日“四小虎” 再当改革急先锋
179	5月25日	A13版	南方观察|超150亿元项目启动，东城稳经济促增长大幕开启
180	5月26日	DC01版	东莞出台企业全成长周期科技金融政策 力争到2022年高企贷款余额超500亿元
181	5月26日	A08版	广东持续优化创新布局，打造原始创新重要策源地、战略性新兴产业集聚地 大科学装置落户 新技术产业起飞
182	5月26日	A10版	加快营造共建共治共享社会治理格局 东莞：争创全国首批市域社会治理现代化试点
183	5月27日	A08版	加快建设先进制造强市 打造广东高质量发展名片
184	5月27日	A10版	高水平全面建成小康社会 打造民生建设“东莞品质”
185	5月29日	DC02版	加快建设先进制造强市，东莞从“规划图”向“施工图”推进 打造11产业集群构建现代产业体系
186	5月29日	DC03版	全国人大代表、东莞市委书记梁维东接受南方日报专访：抓好“六稳”“六保” 加快建设先进制造强市
187	5月30日	A04版	湾区水暖“港”先知 五月以来超两千亿元产业项目布局珠江口
188	6月5日	DC01版	东莞两会前瞻·改革一线|从“世界工厂”迈向先进制造业之都
189	6月6日	DC03版	东莞两会前瞻·基层实践|塘厦：全力构建莞深融合发展示范区
190	6月6日	A03版	“后浪”奔涌 创客逐梦大湾区
191	6月11日	A08版	东莞设50亿元保企业促复苏稳增长专项资金
192	6月11日	A11版	东莞校企合作洽谈会“云上”启动
193	6月12日	DC04版	“世界工厂”将蝶变为高品质现代化都市
194	6月12日	WD02版	莞城文化服务中心 获评2019年度东莞市非遗保护工作先进单位
195	6月12日	A14版	东莞福彩发放疫情防控专项补贴

续表

序号	日期	刊载版面	标题
196	6月13日	DC02版	各级代表联络站成群众心声汇集地；助推民营经济　服务保障民生
197	6月13日	DC02版	加强产权保护　做好公益诉讼
198	6月15日	A02版	苦练内功　迎接新机遇
199	6月16日	DC01版	东莞强心|今年大力实施“一心两轴三片区”品质提升工程
200	6月16日	A04版	“中国创新”点亮疫情下的全球经济
201	6月19日	DC03版	东莞先进制造业企稳回升
202	6月27日	A03版	小小读者证　温暖一座城
203	6月29日	A08版	滨海湾虎门融合并进　共谋高质量发展新局
204	7月3日	DC01版	不惧风雨　破浪前行
205	7月3日	DC02版	党建引领深化改革开新局
206	7月3日	DC03版	东莞经济全面企稳回暖
207	7月3日	DC04版	暖企撑企推动进出口“复苏”
208	7月3日	DC05版	东莞市税务局　为经济复苏添把力
209	7月3日	DC05版	东莞市公积金中心　党建引领助企惠民
210	7月3日	A14版	东莞松山湖以赛促创　打造极具影响力创新高地
211	7月6日	A04版	东莞奶爸带4岁女儿骑车去拉萨
212	7月7日	DC02版	东莞拓宽渠道推动重点群体就业
213	7月9日	A12版	纸短情长　写满对城市的牵挂
214	7月12日	A04版	营造“书香岭南”阅读氛围　满足更多“吴桂春”们需求
215	7月12日	A05版	232所学校学位数超10万个
216	7月14日	DC01版	为实体经济筑牢资金“补给线”
217	7月17日	DC01版	东莞启动招商引资百日攻坚行动　确保全年实际投资金额超千亿
218	7月22日	DC02版	吸引高成长企业　培育新产业梯队
219	7月23日	A09版	东莞107个项目集中开工　总投资708亿元
220	7月24日	DC01-02版	指标逐步恢复　经济复苏向好
221	7月24日	DC01版	签约10个项目计划总投资约13亿元
222	7月24日	DC03版	东莞加快布局重大项目赋能湾区
223	7月24日	DC03版	东莞剑指千亿级冷链产业集群
224	7月26日	A07版	一部关于城市味觉的编年史
225	7月27日	A13版	一座制造业名城的创新闯关
226	7月28日	DC04版	东莞打出稳外贸金融“组合拳”
227	7月28日	A05版	东莞建通道搭平台促进就业用工对接　288家企业“共享”逾万员工
228	7月28日	A09版	东莞为何出台楼市限购限售新政？
229	8月4日	头版	东莞：教授博士进镇，创新工厂开花
230	8月4日	DC02版	东莞掀起双拥热潮
231	8月4日	DC04版	“专精特新”让中小企业有大作为
232	8月5日	A10版	深读|疫情下东莞外贸的“订单保卫战”
233	8月8日	DC01版	教育扩容攻坚持续释放红利
234	8月8日	A05版	东莞规上工业增加值首破4000亿
235	8月9日	A01版	线上线下“动起来”
236	8月9日	A03版	十项赛事满足市民体育需求
237	8月11日	DC01-02版	东莞如何抢占直播电商风口？

续表

序号	日　期	刊载版面	标　题
238	8月11日	DC02版	东莞再出实招扶持中小微企业
239	8月11日	DC03版	东莞第三代社保卡10月起发放
240	8月14日	DC02版	累计牵线约2万人！东莞实施“共享员工”半年考
241	8月14日	A01版	我国首台自主研发“加速器硼中子俘获治疗”实验装置在东莞研制成功　癌症治疗再添国产“神器”
242	8月15日	A03版	全日制大专以上直接入户东莞
243	8月19日	A12版	东莞：依托“平安文化”品牌　营造城市无邪氛围
244	8月21日	AB05版	数字治理一线城市出炉　十强城市广东占三
245	8月22日	A05版	广东五个地区和项目获国家级法治政府建设示范命名
246	8月22日	A05版	广东深入推进商事制度改革　两项目成为全国首批法治政府建设示范
247	8月25日	DC01版	出口信用保险成拓展市场“稳定器”
248	8月25日	DC02版	当“最强大脑”遇到制造业名城
249	8月26日	DC03版	东莞名家具展缘何成企业拓内销首选
250	8月26日	A14版	抗疫一线医务人员参加亲子夏令营
251	8月28日	DC01版	数字化治理　塑造品智东莞
252	8月28日	DC02版	产业高峰论坛为莞企解读电商“密码”
253	8月30日	A02版	“东莞制造”如何走向B2C模式？
254	9月1日	DC01版、DC02版	东莞以品质教育助力城市升级
255	9月1日	DC03版	东莞谋划世界级电子信息产业集群
256	9月1日	A09版	东莞全方位推进教育扩容提质
257	9月2日	HD02版	打通从昭通到东莞　农产品产销一体化链条
258	9月3日	头版、A02版	挺进“深水区”！东莞建设改革创新实验区一周年成绩亮眼
259	9月4日	DC01版	752项国家标准　奠定东莞制造话语权
260	9月4日	DC02版	爱心接力筑起东莞友善之城
261	9月4日	DC04版	东莞会展业升级进行时
262	9月4日	A01版、A06版	深莞惠轨道交通一体化提速；轨道赋能深莞惠半小时都市圈
263	9月4日	A03版	让“最难就业季”不再难！东莞多举措助高校毕业生就业
264	9月5日	DC02版	爱心接力筑起东莞友善之城
265	9月7日	A06版	东莞市建设省制造业供给侧结构性改革创新实验区一周年　莞邑大地涌动新浪潮　高质量发展行稳致远
266	9月8日	DC01版	危中寻机　逆势竞进　东莞建设省制造业供给侧结构性改革创新实验区
267	9月8日	DC02版	东莞为人才提供优质一站式服务
268	9月8日	DC02版	税务部门“组合拳”暖企撑企　东莞出口退税更快更优
269	9月9日	A16版	3255亿项目强“筋骨”　东莞“魅力”尽显
270	9月9日	A03版	全国抗击新冠肺炎疫情先进集体（广东省）
271	9月9日	A04版	全国抗击新冠肺炎疫情先进个人（广东省）
272	9月9日	A07版	东莞滨海湾新区：发力高端集成电路产业　打造湾区“芯”高地
273	9月11日	DC01版	东莞成华为全场景智慧生态“黑土地”
274	9月13日	A04版	ESI公布最新统计数据　东莞理工港中文（深圳）新晋拥有ESI全球前1%学科高校
275	9月14日	A04版	碧道建设正全省铺开　催生滨水经济带
276	9月15日	DC01版	突出“强链”“补链”“拓链”，打造有全球影响力和竞争力的产业集群　东莞从产业招商迈向产业链招商

续表

序号	日　期	刊载版面	标　题
277	9月15日	DC02版	让村民幸福满满　促乡村环境“中看更中用”
278	9月18日	WD03版	夏去秋来鸟翩跹　东莞观鸟正当时
279	9月22日	A07版	握手楼变商业街　窝棚房成打卡点
280	9月23日	A02版	农民丰收节文旅融合促消费，东莞扶贫农产品热卖
281	9月24日	HD01版	积极参与全省“一核一带一区”建设
282	9月24日	HD03版	黄江持续推动产业人才培训
283	9月24日	A05版	产业链抱团　新集群崛起
284	9月28日	A01版、A13版	东莞前8月实际引进内外资　同比增长近五成
285	9月28日	A05版	“三尾之地”的绿色致富路
286	9月29日	DC01-04版	全力打造“一核一带一区”高质量发展重要动力支撑；赛龙夺锦：激发城市发展新动能；深莞融合：推动南部各镇街高质量发展；多轮驱动：打造区域枢纽型贸易强市；创新动能：加快建设松山湖科学城
287	9月30日	A06版	首批确立14个青年民生实事项目
288	10月2日	A03版	话一段战“疫”良缘
289	10月6日	A04版	全国公诉人业务竞赛举行决赛
290	10月12日	A08版	提升市域治理现代化水平护航“湾区都市、品质东莞”
291	10月13日	DC01版	打造新品质　开拓新空间　激发新动能
292	10月13日	DC02版	农村人居环境整治点亮东莞乡村振兴
293	10月14日	DC04版	迷途少年重新启航
294	10月14日	GC01版	双城联动升级　广州地铁将直通深圳
295	10月14日	HD02版	黄江加快布局5G和人工智能产业
296	10月16日	AT16版	东莞　尽锐出战　携手昭通断穷根
297	10月17日	A06版	脱贫攻坚　东莞加力
298	10月20日	DC03版	广发银行全面助力打赢脱贫攻坚战
299	10月20日	DC04版	为全球抗疫贡献“东莞力量”
300	10月23日	AT01版	山海协作　莞昭力量
301	10月23日	AT02版	从“单向帮扶”到“双向协同”
302	10月23日	AT03版	招商引资逆袭　激发脱贫致富新动能
303	10月23日	AT04版	社会力量众筹　奏响攻坚决胜大合唱
304	10月23日	AT05版	人才双向协作　改变劳务输出旧传统
305	10月23日	AT06版	产业集群升级　崛起电子信息新产业
306	10月23日	AT07版	农特优品补链　深加工推动农业现代化
307	10月23日	AT08版	医疗帮扶落地　助力健康服务进深山
308	10月23日	AT09版	扶贫干部融入　帮扶路上的苦与乐
309	10月23日	AT10版	扶贫干部融入　山海协作的日与夜
310	10月23日	AT11版	走马乌蒙山区　见证脱贫致富好故事
311	10月23日	AT12版	农民工合唱团　安置区里唱响新生活
312	10月23日	A14版	守住战疫防线　交出东莞答卷
313	10月26日	A03版	党建强根基　发展上引擎
314	10月27日	DC01版	依托交通区位优势和良好产业基础，开展各项重点工作“百日攻坚”行动　虎门：谋划新蓝图　开创新局面
315	10月27日	DC02版	南方观察|从广交会看莞企如何“破局”
316	10月27日	DC02版	全市首宗单一主体挂牌招商项目正式成交　东莞城市更新“开新局”

续表

序号	日　期	刊载版面	标　题
317	10月27日	A12版	东莞助企业全力抢占直播电商风口
318	10月28日	A08版	2020粤港澳院士峰会将于11月2日至4日举行　聚焦生物医药　彰显抗疫精神
319	10月30日	DC01版	横沥百年牛墟风情节创新推出“文化+”
320	10月30日	DC01版、DC02版	前三季度东莞经济稳步复苏
321	10月30日	DC02版	360多家优秀台企　参展东莞台博会
322	10月30日	DC02版	东莞44个市重大项目集中动工
323	10月30日	DC03版	粤港澳院士峰会首次落地松山湖科学城
324	10月30日	DC05版	东莞“强心”加速高质量发展开启人居新篇章
325	10月30日	DC06版	55个TOD站场规划提上日程
326	11月3日	DC01版	文明横沥　实践出彩
327	11月3日	DC02版	东莞经济“韧劲”十足
328	11月3日	DC03版	东莞全力打造大湾区投资热土
329	11月3日	A03版	2020粤港澳院士峰会开幕
330	11月3日	A07版	文明实践站成“家门口的精神乐园”
331	11月6日	DC01版	帮扶路上的东莞印记
332	11月6日	DC04版	东莞推动创新供需精准对接
333	11月9日	A05版	“双循环”下推进大湾区金融深度融合
334	11月11日	A14版	东莞前三季外贸进出口超9600亿元
335	11月13日	DC01版	划分四大港区，与广深错位发展　东莞港将打造区域物流枢纽
336	11月13日	DC02版	莞企“双11”不俗战绩背后双循环背景下，东莞电商正以新业态提升企业韧劲
337	11月13日	DC04版	东莞为约1万名老人提供生活照料、“大配餐”等服务　居家养老服务100%覆盖有需求村（社区）
338	11月17日	DC02版	东莞放宽农民住房管理
339	11月20日	BT01版	为脱贫攻坚注入“金融活水”
340	11月20日	BT01版	四大国家级公共服务平台进驻，吸纳海内外丰富产业资源　虎门推进世界级时尚产业集群先行区建设
341	11月20日	BT02-03版	精准施策　全力服务乡村振兴彰显金融扶贫力量
342	11月20日	BT03版	助力地方经济跑出“东莞速度”东莞农商银行上榜2020中国服务业企业500强
343	11月20日	BT04版	实现从“输血”到“造血”的转变　创新扶贫　金融创新助力打赢脱贫攻坚战
344	11月20日	BT04版	扎根莞邑大地　中信银行屡创佳绩
345	11月20日	BT05版	广东首场“电能推广”直播带货活动在莞举办东莞供电局：乐购绿能　“电”亮东莞
346	11月20日	BT06-07版	情系村民家中大小事，心怀脱贫产业新布局缔结情谊　东莞金融干部驻村帮扶“方程式”
347	11月20日	BT08版	提供优质金融服务　践行国企社会责任　农行东莞分行多渠道助力精准扶贫
348	11月20日	A14版	发力新经济赋能新发展，“一区五园”同日揭牌东莞松山湖推动软件产业开足马力向前冲
349	11月20日	A15版	道滘北岛变形记
350	11月20日	A07版	全国文明城市“五连冠”　东莞提颜值增气质
351	11月20日	A13版	今年前10月莞韶产业共建新签约逾百个亿元以上项目
352	11月21日	A05版	加快农科成果惠及粤港澳大湾区

续表

序号	日期	刊载版面	标题
353	11月22日	A02版	广东三项经验获国务院表扬 分别是广州越秀消费升级、深圳创新创业、东莞稳外贸工作
354	11月22日	A04版	东江流域规划建3060公里碧道
355	11月23日	A06版	前拥深港、背靠羊城，强化高品质文化供给 千年莞邑迈向湾区品质文化之都
356	11月24日	DC01版	东莞经验做法获国务院通报表扬
357	11月24日	DC03版	签约共建国家科学中心先行启动区
358	11月24日	DC04版	助力企业融入双循环新发展格局
359	11月27日	DC01版	构建"科研—资本—产业"对话平台
360	11月27日	DC04版	东莞智造军团将亮相广东智博会
361	11月27日	WD06版	再造东莞180年一遇的机遇降临（下）
362	12月4日	DA07版	50多项活动邀市民共享文化盛宴
363	12月4日	DC02版	最高"100万补贴+100万年薪"揽才
364	12月4日	DC02版	东莞移动携"5G+智慧展馆"亮相智博会
365	12月4日	DC03版	故宫多款文创IP原来"东莞造"
366	12月5日	A05版	2亿元"红包"再助企业开拓市场
367	12月6日	A05版	从"容庚捐赠展"看当下容庚研究的学术意义
368	12月8日	DC01版	东莞镇村工业园 加速蝶变
369	12月8日	DC02版	东莞以新思维谋求治理新突破
370	12月8日	DC03版	保卫碧水蓝天 东莞攻势如潮
371	12月8日	A07版	东莞率先探索 厘清街道人大"工作清单"
372	12月9日	A02版	省委深改委会议听取东莞建设广东省制造业供给侧结构性改革创新实验区情况汇报：收储土地逾2万亩，为重大项目拓空间
373	12月9日	A06版	围绕"产业链"构建"人才链"，人才总量达235.2万 为东莞打造先进制造业中心提供人才支撑
374	12月10日	BT01-BT04版	大河奔腾 时代强音
375	12月10日	A01版、A02版	切实扛起沉甸甸历史责任 高质量推进"双区"建设
376	12月11日	WD01版	千角灯点亮东莞非遗文创
377	12月11日	A16版	展区面积7万平方米，1193家企业参展 第十二届"加博会"将于17日在东莞开幕
378	12月14日	A10版	加博会：推动加工贸易创新发展
379	12月15日	A16版	"1+6"模式专业化办展 不断深化与商协会合作 加博会加速推进专业化办展进程
380	12月17日	A05版	建设"湾区都市、品质东莞"
381	12月20日	A12版	特色景点"串珠成链"展现茶山魅力
382	12月22日	DC01版	汇世界沉香 绽香市芬芳
383	12月24日	A07版	广东帮助云南二十二万贫困劳动力端稳"饭碗"
384	12月25日	DC01版	以科创为引领 打造全国先进制造之都
385	12月26日	A06版	东莞南城 突出民生导向 建设高品质城市中心
386	12月27日	A02版	村美民丰：2277个省定贫困村蝶变背后
387	12月28日	A02版	援企业稳岗位 以技能促就业
388	12月28日	A08版	向海扬帆，奋进"十四五"
389	12月28日	A11版	东莞塘厦探索创新强镇引领高质量发展
390	12月29日	DC01版	东莞医保 为高水平民生建设打牢健康基础

续表

序号	日 期	刊载版面	标 题
391	12月29日	DC02版	滨海湾新区“三年打基础”收官“五年大发展”启动
392	12月31日	AT18版	东莞 迈向高质量 答好小康卷
393	12月31日	A04版	多措并举稳住外贸基本盘

2020年广东卫视《广东新闻联播》涉莞重要报道选目表

序号	日 期	标 题
1	1月2日	东莞为顶尖人才送上大礼包 200平方米人才住房免租8年
2	1月2日	广东各地欢乐庆新年
3	1月5日	东莞交警提前5天启动春运 执勤点24小时不间断查车
4	1月5日	广东高校234个本科专业入选国家一流
5	1月8日	东莞产业工人新春歌会在虎门举行
6	1月8日	广东：各地积极采取措施全力备战春运
7	1月9日	茅洲河流域：深莞共治碧水还
8	1月14日	广东：科学立法助推民营经济高质量发展
9	1月15日	稳了！广东经济：稳中向好 长期向好
10	1月17日	两会直通车 关注大湾区建设 加快协同发展；东莞：“莞邑工匠”每人奖励30万
11	1月19日	东莞非遗项目参加省非遗项目集市活动
12	1月19日	东莞第100个消防站投入使用
13	1月29日	广东第二支驰援武汉医疗队整装待发
14	1月29日	147名医务人员出发！广东白衣铁军再赴抗疫一线
15	1月30日	东莞拨付首笔1.28亿元用于新型冠状病毒感染肺炎临床救治与防控
16	2月4日	李希到东莞调研检查疫情防控工作 聚焦人员返粤高峰和城乡社区进一步细化实化强化防控措施
17	2月10日	广东全力支持受疫情影响企业复工复产
18	2月11日	广东：做好防控前提下全力支持受疫情影响企业复工复产
19	2月11日	筑牢联防联控的铜墙铁壁
20	2月12日	东莞发挥制造业优势 防护品制造相关企业迅速复工复产
21	2月15日	满载湾区货物，节后广东首趟中欧班列从东莞发出
22	2月15日	中国外运石龙中欧班列今起恢复正常发运
23	2月16日	满载湾区货物，节后广东首趟中欧班列从东莞发出
24	2月16日	广东文艺界用艺术发声 传递战“疫”正能量
25	2月16日	中国外运石龙中欧班列今起恢复正常发运
26	2月19日	在大战中践行初心使命 在大考中交出合格答卷
27	2月24日	抗击疫情 她们撑起“半边天”
28	2月26日	广东：非公经济企业复产复工 防控疫情毫不放松
29	3月7日	广东各地党员驻守复工复产现场 一对一护航 心连心帮扶
30	3月17日	陪伴是最长情的“告白”
31	3月20日	广东：外贸企业加快复工复产 海关助力中欧班列如期发运
32	3月22日	东莞：严防境外疫情输入 加强对外籍人士柔性化服务管理
33	3月23日	广东：碧道建设全面复工扎实推进
34	3月27日	东莞30人护理团队支援广州白云机场
35	4月4日	广东各地全力复工复产 多措并举推进经济回暖

续表

序号	日 期	标 题
36	4月7日	东莞市在全省率先制定新冠病毒抗体检测项目价格
37	4月7日	广东多措并举促经济回暖　企业按下复工复产“快进键”
38	4月10日	广东：实招妙招稳外贸　化危为机拓市场
39	4月11日	建立扶贫车间　村民实现在家门口就业
40	4月14日	全省打赢污染防治攻坚战工作推进会在广州召开　李希马兴瑞王伟中出席会议
41	4月14日	广东：精准科学依法治污　悉心守护“广东蓝”
42	4月15日	“东莞网红直播带货基地”上线，助力企业加快复苏
43	4月15日	东莞市人社局回应部分企业用工需求减少的情况
44	4月19日	数字经济产业　广深专利数量广东最多
45	4月20日	广东各地发放消费券　刺激消费市场回暖
46	4月24日	东莞携手阿里巴巴推进制造数字化转型
47	4月26日	中石油西气东输东莞站向华能燃机电厂供气
48	4月26日	广东各地掀起消费券发放热潮
49	4月26日	战“疫”无国界　共护一个家
50	4月26日	完善公共图书馆服务体系　助推全民阅读新风尚
51	4月27日	“粤菜”师傅工程：粤菜传承的风味之路
52	5月4日	广东：多措并举促消费　提振品质创美好
53	5月8日	东莞将举办全省首个抗疫纪实展
54	5月10日	大湾区首趟国际“邮政专列”中欧班列开行
55	5月10日	东莞的供电负荷连续两天创今年的新高
56	5月10日	5G“加速度”　领跑“新基建”
57	5月10日	广东：550万学生即将返校　中小学严阵以待
58	5月13日	东莞首笔外债便利化额度试点业务成功落地
59	5月14日	第十二届中国加工贸易产品博览会线上展今天在东莞正式开展
60	5月15日	今年东莞全市将开展600多座公共厕所升级改造工作
61	5月16日	东莞住房公积金阶段性政策助企惠民
62	5月16日	马兴瑞赴东莞调研并主持全省稳外贸工作研判调度会议　全力促进外贸回稳向好　推动经济高质量发展
63	5月27日	代表委员热议：坚决夺取脱贫攻坚战全面胜利
64	5月28日	代表委员热议：努力在危机中育新机　于变局中开新局
65	5月29日	黄建平：力降成本　“放水养鱼”
66	5月30日	东莞工会全力推进百人以上企业建会集中攻坚行动
67	5月31日	万江今日起龙　东莞“龙舟月”正式拉开大幕
68	6月1日	品质东莞线上绽放：东莞玩具婴童产品展销直播带货
69	6月1日	东莞：外贸企业转换新风口　“危”中找“机”
70	6月3日	东莞“云招商、云问暖”活动圆满结束
71	6月3日	切实落实“六稳”“六保”　助力广东稳就业促发展
72	6月3日	“直播带货”成风潮　我省各行业创新思维拥抱新业态
73	6月4日	广东中行落地贸易外汇收支便利化试点扩大后首批业务
74	6月5日	粤港澳大湾区高价值专利培育布局大赛百强项目今天在东莞开启复赛擂台
75	6月5日	重大项目有序推进　大湾区建设正当时
76	6月7日	2020年中国会展经济研究会年会将在东莞举办
77	6月7日	雷建云：扎进泥土里　开出最美的花

续表

序号	日 期	标 题
78	6月10日	广东：精准帮扶服务到户　激发市场主体活力
79	6月11日	2020年东莞市第十一届校企合作洽谈会今天上午启动
80	6月12日	弘扬传统文化　感受“非遗”魅力
81	6月20日	粤港澳大湾区：加速打造科技创新高地
82	6月21日	莞惠城际端午假期加开32趟列车应对客流高峰
83	6月22日	东莞市开展房地产市场乱象专项整治行动
84	6月23日	鸦片战争博物馆获评广东“最美禁毒团队”
85	6月23日	广交会观察：从“代工”到“创牌”箱包企业“危中寻机”
86	6月27日	农民工留言惜别东莞图书馆，人社部门帮其找到附近新工作
87	6月27日	李希马兴瑞到东莞调研，抓好产业市场科技文化四个环节，推动荔枝产业高质量发展
88	6月27日	东莞推出10平方公里产业用地面向全球招商
89	6月27日	国际禁毒日：广东各地开展多种形式的禁毒宣传教育
90	6月28日	深情难舍东莞图书馆　外来工留言感动朋友圈
91	6月29日	东莞市场主体规模稳健增长5月新登记市场主体同比增14.9%
92	6月30日	广东：推动荔枝产业高质量发展　更好助力脱贫攻坚富民兴农
93	7月1日	2020第五届东莞农产品博览会将于12月在厚街举行
94	7月1日	马兴瑞赴广州东莞调研“煤改气”工作
95	7月4日	第五届中国创新挑战赛（广东）在莞启动　引进高层次人才最高奖励1000万元
96	7月5日	广东：建设基层职工书屋近12万家　覆盖服务职工超300万人
97	7月6日	深江铁路珠江口隧道工程开工　施工难度创多项国内之最
98	7月7日	新时代文明实践中心：推动党的创新理论“飞入寻常百姓家”
99	7月9日	东莞新增26个“一件事”一次办主题服务
100	7月9日	深化东西部帮扶协作　粤滇携手决战脱贫攻坚
101	7月10日	“一站式”服务！东莞首个出租汽车驿站投入使用
102	7月13日	东莞：“慈善超市”开启易地扶贫新模式
103	7月14日	石马河流域旗岭断面水质由劣Ⅴ类好转至Ⅳ类
104	7月14日	广东援川教师王谨：愿做一盏明灯　照亮你前行的路
105	7月17日	东莞：本月起每月定期发布住宅网签情况
106	7月19日	东莞中小学生开展体验式防溺水教育进校园活动
107	7月22日	东莞缴获走私冻品76吨案值约500余万元
108	7月23日	习近平总书记企业家座谈会重要讲话在粤引发热烈反响　千方百计保护和激发市场主体活力
109	7月25日	中央财政拨付9000万元支持东莞治水
110	7月26日	东莞升级楼市调控：二手房限购限售调整为3年
111	7月27日	广东各地电影院复工　市民防疫观影两不误
112	7月28日	东莞人夜间购买力全省第三
113	7月29日	广东：外贸展现强大韧性　经济复苏稳步加快
114	8月3日	松山湖5家企业5项发明专利荣获中国专利优秀奖
115	8月3日	最美退役军人黄丹：协税员扎根基层投身公益助学18年
116	8月6日	东莞市属企业开展物业租金减免行动
117	8月7日	东莞市征兵体检工作有序开展
118	8月8日	广东省实验室建设驶入“快车道”
119	8月9日	广东：用好投资“稳压器”　培育经济新动能

续表

序号	日　期	标　题
120	8月9日	保家卫国驱日寇　东江纵队显英豪
121	8月13日	东莞7月CPI同比上涨2.6%
122	8月14日	我国首台加速器硼中子俘获治疗实验装置研制成功
123	8月17日	鸦片战争博物馆“爱上博物馆”暑期夏令营开营
124	8月18日	东莞市总工会劳模宣讲团走进莞城和寮步
125	8月21日	广东“加易贷”落地东莞，为莞企注入金融活水
126	8月22日	《寻味东莞》网络播放量已超过1亿次　进一步擦亮东莞美食文化名片
127	8月25日	广东：加快构建“一核一带一区”区域发展新格局　以新担当新作为奋力实现“四个走在全国前列”当好“两个重要窗口”
128	8月26日	关爱抗疫一线医务人员亲子夏令营活动开营
129	8月30日	东莞计划3年内培育“专精特新”企业超300家
130	8月30日	全省首个！东莞供港蔬菜监管中心在石碣成立
131	8月30日	广东公安水上技能大比武　多警种模拟实战大练兵
132	8月31日	东莞计划3年内培育“专精特新”企业超300家
133	9月3日	重走东纵抗战路　广东人民解放的一面旗帜
134	9月3日	东莞资助300名农村电商带头人进修
135	9月3日	重走东纵抗战路　东江纵队：孤悬敌后　英勇抗日
136	9月11日	华为宣布鸿蒙系统升级至2.0版本
137	9月13日	东莞市总工会在APP上送出5000张免费电影票
138	9月13日	荣誉和责任并重　抗疫精神永远在心中
139	9月15日	华为运动健康科学实验室落子松山湖
140	9月15日	广东：全力增加学位供给　让孩子“有学上　上好学”
141	9月21日	广东：多措并举促进高校毕业生就业
142	9月28日	全面建成小康社会“百城千县万村调研行”　东莞中堂潢涌村：德本传承八百年　文明之花处处开
143	9月30日	首个专项青年发展规划落地　东莞致力打造“青年发展型城市”
144	10月3日	国庆假期活动精彩纷呈　助“燃”市民爱国情
145	10月3日	广深高铁：珠三角经济高质量发展的重要引擎
146	10月4日	在东莞市民服务中心可办79个武汉事项
147	10月4日	广东各地持续开展《习近平谈治国理政》第三卷专题宣讲活动　迅速在全省掀起学习宣传贯彻热潮
148	10月7日	探寻抗癌新利器　我国科学家又有新突破
149	10月9日	广东援疆　助维族女孩圆梦服装设计
150	10月9日	广东全面进入高铁时代　运营总里程居全国前列
151	10月11日	广东：决战决胜脱贫攻坚　加快推进乡村振兴
152	10月12日	2020中国国际食品配料博览会15日—20日在东莞举行
153	10月12日	广东帮扶4省（区）379.2万人口脱贫
154	10月13日	广东：坚持党建引领　增强脱贫奔康内生动力
155	10月14日	广州地铁22号线拟延至东莞接深圳
156	10月18日	省政协主席王荣赴东莞开展专题调研
157	10月19日	东莞：东西部扶贫协作和省内精准脱贫工作取得阶段性成效
158	10月21日	以开放创新促高质量发展　在更高起点上推进改革开放
159	10月22日	广东：弘扬特区精神　全方位推进高质量发展

续表

序号	日期	标题
160	10月28日	vivo研发总部落户东莞
161	10月30日	第十一届东莞台博会开幕
162	10月30日	努力在构建新发展格局中作出贡献
163	10月30日	第十一届东莞台博会开幕
164	11月1日	容庚捐赠展将于11月3日在中国美术馆开幕
165	11月3日	粤港澳院士峰会今日东莞举行
166	11月3日	东莞麻涌：打造新时代文明实践“三级覆盖”格局　打通服务群众“最后一公里”
167	11月3日	“双11”开启跨境商品通关忙
168	11月4日	2020粤港澳大湾区院士峰会东莞举行
169	11月4日	容庚捐赠展中国美术馆开幕
170	11月6日	东莞长安：志愿服务入民心　文明实践结硕果
171	11月7日	新时代文明实践推动文化惠民文化育人
172	11月8日	2020年“119消防安全宣传月”宣传活动在各地举行
173	11月9日	东莞成立工作专班，严防新冠病毒在医疗机构内传播
174	11月9日	央媒看广东：东莞构建区域创新共同体　推动高质量发展
175	11月10日	投资约4.36亿元　虎门威远大桥明年重建
176	11月10日	一颗草莓背后的扶贫探索
177	11月13日	权威访谈·牢记嘱托再出发——东莞：坚定不移贯彻新发展理念　努力打造广东高质量发展名片
178	11月18日	光明日报：白衣渡江海　红烛照乌蒙
179	11月20日	虎门国际服装交易会开幕
180	11月21日	今年前10月莞韶产业共建　新签约逾百个亿元以上项目
181	11月23日	广东省中国科学院全面战略合作领导小组会议在穗举行　白春礼马兴瑞等出席会议
182	11月23日	继续扩大对外开放　建设更高水平开放型经济新体制
183	11月24日	广东三项典型经验获国务院通报表扬
184	11月25日	2020塘厦高博会开幕
185	11月27日	首届松山湖新材料高峰论坛今日举行
186	11月27日	广东：时刻绷紧疫情防控这根弦　扎实做好常态化防控各项工作
187	11月29日	全省政协系统学习交流会召开
188	12月3日	第六届广东国际机器人及智能装备博览会在东莞开幕
189	12月7日	东莞水乡政务服务中心推出暖心措施方便长者办事
190	12月8日	首届全国云上文采会：数字化赋能公共文化服务
191	12月10日	李希马兴瑞到深圳东莞调研　切实扛起沉甸甸历史责任　高质量推进“双区”建设
192	12月11日	第十二届加博会将于17日在东莞开幕
193	12月12日	东莞市市场监督管理局开展冬季单位食堂食品安全交叉检查
194	12月17日	捐助10万只口罩，联合国致谢大岭山镇台铃集团
195	12月18日	第十二届加博会开幕：搭建内外销交易平台　促加工贸易转型升级
196	12月23日	重大利好！东莞出台“金融80条”助力粤港澳大湾区发展
197	12月25日	粤滇扶贫协作：百姓下山上楼　“云品”出山入海
198	12月27日	广东省中小学书法教育研究中心在东莞成立
199	12月27日	广东持续掀起学习贯彻党的十九届五中全会精神热潮
200	12月27日	牢记嘱托　筑梦湾区　协同创新　互利共赢

2020年其他重点媒体涉莞重要报道选目表

序号	日 期	媒 体	版 面	标 题
1	1月5日	经济日报	头版	三大攻坚战取得关键进展
2	1月18日	经济日报	（台湾版）13版	东莞（广东）企业年节后不怕人力荒95%员工将返回岗位
3	2月7日	经济日报	中国经济网	东莞市长安镇组建硬核广播员队伍　传播防疫正能量
4	2月10日	经济日报	中国经济网	东莞东城14项措施助企业复工　鼓励企业抱团开拓国内外市场
5	2月11日	经济日报	中国经济网	东莞虎门港综保区内建成进境防疫物资配送中心
6	2月12日	经济日报	05版	各地纷纷出台援企稳岗措施，帮助企业渡过难关——政策暖心　复工强劲、新闻客户端刊发东莞市沃德公司80%员工返岗复工　政策“及时雨”给企业添信心
7	2月12日	经济日报	11版	东莞（广东）制造业重镇推纾困方案　可望为企业减负107亿元
8	2月13日	经济日报	06版	政策“及时雨”滋润企业心田
9	2月16日	经济日报	新闻客户端	妈妈，如果不能抱你，请让我为你跳支舞
10	2月19日	经济日报	头版	“广东制造”再出发
11	2月23日	经济日报	07版	万家规上工业企业复工率近八成　东莞致信投资者：现在来投资正当其时
12	2月25日	经济日报	中国经济网	外资企业进出口300强开工率91%东莞打出稳外资、稳外贸“组合拳”
13	2月25日	经济日报	中国经济网	员工返岗40%，产能已达80%　东莞红河公司战“疫”拼了
14	2月26日	经济日报	中国经济网	昭通东西部扶贫协作专列首发！1385人，目的地东莞
15	2月27日	经济日报	11版	广东东莞松山湖高新区近80%重点高科技企业复工复产——下沉式服务助力防疫复工两不误把工作做细做实
16	2月28日	经济日报	中国经济网	村子与企业共渡难关　东莞112个村为企业减租2292万元
17	2月29日	经济日报	中国经济网	东莞出台“优化服务15条”推动重点企业、重大项目复工复产
18	3月2日	经济日报	中国经济网	广东打出稳外资、稳外贸有力政策“组合拳”　国际产业链稳住了
19	3月5日	经济日报	中国经济网	东莞社区抗疫一线上的“最美新娘子”
20	3月6日	经济日报	中国经济网	“世界工厂”东莞物流逐步畅通　道路货运、物流企业复工率达9成
21	3月12日	经济日报	中国经济网	东莞启动品质交通千日攻坚行动　力争绿色出行分担率达70%
22	3月14日	经济日报	中国经济网	东莞松山湖信息技术产业链全面复苏　华为产业链招商成下一步重点
23	3月17日	经济日报	07版	率先推出一批政策互通事项——粤港澳大湾区建设跑出加速度
24	3月24日	经济日报	4版	湖北省枣阳市为外出务工人员返岗“护航”闭环直达　安全复工
25	3月25日	经济日报	中国经济网	东莞港：海上防控、物流畅通“两不误”
26	3月28日	经济日报	10版	广东东莞启动品质交通千日攻坚行动　力争绿色出行分担率达70%
27	3月28日	经济日报	中国经济网	阿里巴巴为6万家广东工业企业提供云服务——企业上云活力倍增
28	3月30日	经济日报	10版	广东东莞启动品质交通千日攻坚行动
29	3月30日	经济日报	新闻客户端	东莞港：海上防控、物流畅通“两不误”
30	4月21日	经济日报	09版	外贸企业如何应对“订单荒”；东莞建设“淘宝直播第一园”——借力直播打开内销市场；给“外”转“内”加把力

续表

序号	日　期	媒　体	版　面	标　题
31	4月22日	经济日报	新闻客户端	八成企业订单撑不过3个月！他们"慌了"吗？
32	4月23日	经济日报	10版	广东东莞松山湖高新区：信息技术产业链全面复苏
33	4月23日	经济日报	新闻客户端	东莞与阿里开启战略合作　助10万工厂数字化转型
34	5月1日	经济日报	新闻客户端	东莞外贸工厂上天猫卖2500万件夏装　阿里在"世界工厂"再推扶持政策
35	5月7日	经济日报	07版	"东莞制造"线上绽放
36	5月9日	经济日报	中国经济网	统筹万亩产业用地承接优质项目　东莞松山湖重大项目建设驶入"快车道"
37	5月10日	经济日报	中国经济网	华南首趟中欧班列（东莞—维尔纽斯）中国邮政专列启程！"中国制造"将抵达欧洲26国
38	5月11日	经济日报	08版	"重振引擎"助商惠民计划全面启动
39	5月14日	经济日报	10版	东莞（广东）加工贸易博览会开幕　线上展览+直播带货模式吸睛
40	5月14日	经济日报	新闻客户端	第十二届中国加工贸易产品博览会"云端"开展　助企业线上抢订单、拓市场
41	5月16日	经济日报	05版	扩大使用范围，下调缴存比例——公积金改革步伐加快
42	5月16日	经济日报	中国经济网	东莞推出"投资松绑30条"　力争三年吸引投资6600亿元
43	5月18日	经济日报	10版	中欧班列通邮东莞　中国邮政专列开行
44	5月19日	经济日报	09版	出台"投资松绑30条"东莞释放粤港澳大湾区投资活力
45	5月27日	经济日报	中国经济网	梁维东代表：化危为机，坚定不移推动制造业高质量发展
46	5月30日	经济日报	中国经济网	广东东莞：厚植沃土，让高技术企业驰骋海内外市场
47	6月12日	经济日报	中国经济网	东莞构建"超常规机制"稳住经济基本盘
48	6月12日	经济日报	（台湾版）12版	东莞（广东）大湾区大学筹建加速度　总投资额达420亿元
49	6月25日	经济日报	新闻客户端	东莞：换位企业思考　"极速"送达优惠
50	6月26日	经济日报	新闻客户端	湖北农民工手写留言告别东莞图书馆：余生永不忘你
51	6月29日	经济日报	中国经济网	给返乡农民工搭好创业舞台
52	7月3日	经济日报	中国经济网	第五届中国创新挑战赛（广东）在东莞松山湖启动
53	7月5日	经济日报	07版	广东东莞1000多支家庭医生团队守护群众健康——"有个头疼脑热，先想到家庭医生"
54	7月5日	经济日报	新闻客户端	"基层医疗服务强起来"是件大好事
55	7月6日	经济日报	10版	广东东莞：把税收优惠政策落实到位
56	7月9日	经济日报	中国经济网	东莞出台新一轮科技政策　加速打造国家创新性城市
57	7月22日	经济日报	中国经济网	东莞国际商务区中心公园及绿轴设计方案出炉　将打造融入粤港澳大湾区"门户客厅"
58	7月25日	经济日报	中国经济网	东莞松山湖国际创新创业社区揭牌　大湾区添了座"创新创业不夜城"
59	7月28日	经济日报	新闻客户端	黄金奈李走出深山！东莞帮扶韶关打造380个特色扶贫产业
60	7月29日	经济日报	新闻客户端	东莞发布新一轮惠企扶持政策　助推经济全面复苏
61	8月10日	经济日报	（台湾版）08版	东莞（广东）鸿蒙2.0下月亮相　将全面取代安卓
62	8月11日	经济日报	头版	政策发力，创新驱动——"广东制造"活力重现
63	8月15日	经济日报	中国经济网	大湾区添了座"创新创业不夜城"
64	8月16日	经济日报	中国经济网	肿瘤治疗又添"利器"！我国首台自主研发加速器硼中子俘获治疗实验装置研制成功
65	8月20日	经济日报	（台湾版）10版	东莞台博会　设电子合作专区
66	8月21日	经济日报	中国经济网	东莞龙嘉电商直播孵化基地启用　电商直播产业集群迈上新台阶

续表

序号	日期	媒体	版面	标题
67	8月22日	经济日报	新闻客户端	东莞再添国字号殊荣！“深化商事制度改革”入选全国首批法治政府建设示范项目
68	8月22日	经济日报	新闻客户端	全国首个“补充医疗保险+医保电子凭证”之东莞模式在腾讯微保上线
69	8月22日	经济日报	新闻客户端	“东莞市民保”正式上线　开创全国首个补充医疗保险+医保电子凭证应用新模式
70	8月26日	经济日报	新闻客户端	华为中国生态之行2020·东莞数字峰会举办　东莞携手华为推进“数字政府”改革
71	8月29日	经济日报	新闻客户端	东莞东城开展“东莞市民保+第三代社保卡”推广活动
72	9月1日	经济日报	（台湾版）10版	东莞（广东）供港蔬菜监管中心成立　有助稳定价格、保障品质
73	9月5日	经济日报	中国经济网	重磅！东莞楼市限购、限转让政策细则出台
74	9月9日	经济日报	新闻客户端	东莞3255亿元重大项目签约　打造最强先进制造产业链
75	9月10日	经济日报	新闻客户端	国内首个三维实景云端展会——云上东莞（常平）商品博览会上线
76	9月11日	经济日报	04版	打造最强产业链，赋能智造新时代——东莞先进制造业强链补链拓链
77	9月11日	经济日报	新闻客户端	东莞滨海湾新区再签多宗重大项目“6个10条”政策大礼包同步出台
78	9月11日	经济日报	中国经济网	刚公布，未来你的华为手机将迎来这些改变
79	9月11日	经济日报	中国经济网	发力全场景智慧生态体验——华为发布鸿蒙2.0等系列技术创新进展
80	9月11日	经济日报	中国经济网	华为开发者大会发布系列创新成果　与开发者共建全场景智慧生态
81	9月13日	经济日报	中国经济网	华为运动健康科学实验室落子松山湖
82	9月14日	经济日报	09版	建好“数字政府”大生态
83	9月20日	经济日报	09版	抗癌“利器”又有新突破
84	10月1日	经济日报	中国经济网	广东东莞多举措吸引港澳青年创业就业
85	10月4日	经济日报	中国经济网	东莞：人才住房租金不高于同地段平均租金60%
86	10月10日	经济日报	新闻客户端	抖音国庆数据报告显示：苏州东莞成为旅游黑马
87	10月22日	经济日报	新闻客户端	东莞制造选品与集采大联盟展会将办　线上线下赋能“东莞制造”
88	10月25日	经济日报	05版	东莞滨海湾新区融入大湾区产业链
89	10月26日	经济日报	07版	“一座城留住一个人”的启示
90	10月30日	经济日报	中国经济网	近60位院士共话创新！2020粤港澳院士峰会将在东莞举办
91	10月30日	经济日报	（台湾版）12版	东莞（广东）台湾名品博览会开幕　转型专业展　英业达、正崴等参与
92	11月2日	经济日报	10版	广东东莞对口帮扶云南昭通6县区——供需对接　融通互补互利共赢
93	11月2日	经济日报	新闻客户端	莞香花开　林芝芬芳——广东省东莞对口帮扶西藏林芝市巴宜区纪实
94	11月4日	经济日报	12版	广东东莞市对口帮扶西藏林芝市巴宜区10年——跨越4000公里的接力帮扶
95	11月16日	经济日报	新闻客户端	“品质东莞知识产权直销夜”看老字号如何推陈出新
96	11月22日	经济日报	05版	广东东莞18万家工业企业就业用工话题备受关注——“招工难”还是“找工难”？
97	11月22日	经济日报	新闻客户端	东莞制造选品与集采大联盟展会下周开幕！故宫博物院等知名博物馆将观展

续表

序号	日 期	媒 体	版 面	标 题
98	11月23日	经济日报	11版	抓投资、抓产业、抓创新，补链强链——百日攻坚为“东莞制造”蓄能
99	11月29日	经济日报	新闻客户端	工业城市致敬工业城市：东莞推出友城展纪念恩格斯诞辰200周年
100	11月29日	经济日报	新闻客户端	东莞制造选品与集采大联盟展会开幕
101	12月3日	经济日报	中国经济网	第六届广东国际机器人及智能装备博览会开幕
102	12月3日	经济日报	中国经济网	中欧班列再添新成员！首开东莞至德国杜伊斯堡中欧班列
103	12月4日	经济日报	中国经济网	2020东莞高层次人才活动周将办　百万年薪招揽“智造”人才
104	12月5日	经济日报	08版	首趟“东莞常平号”中欧班列启动
105	12月8日	经济日报	10版	智能制造成为东莞产业高质量发展重要引擎——为粤港澳大湾区“定制智能工厂”
106	12月10日	经济日报	新闻客户端	人才总量达235.2万　东莞举办高层次人才活动周广纳贤才
107	12月11日	经济日报	新闻客户端	第十二届加博会将于12月17日在广东东莞开幕
108	12月19日	经济日报	中国经济网	畅通国内国际双循环！第十二届中国加博会在东莞开幕
109	12月21日	经济日报	10版	第十二届中国加工贸易产品博览会亮点纷呈——广东加工贸易企业加速“出海”
110	12月24日	经济日报	新闻客户端	东莞出台“金融80条”支持粤港澳大湾区发展
111	12月24日	经济日报	新闻客户端	中国（东莞）国际茶产业博览会将办　助推“藏茶之都”全茶产业链发展
112	12月26日	经济日报	新闻客户端	“互联网+”让广东医疗援疆更精准
113	12月29日	经济日报	新闻客户端	东莞将启动“技能人才之都”升级行动计划
114	2月11日	光明日报	05版	广东战“疫”进行时织密四张“网”护群众安康
115	2月19日	光明日报	光明网	各地出台真招实招　力保重点企业用工
116	2月22日	光明日报	09版	治愈系漫画：方舱医院里一味抚人心的良药
117	3月10日	光明日报	05版	广东：凝聚文明力量　夺取战“疫”胜利
118	3月20日	光明日报	04版	返岗就业进行时
119	3月21日	光明日报	光明网	最高礼遇！最豪华车队！东莞铁骑为援鄂东莞医疗队，开道迎送回家！
120	3月24日	光明日报	04版	稳岗返还资金惠及4230万职工
121	5月14日	光明日报	新闻客户端	东莞出台国内首个平面口罩生产设备标准
122	5月16日	光明日报	光明网	东莞：启动首批战略性新兴产业基地建设
123	5月20日	光明日报	光明网	东莞长安镇举行2020年重大工业项目集中签约动工仪式
124	6月5日	光明日报	新闻客户端	广东首款“消费扶贫爱心卡”在东莞全面启动
125	6月18日	光明日报	新闻客户端	粤港澳大湾区科技创新走廊——东莞望牛墩智能制造科技产业园启动招商
126	6月23日	光明日报	光明网	光明时评：CBA复赛是一个良好的开端
127	6月28日	光明日报	新闻客户端	农民工图书馆临别留言，结局暖了
128	6月28日	光明日报	光明网	农民工留言东莞图书馆，这故事为何激动人心
129	6月29日	光明日报	新闻客户端	农民工图书馆临别留言，结局暖了！
130	7月5日	光明日报	新闻客户端	“一位读者的留言与一座城市的形象”座谈研讨会举办
131	7月8日	光明日报	光明网	东莞　主动应变赢先机（在危机中育新机　于变局中开新局）
132	7月8日	光明日报	光明网	今年全总将扶持新建命名800个职工书屋
133	7月9日	光明日报	新闻客户端	东莞长安镇：期待引入社会力量共创生态文明建设成果
134	7月11日	光明日报	光明网	阅读是城市的一道文化风景

续表

序号	日期	媒体	版面	标题
135	7月15日	光明日报	05版	追美食纪录片正成为一种生活方式
136	7月16日	光明日报	光明网	追美食纪录片正成为一种生活方式
137	7月17日	光明日报	新闻客户端	第二届“湾高赛”五十强百强颁奖仪式在东莞举行
138	7月22日	光明日报	光明网	东莞国际商务区中心公园及绿轴方案设计国际咨询获胜方案出炉
139	8月14日	光明日报	光明网	癌症治疗再添国产“神器”　我国首台自主研发加速器硼中子俘获治疗实验装置研制成功
140	8月15日	光明日报	光明网	癌症治疗再添国产“神器”　我国首台自主研发加速器硼中子俘获治疗实验装置通过评审
141	8月20日	光明日报	光明网	广东东莞首个电商直播孵化基地启用
142	8月20日	光明日报	光明网	第43/44届国际名家具（广东东莞）展览会开幕
143	8月22日	光明日报	光明网	中央依法治国办关于第一批全国法治政府建设示范地区和项目命名的决定
144	8月23日	光明日报	光明网	专家探讨艺术IP　与广东东莞城市人文品牌铸造
145	8月23日	光明日报	新闻客户端	腾讯微保推出“百城惠民健康保障计划”
146	8月27日	光明日报	光明网	“基”+“智”前行让数字东莞获得增长新动能
147	8月29日	光明日报	光明网	“2020年全国公共文化和旅游产品云上采购大会”开幕
148	9月9日	光明日报	06-08版	全国抗击新冠肺炎疫情先进个人名单（1499名）
149	9月9日	光明日报	10-11版	全国抗击新冠肺炎疫情先进集体名单（500个）
150	9月10日	光明日报	光明网	广东东莞：签约216个重大项目　迎新一轮发展商机
151	9月11日	光明日报	光明网	华为宣布手机将全面支持鸿蒙
152	9月13日	光明日报	光明网	华为发布新的开发者技术　使能全场景智慧生态体验
153	9月30日	光明日报	新闻客户端	尽锐出战　广东东莞帮扶云南昭通实现高质量脱贫
154	10月2日	光明日报	新闻客户端	农行东莞分行：“FT账户”助力莞企跨境金融高质发展
155	10月10日	光明日报	新闻客户端	抖音发布国庆数据报告，苏州东莞成为旅游黑马
156	10月20日	光明日报	新闻客户端	文学名家黄江采风点赞广东东莞“成如容易却艰辛”
157	10月30日	光明日报	光明网	第十一届东莞台湾名品博览会开幕　逾360家台企参加
158	10月30日	光明日报	光明网	2020粤港澳院士峰会将于11月2日在广东东莞举行
159	10月31日	光明日报	光明网	广东东莞交警直播宣传交通安全　市民送奶茶点赞
160	11月4日	光明日报	光明网	广东东莞医疗援藏构筑巴宜区大健康体系
161	11月5日	光明日报	光明网	结亲结对多方携手共叙粤藏情缘
162	11月7日	光明日报	光明网	“有容乃大——容庚捐赠展”在中国美术馆开幕
163	11月19日	光明日报	光明网	国际调解高峰论坛构建多元国际调解合作机制
164	11月19日	光明日报	光明网	广东东莞国际设计周助推粤港澳大湾区设计发展
165	11月28日	光明日报	新闻客户端	中国松山湖新材料高峰论坛在东莞召开
166	11月29日	光明日报	新闻客户端	广东东莞：用更加国际化的语言对外讲好东莞故事
167	11月30日	光明日报	光明网	国内第一所杨振宁教研楼在东莞理工学院启用
168	11月30日	光明日报	光明网	“中国抗疫精神论坛”在广东东莞举行
169	12月1日	光明日报	05版	数据线联通山海　红苹果香飘两城
170	12月1日	光明日报	06版	补齐营商物流短板　培育壮大传统产业
171	12月1日	光明日报	新闻客户端	数据线联通山海　红苹果香飘两城
172	12月1日	光明日报	新闻客户端	“东莞医生是我们的光明使者”
173	12月1日	光明日报	新闻客户端	扶贫项目落地是我最开心的事

续表

序号	日　期	媒　体	版　面	标　题
174	12月1日	光明日报	新闻客户端	补齐营商物流短板　培育壮大传统产业
175	12月1日	光明日报	新闻客户端	协作促发展　聚力高质量
176	12月1日	光明日报	新闻客户端	一根数据线串起脱贫路
177	12月5日	光明日报	新闻客户端	广东东莞下周将举办2020高层次人才活动周
178	12月11日	光明日报	新闻客户端	广东东莞茅洲河工业文明展示馆开馆
179	12月12日	光明日报	光明网	广东将建世界领先智能家电高地
180	1月8日	科技日报	中国科技网	中国城市科技创新发展指数2019发布：北京深圳上海位列前三
181	1月15日	科技日报	04版	广东：打造广深港澳科技创新走廊
182	2月4日	科技日报	07版	从东莞“龙须沟”到国家湿地公园　华阳湖生态再造带动产业升级
183	2月6日	科技日报	07版	东莞集聚高端创新要素大科学装置加速释放磁极效应
184	3月3日	科技日报	02版	中国散裂中子源打靶束流功率达到100kW设计指标
185	3月13日	科技日报	06版	疫情中按下创新加速键　松山湖高新区这波操作“亮”了
186	3月19日	科技日报	中国科技网	疫情之下，这些“大国重器”迎难而上
187	3月20日	科技日报	04版	疫情之下　国之重器迎难而上
188	3月21日	科技日报	中国科技网	有核心技术，有防疫物资，疫情面前显身手
189	5月12日	科技日报	08版	生态环境违法行为举报奖励将全面制度化
190	6月28日	科技日报	中国科技网	结局太暖！留言东莞图书馆的农民工，不用告别啦！
191	7月10日	科技日报	中国科技网	东莞发布建设国家创新型城市7个配套政策
192	8月11日	科技日报	07版	湾区再燃创新创业之火
193	8月14日	科技日报	头版、03版	首台国产加速器硼中子俘获治疗实验装置研制成功
194	8月20日	科技日报	中国科技网	2020东莞台湾名品博览会聚力大湾区，开拓新商机
195	9月9日	科技日报	05-07版	全国抗击新冠肺炎疫情先进个人名单（1499名）
196	9月10日	科技日报	中国科技网	东莞招商引资逆势增长216个项目抢滩登陆
197	10月19日	科技日报	04版	中国散裂中子源：“超级显微镜”看清材料微观结构
198	10月26日	科技日报	08版	散裂中子源投运
199	11月3日	科技日报	头版、03版	松山湖科学城：打造原始创新策源地
200	11月5日	科技日报	中国科技网	院士“大咖”走读松山湖
201	11月30日	科技日报	头版	首座以杨振宁先生命名的教研楼启用
202	11月30日	科技日报	中国科技网	2020东莞市民摄影周开幕《品质东莞》城市画册新书首发
203	12月1日	科技日报	中国科技网	首座以杨振宁先生命名的教研楼启用
204	12月3日	科技日报	中国科技网	东莞掀起新一轮城市更新热潮189个项目预计总投资1561亿元
205	12月5日	科技日报	中国科技网	东莞高层次人才活动周将于12月9日至14日举行
206	3月28日	中国文化报	中国文化传媒网	东莞制定扶持措施，拉动旅游、文体消费复苏
207	4月8日	中国文化报	04版	广东东莞：百村示范工程为基层文化注入新动能
208	6月29日	中国文化报	中国文化传媒网	吴桂春：“我又办了东莞图书馆读者证”
209	7月15日	中国文化报	头版	荷包鼓了，文化火了，村民精神气足了
210	7月27日	中国文化报	03版	风过莞地草木香
211	11月4日	中国文化报	头版	“有容乃大——容庚捐赠展”在中国美术馆开幕
212	12月31日	中国文化报	头版	广东东莞：织密公共文化设施网络　同频高效“做菜”
213	2月4日	中国日报	中国日报网	防疫进行时丨东莞市长安镇组建硬核广播员队伍　传播防疫正能量

续表

序号	日期	媒体	版面	标题
214	6月28日	中国日报	中国日报网	结局太暖！留言东莞图书馆的农民工，不走了！
215	6月30日	中国日报	中国日报网	寻味东莞赢全网口碑　烧鹅、海鲜美味虐哭网友：寻味系列不要停
216	6月30日	中国日报	中国日报网	Migrant's library love leads to new job
217	6月30日	中国日报	中国日报网	文化是城市的灵魂
218	7月7日	中国日报	中国日报网	On a bike, father, daughter complete journey to Tibet
219	7月9日	中国日报	中国日报网	Father teaches daughter,4,persistence on long bicycle journey（父亲在自行车长途旅行中教4岁女儿学会坚持）
220	7月10日	中国日报	中国日报网	Bubble tea boom shows business is back
221	7月11日	中国日报	中国日报网	In a class of her own（一位老师的扶贫故事）
222	7月11日	中国日报	中国日报网	抖音90后奶爸带女儿骑车去西藏：骑行教给我的事，也想教给她
223	7月12日	中国日报	中国日报网	Troubled teens in city of Dongguan get second chance to finish school（东莞市“问题少年”获得第二次完成学业的机会）
224	7月13日	中国日报	中国日报网	Southern comfort food——Documentary series explores the culinary landscape of Dongguan in mouthwatering style（南方美食——系列纪录片探索东莞美食景观）
225	8月22日	中国日报	中国日报网	Convenience stores optimistic on future prospects（便利店未来发展前景向好）
226	9月13日	中国日报	中国日报网	释放创力，赋能想象　华为HDC2020生态创新论坛召开
227	9月15日	中国日报	中国日报网	云南镇雄：东西部扶贫协作工作成效显著
228	12月26日	中国日报	中国日报网	Dongguan companies giving boost to Xinjiang economy（东莞企业推动新疆经济高质量发展）
229	1月14日	中国青年报	03版	“回乡专列”装满梦想与乡愁
230	3月27日	中国青年报	中国青年网	最高检、公安部：不让哄抬的高价成为复工复产的“拦路虎”
231	4月24日	中国青年报	中国青年网	22万张东莞市消费券来了，联合微信发放超10万份餐饮券
232	6月16日	中国青年报	中国青年网	重启在即　新政策让CBA充满变数
233	6月23日	中国青年报	中国青年网	美食纪录片《寻味东莞》开播　平淡质朴为底色
234	6月24日	中国青年报	中国青年网	漫评CBA：谁来阻挡广东男篮?
235	6月28日	中国青年报	中国青年网	人社部门暖心服务　东莞农民工吴桂春可以继续读书
236	6月28日	中国青年报	中国青年网	热点 | 结局爱了！农民工在图书馆留言，惊动人社部……
237	7月2日	中国青年报	02版	吴桂春的奇遇背后是人与城市的温情互动
238	7月8日	中国青年报	中国青年网	给图书馆留言的“网红”农民工
239	8月15日	中国青年报	中国青年网	中国成功研制加速器硼中子俘获治疗实验装置并启动首轮实验
240	8月22日	中国青年报	新闻客户端	69元最高获300万元保障！普惠高额医疗保障“东莞市民保”上线
241	9月13日	中国青年报	中国青年网	“即使面临困境，创新和责任缺一不可”
242	9月17日	中国青年报	中国青年网	广东宏远新赛季更名“东莞大益队”　保留上赛季班底目标夺冠
243	11月5日	中国青年报	中国青年网	粤港澳院士峰会为科技创新转型“把脉”
244	11月27日	中国青年报	06版	与时俱进的线上评审
245	11月30日	中国青年报	新闻客户端	《品质东莞》触摸湾区都市的温度与肌理
246	4月23日	中国商报	03版	广东东莞多项措施推动消费
247	5月15日	中国商报	中国商网	第十二届中国加工贸易博览会线上展在广东东莞开幕

续表

序号	日　期	媒　体	版　面	标　题
248	5月18日	中国商报	中国商网	广东东莞将印发“投资松绑30条”和“50亿元专项资金方案”助推经济社会发展
249	6月13日	中国商报	中国商网	广东东莞经济基本盘呈现五个“向好”
250	8月20日	中国商报	中国商网	第十一届东莞台博会将于10月29日举行
251	9月11日	中国商报	中国商网	东莞全球先进制造招商大会揽金3255亿
252	9月11日	中国商报	中国商网	广东东莞举办全球先进制造招商大会　发布逾200签约项目
253	10月30日	中国商报	中国商网	2020粤港澳院士峰会将于11月在东莞举行
254	11月30日	中国商报	中国商网	2020东莞市民摄影周开幕
255	12月26日	中国商报	中国商网	广东东莞出台“金融80条”支持粤港澳大湾区发展
256	2月16日	环球时报	环球网	中欧班列“复工”，彰显中国大国担当！
257	6月29日	环球时报	环球网	对话“网红民工”吴桂春：我不喜欢当明星，但儿子说我做了件善事
258	6月30日	环球时报	环球网	痛心！23岁湖北退伍军人跳河救人，落水者成功上岸，他却没了踪影……
259	7月6日	环球时报	环球网	90后单亲爸爸带4岁女儿骑行拉萨71天行程4139公里
260	7月17日	环球时报	环球网	vivo制造中心正式投入使用：可容纳近2万名员工
261	8月5日	环球时报	环球网	城市吸引“新移民”能力哪家强？深圳、东莞、厦门居前三
262	8月15日	环球时报	环球网	首台国产加速器硼中子俘获治疗实验装置研制成功
263	8月15日	环球时报	环球网	首台国产加速器硼中子俘获治疗实验装置研制成功、自主设计建造，掌握全部核心技术……这台装置是癌症治疗新武器
264	9月19日	环球时报	04版	加赶前期订单　寻找内销出路　在东莞感受中国制造业恢复
265	9月21日	环球时报	环球网	Update: While Trump calls for 'decoupling' with China,businesses head in other direction（最新消息：在特朗普呼吁与中国“脱钩”的同时，企业正朝着另一个方向前进）
266	9月21日	环球时报	环球网	Taiwan businesses can't do without the mainland 台湾企业离不开大陆
267	9月23日	环球时报	10版	Chinese City Global Supplier- 疫情中复苏的东莞　确保了全球口罩供应
268	9月30日	环球时报	环球网	东莞安居房新规：人才住房租金不高于同地段平均租金60%
269	11月7日	环球时报	环球网	“有容乃大——容庚捐赠展”在中国美术馆开幕
270	12月3日	环球时报	环球网	中欧班列再添新成员！首开东莞至德国杜伊斯堡中欧班列
271	12月24日	环球时报	环球网	中国成功处理COVID-19，充足的产业链在大流行中满足世界需求
272	12月29日	环球时报	07版	走访东莞，看中国产业链“外迁”
273	1月12日	21世纪经济报道	03版	珠三角能否晋级综合性国家科学中心第四席？民进广东建言发挥大科学装置集聚优势
274	1月15日	21世纪财经报道	06版	监管制度创新催生外贸新动能　广东跨境电商进出口保持全国第一
275	1月16日	21世纪经济报道	21经济网	2019年东莞GDP预计增长7%以上　今年加快实施5G产业行动计划；东莞市委书记梁维东：大湾区大学正谋划开展校长遴选
276	1月17日	21世纪经济报道	头版	珠三角9市市长详解大湾区规则衔接新机制
277	1月18日	21世纪经济报道	21经济网	东莞参建大湾区优势：17万家工业企业
278	1月29日	21世纪经济报道	21经济网	连线武汉丨第二批驰援湖北广东医疗队出发
279	2月10日	21世纪经济报道	10版	疫情冲击下的四大城市群：谁将面临最大挑战？

续表

序号	日期	媒体	版面	标题
280	2月11日	21世纪经济报道	03版	返城复工潮至　重点城市严格实施社区防控
281	2月12日	21世纪经济报道	08版	大湾区六市密集惠企暖企：减税、免租、金融扶持成主力
282	2月12日	21世纪经济报道	21经济网	东莞已有4491家企业开工，市镇两级组建风险补偿专项资金助企业过难关
283	2月14日	21世纪经济报道	21经济网	东莞市镇两级组建风险补偿专项资金助企业过难关
284	2月18日	21世纪财经报道	05版	大湾区制造业有序复工“进行时”　高效保卫全球产业链运转
285	2月20日	21世纪财经报道	06版	特殊的顶岗：技师学院师生驰援口罩生产线。
286	2月23日	21世纪经济报道	21经济网	数据揭秘：复工抢人哪家强？广州、深圳、东莞人口迁入量排前三
287	2月26日	21世纪财经报道	06版	一家中小企业复工的“东莞速度”：半天拿到复工函，加快工厂智能化改造
288	3月7日	21世纪经济报道	21经济网	城市经济复苏排名：东莞等新一线复苏强劲　华北城市待发力
289	3月9日	21世纪经济报道	09版	城市经济复苏排名：东莞等新一线复苏强劲，华北城市待发力
290	3月15日	21世纪经济报道	21经济网	东莞：官方空降直播间　为大朗毛衣“带货”
291	4月16日	21世纪经济报道	21经济网	海外疫情蔓延加大外贸订单压力　“世界工厂”东莞力推电商内销
292	4月29日	21世纪经济报道	11版	拼多多去年GMV破万亿　助力拓内销与补贴“双管齐下”
293	5月10日	21世纪经济报道	21经济网	走进“东莞第一镇”长安：重点企业100%复工，“校企合作”布局高技术人才培育
294	5月26日	21世纪财经报道	04版	全国人大代表、东莞市委书记梁维东：东莞企业经营整体稳定　今年工业投资将超800亿；
295	6月12日	21世纪经济报道	21经济网	三年固投总量要破万亿！东莞全力稳增长
296	6月15日	21世纪经济报道	21经济网	东莞下半年怎么做？减税降费250亿元稳基本盘，围绕五大领域推进产业链精准招商
297	7月1日	21世纪经济报道	21经济网	真香！坐拥653个图书馆，从“机器换人”到留住农民工，东莞经历了什么？
298	7月10日	21世纪经济报道	21经济网	东莞启动科创全链条布局：科技企业上市最高奖励700万
299	7月18日	21世纪经济报道	21经济网	新一线城市谁“最能生”？常住人口平均年龄34岁的东莞拿下第一
300	7月22日	21世纪经济报道	21经济网	公共图书馆数量透视珠三角开放度：深圳和东莞“遍地”都是图书馆
301	7月23日	21世纪经济报道	21经济网	上半年东莞GDP增速居珠三角第二，这座明星城市重回第一
302	7月26日	21世纪经济报道	21经济网	中央再定调“房住不炒”！东莞深夜升级调控，二手房限购、住房3年内禁售……
303	7月30日	21世纪经济报道	21经济网	东莞“完善扶持25条”新政出台！上半年电商交易额增长10%超千万奖励驱动跨境电商发展
304	8月12日	21世纪经济报道	21经济网	“共享员工”火了！东莞制造业牵线1.3万员工解燃眉之急
305	8月13日	21世纪经济报道	06版	谁是中国便利店第一城？东莞人均便利店数量第一　成都便利店“24小时不打烊”
306	8月14日	21世纪经济报道	05版	透视粤港澳大湾区科技“内循环”：广深莞齐头共进，科创资源加速集聚
307	8月15日	21世纪经济报道	21经济网	我国首台自主研发加速器硼中子俘获治疗实验装置研制成功
308	8月27日	21世纪财经报道	21经济网	湾区新“基”遇：东莞携手华为打造“政务数据大脑”，新基建驱动数字政府建设再提速

续表

序号	日　期	媒　体	版　面	标　题
309	9月4日	21世纪财经报道	21经济网	深圳跨城地铁终于要来了！交通部大礼包：深圳通往东莞、惠州的跨城地铁有了初步时间表！
310	9月11日	21世纪经济报道	21经济网	东莞释放现代服务业投资利好：总部企业入驻最高奖励一个亿，紧盯软件与信息技术服务产业发展
311	9月12日	21世纪财经报道	21经济网	东莞“补链”在行动：147个项目681亿投资为全产业链发展“查漏补缺”，电子信息制造产业配套率已超90%
312	9月24日	21世纪财经报道	21经济网	东莞将建湾区大学！总投资约100亿，致力建成高水平研究型大学
313	9月27日	21世纪财经报道	21经济网	决战决胜脱贫攻坚的东莞力量：11个电子项目落户云南昭通，产业集群移植为西部经济“造血”
314	10月1日	21世纪财经报道	21经济网	东莞—昭通创新启动双向“人才扶贫”：7299名中职学生走出大山，精英回流携过亿资金返乡投资
315	10月21日	21世纪经济报道	04版	专访东莞市长肖亚非：如何激发“一核一带一区”高质量发展新动力？东莞打出全面提升创新能级“五张牌”
316	10月29日	21世纪财经报道	21经济网	东莞：建设新时代文明实践中心　打通服务群众“最后一公里”
317	11月4日	21世纪财经报道	21经济网	南财对话·权威访谈：东莞市委书记梁维东　制造名城再出发　高水平打造参与大湾区建设的重大平台
318	11月9日	21世纪财经报道	21经济网	“面向‘十四五’的大湾区金融发展”　三届粤港澳大湾区金融发展　论坛在东莞顺利举办
319	11月30日	21世纪经济报道	21经济网	东莞高等教育发展再谋新篇：已建设10所高等院校“三驾马车”助力产业转型升级
320	12月5日	21世纪经济报道	21经济网	东莞重金“引智”：269个高端岗位开出百万年薪，高层次人才年均增长率达19%
321	12月10日	21世纪经济报道	21经济网	外贸回暖的东莞镜像：订单回流国内　企业面临出海难题
322	12月23日	21世纪财经报道	21经济网	深化莞港澳金融合作！东莞“金融80条”促进大湾区跨境贸易和投融资便利化

2020年东莞市作者出版的部分图书书目表

序号	书　名	作　者	出版社
1	李黼平集	（清）李黼平　东莞市政协	广东人民出版社
2	寻迹东莞	南方日报东莞新闻部碧桂园集团莞深区域	南方日报出版社
3	明清海防研究第十一辑	周立鹏	广东人民出版社
4	寻迹仙坑村——百年古村的振兴样本	南方日报东莞新闻部万科企业股份有限公司	南方日报出版社
5	长安文学2019（上）小说卷	东莞市长安镇文化广播电视服务中心东莞市作家协会长安分会	天津人民出版社
6	长安文学2019（下）散文卷	东莞市长安镇文化广播电视服务中心　东莞市作家协会长安分会	天津人民出版社
7	长明斋诗文集	东莞市政协	广东人民出版社
8	时代底色——新中国成立以来东莞美术作品集	东莞市政协　东莞市莞城街道办事处	岭南美术出版社
9	微珍园藏画集	林　群	岭南美术出版社
10	莞色莞味	方云成　何家辉　陈伟波	光明日报出版社
11	我的能量从何而来——从打工妹到全国劳动模范	尹利平	光明日报出版社
12	凡而不凡	刘　亮	团结出版社

续表

序号	书　名	作　者	出版社
13	中外经典电影鉴赏	邓星明	北京大学出版社
14	佛灵湖已经醒来	东莞市文化馆　寮步镇文化广播电视服务中心	上海文艺出版社
15	寻找桂花果	邓进深	吉林文史出版社
16	寻路中医	詹文格	安徽文艺出版社
17	行善最乐——纪念赖云英诗歌作品集	赖立新	四川民族出版社
18	东莞植物园专类园建设实践	伍　勇	广东科技出版社
19	孝义文化——高埗绽放新精彩	高埗镇宣教文体局　高埗镇文学艺术界联合会	北京日报出版社
20	纸上风云	曾凡忠	团结出版社
21	乡风俗物散记（一）	曾凡忠	团结出版社
22	乡风俗物散记（二）	曾凡忠	团结出版社
23	城市视角下的乡村记忆	东莞市万江文化服务中心	世界图书出版社
24	食在虎门	虎门镇宣教文体局	世界图书出版社
25	闲话古今事	李老万	北方妇女儿童出版社
26	低处的回响	唐新果	团结出版社
27	明　王缜　诗选注	欧明炽	九州出版社
28	东莞书画丛书第34辑	东莞市文化艺术界联合会　东莞文学艺术院	岭南美术出版社
29	东莞书画丛书第35辑	东莞市文化艺术界联合会　东莞文学艺术院	岭南美术出版社
30	东莞书画丛书第36辑	东莞市文学艺术界联合会　东莞文学艺术院	岭南美术出版社
31	东莞书画丛书第37辑	东莞市文学艺术界联合会　东莞文学艺术院	岭南美术出版社
32	品质东莞	杨晓棠	江苏凤凰文艺出版社
33	东莞统计年鉴2020	东莞市统计局　国家统计局东莞调查队	中国统计出版社
34	东莞明伦堂档案（第一辑）	东莞市档案馆　刘志伟	广东人民出版社
35	伦明研究	东莞图书馆	广东人民出版社
36	无疆	风起萧行	清华大学出版社
37	东莞零售品牌故事	谭军波　李智勇	羊城晚报出版社
38	歇后语精品集	张　兵	黑龙江教育出版社
39	珠水春潮：珠三角地区改革开放40周年历史图文集	中共广东省委党史研究室	南方日报出版社
40	广东治理现代化实践探索研究	陈家刚	人民出版社
41	经济转型与城市更新	王鲁峰　杨景胜　张燕姝　石建业	商务印书局
42	东莞年鉴2020	东莞年鉴编委会	广东人民出版社
43	绘本文献总览（2017—2019）	东莞漫画图书馆	朝华出版社
44	漫画文献总览：2016/2017	东莞图书馆	贵州人民出版社
45	市民学堂第15辑	李东来	吉林大学出版社
46	鳒鱼洲	穆　肃	线装书局
47	东莞东城民俗志	张振江	中山大学出版社
48	酱香两百年——寮步豆酱的前世今生	刘松泰	成都时代出版社
49	新时代价值观研究	袁敦卫	中共中央党校出版社
50	共同价值分论	韦绍福	中共中央党校出版社
51	新时代公共价值论	韦绍福　杨石光	中共中央党校出版社
52	新时代东莞改革发展探索（二）	中共东莞市委党校	社会科学文献出版社

续表

序号	书　名	作　者	出版社
53	南飞燕2020春季卷	陈　玺	线装书局
54	南飞燕2020夏季卷	陈　玺	线装书局
55	东莞文艺2020春季卷	陈　玺	线装书局
56	东莞文艺2020夏季卷	陈　玺	线装书局
57	松山湖高新区年鉴2020	松山湖高新区年鉴编委会	广东人民出版社
58	松山湖创业故事第五集	松山湖管委会	南方日报出版社
59	社区与乡村阅读推广	徐益波	朝华出版社
60	志愿者与图书馆阅读推广	缪建新	朝华出版社
61	中国藏书的历史与传统	毛　旭　凌冬梅	朝华出版社
62	全民阅读示范基地建设	张利娜　李东来	朝华出版社
63	中国图书馆的历史与发展	吴　晞	朝华出版社
64	读书方法与图书馆阅读推广	郭欣萍	朝华出版社
65	图书馆空间设计与阅读推广	宋兆凯	朝华出版社
66	地方文献与阅读推广	王以俭　廖晓飞	朝华出版社
67	高校图书馆阅读推广理论与方法	陈幼华等	朝华出版社
68	通识教育与阅读推广	朱小梅　王丽丽	朝华出版社
69	中小学图书馆建设与阅读推广	宫昌俊	朝华出版社
70	阅读与心理健康	王　波	朝华出版社
71	真人图书馆与阅读推广	毕洪秋　王　政	朝华出版社
72	中国书院与阅读推广	李西宁	朝华出版社
73	读书会运营与阅读推广	冯　玲	朝华出版社
74	国外图书馆阅读推广	李世娟等	朝华出版社
75	阅读政策与图书馆阅读推广	屈义华	朝华出版社
76	图书馆科普阅读推广	肖佐刚　杨秀丹	朝华出版社
77	厚街年鉴2020	东莞市厚街镇人民政府	广东人民出版社
78	长安年鉴2020	东莞市长安镇人民政府	广东人民出版社
79	南城年鉴2020	东莞市南城街道办事处	广东人民出版社
80	南社村志	东莞市茶山镇南社村志编纂委员会	方志出版社
81	塘尾村志	东莞市石排镇塘尾村志编纂委员会	方志出版社
82	孙康泰中医临床经验录	傅晓芸	吉林大学出版社
83	少年读诗的别样时光	潘艳荔	吉林大学出版社
84	印象横沥，第四辑，话说横沥百年牛墟	李漪舟　李日兴	北京日报出版社
85	东莞市第十一届规范汉字书写大赛优秀作品集	东莞市语言文字工作委员会东莞市教育局	广东旅游出版社
86	正道力行教语文	占　澜	北京日报出版社
87	初中语文的别样世界	刘　巍	天津人民出版社
88	新高考语文学习宝典	熊　红	人民日报出版社
89	十年一剑	陈茂青	北京日报出版社
90	李白的爱情	邓石岭	北京日报出版社
91	半元社稷半明臣	詹谷丰	长江文艺出版社
92	赊佛	莫华杰	作家出版社
93	岭南万户皆春色	丁　燕	广东人民出版社

续表

序号	书　名	作　者	出版社
94	西北偏北，岭南以南	丁　燕	上海文艺出版社
95	每个孩子都是一个世界	陈青天	吉林人民出版社
96	星空与镜子	曾海津	团结出版社
97	给孩子的儿童诗	池沫树	长江文艺出版社
98	骤雨中的阳光	莫树材	时代文艺出版社
99	白鹭飞	刘大程	团结出版社
100	门庭的上方	蒋志武	百花洲文艺出版社
101	低吟	蒋　明	团结出版社
102	中国历史文化名人传丛书如戏人生洪升传	陈启文	作家出版社
103	大宋国士北宋卷	陈启文	华文出版社
104	大宋国士南宋卷	陈启文	华文出版社
105	为什么是深圳	陈启文	海天出版社
106	郑小琼的诗	郑小琼	阳光出版社
107	东莞人才发展报告	东莞市人才工作领导小组办公室	中国人事出版社
108	人民叙事	中共东莞市委宣传部	岭南美术出版社
109	新企业知识共享、动态能力与竞争优势关系研究	李佳宾	经济管理出版社
110	粤港澳大湾区药用植物名录	金红编	广东科技出版社
111	我行我数　智慧教学	罗伟杰	光明日报出版社
112	陈安仁评传	曹天忠	团结出版社
113	张敬修评传	蔡显	团结出版社
114	千年东莞粥	俊清著	四川美术出版社
115	寒溪联话	曾海津　刘　枫	团结出版社
116	走进广东森林小镇	陈丽丽	中国林业出版社
117	用课程夯实教学	彭晓芳　赖朝阳	广东高等教育出版社
118	乡土　乡聚　乡情	漆　平　赵　炜	江西高校出版社
119	共建共治共享社区治理视角下的社区营造	何　维　于文涛	中国社会出版社
120	东莞科技金融发展报告	东莞市电子计算中心	社会科学文献出版社
121	东莞明伦堂史料选编	东莞图书馆	国家图书馆出版社
122	茶山乡志	袁应淦	国家图书馆出版社
123	侦查前沿	许　昆　李灼华	中国人民公安大学出版社
124	草根路寻：从东莞村头走出来的人生	唐良雄	中国书籍出版社
125	模仿与超越	东莞展览馆	文物出版社
126	装配式建筑技术研究与应用	东莞市建筑科学研究所	中国建筑工业出版社
127	李国基美术作品集	东莞市政协	岭南美术出版社
128	幸福印记	彭琪安	东北师范大学出版社
129	远古渔村	吴孝斌	陕西科学技术出版社
130	探路——东莞理工学院改革发展理论与实践探索	东莞理工学院	光明日报出版社
131	文化教育视野下的普通中小学信息技术有效课堂	黄振余	南方日报出版社

续表

序号	书 名	作 者	出版社
132	深度学习实验	刘建平 刘庆兵	民主与建设出版社
133	新市民融入城市的教育支撑体系研究	倪建伟	安徽人民出版社
134	网店美工实战	孙 令	重庆大学出版社
135	城镇微更新与乡村振兴的探索与实践	杨景胜等	中国城市出版社
136	长安作家	东莞市长安镇文学艺术界联合会 东莞市作家协会长安分会	天津人民出版社
137	粤港澳大湾区电子商务发展报告	黄立军	广东经济出版社
138	个案工作案例选编	成 伟 张燕婷	东北师范大学出版社
139	道路照明	赵海天	科学出版社
140	经济转型与城市更新	王鲁峰 杨景胜 张燕姝 石建业	商务印书馆
141	东莞近代经济社会发展简史	李晓龙 曲庆玲	贵州人民出版社
142	大型公共建筑改造扩建技术研究与应用——东莞市民服务中心	东莞市莞城建筑工程有限公司	中国建筑工业出版社
143	电力招投标工作典型案例汇编	广东电网有限责任公司东莞供电局物流服务中心	中国电力出版社
144	汽车电工从入门到精通	东莞市凌泰教学设备有限公司	机械工业出版社
145	新能源汽车概论	东莞市凌泰教学设备有限公司	北京理工大学出版社

东莞市2020年度先进工作单位名单

一、2020年度东莞市规模效益成长性排名前20名工业企业名单

东莞市野田智能装备有限公司
东莞市金田纸业有限公司
昌宏精密刀具（东莞）有限公司
康舒电子（东莞）有限公司
东莞创机电业制品有限公司
广东长盈精密技术有限公司
慕思健康睡眠股份有限公司
东莞联茂电子科技有限公司
东莞盛翔精密金属有限公司
玖龙纸业（东莞）有限公司
生益电子股份有限公司
广东生益科技股份有限公司
东莞市锦洲塑胶制品有限公司
东莞顺裕纸业有限公司
广东坚朗五金制品股份有限公司
东莞建晖纸业有限公司
华润雪花啤酒（广东）有限公司
广东理文造纸有限公司
信义超薄玻璃（东莞）有限公司
东莞金洲纸业有限公司

二、2020年度东莞市实际出口总额前20名企业名单

华为终端有限公司
OPPO广东移动通信有限公司
东莞市新宁仓储有限公司
东莞华贝电子科技有限公司
东莞创机电业制品有限公司
维沃移动通信有限公司
东莞三星视界有限公司
东莞市五号仓储有限公司
东莞市金仕运贸易有限公司
东莞市全港昌仓储有限公司
东莞高伟光学电子有限公司
京瓷办公设备科技（东莞）有限公司
东莞富强电子有限公司
天弘（东莞）科技有限公司
东莞飞力达供应链管理有限公司
明门（中国）幼童用品有限公司
东莞东聚电子电讯制品有限公司
伟易达（东莞）电讯有限公司
富港电子（东莞）有限公司
东莞时力电子科技有限公司

三、2020年度东莞市主营业务收入前20名企业名单

华为系
步步高系
玖龙环球（中国）投资集团有限公司
东莞华贝电子科技有限公司

东莞京东利昇贸易有限公司
东莞创机电业制品有限公司
东莞农村商业银行股份有限公司
玖龙纸业（东莞）有限公司
东莞银行股份有限公司
东莞三星视界有限公司
东莞路易达孚饲料蛋白有限公司
东莞市思贝克电子商务有限公司
广东烟草东莞市有限公司
广东美宜佳便利店有限公司
东莞市宏川化工供应链有限公司
东莞富强电子有限公司
广东生益科技股份有限公司
广东以诺通讯有限公司
广东百果园农产品初加工有限公司
东莞长城开发科技有限公司

四、2020年度东莞市效益贡献企业名单

华为系
广东烟草东莞市有限公司
东莞农村商业银行股份有限公司
广东电网有限责任公司东莞供电局
东莞银行股份有限公司
东莞冠亚环岗湖商住区建造有限公司
东莞市桃源商住建造有限公司
步步高系
玖龙纸业（东莞）有限公司
东莞市石碣碧桂园房地产开发有限公司
东莞高豪花园建造有限公司
东莞市御城房地产有限公司
首铸一号（东莞）房地产有限公司
东莞市卓越天城房地产开发有限公司
东莞市峰景投资有限公司
东莞虎门鸿艺房地产开发有限公司
康舒电子（东莞）有限公司
东莞市嘉房房地产开发有限公司
东莞市紫岸花城房地产开发有限公司
中国工商银行股份有限公司东莞分行
广东理文造纸有限公司
东莞市光大房地产开发有限公司
东莞信托有限公司
东莞市富华物业投资有限公司
东莞市泽和实业有限公司
保利（东莞）房地产开发有限公司
东莞市万宏房地产有限公司
东莞市万胜房地产有限公司
东莞庄士房地产开发有限公司
东莞市以纯集团有限公司
中国电子东莞产业园有限公司
东莞市润合房地产有限公司
中国银行股份有限公司东莞分行
东莞市怡新房地产有限公司
东莞市中熙房地产开发有限公司
东莞市大岭山碧桂园房地产开发有限公司
东莞市龙光锦瑞房地产有限公司
东莞市金地宝岛房地产有限公司
广东生益科技股份有限公司
东莞三星视界有限公司
中国农业银行股份有限公司东莞分行
东莞徐记食品有限公司
招商银行股份有限公司东莞分行
东莞创机电业制品有限公司
东莞证券股份有限公司
中国建设银行股份有限公司东莞市分行
东莞市海岸桃源实业投资有限公司
广东坚朗五金制品股份有限公司
广东省水利水电第三工程局有限公司
中国平安财产保险股份有限公司东莞分公司
东莞市一信碧桂园房地产开发有限公司
东莞金洲纸业有限公司
东莞市环鑫房地产开发有限公司
东莞市深建房地产有限公司
东莞建晖纸业有限公司
东莞银行股份有限公司东莞分行
东莞市合和城辉房地产投资有限公司
东莞市瑞龙房地产开发有限公司
东莞市铭兴实业发展有限公司
东莞市汉邦盛泰有限公司
东莞市金盛房地产开发有限公司
东莞市润德房地产开发有限公司
东莞京东利昇贸易有限公司
东莞市中海嘉业房地产开发有限公司
东莞市东新房地产开发有限公司
东莞市兴业广场房地产有限公司
东莞发展控股股份有限公司
东莞市广兴五金有限公司
东莞市星城绿湖风景房地产有限公司
东莞市麻涌碧桂园房地产开发有限公司
保利（东莞）投资有限公司
东莞市中万宏信房地产有限公司
东莞雀巢有限公司
慕思健康睡眠股份有限公司
东莞东协纸品有限公司
东莞市中帆房地产开发有限公司
东莞市东万盈合房地产有限公司
东莞市合和实业投资有限公司
东莞市松湖居置业有限公司
东莞市天林名苑房地产开发有限公司
东莞市恒兆房地产开发有限公司
广东马可波罗陶瓷有限公司

东莞市卓峰房地产开发有限公司
东莞市达鑫江滨新城开发有限公司
东莞市清溪碧桂园实业投资有限公司
东莞市万凯房地产有限公司
东莞市金舜房地产投资有限公司
广东长盈精密技术有限公司
东莞市大朗碧桂园实业投资有限公司
东莞市和成房地产开发有限公司
广东美宜佳便利店有限公司
信义超薄玻璃（东莞）有限公司
东莞市君汇房地产投资有限公司
东莞市香堤雅境花园建造有限公司
东莞市金鹿豪园建造有限公司
东莞市大喜房地产开发有限公司
生益电子股份有限公司
平安银行股份有限公司东莞分行
东莞市长安镇锦厦股份经济联合社
东莞市御江花城房地产开发有限公司
东莞市嘉讯通电脑产品有限公司
东莞市御筑房地产有限公司
东莞市中万汉邦房地产开发有限公司
东莞广裕房地产开发有限公司
东莞市峰景资产管理有限公司
东莞市民盈房地产开发有限公司
东莞市东恒物业投资有限公司
东莞市鸿荣源房地产开发有限公司
东莞市城市绿洲花园房地产开发有限公司
东莞顺裕纸业有限公司
广东众生药业股份有限公司
东莞市建工集团大厦开发有限公司
东莞市佳兆业房地产开发有限公司沙田分公司
大根（东莞）光电有限公司
东莞市富悦房地产有限公司
东莞盛翔精密金属有限公司
东莞华科电子有限公司
广州港新沙港务有限公司
东莞市凤岗天安数码城有限公司
玖龙环球（中国）投资集团有限公司
东莞市大岭山碧桂园房地产投资有限公司
广东宏远集团房地产开发有限公司
东莞市庆鹏心怡房地产开发有限公司
东莞市锦洲塑胶制品有限公司
首铸二号（东莞）房地产有限公司
东莞市东盈实业投资有限公司
东莞理文造纸厂有限公司
华润雪花啤酒（广东）有限公司
东莞联茂电子科技有限公司
中国人民财产保险股份有限公司东莞市分公司
东莞招商致远房地产开发有限公司
东莞市石安房地产开发有限公司
兴业银行股份有限公司东莞分行
东莞市爱嘉房地产开发有限公司
东莞慕思寝具销售有限公司
东莞市碧水天源物业有限公司
东莞市野田智能装备有限公司
东莞市佳畅实业投资有限公司
东莞市鼎峰广场建造有限公司
中信银行股份有限公司东莞分行
昌宏精密刀具（东莞）有限公司
东莞市金地房地产投资有限公司
东莞市远景房地产开发有限公司
东莞市金田纸业有限公司

五、2020年度园区工作优秀单位

滨海湾新区管委会、水乡特色发展经济区管委会、松山湖高新技术产业开发区管理委员会。

六、2020年度领导班子工作优秀镇（街道）

塘厦镇、企石镇、谢岗镇、长安镇、沙田镇、万江街道、道滘镇、南城街道、寮步镇、凤岗镇、茶山镇、东坑镇、大岭山镇。

七、2020年度领导班子工作良好镇（街道）

东城街道、厚街镇、清溪镇、中堂镇、麻涌镇、横沥镇、黄江镇、石碣镇、石排镇、洪梅镇、常平镇、虎门镇、莞城街道、望牛墩镇、大朗镇、桥头镇、石龙镇、高埗镇、樟木头镇。

八、2020年度综合排名进步前三名镇（街道）

塘厦镇、大岭山镇、寮步镇。

九、2020年度工作优秀市直单位

经济建设类市直单位：市财政局、市发展改革局、市统计局、市自然资源局、市生态环境局、市投资促进局、市工业和信息化局、市商务局、市应急管理局、市住房城乡建设局、市交通运输局。

社会建设类市直单位：市公安局、市委政法委、市卫生健康局、市人力资源社会保障局、市检察院、市教育局、市中级法院、市市场监督管理局、市文化广电旅游体育局、市城市管理综合执法局、市民政局、市信访局、市司法局、市第二市区检察院。

党建综合类市直单位：市委办公室、市政府办公室、市委组织部（市委第五、六巡察组）、市纪委监委机关（巡察办、市委第一、二、三、四巡察组）、市人大机关、市委宣传部、市政协机关、市委统战部（市民族宗教局、民主党派办公室）、市委政策研究室（市委改革办）、团市委、市审计局、市委机要保密局、东莞日报社、市接待办、市机关事务管理局、市委台港澳办（市台港澳局）。

十、2020年度工作良好市直单位

经济建设类市直单位：市农业农村局（市经协办）、市水务局、市科学技术局、市金融工作局、市国资委、市轨道交通局、市城建工程管理局、市住房公积金管理中心、市林业局、市供销社、市贸促会、市科协。

社会建设类市直单位：市政务服务数据管理局、市委网信办、市医保局、市第一法院、市委外办、市第一市区检察院、市退役军人事务局、市第三法院、市红十字会、市第三市区检察院、市第二法院、市委军民融合办。

党建综合类市直单位：市委编办、市委党校、市妇联、市人民政府驻北京联络处、市直机关工委、东莞广播电视台、市总工会、市委老干部局、市工商联、市残联、市档案馆、市地方志办公室、市文联、市社科联、市人民政府驻广州办事处、市侨联、市社会科学院、市委党史研究室。

十一、2020年度工作优秀中央和省驻莞单位

东莞海关、国家税务总局东莞市税务局、市消防救援支队、市国家安全局、东莞供电局、中国人民银行东莞市中心支行、中国银行保险监督管理委员会东莞监管分局、武警东莞支队、国家统计局东莞调查队、市气象局、东莞海事局、东莞出入境边防检查站、市邮政管理局、中国建设银行股份有限公司东莞市分行、中国电信股份有限公司东莞分公司。

十二、2020年度全市"单打冠军"

（一）园区部分

绿色产业示范基地：松山湖管委会

第三批国家级大众创业万众创新示范基地：松山湖管委会

国家技术转移人才培养基地：松山湖管委会

广东省中小学教师信息技术应用能力提升工程2.0省级试点区：松山湖管委会

广东省五四红旗团委：松山湖管委会

东莞松山湖电子信息产业集群数字化转型试点：松山湖管委会

制造业发展较好地区：松山湖管委会

成功创建省级高新技术产业开发区：滨海湾新区管委会

成功创建全省海岸带综合示范区：滨海湾新区管委会

城市规划设计：滨海湾新区管委会

版权服务工作：滨海湾新区管委会

（二）镇（街道）部分

全国文明村镇：茶山镇、清溪镇、横沥镇、高埗镇

全省维稳工作示范点：茶山镇

全国"强基础、转作风、树形象"表现突出单位：茶山镇

2019—2020年度广东省乡镇（街道）社会体育指导员A级服务站：茶山镇、桥头镇、清溪镇、凤岗镇、企石镇、塘厦镇、道滘镇、石排镇、洪梅镇、东坑镇、寮步镇

广东文化旅游名村：茶山镇

广东省首批家教家风实践基地：茶山镇

广东省移动支付示范镇：茶山镇、大岭山镇、寮步镇、南城街道

全国"智慧矫正"试点单位：茶山镇

开展推动红色村组织振兴建设红色美丽乡村先行试点单位：大岭山镇

广东省五四红旗团委：大岭山镇、中堂镇、石龙镇

广东省抗击新冠肺炎疫情先进集体、先进基层党组织：南城街道、虎门镇

2020年广东省"民主法治示范村（社区）"：谢岗镇、道滘镇、望牛墩镇、莞城街道、横沥镇、塘厦镇、中堂镇、万江街道、凤岗镇、高埗镇、常平镇、虎门镇、寮步镇、麻涌镇、樟木头镇、大朗镇、黄江镇、长安镇

2020年广东省乡村治理示范村镇：横沥镇、常平镇、黄江镇、高埗镇、厚街镇、虎门镇、麻涌镇、南城街道、企石镇、桥头镇、石碣镇、石排镇、塘厦镇、万江街道、长安镇、中堂镇、茶山镇、道滘镇、凤岗镇、谢岗镇、寮步镇、清溪镇、樟木头镇、大岭山镇、大朗镇、望牛墩镇

广东省先进基层武装部：寮步镇

国家卫生镇：企石镇

2020年国家义务教育质量监测实施县级优秀组织单位：企石镇、莞城街道、大朗镇、道滘镇

国家慢性病综合防控示范区：樟木头镇

广东省全域旅游示范区：樟木头镇、清溪镇

专业工业互联网平台建设：横沥镇

全国五四红旗团支部：石排镇

国家新型城镇化标准化试点：横沥镇

广东省三八红旗集体：横沥镇

广东省"巾帼文明岗"：横沥镇

广东省先进女职工集体：横沥镇、东城街道、石碣镇

广东省数字乡村发展试点镇：中堂镇、麻涌镇

2020年度执勤训练工作先进政府（企事业）专职队：中堂镇

乡村振兴大擂台比武：中堂镇、麻涌镇、茶山镇

广东省旅游风情小镇：麻涌镇、石排镇

广东省城乡融合发展省级试点中心镇：塘厦镇、厚街镇

2019年度县（市、区、镇街）推进乡村振兴战略实绩考核优秀等次：麻涌镇、东坑镇

广东省文明村镇：麻涌镇、黄江镇、石排镇、谢

岗镇、中堂镇

地方志工作：虎门镇、长安镇

2020年度广东省节水型社会示范县（区）：东城街道、南城街道

广东省最美志愿服务社区：东城街道

全省法学会系统先进集体：东城街道、长安镇

广东省计生协青春健康沟通之道家长培训项目点：石龙镇

国家和省计生协2020年新市民健康行动的项目点：石碣镇

2019年度广东省交通安全文明示范村社区：大朗镇、石碣镇

全国五四红旗团委：塘厦镇

广东省基层综合性文化服务中心与旅游服务中心融合发展试点：麻涌镇、莞城街道、长安镇、常平镇、桥头镇、茶山镇

2020广东省工商联系统"四好"商会：莞城街道、长安镇、石排镇

全国文明单位：大朗镇

国家档案工作服务农村基层社会治理试点地区：大朗镇、塘厦镇、长安镇

广东省科普教育基地：大朗镇

广东省2020年多彩乡村主题教育实践活动优秀组织单位：大朗镇

2019—2020年广东省实施国家老年人心理关爱项目点：大朗镇

广东省家庭文明建设示范点：大朗镇、道滘镇、凤岗镇、黄江镇、茶山镇

广东省五星级示范退役军人服务中心：寮步镇、企石镇、桥头镇、凤岗镇、黄江镇、清溪镇、大岭山镇、沙田镇、大朗镇、东坑镇、道滘镇、万江街道、石龙镇

省级"一村一品、一镇一业"专业镇村：中堂镇、厚街镇、塘厦镇、大岭山镇、大朗镇、寮步镇、常平镇、樟木头镇、沙田镇、石排镇、石碣镇、虎门镇、谢岗镇、黄江镇、横沥镇

国家外贸转型升级基地：清溪镇

2020年广东省全国科普日优秀组织单位：清溪镇、企石镇

县级农经职责履行先进典型案例单位：清溪镇

制造业发展较好地区：道滘镇、长安镇

广东省离退休干部先进集体：常平镇

科普助推中心工作：常平镇

全国"敬老文明号"：东坑镇、樟木头镇

广东省五星级养老机构：东坑镇

广东省文明单位：东坑镇

2020年度广东工会"三个一批"建设示范点：东坑镇、道滘镇、厚街镇、东城街道、南城街道

第二次全国污染源普查表现突出集体：厚街镇

"互联网+明厨亮灶"食品安全智慧监管体系：厚街镇

广东省基层文化工作先进单位：桥头镇

排查整顿农村发展党员违规违纪问题工作试点：黄江镇

国家和省关心下一代工作先进集体：石排镇、高埗镇

国家园林城镇：石排镇

全国综合减灾示范社区：横沥镇、石排镇、企石镇、常平镇、寮步镇、厚街镇、沙田镇、中堂镇

广东省全民科学素质大赛优秀组织奖：石排镇

疫情期间经济高速高质发展：沙田镇

国家计生协计生家庭维权项目点：长安镇

国家文化和旅游公共服务机构功能融合试点单位：长安镇

广东省五四红旗团支部：凤岗镇

广东省"最美应急集体"：凤岗镇

（三）市直单位部分

全国经济运行监测预测协调系统经济运行监测重点联系点信息报送先进单位：市工业和信息化局

2020年度全省企业情况综合数据采集工作：市工业和信息化局

2019年度全省制造业发展较好地市：市工业和信息化局

2020年全省市级综合年鉴一等优秀年鉴：市志办

2019年各地级以上市地方志数字化工作珠三角地区优秀单位：市志办

2020年多彩乡村主题教育实践活动优秀组织单位：市志办

2020年广东省地方志理论研讨活动优秀组织单位：市志办

广东省特级档案综合管理单位：市社科联、市人力资源社会保障局

第五届中国国际食品配料博览会最佳组织奖：市农业农村局（市经协办）

2020年全国民营企业调查点工作先进基层工商联：市工商联

广东省抗击新冠肺炎疫情先进工商联：市工商联

广东省人大新闻宣传工作先进单位：市人大常委会办公室

推动实现镇级民生实事人大代表票决制全覆盖：市人大常委会办公室

第七届"全国先进基层检察院"：市第二市区检察院

省检察院信息直报点先进单位：市第二市区检察院、市第三市区检察院

全国检察宣传先进单位：市第三市区检察院

关心下一代工作先进集体：市委老干部局

法治广东建设考评优秀：市司法局

第二届广东省法治文化节"特别组织奖"：市司法局

“大排查、早调解、护稳定、迎国庆”专项活动表现突出集体：市司法局

全国法律援助工作先进集体：市司法局

广东省文明单位：市司法局、市文化广电旅游体育局

全国“智慧矫正”试点单位：市司法局

国家组织宣传人民调解先进集体：市司法局

全国公共法律服务工作先进集体：市司法局

国家节水型城市：市水务局

2019年度全省地方国有资产统计工作先进单位：市国资委

广东省爱国拥军模范单位：市退役军人事务局

全国双拥模范城：市退役军人事务局

国家残疾人体育训练基地：市残联

涉台纠纷化解专项工作：市委台港澳办

组织台胞台商返莞专案工作：市委台港澳办

抗击新冠肺炎疫情全国三八红旗集体：市妇联

全国家庭工作先进集体：市妇联

2017—2019年度省妇女维权与信息服务站项目先进集体：市妇联

全面提升服务企业水平、有效稳住外贸基本盘：市商务局

全国法院一站式多元解纷诉讼服务体系建设先进单位：市中级法院、市第一法院

新冠肺炎疫情防控工作集体嘉奖：市第一法院

“基本解决执行难”工作集体二等功：市中级法院、市第一法院

2019年度广东省“巾帼文明岗”：市检察院、市第一法院、市第二市区检察院

全国供销合作社系统抗击新冠肺炎疫情先进集体：市供销社

全省检察机关政工信息工作先进集体：市检察院

全国检察机关信息工作表现突出的集体：市检察院

省一级档案综合管理单位：市机关事务局

广东省五四红旗团支部：市机关事务局

全国科普日活动优秀组织单位：市科协

全国民政系统抗击新冠肺炎疫情先进集体：市民政局

全省福利彩票工作考评组织领导奖一等奖：市民政局

2020年全国统战理论政策研究创新成果一等奖：市委统战部

松山湖科学城获批为大湾区综合性国家科学中心先行启动区：市发展改革局、市科技局

全国清理整顿人力资源市场秩序专项执法行动表扬单位：市人力资源和社会保障局

2019年度保障农民工工资支付工作考核A级：市人力资源社会保障局

《中国劳动保障报》新闻宣传工作先进单位：市人力资源和社会保障局

2019年度广东省平安建设工作优秀地级市：市委政法委

广东省2014—2020年度全省法学会系统先进集体：市委政法委

广东省抗击新冠肺炎疫情先进集体：市委政法委

2020年全国体育事业突出贡献奖：市文化广电旅游体育局

2019年度基层广播电视统计工作优秀集体：市文化广电旅游体育局

2018—2020年度广东省文明单位：市文化广电旅游体育局

全国两会期间广东省驻京信访保障工作先进集体：市信访局、市人民政府驻京联络处

2019年度全省工会工作考核综合奖一等奖：市总工会

2019年市级工会财务先进单位：市总工会

全国法院信息化工作先进集体：市中级法院

2019年度《法庭》“十佳组稿单位”：市中级法院

广东法院第三十一届学术讨论会组织工作先进单位：市中级法院

2019年度全省法院信息工作先进集体：市中级法院

全省中基层法院2019年度集体二等功和三等功：市中级法院

全省法院联络工作先进集体：市中级法院

创新TOD地区土地与空间复合利用政策，推动轨道站点周边土地高强度、高集聚、高价值开发：市轨道交通局

安全生产述职述安工作：市应急管理局

2019年度中国贸促会优秀调解中心：市贸促会

驻京党支部建设先进单位：市人民政府驻京联络处

全国文明单位：市住建局、市卫生健康局

驻穗信访维稳工作：市人民政府驻广州办事处

全国广东省抗击新冠肺炎疫情先进集体、先进基层党组织：市卫生健康局

2019年度国家级母婴安全优质服务单位：市卫生健康局

广东省抗击新冠肺炎疫情先进集体、先进基层党组织：市市场监管局、市公安局

全国计划生育优质服务先进单位：市卫生健康局

2019年度地级市部门决算工作优秀单位：市财政局

财政支持深化民营和小微企业金融服务综合改革试点城市：市财政局

2019年度全省住建系统扫黑除恶专项斗争先进单位：市城市管理综合执法局、市住房城乡建设局

索 引

INDEX

说 明

1. 索引采用主题分析法编制，主题词按汉语拼音字母顺序排列；
2. 类目未作索引，分目索引采用黑体字，条目索引、表格索引、图照索引采用宋体字；
3. 主题词后的数字表示内容所在页码，数字后的a、b、c分别表示该页码的左、中、右栏。

条目索引

A

B

C

D

E

F

G

H

J

K

L

M

N

P

R

S

T

Y

Z

表格索引

B

D

F

G

H

J

图片索引

D

F

G

H

J

K

L

M

N

P

Q

R

S

T

W

X

Y

Z